主　　编　徐勇　李学通　罗存康
本册主编　卞修跃　古为明

卢沟桥事变史料全编

◇第二册◇

中华书局

报刊选录

目录

《北平晨报》……一二一七
1937年7月9日……一二一九
7月10日……一二二二
7月11日……一二二五
7月12日……一二二八
7月13日……一二三四
7月14日……一二四四
7月15日……一二五八
7月16日……一二七三
7月17日……一二八六
7月18日……一二九七
7月19日……一三一一
7月20日……一三一九
7月21日……一三三一
7月22日……一三三九
7月23日……一三四七
7月24日……一三五五
7月25日……一三六一
7月26日……一三六九

7月27日……………………一三七六
7月28日……………………一三八二
7月29日……………………一三九〇
7月30日……………………一三九七
7月31日……………………一四〇一
8月1日……………………一四〇六
8月2日……………………一四〇九
8月3日……………………一四一二
8月4日……………………一四一四
8月5日……………………一四一六

《大公报》

……………………一四二一
1937年7月9日……………………一四二三
7月10日……………………一四二九
7月11日……………………一四三四
7月12日……………………一四三九
7月13日……………………一四四九
7月14日……………………一四五七
7月15日……………………一四六九
7月16日……………………一四八〇
7月17日……………………一四九一
7月18日……………………一四九八

7月19日……一五〇七
7月20日……一五一六
7月21日……一五二五
7月22日……一五三四
7月23日……一五四二
7月24日……一五四七
7月25日……一五五三
《申报》……一五五九
1937年7月8日……一五六一
7月9日……一五六三
7月10日……一五七六
7月11日……一五八四
7月12日……一五九三
7月13日……一六〇八
7月14日……一六二〇
7月15日……一六三六
7月16日……一六四九
7月17日……一六五九
7月18日……一六七一
7月19日……一六八二
7月20日……一六九五

7月21日……一七〇六
7月22日……一七一七
7月23日……一七二七
7月24日……一七三六
7月25日……一七四二
7月26日……一七四九
7月27日……一七五八
7月28日……一七六九
7月29日……一七八三
7月30日……一七九八
7月31日……一八〇九
《新闻报》……一八一九
1937年7月9日……一八二一
7月10日……一八三一
7月11日……一八四二
7月12日……一八四八
7月13日……一八五七
7月14日……一八七一
7月15日……一八九二
7月16日……一九〇八
7月17日……一九二〇

7月18日 …… 一九三一
7月19日 …… 一九三八
7月20日 …… 一九五〇
7月21日 …… 一九五八
7月22日 …… 一九七六
7月23日 …… 一九八七
7月24日 …… 一九九〇
7月25日 …… 二〇〇〇
7月26日 …… 二〇一一
7月27日 …… 二〇一八
7月28日 …… 二〇三三
7月29日 …… 二〇四八
7月30日 …… 二〇六〇
7月31日 …… 二〇七四
《中央日报》 …… 二〇八五
1937年7月9日 …… 二〇八七
7月10日 …… 二〇九四
7月11日 …… 二一〇二
7月12日 …… 二一一〇
7月13日 …… 二一二一
7月14日 …… 二一二六

7月15日……二一三三
7月16日……二一四二
7月17日……二一四九
7月18日……二一五七
7月19日……二一六三
7月20日……二一七〇
7月21日……二一八一
7月22日……二一八八
7月23日……二一九四
7月24日……二二〇一
7月25日……二二〇五
7月26日……二二〇九
7月27日……二二一三
7月28日……二二一九
7月29日……二二三二
7月30日……二二三九
7月31日……二二四九

《新中华报》……二二五五

1937年7月13日……二二五七
7月19日……二二六二
7月23日……二二六八

7月26日……二三一七五
7月29日……二三一八〇
8月2日……二三一八七
8月3日……二三一八八
8月6日……二三一九三
8月9日……二三一九七

《北平晨报》

蘆溝橋事件發生後

外部向日嚴重抗議

今晨雙方均已下令停止射擊

事態不致擴大和平解決有望

【本市最後消息】蘆溝橋事件，中日雙方今（九日）日上午三時已下令停止射擊，事態不致擴大，和平有望。

【南京八日中央社電】關於蘆溝橋事件，外部八日晨八時得訊後，即電詢肇事眞相，並報告在廬當局。下午收到各方報告，事實眞相漸明，遂於六時三十分派亞洲司科長董道寧赴日本大使館提出口頭抗議。略謂：據我方所得報告，此次事件之責任，不在我方，顯係日軍挑釁。本人奉命向貴使館嚴重抗議，並聲明保留一切合法要求。中日關係已至重要關頭，不容再趨惡化，應請貴方立電華北駐屯軍立即制止一切軍事行動，並令駐屯軍代表與冀察政委會所派人員速急根據正確事實，立謀和平解決，務免事態之擴大。日使館參事日高信六郎當即表示，日本對此次事件，無意擴大，深信不致惡化，並允將我方制止軍事行動等要求，立即電知駐屯軍云。又日本駐京陸軍副武官大城戶三治，本日下午六時，到外部訪亞洲司董科長道寧，談蘆溝橋事件。董科長當將我方立場，詳予申說，詞意與向日高參事之表示畧同。董氏並請其報告日本陸軍省及參謀本部，聞大城戶已允照辦云。

【本市消息】日軍砲擊蘆溝橋事件發生後，我軍政當局沈着應付，不願擴大。現據確息：（一）平市治安鞏固無虞，可以隨時消滅一切不逞之徒。（二）四郊警備週密，保衛有餘。（三）蘆溝橋方面，現雙方仍在對峙中。昨（八日）下午七時許，城內又聞斷續砲聲。（四）日軍兵車一列，共九輛，由山海關方面開來，七日午四時許到津，八日到達豐台。八日下午一時許，日軍陸續由天津通州，向蘆溝橋，豐台方面增援，並有坦克車，載重汽車多輛隨行。我軍現正沈着應付，無足憂慮。

【南京八日中央社電】蘆溝橋事件發生後，各方咸深憤慨，官方尤極端重視。惟以尚未獲得詳細報告，不願據爲正式表示。但就現有之報告觀察事件之責任，不在我方，蓋無疑義。値茲沂衛組閣川越回任之際，各方對於中日關係之調整，咸抱有若干之期待，乃突有此不幸事件發生，誠堪遺憾。時至今日，中日之邦交，祗宜努力改善，不容稍趨惡化。深望日方立即制止軍事行動根據正確事實，即日和平解決，以免事態擴大而增加兩國調整邦交之障碍也。

【牯嶺八日中央社電】關於中日軍隊在蘆溝橋發生衝突事件，宋哲元已電呈蔣委員長詳爲報告。此間各當局得悉此項消息後，均甚驚訝。惟因目前眞相，尚未十分明瞭，均取靜觀態度，暫不作任何表示。一般希望均盼此事件不再擴大，即日停止軍事行動，以和平方式解決一切。蓋中日間正進行親善，此次事件如不謀妥善解決，頗足影響兩國正在好轉之邦交也。

《北平晨报》，1937年7月9日，第3版

王寵惠定今晨由廬飛京主持

【牯嶺八日中央社電】外長王寵惠，定九日晨由廬飛京，俾便處理一切。

【牯嶺八日中央社電】外長王寵惠八日午應蔣院長之召，商談蘆溝橋日軍挑釁事件。

【牯嶺八日中央社電】日軍在蘆溝橋演習部隊，向我方挑釁消息，於八日晨十時已傳至牯嶺，此間均非常重視。當此中日兩國邦交期待好轉之時，忽有此不幸事件發生，實屬遺憾。但各方均希望事態不致擴大，從速解決。惟日方軍隊，突然襲擊我國軍隊，並砲擊宛平縣城，此事件之責任，當然應由日方軍隊負之。平電所傳，我方軍政當局所持態度，及應付方針。此間頗爲贊同云。

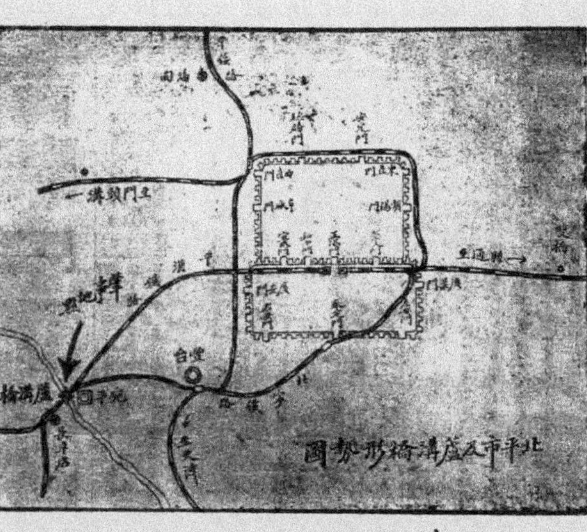

【牯嶺八日中央社電】蘆溝橋中日軍衝突之消息，八日午傳遍於牯嶺。此間各要人聞訊，均甚鎮靜。

【東京八日中央社電】關於七日晚所發生之蘆溝橋事件，朝日新聞於八日晨九時發行號外，頗惹起此間重大之注意。然官方則於七日午夜一時，已接獲報告。據此間八日午二時所接獲之最後消息，雙方已於八日晨九時半停止射擊云。

【漢口八日中央社電】路方息：平漢路平漢間電訊：七日深夜起發生阻碍，迄八日晚仍未通暢。該路八日北上車客票雖仍售至北平，但七日僅能通至保定。七日晨由平開出之南下快車，則於八日晚七時二十分到達大智門車站。

【保定八日中央社電】八日晨三時蘆溝橋日軍演習部隊，突向我駐軍挑釁，五時後平保電話電報均

《北平晨报》，1937年7月9日，第3版

不通，情況刻未判明，省垣鎮靜，人心尚安。

川越離滬北上 希望就地解決

【上海八日下午十一時專電】川越今（八日）日午後乘奉天丸離滬赴青，行前曾召集文武要員舉行秘密會議，關於日方稱川越此行係照預定行程視察，在平津將作較久勾留。今晨中日軍隊在宛平發生衝突事件，希望不致擴大，並可就地解決云。聞川越此行除分晤冀察各當局，如昨電所報告外，尚擬赴井晤閻。

【本市消息】前夜蘆溝橋砲聲傳到北平後，一般市民莫明眞象，紛紛探詢。昨晨確息傳出，人心轉趨鎮定，市面商號照常營業。本市通西南郊各城門，昨晨六時並未開啟，八時許始行開放，但檢查行人。惟地方當局爲防止宵小混入，當即令飭各門駐警，相機啓閉。九時，朝陽門即行嚴局，下午二時，崇文門亦關閉。二時二十分阜成，西直，廣安，永定各門再度關閉。二時四十分後，德勝門，宣武門，安定門，東直門，右安門，亦陸續嚴局。外城因出入行人甚多，每隔一二小時開城一次放行，至晚八時後始完全禁止行人通過。全市內外城各門，除前門及和平門尚能通行外，其他 律斷絕交通。

【本市消息】蘆溝橋八日下午八時電話：日軍八日晨向我砲擊後，午間一度停止。晚六時因交涉無結果，日軍復以猛烈炮火，向蘆溝橋城內轟擊，專員王冷齋，偕秘書洪大中，迄在城內主持一切堅決不允離去。迄七時後，炮聲仍未停止。又訊，日軍砲擊蘆溝橋事件，昨晚十時後，正待解決中。

《北平晨报》，1937年7月9日，第3版

蘆溝橋事件初步解決

雙方軍隊昨已撤退

一切善後事宜正在辦理中

王寵惠由廬返京主持外交

【本市消息】昨日官方公佈蘆溝橋事件經過情形如次：（一）八日下午，日方通牒宛平縣當局，聲明限六時以前將宛平縣讓出，否則決武力攻城，經我方駁拒，致八日夜兩軍又入於對峙狀態。（二）昨（九日）夜經雙方長官商洽結果，雙方部隊，各歸原防。據確息：日軍九日午正在撤回原防進行中，我軍已奉令回原建制，惟當雙方復員之際，適值大雨淋漓，彼此小有誤會，致傷我排長一人，士兵若干人，正在調查中。（三）據報：蘆溝橋最古之石橋，被日軍砲火轟擊損失甚鉅，宛平縣城內損失情況，正在調查中。所有善後事宜，正在辦理中。（四）八日晚八時開始戒嚴，市面情形非常安靜，且戒備手段異常嚴密。平市治安決保無虞。（五）據聞：此次係雙方口頭商洽和平解決，並無任何條件及文字之規定。

【牯嶺九日中央社電】外長王寵惠，以蘆溝橋事件發生，爲謀早得適當解決起見，特於九日晨十時離山赴潯，乘飛機返京，俾便處理一切。關於應付此事件之方針，蔣委長八日午召見時，已有指示。

【牯嶺九日中央社電】外次徐謨，爲參加廬山談話會，於七日午由京來廬，九日晨八時抵達。對蘆溝橋事件，於抵山後始得悉經過，當往謁外長王寵惠，請示一切。據徐談：日軍隊此次在蘆溝橋演習，原已越出辛丑條約之範圍，外部曾向日方提出抗議，今復襲擊我國軍隊，轟擊我國城垣，此種責任，當然由日方負之。我國與各友邦，素主和平，不願有任何不幸事件發生。今事變已起，惟希望事態不致擴大，吾人自當循正當之外交途徑，以謀適當之解決。抵京後對此事件，即可就近處理一切云。

【南京九日中央社電】王外長月初由京赴牯，晉謁蔣院長報告部務，并出席行政院會議。茲以部務及最近發生之外交事件待理，九日晨下山至潯，搭乘中航公司廣東號郵航機飛返京。下午二時三十分到達下關水上機場，外部高級職員均到機場迎接。王部長下機登岸後，與往迎人員略事寒暄，即乘汽車入城，赴外交官舍休息，並接見外部高級職員，垂詢各事。

《北平晨报》，1937 年 7 月 10 日，第 3 版

外務省令川越 速回南京交涉

【上海九日下午十時專電】蘆溝橋警訊昨（九日）晨到滬後，全市人心激奮。民衆急待詳悉戰情，故早晚報銷路均激增。今晚已悉事態漸形緩和，王外長由廬飛返京主持交涉。記者往訪在滬養病之許世英，據其左右談：許現不見客，惟聞中日軍衝突事，極爲憂念，明後日或晉京謁王。返任事雖各方一再敦促，但尙未定。又記者訪日使館人員，據談：川越行前已得平電，曾在奉天丸與海陸武官會商，現外務省已訓令川越，由青折返南京交涉，預定北上行程，勢須變更。據外交界觀察，事態不至擴大。廬山負責方面亦沉着應變，中日眼前不致有發生開戰可能云。

【青島九日中央社電】川越九日下午四時乘奉天丸由滬抵青，日領大鷹等百餘人到碼頭歡迎。川越下船後接見記者發表如下談話。問：大使來青，有何任務？答：今夏擬在平避暑，就便視察僑民情形。問：是否將在青召開華北領事會議？答：無此打算。問：報載大使來華，攜有新訓令，其內容如何？答：並無新訓令。問：在青共住幾日，此後行程如何？答：定十四日飛津。問：蘆溝橋事件大使有何感想，現在情勢如何？答：此次事件，昨由滬動身時始有所聞，今日抵青後，據駐青領事報告，得悉詳情，今晨業已停戰。據個人感想，此次不幸事件，洵爲兩國提携中之遺憾，盼望兩國當局，以眞誠的態度，早日解決，使事態不致擴大。問：中日兩國是否將繼續談判？答：余於三日到京，五日到外部，拜訪徐次長。我想兩國現時情形及空氣尙不同，目前還不到作整個談判的時候。

【南京九日中央社電】日本駐華大使館參事日高信六郎，九日下午四時半往外交部謁見陳介次長，初保談其他中日問題，嗣經陳次長提出蘆溝橋事件，並聲明除八日已派董科長向日提抗議，保留我方對於該事件之一切合法要求外，特再鄭重聲明。日高謂昨董科長所言，已電陳外務省，今貴方復言及此，日方亦應保留對于該事件之一切要求。當復經陳次長聲明，此次事件責任不在我方，日方所提保留，未便接洽。旋復談其他中日事項，至六時二十分，日高始興辭而去云。

日內閣與軍部 亦稱不願擴大

【東京九日中央社電】八日晚八時此間得北平交涉破裂消息，突入緊張狀態。九日晨七時得八日夜繼續談判結果，雙方約定於九日晨六時同時開始撤退軍隊，再進行外交交涉消息，一般感覺或可緩和。乃九時復得消息，兩方又開始射擊，正在激戰中，形勢復形緊張。八時陸軍首腦部有重要商議，十時開閣議決定對策。最可注目者，日政府及軍部仍聲明不擴大方針。九日晨各報社論，皆以蘆溝橋事件問題，大體上咸希望事態不至擴大。朝日新聞謂：日本視中國誠意如何，亦應有協力解決之準備。此由日本以誠意促進倫敦談判之事徵之，殊屬當然等語。

【東京九日中央社路透電】今日此間接訊，華北中日爭端之解決談判，未有結果，聞大局甚形緊張，日軍已包圍蘆溝橋，並清除永定河東岸他處之華軍。日軍已在西岸九日佔有地位，現嚴行監視聚集西岸長辛店附近山間之華軍。海軍省已命駐泊中國海面之第三艦隊，準備一切。據官場消息：北平城內現一切如常，惟學界

《北平晨报》，1937年7月10日，第3版

頗形激昂耳。全城城門，僅開兩處，餘均關閉。平津火車與平漢火車，均已停駛。

【東京九日中央社電】今午十一時，得悉蘆溝橋兩軍射擊，已於晨七時停止，形勢復形緩和。日閣議決定，堅持不擴大方針，故視察軍事行動，當可停止。惟今後外交上折衝，仍多困難，而日軍是否即歸還豐台，尚成問題，惟最危險時期，當已過去。東京人心甚平靜，惟我使館門外增加警崗而已。

【東京九日中央社電】九日晨外務省發言人接見外國記者團。宣布蘆溝橋事件經過，與報載同各國記者質問甚尖銳。有問日本軍是否有在北平附近任何地方演習之權？又有問日本軍夜間演習是何用意？發言人答爲訓練。又有問日軍佔領蘆溝橋車站及飛機場確否，答未得報告，縱使佔領，亦不過暫時。又有問日政府是否擬向國民政府抗議？答未定。最後發言人謂：外務省訓令日駐華大使館參事官日高，向中國外交部要求保護在華日僑。九日晨外國記者出席者甚多，足證事件引起世界重視。

【蘆溝橋電話】九日晨六時，日軍掩護撤退，頻頻發砲，轟擊宛平縣城。

倫敦柏林各報注意事態發展

【倫敦九日中央社路透電】今日英各報皆載華北中日軍衝突消息，但未置批評，外交界與商界人士，相信日政府必願獲和平解決。因若對華採行嚴密步驟，則英日談判前途，將受打擊。而對黑龍江事件，亦將因以增劇，中國債券並未因此衝突而受影響。最近數星期來需求頗殷之中國鐵路債券，現仍爲人爭購若干，絕無反日情緒。觀察家謂：日本大軍集於華北，時常在各處舉行會操，此種舉動，殊足引起華人惡感，故雙方衝突，僅屬意中事耳。

【柏林九日中央社哈瓦斯電】此間各報，以動人聽聞之標題，載中日軍隊在蘆溝橋衝突消息，但不加評論。僅有星期一報載稱：日本目標所在，厥爲維護其在「滿洲國」所保有之利益。日本在中國或有所作爲或無所作爲，要當依據此項觀點，而加以評論云。

《北平晨报》，1937年7月10日，第3版

蘆溝橋事件尚在折衝

日方突向關內進兵

宛平縣昨又一度遭猛烈砲擊

外部再提抗議交涉難免波折

【本市消息】關於蘆溝橋事件，據昨日（十日）各方所得確息，彙誌如下：（一）蘆溝橋方面日軍主要部隊，昨日下午已開始撤退，我方換防部隊，晚間已全部到達宛平城內，及蘆溝橋附近各地。（二）宛平城東北三里許大瓦窰高地，昨日下午尚有某方軍隊二百餘人，隱伏該地。經我方發現提出交涉後，彼方始於晚十一時許撤至五里店，晚間並在五里店幕營。（三）天津日駐屯軍參謀長橋本羣，由津專車來平，即赴扶桑館休息。晚間曾一度與日方各要員會商，尚未與我方晤面接洽。（四）雙方自昨午起，分別復員後，昨晚我方部隊已完全恢復原建制。乃今晨二時半後，平市忽又聞槍砲及機關槍聲，繼續約半小時之久。嗣經多方調查，我方安靜如常，並無絲毫動作。（五）自宛平縣事件發生後，北平市民對之雖極關切，但態度異常鎮靜，因而秩序井然，具見市民關心國事及信賴地方當局之至意。宛平縣城昨已開啓，人民已可自由出入，在城支撐危局數日之王專員冷齋，已到平報告經過。聞城內損失頗大，現正籌商善後辦法。（六）自宛平縣事件發生後，全國各地聞訊，莫不表示關切，而各重要將領如劉峙，商震，湯恩伯，龐炳勳，馮占海等，均來電慰問聲援。（七）現日軍尚未完全撤回原防，五里店方面仍留有約二百餘名。又接報告：今晨八時許有日軍六百餘名，附山砲約二十門，由豐台向西前進，意義不明。且仍有小部隊時來時往。據一般觀察，和平解決，雖已開始，但將來交涉，恐難免相當波折，對方避用武力之可能，尚未完全消除。（八）據鐵路方面報告：由遼寧開來日兵十列車，每列約一千餘人，已到山海關者有兩列。又由津開來載重車約十輛，每輛約日兵四五十名。

《北平晨报》，1937年7月11日，第3版

蘆溝附近日軍迄未完全撤退

【南京十日中央社電】日軍七日夜間在蘆溝橋實彈演習，其規模之大，遠過尋常演習範圍。並宣稱我方開槍，日兵有一名失踪，欲入宛平縣城搜查。我方予以勸阻，日軍竟對宛平實施圍攻。嗣經談判停戰，日方已允於九日晨撤兵，我方亦調部隊換防。距蘆溝橋附近日軍二百餘名，迄不履約撤退，十日我方復與交涉，亘數小時不得結果，日軍一方徵調頻繁，北寧路灤楡間兵車絡繹，豐台通縣日軍亦紛向蘆溝橋開動，同時蘆溝橋方面日軍，十日傍晚又向我挑釁，雙方發生衝突，形勢頗爲嚴重。

【十日下午八時本報急訊】十日下午五時半，日方由豐台開往蘆溝橋方面之軍隊，忽又以大砲機槍向橋身及宛平縣城猛攻，我軍爲正當防禦，加以還擊。鬧至六時半，始稍停止。

【本報特訊】宛平縣區專員王冷齋，昨日由蘆溝橋來平，即謁市長秦德純，報告事件經過情形。當王氏報告完畢，返寓後，因連日公務勞頓，竟咯血一口，曾一度昏厥。乃於昨晚入德國醫院靜養云。

【本市消息】蘆溝橋日軍，尚有二百餘名。仍集結宛平東北約半里許之沙崗村。

【上海十日下午十時專電】我外部前次向日高所提口頭抗議，今（十日）日已照錄送日大使館。日高今（十日）晨訪王外長進行談商，謀遏止事態之擴大。次對汕案亦交換就地解決意見。據悉日方息：川越擬由青赴平，如必要時，再遄返南京，刻下尚無確信。

【鄭州九日中央社電】平漢路由長辛店南下車，誤點十小時，八日上午十時過鄭南下。

【南京十日中央社電】關於蘆溝橋事件，我外交部前曾派員向日本大使館提嚴重抗議，已誌各報。茲聞外交部復將前次抗議時所談各點，本日下午以書面送交該館。

【南京十日中央社電】本日上午十一時，日本駐華大使館參事日高，赴外交部晉謁王部長，談汕頭事件。聞日高氏表示希望此事能早日就地解決。王外長答稱：本人抱有同感。旋王外長提出蘆溝橋事件，要求日方注意我方所提抗議，並早日和平解決此事，不得再有任何足以擴大事態之行爲，日高對此表示同意。

《北平晨报》，1937年7月11日，第3版

日貴族院各派
重視事態發展

【東京十日同盟電】貴族院各方面，關於最近已重大化之對蘇對華問題，重視其開展。除研究會外，公正，火曜，同成，同合，交友俱樂部五派，擬於十五日午後二時，在日比谷議塲官舍，特請廣田外相出席，以對華對蘇爲中心，聽取說明，並對一般外交問題，交換意見。又貴族院各派以爲於議會關於外交問題，如行深刻論列，則於外交上，有招致不利之虞。故無使政府招致重大失敗，務由正面質問，彼此鞭撻政府，而期國策無遺憾。此種意見，已見一致。

【南京十日中央社電】二十九軍駐京辦事處長李世軍，十日晨由滬返京。午後分謁軍政各當局，轉呈平來各項要電，並於晚八時往謁何應欽報告蘆溝橋事變經過，約一時許辭出。聞李日內赴牯。

【上海十日中央社電】許世英對蘆溝橋事件，異常關懷，黃山之行業已中止，並特派秘書黃伯度，十日晚入京，晉謁王外長接洽請示。

《北平晨报》，1937年7月11日，第3版

盧溝事件前途莫測

昨日空氣好轉入夜又告惡化

日軍事計劃已奏請天皇裁可

宋委員長昨由樂陵抵津

【本報最後消息】蘆溝橋事件發生後，我方顧念和平，曾一再容忍，兩次媾和，原冀雙方各退歸原防，靜候合理談判。據今晨一時消息：事件似已大致解決，不意二時許槍砲之聲復作，經本報記者向各方調查，似係發生於蔣家村青塔寺一帶。截至本報上版時止，槍聲仍斷續不絕。

【東京十一日中央社路透電】日近衛十一日覲見日皇，以政府對華北政策，請皇允准，即獲得皇之裁可。陸相杉山曾以華北大局情形，及所決定之軍事計劃，奏報日皇，閑院宮亦覲見日皇，告一切云。

十一日下午十時據本市可靠息：一，（十日）約定雙方停戰復員後，日方忽又違約，由豐台通縣增兵千餘人之多。配備完畢後，於下午四時許，會同九日已撤退至五里店之二百餘人，復逾至大瓦窰，同時由通新到之日軍三百餘人，携有機槍山砲，進達大井村與五里店，大瓦窰之日軍，即全面向我方射擊，至七時砲火更爲猛烈。日方向龍王廟撲攻數次，最後以一營之衆，向我方衝鋒，因此兩方俱有損傷。我方其他各防地守軍爲自衛起見，不得不予以還擊，激戰至拂曉，迄後兩方即入於休戰相持狀態。二，今晨（十一日）中日兩方均願維持和平，不使事態更爲擴大，故雙方商洽結果，仍如前日之約定，兩方軍隊撤歸原防，宛平城廂仍由我軍駐防。今日午後雙方各派員監視撤兵，同時撤歸原防。結果如何，仍當續報。三，本市自蘆溝橋事件發生以來，一般市民由於愛國之心，秩序極爲安定。四，交通界息：昨晚十時，日方在津强佔車廂四輛，一輛乘坐日軍二十餘人，其他三輛則裝子彈。五，宛平縣城自九日雙方停戰後，城門業已開啟，人心亦甚安靜，被日方割斷之電綫，經修復後，乃昨日下午三時許又被日方割毁，今又正在修理中。

【本市確息】蘆溝橋方面，十日下午五時半許，日軍突又以大砲機槍攻擊我軍，我軍不得已予以還擊。入夜以後，日軍一連且向我龍王廟陣地突襲，被我軍沉着擊退。旋日方又增加兩連，繼續猛攻，我守軍雖不足一連，然以士兵奮勇，日軍並未得逞。日方更增加兩連，且山砲猛烈進攻，竟欲繼續前進渡河，卒被我軍擊退。此役雙方均有損失，嗣即入於停戰時對峙狀態。幾經接洽，現雙方暫行口頭約定，仍在無條件下，雙方下令復員。結果日方是否如前遵守信約，尚待事實之證明云。

【本報十一日下午十時特訊】關於蘆溝橋事件，雙方首腦部昨曾會晤一次，對此次不幸事件，陣亡及受傷官兵，同表惋惜，研究爾後不再發生類似之事件。刻下日方部份已由蘆溝橋附近撤至豐台等處原防。至蘆溝橋防務，仍由我軍駐守。

【濟南十一日下午十一時專電】十一日晨十一時宋哲元，偕隨員衛隊等乘汽車離樂陵到津浦路黃河崖車，換乘專車北返。

【本報十一日下午十二時急訊】（一）冀察政務委員會宋委員長，十一日下午已抵天津。（二）蘆溝橋附近大部日軍，在十一日下午九時前已退至豐台方面，惟尚餘少數部隊。至十時左右，忽又有不斷槍聲，用意不明。

《北平晨報》，1937年7月12日，第3版

何應欽王寵惠商討應付大計

【上海十一日下午十時專電】蘆溝橋事件突轉惡化後，昨夜外部接得報告，即派董道寧赴日大使館訪日高，再提嚴重抗議。要求日軍速停止非法攻擊。日高允轉達東京。王外長及外部高級人員，因候戰報，竟宵未眠。記者今午赴外部探悉，正草擬一聲明書，聲述事變經過。何應欽因接華北警耗，提前於昨日飛返抵京，與各方協商應變。今晨批閱公文，及各項報告甚忙，旋召見曹浩森，熊斌等談商。十一時王寵惠往訪，會商甚久。聞結果決定阻止事態擴大，如不可能。則必盡力自衛。

【南京十一日中央社電】十一日午後四時，日本大使館日高參事訪外交部陳次長，談蘆溝橋事件，各就所得不同之報告，相互辯論。後陳次長先舉日方最近向平津增兵之事實，顯與日本國內外當局不願事態擴大之聲言，完全相反，要求迅電日政府制止日方軍事行動，俾蘆溝橋事件得以和平解決。日高稱：中國中央軍隊，目下有向北移動之消息，日方對此甚感不安。陳答：深信中國軍隊，並無向日軍挑戰之意思，但對於任何外國任意增兵來華，侵略中國領土主權，殊難容忍，自不得不作正當之防衛。深望日本當局幡然反省，勿陷中日國交於危險之狀態。日高亦以為然。談至五時半，始與辭而去。

外交部發言人發表重要聲明

【南京十一日中央社電】關於日軍不依約撤兵，再度進犯我蘆溝橋駐軍事，我外交部發言人頃聲明如下：據所得報告，日軍不遵照雙方約定之停止軍事行動辦法，拒絕全部撤退至指定地點首則遣留步隊二百餘名於蘆溝橋東北之五里店，繼則調動大部軍隊千餘人，集結於蘆溝橋東北三里許大瓦窰，於十日下午六時起連續向我蘆溝橋駐軍猛烈進攻同時並調集日本國內外大軍，絡繹向平津進發，意圖作大規模之軍事行動，而貫徹其最初目的。至是蘆溝橋事件，遂又趨於嚴重其責任自應由日方負之。查此次事件，發動於七日深夜，日軍在蘆溝橋非法演習時，聲言演習兵一名失踪，要求入城搜查。經我方拒絕，彼遂發砲攻城，致起衝突。其為日方有計劃有作用之行動至為顯然。而蘆溝橋原非條約所許外人為駐軍演習之地，其行為之不合法，尤無疑義。我方除由蘆溝橋駐軍，守土自衛，奮勇抵抗外，一面由外交部向日本使館提出嚴重抗議，要求立即制止日軍之軍事行動，並聲明保留一切合法要求；一面由地方當局與日軍代表折衝，期事件之早日和平解決。我方維護和平苦心，可謂舉世共見。差幸八日晚雙方議定辦法：（一）雙方停止軍事行動；（二）雙方出勤部隊各回原防；（三）蘆溝橋仍由我軍駐定，方謂事件於此可告一段落。初不料所謂撤兵辦法，竟係日兵緩兵之計，毫無和平解決之誠意。中國國策外交在於維護和平，對內在於生產建設，舉凡中日間一切懸案，均願本平等互惠之精神，以外交之方式，謀和平之解決。深盼日本立即制止軍事行動，遵照前約，即日撤兵，並為避免將來衝突起見，切實制止非法之駐軍非演習。庶使事態好轉，收拾較易。否則一誤再誤，日方固無以自解其責，遠東之安寧，或將不免益趨于危險，恐尤非大局之福也。

【南京十一日中央社電】日軍違約在平郊及蘆溝橋，突又大舉增兵，並又向我駐軍挑釁，發生衝突，情勢非常嚴重，我外部於十日深夜接到此項電告後，即由亞洲司第一科科長董道寧，以電話通知日本駐華大使館參事日高信六郎，告以平郊日軍違約擴大事態，日方應負一切責任，並請其即電日本外務省　華北駐屯軍，立即下令制止一切軍事行動。日高允將此項要求，分別電知外務省及駐屯軍。又外部於十日晚，接到該項電告後，首腦人員均冒暑徹夜工作。十一日晨值星期，亞洲情報兩司人員，仍多照常辦公。王部長將於十日晨召集陳（介）次長及情報司李（廸俊）司長等數人開會，商應付方策。聞該部將於十一日下午發表重要文件，說明日軍在平郊違約挑釁之經過云。

《北平晨报》，1937年7月12日，第3版

外務省令日僑即作撤退準備

【東京十一日中央社電】今日晨五省會議歷二小時，閣議時間較短，日政府重大態度已決定。下午海軍參議官亦開會，贊成內閣決議。外務省令在華日僑作撤退準備，警廳嚴令保護在日華人，形勢似將達最惡場合。終日各報號外滿紙，咸謂中日危機，一觸即發。

【東京十一日中央社電】十一日晨緊急閣議，至九時始散，內容未發表。近衛即赴葉山謁日皇，聞今晚將發表重要聲明，宣布日政府方針。

【東京十一日中央社專電】昨夜得蘆溝橋再衝突消息，此間非常緊張。陸海外三省及參謀本部，徹夜辦公。今晨陸省派香月清司乘機前往某處，參謀總長閑院宮赴葉山謁日皇。首相，及外陸海藏四相，十時召集緊急會議，十一時再召集緊急閣議，形勢極端緊張。惟日政府聲明，仍努力制止擴大事態。外次堀內約我駐日代辦楊雲竹晤談。

【南京十一日中央社電】日軍在平郊向我駐軍挑釁，造成嚴重局勢，我駐外使領館及僑民，自極爲關切。聞外交部已將連日經過情形，隨時電告駐外各使領館，轉爲週知云。

【上海十一日中央社電】日第三艦隊旗艦出雲號，奉命來滬警備，十一日晨六時到滬云。

【本報特訊】宛平縣專員王冷齋，昨曾因病往德國醫院休養。惟因該縣縣務極待處理，故王氏決定於今日（十二日）晨偕秘書洪大中力疾返縣辦公。如途中有阻礙，聞王等亦決繞道前往云。

【上海十一日中央社電】二十九軍駐滬辦事處，據北平來電云：日軍千餘，砲二十餘門，機槍三十餘架，灰（十日）晨集中於蘆溝橋東北三里許之大瓦窰後，即向我蘆溝橋陣地數次猛力攻撲，並以一部搶奪蘆溝橋，均經我駐軍沉着擊退。戰至午後六時三十分，槍火漸稀，特聞等語。

【上海十一日下午十一時專電】孫科在滬談，暑期南遊省親，原早預定，何日成行，尚未確定。今晨與王亮疇（寵惠）通話，悉蘆溝橋事件，因日方於和平談判之時，忽調重兵，恐將擴大。中央與冀察當局，應付事變相同。

【南京十一日中央社電】孫院長對蘆溝橋事件，異常關懷，十一日晨與王外長在長途電話中接談頗久。據孫談：中央對於蘆溝橋事件，希望早日和平解決。惟以目前之形勢觀察，日方對於和平，毫無誠意，前途殊爲黯淡。但二十九軍對於保衛國土，已具決心，此可告慰於國人。本人擬南下一行，純爲省母，絕無其他任務，亦無赴瓊崖之意。至何日啓行刻尚未定，如時局嚴重，此行亦得中止云。

《北平晨报》，1937年7月12日，第3版

日駐屯軍司令將調香月繼任

【東京十一日中央社專電】香月淸司，繼田代爲華北駐屯軍司令，田代調參謀本部。

【天津十一日下午十時電話】華北日駐屯軍司令官田代自就任後，即患微恙。上月七日由津赴榆關閱檢駐軍，返津後忽病轉重。上月十六日二十一日身體熱度極高，當延醫診治靜養。現蘆溝橋事件發生，日陸軍省因田代患病，不能指揮軍事，特發表任命陸軍總監部長香月淸司，携帶重要訓令，繼任司令。香月今晨八時謁陸相杉山後，十時由立川乘飛機飛大連轉津，於下午五時半，抵東局子機場。日參謀長橋本，今下午三時半特由平乘惠通機返津，率全部幕僚到場歡迎。香月下機後，即赴日兵營休息，日內將正式舉行就職禮。

【南京十一日中央社電】自日方再度挑釁消息傳來後，全市市民莫不表示激昂。多數報紙，均將此項消息，刊出號外，張諸館門，俾引起市民之注意。各裝有無線電收音機之商號門首，均擁擠大批羣衆，以聆取報告前線之捷音。此外人民團體，多通電前方，以示聲援，並有發起募捐，以作慰勞者。

本報十二日上午二時急訊：昨十一日夜津市盛傳關於蘆溝橋事件，日方宣稱，我已容納該軍四項請求云云，與事實決不相符。

【南京十一日中央社電】宋哲元駐京代表李世軍，曾於十一日晨七時及下午六時，與平方由京平長途電話錢七話兩次。第一次，係報告日軍不顧撤兵信義，於日昨二度再犯蘆溝橋，經我方奮勇擊退經過。第二次，則稱自晨通時起，至下午六時通電話時止，前方戰事並無重大接觸，平津治安極佳，軍心振奮，防務亦甚周密。聞李氏已將兩次通話情形，分向何部長應欽，王部長寵惠報告。

《北平晨报》，1937 年 7 月 12 日，第 3 版

某著名法學家
指駁日軍行爲
蘆溝橋演習毫無法律根據
直一種無止境之侵略行爲

【南京十一日中央社電】本京某著名法學家，頃對於日外務省發言人七月十日所發表辯護日本駐屯軍在華北演習之聲明，發表其意見如下：日外務省發言人對於日軍在蘆溝橋附近之軍事演習似以一九〇〇年十二月二十二日列強關於庚子事變聯合照會中之第九條，及一九〇二年七月十五日中國與各國（日本在內）關於交還天津照會之第四款以爲辯護之根據，實則該發言人殆已忘却該列強之聯合要求保持北京與海口之交通，係以各國占入若干彼此同意的地點爲條件，而此項之同意後，即載一零九一年九月七日之所謂辛丑條約。計沿北京奉天鐵路共有十二地點，茲有特須注意者，即在此十二地點中並無自二十四年秋以來即爲日軍所佔之豐台，更無位置在平漢路線上之蘆溝橋。蓋此在平漢線之蘆溝橋，固與北京至海口之交通絕無絲毫關係也。日本發言人殆似又忘却交還天津照會之第四款所謂田野演習來復槍實習，除實彈演習外，不必知照中國方面云云。按照該項照會之規定，亦僅用適於駐在天津之軍隊，天津以外之其他地點之軍隊，即不適用。至若並不在北平奉天鐵路線上之蘆溝橋自更不適用。且所謂田野演習來復槍實習云云，自有限度，不能解釋爲如最近兩年來日本悍然不顧中國之嚴重抗議所屢演之大規模的演習也。最後該法學家，以爲日軍在蘆溝橋之演，不惟無法律根據，且亦有昧于適可而止之義。去歲九月十八日，既已非法派遣軍隊至豐台，壓迫中國軍隊退出該地矣，則今日在蘆溝橋方面，似亦應稍留餘地，不以演習爲掩護，而更予彼間之中國軍隊以難堪，觀於日軍此次之行動，直欲使人相信侵略者之行爲絕對無有止境而已云。

◎ ◎ ◎

《北平晨报》，1937年7月12日，第3版

各國一致注意華北最近局勢

【華盛頓十日中央社電】華盛頓郵報，今日刊載社論一篇，題爲「玩火」，對於蘆溝橋附近戰事所足以引起之局勢，有所論述。該文首謂華北局勢，苟聽令關東軍恣意在該處採取既往數年相同之策略，爲患甚鉅。此次衝突，中日軍隊究係何方首先開釁，尚不明瞭，惟此點關係甚微。日本軍隊既往輒在中國軍隊駐軍地點舉行夜操，招致事端，已屢見不鮮，該報繼謂：日本一星期前與蘇聯發生糾紛，今復向中國尋釁，益足見日本軍部之浮躁無定耳。日本在華北之活動，已使中國爲之讎讎不安。日本時常舉行之操演，將於何時轉變，爲擴充日本控制華北範圍之實際行動，尚不可悉，實則日本自佔據「滿洲」後，關東軍已擴充其控制之範圍矣。該報結論謂：「玩火」究爲危險之舉動，而在火藥庫附近，其危險爲尤甚云。

【莫斯科十一日中央社路透電】眞理報評論華北大局，謂：日本今復在華北挑釁，志在截斷察哈爾與南方之交通，俾得遏制察哈爾之事變，而由察進窺綏遠。日軍事當局，現圖消滅南京政府在華北漸增之勢力，强迫華北當局，接受日方之要求，俾以既成事實，窘困南京政府。蘆溝橋之挑釁，顯爲近衛對華新政策之實現云。

【柏林十一日中央社 透電】德各報皆於顯著地位，登載華北戰事消息。德國並不圖掩飾大局之嚴重性，亦決不欲袒護任何方面，雙方公報均同樣登載。波森日報載有社論：謂戰事之最近原因，殆爲氣候炎熱，神經不寧，爲其較深之原因。此種戰事，常以和解了結。此次之和平結果，端賴雙方勿彎弓過烈云。佛蘭克費特報謂：蔣委員長已將中國軍隊，練成勁旅，不復如前之萎靡不振矣。

【羅馬十一日中央社路透電】據政界聲稱：義國對華北戰事，取完全不理態度。實則義國現忙於應付西班牙問題，不遑顧及華北事務云。

【巴黎十一日中央社路透電】法外部發言人，十一日宣稱：華北戰事消息，當然引起關於國際反響之憂慮。惟雙方情報，多相牴觸，故目前空氣，以猶豫之成分居多，憂慮猶居其次。吾人今尚未接詳報，故不能發準確之意見云。

【上海十一日中央社電】蘆溝橋事變消息傳滬後，許世英甚覺痛心，雖在病中，仍力疾從公，聽取各方情報，注視事件推移，並每日與外部通電話，且電東京我駐日使館指示一切。十一日偕秘書黃伯度乘夜車入京。

《北平晨报》，1937 年 7 月 12 日，第 3 版

日方迄無撤兵誠意 昨又開到大批援軍

定明日在津作大規模演習

宋委員長昨發表書面談話

【本市消息】日本已由本國及關東軍方面，抽調大部軍隊，向華北增援。聞由該國擬開兩師團，現已有一部士兵登輪待發。

【本市消息】舉世矚目之盧溝橋事件，中日雙方當局，本又口頭約定，於十一日實行各歸原防。是日我軍已復員，撤至衙門口後方一帶。日軍大部亦撤往豐台方面，惟並未完全撤盡。前方警戒區內，雙方軍隊爲警戒起見，因此又有射擊，而致互相增援，形勢轉趨嚴重。十二日下午　雙方當局遂各派員前往前綫視察，相互監視，實行復員，以期事件早日了結。我方所派爲三十七師副師長張凌雲，冀察綏靖公署交通處副處長周永業，二十九軍參謀周士俊，日方所派爲櫻井，笠井，中島。張等奉命已於昨午前往。我軍復員現在準備中，日軍是否實行踐約，尚待續報。自事變發生以來，已歷五日。此間當局始終本不挑釁，不喪權，不辱國之旨，以促對方之猛省。如日軍再不撤退，則前途如何演變，殊難逆料也。

【天津十二日中央社電】日軍飛機，續有增加，十二日晨又到七架，停於東局子日兵營前機場，連同十一日到津者，此間已有日機二十餘架。

【天津十二日中央社電】津日軍將於十四日起，在津南郊演習三日，際此盧溝橋戰事未完全解決之時，日軍此舉，頗引人嚴重注意。又據此間消息，關外日軍一部，經古北口開往通縣豐台一帶。

【津十二日下午七時電話】宋委員長返津後因長途勞頓突患腰痛，一二日內暫不離津，亦未接見賓客。今日下午七時在進德社接見記者，由王式玖代表接見，並發表書面談話如下：此次盧溝橋發生事件，實爲東亞之不幸局部之衝突，能隨時解决，尚爲不幸中之大幸。東亞兩大民族，即是中日兩國，應事事從順序上着想，不應自找苦惱。人類生於世界，皆應認清自己責任。余向主和平，愛護人羣，决不願以人類作無益社會之犧牲。合法合理，社會即可平安，能平即能和，不平即不能和。希望負責者，以東亞大局爲重。若只知個人利益，則國家有興有亡，興亡之數，殊非盡爲吾人所能意料也。

【南京十二日中央社電】二十九軍駐京代表李世軍，十二日晚對記者談：日軍自在盧溝橋對我方挑釁後，經外交當局據理抗議，三日以來，中日雙方會各派代表舉行談判。但日方應允撤兵，迄未履行。更由關外調兵增援，白晝談判，夜間則繼續挑釁，猛襲我方防地，其爲利於作戰策略，而故作緩兵之計，毫無誠意，甚爲明顯。日來日本同盟社屢傳協定已成立，附有種種條件，我方已開始撤軍等消息，均係惡意宣傳，望國人勿爲淆惑云。

【本市消息】盧溝橋事件昨雖有極鬆之和平空氣，但集結大井村一帶至平盧大道上之平漢路涵洞之日軍，迄昨晚止，仍未撤退。豐台及通縣日駐軍並徵集大車等運輸用品甚忙云。

【本市消息】昨（十二）日下午三時許，有日偵察機一架，由通州飛來北平市上空，盤旋兩週，旋赴盧溝橋，長辛店，西苑，南苑一帶偵察，至五時許，又經平市上空東飛赴津云。

【本市消息】北寧路局長陳覺生，前日上午由津專車抵平，協助當局商談盧溝橋事件。昨以事畢，於上午十一時乘原專車返津，齊爕携眷同行。據陳談：盧案外交折衝結果，可望和平解決。

【本報特訊】昨晚九時許，日兵二百名汽車五十輛坦克車十輛，並携有重武器甚多，由東雙橋經豐台過什方院，欲向北推進。經我駐軍偵知堵截，約半小時許，日兵始向後退。又訊，九時由古北口開來日兵六百名，鐵甲車十一輛，載重汽車四十餘輛，□鋼砲重機關槍等重武器，開抵通縣。十時，大井村日兵二百餘名，由大井村向東經財神廟進攻，經我駐軍截堵，卒未得逞。

《北平晨报》，1937年7月13日，第3版

北寧路上兵車絡繹

【南京十二日中央社電】據十三日晨一時本京某機關接北平報告如下：（一）日關東軍五列車，共一千五百人，十二日由山海關開抵入津，在東車站下車，旋開往海光寺日兵營。（二）蘆溝橋方面，十二日開到日方坦克車二十餘輛，但尚無動作。（三）日軍三百餘人，攜有山砲機關槍，十二日由通州開抵大井村。

【天津十二日中央社路透電】日軍車陸續由榆抵津，聞因北寧路局拒絕裝運日軍之請求，日方乃、南滿鐵路之員工與車輛，自行運兵入關。北寧路榆平段，實際上我方已無完全統制能力。

【天津十二日中央社路透電】今日續有日軍自滿洲乘北寧路車抵津，午後有鐵甲車一列，自瀋陽抵此。未幾，復有日兵一大隊，在津東站下車。同時此間日空軍，續到飛機多架，今共有飛機十八架之多。宋哲元今稱：渠擬在津留數日，不欲見客云。

【天津十二日中央社電】日軍仍陸續由榆乘專車來津，頃又到達千餘人。計：（一）日軍六百餘人，馬百餘匹，軍用品六悶車，於午六時二十分抵津。（二）午後七時半，又有四百餘人，馬一八零匹，大砲共裝九車，於七半抵津，均停於東站，全體士兵並下車在附近休息。另有日兵車，十二日晚亦可到。

【天津十二日中央社電】十二日晚九時，又有日兵車一列，由榆抵津。計載兵四百餘名，馬百餘匹，大砲六門，另有悶子車五輛，滿載軍械子彈，即停於東站。十二日一日共到日兵車四列，人數在二千人以上。所有運兵之車皮及機關車，均係關外開來者云。

【東京十二日中央社路透電】日皇與后在葉山別宮過夏，因華北局勢緊張，十二日午後返抵東京。

【天津十二日下午十時加急電話】日關東軍騎兵五百餘名，攜軍馬五百餘匹，今日下午六時十五分，乘列車一列，由榆關開抵津，現尚未下車。下午七時半，又有關東軍騎兵三百餘人，攜軍馬同數，由榆乘車抵津。當即下車，整隊經河北特二區，東浮橋，沿河馬路，過金鋼橋，再經大興路入黃緯路，逕往西開去。其情形似往豐台。又今日關東軍各次列車到津者，均係南滿路員擔任駕駛，因北寧路局奉令不准撥發兵車。據日方稱：如北寧路能允撥車輛，則可令南滿路職員及司機者退回關外云云。

《北平晨报》，1937年7月13日，第3版

日軍昨又砲轟宛平

【本市消息】昨（十二）據由宛平縣城內逃來北平避難者談：殘留距縣城東門里許鐵道涵洞附近之日軍，昨（十二）晨一時許・於和平解決聲浪傳到宛平縣之際，突又以重砲向縣城轟擊。縣署秘書室落一彈，全部被炸。專員公署亦中一彈，房屋一部又被炸塌。城中一陳姓，全家四口，共臥一炕，不意彈飛來，三人立時炸死，血肉橫飛，慘不忍睹。另一人雖未死，然亦炸傷甚重，現已經運赴長辛店醫院治療。宛平縣吧城城牆昨（十二）晨中彈甚多，縣署暨專員公署卷宗檔案，被彈炸散，狼藉滿地。昨（十二）已由警隊負責整理保存云。

【本市消息】河北省第四區行政督察專員王冷齋，前日因蘆溝橋事件，既經交涉和平解決，遂來平謁秦馮各當局，報告守城經過。嗣因該項事件，反復發生波折，王氏受刺激過重，遂致一急咯血，當入德國醫院診治，靜養兩日已略有起色。王氏以各項善後問題，極待料理，已於昨日（十二日）上午八時力疾返回宛平縣城主持一切，縣府秘[illegible]達中亦與同行返城云。

【密雲十二日下午八時電話】日關東軍五百餘名，十二日下午三時由承分乘大汽車多輛，開入古北口，携有小鋼砲多尊，機槍數十挺，入石匣城，分駐城內各地。第二批一百五十餘人，分乘大汽車十輛，全副武裝，分駐城內縣府附近。懷柔保安隊已奉命在順義縣集中待命。

《北平晨报》，1937年7月13日，第3版

香月昨飛豐台巡視

【天津十二日中央社路透電】日軍一大混成隊，內有機關槍兵一中隊，從關外開來。十二日抵津東站，旋往日租界之日營房。香月聞十二日午赴豐台，與該處日軍官有所接洽，參謀長橫本與之同往。

【天津十二日夜十一時中央社電】據路息：十二日晚豐台附近有日軍坦克車數輛經過，去向不明。又此間十二日上午十時半，有日軍四百餘名，馬百餘匹，由平津公路前進，似亦赴豐台。

【天津十二日中央社電】日艦菊號，十二日午開抵塘沽，共有水手百餘名。又傳日華北駐屯軍司令香月，十二日午一度飛豐台，對部隊有所訓示，旋即返津。

【本市消息】豐台日軍一百六十餘名，昨晨七時二十八分，由豐台乘北寧專車抵平，下車後即由水關入日兵營云。

【天津十二日下午七時加急電話】日兵三百七十餘人，全副武裝，今午十一時四十分，由榆關抵津，下車後赴海光寺兵營。下午二時三十五分，日鐵甲車一列，上乘日兵五十餘人，由榆抵津，停東車站。下午三時十分，日鐵甲車一列，由榆到東站上乘日兵二十名。下午六時十五分，日兵六百餘人，由榆關乘車抵津，尚未下車。又日軍用雙翼飛機六架，單翼飛機一架，今晨六時，由西北方飛抵津，在東局子機場降落。上午八時，又到轟炸機八架，下午一時四十五分又到兩架，現津市共停日機三十餘架。

《北平晨报》，1937年7月13日，第3版

陳介報告中日情勢

【南京十二日中央社電】十二日上午九時，外部舉行總理紀念週，外次陳介主席，領導行禮如儀後，即席報告中日外交情勢。略謂七日晚蘆溝橋事件發生後，八日晚已停戰，不意十日雙方復起衝突，昨日又約停止。但據確息：迄今晨止，仍有槍聲，足見尚未實行停戰。第一次衝突解決辦法，係由雙方撤兵，衝突地帶，由保安隊接防。但不知何故，停戰以後，忽又衝突。目前戰事範圍不大，然從近日日方軍事行動觀察，似爲有計劃之大規模策動。東京方面情勢緊張，近衛公爵十一日赴葉山，謁覲日皇，陸軍海軍外務三省及參謀本部澈夜辦公，華北駐屯軍司令田代有病，已命香月替代，關東軍仍源源出動，朝鮮總督府亦有聲明國內之第五師已開拔來華，第十師團亦待命出發。更觀日方當局對內對外之聲明，顯有擴大事態之勢。現中央對此，極爲注意。軍事方面行動，吾人不知。外交方面，除屢次抗議外，並已有節略送致日本大使館，同時電令駐日大使館楊參事，向日外務省嚴重抗議。本部昨已派員赴平津，實地調查，以資將來交涉之準備。昨日本大使館日高參事來見探聽中國軍隊移動情形，當告以軍事情形，外人不得而知，中國軍隊決無向任何國家挑戰之意。但如任何國侵略中國領土主權，則有應戰之決心。現日本積極向平津增兵，實與日本國內外當局不願事態擴大之聲言完全相反。日本如有心維護東亞和平應即停止軍事行動，日高亦以爲然。然日方之所以一面增兵，一面進行談判，不能不令人認爲遷延時日，藉謀大舉。現在外交情勢如此緊急，事務倍增，諸同仁幸勿以在暑假期內，稍有懈怠。我國駐日許大使，年高多病，屢次請辭，茲以外交緊急，院部盼其回任，今晨派人來部表示，願打銷辭意，不日即返東京。老成憂國，至可欽佩。深盼諸同仁有此精神，努力公務云。

《北平晨报》，1937年7月13日，第3版

許使即將力疾返任

【南京十二日中央社電】外交界息：許世英以年高多病，不勝繁劇，屢請辭職，均經蔣慰留。聞許近以蘆溝橋事變，中日外交情勢緊急，業已自動打銷辭意，不日即首途回任，力疾從公。又駐日大使館秘書黃伯度，十二日晨由滬抵京，即赴外部謁各長官。

【南京十二日中央社電】十二日上午十時三刻，日本大使館參事日高，率同陸軍副武官大城戶，海軍副武官中原，赴外部晉謁王部長，至十二時半辭出，聞係對於蘆溝橋事件交換意見。

【上海十二日下午十時專電】許世英因中日關係緊張，除派黃伯度赴京謁外王外，並電駐日使館人員，搜集情報。許原有倦勤意，茲意已稍動，如中央有急命，將提前返任。

【東京十二日中央社電】十二日下午五時，楊代辦訪堀內提出蘆溝橋事件之書面抗議。

【南京十二日中央社電】自蘆溝橋事件發生後，中日外交又形緊張。外部在暑期照例僅上午辦公，現則自晨至夕，竟日工作，極形忙碌，各高級官員，深夜猶在部辦公。又情報亞洲兩司，爲辦事迅速起見，現各指派重要職員數人，合室工作。

《北平晨报》，1937年7月13日，第3版

英美注視華北局勢

【倫敦十二日路透電】今日下院議員，爲華北事件，向外相提出若干質問。外相於答復時，略述華北戰事之經過後，稱根據（辛丑）條約，日本及其他列强，得在華北某某若干地點駐軍以維持海上之交通。現日軍總額約達七千名之衆，現中日局勢緊張，於英國利益及國際貿易上之可能反響，現在已有充分之認識。艾氏繼復於答復保守黨議員潑魯奇氏之□問時，曾稱：倫英日之談判得在倫敦進展，當然對於華北事變，日後儘有與日大使討論之機會。英政府所渴望者，非但目前之事，應即速解決，即中日兩國間之種種困難，亦應解除（衆歡呼）。茲有勞工黨議員漢德森，當即建議謂：英府政應向日大使提出對於日軍在北平附近操演之異議。艾登答稱：此等事件之原委，至爲複雜，但彼深知下院之普遍志願，即吾人應竭力設法阻止事態之更惡化也，衆復歡呼。

【南京十二日中央社電】日軍近在平郊挑釁，與我駐軍發生衝突，華北局面，頗形嚴重。歐美各國政府，對此事極爲重視。駐華英國大使館秘書裨德本，及駐華美大使館秘書艾其森，十二日上下午先後到外部拜訪情報司李司長，探詢關於此事之消息云。

【倫敦十二日中央社路透電】此間各報對華北危局，繼續重視，惟迄未加以論列。以大致觀之，各方似不願有所言動，轉致增加時局之嚴重性。至官場方面，則力守緘默，深信必須多得消息，始可相當了解局勢之究竟。惟某新自遠東返國之威權者，今日與路透社記者談此次事變，有兩種可能之解釋：（一）外國軍隊之在中國領土內操演，無如日本軍隊之頻數者。中國軍隊，對此有所反感，亦不足爲奇。（二）此種日軍之行動，爲日本軍人對日新政府和平政策之直接挑釁。

【倫敦十二日中央社路透電】倫敦人士對遠東事變，採取鎮靜態度。市場方面，因上海形勢安靜，中國債券降落極微，但日本債券因日本貨幣限制，而無法與東京方面成立公斷□例，大爲銳落。倫敦方面，極望中日間早日成立和解，所恐者中國將對日貨重起「杯葛」，轉改日本採取報復手段耳。

《北平晨报》，1937年7月13日，第3版

東京朝野態度一斑

【東京十二日路透電】日首相近衛十一日夜邀集政財報界代表，向之解釋政府對華之政策，各代表皆允團結贊助政府政策。近衛詳述政府不得不作嚴重決議之情勢，惟謂政府仍未放棄和平談判希望。並謂此次事變，爲中國多年來辛苦大胆經營之排日運動與教育之自然結果。日政府由滿韓及日本本部派兵至華北者，本意乃在促中國重行考慮其態度云。此次集會閣員全體蒞臨，散會後政民兩黨發表宣言，聲明贊助政府政策，少數黨徒亦有此行動。藏相賀屋今日宣布：政府雖遭華北事變，決計維持目前滙率，並請銀行家財政家合作，以達此目的。

【東京十二日中央社電】今晨各報評論日出兵事件，皆支持內閣方針。朝日新聞謂：如能平和收拾華北局面，最爲幸事。目前尚未失時機，切望最後努力，從速和平解決。此次出兵，決非以中日戰爭爲目的。日日新聞謂，吾儕所希冀者，乘此機會，對蘆溝橋事件，背後所潛藏之根本原因，須採取拔本塞源之對策，此即國府抗日政策及華北中央化是也。並謂引起此類事態之淵源，在排日侮日抗日運動，故非掃滅不可，不消除根本原因，則不足語調整。中日國交，當然須有此種保障，斷不可不徹底而終。報知謂：縱使中日間能得此種收拾方法，惟是否可完全信賴，殊屬疑問。希望中國從速採取誠意態度，同時日當局，應發揮一切機能，努力圓滿，收拾事態，但軍略上時機亦不可失。讀賣謂：中日間不幸而發生全面的衝突，其結果究如何，近代戰爭決不能限定於相對兩國，歐洲大戰可爲例。現時情勢，比歐戰時已複雜險惡。遠東之中日衝突，誰亦不能保證其無引起許多波瀾之危險。

《北平晨报》，1937年7月13日，第3版

全國奮起願爲後盾

【南京十二日中央社電】京市黨部暨農工商婦女等團體，十二日電慰平宋委長，馮主席，秦市長，津張市長，暨二十九軍將士。中有我二十九軍處國防最前綫，守土禦侮，各將士深明大義，定能沉着應付。我首都民衆爲民族爭生存，爲國家維人格，一息尚存，誓爲諸將士後盾。披髮纓冠，義無反顧，等語。

【西安十二日中央社電】二十七路總指揮馮欽哉，暨師長歐子俊，武士敏，十二日電宋，秦，馮，張，聲援。電末有本路將士，願作後盾，同仇敵愾，滅此朝食，等語。

【重慶十二日中央社電】此間各界以日軍又在華北挑釁，我守土將士，忠勇抗戰，殊爲興奮，紛起募捐慰勞前方將士。新蜀報十二日刊登啟事，代收捐欵，全體職員並捐百元，以爲之倡。又私立巘江中學全體師生，亦捐百元，并電二十九軍致慰。

【漢口十二日中央社電】蘆溝橋發生戰事後，我軍抗戰守土，十分忠勇。平漢路長辛店辦事處及工會，即於九日購買罐頭食品多件，前往慰勞受傷將士。又十一日該路工會慰勞抗戰將士物品，有背心，毛巾，共一百打，餅乾二一四斤，猪七隻，現正組織慰勞隊云。

【歸綏十二日下午十時專電】十二日晨綏各界舉行聯合擴大紀念週，傅作義出席報告蘆溝橋事件經過，勗勉全綏軍民在此非常期間，加緊努力，準備作最大犧牲云。

【上海十二日中央社電】交通，重慶，同濟，復旦，大夏，雲南，協和，中華、暨南等大學校長，黎照寰，胡庶華等，十二日晚假新亞酒店集議，聲援二十九軍抗日將士問題。當議決致電慰勞二十九軍將士，勗以堅持到底，保我河山。並定十三日午召集談話會，討論籌欵接濟前方將士餉糧辦法。

《北平晨报》，1937年7月13日，第3版

平市戒嚴 時間縮短

【本市消息】平市自蘆溝橋事件宣布戒嚴後，迄昨已有五日，一般情形，均極安定。警察局長陳繼淹，以本人負有地方治安之重責，每晚必親赴各大街小巷巡視，並指示勤務。記者昨於某處晤及陳氏，略誌所談如下：本市自蘆溝橋事件發生後，爲防患宵小活動起見，特宣佈戒嚴。數日來市內情形，殊爲良好，足以表現人民信賴當局上下一致之意。頃蘆溝橋事件，已可和平解決，爲便利商民起見，戒嚴時間，自本（十二日）日起，由晚八時縮短至十一時起始，惟爲防範宵小，仍實行盤查行人，但僅由警憲擔負執行。至平市糧價，在此閉城一二日中，何至飛漲不已，顯係奸商從中操縱，希圖漁利。已呈准上峯，無論如何，以大米雜糧事關小民生計，自即日起必須恢復上星期六之價格，否則即以戒嚴條例，予以嚴懲，用安地方云。

駐滬日軍 遊行示威

【上海十二日中央社電】駐滬日海軍陸戰隊武裝軍士三百餘名，十二日晨八時有分乘軍用卡車多輛，侵入閘北同濟路，江灣路一帶示威遊行。且有軍官數人，手持地圖，不斷向軍士指示，歷時半小時始回日軍司令部。

《北平晨报》，1937年7月13日，第3版

日軍入關有增無已
華北局勢益趨嚴重
和平希望甚微事態勢將擴大
深盼對方猛省從速實踐撤兵

【南京十三日中央社電】日本駐屯軍違反條約，在蘆溝橋演習，並向我駐軍挑釁，使平津局面惡化。此事日方應負一切責任，自屬毫無疑問。我方爲維護對外和平之一貫國策，除由外部向駐華日．使館提出抗議，要求立即制止軍事行動外，並由地方當局與日軍代表折衝，期此事早日適當和平解決，而免事態擴大。不料日方竟一面揚言和平撤兵，一面隨地挑釁。同時並徵調關東朝鮮及國內大軍壓迫平津，且繼續不斷，向我駐軍進攻，顯係有意擴大事態，別有企圖。日本國內又盡量宣傳對華作戰，空氣極度緊張，宛如戰時狀態。其用意所在，極堪注意。東亞危機，可謂已達頂點，將來如何演變全視日本有無維持和平之誠意。歐美各國政府對此事異常重視，除英美駐華大使館已派秘書，於昨日先後到我外交部訪晤情報司李司長廸俊，探詢是項消息外，駐華波蘭公使館參事郭雷新斯基，駐華德國大使館參事飛師爾，及駐華法大使館秘書高蘭爾，於十三日上下午先後到外交部拜訪情報司李司長詢問平津最近情勢。又我政府各長官，前多赴廬辦公，近因對外局勢，突然緊張，均定十三十四兩日分別返京，協同在京長官，應付一切。其一部分長官，已於十三日下午抵京。

【本市消息】蘆溝橋事件，因日方軍隊未全撤退，且由關外調來大部軍隊，陸續由天津通州方面向豐台方面增援，致使形勢益趨嚴重。十三日晚據精通冀察情形者聲稱：我軍始終不願事態擴大，如和平未至絕望時期，自不放棄和平，非至存亡最後關頭，當然不願陷兩大民族於萬刦不復之地步。若日軍幡然覺悟，國內出發軍隊立時停止，蘆橋溝豐台方面亦立即恢復八日前之狀態，則前途或有一綫曙光，亦未可知。總之，此事件冀察當局，固願求和平，但能平然後能和，深望負責者加以絕大反省也。

《北平晨报》，1937年7月14日，第3版

接受條件 絕非事實

【天津十三日中央社電】宋哲元晨七時召集各機關首領談話謂：蘆事固願和平解決，但報載接受條件云云，絕非事實。

【倫敦十三日中央社海通電】此間鑒於華北戰雲之密佈，咸信若欲避免中日軍之衝突，勢非第三國出而調停不可。上海及其他各地之日商，已奉到日政府命令，至必要時，迅速將日僑婦孺撤退。而虹口之日軍，亦奉令準備出動。上海之日海軍，亦在待命中。

【南京十三日中央社電】此間所接平方消息：（一）十三日晨拂曉，南苑永定門間之大紅門，發現日軍約四十餘名，分向永定門及南苑附近我軍陣地猛烈攻擊，激戰兩小時，均被我軍擊退。（二）北平東南近郊各鐵道，多被日方破壞。（三）所謂日方退兵，毫無誠意，彼仍源源增兵。雖仍派人向我交涉，但和平希望極微，事態必然擴大。（四）蘆溝橋方面戰事稍沉寂，仍爲我軍駐守，陣地鞏固，對方常向我提出種種要求，均經拒絕。

大紅門外 衝突眞相

【本市消息】今（十三日）午永定門至南苑途中大紅門地帶，中日軍隊發生衝突一節已誌前訊。午後三時許，我方監視撤兵員張淩雲，周士俊，會同日方笠井，前往調查，傍晚返城報告。其眞相如次：今（十三日）晨八時，永定門外通豐汽車道上轉灣處，忽由通州方面開來砲兵載重汽車七十餘輛，陸續向豐台開行。其最後十數輛中之一輛，忽因汽油爆發，引起炸彈，全部炸裂，其聲轟然。永定門上我方士兵頗爲疑訝，當即散開，預備抵禦。日軍見狀，頓現驚慌，竟有一輛向大紅門方面後退馳去。十一時馳至大紅門第一門，經我守兵及警察阻止，日兵不從，反先開槍，我警察一名受傷倒地，該車輛繼即鳴槍衝至第二門，我守兵遂不得不加抵禦，其車輛遂撞於柳樹上被毀，車上日兵隨即下車向我軍猛烈射擊。雙方衝突約半小時，各有死傷。

《北平晨报》，1937年7月14日，第3版

日軍二十餘人繼卽退去。當激戰時，其他多輛汽車，匿於郎坊一小廟內，退去之兵亦多往匿該處。鬬後聞已退往豐台方面矣。

【天津十四日上午三時十五分中央社電】津海光寺日兵營，十四日上午二時有騎兵五六百人開出自日租界福島街，旭街，向北行經東馬路，向河北而去。似將開往平津公路，轉赴豐台一帶增援。

北寧各站多被佔據

【天津十三日九點三十五分中央社電】日兵車大批抵津後，僞奉山路職員百餘人隨來，在沿途各站分別下車，赴各站長公事房。津東站計有六人，並聞尙有六人，擬十四日赴北寧路車務處調動股。據彼等稱：係因北寧路對兵車不負調動責任，故自行辦理，路局對此將予拒絕。

【天津十三日下午一時零六分中央社電】十三日晨三時四十五分到津之日兵，多屬交通兵，並有鐵路枕木四十四車同來。現在北寧沿綫各站，均有日交通隊駐守。津平間各次車，十三日晨均未開行，只二十二次由津至豐台。據路訊：永定門附近十三日晨，中日軍隊又有小衝突。

【天津十三日中央社電】隨日軍而來之僞奉山路，及日交通隊人員，分在北寧沿綫各車站强行參與行車往來事宜，並爲日兵車往來調排時間。津東站十三日亦有六七人出入站長室，不料日方十三日晚又有函致北寧路局，謂將於十四日派六人在調動股辦理日軍行車事宜。又日兵車兩列，現在途中，計程十四日晨可到津。

【天津十三日中央社電】據路訊：豐台扶輪小學，已被日方於十三日午佔據駐軍。

【天津十三日中央社電】南滿鐵路職員，現已分駐於榆關天津間鐵路各點，以便照料日本兵車交通。現日本兵車，自關外向天津進發，源源不斷。天津東站開到日本兵車，徹夜未停，東站現已呈非常備戰形式。截至十三日晨十一時半止，已到日本兵車共十二列，尙有許多正在途中。聞日軍一營，攜帶野戰砲，已由古北口開入關內，距北平不遠。天津東站與日租界間沿路交通，在日軍由站赴營之時，概行禁絕。總站與東站間之路，刻由日軍巡邏防衛。由津赴平之火車，刻被阻於豐台。天津現共有日飛機三十二架。

《北平晨报》，1937年7月14日，第3版

關外日軍源源抵津

【天津十三日中央社電】據此間外人方面觀察，此次由關外開來之日軍，其總數將達萬餘人。此項軍隊，並無關東軍之符號。據彼等推測，恐係由日本國內開至東北，再經鐵路運來，以避人注意云。另聞十二日晚由古北口開到通縣之日軍，約二千餘人。十三日仍有大批陸續開到。

【天津十三日中央社電】日兵陸續由榆關來津，由十二日起至十三日午止，共到兵車十二列，人數在三千人以上。其他軍械子彈，爲數極多。日方現派交通隊駐在東車站，並驅逐附近行人，來往盤旋。

【天津十三日中央社電】據此間外人方面消息：榆關停日飛機，達百餘架，除抵津者三十二架外，餘均仍停該處，未他運。又十三日晚抵津之日兵車，內中有看護隊二十餘人，携看護車二十輛，及大批藥品同來云。

【天津十三日十二時五十五分中央社電】十三日上午十一時二十五分東站，又由榆關開到日兵車一列，裝士兵二百餘人，載重汽車三十餘輛，尚有大批軍械子彈，爲數甚多。同時有駁船一隻，由塘沽開抵日租界河沿，卸下彈藥五百餘箱。

【天津十三日中央社電】十三日晨此間又到日軍用機四架，東局子飛機場，截至今午止，共有日機三十二架。

【天津十三日中央社電】榆關開到之關外日兵，於十三日晨仍陸續來津三列。計：（一）晨四時十分到日軍三百餘名，載重汽車十一輛，軍用汽車五輛。（二）五時十分到日軍二百餘人，載重汽車二十輛，軍用車五輛。（三）七時四十五分到工兵三百餘人，載重汽車若干，無綫電機一架。又十二日夜十二時許抵津之日兵車，除有士兵三四百人外，尚有鐵甲車三十餘輛。十二日一日間由榆開來之日兵車共十二列，現已到津九列。

《北平晨报》，1937年7月14日，第3版

日軍已作完全佈置

【長春十三日路透電】關東軍發言人，今日在此聲稱，如再遇「挑」釁行爲，日方準備採行最劇烈之手段。關東軍現已作完全佈置，以援助華北駐屯軍，俾衝突事件，獲有安全結束云。日軍除由鐵路出發外，現又有載重汽車，由熱河經古北口向北平前進。其由朝鮮調往華北之日軍，大約將假道瀋陽而行。此項援軍，所取路線，現尚未定。但以意度之，將經山海關前進，而以摩托隊爲其後援。此摩托隊，現正由熱河經古北口，而進窺北平，

【天津十三日中央社電】津日駐屯軍，頃作戰時準備，聞已成立統監部，由香月任統監。下設作戰課，以和知任課長。

【天津十三日中央社電】據北戴河訊：秦榆等地日兵車，絡繹不絕，現有若干列仍擬準備西上。

【天津十三日下午二時四十四分中央社電】十三日晨六時十分，尚有日兵車一列開抵津東站，共載兵三十餘人，載重汽車十輛，軍械車五輛，亦停於新站。

【天津十三日中央社電】日兵車十三日下午七時半，又有一列到津。計載兵一百餘名，坦克車二輛。載重汽車二輛，軍械車五輛，馬二十餘匹，停於東站，即下車分赴海光寺及東局子兩兵營。又十三日晨抵津之日兵車皮三列。午後離津東返。另有一列，載兵三十餘人，於午後赴豐台。

【天津十四日上午一時四十三分中央社電】十三日晚繼續到津之日兵車，共爲三列。計（一）十一時二十五分載兵五十餘人，載重汽車十輛，小汽車十輛。（二）十一時四十分載兵百餘人，載重汽車二十輛，軍械車十一輛，高射砲六門。（三）十二時許又到一輛，人數不詳。十三日晚車站有日兵三十餘人，嚴重戒備，並架設機關槍數挺，禁人往來。十三日尚有一部日軍用品，沿平津公路赴豐台。日軍在津除强徵日租界內大批載重汽車外，十三日又派人向各處徵集大車八十輛。

《北平晨报》，1937年7月14日，第3版

各部長官紛紛返京

【南京十三日中央社電】行政院所屬各部會駐廬各長官，頃以時局嚴重，京中政務增劇，特於十三日晨院會時決定，即日啟程返京。除張嘉璈，陳樹人，吳忠信，劉瑞恒，陳季良，徐堪，段錫朋，陳誠，彭學沛等，均定十四日分別乘輪乘機返京外，十三日下午五時一刻由滬乘中航水上機抵京者，有吳鼎昌，俞飛鵬，王世杰，蔣作賓，徐謨，暨鄒琳等。京中各界及各該部長官，前往歡迎者極衆，有王寵惠，褚民誼，張道藩，周炳琳，周詒春，陳介等百餘人，一行六人下機後，即與往迎者握手致謝，旋分別乘車入城休息。據談：近日平津局勢緊張，在廬各長官，均極表鎮靜。本人等頃以京中政務繁重，特奉蔣院長諭，齊離牯返京。至廬山談話與各種訓練，現仍照原定計劃進行云云。

【南京十三日中央社電】徐謨十三日下午五時許飛返京後，即與往迎之外王及外次陳介，同乘汽車入城，至外部官舍報告在廬當局對此次外交問題之指示。

【南京十三日中央社電】駐華日本大使館參事日高，及駐京武官大城戶，日昨曾先後要求請謁何部長，何氏以外交事務，向由外交部主管，且現值公務繁忙，實無暇晷，故未接見。

《北平晨报》，1937年7月14日，第3版

許世英定後日東渡

【上海十三日中央社電】許世英以蘆溝橋事變發生，奉蔣院長王外長敦促，決打消辭意，於十六日力疾乘克利扶總統輪東渡返任，擬於神戶登岸，即乘車赴東京。秘書黃伯度，因赴辦懸辦之公務，定下次船期啟程。

【東京十三日中央社電】楊代辦雲竹奉外部十三日令，午訪廣田。因廣田出席會議，由堀內接見。楊對雙方撤兵問題，促日政府注意，談約四十分鐘。

【倫敦十二日中央社路透電】駐英中國大使署今日發表公報，指華北局勢極爲嚴重。謂日本此種行動，乃欲化華北爲滿洲第二之預定計劃，中國雖極不願擴大事態，然在必要時，則決定不恤任何代價，抗拒侵略，而保衛本國疆土。日軍現集中於豐台與北平郊外者，共約二萬餘人，東京復遣第五師團由日赴華，而日軍第十師團，亦在動員中云。

【上海十三日下午十時專電】許世英因中日軍急，已打銷辭意，定明晚入京謁王外長，即行返滬，定十七日乘克利快蘭輪東渡。許疾今仍延醫診視，無大碍。

【上海十三日中央社海通電】外交次長陳介，今談政府已決定派員北上，調查中日交涉之眞相。陳謂日關東軍之出動，及第十師團之動員，令時局愈趨緊張，與日當局所表示者，完全矛盾云。

《北平晨报》，1937年7月14日，第3版

赫爾照會中日大使

【華盛頓十二日中央社路透電】美國務院今日聲稱：國務卿赫爾，已分別照會駐美日大使齋藤博，與中國大使署，告以中日間之武裝衝突，將爲和平與世界進行之重大打擊云。

【華盛頓十二日哈瓦斯電】日駐美大使齋藤，頃與國務卿赫爾談話，歷半小時之久。當就渠自東京方面所獲關於華北局勢之消息，向赫爾提出說明。事後齋藤向報界發稱：渠幷與赫爾討論任何種和解性質之建議，但謂日本現正謀設法儘量減少華北局勢之危險性云。

【華盛頓十三日中央社路透電】美國務卿赫爾，今日答復關於華北局勢之種種問話，未作切實肯定之語。或否以英外相艾登所稱英政府現考慮與美商榷事一節，赫爾答稱渠尚未接到關于此種動作之情報。又有人詢以美國將否以中立法案施諸中日，赫爾答稱中日事件尚未至必須採行此種步驟之階段。赫爾又稱 華府海約，雖已結束，然美政府以爲同時締結之其他條約如九國公約等，至今仍有效力云。

【華盛頓十二日同盟電】齋藤大使十二日午後零時四十分訪赫爾，說明華北事變經過及日本政府對此事件之方針，以求諒解。會見後，大使向記者團發表談話如下：本日向國務卿赫爾說明華北事變之經過，但別無其他接洽。

【華盛頓十二日同盟電】美國務卿赫爾 二日午後與記者團會見，關於英美協議遠東事件之說，加以否認，無論自英國及他國，均未接受此項提議。又全美防止戰爭平和會理事李畢爾，已斷定前說爲一種空論。

【倫敦十三日哈瓦斯電】關於中日糾紛，英國消息靈通人士表示希望，謂當以友好方式解決之。此外英美並已進行談話，而將變方所當採取之態度，加以商酌，俾外交上必須有所舉動時，卽可以適宜之舉動對之云。

【上海十三日下午十時專電】外交界息：京滬外人紛向我當局探詢華北情形，英美尤關切。美國務卿雖有表示，但我鑒於過去教訓，未略有何效力，一切只有自己之自衛而已。

《北平晨报》，1937年7月14日，第3版

日在長城各要口

構築作戰工事

偽匪亦向察東移動

【萬全十三日下午十一時專電】某軍近積極在熱察邊境沿長城各要口與察北各村鎮，構架軍用電話，工作甚緊張，短期內即可成電話網。偽軍日來亦漸向察東移動，易孝先部偽五師，由寶昌開駐沽源崇禮西灣村一帶。胡寶印偽保安隊，亦開抵平定堡。又德王等十二日由化德開會，決對民軍予以根本消除，俟張北搜查後，各縣即逐細檢查。至民軍首領李彥芳，李英，因種種關係，刻已自動退出所部，由張仲英自行集合。

【太原十三日下午十時專電】第四師長王萬齡，謁各當局請示公畢，十三日離并返綏。門炳岳亦定十四日離并返防。

《北平晨报》，1937年7月14日，第3版

川越今日由青飛津

【青島十三日中央社電】日大使川越定十四日乘機飛津，記者特於十三日晚訪川越，提出問題數則，請其答覆。川越談話時，頗費考慮，態度亦極嚴肅。渠承認華北戰事，必趨擴大，並承認日本將撤退在華僑民。但始終爲日軍辯護，反誣中國軍隊挑釁。對日軍之行動，美其名曰自衛。川越談話頗長，茲誌其要點如下：（一）華北戰事如果擴大，內地僑民自有令其撤退之必要。（二）日本方面決定不擴大之宗旨，至今未變。如中國軍隊違反約定攻擊日軍時，日軍爲自衛計，不能不戰。故事態之擴大與否，須視中國態度如何而定（三）日本在華北有不少僑民，爲保僑計，日本政府自應有增派軍隊來華之必要準備。我想地方事件，應由地方解決，目前無向中國中央政府正式交涉之必要。記者當反問謂外交權是整個的，本不需要地方交涉，何況華北時局至此，絕非局部問題矣。川越答稱：地方交涉乃係慣例，余與君之見解不同。（五）今日北平情勢，余尚未接得公報。（七）本人對沈市長維持治安，保護僑民之精神，甚爲欽佩。我想青島僑民之安全，絕無問題。最後川越竟謂日軍紀律甚嚴，中國軍隊如不打日軍，日軍決不會開槍。關於此點，記者向川越表示疑義，但渠始終認爲中國軍隊違反約定，先打日軍，談一小時記者始辭出。

《北平晨报》，1937年7月14日，第4版

日閣堅持既定方針

【東京十三日同盟電】十三日閣議午前十時半開會，近衛首相因微恙缺席，廣田外相以下各閣員均出席。馬場內相警述十五日午前之蘆溝橋事件經過，僞將政府方針及意圖向全國民徹底表明，願召集地方長官會議。討論結果無異議通過。次由廣田外相馬場內相警述以此事亦爲契機之舉國一致之國民運動，使書記官長更加密計畫連絡，以求諒解。最後鑒於事變之重大性，由廣田外相，杉山陸相，米內海相，賀屋藏相，吉野商相等，關於各般情勢，有種種報告後，商定對策如左：始終堅持前者閣議決定之方針，於萬無遺漏之準備下，凝視事態之推移。以上討論畢至十一時二十分散會。

【東京十三日同盟電】十三日日閣例會，由廣田外相報告華北事變最近之情況，帝國政府之方針，依然主張不擴大事態，一面向駐英，美，德，法，義，蘇其他歐美各國領事說明十一日之旨趣，並發出訓電，令向諸外國表明帝國政府對於華北事變日方態度之正當。

【東京十三日同盟電】廣田外相十三日午前十一時四十分，因近衛首相近患微恙，特代理首相進宮，關於華北事變委曲上奏，奉答種種下問後，始行出宮。

《北平晨报》，1937年7月14日，第4版

日本力謀全國一致

【東京十三日同盟電】政府決使全國人民打成一團，而向既定方針邁進，爲積極求國民各方面之協力，一致支援，特招集政界，財界，言論界等代表，及近衛首相以下各閣僚，詳細說明現下情勢，協力完全成立。近日，將更與產業組合農等代表懇談，爲謀向全國民作更徹底之時局認識，藉以興奮國民精神，此外與中央之懇談，併行將與各閣僚及軍部關係各方等分別赴大阪，仙台，福岡，富山等全國主要地，召集地方財界，農村知識階級，其他各界代表，促膝懇談，加深對現日本所處環境之認識，使之對政府對此事件之果斷態度方針徹底明瞭，謀舉國一致之實現，立即入手準備一切。

【東京十三日中央社路透電】日本各報指華北目前情勢，爲大風雨前之恬靜。日報謂日當局不得不進行其已定的計畫。軍事參議院定今日開會，以便通過陸軍省之計畫。朝日新聞稱運華貨物，從今日起，收戰時保險費云。

【東京十三日中央社電】今晨朝日新聞社論，題爲舉國一致之支持。謂中國抗日意旺盛，乃今次事變不可避免原因。日遂行大陸政策，與中國建設近代國家之兩大使命，似形對立。欲使其渾然融和，於兩國國民意識中，兩國衝突，或爲不可避免之運命。當前時局之深刻，其因在此。日日新聞謂：今後事態如何轉變，要視中國態度而定。決意已定，必使其發生效力，到達最後目的。報知新聞謂：近衛於一夜中召集各黨派，言論界，財界，產業界，代表，要求舉國一致，實現意思總動員，與參加歐戰時，大陸所取態度相同。依此總動員，須求有永久性之解決新法，都主張膺懲中國方有好果。中外商業新聞謂：此時中國若認識日本立場，幡然悔悟，中日關係與其他不同則自不融通之路。綜觀日言論界，已形成舉國一致陣勢，大局已達最憂慮境地，或難挽回乎。

《北平晨报》，1937年7月14日，第4版

聲援之電 雪片飛來

【上海十三日中央社電】上海大學聯，十三日午四時召開臨時會員大會，出席各校代表二十餘人，決議：各校教職員一律捐薪一日，并於兩日內先匯五十元，慰勞二十九軍將士，並去電慰勞。

【南京十三日中央社電】暴日犯蘆，全國各界莫不憤恨塡膺，紛紛電呈國府，請即出兵抗敵，茲將國府十三日所收到各方來電，摘錄大意誌下：（一）國立武漢大學學生救國團電，以暴日犯蘆，顯欲奪我整個華北，和平絕望，請即出兵抗敵。（二）萃消學僑各團體聯合會電，爲暴日圍攻宛平，望矢志抵抗，立即出師，以保國土，并轉勵前方將士，奮勇殺敵，本會誓爲後盾。（三）民族救亡協會籌備會周劍雲等，電爲日寇進逼，全國震驚，請速調部隊北上抗敵，本會同人自當與全國一致擁護中央，爲國効死，迫切陳詞，延企待命等語。

【西安十三日中央社電】三十八軍軍長孫蔚如率師長趙壽山，李興中，十三日電宋等，略謂：强敵預謀啟釁，藉口興戎，攻我宛平，同胞堅守抗戰，屢挫兇頑，遜聽風聲，既佩且奮，本軍全體將士誓爲後盾等語。

【太原十二日中央社電】國民兵軍官教導團，十二日開會討論，援助蘆溝橋抗戰將士。決定一，加緊擴大宣傳運動。二，加緊推動一百萬大銅元募捐簽名運動。三，成立工作訓練班加緊訓練。四，致電二十九軍將士，誓爲後盾。

【重慶十三日中央社電】渝市黨部以二十九軍將士，忠勇抗戰，十三日電宋哲元，秦德純，張自忠等致慰，並率全市民衆，誓作後盾。連日各界自動募捐慰勞者，亦極踴躍。

【漢口十三日中央社電】漢記者會，十三日建議市黨部，召各機關團體學校，組募捐慰勞會，建議各機關嚴密檢舉漢奸，拒用私貨，鞏固後方，恢復暑期下午辦公，與前方將士共休戚。建議新運會，通知各界，節省無謂消耗，以慰勞前方將士。

【南京十三日中央社電】河北旅京同鄉會，以日人在蘆溝橋無端尋釁，砲擊宛平縣城。該會關懷桑梓，疾首痛心，頃經開會一致決議，先電慰平宋委員長，馮主席，秦市長，張市長，暨前方將士。又津浦路同人學術研究會，浦鑒週刊社，頃亦電慰二十九軍將士。

《北平晨报》，1937年7月14日，第4版

外報論蘆溝橋事件

謂日本軍人妄在華北擴充覇權
望香月就任後制止此越軌行動

【紐約十二日中央社電】此間各重要報紙，聞日本在華北之突然行動，如晴天霹靂，大爲震動，均以大號字標題，及顯著地位，刊載北平戰事消息。美國民衆，對日本擴充其侵略的大陸政策，至黃河以南之陰謀，已充分認識，不復如數年前之隔膜矣。此間熟悉遠東時局之觀察家相信，關東軍目前圖佔據蘆溝橋區域之行動，僅爲鞏固日本在長城以南勢力之初步，而藉此佔領豐台及蘆溝橋一帶，以控制華北之交通。目前日軍此種企圖，與九一八瀋陽事件所採之策，初無二致。但此間軍人，是否擬將僞組織擴張至平津地帶，觀察家則不願加以臆測。民聲財壇報今晨社評謂：日本軍人均屬狂妄之徒，若輩不顧受東京政府所持之和平政策所束縛，一旦有機可乘，則在華北擴充其覇權。所望者，日本新華北駐屯軍司令香月就任後，或能制止日軍之越軌行動，而挽救一切糾紛云。此間其他美國報紙如紐約泰晤士報及華盛頓郵報，在前數日均著論評華北戰事。紐約泰晤士報星期版載名作家何爾文所撰論文一篇，略謂：日本軍隊在二星期中竟發生衝突三次。該項衝突三次地點，距離雖遠，但其關係甚爲密切，蓋均爲東亞不安之直接後果，而爲日本圖控東亞所促成者也。觀察家現均認爲中國在蔣介石將軍指導之下，日趨强盛，現已成爲遠東之安定力。中國現已統一，軍隊均久經訓練，武裝齊備，精銳無比云。該作者繼詳述中國最近二年來統一情形，結論謂苟一旦果發生戰爭，則日本於初戰時或能在平津一帶稍獲小利，但中國國民新生活運動之精神，及中國全國統一之鞏固，終將打破日本之迷夢云。

【柏林十二日中央社哈瓦斯電】各報對於中國方面消息，現仍極端注意。德意志總彙報頃發表社論，略稱：日本在亞洲大陸之政策，其性質頗具向南發展之傾向。在歐洲各國對於遠東經濟之未來前途雖極爲關切，但對於遠東所發生之鬥爭，則現仍採取消極旁觀之態度。就英國而論，英國目前惟有兩種情勢，始不惜冒戰爭危險；即爲維持歐洲西北隅疆界之完整，及爲保持歐洲各國邊境之安全是也。此兩種情勢，在某一時期內，將爲英國所最關切之問題。因之對於遠東事變，雖容或不甘坐視，但終亦不得不聽其自然而已。至就美國而論，則美國退出菲律賓群島之舉，亦足以証明其不欲干涉遠東事務云。

【羅馬十三日中央社路透電】此間官場對於華北中日軍隊衝突事，認爲有和平解決希望，故尚未頒發特殊訓令，以保護華北義僑。

【華盛頓十三日中央社】路透電：今日紐約泰晤士報，對華北問題，曾著有評論。稱：日本專橫條件之重新提出，欲藉以獲得若干政治之讓與，已重使美國一般思想者再提起一九三一年「滿洲」征服後所念念不忘之問題。日本在亞洲大陸稱覇之野心，能否與統一獨立之中國並存尚不可期之。該報謂此問題，在英外相艾登日昨在下院所發表之言論中，即可知之也。

李滋羅斯談中日關係

【倫敦十三日中央社路透電】英政府首席經濟顧問李滋羅斯，頃在英國實業總聯合會招待遊英日本經濟考察團之宴會中，言及中國境內現有之局勢。謂坦克車與軍用載重汽車，胥不爲最好之商品推銷員，渠實望常識佔優勢，而戰勝各種困難，渠見日本對華貿易，在過去十八個月內，業已擴張，良用欣慰。惟確信中日兩國間如有更良好之諒解，則日本對華貿易，當更有起色。苟中國之土地完整，與其尋常主權不予以尊重，則類似目前衝突之事件，勢必時常發生。必使中國更爲繁榮，吾人始可有增進對華貿易之望，而各國之可因中國繁榮所得較多者，如日本。是以最有益於英日兩國者，願在兩國合作，以使中國復臻强盛和平耳。渠爲雙方相互利益計，對於英日關係之前途，有厚望焉。目前日本貿易既在擴張中，此乃清除誤會而增善商業關係之最好機會。至於現有之進口限額制度，渠主張以有利於英日雙方之他種制度代替之云。駐英大使吉田起而致答。

◎　◎　◎

《北平晨报》，1937年7月14日，第4版

前方情勢稍見緩和
全局解決尚難樂觀
盧溝橋方面我軍已先後復員
今後和平關鍵惟視日方態度

【天津十四日中央社電】關係方面對盧溝橋事件，認為和平曙光尚存，但對日方何時撤兵，則無法作肯定的斷言。總之，今日前方情勢，雖漸趨緩和，但全局之解決，似仍有待於雙方之繼續折衝也。陳覺生十四日午四時謁宋報告並有所請示，張自忠十四日午抵津後，鄧哲熙往訪，交換意見。張允榮十四日亦來津，當晚張等謁宋，報告平市情形，並請示一切。據聞我方對和平，仍盡最大之努力，而結果如何，則關鍵在日方是否欲事態之擴大。十四日此間盛傳平郊仍有戰事，但據返津之張自忠稱：平市十四日漸趨平靜，南苑亦無事云。

【天津十五日上午二時四十分電】據傳本市當局今日宣稱：和平尚未至絕望時期，盧溝橋方面我軍已復員至八日前狀態，日方則仍未完全撤退。

【十四日下午六時加急電話】盧溝橋事件情形又趨惡化後，但和平談商，迄未中斷。陳覺生談：此次事件發生後，雙方當局，始終希望和平，均不願擴大。會見結果，前途已可樂觀。現雙方正向和平路上作去，使恢復一切常態云云。

【上海十四日下午十一時專電】二十九軍駐滬代表李廣安，（今十四日）分謁孫科，宋子文，楊虎，及各界領袖，報告抗戰情形，並請各方予以物質之援助。

《北平晨报》，1937年7月15日，第3版

昨日雙方仍有衝突

【天津十四日下午六時加急電話】開抵津市之日關東軍二千餘名，包括步騎砲各部，今晨二時起，陸續由津沿平津公路向豐台前進，並有大批軍需品隨行。東馬路一帶有日僑多人歡送，至晨十時始開完。此項軍隊行至楊村後，即奉令停止前進，用意不明。

【本市消息】十四日下午，各方報告如次：（一）十四日晨日兵千餘，隨有騎兵百餘，由津向通州方面開去。（二）十四日下午一時許，右安門外，忽發現日方坦克車兩輛，車上兵士共十六人，頻以步槍向城上射擊。經我城上守兵大聲勸止不從，雙方衝突，約半小時。該兩車始向豐台退去。據報今晚該部已抵楊村附近宿營。（三）十四日下午六時許，距南苑南七八里之團河附近，發現日騎兵十餘，向我防地偵察，嗣即鳴槍衝進。我不得已加以抵禦，雙方射擊不久，該日兵等即逃走。又將南郊查勤警士一名，帶往豐台，午後九時始放回。（四）十三日在大紅門方面，向我衝擊之日兵，據日方稱有十二人失踪，本日則又謂已逃往通州云。（五）日軍飛機一架，上午十時降落平市南郊，强迫人民，剷除禾苗，爲建築飛機場之用。

【天津十四日中央社電】十四日晨三時日步兵約三千人，携帶迫擊砲與機槍，遂陸路開往豐台。十三日夜與十四日晨，日兵車四列，裝載兵士自動車，高射砲，糧食與水泥，開抵津東站。十四日晨四時半與九時間，有日機四架，飛過天津。

《北平晨报》，1937 年 7 月 15 日，第 3 版

關外兵車源源抵津

【天津十四日下午十時二十五分中央社電】日軍連日開來津市者，爲巔口師團，十四日晨一時已抵津十五列車，其第十六列車，所裝給養等，十四日亦開到。聞尚有由日本國內開到關外之第五師團阪垣部，現亦待命入關，阪垣亦有日內抵津之說。灼本師團，聞亦將開往青島云。

【據天津外報昨載】自九日起至十三日止，日兵車共開來十五列。十三日有八列以上之日兵車，由滿開到，大部分係由關外開來。最後三列，約在下午十一時方到天津東站，載兵約一千五百名，並有載重汽車多輛，及大砲數門。計第一列車在上午四時開到，內裝日兵三百人，汽車五輛，載重車十一輛。第二列車在上午五時開到，內裝日兵二百人，載重車二輛，汽車五輛，又有滿載軍火之車三輛。又一小時後，第三列開到，內載日兵七十人，汽車五輛，載重汽車十輛，及鐵悶車數輛，滿裝軍火及食料。給養車在十一時開到，附帶敞車四十，滿裝鐵道枕木鐵軌及鐵路用品，並有無線電發報機數架，車上有三百名工程人員及工人。火車上之日兵人等，均在車上待向豐台出發。但截至十三日夜半，仍在車站未開出。半小時後，第五列車又到，內裝日兵二百人，載重車三十，及軍火車數輛。第六列車包括三十二個北寧車廂，計携有十二輛汽車，及六輪汽車多輛，四車廂之岩鹽，另十四車廂疑爲「水門汀」，因其上覆以席片也。此外爲坦克車一輛，均於夜十一時方到。第七列車於夜間十一時四十五分到，第八列車第二方到時。計携有汽車二輛，日兵四百人，到達津東站時，日僑男婦，均備茶點歡迎。第七列車除裝有日軍外，有十五車廂之食料，並載重汽車十四輛，及大砲數門。第八列車內有輕重坦克車各一架，鐵甲車七輛，六輪載重汽車三輛，煤車三輛，另有五車廂，內裝何物不詳。

【中央社訊】官方十四日晚公佈消息：（一）十四日上午三時，天津到日軍車三列，加車一列，日軍約三百餘名。坦克車四輛，載重汽車四十六輛，高射機槍六架，軍用品十七悶車，下車後入日兵營。（二）十四日上午五時，日步砲兵一千五百餘名，大砲三十六門，軍馬一百五十餘匹，彈藥給養車共四十九輛，由天津沿平津鐵路開往豐台。（三）十三日下午九時，通縣有日軍騎兵一百六十餘名，由津抵通。（四）十四日上午八時，日機一架，降落豐台南康莊，乘有日人四名號1012。（五）十三日有日兵十餘名，在天津老車站祠堂組臨時辦事處，并設崗兵一名。（六）十四日下午三時，天津北倉附近，有日步騎兵三百餘名，開往豐台。（七）十四日下午五時，豐台日兵營有重砲四門，向我南苑方向放列，并清掃射擊。附近有載重汽車數十輛，日軍騎兵二百餘名，經過團河，向我駐軍射擊。我軍加以還擊，向黃村方向走去。（八）十四日下午七時大井村日兵三十餘名，在鐵道旁埋鐵桶，不準閑人通過。康莊來飛機一架，盤旋片刻南飛。日機兩架，正午在造家村降落。（九）十四日下午七時，天津海光寺日兵營開出步兵砲兵二千餘，山砲重砲共三十餘門，騎兵二百五十餘名，徒步沿鐵路西進，已到達楊村休息，聞係增援豐台。由天津開出日軍專車一列，內裝小汽車五輛，載重汽車兩輛，軍用品五鐵悶子車。

【中央社確息】十四日下午九時，日兵車一列，由山海關到津，載有日兵一百五十餘人，載重汽車十輛，馬四十餘匹，軍用品十三鐵棚車。十時四十分又到兵車一列，載日兵一百五十餘人，載重汽車五輛，軍用品二十五鐵棚車。聞後尚有兵車兩列未到。

《北平晨报》，1937年7月15日，第3版

平津日軍調遣頻繁

【南京十四日中央社電】此間十四日下午三時接平方電告：（一）路局消息，津市附近十三十四兩日，共到日兵車十五列。（二）平郊十四日晨有日兵四百餘名，乘載重汽車三十二輛，附帶彈藥車十一輛，及敵蓬卡車十輛，向永定門外二郎廟豐台方面調動。（三）通縣運來日兵百餘名，分乘載重汽車六輛於十四日晨十時抵達大紅門，欲通過該地。經我軍攔阻，稍有衝突，其中載有彈藥之一輛，因誤撞路旁大樹，當被爆炸。（四）昌平方面開到日軍一營。（五）宛平縣城與盧溝橋，仍由我軍固守。大井村大小屯之日軍，向東水貫頭集中。五里店大瓦窑日軍，正構築陣地云。

【天津十四日中央社電】日兵車一列，裝載汽車二輛，其餘均爲汽油，爲數甚多。下午七時二十分由士兵五十六人，押運赴豐台。

【天津十四日中央社電】日步騎兵三十餘人，十四日午十一時許赴津浦路西沽鐵橋，與平津公路交叉處駐守，用意不明。市警察局已派員交涉，尚無結果。

【天津十四日中央社電】日步騎兵三十餘人，十四日午十一時許赴津浦路西沽鐵橋，與平津公路交叉處駐守，用意不明。市警察局已派員交涉，尚無結果。

《北平晨报》，1937年7月15日，第3版

川越抵津 香月就職

【天津十四日中央社電】川越十四日晨十時四十分由青島乘中航機抵津，齊記官星田清水偕來。津日總領堀內等，均到機場歡迎，旋偕赴旅邸休息，川越定午後召集此間日領館人員，有所垂詢，並將會晤香月。

【天津十四日下午六時加急電話】日大使川越，今晨十時半，由青島乘中航機飛抵津。日總領堀內，率員到東局子機場歡迎。下機後，當赴常磐旅館休息，並接見堀內等垂詢一切。下午赴日司令部訪日司令香月，對蘆溝橋事件交換意見。晚七時，堀內在總領館歡宴川越。川越在津留三二日，即赴平一行。

【天津十四日中央社電】日使川越十四日午後，赴津日總領館視察，並召集堀內，岸，西田等各領事談話。聽取報告。下午二時許赴海光寺日兵營，訪香月及橋本等。當時日駐津海軍武官原田等均在座，彼此有所集議。下午七時，應堀內干城，在英租界官邸之歡宴，定十五日晨接見我國新聞界。

【東京十四日中央社路透電】新任華北日駐屯軍司令香月抵津就職後，即發表宣言。略謂：渠之職責，在根據十一日內閣緊急會議所成立之莫可變更的決議，保護華北日僑及日本權益云。查香月中將現年五十六，以精於步兵戰術著聞。曾參加俄日戰爭，後在法國留學五年。

日竟拒絕 我方抗議

【東京十四日同盟電】駐日中國代理大使楊雲竹，十三日午後四時訪堀內次官於外務省，提出關於蘆溝橋事件之一般的抗議。堀內次官對之，力言事變之解決，僅依中國方面之反省爲斷。而拒絕楊氏之抗議。

【東京十四日中央社電】路透電：楊雲竹代辦，奉其政府訓令，向日外務省提抗議，要求撤退蘆溝橋一帶日軍，並立即停止遣派軍隊前往華北。

【上海十四日下午十一時專電】許世英昨（十三）晚復派黃伯度入京請訓，定後（十六日）東渡返任。因時間迫促，不及赴京廬，擬行前用電話向蔣委長王寵惠辭行。同行人員，有胡適周一夔等四人

《北平晨报》，1937年7月15日，第3版

政院討論應付辦法

【南京十四日中央社電】行政院所屬各部會署長官，以目前北方時局嚴重，京中公務增劇，大部已於十三日由廬返京。各長官現以多項政務計劃，須行會商，十四日上午十時在行政院舉行談話會。到王寵惠，蔣作賓，吳鼎昌，何應欽，王世杰，俞飛鵬，何廉，暨各部次長等，由王寵惠主席。除共同討論各部政務外，關於北方時局問題，亦均相互發表意見甚多。嗣以各部會署政務繁重，當即決定於十五日起，院屬各部會署，恢復全日辦公時間。遇必要時，得延長之。談話會至十二時始散。又息：政院及所屬各部會署駐廬辦公人員，已於十四日晨下山，十五日可由潯分別乘輪返京云。

【上海十四日下午十一時專電】華北時局緊張，政院各部會長官，昨已由廬飛返京，處理要公，並於今（十四日）晨在政院開談話會。王寵惠，何應欽，蔣作賓，王世杰，吳鼎昌等均出席，討論應付時局緊急辦法。席間王寵惠對外交，何應欽對軍事，均有詳細報告。結果電蔣核示。又原各部會暑期只辦半日公，茲因公務繁忙，定明十五日起恢復全日辦公。

【南京十四日中央社電】國府現以時局嚴重，公務增劇，決自即日起，仍恢復全日辦公。

【上海十四日中央社電】外部亞洲司長高宗武，前來滬入聖心療養院診治，茲因中日局勢緊張，特於十四日晚力疾返京。

【南京十四日中央社電】張嘉璈十四日飛返抵京，旋到部處理部務。

【牯嶺十四日中央社電】鐵長張嘉璈，財次徐堪，於十四日離山，將由潯乘飛機返京，處理部務云。

《北平晨报》，1937年7月15日，第3版

各地日僑 準備撤退

【上海十四日下午十一時專電】平津外僑，今（十四日）抵滬者三十餘人，尚有第二批續來。旅滬日僑，共三萬餘人，亦有一部份起程返國。如時局轉惡，則返國者必更多，惟日尚未下撤退僑令。

【萬全十四日下午十時專電】在張家口日僑，十四日間有返國者，餘亦作準備返國模樣。日商大興當舖，開始收東。在日僑商機關服務之華籍包役僱員，亦大半解聘。惟地方情形安謐如恒。又據化德息：十三日由熱開到戰機三架，連現停商都者，共十九架。

【歸綏十四日下午九時專電】此間軍事當局，十四日據前方報告，察北匪僞軍日來調動極忙碌，並積極趕築工事，共行動雖未完全判明，但確有新企圖。又傳多倫方面，日來開到某方軍隊千餘人。

【歸綏十四日下午九時專電】蘆溝橋事件發生後，駐綏包某國人紛紛離綏，十三日夜有某方五六人携眷赴張垣。

【東京十四日同盟電】外務省以目下太原鄭州兩地。保護可能性最少，十三日特訓令該兩地領事館關係者命關於日人撤退，爲萬全準備。

【濟南十四日下午十時專電】韓（復榘）令軍警盤查旅館娼寮及遊藝場所，取締閒人。魯全省治安無虞，人心安定。十四日早日領望月靜再訪韓，聞係請韓注意保護在魯日僑事。

【天津十四日中央社電】蘆溝橋戰事，日本死亡士兵遺骸，已運往碼頭，裝駁船赴塘沽，換輪運回國。

【上海十四日中央社電】日海軍陸戰隊，十四日晨七時至九時，分段在狄思威路，施高塔路，平涼路，蘭州路等處，演習巷戰。

【青島十四日中央社電】日本第十六驅逐艦隊所屬驅逐艦兩艘，十四日開抵青，此間共停日艦四艘。晚有大部日水兵，徒手下埠遊覽。

《北平晨报》，1937年7月15日，第3版

日本力求上下一致
動員全國積極備戰
連日招待各界說明方針
內務省已擬定動員計劃

【東京十四日中央社電】自十一日來近衛內閣爲形成舉國一致陣勢，連日招待各黨派，報界，雜誌界，金融界，產業界等代表，說明出兵方針。今日起又分別招待電影界對華關係團體等代表，爲同樣說明。十五日更召集地方長官會議，並利用廣播等努力統一國民意思。所謂全國各方面總動員業已實現，可謂爲日空前未有之大規模動作。近衛因疲勞不適，正休養，今日樞密院會議未出席，由廣田說明出兵方針。

【東京十四日同盟電】政府鑒於事變之重大性，對於樞府，求對於事變原因經過，並帝國政府方針之諒解。一面爲求舉國一致之支援，十四日舉行例會後，特挽請平沼，荒井，正副議長以下各顧問官，說明一切。政府方面，廣田外相，杉山陸相，米內海相，賀屋藏相等均出席，由陸相細說明蘆溝橋事件發生以來，迄今日之經過及現地情況，並帝國政府重大聲明，與斷然派兵之事情。謂政府對於維持東亞和平，常有所顧念，今後仍以不擴大方針臨之，而求對方之透澈反省。曾由廣田外相闡於與南京政府外交折衝經過，對英美諸國說明眞相，求諒解之經過。謂關於與南京政府之外交折衝，現在只有絕望，良深抱憾。至諸外國似大體諒解我國眞意。更由賀屋藏相鑿述事變與財政等之關係，而求諒解。與各顧問間有二三問答後，金子元田，石井各顧問官，先後作激勵詞，謂時局頗形重大，自希望以不擴大方針而邁進，但望帝國政府，此時爲謀根本解決，確立東亞永久和平，以斷然決意臨之云，對於政府處置，全面的予以諒解，零時四十五分散會後，陸相更與平沼，荒井兩氏會見，作重要協議。

【東京十四日同盟電】閑院參謀總長宮殿下，十三日午後七時二十分與杉山陸相先後進宮，謁見日皇，關於華北情勢，委曲上奏，奉答下問而退。

【上海十四日中央社電】據同盟東京電：政府鑒於時局嚴重化，爲與各機關取得緊密連絡計，決自十五日起，每日召開閣議。

《北平晨报》，1937年7月15日，第3版

警備救護動員計劃

【東京十四日同盟電】華北事變，今已達重大危機，內務省爲維持治安與救護事業，十三日午后，愼重擬議對策結果，決定於此種事態發生時，即總動員在鄉軍人會，青年團，社會事業團，愛國國防兩婦人會，與府縣當局協力，以期內地警備救護事業之周密。以決定警備與救護之總動員計劃之內務省，先命全國警察部趕補警官，以在鄉軍人青年團員爲輔助員，協力嚴重警備重要工場，貯藏所貯水池，同努力公安之保持。一方與社會事業團，以及愛國國防兩婦人會，協力努力救護出征兵士之家族，俾出征兵士無後顧之憂。

【東京十四日同盟電】陸軍鑒於緊迫情勢，以本年度爲限，將各兵科現役見習士官之修得期間縮短，將少尉任官期日提前。十四日以陸軍省令第十九號公布，見習士官修得期間約四個月，已縮短爲二個月。六月二十九日陸本科卒業者四百七十餘名，於八月下旬陞任少尉，又言明本改正並非以華北事變爲對象。

【東京十四日同盟電】華北事變發生以來，截至十四日正午，陸軍當局接到之激勵電報，達二千通，由全國團體及個人均主張澈底解決，並有向中國表示日本正義之血書等。

《北平晨报》，1937年7月15日，第4版

台鮮各軍亦均備戰

【南京十三日中央社電】據確息：日本作戰準備，已由本國推廣至朝鮮，及我東北各地。聞朝鮮新義州守備軍一部份，及在鄉軍人數百名，均已先後出動。安東瀋陽各地，亦已實行防空準備。軍需用品，連日運輸極忙，空氣極爲緊張，一若大戰之將臨云。

【東京十四日同盟電】鐵道省鑒於事變之重大化，將中日客貨聯運，自十五日起，暫行中止。但經由北寧鐵路之貨物，今後仍照舊處理，期間則不免遲延。

【台北十四日同盟電】華北事變之重大化，台灣軍司令部特發表談話，大要如左：一、事態刻刻重大，爲防衛本島島內官民，完成準備，無論何時，不碍拜受大命，實爲緊要。一，事變之責任，對帝國之無稽宣傳，乃中國方面之常套手段，本島與彼，一水相隔，特要注意。一，本軍完成應付非常事態之決意與準備。

【南京十四日中央社電】據確息：朝鮮軍近在京畿道徵集在鄉軍人萬人，補充部隊。京城方面，醫學生數百，郵務員四十，汽車夫三百，日鮮民夫二千，大汽車徵發殆盡，準備出動，鐵路集中車輛，十二日起，供給軍運。又聞日軍連日扣留商輪，達十四艘，供給軍用，大阪因裝運軍械，不准外輪靠近碼頭。川崎職工多被徵調，又傳日對俄有已開火一星期之說。

【上海十四日中央社電】中央社巴黎合衆十三日電：顧維鈞今日宣稱：日乘歐洲多事之秋，發動事變，世人當猶知日德協定眞實目的，尚未全明。中國軍界探悉：日將於七月十五日由其國內朝鮮及關東調遣軍隊，大舉進攻，企圖佔據華北全部。惟中國軍隊雖至一兵一卒，亦將抗戰到底云。

《北平晨报》，1937年7月15日，第4版

英美法正進行聯絡
設法阻止事態惡化
已準備向雙方從事調查
衆料日英談判將受影響

【倫敦十四日中央社海通電】此間各報今日對華北之嚴重局面，均表關切。英外相艾登連日與中美日法各國外交代表接洽，盛傳英美法三國將出面設法阻止中日關係之惡化。每日電聞報稱：華北事件在英日談判之期間爆發，殊令談判成功之希望，無法實現云。

【巴黎十四日中央社海通電】此間對於遠東形勢之變化，極感不安。法外部稱：日本今日所以敢公然向中國挑釁者，實因歐洲各國，皆注意於西班牙，而無暇兼顧遠東所致。至於日本所稱中國有反日運動者，乃係一種藉口。法政府現決定與英國合作，不令遠東發生戰事。同時將以外交方式，向中日兩國提出警告云。

【倫敦十三日中央社海通電】英外相艾登，今日接見中日兩大使，聲明英政府對於華北問題，異常關切。並稱英美兩國對於遠東之時局，決採密切聯絡云。

【巴黎十四日中央社哈瓦斯電】法國各報，對於中日糾紛，頗爲關心。巴黎迴聲報評論云：目今局勢，危險特甚，其故由于中日兩國政府，其一擁有熱烈而憤激之民衆，其一則擁有強有力之軍隊，各不相下。事業報稱：英美法三國現已準備向南京東京方面，進行調查，一俟查明日本確欲推行侵略政策，即當向之表示堅決反對之意。白日報稱：英美法三國政府，關於中日兩國局勢所進行之外交活動不致令人驚愕，各該國所望者，乃其華北之政治商務權利受人尊重而已。斐迦羅報稱：爭端範圍予以限制，勿任擴大，猶爲時未晚，必須以強硬之外交壓力施之，始乃有濟，日報稱：歐美各報務當採取審慎政策，遠東地方形勢既甚危險，而中日兩國軍隊互相衝突之事，或亦可和平了結。時代報稱：中日衝突結果，徒令他國坐收漁人之利，日本或因而陷入黑暗之深淵云。

《北平晨报》，1937年7月15日，第4版

英美各國將有表示

【倫敦十三日哈瓦斯電】郭泰祺十三日訪謁艾登，就華北中日糾紛，有所商談。英國負責人士，今以爲法政府對於英法美三國共同提出交涉一層，完全表示贊同，此事現當由英美兩國進行商討，大約中日局勢若果惡化則美國當準備會同英國，在外交上有所行動也。按艾登外相昨日曾與日本大使吉田晤談，吉田將日本方面關於盧溝橋事件之消息，告知外相，并謂日本所提要求，性質極爲溫和。若不能獲得滿足，則當在軍事上採取嚴重措置，而不稍猶豫。聞艾登當堅稱：英日談判即將開始，關於盧溝橋事件，將成立友好解決辦法，務勿使擴大糾紛範圍。此在倫敦日本人士，則主張英日談判，須待中日事件解決後，再謀進行云。

【倫敦十三日中央社海通電】對於華北事件，英美兩國，現採取密切聯絡。今日英外相艾登，復與美代辦晤談，討論華北問題頗久。

【華盛頓十三日中央社哈瓦斯電】中國駐美王大使，頃訪謁國務卿赫爾就華北局勢會談，歷二十分鐘始畢。事後王氏向報界宣稱：目前局勢，雖屬緊張，而中國仍當盡其可能，以謀維持和平。如萬不獲已，則中國亦惟有出於自衛行動以抵抗侵略云，此外美外交界現有人主張有所舉動，俾在局勢未臻過分嚴重前，向中日政府進行勸告。但國務院方面，自華北事件發生以來，一向採取觀望態度。截至目前爲止，亦並無超過此種觀望態度之任何表示云。

【巴黎十三日中央社海通電】今日中國駐法大使顧維鈞，今日謁法外長台爾博斯，會談甚久，聞與華北局勢有關。

【南京十四日中央社電】據英國大使館消息：駐華英國大使許閣森，於十四日晨由北戴河乘軍艦南下，大約十五日下午可抵京。

《北平晨报》，1937年7月15日，第4版

日不歡迎英美調停

【東京十四日中央社路透電】外務省發言人，今日聲稱華北危局無重大變動，此事前途，端賴中國好自爲之。或問英美如出爲友誼的調解是否有益，發言人答稱，日本不歡迎任何調解云。

【華盛頓十三日中央社路透電】國務卿赫爾，今日接到英政府來文，聞文內主張對於遠東事件，宜有國際商榷。赫爾雖承認接到關於華北危局之來文，然不全宣佈其內容，亦不願說明美國答覆之性質，或與其他國際商榷之可能性。赫爾答稱：美外交政策，向來主張對於國際問題中之主要事項，採行單獨行動。美國在華尚未作直接外交行動亦未考慮北平區域內美僑出境事云。赫爾頃會說明美國中立法案之可否援用。將視發展情形而定。現有之衝突，尚不可爲援用中立法案之充分理由云。駐美中國大使王正廷，十三日訪問赫爾，談遠東局勢，赫爾將昨日對日大使齋藤所發表之警告，復以友好態度，爲王言云。王氏稱：中國現仍力謀和平，但若日本在華北繼續其侵畧行爲，則中國除自衛外，別無他策云。

【上海十四日中央社電】巴黎合衆社十三日電：顧維鈞今日對合衆社記者稱彼已向法外長台爾博斯說明引起遠東危局之種種事實。顧並謂日本欲將華北變爲「滿洲」第二，實屬毫無疑義云。

【東京十四日中央社電】十四日午外國記者，向外務省發言人提出問題甚多。（一）問：到現時止，駐日各國使節，有無與外省接觸？答：無。（二）問：如有第三國出而調停，日態度如何？答：日態度早定，如有干涉，毫不介意。（三）問：中國政府行動，有無違反任何協定？答：尚無。（四）問：日本行動目的究竟安在？答：首應忠實履行解決辦法之規定。（五）問：現時尚繼續談判否？答：北平仍繼續談話。（六）問：日向國府交涉否？答：無。

《北平晨报》，1937年7月15日，第4版

孔祥熙談中日情勢

【紐約十三日中央社電】孔祥熙因國內時局關係，擬提早歸國，今晨會與郭泰祺用長途電話會談，午刻赴信託公司人員之宴會。旋接見紐約記者，發表關於中日情勢之談話。略謂：日軍在蘆溝橋附近演習，顯係一種預定計劃，圖完成確定之目標。中國對日本所持之極端忍耐政策，已數年於茲，此際竟發生此種有嚴重後果之事件，誠屬遺憾。本人誠摯希望與各鄰邦保持和平友好關係，敝國人民近七月以來漸信日本已有較具理性之人物當政，其結果或能使極狂熱份子稍具戒心。蓋引起中日兩國間之糾紛，即係彼狂熱份子也。日本前閣如藏相結城，外相佐藤，駐華日使川越等，均曾表示兩國親善，對兩國大有裨益之意見。現首相近衛亦曾表示希望中日爲遠東和平計，應相互合作。惟不幸日本軍人，現仍如往昔，以彼等手創之事件，破壞中日之和平。吾人應知蘆溝橋位處平漢鐵路，彼處日本無遣兵舉行實彈或假演習之權。當日於晚間在該處演習時，彼等顯在遵照其預定之計劃，以完成其確實之目標。吾人翻閱地圖，即可瞭然。豐台乃蘆溝橋地帶，一方面可以控制北平及其南方之交通，另一方面，又可控制北平與華中之聯絡。日本軍人之目標，在此已瞭若指掌矣。是故余希望無人誠信日本宣傳機關，在世界各處所作之宣傳。中國同希望與日維持友好關係，但不能再屈服與忍受日軍在華北繼續援用侵略政策，強力佔領中國之土地。中國政府已被迫採取防禦方策，掀起衝突之日軍，應負此種後果之責任。眼光遠大之觀察家必同意余之見解，即日軍所造成之華北異狀，不僅爲中日兩國政府之煩惱問題，且亦爲世界和平之危機。又不祇損害兩國之關係，且亦將破壞各關係國之利益。星星之火，足以燎原，此種局勢，必須改變也。吾人仍不願放棄，希望日本明達之士，鼓其勇氣，以公理戰勝強權，而制止軍事當局之繼續不斷縱容在各處之挑釁行爲。在敝國方面，如和平與敝國主權不相違背時，仍亟願與日本保持和平。但若唯有自衛，始能保障敝國領土之完整時，吾人決當不惜犧牲以自衛也。

【紐約十三日中央社[illegible]透電】昨日有詢美財長摩根索，謂因中國信用增強之故，日本曾否向美政府抗議美國之與中國訂立約欵，協助中國之穩定幣制者，摩氏答稱，彼不知有此項抗議。

《北平晨报》，1937年7月15日，第4版

平津交通逐漸恢復

【本市消息】自盧溝橋事件發生後，除平綏線因未在軍事區域，仍照常通車外，平漢路北平至長辛店間交通已斷絕多日，北寧路則時開時停。冀察當局以鐵路交通，關係至鉅，值此非常時期，尤不可一日間斷，昨特令北寧，平漢各路局，一律即日恢復通車。平漢路今明日可望通車，北寧路則自十二日一度通車後，十三日又告斷絕，旋經路局盡力交涉，昨日（十四日）除下午九時之三次平滬車未開外，其餘各次列車，均照常開出。又昨日行車時間，除一次平滬車改於昨晨八時十分開出（原點六時）外，其餘均照正點由平開出。同時以乘客擁擠關係，並於昨日上午十一時加開二十一次快車一列，以應需要。至上行各次車，僅二十二次楡平快車誤點三十分鐘，（正點九時三十分）及四十二次楡平車誤點三十二分鐘，（正點下午六點三十分）餘均照正點抵平。又平通通車，定今日（十五日）恢復云。

【天津十四日中央社電】十四日晚平津間往來各次車均停駛，由津開平之平楡二十四次平浦三〇六次車，均止於津站，由平開滬之三次車，亦未開行。十四日晨由平來津之各次車，及由津南開之各次車，旅客甚為擁擠。

【本市消息】津市長張自忠昨（十四日）正午十二時三十五分由平返津。齊燮元，周學熙，劉治洲，孫殿英，章士釗等亦於昨（十四日）上下午分別赴津。

【天津十四日中央社電】北寧路平津間交通，十四日晨又恢復。平楡二十二次及平津六次車，已分別售票。至北平下行車，除平楡四十一次車，係由豐台開出外，平楡二十一次車則由平開津，十二時半到達。齊燮元乘此次車來津，謁宋報告盧溝橋現狀，及政委會事務云。

《北平晨报》，1937年7月15日，第4版

我方力避事態擴大
和平談判繼續進行
日軍似避免正面而趨側面威脅
我決本自衛圖存原則相與折衝

【保定十四日中央社電】蘆溝橋方面，十四日全日沉寂。據軍事眼光觀察：日方似有避免正面而趨側面威脅形勢，但和平尚未完全絕望。聞北方當局，仍本自衛圖存原則下求和平，極力避免事態擴大。

【南京十五日中央社電】此間據平方報告，此次蘆溝橋事件，我方與日當局接洽，內容係雙方口頭商洽，彼竟認爲以此次事件係共黨策動，要求取締，對陣亡官兵，同表惋惜，並希望此後不再發生類似事件。我方提出此後日方不得夜間演習，經商定後，雙方即從事撤退。但迄今我方已將部隊撤退原地，而彼尚未撤退。並天津方面，先後開到兵車十五列，七日由天津沿平津大道，有日步砲兵約二千餘名西來。又平郊不時有其小部隊出沒。以上係最近情形，至京滬所傳種種，不足置信云。

【天津十五日下午十時電話】冀察要人曹汝霖，石敬亭，過之瀚，魏宗瀚，門致中，張允榮，今午十二時許，由平同車抵津。下車後赴進德社謁宋委員長有所報告。又冀察經濟委會主席委員李思浩，今日下午六時零八分，由平抵津。

【天津十五日中央社電】宋哲元今（十五日）接見此間各院校長時，否認與日方簽任何協定。

《北平晨报》，1937年7月16日，第3版

日軍趕築防禦工事

【天津十五日中央社電】日軍擬在津浦貨廠內駐兵，十五日有兵四十餘名乘載重汽車二輛，鐵甲車三輛，到津浦貨廠，要求擬在內駐兵一百五十餘人。當被廠方拒絕，目前尚無結果。

【本市消息】十五日下午各方報告如次：一，右安門外停有日兵及坦克載重等車，已誌晨訊。下午二時三十分，坦克車一輛，載重車二輛，退回豐台。其餘日兵四十餘名，帶載重汽車二輛，坦克車一輛，向永定門外前進。據云係往南郊收取前在大紅門燒燬之汽車。嗣據調查，下午六時許，該部日兵暨所帶車輛已返豐台。二，下午一時有日機一架，由西北飛來，在南苑一帶上空偵查，約十五分鐘始向西南飛去。三，下午一時半，豐台東側前後泥灣地方有日兵三十餘名，在通廣安門下道左右，向北構築單人掩體工事。四，下午一時日兵在大井村構架無線電台。

【本市消息】日軍由津大量西運後，到通縣者約達四十餘人。平東二十二縣保安隊因讓日軍駐防，均已集中通縣。平南後泥灣，亦有日軍在彼處安裝機關槍多挺，係向南方而設。大井村日軍除挖戰壕外，並架設無線電云。

【中央社訊】官方息：十五日下午各方報告如次：（一）下午三時半由山海關開來四次車，日兵一百五十餘名，下車後即入日兵營。（二）下午五時半，由津開往豐台兵車一列，內裝軍用品等物，由日兵十餘名押運。（三）豐台民房，多被日軍強佔。（四）平市西郊藍靛廠附近，今日發現敵探潛入。（五）北寧路漲溝車站與辛莊附近，（北倉北方約十餘華里），十四日發現步騎砲聯合日軍約千餘名，開回北倉以東地區，其企圖與其行動未明。

《北平晨报》，1937年7月16日，第3版

日決續調大軍入關

【南京十五日中央社電】據確息：日近仍繼續徵調國內外各地大軍向平津出動。其第十二師團，亦已奉令開拔，聞多由大連登陸，並盛傳俄邊衝突甚烈。亞洲司長高宗武，刻因病赴滬療治，現因中日局勢緊張，十五日晚力疾返京。

【天津十五日下午十時電話】由榆關開抵津市之川口師團，所餘一部，今日分批抵津。計日兵五百餘名，今晨五時四十分由榆到津，携重砲雙機關槍。六時十分日兵三十餘人，押軍火二十二車抵津。正午十二時半，又到二十餘人。

【天津十五日下午十時電話】日陸軍第五師團坂垣部隊一萬餘人，現已開抵榆關，待命前進。

又津市今日盛傳，日關東軍參謀長坂垣，今晨九時許已由東北飛抵津。

【本市消息】據十五日上午各方報告如次：（一）據南郊玉泉營報告，有日兵百餘人，乘大汽車六輛，坦克車一輛，在十五日上午七時半，由豐台經玉泉營向右安門方面前進。（二）通縣保安隊在八里橋建築工事。（三）津訊：十五日上午六時二十分，有日兵車一列，載日兵二百餘人，載重車三輛，鐵甲車五輛，又十五輛悶車，滿載軍用物品，現到津站準備開豐台。（四）十四日晚津海光寺日兵營，開出步兵三百餘，往豐台增援。（五）津訊：十五日上午二時許，由山海關開到日兵車一列，日兵三百餘名，軍用品十五車，載重汽車十輛，鐵甲車五輛，無綫電汽車二輛。（六）津訊：十五日上午六時半，由山海關開到日兵車一列，日兵三十餘名，軍用品九車，載重汽車五輛，鐵道木四車，煤車四輛。

【東京十五日中央社電】陸軍省今晚八時十分發表公報，謂鑒於華北情勢嚴重，決定從內地派遣一部部隊，前往華北。

《北平晨报》，1937年7月16日，第3版

川越在津發表談話

【天津十五日中央社電】川越十五日晨接見記者，談及蘆溝橋事件。據稱：日方並未提其他政治要求，或與地方當局商洽任何秘密協定。川越十五日晨在常磐飯店接見新聞界，首談：余此次來津，原定就擱二三日，但截至目前，赴平日期尚未定。繼談：到津後會晤日軍事當局，得悉此次蘆溝橋事件發生經過，目前正由中日雙方軍事當局商解決辦法，第一步在如何制止繼續衝突，第二步爲如何避免再發生同樣事件。如果華方態度不變，中日兩國正面衝突，亦非不可能之事。此事余之觀點，爲地方事件，故仍由地方解決爲宜。但如果事態擴大，或亦將由中日兩國政府交涉。川越並云：日方並無藉此事件，談判華北其他問題之意。總之，如果此事措置不當，即有引起重大事故之可能。川越末稱：在津與宋會晤否未定，亦無在津開華北領事會議之意云。

【東京十五日中央社電】楊代辦十五日午後一時半訪廣田，適廣田正出席會議，由外次堀內接見。楊傳達我政府意旨，盼川越從速回京，以便談判解決蘆溝橋事件辦法。堀內答，川越日內即由津南下。談約四十分。

【本市消息】新任日本駐華大使館駐平參事官森島守人，已於十三日下午六時半出津來平，當與行將卸任之加藤傳次郎有所晤談，並對蘆溝橋事件詢問甚詳。森島前昨兩日均到日使館視察值公云。

《北平晨報》，1937年7月16日，第3版

英美大使將任調停

【上海十五日下午十時專電】英方稱：許閣森晨乘丹納軍艦，由北戴河過吳淞口未停，即直駛京晤王外長，商談華北情勢與遠東大局。

【上海十五日下午十時專電】據美方息：華北危局如斯，須有第三者出任調停。詹森現在平，此間尚未得南下報告。惟記者探悉美使亦將繼英使南來，俾英美協力進行調處中日危急工作。

【南京十五日中央社電】許閣森十四日晨由北戴河南下，十五日下午四時到京，四時半赴外部官舍拜謁王部長，詢北平最近情形，約談一小時辭去。

【南京十五日中央社電】駐華德使館參事飛師爾十五日下午四時半到外部拜訪李迪俊，探詢北平最近情勢。

【上海十五日下午十時專電】許世英昨電蔣請示返任前是否往謁，今得覆囑勿庸赴廬，有事隨時電告。現許定明（十六）晚登輪，後（十七）晨啓程東渡。各公團以許於時局緊張中，力疾返任，特定明日午後舉行茶會歡送。高宗武今晨偕周鈺謁許，高當晚返京。

【南京十五日中央社電】軍委會十五日晨邀集各院部會代表，在會開談話會，交換各機關工作連繫意見，由劉光主席，歷時甚久始散。

《北平晨报》，1937年7月16日，第3版

日軍妄斷我方態度

【上海十五日中央社電】據同盟社東京十五日電：關於此次事變之南京政府態度，日陸軍當局有下列觀察：即此事變之開端，係在七月七日中國軍隊之不法射擊，已屬明顯之事實。於是年來數百件之對日暴狀，即可於此次事變發生後之再三背信不法行為中證明無遺。十一日下午八時二十九軍代表，已經自認不是，接受日方要求而交解決辦法，此等事實，已於十三日發表在案，無容再述。 然而南京政府乃以荒謬無稽之宣傳，歪曲日方之公明，意在汲汲以求外國之同情。如各國能明瞭中國過去之暴狀，發現其宣傳用意者，恐未必有一人能眞心信仰之者。且南京政府之排日不法，非始於今日，其在華北方面，努力壓彼制有眞心與日本握手以圖共存共榮為目的之諸要人，及民衆等。同時於冀察軍中，又各方激發中堅層與學生等之愛國心，利用自力統一中國之餘勇，扶植國民以日為目標的抗日敵愾心。吾人所夙知之中國傳統政策，以夷制夷之常套，又欲用之於今日。回憶當年中央軍為掃除異己之軍隊起見，曾利用日本軍之砲火，殲除東北軍及其他雜色軍隊，以完成其統一事業，此事實非他，即熱河之戰也。此中國以夷制夷之方策，不唯用於對外，即對內亦屢用不鮮之明證也。對內且如此，其何愛乎外國。又何愛乎日本乎。此番對冀察之使其抗日，要亦不外乎此策。吾人深為中央軍以外諸將校入其圈套而不悟，猶一心與皇軍抗戰，而陷於自滅之道而不知省，豈不大可悲夫。此不唯中國民衆自身之可悲，亦一人類之一大悲劇，為人道問題計，直有不能已於憤激不平者矣。總之，如果南京政府為謀國內統一，及展開容共抗日備戰起見，而有陷入自己麻醉或曲解帝國國內一小問題，而為外問題者，國內不統一不能有何等作為或有輕視皇軍威武等等之情與意圖者則我又更有何言哉。

《北平晨报》，1937年7月16日，第3版

當局痛闢日方謬論

【南京十五日中央社電】政府某要人，頃對於同盟社所傳日本陸軍當局對於國民政府處理蘆溝橋事件之觀察，評論如下：據同盟東京七月十五日電稱，日本陸軍當局對於我政府處理蘆溝橋事件之態度，加以種種譏評。措詞荒謬怪誕，立論無中生有。在發言者或自以爲竭盡巧妙，但讀者祇見其宣傳技術之惡劣。該陸軍當局首謂：此次事件係由華軍不法射擊而起。在蘆溝橋事件之發生，由於日軍非法在蘆溝橋深夜演習，無故向我軍攻擊，已爲舉世周知之事。

該陸軍當局次謂：國府壓迫在華北方面與日本携手之要人與民衆運動，激發冀察軍中堅實及學生之愛國心，以爲自力統一中國之手段。查統一建設與激發國民之愛國心，爲各國政府應有之天職，日本陸軍當局以此爲攻擊國府之理由，是不啻自承其分化宰割中國之政策。中國對於鄰邦日本，素主張以平等互惠之立場，携手合作。但截至今日，日本始終未以平等視我，遑言互惠。至於假提携之名，厲行侵略之實，政府自不得不加以反對。

該日本陸軍當局續謂：國府假日軍之手，以淘汰中央軍直系以外之軍隊，此毫無根據挑撥離間之詞，不值識者一笑。中國軍隊編制及駐防區域，容有不同，但同爲國家軍隊，初無系統之分。任何國家，如對中國武力侵略，中國當不惜以全國軍力與之週旋，該陸軍當局之讕言，絕不能欺世界，更不能欺中國也。

至該陸軍當局所謂近來中國對日暴狀，不下數百件，此係日人在華暴狀顛倒錯語。蓋近年以來，日人在華之暴行，如走私，販毒，聚賭，營娼，非法飛行，私設特務機關等等不法行爲，卻不下數百件，東西人士，耳聞目睹，無論如何顚倒事非，終難掩盡天下耳目也。

《北平晨报》，1937年7月16日，第3版

各地嚴防漢奸活動

【上海十五日下午十時專電】楊林口與瀏河間昨夜發現某國軍艦三艘，用探照燈四射沿江各地，某方特務員及漢奸活躍，當局已飭屬嚴防。

【陽曲十五日下午十時專電】當局以時局日趨緊張，恐漢奸及不肖之徒，暗中破壞擾害地方，特自十五日起加緊戒備，由軍警憲在各街布崗，並嚴拿漢奸，以防不虞。

【保定十四日中央社電】長辛店十四日捕漢奸胡斌等五名，均已處極刑。胡前充平漢路警兩年，業已開除。其活動符號，於褂襠中剌小花，臂上有字爲標識云。

【鄭縣十四日下午十時專電】劉峙十四日晨過鄭赴洛，參加軍分校畢業禮，下午七時過鄭返汴，曾萬鍾等到站晤談時局，對鄭治安有所指示。

【濟南十五日下午十時專電】十五日韓復榘親訊造謠惑衆犯郭世梅，吳振庭二名，據供認揑造謠言，煽惑人心，希圖乘機暴動不諱，當均槍決。

【廣州十五日中央社電】虎門要塞司令陳策，前因足疾在省療養，十五日午返虎門坐鎮。

【上海十五日下午九時專電】徐堪昨今在中行處理財政要公甚忙，並對公債市場，採取有效穩定辦法。對投機造謠份子，亦嚴厲查究。今（十五日）晨公債已見回漲。

【東京十五日中央社電】今日此間空氣，似覺略有轉變。一般觀察家印象，蘆溝橋事件之解决，或不甚困難。地方官會議中近衛廣田米內之訓詞，措詞似多含蓄。現此間甚重視中央軍移動，十日來與中國最有關係之鍾淵紡織會社股票暴落三十元，昨下午起，已回漲七八元，其他股票亦回漲，今日午前各種股票債票，又一律回漲。但當前情勢，極爲複雜，難關甚多，未許樂觀。

《北平晨报》，1937年7月16日，第3版

全國民衆紛電慰勞

【安慶十五日中央社電】蘆溝橋事件發生後，此間各界均極憤慨，各民衆團體，十五日特聯電中央請即徵師禦侮，原電情詞剴切，悲憤激昂。電中並有全皖民衆，均願作禦侮救亡抗戰，寧爲玉碎，勿爲瓦全等語。

【本市消息】冀察政務委員會宋委員長，十五日通電云：全國各報館並轉全國各界同胞海外僑胞均鑒，此次蘆溝橋事件，不幸發生，海內外各界同胞，先後來電慰問，且有捐款勞軍之舉。熱誠贊助，全軍感奮。惟此次事件，係保局部衝突，傷亡亦係少數。況國家養兵千日，用兵一時，効命疆場，乃軍人之天職。軍隊平時有餉，戰時亦有軍事費。哲元以爲遇此類小衝突，極勞海內外同胞襄助，各方盛意，雖甚殷感，而捐款則概不敢受。倘將來國際大戰發生，全國動員，犧牲重大之時，再由國家統籌，同胞捐助，未爲晚也。謹掬誠意，敬布區區，諸維鑒諒是幸。宋哲元咸。

【南京十五日中央社電】國民政府十五日續收到紐約大鵬慈善會，湖北省教育會，重慶市文化界救國聯合會，國立北平大學全體師生，雲南省黨部，旅滬太原基同德書報社等處來電，計十餘起，

【福州十五日中央社電】省會農工商文化婦女等各界團體，紛電勉二十九軍將士奮勇抗戰，矢忠守土，誓爲後盾，並籌款接濟。

【南京十五日中央社電】山西省黨部，十五日致電慰勞宋哲元及二十九軍全體將士。其原電云：北平宋委員長暨二十九軍全體將士勛鑒：貴軍奮勇抵抗，薄海同欽。望再接再厲，堅持到底，本部誓爲後盾。謹電慰勞，佇候捷音。山西省黨部銑（十五日）。

【南京十五日中央社電】首都大中小學暑期留京學生計八百餘人，爲蘆溝橋事件，頃通電全國，一致奮起抗戰

《北平晨报》，1937年7月16日，第3版

英國下院將加討論

【倫敦十四日中央社哈瓦斯電】政府頃接受下院反對派工黨黨團領袖阿特里之請求，定本月十九日在下院舉行關于外交政策之辯論。衆信屆時工黨將提出中日糾紛問題，並主張英法美三國應有所行動，以使中日糾紛不致益形嚴重。倘屬可能，則當交由國聯處理。至關於西班牙問題，則工黨人士將反對承認西戰雙方爲交戰團體云。

【上海十五日中央社電】華盛頓十四日合衆電：衆議員波納德，考維，康納爾，希爾等四人，今日致函國務卿赫爾，謂：最近華北中日衝突，已破壞九國公約，要求向日政府提出抗議。爲世界和平計，此舉實屬需要。彼等並引一九三四年寀希爾對聯邦委會之証言，稱日本爲美國最危險之敵人。

【柏林十四日中央社哈瓦斯電】中日兩國大使十四日分謁外長牛賴特，有所商談。據政界人士宣稱：兩國大使僅就目前華北局勢，報告消息，而未及其他。

【倫敦十四日中央社路透電】關於華北事變，今日泰晤士報載一社論，稱今日日本最顯明之舉動，莫如打退堂鼓，最堪注意者，小誤會之反響，雙方雖曾任其擴大至不祥之範圍，但南京與東京均未盡量發揮其時局中潛在之搗亂可能性。在表面上觀之，東京似願極力使該事件局部化，但此非即謂更嚴重之戰事，竟不幸而適得其反。但日本軍隊行走極端之時，日本政府正悚然於冒險前途之凶危也。日本或可一鼓而下北平，更以兵艦上溯長江，而覬覦中國之首都，但此亦僅取快於一時。惟以政治家之目光觀之，事態即至較此更嚴重時，亦無敢擇此危險，而最後且能召致巨禍之途徑者。在已往一年半之中，日本在華北幾不自明其所致者爲物，及如何始可取得之。但如謂日本將化華北爲第二「滿洲國」，日本絕不願爲之，蓋華北勝利之結果不過財政上及軍事上平添重大之責任。何以現狀觀之，日本之雙手，因已抓滿，但庫藏則益見空虛矣。日本即能不宣而戰，但加摧折於中國之自尊觀念至不可磨滅之程度，日本實須小心將事云。

《北平晨报》，1937年7月16日，第3版

日召各地長官會議
澈底說明政府方針
認日在華北有增兵必要
望轉向國民作剴切宣示

【東京十五日中央社海通電】今日政府召集各省長官會議，由陸海兩大臣出席報告華北局勢，謂和平尚未絕望，但稱日本全國民衆應明瞭日本在華北有增兵之必要。外務大臣廣田稱：日政府擬設法，將中日事件用外交方法解決。

【東京十五日同盟電】因華北事變重大化，此間所召開之緊急地方長官會議，十五日午前十時，在首相官邸開會。政府方面，除因病靜養中之近衛首相外，廣田外相以下全閣僚，風見書記官長，瀧法制局長官，松井資源局長官以下各關係官，地方長官方面，石黑北海道館東京池田大阪以下各知事，齋藤警視總監，中島憲兵司令官，及朝鮮台灣兩總督府，樺太南洋廳，各關係者均出席。首由馬場內相代讀近衛首相訓示，說明對華北事變之政府根本方針，次由廣田外相，杉山陸相，米內海相，賀屋藏相，分別爲關於所管事項訓示畢，由外務省石射歐亞局長，陸軍省後宮軍務局長，松井資源局長官，橫溝情報委員會幹事長等，關於此次事變發端經過，爲詳細說明。由各長官開陳種種質問並意見，正午赴首相午餐會，午後一時半移內相官邸之會議，由馬場內相致訓詞散會。各長官即日歸任，向全國徹底認明政府關於處理事變之決意，並對華方針。

【東京十五日同盟電】近衛於地方長官會議之訓示如下：對於此次派兵華北之主旨，如前者政府之聲明，事件發生以來，我方關於和平解決之努力，漸成泡影，平津地方在留日人之生命財產，漸瀕於危殆，若任其推移，則華北之治安，甚被擾亂，甚而全般東亞和平，有被投於暗影之虞。帝國政府之眞意，不外防止此種重大事態之發生，望早日求中國之反省，惟有誠意保證以後不再發生既往之不法行爲，而平和解決問題。望諸君將此次派兵之大義名分，廣向各方面徹底揭示，中央地方官民應協力努力，以求舉國一致之實。一方對於國民使始終持大國民衿度，以冷靜愼重對處時局，是所望焉。

《北平晨报》，1937 年 7 月 16 日，第 4 版

陸相報告事變顛末

【東京十五日同盟電】杉山陸相於十五日地方長官會議，釋述華北事變概要，決定派兵廟議之始末，明示此次事變，全出於中國方面之計劃的武力行爲後，說明如下：（一）關 最近中國之動向，中國於抗日標榜之下，努力於中央集權，軍備充實强化，雖而至過信國力，其結果抗日轉而爲侮日，勢之所趨，遂波及於華北。然帝國之隱忍自重，益使彼[illegible]其驕傲，於平津其他方面，屢屢惹起對於在留日人其他帝國官憲之暴行或侮辱事件。現以此次事件有關係之豐台，亦爲去秋中國方面侮辱帝國軍隊事件之發生地也。事變之起因，雖發端於一部中國軍之不法射擊，至於其根本原因，乃彼長久深刻抗日教育所致。一面中國日最近帝國國內情勢，而妄斷日本爲易與且懷抱引誘歐美諸國，得巧使日本屈服之妄想。此事爲此次事變最有力之動機，而不可忽略者也。對於其後中國之態度，有更加深其信念者，故在我國此際統一輿論，發揮舉國一致之實，極爲緊要也。（二）目下在華北之我忠勇將兵，於酷暑之下，與中國軍鬥爭，死傷頗多。情況如此，爲振起此等將兵之士氣，使其犧牲爲有意義，一在依國民一致熱誠之後援，與完全輿論之統一貫澈要求，切望加以一番之考慮。（三）事變突發以來，雖以不擴大現地解決之方針而應付，然現地中國軍以及南京其他中國方面之不法不信行爲，挑戰行爲，不遑枚舉。是以事變之擴大，殊難預料。凡地方所擔任之召集，徵發準備，既已完全妥帖，鑒於時局更加密其檢點，望於動員之際，加以指導，無使稍發生蹉跎。又關於防空，當中國飛行部隊既經開始移動之部隊，自處萬一之見地，願喚地方官民之防空準備，同時願準備總動員。

《北平晨报》，1937年7月16日，第4版

廣田說明政府態度

【東京十五日同盟電】廣田外相，於地方長官會議，致訓示如下：如諸君所知，此次華北發生不幸事態，實不勝遺憾。此次廟議決定之措置，在帝國爲不得已之措置。此次事變、於現地彼我雙方間，如商妥於維持治安，得求的確之保證，則在中日「滿」三國實爲幸事。然自現在情勢觀之，帝國意圖不拘如此，但任何不幸事態發生，亦所難料。認識此現實，國民須一大覺悟，從來關於此種國際的事件，因動予國外以國論，似有缺一致之印象，而使對我國態度抱疑惑。今日廟議決定，同此國論舉朝野而一致，得一掃如右之疑惑。在政府於此機會，不可不澈底釋國民諒解帝國之立場，切望地方長官諸君，努力向地方十分澈底政府意向之所在。

【東京十五日同盟電】地方長官會議之米內海相演詞，要旨如下：於此次華北事變，爲擁護帝國權益，自揚子江爲始，警備中國各方面之艦船部隊堅持帝國方針，事件不擴大主義，分別就警備而益嚴加戒備，華北方面之情勢惡化，其影響必波及華中華南方面，此爲從來屢次經驗者，故在帝國海軍，關於該方面之海軍，不得不甚大關心，爲對應上述情勢，使必要之海軍兵力，準備待機，於華北方面，則與陸軍致全幅之協力，以努力收拾事態。一面對於華中華南方面，於事件擴大波及之時，亦期於帝國在留民之生命財產，並帝國權益之擁護，無些須遺憾。

《北平晨报》，1937年7月16日，第4版

各方注视天津谈判

日决续调大军来华

已奉命开拔者人数将逾十万

共五师团定一週内调动完毕

【南京十六日下午十時專電】蘆溝橋事件交涉，自經移津辦理後，連日由雙方人員，繼續作側面折衝，雙方意見，刻正謀力趨接近。各方皆認此次洽商，關係兩國邦交前途甚大，故中外人士，無不密切注意。據一般觀察，事態之進展，變化叵測，最近究能至如何程度，一時尚難預料云。

【天津十六日中央社路透電】北平事態，現尚寧靖，華北危局中之注意集中點，業已移至天津，中日當局間之休戰談判，刻正在津進行也。當地各大學校長推舉代表團進謁宋哲元，叩其對於時局意見。頃聞歐亞與中國兩航空公司往來北平與南方間之航空業務，已因日軍當道之干涉而停頓。天津鐵路總站，刻實際上已爲日人所佔領。昨有日軍官數人通知津浦路局，欲派日兵一隊駐於總站之貨棧，路局雖拒絕之，然日兵一中隊已擅自駐紮其中。總站附近之某紗廠，亦有日軍駐紮，貨棧附近，已置障碍物。日方自稱其目的在保護路綫。

【南京十六日中央社電】據確息：日政府近扣留商輪三十一艘，裝運大批軍隊軍火前來我國。已奉命開拔者，有第五，第六，第十，第十二，第十六，五個師團，人數約在十萬左右。其中除兩師團已指定開赴平津外，其餘三師團暫開至朝鮮待命，預定一週內調動完畢。又駐朝鮮等地之日本後備隊，亦已奉令準備。據確息：大批日本軍用品十六日已運到津。

【南京十六日中央社電】日外務省發言人，十六日晨答外國記者關於華北事件之質問，綜合之如下：日政府從內地派兵赴華，乃原定計劃，昨今兩日情未見好，亦未更壞。華北駐屯軍與冀察當局談話，仍在進行中。

【本市消息】關於蘆溝橋事件，日方並未向我提出政治性之要求，或如外傳已簽定任何條件一節，日大使川越昨日在津接見新聞界時，已有相當說明。徵諸此事，雙方人員現正在津繼續作側面的折衝，以期意見之接近。至正式洽商日期，此間尚無報告。且事態前途，變化叵測，亦似非一二日即可解決云。

【東京十六日中央社海通電】中日間之和平談判，雖仍在進行中，日外務省認時局仍未可樂觀。外務省宣稱，中日軍又有衝突，日兵士一人陣亡。

【天津十六日中央社電】平教育界李書華，張貽惠，李蒸等，十六日下午三時謁宋，探訊時局眞相，即予接見，並說明一切意見。李等已於下午四時專返平。

《北平晨报》，1937年7月17日，第3版

日仍增兵不已

【天津十六日中央社電】日兵車十六日上午四時許，由榆又開到一列，滿載煤及鐵路道木等甚多，停於東站。此間總東兩車站，日兵仍在派兵分別戒備，夜間並限制行人。日兵乘汽車十餘輛，十六日晨由津赴向通州前進

【天津十六日中央社電】在津之日飛機，仍爲三十二架，十六日晨在東局子李明莊飛機場表演，上下飛落，並有三架西飛偵察。

【東京十六日同盟電】陸軍省發表十五日夜鑒於華北現勢，十五日決自內地派遣一部部隊

【本市消息】十六日上下午各方報告如次：（一）上午五時半日兵車一列，日兵若干人，押運軍用品十鐵棚車，木料八敞車，由山海關到津。（二）上午八時日兵百餘名，乘載重車十五輛，由天津沿平津大道向通州方面前進。（三）上午一時豐台東南之郎[illegible]村，發現日兵十餘名，並在該處檢查行人。（四）上午九時，大井村岳各莊一帶有日兵四人向住戶徵[illegible]騾馬。（五）下午二時許日兵車一列，由山海關開抵天津，內裝載重汽車五輛，小汽車五輛，日兵若干人押運。（六）上午十一時，日軍用大汽車二十輛[illegible]由台開津，內載傷兵，以帆布掩蓋，數目不詳。

【本市消息】通縣來人談：（一）通州以東各縣保安隊，現到通集合者，已達萬餘人。僞滿軍隊亦有由古北口開來者，惟人數未詳，通縣南門現由日兵把守。（二）通縣日兵營內，駐紮兵士無多，大部均已調出，惟兵營內存有鐮刀兩大車，聞係備爲一旦再有戰事，割除青紗帳之用。（三）通縣日通飛機場，現停有日機三十餘架云。

《北平晨报》，1937年7月17日，第3版

日軍趕築工事

【南京十六日中央社電】京中十六日午接平電稱：（一）津方續到日軍兵車四列，裝載多量軍用品，及汽車等，並鐵甲車數輛。（二）由津開往豐台日軍兵車一列，兵二百餘名，豐台東南趙家村附近農田，日方建築飛機場，並有飛機四架，旋空偵察。（三）通縣西方八里橋一帶，由冀東僞保安隊趕築工事，平津線之楊村，由津開到敵軍五百餘名，砲十數門。（四）豐台四週敵軍築有工事，並擬埋設地雷。附近樹木及禾稼，均被敵方砍伐。（五）蘆溝橋方面無變化，惟時有小衝突。

【本市消息】據報：大井村所留日軍，臨時編組戰地聯絡哨十排，每排二十人，各在警戒線、粮地內往返搜查，遇有可疑行人，即行逮捕。被害者甚多，我當局已提抗議。又十五日上午十時西單牌樓有日同盟社記者三人，在我警戒地之沙包前偷攝照片，當被警察瞥見，將其拍出之膠捲取出送區，該日人等含羞走去。又平東交民巷瑞金大樓日本國際運輸公司辦事處二層樓上，日方密設無線電機一架，專備接收我方各機關情報。現又擬藉華安飯店樓上之旗桿，加設無線電天地線，增大電力，已被該飯店拒絕。現天線雖未裝安，而所設之線，仍未撤除。

【天津十六日下午六時零五分中央社電】日軍刻在津總東兩站積極佈置軍事工程，除昨日在總站貨廠派員駐守並挖戰壕外，十六日又有四十餘人開往東站北寧材料廠，并擬繼續佔據東站頭二等候車室，以便駐兵。總站鐵道外日商公大紗廠，亦開到日軍數十人，並運到大批洋灰、麻袋，橋樑，材料等，似有構築軍事工程之意。十六日下午四時日軍八十餘人，全副武裝，由榆搭平榆四次車抵津。

【本市消息】和平空氣瀰漫中，平市以東以南之軍隊，迄未停止運輸。河邊旅團，駐通縣部隊，迄昨已全部集中豐台。連同其部隊之砲兵，騎兵，戰車等特種兵，共達三千餘人之衆。廣安門外大井村，日軍自前日在該地掘壕設防後，迄昨午仍未撤退。廣安門，右安門至豐台間，日軍小部隊活動仍未停止。

《北平晨报》，1937年7月17日，第3版

川越即將南下

【上海十六日下午十時專電】日方息：川越在津分往各方會商解決危局辦法，預計再留三數日，即擬南下謁王外長，再作進一步之談判。日僑雖有回國準備，但要視局勢如何決定。又英大使昨到京後，曾邀日高探詢日方意見，似擬進行調停工作。

【南京十六日中央社電】外交界息：楊雲竹向日外務省傳達我政府意旨，盼川越茂從速回京，以便談判解決蘆事辦法後，聞日外務省現已電令川越日內即南下。

【南京十六日中央社電】十六日上海同盟社電稱：十五日駐華英大使許閣森晤外部王部長時，曾表示英國方面對於蘆溝橋事件之希望數點云云，茲據關係方面消息，該通訊社所傳，絕對不確。

【本市消息】日本大使館武官今井武夫，昨在武官室接見記者，茲誌其談話要點如左：（一）蘆溝橋事件實爲中日雙方之大不幸，日本政府決不願擴大事態，並盼早日和平解決。（二）宋委員長在津，並未與香月司令官見面。（三）中國方面希望和平解決，日方亦甚諒解。惟前方不時發生小衝突，雙方應設法避免。（四）川越大使原擬在平度夏，惟現時是否來平抑或返京，此間尚未聞悉。（五）田代司令官之更迭，完全因病，將來是否在津或返國休養，刻尚未定。坂垣已抵天津說，本人從無所聞。（六）豐台及蘆溝橋日軍佈置情形，本人因地位關係，不能自由發表有關軍事之言論。（七）此次蘆溝橋事件，自今以後，中日雙方應不究既往，努力尋覓和平解決之途徑。最後今井復與記者等自由談話，研究如何方能達到和平解決之新途徑，雙方交換意見，達一小時之久，打破歷來談話之紀錄。

【天津十六日下午十時電話】赴日旅行之前冀察外委會主席陳中孚，今午十一時由日乘飛機抵津。下午赴進德社謁宋委員長報告一切，定明日再謁宋。冀察要人張自忠，陳覺生，張允榮，鄧哲熙等，今晚七時在海河路北寧官舍歡宴陳氏。

【本市消息】外委會專委雷壽榮，昨晨八時乘平浦通車赴津。

《北平晨報》，1937年7月17日，第3版

全國民氣激昂

【昆明十五日中央社電】市商會爲盧案羣情憤激，特開會議，決召各同業商討有效辦法，並電請中央積極動員，誓死抗戰。并電慰前線將士，願犧牲一切，誓爲後盾。

【南京十六日中央社電】京市地方自治研究會，頃電宋哲元，馮治安，秦德純，張自忠等。原電：側聞督飭將士，力捍嚴疆，苦戰支持，同人揮淚。今日之事，寧爲玉碎，不肯瓦全。輿論至此，人心可知。伏維奮揚威命，爲國宣勤，萬世仰瞻 在此一役。謹電奉慰，等語。

【鄭州十五日中央社電】鄭商界十五日電慰宋哲元，並滙欵五百元慰勞抗敵將士。

【太原十五日中央社電】晉各界聯合各校各婦女團體，成立援助二十九軍宣傳募捐委員會，十五日開始募捐。

【重慶十六日中央社電】巴監全體囚民，十六日發出兩通電，一爲絕食集資慰勞二十九軍守土將士，一爲電呈上峯，請纓抗敵，並望派員編領，負弩前驅，電中並有囚等雖無公民之權利，實有國民之義務，愛國寸衷，不敢稍後等語。

【成都十六日中央社電】康建省委長劉文輝，頃電宋哲元暨前方將士慰勞，並請秉樞府之方針，辦理一切。

【漢口十六日中央社電】漢文化建設協會，教育會，記者公會，文藝作者協進會、戲劇學會，五文化團體，十六日發表宣言，題爲「抗戰守土聲中應有的撫慰與懲罰」，主張對守土抗戰的陣亡將士家屬之生活及保障，必須有特殊之規定。剷除漢奸與抗戰工作，有同樣之重要，應「格殺無赦」，並施行連坐法，以便澈底肅清云。

【保定十六日中央社電】保育德學生組慰勞隊，十六日晨購大批食品及線襪等，慰勞守土將士。又人民公園主任婁崇厚，將私人游艇售欵所得二十元，全數慰勞。又青年會幹事史上道，滙欵八十元，並購大批水菓，慰勞盧戰受傷官兵云。

【成都十六日中央社電】宋哲元十五日電謝省黨部慰勞，略謂：文（十二日）電奉悉。盧溝橋事變發生。本軍守土有責，分所當然。辱承電慰，全軍感奮，特此布復，並致謝忱。又川省各界抗戰後援會，定十九日開成立會，已函請各界代表參加。

《北平晨报》，1937年7月17日，第3版

許大使定今晨東渡
行前發表懇摯演詞
殷望日方能顧全東亞大局
以誠意正義改善兩國邦交

【上海十六日下午十時專電】許世英今（十六日）晨以長途電話向王外長請示返任機宜，並致辭行意。午應朱慶瀾等宴，午後四時出席各團體茶會，晚上輪，明（十七）晨啓程。許語人云：華北時局誠屬緊張，但望當軸能顧全東亞大局，中日外交應以誠意正義爲主，始能納人正軌。本人既已身許國，故力疾返任云。

【上海十六日中央社電】許世英十六日晚力疾登輪，啓程赴日返任。行前慈善界朱慶瀾等，曾於十六日午設席歡餞。下午五時，各界並舉行茶會歡送。許在各界歡送席上答辭，表示當三月初回國時，曾向各界表示，本人在日一年，始終抱定外交應以正義爲目的，欲達到正義之成功，必以出以誠意。而正義外交，尤應居於主動之地位。惟本人不習駐在國語言，深恐不能發揮國家視聽之機能，故向蔣院長王部長懇切呈辭，未蒙允准。旋以患中耳炎急性化膿，勢甚劇重，臥床五十三日，始得告痊，以衰耄之身，經此重病，各人康健固屬小可，若因此誤公，則罪戾實深，當又向政府再四懇辭。院長部長仍加慰留，迄未邀准。迨盧溝橋事變發生，守土將士，奮勇衛國，使節之任，不可虛懸，因此力疾再往，有田日前外相嘗謂：戰事一名詞，非外交人員所應語。及近衛文麿公爵負日本全國之重望，其於奉命組閣之初步，首即宣示對外力主國際正義。廣田外相亦嘗以對華不侵略，不威脅，宣之於世。今平津局勢嚴重，已達極點，日當局雖有決不擴大之表示，在世英衷心切望近衛廣田兩閣下，能本其素志，爲兩國邦交，爲東亞和平，以至於爲人類福祉，努力貫澈其向來之職志。世英雖老病，亦當本其素志，相與策勉，期爲兩大民族消弭百年之鉅禍，以保子子孫孫之生機。世界上任何國家，俱有其獨立生存之權利，但求自己之生存，應以不妨害他人之生存爲前提，否則他人爲維持其生存寧有不起防衛者乎。其防衛之舉動，純乎秉其正義，出於天賦之自然，蓋不喪權不辱國，尤爲吾人今日應盡之職責。世英在本年初，即深覺此一年中爲中日邦交之最大關頭，如不改善，勢必惡化。此意曾剴切向日本朝野人士表示，如今緊張至此，若能本諸正義，具有至大之誠意，尚可補救，若一味聽其惡化，則其責任亦固自有在矣。但以如此兩大民族，倘不朝夕努力於東亞和平之安定，藉以增加世界人類之福祉，則前途將不堪設想。蓋兵連禍結，不論若干年後，種惡因者，終恐必得惡果也。本人年事如此，病軀如此，奮不顧身，投袂而起。正以職責所在，對於國家之義務，至高無上，重於一切也。

《北平晨报》，1937年7月17日，第3版

日爲實現精神動員
着手聯絡社會團體
定明日召開在鄉將官會議
要求協力並宣示軍部方針

【東京十六日同盟電】日政府鑒於華北事變之重大化，於毅然大方針下，進行斷行所信。各般準備，一切妥帖，特別議會，決照預定於二十三日召集。風見書記官長，十五日夜訪近衛首相於私邸，就二十六日施政方針演說草案，有所協議，政府定於十六日閣議商洽該演說要旨，但因首相缺席，與華北情形而作罷，展至二十六日閣議。

【東京十六日同盟電】爲應付非常時局，準備國民精神總動員之文部省特約宗教團體社會團體，各代表開重大協議會，十五日午後，在文部省開會。京都方面，眞言宗醍醐派管長佐伯惠眠師鎌倉建長寺，派菅長管原時保師。婦人團體三條夫人吉岡彌生女史。運動方面：體協會長大島中將，明治神宮體育會有馬大將。基督教方面：救世軍司令官山室軍，平中將，出席計神道五，佛教十七，基督教五，各派聯合之社會團體二十三，計五十二名。代表者集合，先由安井文相關於國民精神之發揚，協力一致，有所報告，次由陸軍省新聞班星少佐講演現下時局後，由文部次官提出的舉國一致之精神。要旨四項：關於此點，各自述其意見，約二小時皆反應時局，而舌端吐火，誓曰，精神動員之結成，今後更出文部省與各團體，十分聯絡，以備非常時局。

【東京十六日同盟電】杉山陸相鑒於時局之重大性，十五日於地方長官會議已要請其協力支援，定十八日召三百萬在鄉軍人之在京在鄉將官約八百名，至軍人會館，要求協力，並披瀝軍部之根本方針與決意。

【東京十六日同盟電】近衛首相鑒於華北問題之重大性，十六日午前八時在永田町私邸，約堀內外務次官，詳細聽取華北情勢，及南京政府態度，就今後對策，交換重要意見，會見一小時半告終。

【東京十六日同盟電】東京市及商工會議所共同組織之在滿將士後援委員會，十六日開會，就具體的方法，協議結果，決定組織包含紅十字軍人後援會，國防婦人會，濟生會，兩聯隊區司令部之軍事扶助委員會。並與各府縣連絡，以期作軍事上之扶助。

【奉天十六日同盟電】在京城與朝鮮總督府作重要會談之松岡滿鐵總裁，乘臨時旅客機，十六日午後零時五十分到奉天北飛行場，午後三時出席鐵路總局之滿鐵股東會議，在飛行場談云：此次華北事變，今後如何推展，目下不容預測，我政府既於一貫確乎方針之下，具邁進之決意，故擴大不擴大，一繫於華方，今後態度如何，在滿鐵則擬與政府方針合步調，舉全力而協力。

《北平晨报》，1937年7月17日，第3版

英美分別照會日本
萬勿藉此擴大糾紛
稱蘆溝橋事不值得小題大做
東報皆甚重視股票一齊下跌

【倫敦十六日中央社海電通】關於中日危機，英美政府現正分別努力，不令戰事擴大。英方認蘆溝橋事件，不值得爲造成中日戰爭之原因。英政府已將此意，轉達日政府。同時又向雙方勸告，不可專致意於彼此之尊嚴，坐令事件擴大。英方並非向雙方調停，亦僅希望形勢不愈趨險惡而已。美政府聞亦向中日雙方作同樣之表示云。

【東京十七日中央社電】十六日各報夕刊，對英美動向甚重視。此間各種股票，今日又下落。

【南京十六日中央社電】英大使許閣森，於十六日下午六時到外部訪徐（謨）次長，約談半小時辭去。聞係對於十六日北方情勢有所探詢。

【華盛頓十五日中央社路透電】羅斯福每逢週杪，輒乘遊艇出外，今則取消出遊，而將留駐白宮，以遠東局勢嚴重故也。羅總統對於中國境內情勢之發展，甚爲關切，而對於西氹不干涉計劃，亦復繫念。總統外交顧問三人，今日午後被召至白宮會商國際情勢，此三人爲前駐華公使瑪克摩雷，國務院幫辦韋爾士，與特使台維斯，皆美國極熟諳中國事件之專家也。聞總統現不擬採行特殊舉動，但僅嚴密注視而已

《北平晨报》，1937年7月17日，第4版

法國亦將提出

【倫敦十五日中央社哈瓦斯電】華北事件發生後，英法兩國原擬按照中政府建議，提議由英法美三國政府聯合行動，而在英法美三國京城同時進行交涉。但美政府不欲參預任何種外交陣線。對於上項提議，認爲未便接受，故乃改變方針，現聞英美兩國政府，已決定分別向日政府交涉，以期維持和平，並使目前中日糾紛獲得友誼的解決。據負責人士所知，法國亦當提出與英美相同之交涉。惟蘇聯政府究抱何種意向，則尚未悉。若謂英政府已以英國用意所在，通知蘇聯政府，則此間外交界人士似並未具有此種印象，大約英國在中國方面，不願表示與俄國有任何種連帶一致之行動，此則顯而易見者也。又此間一般人士認爲中國中央政府堅決反抗日本併吞華北，故對於遠東時局發展，均極爲關懷。預料時局發展之趨勢，在今後四十八小時內，可見分曉云。

【巴黎十五日中央社路透電】顧維鈞今日語路透訪員謂：華北事變，苟非列强能告成調解，則中日勢將有大戰鬥。日本乘歐洲各國忙於應付西國問題，及蘇聯最近處決軍事領袖數人，內局不靖之機，在華北實施打擊，以進行其大陸膨脹政策。此次大局，實由日本激成。又鄭重聲明，日人所傳中國當局簽字協定說，實無此事。再日人所傳中央與地方當局及軍隊意見牴觸之說，亦毫不可信云。

【巴黎十五日中央社哈瓦斯電】外長台爾博斯十五日分別接見中國顧大使及日代辦內山，就華北局勢有所商談。

【倫敦十五日中央社路透電】證券交易所對中日爭案，仍形安靜，並未因最近之發展，而呈驚恐之象。執有由日債券之大戶保險公司及銀行，均未出售。今日且多有乘近今之跌價而購入者，故價格因以獲相當之穩定。目前市況穩定，而欠活動。倫敦人士大都不信戰事不能倖免，且皆希望能覓得保全顏面之解決辦法。雖南京政府發言人曾發援助二十九軍之言論，而一般人士反因此購入遠期，蓋信此爲中國團結益見鞏固之明徵也。倫敦人士所以抱樂觀者，因信日爲經濟原則，目前無一能從事戰爭也。

《北平晨报》，1937年7月17日，第4版

英下院之辯論

【倫敦十六日中央社路透電】倫敦人士刻以極密切之注意，視察中國境內使人不寧之事件。今日英下院對于華北危局，復有種種詢問。同時英法美三國，仍交換其所得關於時事發展之情報。英美兩政府皆已單獨照會日政府，說明刻所抱華北此次衝突，起因甚微，不應藉此擴大糾紛之意見。英國在其照會文中，並謂：中國日本苟有擴大事件爲國家威嚴問題之任何企圖，則將成爲與英國至有重大關係之事件云。倫敦所接東京傳來之最近消息，殊不能使人寬慰。日方所稱此次衝突，並非爲預定計劃，而日政府亦非故意延不解决之說，倫敦人士姑以爲然，是以英政府現未見有出任調停之理。英外次克蘭坡，今日在下院答保守黨議員毛根之問話謂，渠在過去數日內，常與中國郭大使接洽，郭屢以關於時局之報告相示。在此報告與報紙所已披露者，無大出入。渠已向郭聲明，英政府將利用各種機會，竭其能力，以作趨向和平所决之貢獻云。保守黨潑魯奇發言，主張英國向有關係列强建議，將辛丑條約第九條予以廢除，因北平現不復爲中國首都，而列强對北平除日本外，又無甚貿易關係也。克蘭潑答稱：該約第九欵規定若干國得駐兵於華北若干地方，俾保持北平與海口間交通之開放，其目的在保障使館之安全，今者仍有若干使館留於北平。至於商業之考慮，則當時並未列入此問題之內云。工黨麥克思維起稱：英日談話，宜待華北現有糾紛結束後，再行開始，因此種談話之進行，或將被人認爲英國贊同日本行逕也。克蘭波答稱：英日談話何日開始，尚未有切實日期云。

本市外交界息：駐華英大使許閣森，由北戴河返京後，英使館要員，亦返平辦公。又自蘆事發生，美大使詹森，法大使那齊亞，德大使陶德曼等，均曾電本國報告眞像。詹森，那齊亞，原擬早日赴京，因故暫留平，必要時即赴京云。

《北平晨报》，1937年7月17日，第4版

各國輿論一斑

【巴黎十六日哈瓦斯電】此間左右兩派各報，賡續評論中日糾紛，咸持公允論調，急進社會新時代報稱：時局日趨嚴重，日軍賡續向平津一帶開進後，和平解決希望，因而爲之削弱。該黨事業報亦稱：日本所抱目的，乃在征服中國，此層中國知之甚深。日本侵略華北，乃對於蘇俄發動大戰之序幕。英法美三國允竭盡所能，以防止事態嚴重化，此乃各該國之義務，亦即各該國之權利所在。右派愛克西有報稱：中日兩國戰爭危機，經英國出面調處者，已非一次。此次英國又向當事雙方發出勸告，要求審慎將事，中政府原無戰爭之念。但關外各省主權，自難放棄。右派斐伽羅報稱：妥協的佐藤之被斥，黑龍江上之砲聲，北平之被圍，日本國內之動員，在在俱足以證明東京方面賢明的政策，業爲關東軍所壓倒矣云。

【南京十六日中央社電】日軍違反條約及國際公法，在蘆溝橋深夜實彈演習，並不斷向我平郊駐軍攻擊，近更徵調國內外各地大軍，增駐平津一帶，作戰時種種準備。此項消息傳播世界後，歐美各國朝野人士，對日軍不法行爲，無不異常憤慨。英，美，法，俄各國之大報，如倫敦及紐約泰晤士報，及法國人道報等，均著論對日軍非法暴行，予以嚴正之評擊，勸其懸崖勒馬，小心將事。對我國則咸表熱烈之同情。德義報紙，現雖無明顯表示，但一般輿情，亦皆同情於我。倫敦中國協會，原定歡宴最近到英之日本經濟考察團，今因接到日軍在華北暴動消息，已將招待日程取消。各國人士同具愛好和平之心理，由此可見矣。據確息：日本最近除不斷向平津一帶增調大軍外，青島海面日驅逐戰鬥各艦，亦連日增加。日本駐青特務機關，及義勇隊，尤爲活躍，其用心所在，至堪注意。

《北平晨报》，1937年7月17日，第4版

日本破壞九國公約
我方分向列強呼籲
由各駐外使節分別致送備忘錄
美昨發表正式文告勸告侵略者

【倫敦十六日中央社海通電】中國駐英大使郭泰祺今日下午至英外部訪外相艾登，面遞中國政府之照會。其中對於中日問題，中國政府所採之態度，述說頗詳。聞中國政府已向九國公約之簽約國及德俄兩國，送達同樣之照會。英方對於華北之形勢，認爲已趨和緩，重大危機，或能避免云。

【柏林十七日中央社路透電】駐德中國大使署參贊，今日以備忘錄一件，送交德外部。衆信此備忘錄，重行說明中國抗拒日本侵略之意。聞中國大使程天放，十四日訪德外長牛賴特時，曾表示同樣意見。牛賴特以德國願維持和平爲言。程答稱：中國亦願和平，但此事繫於日本，如日本在華北繼續有軍事行動，則中國不得不力拒之云。

【華盛頓十六日中央社哈瓦斯電】日駐美大使館參贊須磨，十六日訪謁國務卿赫爾，舉行談話。事後，須磨語各報訪員謂：本人頃曾向國務卿赫爾說明，日本對於中國採取堅强態度之理由云。

《北平晨报》，1937年7月18日，第3版

郭使訪晤艾登外相

【倫敦十六日中央社哈瓦斯電】中國郭大使十六日訪謁艾登，面遞中政府備忘錄，就中日糾紛之情勢，有所說明。此項備忘錄，係同時送遞九國公約各簽字國，惟日本不在其內。此外並送遞蘇聯與德國，內容均屬相同。略稱：此次紛擾發生之際，係在七月七日夜間，其時日軍正在舉行演習。最初發生衝突之地點，係在蘆溝橋一帶。日軍在該處毫無權利足以根據，蓋一九〇一年辛丑條約第九條規定，外國軍隊駐在地點，並未將蘆溝橋宛平縣城及豐台包含在內，日軍根據此項條約，而提出要求，原已不合時宜，絕無根據。且即就辛丑條約條文而論，日本在各該地方駐紮軍隊，舉行演習，亦絕無理由，足證日軍藉詞要求在中國軍隊防地內搜尋失踪之日兵一名，竟圖以强力于夜間侵入中國軍隊所駐防之宛平縣城，明知中國軍隊必加拒絕，乃故意出此藉以發動對於華北更進一步之侵略行爲，此固屬顯而易見者也。繼稱現有日本飛機百餘架，陸軍約二萬名，集中平津附近。中國當局竭盡一切方法，甚至允許雙方相互撤兵，以冀停止敵對狀態，無如每次獲得解決辦法後，類因日軍重行進攻，以致立即成爲無效。備忘錄最後稱：中政府認爲此項侵略行爲，實屬破壞九國公約所規定之中國領土主權完整，倘任其發生，則足以在亞洲及全世界產生重大後果。此在中國方面，現仍準備談判任何種榮譽之協定。惟中國國民政府對於談判解決之基本條件，不得不加以密切控制。蓋恐嚇地方當局促成華北分裂，原爲日本軍人慣用之策略，而爲世人所熟知也云云。

顧維鈞晤法國外長

【巴黎十六日中央社哈瓦斯電】外長台爾博斯十六日先後接見日本代辦內山，中國大使顧維鈞，蘇聯大使蘇里資，就華北事件有所磋商。事後中國顧大使談稱：中政府頃已通告各國政府，中國已抱決心，如日方對於中國領土主權再有任何種僭越侵奪之行爲，當用一切方法，加以抵抗云。繼稱假令中國北部竟由日本控制，則勢將成爲第二次日俄戰爭之序幕，其影響所及，固不難想像而得矣。抑尤有進者，國際法與國際關係之各項基本原則，現已因日本之態度而遭嚴重之威脅，中國之獨立，不僅爲維持東亞均勢所必不可缺，卽爲維持全世界之均勢計，亦屬必不可少也。日本如一旦控制中國，則不僅歐美各國在中國之廣大利益將悉被剷除以去，于歐美各國在亞洲之各屬地危險，亦至爲鉅大云云。日本代辦內山談稱：中日現有糾紛，殊有好友解決希望。日本保護其在華北利益之舉，固未包含軍事佔領平津在內也。又謂英法兩國並未在外交上向日政府有所干涉，實僅本諸人道主義而進行之一種接洽而已。此在法國認爲遠東和平，乃全世界和平主要條件之一，其見解實極確當。法國并曾以友誼態度，申請日本與中國，務持溫和態度。余對於法國此種公正不欺之態度，及其對於遠東各項問題之充分理解，甚感深刻印象。夫吾人民倘遭「拘禁或虐待」，吾人自有權採取所認爲最適當之「防衛」行動，特此非謂最惡化之局勢已無可避免也。總之，華北中日當局，現有覓獲解決辦法之可能。

《北平晨报》，1937年7月18日，第3版

赫爾接見我國使節

【華盛頓十六日中央社路透電】中國駐美大使王正廷，今日往訪國務卿赫爾，交換遠東時局情報，時以中政府備忘錄遞交國務卿。內述日本刻在華北威脅之詳情，凡九國公約簽字國，連蘇聯與德國在內，惟日本除外，皆已接到同樣備忘錄。駐英中國大使郭泰祺，親以此項公約，面交英外相艾登，此文是否爲正式援用九國公約之舉，現尚未確定。按簽字國在此約上固擔任尊重中國之主權與土地完整也。備忘錄聲稱：蘆溝橋之突遭襲擊，與日軍之侵入華北，顯然破壞中國主權，而與九國公約及國聯盟約相牴觸。此種事態，如聽其自己進展，不獨即將擾亂東亞和平，且將使世界其他各處受不可逆料之影響。中國不得已將用其全力以保衛疆土，與國家尊榮，但亦準備以國際公法與條約所有之和平方法，與日本解決爭端云。王正廷與赫爾談話後聲稱：渠已討論中國籲訴美國及九國公約其他簽字國對於遠東危局有所舉動一事云。日本駐美代辦今日亦往見赫爾，事後須磨告新聞記者，渠已向國務卿說明日政府在華北意旨堅決。記者詢以曾一再向赫爾保證日政府決無掠取中國新土地之計劃否？須磨答稱：此固無待言者云。參院外委會主席畢特比今日表示意見，謂：美國應與九國公約其他簽字國共同行動，觀於此約並過去之經驗，渠不以爲美國應單獨與中日討論關於危害中國之事件。一九三一年美國曾以措詞嚴厲之牒文，送交日本，請其注意中國領土完整，但英國未曾完全合作，僅致文日本詢問日本是否欲維持在華之門戶開放，日本當即答曰然，於是當時英外相西門，即在下院宣稱英國不欲牽涉於遠東時局中矣。迴溯一九三二年日本答文中曾有日本派兵赴華保護生命財產，並未破壞九國公約等語，中國爲簽約國之一，遇有此約將被破壞之危險時，當然有權可援約請各簽字國互作完全與坦直之接洽。今日王大使致赫爾之備忘錄，是否爲此約之正式援用，渠尚未決定云。或詢以美國中立法案可否適用於中日，畢特門答稱今尚未也。參議員波拉稱：九國公約中未有強迫吾人行動之處，渠將研究此約，並復查一九三一年事件之外交史云。

《北平晨报》，1937年7月18日，第3版

美國發表正式文告

【華盛頓十七日中央社路透電】美官場今日發表正式告，聲稱：美國主張國家與國際勉自忍抑，勿武力爲政治工具，亦勿干涉他國內政，美國並張國際條約之忠實遵守云。赫爾未直接言及中國或日，但又謂進行武裝敵對，或以武裝敵對相威脅局勢，乃各國權益，將受重大影響之局勢。美因信任軍縮，但美國準協減少或增多其武力，以他國減增爲比例云。衆信此爲近數來美國之第一次正式文告，說明美國將於某種情勢中增多其軍備。

【上海十七日中央社電】華盛頓哈瓦斯電：美官場人士宣稱：中國駐美大使王正廷，日本代辦須，本日先後訪問國務卿赫爾後，美國對於遠東時局所持態度，並不因而有所變更。赫爾國卿仍主中日保持遠東和平，且持之甚力。在美國政界人士，則謂中日兩國或戰或和，猶不可知。國須待時局發展後，始可決定援引九國公約與否云。

【上海十七日中央社電】據合衆社紐約十六日電：此間日領事館前，今日有民衆一隊，約二人，舉行示威，手執反對日本侵略中國之旗幟。

《北平晨报》，1937年7月18日，第3版

中日雙方繼續折衝

【天津十七日中央社電】中日雙方在津商談蘆溝橋問題，雙方意見似尚未全部一致，仍待於繼續努力。惟十七日因田代葬儀關係，未有會商，預定十八日再繼續接洽。官方對談判前途，雖不絕對樂觀，但認爲日來空氣，已較緩和云。

【天津十七日中央社電】魏宗瀚今井十七日午抵津，參與此間中日雙方之談商云。

【南京十七日中央社電】陳立夫，何應欽，何廉，十七日下午到外部訪外長王寵惠，關係對最近北方局勢，有所晤談云。

【南京十七日中央社電】英大使許閣森，十七日下午五時至外部會晤徐謨次長，探詢十七日北方情勢，約談半小時辭出。又駐華法大使館秘書長高蘭，亦於十七日下午四時到外部拜謁徐次長，作同樣之探詢。

【南京十六日中央社電】法大使館秘書高蘭，於十六日下午四時半，義大館秘書瞿斯締，於十六日下午五時半，至外部拜訪李（迪俊）司長，探詢北方情勢。義大使柯賚，將於最近由北戴河南下來京，以便向我政府當局隨時接洽一切。

【南京十六日中央社電】外部亞洲司長高宗武，十六日晨由滬乘車到京，下午到部辦公。

【上海十六日中央社電】中國國際問題研究會，由黎照寰，劉湛恩，錢新之，徐新六等署名，致電紐約國際問題協會，美國外交問題協會，倫敦皇家國際研究會，及其他歐洲和平團體，請注意日本侵舉。謂蘆溝橋事件，純係日人預謀挑釁，如和平絕望，中國即下決心抵抗云云。

《北平晨报》，1937年7月18日，第3版

平郊附近有小衝突

【本市確息】十六日夜十一時許，在吳家村，四頃地，郭莊子一帶，中日軍隊發生小衝突，至十七日晨二時始停。四時又有小衝突，約十分鐘即息。據蔣家墳農民云：夜間衝突，日兵死亡二十餘名，今早（十七日）彼親見日兵將死屍運往豐台。聞我方亦有傷亡。

【本市確息】十六日下午有日兵九百餘名，由津赴通，經武清縣安平鎮宿營。十七日上午四時日兵藉口聽見槍聲，將該鎮保安隊槍支繳去三十餘支，並將分隊長王憲文帶往通縣。

【本市消息】日機一架，昨晨十時由津沿平津公路飛平，盤旋十餘分鐘，飛往南苑及長辛店蘆溝橋偵察。又下午四時半，有日機一架，由東北飛來，斜穿平市上空，向西南方飛去。

【本市消息】南郊郭家莊，昨午去有日軍十餘名，徵車及騾驢牛。各住戶聞訊，均將車畜收藏。該項日軍出村後，旋復返回强迫搜索，牽去騾車六輛及驢牛數頭。另有日軍昨在宛平縣界內徵得車輛多輛，並拉夫，向豐台載運軍用品。及運竣後，各給僞鈔三十元，二十元，十元不等，各農民均棄之未收。

【本市消息】據確訊：（一）密雲現住日軍三百，分住民房內，并將商家及居民存儲食糧全部封存，禁止外運。懷柔現駐日軍二百餘名，商民存糧，亦均被封。（二）日軍馬步砲二百餘名，昨（十七日）由古北口經懷柔到高麗營西關挖掘戰壕，備防禦工事甚忙。（三）高麗營以西，王家峪口（屬永寧四海界）十六日由口外竄入便衣土匪百餘名，在下西市村綁去肉票十餘名，昌平東桃李村茶塢地方，（小湯山北十餘里）到日軍五十餘人，與小湯山駐軍對峙中。

【本市消息】十六日下午六時，高麗營有日軍三十餘人，又板橋有日軍百餘人，均係由密雲開來，有無後續部隊，尚待續報。又日軍汽車四輛，官兵五十餘人，昨晨一時，由懷柔到高麗營。又小湯山東北十三里辛城地方，發現穿白布襪褂者八九十人，着黃衣者二人，携輕機關槍四挺，擲彈筒兩隻，手槍四十支，駐小湯山我軍已嚴密把守。

【本市消息】日駐屯軍原在北寧路綫者，共約七千七百餘人，日來由山海關外開來增援者，不過三千六百人。現據調查，截至昨晨止，在豐台方面約兩千六百餘人，天津約三千六百餘人，北平東交民巷日兵營內，約六百餘人。通州一千餘人。此外在行動中者，約二千五百餘人，總數約近一萬二千人云。

【天津十七日中央社電】連日到津日軍，沿平津公路開往豐台等地時，經過沿途各村，田禾竟縱軍馬任意食用。又有日軍認爲足以藏匿軍隊地方之青紗帳，均由坦克車入內壓倒，故各農民損失甚鉅，尤以豐台附近爲最，刻幾已顆粒無存云。

【天津十七日中央社電】據聞日於現有大批軍用品，將開塘沽起卸。現在塘沽各華商輪船公司碼頭，所有各該公司輪船停泊，除得日方之允許，則加以干涉云。

【公佈消息】十七日上午各方報告如次：（一）十七日晨一時半，大井村方面，有槍砲機槍響聲約三四分鐘。（二）晨八時東車站有日便衣十餘人，乘八時車赴津。（三）晨七時有日兵百餘人，押運載重汽車二十九輛，滿裝彈藥及汽油，由津沿平津大道向通州方面前進。（四）十六日下午八時有日兵十人，押鐵棚車九輛，上裝軍用品，平車一輛，上裝載重汽車二輛，由津來平。

【本市確息】蘆溝橋事件發生後，蘆溝橋城並鐵橋，石橋，以及大瓦窰以西，大井村以東地帶，爲我軍原防地，現仍爲我軍駐守。惟因大井村方面尚有日軍，平漢線被破壞之軌道未易修復，以致外間頗有誤會，殊與事實不符云。

《北平晨报》，1937年7月18日，第3版

津各車站悉被佔據

【天津十七日中央社電】日兵車一列，十七日晨七時五十分，由榆關來津，載士兵百餘人，及大批軍械給養等，均停于車站。此間日軍十七日又派 三十餘人，將津浦西站津海關查驗所之房舍佔據，擬長期駐守西站，用意不明。

【天津十七日中央社電】日兵車一列，計鐵悶子車一輛，平車九輛，裝運載重汽車八輛，汽車一輛，兵五十餘名，十七日午由津開豐台。

【天津十七日中央社電】日軍用載重汽車五十餘輛，運大批軍用品及木梯等，於十七日晨七時由津沿平津公路赴豐台。

【天津十七日中央社電】津總站鐵道外日商公大紗廠，現駐日兵四百餘人，並在附近築防禦工事，入晚在小于莊等地放哨，左近居民極感不安。日軍十七日晨所佔據之海關查驗所，係在總站，經海關與日方交涉，據稱係暫佔作「日軍鐵道聯絡所」，故不允退出。津總東站經日軍長期駐守後，每晚戒備益嚴云。

【天津十七日中央社電】日軍現在津總站者甚衆，所有工程處，軍用股，運動所，及三等候車室，已全由日軍駐防云。

【天津十七日中央社電】據聞僞組織軍隊在唐山榆關間，已有千人以上。日方在唐山集中軍隊，將有六千人，作一個根據地。榆秦等地，亦擬增加。津東胥各莊，日方刻在建築飛機場，約一公里見方云。

【南京十七日中央社電】關係方面頃接北平方面電告：(一)天津續到日軍兵車兩列，裝載多係軍用品。(二)日軍千餘名，由津沿平津大道向通縣方面行進，已到河西塢。(三)包逆悅卿部十五日以一部開沽源大梁莊。(四)蘆溝橋及豐台等處無變化云。

《北平晨报》，1937年7月18日，第3版

許使東渡發表談話

【上海十六日中央社電】許世英十六日晚十一時許登克利扶倫總統號輪，十七日晨二時啓碇出國返任。送行者有俞鴻鈞，楊虎之代表，外部駐滬辦事處副主任朱子橋，虞洽卿，王曉籟，許修直，杜月笙，張嘯林，王一亭等，暨駐滬日領事吉岡等六十餘人，許在輪次對各記者發表談話云：本人此次因職責所在，急遽返任，經過情形，已在地方協會等各團體茶會席上報告。今可得而言者，約分三點：（一）目前中日局勢確極嚴重，但外交人員係以和平爲職志，本人返任，實抱有一腔之宏願，冀能本諸「正義誠意」四字，對於兩大民族目前之危機，雙方努力弭於無形；亦即於東亞大局人類福祉，得無有窮之裨益。（二）日本近衛首相，久負重望，廣田外相，歷任樞要，均向以東亞大局爲重，以調整中日關係之努力者自命。本人切望此二公，仍在和平方面，切實努力，懸崖勒馬，挽回緊張之時局，與中國人共謀共眞正之永久親善。（三）本人年老力衰，深恐老力無補萬一，然私心總抱定不喪權不辱國之旨，拚命做去。深望國人集中意志，在政府與領袖領導下。沈着堅定，應付時變。本人前欲出國時，所謂在內而不在外，求人不如求己，固永久不易之理也云。

【上海十七日下午十一時專電】許世英今（十七日）晨力疾東渡返任，行前電廬報告，並致宋哲元一電，提供應付危局意見。日方息：田尻昨（十六日）晚返滬，今（十七）晨與岡本等會談，係報告在京所得華北情報，交換意見。田尻曾與高宗武長談，說明日方態度，高於今日赴廬謁蔣。田尻必要時，亦將晉京。至川越已奉東京訓令，着即南下進行交涉。

《北平晨报》，1937年7月18日，第3版

海外華僑聞風奮起

【南京十七日中央社電】海外華僑，憤激華北事變，造成蘆溝橋事件，慰勞電報紛馳，且已從事組合籌欵準備，作最後犧牲。陳樹人十六日接南洋麻坡漳泉公會電滙國幣六千一百六十元，以爲救濟傷兵難民之用。該會當將該欵如數轉解財部，並復電奬勉云。

【南京十七日中央社電】蘆溝橋事件發生後，海外各地僑胞，以前方將士忠勇衛國，日來紛紛捐款，電託國內機關轉致。聞馬尼剌太原堂已電滙國幣一千元，中圻老撾僑民，亦電滙國幣一千二百零九元七角九分，請國內機關妥爲分發前方慰勞云。

【太原十七日下午九時專電】本省各救亡團體，各訓練班男女志士，爲達守土救亡素願，紛編志願兵及看護隊出發戰地服務，並有多人定十八日離并赴石北上。

【南京十七日中央社電】海內外各團體各地僑胞，紛電中央請求抗戰。京方十七日接各電，有駐美總支部，旅菲律濱太原堂，駐美東支部，駐暹總支部，駐掤地孖璘支部等處。

【南京十七日中央社電】國立東北中山中學，頃電慰宋委長，暨二十九軍全體將士，[illegible]尙望貫澈始終，誓死守地，本校全體師生，誓爲後盾等語。

【長沙十六日中央社電】長沙市黨部及各民衆團體等六機關，發起組織長沙抗戰後援會，聲援守土將士，以作後盾。

【鄭州十七日中央社電】曾萬鍾軍長，十七日率全體官兵，電慰宋哲元及守土將士。

【歸綏十六日中央社電】綏民對蘆溝橋事件極憤慨，除組後援會，並派員携欵物赴平慰勞外，新運會婦女工作委員會，十六日復開全體會議，決組遊藝會，擴大募捐運動。

【西安十七日中央社電】陝各機關團體，組抗戰後援會，現正積極工作。十六日第一次執委會開會，決定統一募捐及宣傳等項辦法。

《北平晨报》，1937年7月18日，第3版

日五相會議昨決定
速促事件就地解決
已訓令香月日高分頭努力
並電命川越南下從旁推進

【東京十七日中央社海通電】日內閣今日決定目前中日代表在津進行之談判，應從速進行。聞日政府已決定，採必要之行動，令談判早日結束。但此項行動之性質，則未發表。各方對政府之決議，頗加重視云。

【東京十七日同盟電】關於華北事變，日政府最後方針爲就地解決，業於十七日五相會議決定。關於具體的處置，外陸海首腦部當日午後三時，在外務省集合，已決定萬全之對策。因此政府立卽向駐津香月司令官發出重要訓電。一面電訓駐京日高參事官，着對於就地解決，由側面加以援助。

【東京十七日中央社路透電】日本政治家覺悟華北戰事一經爆發，欲使戰事限于華北一隅，甚非容易，故此間空氣現漸改變。衆料日當局將作種種努力，以成立和平解決。聞關於此旨之新訓令，已發致華北日駐屯軍司令香月矣。據日日新聞息：廣田昨發重要訓令致川越，諭其由津返南京與中國王外長等接洽，以期達到日本所抱華北事件就地和平解決之目的云。

《北平晨报》，1937 年 7 月 18 日，第 4 版

五相會議召開經過

【東京十七日同盟電】近衛首相十七日午前九時五分，約廣田外相，聽取事變經過後，爲重要協議，約一小時餘，外相始辭去。

【東京十七日同盟電】政府因華北事變漸形切迫，爲使各種對策更加周密起見，十七日午前十一時，在首相官邸開五相會議，杉山陸相，米內海相，廣田外相，賀屋藏相，馬場內相均出席。再確認前者閣議已決定之根本方針，鑒於諸般情勢，華北交涉早有不容遷延者，決定帝國政府應採之措置，午後零時四十分散會。

【東京十七日同盟電】政府對於華北事變，十五日決定內地派兵，並充實應付事件緩急之各種準備。緣中國方面誤認日本政府之眞意，益出於煽動抗日氣勢之行動，致事態益加緊迫。因此自十七日午前十一時，在首相官邸開五相會議，由杉山陸相，米內海相，廣田外相，馬場內相，賀屋藏相集合，由陸海外三相報告最近經過情形，國民政府態度，及國際之反響後，更就帝國政府應採之態度，作重要協議，又近衛首相目下在靜養中，關於上述會議，十六日夜招陸海兩相，求報告而爲重要商洽。

【東京十七日同盟電】杉山陸相以五相會議後，發表談話如下：關於會議內容，不在言明之例。中國方面對於此次紛爭，雖口頭宣傳不擴大，和平解決，然事實全然相反。且使師團飛行機等北上，集中兵力，解決之遷延，對於中國，此種不信行爲，我方十分警戒。爲保護居留民且爲保護國家國軍之威信，不得不以萬全準備之策而處之，我方態度始終以不擴大，由當地解決之方針，希望事態之速解決，而此希望並無何等變化。

【東京十七日路透電】內閣書記官長十七日午後於首相近衛，陸相杉山，海相米內，外相廣田，內相馬場，藏相賀屋舉行會議後，聲稱華北談判，不能容其一再拖延，故日政府已決定促進此項談判之計劃云。該計劃之性質，未經宣佈。

《北平晨报》，1937年7月18日，第4版

今日續開緊急閣議

【東京十七日同盟電】政府定十八日關係五相會議総了後，更在首相官邸召集全閣員開緊急閣議，該閣議散會後，由廣田外相進宮謁日皇，就基於五相會議並閣議決定，政府促進交涉之處置方針等，委曲上奏。

【東京十七日中央社電】十七日午十一時開會之外內陸海藏五相會議，十二時四十五分散會。據正式發表，華北交涉不容遷延，日政府决定採取促進之處置，同時已訓令香月日高。十八日雖爲星期日，仍擬於上午十一時召集五相會議，近衛或力疾出席。中日時局，果將達最緊迫時期乎。

【大連十七日同盟電】滿鐵阪谷理事，定一兩日中赴津，關於與天津駐屯軍並滿鐵華北機關之聯絡以期萬全。

【東京十七日同盟電】賀屋藏相，十六日午後在藏相官邸招待大藏省出身之貴族院議員若槻禮次郎，大河內輝耕，勝田主計，衆議員勝正憲，中島彌團次，駒井重治，岡本實太郎諸氏，說明時局重大性，關於財政金融政策之遂行，要望協力，若槻男代表來賓對之謂必須舉國一致，不惜一同協力。

【東京十七日同盟電】因華北事變急迫，與二十三日召集之特別議會，例年半日放假之衙署，因本年事務紛集，異常忙碌，半日假及伏假各省均一律停止。

【東京十七日同盟電】華北情形切迫，同時警視廳工場課令各工廠有出征軍人時，須即刻報告僱傭關係，與出征後之待遇，蓋滿洲事變之際，休職或現職而再採用居大多數，最優遇之工場，最初二個月支給工銀八成，其後十個月支給六成，工場課於此次事變，决使講前回以上之優遇方法。

【東京十七日中央社電】日日新聞十七日有激烈社論，主張華北事件，應從速解決。大意謂中國無誠意，過去十數年業經試驗，目前態度，乃採中國式遷延主義。日本行動之信念，在再建東洋和平，舍用實力外無他法。日本過於穩健，中國或認爲怯懦，則事態更趨惡化云。

《北平晨报》，1937年7月18日，第4版

蘆溝橋事件
國際輿論一斑
一致指責日本之侵略行爲

美國各報評論

【紐約十五日中央社電】關於蘆溝橋事件，十四十五兩日，紐約各大報均著文評論。紐約泰晤士報云：主張此項衝突，爲地方事件，並主張不得由南京中央政府干涉，乃日本一向破壞中國領土完整之故技。日本聲稱開發華北富源，亦即侵略之一種。日本今日之所謂近衛意志自由內閣，實亦顯然爲日本軍閥所操縱。日本政策之目標究何在，姑不必論，但已使中國人民之自衛心增强，而使歐美人士之輿論，鮮予以同情矣。紐約世界電聞報評論云：此次日本軍隊在中國領土之內夜間演習，頗使人回憶日人在一九三一年之惡作劇，其所提出華北共同防共之要求，更顯欲使華北之門戶洞開，任其軍隊縱橫馳騁。紐約前鋒論壇云：今日中國之命運，不外二途：或則坐視中國各省相繼失陷，或則武力自衛耳。

蘇聯各報評論

【上海十七日中央社電】莫斯科十六日塔斯社電：消息報撰文評論華北局勢，稱日本軍閥，因被歐洲局勢所鼓勵，已決定在華北發動戰爭，根據中外各報所載消息，中國人民方奮起抵抗日本軍閥之侵略企圖，日本軍閥爲掩飾其變華北爲第二「滿洲國」及日帝國主義殖民地之目的起見，乃散播所謂蘇聯在華北事件中的地位等無恥誹語。此種陰謀，決無益於日本軍閥，無論彼等如何造謠中傷，決不能欺騙任何人。該報指出侵略者橫蠻不可一世的氣概，稱擁護和平各國的力量，實超過主戰各國甚多，而目前最緊最高尚之任務，莫過於盡力組織及鞏固所有和平潛力全部，因其爲延緩及制止畧略之最重要因素云。

法國各報評論

【巴黎十六日中央社電】此間接近外交機關之工作報，頃著文評論蘆溝橋事件。畧謂：在日蘇乾岔子事件之後，日忽在蘆溝橋挑釁，實使人驚訝。現日大批軍隊，已昭然由朝鮮漢陽及日國內運往華北，準備大規模之武力侵略。幾年以來，中國顯有進步，中華民國之地位，在國際間日形重要。中國政治家在歐洲各大都會旅行，備受歡迎崇敬，殆爲人所共知之事實。現歐洲大量資本，投資於中國，各國莫不以中國自力更生爲欣慰，然日本則爲例外。蓋中國進步，即使彼在中國進一步之侵略發生重大困難也，此次事件初不重要，乃日方竟以之爲口實，而實行大規模之侵略。近日日軍在蘆溝橋及平郊挑釁，此間極爲注意。現日繼續增調大兵，業料其將佔領北平，然後開始其侵略華北之大戰。然中國軍隊，今非昔比，其實力縱不優於日本，至少日亦將發現其敵人不可輕視也。

【巴黎十七日哈瓦斯電】此間左右兩派各報賡續評論遠東時局，咸謂：日本在華北所遭遇之抵抗，遠較前在「滿洲」方面所遭遇者爲甚。急進社會黨事業報稱：九國公約第七條規定簽字各國，遇有某種情形發生，經任何一國認爲牽涉本公約發生問題時，應否相互諮詢。但此項規定，未必能見諸實施者，其原因：一則以避不訴諸義國；一則歐美各國亦必顧向日本提出抗議。反之，日本迅速向中國北部拓展所遭遇之主要障礙，乃係中國民族主義之抬頭，國民政府之進展，正與該國優秀份子在全世界各國所得之好評。此種情事，所產生之第一結果，即中國新式軍隊配有新式器械，堅決保衛國民政府，不容日本侵略是也。吾人相信，日本之願所在，乃從地方着手，而蠶食全中國，藉以避免大規模戰事。共產黨人道報稱：太平洋各國現行實力均勢，不復利於日本，其原因有三：（一）中國業已統一；（二）日本國內反法西斯運動之進步；（三）蘇聯强盛。急進社會黨新時代報稱：日本所採態度，匪特危及中國，抑且危及蘇聯。特以事實而論，蘇聯現均和平，近又獲一明證。中央右派秩序報，分向日本提出警告，勸勿急切從事，謂非如此，則日本最近十五年來在外交上所獲成績，即將爲之減色，其其他各國尤其是各大國，亦皆以鯨吞爲事，但其消化力，迄今猶未復原云。

◎　◎　◎

《北平晨报》，1937年7月18日，第4版

大局日内即可展開

天津連日折衝傳有相當進步

日仍源源增兵加緊軍事布置

宋委員長昨與香月會晤

【南京十八日下午十時專電】此間得津訊，關於蘆溝橋事件，連日中日雙方在津作側面商談，意見已稍見接近，傳已有相當進步，預料大局在一二日內將見展開。惟官方對此說，尚未能予以證實，故前途究竟如何，尚未可逆料云。

【本市確息】日新任天津駐屯軍司令香月清司到津後，尚未與宋委員長會晤。十八日下午一時許，香月偕參謀長橋本，宋委員長偕津市長張自忠，同在俱樂部晤面。除作初次寒暄外，未談其他問題。至關於蘆事側面談商，聞現仍在進行中。

【天津十八日中央社電】關係方面十九日晨對記者談：中日交涉情形，據悉十八日雖未解決，但亦未惡化云。

《北平晨报》，1937年7月19日，第3版

駐朝鮮日軍
亦奉令出動

【南京十八日中央社電】駐朝鮮日軍第十九二十兩師團，亦奉令開拔。現第二十師團已全部出發，第十九師團亦集中待命。朝鮮各地，日來軍運甚忙。又鴨綠江，聞已宣佈戒嚴。

【南京十八日中央社電】關係方面頃接北平方面電告：（一）日軍千餘名，由津經武清縣開赴通州。（二）懷柔及高麗營到日軍百餘名，並有便衣隊出沒。（三）昨晚十一時蘆溝橋附近之吳家村一帶，日軍與我軍發生小衝突，日兵死亡二十餘名。五里店大井村附近，今日增加日軍二百餘名，正積極備戰。據確息：日本駐朝鮮日部隊約萬餘人，現分乘兵車數列，向我國開拔。朝鮮各地十四日起已奉令實行防空。又日本軍用飛機，亦連日由朝鮮出動。據息：上海現共有日本在鄉軍人四千，備有武器者一千五百人，近藉口保護在滬日僑，每日分區警戒。又日本野砲十五尊，現運至上海。

【南京十八日中央社電】據悉：大批日本軍用物品，連日經朝鮮向平津一帶運送。計有砲彈二千五百箱，與其他軍火，共裝十六車，馬匹十八車，野砲十車。此外尚有坦克車，高射砲，載重汽車，及拆卸之飛機等物甚多。據息：朝鮮銀行因日本大軍源源向我國開動，擬在天津青島兩地發行紙幣五千萬元，以供軍用。

【奉天十八日同盟電】因華北事態重大化，各方面異常衝動。在奉朝鮮人青年團，十八日午後四時，在大和飯店開半島人有志時局懇談會。滿場一致決定請願政府，募集半島人義勇軍，已向首相陸海兩相樞相，貴衆兩院議長，朝鮮總督，朝鮮關東中國駐屯軍司令官等，發出電報。

《北平晨报》，1937年7月19日，第3版

兵車十六列 將陸續抵津

【南京十八日中央社電】據京方所得津訊：由日本國內開出之軍隊，現已到達東北，有兵車十六列，陸續來津。計十八日晨九時二十五分，到日鐵甲車七輛，晨十時半，到專車一列，共有二十六輛車，士兵約在數百名。晨十一時十五分及十二時許，又陸續開到兩列。尚有四列。十八日午後將抵津。十八日晨起至午止，亦有四列，經排定時間後，陸續開來。目前津東車站，日軍監視益嚴，所有各次日兵車開到時，車站禁人出入，故列車中日軍所到數目，殊難明悉。即路局員司執行職務時，亦受日兵之無形監視也。

【天津十八日中央社電】日駐兵又有數百名，於十八日下午七時十分，由榆關抵津，當即開往兵營。尚有日兵車兩列，十八日下午十時四十分，及十一時五十分抵津。又日方現增僱大批無業遊民，每日發工資兩角，似為準備構築工事之用。

【南京十八日中央社電】據京中所得津訊：十八日午二時津東站續到日兵車一列，共三十一節，載兵約數百人，係由榆關來津。晚間仍有二三列續來。

【南京十八日中央社電】此間得津電：津東局子日兵營，現又陸續運到大批磚瓦木器建築材料，似有擴展營舍及增築工事模樣。十八日上午十時五十分日兵車一列，計掛悶子車十輛，多載軍械・平車十輛，由津赴豐台。

【本市確訊】日兵車十六列由山海關開動，十七日已有三列車到津，每列載日兵三百餘名。

又訊：昨晨七時由通縣開出之日兵千名，經樊莊北關至懷柔及順義一帶。

【本市消息】十八日上午十一時，日兵六十餘名，押載重汽車二十一輛，滿載彈藥汽油等物，由楊村開往豐台。

又確訊：日兵車十六列，由山海關開動，十七日已有三列車到津，每列載日兵三百餘名，軍用品數鐵悶子車。十八日上午十一時又開到一列，載日兵數百名。下午三時續到一列，載步兵三百餘名，騎兵百餘名，載重汽車五輛。又確訊：十八日上午十一時，日軍五十餘人，乘載重汽車十五輛，由津到通。又晨七時許通縣續到日軍步砲聯隊約千餘人。又確訊：十八日下午二時半，日兵車一列，由津開豐，日兵十餘人押運，有鐵悶車七輛，滿載軍用品。

【豐台特訊】日軍最高司令部現設豐台日兵營內，聯隊部在豐台西方東五里店，專負西北路指揮之責，豐台街中大興棧，中和棧，均駐有日兵，入夜沿街佈哨，檢查行人，斷絕交通，並分派哨兵四出搜索，天明始行解除。山海關唐山等車站一帶民房，全被日兵圈佔，預備駐軍。

【本市消息】十八日上午十一時許，日飛機六架，由西北飛過回龍廟衙門口大井村一帶，上空盤旋數分鐘，向東南飛，旋即經過南苑上空，仍向西北飛去。

【本市消息】十八日上午七時許，日兵千餘名攜機槍十六挺，輕機槍七十挺，重砲八門，山砲十六門，載重汽車六十輛，由津抵通。

【天津十八日中央社電】十八日夜津又續到日兵車兩列，計（一）十時五十分一列，共二十八節，（二）十一時五十分一列，共三十二節，均由榆來津，騎兵佔多數。

《北平晨报》，1937年7月19日，第3版

日軍在前方趕築工事忙

【本市確息】日軍沿大井村東馬路（平盧大道）南北兩翼，均已構築工事，僅中間可通汽車，四週田苗，悉已割去，方圓約在百米左右，該村駐日兵約百餘人，晝間均在房上或蔭蔽地內潛伏，出沒無常。

【保定十八日中央社電】長辛店來人談，前方情況：（一）日軍現正沿豐台至五里店，大瓦窰，大井小井等村，與我遙遙相峙，對宛平仍取包圍勢，並沿河向蘆溝橋趕築堅强工事，似最近將有動作模樣。（二）日軍大捕各村農民，在豐台東某村及南趙家村，趕修機場兩處。（三）日機連日不斷偵察，十七日到轟炸機二架，偵察機一架，低旋甚久。看丹村昨到坦克車二輛，有待命出動形勢。（四）津日鐵甲車一列，昨在豐台蘆溝橋間鐵道及蘆溝橋車站，均被任意破壞甚重。豐台蘆溝橋附近各村，沿途每數里停一載重車，上架電線，聯絡交通。（五）各村難民紛集，長辛店人口驟增，治安由軍警聯合維持，市景照常。王冷齋在肥城，有時赴長辛店調度一切，即力疾遄返，城防鞏固。（六）平漢局在長辛店組臨時辦事處，路員並組有防空防毒及救護隊戰地服務團等。（七）當地及良鄉涿縣等處，連日捕獲漢奸甚多。長辛店自强小學校長賈自强充漢奸被捕，已予正法。

【本報特訊】駐大瓦窰之日軍，昨日（十八日）下午四時四十分向蘆溝橋東北二十里之劉莊我軍防地用砲射擊，約二十分鐘後始退去，我傷士兵十一名，宛平縣警察死數名。

【本市消息】日兵十餘名乘載重汽車一輛，十八日下午三時到宛平縣界郭公莊一帶偵查地形，又在龍王廟永定河岸伐樹一株，作爲暗記，用意不明。

《北平晨报》，1937年7月19日，第3版

日機昨連續追擊平漢車

【南京十八日中央社電】 關於十八日日軍用飛機，在河南漳河北官莊站及元氏縣等處，用機關槍射擊我經過之列車，死傷多人事。外部據報，卽日向日本駐華大使館提出嚴重書面抗議，認爲該軍用飛機在我國境內私自飛行，已屬不法，今竟開槍射擊列車，尤爲侵犯我國領土主權，蓄意挑釁，要求該使館立卽轉電日本軍事當局，嚴令約束該方軍用飛機不得再有同樣非法行爲，其發生結果，應由日方負責。至於關於此事各種合法要求，我方並聲明保留云。

【保定十八日中央社電】十八日下午一時 日戰鬥機一沿平漢線南飛偵察，聞有在順德天空，用機槍向下掃射，下午二時過保北返。

【南京十八日中央社電】十八日上午十一時二十分， 有日本軍用飛機二架， 飛往河南境內。當過平漢路漳河橋時，適有該路列車正在進行，日飛機竟以機關槍對該列車射擊，當死二人，傷二人。同日十二時由保定南下之第七十二次客車 ， 當達到河北邢台縣（卽順德）屬官莊站時，亦遭日機之機關槍射擊，傷十餘人。 又十二時三十五分， 某次列車在河北元氏縣，同被日機掃射，傷十餘人。下午一時，該機經石家莊西飛，旋又飛回經柳辛站，往北飛去。

【鄭州十八日中央社電】路訊：平漢路七十二次客貨車，十八日晨至高碑店站時，按該站（距長辛店約八十華里），日機用機槍向該列車低飛掃射，傷亡十餘人。平漢路交通，因盧溝橋被毀，路軌仍未修復，通車有待。

【保定十八日中央社電】平漢路七十二次北上混合車， 於十八日下午一時至 彰德發現日戰鬥機一架，隨車偵察，並以機槍向車內掃射，傷旅客數人。 該機沿平漢綫北返，至馬頭鎭一帶，偵察甚久始去。

【南京十八日中央社電】此間得津電：東局子飛行場，現有日飛機數十架，四週由日兵嚴加戒備，十八日晨起飛者共十餘架，多在津郊或西去偵察，並有數架在津市上空飛行甚低。故今日上午此間機聲軋軋不絕。

《北平晨报》，1937年7月19日，第3版

政院昨集議 商應付辦法

【上海十八日下午十時專電】政院今（十八日）晨舉行臨時談話會，由王寵惠召集。蔣作賓，何應欽，俞飛鵬等均出席。由王何對外交及軍事，作詳細報告後，卽討論華北時局應付辦法，彼此交換重要意見。至午始畢，旋電廬山報告，並有所請示。

【南京十八日中央社電】連日平津形勢表面似稍緩和，但軍事方面，日方徵調大軍，有增無已，外交方面，日方亦步步進逼，故三數日來中日形勢，可謂已到極度嚴重關頭。十八日雖值星期，外交部亞州情報兩司人員，仍日夜辦公，而行政院各部會長官，亦於上下午在外交部王（寵惠）部長官舍，連續會商，商討應付時局辦法，並時與在廬當局通話云。

【上海十八日中央社電】日武官喜多，十八日夜十一時車晉京。

【上海十八日下午十時專電】日人近在滬收買大批廢鐵，已達千噸，由溶鐵廠溶成整塊出口，以供製造軍火之用。閘北中華精油廠，寶山玻璃廠等，均係變相溶鐵廠。連日崗警在途截獲滿載廢鐵卡車，已解局究辦。

【青島十八日中央社電】膠濟沿線日韓僑民，連日携眷來青者絡繹不絕，十八日又到青百餘人。市面雖有謠諑，而人心尚安。惟物價飛漲，民食維艱。十八日麥粉每袋已漲至四元九角五，且供不應求，米價亦在猛漲中。

【徐州十八日中央社電】最近日鮮人往來津隴平三路綫週覽者，足跡益密。近兩日間，日人有十數批到徐鄉及連雲港遊歷，行踪均極詭密。據聞此輩日人，均係負有情報使命，或聯絡漢奸，企圖擾亂內地治安。現蘇皖一帶，當青紗帳起，各地邪教團體，受奸人利用，頗多活動。蘇皖據報，飭當局嚴密查辦。

《北平晨报》，1937年7月19日，第3版

日已完成各種準備 惟待時局如何推移

五相昨再度集議決定一切 預算總額亦將有相當追加

【東京十八日中央社電】十八日晨外相廣田召外次崛內，東亞局長石射商議。十一時復開五相會議。各報皆稱，華北時局已達最後階段。

【東京十八日中央社電】今日五相會議歷一小時，十二時半開緊急閣議，通過該會議決定辦法。閣議後，廣田杉山米內同謁近衛，為重要協議。日方對最後階段各種準備，似已完成，只待時局之開展。

【東京十八日中央社電】五相會議後，僅發表鑒於華北交涉經過更為各種接洽而已。又決定如有必要，隨時皆可召集會議。

【東京十八日同盟電】日本政府於十七日開五相會議，對於促中國方面之實行諾約，已為重大決意。結果一兩日中，香月駐屯軍司令官，將與北方當局開始關於實行方法之折衝，事已至此，不許徒事遷延。如不速行解決，則不得不斷為中國方面之無誠意。如是亦可見日方向華北派兵之重要意義。而中日關係，落至如何狀態，亦所難料。故對於日方要求，是否以誠意實行諾約，則成為今後事態發展之重大分歧點。

【東京十八日同盟電】政府以華北情形，益告緊迫，事態不許遷延，十八日雖值日曜，一兩日中之華北現地折衝，為一般視為最重大。午前十一時半，仍續開關係五相會議。廣田外相，杉山陸相，米內海相，馬場內相，賀屋藏相均出席。先由陸相對關於華北之交涉經過，作詳細報告，以此為中心，由各閣員各披陳意見，一致主張照政府既定方針，堅持事件不擴大，就地解決主義，促進中國方面履行諾約，嚴重監視其實行，注視事態之推移，講求所有應付方法，以待華方之態度，午後零時散會。次除靜養中之近衛首相，開全閣員會議，報告五相會議結果而承認之。同用午餐，午後二時散會。

【東京十八日同盟電】大藏省關於提出特別議會之十二年度追加預算案，本各省要求，進行審查，作為追加預算而列入之主要經費如下：一，華北事變經費。一，設置企劃廳之經費不足。一，因新設社會保健省之經費。一，關於產金獎勵施設之經費。一，關於匯兌管理之經費。一，補充第二預備軍所需經費。關於熟練工養施經費。一，視華北事態推移如何；於預算總額，將有相當追加。此外緊急不得已之經費，將有相當追加。

【東京十八日中央社電】十八日朝日新聞社論謂：日對華北應準備全般的解決案，乘此機會，謀全面的決解，期可實現多年所期望之明朗狀態。冀察所可同意之問題，今亦生疑問，則為打開計，不可不加相當壓力。此時應有解決及華北至題兩大難關之覺悟。機宜，處置倘有錯誤，永失機會，亦未可知云。

《北平晨报》，1937年7月19日，第3版

遠東危機有增無已
羅斯福召赫爾會商
法報評論美國態度殊欠果敢
王正廷講中日問題攝成影片

【華盛頓十七日中央社路透電】羅斯福今日爲遠東局勢，尤其涉及美國中立法一節，特召國務卿赫爾至白宮互相商討。事後赫爾語人稱：華北危局，刻尚在嚴重中。但在已往二十四小時中，並無新變化，故美國尙無需採取明確之決定或政策。赫爾復稱：彼日昨所公佈之政策宣言，已獲得美洲其他二十共和國家之贊助云。

【巴黎十八日中央社哈瓦斯電】此間各報頃就美國對於遠東時局所抱猶豫態度，加以評論。急進社會黨事業報稱，美總統一俟中日發生戰爭時，或當實施中立法，而不任日本從中取便，蓋以日本遣派本國船舶，並用現金向美國購買貨品，事實較中國爲易取，雖然如此恐不足以難日本，該國仍可在數星期後遣派船舶前往美國購買各種貨品，用以對付中國，羅斯福左右人士，乃爲說曰：中立法所載條文，不一而足，美國亦不乏法學名家力能予以解釋，俾羅斯福可阻止美國傳統的敵人即日本，勿任取給於美國，幷勿任其組成擁有人口二萬萬之帝國；藉非然者，此一帝國成立後，不出數年，即可與美國一較短長也。似此關於中立法實施問題，羅總統未來之行動自由，當以總統如何運用定之；明矣。左派共和報稱，保持東亞和平唯一方法，厥爲各大國尤其是美國出而干涉。因而吾人對於華盛頓方面之舉動，亟須密切注視，羅總統向亦甚爲焦念，茲欲强令日本懸崖勒馬，美國實優爲之云。

【華盛頓十七日中央社電】派拉蒙影片公司，十七日午後在我駐美大使館攝製王（正廷）大使之演講新聞片，內容泛述現時中日糾紛問題，將於下星期放映。屆時將有美民衆四千萬人，得聆王之演講。王氏演詞，略謂：日軍在華北所造成之局勢，其嚴重不可勝言。遠東和平，現尙在兩可之間，大規模之衝突，將不免影響整個世界。日軍中侵略份子，此次所創之嚴重局面，其目的在完成其預定之計劃，吾人不能視若無睹。再則吾人必須牢記，日本軍隊無論在道德上及法律上，均無權在中國土地內舉行演習。已往數年，日本之迭次挑釁，中政府輒抱忍耐政策。此次危機是否將釀成更嚴重之後果，須視日之行動如何而定。中政府現僅一如其他政府，採取防禦措置耳。中政府希望，苟和平不碍及中國之領土完整及尊嚴時，則和平仍有可能。惟是因國家之生存及獨立，而不得不犧牲時，則準備作最大之犧牲云。

【莫斯科十七日中央社哈瓦斯電】中國蔣大使頃以中國外部所提關於華北中日糾紛之節略一件，而遞外委李維諾夫，事後蔣發表談話，加以解釋。謂中政府之節略，係同時遞交九國公約各簽字國政府（惟日本除外），蘇聯並非九國公約之簽字國，然亦向其遞送節略。則以任何有關遠東之重要問題，均不能聽任蘇聯置身事外，而漠不相關也。惟中政府若僅向蘇聯遞送節略，則一般人或將在政治與思想上有所誤解。中政府同時以節略送致德政府，即爲避免此種誤解云。

【上海十八日中央社電】哥倫比亞廣播電台，以美人對於華北中日糾紛，異常關切，特請前大陸報總經理兼總主筆董顯光，於十八日晨六時三刻在滬演講中日問題，轉播全美，並由交部廣播電台，播送國內各地。

《北平晨报》，1937年7月19日，第4版

國家臨到最後關頭
祇有堅决犧牲到底
求和平必須固守四點最低限度
蔣委長說明國府嚴正立場

【牯嶺十九日中央社電】蔣委員長十七日在廬山談話會第二次談話會時，對蘆溝橋事件，有所報告，茲紀其要點與演詞如下：（要點）一，國府政策，爲求自存與共存，始終愛護和平。二，蘆溝橋爲北平門戶，蘆溝橋事件能否結束，就是最後關頭的境界。三，臨到最後關頭，祇有堅决犧牲，但吾人祇準備應戰，而不是求戰。四，和平未絕望前，終希望和平解决，但要固守四點最低限度之立場：（一）主權領土完整，不受侵害。（二）冀察行政組織，不容改變。（三）中央所派官吏，不能任人要求撤換。（四）二十九軍駐地，不受約束。

《北平晨报》，1937年7月20日，第3版

蔣委員長演詞

各位先生：中國正在外求和平，內求統一的時候，突然發生了蘆溝橋事變，不但我舉國民眾悲憤不置，世界輿論也都異常震驚。此事發展結果，不僅是中國存亡的問題，而將是世界人類禍福之所繫。諸位關心國難，對此事件，當然是特別關切，茲將關於此事件之幾點要義，為諸君坦白說明之。

第一，中國民族本是酷愛和平，國民政府的外交政策，向來主張對內求自存，對外求共存。本年二月三中全會宣言，於此更有明確的宣示。近兩年來的對日外交，一秉此旨，向前努力，希望把過去各種軌外的亂態，統納入外交的正軌，去謀正當解決，這種苦心與事實，國內外都可共見。我常覺得，我們要應付國難，首先要認識自己國家的地位。我們是弱國，對自己國家力量要有忠實估計，國家為進行建設，絕對的需要和平，過去數年中，不惜委曲忍痛，對外保持和平，即是此理。前年五全大會，本人外交報告所謂「和平未到根本絕望時期，決不放棄和平，犧牲未到最後關頭，決不輕言犧牲」，跟著今年二月三中全會對於「最後關頭」的解釋，充分表示我們對於和平的愛護。我們既是一個弱國，如果臨到最後關頭，便只有拼全民族的生命，以求國家生存；那時節再不容許我們中途妥協，須知中途妥協的條件，便是整個投降、整個滅亡的條件。全國國民最要認清，所謂最後關頭的意義，最後關頭一至，我們只有犧牲到底，抗戰到底，唯有「犧牲到底」的決心，才能博得最後的勝利。若是彷徨不定，妄想苟安，便會陷民族於萬劫不復之地。

第二，這次蘆溝橋事件發生以後，或有人以為是偶然突發的，但一月來對方輿論，或外交上直接間接的表示，都使我們覺到事變的徵兆。而且在事變發生的前後，還傳播著種種的新聞，說是什麼要擴大塘沽協定的範圍，要擴大冀東偽組織，要驅逐第二十九軍，要逼宋哲元離開，諸如此類的傳聞，不勝枚舉。可想見這一次事件，並不是偶然的。從這次事變的經過，知道人家處心積慮的謀我之亟，和平已非輕易可以求得。眼前如果要求平安無事，只有讓人家軍隊無限制的出入於我國的國土，而我們本國軍隊反要受限制，不能在本國土地內自由駐在，或是人家向中國軍隊開槍，而我們不能還槍。換言之，就是人為刀俎，我為魚肉。我們已快要臨到這人世悲慘之境地，這在世界上稍有人格的民族，都無法忍受的。我們東四省失陷，已有了六年之久，繼之以塘沽協定，現在衝突地點已到了北平門口的蘆溝橋。如果蘆溝橋可以受人壓迫強佔，那是我們五百年故都，北方政治文化之中心，與軍事重鎮北平，就要變成瀋陽第二。今日的北平，若果變成昔日的瀋陽，今日的冀察，亦將成為昔日的東四省。北平若可變成瀋陽，南京又何嘗不會變成北平？所以蘆溝橋事變的推演，是關係中國國家整個的問題，此事能否結束，就是最後關頭的境界。

第三，萬一真到了無可避免的最後關頭，我們當然只有犧牲，只有抗戰。但我們的態度，只是應戰，而不是求戰；應戰，是應付最後關頭必不得已的辦法。我們全國國民必能信任政府已在整個的準備中，因為我們是弱國，又因為擁護和平是我們的國策，所以不可求戰。我們固然是一個弱國，但不能不保持我們民族的生命，不能不負起祖宗先民所遺留給我們歷史上的責任，所以到了必不得已時，我們不能不應戰。至於戰端既開之後，則因為我們是弱國，再沒有妥協的機會，如果放棄尺寸土地與主權，便是中華民族的千古罪人。那時便只有拼全民族的生命，求我們最後的勝利。

第四，蘆溝橋事件能否不擴大為中日戰爭，全繫於日本政府的態度，和平希望絕續之關鍵，全繫於日本軍隊之行動。在和平根本絕望之前一秒鐘，我們還是希望和平的，希望由和平的外交方法，求得蘆事的解決。但是我們的立場，有極明顯的四點：（一）任何解決，不得侵害中國主權與領土之完整；（二）冀察行政組織，不容任何不合法之改變；（三）中央政府所派地方官吏，如冀察政務委員會委員長宋哲元等，不能任人要求撤換；（四）第二十九軍現在所駐地區，不能受任何約束。這四點立場，是弱國外交最低限度，如果對方猶能設身處地，為東方民族作一個遠大的打算，不想促成兩國關係達於最後關頭，不願造成中日兩國世代永遠的仇恨，對於我們這最低限度的立場，應該不致於漠視。

總之，政府對於蘆溝橋事件，已確定始終一貫的方針和立場，且必以全力固守這個立場。我們希望和平，而不求苟安；準備應戰，而決不求戰。我們知道全國應戰以後之局勢，就只有犧牲到底，無絲毫僥倖求免之理。如果戰端一開，那就是地無分南北，年無分老幼，無論何人，皆有守土抗戰之責任，皆應抱定犧牲一

《北平晨报》，1937年7月20日，第3版

牲一切之決心。所以政府必特別謹慎以臨此大事，全國國民亦必須嚴肅沉着準備自衛。在此安危絕續之交，唯賴舉國一致，服從紀律，嚴守秩序。希望各位回到各地，將此意轉達於社會，俾咸能明瞭局勢，努忠國家，這是兄弟所懇切期望的。

宋委長昨返平

【本市消息】冀察政委會宋委員長，今晨由津專車返平，於九時四十分抵前門東站，隨來者有鄧哲熙，王式九，張維藩等，平軍政要人，均到站歡迎，宋氏下車後，即赴武衣庫私邸休息。

【本市消息】冀察政務委員會委員長宋哲元，偕秘書長王義樫，副官長王寶藴等，於十九日上午七時許，乘專車由津來平，九時三十分到達前門車站。冀省府馮主席，平市各機關長官，政委會秘書長楊兆庚以次各處長，各委員會主席委員，綏靖公署自參謀長富占魁以次各處長，平市府自市長秦德純以次各局長，以及其他機關領袖，新聞記者等，約二百餘人，均先在站迎候，宋氏着長衫，青馬褂，態度安定，神采奕奕，下車與歡迎人員一一握手示意，旋即出站，乘汽車回武衣庫私邸休息，各要人多隨至宋邸等候面謁。新聞記者十餘人，亦往求見。宋氏因公忙，派北平市警察局長陳繼淹出面招待，代致歉忱，並勞謝平市新聞界和助之意舉，嗣謂：「委員長現甫回平，未能即時延見，尚希原諒。委員長令本人轉達諸君，決本國家立場，人民立場，中央意旨三原則，以期蘆溝橋事件，早日解決。盖能平即能和，日前在津談話中，早已述及。如委員長日內有暇，當再奉訥諸君面談」云云。記者等甚爲滿意，相繼辭出云。

宋委員長昨晨返平下車時與各歡迎者寒暄時攝

【本市消息】宋委員長返平後，日前到津謁晤之經委會主席李思浩，二十九軍訓練委會主席石敬亭，北平電燈公司協理劉郁芬，於正午十二時搭北寧車由津返平。又一四三師師長趙登禹，政委會委員齊燮元及潘毓桂，於下午六時三十分，搭平榆車由津抵平云。

《北平晨报》，1937年7月20日，第3版

【本市消息】蘆案再度由中日雙方折衝後，據記者昨日向各方探悉，大體可望解決。但尚未定。

和平空氣漸濃

【本市消息】蘆溝橋事件發生後，冀察當局爲維護平市治安，防範宵小乘機活動起見，即於本月八日宣佈戒嚴並就市內各衝要路口設置沙袋等防禦物，以策萬全。警察局長陳繼淹在戒嚴期內，每夜皆親出巡查，除嚴防宵小盡力維護地方安寧秩序外，同時以有少數奸商高抬糧價，勒令落價，故旬日來地方極爲安靜，市面如常，足以表現官民一致之象。近兩日來，米糧源源而來，均已在規定標準定價下分別回落，情形亦趨平穩。昨晨又爲安定人心起見，奉令撤除全市各重要處所防禦物。截至下午六時許，東西四牌樓，東西單牌樓，豐盛胡同，宣武門，和平門等處沙袋均已先後撤除，宣武和平兩門亦全部開啓，宣武門昨日下午一時一度關閉，即係因撤除沙袋，外城之永定，亦全開啓，全部沙袋亦已撤開。戒嚴時間亦自昨夜起，實行縮短。警察局長陳繼淹並令所屬在戒嚴期間亦盡在不妨害執行職務時便利人民。至外鄉來平避難婦孺，當局亦在計劃收容云。

【南京十九日中央社電】京中今晚接平報告，稱北平城門，自十九日午起完全開啓，障礙物亦由衛生局巡丁撤除，西單牌樓及長安街一帶用沙土堆成之堡壘，備夜間架設機關槍之用者，亦已鏟平。聞十九日晚戒備時間，將再度縮短，但晨間猶聞兩度機聲軋軋刺耳云。

《北平晨报》，1937年7月20日，第3版

政院續商時局

【上海十九日下午十一時專電】中樞各部長官王寵惠，何應欽，蔣作賓，王世杰，吳鼎昌等，今（十九日）晨續開談話會，對中日大局作詳細周密探討，根據目下演變之事實，爲應急而切實之決定，並以長途電話接通廬山，隨時報告並請訓，至午始散。聞對中日未來大局，已有重要之決定。

【上海十九日下午十一時專電】日方對我所提交之備忘錄，經慎重探討後，意見已趨一致，決十九日晚發表兩重要文件。一爲對日覆牒表示我國嚴正之立場，一爲最高當局告國人書。此外高宗武並於今（十九日）晨飛廬謁蔣，報告中日交涉經過，並有重要請示。

【南京十九日中央社電】行政院各部會長官，十九日晨十時在外部部長官舍，繼續會談商討應付時局辦法。

【南京十九日中央社電】行政院所屬各部會署長官，前移廬辦公。嗣因北方時局嚴重，政務增劇，業已全體回京，積極商討應付時局辦法，茲悉二十日晨爲該院例會，決在京舉行，屆時將由王寵惠主席。聞除討論一般議案外，對於時局問題，將詳商應付方針。

【牯嶺十九日中央社電】外部司長高宗武，十九日下午二時許抵廬謁蔣委長，報告外交近況並有所請示。

【南京十九日中央社電】孫科十九日晨偕梁寒操自滬抵京，梁談：孫原擬著期返籍省親，並赴西南各省視察。現以國事多難，特返京翊贊中樞，共籌應付，已打銷前議。至報載孫已撥二十萬元匯粵籌辦養老慈幼兩院之說，實無其事。梁並稱：本人原定赴南洋爲漢民學院募捐，現亦以國難嚴重，決暫緩啓行。

【南京十九日中央社電】張嘉璈十九日晨由滬乘機抵京。

《北平晨报》，1937年7月20日，第3版

我致日備忘錄

【南京十九日中央社電】本日下午二時半，外部派科長董道寧，赴日本駐華大使館會晤日高參事，面致備忘錄。內容如次：自蘆溝橋事件發生後，我國始終不欲擴大事態，始終無挑戰之意。且屢曾表示，願以和平方法，謀得解決。乃日本政府雖亦曾宣示不擴大事態之方針，而同時調遣大批軍隊，開入我國河北省內，迄今未止，顯欲施用武力。我國政府于此情形之下，固不能不作自衛之適當準備，然仍努力於和平之維持。本月十二日外交部長接見日本大使館日高參事時，曾提議雙方停止軍事調動，並將軍隊撤回原地。日方對此提議，迄無表示，不勝遺憾。現在我國政府願重申不擴大事態與和平解決本事件之意，再向日本政府提議 兩方約定一確定之日期，在此日期，雙方同時停止軍事調動，並將已派武裝隊伍，撤回原地。日方既抱和平折衝之希望，想必願意接受此項提議。至本事件解決之道，我國政府願經由外交途徑，與日本政府立卽商議，俾得適當之解決。倘有地方性質可就地解決者，亦必經我國中央政府之許可。總之，我國政府極願盡各種方法，以維持東亞之和平。故凡國際公法或國際條約，對於處理國際紛爭所公認之任何和平方法，如兩方直接交涉，斡旋，調停，公斷等，政府無不樂於接受也。

【南京十九日中央社電】日本軍用飛機十八日射擊平漢路列車消息到京後，各界憤激異常。聞除外部對日嚴重抗議外，日方如再有此種行動，我方將採取適當措置。將來惹起擴大之事態，責任應由日方負之。

《北平晨报》，1937年7月20日，第3版

喜多昨謁軍何

【南京十九日中央社電】喜多誠一十九日下午四時赴軍政部，晉謁何（應欽）部長，交換關於蘆溝橋事件之意見。喜多謂：中日局勢已到最後階段，希望撤退軍隊，否則局勢有擴大之虞。何部長答稱：目前緊張情形，全係日方派遣大量陸軍空軍所造成，我方自始希望和平解决，並無擴大之意。但鑒於日方調派大軍於河北省不能不有所準備。此種準備，全係出於自衛，並無挑戰之意。中國軍無所謂中央軍與其他軍，中國政府在中國領土內，必要時調動國軍，係屬當然之事。但如日本能將新增之軍隊撤退，中國方面亦可考慮作同樣之行動。總而言之，事態之擴大與否，在日方而不在中國也。

【南京十九日中央社電】日使館陸軍武官喜多誠一，十九日晨由滬乘車到京，下車後即赴日使館武官辦事處休息，聽取副武官大城戶三治之報告後，赴日使館訪參事日高信六郎晤談云。

【東京十九日中央社電】十九日晨日外務省發言人答復外國記者，關於華北局勢之詢問，大體如下：宋哲元雖陳謝，但處罰責任者及安全保障，尚未實行。天津談判仍進行中，日高對中國王外長談判，僅勸告停止中央軍北上，日本並未限期。但王答覆與時局有重要關係。發言人指示地圖，謂中央軍北上，已達違反協定之線。有人問前途究竟悲觀或樂觀，發言人笑答曰，請看我臉色。

《北平晨报》，1937年7月20日，第3版

日仍挑釁不已

【天津二十日上午三時四十五分中央社電】日軍二千餘人，包括騎兵四百餘，並有砲數門，機槍數十架，二十日晨二時十分由海光寺日兵營出發，經東馬路過鐵網橋沿平津公路而行，似開往豐台，當此項日軍出發時，一部日僑夾道歡送，行經東馬路時，高唱軍歌。三時許始過金鋼橋，沿平津公路而去。

【天津十九日中央社路透電】據華方息：日軍當局擬在此派員檢查寄往南方之各種郵件，昨有穿制服之日本憲兵一人，偕其他三人，赴郵務管理局要求供給辦公地點，本地業務股長黃家德，與日人交涉一小時。當交涉進行之際，又有二日人偕五華人到局直入揀信室，至夜間九時始去，但未檢查信件。此間郵局已將此事，報告郵政總局長，請示辦理。

【天津十九日中央社電】津日租界十九日晚戒備甚嚴，凡各衝要路口均堆置麻袋，佈置工事，長途載重汽車，被扣者甚衆，均分停於各處云。

【天津十九日中央社電】據天津來人談：津市公共或載重汽車，均視某租界爲畏途，蓋凡當此兩類車經過時，卽有被抓獲之虞。其已被抓者更無還送之期云。

【本市消息】昨據平南來人談：日軍十四日在平南造甲村以南地方強迫佔用劉家村十號長安換地十畝，同村三十一號張德斌地三十三畝，一號張馨寶地十二畝，又樊家村二十九號王照田地十二畝，南廣村二十一號李文義地十二畝，二十二號郭合生地三十畝，並强令簽定租用草約，共草約限定由七月十四日至十二月底，并每畝出租價十元，且須十二月底時具領，刻日軍正積極剪草墊地，建築飛機場云。

【本市消息】昨晨一時二十分，平西紅山口地方發現便衣隊二十餘人，經我駐軍呼口號，該項便衣隊未答言，即開槍射擊，雙方衝突約十餘分鐘。該項便衣隊，向北退去，均未傷人云。

【上海十九日下午十時專電】滬郊大場發現可疑農民。沿江各地漢奸活躍，當局已飭軍警切實注意。

【南京十九日中央社電】京中十九日晚接天津報告稱：據聞日方現在塘沽闢地百畝，修築飛機場，當地有土房數椽，已被拆除。又日方埋設津至塘沽唐山軍用電話，十九日已完成。津縣北郊外附近劉安莊宜興埠等村，日方前曾派人前往測量，擬修築飛機場，十九日竟[illegible]卽行開工云。

《北平晨报》，1937年7月20日，第3版

許使昨抵東京

【東京十九日晨九時半中央社電】許大使十九日晨九時半到神戶，午乘車赴東京，當晚九時可到達。在神戶發表談話，謂：我政府堅持不擴大與外交解决兩大方針。今年爲中日兩國最重大時機，兩國朝野應以誠意努力改善。果能依正義誠心誠意處理，現在事態，則解决當非至難。

【神戶十九日同盟電】駐日大使許世英，依華北事變之勃發，帝國民政府重要訓令，急遽歸任。十九日午前九時半，乘克列布蘭號抵神戶。午後零時二十五分，乘三宮發之燕號東上，在船上發表辯明中國立場之談話如下：余歸國後，因久病未赴廬山，故並無解决此次事件之具體條件。然國民政府之解决方針，依事件不擴大與外交的解决之途徑，如日方所言之抗日論，與我等之觀念絕相異，中國之抗日，絕非事實，余歸國四個月以來，並未聞要人論及抗日之事。無論如何，余信本正義誠心誠意以處此事態度，則解决非至難也。在兩國民今年爲重大時期。爲維持現狀，朝野之莫大努力，與對於其改善之熱意，實爲必要。故期待無從拘泥於目前事象，依東亞大局之立場，而努力解决之。

【保定十九日中央社電】蘆溝橋事件發生後，英法等國均極關心。英使館派陸軍副參贊沙克圖，法使館派參贊薩拔鐵等三人，十九日晨由平乘汽車來保，訪問萬福麟，談約五十分鐘即乘原車返平。

【南京十九日中央社電】法使館秘書高蘭，十九日到外部謁徐謨次長，探詢最近北方情勢，並表示法政府關切之意，略談即辭去。

【南京十九日中央社電】義駐華大使館秘書瞿斯蒂，十九日晨十時許至外部謁情報司長李迪俊，對蘆事有所探詢。

【上海十九日中央社電】蘇聯大使鮑格莫洛夫，十九日夜車晉京公幹。

【本市消息】蘇聯大使館駐平參事官傅斯，昨晚八時在該使館，歡宴各國外交人員，共十餘人。我方被請者爲秦市長，魏宗瀚，熊少豪等，俄方對此次蘆溝橋中日事件，頗爲重視云。

《北平晨报》，1937年7月20日，第4版

日軍運仍未止

【南京十九日中央社電】京中所接報告，日兵千餘名，十九日上午七時押載汽車二十餘輛，滿載大批軍用品及砲一門，由津赴豐台。又有空車四輛，十九日午返津云。

【南京十九日中央社電】京中所接報告，天津停留之日飛機，十九日晨有轟炸機三架，向西飛去。

【本市消息】昨日上午八時半，九時十分，十時二十分，十一時，各有日機一架，由東北方飛平，在市區及四郊盤旋偵察甚久，旋即飛向南苑，豐台，蘆溝橋一帶偵察，以在南苑偵察時間爲最久。下午一時至三時，有日機兩架，陸續飛平市及南苑一帶偵察云。

【南京十九日中央社電】京中所得報告，據天津外人方面消息，日人經營之塘沽運輸公司所有駁船，已全部停泊候用。但因該公司所有駁船爲數不多，故復向各外商輪船公司僱用，限二十二日備齊，似有準備裝運軍械來津模樣。

【南京十九日中央社電】京關係方面頃接平電：（一）十七日晚迄十八日由關東開來日軍兵車十三列，一列停秦皇島，兩列停唐山，另十列抵津，均係徒手兵士，人數未詳。（二）由津開通縣日軍千餘名，輕重機槍八十餘挺，山野砲二十餘門，載重車六十餘輛。（三）日兵六十餘名，押汽車六十餘輛，滿載彈藥汽油等，由楊村開往豐台。（四）日機六架在蘆上空偵察，旋即南飛。（五）宛平縣城以東大井村一帶，日軍砲兵及障碍物已撤去，遺甲村日機場守兵數百人，已撤去大部。

【天津十九日中央社電】日兵車仍絡繹不絕，十九日上下午計開到四列，均裝載大批步騎兵人數約在千餘人以上，均開日兵營云。

【南京十九日中央社電】據息：日本關東軍部隊，近奉令陸續開入榆關，向平津一帶增加，蘇聯邊防，現由「僞國」軍隊接充。據息：日本軍用飛機三百架，防毒面具十餘萬，機器脚踏車二百輛，現由日向天津等處運送。又日本第一師團，及近衛師團，近亦各抽派一部份部隊，隨同其他部隊開往。

【天津十九日中央社電】抵津之日步騎兵，約達二千餘人，係分乘列車到津東站。當此項列車抵達時，日軍在車站嚴加戒備，限制行人。晚間往日租界時，亦在各街道斷絕行人往來云。

《北平晨报》，1937年7月20日，第4版

蘆溝橋之近狀

【本市消息】蘆溝橋十九日來人談：（一）蘆溝橋前線官兵，十數日來，在烈日下工作勤勞，宛平專員王冷齋特派員分赴北平長辛店講買大批暑藥及西瓜，由秘書洪大中分發各士兵及傷兵並致慰問。（二）蘆溝橋城我軍決堅守，現因城內食糧無餘，專員王冷齋氏已向各縣購買米麫雜糧一萬餘斤，在蘆溝橋賑濟平民，由秘書洪大中在城內監發。（三）無辜百姓在城內外被敵槍殺者甚多，被捕者多被活埋，留頭在地外並毀房無數，劉正作正式調查。（四）豐台馬廠，現停日飛機四架，載重車二十一輛，坦克車一輛，兵車二三列，由他處開來。（五）現在前線官兵，所需要之物品，爲強心針，綳帶，望遠鏡，西葯等，慰勞者可速送前方。前有贈送毛巾者，因不甚需要，已告知慰勞者，不必再送。（六）敵機由早至晚，往返不斷，飛蘆溝橋偵查。

【保定十九日中央社電】長辛店電：王冷齋返任後，因宛平縣府被燬，暫移城內民房辦公，王本人往返長辛店間，主持一切，縣府並不遷往。王現患腹疾，仍力疾從公，竟忘倦疲。當地民衆，極爲欽佩云。

《北平晨报》，1937年7月20日，第4版

全國誓爲後盾

【上海十九日下午十一時專電】李（宗仁）白（崇禧）有電到廬，表示擁護中央，已整軍待命。劉維章今（十九日）晨謁何應欽，有所請示。

【上海十九日下午十一時專電】何香凝對蘆溝橋事極憤慨，特募慰勞品二千餘件，

【上海十九日下午十時專電】各界後援會，今（十九）電中央請領導全國守土自衛，各公會並紛電宋慰勉。

【南京十九日中央社電】京市婦女會，女子學術研究會，婦女共鳴社，女子文化月刊社，基督教女青年會，頃聯合電宋哲元，謂二萬萬女同胞，決勸夫訓子，毀家紓難，誓爲後盾。

【萬全十九日下午十時專電】察公私立中等學校及民教館，柴鎭鄉師，頃有十八日電致電二十九軍將士慰問。略謂日軍無端挑釁，我軍英勇爲國犧牲，刻勢逼至此，望本不屈不撓之精神，爲背城借一之準備等語。

【洛陽十九日中央社電】蘆事發生，舉國悲憤，洛各界民衆十八日假縣黨部組後援會，並電宋二十九軍將士慰勞。

【南京十九日中央社電】海內外團體電中央，請出兵衛國者，十九日續有駐墨西哥直屬支部，菲律濱呂宋支部，加拿大域多利分部，帝文直屬支部，雪黎總支部。

【西安十九日中央社電】何柱國應西安廣播電台之邀，二十日晚九時二十五分作廣播演講，題爲「爲蘆溝橋事件告西北同胞」。

《北平晨报》，1937年7月20日，第4版

蘆溝橋又發生激戰

蔣昨返京主持大計

宛平城復一度遭猛烈砲擊

日對外部備忘錄仍持異議

【上海二十日下午十一時專電】蔣委員長今（二十日）日午後接蘆溝橋前線開火消息，即於三時許下山到潯，乘機飛京，於六時半到達，宋美齡同來。錢大鈞另坐一機隨行。京中軍政長官何應欽，王寵惠等，均往機場迎候，並隨往官邸晉謁報告。聞晚對華北時局，有重要協議。

【南京二十日中央社電】蔣委員長以京中政務殷繁，特於廿日午偕夫人宋美齡女士離牯由潯乘飛機返京。侍從室主任錢大鈞等，另乘他機隨行。中樞要人居正，王寵惠，何應欽，俞飛鵬，張家璈，王世杰等事先得訊，齊集明故宮機場恭迎。蔣委員長所乘之飛機於六時三十五分到達機場降落，錢所乘之機亦相繼到達。蔣委員長身着淺灰色絲綢長衫，容光煥發，態度安閑，頻頻向歡迎人員頷首示謝。旋偕夫人乘汽車返邸休息。歡迎各員，均相繼往謁，分別有所報告。

【本市確訊】蘆溝橋方面二十日下午三時雙方衝突停止後，七時許日軍突又砲轟宛平縣城，我軍為自衛，加以抵禦，至八時半始停止，雙方互有傷亡。現下鐵道橋及宛平縣城，仍為我軍駐守。

【本市消息】二十日下午二時許，大井村方面日軍突又向我射擊，小有衝突，三時許已停。

【上海二十日下午十時專電】滬各報今（二十日）晚多出號外，報告華北戰事，全市激奮。金融糧食各業，均認為非常時期已屆，紛紛集會討論，各界並電二十九軍慰勉。

《北平晨报》，1937年7月21日，第3版

宋昨發表書面談話

【本市消息】冀察政務委員會委員長宋哲元，十九日由津返平後，發表書面談話如下：「本人向主和平，凡事以國家爲前提，此次蘆溝橋事件之發生，決非中日兩大民族之所願，蓋可斷言。甚望中日兩大民族，彼此互讓，彼此相信，彼此推誠，促進東亞之和平，造人類之福祉。哲元對於此事之處理，求合法合理之解決，請大家勿信謠言，勿受挑撥，國家大事，只有靜聽國家解決也」。

【本市消息】冀察政會外委會委員孫潤宇，昨（二十）日上午十時由津返抵北平，冀察政會法委會主席委員章士釗，昨（二十）日上午十二時三十分由津抵平云。

【本市消息】察省府主席劉汝明，昨（二十）日上午七時許由張垣抵平，晉謁宋哲元委員長，報告察省政況，並有所請示，日內卽返察云。

【天津二十日中央社電】張允榮二十日下午五時返平，向宋有所報告。

《北平晨报》，1937年7月21日，第3版

日高外王交換意見

【上海二十日下午十一時專電】日高今（二十日）晨八時謁王外長，對我備忘錄提出意見，仍請我重行考慮日方之要求，並告以日政府表示不滿之意。王當告以我國立場，望日顧全東亞和平之意。

【南京二十日中央社電】日大使館參事日高，於二十日上午八時赴外部官舍晉謁王部長，繼續交換關於蘆溝橋事件之意見。王外長告以際茲事機緊迫，彼此不必作無益之辯論，貽誤大局。務須雙方採取迅速行動，避免事態之擴大。如謂中國在河北省之軍隊調動有可議之點，則日本大部軍隊之在該省，當尤顯爲侵犯中國領土之主權。王部長旋更重提昨日節略中之提議，謂雙方應立即約定日期，彼此同時停止軍事行動，撤退軍隊以爲此係惟一可能的避免衝突之方法。王氏並稱：雙方既均謂不欲擴大事態，且均謂軍隊之調遣，不過預防萬一，則中國之提議自無不能接受之理由。關於地方交涉一點，王部長則謂任何國家之外交，無不由中央政府主持辦理，就本事件而論，中國政府固無時不準備與日本政府交涉，以謀迅速公正之解決。倘有地方性質，可就地方解決者，亦必經我國中央政府之許可。最後王部長並稱：中國政府已屢次表明其熱烈願望，願將此不幸事件，得以和平解決，只須有一線和平希望，中國決不放棄其依據外交途徑，從事和平解決之努力。

【上海二十日下午十一時專電】喜多昨（十九日）在京謁何應欽，代表軍部傳達對華北意見。何當將我希望轉告。喜多於當晚離京，今（二十日）晨返抵滬，即召開武官會議，並電軍部報告。聞滬日海陸軍行動，將與華北取聯絡。

【大連二十日同盟電】滿鐵阪谷理事，二十日午後乘飛機赴天津。

【上海二十日中央社電】日使館陸軍武官喜多誠一，二十日晨由京返滬。

《北平晨报》，1937年7月21日，第3版

平津豐通

日軍續增

【本市確息】二十日各方報告如次：（一）凌晨三時半，日兵一千六百餘人，携帶砲二十門，重機關槍十五挺，載重汽車四十輛，由津向通州方面前進。（二）四時後又有日騎兵約三百人，載重汽車二輛，由津開通。（三）上午九時許，日鐵甲車兩輛及鐵道陸地兩用坦克車二輛，由津抵豐。（四）上午十時，日兵車一列，載日兵四十餘人，由豐開津。

【天津二十日中央社電】此間日軍仍源源向豐台一帶增援，二十日晚七時有專車一列，滿載大批子彈軍械，由津赴豐台。七時半又有一列，載兵六十餘人及給養等用品，亦赴豐台。

【南京二十日中央社電】關係方面二十日接平電稱：（一）楡關開出陸續到津日軍兵車三列，共載步兵一千餘名，騎兵一百六十餘名，馬一百六十餘匹。（二）由津開至豐台兵車一列，係載多量軍用品。（三）高麗營到日兵四百餘名，拉民夫擬作工事。（四）宋哲元在津與香月晤談，除寒暄外，雙方希望早日恢復蘆溝橋事件發生前之和平狀態，未涉其他。

【天津二十日中央社電】日兵車二十日晨續到兩列，其一於上午四時五十分由唐山來津，另一列於上午七時十分由楡關開來，兩列均載大批日兵，及軍用品甚多。

【天津二十日中央社電】日兵百餘人，二十日晨赴南市一帶遊行，迄午始返回。刻日租界日兵通行各路口，均滿佈電網及蔴袋等工事，人心因此益感緊張。二十日晨有日軍用載重汽車三十餘輛，滿載大批軍用品給養等，由津開赴豐台。

【天津二十日中央社電】日軍陸地鐵軌兩用式鐵甲車一列，現停於新站。二十日自晨至晚，不時開往楊村北倉等地，晚間仍停新站。同時日兵二百餘人，駐於機廠，未他往。新站外公大紗廠日兵，入晚仍在戒備。廊坊車站，二十日午到日兵數十人，在站台稍留即返。楊村車站二十日亦有日兵十餘人，侵入閘樓內。

【天津二十日中央社電】據聞唐山交通大學，已由日軍開入駐紮，該校教職員等已紛紛來津云。

【天津二十日中央社電】北寧路上下行車二十日因日兵車鐵甲車往來頻繁，故多誤點。但南行各次車，均正點由津開行。

【天津二十日中央社電】日軍用載重援車數輛，裝大批糧草，由津開往豐台。

《北平晨报》，1937年7月21日，第3版

津領事團會商時局

【天津二十日中央社電】駐津各國領事，於二十日上午十一時在比總領館開會，計到英，法，美等國領事，所討論者鑒於時局顯趨嚴重，擬於必要時將租界以外之各國僑民，遷入租界，及必要時之防衛方法，均經交換意見，有所決定。此外對日方在河北郵務管理局，檢查信件事所取之態度，加以研究，聞擬向日方提出抗議云。

【天津二十日中央社路透電】日方在此間東站之軍事活動，現已終止，東站幾無人往來。惟日兵巡邏，迄未稍弛。津領事團今日集議，討論大局，租界外外人安全與日人檢查郵件兩事，亦在研究之列。討論多時，卒決定俟事態稍明朗時，再定辦法。

【南京二十日中央社電】德使館參事飛師爾，二十日午後五時許謁徐謨，探詢蘆事。又義使館秘書瞿斯蒂，定二十一日晨八時半晤徐謨。

海道運來大批日軍

【天津二十日中央社路透電】宛平戰事，二十日復作，津乃大起恐惶。城中居民紛紛避入租界，蓋恐平戰事，將蔓延他處也。北寧路上日軍調動，現又開始。夜半後，將有滿載日兵之火車數列開抵此間。此外尚有日本運兵船四艘，二十三日晨亦可抵此。日軍當局援軍將到，預爲佈置起見，已將塘沽沿海碼頭完全佔用，即外人所有者亦不能免，獨開灤碼頭除外。因今日午後到英艦一艘，適泊於該處也。聞日兵由海道來者，共三萬五千人，登岸後，卽將乘火車赴津。

【天津二十日中央社電】塘沽日艦，仍停泊三艘，傳有大批驅逐艦續來，但未能證實。泊塘沽之日艦，每晚均以探照燈放射，人心極感不安。據塘沽來人談：該地各輪船公司碼頭以及一部棧房，均被迫遷出貨物，日艦陸戰隊亦有陸續登陸之意云。

【南京二十日中央社電】據息：崇明花鳥山十七日晚八時，開到日本驅逐艦兩艘。

【本市消息】昨（二十）晨六時，大沽口到日艦兩艘，載來日海軍陸戰隊一千四百餘名，下艦後即開赴漢沽云。

【上海二十日中央社電】太原日僑婦孺二十餘人，日前抵滬，二十日晨乘長崎丸返日。

【青島二十日中央社電】膠濟沿綫日僑，向青島撤退，二十日晨又到七十餘人，在最近五日內共到日僑約五百餘人，當局態度極鎮靜。

《北平晨报》，1937年7月21日，第3版

英擬聯美出任調人

【倫敦十九日中央社路透電】十九日午後 英下院討論遠東事件時，外次克蘭波聲稱，就英政府所知，中日政府皆不願訴諸可怖之戰爭，現確有兩國流入戰爭漩渦之極大危險。但英政府仍誠摯希望，尚可得和平解決。苟任何解決中有須英政府爲助者，英政府無時不願貢獻其服務。英政府欲與美國共同行動，現已與美接洽，今後尚擬與之繼續接洽云。

【倫敦十九日中央社海通電】英外相艾登，今在國會報告遠東時局謂：中日雙方皆向英政府保證，必設法不令形勢擴大。同時英外相亦向中日大使表示，希望雙方不再採取能令事態擴大之行動，並盼能覓得適當方法，將中日問題用和平方法解決。惟目前之危機，在雙方皆向出事地點增加軍隊，中日雙方雖表示此項增兵爲預防性質，並非挑戰，但各方似覺不安。現英國與美法兩國正在密切聯絡中，而美法兩國亦甚願中日問題能和平解決。同時英政府已向南京東京方面表示願任調人，目前問題在中日雙方改變態度，除放棄通行之方法外，且誠意謀一和平之解決辦法。現中日和平尚未至絕望時期，英日之困難，亦有避免之可能云。

【倫敦十九日中央社海通電】英勞工黨副黨魁達爾頓，今日在國會宣稱，日本之目的，在統治中國全部。彼謂英國不應贊日本之政策，因日本在華之擴充勢力，對英殊爲不利云。

《北平晨报》，1937年7月21日，第3版

全國擁護政府立場

【香港二十日中央社電】蔣對盧溝橋事件報告發表後，此間僑胞對領袖公忠體國之苦心孤詣，及所採立場之嚴正，極表敬佩與興奮。各種金融債券，二十日大體均上趨。

【漢口二十日中央社電】湖北各界援助華北守土將士會，二十日發出通電，擁護蔣委員長在廬山談話會對盧事報告。我政府固守最低限度之立場。電中有凡我同胞，務須擁護此項主張，貫徹到底。如奉行徵兵令，統一意志，服從政府指揮，從事防護工作，維持社會秩序，爲擁護此項主張之有效辦法。

【南京二十日中央社電】國府二十日收到各方來電，請立即發動全國，一致奮起守土，來電名銜如次：（一）桂省黨部，（二）廣州南洋華僑興業社，（三）滬市商會等，（四）芝棓救國會，（五）閩南宛縣黨部，（六）柔佛岑株巴轄中華商會，（七）太原文化界聯會，（八）南昌市漁會，（九）中航建協會菲支會，（十）川華陽新運會，（十一）波士頓華僑聯合會，（十二）三寶岸支部，（十三）隴南各界守土後援會，（十四）甘肅民衆守土衛國後援會，（十五）革命同志會，（十六）中國軍事交通學會郵政分會籌備會。

【南京二十日中央社電】京下關賣小菜人蕭掃平，聞强敵侵境，至爲憤激。頃將共五年內積蓄所得之私產三百元，全數送中央財委會，捐作禦侮守土挺戰將士之費，以盡國民職責。中央財委會已照收，並即彙送前方應用。

【西安二十日中央社電】何柱國二十日晚廣播演講，爲盧溝橋事件告西北同胞。略謂西北雖在後方，但負有援助責任，尤須積極準備。大家要堅毅沉着，百折不撓，團結鞏固，才能做到我們持久的消耗戰達到我們的最後勝利

外報續評遠東時局

【倫敦二十日中央社哈瓦斯電】英各報繼續評論遠東時局。新聞紀事報載稱：保持和平之責應由日本負之。蔣介石將軍昨日所發表之宣言，措詞堅決，而又婉和。一方面表示保持和平之意願，一方面又提出切實建議，可謂智慮周全。世人所當知者，彼擁有四萬萬人口之中國，決非輕易所可摧毀。每日電聞報載稱：南京東京皆無開始大戰之意，所望中日兩國外交家，能以覓獲雙方咸可認爲得體之解決辦法。晨郵報載稱：日本或可戰敗中國，但不能征服之，中國或可抵抗日本，但必大傷元氣云。

【巴黎二十日中央社哈瓦斯電】法各報繼續評論遠東時局，右派斐伽羅報載稱，日本參謀部對華作戰時，苟非有迅速結束之把握，其間諜機關，若非確知蘇俄必不乘機而攻擊滿洲，自不致遣派大批部隊前往中國。共黨人道報載稱：法西斯各國對於西班牙問題，原望英國爲之從犯，此次對於中國問題，亦作如是想。雖美國對於和平擾亂份子態度，日益堅決，決非所願也云。

《北平晨报》，1937年7月21日，第3版

許使返任昨訪廣田
力促日方從速撤兵
廣田態度堅決盼我承認協定
外務省深夜發表長篇聲明書

【南京二十日中央社電】外交界息：許世英十九日抵東京，當晚九時到館視事，二十日對東京各報記者發表談話，切望中日停止軍事行動，勿使事態擴大，根據正義，由外交途徑謀和平解決。我國軍事準備，係因日本積極增兵，純爲自衛，並無挑戰之意云云。並聞許二十日訪廣田外相，作回任後首次訪問。

【東京二十日中央社電】許大使十九日夜安抵東京後，夜深始就寢。二十日晨九時晤廣田，談一小時許，力說我國堅持不擴大方針，及盼日方從速撤兵。廣田謂現只盼中國承認及實行協定，其餘以後再說，態度極堅決。

【東京二十日中央社電】十九日晚六時，此間得我外部備忘錄，極形緊張。二十日晨各報皆謂中日關係已達爆達點。外務省深夜發表長篇反駁聲明書，謂中央對地方許多重要交涉，未曾置喙，獨此次對冀察與日方談話，要求須得中央許可，顯係有意妨害事件圓滿解決等語。蔣委員長談話，各報多載全文，極端重視。

【東京二十日中央社電】日閣今晨十時半舉行會議，首相近衛亦力疾出席，首由杉山報告各種情勢，次由廣田報告與許（世英）會見情形，及外交交涉經過。聞決定俟日高與我王外長會見結果，詳報到後，下午再開緊急閣議爲最後決定。日閣今晚將發表重大聲明書。

【東京二十日同盟電】海軍省以華北事態緊迫，十九日午後十時半起，在海相官邸，由米內海相，山本次官，豐田軍務局長，各關係官出席，作重要協議。一方陸軍省杉山陸相，亦在官邸待機，參謀本部首腦部，作重大協議，直至今晚。

《北平晨报》，1937年7月21日，第3版

大局昨有緩和趨勢

中日一部對峙軍隊開始他移

蘆溝橋宛平縣仍爲我軍防守

中央决本既定國策應變

【東京二十一日路透電】東京方面稱：華北局勢現已有轉佳趨勢。

【本市確息】自蘆溝橋事件發生後，平漢線 段交通，即告斷絕。現經雙方商定，沿蘆溝橋鐵道左右側之中日軍隊，同時向他處移退，俾平漢路派工務人員前往修理被毀之電線等，以便通車。據聞昨日午後起，雙方軍隊均已陸續他移。大井村方面日軍，將逐漸退往豐台。六時許平市所聞砲聲響，即係日軍掩護行動所放。今日平漢交通或可恢復。 至宛平縣城及蘆溝鐵橋石橋等我軍防地，則並未移動云。

【本報特訊】自蘆溝橋事件發生以來，我方始終本和平宗旨，期使事態不致擴大。是以連日來與日方磋商，先行撤兵，再資交涉。及至前（二十日）日始 經雙方決定，將各接近部隊先行撤退，以免再有衝突發生。

【上海二十一日 午十時專電】今（二十一日）晨中政會開會，由居正代主席，蔣委員長，王寵惠，孫科，何應欽等，均出席。先由王何等分別報告外交軍事後，對中日大局，有縝密之探討，決仍本既定方針處變，旋討論例案散會。

【上海二十一日下午十一時專電】蔣昨（二十日）晚返京後，聽取華北時局報告，及處理要務甚忙。深夜復召王寵惠，何應欽至官邸，繼續商討。今（二十一日）晨王何復往晉謁，除報告外，並有重要請示。聞對和戰，決本既定國策。蔣在廬演詞，已有明確說明。各省軍政長官，昨今紛紛電京，表示擁護領袖，捍衛疆土。各國輿論對我，尤表同情。

【南京二十一日中央社電】中政委會廿一日晨舉行四九次會議，出席者：蔣副主席及委員居正，孫科，張繼，王寵惠，陳果夫，何應欽，吳敬恒等二十餘人；列席者：柏文蔚，褚民誼，趙丕廉，石瑛等三十餘人。由居正代理主席。首由外交部長王寵惠，軍政部長何應欽，即席報告關於外交軍事各種情形甚詳，隨即討論例案。茲探悉議決各案如下：（一）追認特派何應欽爲川康軍事整委會主任委員，顧祝同劉湘爲副主任委員，川康軍整會組織大綱，准予備案。（二）准湖北省發行建設公債五百萬元，原則六項通過，交立法院。（三）核定概算案十九件。

【南京二十一日中央社電】中央秘書長葉楚傖，及中宣部長邵力子，在廬參加談話會事畢，二十日晨下山，葉乘江大輪，邵乘隆和輪東返。兩氏均於二十一日抵京 旋即赴中央黨部辦公，二十二日晨中常會例會，聞已决定召開，討論近週內之重要事項。

《北平晨报》，1937年7月22日，第3版

我軍奮勇守土

【保定二十一日中央社電】蘆溝橋日軍，二十日夜全線以騎兵掩護步兵及坦克車，向我左右翼猛冲，希圖過河，砲火之猛，空前未有。我軍嚴陣以待，均被擊退。前方士氣極盛，受傷官兵，均帶傷拚命，誓死堅守，某軍官表示：宛城即其墓地，決共存亡。

【保定二十一日中央社電】中央攝影場攝影技師宗惟賡，陳嘉謨，二十日晨赴蘆溝橋宛平長辛店一帶攝製最前綫戰地影片，下午二時正工作中，日軍突向我陣地連發數百砲，火力猛烈，空前未有，宛平城立時如墜五里霧中。宗等乃倉卒徒步返長辛店，陳因躍車，臂部被擦傷，幸皆安全，於下午七時半乘平漢車返保。

【漢口二十一日中央社電】防守宛平之某將官，此次奮不顧身，竭力抗敵，卒致受傷。武漢各界民衆抗敵後援會，漢記者公會，二十一日特分別致電慰勉。

【漢口二十一日中央社電】漢商會二十一日電堅守蘆溝橋之某將官謂：本日報載我公奮勇抗敵，身負重傷，爲國犧牲，羣情感痛。我公英雄本色，粉身碎骨，固所不辭。然大敵當前，戰雲密佈，尚乞我公善自珍衞，備作前驅。北望燕雲，同深憤慨，專電慰問，不盡依依。

《北平晨报》，1937年7月22日，第3版

豐台日軍調查

【南京二十一日中央社電】據息：駐豐台日軍，係四十旅團山下全部，計鯉鰲七十七，野村七十九，南雷七十八 加藤二十，岡崎二十八 細川二十六 共六聯隊

【南京二十一日中央社電】津訊：日鐵甲車三輛，二十一日下午一時半由津總站開往豐台，日軍二十一日午十二時許，由津開專車一列，共有五節，有官佐數人赴豐台。

【南京二十一日中央社電】津訊：二十一日上午十一時許日兵車一列，續由榆關抵津，共有三十二節車。士兵數百名。據聞二十一日晨所到之日軍，係屬第十九師團云。

【天津二十一日中央社電】集結秦榆等地日軍，仍陸續來津。二十一日晨又到兩列車，共六十節，載兵數百餘人，及給養軍械等甚多，均停於東站。

【天津二十一日中央社電】日軍以舊式馬車四十餘輛，裝運大批木箱，二十一日晨六時由津沿平津公路開豐台，據一般推測，此項木箱，內多係子彈等物。

【天津二十一日中央社電】日軍鐵甲車五輛，十時半由津沿北寧路開往楊村，抵站後未前進。

【天津二十一日中央社電】日兵數百人，二十日晨由津開往豐台，途中經縣境漢溝鎮時，將縣警蠡治海等拘押，至晚八時始向北而去。但仍留四十餘人，在鎮看守云。

【天津二十一日中央社電】日軍用鐵甲車兩列，又兵二百餘名，乘專車一列，二十一日下午二時許先後由津開往豐台，迄下午三時許又陸續返津。二十一日下午七時有日軍二百餘人，乘載重汽車七輛，由津赴豐台。

【天津二十一日中央社電】二十一日午有日兵押馬車十四輛，由唐山來津。行經英租界時，因各車均無捐照，及車輛寬度違背警章，當被扣留解往英工部局，將押車之日人釋放。日方曾派人索車，已被拒絕。聞此項馬車，全係由唐山被抓者。各車夫云：寧願受處罰，亦不願再歸回日方云。

【天津二十一日中央社電】此間日軍向豐台開拔，二十一日晚有專車一列，共二十二節，載坦克車五輛，汽車十四輛，兵一百五十餘名，由榆來津，二十二日晨一時許開豐台云。

《北平晨报》，1937年7月22日，第3版

日機四出偵察

【南京二十一日中央社電】京中所得津訊：津東局子飛機場所停之日軍用飛機，二十一日晨四時以後，即開始活動，曾有一部飛出。至八時許又有十七架飛向西北方面，十時許已全部返回。

【保定二十日中央社電】此間車站二十日下午九時舉行防空演習，實行燈火控制。又下午五時日機一架，飛固城偵察，旋向東飛去。

【天津二十一日中央社電】東局子所停之日飛機，二十一日下午四時起，又有二十餘架陸續起飛，赴津南及西北方面偵察。迄下午七時許始返回降落。現此間仍有日機三十餘架。

【天津二十一日中央社電】津縣北倉，劉安莊，宜興埠等村，日方所闢之飛機場，共佔地三四百畝，連日强行開工，至今已大部完成。日方二十一日派員前往勘查，擬在附近駐兵，據謂保護飛機場云。

【天津二十一日下午十時電話】津東局子飛機場所停之日機，今晨七時許，有雙翼單發動機之轟炸，偵察飛機十二架，編爲四小隊，直向平郊方面飛去。又日機多架，今晨陸續起飛，往來頻繁，均係向西方飛去。

【本市消息】日雙翼重轟炸機及雙翼偵察驅逐機共十二架，編爲四隊，每隊三架，昨晨八時半，由東南方飛來。在平政委會，中南海等處上空盤旋偵察，飛行極低，僅高數百米，軋軋之聲，震耳欲聾。盤旋二十分鐘後，飛平郊偵察，旋又飛回平市上空偵察，飛行較前爲高。盤旋十餘分鐘後，遝飛南苑，過大紅門時，分兩批。一批八架，飛南苑偵察，一批四架，飛豐台，蘆溝橋，長辛店偵察，迄午始均向東南方飛去。

【上海二十一日下午十一時專電】聞日擬擴大駐軍組織，將續派兵來滬。日機兩架，今（二十一日）晨盤旋滬西一帶偵察。

《北平晨报》，1937年7月22日，第3版

日僑紛紛撤退

【上海二十一日下午十一時專電】日方稱：外務省已有訓令到滬，令旅華日僑趕速撤退回國，但指平，津，保，井，鄭等處爲限，華南並不在內。惟據另息：長江一帶日僑，已奉命於二十三日前集中上海，又外務省令田尻北上晤川越，有所傳達，田尻今晨飛青轉津。

【濟南二十一日中央社電】濟南日僑連日離濟赴青者甚多，但濟市面安謐，人心極鎭定。

【天津二十一日下午十時電話】張家口日僑，男女共五百餘人，自蘆事發生，因奉外務省令，一律撤退。第一批一百七十餘人，已由張經熱河承德赴東北返國。其中七十餘人，今日上午十一時，由張經平抵津，均暫往日租界寄居。

【鄭州二十日中央社電】駐鄭日領館派松井與本村，偕館員眷屬數名，由鄭赴漢。惟領事佐佐木等，因負特種任務，現正加緊活動，尚無離鄭準備。

【青島二十一日中央社電】膠濟沿線日僑，二十一日午前來青者，又有九十餘名，攜帶行李頗多，分在大港青島下車。

【本市消息】平日使館頃向平日鮮僑民發出通令，指定四處地點集中，㈠日本大使館，㈡日本正金銀行，㈢東單三條日本俱樂部，㈣東單二條日本小學，每日下午均前往集中候令云。

《北平晨报》，1937年7月22日，第3版

全國同深憤慨

【南京二十一日中央社電】自蔣委員長發表關於蘆溝橋事件之談話後，第五路軍李白兩司令，及桂省府黃主席，二十日聯名電呈國府，表示擁護蔣委員長主張。畧謂：頃讀蔣委員長在廬山第二次談話會發表關於蘆溝橋事件之談話，宣示政府對日方針，並明白昭示吾國應堅守四項原則，辭嚴義正，實爲代表我全國民衆公意。循迴朗誦，感奮莫名。竊維蘆案發生，我始終愛護和平，一再容忍。日方着着進逼，近更大舉增兵，恣意挑釁。宗仁等欣聆國策，已決誓本血忱，統率第五路軍全體將士，暨廣西全省一千三百萬民衆，擁護委座，任何犧牲，在所不惜，謹電陳察。並希全國奮起，共爲政府後盾，國家前途，實利賴之。李宗仁，白崇禧，黃旭初叩號（二十日）印。

【南京二十一日中央社電】甘肅拉卜楞保安司令黃正清，以强鄰壓境，昨特電吳忠信請轉呈中央，明令出師，復興民族，還我河山。願率十餘萬藏民，誓爲後盾。

【歸綏二十一日下午十時專電】記者近在晉綏兩省視察，二十日由并返綏。并垣愛國情緒，至爲熱烈，犧牲救國同盟等團體，宣傳救亡，逐日呼號。晉綏官民，均極鎭靜，軍政長官表示犧牲決心，均甚堅定，記者在并曾謁趙戴文，此七十餘歲之老翁，對抗敵態度，尤爲激昂。閻病已愈，但除重要公務親自處理外，會客談話，仍受醫生嚴厲限制。綏垣鎭定如常，傅作義於佈置軍事外，對庶政進行，各項建設，仍積極推進，近聘各項專門人才，分別設計建設。

【南京二十一日中央社電】自蘆溝橋事變發生後，各地華僑極端憤慨，頃由馬來半島恩吉洪惠關滙來國幣一萬五千元，作慰勞前方將士之用，聞已照數匯交二十九軍核收。

【廣州二十一日中央社電】粤各界禦侮救亡大會，二十一日舉行首次大會，除通過各部主管人員名單外，并限二十二日起草各部工作計劃，提會商定積極工作。

【廣州二十一日中央社電】廣州職工會爲籌欵勞軍，特發起男女歌伶唱書，以所得全部，送交中央。辦法已由該會理事會擬議中。

【上海二十一日中央社電】滬市商會二十一日電呈蔣委員長擁護十七日談話云：南京蔣委員長鈞鑒，恭讀鈞座十七日談話，宣示國策，發揚正義，四億同胞，莫不感奮。本會願率全滬商民，誓死待命云云。

《北平晨报》，1937年7月22日，第3版

許世英昨再訪廣田
日反要求我方反省
對英出場斡旋提議擱置不理
內閣畀陸相以應付時局全權

【東京二十一日中央社電】二十一日晨十時許大使再訪廣田，對蘆溝橋事件，有所磋商。

【東京二十一日同盟電】中國大使許世英，二十一日午前十時，再度訪廣田外相，會談歷一小時，先由許大使說明王外長面交日高參事官之備忘錄趣旨，外相對之力言此次事變本可照帝國政府主張依現地協定而解決之，因此帝國政府不得不重向南京政府要求即時停止妨碍現地協定成立及對於日軍之挑發的行動云云。强力要求中國方面反省，許大使似已約定將外相之意向，急行轉達本國政府。

【東京二十一日同盟電】華北中日兩軍再起衝突，事態益形惡化，因此政府二十日午後七時五十分，開緊急閣議，近衛首相以下各閣員均出席，先由廣田外相詳細報告日高參事官於南京政府外交部之折衝經過，次杉山陸相報告，披瀝陸軍當局之意思，而求諒解。更報告應付緊迫事態之陸軍緊急措置。次就政府之態度方針，協議結果，爲本既定方針監視協定履行。已決定採自衛上之適切行動之强硬態度，午後九時五分散會。

【東京二十一日同盟電】廣田外相二十日午後九時十分，閣議散會後，進宮謁日皇，本閣議決定，就對應華北事變之處置，委曲上奏，奉答下問而退。

【東京二十一日同盟電】廣田外相二十日午後十一時，在外相官邸，約堀內次官，石射東亞局長，本政府方針，就今後外交當局應採之措置，有所商洽。又外相以事變有益擴大之傾向，今後決在官邸起居，以便應付非常之變。

【東京二十一日中央社電】二十一日午日外務省發言人答各國記者關於蘆溝橋事件之問話謂：二十日夜二十一日晨尚無再衝突之報告，外務省並未訓令南京日使館員家族撤退，現地交涉仍在進行中。

【東京二十一日中央社路透電】日外務省發言人，今日聲稱：英外相艾登近在倫敦與日大使吉田茂晤談時，曾作英國出場斡旋中日時局之提議，但日本迄未答覆之。日政府將否予以答覆，渠未能言云云。該發言人又謂：十九日晚華北日軍參謀長橋本與二十九軍代表在津所成立之「約定」，其詳則渠尚無所聞。昨夜日內閣決定採行爲實施此「約定」條項所必要之適當防衛方法，並准陸相杉山有辦理此事之全權云。

《北平晨报》，1937年7月22日，第3版

華北局勢長此惡化
英日談話未便進行
英國已將此意通知日本政府
艾登外相昨在下院答覆質問

【倫敦二十一日中央社路透電】艾登二十一日在下院稱：英政府雖希望與日談話，但華北時局長此狀態，似未便出此，故余不得不以英政府此種意見，通告日政府云。

【倫敦二十一日中央社路透電】中日時局今日又爲英下院詰問之事件，外相艾登答自由黨曼德之問，謂英政府時常商榷遠東現局，不問其爲國聯會員國與否也。此種商權，現逐日沿用外交途逕行之，以渠目前所知，渠以曼德所發將此事提前交國聯政院之建議，未必能改善時局云。保守黨議員潑魯奇問英國根據九國公約，凱洛格公約，與國聯盟約在華北糾紛中有何種束縛，艾登答稱：九國公約與凱洛格公約，皆未在目前爭執中束縛英政府，即在國聯盟約下，亦未發生任何束縛云。艾登後答工黨台氏之問謂：中國境內領判權之地位，並無變更云。艾登又答保守黨摩廉之問謂：駐華英大使，關於中國保險法之批評，外部業已接到，刻正在考慮中云。

【南京二十一日中央社電】義使館秘書瞿斯諦，法使館秘書高蘭，美使館參事裴克，分於二十一日上午八時半九時半十時，先後到外部謁徐謨次長，探詢北方最近情形。

【南京二十一日中央社電】日使館秘書福井淳，二十一日午訪亞洲司科長董道寧，有所接洽，約談半小時辭去。

【倫敦二十日中央社哈瓦斯電】此間中國大使館頃發表中國王外長昨日送交日駐華大使館參事日高之備忘錄全文，其內容建議由中日雙方約定日期，彼此同時停止軍事調動。並謂中政府極願用盡各種方法，以維持東亞和平云。

【華盛頓二十日中央社路透電】羅斯福今日接見新聞記者，役表示美政府尚無對於中日雙方援用中立法之意云。

【巴黎二十一日中央社哈瓦斯電】法左右兩派各報賡續討論中日問題，對雙方談判進展情形，拒不推測。對華表示同情者，仍佔大多數。天主教派晨報稱：中日兩國孰是孰非，不容曲解。世人若以日爲是非，失之幼稚，即屬居心險惡，各種控制有等候戰爭者，有希望戰爭者，亦有製造戰爭者，日帝國主義即其一例。右派斐伽羅報稱：日本好戰，不可不加承認，恫嚇之爲事，雖不失爲一種巧妙手段，但日若欲藉此而迅速致勝，其對華是否估價過低，實一問題。共黨人道報稱：英雖與日成立諒解，吾人仍高呼中國萬歲。極右派反日報稱：英國採取審愼態度，美國保留行動自由，法國亦採審愼態度，蘇聯或可出而干涉。德義兩國則受反共協定之拘束，無以測知。綜計各大國中，恐無一國出而干涉云。

【柏林二十日中央社哈瓦斯電】漢堡外僑日報頃撰文件，論中日事件之國際影響。以爲英國斷不能坐視日本勢力，發展深入中國腹地，而置之不問。遠東方面局勢既益緊張，故英外相艾登昨在下院演說時，乃深感數月來歐洲方面種種誤會，有以妥協精神，加以處理之必要，此實無足驚怪也。該報又謂艾登演說中對於義國語氣，頗爲和婉，此亦由英國關心遠東方面利益之所致云。

《北平晨报》，1937年7月22日，第3版

大局前途荆棘尚多

我已實行移防日猶意存觀望

馮治安部昨與趙登禹部對調

平漢路今日可正式通車

【天津二十二日中央社電】據此間官方所接消息：平漢路已修復。

【本市確訊】平漢路駐平辦事處處長鄒致權，昨（二十二日）晨七時許親率工務人員，前往盧溝橋方面，督修電線。據報午後已修理完畢，旋有一列車開至長辛店，大約今（二十三日）日起，客車即可完全恢復。又聞我軍三十七師馮治安一部防地，將自動與一百三十二師趙登禹部對調。

【上海二十二日下午十時專電】盧溝橋平漢路南，日砲兵及大砲十一門，昨夜已向豐台撤退，其餘大批日車，僅撤離平漢鐵道沿線一二里，無再向後撤意，危機未消。雙方監視人員二十二日晨再赴盧。

【保定二十二日中央社電】陳延炯派機工各副處長赴長辛店，調查機廠破壞情形。二十二日晨專車赴石莊，調度一切。

【漢口二十二日中央社電】平漢路副局長鄒安衆二十二日晨由漢北上，赴沿線視查路務。

【南京二十二日中央社電】京中所得津訊：津日軍調動仍繁，停於東局子之飛機，二十二日晨即有十餘架陸續起飛赴西北部偵察。九時有專車一列，掛鐵悶車三輛，運兵百餘名，由東站沿平津線前進，去向不明，上午十一時半，由榆關開軍用車一列抵車站。

【保定二十二日中央社電】二十二日晨八時十一時，日偵察機兩架在車站及機場上空飛旋，達半小時之久，向北飛去。下午一時，又來一架，在省垣東南方低空偵察。

【鄭州二十二日中央社電】平漢路工程車二十一日午由長辛店出發，赴盧溝橋修理被毀路軌。一次特快車，二十一日午由鄭北上，明晨可直達北平。二十二次快車，二十二日由漢過鄭時，可售北平票。

【天津二十二日中央社電】大沽近日來情形稍感緊張，日軍一部在海河南岸修築軍用碼頭。二十二日晚盛傳中日軍隊，在大沽小有衝突，頃向官方探詢，據稱無其事。

【天津二十二日中央社電】二十二日晚有日軍用載重汽車六十餘輛，由豐台開返津，每車四週均有木板，并有兵數名押車，所載何物不知。

《北平晨报》，1937年7月23日，第3版

喜多北上田尻抵平

【上海二十二日下午十一時專電】喜多連日與海陸外要員，疊有會議，定明日北上謁川越報告。聞津日軍阻川越南下交涉，故川越晉京現尚無期。

【上海二十二日下午十二時專電】滬日軍原定明日起大演習，滬市府以際此時局緊張之時，恐引起糾紛，特向日方交涉停止。現日軍已決不舉。惟今日午後，日機仍飛滬西一帶盤旋。

【上海二十二日中央社電】日陸軍武官喜多，定二十四日飛青轉津，分晤川越及香月，報告前次入京晉謁何應欽經過並請示。如時間許可，擬出關與植田接洽一切云。

【天津二十二日下午十時電話】日大使館情報部長田尻，昨（二十一日）日由滬乘機飛抵青島稍留，今（二十二日）晨六時許由青乘中航機飛抵津。下機後即赴常磐旅館謁日大使川越，報告南方近況，並陳述日參事日高與我王外交部長迭次會晤經過。川越當對田尻有所指示，田尻旋於上午九時〇五分，由津乘北寧車赴平，訪晤松井，有所商洽。日內仍返津。

【天津二十二日下午十時電話】津日軍部高級參謀和知，今晨七時由津乘日軍用機飛東京，向日陸相杉山作重要報告。

【南京二十二日中央社電】據息：十六日有日艦三艘，於深夜在棲霞山北面江內，用探照燈向岸山探照，約三四小時後始向南京方面駛去。

壯哉傷兵不忘前線

【保定二十二日中央社電】二十日宛平城受傷官兵，昨夜到保，計士兵十六名，農民四名，均受砲傷。記者晨往慰問，均表示傷愈後再赴前方，英勇之氣，令人起敬。又九十一師長馮占海派代表携款百五十元，慰勞受傷官兵。保定商會今亦携款四十元，二次慰勞傷兵。

【保定二十二日中央社電】青年會幹事史上達，組織前線救護隊，第一班三十二人，已齊在思羅醫院受看護訓練。第二班報名更多，下週即開班。又紅萬字會前線服務隊，今組成即出發。

【保定二十二日中央社電】連日此間氣溫極高，達華氏百二十度以上。前線士兵，需要暑葯，如太乙避瘟散之類甚急。又傷兵因氣候炎熱，救護不及，需要多量膠布綳帶藥包。

《北平晨报》，1937年7月23日，第3版

各地擁護蔣之主張

【上海二十二日下午十一時專電】滬對中日同時撤兵，認爲雖可使局勢轉佳，但前途仍難樂觀。各界守土後援會，今日宣告成立，並通電擁護蔣委員長之主張。

【南京二十二日中央社電】首都華僑衛國會，二十二日開二次全體會議，決議案：（一）該會名稱改爲首都華僑團體衛國聯合會，（二）電蔣委員長及海外僑胞，一致擁護蔣委員長十九日談話主張。

【長沙二十二日中央社電】湘省黨部特派委員賴璉，以時局異常緊張，二十一日召該部全體建設委員等開緊急會議，將令各級黨部緊張工作，喚醒民衆，一致應付。一電中央：略謂務懇當機立斷，還我河山，謹率三湘士庶，誓爲後盾等語。

【成都二十二日中央社電】劉湘二十二日下午二時在綏署，召集各軍長談話，對蔣委員長在廬山關於蘆溝橋事件之談話，表示絕對擁護。川康各軍應在整個國策下，聽候中央驅策。各軍長相繼發言，贊同劉之意見。劉湘定二十三日下午二時，召直屬各軍師長，商實施整軍事宜。

【南京二十二日中央社電】中國國際聯盟同志會，爲使國外各地對於此次蘆溝橋事件明瞭我國態度，並喚起世界輿論主持正義起見，日昨該會會長朱家驊，及全體理事胡適等，特電日內瓦國聯同志會世界總會，有所表示。原稿係法文，茲錄誌其譯文如次：國聯同志會世界總會鑒，日本軍隊在辛丑條約規定以外之地方（蘆溝橋），任意實彈練習，並夜襲控制北平漢口鐵路交通之宛平縣城，遂使負有守土責任之中國軍隊，不得不正當抵抗。現日本更違約增派重兵，包圍曾爲七百年京都之北平，並轟炸火車，且佔車站，甚至侵入郵局。中國政府及人民因絕對之必要，將一心誓作合法之抵禦。吾人謹電貴方，速將日本破壞世界和平之侵略事實，向本會各同志團體及世界輿論機關，奮起爲正義之聲討。並各促其政府與代表民意機關，速爲實力有效之制裁，以維正義，藉保和平。中國國際聯盟同志會會長朱家驊，暨全體理事胡適等全叩。

《北平晨报》，1937年7月23日，第3版

馮副委長離廬返京
行前發表懇切談話
我固望和平但難忍賡續侵略
殷望日方懸崖勒馬挽救浩刼

【牯嶺二十二日中央社電】馮副委員長（玉祥），二十二日晨八時離山赴潯，乘輪返京。

【牯嶺二十二日航訊】自蘆溝橋事發生，中央社記者久欲訪謁馮副委員長（玉祥），聆取意見。以馮氏公務冗忙，於廿一日始得暇暢談。馮氏精神奕奕，態度嚴肅，對所叩詢者，均懇切作答，（以下爲記者問馮氏答）（問）副委員長對此事前途之觀察如何？（答）此事前途，全視日本有無悔悟。我國固望和平，但斷不能容忍侵略事態之賡續與擴大。因爲國家之獨立自由，爲全國上下不惜犧牲一切以求之者，以華北官吏與軍民，忍辱負重，數年於茲，其忠勇愛國之教育與歷史，以及救亡圖存之一致信念，斷不能輕自斷送。關於我國軍民應有之態度，已見委員長之談話，恕不重複。全國軍民，應團結一致，不畏不驕，忠誠勇敢，就各人之地位，貢獻一切力量。在政府統一領導之下，爲民族生存，爲國家復興，來堅決奮鬥也。

【本市消息】駐華法大使那齊雅，自蘆溝橋事件發生後，甚爲關切，當派武官薩拔鐵，赴前方及保定一帶視察。現因畧現緩和，昨特派薩拔鐵於下午六時。乘平滬車赴京，謁我當局有所商洽。又那齊雅，日昨派代辦賴格思，訪日代辦加籐，對保護僑民事有所商洽。又平英大使館將派武官傅瑞澤或史孜特，日內赴京，謁英大使許閣森，報告蘆事近況。德大使陶德曼，現仍在北戴河避暑，每日有德代辦飛師爾及參贊畢德，分由京平電該處報告，短期內不赴京。又美大使詹森現在平，如時局緩和，則亦暫緩赴京云。

【天津二十二日中央社電】此間總東兩站日軍，仍未肯撤退，入晚日軍並在附近放哨，楊村車站二十一日開到之日軍鐵甲車，亦未離去。據交通界息：榆關二十二日晚九時開出日兵車一列，共十八節，載有大批日兵，二十三日晨可到。豐台車站付近日軍，二十二日四出割斷青苗，田禾損失甚鉅。二十二日午三時有日工兵乘載重汽車六七輛，由津沿平津公路赴豐台。

《北平晨报》，1937年7月23日，第3版

日本聲明拒絕調停
英美法仍保持聯絡
德對中日糾紛決取中立態度
英日談話確已正式宣告停頓

【倫敦二十一日中央社哈瓦斯電】今晨內閣舉行會議，專討論遠東時局。嗣後接得中國方面消息，知中日糾紛業已緩和，官場人士甚感滿意，惟咸恐日後或復趨於緊張耳。官方人士並謂：英政府現仍與法美兩國政府，保持密切接洽。本日艾登並曾會晤法大使考賓，就遠東局勢有所商談云。

【東京二十二日同盟電】此次事變勃發以來，南京政府頻向關係各國聲訴，依據國聯盟約，非戰公約，九國公約等，或依仲裁，裁判，調停，共同勸告等，請第三國出而干涉，以期事態之有利解決。今後之益强化此政策，乃必然之勢。在帝國政府爲應付今後展開之外交戰，漸整備積極的姿勢。而對於第三國容喙問題，在政府以此次事變，乃中日兩國間問題，始終堅持由當事國間解決之方針，已於十六日堀內次官與英國代理大使杜斯之會談，正式對英國政府通告此意。

【倫敦二十一日中央社哈瓦斯電】艾登二十一日午後在下院，就中日糾紛發表宣言，首稱華北目前局勢，若賡續不變，則英政府即認爲不宜與日本進行雙方合作之談話。余曾不獲已而以此項見解，告知日本政府。艾登嗣後接見日大使吉田，將渠在下院所發宣言，予以證實。聞艾登堅稱：日本對中國態度過分强硬，足以損害英日間關係，因此英政府希望中日糾紛，得成立折衷方案云。此外政界人士則謂，日大使吉田曾向艾登證實，謂日本對於中日之糾紛，不能接受外國調停云。

【倫敦二十二日中央社海通電】昨日英外相艾登，與法駐英大使考賓會談，聞與遠東時局有關。英法雙方咸認華北形勢已趨惡化，不得不加重視。現擬共同與美國接洽，取適當之步驟，避免中日關係之更趨惡劣云。

【倫敦二十一日中央社路透電】英外相艾登今（二十一）日在下院答復議員澄魯奈關於華北問題之質問時，稱除九國公約第七欵可認作束縛者外，英國在該約及凱洛格公約下，均不受任何束縛，即國聯盟約亦不加英國以束縛云。澄魯奈復問豈一外邦之大量軍隊，在一友邦境內自由行動，尚不足認爲軍事侵略耶？艾登拒不作答。

【華盛頓二十一日中央社路透電】德大使狄高甫，今日曾與美國務卿赫爾，及副國務卿韋爾士，討論遠東時局，表示願與美採取不干預政策。德方以爲華北之戰爭，或即爲歐戰之導火線。中日大使亦曾訪謁赫爾，赫爾稱：美國務院對於遠東時局，密切注視，如有些微機會，定當竭力維持和平，免除戰爭云。

【華盛頓二十一日中央社海通電】德駐美大使狄高甫，今日會晤美國務卿赫爾，稱德國對於中日糾紛，將嚴守中立。並稱德政府之態度，與美國一致，希望華北問題早日解決云。

【倫敦二十一日中央社海通電】英日談判，因中日糾紛突起，已正式宣告停頓。

【上海二十二日中央社電】華盛頓二十一日合衆電：共和黨衆議員費許，今日在衆院力主美國撤退所有駐泊中國內之砲艦，及駐紮天津之陸軍。費氏謂：倘中日兩國發生戰事，美國不宜因此種在他國境內駐紮軍隊之背時政策，而致捲入漩渦。故撤退駐軍及放棄領判權，此其時矣云云。

【南京二十二日中央社電】魏道明二十二日晨十時訪王外長，有所晤談。又曾仲鳴二十二日晨訪徐謨，探詢蘆事。德駐華大使館參事飛師爾，二十二日晨至外部謁李廸俊。又蘇聯大使館秘書梅拉美德，二十二日晨謁外部國際司林蔚，均探詢華北事件。

【柏林二十一日同盟電】安藤特派員電德政府，對於華北事變標榜中立主義，但隨華北情勢之進展，漸滔防共之陣綫，明示其態度。德政府之所謂中立主義，於日本爲好意的綜合。德政府對華北情勢之觀測如下：一，於華北中日間之戰，一般雖認爲不可避免，然交戰區域，縱向北平南方擴大，結局或止於華北。二，日本之華北進出，於對蘇作戰上，作爲「滿洲國」之羽翼，而出於欲罷不能之必要。三，中德貿易關係，以及共他關係，雖依然保持，但與日本之情報聯絡，不絕確保，四，對於華北事變，列國雖非全無干涉之可能性，但若干涉之，却有作成國際紛爭禍根之虞，德政府反對之。

【柏林二十二日中央社電】柏林交易報今日觀遠東時局之社論，略謂若干人方面遇有提及世界和平之任何事件，輒以爲其中必有德國黑幕。其實德國在遠東，僅有商業與合法之目的，實爲德國之邦交，中日兩國，深願其保持和平，此外無他志願也。

《北平晨报》，1937年7月23日，第3版

東京歸客談

備戰中之日本

統制言論無所不用其極
華僑行動到處皆失自由

【南京二十二日中央社電】頃有自東京歸來之客，漫談蘆溝橋事件發生後日方種種情事，亟值讀者之注意，爰泚筆記之如左。據客談：自蘆溝橋事件發生後，日方對於統制言論新聞，無所不用其極，各報登載，均屬不能自由。統制之機關，即由日陸軍省之新聞班統制之，方針則除華北駐屯軍關東軍及陸軍省方面直接或間接發表之消息外，均不得登載。中國之重要聲明，宣言，或抗議文件等，更不能見於日方報紙。統制之目的，無非一致宣傳中國挑釁，中國軍隊衆多，抗日情緒激烈，中國對於此次事變應負全責等。統制範圍，不僅限於報紙，即在電影方面，亦必於演映之際，每間數幕，即揷入關於此次戰事之富有刺激性之短片或標語，以冀激起一般民衆作戰之情緒，而爲軍部之後盾。至於當日之中國學生，尤以學生中之擅長文字者，無故被警察機關傳去詢話，且或時有警察暗密跟踪。中國大使館左近，則有便衣及着制服之警察各十餘人，且停有汽車二輛，對於來館訪問者，必由此輩警察詳詢其姓名，住址，職業，以及來訪之目的等等，備極瑣煩。若館員外出，則停於大使館附近之汽車，即緊隨其後，名爲保護，實係監視。其抹殺外交官之尊嚴與特權，實開世界各國未有之惡例。又如中央社駐東京訪員陳博生住居房屋之五樓，其門首亦有警察四名看守。又有一汽車，以備於陳出外時追隨採察，其有至陳處拜訪者亦必詳加詢問。防華排華空氣，既如此之濃厚，於是旅日華僑遂時不免受浪人侮辱。乃至有行經東京銀座之中國女學生，亦受若輩之侮辱，警察且熟視無覩。中國留學生亦以環境惡劣，不能安心讀書，先後回國者已達千餘人。此次與本人同時乘美輪歸來者，即有一百四十人。日方之對待我國旅日之外交官僑民，如是之嚴苛，既已如上所述矣，而返觀吾國之待遇日方使領人員，日方旅華僑民，及新聞記者等，均仍一任自由，無殊往昔。互證參觀，不能不令人興無窮之感喟也。

◎◎◎

《北平晨报》，1937年7月23日，第3版

日閣要求各黨支持
特別議會今日舉行
對華北事件將有重要商談
日共產黨決改取實際行動

【東京二十二日中央社電】 特別議會將於二十三日召開，大約二十六日開議，二十二日各政黨召集議員總會，各黨領袖皆有演說。 對於華北事件，各黨首領，政友會島田俊雄，社會大衆黨安部磯雄，皆有演說發表。

【東京二十二日同盟電】特別會議將於二十三日召集，政府自近衛首相以下，中島鐵相，永井遞相，馬場內相，有馬農相，大谷拓相等，貴衆兩院出身閣員，並風見書記官長，瀧法制局長官等，關於對議會策，綜合各方情報，重作協議，關於華北事變。由首相報告施政方針演說後，廣田外相杉山陸相，繼作詳細報告，同時披瀝求舉國一致之協力。民政政友兩黨，貴族各派，對之均立於國家大局之見地，始終表示向舉國一致途徑而邁進之態度，此事極爲一般所注目。爲達到朝野協力之趣旨，政民兩黨並貴衆兩院，各派間關於外交問題及財政問題，力期愼重議論，止於將國務大臣施政方針演說，納入各派代表質問中。過此以往，對於預算總 會及其他不事 批判追求，

因此本屆會議空氣以舉國一致體制之下開會，議會之進行，必極平穩也。

【東京二十二日同盟電】近衛內閣最初之第七十一特別議會，因華北危局惹起之緊迫空氣，將於二十三日召集。衆議院各派，爲此自二十一日至二十二日，一齊開代議士會議員總會，預備出席特別議會，決定態度方針。二十一日國民同盟開代議士會，先決定舉國一致之强化，爲督促近衛內閣之方針。二十二日民政黨午後三時在上野精養軒，政友會午後二時在本部，社大黨午前十時在院內第十六休息室，東方會午後一時在本部，各整備陣容，政民兩黨以及各派，均認爲以華北之風雲爲機會，以促成皇國一致之體制，克服時艱，爲最緊要。又近衛內閣對於事變之處置，大體亦認爲有效適切，因決定今後以舉國一致爲目標而充實强化，應向內外多端之時局，直往邁進之根本方針。本此精神，於議會向政府致强力之支援，以協和精神，闡明期議事圓滑進行之態度。又立於獨自認識之社大黨，亦鑒於時局重大，決意排小策，以大衆利益爲基準之內外革新政策之斷行，同時對於時局採支持內閣，舉國一致之精神，因此特別議會，以舉國一致充實强化當前見圓滑之運行，已經明瞭。

【南京二十二日中央社電】據息：日本各種證券，現均禁止出售，日財政界人士甚爲不安。

【南京二十二日中央社電】傳日本共產黨，因反對日政府最近之行爲，二十二日曾在伙森

拋擲炸彈，並決定由思想宣傳入於實際行動時期。

【東京二十二日同盟電】閑院參謀總長宮，二十二日午後三時九分，進宮謁日皇，關於華北事變，共後情勢，有所陳奏，奉答種種下問，同五十二分退出。

《北平晨报》，1937年7月23日，第4版

前方連日不斷衝突

各救護隊積極工作

紅卍字會昨出發蘆溝橋

工聯會以一日所得勞軍

平市各團體所組之各救護隊，以連日前方又時有小衝突，各隊救護工作，又趨積極，茲分誌各情如次：（一）世界紅卍字會救護隊一行六人於昨（二十二）晨九時，由隊長嚴晨龍率領，並携帶大批醫藥品，赴蘆溝橋一帶工作，至下午七時許始返城，據談：全體團員抵蘆後，該處傷兵均已運保定治療，祇有受暑兵士三十餘人，分別發給暑藥予以治療，該地並有貧苦民衆百餘人，每人分給角票二角稍事救濟云。（二）各慈善團體聯合會救護隊，自成立後，連日分購醫藥品及器械，業已購齊，現正待命出發，該會在南城貧民暖廠成立之難民收容所，除前日已有四人投所外，昨（二十二）晚又由廊房逃來難民四十餘人投所。（三）各公益團體聯合會，爲擴大救護工作，昨（二十二）下午二時，召開全體會員大會，並當場發出捐啓，捐欵辦理救護事宜，該會救護隊，日內决再赴長辛店工作。（四）紅十字會救護隊已籌備完竣，今明即可成立云。

工聯會勞軍辦法

平市各工廠聯合會，昨（二十二）函全市各工廠，以一日所得，捐助北平市各界聯合會，以表慰勞忠勇之意，原函如次「案准平市各界聯合會來函，關於慰勞，救護及援助等費籌措辦法，計（一）能以月薪計算者，按一日所得，（二）不能以月薪計算者，由各該團體製定辦法，（三）特別捐助，函請查照，至所捐欵項，由各該團體收齊後，彙送中央，中國，交通三行代收，並交換正式收據等因，准此，查此次蘆溝橋事變，我軍浴血守土，中外同欣，各界均踴躍輸將，以表慰勞忠勇之意，我工廠界同人，愛國之心，未敢後人，除以本會名義參加組織外，並經第八十二次委員會議議决捐欵辦法由各會員工廠，自由認定，以全廠職員各捐一日所得爲原則，紀錄在案，相應函請查照辦理，即日將捐欵送會，以便彙轉，實所企盼，此致。」

【又訊】該會爲討論會務改進及請刑大安委員報告此次平市參加全國手工藝品展覽會及展覽品滯留濟南情形，定明日（星期六）下午六時，在中山公園來今雨軒舉行聚餐會云。

《北平晨报》，1937年7月23日，第5版

日軍盡撤尚無確期

外交重心將移南京

日擬派遣大員與我作澈底談判

對華政策傳又將另闢蹊徑

【天津二十三日中央社電】據此間官方稱：蘆溝橋中日雙方軍隊已開始撤退，平漢路二十三日正式恢復通車。至此次所發生之事件已告一段落。日軍在蘆溝橋事件發生後，曾有大批兵車來津，並轉豐台。關係方面云：由關外計開到兵車三十列，人數七千餘，馬一千二百餘匹，其他若坦克車，汽車各若干，飛機三四十架，現分在津豐等地，尚無撤退之意。日軍部人員曾向官方非正式表示，謂日軍調集繁瑣，俟稍待當陸續撤退，但未有日期。川越尚在津，二十三日晨派駐津領事永井赴市府訪秘書長馬彥翀，表示蘆案已解決，聞興中公司社長十河，滿鐵理事阪谷，二十二日已到津云。

【天津二十三日中央社路透電】聞日駐屯軍某要員，二十三日向中國當局聲明，調赴華北之日軍隊，定於環境許可，一律撤回，惟目前不能預定撤兵日期云。此間日軍現已增八千餘人，而其攜來之軍用品數量，亦復不少。此外北倉附近之劉安莊，已新闢大飛行場。

【東京二十三日中央社路透電】日本各報對於華北三十七師之更調防地，不認為華北時局之解決方法。以為衝突之基本要點，依然存在云。除芟除禍根外，將來糾紛必繼續發生，預料日本關於此事之政策，或將大有變更。據朝日新聞稱：日政府主張遣派重要政治家一員前往南京，着手談判中日關係之根本解決。

【東京二十三日中央社電】朝日新聞載，日對蘆溝橋事，始終抱定現地解決主義，俟完全實現後，對中日關係全面的根本解決，由兩國政府開始談判。現日政府擬特派大人物前往南京，與中國澈底談判說，漸趨有力。

《北平晨报》，1937年7月24日，第3版

張自忠談

處理蘆案經過

【天津消息】蘆溝橋事件和平解決後，連日雙方正積極履行所定辦法中。據一般之推測，事態已不致再有任何變化，恢復已往之狀況，已爲不成問題之事實。津市長張自忠，對於此次事件之斡旋，尤爲努力。張現以抱病在床，不能親行延見記者，當於昨晨在津發表談話。略謂：此次蘆溝橋不幸事件發生，適余臥病在平，當即力疾會同秦市長，馮主席，本素主不喪權，不辱國之精神，與之周旋。所有經過，業會同秦馮通電各方。宋委員長到津，余始來津，一切均遵照宋委員長之指示辦理。當知中國是整個國家，中華民族是整個的民族，如屬國家整個問題，應由中央統籌處理，若係地方事件，當唯冀察政委會之命令是從。余分屬軍人，兼管市政，只知服從命令，捍衛地方，自信愛國，向不後人。至連日情形已散見各報，刻以宋委員長返平，故一切均由宋委員長，在平處理。余病猶未愈，各位記者，不能多所延見，故簡談經過如此。

【天津二十三日下午十時電話】津日領永井，今晨十時，代表日使川越，赴市府訪謁津市長張自忠。因張病，由馬彥翀代見。十一時辭出。

【天津電訊】北寧路局長陳覺生，頃以宋哲元委員長業已返平，定即日來平謁宋，報告路務，並處理交通委員會會務云。

【本市消息】日本大使館駐平武官今井武夫，昨日接見記者，據談：（一）蘆溝橋一帶日軍是否完全撤退，須視中國軍隊之動靜而定。（二）日軍由前方撤退豐台後，是否長期駐紮或分調返國，須聽從陸軍省之命令。

《北平晨报》，1937年7月24日，第3版

日軍調度
迄昨猶未稍停

【天津二十三日中央社電】日軍調度並未稍停，據路息：秦榆尚停有日兵車五列，有繼續西上模樣。二十三日晨此間又有日軍載重汽車四十餘輛，載運大批軍用品赴豐台。下午五時，有載重空車四十餘輛返津。

【南京二十三日中央社電】據息：日軍用品現仍源源向我國運來，大阪近又扣留商船十七艘，備軍運之用。又日軍用飛機五十架，重爆炸機一中隊，於日昨由日出發備用。日空軍指揮官，亦隨機飛來。

【天津二十三日中央社電】塘沽大連地方尚平靜，前此開到之日驅逐艦三艘，二十三日晨葵號亦開往他處。目下僅有萩號，仍停泊碼頭。又到津之飛機，前後共二十八架，仍未離去。

【上海二十三日下午十時專電】東江頻現日機，刻正嚴防中。

【鄭州二十三日中央社電】二十三日下午三時五十五分，又有日機一架，在汴空偵察後，向西進。下午四時零五分到達鄭空盤旋一週，北飛在黃河鐵橋高空偵察，旋即向東北飛去。

【天津二十三日中央社路透電】裝運日軍第十師團，前來華北之日方運輸船，預料二十二日晨可抵大沽者，迄未駛抵。開船已開行，大約抵大連後，視察北平時局之趨勢，再定行止。二十二日晨九時有野戰砲七尊，以馬曳之，沿大路向平進發，並有日兵百名隨行保護。日方軍用品刻在海河北岸起卸，而華兵則集於海河南岸。大沽中日軍隊，衝突之說，現悉不確。

《北平晨报》，1937年7月24日，第3版

平漢交通

今可恢復常態

【保定二十三日中央社電】平漢北上四十四次車，晨七時四十分仍由保售票至長辛店。平南下四十三次車，下午二時亦由平正點開出，七時可到保。其他二十一次，二十二次平快，仍在保起迄，倘不再發生變故，二十四日可恢復常態。電訊亦通，路局電話，二十三日晨恢復。電報及交部與省長途平保電話，尚有阻碍，未修復。

【鄭州二十三日中央社電】平漢蘆溝橋被毀，路工已修復。四十一次車，二十三日由保定經蘆溝橋開平。陳延炯局長，二十三日午由石家莊抵彰德，調度路政。

【保定二十三日中央社電】蘆溝橋正面日軍，二十一日已後移，平漢路局已派工前往修復路軌。倘無別生變化，二十三日上午十一時由石莊開平之四十二次車，可望恢復。其他各次列車，俟該次通車後，再復八日前原狀。又交部長途話局主任孫琪璋，現亦派工會同平局前往修復線路，但因破壞情形未詳，何時恢復尚未定。

《北平晨报》，1937年7月24日，第3版

英下議院

討論華北時局

【倫敦二十二日中央社路透電】二十二日下午英下院復討論華北問題，保守黨議員赫浦威斯質問云：日本繼續不斷吸收中國領土，外相可否聲明英政府對此後吞併之土地，概將如東三省之先例，拒絕承忍。艾登答稱：時局尚未發展至該程度，故赫浦威斯之一問，似嫌過早云。艾登復稱望赫浦威斯勿再希望彼事先將政府之態度，加以界說云。

【東京二十三日中央社路透電】日外務省某發言人今日稱，外傳英外相曾通知日大使不願開始英日談判云云，實無其事。且對于此事加以評論，尚屬過早云。

【新加坡二十三日中央社路透電】當地政府二十三日發表公報，告誡此間中日僑民如華北發生戰事，中日僑民不得有可導成破壞和平之行動。如果發生戰爭，政府將維持完全公允之態度，並將以全力遏止任何人煽起騷亂云。當局又告誡中日報紙記者與發行人，登載關於時局之新聞與評論，當出以審慎，並禁止有組織之募欵，匯往中日，以充實軍費云。

【倫敦二十二日中央社海通電】英政府因謀緩和遠東時局起見，正在華盛頓方面接洽，企圖得美政府之合作，共同向中日兩國進行調停工作，法國或亦有加入調停之可能。外交界方面對於英美之調停，認爲成功之希望甚微，因即令英國願任調人，恐亦不能令東京方面接受，日駐英大使吉田已向英外相表示謂：日政府若接受調停，內閣必倒云。

【莫斯科二十三日中央社路透電】蘇俄伊斯凡希亞報，二十二日載一論文，籲請英國勿任華北成爲東四省之續。該報稱：日本今日在華北所採策略，無異於一九三一年因歐西各國之消極態度，而完成其併吞滿洲之計劃。惟今日英國對於目前之衝突，然襲用一九三一年之故態，實屬可悲而可異。今日欲使日本放棄其計劃，端在有信任價值之政府，不再任其橫行無忌云。

【上海二十三日中央社電】莫斯科二十二日塔斯電：眞理報云，日本在華北之侵略，對於其他資本主義國家的利益，當然爲重大打擊，而尤以英國受害最甚。然而吾人必須指出英政府無論對於遠東或歐洲的侵略者，均一貫採取妥協從容政策。例如最近英日談判之開始，實斷然有利于日帝國主義的侵略計畫。華北目前事件，乃爲日本在大陸上準備大戰之一部份，故必須加以嚴重注意也。

《北平晨报》，1937年7月24日，第3版

日特别議會明日開幕

日皇將親臨主持

將通過贊助政府對華北政策

貴院委長推定衆院正式成立

【東京二十三日路透電】議會定二十五日舉行特別會。日皇將親臨行開幕禮。其第一事務，似將爲通過贊助政府對華北政策之決議案。大約尚將通過申謝華北日駐屯軍之決議案，議會開幕禮，雖須于二十五日舉行，但今晨九時會議已召集，二十六日將從事各項辯論，與其他例行之務。正規事務，將於二十七日開會。屆時近衛，廣田，賀屋到會演說。據現象觀之，兩星期之特會，政府可安然渡過。

【東京二十三日同盟電】召集日之貴族院，午前九時三分搖鈴，松平新議長，議員三百八名，在本議場集合，松平議長述就任寒暄後，各在休息室受部屬決定之報告，於各部互選部長理事，同五十分再集合議場，由長書記官報告部長理事互選之結果，次由松平議長宣告貴族院至此成立，立時通告政府並衆議院，同五十三分散會。

【東京二十三日同盟電】貴族院各部互選結果，決定如左：第一部長西鄉從德侯，第二部長鷹司信輔公，第三部長阪谷芳郎男，第四部長島津忠承公，第五部長佐竹義春侯，第六部長細川護立侯，第七部長一條實孝公，第八部長島津忠重公，第九部長德川義親侯。

【東京二十三日同盟電】貴族院二十三日午後一時半開各派交涉會，協議結果，決定推德川圀順公（火曜會）爲全院委員長，又預算委員長經互選研究會之林博太郎伯，副委員長互選公正會之千秋季隆男。

【東京二十三日同盟電】二十四日之兩院，貴族院休息，衆議院午前十時，議員一齊在本會場集合，決定部屬後，互選部長理事後，於是衆議院成立。

【東京二十三日同盟電】近衛內閣最初之第七十一特別議會之衆議院，二十三日午前十時三十分搖鈴，政民其他各派新舊議員齊入議場，同三十八分，照例由田江衆院書記官就議長席，先行選舉議長，開票結果，小山松壽（民）以三四四票當選議長，次入手副議長，金光庸夫（政）以三七八票當選，午後零時十二分散會。

【東京二十三日同盟電】衆院之全院委員長，並預算，決算，懲罰，請願，建議，各常任委員長，決以民政三，政友三，之比例，由兩黨選出。二十四日午前九時，將由民政黨櫻院內總務，及政友會松野幹事長等，在院內會合作具體的商洽。

《北平晨报》，1937年7月24日，第4版

時局將有重要發展

中樞當局會商對策已有决議

各國使節紛紛集京交換意見

日仍源源增兵無撤退意

【上海二十四日下午九時專電】華北時局將有重要發展，今（二十四日）晨最高當局召集軍政長官舉行緊急會議，對連日華北局勢有縝密之探討，已有重要之决定。如違背四項最低限度，前途仍難樂觀。各國對華北情况，均極關懷。駐京各國外交人員，紛到外部探詢。美大使繼英大使於今（二十四日）晚到京，德義大使明晚亦到達，擬謁王寵惠。聞各使在京必要時，將集會交換意見。

【上海二十四日下午九時專電】時局將有重要發展，中央各要人今（二十四）日上午九時集商應付方策，並有所决議。平方二十四日有長電到京，詳報折衝經過。

【天津二十四日中央社電】陳覺生二十四日上午九點半，由津赴平謁宋有所報告云。

【天津二十四日中央社電】日駐屯軍副參謀長矢野大佐，二十四日晨由津乘機飛平。

【上海二十四日下午十時專電】喜多原定今晨赴津，因候晤和知改期。

【南京二十四日中央社電】日大使館陸軍副武官大城戶三治，二十四日午十二時到外部拜訪亞洲司科長董道寧，有所晤談。聞大城戶最近將調天津任職。

【天津二十四日中央社電】日兵車一列，二十四日下午十一時半，由榆抵津，滿載大批子彈及炸葯，並有士兵若干，佇停於東站。

【天津二十四日中央社電】此間日軍用品仍源源運往豐台一帶，二十四日自晨七時半，至下午五時，計有載重汽車六十餘輛，裝載大批軍實及士兵，由津沿平津公路開往豐台云。

【天津二十四日中央社電】北寧路楊村車站，現停有日軍鐵甲車兩輛，係於二十四日晨由津總站開到者。同時尚有日兵百餘名，亦駐於車站，無離去模樣云。

【青島二十四日中央社電】日本軍用飛機一架，二十四日午由津飛青，載來日軍官一名，該機稍停旋即回津。

【濟南二十四日下午十一時專電】近日日機由津南飛至德縣禹城，即折回，未南來。

【南京二十四日中央社電】津訊：唐山現有日兵車三四列，即將陸續來津。日兵三四百人，乘載重汽車三十餘輛，於二十四日上午七時由津開豐台，上午十一時半空車返津。

【天津二十四日下午十時電話】津日軍載重汽車十餘輛，今晨七時，滿裝軍需品，由日兵二十餘人押運開往豐台。津新總兩車站，迄今仍有日兵在站戒備，各候車室內仍有南滿路員辦公。

《北平晨报》，1937 年 7 月 25 日，第 3 版

各國使節紛集南京

【上海二十四日下午九時專電】美，德，義，法大使即來京，時局將有重要展開。

【南京二十四日中央社電】駐華美大使詹森，偕秘書阿諾德，二十三日晚由津啓程南下，二十四日晚可到京。又駐華德大使陶德曼，駐華義大使柯賚，二十五日晚可由平抵京。義駐華大使館秘書瞿斯託，二十四日晨十時許至外部謁情報司長李迪俊，探詢華北最近情事。

【上海二十四日中央社電】蘇聯大使鮑格莫洛夫，日前晉京會謁王外長事畢，於二十四日晨返抵滬。

【本市消息】駐華德大使陶德曼，義大使柯賚，前分由平京赴北戴河避暑，頃因蘆溝橋事件仍未根本解決，特於昨晨偕眷由北戴河同車抵津，分赴義德兩領署休息後，當晚九時，乘平滬車同車南下赴京。義代辦兼海軍武官葛里科，現亦由北戴河返平，暫不他往。法大使那齊雅，原定昨晚赴京，因事改今晚六時，偕秘書包立爾乘平滬車赴京。駐華英，美，德，法，義，蘇俄等六國大使，及各國公使，日內均將到達南京云。

【天津二十四日中央社電】義駐華大使柯賚，二十四日下午九時搭平滬通車由津晉京。

《北平晨报》，1937年7月25日，第3版

東京注視國府態度

【東京二十四日中央社電】今日此間視線，對南京態度，更爲重視。各報專電，觀察不一，大體上多謂不致重生波瀾，東京人心更形鎮靜，股票仍漲，較諸事變後最低價格，或漲十元，八元，或漲二十三四元。議會將於二十五日舉行開院式，二十六日選舉各委員會，二十七日國務大臣施政演說。近衛，廣田，杉山對華問題，如何說法，最可注目。報載昨夜杉山廣田有重要協商，大約對根本調整方法，正密議中。

【東京二十四日中央社電】今日朝日社論，二十三日趨穩和。於論述事件解決經過後，謂因臨時派兵所與華方之若干疑惑，不日當可烟消雲散，不足爲慮。南京對現地解決，所抱喪失國權及將來或受重大束縛之憂慮，故取不承認方針之論，惟實質上無可憂慮，既已明瞭自可轉化。從全般言之，中日間政治軍事的對立，依然存在，若不速謀全般的解決，則持久的對立，仍不可全免。最近論者謂：宜力謀根本調整，不勝同感，吾人切望兩國民復歸平靜，先解除精神的武裝，虛心坦懷，協力改善國交。日日社論與朝日適爲相反論調，於敘述華北局勢，依然不安後，次論國府强硬態度，謂局部縱可小康，日所翹望之華北安定，終不可保，遷延更使事態瀕於危殆。吾人自事變以來，主張舍用實力解決外無他法，及今更感有果斷之必要。確立平和基礎，不得不從根本建造。爲永遠平和，犧牲誠非得已。

《北平晨报》，1937年7月25日，第3版

平漢交通恢復情形

【本市消息】平漢路北平長辛店間交通，自中日雙方決定撤兵後，昨日起開始恢復。惟因蘆溝橋東端日兵未撤，爲顧慮行車安全，所有下午應行過蘆車次，一律提前或後延。昨日平漢路局已發出通告，昨上午抵平列車，計八時二十分到，由漢北上車一列，正午十二時十五分由保北上之四十四次客車一列，過蘆均未發生問題。由平開出者，上午七時平漢通車，九時平石客車，下午三時二十分平保客車，均準點開出。玆錄該局通告如次：啓者：自本日起，本路恢復通車，玆將各次列車開到時刻摘要列後：㈠第一二次特別快車，暫往返於漢口清苑間，照原訂時刻開駛。在清苑停留相當時間後，於四點二十分開行北上，八點十二分到平。㈡第二十一次直達快車，仍於每早七點，由前門開出。第二十二次直達快車，漢口清苑間，照原訂時刻開駛。㈢第四十一次平石客車，仍於每早九點，由前門開行。第四十二次平石客車，提前於每日午後三點三十九分到平。㈣第四十三四次平苑客車，仍照原訂時刻行駛。㈤第九〇一，二，三，四次，北平長辛店間公事車，照原訂時刻行駛。

【保定二十四日中央社電】車站佈告：二十四日起「四十一」，「二十一」，「四十三」等次車，恢復原點，由平開行。北上「四十二」次車，仍照改點北開，「二十二」次照原點，下午八時到保定，翌晨四時二十分開平。第「一」「二」次特快車，仍以清苑站爲起訖點，二十四日南下「二十一」，「四十一」兩次車，已於上午十一時下午一時半，由平到保，搭客無多。半月來平市報紙，今始能當日閱及。據旅客稱：車過蘆溝橋時，日軍仍嚴重戒備，並以操遠鏡向車上探察，對押車 警，尤加注意。我方於過該段時，懸有旅客列車小黄旗一，以資辨識，過此沿途均甚安全。

《北平晨报》，1937年7月25日，第3版

德國政府再發聲明

【柏林二十三日中央社海通電】德政府鑒於中日關係日趨惡化，今日又發表聲明書，表示態度。略謂自華北事件發生後，德國即嚴重注視其發展，德國在華北雖無政治企圖，但該地德國經濟利益尚多。若戰事爆發，必然大受影響，故德國甚願中日問題，能和平解決。該聲明書對法國廣播宣傳，謂德義兩國皆願遠東事件擴大，痛加攻擊。謂法方之消息、完全根據日德反共同盟而來，殊不知日德同盟對於中日問題，毫不發生關係，故所傳各節，絕不可靠云。

【巴黎二十三日中央社哈瓦斯電】外長台爾博斯，二十三日延見日本代辦內山，就遠東時局，有所商談。

【澳洲雪黎二十四日中央社電】蘆溝橋事件發生後，報界輿論一致攻擊。澳洲工黨理事會于七月二十二日晚會決議三項：（一）日本侵略中國，應嚴詞詰責。（二）對中國自衛自動，深表同情。（三）建議澳洲政府，轉請國聯依照盟約，裁制侵略國，足見公理自在人心云。

【倫敦二十三日中央社海通電】新加坡居留之中華民國人民四十萬，及日本人民四千，因中日時局緊張，近日亦表示不安之現象。英政府為避免糾紛起見，已向雙方提出警告，謂地方當局對於危害秩序者，將採嚴厲處置。同時對中日報紙，亦提出警告，請對華北事件之言論，特別加以慎重云。

《北平晨报》，1937年7月25日，第3版

日駐滬海軍陸戰隊又稱失踪兵士一名

昨晚放哨戒備形勢頗嚴重

市府已允予協助調查眞相

【上海二十四日中央社電】日駐滬海軍陸戰隊，二十四日晚又稱日兵一名失踪，放哨戒備，形勢頗嚴重。緣二十四晚十時，有日軍官二人，至狄思威路捕房聲稱：本晚陸戰隊收隊點名時，發現一等兵宮崎失踪，要求調查。據稱失踪經過云：本晚日商人有岡崎者，行經狄思威路，見一日兵與兩華人毆鬥，旋有汽車一輛開到將日兵及兩華人載去云云。捕房據報，即派警至所稱出事地點調查。據附近居民謂：本晚並無日兵與華人毆鬥事，我警察當局，亦派員調查，並無其事。惟該兩軍官回隊後，旋即派陸戰隊士兵，在北四川路竇樂安路及江灣等處放哨戒備，檢查行人車輛甚嚴。巡邏隊及架設機關槍之機車，更在北四川路一帶，往來頻仍，一時謠言四出，形勢緊張，居民異常恐慌。俞鴻鈞得悉各情後，用電話向日駐滬總領岡本交涉，謂日兵失踪，報告是否眞確，尚待調杳，市府當協助調查，以明眞相。陸戰隊此項舉動，徒使人心驚惶，影響治安，盼能制止云云。岡本答稱：陸戰隊行動，爲戒備起見，別無他意，請勿誤會，但日兵失踪事，應請努力調杳云。

【上海二十五日上午三時三十五分中央社電】我軍警當局，向日方交涉，請取慎重態度。日方答稱，陸戰隊出動，意在搜查，而袞戒備，決無他意，希望華方亦取慎重態度云云。又據軍警當局觀察，現在形勢尚屬和緩，我方取鎮靜慎重態度，事態不致擴大惡化云。

《北平晨报》，1937年7月25日，第3版

日特別議會
開幕禮今日舉行
衆院各委長及部長昨均推定
近衛等將廣播講演

【東京二十五日同盟電】二十五日之議會於日皇親臨之下，舉行開院式，然貴族院因無議事，開院式終了，即行散會。衆議院開院式後，開本會議，由小山議長指名勅語奉答文起草委員，休息時起草委員互選委員長，並起草奉答文，再開本會議，滿場一致可決，委員長報告。

【東京二十四日同盟電】二十四日之議會，貴族院因已於召集日即告成立，故休會。而衆院則於午前九時以前，議員陸續到院，在本會議場集合，有新任正副議長之寒暄，由年長者飯塚春太郎致祝辭，各部分別互選部長，理事，再集合議場報告結果。於是衆院遂告成立。旋即散會。

【東京二十四日同盟電】小泉松野兩黨幹事長，二十四日午後三時起在議長官舍會見，關於全院委員長及常任委員長之分配，協議結果如下：

民政黨，全院委員長，請願委員長，建議委員長。

政友會，預算委員長，決算委員長，懲罰委員長。

《北平晨报》，1937年7月25日，第4版

【東京二十四日同盟電】二十四日衆議院已決定之各部長如左：

第一部長安達謙藏，第二部長八木逸郎，第三部長賴母木桂吉，第四部長高木久米太郎，第五部長大竹貫一，第六部長飯塚春太郎，第七部長小泉又次郎，第八部長町田忠治，第九部長大口喜六。

【東京二十四日同盟電】衆議院各派鑒於時局嚴重，會期短促，決謀議事之進步，二十四日各派交涉會協議方策之結果，決定如下：

一，本會議質問日，不另行規定，而隨時定之。

一，發言次序爲民政四，政友四，第一俱樂部一，社大一，東方一，大體以二日間對於施政方針之演說告終。

【東京二十四日同盟電】第七十一特別議會二十四日成立，一切準備辦理妥帖，政府同日午後上奏，議會成立，日皇降旨二十五日午前十一時在貴族院舉行開院禮，當日陛下預定午前十一時臨式場，賜優渥勅語，開院禮告終同十五分離議事堂還宮。

【東京二十四日同盟電】衆議院對於華北事變派遣將士致慰問決議，經各派交涉會議決，大體以二十六日，本會議實行，又貴族院亦將爲同樣協議。

【東京二十四日同盟電】政府爲向國民徹底其方針，二十七日將由首相，藏相分別向貴衆兩院爲一般施政，外交，財政方針演說，更爲向議場外大衆徹底明瞭此方針，近衛首相當日午後八時將由官邸以全國中繼績廣播，演說內容約二十分鐘。

【東京二十四日同盟電】二十四日臨時閣議，午前十時四十分開會，全員出席審議，近衛首相演說草案，約二小時而決定，次就特別議會國民保健法案，處理方法，有所協議，結局一任首相午後一時二十分散會。

《北平晨报》，1937年7月25日，第4版

日軍仍在積極備戰

將由海道運來十餘萬噸軍火

華北事變費擬增加七千萬圓

林主席定今晨離牯返京

【天津二十五日中央社電】蘆溝橋日兵迄無撤退之意。張自忠奉宋召，於二十五日下午五時由津搭車赴平。

【上海二十五日下午十時專電】中樞對華北局勢，仍本蔣之四點限度。和戰關鍵，端視日方態度而定。此間觀察，前途尚難樂觀。

【上海二十五日下午十時專電】孫科今（二十五日）晨到滬談：華北局勢，雖在和平進行中，但日兵未撤，仍難樂觀。中央方針，已在蔣所提四點中說明，本人南下，將視華北時局推移決定，故尚無確定期。

【東京二十五日同盟電】自華北事變發生以來，各省追加預算案，俱在大藏省趕辦，審議事變關係作爲特別優先追加部分。預定二十六日閣議決定，二十七日提出衆議院。上述華北事變費計陸海外三省五千餘萬圓，第一預備金二千萬圓，合計約七千萬圓，全部由公債支辦，將制定關於華北事變之新債起法。而提出本屆議會。又因事變關係，於朝鮮及關東局兩特別會計，將各分別列入若干追加預算。

【牯嶺二十五日中央社電】林主席以國府公務冗忙，諸待主持，現定二十六日晨七時離牯啓節返京，九時前可抵潯。海軍部已派永綏軍艦在潯迎候，定九時起碇，當晚擬泊蕪湖過夜。二十七日晨九時左右，可抵下關，隨行者有國府文書局長許靜芝，秘書鄧亞魂，及隨員衛士等。

【南京二十五日中央社電】國府息：林主席上月離京赴廬避暑，現以京中政務殷繁，定二十六日晨下山由潯乘永綏軍艦返京，國府文書局長許靜芝隨行，據悉：永綏艦二十七日晨八九時可抵達下關海軍碼頭，國府參軍處即通知京中各機關高級職員，屆時到碼頭恭迎。

【東京二十五日同盟電】衆議院二十五日正午，開各派交涉會，關於對華北派遣陸海將兵之慰問決議，協議結果，變更二十六日上程之預定，於二十七日國務大臣施政方針演說後，入於質疑之前，由陸海軍大臣受對於華北事變之報告後，由議長發議，即時可決。

《北平晨报》，1937年7月26日，第3版

平漢損失已達百萬

【漢口二十五日中央社電】平漢路局長陳延炯，本月十日北上赴長辛店一帶視察路務，並指示修復路軌事宜。頃蘆溝橋已往復通車。陳氏以局務待理，已於二十五日晨返漢。又訊蘆案發生後，平漢路損失，已達一百萬以上。

【天津二十五日中央社電】北寧路廊坊情形甚緊張。二十五日開到之日軍，堅持非下車不可，經我駐軍再三阻止，日方竟鳴機關槍示威。我駐軍鎭靜應付，致未發生事故，雙方刻仍在僵持中云。

【天津二十五日中央社電】津日駐軍百餘名，二十五日晨在日租界淡路街一帶演習巷戰，一時槍聲大作，市民不明眞相，頗受虛驚。

【天津二十五日中央社電】二十五日下午七時許，有日軍二百餘人，由津搭車前往廊坊，即擬駐於車站。我軍現爲避免雙方發生誤會起見，當加以阻止，但日軍堅持非下車不可，刻正交涉。

【上海二十五日下午十一時專電】曾仲鳴今晨代汪（精衛）訪徐謨，探討華北局勢，並有所轉達。

【天津二十五日中央社電】法駐華大使那齊亞，二十五日下午六時由平抵津。下車稍作躭擱，旋於下午九時搭平滬通車晉京云。

《北平晨报》，1937年7月26日，第3版

日軍仍在着着佈置

【南京二十五日中央社電】日軍在平津一帶，仍在着着準備。據此間二十五日午所得平方電告如次：（一）二十四日上午六時半有日載重汽車四十餘輛，押車約百人，陸續由津向通縣輸送軍用品。通縣現駐日軍二千人，由聯隊長萱島鈴木二人分領。（二）通縣麪粉缺乏，津運已斷，全賴秦皇島運往接濟。（三）五里店，大瓦窰，大井村，有日軍七八百名，晝間均隱於莊稼地內，夜間卽潛入陣地。又豐台方面日兵百餘名，換灰色軍衣，其用意不明。（四）平漢路通車後，平市安謐如常，人心亦極安定。

【天津二十五日中央社電】此間日軍仍以大批軍用品運送前方，計二十五日晨六時半有二十五輛重汽車，由津沿平津公路赴豐台，各車均滿載大批軍用品。至十一時許，有十七輛空車返津。十二時又有八輛載重大批軍用品赴豐台。

【天津二十五日中央社電】二十五日午後仍有大批日軍用品，由津運往豐台。計下午四時有載重汽車三十六輛，滿載木箱，由津沿平津公路赴豐台。下午六時有十八輛返津，同時另有九輛載大批軍用品赴豐台。

【天津二十五日中央社電】此間東局子飛行場，尚停有日飛機三十餘架，二十五日晨有四架飛赴各地偵察。中國航空公司平滬線飛機，二十五日起已改在南開八里台降落云。

【鄭州二十五日下午八時專電】鄭上空二十五日下午四時，發現日機一架 由汴轉來，高飛偵察一週，西往洛陽一帶飛去。

【本市確息】二十五日各方報告如次：（一）下午二時，日兵二百七十餘名，携山砲二門，迫擊砲四門，輕機關槍十二挺，乘載重汽車十六輛，由豐台開向黃村。（二）下午一時日兵車一列，計鐵蓬車二十 輛，平車四輛，載野砲九門，由山海關到津。下午運赴日兵營，押車者爲滿鐵護路隊。（三）晨一時許，日軍專車一列，計十二輛，乘載工人百餘名（內以華人韓人居多），木料四車，梯子四車，由山海關到津。（四）日兵百餘名，分乘重汽車三十五輛，二十四日由豐回津。又重汽車二十五輛，載日兵百餘名，到津後即入海光寺日兵營。（五）大井村有日兵百餘名，步哨警戒頗嚴。又日軍坦克車兩輛，由豐經七里店，向五里店前進，（六）高麗營日騎兵二百餘名，狀況無變化，但向各村徵發洋車水缸等，人民逃避。又附近日兵以汽車載着軍衣之皮人若干，入晚散置各地，晝間即撤去。

《北平晨报》，1937年7月26日，第3版

塘沽運到大批軍火

【天津二十五日中央社電】日方大批軍火，將有十餘萬噸，陸續由輪船運往塘沽秦皇島等地登岸。二十五日晨抵塘沽之三輪船，即爲其之一部。據悉二十四日本有三萬五千噸軍火，預定由塘沽卸下，但臨時變更計劃，輪船行至大沽，又開秦皇島。此外每日到塘沽之零星軍用品，則無日無之。再隨時由火車運津，其整批十萬噸，日內亦可運到云。

【天津二十五日中央社電】據二十五日晚塘沽來人談：日輪將有二十五艘，裝載大批軍火，於日內陸續開到。二十五日晨抵塘之三艘，一名宮沽丸，載重一千噸，餘二艘，一爲宇品丸，另一艘名不詳，均載重三千噸。靠岸後即由日軍拉夫起運。所有北寧路塘沽車站存積之枕木均被使用。凡臨時碼頭塘沽所停之駁船，亦被徵集，似擬用以載運此項軍火來津。據聞二十六日午二時，仍有數艘軍火，陸續到塘沽。另悉：塘沽現停有日軍艦一艘，但大沽口尚有兩艘停泊云。

【天津二十五日中央社電】塘沽情形異常緊張，現有大批日軍集中，入晚宣佈戒嚴，放哨檢查行人。各輪船公司及鐵路碼頭，幾完全爲日人所佔據。每日自晨至午晚，有飛機若干架，翱翔空中，飛行甚低，并赴大沽偵察當地我國駐軍情形。日駐軍晝夜亦不斷的演習及示威。車站駐軍尤多，並設有警備司令，所有交通工具，均派員加以監視云。

【天津二十五日中央社電】秦榆等地日軍用車，異常擁擠，往來各次車均誤點。二十五日下午四時許抵津之平榆四次車，迄下午四時許始到津。二十五日下午一時日軍用車一列，由榆來津，共二十六節，滿載大批軍用品，停於東站。聞尚有軍用品一列，共三十五節，將於二十五日下午九時由榆啓程來津。

【天津二十五日中央社電】據聞：榆關現尚有日兵車五列停留，有即西開模樣。關外綏中縣亦停有日飛機三十餘架云。

【天津二十五日中央社電】塘沽二十五日晨開到日兵船三艘，滿載大批軍用品，停於北寧碼頭。午後將所載軍用品，分卸存放於啓新招商局等貨棧，即將運津。午後續到一艘，亦正在卸貨物中。

【天津二十五日中央社電】日方軍用品陸續運輸來津，二十五日夜十二時許由榆到津日軍用車一列，共三十六節，滿載軍火等物。又二十五日午後有空車一列，由津開塘沽準備裝運二十五日晨以輪船運抵塘沽之軍用品來津。

《北平晨报》，1937年7月26日，第3版

俄報評論中日糾紛

【莫斯科二十四日中央社哈瓦斯電】蘇聯各報評論中日糾紛，僉以爲局勢極端嚴重，不僅對於蘇聯如此卽就全世界言之，亦然。莫斯科日報稱：此項糾紛發生於蘆溝橋豐台及北平附近一帶，並非出於偶然。日本所由擇定該處爲進攻地帶者，誠以各該地方，乃華北各主要鐵道綫之交义點，若能加以盤據，卽可經由平綏鐵道運兵前往察哈爾，蓋以對付察境內日益滋長之抗日運動。不寧唯是，日本且復希望控制華北全部，藉以開闢日本帝國主義向中國西北與中部侵略之道路，而外蒙古與蘇聯，亦爲其侵略目的。莫斯科晚報則稱：華北小麥產量，佔全中國百分之五五，棉花佔百分之六五，羊毛佔百分之九二，煤佔百分之五二，鐵鑛佔百分之六十，鐵路綫長度則佔全國百分之四十六，戶口數額約有一萬萬人。華北一旦失去後，中國卽將在經濟上成爲附庸，於日本之農業，取煤鐵既感缺乏，工業將無復發展之望，而獨立亦自將成爲問題矣。在最近一次日本向中國之挑戰行爲，乃日德軍事協定之結果，日本現正與英國談判在中國劃分勢力範圍，故出此一舉，藉以壓迫英國造成華北向日本完全屈服之既成事實，以證於英國之前。至於國社主義之德國，則欲藉此以移轉英國視綫，使德國得在西班牙完全自由行動，而無所顧忌。結論則稱：瀋陽事件發生後，日本於七天內奪取滿洲全部，但在華北，則雖經發生十數次事件，殆兩年之久，僅勉强成立冀東僞組織，亦徒見其心勞日拙而已云。

《北平晨报》，1937年7月26日，第3版

滬上形勢漸見緩和

宮崎失踪傳已返營

但日方尚否認眞相難捉摸

東報又氣脈僨張大放厥辭

【上海二十五日中央社電】滬上形勢已復常態，日方所派崗位，均已撤除。關於失踪日兵宮崎，有傳二十四日晚爲其准許外宿之期，二十五日已返兵營，但日方則謂尚未返營，眞相如何，難以捉摸。

【上海二十五日下午十一時專電】日水兵宮崎失踪案，今日仍無消息，各方對日所稱失踪，多感奇異。日陸戰隊昨夜越界佈崗，今（二十五日）晨已撤退形勢漸見緩和。日領岡本於今晨召開緊急會議後，往訪俞代市長鴻鈞，稱無擴大事態，但望中國，協同查緝。俞對日軍行動，表示遺憾，請以後愼重從事。故閘北虹口等地，漸趨安定。至南京東京，均表示愼重處理，惟今晚又呈緊張，但料如無其他變化，不致擴大。

【東京二十五日中央社電】二十五日晨各報，皆以特大字登載滬日水兵宮崎失踪，及平三十七師尚未全退兩事，惟朝日新聞態度稍穩健。據同盟滬電發見軍帽及衣領經過，係一青年自稱岡崎良雄，在北四川路檢交柳田，水兵柳田正以電話報告中，該青年逃走。嗣往其自稱住所調查，該地並無日僑住宅，故甚可疑。宮崎二十四日得許可在外住宿，致行踪尚未明。

《北平晨报》，1937年7月26日，第3版

日所稱各節 皆無從證明

【上海二十五日中央社電】廿四日晚日陸戰隊所稱失踪宮崎貞夫，截至二十五日晚仍無下落，但根本亦無從證明。至日方所稱證人岡崎良雄，住吳淞路八十號，據查吳淞路並無八十號門牌，更無岡崎良雄其人。華方警務人員二十四日晚並未見有日人被綁事件，故日方所稱各節，極爲迷離恍忽。

【上海二十五日下午九時專電】日方所稱日兵失踪地點，據查該地附近係鬧市，竟無一人見聞。四報告人不敢作證，虹口閘北形勢今稍鬆，但實際仍緊，遷家者仍頗多。

【上海二十五日下午十時專電】滬日海陸軍仍佈崗檢查行人，入華界戒備巡查，情形略見緩和。日方稱失兵證人住吳淞路八十號，查該路出事地無八十號。市府促日方停止檢查行人，勿入華界，市民會合沉着應付。

【上海二十五日中央社電】所謂日兵宮崎失踪事件，二十四日夜事態非常嚴重，至二十五日拂曉時，放哨之日陸戰隊完全撤退，僅北四川路日本小學，歐陽路日本女學，江灣路六三花園，花園街灘屋造酒廠，及八字橋日本墓地，仍留少數部隊，形勢大見和緩。

【上海二十五日同盟電】陸戰隊二十五日午前七時解除非常警戒，就普通警戒，增加巡邏隊，至極平穩。然總領事館警察之搜查追求，漸形嚴重。中國方面警察，亦協力向全市張警戒網。

《北平晨报》，1937年7月26日，第3版

華北大局愈趨嚴重
日機昨又轟炸廊坊
我軍喋血抗戰損失至爲慘重
平彰儀門相繼發生衝突

【天津二十六日中央社電】日飛機七架，二十六日在廊坊車站附近投彈二十餘枚，幸車站無恙。又在我營房一帶投彈三十餘枚，損失甚重。

【天津二十六日中央社電】日軍在廊坊挑釁，與我駐軍發生衝突後，此間日軍已有大批開到增援。計晨三時許，有鐵甲車兩列，旋又有鐵甲車一列，載士兵百餘名，晨四時有士兵八百餘名，六時半又有鐵甲車一列，士兵百餘名，均由津沿北寧路開廊坊。據悉昨晚有日兵二百餘名，以修理電線爲名，由津開往，堅欲下車。我駐軍爲避免發生誤會，當加以勸阻，不料日軍態度異常强橫，於夜間下午十一時許首開機關槍，我軍不得已始與週旋。二十六日晨尚在激戰中。二十六日平津各次車均未開行。

【天津二十六日中央社電】廊坊中日軍衝突，至二十六日晨十時已漸停止。據官方稱：二十六日晨零時三十分，有日軍二百餘人，係屬第三師團部隊，由津開到廊坊。據云係修理保護附近電線，當即下車。我軍均在鐵道以北。爲避免發生誤會起見，當通知日軍，如下車請開往鐵道以南，但日軍竟不聽勸阻，仍結隊向我駐軍地帶開行，並用機槍向我軍掃射，當即發生衝突，至二時許稍停。四時許戰事續作，至十時始止。二十六日晨八時以後，津至廊坊間長途電話中斷，故午間情形如何，此間無從得悉。

【天津二十六日中央社電】此間自廊坊衝突情形傳到後，全市異常緊張。二十六日晨日軍調動甚忙。由唐榆等地到津之日兵在三千人以上，由津開至廊坊之日軍亦在一千至二千之間。二十六日午有日騎兵一百餘名，步兵一百二十餘名，大砲七門，開到海光寺，中日中學，駐守東總西三車站所有調動所及關樓，均有日兵若干名，前往監視。車站行人往來，皆受限制。此間當局在各衝要路口亦分別嚴加戒備，各機關門禁亦加緊，蓋二十六日晨有日兵十餘人前往警察局，欲見局長李文田，適李不在，被勸回。事後據日方稱，彼等赴警察局，係保護日顧問小林云。今日盛傳有某方便衣隊三百餘名，潛於各地，故人心極爲恐慌云。

《北平晨报》，1937年7月27日，第3版

平彰儀門内一度小接觸

【本報特訊】昨（二十六日）晚七時許，由豐台開來全副武裝日兵一百餘名，擬由彰儀門入城赴日兵營，當日兵入城過半數時，突發出槍聲，我守城士兵恐發生意外，當將城門關閉，並將已入城之日兵包圍。不料日兵竟開槍向我軍射擊，我方爲正當防禦計，不得不與之周旋。一時槍聲大作，各有死傷，我當局聞訊後，恐事態擴大，乃急派二十九軍參謀周思靖，會同日方櫻井等馳赴肇事地點調解，至今晨一時許始告和平解决。入城之日兵，由日使館人員伴送返營，城外日軍，定天明時仍返豐台云。

【天津二十六日中央社電】時局顯然愈感緊張，日軍二十六日晨繼續開至廊坊增援，計（一）晨上午七時十分專車一列，兵二百餘名。（二）上午九時半專車一列，士兵數百名。（三）上午九時四十分由東北到津之華工約五百餘名，由津專車開廊坊。

【東京二十日中央社電】二十六日晨六七時各報競出號外，報告二十五日夜廊坊衝突消息，至午號外鈴聲猶未止，局勢嚴重。外務省發言人接見外國記者，僅述衝突經過，對事件前途，似極憂慮，對所謂遇日水兵宮崎失踪事，謂在調查中。

【天津二十七日上午二時三十分中央社電】傳廊坊一帶二十六日晚十二時許中日駐軍又發生衝突，官方對此尚未能證實，但二十六日夜十二時許有大批日軍由津日租界出發赴東站登車，開往豐台。又傳楊村附近二十六日夜亦有槍聲，平津間形勢極度緊張。

【天津二十六日中央社電】二十七日晨三時許，日軍載重汽車二十餘輛，滿載軍火及子彈，由津沿平津公路分赴廊坊豐台一帶增援。

《北平晨报》，1937年7月27日，第3版

日兵及軍火仍陸續運津

【天津二十六日中央社電】唐榆等地之日兵車，及塘沽登岸之日軍火，二十六日晨已陸續以火車向津運輸。計：（一）晨上午三時二十分有專車一列，計三十二節，滿載士兵數百人到津。（二）上午五時四十分，又有專車一列，共二十七節，滿載騎砲兵到津。（三）晨六時半，又有三十二節車，滿載軍用品及士兵到津。（四）上午十時有兵車一列，共十節到津。（五）上午十一時二十分，專車一列，共二十節，滿載砲兵到津。此項日軍一部開往日兵營，其餘仍集於車站，似有繼續出發模樣。

【南京二十六日中央社電】南京關係方面，頃接平電：（一）二十四日晚十二時日軍專車一列，載工人百名，木梯四車，由榆抵津。（二）二十五日午前十時，日軍鐵甲車一列，日兵八十餘名，由津開到豐台。（三）下午一時通縣日軍步砲兵五百餘名，舉行演習，並向我駐通部隊加以威脅，經交涉後，已漸撤退。

【天津二十六日中央社電】二十六日下午二時半由榆抵津日兵車一列，士兵共四百餘名，停於新站。同時日軍鐵甲車一列，及大批載重車，由津開廊坊。

《北平晨报》，1937年7月27日，第3版

日軍在天津作嚴密戒備

【天津二十六日中央社電】此間人心極爲緊張，全市戒備甚嚴。日軍二十六日晚八時起，在日租界須磨街，宮島街，明石街一帶，演習巷戰，尤使人民飽受虛驚云。

【天津二十六日中央社電】二十六日晚十一時許，日租界戒備甚嚴，已禁止行人通過。接近南市一帶，形勢尤緊張云。

【天津二十六日中央社電】二十六日晚十時半，日軍用二一一號載重汽車一輛，滿載大批軍用品，行至日租界須磨街時，車中突有炸彈一枚，突然落地，當時轟然一聲爆炸。該車因開行甚速，未波及。但其時街上適有小販及行人共七人受傷，其中二人，傷勢甚重云。

【天津二十六日中央社電】日軍陸地鐵道兩用鐵甲車一列，二十六日晚十二時許由東站開往津浦西站駐守，車內並有士兵十餘名，似對車站有監視之意。二十六日有日軍馬車千餘輛，由唐山運津，此項車輛，多係在唐山附近强行征集者云。

【天津二十六日中央社電】日方近竟在津修輕便鐵路運兵，二十六日晨已開始工作。路線係由東車站鳳林村，以達東局子兵營，全線計長約二十餘里，所有枕木鐵軌等，均已運到云。

【天津二十六日中央社電】日租界二十六日夜戒備甚嚴，所有各交界口，均派人把守，准出不准入云。

《北平晨报》，1937年7月27日，第3版

黃伯度東渡 攜有新訓令

【上海二十六日下午十一時專電】駐日大使館秘書黃伯度，今（廿六日）晚乘輪東渡返任。聞黃此次攜有王外長致許大使訓令：一，向廣田說明我國方針，並望勿擴大華北事件，轉請陸軍省迅下撤兵令。二，滬日水兵失踪案，眞相未明，勿過惶張，施行警戒，使市面不安，以後望愼重其事。

【上海二十六日下午十時專電】駐華各國使節，現集南京，注視華北局勢進展，隨時電告各該本國。詹森昨晚分謁蔣委員長，王部長，陶德曼，柯賫，今先後訪王探詢一切，並表示關懷遠東大局之意

【上海二十六日中央社電】外次陳介，二十六日晨乘首都特快返京。

【上海二十六日中央社電】日情報部長田尻赴津，謁川越及香月事畢，取道青島，二十六日下午二時許乘大連丸返滬。

【南京二十六日中央社電】那齊亞二十六日晚十時可由平抵京，定二十七日謁王外長。又法使館陸軍武官薩拔鐵，二十六日晨謁徐謨，探詢華北事件。陶德曼柯賫，分於二十六日下午四時五時先後謁王外長，探詢華北事件。詹森二十六日下午四時一刻謁徐謨，有所晤談，約四十分鐘辭出。

《北平晨报》，1937年7月27日，第3版

平津間交通正設法恢復

【天津二十六日中央社電】北寧路局刻正謀恢復平津間交通，預定二十七日晨八時由電務機務兩處合派人員乘專車赴廊坊勘查，並修理沿線鐵路及車站。屆時日方亦將派聯絡員隨同前往。聞當日如能修理竣事，卽可通車云。

【本市消息】日來平市市面緩和，商民安堵如恒，昨日廊坊事件突發，平市各城復多嚴扃。東車站昨晨應開出之各次列車，均已停頓。又平津電話及平蘆電話，均又中斷。又西車站平漢路車，昨日各次車照常開出，惟至跑馬廠及蘆溝橋站未停留。下午四十二次車，亦於三時半到平，往來客人甚多云。

【保定二十六日中央社電】平漢車今仍照常通行，但對着制服者則受干涉，阻止通過。四十三次南下車，今由平開行時，有一部身着制服學生，乘鐵棚車兩輛，付掛南行，經西便門卽受日方阻止，强令下車，不准通過。故該次今日到保誤點甚久。

《北平晨报》，1937年7月27日，第3版

國家存亡千鈞一髮

日決大舉對我用兵

宋委員長通電全國奮起自衛

堅決拒絕對方任何無理要求

【本市消息】據公布息：在日來中日雙方企求不將蘆溝橋事件擴大，期得和平解決聲中，二十五日夜，日方突又向廊坊進兵，對我駐軍射擊。二十六日晨且增加大批援軍，並以十七架轟炸機，肆行轟炸。我軍奮勇抵禦，損失甚重。二十六日夜多數日軍，更衝入廣安門，幸經我防範制止，退入日兵營。**我當局現已決定，斷不接受任何無理要求，所望全市市民沈着鎮定，同赴國難**云。

【上海二十七日下午十時專電】蕭振瀛頃由紐約電告滬友，謂華北危急，悲憤無已，決提早於下月七日兼程返國，共救危亡云。

【南京二十七日中央社電】關係方面據北平報告：（一）二十七日晨日軍由平東、平北，及西南各方分別前進，已與我北苑，南苑駐軍接觸，戰鬥均極激烈。刻下北平業已四面受圍，城外日機轟炸甚烈。（二）日軍空襲甚强，飛機亦衆，現以全力圍攻北平，情勢甚危。（三）北苑迄二十七日晚十一時猶在激戰中。南苑方面，日軍用砲火攻擊甚烈。又小湯山附近，因日軍圖侵入，與我軍對峙中。

日閣緊急會議

【東京二十七日中央社電】日內閣於十二時十五分，又召集緊急會議，決定政府聲明書內容。於一時半，以內閣書記官長談話形式發表之。原文於參述事件經過後，謂因確保平津間交通線，及保護僑民使不受華軍武力妨害，故日軍爲遂行此任務，及確保履行協定事項，不得不採取必要之自衛行動，日本所期者，爲芟除如此次不祥事件所發生之根因，不敵視善良民衆，日亦無任何領土的企圖。對保護列國權益，不惜盡最善努力，日以確保東亞和平爲使命。事雖至此，仍切望中國「反省」，局面限定於最小範圍，速謀圓滿解決。

《北平晨报》，1937年7月28日，第3版

【東京二十七日中央社電】首相近衛在議會演說，關於對華問題如下：此次華北事變之勃發，誠爲遺憾，政府不得已爲重大決意，得舉國一致支持，不勝感謝。此次派兵目的，在維持東亞平和，余衷心切望中政府及國民自省自律，從速根本調整國交。

【東京二十七日中央社電】海相米內在議會說明此次事變與海軍戒備情形，最後述及宮崎事件，大意謂該事件眞相，尚不明瞭，誠爲遺憾。因滬地甚複雜，且鑒於時局情形，海軍取充分愼重態度，與各部密切聯絡，求眞相判明，並防止人心動搖，講求適切處置云。

【東京二十七日中央社電】陸相杉山，二十七日在議會演說華北事件經過甚長。結論謂事態如此，因華武力妨害，致保護僑民及確保平津間交通線，陷於危殆。駐屯軍已不容隱忍，爲遂行其任務及自衛，決定斷然「膺懲」。陸軍當局亦決意採取適應之重要措置，今後推移，不忍逆睹等語。

【東京二十七日中央社電】今日衆院民政黨代表小川鄉太郎，質問華北事變，望就地解決。惟與南京政府關係問題，尚未解決，政府將如何調整兩國國交？爲根絕華方抗日侮日排日有何確信與具體方策？答：華排日抗日，由來深遠，一朝解決，甚爲困難。欲謀兩國關係根本的調整，必須使華充分理解日眞意爲第一步。然則日眞意安在，日對華領土毫無侵略意圖，如華所宣傳，則日之精銳，已曾以佔領華北。日隱忍自重至今，足證無侵略領土之野心。所謂提携者，乃兩國站在共同立場，互相發揮文化是。

【東京二十七日中央社電】政友代表安藤正純，質問解決華北事變，須斷絕禍根，否則安定華北，等於百年河清。政府對華履行諾約，有無充分確信。冀察已變無力，則日在華北權益，將如何擁護。日對他國絕無侵害主權併吞領土之意，須努力使華澈底了解此點。今後中日關係如何，此爲全國民所最關心事，願聞首外兩相率直發表意見。近衛答：余料華必實行諾約，萬一不肯實行，則日須有最後重大決意。日外交根本目標在安定東亞，所最重視者，在赤化勢力之進出華北，日有重大關係，防止由外蒙進來之赤化勢力，以謀東亞安定。中日滿須努力提携，以期華北治安及經濟之發展。廣田答：解決此次事變，日決無壓迫華北及侵略領土意，務使華充分諒解，促成接近機運。

【東京二十七日中央社電】二十六日晚廣安門衝突，又引起極大衝動，二十七日晨各報發號外，報告詳細消息，六時陸軍省開重要會議，八時開緊急閣議，傳有重要聲明發表。又電，廣田二十七日晨在議會演說，首指摘中國組織的强化，利用抗日精神及運動，爲統一國內輿論，發揚國家意識之手段，次謂，日本對東亞之根本方針，在求中日「滿」之融洽提携，阻止赤化勢力東漸，期實現東亞安定，切盼中國從速對此根本方針，有充分理解與認識。最後述及此次事變，謂日政府仍如十一日聲明，保持現地解決事態不擴大之方針，故一方就現地力圖和平解決，一方努力使中國爲從速收拾時局，務宜善處，所切望者，華方從速反省，誠實實行協定，總之，此次事變，關鍵在中國，余期待中國可副日本希望，對於結束時局，速取有效適切之處置。

《北平晨报》，1937年7月28日，第3版

宋委員長通電

【北平二十七日下午十一時二十分電】委員長蔣，各院會鈞鑒。各部，市政府，各綏靖主任，各總司令，各總指揮，各軍長，各師旅長，各法團，各報館均鑒：哲元自奉命負冀察軍政之責，兩年來以愛護和平爲宗旨，在國土主權不受損失之原則下，本中央意旨，處理一切，以謀華北地方之安寧，此國人所共諒，亦中日兩民族所深切認識者也。不幸於本月七日夜，日軍突向我蘆溝橋駐軍襲擊，我軍守土有責，不得不正當防禦。十一日雙方協議撤兵，恢復和平，不料於二十一日砲擊我宛平縣城及長辛店駐軍，於二十五日夜突向我廊坊駐軍猛烈攻擊，繼以飛機大砲肆行轟炸。於二十六日晚又襲擊我廣安門駐軍，二十七日早三時又圍攻我通縣駐軍，進逼北平，南北苑已均在激戰中，似此日日增兵，處處挑釁，我軍爲自衞守土計，除盡力防衛，聽候中央解决外，謹將經過事實，推誠奉聞。國家存亡，千鈞一髮，伏乞賜敎，是所企禱。第二十九軍軍長宋哲元叩感（二十七日）。

外部發表談話

【南京二十七日中央社電】外交部發言人對於日軍在廊坊等處重啓戰釁事，二十七日發表談話如下：自本月七日夜，日軍在蘆溝橋無故向我駐軍襲擊以來，雖其責任完全不在我方，但我當局爲顧全東亞和平，始終表示願以外交方式，謀適當之解決。我外交部長並曾迭次向日方正式提議，雙方約定日期，同時撤兵。不幸日方對於我方歷次和平表示及提議，不獨不予接受，且大舉增兵，集中平津。同時與我地方當局議定解決辦法，我中央得報後，察其內容與我既定方針，尚無重大出入，爲貫澈和平之初衷，不予反對。我方極度容忍，維護和平之苦衷，應爲中外人士所共知。方謂日方前線之軍，從此可以撤退，後方之軍，亦可以停止進發。乃一週以來，日軍不獨毫無撤退模樣，且日本國內及朝鮮各地，仍續派大部軍隊絡繹向平津出動。二十五日晚間，並無故向我廊坊駐軍襲擊，繼之以飛機轟炸。二十六日復向我地方長官提出無理要求，兼在北平近郊四出挑釁，其儲意擴大事態，別有企圖，蓋已昭然若揭。兩旬以來，我方已盡和平最大之努力，嗣後一切事態之責任，自應完全由日方負之。

《北平晨报》，1937年7月28日，第3版

廊坊在相峙中

【天津二十七日中央社電】張自忠現在平，市府政務由市府秘書長馬彥翀，警察局長李文田等處理。據當局稱：目前大沽等地尚平靜，廊坊二十七日晨亦無衝突，中日雙方軍隊仍在對峙之中。

【天津廿七日上午九時半中央社電】此間日軍二十七日晨陸續向廊坊增援，計（一）晨六時十分有兵車一列，士兵九百餘名。（二）晨六時半，有兵車一列，士兵六百餘名。（三）晨七時四十分，有兵車一列，士兵五百餘名。（四）晨八時十分，有兵車一列，鐵甲車一列，士兵二百餘名。（五）晨八時半，有軍用車一列，滿載軍用品，均由津開往廊坊。

【天津二十七日中央社電】此間日軍二十七日晨八時後，仍有大批沿平漢線推進。其目的除廊坊外，豐台附近亦佔一部份。二十七日晨八時半至十時，由津開出者，共有專車四列，包括兵車兩列，鐵甲車一列，軍用品車一列云。

平郊衝突四起

【本市確息】二十七日下午四時團河方面，有日兵五百餘人，突向我軍防地威力偵察，當即發生衝突。後戰至六時半，日軍增至千餘名，山陸砲四十餘門，并有飛機二架，在西紅門投彈。至七時許，西紅門戰事頗烈，日機六架低飛掃射，並有一架飛柳營投彈。

【本市確息】二十七日上午八時，小湯山附近日軍與我軍發生衝突。又七時至九時許，北郊古城村，發現日騎兵三十餘，秦村發現日步兵二十餘，與我軍衝突，在相峙中。

【本市消息】廣安門日軍衝入事件發生後，昨晨一時許，又有豐台日軍四百餘名，坦克車九輛，裝甲車五輛，載重大汽車十餘輛，開抵廣安門，與原留城外之日軍二百餘名會合，迄未離去。昨日下午二時，突又開槍射擊，我軍沉着堅守，至三時始息。同時平市一度臨時戒嚴，廣安門內大街至菜市口一段，斷絕行人，至三時許始解嚴。

《北平晨报》，1937年7月28日，第3版

【本報特訊】平西清白口，昨午發現便衣四五十名，在大瓦窰大屯一帶，與我民團對峙，至晚七時仍未停止射擊。

【本市消息】平市昨有日機一架，於上午七時十五分飛永廣安門一帶上空，作低度偵察。八時二十分又一架在南苑一帶上空，作高度偵察。下午一時許，復在朝陽門外苗家地一帶，發現日機一架，盤旋達十餘分鐘始去。六時五分又有日機兩架，一由東北向西南飛，一由正北向正南飛，均越城市中心往返盤旋，良久未去。旋又飛來六架，共聲鬨鬧，極爲震耳云。

通縣昨有激戰

【本市確息】二十七日晨二時，通州日軍突通知我方駐通縣寶珠寺某部，竟有強迫繳械之意。我軍不允，三時半遂開始衝突，迄六時許仍在激戰中。另據報告：通縣城外西南方面，現有冀東保安隊兵，督率民夫千餘人，構築工事，由重興寺經紅果園至東西總屯之線，長約六七里，正對我軍駐地。通縣城上敵部砲兵，時向我駐通部隊射擊，迄上午十一時未停。

【本市消息】通縣日軍昨晨三時突向我駐通縣寶通寺某營開槍攻擊，雙方發生激戰，日軍陸續增援達千餘名，至黎明，日轟炸機六架復向我投彈十數枚轟炸，我傷亡甚衆。至今晨十時，始入停戰狀態。同時馬駒橋及小湯山等，亦均有衝突。又悉通縣我北平電車公司發電廠，亦被日方炸毀，電車電流斷絕，已改借用平電燈公司電流云。

日方增援情形

【天津二十七日中央社電】頃有日兵三千人，分乘十二列車，由津開往廊坊等處。

【天津二十七日中央社電】塘沽日軍，源源而來，均分別乘車來津，其中一部到津後，即行北開。此外尚有由輪船裝運之軍用品一部，二十七日在秦皇島登陸，聞日內將有數艦到塘沽起卸云。又塘沽日軍在北岸積極修築軍用碼頭，並準備一切，與我大沽駐軍三十八師，隔河對峙云。

【天津二十七日下午八時電話】日軍午前續由津運坦克鐵甲車各二十餘輛，士兵二千餘，工人三百，軍用品數車赴廊房。塘沽增日艦至六艘，楊村晨迄午激戰。

【天津二十七日中央社電】日飛機三十架，二十七日晨由關外到津，分停於東局子中航及惠通機場。李明莊日兵，近亦增有一部。目前到津之日軍用飛機總數，已達六十二架，中航已改落南開機場云。

【天津二十七日中央社電】由秦榆唐等地到津之日軍，現大部已北開。其下車地點，不外廊坊，黃村，豐台等處。據交通界息：二十六日開出十列，連同二十七日共達二十五列。至津東站所停之日兵車亦無多。二十七日午所開出者，爲四列，計軍用品車一列，砲兵車兩列，騎兵車一列云。

【本市確息】二十七日各方報告：（一）上午十一時許，日兵約百餘名，由豐台經潘家廟向南苑方面前進。（二）上午十一時半，孫河鎮北方約十里處發現日軍騎兵約四五十名，便衣隊百餘名，載重汽車四十餘輛，每輛乘步兵二十餘名，向孫河鎮進行中。（三）十一時日兵二百餘名，由豐台向東行，進至黃土岡地方，將長途電話線割斷，復向南苑方面前進。（四）下午一時半有日兵四五百名，由豐台開至潘家廟（距南苑西北約七里），有前進模樣。又一時四十分日坦克車[illegible]輛，經草橋，趙[illegible]莊，潘家廟前進。（五）下午一時日兵五六十名，載重汽車兩輛，自豐台經南郭公莊西開。（六）豐台車站我站員工，已被日軍驅逐。

《北平晨报》，1937年7月28日，第3版

【天津二十七日中央社電】津日憲兵隊，二十七日下午二時半又派八人到河北郵務管理局，非法檢查郵件。此次所派之檢查員，均前次原人，但尙有武裝者數名，隨同前往。郵務當局雖堅持拒絕，但因日方態度異常強橫，殊無法制止云。

日軍暴行一斑

【本報特訊】日轟炸機九架編爲兩隊，自豐台起飛，於今晨五時四十分，在平市上空偵查，旋卽分道，四架向西北，五架向正北飛去。

【天津二十七日下午一點零五分中央社電】津總東西三車站，已完全由日兵佔據，各重要部分，均由日兵派員監視。總車站候車室，由日方設臨時聯絡所，津浦路西沽大廠，亦有日兵駐守。西車站辦公人員，均被迫移。此外河北五馬路扶輪中學校，二十七日晨亦有日兵百餘名，開到駐守云。

【天津二十七日下午二時五十分中央社電】津日租界二十七日起，戒備甚嚴，現祇有旭街，明石街，榮街，可以通行。但無論乘車或步行，均須受檢查，卽電車亦須經檢查以後，始能通過。此外各街口沙袋電網，均已佈置，由日兵守衛云。

【天津二十七日中央社電】此間地方尙平靜，惟二十七日晨日租界至八時止，始恢復交通，市內遷居者甚多。當局除加緊戒備外，並力持鎭靜。平津間交通，路局原定二十七日晨派工程車由日方聯絡員會同赴沿綫廊坊等地勘查，以謀恢復。此事雖事前得日方之同意，但今晨七時，被新開到之日軍所反對，致未能實現。

【天津二十七日中央社電】此間日軍當局，現已對於寄往南方之郵件，復施檢查。日方檢查兵，今日午後復至郵局實施檢查中文郵件之工作。此次檢查員中，未有白俄在內，由平寄津之郵件，今日由飛機遞送。

【本報特訊】日軍用機昨飛長辛店，門頭溝一帶偵察，並飛盧溝橋擲毒瓦斯彈十枚，均未爆炸。當地官民昨電本報轉告各界，請急募口罩三千，以備防毒之用。

【天津二十七日中央社電】日機一架，二十七日晚七時由東局子機場起飛，在津上空盤旋約一小時，並放射探照燈。

【南京二十七日中央社電】關係方面據報，二十六日下午三時有日機一架，經定縣至石家莊低飛，約五分鐘，並用機槍向地面掃射，但無損傷。經我駐軍還擊，旋向北方逃去。

【上海二十七日下午九時專電】此間傳昨晚蘇州附近正儀站，有怪飛機投彈，落在田間未發。連日滬西及沿海，時有外機偵察。

《北平晨报》，1937 年 7 月 28 日，第 3 版

英美法再向日表示
殷望事件和平解决
郭泰祺大使發表正式文告
謂日仍進行肢解中國政策

【倫敦二十七日路透電】艾登今日在下院報告其所接關於廊房中日衝突事之最近消息，謂頃已接到報告，據稱日軍在北平城內外將有舉動，渠乃訓令駐日大使向日政府表示避免此種舉動，並希望英政府仍繼續以其願望和平解决之關切，向中日政府言之。渠知法美兩國政府，已在南京東京，有與此同樣之行動。英政府現將與其他有關係國政府，如蘇聯與美國政府等，時常接洽，至於保護英僑之地方（計）劃，今仍存在，如遇事變，即可實施云。

【倫敦二十六日路透電】郭泰祺今日晤艾登談中日局勢，郭發表正式文告，稱宋與華北日軍當局所議定之極端與挑釁性質的條件，雖似已達於損及中國主權，然南京政府爲和平計，在實際上已允核准矣。惟在本週有顯然可見者，日本軍人現不欲謀取解决，但仍繼續進行肢解中國之政策，彼等志在使冀察與中國脫離，且提出更嚴厲之要求。日本近日之大增其華北兵力，已表明日本權威逼中國接受其他莫可承認的條件。日本現又施用虛構事件之故技，如漢口水兵之離奇失踪，即其一也。是以中政府有準備一切，以應事變而已云。

【上海二十七日中央社電】倫敦二十六日合衆電，郭泰祺二十六日發表聲明，謂日本欲復活以華北五省脫離中央政府之計劃，郭曾訪艾登，告以華北局勢之嚴重情形。

【南京二十七日中央社電】駐華法大使那其雅，二十七日下午三時半到外部官舍，晉謁王外長晤談北方最近情勢，約談一小時辭出，復訪徐謨次長晤談。又駐華英大使許閣森，美大使詹森，同於下午五時到外部官舍謁見王外長，作同樣之會談，於六時許辭出。

《北平晨报》，1937年7月28日，第4版

我決盡力護僑

【本市消息】冀察政委會委員長宋哲元，市長秦德純，警察局長陳繼淹等，以時局日漸緊張，平市華洋雜處，治安極關重要，昨晨九時在某處商談維持治安辦法，歷數小時，關於市內治安及保護外僑等事，大致均有決定。又宋哲元於上午十一時許在某處接見外賓，表示時局無論至何地步，決盡力保護各國外僑云。

【本市消息】平英，美，法，德，義，各國使館，鑒於時局嚴重，昨晨十時，在某使館舉行非正式之集會，討論必要時保護僑民辦法。當決定通知在平各國僑民，必要時均遷至東交民巷各國使館或兵營，以及六國等大飯店暫住。旅平各國僑民昨均準備，但尚未遷往云。

【本市消息】平日使館昨晨九時，召集在市僑民於十二時前至東交民巷日大使館。駐平之英，美，法，義，荷等使館，亦對各該國旅平僑民作同樣通知，於昨午前至各該國使館，以策安全云。

【本市消息】駐平美軍陸戰隊及大使館衛隊，定今晨六時在兵營集中，由司令馬斯頓率領，赴兵營操場，舉行大檢閱，並表演戰術，俾非常時保衛旅平美僑云。

【東京二十七日路透電】據平消息：日使館鑒於時局嚴重，已命平城日僑，於二十七日晨五時全移東交民巷日使署。參贊森島，二十七日晨七時訪秦德純，請華當局取適當計劃，保護日僑退出北平。

李白再電聲援

【本市消息】華北事件發生後，李宗仁，白崇禧，曾迭電各方有所表示。昨日上午復電平市各後援會，及華北各界救聯會，北平學生救聯會等團體，希望以全力援助守土抗戰之二十九軍，各團體定今日會銜電覆二氏。

【漢口二十七日中央社電】中華回教會漢分會，廿七日電蔣擁護四項主張，並電宋哲元抗戰到底，回民誓為後盾。另電馬步芳，盼從速請纓。

【南京二十七日中央社電】青省府代主席馬步芳，暨全體省委廳長，電呈國府：為暴日欺抑，日甚一日，凡屬國民，無不痛心切齒。步芳等身受國恩，忝司政治，為抒請纓之志，素懷殺敵之心，如有驅策，願甘犧牲等語。

【西安二十七日中央社電】甌岷縣各界，以日軍侵我華北，憤慨異常，二十六日成立抗敵後援會，二十七日發出通電，略謂：日軍藉故生事，增兵平津，我軍官兵忠勇抗敵，岷縣民衆二十萬，誓死作抗敵後盾。

【廣州二十七日中央社電】粵民衆禦侮救亡大會，二十七日召各工商金融業公會，文化團體，社會團體，舉行談話會，討論救亡工作團組織辦法。該會並定二十八日召集各職業工會，及農會舉行談話。

【漢口二十七日中央社電】平漢路工會，二十七日電蔣委員長，擁護十七日談話，願率兩萬會員，矢誠擁護，為民族爭生存，絕對服從紀律，嚴守秩序，任何犧牲，均所不惜。

【上海二十七日中央社電】中國婦女抗敵後援會主席何香凝，二十七日通電全國婦女界，奮起抗敵救國。

【上海二十七日中央社電】滬學生集訓總隊炊事兵李步雲，年已六旬，自請捐餉一月，購彈抗敵。

【南京二十七日中央社電】海外僑胞各團體，續電中央抗敵者，有雪蘭莪，荷屬支部，溫哥華中華會館，河內直屬支部，河內粵外華僑，越南東京僑胞商會，海防直屬支部，呂宋支部，攜牛拔分部等處。

【西安二十七日中央社電】陝抗敵後援會，定下週召集各界舉行座談會，徵詢意見，彙呈中央採納，婦女工作團，規定每團五至二十人，下週可組成，開始工作。又該會歡迎學生參加抗敵後援工作，已報名者達三百餘人，工作期間，外縣以暑期為限，省垣視情形而定云。

【徐州二十七日中央社電】徐埠各界，二十七日晨在縣黨部組織抗敵後援會，當推定黨，政，軍，教，商，新聞各方九單位為常委。電請中央，迅下全國動員令，並電二十九軍誓死抗戰。全埠即籌募勞軍捐款，購置暑藥，運送前方，並電全國一致援應抗日戰士，以人力物力為後盾云。

《北平晨报》，1937年7月28日，第4版

宋委員長昨晚赴保
平郊一帶竟日激戰
廊坊豐台通縣相繼為我軍收復
北平軍政暫由張自忠負責

【本市消息】頃由半官方面公佈消息：宋委員長因公，二十八日晚赴保視察，命天津市長張自忠代冀察政務委員會委員長。北平市長秦德純，隨宋赴保，平市長職務，亦由張自忠兼代。津市長則由警察局長李文田代行。又平綏路局長張維藩辭職，由張允榮繼任。

昨日平郊一帶戰況

【南京二十八日中央社電】確息：二十八日晚綜合廊坊及平郊一帶戰況如下：（一）通縣收復說，未證實。廊坊車站，今晨確經我軍克復，日軍受創奇重向後撤退，正午左右稍停。四時後，日軍後續部隊到達，即以飛機向我軍轟炸，猛烈反攻，刻正激戰中。（二）大小井村方面，自昨晚迄今，日軍迭向我駐軍進攻，經予痛擊，我軍確佔優勢，日軍向豐台撤退。（三）平北清河製呢廠（德勝門外十八里），今晨被日飛機炸燬，損失甚鉅。（四）南苑方面，日軍迭以多數飛機及砲兵助攻，向我猛撲，我軍奮勇抗戰，情況甚為激烈。午後附近某地為日軍所據，現正對峙中。

【官方公佈消息】我軍某部劉旅二十七日夜由某地進襲廊坊，肉搏激烈，激戰至今晨九時，日已全部撤退，傷亡甚衆，我軍將廊坊克復。

【官方公佈消息】昨夜日軍突攻北平近郊，南北苑皆有激烈戰鬥，延至今晨未止。南苑方面日人進逼團河，今晨經我擊退，並即跟踪前進，大小井村方面已無日軍。豐台亦有已被我軍占領訊。

【官方公佈消息】通州張慶餘部反正，已與我軍會合，詳情在調查中。

【南京二十八日中央社電】關係方面接前方報告，我軍二十八日晨確將豐台車站攻克，迄午後日軍陸續增援，猛烈反攻，我軍因戰略關係，暫向某處移動。

【天津二十八日中央社電】通縣已被我軍克復，冀東組織，每日下午五時向有廣播發出，今已停止。

【南京二十八日中央社電】二十九軍駐京代表李世軍，二十八日下午四時接北平來電，除報告豐台、廊坊通縣確已由我軍繼續收復外，並稱我軍現分途將蘆溝橋及楊村，廊坊，豐台間殘餘包圍繳械。其由廊坊潰退楊村之殘餘，因鐵橋被斷，多落水圖逃。適二十八日晨天雨，河水高漲，致大部溺斃。又我空軍二十八日已開始參加作戰，前方士氣，因之益為奮發。

《北平晨报》，1937年7月29日，第3版

我軍昨午收復通縣

【南京二十八日中央社電】交通界確息：（一）我軍二十八日午收復通縣，消息已證實。

【南京二十八日中央社電】交通界確息：冀東組織保安隊反正部隊，二十八日將灤河鐵橋炸毀，阻日軍西犯。

【天津二十八日下午七時半中央社電】據此間所得消息，冀東組織保安隊反正後，汝耕下落不明。現在冀東保安隊亦紛紛反正，灤河大橋，二十八日已被轟炸。

【保定二十八日中央社電】二十八日晨我實行自衛應戰後，拂曉已將廊坊，豐台，蘆溝橋一帶之日軍擊退。我已軍收復各該地區，日軍傷亡慘重，現戰事側重通縣方面，正惡戰中。

楊村鐵橋被我炸毀

【天津二十八日中央社電】據交通界傳：楊村鐵橋，已發生阻碍，此間日兵車，二十八日雖有四列到津，但未有向平豐開出者云。

【天津二十八日下午五時四十分中央社電】楊村鐵橋被毀者，據聞楊村日軍向天津撤退時，情勢頗混亂。

【天津二十八日中央社電】據交通界息：二十八日由津開往楊村之日軍千餘人，晚間似已退至北倉。此間津西站，及大廟日軍，二十八日已撤去。在東站之一部日兵，及調動所人員，二十八日晚亦分別離去。今晚並有日兵車一列西上，但行至蘆台，即停止云。

【南京二十八日中央社電】津西站日軍二十七日撤退，機廠日軍二十八日亦撤盡。北上客車開抵西站，未續進。津總西兩站，聞槍砲聲漸迫近，或係日軍掩護退却。傳北倉方面，已有戰事。

【南京二十八日中央社電】我軍二十八日晨克復豐台廊坊消息到京後，各報競出號外，全市市民以日軍在平津一帶處處挑釁，我軍守土自衛，奮勇應戰，捷報頻傳，人心振奮。羣燃鞭爆，以表欣慰，兼示對前綫忠勇將士感佩之意。

【青島二十八日中央社電】此間市民聞我軍克復廊坊豐台消息，異常興奮。各報所發號外，散遍全市，惟日本報紙號外，令日停發。

【上海二十八日中央社電】中央社傳各報館我軍克復豐台廊坊消息後，各報立出號外，頃刻傳播全市，人心振奮萬分。華租各界，均懸旗熱烈慶祝，一時爆竹聲大起，震耳欲聾，三數小時不止。全市頓入瘋狂狀態。

《北平晨报》，1937 年 7 月 29 日，第 3 版

各地日僑 準備撤退

【南京二十八日中央社電】駐華日本大使館參事日高信六郎，於二十八日下午六時到外交部謁見陳（介）次長晤談，約一小時辭去。聞日高此來係請求我方保護日僑。

【廣州二十八日中央社電】粵日僑四百餘人，二十八日聞我軍克復豐台廊坊後，極形憂懼。下午三時舉行居留民緊急會議，準備全體乘艦離境。

【上海二十八日中央社電】重慶，沙市，宜昌，漢口，及蘇州等處日僑，約一百餘人，二十八日晨九時乘長崎丸離滬返日。

【上海二十八日下午九時專電】日軍原定[illegible]在滬大演習，因華北失利停止。當滬市民熱烈慶祝燃放鞭炮時，日商店全閉門。

【上海 十八日下午九時專電】蘇杭日僑午集滬，晨又返國百餘。各地日領，晨集滬，商避難。日幣今猛跌，虹口海陸軍民，悲篤惶恐。

【上海二十八日中央社電】駐滬日總領岡本，二十八日晨召集蘇杭等地領事，討論日僑撤退辦法。

德川督機 百架抵津

【上海二十八日下午九時專電】日德川中將，下午四時督機百餘架抵津東局子場，將施大轟炸。

【天津二十八日中央社電】停於津東局子之日飛機，二十八日晨四時許，已有數架起飛，向西北而去。

【南京二十八日中央社電】據悉本月二十三日上午十時零五分，蘭封上空發現黑灰色飛機二架，高度約四千公尺，由西經蘭封往東南飛去。又二十六日下午四時十八分，鄭州上空，亦發現日機兩架，高度達五千公尺，在鄭盤旋一週，即向東飛去。

《北平晨报》，1937年7月29日，第3版

全國熱烈慶祝勝利

【牯嶺二十八日中央社電】豐台與廊坊被我軍克復之捷訊，於今午傳至牯嶺後，未幾即傳遍全山，並紛紛向本社探詢，以求證實。得此確訊後，無不喜形於色。牯嶺全區之商店集中外居民，均燃放爆竹，以示慶祝。此間各界，並擬籌慰勞隊，並致慰勞各方忠勇之抗戰將士云。

【牯嶺二十八日中央社電】此間中午得悉豐台廊坊克復後，山中居民，紛向本社探詢消息。下午五時，中央日報廬山版，特出中英文號外，頃刻銷出各二千份，山中爆竹聲，澈夜不絕。

【上海二十八日下午九時專電】滬午爆竹慶祝勝利，盛況超過去年迎蔣。各國使團決向中日警告，勿在平津作戰。

【成都二十八日中央社電】我軍克復豐台廊坊及通縣保安隊反正消息傳抵此間，全市民衆無不鼓舞興奮，入晚叫賣號外之聲，與爆竹聲相應，氣象備極慷慨激昂。黨部暨各界民衆團體得訊，均紛紛電宋暨二十九軍將士慰勞，並勉繼續抗戰，以竟收復失地之全功。

【上海二十八日中央社電】京滬滬杭甬黨部，二十八日電賀宋哲元收復豐台廊坊，並盼再接再厲，乘勝追擊，殲滅兇頑，湔雪國仇。

【西安二十八日中央社電】我軍克復豐台廊坊消息傳來後，各報競刊號外，全市民衆歡迎若狂，皆懸旗慶祝，鞭炮聲振耳欲聾。

【廣州二十八日中央社電】省黨部二十八日電宋哲元，略謂：頃聞貴軍浴血作戰，一舉收復豐台廊坊，各地樹勝利之先聲，百粵民衆，誓爲後盾等語。

【南京二十八日中央社電】我國各地僑胞，欣悉政府決心抗日，紛紛來電表示擁護。玆錄各電如次：（一）欣悉決心抗日，僑胞等當按月助戰時軍儲，誓爲後盾。中美洲洋大連華僑救國籌餉會。（二）日軍再侵，請即令全軍抗戰，僑民誓爲後盾。巴西中華會館。

【保定二十八日中央社電】保各界抗敵救國會，今特通電全國，大致謂現中央地方實行應戰，願在政府指揮之下，隨諸將士之後，誓作最大犧牲，以自衛圖存等語。該會自今日起，各組均加緊工作。

【杭州二十八日中央社電】二十八日午後此間各報號外發布我軍奪回豐台廊坊等各項勝利消息後，杭各界至爲興奮，發鞭砲狂呼，民氣甚旺。黨政各團體，並紛電前方祝捷。

【漢口二十八日中央社電】我軍收復豐台廊坊捷報，二十八日下午三時傳至武漢後，此間各報競刊號外，若干商店住宅，均懸旗鳴炮慶祝。繁盛之區，直至深夜鞭炮聲猶不絕於耳。

【桂林二十八日中央社電】省黨部今電二十九軍將士，略謂：沉着應戰，燕海同欽，本省民衆，誓爲後盾等語。又二陽，興安，平南，河池各縣抗日會，紛電請中央應戰。

《北平晨报》，1937年7月29日，第3版

日衆院昨迅速通過
華北事變追加預算
廣田三促川越速返南京
中日糾紛將採外交交涉

【東京二十八日中央社電】報載廣田自十六日起，兩度催促川越即返南京，因近衛昨在議會答小川安藤質問時，表明有即行外交交涉意，故廣田昨第三次訓令川越速即返任。

【東京二十八日中央社電】二十八日午外務省發言人，接見外國記者，發表重要聲明：大意敘述經過情形，謂日軍不得不取（自衛）行動，與二十七日內閣及陸軍聲明大體相同。或問今後交涉對手爲冀察抑爲南京，答：各有和平途徑皆可。或問日要求撤兵區域，限於北平附近，抑爲河北，答：現不能言。或問對河北省內中央軍問題如何，答現亦不能言。

【天津二十八日中央社電】據聞川越大使，二十八日在中航公司定購座位，定二十九日南飛，先至青島。

【東京二十八日中央社電】二十八日晨衆院預算總委會，以三十分短時間，全體通過九千六百八十餘萬元之華北事變追加預算案。近衛說明時，仍謂日政府對平和解決一縷之望，仍未放棄云。

《北平晨报》，1937年7月29日，第3版

英美法正徵集意見
希望雙方贊同調解
各國使節在京集議將有表示
津領事團會商時局擬提抗議

【上海二十八日下午十時專電】各國駐華使節，今日在京集議，對平津戰事，將向中日提出警告，勸勿擴大事態，俾平津得恢復常態。聞國際間，將有具體表示。

【南京二十八日中央社電】比駐華大使館秘書樊敦博，二十八日晨十時許至外部謁李迪俊，探詢華北情勢。樊稱：該國新任駐華大使紀佑穆，十月底將來華就任。

【天津二十八日中央社電】津各國領事團，二十八日午在比總領館開會討論時局問題，決議：（一）對日方繼續檢查郵件事，提出抗議。（二）在界外各國僑民，一律遷回租界。（三）租界安全問題。聞日總領館曾向領事團正式表示，日本極力避免在津發生變亂云。

【倫敦二十七日中央社哈瓦斯電】下院二十七日開會時，工黨黨團主席阿特里，曾向艾登質問謂：政府擬有所行動，以終止中國境內中日雙方之敵對行爲否？艾登當加以答覆，首就七月十九日中國冀察當局與冀北日駐屯軍成立地方協定後所發生之種種事端，作概括的說明，並就政府關於平市城內外發生戰鬥所接獲之消息，及關於日本軍隊在平市城內行動可能所接得之報告，提出說明。並謂英政府已向日政府表示希望此種行動，能得以避免。就余所知法美兩國政府，亦在東京及南京採取與英國同樣行動云。另有一議員當質問關於此事與英政府保持聯絡之各國，蘇聯亦在其內乎？外相答曰然。

【華盛頓二十七日中央社哈瓦斯電】國務卿赫爾，頃向報界發表談話謂：關于華北局勢，國務院始終與中日兩國政府，常川接洽，務使中日兩國政府態度趨于和緩，使糾紛成爲地方化，以謀和平解決云。各報訪員皆以九國公約有否援引可能？赫爾稱：關於此層國務院尚未獲有較爲準確之消息，尤其是對于中日兩國政府之恒久目標何在，迄未完全明瞭，故一時尚難決定。至是否進行調解一層？赫爾復稱：調解須先經中日雙方同意而後可，惟關于此層，國務院迄未接獲何項消息云。

【倫敦二十七日中央社路透電】經過若干和平希望後，廊坊之役，此間報紙均以大字登載，各方極爲重視，惟英方似尚認此爲局部事件。刻英美法三國共同向日本抗議問題，正在徵集意見中。法國對於共同抗議，據云甚爲積極，惟美國則願置身事外，俾得採取任何獨立行動。而英國則相信東京志願和平，惟受跋扈軍閥之控制，故覺友誼調解，爲最良之方法云。

【華盛頓二十七日中央社路透電】國務卿赫爾，現已命駐中日兩國美大使，向中日政府表示挽回北平戰事之希望。赫爾聲明，此舉與他國所取任何行動無干，乃美國單獨出此，而與自第一次衝突後，國務院所取之政策相符合。國務院日來幾每日與駐美中日大使接觸，而利用種種機會，促進華北危機之和平解決。聞赫爾奎於北平美僑一千三百人之安全，將爲該處戰事所危及，故特發此訓令。赫爾又答復問話謂：現尚未考慮援引九國公約事。又答稱：美政府尚未議及調解事，因必須由交戰之兩國贊同調解，並申請中立國出此，而後美國始能爲之也。

《北平晨报》，1937年7月29日，第4版

宮崎失踪昨已尋獲

查係狎妓畏罪圖逃卒投靖江

現由外部轉送駐京日領點收

【上海二十八日下午十時專電】宮崎今二十八日在江陰發現，由警署移送江蘇省府，轉交外部，稍予問話後，即交日領館領回。

【南京二十八日中央社電】日水兵宮崎貞夫，經江蘇省府交外部後，外部庶務科以其形似疲倦，曾令其稍息，並出餅干香蕉等物，令其食用，稍予問話後，即派員送交日本領館。宮崎臨行時，以其衣服襤褸，請外部贈衣蔽體，外部庶務科當贈以黃色服裝一襲，宮崎對外部之寬待，極爲感謝。行時分向各員工鞠躬致謝。

【南京二十八日中央社電】關於上海日水兵宮崎貞夫失踪事，迭經中外報紙紀載，茲悉該水兵業在江蘇靖江縣境發現，本月二十八日下午由江蘇省府護送抵京，交由外交部轉送日本駐京總領館點收。至於上海水兵失踪之謎，遂以大明。其

經過情形

幾與二十七年六月所謂藏本事件，如出一轍。茲將詳情分誌如下：本月二十四日晚上海日本海軍陸戰隊，忽稱有日本水兵一名，不知下落，以搜查爲名，派兵多名在天通庵橫濱路方面設立步哨，並在越界築路搜查行人，形勢異常緊張。二十七日江蘇省靖江縣八圩港江面義渡，忽撈獲日人一名，形跡可疑。經該縣府送由江蘇省府，於本日下午轉送外交部。該日人自認爲宮崎貞夫，並親筆敘述此次行動經過。略謂：因出入於未經日本海軍陸戰隊所指定之妓院，爲某日本水兵發覺，以致畏懼，未能歸隊。嗣乘英船圖逃，二十七日在靖江面夙江被救等語。現該水兵已由我方送交南京日本領事館查收，茲將該宮崎

親筆紀錄

譯之如下：廣島縣賀茂郡鄉原村七九九番地戶主宮崎貞松，鎮司令部大隊防空中隊第三小隊一等水兵宮崎貞夫，因前往日本陸戰隊所指定以外之妓館，被某水兵發現，以致恐懼，未能歸隊。即向上海和平塔方面前行，經過二十四日二十五日之夜，至二十六日上午八時左右，即搭乘英國船。惟此舉除欲逃遁外，別無他項目的。至二十六日下午一時左右，在靖江縣警察所附近，投入江中，而達靖江縣。二十六日夜在山中過一夜，二十七日上午十時左右又投入揚子江，將達靖江縣對岸時，被某船所救，送往靖江縣警察所，以後均服從警察官之命令。妓館在紀子路，於二十四日下午九時左右，一人前往遊玩，至九時半左右，「妓館爲中國人」付洋二元後，正將返還之時，曾形似中國人三人追來，向余索款，互有爭執，終未給予，余即乘黃包車向和平塔方面而去。從妓館出來時被一水兵發現，但不知該水兵姓名，前述爭論，係在被該水兵發現之後。余於爭論時，曾着軍服，在爭論之中，將軍帽領章棄掉，當即乘人力車而去。過和平塔後，即用報紙將軍服包起，乘船時猶曾携帶，投入江中時，甚覺痛苦，因拋棄之。所以投江之理由，因余曾於最上層之甲板上，嗣被船員發現，謂將帶往船長之處，因無票乘船，深感恐怖，故投入江中。昭和十二年七月二十八日宮崎貞夫指印。

《北平晨报》，1937 年 7 月 29 日，第 4 版

津昨竟日發生激戰
河北一帶悉成焦土
南開等校盡被日機炸燬
市民傷亡無數厥狀至慘

【上海二十九日下午九時專電】二十九日晨津保安隊入東總兩站，圍東局子日機場，海光寺日營，并有飛機八架到津。市民仰見，搖旗拍手。援軍到津近郊，日船載兵圖在塘沽登陸，飛機即在空射擊，阻其登岸。晨戰以塘沽最烈，下午日機百架到津，大舉反攻。東總二站全破日機炸燬，並飛華界掃射，居民死亡無數。三時日機大轟市府，警察局及各學術機關。海光寺日營砲轟圍軍，日機擲彈數百，正慘戰中。

【天津二十九日中央社電】日人二十九日分在法租界中街新華大樓及百福樓屋頂，以槍向東站附近之保安隊射擊，蓋此兩處前者爲滿鐵事務所，後者則爲惠通公司故也。津法租界當局對此曾向日方抗議，但晚間仍有武裝日人，高踞樓頭未去。法租界晚九時戒備，對日兵運輸，亦禁止通過界內云。

【天津二十九日中央社電】日機在河北一帶轟炸，數處起火，迄晚仍未熄。電話二五六局機器全燬，損失奇重。南開破毁尤酷，秀山堂，芝琴樓，全被毁，木齋圖書館亦有一部被炸云。

【天津二十九日中央社電】此間交通完全斷絕，所有鐵路，航空，輪船，均已停止。即市內交通，如未轟炸之法租界內，亦無電車通行。日間各街道行人，更屬無幾，蓋曾有二十餘人在法租界被流彈所擊傷。入晚各租界均宣佈戒嚴，禁止通行。全市除時聞斷續的槍聲外，極爲冷靜云。

【天津二十九日中央社電】津市府遭日機轟炸起火後，現火勢甚熾，蔓延及天緯路一帶，迄晚未熄。天緯路河北省立女師學院，黃緯路河北省立工學院，亦均同時被焚云。

【天津二十九日中央社電】三十日上午一時津市槍砲聲又作，據查其地點爲海光寺及東車站兩地。先是日軍開槍，旋重砲機關槍繼之，我保安隊當即應戰，刻雙方仍相持中。李文田現在津郊某地。又二十九日我軍受傷官兵，在二百餘名左右云。

【天津二十九日中央社電】日機二十九日轟炸天津市時，因我空防缺如，故損失甚重。又人民因無空防智識，當機聲軋軋，火光燭天時莫知所措，扶老携幼，四處奔避，足足證平日防空訓練之重要。

【南京三十日上午四時專電】據津息：三十日上午二時許，津海光寺，東車站等處槍砲聲漸中斷，現保安隊正在嚴密監視，迄上午三時許，雖槍砲聲仍斷續可聞，但前方無衝突。

《北平晨报》，1937年7月30日，第3版

宋等抵保发表谈话

【南京二十九日下午十二時專電】宋哲元，馮治安等二十九日晨三時抵保，各有書面談話發表，分紀如次：宋氏談話，本人近來因火氣上冲耳鼻殊甚，不能與大家面談，特發表書面談話。平津之戰，乃係局部之戰，日來北平城外戰鬥甚烈，南苑尤甚。我副軍長佟麟閣，竟於昨日陣亡。駐南苑三十八師之一部，奉命應戰，傷亡最鉅。因日機之轟炸，故損失甚爲慘酷。駐西苑三十七師之一部，與日軍衝突，頗有損失。駐黄寺之石友三部保安隊，與日軍肉搏血戰，尚爲慘烈。自昨晚至今晨，天津蘆溝橋等處，亦有戰事。本人奉命移保，將來是否長駐保定，尚未確定。戰事爲國家大事，今後辦法，自應聽國家命令也。馮氏談話：自蘆案發生，本師駐防宛平，不能不盡守土之責。本人到平以後，始終愛好和平，避免事態擴大，以期恢復八日以前之狀態。十七日以來苦心深思，竟自咯血。現隨宋委長來保，自應以疾病之身，追隨各長官之後，聽候驅策也。

張自忠昨就兩新職

今日到綏署視事暫不返津

冀察政委會昨開臨時會議

【本市消息】冀察政務委員會代理委員長張自忠氏，昨日（二十九）下午二時蒞會就職，該會常川駐會委員齊燮元，賈德耀委員，陳覺生，魏宗瀚，李思浩，章士釗等，暨會內各處長，科長主任等均出席，首由僉秘書長楊兆庚候迎至委員長室，張對内部情形垂詢甚詳。旋召集會内各處長，主任，科長，及所屬各委員主席委員訓話。略謂：「此次奉委代理委員長職務，深感材輕任重，

《北平晨报》，1937年7月30日，第3版

不勝負荷，唯有遵循宋委員長愛護和平爲地方謀福利之宗旨，努力做去。諸位在會，學問經驗，均極優良，尙望繼續過去精神，努力勿懈云云」。

【本市消息】冀察政委會張代委員長，於昨（二十九日）下午四時到會就職，召開臨時會議。出席委員：賈德耀，鈕傳善，齊燮元，陳覺生，李思浩，胡毓坤，章士釗等八人。列席楊兆庚，魏宗瀚，潘毓桂，邵文凱，田春芳，鄒泉蓀等六人。主席張代委員長報告：昨（二十八日）夜奉宋委員長命，代理本會委員長，本人能力薄弱，恐難負此重任，希望各位老長官，各位同人指教。宋委員長離平，係爲求達和平目的，與其在平，不如在保，故前往保定。此間重責，既奉命由本人代理，只好努力支持，想諸同人，必不吝共同努力云云。次報告要案如下（一）本市治安，爲保安隊憲兵警察維持，決無他虞。（二）關於法幣問題，聞本日銀行未開門，尙有操縱紙幣之弊，須設法維持，商會鄒主席泉蓀已報告甚詳，決無問題。（三）關於食糧問題，宋委員長曾撥欵二十萬，交商會購糧儲存，因爲數過少，擬與銀行商量，以食糧押於銀行，再借十四萬元，全數購買，但此事尙未辦理。再平定糧價一節，並非奸商操縱，實因供求關係所致，此後應儘量輸運，辦理儲存倉庫。旋卽散會。

【本市消息】冀察政務委員會代理委員長張自忠就職後，昨日（二十九日）下午五時在該會大客廳接見記者。所談各要點如次：（一）四郊日軍，北面已撤退，西面撤一部，南面陸續向東移動，蘆溝橋方面未撤。（二）日方聲明，不入城，不投彈，平市治安，可保無虞。明日（三十日）將有佈告安民。（三）北寧平漢兩路交通，不日卽可恢復。（四）定明日到冀察綏靖公署就職，日內不擬返津。張氏就任代理委員長職後卽於三時赴市府就任北平市長，由秘書長周履安陪同前往，屆時社會局長郭貴瑄，工務局長富葆衡，衛生局長謝振平，自治監理處長呂習恒，暨市府主任以上各職員各處所重要職員共三百餘人均集合於市府大禮堂，張氏到達後，卽登台訓話，略謂：本人於昨晚七時，奉宋委員長命接代北平市長，値此時期，實不容推辭。委員長向來主張和平，昨晚九時赴保前，仍謂須貫澈初衷，故爲維持和平，乃由平赴保，本人奉命負責維持地方，決盡力做去。諸位在本市服務多年，成績極好，希望本以前精神，安心服務。値此國家危難之秋，人事方面，絕不更動。此次事件，能得和平解決者，乃係由第三者出而奔走，決定三十七師部隊離平，由一百三十二師石旅在平維持治安，惟爲避免誤會，均改着保安隊服裝。我方曾與日軍方約定，該國軍隊決不進城，善後辦法，將在天津繼續交涉云云。至四時始散。

【本市消息】代理冀察政務委員會委員長張自忠就職後，即發出佈告云：爲佈告事：案奉委員長宋令委自忠代理冀察政務委員會委員長，等因，奉此。自忠遂於本日就職視事，除呈報外，合行佈告週知，此佈。

《北平晨报》，1937年7月30日，第3版

英國緊急照會日本
堅決反對在平開戰
美正考慮實施中立法之影響
孔祥熙在倫敦召各大使會議

【倫敦二十八日中央社路透電】此間今日接中日軍在北平四周苛戰之說，對於遠東大局，甚爲憂慮。今日下午艾登曾爲遠東發展事，接見中國大使郭泰祺，美國大使平漢。外相旋在下院宣布所得關於華北最近事變之消息，謂駐東京英大使曾以緊急照會致日政府，反對在平城開戰。平城英僑，均已奉命入交民巷，以防危險。外相於是詳述宋哲元與日方所訂協定。保守黨議員密爾納起詢，日人現要求北平警權之說，是否確實，此項要求，是否踰越協定。外相答曰：如貴議員所得之消息果確，則較余連日所聞一切要求，更强硬多多矣。

【華盛頓二十八日中央社哈瓦斯電】羅斯福，頃召見國務副卿韋爾士，商討中日衝突事件。據消息靈通人士所知，美政府當俟中日兩國實行宣戰之際，始對各該國實施中立法所載之各條欵。國務院現正研究中立法一旦實施後對于美國與中日兩國貿易關係，足以發生何項影響。國務卿赫爾頃宣稱：日政府已向渠提供保證對華北外僑安全，當儘量保障。此在中政府，亦抱同樣意見。目前各國駐中國使節，正就北平市外僑安全問題，交換意見。但對撤退外僑以至沿海口岸一層，則尚未有所決定云。

【倫敦二十八日中央社哈瓦斯電】艾登二十八日午後先後接見中國駐英大使郭泰祺，暨美駐英大使平漢談話，歷時頗久。郭於會見艾登前，曾與中國孔副院長，駐法大使顧維鈞，駐俄大使蔣廷黻舉行會議。據英外交界人士宣稱：本日艾登與中美兩國大使之談話，其主要內容，係討論調解中日衝突問題。時英美兩國政治家，對於中日衝突必須迅速終止一層，意見完全一致。但同時承認日本對於任何種調解，均表示拒絕，而美國反對由各國聯合行動一層，亦維持不變。因此欲在目前進行調解爲勢所不能。

【巴黎二十八日中央社哈瓦斯電】中國駐法大使顧維鈞，日前赴倫敦與中國孔副院長駐英大使郭泰祺，駐俄大使蔣廷黻，舉行會議。頃已返抵此間，當卽訪謁外交部長台爾博斯，就中日衝突，舉行談話。台爾博斯旋又延見蘇聯駐法大使蘇里査。英駐法大使斐浦士，就遠東局勢，有所商談云。

【華盛頓二十八日中央社路透電】國務卿赫爾頃向新聞記者稱：華北戰事復發，北平美僑撤退問題，頃正在考量中，惟迄今尚未有任何決定。赫爾復謂：北平外僑已經會商維持外僑安全辦法，國務卿未言及已訓令海軍當局調集軍艦至天津，以便僑民乘用事。但官場方面稱：運輸方面可無慮，因烟台有黑鷹號，青島有坎諾波號，烟台並有其他驅逐艦八艘，可以調動，再則白宮方面，對於遠東時局，極爲注意，以便決定引用中立法等問題。據云此種法令之援用，不必待諸宣戰之後。官場方面對於中日戰爭，極爲關心而愼審。特別大使台維斯，今日曾入白宮與總統有所討論。美水兵一名之受流彈，已將久成疑問之使館衛兵之效用問題，重新提起。因庚子變亂時之局面，今已不得存在。但倘英使館衛隊不撤，美國亦將繼續駐守云。

【南京二十九日中央社電】駐華丹公使歐斯浩，二十九日晨九時訪外次徐謨，探詢華北事件，約四十分鐘辭出。

《北平晨报》，1937年7月30日，第3版

天津戰事漸趨停頓

難民遍地奔馳紛紛避入租界

宋致電張自忠仍望對日和平

【天津三十日中央社電】三十日晨此間戰事，已漸趨停頓，槍砲聲更少。日軍飛機三十日晨仍有十餘架出動，分赴各處偵察，但未投彈。

【天津三十日中央社電】此間有大批難民，約千餘人，至特二區擬入義租界避難，但遭拒絕。此千餘人遂在特二區大安街露宿終宵，至今晨始陸續經義租界特三區越萬國橋而至法租界。今晨法界各處人滿，街上行人益多，率皆無處可奔也者。

【天津三十日同盟電】保安隊擔任市內警備，其數約二千，天津日租界附近，自二十九日深更，至三十日拂曉，華軍小部隊盛行出沒，槍砲聲不絕，午前六時左右，已入小康狀態。

【南京三十日中央社電】關係方面據報：三十日晨天津大雨，特三區河沿難民，大半爲婦女幼童冒雨沿河蟻行，厥狀極慘。又河北總站員工。一批由日方車送至法界交通銀行前下車。該員工等或手携揚旗，或手提油壺，仍不忘職守也。

【天津三十日中央社電】津電報水路線損壞，故津京滬間除無綫電外，均發生障礙云。

【天津三十日九時三十七分電】津警察局前面之東浮橋，橋身被炸一孔，但車馬行人無阻。

【上海三十日中央社電】交通界息：滬津郵電照常，航輪全停，中航班機津站停售客票，暫止青島。歐亞公司發表，該公司平站房及無綫電台全燬。又金融界息：滬津匯兌仍通云。

【天津三十日中央社電】日轟炸機一架，三十日午因機件損壞，自天空掉落於惠通機場，機身全燬云。

【南京三十日下午十時專電】關係方面報告：三十一日晨一時大雨，歷一刻始止。三十日晚爲日軍所燃燒之各處火燄，因此已漸熄滅。截至三十一日晨三時，此間仍時聞斷續之槍砲聲。

《北平晨报》，1937年7月31日，第3版

宋致張自忠電原文

【本市消息】宋委員長自離平赴保後，聞日昨（二十九日）已有電到平，對張代委員長有所洽商，茲特將官方公佈之原電錄後。特急，張師長藎臣弟鑒：密。兄今早三時到保，勿念。兄爲貫澈和平主張，已令飭北上中央各部，一律在到達地點，停止待命。第二步再設法令其調回。望即轉達日方，勿對各該部有軍事行動爲要。小兄宋哲元艷（二十九日）丑。

【保定二十九日中央社電】（遲到）宋晨三時偕秦德純，過之瀚，張維藩，由平乘汽車至長辛店，改平漢車抵保。陳繼淹劉治洲等下午相繼到達。馮治安二十八日先來。

日外務省發表談話

【東京三十日電】外務省發言人，三十日午接見外國記者，書面發表昨轟炸天津情形。大意謂：轟炸前，駐津日總領，曾發表聲明，謂中國保安隊以市政府，公安局，寧園，八里台等爲根據，攻擊日租界，日軍隊急迫，舍轟炸外無他法。又謂轟炸北寧總局及南開大學，因中國軍獨立第二十六旅，以南開大學，三十八師以路局，攻擊日租界云。

【東京三十日中央社電】衆院豫算總會政友會東武問，「現地解決」主義之現地是何意義，廣田答：凡維持「滿洲」治安所必要之地域，皆稱「現地」。東武又就時局澈底方策，問首相決意如何？近衞答：務期不變成全面的戰爭，故今日仍未放棄和平之望，惟隨事勢推移，期望國人更加一致協力。東武又問：求中國反省，豈非無益？近衞答：凡所應盡者，皆應盡之。

《北平晨报》，1937年7月31日，第3版

【上海三十日中央社電】漢，滬，皖，蘇，杭等處日僑六百三十一人，三十日晨乘上海丸返國。又漢續有日僑五十七人，三十日午乘鳳陽丸抵滬，定一日乘長崎丸返國。

【重慶三十日中央社電】渝市府據日領通知，三十日午派員接收該館房產，並派警代爲看管。旅渝日僑三十一人，定一日由日領糟谷率領 分乘比良艦及宜陽丸離渝赴滬，轉輪返國。

日軍發表各方戰報

【天津三十日同盟電】中國駐屯軍司令部，午前七時發表：（一）通州自二十九日早晨，受約一大隊華兵之攻擊，守備隊頑强繼續抵抗，現在依然固守該地，有相當負傷者。（一）昨日來萬國橋因法方禁止武裝兵通過，與中國兵之途中佔領，日本租界與東車站之連絡已杜絕，本日午前五時，日本租界與義租界之軍橋完成，又日增援隊已入東車站。

【天津三十日同盟電】天津駐屯軍司令部三十日午前七時半發表：（一）攻擊通州日守備隊之華軍，似爲冀東保安隊一部，日增援隊目下正向該地急行中。（二）塘沽方面，昨夜午後六時左右，日守備及冀東保安隊强行突破白河對大沽方面之華軍，在與海軍協同下攻擊中。（三）昨日來東車站附近之戰鬥，日方陣亡將校二名，兵四名，路警一名。

《北平晨报》，1937年7月31日，第3版

中日關係益趨惡化

英國政府極表憂慮

艾登已將此意轉告美政府

現各國均無向國聯呼籲意

【倫敦二十九日中央社海通電】今日英外相艾登，在國會演說時，對遠東嚴重之局勢，表示關切。並稱英政府對於中日關係，極表憂慮，並已將此意轉告美政府。現英政府與各國，正在密切聯絡中。英國或其他各國。均無向國聯會呼籲之意，因美日兩國，均非國聯會員國云。

【華盛頓二十九日中央社路透電】美參院議員畢特門宣稱：羅斯福總統曾受性急及無理之逼迫，使之宣告彼對於中立問題之立場。畢稱：美國不可操切從事，因一旦中立案施行，則總統設法使雙方停戰之力量，必將大減，而保僑之能力，亦將受損失云。美駐津總領曾報告迄今爲止，尚無美籍僑民受損害，惟居危險地帶者，已命避入租界云。

【上海三十日中央社電】華盛頓二十九日合衆電：國務卿赫爾，今日繼續接得美駐中日使領館之報告，表示遠東局勢仍甚嚴重，並隨誇告羅斯福。官方對於蔣委長之宣言，保持保留態度。至於最近中日衝突，對於菲島獨立之影響，多數參議員以爲美國政策，不致因而變更。

【南京三十日中央社電】許閣森，陶德曼，三十日下午四時五時至外部，分謁徐謨，探詢華北近況。

【倫敦三十日哈瓦斯電】西戰不干涉問題，對於華北現行局勢，實有發生影響之可能。緣調整委會現已陷於僵局，蘇聯對於承認西戰當事雙方爲交戰團體一層，仍反對如故，因而英國折衷案，或將無法付諸實施，亦未可知。張伯倫昨日下午曾與蘇聯大使進行談話，聞堅請蘇聯政府改變態度，並告以關於西戰問題，關係各國若果長此爭執不已，則對於中日糾紛，勢必不能會同調解。俄大使答稱：義雖曾發出聲明，謂不容許西國樹立共產政制，但蔣聯對於西國民軍政府，並不堅持必須予以消滅，抑亦不許義國揷足於比利亞半島。

《北平晨报》，1937年7月31日，第3版

平中國紅十字會
開始救護傷兵
將赴四郊尋集傷者
籲請各界源源捐款

【特訊】紅十字會昨日午後一時半，派救護隊出永定門經大紅門，向南苑出發搜集重傷兵民十餘人。維該地戰事尚未停止，不能繼續工作，因即折回入城。復將傷者送東四六條胡同衛戍醫院安置妥洽，當即開會，討論繼續救護辦法，經決定如下：

（一）向日軍商量搜集傷者辦法，如可通行無阻，立即派遣搜集隊前往各戰地高粱叢。中搜集傷者，輸送入城安置，於相當醫院。

（二）先行開設裹傷所，於永定，彰儀，朝陽，阜成四門，遇有傷兵入城，即可照料，其輕傷無庸住院者，僅予敷藥，如須住院，即由該所代為雇車送往相當醫院，以免傷兵沿途自行覓醫。此項工作，已承青年會允為合作。

（三）現在衛戍醫院已收滿八百餘人，不能再收，經本會商妥，衛生局就崇外東大地戒毒所內，預備五百病床，以便收容。

（四）因恐不敷應用，擬再借城內城外兩東北大學校址收容之，兩校大約共可容千餘人。

（五）除衛戍醫院外，東大地戒毒所，及東北大學各處傷兵之醫療，可由本會擔任之。其食養被服，及雜用費，亦可由本會備款支給或補助之。

（六）本會醫療工作。經協和醫院擔任一大部分，平大醫學院，紅十字會醫院，各一部分。

（七）傷兵之照料，擬仿前次在首善工廠所辦傷兵醫院辦法，請救世軍，或青年會擔任之。

（八）本會僅有款項六千餘元，可供購辦食養被服及雜品之用，受傷人數如果甚多，所短之款，自必不少，凡博愛恤兵熱心人士，願解囊捐款者，無論多寡，請交中國銀行可也。（中國銀行在東南西北城均有辦事處捐款交辦事處亦可）

平美兵
今晨檢閱
在美兵營大操場

駐平美陸戰隊及大使館衛隊定今晨八時仍在美兵營大操場，舉行大檢閱由司令高斯頓指揮。

新聞檢查所長
由李亞仙繼任

新聞檢查所所長萬德涵辭職今日上午當局業已批准，繼任人選，內定李亞仙，李在北平新聞界服務，二十餘年，現正徵求同意中，即可發表。

紅卍字會
掩埋四郊屍體
四郊難民投收容所

北平紅卍字總會，現在安定門內大公主府設立難民收容所，由該會會長胡觀生主持一切，該所可容三千餘人，昨日下午二時，安定門外難民二十餘人，已入該所，下午三時半，永定門外有難民六百餘人，亦由胡觀生領導入該所，紅卍字會救護隊昨日晨八時，分乘大汽車三輛，赴四郊施行救護，傷兵傷民，茲指示難民入該會所設之收容所，該會今日起分赴四郊掩埋兵士人民之屍體云。

【又訊】平市公益聯合會，以難民中產婦孕婦甚多，在普通難民收容所內殊多不便，故決定將該會所設之產科學校，設立難民產科收容所，凡難民中有孕婦產婦者可至該所居往，不收任何費用並管食宿云。

《北平晨报》，1937年7月31日，第4版

張代委員長昨有電致津
令邊守靖代津市長
李景陽昨晚就任警察局長

【天津三十一日下午十二時電】張自忠三十一日有電致津市府參事邊守靖，飭暫代理津市長。邊表示兩點：（一）渠爲市府首席參事，應對市府隨時加以維持。（二）同時渠又爲地方長官，何能坐視不顧。

【天津三十一日電】警局督察長李景陽，三十一日晚五時已就任津警察局長，六時在特二區督察分所召集各分局長，特區主任開會，即派出着黑衣之警察，在特二區等處値崗。聞李現向日方商定，凡有黑衣警察所到之地，日軍即分别撤退，至所有零星保安隊，亦由李負責繳械。

平昨登城日兵旋即離去

【本市公佈消息】平市自戰事終止後，中日雙方官憲，爲維持地方秩序，安定人心起見，曾經約定前方日本官兵，一律不入北平，數日以來，地方治安，經張委員長（自忠）督飭警察局長努力維持，頼以安定。乃昨（三十一日）下午五時許，忽聞廣安門右安門等處，有日軍一部登城，旋即散開，市民聞訊，咸感恐慌。警察局長潘毓桂據報後，當即派員赴日本駐平特務機關室訪松井機關長，探詢眞相 松井比即派笠井顧問前往調查，乃悉：此項日軍，係由他處而來，意以平市尚有敵人，故即施行戒備。嗣經笠井與該管隊長說明後，是項官兵，即下城離去。數日來日特務機關長松井，顧問笠井等，並日方各級官憲愛護和平，盡力協同維持平市地方秩序，全城商民，均極安心，尤以松井機關長，今井武官及其他軍事各顧問，履行約言，是見信用昭著，使人欣佩，故平市人心安定地方秩序良好，不能不歸功於日方官憲協助之力也云。

【上海三十一日下午十二時專電】美英各國，對平津時局，極爲關切。英方表示遺憾，美則暫不有所舉動，但仍望事態不再擴大，故在京各國使節，協商遠東和平甚忙，近或有較切實表示。

《北平晨报》，1937年8月1日，第3版

日方發表津市軍訊

【天津三十日同盟電】三十日午後九時半日軍司令部發表：河邊部隊，本日午後三時，已抵長辛店及其附近高地。

【天津三十日同盟電】三十日午後九時半，駐屯軍司令部發表：對於通州方面之華軍，二十九日夕刻日飛行機出動加以爆擊，華軍後中止攻擊，而向通州北方教導學校附近集結，本日日飛機再加以爆擊，日增援隊今夕似已到達通州，此項戰鬥，日軍傷者如左：陣亡將校二，兵一八，負傷將校一，下士官一，兵一一。

【天津三十一日同盟電】據情報：通州保安隊一部，欲向北平西方逃去，三十日被日軍一部隊堵擊，再遁至北平城外，被警察遣散。

【天津三十日同盟電】鄰接日租界之中國街東端附近特別三區海光寺南方，及南開女子中學附近，中國兵向日租界開砲，乃至構築陣地，日軍三十日午後二時左右，與此項華兵激戰，並以飛機施行爆擊。

【天津三十一日同盟電】午前八時十分 日軍司令部發表：（一）奈良部隊三十日午前十時四十分於五塢子（北平西北方約四公里）與既轉變之冀東保安隊約三百名衝突，而擊破之，保安隊遺棄屍體，日軍獲步槍九十，輕機關槍十一。（二）長辛店方面之華軍已撤退，目下良鄉以北，不見華軍踪影。

《北平晨报》，1937年8月1日，第3版

警察局長潘毓桂
極力維護平市治安
親自抽查並派警巡梭
通縣難民昨陸續入城

平市警察局長潘毓桂就職後，首謀安定人心，恢復地方秩序，故兩日來工作異常忙碌，現以難民潰兵陸續回郊，其中難民有請求入城投宿親友處者，潘氏亦顧全人情與地方秩序之原則下，分飭所屬嚴密檢查，準免放入城，壯丁有受害錢保證明係良民者亦准其入城，其散兵游勇等，則絕對不准入城，同時爲鞏固地方治安起見，特派長警，保安隊，偵緝隊等組織巡查隊，每十八人一組，分至全市各處巡邏，潘氏本人並于前夜親往市內各大街小巷巡視，並在城上發見有人跳城，當令隨行長警予以打下，昨日（三十一日）更派一幫長警登城巡查，並令各城門對於來城難民入城者則盡量准其先行入城，以維民食。

通州難民

世界紅卍字會組織之救護隊

世界紅卍字會組織之救護隊，頃已與警察局商妥，領有證明，實行救護工作，乃於昨日上午八時分三隊乘大汽車分赴四郊掩埋屍骨，收容傷兵，及難民，計第一隊出永定門直赴南苑，第二隊出西直門直赴西苑，第三隊出東便門，至晚六時許始先後返回，總計一二兩隊在西南郊掩埋屍骨三十餘具，救回傷兵十四人及難民四十餘人，分別送往該會在大公主府設立之醫院醫治及難民收容所，及難民之赴友處醫治或收留。其第三隊則因通縣逃平難民萬餘人前日適值城門未開，多集於朝陽東直兩門之外，該隊乃發予入門證後，復往該會設收容所收容，至晚前往該所投宿者已達三百人，又該會第一難民收容所，昨日復有通縣婦孺六十餘人入城就食，總計該所收容難民已達二百餘人，已告人滿，所長卞秀亭特於昨日前往第二收容所（彰儀門內善果寺）趕速佈置，準備收容大量難民，聞今日即可佈置妥當，開始收容云。

被難婦孺

平市新聞界自備經費

平市新聞界自備經費，前日在記者公會，附設四郊婦孺收容所一處，推馬並庚，李海濤，白陳羣，楊攬性等主持其事，連日四鄉災民投所收容者，絡繹不絕，樣之上下，安置無論，早晚兩餐，由所購備大宗小米綠豆，及乾糧，飯菜燒菜供給，婦女方面則由公會會員家屬，分任招待，各界亦多踴往捐助，但因目前尚非需要，故尚未予接受，昨日並有救世軍北平部處理負責夫婦，協和醫學校消毒品等，均所捐出，並與馬等商洽，如難民中有傷病患者請醫治，應請兩方，均可隨時到所治療，務盡互助義務云。

平市金融 昨趨穩定

河北銀行照常營業

平市金融經政委會布告取締破壞法幣信用者後，昨已極趨穩定，各行鈔票，各商店已完全通用，河北省銀行，前日延長營業時間二小時，並無擠兌，該行鈔票昨日上午僅有少數往兌，一切風傳，完全平息，昨爲星期六日，該行照例爲下午休息，頃爲鞏固各鈔信用，特照常辦公，惟已無往兌者，同時並定今日（星期日）仍按規定時間辦公，停止休息，以便兌換，而鞏金融云。

平中國紅十字會
設立臨時醫院
救護工作昨已開始
紅卍字會昨亦出發

平市紅十字會協救濟傷亡兵民組織之救護隊，連日出發工作頗爲努力，據調查負責人，昨（三十一）仍繼續工作，清晨八時即分乘汽車七輛出發，每車乘隊員四人出永定門赴南苑附近隨救護隨將車送負傷者進城治療，迄下午四時止共救護一百一十餘名，該會因前設醫院已患人滿，昨（三十一）特向東[illegible]所接洽借用該所設立臨時醫院，該所內共設病床五百個，可以收容五百名，當午佈置完竣後，被送入所者已有八十餘人，治療方面由協和醫院大夫關頌韜等分別擔任云。

紅卍字會

北平紅卍字總會在安定門內

大公主府設立之難民收容所，昨又收容難民及傷兵一千餘人，該會並在大公主府內設立傷兵醫院，代爲醫治，紅卍會救護隊計共三隊，昨晨八時，乘大汽車三輛出城，分赴四郊及南苑一帶，掩埋陣亡傷兵及施行救護工作，如發現難民傷兵時即救回大公主府內收容云。

法使館僑民 昨全部遷出

平使館界內，昨日戒備愈加嚴緊，惟各出口處仍由英美等國兵士把守，並檢查通行證，駐平美軍原定昨晨八時，舉行大檢閱，因雨未舉行，僅由司令馬斯頓召集訓話，現英，義，美，日等使館所居住之各國僑民，已有大半遷回城內原住所，法使館內法僑，昨已全部遷出，但居住各洋行各外商洋行之外僑仍多，昨日英美武官，紛紛乘汽車赴永定門外視察，聞將協助旅平國際婦女舉辦救護運動。

《北平晨报》，1937年8月1日，第4版

天津市面漸趨平靜

邊守靖昨晚就任代市長職

即開始辦理治安善後事宜

【北京一日電】邊守靖接張代委員長（自忠）電後，於三十一日下午在進德社宣佈擔任津市長職務，並內定沈迺家，聶湘溪，盧南生等分任市府所屬各局長。津地方治安維持會，亦相繼成立，委員為高凌霨，王竹林，王曉岩，沈僊午，方葯雨等，即午在國民飯店開會，以高為主席委員。據稱：二日在河北造幣廠辦公，並擬就安民佈告，於二日發佈，同時並辦理恢復交通與安定地方事宜。

【天津一日同盟電】津市激烈巷戰後，保安隊亦大部分潰走，市街之肅清，三十一日中大體可望告終，住民漸得免於戰禍。但天津華界方面，無維持治安機關，政界，財界各方面有力者，亟望早日恢復治安，現正協議中，一兩日內，天津治安維持會即可見成立，委員長一席，已定高凌霨。治安維持會成立，該氏將與日方協力進行津市治安善後措置。

【天津一日路透電】一日晨此間已安謐，軍事活動已停止，東馬路與華界河濱之商店，於日軍砲轟時多中彈，南開小學校均被燬。據日人息：通縣日特別團隊團員兩人，一為陸軍大佐，一為陸軍少佐，均於日軍與保安隊戰鬥時陣亡，是役日軍死十人，傷二十八人。

【南京一日電】京中接到津訊：一日下午四時許，在津上空有一機散發傳單，係用「華北民衆反戰同盟會」名義，主張不應對日抗戰，並懸賞告發保安隊等。

【上海一日下午十時專電】日領署一日上空首次發現日機五架片刻即去，又上午三時杭州灣洋面發現日艦五艘，徘徊甚久，日艦紛由台集汕。

【上海一日下午十時專電】長谷川迭在出雲艦召艦長武官會議，商長江防務。

《北平晨报》，1937年8月2日，第3版

日對華北事件費
決追加三億圓
臨時閣議已通過

【東京三十一日同盟電】政府三十一日午後一時在院內大臣室開重要閣議，協議華北事變此後應付方針，結果決定將華北事變費約三億元，作爲再追加預算，以求議會之協贊，因此政府將作爲昭和十二年追加預算案第四號而提出。

漢日清公司
停止業務
三菱洋行亦準備結束

【南京一日電】交通界息：聞漢日清公司一日將員工解僱，船隻開滬，並委託德商協平洋行接管營業。三井三菱洋行亦準備結束，均將委託協平洋行代管。目下日清公司碼頭，來有日艦一艘停泊。

津郵局由塘沽
輪遞郵件

【天津一日電】河北郵務管理局，定二日遷回東站總局辦公。該局一日特以駁船一隻，將由津寄往東北及國外各地郵件運至塘沽，用輪船分別寄遞。河北郵務管理局長克立地，一日曾與日軍部人員有所接洽云。

《北平晨报》，1937年8月2日，第3版

平市各救護隊 紛赴平郊一帶工作

銀行公會捐巨款賑濟難民 紅卍字會決再設兩收容所

北平佛教臨時救濟會，現決定立難民收容所，計共十二處，昨已成立者四處：（一）西四廣濟寺，（二）鴨兒胡同廣化寺，（三）德內大石橋拈花寺，（四）西磚胡同法源寺，每所暫定收容一百名。繼續成立者，雍和宮鼓柏寺，冰窖胡同賢良寺，德門內北法華寺，南鑼子大興法華寺，南下窪子龍泉寺，前王公廠吉祥寺，內四條佛寺，鷲峯寺，內五甘水橋瑞應寺，其餘設立收容所者計（一）孫秀帆組織，在博愛小學校，內二區界下窪子成立收容所專救濟難民（二）牛街清真寺收容所專收牛街一帶回民（三）紅十字會北平分會協和醫院服務團，富門太太，青年會幹事古志安等，預備用款救濟難民，現已著手調查，以便散放飯食物品，（四）道濟同鄉白品三等，擬籌救濟會合組收容所三處，在外三區界：（1）花市大街，姜以貴宅（2）花市大街清真寺（3）崇文門外口富家胡同。（五）平市銀行公會、錢業公會、市商會，以四郊難民衆多，如設法救濟非集全力無濟於事，故三公會，昨決定捐助大批款項在平設立難民收容所，現正在覓地點中，日內即可收容。銀行公會，已捐助一萬元。

慈聯救護隊昨出發

[illegible]

紅卍會增兩收容所

[illegible]

紅十字救護隊出動

[illegible]

國際婦女捐款三千

[illegible]

張自忠潘毓桂 分別獎賞隊警

張撥兩萬潘捐萬元 體念辛勞以示嘉勉

[illegible]

平津交通 日內即可恢復

[illegible]

張允榮 注意平市民食

[illegible]

《北平晨报》，1937年8月2日，第4版

冀政會八委員開缺

張代委員長現已脫離軍籍

滬傳寧方昨有重要決議

【本市消息】頃聞確訊，冀察政務委員會代理委員長張自忠氏，以本會各委員離職不在北平者太多，以致開會討論事項不易進行，特將秦德純，戈定遠，劉哲，門致中，石敬亭，周作民，蕭振瀛，石友三八人一律開缺，餘情續誌。

【本市消息】張自忠已向宋哲元辭去三十八師長，遺缺由李文田接充，張現已脫離軍籍云。

【天津二日電】二十九軍之一部，向後方撤退，意在對華北軍事表示和平。

【天津二日電】特一區已於今晚七時半，由日軍當局接收，海河沿岸及特一區管理局公署，均由日軍把守，原有中國警察均已退出。

津治安會借欵救災

【南京二日電】京關係方面接津電，津市之「地方治安維持會」，二日晨開會，其決議案（一）向銀行界進行借欵十萬元，救濟難民，（二）接洽恢復交通，（三）以劉玉書，張志澂，孫潤宇，沈儁午，分任警察，財政，總務，社會四局長云。

【天津一日同盟電】以住津元國務總理高凌霨爲首席之天津治安維持會，一日在津市政府社會局，開成立大會，作初次會合，決定善後處置方針，俟二市政恢復，即開始活動，該會將以公安局爲實行班，與世界紅卍字會協力第一着手，先對災民施放衣米，消防市內火災，掩埋敗兵屍體，取締謠言，恢復郵局。

【上海二日下午九時專電】寧方於今日午後開會，對時局已有最後重要決議。

【南京二日電】交通界息，據保定二日電，日機連日均有三五架，來保盤旋，二日晨五時，石家莊上空亦有日機飛翔。

【杭州二日電】傳日飛機五架，一日曾來杭偵察，據官方查明，並無其事。

【南京三日電】交通界息：濟南二日上午六時十五分，有日機一架到濟南洛口一帶。

【青島二日電】青市長沈鴻烈，二日發出布告，令飭加意保護外僑，以免發生意外云。

《北平晨报》，1937年8月3日，第3版

平商會昨開會決議

籌設臨時救濟會

救濟難民並辦理米糧平糶

平市各救護隊工作頗忙碌

平市商會頃以政委會張代委員長撥給大米五千包，麵粉三萬八千袋，辦理平糶，亟待進行，城郊難民亦應設法救濟，特於昨日下午三時，召開第十三次執委會，出席執委列席監委，各公會主席三十餘人，鄒泉蓀主席，首由鄒氏即席提議城郊難民甚多，應如何救濟案。決議，設北平市商會臨時救濟會並推定正副會長及各部負責人員，（名單見後）至四時半散會。會後該會臨時救濟會總務部及救濟部開聯席會，決議，在南下窪龍泉寺設第一收容所並請百川和尚，聊子潤，崔仲文，崔馨庭，在該所辦事，救護隊仍用商會徽章，另製旗幟及臂章。同時平糶部亦開會決定明日（三日）起由海運倉，將平糶米麵領出，運至西珠市口新租之屋內存儲，籌備平糶。

救濟會職員單

正會長鄒泉蓀，副會長楊朗川，姚澤生，高倫堂，楊繼先，總幹事姚澤生，（一）總務部姚澤生，齊燮揚，滕子超，內分四組，計文牘組張鵬才，交際組邸澤民，魏子丹，會計組王屛周，庶務組武化成。（二）救濟部封心傳，張春山，設兩組：衛生組龐敦敏，收容組柳子潤，王東甫，李翰臣，李文謨，崔仲文，陸柏年，王鈞山，崔馨庭，趙燮武。（三）平糶部杜善齋，趙序宸，設兩組：保管組李壽山，蔡壽山，運輸組閻仲華，齊蓮亭。

救濟救護情形

平市各方救濟情形，計（一）北平佛教臨時救濟會，所設之十二處難民收容所，業已逐漸開始，廣濟寺昨收容難民四十餘人，該會昨並在西城兵馬司設立一醫院，代爲傷民治療。（二）平市公益聯合會救護隊，昨晨八時，分兩隊出發工作，計每隊二十人，第一隊出左安門，其工作分爲救護，掩埋，收容三種。第二隊係赴市內外各難民收容所，調查有無孕婦，如有孕婦即送往該會附設之產科醫院內醫療。（三）通縣難民昨日又有大批逃至朝陽門外，均暫投入東嶽廟之臨時收容所，及朝外福音堂兩處食宿，惟難民均希望能入城，已函通縣旅平同鄉會，請代向各方接洽，以便入城，現正由該會救護隊總幹事王洞忱接洽中。（四）平市正字慈善會救護隊，今晨七時，在該會集齊分四隊出發，分赴永定門，廣安門，西便門，西直門一帶，開始救護工作。每隊四人，第一隊長萬沛然，第二隊長岳佩卿，第三隊長程林坡，第四隊長爲趙茂林一行，定今晚八時返平。又該會所辦之收容所，昨在牛壁街呂祖閣成立，今日續有難民三十餘人投赴該所。（五）西四中央醫院醫師譚慶潤，輔仁大學張校醫等，鑒於四郊傷兵甚多，亟待救護，特聯合發起救護隊，於今晨八時派員分乘大汽車兩輛，小汽車一輛，携帶大量藥品，馳赴西直門，阜成門，永定門外近郊工作。遇有輕傷者，爲之敷藥品治療，重傷者即用汽車送返城內中央醫院治療，聞經費暫定三千元。

國際婦女開會

平國際婦女會自發起救護傷亡難民，工作極忙碌，昨晨十時，該會在南河沿協和禮拜堂開緊急會議，到美大使詹森夫人，裴塔斯夫人等，首由會長裴夫人報告捐欵數目，謂現已達四千餘元，旋對救護事宜，討論頗詳，該會現與平婦女社會服務促進會及各外僑婦女會取得聯絡。昨派關樂好普女士（平婦女社會服務促進會會長）赴各醫院及難民收容所視察，視各處之需要，再購藥品等物前往分發云。

《北平晨报》，1937年8月3日，第3版

近衛表示日對華北事件

不擴大方針依然不變

川越大使昨飛大連即轉京

【東京三日同盟電】衆議院預算總會午前十時十二分開會，西田（民政）關於體位問題，與內崎文部次官，木檜（民政）關於保健社會省問題，有所質問，後三輪（社大）謂關於華北事變勃發，想我國今也政治經濟有斷行全面的革新政策之必要，首相所見如何

近衛首相答辯，「對於華北事變，不擴大方針依然不變更，關於中日兩國關係之根本的調整 於適當機會，不得不加以考究，關於國內革新政策，願順次入手實行。」

【南京三日電】據津息：日川越大使三日飛大連，即轉南京。

閻抵京訪蔣

【南京三日電】太原綏靖主任閻錫山，二日晨因公由并乘機來京，隨從甚簡，於下午一時半到京，汪馮何等均至機場歡迎，閻於七時許訪蔣，當在蔣邸晚餐，三日閻分訪中樞各要人，午應汪宴，日內公畢即行回任。

【廣州三日電】五路軍副總司令白崇禧，定四日由桂飛京。

《北平晨报》，1937 年 8 月 4 日，第 3 版

冀察政委會 新聘委員八人

本（三日）頃聞確訊：冀察政務委員會，昨日開缺之委員缺額，日業經延聘，名單列左：張允榮，張壁，楊兆庚，潘毓桂，江宇澄，冷家驥，鄒泉蓀，陳中孚。

津蘇領館被襲事 日反駁抗議

謂此事與日當局無關 如蘇方請求保護可派兵擔任

【東京三日路透電】此間官場聲稱，八月一日津蘇聯領署被人侵入一事，顯係白俄與蘇聯領事不睦者所爲，與日當局及日人絕無關係，蘇聯領署設於特三區即前俄租界，天津日當局既未有保護之權利，而按諸國際公法，亦未有予以保護之責任，蘇俄領署如能查知其失物之所在，則日當局可與蘇聯當局合作，以期尋獲之，至於保衛該領署一節，日當局如得蘇聯當局請求，願派兵若干擔任此項工作云。

重光提出反駁理由

【莫斯科二日同盟電】蘇聯外務人民委員部，關於白俄侵入天津蘇聯領館事件，二日對在京駐劄迭志曼代理大使訓令向日本政府抗議，同時約重光大使來訪，該大使列舉下開理由，對於蘇聯政府要求處罰侵入犯人一事加以反駁，一，侵入事件起於不在日本軍統治下之天津舊俄租界者，一，侵入者全部爲俄人，一，似白俄人乘因戰鬥陷於混亂狀態，而隨意行動者，一，當時日本軍專以恢復秩序爲目標，重光大使當離開該委員部時，向新聞記者之發表談話如下，事件出於日本謀報機關計劃之說，全然不過爲誣罔日本之惡宣傳，該事件完全爲純然赤白俄人間之鬥爭，日本對於俄人同志之紛爭，並無關心。

【南京三日同盟電】駐華蘇聯大使鮑果莫洛夫，二日午前十時赴日大使館訪問日高參事官，關於白系俄人侵入駐津蘇聯總領事館事件，以口頭爲如左抗議，據駐津斯米爾諾夫副領事報告，混有日本人之白俄人一隊，一日夜侵入蘇聯總領事館，沒收公文書而破棄之，又領事館前之中國公安局，已爲日軍占據，請速通告日本軍，停止上述行爲云云。日高參事官對之謂日本方面尚未接何等報告，故俟照會現地後再行答覆。

駐屯軍某將校見解

【天津二日同盟電】蘇聯塔斯通信社傳述日方對於駐津蘇聯總領事加以襲擊之說，天津駐屯軍某將校對此說付之一笑，談云，如再三再四聲明，我方對於外人之生命財產，充分加以保護愛重，如襲擊蘇聯領事館之說，乃絕對不能有之事，尤其將此事與我軍相牽連，是對於皇軍之重大侮辱也，中國軍之作戰根據地以外，斷不攻擊，我軍此種方針，已完全徹底，本消息只可視爲欲使日蘇關係惡化之有作用的策動也。

政院會議 通過各要案

【南京三日電】政院三日晨開一三二次會議，出席蔣作賓，陳樹人，陳紹寬，王世杰，吳鼎昌，吳忠信，王寵惠，劉瑞恒，由王寵惠主席，議決要案如下，報告事項。（一）衛生署劉呈，中央防疫處改隸衛生署案，決議通過。（二）從略。討論事項。（一）財孔呈爲國有鐵路之倉庫所用地及其附屬地帶，用以出租之房屋地產，暨國家公用地產等，均爲已有因公徵用之地，如以前租部份，而前有營利性者，應依法課稅，請照土地賦稅減免規程四條增加案，決議通過，（二）衛生署劉呈，擬定二十七年麻醉藥品需要估計數量清單，請鑒核案，決議通過，（三）內，軍，財，實，教，交，鐵七部，衛生署，振委會，報告審查鄂省二十六年度地方概算一案，決議照審查意見六項，請鑒核案，決議通過，（四）內，軍，財，實，交，鐵七部，衛生署，振委會，報告審查青市二十六年度地方概算一案，決議照審查意見五項，請鑒核案，決議通過。任免事項。（一）決議晉省委馬駿呈請辭職，應予照准，任命王懷明爲該省省委，（二）決議陝第四區行政專員兼區保安司令歐陽英辭職照准，任命韓涵爲陝第四區行政專員兼區保安司令。

《北平晨报》，1937年8月4日，第3版

川越大使過連時對記者談
竭力冀免中日間衝突
白崇禧昨下午由桂飛抵京
冀察政委會即開全體大會

【桂林四日電】白崇禧四日上午九時由舊藩署乘車，赴二塘機場飛京，李宗仁親自送行，沿途商店住戶均懸旗鳴爆歡送，各機關學校職員學生軍隊民團預在南門外列隊歡送者極多，瀕行時並合攝一影，以爲紀念，上午十時三十分白氏向李敬禮，並與送行者握別後，隨即登機，與白同行者有中委李任仁，秘書閻志達，及隨從等十七人，因京來飛機座位不敷，另派本省飛機廣西號分載，於十時四十分兩機齊飛北發。

【南京四日電】第五路軍副總司令白崇禧，偕中委李任仁及劉爲章，黎行恕，劉任，劉維周等一行，乘由京派往之專機，於四日晨十一時由桂林冒暴風雨起飛來京，當於下午四時半在下關江面降落，京中軍政要人何應欽，程潛，王寵惠，錢大鈞，張公權，梁寒操，麥煥章，及于右任代表王陸一等數十人，均齊集下關津浦路碼頭歡迎，其在明故宮機場迎候者，亦於該機飛臨京市上空時，赶往下關，白精神飽滿，英勇尤勝當年，下機登陸後，與歡迎人員一一握手示謝，旋乘汽車赴陵園李委員烈鈞私邸休息，至六時許謁蔣，並同進晚餐，相與敘談甚久，始出，至與白氏同來之其他人員，則由軍事委會派員分別招待，據李委員任仁語記者，白副司令及同人此來，係國事，桂省軍民一切均惟政府之命是從云。

外報傳非正式和平談判
已在滬開始

【上海四日下午十一時專電】川越昨由津飛大連，今乘青島丸南下，後日可到滬，稍留入京，傳川越此來，將努力和平談判，今晚外報載非正式談判，已在滬開始，詢諸官方稱尚無所聞。

【東京四日電】川越三日抵大連時，告新聞記者，渠爲外交家，將竭其能力，冀免中日間正面衝突。日已警告中國政府，勿派兵北上，如中國漠視日警告，則其後果，必須由中國負責。

【倫敦三日同盟電】倫敦各報連日詳細報告華北情勢，對事態之推移，深加注意，因日本政府近將提出龐大事變第二次追加預算案之消息，認日本有乾坤一擲，遂行對華北既定計劃之決意，而觀測事變擴大爲不可避免，然一方財界方面，觀察則反是，認爲南京政府無與日本決戰之意思，一，南京政府首腦部及中國財界深知與日本決戰爲全然無勝算之冒險，且中國最近完成之各種建設，亦將由之推翻，故中日全面的衝突，或可避免，一，蔣及南京政府處於頗困難立場，彼等之抑制態度，非可一概非難，蓋與日本之全面衝突，非可必操勝券也，一，結局南京政府現正注視日本軍南下至何處，又華北新事態是否爲中國國民所容認。

【本市消息】冀察政委會，開缺八委員缺額，前夜發表聘張允榮，張璧，楊兆庚，潘毓桂，江宇澄，冷家驥，鄒泉蓀，陳中孚繼任後，已定于本週內召開全體委員大會，所有新任委員，同時到會就職，并討論重要會務及重大議案。

【上海四日下午十時專電】中政會今晨開會，昨日到京之閻錫山，余漢謀，何鍵等，亦列席報告各省軍政近況，除照議程通過例案外，對華北時局曾交換重要意見，明日中常會，後日立院會議，均有重要議案。

《北平晨报》，1937年8月5日，第3版

日對華北事變費
將達四億圓

生命保險會社對陣亡軍人 支給保險金予以特別融通

【東京四日同盟電】關於第二次華北事變費追加預算，自下由大藏省與陸海軍外務等關係各省間進行折衝，結局或達四億圓前後。

【東京四日同盟電】政府四日午後已向衆議院提出華北事變特別稅法案，同時公布華北事變特別稅法案理由書。

【東京四日同盟電】生命保險會社協會，鑒於時勢，決對此次事變概不徵收約款所載戰時特別金，以免增添軍人之負擔，又對此後有出征可能性者，定例生命保險合同後一年內陣亡時，亦得支給全保險金額，又東西銀行，亦與全國各銀行團採取同一步調，對於事變關係者家族，之定期存款，如期限前要求支付時、亦如數支付之。

【東京四日同盟電】對華問題有志代議士會幹事會。三日在衆院議長應接室開會，政民第一第二控室等各代表出席，關於對華問題，協議具體案結果決定，一，激勵各派幹部速使提出擁護政府之決議，一，對於出征軍人之家族，採迅速適切手段，使無後顧之憂，所需預算，使政府提出本屆議會，并決定議會開會期中，每日開幹事會，閉會後在議長官邸辦公，又該會定五日午後由河相情報部長聽取關於外交事情之報告。

龍雲 劉湘 九日飛京

【成都四日電】滇黔綏靖主任龍雲，定八日由滇飛蓉，與川康綏靖主任劉湘，聯袂於九日飛京．劉現在金花橋別墅，決定所部整編番號及名單，日內即令頒各部隊遵照改編，日內返省候龍雲，省府秘書長鄧漢祥隨劉飛京。

南方電傳 日機在冀魯間 北向南向各分飛

【南京四日電】關係方面接濟南電，三日上午九時零二分，陳家屯發現日機一架，由北南飛，經開[illegible]膠濟至連鎮，復向北飛回，經百頭，滄縣，良王莊等處，又九時十四分，唐官屯發現日機一架，經泊頭鎮至東光縣，復向北飛經青縣獨流鎮等處。

《北平晨报》，1937年8月5日，第3版

宋電京自謂處置失當

辭軍長職已照准

並稱「近日精神不振擬稍事休養」

【保定四日電】宋哲元三日通電：文中詳叙戰事失敗之原因與經過，末則引咎辭職，自請休養，其文如下，南京國民政府主席林，軍委會委員長蔣，各院長鈞鑒，各部會，各省市政府，各總司令，各綏靖主任，各總指揮，各軍長，各師旅長勛鑒，各團體各報館均鑒，哲元，受命主持冀察軍政以來，自維責任重大，日夜兢兢，原期爲華北鞏固主權，掩護建設，是以對平津兩地之保持，曾不稍遺餘力，乃不幸我軍事準備未完，兵力集結未畢，人已先發制我，自七月七日蘆溝橋事變發生，（中略）亦爲哲元之處置失當，實應受國家嚴重處分，刻下二十九軍軍事，已委馮師長治安代理，並已蒙中央照准，哲元近日以來，精神不振，擬稍事休養，再圖報國，誠恐國人不明眞相，特此眞誠報告，伏乞鑒察，宋哲元叩江（三日）。

《北平晨报》，1937年8月5日，第3版

平津交通恢復

首次津平客車昨晚到平

東車站今晨售票

【本市消息】北寧鐵路，扼平津交通之咽喉，自上月八日後，該路因蘆溝橋事件，交通中斷，旋經商洽結果，始得斷斷續續，恢復通車，洎二十七日廊坊事件發生後，該路交通即再告斷絕，同時因電報電話均發生障碍，故一週以來，平津兩市，大有咫尺天涯之感，該路局長陳覺生，以平津密邇，交通未便久斷，特於日前由平電津，令速即恢復通車，該局奉令後，當即積極籌備恢復通車，昨（四日）上午九時四十分首次客車由津開出，沿途延誤，於下午六時三十分，始抵前門車站，因係首次通車，故中外乘客倍形擁擠。共計男女一百餘人，尤以外籍乘客爲最多，北寧路局車務處處長史梯理等洋員四人，亦乘車來平，謁局長陳覺生報告一切，另聞平津客車，今日上午九時開始售票云，又北寧鐵路局爲謀恢復平津列車起見，曾由前門車站備工程專車一通，於前日開赴豐台各段修理電綫，昨日（四日）上午八時二十五分，該路復開出視察專車一列，掛三等車一輛，飯車一輛，頭等車一輛，並於車皮外表掛白布標幟，上書「北寧路局視察車」，由前門段長孫建中率領員工五十餘名，乘往平津沿綫各段站修復電綫，並視察路軌，前天津警察局長劉玉書及日本聯絡員二十餘名，亦隨行保護，至下午五時二十分，該車已抵萬莊，旋向廊坊開行，計昨晚七時左右可抵天津總站，又昨日上午十時復由前門站開出工程車一輛，乘坐路局員工十餘名及日兵六名，携帶電器材料等物，沿途修復電線，又昨日上午十一時四十五分有鋼車一輛，由豐台開抵北平云。

《北平晨报》，1937年8月5日，第3版

《大公报》

蘆溝橋中日軍衝突

日軍猛烈進攻我軍沉着應付

迄昨夜止雙方交涉尚無結果

日方正增兵我軍决死守

【北平電話】官方消息、日軍砲擊蘆溝橋事件發生後、我軍政當局、現正沉着應付、不願事態擴大、現據確息、㈠平市治安鞏固無虞、可以隨時消滅一切不逞之徒、㈡四郊警備周密、保衛有餘、㈢蘆溝橋方面現雙方仍在對峙中、昨日下午七時許、北平城內、又聞斷續砲聲、㈣日軍車一列共九輛、由山海關開來、七日午後四時許到津、八日到豐台、八日下午一時許、日軍陸續由天津通州到蘆溝橋豐台方面增援、並有坦克車載重汽車多輛隨行、我軍現正沉着應付、無足憂慮、

【中央社南京八日電】蘆溝橋事件發生後、各方咸深憤慨、官方尤極端重視、惟以尚未獲得詳細報告、不願遽爲正式表示、但就現有之報告觀察、事件之責任不在我方、蓋無疑義、值茲近衛組閣、川越回任之際、各方對於中日關係之調整、咸抱有若干之期待、乃突有此不幸事件發生、誠堪遺憾、時至今日、中日之邦交祇宜努力改善、不容稍趨惡化、深望日方立即制止軍事行動、根據正確事實、即日和平解決、以免事態擴大、而增加兩國調整邦交之障礙、

《大公报》，1937年7月9日，第3版

【中央社北平八日電】秦德純八日晚九時對記者談，（一）今日向蘆溝橋軍官發出命令，謂「蘆溝橋可為爾等墳墓，應與橋共存亡，不得失守」，（二）今井今日下午訪余談判，余首質問，謂（一）日方此舉是否對中國有整個之舉動，（二）是否如豐台一樣，將蘆溝橋佔領，今井答稱，無此意思，僅要求我方駐蘆軍隊，余答稱，如日方願和平解決，則應雙方同時撤兵，恢復原狀，我方并允先將宛平縣城內一部份軍隊撤去，以示誠意，然後再由雙方同時撤兵，今井對此允向田代請示，故目前交涉尚在停頓中，至於雙方軍隊亦在對峙中，秦又稱，此事恐將擴大，因日方積極增兵，似有預定之企圖云，

蘆溝橋寫真

蘆溝橋在平彰儀門外三十里，東距豐台二十里，西南至長辛店，相距十二里，為平漢路、平大公路及永定河之孔道，圖示橋在蘆溝橋西北，

【中央社天津八日電】蘆溝橋中日軍衝突之消息，八日午傳達於津後，此間各要人聞訊均甚鎮靜，外長王寵惠定九日晨由廬飛京，俾便處理一切，

【北平電話】北平市當局昨晚八時起宣佈戒嚴，當即成立戒嚴司令部，由馮治安任戒嚴總司令，平市地方尚安靜，軍警均加雙崗，

【北平電話】日駐屯軍參謀長橋本羣昨日下午由津到豐台，昨晚八時以後至深夜，平市仍聞砲聲，衝突尚未停止，

【北平電話】日軍部參謀和知與武官今井昨日訪秦市長，秦對蘆溝橋事件提出兩項質問，談判無何結果，聞日方要求我駐蘆溝橋之二十九軍撤退，我方認為不可能，又要求撤退後組特種保安隊維持治安，我方亦拒絕，惟允撤退一部，以其餘一部維持城內治安，

【中央社北平八日電】蘆溝橋事件，日方仍要求我方先撤兵，我方堅決拒絕，故雙方現在交涉中，八日十九點半起，前方復有槍聲，雙方觀察家稱，日方如無其他企圖，則事件自易解決，否則前途殊難樂觀，

【中央社天津八日電】日軍在蘆溝橋演習部隊向我方挑釁消息，於八日晨十時已傳至津，此間均非常重視，咸以此中日兩國邦交期待好轉之時，忽有此不幸事件發生，實屬遺憾，但各方均希望事態不致擴大，從速解決，惟日方軍隊演習竟砲擊我國軍隊，並砲擊宛平縣城，此事件之責任應絕對由日方軍隊負之，平電所傳我方軍政當局所持態度及應付方針，此間頗為贊同，

【中央社北平八日電】據蘆溝橋來人談，日軍八日晨三時二十分至七時五十分，又十一時至十二時止，兩次向我發砲，約百八十餘響，七時半後又向城射擊數十發，城內落砲彈甚多，損失頗巨，現縣長兼專員王冷齋仍在城內主持一切，意在盡量解決，

《大公报》，1937年7月9日，第3版

外部提口頭抗議

【中央社南京八日電】關于盧溝橋事件、外部八日晨八時得訊後、即電詢肇事真相、並報告在廬當局、下午始得各方報告事實、益相衡明、當于六時三十分派亞洲司科長董道寧赴日本大使館提出口頭抗議、略謂據我方所得報告、此次事件之責任不在我方、顯係日軍挑釁、本人奉命向貴使館嚴重抗議、並聲明保留一切合法要求、中日關係已至重要關頭、不容再趨惡化、應請貴方速電華北駐屯軍、立即制止一切軍事行動、並令駐屯軍代表與冀察政委會所派人員急速根據正確事實、立謀和平解決、藉免事態之擴大、日使館參事日高信六郎當即表示日本對此次事件無意擴大、深信不致惡化、並允將我方制止軍事行動等要求、立即電知駐屯軍云、又日本駐京陸軍副武官大城戶三治本日下午六時到外部訪亞洲司董科長道寧、探詢盧溝橋事件、董科長當將我方立場詳言申說、同時質詢日高參事之表示時同、董氏並詢其報告日本陸軍省及參謀本部、聞大城戶已允照辦。

【北平通信】七日夜十二時許、日方松井武官用電話向冀察軍政當局聲稱、七日夜日軍一中隊在盧溝橋郊外演習、忽聞槍聲、當即收隊點驗、發現缺少一兵、同時認爲放槍者已入城、要求立即率隊入城搜查該兵云云、我方當以時值深夜、日兵入城殊足引起地方不安、同時我方在盧部隊七日竟日均未出城、該項槍聲決非我方所致、婉加拒絕、但不久松井又來電話、聲稱我方如不允許、彼方將以武力保衛前進云云、同時我方已得報告、日軍對宛平縣城已取包圍前進形勢、於是我方再與日方商定、雙方即派人員前往調查阻止、日方所派爲寺平輔佐官・櫻井顧問、我方所派爲河北省第四行政專員兼宛平縣長王冷齋・外委會專員林耕宇・冀察綏靖公署交通處副處長周永業、至八日晨四時許到達宛平縣署、寺平仍堅持日軍須入城搜查、我方未允、正交涉間、忽聞東門外槍砲聲大作、我軍未予還擊、俄而西門外大砲機關槍聲又起、我軍仍鎮靜如故、嗣因日軍砲火更烈、我軍爲正當防衛、萬不得已、始加抵抗、我軍傷亡頗衆、犧牲甚大、但仍請其停止進攻、調回原防、否則責任應由彼方負責、日方皆以永定河方面尚有二十九軍騎兵、要求退去、方能再談其他、現雙方仍在對峙中、我方駐盧部隊均爲步兵、並無砲兵、七日夜槍聲、均爲日兵所放、

我方軍政當局均極鎮定、不願事態擴大、希望立即停止戰鬥狀態、入於外交途徑、倘對方一再壓迫挑戰不已、爲正當防衛起見、不得不與周旋云。

《大公报》，1937年7月9日，第3版

交通昨大受影響

【本市消息】昨日午後、北寧平滬各路來往客車均誤點、五次（平津特快）應于下午四時開出六時到津、延至七時二十五分始到、據旅客稱、車過豐台時、爲六時、聞槍砲聲極密、三零一次（平滬特快）、應於下午六時自平開出、八時二十五分到津、延至九時五十分始到、三次（平瀋特快）、應於晚九時由平開出、臨時改由豐台開、今晨二時始到、二十四次（唐平快車）應于下午六時四十一分過天津總站開平、臨時停滯一小時後開出、該車到豐台後、時間已晚、不能入城、又因旅客聞有砲聲、不願停留、故於當晚開回天津、至今晨三時二十五分到達、三零六次（平浦特快）八時三十分由津開平、至豐台後、因同樣原因、中止前進、當夜開回、至今晨三時四十分到津、二次（平瀋特快）應於九時零五分過津開平、抵豐台後亦停開、今晨天明後返津、旅客均可到津站退票、

【中央社鄭州八日電】交通界息、平漢路電訊八日晨起忽生阻礙、現僅通長辛店、七日下午八時由平南下之特快車、迄八日晚無到鄭消息、惟歐亞平港機、八日仍由平過鄭南下、

【本市消息】盧溝橋事件發生後、津日軍部昨晨在海光寺舉行會議、日軍參謀長橋本羣暨高級幕僚均出席、旅團長河邊正三亦由平飛津參加、參謀和知則於昨晨飛往豐台、嗣即赴平、當時日軍飛機、迭次飛赴豐台偵察、下午駐津日軍有四批調往豐台、第一批於昨午一時許出發、計坦克車八輛、載重車十餘輛、兵士四五百人、第二批下午二時許出發、計大型坦克車二輛、小型坦克車六輛、砲十門、裝甲車八輛、輕汽車六輛、載重車十二輛、機關槍二十餘架、滿載汽油子彈等物、士兵亦四五百人、第三批士兵四五十人、於下午四時許乘鋼甲車四輛、載重汽車七輛、裝載木箱軍火等物、均經河北大經路黃緯路沿平津汽車公路開往豐台、第四批鋼甲車十二輛於晚九時開豐台、另輜重軍火等物、由兵士五十餘名押送、於昨日下午一時半裝北寧路專車開豐、河邊正三亦乘是次專車返豐台、

【本市消息】日參謀和知及使館今井昨日會訪平市長秦德純、進行談判、同時津日駐軍又派參謀塚田中佐向津市當局有所接洽、聞津警察局李文田氏頗努力折衝、雙方均表示希望此事不致擴大、冀察政委會宋委員長並派門致中由滄縣趕返北平負責交涉、門氏昨晚六時抵津、七時轉赴北平、

《大公报》，1937年7月9日，第3版

各地民众甚愤慨

北平市内人心镇静

卢沟桥事件的远因近因

我方不接受先撤兵条件

《大公报》，1937年7月9日，第3版

社評

蘆溝橋事件

昨日河北省宛平縣政府所在地之蘆溝橋地方發生日軍藉故向我軍攻擊事件，視去年九月之所謂豐台事件，情態尤重，實爲不幸之至。昨於最初消息，悉出日方傳播，顛倒事實，殊堪遺憾。此事據吾人所獲確報，至是證明是非曲直的責任之所在。蓋中國近年自中央以至地方當局，對於外交咸取不惹事政策，一意於休養國力，擬制內政。二十九軍忠勇官兵，雖志切救亡，痛心國難，仍能服從長官命令，體念政府苦衷，勉抑悲憤，力避糾紛。觀於去年九月豐台撤兵，含淚屈讓，事實具在，憶可復按。此際冀察最高當局請假在籍，平津冀察軍政各級官長受命負責維持地方，益發小心翼翼，下至士兵，自皆重受約束，詎於夜間日軍演習之時，敢於出而滋事，揆諸情理，殆直不可想像。此事據稱係因日軍聲稱兵士失踪，要求入城搜索，我方以深夜無法查找，彼竟出於攻擊，並且要求我軍退出蘆溝橋。綜合此種情形，純係日方放肆要挾，有意尋釁。參以最近平津謠言之多，奸人活動之盛，益令人不能無蛛絲馬跡此呼彼應之感。茲案前途尙難逆臆，惟最要在申明事實，確定是非。吾人切望各國人士以及全國民衆，務須辨明曲直，詳徹真象，勿爲後方片面的報告所惑，更望中央及地方當局能隨時隨事，宣布正確消息，發表交涉經過，使內外各方了解一切，然後不致爲外人有力的宣傳所蒙蔽。

夫中國尤其平津冀察一帶，近年早入非常狀態，事事要磋，作用幾於全失，對外關係上，主客易位，更在在可以受人挾持。同時國際大勢，日本內政，復時時可以影響彼邦對華政策之張弛緩急。吾人鑑於日本最近對俄硬化之有效，還日時有中日間不免發生新事態之危慮。今之蘆溝橋事件，殆即日本對彼對華審試政策之一環歟？果爾，則前途事態益徐難預測，此又國人所不可不知者也。抑中國對日，方針固早確定，即不肯外交立場，不願向人挑釁，可避即避，決不歪讓。然而退避當有程度，屈委應合界限，若果我避而人退，我退而人進，則橫逆之來，攻擊無端，其勢有不容不慷慨自衛另作打算者。此在今日之非常時期，亦正時刻有其需要，斯又國人所不可不隨時警惕抱定決心者也。

就事論事，蘆溝橋事件，北方當局切願以外交方式求解決，如果不涉喪權辱國之條件，國人自亦雅不願事態之擴大。惟衡以國際環境，日本情況，與夫北方現狀，來日大難，隱憂正多，枝枝節節的應付，蒙頭蓋面的敷衍，終必不適於今後的局勢。吾人切望中央地方務即商定切合實際之具體方案，預定緩急先後之因應步驟，共同負責，徹底一致，不特內外軍政當軸精誠團結，見解從同，並應使社會各方有力人士認清現局，明瞭利害，以與政府呼應，是非禍福，榮辱毀譽，全國同之，夫然後始可望形成整個力量，以當不測之變。日前第一亟務，自爲促請冀察政務委員會宋委員長剋日銷假，返平主持，以重責任。中央則出全力以助宋氏，全國國民東於中央地方團結協力之下，根據國策，擁護贊助，惟力是視。凡此均屬事實問題，必當借以有節制的步趨，有實效的行動，方克有濟。此乃今後救亡圖存之必要條件，無論蘆溝橋事件結果如何，要爲國人應有的覺悟也。

《大公报》，1937年7月9日，第3版

盧溝橋中日軍撤退

兩軍昨晨停戰即各遵令後撤

雙方無任何條件及文字規定

保安隊入宛平城暫維治安

【北平通信】自日軍砲擊盧溝橋事件發生以來、此間軍政當局、態度頗爲鎮靜、沉着應付、曾數次明白表示、絕不願事態之擴大、但亦絕不屈服、希望戰鬥狀態之速了、以外交形式謀取解決、經與日方當局一再協商、已略具解決之曙光、據昨日北平當局發佈之消息、謂盧溝橋事件、截至九日正午止、雙方確已停戰、將行協商、滿有和平解決之途徑、我軍政當局始終鎮靜云云、另據某私人方面昨接盧溝橋方面電話報告稱、九日晨三時許、中日雙方正在進行談商時、盧溝橋方面日軍又與我駐軍發生衝突一次、旋經雙方負責人晤面解釋、始行停止攻擊、其後平市方面接洽已有結果、戰鬥狀態暫告中止、昨晨六時許、我保安隊開到盧溝橋後、日軍誤認爲我軍方面增援、遂又開槍射擊、我保安隊未予還擊、當場死我保安隊一名、傷四名、後經我當局解釋交涉、射擊停止、因平市方面接洽之辦法、係日方軍隊須撤回原防、然後我駐宛平之軍隊亦行退出、由我保安隊開往填防、故至昨日下午一時許、日軍已開始以砲火掩護、稍行向後撤退、我軍亦將退出宛平縣城、由保安隊負責維持治安、至平市方面之治安、因地方當局維護週密、可保無虞、城內之交通、因恐有宵小潛入、外城仍多未開啓、宣武·和平·崇文等城門亦多關閉、平市各路電車則多於上午十時後出廠、因昨日平市竟日落雨、行人不多、市面氣象蕭條、

【本市消息】盧溝橋中日兩軍、自八日深夜開始衝突、迄昨晨三時、皆在相持中、津市府秘書長馬彥翀·警察局長李文田、於事件發生後、奉命質詢日方此次發動之意向、特於前日下午、邀請天津日駐屯軍派員到警察局晤談、日軍部方面因田代司令官臥病、即由橋本參謀長派塚田向馬彥翀李文田表示日方對此事件無擴大之意、亦盼和平解決、希望李文田會同日軍負責人、由津同往北平商洽、李以津市治安重要婉謝、經馬李與平方秦市長德純·張市長自忠·馮主席治安及塚田與橋本參謀長各用電話磋談、決定在津商決和平解決辦法、我方要求將宛平縣城外·平漢鐵道以北·永定河鐵橋以北淤灘·永定河以西·龍王廟·各地日軍撤退、恢復八日以前狀態、日方雖加允許、但要求我軍撤出宛平縣城、我方未予承認、經平津電話反覆磋議、直至昨晨三時半、雙方同意、即時下令停止射擊、日軍向八日以前原演習場撤退、宛平縣城內暫時改由石友三部保安隊駐守、城內原有駐軍、俟保安隊開入後、向西移防、撤至盧溝石橋以西平漢鐵道以南之永定河西岸(距城一華里)、至於平漢鐵橋淤灘及平漢鐵道以北之我軍、亦撤集該地、善後問題、俟雙方撤兵事畢、繼續談判、昨晨四時、雙方同時停止砲擊、旋雙方步兵亦停止開槍、塚田中佐於昨晨天明後返回日軍部、馬彥翀亦返市府休息、

《大公报》，1937年7月10日，第3版

善後問題另行談判

【北平電話】平市當局昨日發表消息、(一)八日下午日方通牒宛平縣當局、聲明限六時以前將宛平縣城讓出、否則決武力攻城、經我方駁拒、當夜兩軍又入於對峙狀態、(二)八日夜經雙方長官商洽結果、雙方部隊各歸原防、日軍九日午正撤同原防進行中、我軍已奉令同復原建制、惟當雙方復原之際、適值大雨淋漓、彼此小有誤會、致傷我排長一人士兵若干、正調查中、(三)據報蘆溝橋最古石橋被日軍砲火損毀甚鉅、宛平縣城內損失、在調查中、所有善後事宜、正在辦理中、(四)八日晚八時開始戒嚴、市面情形非常安定、且戒備手段異常嚴密、平市治安絕對無虞、(五)據聞此事係雙方口頭商洽和平解決、並無任何條件及文字規定、另悉日軍大致已向豐台撤退、蘆溝橋附近衝突地帶、尚有百餘人留駐、十日可撤完、我方所派監視撤退人員爲林耕宇、林於九日下午一時返平、日傷兵八名(重傷五人輕傷三人)昨隨平瀋四次車由豐台運平醫治、

【本市消息】日駐軍參謀長橋本羣爲交涉善後問題、於昨日下午四時率同幕僚赴平、又昨日下午六時一十分有日軍三十二名、馬十八匹、由南大寺乘北寧路專車來津、

【中央社北平九日上午八時四十分電】蘆溝橋事件經一再斡旋、至九日晨三時始有結果、四時決定雙方同時撤退蘆溝橋之部隊、該處防務交由石友三之保安隊接防、並約五時起實行、屆時日軍一方爲向我示威、一方爲掩護部隊後退、復發砲十數響、石友三本人當率保安隊七百餘人、乘載重汽車一十餘輛、由黃寺開到、此時困守宛平縣城內之二十九軍一營亦撤出城外、聞日軍現已撤至豐台附近之五里店、至善後問題當另舉行談判解決、將仍由魏宗瀚·齊燮元等主持、馮治安現在秦德純宅澈夜與張自忠等協商對策、

【中央社北平九日上午十一時電】據續訊、蘆溝橋日軍僅撤退一部、石友三之保安隊開到目的地後、是否已經接防、此間尚未接得確報、記者擬再赴蘆溝橋視察、車至廣安門、即被守城士兵攔阻、謂城外尚甚紛亂、仍不時有斷續槍聲、勸勿前往、故即折回、聞大局形勢須待三小時以後始能決定、此時猶難認爲有結果、

《大公报》，1937年7月10日，第3版

王外長昨由廬飛京

【牯嶺九日下午八時發專電】王寵惠九日晨十時下山、乘蔣委員長自備飛機赴京、料理外交、徐謨九日清晨抵牯嶺謁王、據談蘆溝橋事我昨已向日方抗議、不久並將有嚴正表示、以正外交界觀聽、

【南京九日下午九時發專電】外長王寵惠九日晨十時由牯嶺下山抵潯、即乘機飛京、下午二時許到達、下機後即赴外部官舍休息、日高於四時半訪外部、對蘆溝橋事件有所接洽、中央政府方面、八日晨聞知日軍啓釁消息甚鎮靜、今知已有和平解決途徑、正與在平當局密切聯絡、期得合理解決、

【中央社牯嶺九日電】外長王寵惠以蘆溝橋事件發生、爲謀早得適當解決起見、特於九日晨十時離山赴潯、乘飛機返京、俾便於處理一切、關於應付此事件之方針、蔣委員長八日午召見時已有指示、

【中央社牯嶺九日電】外次徐謨爲參加廬山談話會、於七日午由京來廬、九日晨八時抵達、對蘆溝橋事件於抵山後始得悉經過、當往謁外長王寵惠請示一切、據徐談、日軍此次在蘆溝橋演習、原已超出辛丑條約之範圍、外部曾向日方提出抗議、今復襲擊我國軍隊、轟擊我國城垣、此種責任當然由日方負責、我國與各友邦素主和平、不願有任何不幸事件發生、今事變已起、惟希望事態不致擴大、吾人自當循正當之外交途徑、謀適當之解決、返京後對此事件即可就近處理、

【南京九日下午十一時發專電】秦德純·張自忠·馮治安九日晨有聯名電文到京、詳細報告七日夜十二時至八日晚十二時止之蘆溝橋日軍突向我駐軍轟擊事件經過、由第二十九軍駐京辦事處將此項電文轉呈中央各機關報告、該辦事處長李世軍現在滬、即將赴廬山代宋哲元向當局報告並請示、

【中央社北平九日路透電】據廬山半官消息稱、當軸雖願將蘆溝橋事件力求縮小範圍、勿使擴大、但日方若提出無理要求、則決予拒絕、當軸甚贊成冀察政委會所持態度、

【中央社東京九日電】九日晨外務省發言人接見外國記者團、宣佈蘆溝橋事件經過、各國記者質問甚尖銳、有問日本軍是否有在北平附近任何地方演習之權、又有問日本軍夜間演習是何用意、發言人答「爲訓練」、又有問日軍佔領蘆溝橋車站及飛機塲確否、答未得報告、縱使佔領、亦不過暫時、又有問日政府是否擬向國民政府抗議、答未定、最後發言人謂、外務省訓令日駐華大使館參事官日高向中國外交部要求保護在華日僑、九日晨外國記者出席者甚多、足證此事件引起世界之重視、

《大公报》，1937 年 7 月 10 日，第 3 版

孔部長與美財長商中美金融問題

孔謁美總統交談異常和洽

中美雙方將發表共同公報

【中央社上海八日電】華盛頓國民社八日電、中國孔副院長八日在白宮羅斯福聚餐後、宣稱彼此交談和洽非常、實生平最愉快之一日云、孔在美京此後計劃尚無所聞、惟悉即將與美國務卿赫爾晤談經濟問題、

【中央社上海八日電】華盛頓七日合衆電、孔副院長七日自紐約返此、聲稱中國不擬於白銀範圍內再求國外之信用借欵、惟或將與財長摩根索討論一般銀的問題、今日孔氏與中國駐美大使王正廷在白宮羅斯福之辦公室中同進午膳、俾可作親密之談話、午膳時間則因總統將往觀壘球戰、故略爲提早、事後孔氏向記者談稱、菲律賓羣島多產中國所需之物品、菲島獨立後菲貨在中國市場或可大爲發展、惟目前尚難預料云、最後遠東方面或可於倫敦協定之外、另訂協定以處置剩餘之菲糖也、孔氏在此將有二三日勾留、然後仍赴紐約、據孔氏自稱、此次來美頗爲滿意、今日球戰後羅總統夫人約王正廷及其二女公子至白宮茶會、今晚中國大使館非正式宴請孔氏、

【中央社華盛頓八日哈瓦斯電】中國孔副院長頃與美財長摩根索及其他重要部員進行談話、當就中美兩國在貨幣上之關係及一般金融問題加以討論、歷一小時始畢、據一般人所知、關於孔副院長聘問美國所得結果、在孔氏赴歐前、中美雙方將發表共同公報、有所說明、

【中央社上海九日電】華盛頓八日合衆電、孔副院長八日續與財長摩根索談話、官方聲稱談話主題爲繼續中美兩國良好之財政關係、並無特殊性質、惟或尚須晤談數次、俾可檢討陳光甫·摩根索白銀協定之結果及協定成立後兩國幣制關係、據悉孔摩之談話、對中美兩國目前財政關係不致有何根本改變、惟孔將來是否有意提出特殊計劃、則不得而知云、

《大公报》，1937年7月10日，第3版

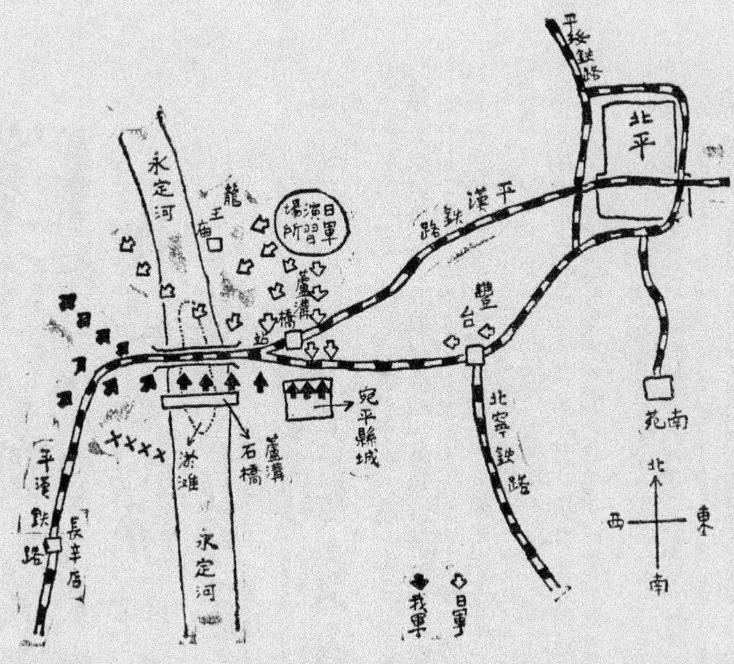

盧溝橋視察記

【中央社北平九日電】九日下午四時記者接到盧溝橋事件已和平解決報告、即冒雨逕赴盧溝橋探訪各項消息、茲綜合報告如次、九日下午四時石友三之保安隊百六十餘名、由中隊長賈朝毅率領、已開入宛平縣城內、先是晨六時保安隊向前開動時、日軍曾發生誤會、開槍射擊、當擊斃保安隊兵一人、傷二人、我方未予還擊、當由交涉人員向日方解釋後、旋即停止、至包圍宛平縣城之日軍、於下午一時在中日雙方所派監視員張允榮及松井九太郎監視之下、開始向盧溝橋東約六七里之五里店地方撤退、同時我軍亦撤至盧溝橋以西、我保安隊即於三時半後開入城內、此次交涉人員我方爲冀察綏署代表周永業•二十九軍代表周思靖•冀察外委會代表林耕宇•日方代表爲中島•櫻井•笠井三人、彼等於保安隊開入縣城後、即在城內長途電話局與宛平縣長王冷齋及因守城而受微傷之團長吉星文等晤面、互表歉意後、對此次事件之和平解決、互引爲快、並表示善後問題容再作第二步之研究、今後首以避免衝突爲要、日方人員旋即退出、我方人員乃在城內視察一週、現城內治安由保安隊負責維持、城內房屋被日軍砲火擊毀極多、宛平縣府大客廳屋頂被擊一洞、王冷齋臥室亦被擊毀、縣城東門仍關閉、西門已開一半、由保安隊把守、對出入行人檢查頗嚴、城內人民雖頗受驚恐、但秩序始終甚佳、馮治安定十日赴宛平縣視察、並撫慰人民、王冷齋俟善後問題料理就緒後、亦即返平【上圖爲雙方撤兵前兩軍對峙形勢】

【中央社北平九日電】記者九日下午四時冒雨赴盧溝橋、出廣安門至大井村、約八九里、沿途寂無一人、自大井村至五里店約四五里、則仍由日軍佈防、崗位相望、至肥城（即宛平縣城）城外、日軍作戰之簡單工事猶在、聞日兵作戰時曾設四道防線、當七日夜砲火最烈時、日軍曾企圖佔領盧溝橋石橋、我守城團長吉星文奮勇搏鬥、曾於此役受有微傷、計兩日來日軍發砲達百發之多、九日晨日軍與我保安隊發生誤會時、我保安隊班長李萬傑張世俊隊兵祁彬卿袁吉田負傷、隊兵程步雲陣亡、當記者抵盧溝橋時、雙方撤兵業已竣事、保安隊正由中島櫻井及周思靖等率領向肥城西門開入、首在警察局門前集合、經周及石友三分別訓話後、即分配防務、該縣長途電話線、大部均被割斷、九日晚已派工修架、十日或十一日可修復、撤至五里店之日軍、聞定十日分別退平豐原防、

《大公报》，1937年7月10日，第3版

日軍猛攻蘆溝橋

昨日違約挑釁企圖擴大事態

我軍奮勇抵抗今晨戰況轉劇

大局刻刻增加嚴重程度！

【中央社北平十一日上午三時電】日軍于十一日晨一時三刻向蘆溝橋以步槍機槍、夾以大砲、猛烈攻擊、我守軍亦奮勇還擊、迄晨三時猶激戰中、

【北平電話】官方消息、據一般觀察、蘆溝橋案和平解決雖已開始、但將來交涉恐難免相當波折、對方避用武力之可能、尚未完全消除、

【中央社北平十日下午九時二十分電】因蘆溝橋附近日軍二百名不肯撤退問題、引起雙方極大誤會、現日軍向平市城郊各地積極增兵、並構築工事、我方為防範起見、凡日軍所在地、亦均有我軍駐守、目前在對峙中、形勢似頗嚴重、我當局表示、願始終和平解決、雖在交涉無法進行中、亦決願作最大之努力、倘萬不得已時、亦只有盡衛國之責、與之周旋、

【南京十日下午十時發專電】關於蘆溝橋事件、外交部八日已派員向日大使館提出口頭抗議、十日午後將抗議各點以書面正式送交該館、同時並派定人員即日北上、協助地方當局辦理交涉、日使館參事官日高十日晨十一時赴外部謁王寵惠外長、先談汕頭事件、旋王外長提出蘆溝橋事件、希望日方注意我國所提抗議、早日和平解決、不得再有任何擴大事態之行為、日高對此表示同意、談至十二時半始辭出、

《大公报》，1937年7月11日，第3版

【中央社北平十一日上午一時五十五分電】十日下午五時半日方由豐台開往盧溝橋方面之軍隊、復又以大砲機槍向橋身及宛平縣城猛攻、我軍爲正當防禦、加以還擊、鬬至六時半始稍停止、但七時半日方復施行射擊、雙方互有損傷、倘事態繼續擴大、其責任應由日本負之、

【中央社北平十一日上午三時五十五分電】日軍於十一日晨一時三刻開始對盧溝橋作再度攻擊後、我軍奮勇抵抗、戰況劇烈、刻日軍已退大井村、宛平縣北一帶槍聲極爲緊密、

【中央社北平十日路透電】今夜中國官場聲稱、日軍欲以宛平爲其軍事集中點、華軍定力拒之、不許日軍佔據該城、華軍確已依照昨日議定辦法從事撤退以免衝突、但並未放棄其駐守該城之權、此間日軍發言人今夜聲稱、日軍欲在宛平造成可使此種衝突不能復作之局面、但此說究作何解、該發言人不願加以申說、

【中央社北平十日下午十時二十五分急電】盧溝橋日軍迭有增加、並積極佈置工事、十日下午大時許該地日軍又向我軍挑釁、當即發生衝突、雙方互擊兩小時始停止、現在形勢頗爲嚴重、

【中央社北平十日電】盧溝橋中日軍隊九日同時撤退後、我方部隊撤至指定地點、惟日方部隊尚有二百餘人仍逗留於盧溝橋附近之鐵路軌道旁、日軍臨時司令部藉口此次戰役尚有陣亡日兵屍首兩具未覓獲、故須在此搜尋云云、經我方一再與之交涉、均置不理、結果九日晚九時許尚一度發生誤會、該部隊竟復向我開機關槍射擊、九日夜平市西南角微聞[illegible]槍聲即此、旋經我方勸阻、始行停止、現我仍力促該部迅即撤離盧溝橋、以防萬一、宛平城內防務、保安隊已分配完畢、開始維持治安、

【中央社北平十日電】自盧溝橋事件發生、平市民對之雖極關切、但態度異常鎮靜、因而秩序井然、至於全國各地亦莫不表示關切、而各將領如劉峙・商震・湯恩伯・龐炳勳・馮占海等均來電慰問聲援、

《大公报》，1937 年 7 月 11 日，第 3 版

交涉毫無結果

【中央社北平十日下午七時四十五分電】蘆溝橋附近五里店尚有日軍二百餘名迄未撤退、對此問題中日雙方人員十日午在張允榮宅晤面、到我方秦德純・馮治安・王冷齋及日方櫻井等、彼此討論達數小時之久、因日方意態堅決、故毫無結果、

【中央社北平十日電】津日駐屯軍參謀長橋本羣九日晚由津乘專車抵平後、召集日方各要人會商一切、迄至十日下午六時止尚未與我方晤面接洽、橋本此次來平頗引人注意、

【中央社北平十日電】中日軍隊自九日午起分別復員後、九日晚我方部隊已完全恢復原狀、及十日晨二時半後平市忽又聞槍砲聲及機關槍聲、繼續約半小時之久、嗣經多方調查、我方安靜如常、並無絲毫動作（此足證明槍聲係發自五里店所駐日軍、其用意不明。）現日軍尚未完全撤回原防、五里店方面仍留有約二百餘名、又據報告、十日晨八時許有日軍六百餘名附野砲約二十門、由豐台向西前進、意義不明、且仍有小部隊時來時往、

日方繼續增兵

【南京十日下午十一時發專電】蘆溝橋事件、十日晚逆轉、此間傳聞日軍十列車已由瀋陽西開、已有兩列開到山海關、據路息、迄至十日夜、平漢路仍僅達長辛店、

【本市消息】路局方面消息、十日下午四時、有日軍兩列車由榆關開抵唐山、均未下車、人數不詳、

【中央社北平十日下午十時五十分電】據車站報告、九日由關外開到日軍兵車兩列、內兵士僅百餘人、但携大砲十二門、車過山海關後、本有西進模樣、但旋又停於秦皇島、未再西開、又十日晨到平之平榆通車、抵豐台時有一部日兵擬乘此車來平、為我當局所勸止、並將該次車停在豐台、

【北平電話】官方公佈消息、（一）駐通州日軍三十餘名携機關槍二架、于十日下午一時三十分開抵平東郊關東店、乘汽車二輛轉往豐台、（二）下午一時十分、日兵三百餘名携重機關槍十二架、由豐台開往蘆溝橋、（三）下午一時四十分、日軍三百餘名、携鋼砲二門、機槍十七架、由豐台開往蘆溝橋、電報局在五里店修理電線之工人、均被迫逃回、（四）下午一時五十分、日兵三百餘名携大砲五門、小砲六門、由豐台開往蘆溝橋、（五）下午三時十五分日軍七十餘名、分乘載重汽車六輛開往蘆溝橋、（六）駐津日軍九日分乘載重汽車十輛、每輛四五十人、於下午開抵豐台、（七）下午三時後、大井村日軍放哨至宛平附近、（八）豐台至蘆溝橋宛平間、日軍用電話線增搭兩條、（九）日兵十餘人、九日下午在大井村放哨、禁止行人、（十）向蘆溝橋推進之日軍、均在五里店・宛平一帶露營、有準備作戰模樣、

【中央社北平十一日零時四十五分電】蘆溝橋五里店一帶、自十日下午六時起、日軍復向我軍挑釁、一度衝突後、旋於九時許又繼續接觸、至十二時雙方仍在激戰中、又聞黃村亦曾發生衝突、但尚未證實、我當局於深夜召開重要會議、商應付辦法、聞已將日軍違約挑釁經過情形、電中央及各省市當局報告、又日機三架十日下午三時飛蘆溝橋一帶偵察、旋即飛去、又日機另一架於下午三時在平市上空、飛繞一週而去、此種舉動自亦含有挑釁性質、據報由關外開來之日兵車十列、其兩列已由秦皇島開至豐台、另三列聞亦於十一日晨三時開抵天津、尚有五列十一日午亦可到山海關轉津、

【中央社北平十日下午六時四十分電】路息、由遼寧開來之日兵十列車、每列約一千餘人、已到山海關者有兩列、由津開來載重車約十輛、每輛約日兵四五十名、似此情形、各方咸認日本有擴大蘆溝橋挑釁事件之企圖、又五時四十五分電、蘆溝橋事件本日又呈逆轉趨勢、豐台日駐軍十日下午忽又向蘆溝橋前進、此間亦接到日增兵蘆溝橋之報告、

《大公报》，1937 年 7 月 11 日，第 3 版

北平市中景象

【中央社北平十日電】蘆溝橋事件逆轉後、平市面仍安定、惟各城門於下午五時後又復嚴閉、只餘前門往來行人、每門洞僅開半扇、各衝要道路如東單等處均堆置沙包、十日夜仍八時戒嚴、警察局長陳繼淹談、自八日宣布戒嚴起、各界均能遵守規定辦法、一致維護地方、鎮靜應付、實爲良好現象、對於外僑、職責所在、尤應盡力保護等語、又一般物價連日飛漲、糧商乘機操縱糧價、警察·社會兩局現正嚴厲取締中、市商會主席鄒泉蓀召各公會主席談話、希望各公會主席轉告各商號、在此非常時期、應力持鎮靜、勿自驚惶、

【中央社北平十日電】南苑飛機場及市街現均平靜、人民安堵如常、我當局戒備森嚴、治安絕無問題、歐亞六號機十日下午三時半由綏飛抵南苑機場、除司機外並無乘客、該機現停機場、至歐亞其他機及中航機、十日均未飛平、

【北平電話】二十九軍幹部十日晚舉行會議、晚十時半以後、砲聲稍停、惟槍聲未止、津市府秘書長馬彥翀昨午抵平、

【本市消息】日傷兵二十餘名昨日下午由豐台乘載重汽車四輛返津、又日軍載重汽車七輛、裝載汽油多箱開往豐台、

宛平城內安謐

【北平電話】本報特派員十日晨九時由平乘汽車赴蘆溝橋視察、當行至平漢路與豐台支線接軌處、曾遇日軍盤問、經說明後通過、由宛平西門入城、城內駐有石友三部保安隊百餘人、市面尚安靜、縣長王冷齋奉秦德純·馮治安電召於七時赴平、治安交由警察局警官柏某負責維持、縣署·警局·二十九軍兵營均落有日軍砲彈、人民方面損失、以河西較重、因砲彈多落於永定河西岸、我方將詳細調查、以備留待交涉、聞八日雙方戰鬥最激烈一幕爲爭奪鐵橋、清晨一度曾爲日軍佔領、十一時我軍又奮勇奪回、現日軍在宛平城東門外半里內沿平漢鐵路兩旁佈防放哨、

【中央社北平十日午後一時二十五分電】宛平縣長兼專員王冷齋偕秘書洪大中及日顧問中島于十日晨六時由蘆溝橋返平、當往謁秦德純·馮治安及冀察外交委員會主席委員魏宗瀚、報告事件經過、並請示善後辦法、秦馮對王此次維護國家立場備致慰勉、並諭此後關於外交問題、仍由王負責辦理、王定十日晚返縣、但如時間不允許、將先囑洪大中先回、又昨王曾向受傷縣民撫慰、並將被日砲火破壞處所攝影存執、備作將來交涉根據、又九十兩日京滬粵各地民衆團體及文化機關均紛紛電宛平縣慰問、一般民衆對此情緒甚爲感奮、

【中央社南京十日電】二十九軍駐京辦事處長李世軍十日晨由滬返京、午後分謁軍政各當局、轉呈平來各項要電、並於晚八時往謁何應欽、報告蘆溝橋事變經過、約一時許辭出、聞李日內赴牯、

【中央社上海十日電】許世英對蘆溝橋事件異常關懷、黃山之行業已中止、並特派秘書黃伯度十日晚入京晉謁王外長接洽請示、

【中央社北平十日電】蘆溝橋事件、我方傷亡士兵頗多、平大各院·北大·中院·東大等校學生連日派代表分赴戰地及城內醫院慰勞、

《大公报》,1937年7月11日,第3版

越過日軍營幕 巡視蘆溝橋

宛平縣城東門緊閉 砲火轟擊損害奇重

【中央社北平十日電】記者十日晨再赴蘆溝橋，時抵廣安門，門已半開，菜販小貨車因交通斷兩日，均乘此機會入城，故行人特別擁擠，七時二十分抵五里店，遂至平漢路軌道日軍營幕，始知蘆溝橋附近尚有日軍一百餘人未撤，若干日兵猶在該處高地架設砲位，窺其目標，仍向蘆溝石橋，鐵道涵洞有日兵盤問行人，通過涵洞後即為宛平縣城，現東門依然緊閉，無法通行，惟西門半開，行人經盤問後，可以出入城內，保安隊共百五十人，由冀隊長率領，會同縣警官柏榮光負責維持治安，一般情形尚屬平靜，惟商店尚未開業，住戶

雙扉緊閉

一切均呈靜止狀態，至戒備方面，因我軍撤至橋西，尚未撤去之日軍在鐵路軌道旁臨時設立司令部，相距僅一二百米達，故警戒未敢放鬆，據宛平縣警官柏榮光談，七日深夜發生衝突後，八日日方要我退讓，竟要求限於六時前自縣長以下至百姓應全部退出，欲來接收縣城，當時王縣長因電話電報俱斷，無法向長官請示，祗與本人（柏自稱）與令警長商議竟日，尚未得有結果，日軍已

開砲轟擊

此役彼方目標完全在於縣府，因縣府房頂竪有旗杆，可作彼射擊標準，故縣府同時受中四砲，縣長臥室大客廳及第三科辦公室等處均被毀，幾將旗杆割去，發砲目標遂失，遂多落於民房，共計日軍此次三度砲攻宛平縣城，（一）為七日夜三時後，（二）為八日上午十時後，（三）為八日下午六時後，共發砲一百餘發，雙方死傷現尚不知確數，但已收險屍首六十餘具，抬赴長辛店等地掩埋，受傷者約有百二十餘人，亦已陸續運至該縣臨時所設之醫院施治，日軍死傷實數不詳，但與我方亦

不相上下

共死者已運往豐台或天津，由此觀之，此次戰爭不能謂不激烈云，此記者與柏分手後，復往各街衢大略巡視，因恐防伊始，戒備仍嚴，故不克十分自由，且新雨初晴，泥濘載途，除保安隊之巡邏外，絕少行人往來

景象淒涼

觀之令人徒增情慨，又因一切損失均待調查，人民驚魂甫定，不願與縣府外人閑談，用是調查頗難，又記者到蘆溝橋之後，始悉縣長王冷齋業已赴平，一切問題，均無專人接洽，乃決定且先折返北平，俟日內縣府稍恢復，當再實地前往考察，

川越訪沈鴻烈

【青島十日下午十一時發專電】川越十日午後赴市府晤沈鴻烈，作正式拜會，沈對蘆溝橋事件曾與川越談及，川越謂雙方皆以大局為重，自不至有何變故，川越又談日朝野甚盼許大使早日返任云，

汕頭事件「可望解決」

【香港十日下午十一時發專電】日領中村十日將派員訪刁作謙，由凌士芬接

見，該一點鎮始退，復談汕案，除應持，中村來談後，表示對所提條件尤略讓步，並認汕案不宜久持，日如讓步，此案不難解決云，

【中央社南京十日電】本日上午十一時日本駐華大使館參事日高赴外交部晉謁王外長，談汕頭事件，聞日高表示希望此事能早日就地解決，王外長答稱本人抱有同感，

浙省府大借款

整理舊債彌補預算

【中央社杭州十日電】浙省府向滬杭各銀行進行二千四百萬借款，經屈映光兩度赴滬接洽後，原則已決定，大體以浙省全部公債為抵押品，擬以七折計算，利息八釐，款分五期支付，十年還清，其用途則以一千九百萬為整理舊借款之用，五百萬為省府彌補新預算之平衡，十日杭銀行界再度集議洽商後，下週財廳即將據此擬成正式方案，再交由銀行方正式認可，簽約成立，

廬山談話會將舉行

應邀來賓陸續抵牯

港傳李宗仁日內飛廬

【牯嶺十日下午四時發專電】談話會被邀者共二百零七人，首次八十人，連政府作陪人員三十人，共一百一十人，

【中央社牯嶺十日電】廬山談話會行將於十五日開始舉行，連日各地應邀來賓及被請之陪客陸續抵廬者甚多，在十四日前概可到齊，共百八十餘人，主持此事之中政會秘書長張羣氏日來籌劃十分忙碌，各地來此參加談話會者分別在美國學校及仙巖飯店兩處招待，談話地點定在圖書館大禮堂，談話之方式凡參加者共聚一堂，對各種問題均可自由發揮意見，遇有疑難者，由分組之陪客，按其問題之性質起立答復，故此種談話性質完全爲彼此交換意見，及作感情上之聯絡，絕非一種會議式之集會也，

【中央社牯嶺十日電】中央秘書長葉楚傖日前由京來廬，旋赴贛即迴赴海會寺參加暑訓開學禮，於十日午由海會寺抵廬，葉氏將暫留山辦公，

【香港十日下午十一時發專電】五路軍參謀處傳出消息，李宗仁日內飛廬，謁蔣委員長，請示解決桂金融及一切軍政問題，白崇禧出洋否亦俟謁蔣委員長後決定，

《大公报》，1937年7月11日，第3版

社評

危機一髮的東亞大局

這兩天日軍在蘆溝橋的幾陣砲聲，很可以變成遠東和平的弔鐘，在國際間將要釀出嚴重的局勢，在歷史上將要種下百年的浩劫。我們對這次事件推演的局勢和結果，簡直是不忍想像！所以我們衷心祈禱主動方面能够懸崖勒馬。

向來國際間發生軍事衝突，雙方一定要對責任問題互相指摘。此次之事，日方雖再三誣衊中國，想要自固立場，而事實具在：首先砲轟宛平縣城的是誰？我軍已經忍辱撤退，而故留二百餘人，藉辭不去，重又尋釁者是誰？一面宣稱撤兵，一面厚集大隊，併力猛攻者又是誰？國家有强弱，軍隊有好壞，然而是非不能不講，曲直不能不分。我們願以中國國民資格，在此處首對强權厚誣我方的種種措辭表示嚴正的抗議。

我們是五千年的文化古國，講謙讓，愛和平，却决不是沒有羞惡之心的無恥民族。我們五六年來經驗了無數的艱危困苦，深刻地感覺到人必自侮而後人侮的眞理，認爲國力亟需培養，攘外先要安內，所以近年政府的根本政策是自力更生，中心工作是積極建國，上下一致的努力目標是全國和平統一。又知道這事需要較長時間的內外安定，因此對於外交刻意强顏歡笑，持重求容，行動穩愼，萬般含忍。這不是怯懦，而是有計劃的自强自立。我們現在所求的祇是生存，祇是與人無礙的生存。因爲要生存，所以不能容許領土再被人家攘奪，因爲要好好地生存，所以願意全國團結成功一個統一的國家，不願意國內再有分裂，更不能容許他人再來硬替我們分家！冀察平津是中華民國領土之一部，這些地方一律奉行中央政令，本來就不是軍閥割據的獨立區域和非法組織，說不上什麼「中央化」。要是藉口「中央化」，而想活生生地把他和全國拆開，即就等於攘奪我們的領土，和取銷我們的生存權一樣。政府在地位上是絕對不能答應的。而且因爲近年國民的統一意志非常堅强，政府也沒有力量敢於違反民意，默認外力割裂。

不幸日方始終不肯認識此點，前年有所謂「華北五省自治運動」的紛擾，去年南京中日交涉之卒至不調，都是所謂「華北特殊化」的一念之差！觀察這次蘆溝橋事件發動的背景，大致仍是「特殊化」的夢在作祟。我們不問日方計劃如何，眞意何在，敢斷言拆散中國民族，割裂中國領土，已是時代過去的陳腐思想！我們更敢斷言：日本此次果把中國逼到無路可走，則我們全國國民决不能眼看着二十九軍的忠勇官兵單獨在北方捱打！所以說這事將成中日間擴大的衝突，儘有釀出嚴重局勢和百年浩劫的可能。

我們認爲如果日本硬要逼迫中國走上不能不走的一條路徑，則實逼處此，中央政府除掉領導全國共上悲壯之途外，直無他路可走。所以事態推演的關鍵，畢竟操於日本之手。歷史功罪决於俄頃，我們敢陳最後利害，以促日本關係方面之注意。昨晚消息說日本內閣昨天開會，又已决定了不擴大的方針，並且有人在雙方間奔走交涉，甚至有第二次實行撤兵之說。但是看看日軍這兩天在前方劍拔弩張猙獰可怖的情勢，令人實在不敢輕信其不願擴大。我們以爲除非日軍無條件的掃數撤去，將蘆溝橋一帶完全恢復原狀，尤其關外開來的日軍，即刻開回，兩國間的大危機是無法消滅的。日方果肯懸崖勒馬，應切實表示誠意，勿再逞其感情，施其高壓，當然爲中國方面所願。如仍徒爲欺飾之談，藉作故入人罪之口實，不特中國不能一再上當，將來事件擴大，日本責任終無可逃。這又是我們今天願意預爲聲明的幾句話，並願喚起我軍方面的鄭重注意。

《大公报》，1937年7月12日，第2版

東亞大局危機一髮

北平附近繼續激戰

今後若干小時為緊要關頭

宋委員長昨晚由樂陵抵津

【南京十二日上午一時發專電】北平·天津·豐台·蘆溝橋各處日軍現積極補充械彈、大張聲勢、對我威脅、我政府及華北當局態度均鎮靜、正謹慎警戒中、此間當局觀察、十二日為最要關鍵、能否緩和、或竟不幸而事態擴大、將視今後若干小時、日方是否反省為斷、我衷心盼望和平、同時則願日方痛切覺悟危機之重大、勿為已甚、

《大公报》，1937年7月12日，第3版

【南京十一日下午十一時發專電】盧溝橋事件十日晚趨緩，至夜半忽惡化後，外交部深夜派亞洲司第一科長董道寧赴日大使館訪參事官日高，再提出口頭抗議，要求立即制止駐屯軍此種違法背信之軍事行動，同時我方並保留一切合法要求，日高允轉電東京。董十一日晨報告外交部，又日高十一日下午四時五分赴外交部訪陳介，洽商一切。日高對盧溝橋再度勃發事件，日軍違法背信各點，強詞辯理，經陳以嚴正態度請其轉電駐屯軍勿一誤再誤，恐非遠東大局前途之福，談至五時二十分，日高默然辭出，又外部前擬派員北上協助地方當局辦理交涉，現因日軍違約進攻，情勢惡化，是項人選雖已遴定，但北上期已談不到，何應欽因盧溝橋事件惡化，十日由廬山返京。

【中央社北平十二日晨二時零五分電】盧溝橋大井村五里店一帶，十二日晨一時四十分中日軍又大衝突，聞砲機槍之聲密如連珠，聲音頗爲清晰，戰情甚烈。

【中央社北平十一日晚十一時二十五分電】豐台南黄土坡十一日晚十一時亦發生衝突，至發電時止，仍在混戰中。

【中央社北平十一日晚十時五十分電】中日雙方十一日夜約定仍在無條件下撤兵復員後，此間形勢頗爲和緩，但適據報告，和平局面又有變化，前方復有戰事發生，盧溝橋方面步槍機關槍砲聲甚密，戰況頗激烈。

【中央社北平十二日晨二時五十分電】大井村一帶日軍十二日晨一時許，突向我方平市西郊衙門村•小井村•大瓦窑等處駐軍，以重砲機關槍猛烈攻擊，我軍當即起應戰，雙方激戰約半小時，日軍不支，復退回原地，雙方死傷頗衆，民間損失亦甚大。

《大公报》，1937年7月12日，第3版

蘆溝橋一帶劇戰中

【中央社北平十一日下午四時十分電】確息，蘆溝橋方面十日下午五時半日軍突又以大砲掩護攻擊我軍，我軍不得已予以還擊，入夜以後，日軍一連向我龍王廟陣地突擊，被我軍沉着擊退，旋日方又增加兩連，繼續猛攻，我守軍雖不足一連，以士兵奮勇，日軍常未得逞，雙方激戰至十時許，日方更增加兩連，且以山砲猛烈進攻，我軍爲策略計，稍向後退，日軍竟欲繼續前進渡河，卒被我軍擊退，此役雙方均有損失，嗣即入于停戰對峙狀態，日方仍表示不願事態擴大，幾經接洽，現雙方暫行口頭約定，仍在無條件下雙方下令復員，結果日方是否如前不遵守信約，尚待事實之證明。

【北平電話】蘆溝橋附近大部日軍在十一日下午九時已退至豐台方面，惟留有少數部隊，至十時左右忽又有步槍聲，眞象不明。

【北平今晨三時半電話】蘆溝橋衝突，今晨二時許槍砲聲最密，約二十餘分鐘，嗣即停止，二時半似入休戰狀態，刻在蔣家村附近對峙中。

【北平電話】蘆溝橋方面自昨夜十時起又有衝突，十一時許槍聲益密，迄至今晨二時，槍砲之聲未絕，戰況激烈。

【中央社北平十二日上午二時半電】日軍不履約撤退，反增調大軍向我軍猛攻，致十日下午六時起又發生猛烈衝突，嗣經又經雙方口頭約定停止軍事行動，撤歸原防，正在依照約定履行間，詎十一日晚十時後，平郊東北及西南各方均有緊密槍聲，清晰可聞，十二日晨一時後，據報日軍更以機槍及大砲向我軍猛轟，我軍憤日方之一再食言，當即奮勇抵抗，截至發電時，戰事仍在進行中。

【本市消息】冀察政委會委員長宋哲元，前月回樂陵原籍掃墓，頃因蘆溝橋事件緊急，昨午由樂陵乘汽車經滄縣返津，秘書長王式久暨衛兵隨來，七時許抵津，即赴英租界二十九號路私宅，省視太夫人，旋赴十七號路休息，並至進德社召見二十九軍在津人員，有所會商。

【濟南十一日下午十一時發專電】宋委員長哲元十一日午前十一時由樂陵原籍偕隨員衛隊等乘汽車北返。

【保定電話】省府消息，宋委員長十一日下午七時許，由樂陵乘汽車抵津，有明後日來保訊，十一日晨趙登禹、鄧哲熙由平飛抵保，下午趙登禹改乘汽車返河間防地，鄧暫留保，省府民政廳長張吉墉、財政廳長賈玉璋、建設廳長王景儒及門承烈，十一日晨由平乘輸車繞道至長辛店，改乘平漢車到保。

【中央社北平十一日電】津日駐屯軍參謀長橋本九日來平後，未與此間當局晤面，十一日晨復訪秦德純，亦未獲晤，當於午後一時飛返津。

【北平電話】官方發表，津市盛傳關於蘆溝橋事件我已容納對方三項請求云云，於事實絕不相符。

【南京十一日下午十一時發專電】蕭振瀛、馮治安、張自忠十一日電京，對日軍違約進攻經過有詳細報告，京廬兩地對二十九軍應付方針，均有所指示。

【本市消息】冀高法院院長鄧哲熙及冀察綏靖公署副官長王翊忱，昨夜十二時半，由保到滄州搭專車抵津，謁宋委員長，宋之衛隊六十餘名隨同前來。

【中央社北平十一日電】平津院校教職會十一日晨召平市各界代表開會，由楊立奎主席，報告蘆溝橋事件經過後，並說明召各界開會之意義，旋決議組織平市各界聯合會，推王季緒起草會章，楊立奎等代表各界謁當局，詢時局情況，並籌辦慰勞事宜，又清華學生派代表十一日晨分至各醫院慰勞二十九軍兵士，並贈送大批慰勞品。

《大公报》，1937年7月12日，第3版

外部人員 徹夜辦公

【中央社南京十一日電】日軍違約在平郊及盧溝橋突又大舉增兵，並又向我駐軍挑釁，發生衝突，情勢非常嚴重，我外交部於十日深夜接到此項電告後，即由亞洲司第一科科長董道寧以電話通知日本駐華大使館參事日高信六郎，告以平郊日軍違約擴大事態，日方應負一切責任，並請其即發電日本外務省及華北駐屯軍，立即下令制止一切軍事行動，日高允將此項要求分別電知日外務省及駐屯軍，又外部於十日晚接到該項電告後，首腦人員均留署徹夜工作，十一日雖值星期，亞洲情報兩司人員仍多照常到部辦公，王部長並於十一日晨召集陳次長及情報司李司長等數人開會，商應付方策，聞該部將於十一日下午發表重要文件，說明日軍在平郊違約挑釁之經過。

【中央社南京十一日電】宋哲元駐京代表李世軍，曾於十一日晨七時及下午六時與北平市長秦德純由京平長途電話接通話兩次，第一次秦氏係報告日軍不顧撤兵信義，於日昨三度再犯盧溝橋，經我方奮勇擊退經過，第二次秦氏謂自晨七時起至下午六時通電話時止，雙方戰事並無重大接觸，平津沿線安穩如恒，軍心振奮，防務亦甚周密，聞李氏已將兩次通話情形分向何部長應欽、王部長寵惠報告，又據某要人接平電，謂日方十一日曾派員向冀察當局接洽，對此次事件表示遺憾，並對雙方死亡官兵表示惋惜，聞當局力求事態縮小云，消息靈通者對日方此舉，認為恐係緩兵之計，因日兵車十列已由關外開入山海關秦皇島一帶，且附有飛機五十架，是證日方預有計劃，企圖將事態擴大。

【南京十一日下午十一時發專電】外交軍政兩部長十一日晨有長時間之晤談，外部除今晚將有所發表外，正與日使館不斷交涉中，日高於十一日下午四時半訪外部，亦為商談華北時局。

日高昨再 訪晤陳介

【中央社南京十一日電】十一日午後四時日本大使館日高參事訪外交部陳次長，談盧溝橋事件，各就所得不同之報告相互辯論後，陳次長列舉日方最近向平津增兵之事實，謂與日本國內外當局不擴大事態之聲明完全相反，要求迅電日政府制止日方軍事行動，俾盧溝橋事件得以和平解決，日高稱中國中央軍隊目下有向北移動之消息，日方對此甚感不安，陳答深信中國軍隊並無向日軍挑戰之意思，但對於任何外國任意增兵來華侵略中國領土主權，殊難容忍，自不得不作正當之防衛，深望日本當局翻然反省，勿陷中日國交於危險之狀態，日高亦以為然，談至五時半始興辭而去。

【中央社南京十一日電】日軍在平郊向我駐軍挑釁，擴成嚴重局勢，我駐外使領館及僑民極為關切，聞外交部已將連日經過情形，隨時電告駐外各使領館，轉為周知。

【中央社上海十一日電】孫院長對盧溝橋事件異常關懷，十一日晨與王外長在長途電話中接談頗久，據孫談中央對于盧溝橋事件，希望早日和平解決，惟以目前之形勢觀察，日方對於和平毫無誠意，前途頗為難談，但二十九軍對於保衛國土，已具決心，此可告慰於國人者，本人擬南下一行，如時局嚴重，此行亦將中止。

【中央社上海十一日電】盧溝橋事變消息傳滬後，許世英大使甚為痛心，雖在病中，仍力疾從公，急取各方情報，注視事件推移，並每日與外部通電話，且電東京我駐日使館指示一切，本擬晉京與外交當局面洽要公，但以體力尚弱，醫生堅囑暫時不宜行動，乃派秘書蔣伯康代表赴京接洽請示。

《大公报》，1937年7月12日，第3版

外部發表重要聲明

【中央社南京十一日電】關於日軍不依約撤兵、再度進犯我蘆溝橋駐軍事、我外交部發言人頃聲明如下、『據所得報告、日軍不遵照雙方約定之停止軍事行動辦法、拒絕全部撤至指定地點、首則遺留部隊二百餘名於蘆溝橋東北之五里店、繼則調動大部軍隊千餘人集結於蘆溝橋東北三里許大瓦窰、於十日下午六時開始續向我蘆溝橋駐軍猛烈進攻、同時並調集日本國內外大軍絡繹向平津進發、意圖作大規模之軍事行動、而貫徹其最初目的、至於蘆溝橋事件終又轉於嚴重、其責任自應由日方負之、查此次事件發動於七日深夜日軍在蘆溝橋非法演習時藉口有兵士一名失踪、要求入城搜查、經我方拒絕、彼竟發砲攻我、致起衝突、其爲日方有計劃有作用之行動至爲顯然、而蘆溝橋原非條約所許外人可駐軍演習之地、其行爲之不合法尤無疑義、我方除由蘆溝橋駐軍守土自衛奮勇抵抗外、一面由外交部向日本使館提出嚴重抗議、要求立即制止日軍之軍事行動、並聲明保留一切合法要求、一面由地方當局與日軍代表折衝、期事件之早日和平解決、我方維護和平苦心、可爲舉世共見、差幸八日晚雙方議定辦法(一)雙方停止軍事行動、(二)雙方出動部隊各回原防、(三)蘆溝橋仍由我軍駐守、方謂事件於此可告一段落、初不料所謂撤兵辦法竟係日本緩兵之計、毫無和平解決之誠意、中國國策對外在於維護和平、對內在於生產建設、舉凡中日間一切懸案、均願本平等互惠之精神、以外交之方式、謀和平之解決、深盼日本立即制止軍事行動、遵照前約、即日撤兵、並爲避免將來衝突起見、切實制止非法之駐軍與演習、庶使事態好轉、收拾較易、否則一誤再誤、日本固無以自解其重責、遠東之安寧或將不免益趨於危險、恐尤非大局之福也、』

《大公报》，1937年7月12日，第3版

线之捷音、此外多數人民團體多函電前方以示聲援、文化機關十二日有發起募捐慰勞抗敵將士者、

各地民衆 憤慨激昂

【綏遠十一日下午十時發專電】綏地安謐如常、惟聞盧溝橋發生衝突、抗戰情緒突轉濃厚、平綏路東下客車僅至西直門、

【中央社南京十一日電】自日方不顧撤兵信義、再度挑釁消息傳來後、全市市民莫不表示激昂、多數報紙均將此項消息刊出號外、或張諸館門、以引起市民之注意、十一日凡市內裝有無線電收音機之商店門首、均擁有大批羣衆、以靜聽報告前線之捷音、此外多數人民團體多函電前方以示聲援、文化機關十二日有發起募捐慰勞抗敵將士者、

【太原十一日下午十一時發專電】晉犧牲救國同盟會以盧溝橋事態愈趨惡化、特會同軍政訓練委員全體出發、在并市及近郊開始宣傳、並發動向各界捐欵、慰勞二十九軍抗戰將士、電請中央及華北當局、力保國土、努力殺敵、并市各文化團體均有同樣表示、

【中央社西安十一日電】三十六師師長宋希濂十一日電秦德純・馮治安・張自忠聲援、內有本部全體將卒、合志同心、願步後塵、戢茲頑餤等語、

中日危機 一觸即發

【中央社東京十一日電】參謀本部昨夜得盧溝橋之衝突消息、此間非常緊張、陸海外三省及參謀本部徹夜辦公、參謀總長閑院宮赴葉山覲日皇、首相及外・陸・海・藏四相十時召集緊急會議、十一時再召集緊急閣議、形勢極端緊張、惟日政府聲明、仍努力遏止擴大事態、外次崛內約我駐日代辦楊雲竹晤談、

【中央社東京十一日路透電】華北中日軍隊戰事復作後、日本高級官員徹夜開會討論應付中日間緊張局勢之辦法、十一日晨九時陸相杉山與陸省首腦部人員及陸軍次官梅津舉行會議、繼而外務省人員亦開聯席會議、

【東京十一日同盟社電】日參謀總長閑院親王、於十一日上午赴葉山覲見日皇、關于統帥事項、有詳細上奏、答種種垂詢後、即退出、

【東京十一日同盟社電】日政府於十一日下午二時三十五分五相會議後、即舉行臨時緊急閣議、首相近衛以下全體閣僚均出席、首由近衛報告五相會議之經過及其結果、根據五相會議結果、諮詢政府對事件之處理方針、即審議以下之三項、(一)應發動「自衛權」(二)向中外聲明、(三)支出必要的經費、各閣僚對之均無異議、即確認前項之方針、並決定以舉國一致擔任該事態之處理、至三時四十分散會、近衛即於四時赴葉山覲見日皇、關於是日閣議所決定之重大時局對策、詳細上奏日皇、更報告政府之聲明、

【東京十一日同盟社電】海相米內於十一日下午三時五十分閣議散後、邀次官山本以下首腦部、在海軍省大臣室聚議、爲重要會議、會畢後、即開非公式軍事參議官會議、到參議官大角・末次・高橋・藤田及米內・山本暨軍務局長豐田・軍令部次長島田・第一部長近藤、首由海相米內說明閣議之結果、並有所報告、全體出席者、均支持閣議之結果、並商定向貫徹目的邁進、

【中央社東京十一日電】今晨五省會議歷二小時、閣議時間較短、日政府重大態度已決定、下午海軍參議官亦開會、贊成內閣決議、**外務省令在華日僑作撤退準備、警廳嚴令保護在日華人、形勢似將達最惡場合**、終日各報號外滿街、咸謂中日危機一觸即發、

【中央社上海十一日電】日本第三艦隊旗艦出雲號奉命來滬警備、十一日晨六時到滬、

《大公报》，1937 年 7 月 12 日，第 3 版

日僑奉令準備撤退

【東京十一日同盟社電】日外務省因鑒於華北事態趨向急迫、於十一日上午對全華之日本領事及總領事、拍出訓電、令竭盡全力保護日僑民之安全、倘遭遇最惡之場合、使講求萬全之準備措置、以便得安全退出、如今後事態更擴大時、再將發出退出命令、日外務省東亞局長森島守人氏已被任爲駐北平大事館參事官、定於十一日下午三時急遽由東京驛乘車起程赴平履新、

【東京十一日同盟社電】日政府根據十一日閣議決定、發表聲明稱、關於盧溝橋事件、政府於本日閣議、堅定重大決意、決定政府應採取之所需措置、然而政府爲使局面不擴大計、尚未捨和平折衝之願望云云、

【東京十一日同盟社電】內閣書記官長風見於十一日下午五時發表稱、此次華北事件、因鑑於其性質、定名爲「事變」云云、政府爲對華北形勢樹立對策計、諸閣僚各在官邸待機、以便隨時開緊急會議、

【東京十一日同盟社電】日本第三艦隊爲保護僑居中國各地之日人及日本權益起見、已於十一日早晨一齊佈置警備畢、截至現在、僑華日人總數、計滬約三萬名、青島約二萬名、天津約一萬名、揚子江沿岸約有五千名、(其他略)

《大公报》,1937年7月12日,第3版

各國注視華北局勢

歐美報紙論調一斑

【中央社華盛頓十日電】華盛頓郵報今日刊載社論一篇、題爲『玩火』、對於蘆溝橋附近戰事所足以引起之局勢有所論述、該文首謂華北局勢、苟聽令關東軍恣意在該處採取既往數年相同之策略、爲患甚鉅、此次衝突、中日軍隊究係何方首先開釁、尚不明瞭、惟此點關係甚微、日本軍隊既往輒在中國軍隊駐軍地點舉行夜操、招致事端、已屢見不鮮、該報繼謂日本一星期前與蘇聯發生糾紛、今復向中國尋釁、蓋足見日本軍部之浮躁無定耳、日本在華北之活動、已使中國爲之惶惶不安、日本時常舉行之操演、將于何時轉變爲擴充日本控制華北範圍之實際行爲、尚不可悉、實則日本自佔據「滿洲」後、關東軍已擴充其控制之範圍矣、該報結論謂「玩火」究爲危險之舉動、而在火藥庫附近、危險爲尤甚、

【中央社巴黎十日路透電】法外部發言人十一日宣稱、華北戰事消息當然引起關於國際反響之憂慮、惟雙方情報多相牴牾、故目前空氣以猶豫之成分居多、憂慮猶居其次、吾人今尚未接詳報、故不能發準確之意見云、

《大公报》，1937年7月12日，第4版

日本駐屯軍司令

由香月淸司繼任

昨晨乘軍用飛機離東京

田代皖一郎調參謀本部

【中央社東京十一日電】香月淸司繼田代皖一郎爲華北駐屯軍司令、田代調參謀本部、

【中央社東京十一日路透電】日陸軍省發表公報、陸軍教育總監部本部長香月淸司奉陸相重要訓令、於十一日晨十時乘軍用飛機前往秘不宣佈之某處、

香月淸司

【東京十一日同盟社電】日陸軍省今日明令總發表教育監部本部長陸軍中將香月淸司調任中國駐屯軍司令官、此次更動原因、(一)現任司令官田代患心臟病、臥床已久、對軍務之遂行、陷於困難狀態、(二)華北之形勢已重大化、

《大公报》，1937 年 7 月 12 日，第 4 版

日本繼續增兵運械
前方形勢仍甚嚴重
局勢閃爍刻刻可趨惡化
蔣委員長態度極爲鎭定

【牯嶺十二日下午五時發專電】此間十二日晨接北平官方報告、知日軍允撤、先是十一日夜秦德純有電話到山、謂衝突已停、不至再有枝節、但深夜續得訊、日兵仍開槍、故咸感局勢緊張、十二日晨七時蔣院長在紀念週曾簡單言及、傍午又接到雙方撤兵確訊、按我政府方針、自八日初得日兵攻宛平報告之第一瞬間起、即已確定、蔣院長當時即向冀當局有必要指示、方針明確、至今一貫、數日來蔣院長爲冀事未曾召任何軍政要人集議、其態度非常鎭定而簡單、連日於處理必要軍務外、仍忙於準備一種闡明哲學系統之演講稿、蓋欲將其本人年來各種演講作一系統的整理、預備在訓練班畢業時發表、十二日晨紀念週演講教育原理約一小時半、綱舉目張、博聽衆稱讚、在山各界人士皆欽佩蔣院長之鎭定、而一致擁護政府希望和平與決心自衛之明確方針、

《大公报》，1937 年 7 月 13 日，第 3 版

【北平電話】蘆溝橋事件，雖已商洽雙方撤兵，但日軍僅有極少數兵士向後移動，大部仍留蘆溝橋附近，並未撤退，據官方表示，日軍不撤退原因，乃藉口必須我二十九軍撤退永定河西，十二日晚八時許，張允榮·魏宗瀚·林耕宇，偕日方人員赴蘆溝橋視察

【中央社北平十二日下午十一時四十五分電】大井村日軍于十二日晚十時許向財神廟進攻，（在財神廟距平市廣安門約五里），我駐該地之軍隊事前早有準備，當予以猛烈之還擊，雙方激戰約三十分鐘，日軍旋即退去、

【中央社北平十二日電】豐台日軍加緊構築工事，步哨遠數里以外，並放[illegible]，刺探我方消息，豐台居民已紛紛逃避、

【中央社北平十二日電】日軍坦克車十餘輛，重砲車七輛，摩托車四十餘輛，載重汽車三十餘輛，上載鋼砲·迫擊砲·重機關槍多架及士兵多名，于十二日晚九時由古北口經通州開抵平市廣渠門，要求開門入城，我方未允，日軍乃留一部在門外，一部仍向南苑方面開進，現我南苑駐軍已嚴密戒備，又有一部日軍約二百餘人於九時十分由通州開抵平市朝陽門外二里許地方、

【中央社北平十二日電】十二日晨七時許，日機一架飛平市上空及西苑南苑一帶一週，向東北飛去，至下午四時半又有日機一架，由西飛向東南，翱翔平市上空而去，又日在平居留民會在平募集居留民組義勇隊、

【中央社北平十二日下午十時五十分電】[illegible]蘆溝橋事件，本於第二次口頭約定於十一日實行撤回原防，關我軍已撤至衙門口（地名）後方一帶、日軍大部亦撤往豐台方面，惟至未完全撤盡，前線警戒區內雙方軍隊為警戒起見，因此又有射擊，而雙方互相死傷，形勢轉趨嚴重，十二日下午雙方當局遂各派員各往前線視察，相互監視，實行復員，以期事件早日了結，我方所派為三十七師副師長張凌雲·冀察綏靖公署交通處副處長周永業·二十九軍參謀周思靖，日方所派為櫻井·笠井·中島·張等，奉命已于十二日前往，我方復員現正準備中，日是否實行踐約，尚待續報，至事件發生以來，已歷五日，此間當局始終本不挑釁不喪權不辱國之旨，以促對方之猛省，如日軍再不撤退，則前途如何演變，殊難臆料也、

外部鄭重聲明

【中央社南京十二日電】關於蘆溝橋事件，某方自十一日起盛傳冀察當局已接受日方條件云云，記者以之叩詢外交部當局，據該部發言人稱，外部未接此項報告，殊不確實，且任何解決辦法，未經中央政府核准自屬無效，外部十二日已將此意作成節略，於下午七時正式送致日駐華大使館查照矣，又自蘆溝橋事件發生後，中日外交又形緊張，外部在暑期照例僅上午辦公，現則自昨至今，竟日工作，極形忙碌，各高級官員深夜猶在部辦公，又據[illegible]，現各省派員[illegible]工作、

【南京十二日下午九時發專電】蘆溝橋事件發生後，情勢迭經變化，迄十二日晚止，表面雖已和緩，但與東京消息對照，仍然可慮，一般觀察，十二日晨三時以後之和平氣象，殆係日方緩兵之計，仍須警戒、

【南京十三日上午零時十五分發專電】蘆溝橋事件經我地方當局與日方商定兩軍撤回原防，十二日上午似見緩和，但迄下午我軍撤退後，日軍仍無誠意，不肯撤退，經我方再三催促，始往撤去一小部份，故此間傳聞十二日晚情勢又現緊張、

【中央社南京十二日電】日大使館參事日高十二日晨十時三刻偕同陸軍副武官大城戶·海軍副武官中原赴外交部晉謁王部長，至十二時半辭出，聞係對蘆溝橋事件交換意見、

【中央社東京十二日電】十二日下午五時楊代辦訪堀內，提出關於蘆溝橋事件之書面抗議、

《大公报》，1937年7月13日，第3版

宋哲元昨發談話

下午六時招待記者　預定日內暫不離津

【本市消息】冀察政委會委員長宋哲元、前晚抵津後、昨晨曾召集在津幹部人員談話、惟以身體不適、未延見賓客、並決定暫不離津、昨日下午六時招待記者、由秘書長王式久代見、當發表書面談話、內稱「此次盧溝橋發生事件、實屬東亞之不幸、局部之衝突、能隨時解決、尚屬不幸中之大幸、東亞兩大民族、即是中日兩國、應事事從順序上着想、不應自找苦惱、人類生於世界、皆應認清自己責任、余向主和平、愛護人羣、決不願以人類作無益社會之犧牲、合法合理、社會即可平安、能平即能和、不平決不能和、希望負責者以東亞大局爲重、若只知個人利益、則國家有興有亡、興亡之數、殊非盡爲吾人所能逆料也」

陳介報告現勢

【中央社南京十二日電】十二日上午九時外部舉行總理紀念週、外次陳介主席、領導行禮如儀後、即席報告中日外交情勢、略謂七日晚盧溝橋事件發生後、八日晚已停戰、不意十日雙方復起衝突、昨日又約停止、但據確息、迄今晨止仍有槍聲、足見尚未實行停戰、第一次衝突解決辦法、係由雙方撤兵、衝突地帶由保安隊接防、但不知何故停戰以後忽又衝突、目前戰事範圍不大、然從近日日方軍事行動觀察、似爲有計劃之大規模策動、東京方面情勢緊張、近衛公爵十一日赴葉山謁見日皇、陸軍海軍外務三省及參謀本部澈夜辦公、華北駐屯軍司令田代有病、已命香月替代、關東軍仍源源開動、朝鮮總督府亦有聲明、日本國內之第五師已開拔來華、第十師團亦待命出發、更觀日方當局對內對外之聲明、顯有擴大事態之勢、現中央對此極爲注意、軍事方面行動、吾人不知、外交方面除屢次抗議外、並已有節略送致日本大使館、同時電令駐日大使館楊參事向外務省嚴重抗議、本部昨已派員赴平津實地調查、以爲將來交涉之準備、昨日日本大使館日高參事來見、探聽中國軍隊移動情形、當告以軍事情形外人不得而知、中國軍隊決無向任何國家挑戰之意、但如任何國侵略中國領土主權、則有應戰之決心、現日本積極向平津增兵、實與日本國內外當局不願事態擴大之聲言完全相反、日本如有心維護東亞和平、應即停止軍事行動、日高亦以爲然、然日方之所以一面增兵、一面進行談判、不能不令人認爲遷延時日、藉謀大舉、現在外交情勢如此緊急、事務倍增、諸同仁幸勿以在暑假期內稍有懈怠云、

《大公报》，1937年7月13日，第3版

日軍源源開來

【本市消息】日軍積極向平津增兵、其已到山海關者、昨先後開來津五列車、均用滿鐵車皮、計上午十一時四十分開來一列、有日兵四百餘名、在津站下車、赴東局子日兵營、下午二時三十五分開來一列、掛鐵甲車一輛、鐵悶車五輛、停東站、四時十五分又開來一列、鐵甲車四輛、鐵悶車二輛、有日兵四十餘名、停東站外、六時十五分又開到一列、車二十餘輛、有日步兵六百餘名、馬百餘匹、迫擊砲八架、機槍十二架、手彈六車、下車分赴東局子及日租界海光寺兵營、七時三十分又到一列、有步兵四百餘名、騎兵二百餘名、馬二百餘匹、過山砲八尊、野砲二架、輜重械彈等物極多、共九車、騎兵下車後、經由特三區・義租界、過東浮橋、轉往河北大經路・黃緯路赴平津公路開往豐台、其餘步兵將一切槍械等物卸下、分赴東局子及海光寺兵營、下午八時四十五分、又開來一列、日兵四百餘名、馬一百八十匹、砲六門、子彈車五輛、停津站、據路局方面消息、日兵車尚有四列已入關、暫停唐山、十三日晨可開到津、

【中央社北平十二日電】據路訊、日關東軍決增調二千五百人入關、第一批七百人已於十二日開抵津、第二批一千八百人十三日亦可到、隨帶槍械軍資甚多、

【中央社北平十二日下午十時十分電】日本已決定於關東軍方面抽調大部軍隊向華北增援、並由該國另開兩師團現已有一部士兵登輪待發、

【北平通信】日軍砲轟蘆溝橋事件、經我當局與日方一再折衝、傳已有結果、自十一日上午八時起張允榮等即與日方橋本松井等會商、對於此次發生衝突、均認為係出於誤會、對撤兵一事、曾有協商、旋北寧路局長陳覺生亦被邀由津來平、參加會商、至下午三時止、會商暫告段落、決定由兩方監視撤兵、至下午八時許、松井復往訪張允榮協商、對前日會商結果、當即正式決定、完成手續、陳覺生來平後、曾於十一日夜十二日晨與日方要員商談、事畢於十二日上午十一時許、仍搭專車返津、據其臨行表示、蘆溝橋事已解決、至於此次中日間談判有何條件、此時可不必談云云、平市正陽門自十二日清晨起、即已開啓、該處土袋亦已撤去、其他各城門亦均自晨開啓半扇、其土袋等防禦工事、則亦已經令撤去、假若蘆溝橋方面雙方軍隊均能順利撤退、城內各重要路口之土袋亦將繼續撤去、至於平市交通情形、除平漢平通火車仍未通行外、北寧路車自十二日晨起已行恢復通車、惟開行暨到達時間、仍未能十分準確、至十二日下午二時止、平市傳稱蘆溝橋日軍已開始陸續向豐台方面撤退、至其詳細情形則尚無所聞、

《大公报》，1937 年 7 月 13 日，第 3 版

前方情勢一斑

【中央社北平十二日下午九時十分電】蘆溝橋案和平解決又呈惡化、日方十一日與我交涉結果、本允將大井村至蘆溝橋附近各地之日軍撤至豐台、但其後日軍並未實踐諾言、並除十一日晚十二日晨一再猛攻我陣地外、十二日上午起仍在原陣地佈置工事、自劉家口至大井村一帶民房被佔領多處、或利用田禾爲掩護物、或將田禾割去趕築壕溝、由大井村至五里店日軍警戒尤嚴密、反客爲主、檢査行人、大瓦窰及鐵路涵洞放置大砲及軍馬甚多、僅於十二日下午一時許將部隊百餘人撤至距豐台一里許之窪地、另一方面又迭向平津增兵、駐平日軍此次並未參加蘆溝橋之役、但十二日晨仍有百六十餘名運平、由水關下車、入日本兵營、謂係從前方復員之兵、十二日下午三時並有關東軍五百餘名携有小鋼砲多尊、分乘大汽車由承德開古北口、分駐石匣等處、其第二批一百五十餘人亦於十二日下午四時開到、駐在密雲城內、據某觀察家稱、日閣議已議決向華北增兵、關東軍及朝鮮軍正紛紛調動、足見欲以兵力壓迫華北、以遂行其政策、和平解決及事態不擴大等名詞、或係其準備未完成時一種外交辭令、惟我方已有堅決意志、日方苟不踐其諾言而對我挑釁、惟有奮起而與之周旋、

【中央社西安十二日電】二十七路總指揮馮欽哉暨師長柳子始·武士敏十二日電宋·秦·馮·張聲援、電末有本路將士、願作後盾、同仇敵愾、滅此朝食等語、

【本市消息】津市府秘書長馬彥翀於九日由津赴平、向張市長報告津市狀況及與日方接洽經過、昨日上午由平特車返津、下午四時接見往訪記者談述時局、據稱蘆溝橋案已告一段落云云、各記者于五時退出、據關係方面宣稱、蘆案撤兵辦法、於前晚八時、在平商定、關係方面對此次撤兵有無文字規定、不願作肯定之答覆、

《大公报》，1937年7月13日，第3版

蘆溝橋視察紀

【北平通信】蘆溝橋的事件、雙方在九日商妥撤兵停戰、到十日晚上忽然又打了起來、十一日晚上八點鐘左右、官方發表消息、說、蘆溝橋事件、現已和平解決、中日軍隊各回原防、雙方首腦部會晤、對此次不幸事件、陣亡及受傷官兵、同表惋惜、研究爾後不再發生類似之事件、刻日軍已大部撤回原防、蘆溝橋仍由我軍駐守、事件當可告一段落云云、根據這種消息的發佈、大家總以為這次總算真正解決了、戒嚴也許日內即可撤消、不料剛過不到半小時的工夫、城外居然又放槍打起來了、十二日晨一時左右、居然大砲機關槍又轟轟烈烈的大打一陣子、一點鐘後、這纔算慢慢的停止了、

究竟

這回能不能算真正停戰、前方的情形究竟是什麼個樣子、雙方軍隊撤退了沒有、照例這幾天來都是晚半天緊張、入夜形勢更嚴重、夜半總得打一陣子、到早晨空氣則較比新鮮些、安靜些、記者於是在這新鮮安靜的空氣中、於十二日晨七時驅車再度出城視察、目的地當然還是宛平城和蘆溝橋一帶、出彰儀門、城門半啓、保安隊索名片放行、城內外無數販運西瓜、菜蔬及各種食糧等之車輛行人、分批向城內或城外流出和擠入、到小井村市集、夾道兩旁、停瓜担尤多、過小井村到劉家口、遠見一日兵持槍遙立道中、這是我前一次來未曾在此處見過的、前行至五里店、停有坦克車兩輛、軍用汽車三輛、並有交通兵在那里架設電線、似乎沒有撤退的形式、再前行、到瓦窰地方、

瓦窰

緊靠着豐台鐵路、上回所見的日軍帳幕、仍然一處處張在那裏、較從前似分散許多、砲車有幾輛散在窰頭、四圍有三五零星的日兵在坐地休息着、所表示的僅是一種休戰狀態、車行近宛平城東門、守城保安隊遙阻前進、致未能達到目的地、即回車返城、

【中央社北平十二日電】記者十二日晨復出城視察、廣安門仍開半扇、往來行人甚擁擠、出城至大井村、沿途則頗安靜、行人亦少、抵大井村、見日軍尚甚多、戒備頗嚴、過大井村、沿鐵道涵洞至五里店大瓦窰一帶、日軍崗位嚴密、大瓦窰附近高地有軍馬甚多、高地上架砲多門、子彈箱及各種軍實堆積無數、有若干名日軍正在該處架設電線、尚有一部日軍在構築工事、張掛綠色之掩護物、來來往往、厥狀至忙、

《大公报》,1937年7月13日,第3版

日本對華空氣緊張

近衛極力要求國民援助
各方擁護對華出兵

日本飛機 大批飛津

《大公报》，1937年7月13日，第3版

慰勞守土抗戰將士
全國各地紛紛募捐
馮治安獎賞受傷官兵
冀省府全體自動捐薪

【保定十二日下午八時發專電】馮治安派保安部參謀長張桐愼慰勞來保之傷兵、重傷二十元、輕傷十元、排長四十元、萬福麟亦親往慰問、省府全體職員暨各界自動捐薪、購物慰藉、

【綏遠十二日下午十一時發專電】綏各界抗敵後援會、十二日已成立、決定即派員赴平、慰勞二十九軍守土將士、

【太原十二日下午十一時發專電】犧牲同盟會發動雙枚銅元捐欵運動、援助二十九軍抗戰將士、

【北平通信】北平文化教育界領袖李書華·李蒸·潘光旦等昨午十二時半、在清華同學會舉行聚餐、交換對時局進展中之消息與意見、到樊際昌·鄭天挺·饒毓泰·袁敦禮·查良釗·沈履·李書華·李蒸·李麟玉·陳中平·楊立奎·潘光旦·張貽惠·方石珊·關頌韜等十餘人、除對救護募捐慰勞等有所討論外、並推李書華·查良釗·沈履三人、于午後三時赴市府慰問地方當局、並致電蔣委員長暨宋委員長、請對時局採取堅決有效之應付辦法、兩電均於昨日發出、

【中央社北平十二日電】平市記者公會十二日下午三時召集各報社、組織平市新聞界慰勞抗戰守土將士會、採辦慰勞品、定十三日出發慰勞、

【中央社北平十二日電】蘆案發生後、附近居民受災甚重、世界紅卍字會現組兩救護隊、每隊十餘人、定十三日晨赴前方、並携帶藥物、實行救護、

【中央社南京十二日電】京市黨部暨農工商婦女等團體十二日電平慰宋委員長·馮主席·秦市長·津張市長暨二十九軍將士、中有「我二十九軍處國防最前線、守土有責、各將士深明大義、定能沉着應付、我首都民衆爲民族爭生存、爲國家維人格、一息尚存、誓爲諸將士後盾、披髮纓冠、義無反顧」等語、

《大公报》，1937年7月13日，第4版

日方企圖現已判明

形勢緊迫大戰難免

北平近郊今晨仍有激戰

各部長官昨由廬山飛京

【南京十三日下午十一時發專電】日方此次一再食言、向我挑釁、同時徵調大軍長驅入擾、其決心破壞和平、業已完全判明、我政府切望日方反省、勿使事態擴大、故仍與日使舘不斷交涉、但有力方面觀察、今茲之交涉衹足供將來歷史之記載、不能期其發生效果、而應付之方、實際上亦已不能賴諸外交折衝、

【牯嶺十三日下午二時發專電】行政院各部長雖已歸京、惟談話會照開、訓練班亦照常進行、中樞當局對北方局勢澈底明瞭、決鎭靜持、應付一切、十三日晨政院會議未討論例案、蔣院長報告北方情勢、在山各部長即午下山飛京、

【南京十三日下午九時發專電】蔣院長爲便利公務上接洽起見、命行政院各部會長官回京辦公、蔣作賓·吳鼎昌·王世杰·俞飛鵬四部長及徐謨·鄒琳兩次長、十三日午後乘機抵京、張嘉璈定十四日返京、聞行政院及各部會在廬辦公人員日內均將回京、至暑期訓練及汪主席蔣院長邀集之談話會、仍照預定計劃舉行、

《大公报》，1937年7月14日，第3版

【中央社牯嶺十三日電】行政院蔣院長以時局日趨嚴重、京中公務緊張、十三日晨下諭各部會長即日返京處理一切、內長蔣作賓・教長王世杰・實長吳鼎昌・交長俞飛鵬・財次鄒琳・外次徐謨・僑委長陳樹人・蒙藏長吳忠信等亦已下山、將乘輪返京、均於今晨離山赴潯、一時許乘飛機返京、

【南京十三日下午十一時發專電】十三日午後由廬返京之各部長官於晚八時餘均先後往訪何應欽、晤談華北情勢、報告廬山情況、聞對目前應付方針有所商決、又王寵惠・陳介・徐謨・李迪俊・董道寧等十三日下午五時餘在外部會商對盧溝橋事件外交方面措施、至晚八時餘會談始畢、據此間觀察、日軍毫無和平誠意、雖屢派員與地方當局交涉和解、殆全係緩兵計、我方一再聲明、希望事件和平解決、乃冀日軍覺悟前途危機、苟仍違背國際信義、欺我過甚、我當局已有相當準備、誓與週旋、

【南京十三日下午十一時發專電】盧溝橋事件惡化後、鐵路已發生局部障礙、交部深恐電報電話再生阻礙、前途更有莫大影響、十三日特分令沿途各電局、務須極力設法維護、以利電訊交通、

【中央社南京十三日電】二十九軍駐京代表李世軍十三日午與平市長秦德純用京平長途電話談話、據秦稱、(一)十三日晨拂曉南苑永定門間之大紅門發現日軍約千餘名、分向永定門及南苑附近我軍陣地猛烈攻擊、激戰兩小時、均被我軍擊退、(二)北平東南近郊各鐵道多被日方破壞、(三)所謂日方退兵毫無誠意、彼仍源源增兵、雖仍派人向我交涉、但和平希望極微、事態必然擴大、(四)盧溝橋方面戰事稍沉寂、仍為我軍駐守、陣地鞏固、又李氏以連日談判日方是否提出條件、我方有無承認情事詢秦、據答對方常有種種求要、均經拒絕、誓死未有隻字條件之承認、請轉呈中央釋念云、嗣李氏又與津海關監督孫維棟通話、內容與秦所稱者相似、現李氏已將秦孫兩氏所言、轉向何部長報告、

【中央社北平十三日電】密雲電話、聞原駐該地日軍百餘名十二日晚開往懷柔、十三日晚七時由古北口開到日軍三百餘名、分別佔領城內各商號、携鋼砲甚多、薊縣燕郊夏甸一帶之戰區保安隊十三日亦突向通縣城北城西集聚用意不明、

《大公报》,1937年7月14日,第3版

日軍犯永定門

【中央社北平十三日下午一時電】日軍於十三日晨陸續由通州經永定門外大紅門開赴豐台、至十一時許復有日軍四百餘名乘載重汽車六十五輛、携帶坦克車四輛、迫擊砲五門、卡車四輛、突向我軍挑戰、意欲入城、我軍當即阻攔、遂即開始衝突、雙方戰鬥激烈、日軍死傷頗多、據由永定門外入城某軍官談、日軍大部在永定門外、北寧路鐵橋下屯集頗多、當衝突時、日軍曾以坦克車向我衝擊、我軍奮勇抵抗、一時戰事頗爲激烈、雙方均有死傷、大部陣線在永定門外四里許之觀音堂一帶、記者欲出城探詢消息、因永定門業已關閉、記者遂登城樓上遠望、見城外居民紛紛逃避、步槍聲頗爲清晰、隱約尚可見日軍之行踪、至十二時三十五分突有重砲兩響、聲音極近、前門大街行人、聞聲紛紛躲避、各商店當即閉門、城內亦即嚴密警戒、

【中央社北平十三日下午四時二十五分電】永定門外砲聲起後、民衆不知原委、一度狂奔、致永定門大街以北至前門大街・珠市口・騾馬市大街・菜市口一帶商店紛紛閉門、但約二十分鐘即完全恢復、前門大街一小部商店亦陸續開門、行人照常鎮靜、各內城如前門和平宣武等門仍開半扇、電車照舊通行、堆各衝要路口之沙包等障礙物昨已撤除、現復重新堆疊、平至南苑電話、迄下午四時未恢復、廣安門大街土地廟之廟會遊人仍擁擠、毫無驚惶、

【中央社北平十三日下午二時十五分電】東便門外雙橋車站十三日晨發現日軍五六百人、乘載重汽車六七十輛、携大砲十門、坦克車數輛、經該站向西南開進、聞係由通州開往豐台、

【中央社北平十三日路透電】中日軍今日在永定門外鐵橋附近激戰兩小時、今日戰事於晨十一時開始、日兵約五百名携坦克車四輛出現於北平豐台間之鐵路線、原來自南苑飛行場之華軍援隊、戰事旋即逼近北平而達永定門外之鐵路橋、至是華軍由城內各段馳至、以援戰區附近之守軍、戰事於下午二時十五分終止、當交綏之際、城南斷絕交通、不許外出、據在城墻目擊戰事者聲稱、雙方肉搏甚猛、昨夜來自古北口之日軍圖入北平城未果、今日曾參加戰事、聞因華軍參戰、卒向豐台方面敗退、所乘載重汽車二輛、裝有汽油與子彈者炸毀、乃棄置道旁、有砲彈兩枚曾飛過城墻而爆炸、今晨南苑華軍營房附近因有日軍一隊前往偵察、致亦發生小戰事、今日下午日飛機第一次參戰、飛機數架曾轟擊南苑區之華軍、據村民聲稱、戰事開始時、華兵即奪得日砲一尊、於是由西開來之日軍乃與華兵約千名交戰、華兵在跑馬場掘壕固守云、今日下午路透訪員往訪日大使署一等秘書加藤、據謂和平解決之希望仍未全絕、加藤今日下午曾訪問秦德純、與商停戰辦法、

《大公报》，1937年7月14日，第3版

一度進攻南苑

【中央社北平十三日下午二時三十分電】中日軍十三日午在永定門外衝突、經我軍奮戰、至下午一時許已將日軍擊退、當永定門外發生衝突時、一部日軍擬向南苑進攻二十九軍軍部、立即被我軍擊散、同時在觀音堂·安樂林地方停有日軍載重汽車兩輛、滿裝軍火、被我軍擊中起火、爆炸聲如雷、烟燄沖天、在永定門內天橋地方即可瞭見、車旁有日軍五十餘、當被炸死八九名、餘均逃逸、

【北平電話】今晨一時、南郊一帶、槍砲聲甚密、據查大紅門地方、到日軍五六百名、以砲兵掩護、向南苑猛攻、經我軍痛擊、日軍傷亡頗重、旋即退去、又昨日下午二郎廟地方、發現載重汽車五六十輛、坦克車十輛、日軍多名、在附近潛伏、至夜擬攻佔南苑未逞、今晨二時許、娘娘廟附近有日軍百餘名、向我軍攻擊、約十分鐘、即被我軍擊退、至二時三十分、大井村西南七里莊附近、又有日軍二百餘名、向我陣地進攻、我軍沉着應戰、日軍旋用鋼砲機槍、猛烈轟擊、終未得手、至晨三時平市仍聞槍砲聲、

【中央社北平十三日下午五時五十分電】記者下午三時復至永定門、欲出城調查衝突眞相、旋由永定門外抬進傷兵一名、遍體鱗傷、爲狀極慘、但該傷兵於昏迷中仍具悲憤之概、忠勇衛國精神、睹之令人敬仰、據隨傷兵入城之軍士兵談、日軍共携有子彈四載重汽車、除兩車被我軍擊中爆炸外、餘兩車爲我軍奪獲、現日軍已撤退、我軍正嚴密戒備中、

【中央社北平十三日路透加急電】戰事頃已發生、其地點在平南半里之鐵路橋、十三日午十二時十六分有砲彈兩枚在北平城墻上爆裂、

【中央社北平十三日下午一時四十分電】十二日午後中日雙方所派監視撤兵人員張淺雲·櫻井等赴前方視察後、當日下午九時即分別返平、據我方人員報告、日軍迄未撤退、仍在大井村五里店一帶、約有六百餘人、另據確息、自十二日下午起、日方由山海關開來之軍隊陸續向天津豐台方面集中、似有擴大事件之企圖、十二日深夜一時許前線警戒區內復傳來斷續槍聲、十三日上午十時半據報由平市至南苑途中大紅門(在永定門外)地帶突有通州方面開來日軍一部、向前推進、我軍勸其退走、該軍不從、强欲前進、首先開槍、當即發生衝突、各有傷亡、

【中央社北平十四日上午三時十分電】日軍十四日晨分若干股在大紅門一帶向我軍挑戰、晨二時半大井村以北小井村一帶亦發現數股日軍、經我軍擊退後、至三時許前方各地均趨平靜、

【中央社北平十四日上午二時四十分電】大紅門中日軍於十四日晨一時許衝突後、截至二時止、機槍聲仍繼續不斷、惟聞槍聲方向已轉向西、似在大井村一帶、永定門車站曾落砲彈數枚、但無多大損失、

《大公报》,1937 年 7 月 14 日,第 3 版

日方增兵運械

【本市消息】十三日日軍又由榆關開來兵車六列、日軍約千名、軍用品・無線電及鐵路材料頗多、同時日軍因先後到津兵車十餘列、均停東站各岔道貨廠、乃在站西南之新貨廠內設立停車場司令部、分派日兵在東站及河北總站設崗、東站內便衣行人禁止通過、並有南滿鐵路員工、隨日軍到津、在東站頭等候車室內、開始辦事、分車務・機務・工務・警務四部、日軍除大部分赴東局子及日租界海光寺兵營外、餘均留車站、北寧路局職員、亦有一部被日軍監視、昨日開來之日軍、計晨零時三十分日兵車一列開到、共車二十二輛、滿載軍用品、有日兵三十餘名、四時十分又到一列、有日的二百餘名、載重汽車十一輛、軍用品五車、五時十分又到一列、日兵二百餘名、子彈車五輛、七時四十五分又到一列、有日工兵三百餘名、南滿鐵路員工數十名、大炮無線電機四架、鐵道木及鐵路材料四車、十一時二十五分又到一列、有載重汽車二十輛、軍用品十餘輛、日兵三十餘名、下午七時二十分又到一列、共鐵悶車五輛、滿裝軍械、日軍百餘名、另訊、津東沿鐵路各站、亦均到有日軍駐在、並有南滿路員工工作、晚十一時二十分又到一列、有日兵五十餘名、載重汽車十輛、普通汽車九輛、石子洋灰六輛、十一時四十五分又到一列、有日兵一百五十餘名、載重汽車二十輛、高射砲六門、軍用品九輛、尚有兩列已由榆關西開、今晨可抵津、

【中央社北平十三日電】確訊、日對華北增兵除由榆關沿北寧路線運輸外、並分由平古(古北口)大道運輸、十三日計到三批、第一批載重汽車七十餘輛、滿載軍火、有兵士六百餘人、晨七時由通縣轉廣渠門、在該處營幕休息兩小時後、復沿永定門赴豐台、第二批載重汽車一百十餘輛、內有坦克車鐵甲車卡車等、兵士八百餘人、循第一批原路赴豐台、第三批載重汽車五十餘輛、兵士三百餘人、亦循原路轉往豐台、

【本市消息】今晨三時許、有大批日軍步兵由日租界出發、沿東馬路・河北大經路・黃緯路・赴平津公路轉豐台、人數約千餘名、有追擊砲機關槍甚多、

【中央社南京十三日電】駐華日本大使館參事日高及駐京武官大城戶、日昨曾先後要求請謁何部長、何氏以外交事務向由外交部主管、且現值公務繁忙、實無暇晷、故未接見、

《大公报》，1937年7月14日，第3版

關東軍發聲明

【中央社長春十三日路透電】關東軍發言人今日在此聲稱、如再遇「挑戰」行爲、日方準備採行最劇烈之手段、關東軍現已作完全佈置、以援助華北駐屯軍、俾衝突事件獲有完全結束云、日軍除由鐵路吊發外、現乘載重汽車由熱河經古北口向北平前進、其由朝鮮調往華北之日軍、大約將取道瀋陽而行、此項援軍所取路線、現尚未定、但以意度之、將經山海關前進、而以摩托隊爲其後援、此摩托隊現正由熱河經古北口而進窺北平、

【中央社東京十三日電】楊代辦雲竹奉外部十三日令、午訪廣田、因廣田正出席會議、由堀內接見、楊對雙方撤兵問題、促日政府注意、談約四十分鐘、

【中央社北平十三日電】蘆溝橋事件因日方軍隊未全撤退、且由關外調來大部軍隊、陸續由天津通州方面向豐台方面增援、致使形勢益趨嚴重、十三日據精通冀察情形者聲稱、我軍始終不願事態擴大、如和平未至絕望時期、自不放棄和平、非至存亡最後關頭、當然不願陷兩大民族於萬刦不復之地步也、若日軍翻然覺悟、國內出發軍隊立時停止、蘆溝橋豐台方面立即恢復本月底前之狀態、則前途有一線曙光、亦未可知、總之此事件冀察當局固願求「和」、但能「平」然後能「和」、深望負責者加以絕大反省也、

【本市消息】今晨四時半、天將發白、日軍用飛機四架、由東局子機場起飛、在津市天空飛繞一週、旋向西南方飛去、

《大公报》,1937年7月14日,第3版

日本决心擴大事態
形成舉國一致陣勢
運華貨物收戰時保險費

【中央社東京十三日路透電】日本各報指華北目前情勢爲大風雨前之平靜、日報謂、日當局不得不進行其已定的計劃、軍事參議院定今日開會、以便通過陸軍省之計劃、朝日新聞稱、運華貨物、從今日起、收戰時保險費云、

【中央社東京十三日電】今晨讀賣新聞社論、題爲「舉國一致之支援」、謂中國抗日意識旺盛、乃今次事變不可避免原因、日遂行大陸政策與中國建設近代國家之兩大使命、似形對立、欲使其渾然融和於兩國國民意識中、兩國衝突或爲不可避免之運命、當前時局之深刻、其因在此、日日新聞謂、今後事態如何轉變、要視中國態度而定、無論如何、日決意已定、必使其發生效力、到達最後目的、報知新聞謂、近衛於一夜中召集各黨派·言論界·財界·產業界代表、要求舉國一致、實現意思總動員、與參加歐戰時大隈所取態度相同、依此總動員、須求有永久性之解決、都新聞主張膺懲中國方有好果、中外商業新報謂此時中國若認識日本立場、翻然悔悟、中日關係與其他不同、則自有融通之路、綜觀日言論界、已形成舉國一致陣勢、大局已達最堪憂慮之境地、或難挽回、

【東京十三日同盟社電】本日之定例閣議、近衛因病缺席、其餘各閣僚均出席、決議於十五日召集地方長官會議、以便使全國國民澈底了解關於「華北事變」政府所取之方針、並由廣田馬場分別報告稱、以今回「事變」爲楔機所引起之舉國一致國民運動、已使書記官長風見進行籌劃、此外並有一決議稱、上次閣議所決定之方針、應予以堅持、在萬無遺漏之準備下、凝視事態之推移云云、

【東京十三日同盟社電】日政府爲應付時局、決使全國民爲一團、邁進于既定方針、並爲積極請求國民各方面協力一致支援起見、已邀政界·財界·言論界等代表、由首相近衛等各閣僚、將現下情勢、加以說明、因已成立完全協力、更擬於近日中與產業組合·農會等代表、舉行懇談、更爲圖使全國民間更澈底認識時局及振興國民精神計、近將由各閣僚及軍部關係官員等、分赴大阪·仙台·福岡·富山等全國各主要地、召集關係地方之財界·農村·智識階級等各界代表懇談、以資深化彼等對現下日本所處環境之認識、並使彼等澈底知悉政府爲應付時局所採取之態度方針、藉以收強力的舉國一致之實、現正着手此項準備、

【東京十三日同盟社電】日政府於十三日正午在首相官邸、邀集產業界代表開懇談會、由杉山廣田分別說明「華北事變」情形、產業界代表等均表明擁護政府之方針、農林省於十三日下午開首腦部會議、決議詳細調查農村人馬徵發及肥料等問題、

【東京十三日同盟社電】日本商工會議所於十三日召開緊急常任議員會議、協議對「華北事變」之善後處置、一致決定支援政府所執行之措置、

【東京十三日同盟社電】外相廣田今日在閣議席上報告稱、已訓令駐英美俄法德義及其他歐洲各國使節領事等、向所在國政府、說明日本對「華北事變」之所信、廣田因首相近衛抱病、午刻代表首相入宮覲日皇、報告華北情形、並定於十四日樞密院例會、向各顧問官報告政府之決心、請求諒解、陸相杉山·海相米內·藏相賀屋等關係閣僚、均將出席、以備答覆各顧問官之質疑、

【朝鮮京城十三日同盟社電】朝鮮總督南次郎於十三日下午、分別邀各報館及通訊社記者及其代表、又各方有力者二千餘名、說明時局現狀、請求協力、

《大公报》，1937年7月14日，第3版

列國注視中日局勢

英美現已進行談話

考量雙方所當採取態度

【中央社倫敦十三日哈瓦斯電】關於中日糾紛、英國消息靈通人士表示希望、謂當以友好方式解决之、此外英美並已進行談話、而就雙方所當採取之態度加以商酌、俾外交上必須有所舉動時、即可以適宜之舉動出之、

【中央社倫敦十三日哈瓦斯電】艾頓十三日午前接見中國大使郭泰祺、又據已發表、外長合爾博斯頃接見顧維鈞大使、

【中央社華盛頓十二日路透電】美國務院今日聲稱、國務卿赫爾已分別照會駐美日大使齋藤與中國大使署、告以中日間之武裝衝突、將爲和平與世界進步之重大打擊、

【中央社華盛頓十三日路透電】美國務卿赫爾今日答復關于華北局勢之種種問話、未作切實肯定之語、或問以英外相艾頓所稱英政府現考慮與美商榷之一節、赫爾答稱渠尚未接到關于此種動作之情報、又有人詢以美國將否以中立法案施諸中日、赫爾答稱中日事件尚未至必須採行此種步驟之階段、赫爾又稱華府海約雖已結束、然美政府以爲同時締結之其他條約如九國公約等、至今仍有效力云、

《大公报》，1937年7月14日，第4版

【中央社華盛頓十二日哈瓦斯電】日駐美大使齋藤頃與國務卿赫爾談話、歷半小時之久、當時齋藤曾將東方面所發生之華北局勢之消息向赫爾提出說明後、齋藤同時表示意見、渠並未與赫爾討論任何種和解性質之建議、但謂日本現正設法使華北局勢之危險性減少。

【倫敦十二日同盟社電】日本駐倫敦使館參事官富井十二日下午赴英國外交部訪遠東部長歐德、日大使吉田續於當晚訪英外相艾登、說明華北情形。

【中央社倫敦十二日哈瓦斯電】駐英中國大使郭今日發出公報、指華北局勢極爲嚴重、謂日本此種行動乃欲化華北爲滿洲第二之預定計劃、中國軍隊不願擴大事態、然謂必要時即決定不惜任何代價、抗拒侵略而保衛本國疆土、日軍現集中於豐台與北平郊外者共約二萬餘人、東京復遣第五師團由日赴華、而日軍第十師團亦在動員中云。

【中央社柏林十二日哈瓦斯電】今日報紙對於中國方面消息表現頗爲注意、[illegible]社論、略謂日本在亞洲大陸之政策、其性質頗具向南發展之趨向、表示歐洲各國對於遠東政局之未來前途頗關切、因對於遠東所發生之鬥爭、[illegible]、故英國[illegible]、即欲維持歐洲西北兩國界之安寧及維持歐洲各國邊境之安全是也、此兩種情勢在某一時期內、[illegible]之問題、因之對於遠東事變、將來或不甘坐視、但終亦不得不顧其自身而已、[illegible]、亦足以證明其不欲干涉遠東事變。

【中央社羅馬十三日海通電】此間官場對于華北中日衝突事、既深盼和平解決希望、故尚未頒發特殊訓令以保護在華僑民、

【中央社南京十三日電】日本駐屯軍高級軍官按約在盧溝橋演習、來向我駐軍挑衅、使平津局面惡化、此事日方應負責任、自盧案發生以來、我方爲維持對外和平之一貫態度、除由外部向駐華日大使館提出抗議要求立即制止軍事行動外、並由地方當局與日軍代表折衝、期此事早日獲得和平解決、而現事態擴大、不料日方竟一面藉口和平懈兵、一面調遣援軍、同時更續運軍械彈藥向平津及關內大軍開到平津、且繼續不斷向我駐軍進攻、關係有益擴大事態、殆有企圖、日本國內正在宣傳其對華作戰、空前緊張、有如戰時狀態、其用意所在、極堪注意、東京危機、可謂已達頂點、將來如何演變、全視日本有無維持和平之誠意、歐美各國政府對此事甚常重視、除英美駐華大使館已派員於昨日先後到我外交部訪晤情報司李司長迪俊探詢意見外、駐華意國公使館參事郭雷斯兩意、駐華德大使館參事飛師爾及駐華法大使館秘書高麗、亦於十三日上下午先後到外交部拜訪情報司李司長、詢問平津最近情勢。

【中央社巴黎十三日哈瓦斯電】此間社會名流頃聯名人民報評論遠東事變、對日所持態度攻擊甚力、據稱日既欲解決地方事件、又以兵力加諸中國、而欲強令該國中央政府接受政治的要求、日所圖者首爲東北四省、次爲察冀兩省、地點雖屬不同、但其所抱慾望與所採方式則始終如一、並未變更云、此外急進派機關報新時代報所持論調亦同、

【中央社柏林十二日電】此間各報對於所聞日本在華北之軍事行動、如平津天津事變、大爲震動、均以大號字標題及顯著地位刊載北平事件消息、並謂民眾對日本擴充其侵略的大陸政策于黃河以南之計謀、已充分認識。

《大公报》，1937 年 7 月 14 日，第 4 版

李滋羅斯論中日局勢

望常識佔勝利

對日經濟考察團演說

【中央社倫敦十三日路透電】英政府首席經濟顧問李滋羅斯、頃在英國實業總聯合會招待遊英日本經濟考察團之宴會中、言及中國境內現有之局勢、謂坦克車與軍用載重汽車、胥不爲最好之商品推銷員、渠希望常識佔優勢、而戰勝各種困難、渠見日本對華貿易在過去十八個月內業已擴張、良用欣慰、惟確信中日兩國間如有良好之諒解、則日本對華貿易當更有起色、苟中國之土地完整、與其尋常主權不予以尊重、則類似目前衝突之事件勢必時常發生、必使中國更爲繁榮、吾人始可有增進對華貿易之望、而各國之可因中國繁榮所得較多者莫日本若、是以最有益于英日兩國者、厥在兩國合作、以使中國復臻强盛和平耳、渠爲雙方相互利益計、對于英日關係之前途有厚望焉、目前日本貿易既在擴張中、此乃消除誤會而增善商業關係之最好機會、至于現有之進口限額制度、渠主張以有利于英日雙方之他種制度代替之云、駐英大使吉田起而致答、

《大公报》，1937年7月14日，第4版

許大使後日東渡

打銷辭意力疾返任

黃伯度下期船啓行

【中央社上海十三日電】許世英以盧溝橋事變發生、奉蔣院長王外長敦促、決打消辭意、於十六日力疾乘克利扶總統輪東渡返任、擬於神戶登岸、即乘車赴東京、秘書黃伯度因趕辦應辦之公務、定下次船期啓程、

近衛抱病

昨在私邸靜養

【東京十三日同盟社電】首相近衛日來因患輕性之腸炎症、在永田町私邸內靜養中、經醫師診斷結果、日內當可全愈、

英在華北陸軍

最近布置狀況

【倫敦十三日電】消息靈通者稱、英國駐天津之軍隊爲蘭開夏第一聯隊、其中一部駐北平、保衛使館、在昔每年此時皆赴山海關露營、刻皆屯駐北平、其第二聯隊駐上海、如需增加華北駐軍、將自香港新成立之軍隊調往、英國在華駐軍共有八千、有五千準備應付事變、

《大公报》，1937年7月14日，第4版

各地民氣激昂
勗勉抗戰將士
紛組後援會來電慰勞
津各校發起募捐運動

【本市消息】本市南開北洋等八校昨特召開聯席會議、議決募捐慰勞前方抗敵將士、又青年救國聯會頃以二十九軍在蘆溝橋忠勇抗戰、除特發起募捐外、本日並致電宋委員長•張市長•秦市長•馮主席及二十九軍諸將士、表示慰問、內有我二十九軍忍勇抗戰、發揚正氣、復興民族、舉國上下、同深欽敬、本會決竭誠擁護、誓爲後盾云、

【中央社北平十三日電】平新聞界於十三日午派代表多人、携帶慰勞品、赴戒嚴司令部、請轉發前方抗戰將士、十二日世界紅卍字會中華總會組織之救護隊、十三日晨七時赴蘆溝橋宛平縣一帶救濟當地災民、並携大批暑藥銀錢、賑救一般疾病貧苦人民、

【保定十四日上午一時發專電】保定各院校館聯合會十三日捐欵購慰勞品送前方、並電國府及冀察政委會、强硬交涉、誓爲後盾

【開封十三日下午五時發專電】汴垣各界對蘆溝橋事件甚關切、民氣激昂、各閱報處所均有人滿之患、

【鄭州十四日上午二時發專電】中原人心對北方安危關懷甚切、但人心異常鎭定、蓋人人已熟知當前應盡之義務、而皆有從容赴義之堅定意識也、

【中央社南京十三日電】河北旅京同鄉會以日人在蘆溝橋無端尋釁、砲轟宛平縣城、該會關懷桑梓、疾首痛心、頃經開會議决、電慰宋委員長•馮主席•秦市長•張市長暨前方將士、

【中央社上海十三日電】上海大學聯合會十三日午後四時召開臨時會員大會、出席各校代表二十餘人、定議各校教職員一律捐薪一日、並於兩日內先匯五千慰勞二十九軍將士、並去電慰勞、

【中央社上海十三日電】滬棉布綢緞等一六三同業公會十三日電宋哲元氏、勗勉二十九軍將士忠勇抗戰、並組援助抗戰將士募捐會、先匯欵一千元慰勞、

【南京十三日下午十時發專電】京民衆對蘆溝橋事件羣情激憤、除已分電前方將士抗敵守土表示慰勞外、並由市商會•婦女會•農會•工會發起組織抗敵後援會、已定十六日晨假市黨部召開會議、商討援助抗敵具體工作、

《大公报》，1937年7月14日，第4版

我軍復員日兵未撤

交涉昨已移津辦理

張自忠昨返津謁宋委員長

日方繼續增兵並積極布置

【南京十四日下午九時發專電】截至十四日晚止、北方局勢表面又緩和、日方因我外交部與日使館間目前無何接觸、故有種種揣測、北方當局與日軍間之交涉、因張自忠十四日午到津、現亦移津辦理、宋哲元態度在其談話中已顯示梗概、但日方已大舉調兵、並作種種積極佈置、自有其必求達到之目的、今茲迂迴曲折、張弛互見、乃一方對我緩兵之計、一方則爲利用時間、完成其軍事上之佈置也、

【牯嶺十四日下午九時發專電】據報平郊迄今午尚未靜、蘆溝橋事件交涉已由平移津、由宋哲元親自處理、張自忠等與日方亦正進行接洽、

《大公报》，1937 年 7 月 15 日，第 3 版

【北平電話】官方消息、一・蘆溝橋方面大瓦窰・大井村・五里店一帶日軍、自十三日下午起陸續有撤退模樣、但軍事布置尚未完全撤除、二・豐台附近現駐有由通州及關外開來之日軍、據調查現已有一旅以上、計步兵兩團、約近四千人、機槍約百餘挺、重砲八門、裝甲車四輛、輕戰車八輛、三・平市右安門外西南角張戶營及永定門外大紅門北方十里店、十四日晨一時至二時間、均發現少數日兵、是時平市所聞砲聲、即由該兩處傳來、真相不明、現在調查中、

【北平電話】日軍約大七百人、由津乘車一列開豐台、於十四日下午九時過楊村落堡時、當與我該地駐軍衝突、致平津各次夜車均誤點、

【北平電話】官方公佈、(一)十四日晨日軍千餘、隨有騎兵百餘、由津向通州方面開去、(二)十四日下午一時許右安門外發現日方坦克車四輛、車上兵士共十六人、頻以步槍向城上射擊、經我城上守兵勸止不從、雙方衝突約半小時、該坦克車始向豐台退去、(三)十四日下午六時許、距南苑南七八里之團河附近、發現日騎兵十餘向我防地偵察、嗣即鳴槍衝進、我不得已加以抵禦、雙方射擊不久、該日兵等即退、(四)日軍飛機一架十四日晨十時降落平市南郊、強迫人民割除稻禾、趕築飛機場工作、

昨北平近郊 尚有小衝突

【中央社南京十四日電】此間十四日下午三時接平方電告、(一)路局消息、津市附近十三・十四兩日共到日兵車十二列、(二)平郊十四日晨有日兵四百餘名、乘載重汽車三十二輛、附帶彈藥車十一輛及鐵道卡車十輛、向永定門外二郎廟豐台方面輸送、(三)通縣運來日兵百餘名、分乘載重汽車六輛、十四日晨十時抵達大紅門、欲通過該地、經我軍攔阻、稍有衝突、其中載有彈藥之二輛、因誤撞路旁大樹、當被爆炸、(四)昌平方面開到日軍一營、(五)宛平縣城與蘆溝橋仍由我軍固守、大井村大小屯之日軍向東永貫頭集中、五里店大瓦窰日軍正構築陣地、

【北平電話】十四日下午五時有日騎兵二百餘人、由豐台經南苑南面團河向南苑二十九軍軍部進攻、我軍當即迎頭痛擊、日騎兵旋即退走、雙方互有傷亡、

【保定電話】昨日前方戰況沉寂、官方對境內漢奸、決予肅清、平漢沿線連日捕獲頗多、昨日在長辛店捕獲五名、內有鉤鐵者、曾任平漢路警、昨午已就地正法、

《大公报》,1937年7月15日,第3版

交涉進行中 現仍無結果

【本市消息】蘆溝橋事件發生後，在平由張允榮、陳覺生等與日方往返折衝，曾有所決定，嗣以日軍於未撤退，適冀察政委會委員長宋哲元由魯返津，交涉中心遂移天津，陳覺生連日與日方接洽，甚爲忙碌，現在日方負責交涉者爲橋本、和知等，另悉陳覺生斡旋目的，仍在停戰撤兵兩點，

【本市消息】津市長張自忠昨日下午二時三十分由平乘專車返津，下車後即赴市府休息，召見秘書長馬彥翀、警察局長李文田，研商政務，旋赴進德社謁宋委員長報告與日方交涉經過，據張對記者談，蘆溝橋事件仍可望和平解決，我軍已復員至八日以前狀態，日軍則尚未盡撤退，總之，我方決避免事態擴大云云，

【北平電話】日大使館參事官加藤及武官今井十四日下午五時赴市府訪晤市長秦德純，有所談商，

【中央社南京十四日電】關係方面頃接平電，平市近郊自十三日晚至十四日晨均甚沉寂，惟十四日晨有大批日機飛至平市上空偵察，天津續由關外開到日軍甚多，

日方仍增援 朝鮮軍出動

【本市消息】日軍向津增兵，仍未停止，十四日晚九時三十分，由榆關開來一列，有日兵二三百名，坦克車二十輛，高射砲及重砲十門，軍用品四車，停津東站，自十二日迄昨日止之三日間，東站已停日軍用車十六列之多，南端有一部員工仍在東站傍一候車室辦事，入晚日軍佈防，禁人出入，並派人在總車處及總機電話室監視，北寧路局亦無法制止，東站附近特務警察，晚十一時許又有一列車開入，人數用品均不詳，聞東站日軍共已達四千人，除一部開赴豐台外，其餘分駐東局子海光寺兵營及東車站內，昨晨三時千餘人徒步開赴豐台，下午九時許，又有一部五百餘由海光寺出發，經東馬路金鋼橋赴平津路，旋又有一部千餘名開出，有給養汽油車七十四輛，戰車大汽車兩輛，機槍五十四架，鋼砲二十四門，騎兵三十餘名，普通汽車五輛，亦沿東馬路河北由公路開赴豐台，昨日下午四時許，日軍用大汽車四輛，由豐台來津，內運有傷兵十餘人，

【本市消息】據榆關傳來消息，日軍連日絡繹入關，軍用品數量極鉅，十四日又有七列車由東關到榆關，即分次向津開動，榆關以西沿線各站，駐有多數日軍，

【中央社南京十四日電】據確息，朝鮮軍近在京畿道徵集在鄉軍人萬人補充部隊，京城方面醫學生數百，郵務員四十，汽車夫三百，日鮮民夫二千，大汽車徵發殆盡，準備出動，鐵路集中車輛，十二日起供給軍運，又聞日軍連日扣留商輪達十四艘，供給軍用，大阪因裝運軍械，不准外輪靠近碼頭，川崎職工多被徵調，

【中央社東京十四日路透電】楊雲竹代辦奉中國政府訓令，向日外務省提抗議，要求撤退蘆溝橋一帶日軍，並立即停止遣派軍隊前往華北，

【中央社南京十四日】據確息，日本作戰準備已由本國推廣至朝鮮及我東北各地，聞朝鮮守備軍一部份及在鄉軍人數百名均已先後出動，安東瀋陽各地亦已實行防空戒備，軍需用品連日運輸極忙，空氣甚爲緊張，一若大戰之將臨，

《大公报》，1937 年 7 月 15 日，第 3 版

英國殷念華北危局
已向美法開始接洽
主對遠東事件隨時密切商榷
對中日兩使已有表示

【中央社東京十四日電】十四日午外國記者向外務省發言人提出問題甚多、(一)問・到現時止、駐日各國使節有無與外務省接觸、答・無、(二)問・如有第三國出而調停、日態度如何、答・日態度早定、如有干涉、毫不介意、(三)問・中國政府行動有無違反任何協定、答・尚無、(四)問・日本行動目的究竟安在、答・首應忠實履行解決辦法之規定、(五)問・現時倘繼續談判否、答・北平仍繼續談話、(六)問・日向國府交涉否、答・無、

【中央社東京十四日路透電】外務省發言人今日聲稱、華北危局無重大變動、或問英美如出爲友誼的調解、是否有益、發言人答稱、日本不歡迎任何調解、

【中央社華盛頓十三日路透電】國務卿赫爾今日接到英政府來文、聞文內主張對于遠東事件宜有國際商榷、赫爾雖承認接到關於華北危局之來文、然不允宣佈其內容、亦不願說明美國答覆之性質、或即以國際商榷之可能性、赫爾答稱、美外交政策向來主張對於國際問題中之主要事項採行單獨行動、美國在華尚未作直接外交行動、亦未考慮北平區域內美僑出境事云、赫爾頃曾說明美國中立法案之可否援用、將視發展情形而定、現有之衝突尚不可爲援用中立法案之充分理由、中國駐美大使王正廷十三日訪問赫爾、談遠東局勢、赫爾將昨日對日大使齋藤所發之警告、復以友好態度爲王言之、王聲稱中國現仍力謀和平、但若日本在華北繼續其侵略行爲、則中國除自衛外別無他策、

【中央社華盛頓十三日哈瓦斯電】中國駐美王大使頃訪謁國務卿赫爾、就華北局勢會談歷二十分鐘始畢、事後王氏向報界宣稱、目前局勢雖屬緊張、然中國仍當盡其可能以謀維持和平、如萬不獲已、則中國亦惟有出於自衛行動、以抵抗侵略云、此外美外交界現有人主張有所舉動、俾在局勢未達過分嚴重前、向中日政府進行勸告、但國務方面自事變發生以來、一向採取緘默態度、截至目前爲止、亦並無超過此種緘默態度之任何表示、

《大公报》,1937年7月15日,第3版

【中央社華盛頓十四日哈瓦斯電】關於中日兩國現行糾紛、美國務院雖無表示、但半官人士以爲美政府現正努力使之地方化、一俟此種努力失敗、並擬採用下開各項程序、(一)關係各國勸告中日兩國政府接受公斷辦法、(二)華府九國公約各簽字國相互諮詢、以定應付辦法、(三)中國向國聯提出申訴、(四)中國北部事變若果釀成中日戰爭、美國或須實施中立法、所幸中日兩國均不願事態擴大、自有裨於美政府之斡旋工作、要之、美政府須待現行時局發展後、始乃就上開辦法抉擇其一、藉以維持和平局勢云、

【中央社紐約十四日電】駐美大使王正廷接奉政府電示、當已離此暫返華盛頓、以孔特使離美在即、[illegible]留此間送別、

【中央社倫敦十三日哈瓦斯電】**郭泰祺**十三日**訪謁艾頓、就華北中日糾紛有所商談、英國負責人士並以爲法政府對於英法美三國共同提出交涉一層、完全表示贊同、**此事現當由英美兩國進行商討、大約**中日局勢若果惡化、則美國當準備會同英國在外交上有所行動也、**按艾頓外相昨日會與日本大使吉田晤談、吉田將日本方面關於蘆溝橋事件之消息告知外相、並謂日本所提要求、性質極爲溫和、若不能獲得滿足、即當在軍事上採取嚴峻措置、而不稍猶豫、聞艾頓當堅稱英日談判即將開始、關於蘆溝橋事件應成立友好解決辦法、務使勿擴大糾紛範圍、在倫敦日本人士、則主張英日談判寧待中日事件解決後再謀進行、

【中央社倫敦十四日路透電】倫敦每日電聞今日載一社論、評華北局勢、謂東京新閣成立未久、日本軍人思有以强迫之、乃以中國爲日本政治賭局中之一注、要知此種賭局出入頗鉅、無異民治主義與法西斯主義之對搏、此爲日本自己事、不應爲國際糾紛之原因、英日兩國近方在談話中、其目的在恢復日軍强佔滿洲前雙方所固有之邦交、在此談話中、當然必以中國爲其討論之主要事件、在中國龐大市場中、應有良好政府及社會之安全、此不獨爲英國之利、亦日本之利也、但華北現有之突衝、則將使此令人興奮之好氣象喪失無遺、故甚望南京與東京皆抱和緩精神與遠大目光、以應付此局勢云、

【中央社倫敦十三日路透電】倫敦人士皆注視遠東發展情形、甚爲關切、在局勢未明瞭以前、英外相艾頓無時不與美政府有密切接洽、聞艾頓今日晨見中國大使郭泰祺時、告以英政府亟願見中日衝突之早日解決、因事態一經擴大、則將大有碍於英國在華利益也、聞英外相昨亦向日本大使吉田與美代辦表示與此同樣之意見、此間人士咸盼中日早日釋爭、其所引以爲慮者、爲雙方如各以關繫責任相責難、或各爲尊嚴起見、則使解決發生障礙也、

【中央社倫敦十四日路透電】每日煌報評論華北大局、謂遠東如發生戰爭、必將成一浩劫、英美兩國當速取共同行動、阻止日本作危險之企圖、此種危險企圖之結果、浮躁之軍人不能豫先鑒及、今日之事實爲五年前日內瓦處理中日問題過分懦弱之後果中之一新階段云、

【中央社倫敦十三日海通電】英外相艾頓今日接見中日兩大使、**聲明英政府對於華北問題異常關切、**並**稱英美兩國對於遠東之時局、決採密切聯絡、**今日英外相艾頓復與美代辦晤談、討論華北問題頗久、

《大公报》，1937年7月15日，第3版

【倫敦十三日電】遮蔽一切其他國際政治發展之華北事件、繼續支配英國社會之注意、形成報紙批評之主題、最主要者爲「伯明罕日報」之批評、其言曰、「如此種衝突爲偶然事件、日本自有挽救方法、無庸侵入中國領土、反之、如非偶發事件、如其製造及策劃作爲日本侵略華北之新藉口、文明各國有無何種聲明或行動以制止日本乎、」該報謂「英美共同行動制止日本採取最後重大步驟、仍有可能、但制止戰爭必須有迅速之措施、」曼徹斯特衛報對事件悲觀、並懷疑大規模衝突現時能否避免、該報謂「華北與二十九軍受愛國熱誠之鞭策、不致再有不流血之敗北、日本深知此種變遷、彼等現時壓迫中國、當因彼等認爲在華北之把持、必須立即奪得、否則將永遠喪失、現時情勢過於危險、不能依賴妥協或安慰保證之希望、以爲至壞亦不過爲華北小規模之戰事而已、」

【中央社巴黎十四日哈瓦斯電】法國各報對於中日糾紛頗爲關心、巴黎迴聲報評論云「目今局勢危險特甚、其故由於中日兩國政府其一擁有熱烈而憤激之民衆、其一則擁有强有力之軍隊、各不相下、」事業報稱「英美法三國現已準備向南京東京方面進行調查、一俟查明日本確欲推行侵略政策、即當向之表示堅決反對之意、」百日報稱「英美法三國政府關於中日兩國局勢所進行之外交活動不致令人驚惶、各該國所望者、乃其華北之政治商務權利受人尊重而已、」斐迦羅報稱「爭端範圍予以限制、勿任擴大、苟爲時未晚、必須以强硬之外交壓力施之、始乃有濟、」日報稱、「歐美各報務當採取審愼政策、遠東地方形勢既甚危險、而中日兩國軍隊互相衝突之事、或亦可和平了結、」時代報稱、「中日衝突結果、徒令他國坐收漁人之利、日本或因而陷入黑暗之深淵、」

【中央社巴黎十四日海通電】此間對於遠東形勢之變化極感不安、法外部稱日本今日所以敢公然向中國挑釁者、實因歐洲各國皆注意於西班牙而無暇兼顧遠東所致、至於日本所稱中國有反日運動者乃係一種藉口、法政府現決定與英國合作、不令遠東發生戰事、同時將以外交方式向中日兩國提出警告、又今日中國駐法大使顧維鈞今日謁法外長台爾博斯、會談甚久、聞與華北局勢有關、

【中央社柏林十四日路透電】德外長牛賴特十四日爲華北現局事、先後接見中國大使程天放與日大使武者小路、外交界現信兩大使皆係探詢德政府之態度、並聲明其本國政府之立場、同時德報對中日爭案現守中立態度、若干日本觀察家因德日兩國曾于去年十一月間締結互助協定、故深以德報所取之態度爲異、

【中央社上海十四日電】巴黎合衆十三日電、顧維鈞今日宣稱、日乘歐洲多事之秋、發動事變、世人嘗猶知日德協定眞實目的尚未全明、中國軍界探悉、日將於七月十五日由其國內朝鮮及關東調遣軍隊、大舉進攻、企圖佔據華北全部、惟中國軍隊雖至一兵一卒、亦將抗戰到底云、

《大公报》，1937年7月15日，第3版

日政府力圖舉國一致
統制輿論向各界疏通
盡所有手段擴大宣傳

【南京十四日下午十時發專電】自蘆溝橋事件發生後、日本國內極感不安、除少數野心家欲將事態擴大、造成殘酷戰事外、財政界·實業界以及一般人民均表反對、因之國內意見頗不一致、日政府當局有鑒於此、乃一面統制輿論、冀統一全國思想、一面由近衛內閣親自出面、向各方疏通、連日召集各黨派·各報社·金融界·產業界·文化界等代表暨地方官吏、說明日本出兵方針、要求各界諒解、各界人士對所謂舉國動員之事、在有力者威迫之下、敢怒而不敢言、一般參戰情緒已充滿全國、

【中央社東京十四日電】自十一日來、近衛內閣爲形成舉國一致陣勢、連日招待各黨派·報界·雜誌界·金融界·產業界等代表、說明出兵方針、今日起、又分別招待電影界、對華關係團體等代表、爲同樣說明、十五日更召集地方長官會議、並利用廣播等、努力統一國民意思、所謂全國各方面總動員、業已實現、可謂爲日本空前未有之大規模動作、近衛因疲勞不適、正在休養、今日樞密院會議未出席、由廣田說明出兵方針、

《大公报》，1937年7月15日，第4版

日本內閣每日開會

【東京十四日同盟社電】日本政府當局鑑於華北次第形成嚴重問題、決定由十五日起、每日舉行閣僚會議、

【東京十四日大東社電】因華北事件漸次擴大以來、日本內務省爲萬一場合救護起見、曾有愼重之協議、結果決定下列對策、萬一發生重態時、當命在鄉軍人及青年團並社會事業團及帝國國防婦人會總動員、與各府縣當局協力之下、與國內各警察期待達成救護事業、令內務省並首向全國各警察當局會令、命其速補缺額、與各種團體應以協力、對重要之工場以及各倉庫與水塔等、努力保護、使其安全、

【東京十四日同盟社電】日樞密院本日例會終了後、由廣田・杉山・米內・賀屋等閣僚、關於盧溝橋事件、分別作報告、廣田曾述稱、關於此事、與國民政府之外交折衝、依現狀可謂陷於絕望境地云云、各顧問官對政府方針、表示贊同、散會後、陸相杉山並與正副議長平沼・荒井兩氏、作重要協議、

【東京十四日同盟社電】「華北事變」突發後、日方爲對付中國方面之宣傳起見、已完成五十基羅放送機、並組成放送陣、決於每日上午五時至六時向歐洲、六時半至七時半向南美及東部北美、下午二時半至三時半向加拿大西部北美、夜間十時至十一時、向中國・南洋・澳洲、每日作四小時之放送、並停止一切娛樂放送、以對抗中國二十基羅放送之宣傳

【東京十四日同盟社電】「華北事變」發生後、文部省已通令各學校・宗教團體・社會團體等、使深化時局認識、現該事態更加惡化、文相安井於十四日正午在官邸召集次官伊藤・社會教育長山川・宗教局長松尾等協議之結果、決定於十五日下午在文部省招待在東京各宗教團體代表約四十名、社會教育團體代表約二十名、協議展開官民一致的一大精神運動事宜、

《大公报》，1937 年 7 月 15 日，第 4 版

台灣日軍亦作準備

【台北十四日同盟社電】「華北事變」次第擴大以來、與中國僅一水之隔段台灣日本駐軍司令部於昨十三日下午、畑參謀長、發出下列之訓告、（一）華北事態次第惡化、（二）本島當爲防衛起見、全島軍民宜一致準備待機、（三）軍部當局準備於非常時應付之一切、

【京城朝鮮十四日同盟社電】朝鮮總督南次郎於十三日邀集言論界中樞與各界領袖、對「華北事變」請求彼等積極協力、更爲使全鮮民衆澈底知悉此項非常時主旨起見、與日本內地地方長官會議呼應、定於十五日晨九時、在總督府第一會議室、召開臨時各道知事會議、於總督南・政務總監大野臨席下、對「華北事變」決期朝鮮官民一致之支持、

【東京十四日同盟社電】日鐵道省因鑒于華北時局重大化、定於十五日起、暫中止中日聯絡客貨之辦理、但對經由北寧鐵路之貨物、如不畏遲延、尚可賡續辦理、

【東京十四日同盟社電】日全國町村長會鑑於華北情勢緊迫、發表宣言稱、鑑於刻下緊迫的時局重大性、吾人應精進其職務、以期與民衆共向所期之目的邁行無誤等語、

【東京十四日同盟社電】船舶保險協同會、因鑒於中日間之險惡情勢、決定對在中國方面航行之船舶、收戰時保險費、並增加海上保險費、於十四日起實施、其內容如次、（甲）戰時保險、一・除揚子江外、對在中國各港停泊之船舶、三日以內、其保險金額百元抽一角二分五厘、一週間以內、抽二角二、在揚子江流域之場合、以通過吳淞爲基點、五日以內、就其保險金額百元、抽二角半、十日以內抽五角、（乙）普通海上保險特別增加額、一・除揚子江外、在中國各港停泊一週間以內者、就是一噸抽二分五厘、保險金額百元、抽二分五厘、二・在揚子江流域之場合、以通過吳淞爲基點、對停泊十日以內之船舶、一噸抽五分、保險金額百元抽五分、三・於全中國限期一個之場合、一噸抽六分二厘五毫、保險金額百元抽六分二厘毫、

【東京十四日同盟社電】東京警視廳、當「華北事變」發生時、就駐東京中國大使館之警戒及保護華僑等之應急措置、看透事變重大化、立即入於準非常警備令下之體勢、又留日中國人中學生因值夏季放假、大半已返國、其餘亦有近將回國之模樣、但華僑工人約二千人、則擬留日不回國、

【東京十四日同盟社】日外務省當局日來鑑於華北事件漸次嚴重、故對住在人數較少之太原鄭州各地領事分館、發出準備退出之訓令、

《大公报》，1937年7月15日，第4版

全國各界奮起
援助守土將士

平各界聯合會籌備勞軍
京新運會發起募捐運動

【北平電話】平教育界李蒸·李書華·張貽惠等五人，十四日下午三時訪秦德純，由秦親自接見，報告平市現狀，又平各界聯合會十四日下午三時召開慰勞救護兩股聯席會，對勞軍救護等辦法多所決定，又平學術團體聯合會十四日派慰勞團代表十餘人赴衛戍部慰勞，

【中央社南京十四日電】首都新運會於十四日電慰二十九軍全體將士奮勇殺敵，並發起募捐慰勞前方將士運動，函請各機關學校新運會一致實行，

【中央社南京十四日電】津浦路黨部及工會又陸軍交通學校、陸軍通信兵學校頃均致電二十九軍慰勞，並誓爲後盾，

【中央社南京十四日電】國府十四日接紐約中華洗衣作聯合會及檀香山夏威夷華僑聯合會等團體來電，共大意均述日人進犯，請即抵抗，以保國土等語，

【中央社上海十四日電】地方協會·市商會·市總工會等百餘團體代表，十四日午召開首次聯席會議，議決(一)組上海市各團體援助抗戰將士委員會，(二)推市商會等十五團體代表起籌備委員、並電二十九軍將士勗勉、

【中央社上海十四日電】中國文藝協會·京滬滬杭甬兩路黨部·海員黨部等、十四日均電勗二十九軍將士忠勇守土抗戰，又大學聯合會十四日通函各界，請一致援助抗戰將士，並函在滬三大學校長何炳松·劉湛恩·歐元懷，請就近向中央陳述一切，

【中央社開封十四日電】豫省黨部及工農商婦女各團體十三日電宋·馮·秦·張及二十九軍全體將士，略謂日軍無故襲擊盧溝橋，我二十九軍起與抗戰，爲國家爭存亡，爲民族爭人格，凡屬國人，莫不振奮，本部諒率各民衆團體誓作後盾，減此朝食，

【中央社漢口十四日電】自盧溝橋戰事發生以來，我前方將士忠勇用命，守土衛國，迭挫兇鋒，連日各地慰勞團組織，風起雲湧，平漢路員工特組織慰勞守土將士團，定十五日商討慰勞辦法，又漢商會已捐款兩萬元，日內購慰勞品北上勞軍，

【中央社漢口十四日電】鄂省教育會·商聯會·武昌商會·省農會等各業公會十四日電中央，請派勁旅，奮勇抵抗，並電二十九軍將士及宋哲元保全領土，又漢市教育會·保安公業會·各區黨會十四日均致電宋哲元，請速採有效之處置，

【中央社長沙十三日電】盧溝橋事件發生後，局勢日趨惡化，湘省民衆對此甚爲憤慨，紛紛電平聲援並慰守土將士，願爲後盾，

【中央社安慶十四日電】盧溝橋事件發生後，此間各界無不義憤填胸，髮指眦裂，十四日晨千餘民衆團體聯電宋哲元及守土將士致慰，並請其奮勇自衛，抗戰，全皖民衆誓爲後盾，

【中央社蕪湖十四日電】此間各界紛起募捐慰勞抗戰守土將士，文藝學術界通電全國，一致奮起聲援，並電宋哲元等慰勞，望本不屈不撓精神，抗戰到底，一面電呈中央國府，請速出師北上，

【中央社福州十四日電】福州各界以盧溝橋事變發生後，二十九軍將士奮勇抵戰，先後電慰勞，並將發起募捐運動，爲物質上之聲援，又各公私立小學亦將發起兒童集儲金，

【重慶十五日下午十一時發專電】渝市以日本又侵

兵援北，特電中央請願，願率部效命，

【中央社昆明十四日電】自盧溝橋事件發生後，此間民衆極爲憤慨，對我二十九軍之忠勇抗戰極表欽敬，現紛紛發起募捐勞軍，

《大公报》，1937年7月15日，第4版

政院昨開談話會
商北方時局問題
國府及各機關恢復全日辦公
張嘉璈陳樹人等由廬山返京

【南京十四日下午十一時發專電】十四日晨九時行政院在京各部長開談話會、討論北方時局問題、晚又齊集外交部繼續研討、九時餘散、聞係將北方最後情報及各部長意見電呈蔣院長外、未有任何決議、

【中央社南京十四日電】政院所屬各部會署長官 以目前北方時局嚴重、京中公務增劇、大部已於十三日由廬返京、各長官現以多項政務計劃須行會商、十四日上午十時在政院舉行談話會、到王寵惠・蔣作賓・吳鼎昌・何應欽・王世杰・俞飛鵬・何廉及各部次長等、由王寵惠主席、除共同討論各部政務外、關於北方時局問題亦均相互發表意見甚多、嗣以各部會署政務繁重、當即決定於十五日起院屬各部會署恢復全日辦公時間、遇必要時得延長之、談話會至十二時始散、又息、政院及所屬各部會署駐廬辦公人員已於十四日晨下山、十五日可由潯分別乘輪返京、

【牯嶺十四日下午九時發專電】行政院各部會留廬辦公人員日內將悉數下山返京、

【中央社南京十四日電】國府現以時局嚴重、公務增劇、決自即日起仍恢復全日辦公、又教長王世杰十四日晨赴部處理部務、並手諭各司處會職員、自十六日起恢復全日辦公、

【中央社牯嶺十四日電】鐵長張嘉璈・財次徐堪于十四日離山、將由潯乘飛機返京、處理部務、

【中央社南京十四日電】僑委會長陳樹人奉蔣院長諭、於十四日返京、吳忠信十四日返京、旋赴蒙藏會處理會務、該會定十五日起下午恢復辦公、

【中央社上海十四日電】外部亞洲司長高宗武前來滬入聖心療養院診治、茲因中日局勢緊張、特於十四日晚力疾返京、

《大公报》,1937 年 7 月 15 日,第 4 版

社評

日本誠意何在？

蘆溝橋一帶中國軍隊前晚業已復員，依常理與公道言之，日本此際應即簡單明瞭，完全撤兵，表示誠信，乃事實上不但澈底撤兵未見實行，援軍利械且仍源源而來。日本通信社昨午更宣稱，交涉在津接洽，尚無進展，誠不知在中國如此委屈退讓的形勢下，猶有何等交涉不了，此眞令人惶惑憤懼者也。此次之事，從一種觀點觀之，則日方殆故於夜間在蘆溝橋挑起衝突，然後從而擴大，希冀佔據一二軍事要點，以爲要挾條件之地。即今之誘我迫我，先使撤兵，彼則從容增援，占得軍事上極優越地位，而後以高壓方式强我以嚴重要求，此類推斷，皆有根據，非同臆造。日本果欲否認其說，惟有無條件的和平解決，痛快撤兵，即日恢復一切原狀，庶可見諒於中外，否則萬目睽睽，是非具在，縱有强權，其如公理未泯何！

揆日本之意，當因既已大舉動兵，不能毫無所得，故必須乘此機會，於念念不忘之所謂「華北特殊化」者，達到相當目的，一方以强力對地方有所收穫，一方則以既成事實，請求中央承認，此至少當爲其連日張弛不一，用迂廻曲折的手段之眞意所在。實則此事姑不問二十九軍能否終聽日方欺弄，藉曰然也，而中央此時固斷不能容許地方對外有政治性質或損失經濟權利之外交談判，其結果縱有所得，終必成中日間永久衝突之禍根，實際終將幻滅。抑二十九軍對日，始終保持和平態度，試觀蘆溝橋衝突方起之時，以該軍之力，祗須動員一部，儘可進駐豐台，規復通州。乃數日之間，始終僅以小部隊隨地應戰，忍受犧牲，其欲與日本平和共存，意旨顯然。日本此際爲使二十九軍保持立場計，亦不應窘以難題，使無以自解於國民。就此點立論，吾人切望日方幡然省悟，以簡單坦白之精神，迅速退兵，不留一卒，一了百了，多留兩軍後此相見餘地。如果計不出此，賣弄巧譎，以種種面孔施諸地方與中央，雖盡威嚇利誘之能，結果恐仍必無所得，可斷言也。

現在北方局勢猶在變化莫測之際，吾人一面希望日方省悟，速速收拾，惟觀於昨日日本陸軍大臣杉山在地方官會議演辭，對於中國盡情誣蔑，窺其意直不許中國自奮自强。蓋凡中國之復興運動，被竟以「排日」目之，而不悟日本自身在中國之行動，乃時時刻刻予中國國民以反感，供給其恨懼日本之實物教材。如此不自反省，仍復加重武力壓迫以求征服，將欲解决兩國問題，何異火上澆油，緣木求魚？抑吾人觀於杉山所言，益覺日本于北方和平解决一無誠意。良以近日不特動員大軍，來相淩逼，且更準備召集壯丁，從事大戰。如此態度，豈有和平可望？因是切望全國民衆嚴重注意時局之推移，尤望政府固守既定方針，不屈不撓。好在目前大局，視九一八及一二八時代爲佳，蓋彼時共禍方熾，牽掣過鉅，今則陝北服從中央，內亂清算終結，蘆溝橋事件發生後，該方面業已申請蔣委員長領導救國，辭意誠摯，實爲陝變以前未有之事實。中國統一强化，决非虛矯，此點並望北方將士充分認識，安心應付。抑吾人尤有言者：國民同情至可寶貴，得之極難，失之却易，自本月八日以來，國民對於二十九軍敬愛逾恒，前歲喜峯口浴血之光榮，業已完全恢復，或竟過之。此種歷史，本出艱辛創造，故望二十九軍全體將領士兵加倍珍視之也！

《大公报》，1937年7月16日，第2版

日本續向平津增兵

東京昨公表再派兵來華

雙方在津交涉昨無進展

【南京十五日下午九時發專電】**北方情勢表面和緩、但絕非即此可以解決、**若以東京消息對照及日軍繼續調動情形參合觀察、**前途趨勢顯甚明瞭、**至平津方面與日方接洽之經過及結果、此間迄未接得詳報、十五日午政界有人與秦德純通電話、秦謂「談判無進步、解決不可靠、」

【上海十六日上午二時發專電】日方消息、宋委員長哲元到津後、未與日方人員見面、日方不否認如現狀繼續推移、則日軍難保不於三日內有重大行動、

《大公报》，1937 年 7 月 16 日，第 3 版

【本市消息】蘆溝橋事件交涉、昨仍在津繼續談商、尚無具體結果、我方負責交涉人員蕭市長振瀛、張自忠、冀高法院長鄧哲熙及張允榮、陳覺生等、日方則爲日軍部參謀長橋本、參謀和知、北平特務機關長松井、經在張宅折衝、迄昨夜止、日軍仍無撤退確息、冀察政委會重要人員門致中、李思浩、錢宗澤、過之翰等均於昨午由平來津、當分謁宋哲元委員長有所陳述。

【南京十五日下午十一時發專電】戈定遠十五日晨抵京、即同李世軍往謁何部長應欽、談約半小時辭出、旋搭輪赴滬、轉廬山謁蔣委員長、代宋哲元報告並請示、日內返京後、即赴津謁宋復命、

【南京十五日下午十一時發專電】蘆溝橋事件近忽變化、二十九軍駐京辦事處長李世軍特電秦德純馮治安探詢究竟、秦馮十五日復電云、「蘆溝橋事件、我方與日方接洽、內容係雙方口頭商洽對傷亡官長同表惋惜、並望此後不再發生類似事件、我方提出此後日方不得夜間演習、經商定後雙方即從事撤退、但迄今我方已將部隊撤回原地、而彼尚未撤、且天津方面先後開到兵車二十列、今日又有日步砲兵二千餘名、由津沿平津大道西來、平郊時有其小部隊出沒、以上係最近情形」等語、

【南京十五日下午十一時發專電】行政院以時局嚴重、政務緊劇、十五日起已與各部會恢復下午照常辦公、各部會駐廬辦事處撤銷後、辦公人員一律回京服務、十五日下午已有一部返京、

【中央社南京十五日電】據確息、日仍繼續徵調國內外各地大軍、向平津出動、其第十二師團亦已奉令開拔、聞多由大連登陸、亞洲司長高宗武日前赴滬療病、現因中日局勢緊張、十五日晚力疾返京、

【中央社東京十五日電】楊代辦十五日午十一時半訪廣田、適廣田正出席會議、由外次堀內接見、楊傳達我政府意旨、盼川越從速回京、以便談判解決蘆溝橋事件辦法、堀內答川越日內即由津南下、談約四十分鐘、

【東京十五日路透電】陸軍省今日宣布、鑒於華北目前嚴重局勢、已決定由日派遣軍隊、送往華北、陸相杉山表示、華北情勢極有趨於惡化而擴張及於其他區域之可能、杉山已令各地方官施行軍隊動員及徵發軍用品命令、海相米內宣布海軍省已遣派若干軍艦、前往中國各地點、

《大公报》，1937 年 7 月 16 日，第 3 版

【中央社南京十五日電】軍委會十五日晨邀集各院部會代表在會開談話會，交換各機關工作進展意見，由劉光主席，歷時甚久始散。

【北平電話】平市平靜、人心安定、昨晨六時左右，平市各城門即相繼開啓，一律敞開，行人自由出入，與前日情形無甚差異。

【北平電話】官方公佈消息，（一）據南苑王泉營報告，有日兵百餘人，乘大汽車六輛，坦克車一輛，在十五日上午七時半，由豐台經王泉營向右安門方面前進，（二）通縣保安隊在八里橋趕築工事。

【北平電話】連日駐通縣日軍若干名，均集中南門，與我二十九軍遙相對峙，密雲懷柔等縣保安隊二千餘名，十五日全部集中通縣，西北城民房均被佔用，人心恐慌，該項保安隊並在各民房牆垣架砲及築防禦工事。

【北平電話】官方消息，（一）十五日下午二時三十分日坦克車一輛，載重車二輛，退回豐台，其餘日兵四十餘名，載重汽車二輛，坦克車二輛，向永定門外前進，圖擴調查，下午六時許該日兵已返豐台，（二）十五日下午一時半，有日兵三十餘名在廣安門下道左右，向北構築人橋搶修工事，（三）十五日下午一時日兵在大井村架設無綫電台。

【本市消息】本市東車站自大批日軍開到後，情形更趨緊張，並入駐行貨廠，懸掛木牌，上書「行車場司令部」，站內由日兵設崗，入晚戒嚴，架設機關槍，同時有日兵及南滿鐵路員工在候車室內辦事，調車處及電報電話室，亦有日人辦事，所有開來之列車，均停站內各岔道上，滿載軍用品，河北新站亦於十三日派有日兵設崗，昨晨並有日兵四十餘名，鐵甲汽車三輛，載重汽車兩輛，至河北津浦總站，駛入站旁之大貨場，總路局派員交涉，乃退出入附近公大紗廠內，旋向路局索要辦公室，該路辦公室極少，大部為北寧路所有，當即婉拒，至午由東站開到新站日兵車兩列，停於站內第三岔道，昨晨東站五時四十五分到日兵車一列，有子彈車五輛，載重汽車十輛，鐵甲汽車五輛，無綫電及機件兩車，日軍三百餘名，六時三十分又到一列，日軍五十餘名，子彈車九輛，鐵道木四車，煤四車，下午三時四十分，四次平滄車由關外抵津時，有日兵一百五十人，隨車由榆關到津，即赴海光寺兵營，下午五時二十分有一列車由津開赴豐台。

《大公报》，1937年7月16日，第3版

我政府要人嚴正的表示

為國府處理蘆溝橋事件 駁日本陸軍當局的言論

【中央社南京十五日電】政府某要人頃對於日本同盟社所傳日本陸軍當局對於國民政府處理蘆溝橋事件之觀察、評論如下、「據同盟社東京七月十五日電稱、日本陸軍當局對於我政府處理蘆溝橋事件之態度加以種種詆訐、措詞荒謬怪誕、立論無中生有、在發言者或自以為得盡巧妙、但識者祇見其宣傳技術之拙劣、該陸軍當局首謂此次事件係由我軍不法射擊而起、夫蘆溝橋事件之發生、由于日軍非法在蘆溝橋深夜演習、無故向我軍攻擊、已為舉世周知之事、該陸軍當局此次謂國府壓迫在華北方面與日本攜手之要人與民衆運動、激發冀察中堅層及學生之愛國心、以為自力統一中國之手段、在統一建設與激發國民之愛國心、為各國政府應行之天職、今日本陸軍當局以此為攻擊國府之理由、是不啻自承其分化宰制中國之政策、中國對于鄰邦日本素主張以平等互惠之立場携手合作、但截至今日、日本始終未以平等視我、違言互惠、至於假提携之辭、行侵略之實、政府自不得不加以反對、該日本陸軍當局續謂國府假日本軍之手、以淘汰中央軍直系以外之軍隊、尤為毫無根據挑撥離間之詞、不值識者一笑、中國軍隊編制及駐防區域容有不同、但同為國家軍隊、初無系統之分、任何國家如對中國武力侵略、中國當不惜以全國軍力與之周旋、該陸軍當局之讕言、絕不能欺世界、更不能欺中國人、至該陸軍當局所謂近來中國對日暴狀不下數百件、想係日本對華暴狀顛倒錯誤、蓋近年以來、日人在華之暴行、如走私•販毒•非法飛行等等不法行為、確不下數百件、東西人士耳聞目睹、無論如何顛倒是非、終難掩盡天下耳目也」

《大公报》,1937年7月16日,第3版

外交部電駐外使節以蘆事眞相告各國

英使訪王外長詢華北近況

倫敦報紙論中日大局

【南京十五日下午十時發專電】蘆溝橋事件、舉世關懷、各國當局紛向我駐外使節探詢眞相、外部十五日特將最近日軍向平進攻情況分電顧維鈞·郭泰祺·蔣廷黻·王正廷·程天放各大使、轉達各駐在國政府知照、又英大使許閣森十五日下午三時餘抵京、四時半訪晤王外長寵惠、對蘆溝橋事件致友誼關懷之忱、並探詢近況、談約一小時餘辭出、復令參事官飛師爾十五日午後亦訪情報司長李廸俊、詳詢華北局勢、又高宗武以中日外交緊急、定十六日晨由滬返京、

【中央社東京十五日電】今日此間空氣似覺略有轉變、一般觀察家印象、蘆溝橋事件之解決、或不甚困難、惟香月清司與宋哲元談判究涉及何事、則不明瞭、地方官正會議中、近衛·廣田·米內之訓詞措辭似多含蓄(見另條)、現此間甚重視中央軍移動、十日來與中國最有關係之鍾淵紡織會社股票暴落三十元、昨下午起已回漲七八元、其他股票亦回漲、但當前情勢極爲複雜、難關甚多、未許樂觀、

【東京十五日同盟社電】參謀總長閑院親王於十五日午前八時半入宮、拜謁日皇、就「華北事變」之經過、有所奏上、

【華盛頓十五日電】熟習外交問題之專家稱、羅斯福總統對華北情勢已漸注意、業由國務部臨時呈報此項消息、美駐華大使詹森對華北局勢之發展、極端注意、並報告政府、但對事件之開展、並未說明、然此項報告、即爲羅斯福觀察之根據、據指陳羅斯福除令國務卿赫爾隨時與各國交換意見外、並將考慮是否施用中立法之問題、

《大公报》，1937 年 7 月 16 日，第 3 版

【中央社倫敦十四日哈瓦斯電】政府頃接受下院反對派工黨黨員阿特里之請求、定本月十四日在下院舉行關於外交政策之辯論、衆信屆時工黨將提出中日糾紛問題、並主張英法美三國應有所行動、以使中日糾紛不至益形嚴重、（倘屬可能、則當交由國聯處理、）

【中央社倫敦十四日路透電】關於華北事變、今日泰晤士報載一社論稱「今日日本最聰明之舉動莫如打退堂鼓、（開始調查八日事件之眞相、並藉中國之合作、將流弊之價值加以眞實之估計、）如此日本或將可贏得世界之尊重與感謝、惜日本採取此種辦法之機會今已極微、（其原因不外乎（一）不能信任與中國辦交涉、因中國人之外交手腕遠勝乎日人也、（二）目覩全部中國政治之日漸健全、隱覺中心惶惶、（三）日軍部之桀驁不訓、（若更以前途安危之價值加以衡量、則大規模之戰事似屬意料中事、除非在最後五分鐘能翻然悔悟也、日軍之所不願爲者、即在未向宋哲元之軍隊大張撻伐之前、而先悄然引去、（泰晤士報不信日本或中國有爲而不辭之用意、認爲事變之開始、爲一時無紀律之兵或隊伍無方之官長、或二者兼之、再則尤堪注意者、小規模之反響、雙方難會任其擴大至不可收拾之範圍、但南京與東京均未使其發揮其時局中潛在擾亂可能性、在表面上觀之、東京似願極力使該事件局部化、但此非即謂更嚴重之戰事、竟不幸而適得其反、但日本軍隊行走極端之時、日本政府正慄然於冒險前途之困危也、日本或可一鼓而下北平、更以兵艦上溯長江、而覬中國之首都、但此亦僅取快於一時、惟以政治之目光觀之、事態即至較此更嚴重時、亦無敢擔保日能召致巨禍之途徑者、在已往一年半之中、日本在華北幾不擬自明其所致者爲何物、又如何始可得之、（但如謂日本將變華北爲第二「滿洲國」、日本絕不願爲之、蓋華北勝利之結果、不過財政上及軍事上添加重大之責任、以現狀觀之、日本之雙手固已抓滿、但庫藏則益見空虛矣、日本即能不宜而戰、但加折磨於中國之自尊觀念至不可磨滅之程度、日本實須小心將事云云、

《大公报》，1937年7月16日，第3版

全國民衆一致奮起

爲二十九軍後盾

各地紛紛開會籌欵慰勞

宋委員長昨告捐款同胞

【本市消息】冀察政委會委員長宋哲元因蘆案發作後、海內外同胞踴躍捐欵、昨發通電云：「全國各報館並轉全國各界同胞海外僑胞均鑒、此次蘆溝橋事件不幸發生、海內外各界同胞、先後來電慰問、且有捐欵勞軍之舉、熱誠贊助、全軍感奮、惟此次事件、僅係局部衝突、傷亡亦係少數、況國家養兵千日、用兵一時、効命疆場、乃軍人之天職、軍隊平時有餉、戰時亦有軍事費、哲元以爲遇此類小衝突、即勞海內外同胞相助、各方盛意、雖甚感、而捐款則概不敢受、倘將來國際大戰發生、全國動員、犧牲鉅大之時、再由國家統籌、同胞捐助、未爲晚也、謹掬誠意、敬佈區區、諸維鑒諒是幸、宋哲元咸（十五日）」

【平地泉十四日下午六時發專電】蘆溝橋戰起、綏察聯帶緊張、惟民間尚極鎮定、連日河北情急消息傳出後、綏東軍民危疆驅盼、義憤同深、尤以二十九軍之忠勇應戰、此間聞訊殆已爲之感激涕泣矣、一般相信二十九軍將士必能本一貫忠堅之志、以負起其民族生存史上之偉大使命、

【保定十五日下午十一時發專電】十五日由前方續到傷兵四名、連前共六十一名、育德中學學生赴平民醫院表示敬意、本報記者亦同往慰問、一部傷兵已痊、願再赴前線守土、

【中央社上海十五日電】全國商聯會主席林康侯十四日通電全國內外各省區商會聯合會、請迅速聯合當地各界、組織全市或全縣全鎮抗戰將士後援會、除勸告各界自由捐輸、並轉知各商店工廠先捐一日營業收入十分之一、匯往慰勞前方將士、

【太原十五日下午八時發專電】晉當局以宛平事件發生、民衆激於愛國熱誠、紛起募捐、並擴大宣傳、恐漢奸乘機擾亂治安、特自十四日起派軍警憲戒備」

【北平通信】清華大學全體教職員、以時局嚴重、特於前晚開全體會討論應付辦法、議決全體先捐所得薪金一日、作一切救護與慰勞受傷官兵之用、師大北大等校、昨晚亦均有同樣決定、俟有必要、當繼續進行募捐、

【北平通信】北平各界聯合會各股聯合在東四所開會討論各股工作、結果決定、即日致函各團開始徵集每一日所得之款、捐交中國・中農・交通三銀行保管、此外慰勞股之慰問袋已開始由婦女會縫製、日內即可送赴前方慰勞、

【中央社南京十五日電】山西省黨部十五日致電慰勞宋哲元及二十九軍全體將士、其原電云、北平宋委員長及二十九軍全體將士勛鑒、敵犯疆土、貴軍奮勇抵抗、薄海同欽、望再接再厲、堅持到底、本部誓爲後盾、特電慰勞、企候捷音、

【中央社南京十五日電】首都中大小學暑期留京學生計八百餘人、爲蘆溝橋事件、頃通電全國、一致奮起抗戰、

【中央社西安十五日電】陝省黨部十四日召集西安各界代表舉行誓死抗敵後

《大公报》，1937年7月16日，第4版

援會成立會，通過（一）慰勞前方將士，（二）電請前方將士，（三）訊電中央請纓，（四）統一抗敵宣傳，（五）抵制仇貨，（六）統一募捐，並推李雲亭、關子安、許洪坤等十九人為常委。

【中央社南京十五日電】首都各界抗敵後援會今日在市黨部舉行成立大會，到中央國府各院部會及京市黨政軍警機關團體學校代表三百餘人，由劉百閔主席，並致開會詞後，繼由彭爾康說明組織抗敵後援會意義，旋通過要案多起，該會並以大會名義電慰二十九軍及通電全國一致奮起抗敵，原電略謂，華北之得失，關係全國之存亡，非在中央統一指揮之下，不能完成禦侮救國之事功，非全國一致擁護中央之國策，無以解當前之急難，我二十九軍將士此次奉命守土，忠義奮發，浴血抗戰，捷報傳來，凡屬國人罔不感動，我前方將士，同膺慷慨赴義，捍衛國土，我後方同胞，更應發揮國民天職，輸財輸力，踴躍以赴，本會已於十五日成立，謹代表首都百萬民眾，誓與侵略者不共戴天。

【中央社福州十五日電】省會農工商文化婦女等各界團體，紛電慰二十九軍將士，奮勇抗日，矢志守土，誓為後盾，並募款援濟。

【中央社安慶十五日電】蘆溝橋事件發生後，此間各界均甚憤慨，各民眾團體十五日均發電中央，請即出師禦敵，原電措詞懇切，悲憤激昂，電中並有全國民眾，均願作禦侮救亡抗戰，寧為玉碎，勿為瓦全等語。

【中央社昆明十四日電】滇省指委會十三日致電冀察綏靖公署宋主任，并匯洋壹萬元，以勞抗敵將士，原電云，宋主任勛鑒，寒（十一）電奉悉，外侮之來，有加無已，捍衛國家，全賴我忠勇將士，為國負荷，滇雖邊遠，國難不後人，茲先匯寄國幣一萬元，希即轉發前方抗敵將士，藉表滇民慰勞微忱。

【中央社成都十五日電】華北日軍挑釁事件，震憾全國，此間各界聞訊，異常憤慨，連日除電二十九軍將士致勞並鼓勵奮勇抗敵外，復發起組織四川省抗敵後援會，為守土將士後盾，中農等分行及川省合作金庫全體同人十五日以一日所得共三百餘元，自動捐匯前方將士，藉表慰勞。

【中央社廣州十五日電】省市黨部定十七日召開民眾聯席救亡大會，商討募款慰勞等事宜，並將在各縣設分會，策動全省禦侮救亡工作。

【中央社貴陽十五日電】黔省各界對蘆溝橋事件均憤慨，省黨部及各民眾團體各學校均電前方守土衛國將士表示願為後盾，省黨部全體職員，並捐一日所得為慰勞費。

日政府繼續「宣傳舉國一致」

招待民間各團體代表 地方長官會議昨開會

【東京十五日同盟社電】日政府為對付華北問題，明示決意及諮各方協力起見，於十四日夜，在首相官邸招待與中國事務有關之東洋協會之永野鎮太郎，同仁會之林權助，日華學會之細川護立，東亞同文會之岡部長景，日本實業協會之兒玉謙次，日本外交協會之阪谷芳郎及其他代表等，外相廣田以次各閣僚均出席，由廣田及內閣書記官長風見說明今次事變之經過，並政府之方針，旋由水野、阪西、佐藤等各代表述明贊助政府之方針，與以全幅的支持。

【大阪十五日同盟社電】新聞聯合會財界及日本新聞協會十五日正午在總裁會館舉行關西緊急委員會，其關於華北事變之政府方針及財界新聞各會社之協力進行中心，協議結果，議決支持擁護政府。

【東京十五日同盟社電】為應付華北時局，於十五日上午所召集之地方長官會議，首相、外相、藏相之訓詞如次，首相近衛在地方長官會議席上，致以下之訓詞，「今次派兵於華北之本旨，如前者政府所聲明，自事件發生以來，僑居平津地方之日僑生命財產，亦因之瀕於危殆，日本之真意，願得有誠意之保障，和平要解決問題，希望諸君使各方諒解今次派兵之意義，官民協力，努力收舉國一致之實，」外相廣田於十五日舉行之地方長官會議時所示之訓詞云，「今次華北突告事變，由現之情勢觀察，將發生如何之不幸事態，實難逆料，關於現時之過渡問題，凡我國民，均宜早有覺悟，政府當局，亦當於此時機，使帝國之立場，更加徹底使民間諒解，地方長官諸氏，亦當體察政府，使一切意旨得以貫徹於國民間，希各努力為之，」大藏大臣訓詞云，「關於今次事變，於財政金融等之方面，第一希望對於投機者予以抑制，其次關於對外匯兌之恐落，當努力維持之，今後對某當努力堅固維持一先令二辨士之水準，對於公債之價額，亦當與匯兌行情同樣，努力維持，」

【中央社東京十五日電】十五日晨地方長官會議，首相近衛未出席，由內相馬場代讀訓詞，杉山、廣田、米內、賀屋、馬場亦皆有訓詞，近衛訓詞中，仍謂希望中國從速「反省」，對於將來為誠意的保障，期可和平解決，杉山訓詞中謂，中國於抗日態度下努力實現中央集權，強化軍備內容，致過信其國力，而變抗日為侮日，廣田訓詞謂，此次「事變」，如在現地雙方談話結果，於維持治安獲得適當保障，則於兩國前途誠為幸事，但由現在情勢推測，任何事態發生，皆難預料，故國民認識現實，須有一大覺悟。

國府命令

【中央社南京十五日電】國府六月二十八日令（一）特派伍非百為黔省縣長考試典試委員長，此令，（二）派曹經沅、王灝然、胡嘉詔、張志韓、李次溫為黔省縣長考試典試委員，此令。又七月七日令，派任可澄為黔省縣長考試監試委員，此令。又十五日令，茲修正妨害國幣懲治暫行條例，公布之，此令。

各省公務員准補行銓敍

八月一日起實施

【中央社南京十五日電】中央通過之各省市公務員銓敍補救辦法，在銓敍部正積極籌備，將於八月一日起實施，該部並發函各省市，俾對此最後之補救辦法，特殊注意，按照送審，希現任公務員，凡不合於公務員任用法而合於銓敍補救辦法之規定者，俟此項補救辦法施行後，仍可另案送請甄別。

關麟徵飛西安

蔣鼎文赴陝

【中央社上海十五日電】蔣鼎文十五日晨乘首都特快車赴京，謁何應欽請示後，即將赴陝履新。

【中央社西安十五日電】關麟徵十五日午飛抵西安。

《大公报》，1937年7月16日，第4版

保持我國家尊嚴 不出席世教會議

我代表團將提出嚴重質問

英美一部代表抵首都遊覽

【中央社南京十五日電】第七屆世界教育會議，已決定於八月二日在東京舉行，我國代表團亦已選定準備出席，茲日本當局違背世界教育會之本旨，准予偽滿參加，殊屬不顧信義，茲爲保持我國尊嚴起見，我代表團已決定不赴日參加會議，並將向該會會長孟祿博士提出嚴重之質問，現已由該團團長胡適、秘書長程其保、總幹事劉湛恩等，具名分別函知各代表矣。

【中央社南京十五日電】各國出席世教會議代表，美國二十三人，坎拿大四人，英一人，團長爲格許米狄，日昨到滬，十五日晨七時乘車抵京，中國教育學術團體聯席會，派代表先時到站歡迎，下車後，即由該會招待赴惠龍飯店休憩，旋九時由何文輝等陪同參觀首都各大學，繼至陵園參觀，並參觀中山文教館，十一時許返城，參觀中央歷史語言研究所後，即赴該會公宴，應該會邀宴者有陳裕光、常道直、吳俊升等二十餘人，均參加陪席，席間首由羅氏代表京中三大學致歡迎詞，其大意有兩點：（一）吾人從事教育工作，係以增進人類幸福及增加人類智識爲目的，該團來首都參觀，以均係從事同樣工作之人，特表竭誠歡迎；（二）爲此這次世界史誠有意義時期，許君得目睹所遭困難與待遇，自比較過去得自益能真切，亦當益佩，嗣代表世教團體致詞，謂中國不出席此次世教會理由，係以大會正式准許偽滿派員參加，此與世教會議宗旨精神及政策相違背，故因此退出，語多調，最近我國北部形成嚴重局勢，在事實上已完全證明爲日方挑釁而起，我爲求自保，保衛國土，恐時期已到云云。蕭辭畢，即由該團代表起立答謝，謂深願藉此次得觀中國新建設，實爲欣快，尤對我義教推教猛進，表示贊佩，並對中山先生、蔣委員長表示最大敬意之意，至三時盡歡而散，仍由何等陪赴下關車站，乘三時廿五分快車赴滬，十六日晨由滬乘法郵船赴日。

時人行踪

王揖唐【本市訊】王揖唐十五日晚九時由平來津，曹汝霖十五日午十二時半來津。

李君義【歸綏電】綏財廳長李君義十四日由綏起程赴晉謁閻錫山，陳述綏財政近況，並有所請示。

陳策【廣州電】虎門要塞司令陳策前因足疾在省療養，十五日午返虎門坐鎮。

余漢謀【廣州電】余漢謀十五日上午由連平返省垣。

鄺寶照【上海電】國米運銷協會團長鄺寶照十五日由廈返抵滬，其餘團員日內北返，又國米產銷協會定二十日在滬舉行第一次會議。

方治【南京電】中宣部副部長方治月前北上視察，歷經察綏晉魯豫各省，已於十五日晚十時由濟乘平滬車返抵京。

短評

國民一致的要求

我軍撤退原地以後，日軍昨尚不撤，且仍繼續調兵運械。交涉前日移津辦理，昨天毫無進展，北方大勢隨時有極端惡化的可能！

一般觀測：日軍在一切布置完竣以後，恐將不免提出重大要求，要求不遂，難保不即刻採取重大行動。日本的企圖總爲明瞭，所以表面和緩，固不可恃；局部妥協，尤無可能。此時負責當局須上承中央意旨，下徇全國輿情，立定界限，沉毅應付。苟安必不可求，寸土不容放棄。這是國民一致的要求，因爲此外我們也沒有第二條路可走！

《大公报》，1937年7月16日，第4版

文化界聯合會議決
援助守土將士
日內邀各團體代表開會
討論具體援助辦法

【本市消息】津市文化界聯合會、爲討論時局問題、昨日召集會議、議決援助二十九軍守土抗戰、定日內邀集本市各團體代表及文化界領袖、開擴大會議、討論具體援助辦法、

平市新警
二百一十四名
分發各區服務

【平訊】警察局爲充實警力、招考第八期新警二百一十四名、已訓練期滿、昨晨在小石橋警察訓練分所、舉行畢業典禮、局長陳繼淹、因公忙由督察長錢宗超代表出席、八時舉開會、首由錢氏偕同所長楊福年、至大操場檢閱各警操法、當由大隊長金利藻領導、舉行分列式等、最後並表演拳術木劍等國術、表演畢、由錢氏領導、全體至大禮堂舉行畢業式、行禮如儀、由錢代表局長陳繼淹訓話、語多勗勉、詞畢、依照局方分配、由各區隊觀禮代表、分別領往各區服務、至第九期新警、第一批業已考試完竣、定明(十七日)下午二時、在該所開班、正式授課、其第二批新警、明日報名截止、二十二日考試云、

《大公报》,1937年7月16日,第6版

社評

時局眞相的解釋

平津時局在抱擁着極大的危險中又過了一日，這種沉悶，絕不能久，至遲一星期必完全揭開。所以這一兩天是眞正重要關頭。

現在我們將時局眞相再澈底的解釋一番，庶幾易於澄清國際觀點，決定一切是非。

第一：自八日蘆溝橋發生事件之第一瞬間起，以至今日，我們冀察當局，我們中央政府，一直是求和平，不是求戰爭。其證據是二十九軍在八日以後不斷的努力與日方作和平撤兵交涉，而中央對於不附屈辱條件的和平撤兵，事實上是持着樂觀其成的態度。這種態度現在依然，所以時局關鍵始終只在日方能否撤兵，能否停攻我們的部隊。據日方自稱他們並未提政治條件，並非乘機另有企圖，那麼問題簡單極了，何以在我們部隊極力鎮靜決不挑釁之時，而日方反大舉增援，進兵不已？

第二：問題之嚴重化，是從十日左右起，在九日北平方面認爲已可解決，當局間的空氣是樂觀的，然不料十日又有嚴重的衝突。接着日本閣議就決議大舉出兵。這幾天從關外，從朝鮮，紛紛進兵，並且從日本內地也決定派遣師團來中國。最可注意的是宋委員長哲元到津數日，顯然意在求和平解決，而十五日夜日本陸軍省反正式發表了出兵令。依現狀推論，在幾天以內，平津間並且平津外，將有數萬日軍集中，那麼這兩天的比較沉靜，只可解釋爲等候援兵齊集之後，要有嚴重動作。

第三：這兩天天津方面還有交涉的接觸，詳情雖然不明，問題易於判斷：就是中央與冀察當局實際是一個態度，一個意志。假若宋委員長認爲可了，中央一定贊同，同時中央所反對之事，宋氏一樣反對。這其間並無操縱離間之機會。全國同胞須知道中國決沒有一點再屈再退之餘地，平津一帶同淞滬一樣，是中國的心腹，是幾百代祖先慘淡經營的國土。日本此時對中國主權更進一步的任何打擊，其意義是要中國的命！中國政府與人民固然不求戰，並且避戰，但到避不了之時，只有拚命自衛。因爲要不然就是放棄華北，就是自殺。所以中國絕沒有還擇之餘地，也沒有觀望之可能。關於此點，中央與宋是絕對一致的。換句話說，中國至今是求和平，和平之表現就是日本停攻擊而撤軍隊，同時中國政府當然要盡責保衛國土及應援二十九軍，但絕非求戰事，只是準備萬一之防衛。日本軍上千上萬的向中國開來，中國政府當然不能坐視，假若坐視，還成一個什麼政府！

第四：我們客觀的考察，感覺時局危機刻刻增大。日本除去從滿鮮不斷的進兵平津之外，並且下了內地師團的出兵令，這是一個極嚴重的事實，世界輿論界要認清此點，大家爲遠東和平努力，再遲就來不及了！全世界人要明白，今天的危機是遠東百年以來所未有。日本此次之大舉派兵如不能中止，不能撤退，這當然要解釋爲決心征服中國之第一步驟。中國政府人民當然不能受征服，當然不顧一切以擁護生存，這個危機，就中國說，是自有歷史以來之最大國難，就世界說，也是目前國際政局中之最大禍災。然而挽回之法，卻極容易，極簡單，就是日本已來之兵速撤，未來之兵不來，先恢復平津間原狀，日本不提打擊中國主權的要求，一切依兩國間正當軌道進行。那麼這彌天大禍，頓時可以消釋。如果日本對於這樣容易做的事竟然不做，那麼顯然可知日本的目的是要打中國，不是要保和平。這個問題，最近最近就可明瞭了。國民各界當然要立於政府領袖指導之下，鎮定應付，挽救國難，同時希望全世界關心遠東的人，絲毫不可夢想，需要認識危機重大的眞相，大家爲防止遠東大禍而努力！

《大公报》，1937年7月17日，第2版

川越奉令將返南京

中日在津折衝昨無結果

日本續由國內調兵來華

【南京十六日下午八時發專電】東京及華北傳來消息、仍多矛盾、故**日來北方傳播之和緩空氣、仍不能轉變一般緊張之感覺**、有力方面看法、**日本**一方正式發表派兵來華、一方則與華北當局不斷接洽、**殆爲欲擒故縱之計**、政府意思、此次之軍事舉動既廣、爲時亦將經旬、故希望**川越早日返京、切實談判**云、

【中央社南京十六日電】外交界息、楊雲竹向日外務省傳達我政府意旨、盼川越茂從速回京、以便隨時接洽後、聞日外務省現已電令川越日內即南下、

【中央社南京十六日電】京中十六日午接平電稱、(一)津方續到日軍兵車四列、裝載多量軍用品及汽車等、並鐵甲車數輛、(二)由津開往豐台日軍兵車一列、兵三百餘名、豐台東南趙家村附近農田日方建築飛機場、並有飛機四架、翔空偵察、(三)通縣西方八里橋一帶、由冀東僞保安隊趕築工事、平津綫之楊村、由津開到日軍五百餘名、砲十數門、(四)豐台四週日軍築有工事、並擬埋設地雷、附近樹木禾稼均被日方砍伐、(五)蘆溝橋方面無變化、惟時有小衝突、

《大公报》，1937年7月17日，第3版

【中央社南京十六日電】據確息、日政府近扣留商輪三十一艘、裝運大批軍隊軍火前來我國、已奉令開拔者有第五·第六·第十·第十二·第十六五個師團、人數約在十萬左右、其中除兩師團已指定開赴平津外、其餘三師團暫開至朝鮮待命、預定一週內調動完畢、又駐朝鮮等地之日本後備隊亦已奉令準備、據確息、大批日本軍用品十六日已運到津、

【本市消息】蘆溝橋事件、自冀察政委會委員長宋哲元及津市長張自忠與前河北省保安處長張允榮等相繼來津後、即着手交涉、據關係方面所傳、截至昨晚、交涉似有些微進展、聞其內容似與在平所談無甚出入、但現仍有不少問題、有待繼續談商、但日兵仍不斷運輸大批軍火、並在平·津·豐·通·各地務積極佈置、故前途如何、殊不可預料、

【北平電話】日武官今井十六日下午謁秦市長、對蘆溝橋事件解決問題有所商談、半小時辭去、聞無具體結果、

【北平電話】大井村方面今晨零時四十分、發現槍砲聲、至一時許未停、

【北平電話】官方公佈消息、關於蘆溝橋事件、日方並未向我提出政治性之要求、或如外傳已簽定任何條件一節、日大使川越十五日在津接見新聞界時、已有相當說明、微聞此事、雙方人員現正在津作側面的折衝、以期意見之接近、至正式商洽日期、此間尚無報告、且事態前途、變化叵測、亦似非一二日即可解決云、

【中央社東京十六日電】日外務省發言人十六日晨答外國記者關於華北事件之質問、綜合之如下、日政府從內地派兵赴華乃原定計畫、昨今兩天情勢、未見好亦未更壞、華北駐屯軍與冀察當局談話仍在進行中、中政府亦希望和平解決、故仍努力、有人問何以增兵、答「爲安全」、

【東京十六日路透電】大阪每日新聞縱論華北事件之情勢、謂現已明顯、和平解決殆不可能、日本政府認爲實施日本正當權利、訴之武力、殊屬絕對必要」、現時遵照政府命令、進行部分動員、陸相杉山令各州縣長官、注視各縣動員辦法及給養補充、官場一般態度以爲如「反日」運動擴至他省、華北情勢或將惡化云、

【東京十六日同盟社電】日首相近衛文麿鑑於華北問題之重大性、十六日上午八時、邀外務次官堀內謙介至其私邸、詳細聽取華北之情勢及國民政府之態度、關於今後之對策、並交換重要意見、會談約一時半之久、

【中央社東京十六日路透電】此間負責方面今日宣稱、關於華北局勢、外國政府迄未有向日政府接洽者、惟英外相曾於十二日與日大使吉田晤談、口頭傳達其希望華北事件不致擴大之意、日政府不至接受第三方面對於華北事件之調停或干涉云、據此間今日所接情報、華北事態未有變化、中日軍事當局之代表刻仍進行談判、不過此項談判非由香月與宋哲元親自主持、又日方聲稱、日本華北駐屯軍人數僅及華軍十分之一、故遣派日本本部軍隊前往華北一舉、實屬必要、

《大公报》，1937年7月17日，第3版

保定院校館聯合會
請宋委員長返平
各地民衆紛起捐款勞軍

【保定十六日下午五時專電】河北省保定院校館聯合會今日電宋，文云：「天津宋委員長鈞鑒，現時勢日迫，請我公回平主持，河北省保定院校館聯合會」。保育各學生組織慰勞隊，十六日購大批食品及慰勞等前勞守土將士。又人民公團主任委員呼籲私人游樂捐款得二十元，全數慰勞，又青年會幹事史上珠捐款八十元，並購大批水果，以表愛國及慰官兵。

【中央社南京十六日電】京市地方自治研究會電宋哲元・馮治安・秦德純・張自忠等，略謂聞報前將士，力拒強寇，高戰支持，同人欽佩，今日之事，寧爲玉碎，不肯瓦全，輿論至此，人心可知，伏祈當機立斷，俯順輿情，萬衆仰賴，在此一役，謹電奉陳。

【中央社上海十六日電】滬市商會十六日下午開會，決定於十九日下午三時召開各團體聯合會議，討論救國進行方案，並推王曉籟・杜月笙・俞寄等九人草擬組會具體意見。

【中央社鄭州十五日電】鄭商界十五日電慰宋哲元並匯款五百元慰勞前方忠勇抗日將士。

【中央社漢口十六日電】漢文化界救國會・教育會・記者公會・文藝作者協進會・戲劇界音樂文化團體、十六日發表宣言，願誓抗敵守土，要求中央有的指揮與援助」，主張對守土抗戰的陣亡將士家屬之生活及保障，必須有切實之規定，剷除漢奸與抗敵工作有同樣之重要，誠「格殺無赦」，並施行連坐法，誠除漢奸。

【中央社漢口十六日電】粤漢路員工慰勞守土將士辦事處十六日成立，決定全路員工自動捐薪一日，慰勞前方將士，並電宋委長慰勉，請以軍事之勝利，作和平之基礎。

【香港十六日下午十一時發專電】粤民對華北事情憤激，紛紛作愛國運動，學生界組救亡會及宣傳隊，喚起民衆救國，省黨部聯合民衆團體組織廣東民衆聯合救亡大會，統一各界集會組織，集中力量，定十七日召各團體會議，討論關於宣傳慰勞財政問題，策動全省救亡工作。

【中央社成都十六日電】西康建省委員長劉文輝電慰宋哲元及前敵將士慰勞，並請示保府之方針，辦理一切。

【中央社新加坡十六日路透電】此間華僑電中國政府，請堅決抗日，海外華僑定爲後援云。

俞飛鵬令所屬
維護郵電交通

【南京十六日下午十時發專電】交通部長俞飛鵬十六日令飭交部所屬員工，以冀察局勢發生，郵政電報電話應用頻繁，關係重大，應努力從公，增加工作效率，設法維護，不使有所阻碍，並即忠勇愛國之責。

《大公报》，1937年7月17日，第3版

日本兵車絡繹開津

總站外空地堆積沙袋 二百餘人駐車站

【本市消息】自盧溝橋事件發生後、日方一面向我當局進行交涉、一面調動大軍積極入關、北寧路沿線、日軍已經佈滿、除天津以東各站外、僅津站先後到日兵車多列、由津開赴豐台三列、餘均停津東站及總站、日兵由鐵路到津者約六千名、有大半沿公路開赴豐台、其餘分駐東局子•海光寺及車站、河北總站除停兵車兩列、派日兵數十名駐守外、昨下午又由載重汽車運到鐵絲網•沙土袋甚多、堆於站外空地上、並到日兵二百餘名、開始佈置防禦工事、公大紗廠日兵人數昨亦有增加、在廠內亦爲防禦佈置、昨日開到列車、計上午四時、由榆關開到一列、日軍在津東地方下車、人數不詳、車入東站、有鐵悶車五輛、煤車六輛、下午七時四十分一列、鐵悶車九輛、滿裝軍用品•汽油•載重汽車兩輛、日兵二十餘人、在津稍停後開往豐台、十時許又到一列空車、日兵在張貴莊下車、人數不詳、下午二時四十分、四次平瀋車到津時、有日軍用載重汽車五輛、有日兵八十名、又昨晨八時、有載重汽車十二輛、滿載軍用品、由日兵二十餘名押運沿公路開赴豐台、下午七時全數空車返津、仍由日兵押護、

日方圖擴展津飛機場

東局子停飛機四十架 現擬在劉安莊闢新場

【本市消息】盧溝橋事件發生後、東局子惠通公司飛機場連日停留日方飛機達四十架之多、日方以機場不敷應用、亟欲拓闢新場、天津縣境北倉鐵道東劉安莊昨日到汽車一輛、並降落飛機一架、日人數名步行一週後、找向當地農民周學世談話、問每畝青苗值價若干、謂擬租地、並託代覓工人五百名、伊等定今日上午九時再往、即行開工平墳云云、周學世答稱本人並非村正副、不能應允、該日人等、旋乘汽車及飛機離去、周於事後向縣二分局報告、局方立電縣府、聞縣府方面已向省市兩政府呈報一切、請求制止、

【保定十六日下午五時專電】日機一架、十六日上午十一時、飛保偵察、下午六時又有一架飛保、在城南飛機場上空盤旋、飛行甚低、似爲攝影、約一小時後北飛、

【北平電話】山海關日軍十五日夜起舉行夜間防空大演習、實行燈火管制、禁止居民夜燃燈火、聞演習期間爲三日、

北方日僑紛紛撤退

【東京十六日同盟社電】華北內地之日僑近因時局影響、多有撤退者、關於以上情形、天津總領事十五日對外務省有如下之報告、(一)張家口方面、現居有日僑六百名、關於撤退之費用、堀內應諾該地領事中根之請、已予匯去、(二)太原方面、約有三十名日僑、關於撤退、感覺困難、是以日來已開始自動的撤退、(三)綏遠方面日僑尚未判明確數、該地日僑多向張家口方面撤退、(四)鄭州日僑有十數名、目下亦在準備退出中、

《大公报》,1937年7月17日,第3版

英美政府照會日本 盼勿擴大華北糾紛 法亦將對日提出交涉

【南京十六日下午九時發專電】英大使許閣森十六日下午六時訪晤外交徐謨、對蘆溝橋事件發展情形有所探詢、又法駐京總領事伯羅與義大使館秘書羅安第十六日午、先後訪情報司長李迪俊、對華北情勢詳細探詢、並表示關切、羅安第並表示義大使柯爾現在平、日內將來京、又日同盟社十五日羅馬電所傳駐華英大使許閣森對蘆溝橋事件之希望數點、據關係方面表示、絕對不確、

【中央社倫敦十六日路透電】倫敦人士刻以極密切之注意觀察中國境內使人不安之事件、今日英下院對於華北危局復有種種詢問、同時英法美三國仍交換其所得關於時事發展之情報、英美兩政府皆已單獨照會日政府、說明其所抱華北此次衝突起因甚微、不應藉此擴大糾紛之意見、英國在其照會文中堅謂、中國與日本苟有擴大事件爲國家威脅問題之任何企圖、則將成爲與英國至有重大關係之事件云、倫敦所接東京傳來之最近消息、殊不能使人寬慰、日方所稱此次衝突並非爲預定計劃、而日政府亦非故意延不解決之說、倫敦人士姑以爲然、是以英政府現未見有出任調停之理由、英外次克蘭波今日在下院答保守黨議員之問話、謂現於過去數日內常與中國郭大使接洽、郭氏以關於時局之報告相示、並此報告與報紙所已披露者無大出入、渠已向郭聲明、英政府將利用各種機會、竭其能力以作趨向和平解決之貢獻云、保守黨潑魯奇發言、主張英國向有關係列強建議、將辛丑條約第九款予以廢除、因北平現不復爲中國首都、而列強對北平除日本外又無甚貿易關係、克蘭波答稱、該約第九款規定若干國得駐兵於華北若干地方、俾保持北平與海口間交通之開放、其目的在保障使館之安全、今者仍有若干使館留於北平、至於商業之考慮、則當時並未列入此問題之內云、工黨議員克[illegible]起稱、英日談話宜待華北現有糾紛結束後再行開始、因此種談話之進行、或將被人認爲英國贊同日本行逕也、克蘭波答稱、英日談話開始尚未有切實日期、

《大公报》，1937 年 7 月 17 日，第 4 版

【中央社倫敦十五日哈瓦斯電】華北事件發生後、英法兩國原擬提議由英法美三國政府聯合行動、而在英法美三國京城同時進行交涉、但美政府不欲參預任何種外交陣線、對於上項提議認爲未便接受、故乃改變方針、現聞英美兩國政府已決定分別向日政府交涉、以期維持和平、並使目前中日糾紛獲得友誼的解決、據負責人士所知、法國亦當提出與英美相同之交涉、惟蘇聯政府究抱何種意向、則尚未悉、若謂英政府已以英國用意所在通知蘇聯政府、則此間外交界人士殊並未具有此種印象、大約英國在中國方面不願表示與俄國有任何種連帶一致之行動、此則斷而易見者也、又此間一般人士認爲中國中央政府堅決反抗日本併吞華北、故對於遠東時局發展極爲關懷、預料時局發展之趨勢、在今後四十八小時內可見分曉、

【中央社倫敦十五日路透電】證券交易所對中日爭案仍形安靜、並未因最近之發展而呈驚慌之象、執有中日債券之大戶保險公司及銀行均未出售、今日且多有乘近今之跌價而購入者、故價格因以獲相當之穩定、目前事況穩定、而欠活動、倫敦人士大都不信戰爭不能倖免、且皆希望能覓得保全顏面之解決辦法、國民政府發言人發援助二十九軍之言論、而一般人士因此購入遠期、蓋信此爲中國團結益見鞏固之明徵也、倫敦人士所以抱樂觀者、因信日爲經濟原因、目前無一能從事戰爭也、

【中央社華盛頓十五日路透電】羅斯福每逢週末例乘游艇出外、今則取銷出遊、而將留駐白宮、以遠東局勢嚴重故也、羅總統對於中國境內情勢之發展甚爲關切、外交顧問三人今日午後被召至白宮、會商國際形勢、此三人爲前駐華公使[illegible]、皆美國最著名之中國案件之專家也、聞總統現不擬採行特殊舉動、但僅嚴密注視而已、

【中央社巴黎十五日路透電】顧維鈞今日語路透訪員、謂華北事變、苟非列強能完成調解、則中日勢將有大戰鬥、日本乘歐洲各國忙于應付西國問題、及蘇聯最近處決軍事領袖數人內部不靖之機、在華北實施打擊、以推行其大陸擴張政策、此次局勢實由日本激成、

【中央社巴黎十五日哈瓦斯電】外長台爾博斯十五日分別接見中國顧大使及日代辦內山、就華北局勢有所商談、

【中央社柏林十五日海通電】中國駐德大使程天放今日對華北問題作下列之聲明、略謂據最近東京電訊、日政府對於華北問題希望能和平解決、中國政府歷來即主和平、雖明知日本之屢次挑釁係爲拖延時日、俾能從容布置、但亦甚願與之開誠接洽、惟局部之停戰、非經中央政府允可不能發生效力、中國已有反抗侵略之最後決心云、

【中央社巴黎十六日哈瓦斯電】此間左右兩派各報繼續討論中日糾紛、咸持公允論調、急進社會黨新時代報稱、時局日趨嚴重、日軍繼續向平津一帶開拔後、和平解決希望因而爲之削弱、該黨機關報亦稱、日本所抱目的乃在征服中國、此層中國知之甚深、日本侵略華北、乃對於蘇俄發動大戰之序幕、英法美三國允宜竭盡所能、以防止事態嚴重化、此乃各國之義務、亦即各該國之權利所在、右派愛克西報稱、中日兩國戰爭危機、經英國出面調處者已非一次、此次英國又向當事雙方發出勸告、要求雙方保持和平、中政府原無戰爭之念、但關外各省主權自難放棄、右派[illegible]報稱、妥協的佐[illegible]之被斥、黑龍江上之砲聲、北平之被圍、日本國內之動員、在在俱足以證明東京方面賢明的政策、業爲關東軍所推倒矣、

《大公报》，1937 年 7 月 17 日，第 4 版

大局漸到最後階段

津方折衝迄昨仍無具體結果

日本政府決定促進華北交涉

大批日軍續由國內開來

【南京十七日下午九時發專電】日來天津方面中日當局之折衝、外間雖多風說、但迄目前止、確尚未有具體結果、就大勢言、現在除英美已發言及國際間對中日局勢增加重視外、顯有沉悶之感、又關係方面頃接牯嶺來電、蔣委員長對宋哲元氏個人極信任、此間有力者對本報十七日社評第三一節尤多同感、蓋相信宋哲元氏爲公私打算、均須與中央一致、始有坦途也、

【南京十七日下午十一時發專電】二十九軍駐京代表李世軍十六日晚電津、綜述政府國民對於華北時局之意願及對二十九軍全體之期待、並以社會對於外人宣傳天津中日兩方交涉情形、詢及談判眞相、十七日晚得復電、大意謂現在兩方談判僅以解決地方局部衝突及兩軍自行撤回原防等爲目的、範圍絕小、並謂迄今爲止、仍在往返交換意見中、未有任何具體的決定云、政院會議下週起仍在京舉行、

《大公报》，1937年7月18日，第3版

【本市消息】蘆溝橋事件交涉、昨因日軍部人員忙於爲已故前日駐軍司令官田代治喪、並無接洽、大局關鍵在今明兩日、

【北平電話】豐台日軍已達二三千人、近日趕築工事甚忙、每日於下午六時即開始戒嚴、斷絕交通、並在各民房架設機槍、人民早逃避一空、

【北平電話】官方公布消息、十六日下午四時、日兵九百餘、由津開赴通縣途中、在安平鎮停宿一夜、十七日晨藉口槍擊、將當地我保安隊槍支三十枝繳去、並將我分隊長王蕙文帶走、平市昨日戒備甚嚴、各要路口加緊防護、

【北平電話】官方消息、十七日上午各方報告如次、（一）十七日晨一時半大井村方面有砲聲·機槍聲、約三四分鐘、（二）十七日晨八時東車站有日便衣十餘人乘八時車赴津、（三）十六日下午六時高麗營有日軍三十餘人、又雙橋有日軍百餘人、係由密雲方面開來、有無後續部隊、現待續報、（四）日軍汽車四輛、官兵五十餘人、十七日晨一時由懷柔到高麗營、又小湯山東北十三里辛城發現穿白布掛褲八九十人、着黃衣者二人、携輕機關槍四挺、擲彈筒兩隻、手槍四支、駐小湯山我軍已嚴密把守、（五）十七日晨七時有日兵百餘人押運載重汽車二十九輛、滿裝彈藥及汽油、由津沿平津大道向通州方面前進、（六）十六日下午八時有日兵十人押鐵棚車九輛、上裝軍用品、平車一輛、上裝載重汽車二輛、由津來平、

【北平電話】官方消息、蘆溝橋事件發生後、宛平縣城及鐵橋·石橋以及大瓦窰以西大井村以東地帶、爲我軍原防地、現仍由我軍駐守、惟因大井村方面尚有日軍、平漢線被破壞之軌道未易修復、以致外間頗有誤會、殊與事實不符、

【保定十七日下午十時發專電】今日情形、（一）豐台日軍除在趙家村設立機場外、並在豐台迤東闢小型機場、（二）五里店南看丹村、十七日晨到日軍坦克車二輛、掩蔽高粱地中、（三）日鐵甲車今晨由津向豐台集中、豐台蘆溝橋間鐵道、再度被破壞、（四）十七日晨日轟炸機二架、偵察機一架、繞飛永定河兩岸甚久、另悉日機三日前曾以機槍向我軍掃射、

【中央社南京十七日電】陳立夫·何應欽·何廉十七日下午先後到外部訪外長王寵惠、關係對最近北方局勢、有所晤談、

【中央社南京十七日電】英大使許閣森十七日下午五時至外部會晤徐次長、探詢十七日北方情勢、約談半小時辭去、又駐華法國大使館秘書高蘭於十七日下午四時到外交部拜謁徐次長、作同樣之探詢、

《大公报》，1937年7月18日，第3版

【中央社南京十七日電】日本政府近擬動員四十萬、向我國作大規模之侵略、除五個師團已奉令開拔外、尚有大批部隊由日本國內外各地繼續出發、現更陸續徵集預備隊入伍、聽候派遣、並有大批軍火及軍用品向平津一帶源源運送、坦克車數百輛已由日運出、飛機四百架亦已飛至台灣候用、又日第二艦隊現亦準備開赴華南一帶警戒、

【中央社東京十七日電】十七日上午十一時開會之外・內・陸・海・藏五相會議、十二時四十五分散會、據正式發表、華北交涉不容遷延、日政府決定採取促進之處置、同時已訓令香月・日高、十八日雖爲星期日、仍擬於上午十一時召集五相會議、近衛或力疾出席、中日時局果將達最緊迫之時期乎、

【中央社東京十七日電】昨夜杉山・米內・謁近衛、報告華北情况、今晨十時廣田謁近衛、亦爲同樣報告、十一時召集五相會議、討論今後方針、據日日新聞載、今日將有重要訓令致香月、指示天津談判最後方案、廣田已訓令川越即返南京、

【中央社東京十七日路透電】日本政治家覺悟華北戰事一經爆發、欲使戰事限於華北一隅甚非容易、故此間空氣現漸改變、象料日當局將作種種努力、以成立和平解決、關於此旨之新訓令、已發致華北日駐屯軍司令香月矣、據朝日新聞消息、廣田昨發重要訓令致川越、諭其由津返南京、與中國王外長等接洽、以期達到日本所抱華北事件就地和平解決之目的、

【東京十七日同盟社電】政府因華北時局切迫、於十七日晨十一時、在首相官邸召開關係五省會議、到陸相杉山・海相米內・外相廣田・藏相賀屋・內相馬場等、首將在前次閣議決定之日本之根本方針、再予以確認、因鑒於各般情勢、華北之交涉、已不容再遷延、決使日本政府更堅定其決意、並商定十八日上午十一時復開五相會議、至午十二時三刻始散、

【東京十七日同盟社電】政府定於十八日續開五相會議後、開緊急閣議、閣議畢後、即由廣田弘毅入宮覲見日皇、上奏政府促進交涉之方針及其他事項、內閣書記官長風見章、於十七日下午一時發表稱、本日之五相會議、由各相分別報告種種情勢後、認爲華北之交涉不容遷延、因決定關於促進之辦法矣、

《大公报》,1937年7月18日,第3版

津豐道上 日軍運頻繁

兵車十八列昨由榆西開

【本市消息】連日雙方在談判中、而日方增兵迄未停止、津豐道上、日軍運輸仍極忙、昨晨七時五十分由唐山開來日兵車一列、有日兵二百餘名、載重汽車十輛、上載給養食品、另有鐵悶車五輛、滿裝子彈、下午一時二十分、由津開赴豐台一列、計鐵悶車十輛、滿裝軍用品、載重汽車八輛、下午有空車皮數列、由津開往榆關、上午八時許由海光寺日兵營開出載重汽車五十輛、沿平津公路赴豐台、滿載軍用品•警犬•軍鴿等物、於下午七時許、由日兵押護空車返津、仍回日兵營、本市東車站情形與前無異、惟昨晨又有日人在站內佔用辦公室一處、在門前粘貼白紙條、分「國際運輸所」「承辦運輸事件」「國防婦人會」「商人共益會」「在鄉軍人會」「居留民團事務所」等、河北總站北寧路之三等候車室、已讓與日人辦事、下午又將站外工程處新建成之房讓出、同時並有日軍將海關駐站總分卡佔據、門前書牌為「鐵道聯絡所」、鐵道外前日運到之大批沙土袋•鐵絲等防禦物品、昨晨已全部移至公大紗廠內、除一部日兵駐守外、別無動作、另據交通界消息、來津南滿路列車已大部空車開回榆關、續運日軍、榆關十七日晚又有日兵車十八列、向西開進中、即可到津、

怪機偵察豫北

飛翔安陽上空

【中央社鄭州十七日電】安陽十六日午發現國籍不明之飛機、在高空偵察數週、旋即沿平漢路北飛、

日僑回國

膠濟線日僑抵青

【青島十七日下午十時發專電】膠濟路沿線日韓僑民、連日來青者共達六百餘人、惟多係婦孺、準備候輪回國、

【平地泉十七日下午四時發專電】路訊、張垣日鮮僑民約七八百人、今日奉令退出、據悉平綏線日人皆將東去、又西蒙額濟納旗已無日人、

《大公报》，1937 年 7 月 18 日，第 3 版

日本已違反九國公約

我向簽約國提備忘錄

謂中國將用全力保衛疆土

美官場發表正式文告

【中央社華盛頓十六日路透電】中國駐美大使王正廷今日往訪國務卿赫爾、交換遠東時局情報時、以中政府備忘錄遞交國務卿、內述日本刻在華北威脅之詳情、凡九國公約簽字國連蘇聯與德國在內（日本除外）、皆已接到同樣備忘錄、駐英中國大使郭泰祺親以此項公文面交英外相艾頓、此文是否爲正式援用九國公約之舉、現尚未確定、按簽字國在此約下、固尊重中國之主權與土地完整也、備忘錄聲稱蘆溝橋之突襲擊與日軍之侵入華北、顯然破壞中國主權、而與九國公約及國聯盟約相牴觸、此種事態如聽其自由進展、不獨即將擾亂東亞和平、且將使世界其他各處受不可逆料之影響、中國不得已將用其全力以保衛疆土與國家尊榮、但亦準備以國際公法與條約所有之和平方法、與日本解決爭端』云、王正廷與赫爾談話、聲稱渠已討論中國約請美國及九國公約其他簽字國、對於遠東危局有所舉動一事云、日本駐美參贊須磨今日亦往見赫爾、事後須磨告新聞記者、渠已向國務卿說明日政府在華北意旨之堅決、記者詢以曾一再向赫爾保證日政府決無掠取中國新土地之計畫否、須磨答稱、此固無待言者云、參院外委會主席畢特門今日表示意見、謂美國應與九國公約其他簽字國共同行動、觀於此約過去之經驗、渠不以爲美國應單獨與中日討論關於危害中國之事件、一九三一年美國會以措詞嚴厲之牒文遞交日本、促其注意中國領土之完整、但英國未曾完全合作、僅致文日本、詢問日本是否欲維持在華之門戶開放、日本當即答曰然、於是當時英外相西門即在下院宣稱英國不欲牽涉於遠東時局中矣、迴溯一九三一年日本答文中有日本派兵赴華保護生命財產、並未破壞九國公約等語、中國爲簽約國之一、遇有此約將被破壞之危險時、當然有權可援約請

《大公报》，1937年7月18日，第3版

各簽字國互作完全與坦直之接洽、今日王大使致赫爾之備忘錄、是否將此約之正式援用、現尚未決定、或詢以美國中立法案可否適用於中日、畢特門答稱、今尚未也、參議員波拉稱、九國公約中未有强迫人行動之處、渠將研究此約並復查一九三一年事件之外交史、

【中央社倫敦十六日哈瓦斯電】中國郭大使十六日訪謁艾頓、面遞中政府備忘錄、就中日糾紛之情勢有所說明、此項備忘錄係同時送遞九國公約各簽字國、惟日本不在其內、此外並送遞蘇聯與德國、內容均屬相同、略稱此次糾紛發生之際、係在七月七日夜間、其時日軍正在舉行演習、最初發生衝突之地點係在盧溝橋一帶、日軍在該處毫無權利足以根據、蓋一九〇一年辛丑條約第九條規定、外國軍隊駐在地點、並未將盧溝橋宛平縣城及豐台包含在內、日本根據此項條約而提出要求、原已不合時宜、絕無根據、且即就辛丑條約條文而論、日本在各該地方駐紮軍隊、舉行演習、亦絕無理由、足證日軍藉詞要求在中國軍隊防地內搜尋失去之日兵一名、竟圖以强力於夜間侵入中國軍隊所駐防之宛平縣城、明知中國軍隊必加拒絕、乃故意出此、藉以發動對於華北更進一步之侵略行爲、此固顯而易見者也、繼稱現有日本飛機百餘架、陸軍約二萬名、集中平津附近、中國當局竭盡一切方法、甚至允許雙方相互撤兵、以資停止敵對狀態、無如每次獲得解決辦法後、類因日軍重行進攻、以致立即成爲無效、備忘錄最後稱、**中政府認爲此項侵略行爲實屬破壞九國公約所規定之中國領土主權完整、倘任其發生、則足以在亞洲及全世界產生重大後果、**此在中國方面現仍準備談判任何種榮譽之協定、惟中國國民政府對於談判解決之基本條件、不得不加以密切控制、蓋恐嚇地方當局、促成華北分裂、原爲日本軍人慣用之策略、而爲世人所熟知也、

【中央社巴黎十六日哈瓦斯電】**外長台爾博斯**十六日先後**接見**日本代辦**內山·**中國大使**顧維鈞·**蘇聯大使**蘇里資、就華北事件有所磋商、**事後中國顧大使談稱、中政府頃已通告各國政府、凡日本强令華北地方當局所訂協定、非經中央政府核准者、中國概不承認、中國已抱決心、如日方對於中國領土主權再有任何種僭越侵犯之行爲、當用一切方法加以抵抗云、繼稱假令中國北部竟由日本控制、則勢將成爲第二次日俄戰爭之序幕、其影響所及、固不難想像而得矣、抑尤有進者、國際法與國際關係之各項基本原則、現已因日本之態度而遭嚴重之威脅、中國之獨立、不僅爲維持東亞均勢所必不可缺、即爲維持全世界之均勢關係亦屬必不可少也、

【中央社華盛頓十七日路透電】**美官場**今日**發表正式文告、**聲**稱美國主張國家與國際勉自忍抑、勿以武力爲政治工具、亦勿干涉他國內政、美國並主張國際條約之忠實遵守**云、赫爾未直接言及中國或日本、但**又謂進行武裝敵對或以武裝敵對相威脅之局勢、乃各國權益將受重大影響之局勢、**美國固信任軍縮、但美國準備減少或增多其武力、以他國減增爲比例云、衆信此爲近數年來美國之第一次正式文告、說明美國將於某種情勢中增多其軍備、

【中央社柏林十七日路透電】**駐德中國大使署參贊今日以備忘錄一件送交德外部、衆信此備忘錄重行說明中國抗拒日本侵略之意、**聞中國大使程天放十四日訪德外長牛賴特時、曾表示同樣意見、牛賴特以德國願維持和平爲言、**程答稱中國亦願和平、**但此事繫於日本、

【莫斯科十七日塔斯社電】本月十六日中國駐蘇聯大使蔣廷黻訪李維諾夫、遞交中國外交部宣言書一、該宣言書謂日軍襲擊盧溝橋、並派大軍侵入華北、顯係蹂躪中國主權、並違反九國公約·巴黎和平公約與國聯盟約、

《大公报》，1937 年 7 月 18 日，第 3 版

廬山談話繼續舉行

昨日討論北方形勢

全體對政府方針充分了解

今日舉行暑訓首期畢業禮

【牯嶺十七日下午五時發專電】十七日爲談話會程序第三日，晨九時起仍在圖書館共同談話，出席人員如昨，談話範圍由廣泛而趨於平純，集中研討目前重要時勢，全體對政府之方針充分了解，一致擁護，且表示切實協力之意，故全場空氣極爲熱烈興奮，其結果之能加強政府與智識界之團結，乃可以斷言，談話之初，汪主席先報告外交問題，約半小時許，蔣院長繼起致詞，首述時局真相及其趨勢之重要，旋鄭重聲述政府所持之一貫方針，與夫應付時局之重大決心，爲時約三刻鐘，態度沉着而懇切，聞者感動，咸大鼓掌，歷數分鐘而未歇，汪蔣兩講詞共一小時半，胡適答言，對政府苦心非常感佩，並特別提示冀案決非小問題，關係整個國家全北方之存亡云，梁士純望多使一般民衆明瞭政府方針，江一平、方東美亦對外交問題發揮意見，張效伯謂現北方民衆信賴政府與二十九軍，故冀察體系不能不維持，望政府多以事實明示民衆，外交應恢復八日前狀態後談判，再此會決定各要義後，發生意見，意義已具，程序應縮短，話題宜集中，以備早歸，曾告民衆，其後林宰平·馬君武·張君勱·張志讓·劉湛恩等亦大發言，皆討論同一問題，據實陳言，對政府此項明晰之說明，十分欽佩，全國應一致擁護等語，近午始散，又今日會談有人發言，涉及政治上之問題，供爲以上討論所掩，未能引起研究興趣，具見今日談話精神之齊一也。

《大公报》，1937年7月18日，第4版

【牯嶺十七日下午七時發專電】十七日談話會、下午四時經濟組由馬寅初等召集一部被邀者會談、十八日晨偕蔣委員長赴海會寺參加暑訓首期畢業禮者五十八人、午應蔣宴、不往者午應汪主席宴、聞十九日尙有一次談話、程序即終了、又第二三兩期談話會將各規定程序、屆時來山者將由汪蔣分別接談、

【中央社牯嶺十七日電】廬山談話會第二次共同談話、十七日晨九時在圖書館禮堂舉行、除續到參加人梁實秋·張忠紱等外、其餘一如昨日、談話會邀集人汪主席·蔣委員長於九時先後到會、首由汪主席報告三中全會以後外交情形、次由蔣委員長報告、參加人胡適·林宰平·馬君武·張君勱等各有意見發表、記者綜合觀察、政府對華北近事態度、爲不求戰而是應戰、十一時一刻散會、第一次談話本日結束、今明邀集人將邀請參加人分別談話、

【中央社牯嶺十六日電】汪主席於十六日廬山談話會午餐中致詞如次、「各位先生、此次在暑期中舉行談話、承各位先生不辭跋涉、遠道前來、使兄弟得與諸位晤敘、實在十分感謝、今於第一次談話會之後、略備午餐、聊叙衷曲、剛才在談話會裏已得聆各位先生的高論、大概各位先生所注重的無過于眼前危迫的時局及將來國家的根本辦法、我們深信經此一番討論之後、必能更尋得出光明的路綫、數年來、國難日深一日、全國同胞在這重重壓迫重重剝削之下、只有懷不盡的痛心、然而在這重重壓迫重重剝削之中、可看見的是我們國家民族的生機還是不斷的長進、壓迫愈緊、則團結愈固、剝削愈甚、則撐持愈力、這一種元氣、正在四周的困難盡力的奮鬥着、譬如一株大樹、在風雨飄搖之中、更受着斧斤的砍伐、牛羊的侵嚙、枝葉飄零、枝榦搖動、好像是憔悴極了、然而只要生機不斷、內在的元氣足以支持撐拄、則仍然有干霄蔽日的將來、我們國家民族的內在精神、因憂患重重而更加奮發、也是如此、數年以來、我們的埋頭苦幹、不敢說有什麼成就、所幸全國同胞、對於維護國家維護民族都具着十分的熱誠、忍受艱苦、犧牲困難、這種熱誠便是內在的元氣、爲國家民族長養不朽的根本、各位先生是全國智識界各界之有力者、學問經驗、可以爲國民的良師、政府的益友、如今相聚一堂、同心戮力、以研究各種關於解除國難復興民族之重大問題、這便足于培養元氣鞏固根本有絕大的效用、我們現在耳朶裏聽着蘆溝橋的砲聲、眼睛裏見着前線將士的拚命與戰地人民的受苦、實在沒有可以閒適相向的理由、但是想起在這艱難中、培養元氣、生機不斷、精神不死、實在可使我們感激奮發、謹以此理由獻舉一杯、祝各位先生的健康、

《大公报》，1937年7月18日，第4版

许大使东渡返任

目前中日危机严重 亟须努力设法消弭

【中央社上海十六日電】許世英十六日晚十一時許登克利倫總統號輪、十七日晨二時啓碇出國返任、送行者有俞鴻鈞·楊虎之代表·外部駐滬辦事處副主任陳明·朱子橋·虞洽卿·王曉籟·許修直·杜月笙·張嘯林·王一亭等及駐滬日領事吉岡等十餘人、許在輪次對各記者發表談話云、「本人此次因職責所在、急遽返任、經過情形、已在地方協會等團體茶會席上報告、今可得而言者、約分三點、（一）目前中日局勢確極嚴重、但外交人員係以和平爲職志、本人返任、實抱有一種宏願、冀能本諸「正義誠意」四字、對於兩大民族目前之危機、雙方努力消弭於無形、亦卽於東亞大局人類福祉得有無窮之裨益、（二）日本近衛首相久負重望、廣田外相歷任樞要、均向以東亞大局爲重、以調整中日關係之努力者自命、本人切望此二公仍在和平方面切實努力、懸崖勒馬、挽回緊張之時局、與中國人共謀眞正之永久親善、（三）本人年老力衰、深恐無補萬一、然私心總抱定不喪權不辱國之旨拚命做去、深望國人集中意志、在政府與領袖領導下沉着堅定、應付時變、本人前次出國時所謂在內而不在外、求人不如求己、固爲永久不易之理也、」

上海麵粉運津 須有商會證明

前日有六萬餘袋被扣

【中央社上海十七日電】麪粉業公會十七日公告、凡運往北洋麵粉、須具當地商會證明書、否則各廠一槪不交易、（請參閱今日本報第六版本市新聞）

【中央社上海十六日電】太古怡和之盛京·利生·貴生等輪十六日各載麵粉三萬餘袋、擬運天津、海關據麵粉同業公會報告、當時扣留、禁止出境已全數卸下、又政記之昌利輪載三萬五千袋、已經開出、亦飭海關派巡船追回、聞此後滬麵粉將禁止出口、

《大公报》，1937年7月18日，第4版

社評

時局到最緊關頭

時局果已到最緊急關頭。事實是這樣：一方面天津昨日有交涉，其結果如何，今明可揭曉。一方面日本向我外交部提出性質重要的照會，其內容已經發表。

此次事件的眞相，我們業已說過，就是中國所求只是尋常的和平解決，所以在不附辱國喪權條件範圍以內，地方解決，中央並不反對。因此天津的談判，如果無壞的條件，又何嘗不可贊同？但國民要覺悟，事實絕不如此。現在日本表現出來的是決心大舉進攻，蓋如「朝日新聞」所說，乘機解決整個的華北問題。「朝日」平日持論比較留有餘地，而昨天的主張如此，這是代表日本五相會議後的確定方針，應當覺悟已絕少希望平和的餘地了。

最可憤的是指摘我們政府不應當派援軍。這幾年中國種種的委曲求全，簡單說，是因爲彼此相約維持和平，現在你們從國內，從朝鮮，從關外，幾萬幾萬的派大軍來，眼看就要攻打平津，反而說我們政府不應當在我們自己地方派兵保衛，這種理由怎樣說起！

不過現在已不需也不暇與對方講理。人家若已決心要分割要征服中國，還有什麼理可講！我們在這最緊張關頭，只有向全國同胞報告形勢，共同實行以下幾項：

第一：全國同胞絕對站在一條線上，不要聽任何離間挑撥，不要行動分歧。關於此點，我們盼望冀察軍隊最高指揮官宋哲元先生，尤其要注意。須知中國民族是榮辱生死與共，只有共同奮鬥是活路，並且必定成功。全國對宋先生是信任其愛國的，當此時機，需要宋先生格外努力！

第二：我們政府方針是求和，不求戰。但無論如何，不能放棄國土，不能坐視我們部隊受攻擊而不救。我們前天已說過，中國絕無再退再屈之餘地，再退就是棄地亡國，所以今天的中國是被置在不得不奮鬥不得不拚命之境遇中。這種情形，全軍全民，人人了解。更盼望絕對共同認識中國是萬不得已，是無所選擇。

第三：但大家要注意，必須嚴守紀律，鎭靜服務。現在全軍領袖的蔣委員長正秉承中央，指導全局，全國大家應當安心服從指導，各盡職分，行動思想要一絲不亂。

以上三點，其實是全國各界早有的常識，不用多講。我們深知全國現在精神團結的堅定，是歷史以來所未有。全國的軍隊都是枕戈待命，有絕對爲國犧牲的決心，並且統制森嚴，專候最高領袖的指導。同時全國輿論毫無分歧，一致的擁護政府，應付一切。前天廬山談話會氣象之佳，就是全國精神團結的新寫照。最後還有幾句要緊話：現在日方形勢雖然劍拔弩張，已達極點，但中國眞意依然是求和平，不是求戰爭。我們外交當局對於日本就要有剴切詳明的答覆，我們又知道宋委員長與中央是一個意志，而政府派出的援軍是警衛，是防堵，不是希求戰事。所以若日本還有一點願和之意，我方一定相應，東亞禍福，只看日本的決心。

《大公报》，1937年7月19日，第2版

大勢今明日見分曉

宋哲元昨訪晤香月有所商洽

日方照會我外部提兩項要求

外部抗議日機射擊平漢車

【南京十八日下午九時發專電】關係方面十八日午接馮治安·秦德純來電、首述日軍繼續增兵及佈置情形、次謂吾人固祈禱和平、但果至不能保持和平時、祇有爲自衛而備戰、外傳種種及敵人挑撥離間之宣傳、請勿置信、就此電觀察、馮秦殆亦不信目前天津談判終能成功也、

【南京十八日下午九時發專電】日本大使館參事官日高十七日晚訪外交部、遞一備忘錄、聞其內容分兩點、(一)要求停止挑戰之言動、蓋因我照會九國公約簽字各國及德俄兩國、企圖阻止我對國際間之活動也、(二)要求我政府容許地方交涉、措詞略含威脅意味、我政府因早抱不求戰而決心應戰之定見、雖覺日方照會之無理、而並不過分重視、十八日晨外交部集會、就該照會加以研究、外部對此項備忘錄、如十八日夜趕不及、將於二十日答覆、一般相信上述照會即爲日高十七日所接日政府訓令之內容、日政府之眞態度、於此可見一斑、又日武官大城戶十七日晚六時對何部長提出之條件、何亦將作一答復、又聞王寵惠外長十二日接見日高時、曾向日高提議撤兵、迄未實現、日內或將再向日方提議、務盼日本省悟保持和平之重要、速自解鈴云、

《大公报》，1937年7月19日，第3版

【本市消息】蘆溝橋事件在津交涉、截至昨晚尚無顯著之進展、但據關係方面宣稱、亦未惡化、宋哲元昨日下午一時曾偕張自忠會晤香月及橋本、

【中央社東京十八日路透電】「日日新聞」稱、香月十七日已向宋哲元提出接受日方條件之要求、

【中央社南京十八日電】連日平津形勢表面似稍緩和、但軍事方面日方徵調大軍有進無退、外交方面日方亦步步進逼、故二數日來中日形勢可謂已到極度嚴重關頭、十八日雖值星期、外交部亞洲情報兩司人員仍日夜辦公、而行政院各部會長官亦於上下午在外交部王部長官會連續會談、商討應付時局辦法、並時與在廬當局通話、

【南京十八日下午九時發專電】高宗武奉命赴廬、轉陳一切、定十九日晨乘航機飛潯轉廬山、謁蔣院長、有所請示、二三日內即返京、

【中央社東京十八日電】今日五相會議歷一小時、十二時半閉緊急閣議、通過該會議決定辦法、閣議後廣田·杉山·米內同謁近衛、爲重要協議、日方對最後階段各種準備似已完成、只待時局之開展、

【中央社東京十八日電】十八日晨外相廣田召外次堀內·東亞局長石射商議、十一時復開五相會議、各報皆稱華北時局已達最後階段、

【中央社東京十八日電】五相會議後、僅發表關於華北交涉經過、更爲各種接洽而已、又決定如有必要隨時皆可召集會議、

《大公报》，1937年7月19日，第3版

日軍向宛平開砲

【北平電話】十八日下午四時、宛平縣城外東北角之日軍復開砲向我城內攻擊、我方未還擊、擊死巡警一人、傷十餘人、傷者已由縣長王冷齋送長辛店醫院醫治、砲擊約二十分鐘始息、

【北平電話】盧溝橋方面十七日夜至十八日上午平靜無事、永定河岸之龍王廟・東辛莊・八寶山及堤壩等陣地亦無變化、十八日拂曉日方又由通州方面增援兵百二十餘人、經平市南郊之屬村等地運赴盧溝橋日軍陣地、

【北平電話】豐台日兵車一列、十八日晨二時許欲開平、路局以未奉命令未允開行、我方為防範計、當將永定門外路軌撤去一段、並嚴密戒備、以致十八日晨上下車未能按時開行、該日兵車旋即停開、我方始將路軌修復、至九時許已恢復通車、又官方消息、十八日上午各方報告如次：(一)十七日下午三時、日步兵三十餘人、由懷柔方向開抵昌平、八時又到騎兵七八人、據報後續騎兵二百餘名、已到東門外七八里、(二)大井村據調查現有敵兵三四十人、(三)小井村並南崗口村、本由我軍駐守、十七日上午對方忽開來汽車一輛、我軍出視、被擊斃一人、(四)豐台車站附近營園子、有日兵一千餘名、坦克車七輛、(五)七里莊朱光河・李莊子・金莊村・看丹村・韓家莊・康家莊・王家莊・忠甲村・東管頭・御村・皆有日兵、共千餘名、(六)日騎兵分四班、每班四人、每日由豐台到岳家樓八爺坟一帶偵察一週、

【北平電話】日人二名乘汽車一輛、上載大小包裹數件、十八日晨十時許、不知由何處開抵宣武門外、疾駛入城、我守門駐軍見彼等行跡可疑、當令停車檢查、該日人不服檢查、我軍即將該城門關閉、約半小時許、二日人始去、城門乃啓、

【北平電話】日軍沿大井村東馬路(平盧大道)南北兩翼均已構築工事、僅中間可通汽車、四週田苗悉已割去、方圓約在百米左右、該村駐有日兵約百餘人、出沒無常、

【北平電話】豐台街中大興棧中和棧均駐日兵、入夜沿街放哨、檢查行人、斷絕交通、並分派哨兵四出搜索、天明始解除

【中央社南京十八日電】據京中十八日晚接平電稱、綜合各方情形觀察、中日局勢現已屆重要階段、和平聲浪雖高、但似係日方緩兵之計、日兵仍源源由津西開、增厚豐台實力、日機十八日晨有六架分為兩隊、在高空偵察、聞平市東郊被日軍拉去之民夫約在八百人左右、均被送往豐台、強迫運輸、通縣十六日城外潞河中學附近亦有日兵駐紮、北平市內情況如昨、惟各衝要街道已堆沙包障碍物者則加高增厚、未堆者亦正趕緊堆積、中航機每日仍照舊開行、但十八日北上機已停青島、傳係天氣不佳、歐亞平港機十六日飛平、原班期應為二十日南飛、但已提前於十八日晨飛井、待二十日再飛港、據天津來人談、煩悶之時局、最遲在本月二十日必可揭曉、

《大公报》，1937年7月19日，第3版

日機掃射平漢車

【中央社南京十八日電】十八日上午十一時二十分有日本軍用飛機二架、飛往河南境內、當過平漢路漳河橋時、適有該路列車正在行進、日飛機竟以機關槍對該列車射擊、當死二人、傷二人、同日十二時由保定南下之第七十二次客車、當達到河北邢台縣(即順德)屬官莊站時、亦遭日機之機關槍射擊、傷十餘人、又十二時三十五分某次列車在河北元氏縣亦被日機掃射、傷十餘人、下午一時該機經石家莊西飛、旋又飛回、經樂辛站往北飛去、

【中央社南京十八日電】關于十八日日本軍用飛機在河南漳河北官莊站及元氏縣等處用機關槍射擊我經過之列車死傷多人事、外部據報即日向日本駐華大使館提出嚴重書面抗議、認爲該軍用飛機在我國境內私自飛行、已屬不法、今竟開槍射擊列車、尤爲侵犯我國領土主權、蓄意挑釁、要求該使館立即轉電日本軍事當局、嚴令約束該方軍用飛機不得再有同樣非法行爲、其發生結果、應由日本負責、至關於此事各種合法要求、我方並聲明保留、

【保定電話】路息、十八日下午一時、平漢路七十二次混合客車行至豫北彰德時、突有日機在上空用機關槍掃射、傷亡乘客七八人、又冀境元氏順德方面、亦有日機飛往偵察、並向當地我軍用機槍掃射、旋即飛去、保垣十八日正午十二時發現日機一架、長辛店十八日晨亦有日機飛翔偵察、

【北平電話】日機兩架昨晨九時半、由通縣起飛經東郊向西南飛去、上午十時許有日機六架先後由東南方飛來、高約三千尺、在平市上空盤旋頗久、旋逕向南飛去、十一時半、飛至南苑、飛行較低、偵察十五分鐘後、向豐台方面飛去、又下午三時日機一架、飛平市上空偵察、旋又飛南苑偵察、最後向東北方飛去、又昨晨六時四十分、日機一架未經平市、逕赴南苑偵察、飛行極低、盤旋二十分鐘始飛去、

【北平電話】十八日晨十一時許日機六架由西北飛過廻龍廠·衙門口·大井村上空、盤旋數分鐘向東南飛去、旋復飛過南苑上空偵察一週、仍向西北飛去、

【中央社鄭州十八日電】路訊、平漢路七十二次客貨車十八日晨至高碑店站時(按該站距長辛店約八十里)、日機用機槍向該列車低飛掃射、傷亡十餘人、平漢路交通因盧溝橋被毀、路軌仍未修復、通車有待、

《大公报》,1937年7月19日,第3版

駐朝鮮日軍開拔

【中央社南京十八日電】據確息、日本駐朝鮮部隊約萬餘人、現分乘兵車數列向我國開拔、朝鮮各地十四日起已奉令實行防空、又日本軍用飛機亦連日由朝鮮出動、又息、上海現共有日本在鄉軍人四千、備有武器者一千五百人、近藉口保護在滬日僑、每日分區警戒、又日本野戰砲十五尊現運至上海、

【中央社南京十八日電】駐朝鮮日軍第十九二十兩師團亦奉令開拔、現第二十師團已全部出發、第十九師團亦集中待命、朝鮮各地日來軍運甚忙、又鴨綠江開已宣布戒嚴、

【中央社東京十八日電】十八日「朝日新聞」社論、謂日對華北應準備全般的解決案、乘此機會謀全面的解決、期可實現多年所期望之明朗狀態、冀察所可同意之問題、今亦生疑問、則爲打開計、不可不加相當壓力、此時應有解決蘆溝橋事件及華北問題兩大難關之覺悟、機宜處置倘錯誤、永失機會、亦未可知云、

【中央社上海十八日電】滬市商會·地方協會·銀行公會·錢業公會·航業公會等五公團、爲華北謠諑紛紜、十八日特聯電宋哲元詢問眞相、並以公忠體國、聽命中央相慰勉、又日武官喜多十八日夜十一時車晉京、

《大公报》,1937年7月19日,第3版

大批日軍 昨開抵津

人數約三千左右 今晨將續有開來

【本市消息】日軍兵車絡繹來津、昨日共有八列開到、人數約三千左右、計晨九時二十分一列、有日兵三百餘名、鐵甲汽車七輛、坦克車兩輛、鐵悶子彈車五輛、十時三十分一列、日兵二百餘名、掛車二十六輛、滿載軍用品・高射砲等物、十時五十分一列、有日兵五百餘名、鐵悶車四輛、滿裝軍用品、十一時二十分一列、有日兵五百餘名、軍用品極多、下午一時五十分一列、七時十分一列、十時五十分一列、十一時五十分一列、人數物品均不詳、內有一部騎兵、上午十時許、日兵車一列、鐵悶車十輛、普通車八輛、由津開赴豐台、上午八時、有載重汽車二十五輛、滿載汽油食品、由海光寺兵營開出、沿平津公路赴豐台、下午七時許、空車返回、東站總站情形如前、東站日兵增加、便衣華人禁止停留站內、又設一兵站總司令部、專司調度車輛事宜、更將頭二等候車室佔據、總站外公大紗廠內、駐有日工兵三百餘人、並在津浦路旁搭大蓆棚一處、又據交通界消息、今晨將再有四列車開來、

【本市消息】日軍連日在塘沽積極佈置、前日通知沿河之井陘礦務局駐塘辦事處及其他公司多家、限於本月二十二日前將場地及倉庫讓出、以供應用、並請井陘將存煤遷移、

【北平電話】據確息、(一)日兵車十六列由榆開動、十七日已有三列車轉津、每列載日兵約三百人、軍用品數悶車、十八日上午十一時又開到一列車、日兵數百名、下午三時續到一列、帶步兵約五百名、騎兵約百名、載重汽車五輛、(二)十八日上午十一時、日兵五十餘人押載重汽車十五輛、由津到通、又十八日晨七時許、通縣續到日軍步砲聯隊約千餘人、(三)十八日下午二時半、日兵車一列由津開豐、日軍十餘押運鐵悶車十輛、滿載軍用品、(四)日兵十餘名乘載重汽車一輛、十八日下午三時到宛平縣界郭公莊一帶偵察地形、又在龍王廟永定河岸砍樹一株、以作暗記、用意不明、(五)榆唐等車站一帶民房、全被日軍圈佔、一律駐軍、(六)十八日晨七時許、日兵二十餘名、携機槍十六挺・輕機槍七十挺・重砲八門・山砲十六門・載重汽車六十輛、由津抵通、(七)十八日上午十一時日軍六十餘名押載重汽車二十一輛、滿載彈藥汽油等物、由楊村開往豐台、

【北平電話】日軍步騎砲約千人、分乘六輪大汽車六十餘輛、攜子彈軍用品車百餘輛、於十八日晚七時許由津沿平津大道抵通縣、稍息即開往古北口、並在密雲・順義・懷柔各縣沿途布防、

全美民衆同聆 王大使講演

王使講中日現在局勢

董顯光昨日向美廣播演說

【中央社華盛頓十七日電】派拉蒙影片公司十七日午後在我駐美大使館攝製王大使之演講新聞片、內容泛述現時中日糾紛問題、將於下星期放映、屆時將有美民衆四千萬人得聆王之講演、王氏演詞略謂日軍在華北所造成之局勢、其嚴重不可勝言、遠東和平現尚在兩可之間、大規模之衝突將不免影響整個世界、日軍中侵略份子此次所造之嚴重局面、其目的在完成其預定之計劃、吾人不能視若無覩、再則吾人必須牢記日本軍隊無論在道德上及法律上、均無權在中國土地內舉行演習、已往數年日本之迭次挑釁、中政府輒抱忍耐政策、此次危機是否將釀成更嚴重之後果、須視日之行動如何而定、中政府現僅一如其他政府、採取防禦措置耳、中政府希望者和平、不礙及中國之土地完整及尊嚴時、則和平仍有可能、惟遇因國家之生存及獨立而不得不犧牲之時、則準備作最大犧牲云、

【中央社倫敦十七日哈瓦斯電】星期泰晤士報頃載社評、題曰「遠東之戰雲」略稱、在中國所發生之事件、外方世界斷不能漠然置之、則以中國之大、各國在中國皆有廣大之利益故也、吾人必須熱誠希望現在天津進行之談判最後結果成立一種通融之辦法、東京政府已保證目前局勢無日趨惡化之足慮、吾人固竭誠盼望事實證明此種保證之準備、但最後結果要當使中國方面不至有損威望而後可也、

【中央社巴黎十八日哈瓦斯電】此間各報頃就美國對於遠東時局所抱猶豫態度、加以評論、急進社會黨事業報稱、美總統一俟中日發生戰爭時、或當實施中立法、而不任日本從中取便、蓋以日本遣派本國船舶並用現金向美國購買貨品、其事實較中國爲易也、雖然、此恐不足以難日本、該國仍可在數星期後、遣派船舶前往美國購買各種貨品、用以對付中國、羅斯福左右人士乃爲說曰、中立法所載條文、不一而足、美國亦不乏法學名家、而能予以解釋、俾羅斯福可阻止美國傳統的敵人(即日本)勿任取給于美國、並勿任其組成擁有人口二萬萬之帝國、蓋非然者、此一帝國成立後、不出數年、即可與美國一較短長也、似此關於中立法實施法問題、羅總統未來之行動自由、當以總統如何運用定之、明矣、左派共報稱、保持東亞和平唯一方法、勢爲各大國、尤其是美國、出而干涉、因而吾人對於華盛頓方面之舉動、亟須密切注視、羅總統頃聞亦甚焦急、茲欲强令日本懸崖勒馬、美國實優爲之云、

【中央社上海十八日電】以美人對於華北中日糾紛、異常關切、特請前大陸報總經理兼總主筆董顯光於十八日晨六時三刻在滬演講中日問題、轉播全美、並由交部廣播電台、播送國內各地、

徐鄭連雲港一帶 日人接踵來遊

漢奸乘機圖謀不軌

魯境日僑絡繹到青

【中央社徐州十八日電】最近日鮮人往來津浦・隴海・平漢三路線調查者、足跡益密、近兩日間日人有十數批到徐鄭及連雲港遊歷、行蹤均極詭秘、據聞此輩日人每負有情報使命、漢奸乘此時、企圖擾亂內地治安、現蘇皖一帶青紗帳起、各地邪教團體受奸人利用、頗多活動、蘇皖地方當局已在嚴密查辦、

【中央社青島十八日電】膠濟沿線日韓僑民連日携眷來青者絡繹不絕、十八日又到青者百餘人、市面雖有謠諑、而人心尚安、惟物價飛漲、民食維艱、十八日麵粉每袋已漲至四元九角五、且供不應求、米價亦在猛漲中、

《大公报》，1937年7月19日，第3版

日人將强租 北倉農田 闢飛機場

需地五百畝 津縣府呈請制止

【本市消息】日人擬在北倉劉安莊拓闢飛機場、已誌前報、前日上午十時、該莊鄉長周學斌來津、向縣府報告、由縣長陳中嶽接見、周謂如該地被改爲機場、則闔莊數百戶、無法安居樂業、勢須完全遷出、現在闔莊農戶無一願將農地租賣外人者、更無人願受外人雇用、作爲民伕、平墳場地、請求縣府設法交涉云云、陳當答以已向上峯呈報、決爲農民謀保障、該鄉長周學斌當返劉安莊、惟至下午二時餘、即有日人五名、搭汽車兩輛(上有「惠通」字樣)前往該莊、五人中、一人自稱紳古、一人自稱田中、操華語、找向該莊農民、稱場址東西須六百米突、南北八百米突、約需五頃、租賣均可云云、津縣第二分局官警聞訊馳至、當稱奉縣長陳中嶽諭、此係農地、決不能允許改作飛機場、該日人等因無結果、步行數週、始乘汽車駛去、據聞縣府方面、除向省政府呈報外、又向冀察政委會及外交委員會、請求制止、

【本市消息】日軍人二人連同惠通航空公司日籍職員岡部猛等、於昨日下午二時、乘汽車同往天津縣政府、請求勸導北倉劉安莊農民、將農田出租或出售、以備日方建築機場之用、經縣府日文秘書李經方接談、云縣府對此、碍難協助、該日人等、旋即赴劉安莊、聞日內將自動興工云、

《大公报》，1937年7月19日，第3版

冀省府各廳處職員
組織戰地慰勞隊
平市各界紛紛輸將
宛平縣署辦理難民賑務

【平訊】自盧溝橋事件發生後，平市各界爲慰勞二十九軍忠勇守土將士，紛起組織慰勞團隊，茲將昨日各團隊工作情形誌次：（一）律師公會慰勞二十九軍，昨由委員余[illegible]、王子[illegible]、孫[illegible]等携帶慰勞函，分函全市律師自由輸將，竟日已收到捐款五十餘元。（二）西單新新商場及助社慰勞募捐，昨日已截止，兩共計一百六十餘元，總會議結果，決將全部捐款送交記者公會代轉。（三）市農會組織之慰勞隊四小隊，昨日已成立，分由各該區農會負責組任募捐，並各該農隊，因連日[illegible]，故均停止出發。

【北平電話】[illegible]人談，河北省各縣黨部籌組織戰地慰勞隊，[illegible]品甚多，已派員赴前，將分別慰勞守土各將士，又各地所組之慰勞隊亦已紛紛到達長辛店，又平市城內各街商民以慰勞軍隊義舉，日來紛紛捐輸，並[illegible]，亦由東城[illegible]市口全體商民發起[illegible]，[illegible]、[illegible]等，北新[illegible]等慰問，遍及全市。

【保定電話】冀省[illegible]主持，令各廳處派員，[illegible]平漢[illegible]人民慰勞，昨已籌畢，由[illegible]等率領前往。

【太原十八日下午七時專電】東北[illegible]

[illegible]隊隊長等十二人，十八日晨乘平大車離汴赴北慰勞軍，各救亡團體及東北旅晉同鄉學生各界民衆赴站歡送者千餘人，在站舉行歡送大會，情形甚爲悲壯。

【中央社開封十九日電】豫各界對盧溝橋事件極爲憤慨，省黨部、河大、隴海路工會、自治協會商會支會、自治研究會、教職員會、醫務處、博物館、文師等團體均電慰二十九軍。

[illegible]並勉其努力抗敵，保持疆土，新運會並發告民衆書。

【中央社南京十八日電】湘省教育會、湘省學生抗敵救國聯合會、南大學生會、新聞界中華[illegible]商會、皖省記者公會、芝加哥華僑抗敵救國會、甘肅拉卜楞保安司令、冀省保定保院律師會、昆明市商會、蘇省合作社、隴海鐵路工會等通電分別電呈國府，籲[illegible]北，[illegible]即速決大計。

黄河暴漲
各段同時告急

【保定電話】黄河自十七日起暴漲，各段同時告急，北四段南小堤望河亭前新護埽，正頂大溜，有猛烈塌陷，[illegible]各埽均蟄大溜，[illegible]三四埽及新六埽[illegible]，南三段高村第一埽[illegible]，黄河河務局[illegible]員及[illegible]東明兩縣長，正協同搶護，迄晚仍極危險。陝州電告，水位二九三·七一，流量四一六零秒立方公尺，較上年水勢爲大，十九日夜可到冀境。

【鄭州十八日下午十一時專電】黄河上游涇渭各支流及汾河均猛漲不已，十八日晚中牟流量達一萬秒一方公尺，當局已分電沿河，不分晝夜防守。

《大公报》，1937年7月19日，第4版

社評

我們的堅決立場

本月十七日廬山談話會第三次開會，行政院蔣院長曾有關於時局的演說，歷時三刻鐘，態度沉著而懇切，聽者感動，鼓掌達數分鐘不絕。演辭全文，昨天已經發表。文內除詳述政府所持的一貫的外交方針之外，對於這次蘆溝橋事件，仍舊宣稱即在最後一分鐘間，亦不放棄其經由正當外交機關覓求和平解決的希望，更將中國堅決的立場，坦白直率地披露出來。這可算是中國當局最鮮明的表示。我們盼望因此能促進日本方面的覺悟。按照蔣院長表示，我們所求的：祇是不喪失領土和主權，不變更冀察政治機構，不更動冀察地方官吏，和不限制二十九軍防地。要拿條件來說，可謂簡單合理之極。日本如果不想佔領中國土地，不願予冀察當局以難堪，中國的這種立場，絕對不難顧到。果能如此，從前箭拔弩張的形勢，豈非一反手間即可轉變？

現在宋委員長已返北平，中國駐日的許大使也已回任，祇要在上述範圍之內，宋委員長認爲可以答應的事，中央必定也可考慮。許大使在東京更可和日本當局直接商量，用正式外交方法解決一切。並且川越大使本有回至南京交涉的消息，我們同時希望他能够迅速由津入京，主持折衝。似此各方努力，共矢熱誠，在這一髮千鈞的時機，消弭東亞浩劫。

本來自從蘆溝橋事件發生，到今已近兩星期，二十九軍始終是應戰而未出擊，抵抗而未進攻，純粹是消極的自衛性質。中央方面，直至得着日本大舉出兵的消息，方始抽調相當部隊北上應援，這自然也是警備萬一之意。說不上是對日本挑戰。況且日本在人家的領土內還要自由派兵，中國部隊係在國內徵調往來，有何不可？若說違反河北事件的約束，則須知彼時中國爲求和平因而撤退在北方的關黃兩師，今則明明領土主權有受蹂躪的危險，事機急迫，如何能不準備自衛？日本動輒就主張發動自衛權，何獨對於中國就要逼我們束手捱打？日本大使館前天向外交部提出備忘錄，雖然照樣聲叙日政府所謂不擴大的方針，却暗示反對中國派兵北上，並要求承認北方進行中的中日交涉。一方面駐華武官也向軍政部長提出一種抗議文件，指摘政府派隊北援，顯然都是片面之辭。我方昨晚已有相當答覆。再參以蔣院長十七日的演說，我們希望由此三種文字中，日方可以完全明瞭我方的眞意。乘着宋許兩氏回任的機會，趕快把蘆案和平解決下來。同時對日撤退增調部隊，中國方面自亦可以停止軍隊北援。如此懸崖勒馬，化險爲夷，豈特目前兩國可以相安，後世子孫同受其賜。這就全看日本政治家有無誠意和決心了。

最後我們還希望日方注意！連日日本大軍源源而來，行動範圍愈來愈廣，飛機場自由擴張，交通權完全破壞，甚至在天津要檢查郵件，幾與軍事佔領地無所區別。似此事事進逼，漸已到了中國忍無可忍的階段，若不趕速設法使此類事態澈底終了，勢非演成兩國全面的衝突不止。目前這曠空前的大悲劇，正在時刻醞釀，日本當局責任實在太重。我們尤其希望日本全國識者鄭重考慮，劍及屨及，共起努力，勿令終陷於不可收拾的局勢，使朝野同成歷史的罪人！

《大公报》，1937年7月20日，第2版

我决固守最後立場

蔣院長闡明對蘆事立場四點
始終愛護和平但抱犧牲決心
外部向日提議雙方撤兵

【南京十九日下午九時發專電】日本大使館參事日高十七日晚對王外長提備忘錄、我方於十九日下午已向日使館致送備忘錄、又大城戶對何部長提出之件、我定十九日晚答復、上述我方兩文件內容、俱保持嚴正之立場、而措詞則頗委婉、又蔣委員長以時局已屆最緊關頭、十九日夜將在廬山談話會之演辭發表、全文約一千八百言、詞氣異常懇摯、大局趨勢將視日方對蔣委員長文字及外交部備忘錄與何部長答復文件之反響暨許大使返任後與廣田晤談之結果而決定、故二十日·二十一日兩日、實爲日方是否有意保持和平之最後關頭也、

【南京十九日下午十一時發專電】行政院各部會長官、十九日晨上午十時及下午五時齊集外部商談時局問題、續息、外部亞洲司科長董道寧十九日下午二時半赴日使館訪日高、面遞備忘錄一件、我對日高所提備忘錄不另答覆、

《大公报》，1937年7月20日，第3版

【中央社南京十九日電】政院所屬各部會署長官前移廬辦公、嗣因北方時局嚴重、政務增劇、業已全體回京、積極商討應付時局辦法、茲悉二十日晨爲該院例會、決在京舉行、屆時將由王寵惠主席、聞除討論一般議案外、對於時局問題將詳商應付方針、

【中央社牯嶺十九日電】外部司長高宗武十九日晨由京飛潯、下午二時許抵廬、謁蔣委員長報告外交近況、並有所請示、約留二三日返京、

【中央社南京十九日電】日本軍用飛機十八日射擊平漢路列車消息到京後、各界憤激異常、聞除外部對日嚴重抗議外、日方如再有此種行動、我方將採取適當措置、將來惹起擴大之事態、責任應由日方負之、

蔣院長演辭昨晚已發表

【中央社牯嶺十九日電】蔣委員長十七日在廬山談話會第二次談話時、對盧溝橋事件有所報告、茲紀其要點與演辭如下、

【要點】一、國府政策爲求自存與共存、始終愛護和平、二、盧溝橋爲北平門戶、盧溝橋事件能否結束、就是最後關頭的境界、三、臨到最後關頭、祇有堅決犧牲、但吾人祇準備應戰、而不是求戰、四、和平未絕望前終希望和平解決、但要固守四點最低限度之立場、(一)主權領土完整不受侵害、(二)冀察行政組織不容改變、(三)中央所派官吏不能任人要求撤換、(四)二十九軍駐地不受約束、

【全文】「各位先生、中國正在外求和平內求統一的時候、突然發生的盧溝橋事變、不但我舉國民衆悲憤不置、世界輿論也都異常震驚、此事發展結果、不僅是中國存亡的問題、而將是世界人類禍福之所繫、諸位關心國難、對此事件、當然是特別關切、茲將關於此事件之幾點要義、爲諸君坦白說明之、第一、中國民族本是酷愛和平、國民政府的外交政策向來主張對內求自存、對外求共存、本年二月三中全會宣言、於此更有明確的宣示、近兩年來的對日外交、一秉此旨、向前努力、希望把過去各種軌外的亂態、統統納入外交的正軌、去謀正當解決、這種苦心與事實、國內外都可共見、我常覺得我們要應付國難、首先

《大公报》，1937 年 7 月 20 日，第 3 版

要認識自己國家的地位、我們是弱國、對自己國家力量要有忠實估計、國家爲進行建設、絕對的需要和平、過去數年中不惜委曲忍痛、對外保持和平、即係此理、前年五全大會本人外交報告、所謂「和平未到根本絕望時期、決不放棄和平、犧牲未到最後關頭、決不輕言犧牲、」跟着今年二月三中全會對於「最後關頭」的解釋、充分表示我們對於和平的愛護、我們既是一個弱國、如果臨到最後關頭、便只有拚全民族的生命、以求國家的生存、那時節再不容許我們中途妥協、須知中途妥協的條件、便是整個投降整個滅亡的條件、全國國民最要認清所謂最後關頭的意義、最後關頭一到、我們只有犧牲到底、抗戰到底、唯有犧牲的决心、纔能博得最後的勝利、若是徬徨不定、妄想苟安、便會陷民族於萬刧不復之地、

第二、這次蘆溝橋事件發生以後、或有人以爲是偶然突發的、但一月來對方輿論或外交上直接間接的表示、都使我們覺到事變發生的徵兆、而且在事變發生的前後、還傳播着種種的新聞、說是什麼要擴大塘沽協定的範圍、要擴大冀東偽組織、要驅逐二十九軍、要逼迫宋哲元離開、諸如此類的傳聞、不勝枚舉、可想見這一次事件、並不是偶然的、從這次事變的經過、知道人家處心積慮的謀我之亟、和平已非輕可易以求得、眼前如果要求平安無事、祇有讓人家的軍隊無限制的出入於我們的國土、而我們本國軍隊反要受限制、不能在本國土地內自由駐在、或是人家向中國軍隊開槍、而我們不能還槍、換言之、就是人爲刀俎、我爲魚肉、我們已快要臨到這極人世悲慘的境地、這在世界上稍有人格的民族、都無法忍受的、我們的東四省失陷已有六年之久、續之以塘沽協定、現在衝突地點已到了北平門口的蘆溝橋、如果蘆溝橋可以受人壓迫强佔、那末我們五百年故都北方政治文化的中心與軍事重鎮的北平、就要變成瀋陽第二、今日的北平、若果變成昔日的瀋陽、今日的冀察亦將成爲昔日的東北四省、北

《大公报》，1937 年 7 月 20 日，第 3 版

平若可變成瀋陽、南京又何嘗不可變成北平、所以蘆溝橋事變的推演、是關係中國國家整個的問題、此事能否結束、就是最後關頭的境界、

第三·萬一眞到了無可避免的最後關頭、我們當然只有犧牲、只有抗戰、但我們的態度祇是應戰、而不是求戰、抗戰是應付最後關頭必不得已的辦法、我們全國國民必能信任政府已在整個的準備中、因爲我們是弱國、又因爲擁護和平是我們的國策、所以不可求戰、我們固然是一個弱國、但不能不保持我們民族的生命、不能不負起祖宗先民所遺留給我們歷史上的責任、所以到了必不得已時、我們不能不應戰、至於戰端既開之後、則因爲我們是弱國、再沒有妥協的機會、如果放棄尺寸土地與主權、便是中華民族的千古罪人、那時候便祇有拚民族的生命、求我們最後的勝利、

第四·蘆溝橋事件能否不擴大爲中日戰爭、全繫於日本政府的態度、和平希望絕續之關鍵、全繫於日本軍隊之行動、在和平根本絕望之前一秒鐘、我們還是希望由和平的外交方法、求得蘆事的解決、我們的立場有極明顯的四點、(一)任何解決不得侵害中國主權與領土之完整、(二)冀察行政組織不容任何不合法之改變、(三)中央政府所派地方官吏如冀察政務委員會委員長宋哲元等、不能任人要求撤換、(四)第二十九軍現在所駐地區、不能受任何約束、這四點立場、是弱國外交最低限度、如果對方猶能設身處地、爲東方民族作一個遠大的打算、不想促成兩國關係達於最後關頭、不願造成中日兩國世代永遠的仇恨、對於我們這最低限度之立場、應該不致於漠視、

總之、政府對於蘆溝橋事件已確定始終一貫的方針和立場、且必以全力固守這個立場、我們希望和平、而不求苟安、準備應戰、而決不求戰、我們知道全國應戰以後之局勢、就祇有犧牲到底、無絲毫僥倖求免之理、如果戰端一開、那就是地無分南北、年無分老幼、無論何人、皆有守土抗戰之責任、皆應抱定犧牲一切之決心、所以政府必特別謹愼、以臨此大事、全國國民亦必須嚴肅沉著、準備自衛、在此安危絕續之交、唯賴舉國一致、服從紀律、嚴守秩序、希望各位回到各地、將此意轉達於社會、俾咸能明瞭局勢、效忠國家、這是兄弟所懇切期望的、」

《大公报》,1937年7月20日,第3版

外部向日使館送備忘錄

【中央社南京十九日電】本日下午二時半外部派科長董道甯赴日本駐華大使館會晤日高參事、面致備忘錄、內容如次、「自蘆溝橋事件發生後、我國始終不欲擴大事態、始終無挑戰之意、且屢曾表示願以和平方法謀得解決、乃日本政府雖亦曾宣示不擴大事態之方針、而同時調遣大批軍隊開入我國河北省內、迄今未止、顯欲施用武力、我國政府於此情形之下、固不能不作自衛之適當準備、然仍努力于和平之維持、本月十二日外交部長接見日本大使館日高參事、曾提議雙方停止軍事調動、並將軍隊撤回原地、日方對此提議迄無表示、不勝遺憾、現在我國政府願重申不擴大事態與和平解決本事件之意、再向日本政府提議、雙方約定一確定之日期、雙方同時停止軍事調動、並將已派武裝隊伍撤回原地、日方既抱和平折衝之希望、想必願意接受此項提議、至本事件解決之道、我國政府願經由外交途徑與日本政府立即商議、俾得適當之解決、倘有地方性質可就地解決者、亦必經我國中央政府之許可、總之、我國政府極願盡各種方法以維持東亞之和平、故凡國際公法或國際條約對於處理國際紛爭所公認之任何和平方法、如兩方直接交涉斡旋調解公斷等、我國政府無不樂于接受也、」

【本市消息】關於蘆案談判、據聞迄昨晚止、大體已獲初步結論、津市長張自忠昨晚再晤日駐軍參謀長橋本羣、有所商洽、

【中央社東京十九日電】十九日晨日外務省發言人答復外國記者關於華北局勢之詢問、大體如下、宋哲元雖晤香月、但處罰責任者及安全保障尚未實行、天津談判仍進行中、日高對中國王外長談判、僅勸告停止中央軍北上、日本並未限期、發言人指示地圖、謂中央軍北上已達違反協定之線、有人問前途究竟悲觀或樂觀、發言人笑答曰、請看我臉色、

《大公报》，1937 年 7 月 20 日，第 3 版

宋委員長昨由津抵北平

【北平通信】冀察政委會委員長宋哲元於昨日上午七時許、偕綏靖公署秘書長等、由津搭乘專車來平、九時四十分抵平東站、平市各機關長官政委會秘書長楊兆庚·綏署參謀長富占魁·北平市長秦德純等二百餘人、均到站迎候、宋下車後、與各歡迎人員握手致謝、旋即步行出站、與張維藩·秦德純同乘汽車赴武衣庫私邸、記者往見、宋因公忙、派陳維淹招待、轉達宋意旨、謂決本國家立場、人民立場、中央意旨三原則、以期蘆溝橋事件早日解決、並能平即能和、日前在津談話中、早已述及云云、據悉蘆溝橋事件、現在津商定、根據十一日雙方商得同意之三點、可以解決、至於其他善後、須逐漸協商、現仍由張自忠及張允榮在津繼續商談、張維藩於前日赴津謁宋、專與鄧哲熙等隨宋同時返平、又李思浩·石敬亭昨午十二時十分搭車由津來平、齊燮元·趙登禹昨日下午六時半由津搭車來平

【北平電話】大井村北日軍、十九日晚九時向我發砲三四響、機槍數十聲、意圖挑釁、我軍未還擊、旋即停止、又昨夜十時、駐豐台之日軍一聯隊、砲車十餘輛、鋼甲汽車十輛、忽向蘆溝橋方面進發、

【北平電話】近來日軍由榆西開者共計三十五列車、到津者已有二十七列、其餘八列車尚在途中、

【東京十九日同盟社電】日政府閣僚會議、於十九日午在首相官邸開會、除病中之首相近衛外、外相廣田以下各閣僚均出席、於共同午餐後、首由陸相杉山報告華北情勢及現地交涉最近之經過、至下午一時許始散、

【中央社南京十九日電】據息、日本關東軍部隊近奉令陸續開入榆關、向平津一帶增加、蘇嚇邊防現由僞國軍隊接充、聞日軍用飛機三百架、防毒面具十餘萬、機器脚踏車二百輛、現由日向天津等處運送、又日本第一師團及近衛師團近亦各抽派一部份部隊、隨同其他部隊開來、

【中央社南京十九日電】法使館秘書高蘭十九日到外交部訪徐次長、探詢最近北方情勢、並表示法政府關切之意、略談即辭去、

《大公报》,1937年7月20日,第3版

大批日軍由津開豐

今晨沿公路北行
榆關又運來兩千

【本市消息】今晨一時至三時許，有大隊日軍步兵騎兵，由海光寺經東馬路向平津公路移動，開赴豐台。

【本市消息】本市東車站形勢日漸嚴重，除旅客上下車外，站內禁止便衣人停留及出入，昨日由榆關開來日兵車六列，人數約兩千人，重砲・機槍・鋼砲・子彈頗多，計晨三時一列，日兵五百餘人，四時三十分一列，日兵二百餘名，槍砲十餘輛，十時四十分一列，共車二十八輛，日兵三百餘，十一時五十分一列，掛車三十餘輛，兵二百餘，滿裝軍用品，下午一時十分一列，掛車二十九輛，兵五百餘，騎兵百餘，馬百餘匹，三時一列，掛車三十二輛，滿載軍用品，人數不詳，晚十時許，有空車皮五列，由津東開，赴榆關續運新軍來津，昨晨六時，八時，有日載重汽車約四十輛，滿載軍火・汽油・機槍・小鋼砲，分兩批開赴豐台，下午六時許，全部空車返津，回海光寺兵營。

【中央社南京十九日電】京關係方面頃接平電，（一）十七日晚迄十八日由關東開來日軍兵車十三列，一列停秦皇島，兩列停唐山，另十列抵津，均係徒手兵員，人數未詳，（二）由津開通縣日軍千餘，各輕重機槍八十餘挺，山野砲二十餘門，載重車六十餘輛，（三）日兵六十餘名，押汽車六十餘輛，滿載彈藥汽油等，由楊村開往豐台，（四）日機六架在廣濟橋上空偵察，旋即南飛。

日兵在平南郊 建築飛機場

租民田百畝正剪草墊地

【北平電話】南郊南苑以西五里外民地被日軍佔據百餘畝，青苗悉被割去，又訊，日軍圖在南郊造甲村建飛機場，連日該村附近有日人測地，埋立標樁。

【北平電話】日軍十四日在平南造甲村以南地方佔用劉家村十號張安換地十畝，同村三十一號張德斌地三十三畝，一號張香室地十二畝，又樊家村二十九號王照田地十二畝，南廣村二十一號李文義地十二畝，二十二號郭合生地三十畝，並令簽定租用契約，每畝出租價十元，刻日軍正積極剪草墊地，建築機場。

【本市消息】日方設計在天津縣境北鄉劉安莊南闢飛機場，前曾經該村鄉長周學斌面懇縣府制止，日方前日又有人赴附近一帶視察，擬改在宜興埠村北閻家墳南興築三十頃之大規模機場，昨晨復派工程師，前田及蔣姓之華人工頭，以七角代價，在劉安莊強迫僱用民伕一百二十餘人，開始動工，剷除農作物，宜興埠村民等，以該處設立飛機場，既未經官府許可，農作物復遭意外損失，村民亦難安居，昨午特具呈推派代表赴縣府請求設法制止。

【北平電話】日兵三百餘人十八日佔高麗營，十九日即在該地修築飛機場。

《大公报》，1937年7月20日，第3版

英外相在下院陳述遠東危局

英對此時局已與他國接洽 盼中日無待干涉自行和解

【中央社倫敦十九日路透電】英外相十九日在下院稱、遠東時局依然混沌、令人焦慮、目前雖以正確詞句形容之、初次衝突之原因與責任、迄今未明、情形亦復未詳、惟種種現象尚使吾人相信目前局勢之可能性雖甚嚴重、但此局勢並非任何一國政府有意造成、中日政府皆已向英政府切實聲稱、極願避免事態擴大、而英政府亦向兩國政府表示事態不致愈臻嚴重、和平解決當屬可能之希望、中日政府又向英政府聲明、中日軍隊之調動純爲戒備與自衛之性質、絕無開釁之意、英政府對此時局、已與他國政府接洽、美法政府亦皆表示其對於時局之注意及和平解決之希望、吾人甚願中日雙方可自己和解、而無待第三者之干涉、最可扼腕者、當遠東時局漸入佳境而如吾人所預期時、此種不幸事遂告發生、吾人不信中日利益需要衝突、吾人在近年來、以同情態度注視中國發展其極大利源之努力、但亦關心日本所遇之經濟上困難、倘使英政府可建議一種補救方法、則將謂補救之道端在改變方法、眞正謀取兩國間諒解、庶應昇平時期、而得機會以發展和平商業與相互交通、如華北不定局勢常此存在、而衝突事件終始以範圍可疑之就地解決敷衍應付、則時局將益充滿危機也、數星期前、吾人曾歡迎日政府對英所作之接近、並希望此尚可使吾人關係愈爲進步、吾人以爲英日關係之改善、當可使吾人促成遠東局勢和緩、在吾人觀之、遠東和緩與有關係各方面從遠東和平發展中所可得之繁榮、實較以其他方法獲得爲多、此即吾人眞正關切注視遠東發展、並熱切期望糾紛可早日解決之理由也、

【中央社倫敦十九日路透電】十九日下院開會時、曾涉及遠東危機、工黨議員漢德森詢問政府是否擬召九國公約簽字國會議、以便協商解決中日兩國間恆起之衝突辦法、艾登答稱政府現未考慮此議、

孔祥熙抵倫敦 將留三四日

【中央社倫敦十九日電】孔祥熙偕郭秉文・陳炳章・陳立廷・胡貽穀等於今日午後一時抵此、郭泰祺・英外部代表及其他官員等均曾在蘇桑普敦港迎迓、孔氏在此作三四日勾留後、即將赴歐陸、

某方便衣隊圖襲清華大學 經我守軍迎頭痛擊 激戰良久敵始退却

【南京十九日下午九時發專電】據報十九日晨四時零五分、平西清華大學之北突發現某方便衣隊、人數衆多、圖進襲清華大學、經我守軍發現、予以迎頭痛擊、激戰至五時許、始將敵完全擊退、

【北平電話】西郊青龍橋地方、昨晨四時五分、發現有便衣隊三十餘名、由北方襲來、企圖潛擾、當經該地駐軍、迎頭痛擊、至五時許潰逃、又西郊藍靛廠、於今晨一時亦發現便衣隊、經軍警兜剿、至二時許擊散、

《大公报》，1937年7月20日，第3版

社評

國民應有之覺悟

時局形勢，已不待言。玆專述國民各界應有之覺悟數點，幸共鑒之。

第一：望共覺悟此次爲國家民族存亡所關，斷非僅局部之衝突，一時之利害。蔣委員長在廬山演說有云：『我們既是一個弱國，如果臨到最後關頭，便只有拚全民族的生命，以求國家生存，那時節再不容許我們中途妥協。須知中途妥協的條件便是整個投降，整個滅亡的條件。最後關頭一到，我們只有犧牲到底，抗戰到底。惟有犧牲到底的決心，纔能博得最後的勝利。』此所謂最後關頭之具體說明，即該演詞中之立場四點：即（一）任何解決不得侵害中國主權與領土之完整，（二）冀察行政組織不容任何不合法之改變，（三）中央政府所派官吏如宋委員長哲元等，不能任人要求撤換，（四）二十九軍現駐地區不能受任何約束。質言之，日本苟非決心侵占分割我冀察，則中國必努力願和，倘漠視此立場，即爲最後關頭已到，此必爲我國民所一致認識者。惟須覺悟，一旦破裂，必須犧牲到底。故願國民共同認識之第一點，爲甘心犧牲，無尤無悔，所有一切力量，俱準備貢獻於國家，勿希圖作覆巢下之完卵。尤其一般有財力者，應絕對維持公益，共愛護金融，集中資源，勿有資本逃避及希圖個人苟全之一切行動。

第二：蔣委員長演辭有最沉痛的一段云：『眼前如果要求平安無事，祇有讓人家軍隊無限制的出入於我們的國土，而我們本國軍隊反要忍受限制，不能在本國土地內自由駐在，或是人家向中國軍隊開槍，而我們不能還槍。換言之，就是人爲刀俎，我爲魚肉。我們已快要臨到這極人世悲慘之境地。』國民應共同覺悟之第二點，即中國現時環境之悲慘的意義，須知迄現在止，我政府仍力求和平，前日外交部之備忘錄提議外交交涉，並請約期同時撤兵，求和避衝之誠，充分披露。而東京竟認爲毫無誠意，非常不滿。由此觀之，足知蔣委員長所稱極人世悲慘之境地，已刻刻實現，我全軍全民須覺悟平和絕非乞憐所能得，惟有整個團結一致奮鬥，以事實証明中國不甘作魚肉，方可免於作魚肉耳！

第三：國民更有須覺悟之點，即必須行動意志完全齊一，且嚴守紀律，服從指揮，方可能求最後之勝利。夫今日者爲生死存亡所關之大事，絲毫不容出以輕心，且不許各存私見。蔣委員長公忠謀國，亦勇亦愼，領袖全軍，當此大任，但有可和，彼決不輕言犧牲，一旦應戰，則必爲萬不得已。且國民須知：在我國國力一切限度以內，蔣委員長必能爲最善之努力，即對日之折衝與一般國際上之肆應，彼亦無不細心應付，絕不逸失機會。吾國在此重大危機中，幸有此公忠之領袖，統率全軍，躬當大難，凡我國民務宜一致信任，聽政府之領導，公私行動俱恪守紀律，各盡職分。當局爲策進萬全之計，自將集思廣益，博採意見。惟和戰大計，可一切聽領袖之裁決。關于此點，吾人尤望宋委員長注意之。試讀蔣公演詞，可知中央決賭國運以保冀察，保二十九軍，則冀察當局必應靜聽指導，齊一步趨，不待論矣。

《大公报》，1937年7月21日，第2版

蔣委員長昨飛抵京

蘆溝橋方面昨又發生衝突
日軍發砲猛烈轟擊宛平城
今晨停戰我方防務鞏固

【南京二十日下午十一時發專電】蔣委員長偕夫人於二十日下午六時三十分由廬乘飛機抵京、主持中樞大政、又宋哲元委員長由津返平後、曾數電何應欽王寵惠兩部長、有所商洽、並赤忱表示一切均惟中央命令是從、據外交界表示、許世英大使二十日晤日本外相廣田、商談中日事件解决途徑、結果未容樂觀、日方對和平解决、尚未顯有誠意、

《大公报》，1937年7月21日，第3版

【中央社牯嶺二十日電】蔣委員長以京中要公待理，於二十日下午三時偕夫人宋美齡女士離山赴潯、即乘飛機返京、隨行者有錢大鈞等數十人、馮玉祥·熊式輝等均往歡送、記者在途中遇見蔣氏著便裝、精神極爲煥發、坐飛機中，亦時時翻閱報紙，其不欲使一分鐘之時間曠廢及關心輿論，於此可見一斑也、邵力子·葉楚傖因要公待理，亦於二十日晨離山返京、

【中央社南京二十日電】蔣委員長以京中政務殷繁、特於二十日午偕夫人宋美齡女士離牯、由潯乘飛機返京、侍從室主任錢大鈞等另乘他機隨行、中樞要人居正·王寵惠·何應欽·俞飛鵬·張嘉璈·王世杰等事先得訊、齊集明故宮機場恭迎、蔣委員長所乘之飛機於六時三十五分到達機場降落、蔣委員長身著淺灰色綢長衫、態度安閒、頻頻向歡迎人員頷首示謝、旋偕夫人乘汽車返邸休息、歡迎各員均相繼往謁、分別有所報告、

日高昨晨訪王外長

【南京二十日下午七時發專電】日大使館參事日高二十日晨至外部謁外長王寵惠、就十九日我外部所提備忘錄有所談洽、日高詢我備忘錄是否爲對十七日晚日方備忘錄之答覆、抑係我方另外提出之件、王謂我方注重內容、至形式上視爲答覆可、視爲我方另提之件亦可、日高繼言北方問題、向由冀察政委會接洽、此次何妨授權該會折衝、王答交涉須由中央辦理、次又談及撤兵問題、王鄭重聲言、須兩方同時撤兵、最後日高謂、蔣委員長演詞已大體讀過、而未詳加研究、蔣委員長眞意果如何、王答、蔣之演詞實際乃外交部迭次對日方所明言者、不過引申而詳言之、其最可注意者、爲「在和平根本絕望之前一秒鐘、我們還是希望和平、」二語、日高行時稱、王外長所答意思完全明瞭、惟恐日政府尚未能認爲滿意之答覆云、

【中央社南京二十日電】日大使館參事日高於二十日上午八時赴外部官舍晉謁王部長、繼續交換關於盧溝橋事件之意見、王外長告以際茲事機緊迫、彼此不必作無益之辯論、貽誤大局、務須雙方採取迅速行動、避免事態之擴大、如謂中國在河北省之軍隊調動有可非議之點、則日本大部軍隊之在該省、當尤顯爲侵犯中國領土主權、王部長旋更重提昨日節略中之提議、謂雙方應立即約定日期、彼此同時停止軍事行動、撤退軍隊、以爲此係惟一可能的避免衝突之方法、王氏並稱雙方既均謂不欲擴大事態、且均謂軍隊之調遣不過預防萬一、則中國之提議自無不接受之理由、關於地方交涉一點、王部長則謂任何國家之外交、無不由中央政府主持辦理、就本事件而論、中國政府固無時不準備與日本政府交涉、以謀迅速公正之解決、倘有地方性質可就地方解決者、亦必經我國中央政府之許可、最後王部長並稱、中國政府已屢次表明其熱烈之願望、願將此不幸事件得一和平解決、只須有一線和平希望、中國決不放棄其依據外交途徑從事和平解決之努力、

【本市消息】關於盧案之津方中日人員折衝、津市長張自忠昨雖抱恙、仍與橋本會晤、又據津日文報載稱、津日軍司令部二十日上午八時半發表、關於取締共產黨及排日運動之細目協定、已於十九日晚十一時議定云云、

《大公报》，1937年7月21日，第3版

宛平城中烟焰障天

【北平電話】蘆溝橋衝突、昨日下午二時半、日軍發砲百餘響、四時許停戰、七時半砲聲又起、八時半止、我軍固守蘆溝橋、士氣甚旺、

【保定二十日下午十時發專電】宛平縣城內、二十日受日軍砲擊後、發生大火、烟焰障天、

【北平電話】二十日晨蘆溝橋方面突增日兵千餘人、並有坦克車四十輛及載重汽車、滿載軍實、一般預料必有戰事發生、至下午二時半日軍果以大砲向宛平城猛攻、我方沉着應付、戰況頗劇、據聞日視蘆溝橋爲軍事上必爭基點、或尚將有大戰發生、

【北平電話】西便門外什方院地方、昨晚七時半發生衝突、當時砲火猛烈、迄晚稍停、仍在對峙中、北寧路由平開出各次列車均誤點、平瀋三次車未開、

【北平電話】今日蘆溝橋戰事非常劇烈、聞蘆溝橋已全毁、宛平縣城內警察局亦燬於砲火下、保安隊孫大隊附不知下落、其餘死傷尚未判明、

【北平電話】蘆溝橋來人談、十九日夜至二十日晨、蘆溝橋日軍曾兩度向我軍猛攻、旋即退去、（一）首次攻我陣地之日軍、係十九日下午由豐台開抵蘆溝橋之步兵百五十名、由一大尉率領、以騎兵四十餘人掩護前進、經我駐永定河西岸之軍隊發現、當即迎頭痛擊、（二）二次進攻我軍之日軍、計共一聯隊、携重砲二門、鋼砲十門、坦克車八輛、鐵甲車四輛、

《大公报》，1937年7月21日，第3版

此外並有裝載子彈給養之大車十餘輛及馱子車三十餘輛、自大井村迤邐前進、至二十日晨三時四十五分即開始以步槍向我陣地猛烈射擊、至四時許復發砲兩發、均落我軍陣地內、我軍當加還擊、至拂曉時、日軍始向大井村原陣地退去、

【北平電話】蘆溝橋中日軍衝突、自二十日下午開始後、一度停止、晚八時許日軍復進攻、雙方砲火益趨激烈、我軍沉着應戰、日軍雖數度衝擊、均未得逞、九時後戰事復稍殺、至十二時許又有砲聲、其大井村·小井村·什方院一帶戰事亦未停止、聞宛平縣城內落日砲彈甚多、損失奇重、

【北平電話】自二十日下午三時起蘆溝橋方面及市西南郊大井村·小井村·什方院一帶均有戰事發生、尤以蘆溝橋方面爲烈、大小井村及什方院一帶至晚砲聲猶連續不斷、惟北平市內仍安定如常、各城門除外城已閉外、內城各門至晚十時亦關閉、

【北平電話】官方發表消息、二十日下午七時許、日軍向宛平縣城蘆溝橋猛攻、我方不得已還擊、雙方激戰一小時半、均有傷亡、八時半停止、宛平縣城及蘆溝橋鐵橋仍由我方駐守、

【保定二十日下午十一時發專電】日軍步騎砲兵及坦克車隊、於二十日下午二時四十分、以砲火掩護、向蘆溝橋我軍衝鋒、企圖強渡永定河、砲火極爲激烈、宛平城內、被擊一百餘砲、雙方傷亡均重、長辛店亦落四砲彈、至下午四時略停、我方當派人向日方質問、日方無滿意答復、惟至六時、日方又繼續開砲、

【中央社北平二十日路透電】蘆溝橋今日發生兩項衝突、第一次始於午後二時半、至四時半止、宛平城蘆溝橋均大遭砲擊、今晚七時三刻、日軍第二次向宛平城轟擊、夜八時一刻北平猶聞砲聲、聞今晚什方院·大井村·大紅門皆有戰事、平西南各城門復閉、而由軍隊駐守、平津火車因豐台日軍調動、開行誤點、聞華軍刻在海河上游掘壕備戰、據塘沽來人云、海河岸旁村中駐紮華兵頗多、聞津日軍當局已要求華商航業公司讓出碼頭與駁船、供日軍運輸之用、碼頭一帶、現已不許華人走近、

【中央社北平二十一日上午一時電】我軍守宛平縣城團長吉星文、當蘆溝橋事件發生之日、即指揮部屬忠勇衛國、八日曾受微傷、旋即治愈、二十日晚中日軍激烈衝突時、吉團長因奮勇應戰、不幸又負傷、

【中央社北平二十一日上午二時四十五分電】蘆溝橋一帶中日軍衝突、至二十一日晨已入寂靜狀態、雙方均無動作、但戒備極嚴、

【中央社南京二十日電】馮治安二十日有兩電到京、一係報告軍情、一係對外傳津方已簽定和平辦法之謠言予以否認、並稱二十九軍全體將士在宋委員長領導之下、决本中央意旨、守衛國土、請中樞當局釋念、二十九軍駐京代表李世軍當將該電轉呈何部長、

【中央社南京二十日電】京中二十日晚十時接北平電告、蘆溝橋方面戰事復作、原因係日方於十九日無故派隊在該地搜索、誤中我方地雷、致傷亡數十人、日方竟遷怒向蘆溝橋發砲數十響、二十日下午二時半日軍又大舉向蘆溝橋進攻、經我軍沉着應戰、日方卒未得逞、至四時許戰事稍停、七時半日方又積取攻勢、聞某軍事當局曾電勉蘆溝橋守軍、誓死保衛國土、旋據該地守軍負責長官復電、聲稱蘆溝橋防務極爲穩固云、

《大公报》，1937年7月21日，第3版

許世英昨會見廣田

日方無和平解決意

東報謂中日關係已達爆發點

外務省昨發表聲明書

【中央社東京二十日電】日閣今晨十時半舉行會議、首相近衛亦力疾出席、首由杉山報告各種情勢、次由廣田報告與許世英晨會見情形及外交交涉經過、聞決定俟日高與我王外長會見結果詳報到後、下午再開緊急閣議、爲最後决定、日閣今晚將發表重大聲明、

【中央社東京二十日電】十九日晚六時此間得我外部備忘錄極形緊張、二十日晨各報皆謂中日關係已達爆發點、外務省深夜發表長篇反駁聲明書、謂中央對地方許多重要交涉未會同意、獨此次對冀察與日方談話要求須得中央許可、顯有意妨害圓滿解决等語、蔣委員長談話、各報多載全文、極端重視、

【中央社南京二十日電】外交界息、許世英十九日抵東京、當晚九時到館視事、二十日對東京各報記者發表談話、切望日方停止軍事行動、勿使事態擴大、根據正義、由外交途徑謀和平解决、我國軍事準備、係因日本積極增兵、純爲自衛、並無挑戰之意、並聞許大使二十日訪廣田外相、作回任後首次之訪問、

【中央社東京二十日電】許大使十九日夜安抵東京後、夜深始就寢、二十日晨九時晤廣田、談一小時、許力說我國堅持不擴大方針及盼日方從速撤兵、廣田謂現只盼中國承認及實行協定、其餘以後再說、態度極堅决、

《大公报》，1937年7月21日，第3版

津市情勢愈見緊張

各國領事昨日會議討論外僑安全問題

【本市消息】自蘆溝橋事件發生後、津市謠言甚熾、地方當局及市民叩力持鎭靜、近兩日來情勢愈轉嚴重、尤以昨日爲甚、茲將各處情形分誌於次、

東車站自十二日後、即有日軍駐守、禁止便衣人等出入停留、日方除設置「停車場司令部」「兵站司令部」等臨時機關外、貨廠內滿貯軍用品·汽油、昨日並在站外四週放哨、停放大批軍用載重汽車、河北新站昨有日軍二百餘名、在站內道旁、搭架席棚一大座、爲臨時兵營、在候車室內辦事、天橋上亦禁止閒人來往、

日本租界自前日起、各要路口、入晚由日兵及居留民義勇隊放哨巡視、海光寺及市區與日租界各交界口、均堆沙土袋及電網等防禦工事、河沿閘口亦然、並積停大車百餘輛、昨晨日軍分三批赴市區巡視、一批數十人往南市一帶、一批由東局子兵營出發、往特三區一帶、一批往東馬路警察局河北一帶、入晚南市一帶商店均提早關門、據昨日英文晚報「北方晚電」載稱、天津外國領事及軍事方面、對於華北局勢、深爲關切、各國領事二十日上午十一時在比國總領事館舉行會議、討論一般情勢及外僑安全問題、詳細內容無從探悉、外人公認目前情勢隨時可以發生騷亂、

孔祥熙談片

已不擬赴德療病

【中央社倫敦二十日路透電】孔祥熙今日由紐約抵此、路透訪員往見之、但孔不願發表言論、因尙未接到南京方面之更詳細情報也、孔似甚健康、已不擬赴德療病、渠欣然語人、體氣縱不視前爲佳、亦不視前爲劣云、孔在倫敦盤桓久暫、將視遠東時局而定、

曾琦勗秦德純

仍宜備戰未可弛防

【中央社牯嶺二十日電】曾琦來廬參加談話會、適遇盧案發生、曾氏日前致電秦德純、有所申述、秦當復電、茲錄兩電如次、(一)曾去電、(上略)弟十三日抵廬、迭次參加茶話議會、中央當局均表示極端信任兄等、惟日方大舉增兵、言和恐係詭計、仍宜備戰、未可弛防、堅守城池、以禦强鄰、是所望於健者、近况如何、盼示梗概、(二)秦復電(上略)巧(十八日)電敬悉、承中央當局諒解信賴、至爲感奮、刻下形勢雖無大戰、而日方運兵不已、內容仍極嚴重也、特復、

商震等昨到廬

日內將赴京一行

【中央社牯嶺二十日電】商震·王樹常·吳克仁二十日午十二時聯袂抵廬、適蔣委員長正準備離山、故即時召見三氏、略作報告後、即行辭出、聞三氏日內即離此赴京一行、

何柱國在西安昨日廣播演講

【中央社西安二十日電】何柱國二十日晚廣播講演「爲蘆溝橋事件告西北同胞」、略謂西北雖在後方、但負有援助責任、尤須積極準備、大家要堅毅沉着、百折不撓、團結鞏固、才能做到我們持久的消耗戰、達到我們的最後勝利、結論謂、親者所痛仇者所快的事、我們萬萬不可做、敵人希望我們做的、我們都不做、才是眞眞救亡圖存的道理、

渝筑航空線昨恢復通航

【中央社貴陽二十日電】中航機福特號今日下午二時飛抵筑、起落郵件後、即飛渝、此爲渝筑線停航後首次通航、

簡報

【南京電】訓練總監部奉令籌備國民體育學校、現一切籌備竣事、決于暑假期間招考第一期新生、

【南京電】二十六年度中央補助各省市義教經費、邊疆教育費、及各項庚款補助、約有六百四十餘萬元、較上年度增約二百萬、

【西安電】梅惠渠斜峪關滾水壩竣工、省府二十日令水利局驗收、

【上海電】江浙皖湘贛滬六省市當局及糧食界發起組織國家產銷協進會、推李大超·楊綿仲·劉貽燕等爲籌委、並發表宣言、

【康定電】交部決在康定設無線電台、地址請建委會代勘、

【北平訊】通縣電話局、昨日突被冀東僞組織派人監視、冀東二十二縣電話完全不通、

《大公报》,1937年7月21日,第3版

日方現向平北增兵

在高麗營建飛機場 天津昨到日軍千人

【北平電話】平北來人談、日方現已準備向平北增兵一個聯隊、二十日晨有日兵三百餘人開到高麗營、該地東北之板橋村・茶塢村・橋子村等處民房均被劃爲駐兵之用、平德勝門外難民麕集、日軍並在高麗營附近圈地百餘頃作大規模之飛機場、二十日令當地農民開始割草平墊、又平南來人談、前泥窪（村名）青苗四十一畝及七間房村青苗地四畝、二十日均被强令割去、

【中央社南京二十日電】關係方面二十日接平電稱、（一）二十日由榆關開出日軍兵車三列到津、共載步兵千餘名、騎兵一百六十餘名、馬一百六十餘匹、（二）由津開至豐台兵車一列、係載多量軍用品、（三）高麗營到日兵四百餘名、拉民夫趕作工事、

【本市消息】昨午有兩列日兵車共六十輛到津、有日兵五百餘名、軍用品頗多、下午七時三十分、有車一列、日兵六十餘名、子彈砲彈極多、共二十餘輛、由津開赴豐台、上午有載重汽車二十餘輛、日兵百餘名、鐵甲車四輛、由海光寺開赴平津鐵路沿線、

【本市消息】北寧路楊村落垡之間、昨有日軍鋼甲車一列、往返馳駛、又津縣漢溝地方、昨晚到有日軍步馬砲兵一千餘人、當夜在該地露營、

【北平電話】官方消息、二十日各方報告如次（一）清晨三時半日兵千六百餘人、携砲十門、重機關槍十五挺、載重汽車四十輛、由津向通州方面前進、（二）上午四時後又有日騎兵約三百人、載重汽車三輛、由津開通、（三）上午九時許日鐵甲車兩輛及鐵道陸地兩用坦克車二輛、由津抵豐、（四）上午十時許日兵車一列、載日兵一百四十餘人、由豐開津、

宋哲元昨發談話

國事靜聽國家解決 晨赴西苑檢閱駐軍

【北平電話】宋哲元昨晨八時接見軍政官員後、十時許赴西苑檢閱駐軍並召集訓話、對報界發表書面談話、「本人向主和平、凡事以國家爲前提、此次盧溝橋事件之發生、均非中日兩大民族之所願、蓋可斷言、甚望中日兩大民族彼此互讓、彼此相信、彼此推誠、促進東亞之和平、造人類之福祉、哲元對於此事之處理、求合法合理之解決、望大家勿信謠言、勿受挑撥、國家大事、只有靜聽國家解決」、

【北平電話】宋哲元昨發出安民佈告云「爲佈告事、本委員長請假返籍、不幸本月七日夜盧溝橋事變發生、實係局部衝突、本委員長素以愛護和平爲宗旨、以國家爲前提、本合法合理原則、處理一切、深望中日兩國民族、推誠相見、共達和平之目的、惟恐各界同胞誤聽謠言、多所疑慮、爲此佈告一體週知、各宜鎮靜、照常安業、此係國家大事、不可聽信謠言、妄加疑慮、自相驚擾、切切此布」、

【北平電話】宋哲元二十日晨發表書面談話後、學術教育界名流李書華・李蒸・樊際昌等下午三時曾赴宋邸晉謁、並詢一切、宋因公忙、允約期再見、

非常時期糧食問題

滬豆米業雜糧業兩公會開會 交換意見並有重要決定

【中央社上海二十日電】滬豆米業及油餅雜糧業兩公會、二十日午後三時舉行執監委聯席會議、交換非常時期糧食準備問題意見、對各糧商應如何謀切實之聯絡與合作及運銷上如何謀便利、均有所決定、而防止糧食資敵、亦決定糧食出口須有正式機關或團體之證明、並決定組織食運銷調查委員會、隨時調查滬市到貨情形、現滬市存糧甚充足、而內地運滬者尚絡繹不絕、足資數月之民食、

《大公报》，1937 年 7 月 21 日，第 3 版

全國奮起禦侮

小菜販出五年積蓄報國
學生節食捐資慰勞將士

【中央社南京二十日電】京下關賣小菜人蕭掃平、聞强敵侵境、至爲憤激、頃將其五年內積蓄所得之私產三百元、全數送中央財委會、捐作衛守士抗戰將士費用、以盡國民職責、中央財委會已照收、並即日送前方應用、

【中央社保定十九日電】清華大學學生自治會守土將士慰勞團、派代表趙儒沂等三人携大批毛毯及現金、十九日由平來保、慰勞受傷官兵、又東北旅京同鄉慰勞團張利達等三人、携大批毛巾衫襪肥皂汗衫暑藥等亦來保慰勞、

【開封二十日下午九時發專電】河南省黨部於二十日下午三時在大禮堂召集各界籌組河南各界抗日後援會、到張天放·王駿及各機關學校團體二百餘人、首由王駿報告開會意義、繼討論議案、並以本會名義、㈠電蔣委員長、即日下令全國總動員、準備抗戰、㈡電請宋委員長即日赴保定、下午五時半散會、

【中央社漢口二十日電】湖北各界援助華北抗敵將士後援會、二十日發出通電、擁護蔣委員長在廬山談話會對廬事報告我政府固守最低限度之立場、電中有凡我同胞、務須擁護此項主張、貫澈到底、如奉行徵兵令、澈底肅清漢奸·統一意志·服從政府指揮·從事防護工作·維持社會秩序爲擁護此項主張之有效辦法、

【中央社西安二十日電】陝學生集訓總隊各生、對盧案憤慨異常、近紛紛請求入軍校肄業、並由十八日起節食捐欵、共得二百八十六元五角、已送交抗敵後援會、轉匯前方慰勞抗敵將士、

【中央社重慶二十日電】各界今成立援助平津守土抗敵將士大會、通過組織大綱九條、計分設總務宣傳勸募監察四組、並推選胡文瀾·溫少鶴等九人爲常務委員、即日開始工作、

【中央社漢口二十日電】漢商會二十日電勉宋哲元、請力排異議、堅決主持、能平則和、不平則抗、萬不可委曲求全等語、

【中央社香港二十日電】蔣對盧溝橋事件發表後、此間僑胞對領袖公忠體國之苦心孤詣、及所採立場之嚴正、極表敬佩與興奮、各種金融債券二十日大體均上趨、

《大公报》，1937年7月21日，第4版

社評

嚴重時局的新階段

本文是根據截至昨日下午三時所知的北平情形起草的。但不論如何變化，論旨是不須變更的。

我想把時局現階段的眞相再作一次說明。第一：經過前天日軍砲轟宛平以致城內受甚大的摧殘之後，昨早我方派保安隊去接三十七師守城部隊的防務，這是宋委員長負責求和之最大努力。大家記得在本月九日日本已約定雙方在宛平前綫的部隊都撤開，而以石友三部保安隊接防，但其後日軍未撤，接着日本閣議大舉出兵，纔成了九日以後的嚴重局面。昨早我方的換防，仍是履行舊約，但迄下午止，我方已撤，日方仍未撤，怎樣變化，斷難逆料。不過我方部隊換防一點是一重要新階段，是二十九軍當局勉求平和的最大表現，同時也是最後一着。

第二：縱令日方照樣撤了，是否就算平和有望，也斷不如此簡單。因爲經這十日的演進，問題太重大化，也太複雜化了。最要之點，是平津間已集中日軍多數部隊，並且昨早飛起了不少飛機，在我河北平原任意飛進，其他一切也完全是戰時狀態。我方當局雖然極力求和，但能否免於大破壞，是全無把握的。所以時局能否漸露光明，全看日方實際行動，而要點是能否撤兵，不是僅指宛平前線的小部隊向後撤一點，是指蘆案發生後新來的大批日軍。這大軍集中於我平津間，無異將東亞大局置諸噴火山口，時時刻刻是重大危機，而凡知道日方情形的人，當可想像他們是來易而去難。所以縱令宛平前線的事眞正解決了，而全局的危機依然存在。

第三：中國方面的事，都極易明瞭，關於國家整個的態度，就是蔣委員長所說的立場四點，觸犯這四條，就認做是最後關頭，就一定拚命。另換句話說，這四條不抵觸，就願意和平解決。而這四條綜合起來，只是一句話，就是冀察的領土主權及行政完整不容再受打擊。政府的決心是以全力保護二十九軍全軍及冀察的地位，鞏固宋委員長的職權，一言蔽之，是不容變更我冀察之政治軍事現狀。這就是蔣先生所謂最後關頭。所以如宋哲元氏能施行職權，而其所解決之辦法不抵觸這四條的精神，中央一定是贊同的。所以地方解決或中央交涉，不是要點，要點是擁護這四條。換句話說，是死守冀察現在之地位，不容再退一步。這在中國眞可以說最小限度的了！

第四：據以上所述，可知時局的推演完全在日本，中國政府的態度不變更，也無可變更。昨天中政會開會結果，更正式決定此項方針。所以若單據中國態度判斷，不會有戰爭發生，只有日本犯上述四條而大舉攻我，纔是演成東亞戰爭之路。或者問曰：「然則判斷日本如何？」我可以回答說：絕對不容樂觀。單看蘆溝橋案纔發生，而近衛內閣就決議大舉出兵，並且立刻招各黨及財界，請舉國一致援助政府，如此小題，這樣大做，儼然是要發動大戰的威勢。日本事本來難判斷，而這樣內閣下的日本，更不容用常識去推測了。

昨晚本文付印後，知道宛平附近我方部隊都陸續實行撤開。我們冀察當局避衝求和的最後一着，可算是業已用盡。今天以後的局面，大而東亞全局，小而平津情形，一切專看日方的舉動怎樣了！

《大公报》，1937年7月22日，第2版

宛平前線我軍已撤

由石友三部保安隊接防

日軍稱今日起撤往豐台

平漢路交通今日可恢復

【南京二十一日下午十時發專電】日軍定二十二日晨起開始撤退、此項消息、於二十一日午傳來後、頗爲各方所重視、惟其原因巳爲一般所周知、故並無意外之感、政界對北方局勢仍不斷交換意見、並嚴密注視其發展、社會一般則熱烈探討下列之問題、一・日軍能否撤退而回復本月八日以前之狀況、二・設日軍不撤、或撤而不盡、則前途將如何、

【中央社北平二十一日下午一時半電】中日軍二十日晚在盧溝橋一帶激烈衝突後、雙方人員二十一日晨一度會晤、商議即刻停戰、雙方開始撤兵、于是各通知前方駐軍停止衝突、我方派周思靖・周永業、日方派中島・櫻井于二十一日晨九時半同乘汽車赴前方監視撤兵、

【中央社北平二十一日下午四時四十分電】確息、我保安隊原定二十一日十時至十二時接防盧溝橋、但因前線日軍防守監視甚嚴、以致接防不易、截至四時止保安隊接防尚未實現、

【中央社北平二十一日下午十時三十分電】自盧溝橋事件發生後、平漢線北段交通即告斷絕、現經中日雙方商定、沿盧溝橋鐵道左右側之中日軍隊、同時向他處移退、俾平漢路派工務人員前往修理被毁電線等、以便通車、據聞昨日午後起雙方軍隊均已陸續他移、大井村日軍將逐漸退往豐台、六時許平市所聞砲聲甚響、即係日軍掩護行動所放、今日平漢交通當可恢復、至宛平縣城及盧溝鐵橋・石橋等我軍防地、並未移動、

《大公报》，1937年7月22日，第3版

【本市消息】關於盧溝橋事件之解決辦法、以前昨兩日爲最後關鍵、據此間所得消息、前日宛平縣砲火正烈之時、日使館武官今井·駐平特務機關長村井、曾訪冀察政委會委員長宋哲元、宋當時表示甚堅決、以爲和平固極所願、萬不得已時亦不惜犧牲、悉視日方誠意如何、嗣以張允榮·和知等亦相繼抵平、遂共商停戰、仍本十一日所商原則、宛平縣城由保安隊換防駐守、盧溝橋對峙之中日軍、同時後撤、昨日宛平縣城已由程希賢所部保安隊開入、大井村日軍亦即準備撤退、至三十七師馮治安原駐防地、將由我方自動與一百三十二師趙登禹部對調、

我軍已撤開 看日軍如何

【中央社北平二十一日電】此間當局對盧溝橋事件始終主張和平解決、二十一日晨已令盧溝橋以西以北我前方各地駐軍暫時向後撤退一二里、所遺防務由石友三保安隊依次接防、保安隊第一旅長程希賢守二十一日晨十時起率部前往接防、如日軍于我保安隊換防時期不予攻擊、至午十二時可換防完竣、據關係方面稱、我方此次先行撤兵、即係表示和平之鐵證、亦係促日方之覺悟、倘我軍撤退後、日軍仍不違約撤退、其蓄意挑釁、已爲舉世所共見、設不幸事件擴大、其責當由日方負之、

【中央社北平二十一日下午十二時電】中日雙方監視撤兵人員周思靖·中島等於二十一日晨赴盧溝橋宛平縣城及衙門口·八寶山兩軍前線交涉撤兵、因有相當結果、於二十一日晚十時餘返平、即謁秦德純、報告交涉情況、

【中央社北平二十一日下午六時四十分電】平市西郊什方院以西四里許平漢路十號橋附近、二十一日晨發現日兵十數名在該地隱伏、

【中央社北平二十一日下午七時電】平北高麗營南面十餘里前後閘滑(村名)地方、二十日晨到日兵多名勘察、附近一河流、寬約十餘丈、因不能通過、即强迫當地農民支搭浮橋、擬於二十日午夜完成、聞至二十一日晨始告竣、該橋寬一丈五尺、上覆黄土、現由日兵看守、

【中央社北平二十二日上午一時四十分電】據二十一日晚由前綫來平之某軍官談、盧溝橋及宛平縣我軍防地、經二十日夜激戰後、迄未移動、我軍士氣甚旺、均抱爲國犧牲決心、惟宛平縣城前曾由石友三部保安隊接防、故二十日夜日軍向我猛烈攻擊時、我方以保安隊勢力單薄、不得已乃調一部軍隊增防、至盧溝橋方面本由吉星文團駐守、二十日夜之戰、即由此兩部奮力抵禦、至二十一日晨日軍停止攻擊、我增援部隊亦即撤去、現宛平縣仍由保安隊固守、雙方監視撤兵人員在該地視察後、即赴平西郊衙門口監視撤兵、我該地駐軍爲表示和平解決、以促日方覺悟、當於二十一日下午一時暫向後撤退、遺防由保安隊接替、至於平西八寶山我方駐軍亦於二十一日晚七時二十分撤退一部、當撤退時、日軍曾乘機猛向我發砲六響、傷我士兵數人、我軍未還擊、又大井村·大瓦窰一帶軍日截至發電時止、尚未撤去、

《大公报》,1937年7月22日,第3版

宛平城被砲轟損失奇重

【中央社北平二十一日下午五時五十分電】二十日盧溝橋方面日軍獨向我方挑釁、經過如次、（一）本月二十日日軍三次不顧信義、復於絕對和平空氣中、於下午一時以重砲猛攻盧溝橋、城東北兩面砲彈多落於城內、達五百餘發、居民死傷、血肉橫飛、慘不忍睹、東門城樓與東北城牆悉被砲燬、至下午三時許始息、我方正在救護傷亡時、日軍竟於下午七時許復行開砲、比前二時尤爲緊密、全城民房無一完好、直至下午七時半始停止、我長辛店亦受七砲彈、旋日機由豐台飛來、低空掃射、略有損傷、陣地無變動、（二）昌平縣·高麗營有日軍二百餘名、佔民地千餘畝、建飛機場、現已完成、停有日機三架、（三）豐台附衛表面沈靜、實際緊張、各大宅被搜索多被日軍强佔、（四）此次日軍進攻盧溝橋、我方損失甚鉅、城內被炸、慘痛情形、不堪言狀、冀保安隊隊附孫佩五受傷甚重、已於二十一日派人護送來平、入某醫院治療、

【中央社保定二十一日電】盧溝橋日軍二十日夜全綫以騎兵掩護步兵及坦克車向我左右翼猛衝、希圖過河、砲火之猛、空前未有、我軍嚴陣以待、均被擊退、前方士氣極盛、受傷官兵均帶傷拼命、誓死堅守、團長吉星文表示宛平即其墓地、决共存亡、

【北平通信】前晚盧溝橋戰事、自午後一時起至八時許止雙方激戰頗烈、日軍先後放砲百七八十發、我方損失頗重、敵方因謀奪取宛平城、死亡人數頗多、我方二十九軍團長吉星文因指揮抵禦作戰、面部被砲彈炸傷、勢甚輕微、平學術教育界、以吉與該團守盧溝橋營長金延中奉命守土、抗戰不撓、功在國家、爲衆景仰、昨特專函派員前往二十九軍慰勞、藉表敬佩之意、

《大公报》，1937年7月22日，第3版

許世英昨再訪廣田

日本緊急閣議已決定態度

外務省發言人談話

【中央社東京二十日路透電】日本外務省發言人謂、十九日晚華北日軍參謀長橋本與二十九軍代表在津所成立之「約定」其詳則彼尚無所聞、昨夜日閣決定採行爲實施此「約定」條欵所必要之適當防衛方法、並准陸相杉山有辦理此事之全權、

【東京二十一日同盟社電】日政府二十日下午七時五十分、再度開緊急閣議、由廣田杉山分別報告外交軍事情形、次就政府態度加以決定、至九時五分始散、當由內閣書記官長風見章、以談話形式聲明稱、華北局部的協定、已於十九日晚十一時成立、日政府因本乎既定方針、監視其履行、決定充分「自衛」的適切辦法云云、廣田於晚九時十分閣議畢後、即入宮覲見日皇、奏陳閣議所定事項、廣田並於十一時在外相官邸、招集次官堀內・東亞局長石射、本乎政府方針、就外務當局今後應取之措置、行種種協議、廣田並決定在官邸起居、以備非常之變、

【中央社東京二十一日電】二十一日午外務省發言人答各國記者、關於盧溝橋事件之問話、謂二十日夜二十一日晨尚無再衝突之報告、外務省並未訓令南京日使館員家族撤退、現地交涉在進行中、

【中央社東京二十一日路透電】東京方面稱、華北局勢現已有轉佳趨勢、並稱宋哲元二十日夜已允將三十七師自平西八寶山撤退、另由保安隊塡防、

【中央社東京二十一日電】二十一日晨十時許世英大使再訪外相廣田、對盧溝橋事件有所磋商、

《大公报》，1937 年 7 月 22 日，第 3 版

長辛店「砲火創痕」

我前方需防毒面具

本報記者長辛店視察記

【長辛店二十一日下午十時專電】本報特派員今晨由保定到長辛店、此間自二十日上午被日軍砲火轟擊後、已入戰時狀態、商家均未開市、二十日下午盧溝橋及長辛店方面、均有日機掃射、長辛店共落砲彈九枚、均係重砲、除土山附近落有二彈外、餘七彈悉落在大廠（即平漢路車廠）、惟以八時後員工俱已下班、故無大損害、僅十一號工務段某職員家中兩幼童被炸傷、機務處房屋落彈未炸、此外有一行人被炸傷腿部、審彼方目的、意在毀我平漢車廠、長辛店所有員工二千餘人、均極鎮定、對於大局極表憤慨、無一請假者、並由四十人輪流為二十九軍將士磨刀、長辛店所有平漢路員工眷屬今晨乘一列車離長南去、二十一日前方無戰事、平漢北上車仍開至長辛店、平漢路車工機警各處人員二十一日晨會到長視察、前方日軍砲兵陣地無變更、步兵有南擾狼繼續永定河右岸模樣、我軍嚴防中、二十日之戰、日軍共發二百餘砲、我雖還擊、但發砲甚少、故我損失較重、蘆溝橋與宛平縣城、始終在我手中、截至二十一日宛平縣城附近日軍、猶有千餘、蘆溝橋雖被砲轟、損失並不甚鉅、惟宛平縣城因年久失修、被砲火猛轟後、房屋毀損較多、城內原徵有民夫五百餘人、二十日砲戰後、傷亡甚多、據息、我前方需要防毒面具及藥品甚急、甚望後方多予援助、宛平附近各鄉難民流離失所者甚多、王冷齋決在長設立收容所、記者往晤王氏、王抱病未痊、力疾從公、現正辦理後方給養、並對漢奸嚴厲防範、

平津大學決不遷移

教育部令力持鎮靜

交大唐山學院被佔正交涉中

【南京二十一日下午十一時發專電】教部以華北風雲緊急、平津各大學此時雖值暑假、而各校仍有一部留校學生、頃特分令各校長及留校負責人、特飭學校力持鎮靜、據教部負責者表示、平津各校決不遷移、清華燕京現由當地駐軍嚴密戒備中、交大唐山學院被日軍強佔、鐵道部二十一日已接到報告、現正設法進行交涉、

【北平通信】宋委員長返平後、平市城郊治安維持、更有極嚴密布置、西郊因清華燕京兩大學所在、防範尤為周密、日前紅山口地方、曾有少數便衣隊滋擾、當被當地駐軍擊退、清華燕京兩校始終平安無事、市面治安決可無虞、

《大公报》，1937年7月22日，第3版

英外相在下院聲明 日英談判將停止

認爲中日現勢有碍談判 英方已將此意告日政府

【倫敦二十一日電】艾頓今日下午在下院宣稱、英日談判、勢將停頓、艾頓繼稱、「政府認爲目前華北局勢之繼續、將不利於談判、余已將政府此項觀點、通知日政府」云、

【中央社倫敦二十一日路透電】中日時局今日又爲英下院詰問之事件、外相艾頓答自由黨曼德之問、謂英政府仍與他國政府時常商榷遠東現局、不論其爲國聯會員國與否也、此種商榷、現逐日沿外交途徑進行之、以渠目前所知、渠以爲曼德所發將此事提前交國聯行政院之建議、未必能改善時局云、保守黨議員潑魯奇問英國根據九國公約·凱洛格公約與國聯盟約、在華北糾紛中、有何種束縛、艾頓答稱、九國公約與凱洛格公約皆未在目前爭執中束縛英政府、即在國聯盟約下、亦未發生任何束縛云、艾頓後答工黨台氏之問、謂中國境內領判權之地位、並無變更云、艾頓又答保守黨靡廉之問、謂駐華大使關於中國保險法之批評、外部業已接到、刻正在考慮中云、

【中央社倫敦二十一日路透電】艾頓二十一日在下院稱、英政府雖希望與日談話、但華北時局長此狀態、似未便出此云、

【中央社東京二十一日路透電】日外務省發言人今日聲稱、英外相艾頓、近在倫敦與日大使吉田茂晤談時、曾作英國出場斡旋中日時局之提議、但日本迄未答復之、日政府將否予以答復、渠未能言之云、

【中央社倫敦二十日哈瓦斯電】此間中國大使館頃發表中國王外長昨日送交日駐華大使館參事日高之備忘錄全文、內容建議由中日雙方約定日期、彼此同時停止軍事調動、並謂中政府極願用盡各種方法、以維持東亞和平云、

【中央社華盛頓二十日路透電】羅斯福今日接見新聞記者時、復表示美政府尚無對於中日雙方援用中立法之意、

【中央社巴黎二十一日哈瓦斯電】法左右兩派各報賡續評論中日問題、對雙方談判進展情形、担不推測、對華表示同情者仍佔大多數、天主教派晨曦報稱、中日兩國孰是孰非、不容曲解、世人若以日爲是、非失之幼稚、即屬居心險惡、各種政制有等候戰爭者、有希望戰爭者、亦有製造戰爭者、日帝國主義即其一例、

【中央社柏林二十日哈瓦斯電】漢堡外僑日報頃撰文評論中日事件之國際影響、以爲英國斷不能坐視日本勢力發展深入中國腹地、而置之不問、遠東方面局勢既益緊張、故英外相艾頓昨在下院演說時、乃深感數月來歐洲方面種種誤會有以妥協精神、加以處理之必要、此實無足爲怪也、該報又謂艾頓演說中對於義國語氣頗爲和婉、此亦由英國關心遠東方面利益之所致云、

【中央社柏林二十一日哈瓦斯電】中日問題極爲德政界人士所重視、各報亦登載長篇消息、國社黨機關報「民衆觀察報」並加以評論云、日在華北之行動、乃係對付俄國之精密預備工作、所惜者中日因而互相敵對、自維望其互相合作、以反抗布爾希維克主義云、

【中央社南京二十一日電】義使館秘書瞿斯諦·法使館秘書高蘭·美使館參事裴克分於二十一日上午八時半·九時半·十時、先後到外部謁徐次長、探詢北方最近情形、日使館秘書福井淳二十一日午訪亞洲司科長董道寧、有所接洽、約談半小時辭去、

《大公报》，1937年7月22日，第3版

李白聯名電國府
擁護蔣院長主張
望全國奮起共爲後盾

【中央社南京二十一日電】自蔣委員長發表關於盧溝橋事件之談話後、第五路軍李白兩總司令、及桂省府黃主席、二十日聯名電呈國府、表示擁護蔣委員長主張、玆誌原電如次、頃讀蔣委員長在廬山第二次談話會發表關于盧溝橋事件之談話、宣示政府對日方針、並明白昭示吾國應堅守四項原則、辭嚴義正、實爲代表我全國民衆公意、循廻朗誦、感奮莫名、竊維盧案發生、我始終愛護和平、一再容忍、日方着着進逼、近大舉增兵、恣意挑釁、宗仁等欣聆國策、已決誓本血忱、統率第五路軍全體將士、暨廣西全省一千三百萬民衆、擁護委座、抗戰主張到底、任何犧牲在所不惜、謹電陳察、並希全國奮起、共爲政府後盾、國家前途、實利賴之、李宗仁·白崇禧·黃旭初叩號(二十日)印、

《大公报》,1937年7月22日,第4版

社評

我們未曾期待外援

昨天日本同盟通信社東京電聲稱：日本政府關於中日外交决本既定方針，堅持由當事國間解决，而排除第三國的干涉。文內指摘中國從此次事變發生以來，由傳統的「以夷制夷」政策，訴諸關係國，以冀依第三國之容喙使事態得有利的解决。並稱因爲此項政策，今後之益形强化，乃爲必然的狀勢。所以日本政府對於今後行將展開的外交戰，將取積極的體勢，而對於第三國的容喙問題，决堅持由中日兩國解决，業於十六日由堀內外務次官在與英國代理大使會談中間，對英國政府將此既定方針正式通知云云。我們根據這道消息，可以預料今後日本勢將仍以大軍壓境的委勢，對我爲外交的要挾。關於此點，後節申論。今就所謂第三國容喙問題，說明中國立場如次：

第一：世界一部外交史，根本就是以夷制夷的紀錄。日本從前用日英同盟，現在用日德協定對俄國，何嘗不是以夷制夷？不過中國國力太弱，實在不如日本之善於運用，所以這種指摘，在我們毋寧是受寵若驚。

第二：中國近年上下一致，完全覺悟到天助自助的眞理，全國勵行自力更生的政策，對於國際上的精神援助和經濟合作，當然歡迎，但也不敢過分期待。在外交上，中國根本不曾希望聯甲對乙，或聯乙對丙，因爲我們深知道這是不必要，而且不可能的。况且把國家作爲國際保障的共同標的，實在於獨立國國民的自奪心理不合。所以中國現已决不願藉國際條約以自保。至於軍事，越發沒有企求外援的意思。因爲我們認識明白，任何國家的國民不能爲中國流血，我們只有拿自己的血，救自己的國。自從蘆案發生以來，日本大舉出兵，顯有挑動大戰的危機。我們爲表示自衛决心起見，纔於十六日通告九國公約各簽約國，不過是聲明責任，何曾有發動「外交戰」的意思？

第三：根本上九國公約並無力量可言。按照該約第七條，僅稱「關係各國於必要時，應完全坦白相互諸論」而已。以日本之强橫，國際聯盟且已不惜脫退，九國公約豈能制止他的暴行？况且事實上英國到前天不過宣稱華北目前局勢若賡續不變，則英國政府即認爲不宜與日本進行雙方合作之談話。美國不得已，祇說明美國志在保障世界和平，時加倡導，不遺餘力，並主張避免憑藉武力以推行其政策，更反對干涉他國內政，且暗示美國將於某種情勢中增多其軍備。蘇聯國內淸黨多事，對外更主和平，如倫敦二十日哈瓦斯社電稱述之莫斯科最近消息，蘇聯方面對於中國抵抗日本一層，咸以極端同情之態度加以注視。蘇聯消息靈通人士則謂中國在蘇聯方面，除可在精神上獲有聲援而外，不必別有奢望云。此等事實情形，中國識者概都明瞭，所以從來就不屬望外援。我們雖然感謝從蘆案發生之日起，英國朝野的關心，法美各報的同情，德國方面的注意，但是這類同情自始即沒有打在我們抵抗强權的力量估計之內，祇不過拿來和同文同種的强鄰對我們的猙獰面孔比較比較，格外感覺到「同根相煎」的悲哀而已！

從上面看來，我們决沒有用「以夷制夷」的政策，求第三國的後援，以對日本。而且實際上（一）自事變發生，中國外交部即表示要和日本直接交涉，駐日中國代辦楊雲竹奉部令請川越大使入京，（二）駐日大使許世英奉命扶病回任，和東京當軸接洽，這都是鐵一般的事實，何曾要請第三國容喙？

現在事勢至此，危機倘多。我們希望日本外交家努力收束軍事，依照中國意思，尅日開始外交談判。不過這其間有一要點，就是旣言外交，便是和平商討，善意折衡。如果以大軍壓迫，辦强力外交，那是居心不要平和，根本缺乏誠意，中國縱弱，絕對不受威脅。這又是我們今天致爲預告的。

《大公报》，1937年7月23日，第2版

前線日軍尚未盡撤

昨僅由鐵道線後退一二里

趙登禹部與馮治安部調防

【北平電話】當局爲亟謀恢復平漢路交通起見、二十一日商同日方將沿蘆溝橋鐵道左右側之雙方軍隊同時他移、日軍現仍在向豐台方面逐漸移動中、當晚砲兵一部携帶陸砲十一門已撤往豐台、雙方前所派之監視撤兵員周永業·周思靖·中島·笠井等均曾前往前線相互監視、

【北平電話】平漢路駐平辦事處處長鄒致權昨日上午往蘆溝橋一帶視察、當晚九時回平、該地被毁之路軌及電線、迄昨均已修復、惟客車能否於今日恢復、尚未敢預卜、蓋大井村等地尚有日軍甚多、當局方面正與日方交涉中、

【北平電話】駐北平城內之三十七師馮治安部二百一十八團於昨日下午六時、搭車一列、向南開行、又該師駐蘆溝橋部隊亦於昨日下午四時撤開、

【北平電話】平市當局、因時局表面暫趨和緩、爲便利市民起見、於昨日起對戒嚴時間有所變更、改自晚間十二時起至翌晨五時爲止、

《大公报》，1937年7月23日，第3版

【北平通信】平漢鐵路當局以盧溝橋方面中日軍隊已停止軍事行動、平盧段被破壞處、亟待修復、以便恢復通車、駐平辦事處長鄒致權於昨晨七時、率技師工匠等多人、搭乘工程車前往沿線視察路軌·橋梁·電線等被破壞情況、如前途再無阻碍、即可動工修理、日內可望通車、聞該工程車於行抵西便門車站時稍停、冀察政委會委員齊燮元及雙方監視撤兵委員周永業·周思靖·櫻井·笠井等均搭該車前往、

【中央社北平二十二日電】盧溝橋沿平漢鐵道線之日軍、二十二日晨五時起開始向後撤退一二里許不等、聞日軍此次後撤係分兩步驟、第一步由鐵道線撤至大井村·小井村·郭莊子等地、第二步再續撤向豐台集中、雙方監視撤兵員周永業·周思靖·中島·櫻井刻仍在前方辦理一切、

【中央社北平二十二日電】盧溝橋事件至二十二日已告一段落、我方二十二日起自動將馮治安部趙登禹部防地對調、宋哲元二十二日上午七時許會集馮部官兵在天壇訓話、並報告盧溝橋事件解决經過、至午詞畢返邸、

【本市消息】盧溝橋事件、我方除宛平縣城內換由保安隊駐防外、盧溝橋方面我駐軍亦向南移動、故昨日並無衝突、北平城內防務、將調一百三十二師趙登禹部石振綱旅移駐、據此間官方消息、原駐平市城內馮治安師兵士一營他調、

【本市消息】宛平城外及盧溝橋附近日軍於昨日集中五里店及大井村兩地、向豐台撤退者甚少、兩地戰壕內仍有日軍隱伏、日軍何時撤盡、極爲各方所注意、

【保定二十二日下午五時發專電】平漢路局長陳延炯二十二日晨十時由保專車赴石家莊、聞平漢盧溝橋路軌已修復、二十三日二十一次快車(上午七時開)、可由平開出、四十四次車(上午七時四十五分開)亦將由保開平、

【中央社東京二十二日電】從二十二日夕刊觀察、目前中日局勢似稍緩和、但今後如何轉變、依然不易判斷、現時視線仍在國府是否承認十九日夜協定、二十二日此間股票債市大體微漲、

【東京二十二日同盟社電】國民政府於今次華北事變、期使第三國加入中日外交間、俾中國因之可獲得有利之解决、且今後對以上之政策、更有益加强化之必然的情勢、日政府對可望展開於將來之外交戰、已積極的準備體勢、對第三國家參加問題、日方政府因今次事件乃爲中日雙方之問題、堅持兩當事國間直接交涉解决之方針、且於十六日堀內次官與英代理大使會見之際、已將日當局既定之方針、傳達於英方、

【中央社東京二十二日電】二十一日晨八時得八寶山方面馮師尚未撤退消息、復形一度緊張、頃又得報告、必於二十一日夜撤至黃寺、此間始覺全面的衝突已可避免、二十二日晨各報社論大體如下、「朝日新聞」謂十九夜協定細目如全部實行、則問題範圍自可縮小、爲中日計、可喜無過於此、所餘者僅南京不承認該協定及中央軍北上二問題而已、日有一定目標、最後解决似已漸近、誠屬幸事、日日新聞仍主張對於擴大事態之根源、應一舉芟除、

《大公报》,1937年7月23日,第3版

日機昨飛保定偵察

涿縣良鄉等地亦發現

【保定二十二日下午十時發專電】二十二日晨八時日飛機六架、在保定東門外上空發現、嗣即南飛偵察、十一時後、又分由南方飛保、在保定及車站各地上空、盤旋達半小時之久、始向北飛去、又涿縣·良鄉·武清·安次連日均電省府報告發現日軍飛機、

【北平電話】日機一架二十二日午十一時飛平、在上空偵察、旋飛至盧溝橋、下午又飛來一機、

【鄭州二十二日下午五時發專電】某方偵察機一架、二十二日上午八時飛鄭、盤旋數週、旋即北去、

沈克到京

今日謁何應欽請示

【南京二十二日下午十時發專電】一零六師師長沈克二十二日由防地來京、定二十三日晨謁何應欽、有所報告並請示、

鄭州嚴防漢奸

警備極爲周密

【鄭州二十二日下午八時發專電】蘆案發生後、某國人往來頻繁、漢奸積極活動、鄭警備週密、可保無虞、漢奸赴豫陝內地偷攝要塞地形、許昌警局二十日捕獲秦少卿一名、搜出要塞照片頗多、

【中央社徐州二十二日電】徐埠軍警當局爲防止漢奸活動、二十二日晨四時舉行大檢查、對津隴兩車站區域搜查尤嚴、捕獲嫌疑犯十數名、解警備部分別研訊、檢查至十時完畢、

喜多將抵津

晤川越及香月

【中央社上海二十二日電】日陸軍武官喜多定二十四日飛青轉津、分晤川越及香月、報告前次入京晉謁何應欽經過並請示、如時間許可、擬出關與植田接洽一切、

《大公报》，1937年7月23日，第3版

英閣討論遠東時局
艾頓晤法大使商洽
德盼華北問題早日解決
美國待機維護和平

【中央社倫敦二十一日哈瓦斯電】今晨內閣舉行會議、專討論遠東時局、嗣後接得中國方面消息、知中日糾紛業已緩和、官場人士甚感滿意、惟咸恐日後或復趨於緊張耳、官方人士並謂英政府現仍與法美兩國政府保持密切接洽、本日艾頓並曾會晤法大使考賓、就遠東局勢有所商議、

【中央社倫敦二十一日哈瓦斯電】艾頓二十一日午後在下院中日糾紛發表宣言、首稱華北目前局勢若繼續不變、則英政府即認爲不宜與日本進行雙方合作之談話、余曾不獲已而以此項見解告知日本政府、艾頓嗣後接見日大使吉田、將渠在下院所發宣言予以證實、聞艾頓堅稱、日本對中國態度過分强硬、足以損害英日間關係、因此英政府希望中日糾紛得成立折衷方案云、此外政界人士則謂日大使吉田曾向艾頓證實、謂日本對於中日之糾紛、不能接受外國調停、

【中央社倫敦二十一日路透電】英外相艾頓今日在下院答復議員潑魯奇關於華北問題之質問時稱、除九國公約第七款可認作束縛者外、英國在該約及凱洛格公約下均不受任何束縛、即國聯盟約亦不加英國以束縛云、潑魯奇復問、豈一外邦之大量軍隊、在一友邦境內自由行動、尚不足認爲軍事侵略耶、艾頓拒不作答、

【中央社華盛頓二十一日路透電】德大使狄高甫今日與美國務卿赫爾及副國務卿韋爾士討論遠東時局時、向美表示、願同美採取不干涉政策、德方以爲華北之戰爭、或即爲歐戰之導火線、中日大使亦曾訪謁赫爾、赫爾稱美國務院對於遠東時局密切注視、如有些微機會、定當竭力維持和平、免除戰爭、

【中央社華盛頓二十一日海通電】德駐美大使今日會晤美國務卿赫爾稱、德國對於中日糾紛將嚴守中立、並稱德政府之態度與美國一致、希望華北問題早日解決云、

【中央社上海二十二日電】華盛頓二十一日合衆電、共和黨衆議員費許今日在衆院力主美國撤退所有駐泊中國內地之砲艦及駐紮天津之陸軍、費氏謂倘中日兩國發生戰事、美國不宜因此種在他國境內駐紮軍隊之背時政策而致捲入漩渦、故撤退駐軍、放棄領判權、此其時矣云云、

《大公报》,1937年7月23日,第3版

社評

國家的重大時機

在我三十七師部隊由宛平撤開以後，從下列事實證明大局反而眞正嚴重：其一，日本兩大政黨——民政黨政友會——前天各開議員總會，都有極强硬的決議。其二，東京產生一個有力的運動戰爭的團體，名「對支同志會」，主張戰爭，正在開始活動。其三，同盟社消息，近衛內閣開始對於對華方針的再檢討，這再檢討的意義，必須認定是更强硬更積極。

再看平津間的事實，日本大軍依然增加着，集中着。這些大軍，無論怎樣樂觀的人也可以判斷他們必不輕易撤退。現在判斷：（一）無論十九夜天津商量的辦法內容如何，日方不認做解決，一定說要監視實行到底。（二）無論冀察當局怎樣實行，也不能認做解決，一定更要催促保定的援軍撤走，並且拒絕外交部所提雙方約期同撤的意見。（三）再讓幾步說，縱令我援兵撤出河北，依然不能滿意，他們又可以說我全國抗日情緒太高，必須「拔本塞源」，——按此語是蘆案發生以後日本報常用的。

東京空氣爲甚麼更硬化了？大家要知道：現時的日本，完全在軍人手中，因爲據他們的印象，以爲還是軍人的辦法最有效。去秋川越交涉所不能得，與今春兒玉考察所不能談的，一出兵就可以得要領，所以現時的日本只有軍人空氣，沒有其他空氣。現在軍人好容易取到了完全指揮之權，不少的軍隊已經在平津間，當然要乘此再做下去。其最近的目標是「冀察完全明朗化」，接着就要看見綏遠危機的復燃。

時局形勢如此，所以我政府不只標榜「不求戰而應戰，」已不彀應付。因爲那是態度，不是方針。方針是多含主動成分的，是應當有積極意義的。不求戰之積極方面應當是求和平，中日之間能不能有和平，這是亟應當積極的與以最後之檢討的，而所謂應戰者，也自然不是坐待來攻的意思。現在日本形勢這樣重大化，是我國家必須決定眞正方針的時機。這個問題太機徵，太重大，我們不應妄論。但有些原則的建議如下。

第一：政府現在統率着全國軍民，蔣先生是共同信任的最高領袖，現在全國各界，若果爲國犧牲，毫無怨悔，這種局面，在中國眞是空前的。不過在這自決國家運命的前夜，政府對於團結全國，同擔責任，還需要更進一步的努力。日本極端派認爲中國雖統一，還不算凝固，並且低估中國人民的力量。我們想當此國家眞正危急關頭，還是自己的積極團結，實際共同負責，比甚麼都要緊。有些具體建議，改日另論。

第二：中國對世界和平，對東亞禍福，本身負有責任。所以無論日方政策若何，決心怎樣，中國必須再經過一度外交上的積極努力。這外交目的不是僅交涉撤兵，我們應當有積極的主張，以盡我們對於東亞和平最後的責任。

第三：日本軍人認定現在國際形勢是他們的機會，這種認識是錯誤的。本報昨天論過，中國並不期待外援，因爲國際上只有互助，沒有單援，而互助是由共同利害來的。日本若攻中國，受害的當然不只我們自己，在戰爭過程中，感覺利害迫切的國家自然要出來，並不管中國期待與否。中國近年實際上是專想平和建設，所以外交上並無鋒鋩色彩，現時東亞大局陷於這樣危機，我們必須根據實際利害決定眞正外交方針，對于全世界這幾幫，必須決定自己的地位。

最後，我們對日本國民說幾句話：你們不要太得意了！假若你們軍人想就此征服中國或摧殘中國到不能翻身的地步，這完全是錯誤的。中國怎樣也征服不了，怎樣也能翻身，而我們受重大損害之後，你們的損害恐怕更甚。兩大民族爲敵爲友，今天要解決。這實在不是一個小問題。請看世界最繁榮的區域是實行善鄰政策的美洲，便可以判斷以侵鄰爲政的日本，實在是眼看陷於不可挽回的錯誤了！

《大公报》，1937年7月24日，第2版

日軍不撤大局嚴重

日方聲稱撤兵尚非其時

此事交涉將由中央辦理

【南京二十三日下午十一時發專電】過去兩日、雖因二十九軍換防、暫獲和平、但問題癥結仍在、**如日軍不撤退、而平津一帶未復八日前原狀、即問題不能視爲根本解決**、聞日方二十三日向平官方非正式表示、謂日軍調動事極繁複、須略緩始撤退云、**此則顯與我方期望相反**、據消息靈通方面觀察、若**日方不遵守商定辦法**、則關於此事交涉、**大抵將由中央辦理**、

【北平通信】中日當局約定將前線軍隊撤退後、我方部隊業已實行撤退換防、平市第三十七師馮治安部亦已退出、另調第一四二師趙登禹部入城接替、現在一般所注視之問題、即日軍前方部隊是否遵約撤退、據聞截至今日下午止、日方前線部隊尚無撤退模樣、且陸續增軍需用品、日本軍用飛機仍不時飛來平市上空偵察、計昨日上午九時左右、有日偵察機兩架在平市上空盤旋、旋即飛去、午刻有日偵察及轟炸機各一、復來平市上空飛行、至一時半左右、平市上空又聞飛機軋軋、

【中央社北平二十三日下午四時十分電】大小井村之日軍、二十三日仍積極作防禦工事、令農民協助挑挖戰壕、其兵士且多散佈高粱地內、戒備極爲嚴密、又原駐豐台之日兵、二十三日晨開數十人赴蘆溝橋一帶、並攜有鋼砲二十一門及大批瓦斯品、

《大公报》，1937 年 7 月 24 日，第 3 版

【中央社北平二十三日電】日使館武官今井武夫談、(一)蘆溝橋一帶向後撤之日軍是否繼續撤退、須視華軍之撤退是否有誠意、故日軍此際再向後撤尚非其時、(二)日軍撤至豐台後、是否即駐紮豐台、抑再調往他處或回本國、全視中國方面能否履行一切條件而定、(三)近兩日前方尚極平靜、雙方並無衝突事件發生、(四)由關外增援之日軍、是否即行復員或仍駐在關內、俟奉到陸軍省命令而後定、

本報特派員前線視察紀

【長辛店二十三日下午七時發專電】本報特派員二十三日特赴戰地視察、上午七時由保定乘平漢車出發、至長辛店下車、站內停有我換防兵車兩列、正待開行、紀律整齊、此即我忠勇抗敵之三十七師吉團、民衆到站慰勞者極多、蘆溝橋北衙門口地方、我駐軍亦經撤退、由石友三部保安隊接防、田村一帶駐軍亦開始移撤中、日軍二十二日將五里店·大井村及蘆溝橋車站所駐極少數之部隊向後移撤、其餘沙崗子·大瓦窰·劉莊一帶、尚無撤退模樣、仍在構築工事、車過蘆溝橋時、仍可見日軍在忙於佈防、車站附近亦有日軍放哨警備、宛平縣長王冷齋患病稍痊愈、照常辦公、本報特派員昨便中往訪、據談我軍已遵約相繼撤退、靜觀日方如何、宛平縣城·大井村·五里店·蘆溝橋·長辛店一帶、居民均受相當損害、蘆溝橋及宛平縣城受損尤重、善後救濟辦法、因日軍未全撤退、決先由宛平縣城內開始調查、設法救濟、

【本市消息】二十三日上午八時五十分、由唐山開來日兵車一列、計掛十五節、均為鐵悶車、滿載軍用品、停津東站、旋有空車兩列、由津開往榆關、上午八時許、由海光寺日兵營開出載重汽車二十餘輛、有日兵四十餘名、滿載給養物品赴豐台、又九時許、有日兵二百餘名、徒步赴楊村增防、按楊村原駐有日軍二百餘名、鐵甲車四輛、坦克車兩輛、

【中央社北平二十三日電】平南距城三十餘里康莊子地方、日軍前佔去民地二百餘畝、擬建飛機場、因不敷用、二十三日又佔去常鴻奎三十五畝·常光林二十七畝·常曙海三十二畝·張金長十五畝·共九十餘畝、強迫地主簽定契約、

【中央社上海二十二日電】二十九軍駐滬辦事處接秦德純電告、雷嗣尚出國考察久已內定、決無絲毫外交關係、刻下雙方軍隊稍行後撤、形勢略見和緩、並謂近日對方並未提出任何人事問題、

《大公报》，1937年7月24日，第3版

日本軍用品仍源源運來

【中央社南京二十三日電】據息、日軍用品現仍源源向我國運來、大阪近又扣留商船十七艘、備軍運之用、又日軍用飛機五十架、重爆炸機一中隊、于日昨由日出發備用、日空軍指揮官亦隨機飛來、

【中央社東京二十三日電】「朝日新聞」載日對蘆溝橋事件、始終抱定現地解決主義、俟完全實現後、對中日關係全面的根本解決由兩國政府開始談判、現日政府擬特派大員前往南京與中國徹底談判說漸趨有力、

【中央社東京二十三日路透電】日本各報對於華北三十七師之更調防地、不認爲華北時局之解決方法、以爲衝突之基本要點依然存在、除「剷除禍根」外、將來糾紛必繼續發生、預料日本關於此事之政策、或將大有變更、據「朝日新聞」稱、日政府主張遣派重要政治家一員前往南京、着手談判中日關係之根本解決、

【中央社東京二十三日電】此間人心漸趨鎮靜、股票債券一律上漲、鐘淵舊股票漲一元八、新股票漲一三元七、日清紡績舊股票漲二元八、新股票漲二元六、其他主要股票亦漲一三元不等、惟國防獻金恤兵募捐及婦女在街道所縫之千人針仍在進行中、

《大公报》，1937年7月24日，第3版

日機偵察鄭汴

保定一帶日機繼續飛翔

【長辛店二十三日發專電】今晨九時許、有日機三架沿平漢線飛長辛店一帶偵察、約一小時之久、正午十二時又飛來一架、盤旋數週而去、

【保定二十三日下午十時發專電】日偵察機一架二十三日上午九時飛抵保定盤旋一週後、向南飛去、下午一時又有轟炸機一架到保、飛行甚低、在省府上空盤旋約半小時北飛、

【中央社鄭州二十三日電】二十三日午後三時五十五分又有日機一架在汴空偵察後向西航進、四時零五分到達鄭空、盤旋一週北飛、在黃河鐵橋高空偵察、旋即向東北飛去、

張自忠發表談話

述盧案折衝經過

【本市消息】津市長張自忠於昨晨發表談話云「此次盧溝橋不幸事件發生、適余臥病在平、當即力疾會同秦市長·馮主席本素主不喪權不辱國之精神與之周旋、所有經過、業會同秦馮電達各方、及宋委員長到津、余始來津、一切均遵照宋委員長之指示辦理、當知中國是整個的國家、中華民族是整個的民族、如屬國家整個問題、應由中央統籌處理、若僅係地方事件、當唯冀察政委會之命令是從、余分屬軍人、兼綰市政、只知服從命令、捍衛地方、自信愛國向不後人、至連日情形已散見各報、刻以宋委員長返平、故一切均由宋委員長在平處理、余以病猶未愈、各位記者未能多所延見、故簡談經過如此、」

【本市消息】津市府秘書長馬彥翀昨晨在市府接見往訪記者、據談、(一)日方檢査郵件事、經本府交涉結果、日方人員已於前日下午實行撤退、並將致遞郵局之文件索回、(二)日方在市境宜興埠縣境劉安莊關建飛機場事、因時局漸臻緩和、日方已認爲無此必要、故停止進行、惟當地青苗多被刈割、農民損失甚重、彼方表示願酌予賠償、本府已飭津縣府査報損失情形、以憑交涉、(三)日方在市區捕人事、經交涉結果、日方已保證決不再有此類事件發生、對已捕者、俟訊問後、即引渡我國官廳偵査辦理、

特王到綏

即將轉并

【綏遠二十三日下午十時發專電】伊盟烏審旗鄂托克旗糾紛解決後、烏旗札薩克特王來綏謁傅作義、報告旗政、特王二十三日對記者談、本人近年因被孟克爾濟挾持、致行動失去自由、現烏旗內部糾紛完全解決、孟克在逃、孟克對旗政有所紊亂、現一切已恢復原狀、本人最近擬赴并謁閻有所報告、

馮玉祥由盧抵京

謁蔣委員長有所談商

【南京二十三日下午十時發專電】軍委會馮副委員長玉祥二十二日由潯乘江安輪東下、二十三日晨八時半抵蕪湖、改乘汽車返京、十一時到達、十二時許往見蔣委員長、有所談商、定二十四日到軍委會辦公、

《大公报》,1937年7月24日,第3版

各界紛請動員抗戰
京抗敵會擴大組織
軍校特黨部電慰吉星文
平市學生團體通電擁蔣

【南京二十三日下午十時發專電】京中各界對日軍侵我無撤退誠意、異常憤慨、首都抗敵後援會定二十六日召開執委會、擴大組織、統一力量、商討具體進行工作、以為救國準備、

【中央社南京二十三日電】國府二十三日續接趙永祥縣救國會•百色縣救國會•魯省泰安縣民眾援助蘆溝橋抗敵將士後援會•屋崙華僑救國會•津市各界聯合會籌備會•湘平江縣教育會•桂蒼梧學生抗日救國會•廣西大學附屬高中•浙吳興縣各界援助抗敵將士聯會等處電呈、為日軍侵入華北、請即動員抗戰、

【中央社南京二十三日電】中央軍校特黨部二十三日電慰吉星文團長、原電略謂、執事危城固守、寸土無虧、迭受創傷、壯懷益篤、殺敵致果、足寒敵膽、黃埔之精神於以發揚、領袖之明訓庶幾無負、下風遙聽、舉校欽遲、務祈一往直前、犁庭掃穴、復興民族、本部當率全校同志、執戈待命、與同志共命疆場、

【平訊】蔣委員長日前對盧溝橋事件有嚴正表示、平市學生團體電蔣表示竭誠擁護、該團體昨復通電全國同胞、有「切讀蔣委員長在廬山談話、對盧溝橋事件之解決、聲明嚴定四項原則、義正詞嚴、實足代表全國人民公意、北平學生託身危土、時謀興亡、欽聆國策、莫名感奮、除已遙電蔣委員長表示、決本赤誠誓死擁護外、尚望舉國同胞一致奮起、共為政府後盾、危城青年、願作前驅等語、

【保定二十三日下午五時發專電】保定各界抗敵救國會成立後、二十三日發表宣言、開始辦公、並進行募捐慰勞工作、

【中央社長沙二十三日電】湘各界組織湖南人民抗敵後援會、定二十四日假省黨部開成立大會、二十二日各界電慰前方將士者有鉛印公會•染業公會•開明公司•醴陵縣各界•邵陽縣黨部•長沙市黨部等團體、

【中央社安慶二十三日電】安慶抗敵後援會二十三日通電擁護蔣委員長對盧案談話主張、

【中央社廣州二十三日電】粵民眾鑒於救亡情緒已深入各地、日來潮新中區等數十縣黨政軍民等機關團體紛紛電請中央立下動員令、並電請二十九軍將士衛國守土、實為前驅、全省[illegible]

【太原二十三日下午九時發專電】本省各救亡團體[illegible]

【中央社南京二十三日電】[illegible]華僑捐三千元、匯寄僑務委員會轉二十九軍、藉示慰勞、

【中央社保定二十三日電】[illegible]康各界發起捐款援助華北抗敵將士、現已收到六百餘元、約可達千元之數、即匯往前線、

【中央社上海二十三日電】何香凝發起之中國婦女抗敵後援會二十三日成立、二十三日發表告全國婦女書、謂敵人的槍炮已對準我們的心口、快要男同胞共負起救亡的責任、

《大公报》，1937年7月24日，第4版

日本仍將繼續增兵

宋哲元電京陳述北方情勢

並報告解決蘆案交涉經過

【南京二十四日下午九時發專電】宋委員長哲元報告解決蘆案公電已到中央、又聞熊斌已到平、查蔣委員長在廬山演說中之立場四點、代表中央對北局之最後方針、其與此不抵觸之解決、中央自將允許、近日華北情勢本嚴重、謠傳又多、現宋電到京、可使局勢明瞭、就我方言、必努力和平收拾、惟另聞日本內地已奉令動員之若干部隊仍將來華、朝鮮部隊之派來我冀省者仍在集中、雖據傳其內地動員之部隊爲瓜代關東軍部隊、但在我方撤兵依辦法解決蘆案後、而彼方部隊不撤歸而反增、東京空氣仍硬化、故時局尚無樂觀理由、

【南京二十四日下午九時發專電】北方局勢緊張之狀迄未稍弛、日軍一方面未有撤退之徵兆、並仍有兵車繼續過津北開、一方面對我挑剔責難、無微不至、二十四日晨平漢客車過蘆溝橋時、並有日兵上車檢查、旅客頗感驚慌與不便、故二十四日晚南下客車又有停開之報、此間政界現仍警戒注視中、一般相信今茲之緊張狀態、將有相當時日之延續、前途艱阻、似不易即見開展也、

《大公报》，1937年7月25日，第3版

【南京二十四日下午十時發專電】宋委員長哲元二十三日深夜電呈最高當局、報告華北情勢及雙方約定撤兵交涉經過與內容、

【北平電話】華北時局在沉悶中仍現緊張之象、蘆溝橋前方日軍在我軍復員換防後二日竟仍毫無撤退模樣、且續有軍隊開津·豐等地、窺其用意、似尚有所等待、我當局仍本和平初衷、始終容忍、最希望日方最後反省、至無可忍時、亦不惜最後犧牲、據此間所得報告、豐台日軍已派滿鐵職員在豐台站執行職務、

【中央社北平二十四日電】長辛店電話、蘆溝橋及宛平城東門外日軍截至二十四日下午六時止仍未撤退、大井村·五里店及平漢路涵洞附近日軍活動頻繁、前線二十三日至二十四日下午平靜無事、

【中央社北平二十四日電】自蘆案發生後、日機逐日飛平偵察、二十四日晨十時許日機一架來平飛繞數匝他往、下午三時又來一架、偵察頗久始去、

各國使節入京

【南京二十四日下午十時發專電】蘆溝橋事件尚在演進中、國際間仍極重視、除英大使許閣森·俄大使鮑格莫洛夫現在京外、美·意·德大使陶德曼·義大使柯賚·在津之法大使那齊雅均定二十六日晚[illegible]、美大使詹森二十四日晚十一時亦返抵京、以便探詢蘆溝橋事件演進前途、隨時報告各該國政府知照、

【中央社北平二十四日電】德大使陶德曼·義大使柯賚、因蘆溝橋事件仍未根本解決、特於二十四日晨偕眷由北戴河同車抵津、分赴義德兩領署休息後、當晚九時乘平滬車南下赴京、義代辦兼海軍武官葛里科現亦由北戴河返平、暫不他往、法大使那齊雅定二十六日晚六時偕秘書包立將乘平滬車赴京、聞駐華英·德·法·義等國大使及各國公使、日內均將集於南京、

【中央社柏林二十三日海通社電】德政府鑒於中日關係日趨惡化、今日又發表聲明書、表示態度、略謂自華北事件發生後、德國即嚴重注視其發展、德國在華北雖無政治企圖、但該地德國經濟利益尚多、若戰事爆發、必然大受影響、故德國甚願中日問題能和平解決、該聲明書對法國廣播宣傳謂德義兩國皆願遠東事件擴大痛加攻擊、謂法方之消息完全根據日德反共同盟而來、殊不知日德同盟對於中日問題毫不發生關係、故所傳各節絕不可靠云、

【中央社澳洲雪梨二十四日電】蘆溝橋事件發生後、世界輿論一致抨擊、澳洲工黨理事會於七月二十二日晚曾決議三項、(一)日本侵略中國應嚴詞詰責、(二)對中國自衛行動深表同情、(三)建議澳洲政府轉請國聯依照盟約裁制侵略國、

《大公报》,1937年7月25日,第3版

東京空氣硬化

【中央社東京二十四日電】今日此間視線雖對三十七師是否照預定日期全部撤退、依然注視、但對南京國民政府態度更爲重視、各報專電觀察不一、大體上多謂不致重生波瀾、東京人心更形鎮靜、股票甚漲、較諸事變後最低價格或漲十圓八圓、或漲二十三四圓、議會將於二十五日舉行開院式、二十六日選舉各委員會、二十七日國務大臣施政演說、近衛・廣田・杉山對華問題如何說法最可注目、報載昨夜杉山廣田有重要協商、大約對根本調整方法正密議中、

【中央社東京二十四日電】今日「朝日新聞」社論漸趨穩和、於論述事件解決經過後謂、因臨時派兵所與華方之若干疑惑、不日當可風消雲散、不足爲慮、南京對現地解決所抱喪失國權及將來永受重大束縛之憂慮、故取不承認方針之論調、惟實際上無可憂慮、既已明瞭、自可歸化、從全體看之、中日間政治的軍事的對立依然存在、若不速謀全般的解決、則持久的對立仍不可免、最近論者謂宜力謀根本調整、不勝同感、吾人切望兩國民復歸平靜、先解除精神的武裝、虛心坦懷、協力改善國交、「日日新聞」社論與「朝日」適爲相反論調、於敘述華北局勢依然不安後、次論國府强硬態度、謂局部縱可小康、日所翹望之華北安定終不可保、遷延更使事態瀕於危殆、吾人自事變以來、主張舍用實力解決外無他法、及今更感有果斷之必要、確立平和基礎、不能不從根本建造、爲永遠平和犧牲、誠非得已云云、

【東京二十四日同盟社電】將爲「對支國民運動」先鋒之「對支問題有志大會」、二十四日下午一時假上野精養軒開會、計到有發起之井田盤楠（男爵）・蘭池武男（男爵）・井上正純・大藏公望（男爵）等及政界思想界等一千五百名、蘭池即就議長席、議決宣言後、通過對駐軍司令官香月發感謝與慰問之電報、並商定爲達到決議主旨之賡續運動事宜、即時結成以出席全員爲實行委員之對「支同志會」、議事即告畢、次開演說會、氣燄甚烈、至五時始散、玆將決議列後、（一）吾人欲使帝國政府排除萬難、對中國現政權、斷然加以膺懲、將其對我方敢爲反抗的行動之一切禍根、在中國全土內一掃而空、以期從速確立東亞安定之基礎、（二）吾人認爲第三國之容喙、乃益使今次事態趨於惡化與糾紛、關於中日兩國糾紛、斷不許第三國介入云云、

《大公报》，1937年7月25日，第3版

平漢交通 尚未全恢復

過蘆溝橋時日軍上車檢查 直達特快改保定為起止點

【中央社北平二十四日電】平漢車仍未完全恢復、二十四日上午十時車尚能開行、但行至蘆溝橋車站時、日軍即上車檢查、路局為謀旅客安全起見、決定二十四日晚各次車暫停、

【中央社北平二十四日電】平漢路恢復通車後、二十四日晨七時由平開漢及九時由平開石莊之列車均按時開行、二十三日下午由漢開來之四十四次車、中途在長辛店停車、延至二十四日晨始到平、現平漢路局將夜間平漢開車時間稍加變更、凡該路由平開出之車輛、應於夜間開行者、決改於翌晨開行、由漢或他處開平之該路車輛、如於晚間到達長辛店時、即暫在該處停止、俟翌晨再開平、

【中央社保定二十四日電】車站佈告、二十四日起四一・二一・四三等次車恢復原點由平開行、北上四二次車仍照改點北開、二三次照原點下午八時到保、停八小時、翌晨四時二十分開平、第一・二次特快車仍以清苑站為起訖點、二十四日南下二一・四一兩次車已於上午十一時下午一時半到保、搭客無多、半月來平市報紙今始能當日閱及、據旅客稱、車過蘆溝橋時、日軍仍嚴重戒備、並以探遠鏡向車上探察、對押車路警尤加注意、我方於過該段時懸有旅客列車小黃旗一、以資辨識、過此沿途均甚安全、

喜多抵青

稍留即將來津

【青島二十四日下午九時發專電】日軍用機一三四號一架二十四日午前由津飛青、略停即飛返、喜多二十四日來青、稍留即赴津、

塘沽日軍「檢查航輪」

【本市消息】塘沽方面「冀東」保安隊連日迭有增加、已將北寧路候車室佔用、該地日兵通告久大・東興・振興・招商（東西）・北寧鐵路（一至六）各碼頭、凡輪船靠岸須先受檢查、又限北甯第四第五第六碼頭將存煤遷移、以便日軍堆存軍用品、業已照辦、當地保安隊規定自晚九時至翌晨六時為戒嚴之時間、

冀郵務管理局 新局長將來津

【南京二十四日下午十時發專電】交部令調郵政總局英籍顧問嘉利畢為河北郵務管理局長、嘉氏奉令後即赴津視事、

孔副院長「緩期赴法」

【中央社倫敦二十四日哈瓦斯電】孔祥熙原訂本日前往巴黎、頃已展緩行期、大約須延至二十八日始可首途、孔稍覺疲乏、當於本日午後偕同友人前往鄉間作週末休憩、而於二十六日返倫敦、

《大公报》，1937 年 7 月 25 日，第 3 版

駐滬日本陸戰隊 忽稱一水兵失踪

昨夜在江灣路一帶放哨捕人 閘北居民恐慌深夜紛紛搬家

【上海二十五日上午二時發專電】二十四日晚九時三刻日領館忽以電話通知警局稱、狄思威路頃有日水兵三名、醉後與華人打架、終被二華人架去一人、警局以未得報、遂派警探前往調查、詎大批日水兵已在附近各馬路到處佈崗、斷絕交通、檢查行人、阻止我方警探調查、並將我巡官劉蘭步·巡長李廣元捕去、致我方無從偵查、而日陸戰隊約三百餘名、已分佈江灣路·北四川路及閘北青海路與八字橋一帶、形勢嚴重、

【上海二十五日上午一時發專電】日方所稱失踪水兵、名宮崎貞雄、我方巡長李廣元係於日兵佈崗時便衣經過狄思威路、因帶有自衛手槍、經檢查行人之日兵捕去、巡官劉蘭步因見李被誤捕、前往解釋、遂亦被拘、迄發電時、均未釋出、日軍佈崗時、隨將該處華警逐去、附近居民大起恐慌、已有黑夜遷徙者、

【上海二十五日上午二時發專電】頃據狄思威路捕房偵查結果、該處昨晚並無打架情事、在日武官向捕房報告時、捕房並不知情、

【上海二十五日上午三時發專電】一時消息形勢漸緩、市府向日方交涉後、該方面交通已恢復、陸戰隊仍檢查行人、惟表示無他意、我方警隊奉令鎮靜、工部局協助調查、迄不能證明有此事實、又被捕之巡長巡官、經交涉後、一時許釋回、

【上海二十五日上午四時發急電】今晨三時許閘北日軍在各處架設軍用電話、與我警隊隔橫浜河對峙中、日軍一小隊曾持機槍圖過寶興路橋、經警隊攔阻而退、形勢緊張、

【上海二十四日下午九時發專電】上海我市府警備部自蘆案起後、嚴防意外紛擾、江灣閘北一帶警察、對日僑特注意保護、夜間遇單身日僑、必派警護歸、日方當局亦誡僑民鎮定、日陸戰隊原定二十三日夜二十四日晨間大演習、臨時中止、俞鴻鈞與日領館及武官室每日接觸、

【中央社青島二十四日電】自蘆溝橋事件發生後、膠濟沿線日僑多移居青市、而青市外僑亦間有避難之準備、故市面時有流言、沈市長二十四日下午四時特召集各機關團體領袖發表談話如下、「此次蘆溝橋事變發生、中央不欲事態擴大、始終未放棄和平、本市中外人士居處輻輳、尤冀共保安甯、且近年以來、此間地方建設粗具規模、維護繁榮、夙抱此志、際茲時局、本府職責亟當盡力維持本市治安秩序、凡市內居民應照常安定、不得有越軌之舉、勿聽無稽之謠、對於外僑尤必加意保護、期留此優美繁華之都市、為永久和平之區域、鄙人服務青市十有餘年、官民情誼素孚、休戚與共、一切措施、自應慎重、惟維護和平、端賴各方以誠意實行、但期於和平狀態之中、盡守土之責、此鄙人之所惟一希望者也、」

【香港二十四日下午十一時發專電】汕頭日領山崎二十四日訪市長黃秉勳、請保護日僑、黃答汕地方安定、警察保護週密、可勿過慮、

《大公报》,1937年7月25日,第3版

閻主任令前方部隊嚴防匪僞犯綏邊

察北各縣日僑昨已撤退 匪僞趕修張北防禦工事

【張北二十四日下午十時發專電】察北各縣日鮮僑民、除張北・化德兩處尚有少數日籍人員外、迄二十四日均已撤退、匪僞方面正徵集大批民夫、漏夜趕修張北境内防禦工程、急於星火、並增添苛稅、大肆聚斂、最近新行苛税、即每戶無論食指多寡、祇許用鍋一口、若增一鍋類炊具、每月即增捐八角、層層剝削、民衆憤怨愈深、

【中央社太原二十四日電】還來綏邊因僞滿騎兵四旅均集中沽源・大梁底・張北等處、察熱邊境與布魯圖吐斯各地亦將駐守僞軍、準備犯綏、閻主任爲防萬一起見、除令前方部隊充厚實力嚴防外、並召王靖國・李服膺・趙承綬及近由廬返并之彭毓斌・孫蘭峯・馬延壽等面授機宜、彭孫兩氏二十三日赴大同轉綏防次、

【包頭二十五日上午一時發專電】田樹梅視察綏北防務畢、二十四日由百靈廟返包、據稱綏北軍心振奮、民心鎮定、地方安謐、防務極鞏固、匪僞尚無活動、

《大公报》，1937年7月25日，第4版

《申报》

蔣汪昨商談政情

廬山談話會之組織 傳係交換意見性質

褚民誼謁蔣報告京滇週覽經過

（牯嶺）廬山談話會被邀者二百五十人、陪客六十餘人、談話係交換意見性質、不取決議形式、被邀請者對各種問題、均可發揮意見、並不分組、陪客則分爲政治·經濟·外交·財政·敎育·五組、每組設召集人二、將由葉楚傖·王寵惠·邵力子·陳布雷等分任、各組已準備種種題目、備談話時提出研究、政治組定十一日起開會四天、準備一切、談話會招待所設美國學校、正佈置中、（七日專電）

（牯嶺）中政會汪主席、於七日午偕中委褚民誼等、往訪蔣委員長、兩氏就國內政情及廬山談話會事均有商談、褚氏則向蔣委員長報告京滇週覽經過甚詳、並呈贈京滇途中所攝各種照片、蔣委員長對褚氏率領全體團員長征萬里之辛勞、及所獲之成績、倍加嘉慰、約一時始辭出、（七日中央社電）

（牯嶺）朱慶瀾·魯蕩平·均於七日晨抵廬公幹、（七日中央社電）

（南京）外次徐謨七日上午十一時半、由京乘吉和輪赴潯轉往牯嶺、外部司長帮辦科長等多人、均到下關輪埠送行、聞徐次長在牯約有三週之勾留、（七日中央社電）

（牯嶺）劉湘駐京代表邱甲七日抵牯嶺、謁蔣請示、邱談、劉俟川康會議後來牯謁蔣、何應欽擬十日左右離川、因應黔代主席薛岳請、或將赴黔一行、（七日專電）

（牯嶺）暑訓四日已開學、定九日在海會補行開學禮、蔣將親往訓話、（七日專電）

× × ×

僞滿參加世教會議 我擬向各國提抗議

倘日本竟冒此不韙 應負破壞會議責任

（牯嶺）關於東京世界教育會議事務局總長太師正德竟准僞滿特別參加世教會議一事、集合廬山之教育界人士、無不表示異常憤慨、據此間教育界有力者聲稱、本屆執委會議所邀出席會員、概以上次牛津會議與會者爲限、僞滿既非會員、亦未請求入會、何得任其自由列席、世敎會會長孟祿博士及太島氏均曾一再正式作此聲明、而今太島氏竟不顧國際信義、變更前議、殊屬不解、倘日本竟冒不韙、容許僞滿列席、破壞此提倡世界友誼和平之國際會議、責任應由彼方負之、我國代表團決不出席、卽向世敎會議之各國人士、提出抗議、作最嚴重之表示云、（七日中央社電）

宋靄齡宋子良 飛潯轉廬

（南京）孔夫人宋靄齡、粵財廳長宋子良·六日晚抵京、七日晨專機飛潯轉廬、（七日專電）

中央昨開常會

（南京）中央於七日上午八時、舉行第四十七次常務會議、到委員葉楚傖·居正·陳公博·陳果夫·等十七人、葉楚傖主席、決議要案探錄如下、㊀通過推進美術事業計劃、㊁通過修正整理革命債務公債原則、㊂柳委員亞子呈請辭去中央宣傳部委員兼職、遺缺以陶百川同志遞補、㊃中央宣傳部電影事業處長張北海辭職照准、遺缺以羅學濂同志接充、㊄中央秘書處出納科長陳壽松病故、遺缺以陳順祥同志升充、㊅七月九日國民革命軍誓師紀念、推居委員正主席並報告、㊆下星期一中央紀念週、推李委員敬齋出席報告、（七日中央社電）

《申报》,1937年7月8日,第3版

日領館警探又在法租界捕韓人

張志甲係民族革命黨 昨由平安丸解往漢城

日領警察部對本市朝鮮革命黨人之搜索、佈有非常嚴密之偵探網、朝鮮革命黨人之遭拘捕者、時有所聞、最近日領館因接得國際世界語協會有在上海舉行大會之情報、日本國內之共產主義者以及大韓獨立黨等、皆有代表儕來上海出席之說、因此策動搜索更形緊張、據確實消息、本市法租界又有朝鮮人張志甲被捕、張爲著名之朝鮮民族革命黨重要份子、被捕後、特於昨日由平安丸起解往朝鮮京城審訊、

上海昨日天氣大熱

寒暑表近百度

本埠近日天氣大熱、溫度常在九十度以上、昨日尤甚晨起即覺非常悶熱、上午八時至十時之間、熱度即升抵九十四度、十時後、復上升如跑馬、至下午四時前、驟升至九十九度有奇、以故馬路間柏油已融化、行人減少、無事者咸深居室內、惟一班賣買冰淇淋荷蘭水等冷食物、皆利市三倍、

《申報》，1937年7月8日，第15版

華北形勢突變

日軍砲轟宛平縣城

兩度衝突傷亡者頗衆入晚又聞砲聲

雙方對峙中日竟要求我方軍隊撤退

我駐軍堅決表示願與蘆溝橋共存亡

平津戒嚴秦德純等商議應付方法至深夜未散

〔天津〕八日上午一時許、豐台蘆溝橋附近中日軍隊、發生衝突、迄五時許方止、雙方正派員馳往調查事因、（八日專電）

〔北平〕日軍昨夜向宛平縣城及蘆溝橋開砲轟擊、嗣經雙方派員調查交涉、迄傍午尚未解決、今晨九時後、砲聲停止、槍聲仍連續未斷、（八日專電）

〔北平〕蘆溝橋演習之日兵一中隊、約六百餘人、於七日晚十二時許、突向二十九軍駐蘆步兵射擊、雙方遂即開始接觸、至八日晨四時許始停止、雙方互有死傷、蘆溝橋車站暨附近所有煤廠、俱被日軍佔領、宛平縣城亦被日軍包圍、刻二十九軍駐蘆部隊、仍在永定河與彼方對峙中、（八日中央社電）

〔北平〕八日下午七時半起、平市西南城角、又隱聞砲聲、傳日軍復開始向我攻擊、（八日中央社電）

〔天津〕津當局得報、迄八日下午六時止、宛平形勢已緩和、雙方正努力和平解決、（八日專電）

〔北平〕日軍向蘆溝橋宛平縣城、自今晨五時半起、開砲百餘發、蘆溝橋被砲炸斷、我軍死傷五十餘名、七時三刻、日方因與我方談判和平解決辦法、入休戰狀態、要求我駐蘆溝橋軍隊撤退、我方嚴拒、至十一時半、和平破裂、十一時半後蘆溝橋日軍即作緊張布置、取四面包圍形勢、通州日軍三百餘名、豐台日軍一千餘名、先後於下午一時許開至齊化門外永定門外、我方爲城防起見、同時將外城各門關閉、今晚八時起、宣告臨時戒嚴、（八日專電）

〔北平〕日方要求我軍撤出蘆溝橋、我方不允、迄今晚九時、仍僵持中、今晚八時、蘆溝橋又有砲聲、日方今井・松井・和知迭訪我方當局接洽、秦德純・馮治安・張自忠・張允榮等各要人、終日會商應付辦法、迄深夜、猶在秦邸未散（八日專電）

〔北平〕自蘆溝橋事件發生後、日駐屯軍參謀長橋本・及八日晨派往宛平縣・與該縣長王冷齋・交涉之日顧問櫻井等、皆希望該事不再擴大、惟日方所提條件過苛、須須我方先將駐蘆溝橋軍隊撤退、然後再談其他問

《申报》，1937年7月9日，第3版

題、我方駐軍、當堅决表示、願與蘆溝橋共存亡、並稱、和平固所願、但日軍要求我軍撤出蘆溝橋、則有死而已、蘆溝橋可爲吾人之墳墓、士氣激昂、均抱寗爲玉碎勿爲瓦全决心、現我軍正嚴陣以待、如日方不撤回無理要求、我方决不與晤談、至軍事方面、蘆溝橋守軍團長吉星文、正沉着應付、刻在黑桃村對峙中、據宛平縣守城我軍在城上語記者、日軍早擬侵奪蘆溝橋、連日在該地演習、藉窺形勢、七日日軍忽向該地增防、遂不幸發生此事件、日方所稱有一士兵失踪、純係藉口之詞、吾等爲國服務、决以死報國云、態度沉着而悲壯、秦德純·馮治安·張自忠·等態度均鎮靜、表示願和平解决、但不能附無理之條件、（八日中央社電）

〔東京〕據陸軍省於八日午後九時三十分公佈、中日兩軍目下正在交戰中、（八日同盟電）

〔天津〕津市謠言蠭起、但大體平靜、八日下午四時、此地接豐台消息、謂事態已緩和、雙方停止衝突、一切由調查解决（八日專電）

〔天津〕平津長途電話八日晨一度被阻、下午恢復、惟終日叫話者極多、致通話困難、津平間交通如常、祇下午四時許、平前門站我軍檢查奸宄、防意外、致三零一次津浦快車第三次平津快車各誤時許、由津開平各次客車亦誤一二時不等、車抵黃村站須暫停、俟得豐台電話、始敢前駛、豐台站則安謐、（八日專電）

〔鄭州〕交通界息、平漢路電訊、八日晨起忽生阻礙、現僅通至長辛店八日晚十時由平南下之特快車、迄八日晚仍無到鄭消息、惟歐亞機八日仍由平過鄭南下、（八日中央社電）

〔漢口〕路方息、平漢路平漢間電訊、七日深夜起、發生阻礙、迄八日晚仍未通暢、該路八日北上車客票雖仍售至北平、但聞僅能通至保定、七日晨由平開出之南下快車、則於八日晚七時廿分到達大智門車站、（八日中央社電）

〔天津〕蘆溝橋事件傳津後、益以日軍大批坦克車經市區沿平津汽車路開豐台、及日軍官不斷的乘機飛往各地偵察、人心雖不免稍受震動、但尚鎮靜、此間地方當局、平日對市內治安本有週密之配備、今日起更由警察局傳令所屬加緊注意、以防宵小乘機活動、隊警均各在所轄區域、特別警備、此間日軍部亦間接向地方當局表示、不願因此事影響及津市治安、又津平間電訊仍通、但異常擁擠、平津五次車原定六時到津、迄六時後始能由平開出、（八日中央社電）

〔天津〕北寗路已於八日午後四時將全綫停止開車、天津市亦實施特別戒嚴、（八日同盟社電）

〔北平〕今午後砲聲漸稀、但中日兩軍仍繼續對峙、（八日同盟電）

當局聲述 挑釁眞相

〔天津〕關於蘆溝橋事、當局發表聲明、謂七日夜十一時許、接平日軍武官松井電話、謂日駐軍在蘆溝橋附近演習、斥堠騎兵三名外出、失踪一名、回營二名、要求入宛平縣城搜查、當局告以宛平我駐軍並未外出、爲免人民驚擾、可代爲搜查、希勿入城、未幾松井復來電話

《申报》，1937年7月9日，第3版

、仍準備續、同時冀平我駐軍及專員公署亦來電話報告、謂有大隊日軍在該縣城包圍、斷絕交通、我爲免意外、已將兩門緊閉、設法交涉制止、當局當與松井協商、解決雙方誤會、以免衝突、松井派其顧問櫻井顧問長寺平大尉及牟田口駐平第一聯隊長、我派外交委員會專員林耕宇、冀委會專員周永業等隨往、赴宛平調停、仍主日軍非入不可、正爭執中、東門外槍聲大起、西門外亦發現槍聲及炮聲、我駐軍至此、迫不得已、始予抵抗、但並未出城、士兵傷亡甚衆、現聞河岸森林內有日軍約有五百餘名、聯隊附有輕重炮式、情形殊嚴重、日方要求將永定河岸駐兵撤退、我駐在該方約二營步兵、並無騎兵、顯係無理要求、我決本鎮靜對付、倘日方仍蠻橫無理壓迫、則我忍無可忍、當本公理、決不退讓、又宛平駐軍並無騎兵、其衝突何自、不問自明、設因此發生意外、一切責任、應由日方負之、（八日專電）

北平 盧溝橋在廣安門外西南二十里、爲平西名勝之一、扼平漢交通孔道、其東豐台、又爲平漢北寧兩路接軌處、四年以前、宛平縣始移治盧溝橋、縣府在橋西、城垣不甚大、但尚堅固、自去年日本在華北增兵後、迭在豐台建兵營機場進而謀在盧溝橋作同樣設備、縣長兼專員王冷齋、周旋應付、煞費苦心、卒獲保持土地之完整、遂爲日方所痛恨、此爲事件之遠因、最近又以此間當局久滯梓鄉、交涉失其對象、而國大代表選舉遵令進行、後予以多少刺激、乃欲造成恐怖局面、以遂壓迫當局返平之目的、此爲事件之近因、邇來日軍頻頻在盧演習、且皆實彈露營、人民已司空見慣、但至七日夜間、人數忽增、至八日晨三時二十分左右、忽散開成爲散兵綫以宛平縣城爲目標、向西急進、至距離約百米時、竟發砲鳴搶、衝鋒前進於是事件之衝突、遂開始矣、記者於八日晨曾一度赴當地視察、因該縣城四門緊閉、東南城角且有日兵甚多、故無法入城、據探悉、當日軍向我進攻時、我方初猶疑係日軍演習、及見其愈迫愈近、有意挑釁、始知係欲搶奪縣城、當卽起而應付、爲正當防衛計、予以還擊、因縣城甚小、苟不抵抗、卽將不保也、日方見我抵抗、更以小鋼砲小過山砲轟擊、其目標在奪取盧溝石橋、進取縣城、自八日晨三時半起、至八日晨七時五十分、槍砲聲不停、我方死者約六七十人、附近大井村一農民、且無辜被日軍斬首、日軍方面據傳死准尉一人、一少尉負傷、自八時以至十一時、爲雙方接洽調停之時間、十一時我方以日方所提先撤兵條件、不能接受、日方乃又開始攻擊、至十二時始復停止、直至下午六時、雙方尚在對峙中、此關於日軍向我軍挑釁之經過也、至於我當局態度、固希望和平解決、但決不能接受日方先撤兵之條件、故交涉雖在進行、有無結果、則未可知、惟民衆憤慨、士氣旺盛、守軍咸抱與縣城共存亡之決心、北平市內人心亦極鎮靜、雖八日晚八時卽實告戒嚴、但道路行人絕無張皇驚慌之色、蓋平津民衆已習於此等生活矣、（八日中央社電）

《申报》，1937年7月9日，第4版

兩軍衝突經過別報

【北平】中日兩軍自今晨四時卅分起互起衝突、戰至九時卅分乃「休戰」、至十一時後、復曾發生短戰一次、但今日下午未續起衝突、日軍死傷者十餘人、死者中有軍官一人、下士兩人、傷者中有副中尉一人、最初事變發生於昨晚、當時有日兵一中隊、在蘆溝橋附近演習戰鬥、不意與華兵互起衝突、據日方聲稱、日兵初聞手槍之聲數響、料係駐龍王廟之華兵而發者、 北平日軍事當局乃要求許日兵入宛平城搜查開槍者、而經華方拒絕、於是日援軍卽由豐台馳往、開始包圍宛平城、今日侵晨、中日軍民當局代表五人、（華方三人日方兩人）由北平同赴宛平、澈查此案、惟在會商之中、蘆溝橋附近頓起戰事、至九時卅分始已、華軍受損甚巨、日軍曾否認砲轟宛平、惟華軍則稱、確有砲彈落於城中、致喪失生命毀及財產云、戰事終止後、有日飛機在天空擲下傳單、 要求華軍撤退、惟華軍置之不理、準備扼守平漢路綫、 故至上午十一時、戰事復作、但僅歷數分鐘卽已、駐平日 武官今井少佐宣稱、華軍除於昨晚射擊日軍外、今晨復首先開槍、 日軍遂不得不予報復、中國當局則稱、當解決最初爭案之談判、 正在進行之際、日軍忽向華軍開槍、華軍至萬不得已時始開槍回擊云、 查華軍與戰者、爲第二十九軍第三十七師、該師由馮治安統率、 馮於昨晚戰事發生前、方由北平赴保定任所、聞今晨日方提出之要求、 其一爲蘆溝橋之華軍、應加撤退、卽經中國代表毅然拒絕、談判乃於上午十一時決裂、下午日當局由冀察政委會外交委員會商請中國當局續作談話、於是雙方乃進行非正式之討論、同時中國領袖刻正在北平市長秦德純寓所、會商應付大局之辦法、（中央社八日路透電）

《申报》，1937 年 7 月 9 日，第 4 版

雙方交涉未有結果

〔北平〕蘆溝橋事件、中日外交人員魏宗瀚·松井等、八日晨十時開始交涉、日方要求駐蘆之二十九軍部隊須先撤退後、再談判一切、我方以日方要求不當、即婉詞拒絕、致雙方交涉無結果、十時至十一時、日兵繼續進攻、但俱未得逞、十二時後、日方復派外交人員擬與秦德純馮治安協商一切、秦馮派魏宗瀚等接見、但交涉亦無何進步、刻冀察政委會日籍顧問櫻井·暨宛平縣長王冷齋·及市府朱專員等、仍在繼續斡旋、期事態不致擴大、又張自忠八日晨由津乘汽車來平、下午即訪秦德純會商對策、據日軍部參謀長橋本向人表示、謂決不願使事態擴大、又東交民巷日兵營鋼甲車開出城、增厚兵力、又北寗路開赴通州之車、於十二時五十分起、業已停止開出、又北寗路下午四時應行開津之車、亦已停止駛出、（八日中央社電）

〔北平〕今井武官今日代表我方與秦德純賈德耀等人會見、交涉解決辦法、會談自午後七時起、約達兩小時、秦氏表明意向、力主避免擴大事件、希望以和平解決爲原則、雙方意見完全一致、維其具體條件、相隔甚遠、尚未完全得到要領、（八日同盟電）

〔天津〕宛平事件、今日上午十一時許、衝突復起、日方緊要求我永定河岸駐軍撤退、我未允、惟此次衝突時間甚短、冀察外委會主任委員魏宗瀚正卿命與松井折衝、八日據津日總領館領事岸偉一表示、宛平事件不致擴大、宋在樂陵得悉宛平衝突事、飭門致中八日十時速歸平、傳達意旨於秦德純·張自忠·馮治安等、（八日專電）

〔天津〕駐屯軍接到來電云、北平之秦德純·張自忠·馮治安·等人與我

《申报》，1937年7月9日，第4版

方之和知參謀·今井武官·等交涉結果、尚未一致、約定明日繼續交涉、暫時分別、自午後十一時迄今、尚在對峙之前綫部隊、其後尚無任何變化、倘今夜能就現狀順利經過、則九日或可成立交涉、（八日同盟電）

【北平】我當局對保守盧溝橋抱極大決心、有盧溝橋即是我們的墳墓語、極憤慨、豐台至盧溝橋鐵道兩旁、潛伏日方便衣隊多人、任意向行人放槍、無辜行人受傷者甚衆、外交團正奔走調停中、（八日專電）

平外交團奔走調停

【北平】盧溝橋事件發生後、使館界頗震驚、歐美記者及美大使館武官等多人、赴事件發生地點調查、各國使節今午舉行會議、討論保僑事宜、有主張今夜出面調停者、（八日專電）

平各城門俱已緊閉

【北平】在苗家地演習之日兵、約二百餘人、八日晨亦欲開拔進城、現東直東便朝陽等門、俱已緊閉、廿九軍兵士多在城上警戒、刻平漢北上車只能開至長辛店爲止、南下車八日晨均未開出、東交民巷自事變發生以後、戒備極嚴、我方警憲在外亦加崗戒備、冀察政委秦德純·馮治安等、八日晨召開緊急會議、商應付對策、並派魏宗瀚·王冷齋·林耕宇·等與日使館武官今井·松井·等會商解決辦法、聞我當局對此事件、決處以鎭靜、並不欲事態趨於擴大、（八日中央社電）

【北平】日軍便衣隊現在盧溝橋附近散佈梭巡、遇有行人、卽鳴槍阻止前進、至八日午十一時許、盧溝橋日兵忽又反攻、但旋卽被我方擊退、又平則廣安永定等門亦俱已關閉、現平市情形如昔、一般市民、均頗安靜、（八日中央社電）

【北平】北平各城門自午後二時起、一律緊閉、城內外之交通、均被斷絕、各要隘增派公安隊、以維治安、冀察軍警當局自今夜起、下令市內臨時戒嚴、平漢路亦自今晨起不通、僅長辛店開到一列車、由北平開來之列車、暫時無望、北平通州間之列車、亦經停開、朝陽門亦被封閉、北平通州間之汽車、亦失連絡、除北寧路以外北平與外埠之一切交通、均經斷絕、（八日同盟電）

【北平】日軍三百餘名、八日下午三時、擬由朝陽門入城、因該門事前關閉、奉令不準行人來往、據日軍聲稱、彼等係七日由該門出城演習、今日始返城、守門人以七日並無日軍由該門出城、故拒絕日軍進城、以防意外、（八日中央社電）

《申报》，1937年7月9日，第4版

日軍絡繹開赴豐台

北平　蘆溝橋日軍至八日正午止、始暫停砲擊、現雙方仍對峙中、我方死亡詳數尚未明、但已發現之屍首、有六七十具「平日兵營坦克車數輛向廣安門開去、豐台現尚平靜、惟日兵車一列、八日下午一時由津開出、約五時可抵豐台、我駐豐台附近軍隊、鎮靜監視中(八日中央社電)

北平　豐台電話、日兵車一列、計共十輛、於八日午後五時由津開抵豐台、車內共載士兵三十八名、押運子彈多箱、另有救護人員數名、彼等下車後、卽將子彈搬至日兵營、現豐台甚安謐、(八日中央社電)

天津　日軍聯隊長萱島、八日晚復率日軍二百餘人、乘載重汽車由津開往豐台、八日一日間、日軍部由津運往豐台之子彈及一切軍用品、爲數頗多、(八日中央社電)

北平　據續報、日坦克車八輛、載重汽車二十三輛、兵士三百餘人、及砲車等、於八日下午二時由津東局子開出、經義租界河北黃緯路、沿平津汽車路綫赴蘆溝橋、又子彈車同時亦由海光寺日兵營開赴蘆溝橋、(中央社八日路透電)

天津　津日軍三百餘裝甲汽車數部、乘載重汽車馳往豐台增援、此次衝突部隊、爲駐豐日軍嘉田大隊及市木大隊各一部、(八日專電)

天津　今日此間有日軍一批、携坦克車十二輛、野戰砲八尊、分乘載重汽車若干輛、馳往豐台、同時有日軍坦克車十二輛、在天津華界游行、並有日飛機兩架、翺翔天空、(中央社八日路透電)

天津　八日上午十二時、日軍用之飛機三架、在津市上空盤旋示威、並飛豐台蘆溝橋偵査・下午三時日步砲數百、裝甲汽車坦克車三十餘部、分在河北大經路黃緯路特二區金湯大馬路遊行示威、東車站停專車一列、日兵千餘、正忙於裝車向豐台增加、(八日專電)

《申报》，1937年7月9日，第4版

冀察當局協議對策

〔北平〕北平市長秦德純、此次因發生事件、當即與第三十七師師長馮治安會見、協議緊急對策、當時三十八師師長兼天津市長、張自忠亦遄來平參加協議、以便商討解決辦法、但兩軍倘徹宵對峙、則再行衝突、亦屬難料、似有迅速决定對策之形勢、（八日同盟電）

日方陸軍首要會議

〔東京〕陸軍重視蘆溝橋事件之推移、八日午後九時、杉山陸相·梅津次官·後宮軍務局長·田中軍事課長·及其他主要人員·均集合於陸相官邸、協議對策、至深更尚在繼續討論、（八日同盟電）

〔天津〕日軍部晨午關於此事、發表兩次聲明、軍部因田代病未愈、由橋本率大木·和知·池田·安達·等中堅幹部、自上午六時開會、午方散、（八日專電）

〔東京〕日本海軍對於蘆溝橋事件之推移、至爲重視、已於八日午後電令第三艦隊司令長官 長谷川中將、着其警備一切、（八日同盟電）

日外務省發表聲明

〔東京〕關於昨晚所發生之蘆溝橋事件、官方雖於午夜一時接獲消息、惟朝日新聞於今晨九時即發行號外、頗惹起此間重大之注意、據今日午後二時所接獲之最後消息、雙方已於今晨九時三十分停止射擊云、日外務省所發表之聲明、內容均係日本方面所接獲之消息、結論謂、觀察目前局勢、事態似不致擴大、惟將來之行動、須視中國態度如何而定、（八日中央社電）

《申报》，1937年7月9日，第4版

平日僑民集義勇隊

北平　戒嚴令下之北平、入夜則斷絕交通、劇場及電影院等處、一律休業、一切均入於沉默狀態中、惟日本僑民會則召集職員及義勇隊等、以備萬一、並商議臨時應急各節、（八日日盟電）

天津　津日僑義勇隊、爲應付非常時期機宜、特組警備班、選百三十四名團員、由高木訓練、（八日專電）

外電紀載衝突情形

北平　北平城上今可聞來福槍與機關槍聲、雜以大砲隆隆聲、戰事發生於今日侵晨、當時有從事夜操之日軍 在距北平二十哩之蘆溝橋附近、與駐紮該地近段之華軍、發生突衝、日大使署接衝突消息後、即派使署衛兵數百名、乘載重汽車馳往出事地點、以爲援助、先是昨晚雙方軍 隊曾發生小衝突、旋即寧靜、未幾、中日當局均到場力圖勸解、但至今晨四時三十分、事變復起、至八時三十分、戰事猶在進行中（中央社八日路透電）

衝突情形

北平　北平城上今可聞來福槍與機關槍聲、雜以大砲隆隆聲、戰事發生於今日侵晨、當時有從事夜操之日軍 在距北平二十哩之蘆溝橋附近、與駐紮該地近段之華軍、發生突衝、日大使署接衝突消息後、即派使署衛兵數百名、乘載重汽車馳往出事地點、以爲援助、先是昨晚雙方軍 隊曾發生小衝突、旋即寧靜、未幾、中日當局均到場力圖勸解、但至今晨四時三十分、事變復起、至八時三十分、戰事猶在進行中（中央社八日路透電）

《申报》，1937年7月9日，第4版

與中國軍隊衝突、日人一方面之詞、謂今晨五時三十分、駐平西龍王廟之華兵開槍射擊日軍、傷日兵一名、昨夜十一時四十分、亦發生同樣案件一次、日軍本欲與中國當局開始談判、解決該案、至是卽開槍回擊、並佔據龍王廟、繳華兵之械、兩案均在日軍夜操之際發生、盧溝橋之華兵、現正在繳械中、日當局決追究華兵不負責行動之原因、並將使中國當局、擔負挑釁行動之責任、（八日中央社電）

【東京】北平附近中日軍隊衝突之消息、東京人士聞之、頗爲駭異、外務省與陸軍省人員、皆希望此事不致擴大、彼等接到戰事已停之情報時、咸爲一慰、北平發來新聞電報、謂中日軍隊衝突後、平津間電綫已不通、中日兵士各有死傷、據最初估計、龍王廟華兵約有三中隊、日兵初僅有一中隊、未幾豐台日軍來援、戰事起於今晨五時半、至午前九時半始止、日軍當道接受華軍當局提議允停戰至十一時、而以華兵立卽退出盧溝橋爲條件、（中央社八日路透電）

在盧要人 態度鎮靜

【牯嶺】盧溝橋日軍與二十九軍衝突事件、此間八日晨卽接報告、在山各要人均非常注意、但態度則均極鎮靜、正待宋哲元電報告詳情、

宛平附近形勢圖

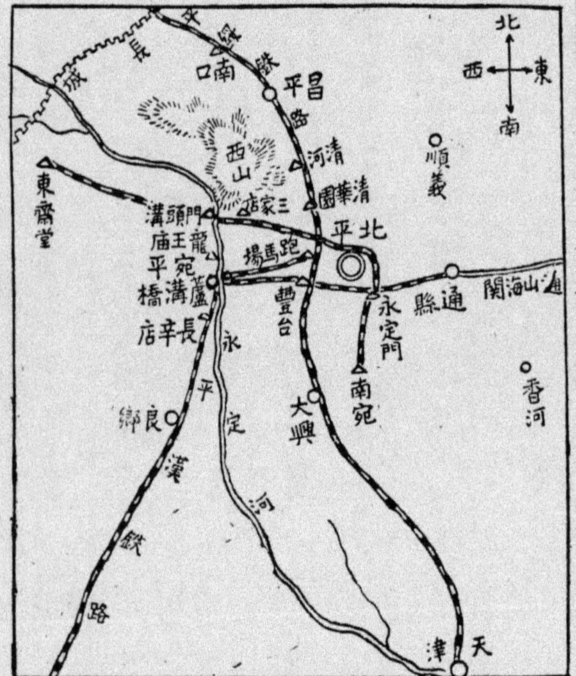

《申报》，1937年7月9日，第4版

外部派員赴日大使館
提出口頭抗議
聲明保留一切合法要求
立電華北制止軍事行動

【南京】關於盧溝橋事件、外部八日晨八時得訊後、卽電詢肇事眞相、並報告在廬當局、下午收到各方報告、事實眞相漸明、遂於六時三十分派亞洲司科長董道寧、赴日本大使館、提出口頭抗議、略謂據我方所得報告、此次事件之責任、不在我方、顯係日軍挑釁、本人奉命向貴使館嚴重抗議、並聲明保留一切合法要求、中日關係已至重要關頭、不容再趨惡化、應請貴方立電華北駐屯軍、立卽制止一切軍事行動、並令駐屯軍代表與冀察政委會所派人員、速根據正確事實、立謀和平解決藉免事態之擴大、日使館參事日高信六郎、當卽表示、日本對此次事件、無意擴大、深信不致惡化、並允將我方制止軍事行動等要求、立卽電知駐屯軍云、(八日中央社電)

【牯嶺】外長王寵惠定九日晨由廬飛京、俾便處理一切、(八日中央社電)

【南京】日軍在北平近郊盧溝橋七日夜十二時許向我國駐軍挑釁事件、京中所聞如下、㈠盧溝橋日軍向我軍攻擊消息到京後、關係機關立卽以電報電話向平津詢問情形、外交部並電在廬山之王外長報告並請示、外部次長徐謨尙在赴廬途中、今晨方能到達、八日下午王外長由廬電外部指示應付方針、外部八日下午重要人員雖熱度近九十仍照常辦公、次長陳介、情報司長李迪俊異事忙碌、至晚尙未離部、情報司長李迪俊原定今日偕國際司長吳頌皐赴廬、參加暑期談話會、因此次突發事件、李決定緩行、㈢外部亞洲司長高宗武、現尙臥

《申报》，1937年7月9日，第4版

病滬上、八日下午五峕由外部亞洲司科長董道寧、赴日本駐華大使館訪晤日高、有所質詢、日本大使館武官大城戶、傍晚六時半赴外部訪董科長道寧、對此事亦有所提及、我政府在詳報未到前、尚未提出正式交涉、因中樞要人均赴廬山、須隨時請示也、㊂日軍此次突擊我軍事件、駐華北日軍主要人員尚謂不致擴大、惟日軍之用意及其表示是否合一、當以事實爲判、八日上午日軍一度曾停止攻擊、但旋又槍砲齊作、豐台宛平一帶均有日軍進攻事實、故事態情形縱日軍方面自謂不致擴大、亦須視日軍當局制止之措施耳、此次事件完全爲日軍挑釁、其責任日方應完全負之、一般預料此事前途發展程度之判明、可於日內獲見端倪、㊃京平間昨日交通方面、電話電報郵匯照常、聞北平城因維持治安有相當稽查、平津間鐵路運輸稍受影響、平漢路交通如常、足證我方對交通維護頗能鎮靜、關係方面接北平市長秦德純對此事情形之報告、正研究應付善後辦法、㊄京軍事外交機關、接冀察政委會八日電告、本晨零時三十分駐屯豐台日軍演習夜戰中突向盧溝橋附近之馮治安部襲擊、發生衝突、事態嚴重、刻由冀察會外交委員會主席魏宗瀚對日交涉中云云、（八日專電）

［南京］盧溝橋事件發生後、各方咸深憤慨、官方尤極端重視、惟以尚未獲得詳細報告、不願遽爲正式表示、但就現有之報告觀察、事件之責任、不在我方、蓋無疑義、值茲近衛組閣、川越回任之際、各方對於中日關係之調整、咸抱有若干之期待、乃突有此不幸事件發生、誠堪遺憾、時至今日、中日之邦交祇宜努力改善、不容稍趨惡化、深望日方立卽制止軍事行動、根據正確事實、卽日和平解決、以免事態擴大、而增加兩國調整邦交之障礙也、（八日中央社電）

《申报》，1937年7月9日，第4版

日英開始談判對華協調問題

門野謂今日時機已成熟

英實業界歡宴日考察團

倫敦 英國實業聯合會會長赫斯特勳爵今午設宴招待日本商業考察團、宴畢、日團員乃開始與該聯合會之英日貿易關係委員會開會討論、此項會議、須兩日方可完畢、日本考察團領袖門野重九郎告路透訪員、考察團未有特殊議程、亦無特殊提議、不欲提出關於英屬殖民地進口限額之問題、但以爲此事可由英方提出、依渠意見、最重要事件、厥爲英日在華之協調、英政府首席經濟顧問李滋羅斯前遊日本時、曾兩次提出此問題、當時時機未熟、但在今日、則已較爲適宜云、路透訪員詢以其所謂協調之性質、門野答稱、中國需款以謀發展、「吾人願見中國統一而繁榮、人人財力較裕、而能多購貨物、日本目前固未能自己以借款供給中國、但日本深欲有對華友好關係云、日人方面以爲、英日分配世界市場之問題、或將提出、並以爲英屬殖民地進口限額無論增減、要未能在進口日貨之數量上發生重大影響、但若英國撤銷限額、則爲英國對日極可欽感之姿勢、而可產生切實結果、日人方面現確信、英國商行願有以其機器運入滿洲之更大自由、且希望英日政府間之談話、可發生中日關係因以改善之效力、（中央社八日路透電）

倫敦 日本經濟考察團由門野重九郎率領、已於前日行抵此間、現定於明日起與英日兩國關係委員會開始舉行商談、哈瓦斯社訪員頃特訪問團長門野重九郎、詢以此次來英之目的、及舉行商談之程序、當蒙一一答覆、略謂、此次日本經濟考察團來訪、主要目的乃在報答兩年半以前不列顛實業聯合會考察團赴日本之聘問、至於此來所欲商討之問題、日本考察團方面並未有所確定、而當由英國關係方面決定之、門野重九郎繼復稱、「日本與「滿洲國」堪成爲英國所產鋼鐵機器之重要銷售市場、而以「滿洲國」爲尤然、惜乎前年不列顛實業聯合會考察團及英政府財政顧問李滋羅斯爵士赴日本考察之際、對於發展英日兩國貿易一事、環境殊不順利、然嗣後空氣已大爲改善、兩國貿易自可有發展之希望、至於英日兩國棉織業之市場競爭問題、倘有提出必要、則或當與孟卻斯德城棉業界領袖討論之、日本方面並不擬提出此項問題、但英國方面倘提出討論、則余亦不以爲異」、最後則謂、日本貨物在英國各自治領及殖民地內推銷一項問題、當俟就重行劃分世界市場一事進行談判之際、亦可討論及之、（中央社七日哈瓦斯電）

《申报》，1937年7月9日，第8版

中日軍隊均後撤

盧溝橋事件初步解决

雙方口頭商洽無文字規定
石友三保安隊已接防宛平
橋本等赴平談判善後問題

一部日軍現仍佔據宛平北面車站

〔北平〕盧溝橋事件、已初步解决、今晨五時我方派林耕宇、日方派中島顧問、同赴盧溝橋交涉時、宛平城仍在日軍層層包圍中、宛平城至盧溝橋間、日軍共設四道防綫、林與中島經此四道防綫至盧溝橋日軍司令部、與指揮日軍作戰之河邊旅團長及牟田聯隊長等會晤、當經決定日軍撤退至盧溝橋該軍司令部附近、解除宛平之圍、我方以該地騎兵各軍暫歸原防、宛平縣及附近各地由保安隊接防、今下午已照上項决定實行、行政專員王冷齋、坐鎮宛平城內、辦理各項善後事項、我方傷亡人數尚無精確統計、宛平城內陣亡兵民已大半由官方掩埋、餘正調查姓名、日內亦可掩埋、林及中島返平後、中日雙方再派張允榮及松井今午到宛平監視日方撤兵、及我方換防、張與松井當與中日雙方軍官會面、（九日專電）

〔天津〕九日午後一時三十分、津日軍部發出聲明、謂盧溝橋軍隊已向西北方撤退、集結待命、暫解準戰時狀態、（九日專電）

〔天津〕橋本參謀長、九日下午四時偕部附鈴木、參謀塚田、搭北甯四次車赴豐台、即轉盧溝橋、晤森田・嘉田・寺田・寺平等、晚赴平、邀集松井・和知・河邊、牟田口、大木、今井等會商以後交涉步驟、（九日專電）

〔南京〕據確息、宛平縣我駐軍因傷亡過重、九日已另行派隊換防、至日方希望我軍退出一節、我當局已斷然拒絕云、（九日中央社電）

〔天津〕九日上午五時許盧溝橋續有衝突、迨三十七師步百十旅長何基豐、偕冀察綏署交通處長周永業趕到、與森田、嘉田、寺平、王冷齋、櫻井、林耕宇、平日憲兵隊長赤藤等晤會、雙方始决定監視制止衝突及撤兵法、上午八時後已無衝突、（九日專電）

〔北平〕中日軍隊今日發生兩次衝突、出於誤會、歷時甚短、傍晚卒歸和平、在過去二十四小時內交戰之中日軍隊、現皆已依照議定辦法、退至指定地點、日軍撤至永定河左岸、而華軍則退駐永定河右岸、第一次衝突發生於宛平附近、時方破曉、此役中國保安隊死一傷四、午後八時半戰事告停、但午後第二次衝突又作、此乃互相猜疑所致、日軍雖有一部份撤回豐台、然餘者仍據守宛平附近各車站等處、欲監視華軍之行動、而華軍則决定非確知日軍用意後、必不輕離防地、以致互相射擊、來

《申报》，1937 年 7 月 10 日，第 3 版

復槍機關槍之聲時作時輟、惟華軍則退出宛平蘆溝橋等處、而以來自冀北之保安隊接防、日軍泰半已退、惟截至今夜止、日軍仍佔據宛平北面之鐵路車站、（九日中央社路透電）

【北平】蘆溝橋事件經一再斡旋、至九日晨三時、始有結果、四時決定雙方同時撤退蘆溝橋之部隊、該處防務交由石友三之保安隊接防、並約定五時起實行、屆時日軍一方為向我示威、一方為掩護部隊後退、復發砲數十響、石友三本人當率領保安隊七百餘人、乘載重汽車二十餘輛、由黃寺開到、此時困守宛平縣城內之二十九軍一營亦撤出城外、聞日軍現已撤至豐台附近之五里店、至善後問題、當另舉行談判解決、將仍由魏宗瀚齊燮元等主持、馮治安現在秦德純宅、徹夜與張自忠等協商對策、（九日中央社電）

我軍死守 團長受傷

【北平】蘆溝橋之爭奪衝突、以昨晚十時半至十一時半左右為最激烈、以日方見要求未遂、而蘆溝橋又為必爭之地、遂全力衝鋒、我方士卒亦死守該橋、進退數次、卒將該橋收復、吉團長受微傷、（九日專電）

日放空砲 掩護撤退

【北平】今晨六時起、蘆溝橋之砲聲百餘響、係日軍朝空放砲、七時半後即停止、我軍政當局始終鎮靜、事件已遵和平解決途徑、（九日專電）

【北平】蘆溝橋事件、昨徹夜談判、我日雙方意見漸接近、均於今晨七時下令停止戰鬥行為、日軍撤出蘆溝橋、蘆溝橋及宛平縣城由保安部接防、一切靜待協商、今晨十時日軍尚未撤盡、忽又鳴槍、旋保安隊散開、日即停止射擊、於是蘆溝橋事件暫告初步解決、（九日專電）

撤兵之前 有小接觸

【北平】全夜安靜後、今日黎明、平西中日軍復開槍互擊、雙方初曾商定中日軍均退出蘆溝橋區、但此約未及履行戰事復作、戰地在距蘆溝橋不遠之宛平附近、北平能明晰聞槍聲自遠傳來、（九日中央社路透電）

【北平】今晨黎明中日軍作短戰後、已各撤至指定之地點、雙方撤兵之舉、經長時間之談判後、於今晨四時商定、其條件為中日軍同時由晨五時許撤退、華軍退出宛平、日軍退至指定之地點、至晨七時、撤退告畢、蘆溝橋已由石友三所統之冀北保安隊接防、今日宛平附近之短戰、雙方各諉責於對方、華軍指日軍開槍掩護其由宛平附近撤退、日軍則謂華軍違背和議、開槍挑釁、（九日中央社路透電）

【北平】今晨宛平附近中日軍隊之衝突、適在石友三部下行抵該處之時、華方保安隊死一人、傷四人、此役顯係誤會所致、今午日兵泰半已退至豐台、餘者俟華兵履行停戰辦法後、亦將撤退（九日中央社路透電）

宛平縣長 慷慨表示

【北平】今晨停戰後、宛平縣長王冷齋、曉諭該縣人民、如願離城者可派兵護送至長辛店、午後出城人民絡繹不絕、宛平縣府及警察局房舍因昨夜大雨倒塌甚多、民房亦頗有傷毀、縣長王冷齋表示與城共存亡、決不離城一步、（九日專電）

【北平】㈠八日下午日方通牒宛平縣當局、聲明限六時以前將宛平縣城讓出、否則決武力攻城、經我方駁拒、致昨夜兩軍又入於對峙狀態、㈡八日夜經雙方長官商洽結果、雙方部隊各歸原防、據確息、日軍九日午正在撤回原防進行中、我軍已奉令復員、惟當雙方撤退之際、適值大雨淋漓、彼此誤會、致傷我排長一人、士兵若干人、正在調查中、㈢據報蘆溝橋最古之石橋、被日軍砲火損失甚鉅、宛平縣城內損失情況正在調查中、所有善後事宜、正在辦理中、㈣據聞此次係雙方口頭商洽、和平解決、並無任何條件、及文字之規定、（九日中央社電）

本報記者 實地視察

【北平】記者今晨赴蘆溝橋視察、乘車至彰儀門、城門關閉、堆積沙土袋甚多、經盤查後出城、因雨路途行人稀少、至鐵道橋洞、見日方軍馬及輜重頗多、平大公路沿途日兵荷槍放哨、且有日鮮便衣多人分散各處、從事工事、日軍分布城外、時向守城兵士射擊、我軍亦還擊、情勢緊張、將抵宛平縣城、見我軍在城上守衛、將至城下、日兵竟對記者作射擊狀、遂急返回平、我軍堅守蘆溝橋、團長吉文星受微傷、蘆溝橋附近電綫被日軍截斷後、因秩序未復、無法修理、平保間電話今仍未通、平市至蘆溝橋宛平縣府電話係設有專綫、昨夜起亦不通、豐台情形仍混亂、（九日專電）

《申报》，1937年7月10日，第3版

石部維持宛平治安

北平　九日下午四時、記者接到盧溝橋事件已和平解決報告、卽冒雨遄赴盧溝橋探訪各項消息、茲綜合報告如次、九日下午四時石友三之保安隊百六十餘名、由中隊長賈毅率領、已開入宛平縣城內、先是晨六時保安隊向前開動時、日軍曾發生誤會開槍射擊、當擊斃保安隊兵一人、傷二人、我方未予還擊、當由交涉人員向日方解釋後、旋卽停止、至包圍宛平縣城之日軍、於下午一時在中日雙方所派監視員張允榮及松井久太郎監視之下、開始向盧溝橋東約六七里之五里店地方撤退、同時我軍亦撤至盧溝橋以西、我保安隊卽於三時半後開入城內、此次交涉人員、計我方爲冀察綏代表周永業、二十九軍代表周思靖、冀察外委會代表林耕宇、日方代表爲中島・櫻井・、笠井三人、彼等於保安隊開入縣城後、卽在城內長途電話局、與宛平縣長王冷齋、及因守城而受微傷之團長吉星文等晤面、互表歉意後、對此次事變之和平解決、互引爲快、並表示善後問題、容再作第二步之研究、今後首以避免衝突爲要、日方人員旋卽退出、我方人員乃在城內視察一週、現城內治安由保安隊負責維持、城內房屋、被日軍砲火擊毁甚多、有無死傷尚未調查淸楚、宛平縣府大客廳屋頂、被擊一洞、王冷齋臥室亦被擊燬、縣城東門仍關閉、西門已開一半、由保安隊把守、對出入行人檢査頗嚴、城內人民雖飽受驚恐、但秩序始終甚佳、馮治安定十日赴宛平縣視察、並撫慰人民、王冷齋俟善後問題料理就緒後、亦卽返平謁當局報告一切云(九日中央社電)

日軍索車路局嚴拒

天津　津日軍部八日夜迄九日晨三時前、曾向北寗索車數次、擬運唐塘津駐軍赴平、該路拒絕、並嚴禁各站爲日軍調度軍用車輛、九日午前除二十一二兩次車由津至豐台開行並無旅客乘坐外、其餘津楡平瀋津唐平滬平浦各次客車、皆以津爲起迄站、暫維交通、如雙方果眞完全撤兵、交通午後可復、頃査在盧溝橋任總指揮者爲步兵第一聯隊森田大隊長、担任左右翼者爲嘉田市本兩大隊長、兵力集結約八百餘名、津一部機器化學戰隊及輜重、因向北寗索車運輸未遂、由九日晨四時起、以載重汽車運送、(九日專電)

天津　平津間公路廊坊附近、稍有損壞、汽車通行感覺困難、但日軍用載重汽車兩輛、仍載徒手兵五十餘名、九日下午一時沿平津公路而行、去向及任務不明、日軍部九日請北寗路局代備專車三輛、停於車站備用、(九日中央社電)

《申报》,1937年7月10日,第4版

宛平縣城 砲燬多處

【北平】蘆溝橋事件、已獲初步解決、今晨七時起、日方軍隊撤退、宛平縣城被日軍砲擊燬壞之處甚多、城內居民損失亦巨、平市各城門仍關閉、因城外商販被阻、各街巷極冷靜、與平日喧囂情況迥異、菜價暴漲五倍以上、今晨平市仍聞隆隆砲聲、旋探息爲日軍後撤時掩護砲、平今拂曉起陰雨連綿、與市民同呈悽涼景象（九日專電）

【北平】日當局要求中國當局完全撤退宛平駐軍、中國當局亦提出反要求、主張日軍應退至原駐之地、日方之要求、乃於昨夜由日武官今井少佐向秦德純提出、中國之反要求則由秦氏提出、雙方均願勿將此案擴大、現正覓取調解辦法、宛平至長辛店之平漢鐵路一段、長約十哩、現集有軍隊三千名、路透社訪員昨日下午曾出視察、見宛平城門防守甚嚴、堆有沙袋、城上架有迫擊砲與機關槍、蘆溝橋亦有重兵守衛、苦力正在堆沙袋、掘壕溝、自昨日日中後、槍聲甚稀、居於附近茅屋中之華人、男子各理其業、婦女安坐洗衣、兒童則在距機關槍與手溜彈數碼之內嬉玩、一若無事者然、昨日下午、雙方從事調解、未嘗停輟、時有傳書者高持白旗、來往於雙方陣綫之間、北平日大使署已置障碍物、以事防範、北平各城門大都關閉、由大隊警察守衛、（九日中央社路透電）

田代力疾 召開會議

【天津】九日上午津大雨、天陰晦無晴意、日軍在市內無何動作、八日夜津日軍部奉到陸軍省新指示、九日上午三時起、田代力疾召集全體幕僚在張園官邸會議、討論時間甚久、會後派大木第一課長、淺井專田兩參謀、乘汽車馳赴蘆溝橋、傳達命令、日關東軍原擬九日派員飛來津、交換意見、因雨阻未到、現證明日方對此次事件確無擴大意、田代因離任在卽、所持意見尤穩健、祇少數少壯派幕僚、主張强硬、但因陸軍省新訓令到津、故亦改爲緩和、（九日專電）

日軍武器 屯聚豐台

【北平】截至今午止、蘆溝橋附近一帶駐紮之日軍除原有者外、尚有由津通開往之四百餘人、坦克車十二輛、及大批砲車無綫電、鐵甲車與運輸子彈車、均屯聚附近、豐台方面新添有六百餘名、日軍機槍多挺、載重汽車十餘輛、坦克車三十餘輛、及滿裝彈藥之專車多輛、（九日專電）

【天津】九日下午七時、日軍三十名、馬八匹、押運輜重一列車、由南大寺開抵津、將遵陸路運豐台、（九日專電）

【北平】包圍宛平之日軍、今下午撤至蘆溝橋後、日騎兵百餘名仍在大井村等地梭巡、豐台日軍在各主要街巷偏置哨兵甚多、當地各機關附近亦有日兵放哨、似取監視態度、（九日專電）

《申报》，1937年7月10日，第4版

北寧平津交通漸復

〔天津〕北寧路平津間交通、九日仍受影響、各次車開平者多止於天津、應由平開出者亦分別改由豐台或天津開車、計㈠津間六次直達快車今日停開、㈡平滬三零二次北上車九日晨十時四十分抵津後、停於車站未開平、即擬於當晚九時改爲平滬三零一由津南下、㈢平浦三零五次南下車亦係於九日上午十一時半由津南開、㈣平榆二次車上午十一時二十五分由豐台開津、下午一時五十分始到津、誤點一小時半、該次車上載停於豐台之旅客甚多、並有日軍傷兵十餘名、㈤平瀋一次車、亦係於晨八時四十分由津東行、㈥平榆四二次慢車、則於午二時十五分由津開豐台、（九日中央社電）

〔北平〕北寧路永定門豁口鐵道掘斷一處、上午各次車停開、今晚六時之平滬車照開、惟票僅售至天津、應於晚九時開行之平瀋通車、因戒嚴關係、提前於六時四十五分開行、應由平飛出之中航歐亞各班航機、均因城門關閉、未能飛行、平市金融穩定、各銀行照常營業、（九日專電）

〔天津〕津平交通九日午後二時、四時由津開出四十二次第四次兩列客車、惟因平戒嚴時間提早於下午七時施行、旅客入城不便、故仍駛抵豐台爲止、永定門附近路軌已於九日午後五時修復、三零二次滬平通車及第三次平榆通車均提前於下午六時開津、（九日專電）

川越在青發表談話

〔青島〕川越九日午後乘輪由滬來青、據談予乘赴平避暑之便、特來青視察日僑情況、並無何任務、定十四日飛津再轉平、此次蘆溝橋事件發生、由滬出發時即得消息、抵青後已接報告、謂雙方戰鬥已停止、本人以此次不幸事件之發生、實影響兩國邦交之調整、殊爲遺憾、希雙方以冷靜公正態度、謀早日解決、且可就地談判、或不致擴大、至在青開華北日領會議一節、現無準備、本人此次返任、並未携有新訓令、蓋敝國對華政策、早已決定云、又川越抵青後、接日政府訓令爲蘆溝橋事件飭即回京舉行談判、青領大鷹九日晚宴川越、（九日專電）

《申报》，1937年7月10日，第4版

雙方交涉解決經過

〔天津〕盧溝橋事件初步已告解決中日雙方軍隊已分別撤退、日駐屯軍參謀長橋本羣、參謀塚田、九日下午四時由津搭車赴豐台、換乘汽車赴平、協商善後問題預料卽可獲得和平解決至此事發生後、我方各地方長官雖多在平、而日方重心則在津市、田代抱病、其司令官職務、由橋本代行、故關於一切交涉、在平津兩地同時進行、北平由秦德純・張自忠・馮治安・張允榮等隨時與日駐屯軍參謀和知、武官今井接洽、此間則由市府秘書長馬彥翀・警察局長李文田・於八日晚五時起與日駐屯軍參謀長橋本參謀塚田協商一切、雙方均表示不願事態擴大、故協商得以順利進行、先是雙方軍隊衝突後、日方卽佔據龍王廟及宛平城外、向我採取攻勢、我宛平城內駐軍一營、不得已散開抗拒、迨至雙方協議解決辦法、第一步卽爲撤消敵對行爲、再談其他細目、我方主張攻城之日兵、須立卽撤退、但日方堅持目前既成敵對行爲、如果撤兵、須雙方同時實行、此點頗多爭執、雙方迭次分向上峯請示、徹夜商洽、迄九日晨四時許始商定、日方將攻城之部隊開回原演習地點、我城內駐軍亦暫行調至距宛平城西約二里之村暫駐、另派保安隊維持城內秩序、俾雙方之敵對行爲、在此過渡期內、得以解消、然後再恢復平常狀態、乃九日晨五時許、我方保安隊石友三部乘載重汽車五六輛前往接防時、日方駐軍、又開槍射擊、因此幾又出枝節、旋經雙方當局解釋後、保安隊已開到接防、據此間當局得悉、中日雙方軍隊亦於午後分別撤退、現在平所交涉者、卽爲善後一切問題、因此橋本塚田等於下午四時赴平、繼續商洽、據一般觀察、此事可望順利解決、據關係方面稱、雙方在津接洽時、日方亦未提出任何要求、（九日中央社電）

《申报》，1937年7月10日，第4版

王外長由牯飛返京

中樞電宋從速銷假

書面抗議今可送出

外部將有嚴正表示

〔牯嶺〕徐謨九日晨抵牯、據云、盧溝橋事我向日提抗議後、尚無答復、事態是否擴大、須視日方態度如何而定、我爲正國際觀聽、並將有嚴正表示、（九日專電）

〔南京〕日軍突擊盧溝橋宛平事件、九日京中消息、㈠雙方軍隊撤至原防、（但日軍當局嗣後能否切實制止此種無理舉動、尚待事實判明、㈡外交部長王寵惠前赴廬山出席行政院會議、頃爲處理此交涉案、於九日上午十時離山到潯、趕搭中航機下午三時到京、外次陳介、司長徐公肅、李迪俊等到機場迎候、王氏態度沉毅、下機後逕赴外部官舍披閱文電、㈢日使館參事日高、九日晨向外部約定下午訪謁外交當局、當於下午四時半赴外部、由次長陳介接見、日高對日軍在盧溝橋事件有詳細陳述、陳次長對責任問題各點亦有說明、大致與外部前日向日使館口頭抗議之意相同、日高談至六時二十分辭出、計會晤時間近兩小時、㈣據二十九軍駐京辦事處息、北平市長秦德純、天津市長張自忠、三十七師長馮治安、九日晨聯名電京詳細報告七日晚十二時起至八日晚止之盧溝橋日軍突向我駐軍轟擊之經過、該辦事處轉呈中央各機關報告、適該辦事處長李世軍在滬未歸、九日已趕返、聞將飛廬、冀察政會代表戈定遠赴樂陵見宋委員長後、有日內來京轉廬之訊、㈤各國政府均電駐京大使館詢問、美參贊艾其森九日午見外部李迪俊司長有所訪問、㈥牯嶺中樞聞已電令敦促宋委員長哲元從速消假到平視事、㈦盧案前日已提口頭抗議、九日下午陳介接見日高時又口頭重申前議、至書面抗議十日可以決定送達、（㈧外部九日晚接到北平報告、日軍經冀察政會交涉後、已退出盧溝橋、善後辦法正由該會繼續與日方交涉辦理中、事態已不致擴大、惟此事責任問題、應由日方負之、（九日專電）

〔南京〕孫科偕傅秉常梁寒操於九日下午三時與王寵惠自潯同乘中航機飛抵京、孫傳將赴西南考察、（梁定十二日赴南洋爲汕民學院募捐、（九日中央社電）

〔牯嶺〕外長王寵惠、以盧溝橋事件發生、爲謀早得適當解決起見、特於九日晨十時離山赴潯乘飛機返京、俾便處理一切、關於應付此事件之方針、蔣委員長八日午召見時、已有指示、（九日中央社電）

〔南京〕日本駐華大使館參事日高信六郎、九日下午四時半至外交部謁見陳介次長、初係談其他中日問題、嗣經陳次長提出盧溝橋事件、幷聲明除八日已派董科長向提抗議、保留我方對於該事件之一切合法要求外、特再鄭重聲明、日高謂昨董科長所言已電陳外務省、今貴方復言及此、日方亦聽保留對於該事件之一切要求、當復經陳次長聲明此次事件責任、不在我方、日方所提保留、未便接受、旋復談其他中日事項至六時卅分、日高始興辭而去、（九日中央社電）

京市酷熱

〔南京〕京市九日酷熱、最高氣溫達華氏九十七度三、（九日中央社電）

汕案談判

仍無端緒

〔香港〕中村九日再訪刁作謙、談汕案、仍無端緒、（九日專電）

《申报》，1937年7月10日，第4版

蘆溝橋事件

日閣議決定對策

堅持不使事件擴大之方針

外相訓令川越大使提抗議

〔東京〕昨晚八時、此間得北平交涉破裂消息、突形緊張狀態、今晨七時得昨夜繼續談判結果、雙方約定於今晨六時同時開始撤退軍隊、再進行外交交涉消息、一般感覺或可緩和、乃九時復得消息、兩方又開始射擊、正在激戰中、形勢復形緊張、八時陸軍首腦部、有重要商議、十時開閣議、決定對策、最可注目、日政府及軍部、仍聲明不擴大方針、今晨各報社論皆以蘆溝橋事件爲題、大體上咸希望事態不至擴大、朝日新聞謂、日本視中國誠意如何、亦應有協力解決之準備、此由日本以誠意促進倫敦談判之事徵之、殊屬當然等語、（九日中央社電）

〔東京〕今午十一時得悉蘆溝橋兩軍射擊、已於晨七時停止、形勢復形緩和、日閣議決定、堅持不擴大方針、故觀察軍事行動、當可停止、惟今後外交上折衝、仍多困難、而日軍是否即歸還豐台、尚成問題、惟最危險時期、當已過去、東京人心甚平靜、惟我使館門外、增加警備而已、（九日中央社電）

〔東京〕今晨外務省發言人接見外國記者團、宣佈蘆溝橋事件經過、與報載同、各國記者質問甚尖銳、有問日本軍是否有在北平附近任何地方演習之權、又有問、日本軍夜間演習、是何用意、發言人答爲訓練、又有問日軍佔領蘆溝橋車站及飛機場確否、答未得報告、縱使佔領、亦不過暫時、又有問、日政府是否擬向國民政府抗議、答未定、最後發言人謂、外務省訓令日駐華大使館參事官日高、向中國外交部要求保護在華日僑、今晨外國記者出席者甚多、足證事件引起世界重視、（九日中央社電）

〔東京〕陸軍中央部鑒於華北情勢嚴重、向原定於七月十日除隊之京都市西六〇〇〇市師團、下令暫時延期除隊、又於八日深夜對於該師團長、下緊急待機命令、（九日同盟電）

〔東京〕今晨討論政府對於蘆溝橋事件方針之閣議、於八時半開會、近衛首相及其他閣員、全部出席、杉山陸相根基於現地之報告、說明事件勃發之原因、及經過情形頗詳、其次以慎重態度商議處理蘆溝橋事件之方針、其結果決定諸項根本對策、日本堅持不使事件擴大之方針、各閣員須待機以便隨時可以出席臨時閣議、又近衛首相擬於閣議散後、赴葉山覲見日皇陛下、上奏閣議決定之方針、（?電）

〔東京〕政府重視蘆溝橋事件之前途、特於今晨八時在首相官邸舉行四相緊急會議、近衛首相・廣田外相・杉山陸相・米內海相・四人出席、關於日本政府應取態度、進行協議、而提早一小時即於九時開定例閣議、日本政府希望事件不擴大、然爲應付今後情形起見、進行準備、以期萬無遺憾、廣田外相八日晚訓令南京日高參事官、對中國政府提出抗議、同時命現在青島方面之川越大使、即時趕回南京、從事交涉、（九日同盟電）

《申报》,1937年7月10日,第4版

日軍圖擴大事態

華北情形萬分嚴重

日軍攻擊蘆溝橋炮轟宛平城

今晨戰事劇烈我軍奮勇還擊

日關東軍集山海關車站待命

我當局表示萬不得已時誓與週旋

〔北平〕十日下午五時半、日方由豐臺開往蘆溝橋方面之軍隊、忽又以大砲機槍、向橋身及宛平縣城猛攻、我軍為正當防禦、加以還擊、鬭至六時半始稍停止、但至七時半、日方復施行射擊、雙方互有損傷、倘事態繼續擴大、其責任應由日本負之。（中央社十一日上午十一時五十五分電）

〔北平〕日軍於十一日晨一時三刻、開始對蘆溝橋作再度轟擊後、我軍奮勇抵抗、戰況劇烈、刻日軍已退、大井村宛平縣北一帶、槍聲極為緊密、（中央社十一日上午三時五十分電）

〔天津〕平津長途電話、十日夜仍照常通話、並未中斷、（中央社十一日上午三時電）

〔天津〕頃證明十日下午五時十分起日軍包圍宛平、突向我門外涵洞守軍猛攻、下午七時改以大砲轟擊、未幾稍停、七時半由豐台增加步砲兵數百餘、攻擊益烈、迄下午十一時後、槍砲聲未斷、津日軍部十日下午十一時聲明、指前項三次攻擊均係我軍先開釁、謂如繼續不止、演成擴大不幸事件、責任歸我負、其欲擴大事態轉嫁責任於我已明、（十一日上午四時急電）

〔北平〕日軍於十一日晨一時三刻、向蘆溝橋以步機槍夾以大砲、猛烈攻擊、我守軍亦奮勇還擊、迄晨三時猶激戰中、（十一日上午三時中央社電）

〔天津〕路息、山海關十日上午六時迄下午一時、由錦綏開到日兵車五列、載關東軍二千餘、停山海關車站待發、榆秦兩大寺一帶華北駐屯軍二千餘、亦奉命集結、並因北甯不撥車輛、已向偽奉山路局調車、擬候令內開、十日上午六時、津李明莊日駐軍鈴木聯隊砲兵、及萱島聯隊機關槍中隊、乘載重汽車數十部、急行東開豐台、轉蘆溝橋增援、聞關東軍態度强硬、有支持華北駐屯軍擴大事態趨勢、頃華北情形轉嚴重、蘆溝橋事件已不能如預料解決之速、津日軍部十日招待津外報記者、對蘆溝橋戰況經過有詳細說明、惟不及撤兵一點、據外報記者觀察、日方態度或因其部隊死傷過多、懸存報復、轉為蠻幹心理、（十日專電）

《申报》，1937 年 7 月 11 日，第 3 版

北平　蘆溝橋日軍迭有增加、並積極佈置各項工事、十日晚六時許該地日軍又向我軍挑釁、當卽發生衝突、雙方互擊約兩小時始停止、現在形勢頗爲嚴重、（十日晚十時半中央社急電）

北平　外間盛傳昨晚撤退之日軍、現復回至宛平縣區、致人心又爲惶恐、聞今日下午有日軍六百名、携坦克車四輛、野戰砲二十七尊、由豐臺開出、（十日中央社路透電）

天津　宛平縣城在日軍圍攻中、下午十一時後槍砲聲漸烈、（十日專電）

北平　此間今夜十時四十分、接中國軍界方面消息、據稱、宛平劇戰尚在進行中、又日方半官消息、謂華軍向日方援軍射擊、但日軍未曾還擊、逾一小時後、華軍停火、惟華人方面則謂華軍苟未經挑釁、決不致無端開砲、且雙方互擊、砲戰因以延長云、（十日中央社電）

天津　北寗路平津段之列車、於本日午後四時再行停止開駛、長距離電話亦於五時半後不通、（十日同盟電）

北平　平市各校學生一致奮起、分組勞軍、並組織救護隊救護傷兵、（十日專電）

北平　因蘆溝橋附近日軍三百人不肯撤退問題、引起雙方極大誤會、現日軍向平市城郊各地積極增兵、幷構築工事、我方爲防範起見、凡日軍所在地、亦均有我軍駐守、目前正在對峙中、形勢似頗嚴重、我當局表示願始終和平解決、雖在交涉無法進行中、亦決願作最大之努力、倘萬不得已時、亦只有盡衛國之責、與之周旋、（十日中央社電）

北平　路息、由遼寗開來之日兵十列車、每列約一千餘人、已到山海關者有兩列、由津開來載重車約十輛、每輛約日兵四五十名、似此情形、各方咸認日本有擴大蘆溝橋挑釁事件之企圖、（十日中央社電）

《申报》，1937年7月11日，第3版

日軍砲轟宛平縣城

〔天津〕下午七時後、豐臺日軍陸續向蘆溝橋增加、（黃村豐台間可聞隆隆砲聲、）平豐平蘆長途電話皆斷、日軍森田、嘉田大隊、據宛平城東北高地、架砲向城內轟擊、我冀北保安隊三百餘困守城內、竭力應戰、我廿九軍退往永定河右岸部隊、聞亦與日軍夾河互擊、八時後衝突轉烈、該方情形全然不明、（十日專電）

〔北平〕蘆溝橋方面雙方自昨午起、分別復員昨晚我方部隊已完全恢復原建制、乃今晨二時半後、平市忽又聞槍砲聲及機槍聲、繼續約半小時之久、嗣經調査、我方安靜如常、毫無動作、彼方又無故射擊、（十日專電）

平豐交通完全斷絕

〔天津〕十日午後開平各次客車抵豐台遇阻、晚均折返、平豐間交通下午九時後完全斷絕、惟平津長途電話尚照常通、（十日專電）

〔天津〕十日下午三時、蘆溝橋忽有淸晰砲聲、同時豐台情形不明、平市各城門推沙袋戒備加嚴、交通僅可維持津豐段、（十日專電）

〔天津〕平津交通十日午前恢復、惟因平戒嚴、各次車開行時間均延後（上午七時後下午七時前爲客車入平時間、逾此則不准開出與開進、（十日專電）

《申报》，1937年7月11日，第4版

河邊在豐 指揮全軍

【天津】河邊旅團長、牟田口步兵、第一聯隊長、均以所部、傷亡過衆、恨忿不主了解、河邊現在豐台指揮全軍、牟田口則在平佈置、橋本在豐台盧溝橋視察部隊及慰傷兵、**善後會議猶未開始**、（十日專電）

日軍未退 向我射擊

【北平】盧溝橋中日軍隊九日同時撤退後、我方部隊撤至指定地點、惟日方部隊尚有二百餘人仍逗留於盧溝橋附近之鐵路軌道旁、日軍臨時司令部藉口此次戰役尚有陣亡日兵屍首兩具未覓獲、故須在此搜尋云云、經我方一再與之交涉、均置不理、結果九日晚九時許、尚一度發生誤會、該部隊竟復向我開機關槍射擊、九日夜平市西南角、微聞隱約槍聲即此、旋經我方勸阻、始行停止、現我仍力促該部迅速即撤離盧溝橋、以防萬一、宛平城內防務、保安隊已分配完畢、開始維持治安、（十日中央社電）

和平談判 陷於停頓

盧溝橋附近五里店、尚有日軍二百餘名、迄未撤退、對此問題、中日雙方人員十日午在張允榮宅晤面、到我方秦德純、馮治安、王冷齋、及日方櫻井等、彼此討論達數小時之久、因日方意態堅決、故毫無結果、致交涉入停頓中、（十日中央社電）

橋本抵平 迭開會議

【北平】津駐屯軍參謀長橋本羣、昨來平、晚間與日方各要員會商、今晨繼續會談、尚未與我方晤面接洽、**聞橋本仍主張口頭接受和平解決辦法、暗中仍企圖擴大軍事行動**、（十日專電）

《申报》，1937 年 7 月 11 日，第 4 版

增援日軍源源東開

［北平］經過整二十四小時之平靜後、今晚日本軍隊復在宛平出現、開始將城包圍、中日軍隊已發生劇戰、因之華北局勢突又緊張、此種出乎意料之外之變化、已使中國當局重將北平各城門關閉、事前宛平區曾有半小時之激戰、砲聲在北平城內亦可聞見、據云日軍開往宛平者爲駐紮豐台之軍隊六百名、及坦克車四輛、及野戰砲二十七尊、並有冀東僞自治區一分隊云、 北平城內各險要地點、現皆安置沙袋及其他障碍物、並於晚間八時停止交通、僅滿載華兵之載重汽車、紛紛出城而已、 中日雙方方在河北保安司令張允榮宅內舉行和平會議、但戰事既已復作、此會遂中止、平津鐵路交通、現已中斷、聞藍鋼車不擬南下、同時關東軍六列列車聞已由瀋陽抵山海關日軍已在該處下車、 但空車現仍生火以待、長城一帶各要地、聞皆駐有大批日軍、而援軍猶源源而來、 第二十九軍兩團駐於永定門、控制通至宛平之大路、並已拆毁路軌、以阻敵軍前來、傳說日軍在豐台拆路、以阻軍事行動、日軍指華軍復據宛平、故猛攻之、今夜官場聲稱、日軍欲以宛平爲其軍事集中點、華軍定力拒之不許日軍佔據該城、華軍確已依照昨日議定辦法、從事撤退、以免衝突、但並未放棄其駐守該城之權云、此間日軍發言人今夜曾稱、日軍部在宛平造成可使此種衝突不能復作之局面、但此說究作何解、該發言人不願加以申說、（十日中央社路透電）

［天津］塘山塘沽日軍、十日有一部已遵唐通塘津公路向豐台開進、爲預備隊、唐山方面自九日晚集結昌灤南大寺等地日軍極多、唐榆豐台段軍運極忙、路息、盧溝橋平漢北甯兩路過軌鐵路十日下午四時已爲日軍折毁、兩路聯絡斷絕、（十日專電）

《申报》，1937年7月11日，第4版

華北日軍實力調查

〔天津〕華北日軍自本年二月末換防增加戰鬥兵力後、共一師團不足、確數爲萬名、分步兵一二兩聯隊、砲兵獨立一聯隊、附以機器化學戰車等中大隊、頃調査盧溝橋集結之平津通三地調去及原駐該地隊伍、總數達二千餘名、河邊旅團長自往指揮、通州現餘千餘名、平現餘千餘名、津現三千餘名、其餘二千餘名散駐榆秦唐昌灤南大守等處、主力步隊猶未發動、

津市治安加緊防範

〔天津〕十日下午九時、津警局長李文田爲市治安問題、召集全市警局、分局長保安隊長會議、決定加密市防辦法、（十日專電）

〔天津〕津警局十日會議、決定卽開始淸査全市戶口、盤詰奸宄、管理燈火及電話、（十日專電）

宛平專員謁晤當局

〔北平〕自事件發生後、平市民態度鎭靜、秩序整然、宛平縣城昨已開啟、人民可自由出入、在城支撐危局數日之專員王冷齋、今晨到平謁當局報告經過、聞城內損失頗大、現正籌商善後辦法、自事件發生後、全國各地均表關切、而各重要將領如劉峙・商震・湯恩伯等、均來電慰問、（十日專電）

〔天津〕據此間接得消息、十日晨二時半、尚留宛平城東北高地之日軍又向城內連續開機關槍、達二十分鐘之久、專員王冷齋當向日方質問、據日方謂、係因搜査傷亡士兵屍體時、聞有槍聲、但我方遍査並無開槍情事、王冷齋十日晨八時已赴平向秦德純等報告一切云、（十日中央社電）

《申报》，1937年7月11日，第4版

田代受制 無力駕馭

〔天津〕田代受制於軍部少壯派、顯已因病無力駕馭。盧溝橋事件、日駐豐台大隊一木清直少佐足傷、陣亡准尉曹長軍曹伍長等下士官四名、負傷小隊長中少尉准尉軍曹六名、傷亡士兵達七十餘名、尋獲下落者三十七具、（十日專電）

盧溝橋事件 外部提書面抗議

要求道歉懲罰賠償

日高昨訪晤王外長

〔南京〕關於盧溝橋事件、我外交部前曾派員向日大使館提嚴重抗議、已誌各報、茲聞外交部復將前次抗議時所談各點、本日下午以書面送交該館、同時並派員北上協助交涉云、（十日中央社電）

〔南京〕外交部於十日午後七時、向駐華日大使館對於此次事件提出正式抗議、其內容如左、㈠日本方面之正式謝罪、與處罰負責人員、㈡對於死傷之軍民及轟燬之建築物、須賠償損失、㈢防止不祥事件之再發、並要求日本方面之今後保障云云、（十日同盟社電）

〔南京〕日高參事官今晨十一時會見王部長、傳達日政府對於盧溝橋事件之方針、並提出抗議、經一小時半後辭出、（十日同盟社電）

川越訪沈鴻烈

〔青島〕川越十日午後赴市府晤沈鴻烈、作正式拜會、川對去年冬青島事件、與最近稅警團換防誤會事、沈處置得宜、表示欣慰、沈對盧溝橋事件曾與川談及、川談、雙方皆以大局為重、自不至有何變故、川又謂日朝野甚盼許大使早日返任、川決定十四日赴平、沈定十二日答拜、（十日專電）

〔牯嶺〕川越大使原有來廬避暑之説、此間並已準備房屋、茲悉川越來廬之意現已打銷、本年將在北平度暑云、（十日中央社電）

《申报》，1937年7月11日，第4版

〔南京〕十日晨十一時、日使館參事官日高、赴外部見王部長、談汕頭事件、日高氏表示希望此事能早日就地解決、王外長答本人抱有同感、旋王外長提出蘆溝橋事件、要求日方注意我方所提抗議、並早日和平解決此事、不得再有任何足以擴大事態之行爲、日高表示同意、關於蘆溝橋事件、外部前曾派員向日大使館提出抗議、頃悉外部復將前次抗議所談各點、於十日下午、以書面送交該館、同時並派定人員、卽日北上、協助交涉、（十日專電）

〔南京〕因蘆溝橋案發生、中日外交人員在暑期中、現又忙迫、甫經離滬赴青準備避暑之川越大使、有奉日外務省訓令起程南返之訊、如蘆溝橋事件日方能切實制止、或卽中止南來、我外交部長王寵惠、由廬山返京後、略事部署、如能公務稍形就緒、日內仍擬赴廬山、出席政院會議及暑期談話會、情報處長李迪俊、因蘆溝橋事件、展緩赴廬、日內當抽暇赴廬一行、（十日專電）

宛平城視察記

五里店日軍未撤
衝突經過之詳情

〔北平〕記者十日晨再赴蘆溝橋、七時抵廣安門、門已半關、菜販小賈、因交通斷絕兩日、均乘此機會入城、故行人特別擁擠、七時二十分抵五里店、遠望平漢路軌道日軍營幕、始知蘆溝橋附近尙有日軍二百餘人未撤、若干日兵猶在該地高土架設砲位、察其目標、仍向蘆溝石橋、鐵道涵洞有日兵盤問行人、但不甚苛阻、過涵洞後、卽爲宛平縣城、現東門依然緊閉、無法通行、惟西門半開、行人經查問後、可以出入、城內保安隊共百五十人、由賈隊長率領、會同縣警官柏榮光負責維持治安、一般情形、尙頗平靜、惟商店尙未開業、住戶雙扉緊閉、一切均呈靜止狀態、至戒備方面、因我軍撤至橋西、尙未撤去之日軍、在鐵路軌道旁臨時設立之司令部、相距僅一二百米達、故警戒未敢放鬆、據宛平縣警官柏榮光談、七日深夜發生衝突後、八日日方致我通牒、竟要求限於六時前、自縣長以下至百姓、應全部退出、欲來接收縣城、當時王縣長因電話電報俱斷、無法向長官請示、祇與本人（柏自稱）與金營長商議竟日、尙未得有結果、日軍已開砲轟擊、此役彼方目標完全在於縣府、因縣府屋頂豎有旗杆、可作彼射擊標準、故縣府同時受中四砲、縣長臥室大客廳及第三科辦公廳等處均被燬、後將旗杆卸去、發砲目標遂失、遂多落於民房、共計日軍此次三度砲攻宛平縣城、一爲七日夜三時後、二爲八日

《申报》，1937年7月11日，第4版

上午十時後、三爲八日下午六時後、共發砲二百餘發、但我方死傷現尚不知確數、但已收殮屍首六十餘具、抬赴長辛店塋地掩埋、受傷者約有百二十餘人、亦已陸續運至臨時所設之醫院醫治、日軍死傷實數不詳、但與我方亦不差上下、其死者已運往豐台或天津、由此觀之、此次戰事不能謂不激烈云云、記者與柏分手後、復往各街衛大略巡視、因接防伊始、戒備仍嚴、故不克十分自由、且新雨初晴、泥濘載道、除保安隊之巡邏外、絕少行人往來、景象淒冷、覩之徒增憤慨、又因一切損失均待調查、人民驚魂甫定、不願與縣境外人閑談、用是調查頗難、（十日中央社電）

【北平】日兵一隊約五十人、駐於距宛平城東半哩之處、以鐵路堤身爲掩護、而永定河對岸則駐有第二十九軍之兵士約三百人、防守盧溝橋之西端、餘者已向長辛店方面退去、今晨有外國官員與新聞記者若干人、在宛平附近爲日兵阻止、加以盤詰、後經聲明未携帶照相機、始許前進、既至宛平、則見城牆砲痕歷歷、尤以東門爲甚、蓋星四星五兩日該處適當日軍砲火之衝也、砲彈落於城中約五十枚、行政官署半被轟毀、幸署中人早一刻鐘避開、警署與附近一酒店亦被日砲擊中、檢視彈屑、可見日軍所用之砲爲三十七粍至三吋之口徑、星四星五兩日戰鬥中、第二十九軍死二十人、重傷二十人、輕傷五十人、日軍方面死十人、失踪二人、傷二十二人、（十日中央社路透電）

《申报》，1937年7月11日，第4版

日軍屢攻受鉅創

關東軍急開津增援

一度談判復員入晚大戰又作

日新司令香月抵津召開會議

北平戒備加嚴外僑南下擁擠

今晨五時消息

天津　十二日上午三時、津海光寺日兵營內突有槍聲數響、聲極淸晰、原因不明我現特別戒備中、迄發電時、未續有動作、（十二日上午四時急電）

天津　津日軍醫院百三十餘床位、均爲日負傷將士住滿、軍部現趕賸軍官偕行社爲野戰臨時病院、收容傷兵、日軍官員傷三十餘名、內以受二十九軍大刀隊割掉臂部者爲多、（十二日上午三時半本報急電）

北平　十一晚十二時日軍再度進攻蘆溝橋、砲火異常激烈、八寶山附近亦發生激戰、（十二日上午一時本報急電）

天津　日軍因屢攻不利、楡關車站所停日關東軍兵車三列、已升火待發、備開津應援、北甯路拒發路籤、並定行車時刻、日軍將逕行開入、（天津十二日上午一時本報急電）

北平　蘆溝橋大井村五里店一帶、十二日晨一時四十分、中日軍又大衝突、重砲機槍之聲、密如連珠、聲音頗爲淸晰、戰情難詳、（十二日上午二時零五分中央社電）

天津　由關外開抵楡關之日軍、因日軍進攻失利、首批三列車、夜一時半開出、其二三兩列亦將陸續西行、此三列車將直駛天津增援、途中如不在唐山停留、十二日晨七時許可抵達、（十二日上午二時本報急電）

天津　十一日下午十一時日軍復向蘆溝橋進攻、與我軍再度衝突、頃戰況轉激烈、接觸地似在五里店、宛平城、東涵洞、今井和知均避匿、不願見我方談洽人（十二日上午一鐘專電）

北平　中日雙方本約定今晚六時同時撤兵、和平解决、但撤退時日軍又開槍、和平又歸無望、一切口頭約定均成泡影、（十一日專電）

北平　今午後迄六時止、雙方入停戰對峙狀態、日方猶表示不願事態擴大、襁經接洽、現雙方暫行口頭約定、仍在無條件下雙方下令復員、結果日方是否遵約守信、尙待事實之證明、（十一日專電）

北平　豐台南黃土坡十一日晚十一時、亦發生衝突、至發電時止、仍在接觸中、（十一日下午十一時四十五分中央社電）

北平　十一日夜十時二十分、蘆溝橋前方復有戰事發生、步槍機關砲聲甚密、戰況似頗激烈、（十一日下午十時五十分中央社電）

北平　今各衝要路口沙袋未撤、且有數處增加、俾增防衛力量、今南下旅客擁擠、多係外僑、（十一日專電）

北平　外人方面消息、殷逆汝耕十一日被某方人邀赴唐山、嘗乘汽車前去、傳殷一時將在唐不他往、（十一日中央社電）

北平　馮治安、偕趙登禹、鄧哲熙、於十一日晨七時由南苑乘機飛保公幹、（十一日中央社電）

《申报》，1937 年 7 月 12 日，第 3 版

〔天津〕陳覺生在津對蘆溝橋事件曾有折衝、十一日十時四十分復乘專車赴平協同交涉、（十一日中央社電）

〔北平〕陳覺生今抵平談、日兵車大部集中榆關、是否前進不知、（十一日專電）

〔北平〕關於蘆溝橋事件交涉問題、因日方屢次增兵、致誤會難釋、據某某觀察家推測、日方一面與我方交涉、同時又向各地增兵、用意在威脅我方、甚至擬佔領數地以爲交涉之要挾、我方早洞悉其用意、故寧願犧牲、亦不作城下之盟、（十二日中央社電）

〔北平〕大井村一帶日軍、十二日上午一時餘、突向我平市西郊蔣家村青塔村古廟等處駐軍、以重砲機關槍猛烈攻擊、我軍當奮起應戰、雙方激戰約半小時、日軍不支復退回原地、雙方死傷頗重、民衆損失亦甚大、（十二日上午二時五十分中央社電）

〔天津〕當局否認馮治安·趙登禹·鄧哲熙·□等赴保謂現仍在平、（十二日上午二時本報急電）

當局否認容納要求

〔北平〕當局負責聲明謂、十一日夜津市盛傳關於蘆溝橋事件、日方宣稱我已容納該軍四項要求云云、與事實絕不相符云、（十一日中央社電）

日一中隊全部覆滅

〔天津〕十一日拂曉、日軍分三路向八寶山、蘆溝橋、永定河右岸猛撲、以八寶山、大王廟、永定河右岸、大瓦窰、蘆溝橋畔、回龍廟爲攻擊目標、砲火猛烈、日軍一中隊全滅、大瓦窰方面敵大迂迴渡河襲我永定河岸守軍後路、經我軍邀擊敗退、頃我軍士氣旺盛、迫擊砲發射多能命中、敵密集隊衝鋒均爲我擊潰、（十一日專電）

《申报》，1937年7月12日，第3版

香月繼任日軍司令

〔東京〕日本軍事教育總監香月繼軍中將、今日被任爲華北日駐屯軍司令、以代田代、因田代現患病也、（中央社十一日路透電）

〔天津〕香月抵任後、十一日下午十一時招集橋本等以下軍部幕僚開會、討論蘆溝橋事件辦法、（十一日專電）

〔天津〕香月淸司十一日下午四時半由日機十一架屬送抵津、即接事、（十一日專電）

〔天津〕香月不願人知其到任、故軍部對外猶否認渠已到消息、（十二日上午二時本報急電）

〔東京〕教育總監部本部長香月中將、於十一日午前八時、至陸相官邸接受杉山陸相給與之重要訓令、同十五分辭出官邸、當即赴參謀本部、旋於本日午前十時由立川飛行場乘軍用飛機急飛往某地而去、（十一日同盟社電）

◉京城　據朝鮮軍司令部發表、新任駐華軍司令官香月中將、定於十二日晨七時由京城飛往長春、會關見東軍司令官植田大將、協議對策後、轉往華北某地、（十一日同盟社電）

〔北平〕津日駐屯軍參謀長橋本羣九日來平後、未與此間當局晤面、十一日晨復訪秦德純亦未獲晤、當於下午一時飛返津、（十一日中央社電）

〔南京〕華北日駐軍司令田代已經內調、而以少壯派之香月淸司繼任、華北駐屯軍司令香月即係日本二二六事變中負有重要任務者、此項更調殊引起各方之注目、（十一日專電）

〔南京〕香月淸司民二十年曾充華北駐屯軍司令官、嗾漢奸組便衣隊擾津、以功晋級中將、現由日教育總監部本部長調來任、香月在日軍人中夙有危險人物之稱、茲次更迭、蘆溝橋事態恐益趨惡化、橋本屬駐屯軍穩健派、勢須隨田代離職、（十一日專電）

《申报》，1937年7月12日，第4版

田代病危 神智昏迷

天津　田代所患爲心臟衰弱、十一日晨起、時入昏迷狀態、肢體動作機能全失、粒米不能下嚥、香月來任後、田代移住美誓別館、（十一日專電）

天津　傳田代十一午後已病歿、軍部爲維繫軍心及威望、秘不發表、（十一日專電）

天津　田代因少壯派軍人不服指揮、而河邊和知等尤任意行動、電呈軍部懇辭、卽歸國養疴、（十一日專電）

日關東軍 向津進發

天津　關東軍之第一批已於今日正午由山海關開出、向天津進發、因中國鐵路當局拒絕供給專車、故兵車均在尋常火車之後、聞關東軍六列車昨開抵山海關、與士在該處下車度夜、同時據天津接訊、今晨六時有日軍七百名乘載重汽車三十五輛、駛過北倉、向豐台進發、携有機關槍等武器、今日下午此間之賽馬已徇從日軍專當局之請求、停止舉行、蓋以日軍飛行場與其營房逼近跑馬場故也、（十一日中央社路透電）

關外日機 多架抵津

天津　本日一日內、由關外來津之日軍用飛機共達十三架、計戰鬥機六架、轟炸機三架、其餘皆爲偵察機、現均停於東局子日兵營前飛行場、該處現有日兵爲數已不多、十一日起已在兵營四週放哨、（十一日中央社電）

北平　中日軍十一日午一度接觸後、旋卽停止、現雙方正對峙中、日機一架、十一日晨飛平市上空、繞一週卽飛蘆溝橋一帶偵察、（十一日下午五時中央社電）

天津　日關東軍轟炸機六架、十一午後四時半、編隊由錦州飛來津、盤旋天空一匝、降李明莊日兵營前飛機場、某公司飛機二架、猶在天空偵查、（十一日專電）

天津　中航公司接某方通告、須將存津飛機離津飛青、空出機場、聞某方卽將由榆關增兵五百、暫駐該地云、（十一日中央社電）

《申报》，1937年7月12日，第4版

日方計劃各個擊破

（天津）截至十一日晨、已判明日方目的是在肅清平四週所謂抗日軍隊、尤注意我西苑馮治安之三十七師、十日下午十一時起迄十一日晨、不斷向平西八寶山集結兵力、猛攻該山險要衙門口、日方由十一日晨起改以聯隊單位作戰、由河邊旅團步兵第一聯隊主力擔任、此役聯隊長牟田口親往指揮、現探明蘆溝橋戰事方面、㈠爲八寶山衙門口、由牟田口大佐督戰、㈡爲蘆溝橋永定河夾河砲戰、由森田中佐指揮、㈢爲包圍宛平縣、監視我保安隊衝出、時以機關槍掃射、由森田少佐指揮、河邊旅團長十一日晨移其總指揮部進至龍王廟、日方頃意在挑起二十九軍內部變化、目前作戰指明爲對付馮治安師、希圖各個擊破、我已識破其狡謀、決不中詭計（十一日專電）

劇戰結果日軍退却

（北平）昨下午二時後、蘆溝橋日軍開始佈置、三時進攻我軍、五點半用大砲轟擊、戰事激烈、八時略停、九時日軍企圖搶佔宛平城東北方高地沙崗地方、日軍以百八十人猛攻、此役極激烈、雙方損失均重、今晨一時三刻、日軍增加到一營、仍猛攻沙崗、二時四十分停戰、今晨二時另一路日軍、由宛平城南圖渡永定河、擬襲擊過龍廟我軍後方、激戰達二小時之久、日軍終被擊退、未能渡河、今晨四時兩路日軍大部退回大井村、今晨九時日軍增加步隊七八百人、猛攻大瓦窑、雙方激戰半小時又退回、此役宛平縣城及蘆溝橋始終在我軍手、聞日軍二次開戰原因、係奉津駐屯軍部命令、似圖佔據一兩處地方後、作爲交涉時之交換條件、（十一日專電）

《申报》，1937年7月12日，第4版

日軍增援 麕集豐台

〔天津〕十一日上午八時津日軍步兵第二聯隊四百餘、乘汽車二十餘部、開盧溝橋增援、豐台因日軍麕集過多、民房均被佔用、商民皆逃、十一晨豐台日軍騎兵由黃土坡站繞往我南苑偵察三十八師動作、發生斥堠戰、日軍經我擊退、我軍猶嚴行戒備中、豐台鎮治安頃由少數警察維持、一切交通建設則入日方手、（十一日專電）

〔天津〕秦榆南大寺日軍已搭兵車兩列、十一日晨開抵唐山、午徒步向通豐進發、名數約六百餘、（十一日專電）

〔北平〕盧溝橋日兵屍身、昨夜用大汽車三輛、載回豐台（十一日專電）

〔天津〕盧溝橋事件逆轉後、此間日方十一日晨以大批輜重汽車運送軍需品赴豐台、所有日租界內各汽車行輜重汽車、十一日晨已被徵集一空、（十一日中央社電）

〔天津〕津日軍汽油子彈五大車、十一日下午四時運豐台、又下午九時另開專車一列、由士兵押去火藥等品九車、亦運豐台、（十一日專電）

日司令部 撤往他處

〔北平〕佔據盧溝橋車站日軍司令部、聞今下午撤往他處、地點不明、車站內路簽房及重要設備均被破壞、盧溝橋一帶鐵路電綫木桿均被砍斷、短期間難恢復、（十一日專電）

〔北平〕北寧各次車經過豐台時、日兵均登車檢查、今晨九時半應抵平之平瀋通車行至榆關、突被日軍扣留、驅下旅客、日兵二百餘人當登該車由榆赴津、（十一日專電）

廊坊路軌 發生障礙

〔北平〕平漢車仍未通、北寧路各次車以永定門外路軌發生障礙、改由西直門車站出發、但下午又不通、車站臨時退票、傳廊坊路軌發生障礙說、（十一日專電）

〔天津〕北寧綫榆關昌黎北戴河等地日駐軍、現已大部集中唐山、聞將由唐山取道通州開豐台、在榆關停留之日關東軍兵車、已增至六七列、亦有西上赴唐轉往通州模樣、又十一日午由榆關開津之平榆四十二次車、有日兵六十餘名、强行登車隨來、下午七時可到津、（十一日中央社電）

《申报》，1937年7月12日，第4版

我軍堅守宛平縣城

［北平］今晨拂曉時、北平爲甚緊張空氣所包圍、不過表面上、除城門附近有軍隊戒備外、向鮮駭人景象耳、居民仍保持其鎮靜態度、就限地所許可、照常辦事、惟郊農未能運物入城、故食物傳價抬漲、今晨有日機兩架、飛過北平天空、向宛平方面而去、宛平局勢現欠明瞭、惟宛平城仍在華軍掌握中、據華方消息、昨夜戰事、係日軍首先發難、復往宛平、致起衝突云、至於日軍進往宛平之真正理由、現尚未悉、昨午十二時後、即聞砲聲、但旋復沉寂、晚間日方援軍到後、砲聲又作、聞夜間九時半左右、戰事始停、中國鐵路當局昨夜報告、有日方兵車兩列、經過天津而抵豐台、日兵遂分向各方面出發、若包圍北平然、兵車中載有坦克車、野戰砲、及機關槍云、北平西北約十哩之十景山、（譯音）即北平電氣廠所在地、其附近聞已發現日兵百人、（中央社十一日路透電）

［北平］宛平城內居民、已遷徙一空、僅部隊鎮守城池、該縣難民四百餘人、今晨逃難來平、暫住廣安門內報國寺、王冷齋因奔走交涉過勞、略血入協和醫院治療、仍表示願力疾從公、（十一日專電）

漢口護僑 艦隊警備

［東京］第三艦隊已於十一日備妥爲保護在華日僑及擁護權益起見、均一律開始警備、現在之在華日僑計上海三萬人、青島一萬人、天津一萬人、長江沿岸五千人、華南方面五千人云、（十一日同盟社電）

［青島］此間日本各官方機關、與第十一戰隊司令下村、十一日下午開緊急會議、商議保僑方法、（十一日同盟社電）

［漢口］日本第一戰隊谷本司令官、昨日下午由長江上游乘旗艦保津返漢、因華北情形嚴重、命第十一戰隊急速就警備、除戰隊待機保護日僑、（十一日同盟社電）

《申报》，1937年7月12日，第4版

平津各界辦理慰勞

（北平）平津敎聯會、今召集各界會議、決組平市各界聯合會、謁各當局詢問時局情況、並辦理慰勞等事宜、（十一日專電）

（北平）平市各城門今晨八時許開一扇、通放行人、約半小時關閉、嗣後每隔二小時開一次、（十一日專電）

（北平）平市糧價繼續猛漲、當局決定嚴禁奸商操縱、（十一日專電）

（北平）平郵局通告、由平寄平漢路郵件、改由平門路運至門頭溝、經旱路運至長辛店、仍由平漢路運遞、惟發平漢平浦等路之重班郵件、一律暫發大同、取道同蒲路轉正太路至石家莊再轉發隴海路、（十一日專電）

（北平）清華學生派代表數人、十一日晨分組慰勞二十九軍兵士、並贈送大批慰勞品、（十一日中央社電）

秦德純氏電京報告

（南京）宋哲元駐京代表李世軍、曾於十一日晨七時及下午六時與北平市長秦德純由京平長途電話綫通話兩次、第一次秦氏係報告日軍不顧撤兵道義、於日昨三度再犯盧溝橋、經我方奮勇擊退經過、第二次秦氏則稱、自晨七時起至下午六時通電話時止、前方戰事並無重大接觸、平津治安極佳、軍心振奮、防務亦甚周密、聞李氏已將兩次通話情形分向何部長應欽、王部長寵惠報告、另據某要人接平電稱、日方十一日曾派員向冀察當局接洽、對此次事件表示遺憾、並對雙方死亡官兵表示惋惜、願當力求事態縮小云、消息靈通者對日方此種舉動、認爲恐係緩兵之計、因日兵車十列、已由關外開入山海關、秦皇島一帶且附有飛機五十架、足徵日方預有計劃、企圖將事態擴大云、（十一日中央社電）

（南京）盧溝橋事件正謀和平解決之際、日軍突背約進襲我駐軍、十一午二十九軍駐京辦事處接到秦德純張自忠馮治安等來電、轉呈中央報告、內容對日軍違約進攻經過有詳細報告、據該辦事處負責人稱、二十九軍全體官佐對民族觀念有極深切之認識、決誓死盡守土之職、以捍衛國家、辦事處長李世軍日內赴廬、（十一日專電）

《申报》，1937年7月12日，第4版

蘆溝橋事件
外交部發言人聲明

＝日軍違約進犯應負全責＝
＝我方維護和平爲世共見＝

〔南京〕關於日軍不依約撤兵、再度進犯我蘆溝橋駐軍事、我外交部發言人頃聲明如下、據所得報告、日軍不遵照雙方約定之停止軍事行動辦法、拒絕全部撤至指定地點、首則遺留部隊二百餘名於蘆溝橋東北之五里店、繼則調動大部軍隊千餘人集結於蘆溝橋東北三里許大瓦窰、於十日下午六時起、連續向我蘆溝橋駐軍猛烈進攻、同時並調集日本國內外大軍、絡繹向平津進發、意圖作大規模之軍事行動、而貫澈其最初目的、至是蘆溝橋事件遂又趨於嚴重、其責任自應由日方負之、查此次事件發動於七日深夜、日軍在蘆溝橋非法演習時、聲言演習兵士一名失蹤、要求入城搜査、經我方拒絕、彼遂發砲攻城、致起衝突、其爲日方有計劃有作

…外王訪軍何…

〔南京〕外長王寵惠、十一晨訪軍部長何應欽、有所晤談、何氏定十二日赴廬謁蔣院長、報告請示、（十一日專電）

〔南京〕外部於十日晚接到日軍挑釁電告後、首腦人員均冒暑澈夜工作、十一日雖値星期、亞洲情報兩司人員仍多照常到部辦公、王部長並於十一日晨召集陳次長及情報司李司長等數人開會、商應付方策、（十一日中央社電）

…電告各使館…

〔南京〕日軍在平郊向我駐軍挑釁、造成嚴重局勢、我駐外使領館及僑民自極爲關切、聞外交部已將連日經過情形、隨時電告駐外各使領館、轉爲周知云、（十一日中央社電）

發生衝突、情勢非常嚴重、我外交部於十日深夜接到此項電告後、卽由亞洲司第一科長董道寧、以電話通知日本駐華大使館參事日高信六郎、告以平郊日軍違約擴大事態、日方應負一切責任、並請其卽致電日本外務省及華北駐屯軍、立卽下令制止一切軍事行動、日高允將此項要求分別電知日外務省及駐屯軍、（十一日中央社電）

〔南京〕日參贊日高原定十一日乘機赴廬山、現因蘆案重作、中止赴廬山、前定之座位票退回、（十一日專電）

…黃伯度謁王…

〔南京〕許世英派秘書黃伯度、十一日晨抵京、九時見王外長、許大使以中日關係日趨嚴重、故黃

山之行、決計作罷、短期內越日復任、（十一日專電）

＝各地民氣異常激昂＝

〔南京〕自日方不顧撤兵信義、再度挑釁、消息傳來後、全體市民莫不表示激昂、多數報紙、均將此項消息刊出號外、或張諸館門、以引起市民之注意、十一日凡市內裝有無綫電收音機之商店門首、均擁有大批羣衆、以靜聽報告前綫之捷音、此外多數人民團體、多通電前方、以示聲援、文化機關並有發起募捐慰勞抗敵將士者、（十一日中央社電）

〔南京〕京回教青年會石覺民等、十一日電宋哲元云、北平宋委員長、轉廿九軍全體將士、日軍無端挑釁、重擊蘆溝橋、强奪平漢交通、幸我軍忠勇將士、戮力抵抗、挫敵於大井村、捷報傳來、人心振奮、非犧牲頭顱無以維持民族、非孤注一擲、無以死而復生、矧以今日戰局言、禦侮軍備之充實、遠非九一八前夕之倉卒、望本守土衛國之責、激勵士氣、毋失寸土、本會誓

與國內三千萬回民應徵入伍、以爲後盾、（十一日專電）

〔西安〕卅六師師長宋希濂、十一日電秦德純・馮治安・張自忠・等聲援、內有本部全體將卒、合志同方、願步後塵、戕茲頑餘、等語、（十一日中央社電）

《申报》，1937年7月12日，第4版

用之行動、至爲顯然、而盧溝橋原非條約所許外人可駐軍演習之地、其行爲之不合法、尤無疑義、我方除由盧溝橋駐軍守土自衛奮勇抵抗外、一面由外交部向日本使館提出嚴重抗議、要求立即制止日軍之軍事行動、並聲明保留一切合法要求、一面由地方當局與日軍代表折衝、期事件之早日和平解決、我方維護和平苦心、可謂舉世共見、差幸八日晚雙方議定辦法、㈠雙方停止軍事行動、㈡雙方出動部隊各回原防、㈢盧溝橋仍由我軍駐守、方謂事件於此可告一段落、詎不料所謂撤兵辦法、竟係日兵緩兵之計、毫無解決和平之誠意、中國國策對外在於維護和平、對內在於生產建設、舉凡中日間一切懸案、均願本平等互惠之精神、以外交之方式、謀和平之解決、深盼日本立即制止軍事行動、遵照前約、即日撤兵、並爲避免將來衝突起見、切實制止非法之駐軍與演習、庶使事態好轉、收拾較易、否則一誤再誤、日方固無以自解其重責、遠東之安寧、或將不免益趨于危險、恐尤非大局之福也、（十一日中央社電）

……日高訪陳介……

［南京］午後四時、日本大使館日高參事、訪外交部陳次長、談盧溝橋事件、各就所得不同之報告、相互辯論後、陳次長列舉日方最近向平津增兵之事實、謂顯與日本國內外當局不願事態擴大之聲言、完全相反、要求迅電日政府制止日方軍事行動、俾盧溝橋事件得以和平解決、日高稱、中國中央軍隊目下有向北移動之消息、日方對此甚感不安、陳答、深信中國軍隊、並無向日軍挑戰意思、但對於任何外國任意增兵來華侵略中國領土主權、殊難容忍、自不得不作正當之防衛、深望日本當局翻然反省、勿陷中日國交於危險之狀態、日高亦以爲然、談至五時半、始興辭而去、（十一日中央社電）

［南京］日軍違約在平郊及盧溝橋、突又大舉增出、並又向我駐軍挑釁、

宋哲元返抵津

行前甚祕知者極鮮

［天津］宋哲元十一日午由樂陵乘汽車來津、晚六時半抵達、宋行前甚秘、故知者極鮮、抵津後、因身體勞頓、對訪者均未見、至外傳宋抵保說不確、宋眷屬乘專車亦於夜十一時抵津、（十一日中央社電）

《申报》，1937 年 7 月 12 日，第 4 版

華北戰事消息 引起國際憂慮

德報不袒護任何一方 美報喩爲玩火之舉動

【巴黎】法外部發言人今日宣稱、華北戰事消息、當然引起關於國際反響之憂慮、惟雙方情報、多相牴牾、故目前之空氣、以猶豫之成分居多、憂慮猶居其次、吾人今尚未接詳報、故不能發準確之意見云、（十一日中央社路透電）

【柏林】德國各報皆於顯著地位登載華北戰事消息、德國幷不圖掩飾大局之嚴重性、顯決不欲袒護任何方面、雙方公報均同樣登載、波森日報載有社論、謂戰事之最近原因、殆爲氣候炎熱、神經不寧、此種戰事、常以和解了結、此次之和平結果、端賴雙方勿彎弓過烈云、佛蘭克費特報謂、蔣委員長已將中國軍隊練成勁旅、不復如前之委靡不振矣云、（十一日中央社電）

【華盛頓】華盛頓郵報今日刊載社論一篇、題爲「玩火」、對於蘆溝橋附近戰事、所足以引起之局勢有所論述、該文首謂、華北局勢、苟聽令關東軍恣意在該處採取既往數年相同之策略、爲患甚鉅、此次衝突、中日軍隊、究係何方首先開釁、尚不明瞭、惟此點關係甚微、日本軍隊既往輒在中國軍隊駐紮地點舉行夜操、招致事端、已屢見不鮮、該報繼謂、日本一星期前與蘇聯發生糾紛、今復向中國尋釁、足見日本軍部之浮躁無定耳、日本在華北之活動、已使中國惴惴不安、日本時常舉行之操演、將於何時轉變爲擴充日本控制華北範圍之實際行動、尚不可悉、實則日本自佔據滿洲後關東軍已擴充其控制之範圍矣、該報結論謂玩火究爲危險之舉動、而在火藥庫附近、其危險爲尤甚云、（十一日中央社電）

《申报》，1937年7月12日，第4版

日開緊急閣議

決定對華北方針
陸軍開非常會議
日皇今還幸東京

〔東京〕近衛首相、廣田外相、杉山陸相、米內海相、及賀屋藏相五人十日上午十時、在首相官邸開五相會議、決定日政府對華北事件之根本方針後、接開緊急閣議、全體閣員均出席、空氣頗形緊張、（十一日同盟社電）

〔東京〕臨時閣議下午二時開會、協議五相會議決定之方針、其結果全體一致承認原案、近衛首相即赴葉山覲見日皇陛下、上奏一切、並請求裁可、（十一日同盟社電）

〔東京〕陸軍省於午前三時、對於該省全體職員、發出命令、着於午前六時全部到廳、實行非常召集、（十一日同盟社電）

〔東京〕盧溝橋事態復趨惡化、陸軍幹部認為事態嚴重、乃於十一日午前二時、在陸相官邸召集全體幹部人員、根據實地情報、協議緊急對策、（十一日同盟社電）

〔東京〕外務省鑒於華北事件嚴重、於十一日上午對於全中國領事及總領事發訓令、準備設法保護留華日僑、如事態有擴大形勢、則將發回國命令

〔青島〕川越大使今晨在青島旅館對記者曰、余現在旅行途中、未接政府任何公電、然據該地情報、今次事件為突發事件、余照預定方針、定於十四日赴天津視察該地實狀、（十一日同盟社電）

盟電）

〔東京〕中國駐日大使館蕭武官、十一日下午五時訪問陸軍省後宮軍務局長、詢問日陸軍對於華北時局之意見、兩人會見時間雖不過二十分鐘、然此為事件發生後中日軍關係責任者之首次會談、故其所談內容頗可重視、（十一日同盟電）

〔東京〕海軍軍令部長伏見宮殿下、本日下午七時偕島田次長赴葉山、拜謁日皇陛下、委曲奏上第三艦隊警備狀態、及統帥事項、（十一日同盟社電）

〔東京〕政府在此嚴重時局、決意舉國一致、實行政府方針、將於十一日晚八時起分別邀請言論界・貴族院・衆議院・及財界代表等至首相官邸、政府方面近衛首相以下各閣員出席、由首相暨軍部兩相說明華北現狀及政府之對策、並請各界一致協力援助政府、各代表對於政府此項懇請均表示同意、（十一日同盟社電）

〔東京〕首相近衛、陸相杉山、海相米內、藏相賀屋、今晨集議三小時後、已商定根本決議、內閣於今日下午二時開會考慮此項決議、歷時甚短、即延會、因日皇現駐葉山、首相於延會後即赴該處以政府對華北之政策、請皇允准、聞內閣已允撥付必要經費、以供政府實行其

《申报》，1937年7月12日，第4版

〔東京〕今日臨時閣議於下午二時半開會、先由近衛首相報告五相會議之經過後、提出該會議決定方針 、最後決定一切必要經費之件、至三時四十分散會、(十一日同盟社電)

〔東京〕今日五相會議歷二小時、閣議時間較短、日政府重大態度已決定、下午海軍參議官、亦開會贊成內閣決議、外務省令在華日僑作撤退準備、警視廳嚴令保護在日華人、形勢似將達最惡場合、終日各報號外滿街發售、咸謂中日危機一觸卽發云、(十一日中央社電)

〔東京〕今午緊急閣議、至九時始散、內容未發表、近衛首相卽赴葉山謁日皇、聞今晚將發表重要聲明、宣布日政府方針、(十一日中央社電)

〔東京〕日皇陛下因時局嚴重、定於十二日離避暑地葉山、還幸東京皇宮、(十一日同盟電)

〔東京〕華北空氣緊張、今晨已有多數民衆到陸軍省爭捐國防資金、又電、風見書記官長十一日下午發表、謂政府對於今次在華北發生之事件、定名爲華北事變、(十一日同

決定政策、並保護日本在華之權利、剷除中國違法行動根原之用、內閣開會後、藏相卽與大藏次官等會商籌撥、實行政府所決定各計畫之必要經費、今日下午四時二十分、陸相杉山會以華北大局情形及所決定之軍事計劃奏報日皇、首相則於五時四十分覲見日皇、皇卽允准內閣所決定之政策、新任華北駐屯軍司令香月中將、現將携陸軍省重要訓令乘飛機離此、其目的地未悉、聞擬赴天津云、陸軍參謀總長閑院宮親王亦在葉山覲見日皇、奏報華北爭案詳情、內閣今晚發表一長文、臚舉華北中國當局侵犯日本權利之種種行動、謂政府現已取必要之對付計劃、並遣師前往華北、惟仍希望爭案能獲和平解決云、(十一日中央社路透電)

劉湘返蓉

〔重慶〕劉湘來渝出席軍整會事畢、十一日晨六時許、偕夫人女公子等仍乘自備車返省、當晚宿內江、十二日午可抵蓉、又鄧錫侯亦於十一日晨乘車離渝返蓉、其餘各軍長日內亦將言旋、(十一日中央社電)

《申报》,1937年7月12日,第4版

本市新聞

李處長談 廿九軍決守土衛國

日方挑釁乃預定之計劃 廿九軍之實力足以應付 秦德純等昨晨電告戰情 日內將招待新聞界報告

新聲社云、自日軍在蘆溝橋演豐台故技後、消息傳來、此間人士、莫不激昂北向、熱血欲噴、二十九軍、因迭接各界去電慰問並聲援、異常感激、該軍駐滬辦事處李廣安、日內即將招待新聞界、報告詳情、並致謝忱、昨晨該辦事處、並接秦德純等電告、日軍啟釁後、我軍抗戰情形、原文云、上海二十九軍駐 滬辦事處李處長廣安兄鑒、日軍大部千餘、砲二十餘門、機槍三十餘架、蒸晨集中蘆溝橋東北三里許之大瓦窰後、即向我蘆溝橋陣地、數次猛力攻撲、並一部搶奪蘆溝鐵橋、均經我軍沉着擊退、戰至午後六時三十分、槍火漸稀、特聞、弟秦德純・馮治安・張自忠・叩蒸亥參、

又據申時社云、李廣安頃對記者發表談話、據云廿九軍將 士之公忠衛國精神、早爲國人所共曉、犧牲具有決心、宋主席担當冀察責任之當時、全體官兵、即具此信念、而日軍之所以始 終對二十九軍吹毛求疵、造謠挑撥者、無非亦爲此故、今番宛平事件、完全爲日方預定計劃、初欲以少數部隊發爲挑釁行爲、逼二十九軍後退、繼又以華北駐屯軍全部力量、大施壓迫、但因皆告失敗、同時冀察政會、決本政府指示與日方週旋、於是乃有昨今兩日之無理攻擊、據各方情報、日軍現除華北駐屯軍外、關東軍大部亦已入關、集中廊房豐台、此種不絕增援之緊急行動、非預定計劃而何、但本軍既抱守土衛國之決心、自當在政府領導之下、不惜任何犧牲、抗戰到底、在力量上足以應付、

《申报》，1937年7月12日，第13版

孫科談蘆溝橋事件

有擴大可能

中央抱定不容再失寸土原則
宋哲元意志堅決願誓死週旋

立法院長孫科、昨午在寓接見各報社記者、據談蘆溝橋事件、本人與王外長等在廬山時、聞及此訊、當與蔣委員長等、有所商談、初意事態不致擴大、當可就地和平解決、不料日方一方進行和平交涉、一方聞竟調遣關東軍大加增援、佯言停戰、實爲緩兵之計、昨晚今晨、復不斷向我進攻、頃接王外長長途電話、據渠觀察、恐戰事有擴大可能、現中央抱定原則、決不容再失寸土、宋哲元氏意志堅決、如日方一再進逼、決誓死與之週旋、本人赴粵之行、係趁立法院暑期休會之暇、返中山原籍省母、料理私事、或須赴瓊崖視察、原擬日內即可啟程、現亦以北方戰事發生、須聽候消息、稍緩成行、即留滬候輪南下、行前不再返京、孫氏並談、此次蔣委員長及汪主席所召集學術專家各界領袖之談話會、決照常舉行、不受北方戰事影響、政府人員之參加者、係由中政會指派、至中央各要人之紛紛赴廬、係各別商洽公務、並無特殊會議召集云云、

《申报》,1937年7月12日,第13版

撤兵談判聲中

日軍一再違約施攻擊

昨夜進攻財神廟業經我軍擊退
我以日無誠意宛城駐軍亦開回
香月飛前線視察召各將領會議
關東軍携大量軍火源源運抵津

［北平］今夜十時、大井村日軍以大砲機槍向財神廟我軍進攻、被擊退、豐台日軍今夜又向蘆溝橋增防（十二急電）

［北平］大井村日軍、於十二晚十時許、向財神廟進攻、（按財神廟距平市廣安門約五華里）、我駐該地之軍隊、事前早有準備、當予以猛烈之還擊、雙方砲擊約三十分鐘、日軍不支、旋即退去（十二日中央社電）

［北平］今晚宛平一帶機關槍聲、復轆轤不絕、因此北平市民在稍覺安逸之後、復現緊張神色、（中央社十二日路透電）

［北平］十二晚十時、前方又發生接觸、槍砲聲密集、迄發電時未止、（十二日中央社電）

［北平］中日本約定同時撤兵、但日並無誠意、祇撤去少數部隊、經我方催促、反謂我違約前進、現局勢確又趨嚴重、（十二日中央社電）

［北平］日軍十二晚八時、又突向我 軍攻擊、（十二日專電）

［天津］香月十二日十一時二十分、偕橋本·和知·大木·等幕僚、飛蘆溝橋·宛平·偵察、並到豐台、召河邊等前方將領會議、大局能否和平、端視渠此行用意如何、（十二日專電）

［北平］秦德純·馮治安·張自忠等、各要人、昨終宵會商應付時局辦法、迄今晨六時始散、今晨陳覺生·魏宗翰·松井·今井·林耕宇等、磋商解決蘆溝橋事件和平辦法、雙方口頭約定、仍履行前約、雙方撤兵、蘆溝橋日軍已大部撤回豐台、陳覺生今午赴津謁宋、報告一切、宋與香月會晤後、即由津返平、日方屢次違約、此次是否履行諾言、尚待事實證明、（十二日專電）

［天津］據傳日華北駐屯軍司令香月、十二日午一度飛豐台、對部隊有所訓示、旋即返津、又日軍艦菊號、十二日午開抵塘沽、共有水手百餘名、（十二日中央社電）

［天津］蘆溝橋正面高地、猶有日軍步砲兵二百餘未撤、其機關槍陣地移進鐵道旁、頃前方尚平靖、（十二日專電）

［北平］官息、昨晚中日雙方口頭約定停戰撤兵、昨夜今晨日軍突又開槍攻擊、此應由日方負責、我因希望和平解決、倘日方不顧信義、仍進逼不已、我軍決取正當防禦、日兵百三十餘名、今晨携輕重機槍六架抵平、據稱係由蘆溝橋撤回豐臺後、轉來平、遂開日兵營、據午後息、日在蘆溝橋軍隊、尚未完全撤退、關東軍有數列車入關、第一列今午已抵津、恐時局隨時均有惡化可能、（十二日專電）

［北平］中日撤兵談判、十二日仍繼續進行、但我方因日軍屢次食言、不撤退蘆溝橋之部隊、同時證明、日軍繼續徵調、頗欲擴大挑釁行動、故將宛平已撤退之駐軍又復開回、駐紮城廂之保安隊、則協助維持治安、（十二日中央社電）

［北平］十二日午決定雙方派員監視復員後、日方頗多藉口、迄晚猶未施行、雙方距離密邇、成相互警戒之勢、稍一不慎、即有惡化之可能、故十二日晚局勢仍在嚴重關頭、各方均極注視、（十二日中央社電

［天津］津日軍將於十四日起、在津南郊演習三日、際此蘆溝橋戰事未完全解決之時、日軍此舉、頗引人嚴重注意、又據此間消息、關外日軍一

《申报》，1937年7月13日，第3版

部經古北口開往通縣豐台一帶、（十二日中央社電）

［北平］交通界訊、日軍今上午仍在原築陣地佈置防禦工事、並有一部日兵將大井村等地民宅佔領、割去田禾、趕築掩蔽部、蘆溝橋日軍、仍大部未撤、恐日方仍無誠意、（十二日專電）

［北平］舉世矚目之蘆溝橋事件、本於第二次口頭約定、於十一日實行撤歸原防、嗣我軍已復撤至衙門口（地名）後方一帶、日軍大部亦撤往豐臺方面、惟並未完全撤盡、前方警戒區內、雙方軍隊爲警戒起見、因此又有射擊而至互相死傷、形勢轉趨嚴重、十二日下午、雙方當局遂派員各往前綫視察、相互監視實行復員、以期事件早日了結、我方所派爲三十七師副師長張凌雲、冀察綏靖公署交通處副處長周永業、廿九軍參謀周思靖・日方所派爲櫻井・笠井・中島・張等奉命已於十二日午前往、我方復員現正準備中、日是否實行踐約、尙待續報、至事件發生以來、已歷五日、此間當局始終本不挑釁不喪權不辱國之旨、以促對方之猛省、如日軍再不撤退、則前途如何演變、殊難臆料、（十二日中央社電）

［北平］日本已決定於關東軍方面、抽調大部軍隊、向華北增兵、並由該國另開兩師團、現已有一部士兵登輪待發、（十二日中央社電）

［北平］此間局勢急轉和平、全市戒備漸弛、各城門除外城各門外、前門已全開、宣武和平兩門亦開啟、惟未開直耳、各衙要街道之沙包障碍物、已逐漸撤去、永定門缺口處障碍亦撤除、東車站各次上下車均恢復、僅平通支綫車未開、（十二日中央社電）

［北平］豐台來人談、豐台日軍甚夥、步哨達數里、居民逃避一空、（十二日專電）

［北平］據報告、蘆溝橋方面日軍、**已大部撤至豐台、但尙有若干未撤、且有久駐模樣、**我方仍希望事態不擴大、**惟日軍倘無履行信約之誠意、仍向我挑釁、則我惟有堅決抵抗、**又據路訊、日關東軍決增調二千五百人入關、第一批七百人、已於十二日開抵津、第二批一千八百人、十三日亦可到、隨帶槍械軍實甚多、（十二日中央社電）

［北平］陳覺生離平前談、蘆溝橋事件、已和平解決、今後並可防止不再發生類此情事、至日方軍事上調度、係在事件惡化時準備、現已令全部停止、（十二日專電）

［北平］日方募集在平居留民、組織義勇隊、今日在日本俱樂部報名、（十二日專電）

［北平］蘆案和平解決、又呈惡化、日方十一日與我交涉結果、本允將大井村至蘆溝橋附近各地日軍、撤至豐台、但其後日軍並未實踐諾言、除十一日晚十二日晨一再猛攻我軍陣地外、十二日上午起仍在原陣地佈置工事、自劉家口至大井村一帶民房、被佔領多處、或利用田禾爲掩護物、或將田禾割去趕築溝壕、由大井村至五里店、日軍警戒尤嚴密、反客爲主、檢查行人、大瓦窰及鐵路涵洞、放置大砲及軍馬甚多、僅於十二日下午一時許、將部隊百餘人撤至距豐台一里許之窪地、另一方面則迭向平津增兵、駐平日軍此次並未參加蘆溝橋之役、但十二日晨仍有百六十餘名運平、由水關下車、入日本兵營、謂係從前方復員之兵、山海關兵車十二日已有五列西上、已運到津之日機有二十餘架、（一說五十餘架）、十二日下午三時、並有關東軍五百餘名携有小鋼砲多尊、分乘大汽車由承德開古北口、分駐石匣等處、其第二批一百五十餘人、亦於十二日下午四時開到、駐在密雲城内、據某觀察家談、目開議已議決向華北增兵、關東軍及朝鮮軍正紛紛調動、足見欲以强力壓迫華北、以遂行其政策、和平解決及事態不擴大等名詞、或僅其準備未完成時、一種外交辭令、惟我方已有堅決之意志、倘日方仍不踐其諾言、對我挑釁、亦惟有奮起與之周旋、（十二日中央社電）

《申报》，1937年7月13日，第3版

日軍陸續由津抵榆

【天津】日軍仍陸續由榆乘專車來津、頃又到達千餘人、計㈠日軍六百餘人、馬百餘匹、軍用品六悶車、於下午六時廿分抵津、㈡下午七時半又有四百餘人、馬一八零匹、大砲共裝九車、於七時半抵津、均停於東站、全體士兵、並下車在附近休息、另有日兵車、式二日晚亦可到、（十二日中央社電）

【天津】十二日晚九時、又有日兵車一列由榆抵津、計載兵四百餘名、馬百餘匹、大砲六門、另有悶子車五輛、滿載軍械子彈、即停於東站、十二日一日共到日兵車四列、人數在二千人以上、所有運兵之車皮及機關車、均係關外開來者、（十二日中央社電）

【天津】十二日晚抵津之日兵車兩列、共載士兵約千餘人及大批軍器、於晚九時整隊經萬國橋法租界至海光寺兵營、此項日兵所經過地方、往來均因之被阻、又八時五十分、有日騎兵百餘名、押大批軍用品、經平津公路赴豐台、（十二日中央社電）

【天津】盧溝橋中日雙方軍隊撤退事、雖已由官方證實、但**日軍仍由榆關源源西開**、十二日午後又陸續到津、㈠下午二時十分、**由榆開到鐵軌陸地兩用鐵甲車一輛、內載士兵五人**、㈡下午四時十分由榆又到**巨型鐵甲車一列、共計五輛、內裝砲四門、機關槍若干架**、載士兵三十餘人、均停於東站、又平榆四次車十二日下午四時抵津時、亦**附掛日軍用車兩輛、內載日兵七十餘人**、在津下車、尚有馬四十餘匹、原車赴豐台、（十二日中央社電）

【天津】津日軍部對日軍乘滿鐵車輛、及由滿鐵人員司機運兵事、謂因北寧路拒絕撥車、不得已臨時辦法、絕不佔據北寧路、、並防礙辛丑條約國權利、倘北寧允許運兵、即令滿鐵人員車輛退出、（十二日專電）

【天津】由榆關西進之日兵車五列、因北寧拒發路簽、日軍强令開行、並調僞奉山路司機駕駛、車皮亦均奉山路配掛、（二十二日專電）

【天津】關東軍鐵甲車一列、共掛甲車三節、敞車二節、由錦州十二日下午四時駛抵津、在東站少停、擬駛平站、北寧拒撥道叉、正交涉中、平榆第四次車因日鐵甲車在前阻路、由榆抵津誤點、隨該車到津日軍、步兵七十名、在東站下車、即入海光寺兵營、尚有馬五十餘匹隨四次車運豐台、日東京大阪記者二十餘人十二日均隨第四次經關外抵津、每人臂佩隨軍記者白擁、（十二日專電）

【天津】路息、由秦榆南大寺開來日軍、爲華北駐屯軍河邊旅團之一部、關東軍第二十三旅團部隊之一聯隊、未深進、即接防秦榆南大寺一帶、（十二日專電）

【天津】據聞有關東軍七百名、隨帶軍用品多種、十二日晨由榆西開、二時半過秦皇島、（十二日中央社電）

【天津】由關外開抵榆關之日軍兵車一行、約載七百餘人、頃於十二日午十一時許開抵津東站停留、（十二日中央社電）

【天津】十二日午十一時許抵津之日兵車一列、共載日兵約四五百人、已於十二時許下車、結隊開往海光寺兵營、聞尚有四列、將於午後陸續抵津、（十二日中央社電）

《申报》，1937年7月13日，第4版

津日飛機續有增加

〔天津〕日軍用飛機十二日又有陸續抵津者、並隨時飛往各地偵察、迄晚津東局子日兵營及惠通兩機場、共停日軍用機二十八架、（十二日中央社電）

〔北平〕今日下午三時許、有日偵察機一架、由通州飛平市上空、盤旋兩週、旋赴盧溝橋·長辛店·西苑·南苑·一帶偵察、至五時許又繞平市上空東飛赴津、（十二日專電）

〔天津〕日軍飛機續有增加、十二日晨又到七架、停於東局子日兵營前機場、連同十一日到津者、此間已有日機二十餘架、（十二日中央社電）

平津交通昨夜復斷

〔北平〕北甯路平津間交通、十二日晨又漸次恢復、平津六次車十二日晨九時半由津開平、平浦三〇五次車十二日晨由平過津、即按規定時間南下、平榆四十一次車則係於晨間由豐台來津、又據路息、十二日晨六時半、豐台有專車一列、載日軍官數名開平、（十二日中央社電）

〔天津〕北甯路平津段交通、十二日晨起本已恢復通車、晚間赴平各次車購票之旅客亦甚踴躍、惟因平市戒備關係、十二日晚應開平之平浦三〇六次平榆一一四次、以及平滄二次車均停開、臨時通知旅客退票、又由平開津之平滄三次車亦未來津、（十二日中央社電）

王冷齋已遄返宛平

〔北平〕宛平縣長王冷齋、日前來平謁當局、報告盧溝橋事件經過、嗣因病入醫院療養、茲以稍愈、於十二日晨乘汽車返宛平縣、主持一切、（十二日中央社電）

〔北平〕宛平縣長王冷齋、今日扶病返縣城、應付一切、並辦理善後、（十二日專電）

平西昨晨劇戰經過

〔北平〕今晨拂曉前、北平西郊約六哩之八寶山萬國高爾夫球場附近、有劇烈之戰事、爲星期四日盧溝橋中日軍隊衝突以來所未有、機關槍聲與砲聲、歷歷可聞、終夜不絕、城內戒嚴、市聲全息、故雖坦克車馳往前敵之聲、亦復淸晰可辨、北平戒嚴、至爲認眞、居民咸不許離家出外、（中央社十二日路透電）

〔北平〕昨夜中日軍復相開戰、據華方消息、雙方均受重創、現一切復歸安謐、最近之戰事、發生於距平西約六哩之八寶山萬國高爾夫球場附近、自夜十時半起、至今晨二時半止、平西村莊數所、大受砲火與機關槍之摧毀、午夜後砲火至烈、歷一時二十分鐘之久、或謂今晨五時半復開火、但未幾即停、日方所稱、中國當局接受日方休戰條件之說、已由中國

《申报》，1937年7月13日，第4版

外部否認任何條件

【南京】關於盧溝橋事件、某方自十一日起、盛傳冀察當局已接受日方條件云云、記者以之叩詢外交部當局、據該部發言人稱、外部未接此項報告、諒不確實、且任何解决辦法、未經中央政府核准、自屬無効、外部十二日已將此意作成節略、於下午七時正式送致日駐華大使館查照、(十二日中央社電)

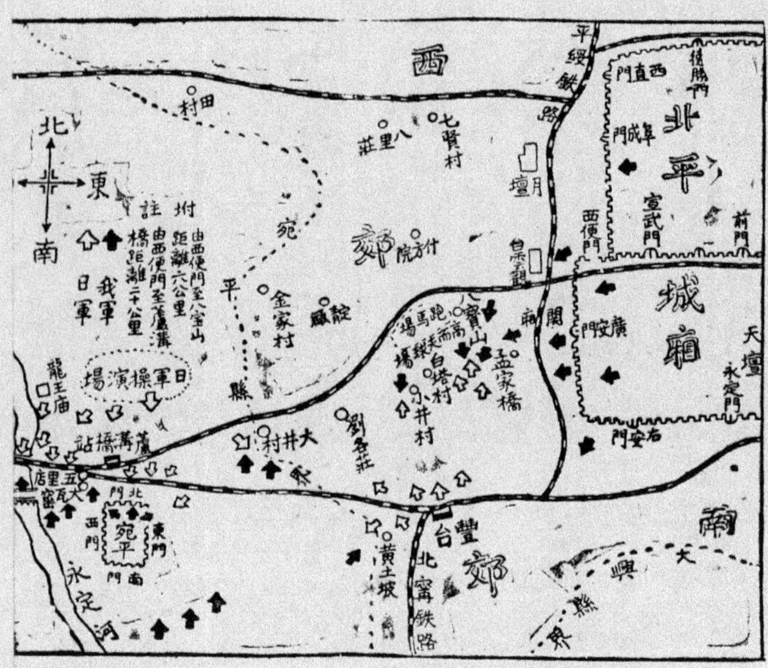

《申报》，1937 年 7 月 13 日，第 4 版

香月昨日正式視事

天津 新任日駐屯軍司令香月淸司十二日晨已正式到海光寺司令部視事、下午一時、並召集各高級幕僚會議、計到橋本・池田・專田・大本・等、迄下午三時始散、香月到津後、尙未正式通知我地方當局、（十二日中央社電）

本報記者再度視察

北平 記者今晨赴盧視察、車過劉家口・大井村・五里店等處、均被日軍持槍阻攔、嚴行盤查後、始放行、日軍身披綠蠅綱、上掛樹葉綠草、伏路旁高粱地內、以遮人視綫、至大瓦窰位鐵道橋洞傍、見有大砲數尊、軍馬數十四、及白布帳蓬數座、日軍亦較多、過此處爲日軍之最前步哨綫、旋至宛平城、城上我守軍高聲阻止、謂城門皆關閉、鐵路北尙有日軍、前進恐有危險、遂折返、（十二日專電）

漢奸圖擾平津治安

天津 官方查明、劉桂棠・白堅武・受僞冀東組織接濟、擬乘盧溝橋衝突、以便衣擾亂平津治安、乘間擴大僞組織、平津當局已予注意、（十二上午三時）津海光寺槍聲、據當局證明、即係僞便衣隊所發、（十二日專電）

天津 十一日下午十一時後、平郊衝突、頃查明、係因中日雙方軍隊圍擊便衣隊發生之誤傳、黃土坡一帶、亦因出現便衣隊、經我軍追剿、致槍聲甚密、（十二日專電）

馮欽哉等電宋聲援

西安 廿七路總指揮馮欽哉、暨師長柳子俊、武士敏、十二日電宋哲元、秦德純、馮治安、張自忠聲援、電宋有本路將士、願作後盾、同仇敵愾、滅此朝食、等語、（十二日中央社電）

《申报》，1937年7月13日，第4版

當局正式否認、故今必須繼作談判、以免戰事復作、宋哲元已由樂陵返抵天津、（中央社十二日路透電）

宛平城內被炸慘況

〔北平〕據宛平來人談、駐留距縣城東門里許鐵道洞附近之日軍、今晨一時許、突又以重砲向縣城轟擊、縣府秘書室落一彈、全部被炸、專員署中一彈、房屋一部炸塌、城中一陳姓全家四口共臥一處、一彈飛來、三人立時炸死、血肉橫飛、另一人亦重傷、宛平縣城牆中彈甚多、縣署及專員公署卷宗檔案、被彈炸散狼籍滿地、已由警隊負責整理保存、（十二日專電）

宋氏發表書面談話

〔南京〕宋哲元因昨日來津、途中勞頓、腰痛宿疾、因以復發、返平期尚有待、原定十二日午後接見記者、亦因之改期、臨時發表書面談話、原文云、此次蘆溝橋發生事件、實屬東亞之不幸、局部之衝突、能隨時解決、尚屬不幸中之大幸、東亞兩大民族、即是中日兩國、應事事從順序上着想、不應自找苦惱、人類生於世界、皆應認淸自己責任、余向主和平、愛護人羣、決不願以人類作無益社會之犧牲、合法合理、社會即可平安、能平即能和、不平決不能和、希望負責者以東亞大局爲重、若只知個人利益、則國家有興有亡、興亡之數、殊非盡爲吾人所逆料也、（十二日中央社電）

〔天津〕宋哲元十二日六時許、即到進德社辦公、擬十二日晚或十三日晨接見此間新聞界、津市府秘書長馬彥翀及陳覺生十二日午先後由平返津、當分赴進德社謁宋、報告一切、（十二日中央社電）

《申报》，1937年7月13日，第4版

日高等訪晤王外長

▼對蘆溝橋事件交換意見

英美外交人員探詢眞相▲

（南京）蘆溝橋事件因日軍蓄意擴大、連日均發生戰事、我方為自衛計、日侵我領土、決不惜任何犧牲、與之周旋、茲將本日情形錄下、一、十二晨十時三刻、日使館參事日高、偕陸軍副武官大城戶、海軍副武官中原、赴外部見王部長、談蘆溝橋事件、交換意見、至十二時辭出、對於停止軍事行動、避免擴大事態一點、雙方抱有同樣希望、二、冀察政委長宋哲元由樂陵原籍抵津後、十二日已與二十九軍駐京辦事處長李世軍通電話、宋氏希望日軍勿一誤再誤、陷遠東大局以不可收拾、對日軍近日行動、認為意在擴大、李世軍十二日晨十時半、見軍政部長何應欽報告、宋氏離籍北返歸後接見訪者、以沉毅之態度曰、今日雖續接報告、尚未詳盡、但我決不中其緩兵之計、我軍守土之決心、因敵屢次非法進攻而益堅、李氏旋與北平市長秦德純通話、並祝秦為國珍重、下午復往謁軍委會辦公廳主任徐永昌、有所報告、三、財長孔祥熙在美國途中、以蘆溝橋事件發生、對華北情勢至為關懷、決定兼程返國、一面將在國外接洽事件、告一結束、於十一日由紐約乘法郵諾曼第號離美赴法轉往、離美時曾分電京滬、關懷時局、並稱至遲八月初啟程返國、原定在德療養之舉、業已作罷、四、外部以日軍屢次向我軍進攻、士卒死傷、地方損失、及各種情形、均有調查必要、以作將來交涉準備、所派人員計兩人、係外部職員、一係外部顧問、在外交界均負有相當聲望者、兩氏奉命後、十一日已到津、十二日已抵平、訪晤各當局、開始調查工作、五、蘆事發生後、各國駐京外交官、均極關懷、英國大使館秘書裨德本、十二晨十時、赴外部訪李司長迪俊、美國大使館秘書艾其森、十二日下午三時、亦訪李、對北平近郊戰事、表示異常關切、六、十二日下午、京中各機關對北平方面消息、傳說不同、頗費研究、經李於下午三時十分與北平通話、始知十二日上午三時起至通話時止、未有劇烈戰事、另悉、日方一方調兵增援、一方又磋商和平、故十二日下午消息又轉沉寂、一般預料、日軍狡焉思逞、或又為其緩兵計耳、七、李世軍十二晨接秦德純來電云、蒸・眞・二電均悉、一、日軍昨晚七時又向我蘆溝橋駐軍猛攻、經我沉着應戰、迄未得逞、雙方現成對峙狀態、二、彼方屢來表示和解、劉正商洽各將軍隊撤回原防、和平了結中、關東軍開到山海關兵車二十列、擬要車西開、已被我北甯路局嚴拒、詳細奉聞、秦德純（十二日專電）

《申报》，1937年7月13日，第4版

東京空氣緊張
宛如戰時狀態
日相解釋對華政策

東京　海軍省自十一日晨米內海相、山本次官、豐田軍務局長等高級人員迭次集會、至傍晚、全省空氣、俄然緊張、海軍首腦部通宵協議、警備中國海面及艦隊行動之種種計劃、其情形宛如戰時狀態、（十二日同盟電）

東京　各省辦事之緊張情形、如海軍·外務·大藏·等省固形忙碌、自不待言、而對於事變無甚直接事務關係之其他各省、其情形亦至爲緊張、（十二日同盟電）

東京　首相近衛昨夜邀集政財報界代表約七十人、向之解釋政府對華北之政策、諸代表皆允團結贊助政府之政策、首相詳述政府不得不作嚴重決議之情勢、惟謂政府仍未放棄和平談判之希望、並謂此次事變、乃中國多年來辛苦大膽經營之排日運動與教育之自然結果、日政府由滿韓及日本本部派兵至華北者、本意乃在促中國重行考慮其態度云、此次集會、閣員全體蒞臨、散會後、民政黨與政友會皆發表宣言、聲明贊助政府之政策、少數黨後亦有此行動、藏相賀屋今日宣布政府雖遭華北事變、仍決計維持目前之匯率、即一先令二便士合日金一元是、並請銀行家財政家合作以達此目的、（中央社十二日路透電）

各報評論出兵事件

東京　今晨各報評論日本出兵事件、皆支持內閣方針、朝日新聞謂如能平和收拾華北局面、最爲幸事、目前尚未失時機、切望最後努力、從速平和解決、此次出兵、決非以中日戰爭爲目的、日日新

聞謂吾儕所希冀者、乘此機會對盧溝橋事件背後所潛藏之根本原因、須採取拔本塞源之對策、此爲國府抗日政策及華北由央化是也、並謂引起此類事態之淵源、在排日侮日抗日運動、故非掃滅不可「不清除根本原因、則不足語調整中日國交、當然須獲得或種保障、斷不可不徹底而終、報知新聞謂「縱使中日間能得或種收拾方法、惟是否可完全信賴、殊屬疑問、希望中國從速採取誠意態度、同時日當局應發揮一切權能、努力圓滿收拾事態、但軍略上時機亦不可失、讀賣新聞謂、中日間不幸而發生全面的衝突、其結果究如何、近代戰爭、決不能限定於相對兩國、歐洲大戰、可爲一例、現時情勢、比歐戰時、更複雜險惡、遠東之中日衝突、誰亦不能保證其無引起許多波瀾之危險云、（十二日中央社電）

《申报》，1937年7月13日，第4版

最高當局之主權問題云、巴黎日報稱、日本現採行種種計劃、擬攫取華北軍事上覇權云、民衆報稱、日內閣堅於南京在華北之勢力、日臻膨脹、爲之不安、乃有意造此局勢云（中央社十二日路透電）

英法各報重視華北危局

官場方面力守緘默 某威權者發表談話

倫敦 此次各報對於華北危局、繼續重視、惟迄今尚未有加以論列者、以大致觀之、各方面似均不願有所言動、轉致增加時局之嚴重性、至官場方面、則力守緘默、深信必須多得消息、始可相當了解局勢之究竟、惟某新自遠東返國之威權者、今日與路透社記者談話時、稱此次事變、有兩種可能之解釋、第一、即外國軍隊之在中國領土內操演、無如日本軍隊之頻數者、若中國軍隊對此有所反感、亦不足爲奇、第二、則此種日本軍之行動、爲日本軍人對於日本新政府和平政策之直接挑釁、（中央社十二日路透電）

倫敦 今日下院中議員爲華北事件、向外相艾登提出若干質問、艾登於答復時、略述華北戰事之經過、惟此種消息、大都不甚完全、且多已經披露者、艾登稱、根據一九零一年（辛丑）條約、日本及其他列强得在華北某某若干地點駐兵、以維持與海上之交通、現日軍總額約達七千名之衆、現中日局勢緊張、於英國利益及國際貿易上之可能反響、均已有充分之認識、艾氏繼復於答復保守黨議員潑魯奇氏之質問時、曾稱倘英日之談判 在倫敦進展、當然對於華北事變、日後儘有與日大使吉田討論之機會、英政府所渴望者、非但目前之事、應即加以解決、即中日兩國間之種種困難、亦應加以解除也、（衆歡呼）、至此勞工黨議員漢德桑當即建議謂、英政府應向日本大使提出 對於日軍在北平附近操演之異議、艾登答稱、此等事件之原委、至爲複雜、但彼深知下院之普遍志願、即「吾人應竭力設法阻止事態之更惡化也」、衆復歡呼、（中央社十二日路透電）

倫敦 倫敦人士對於遠東事變、採取鎮靜之態度、市場方面因購方消乏、各項貨價皆以愼重而稍加低抑、但售方亦不求急售、且以上海形勢安靜之故、中國債券價格降落極微、但日本債券、因日本貨幣限制而無法 與東京方面成立公斷比例 大爲銳落、倫敦方面極望中日間能早日成立和解、因恐者中國將對日貨 重起杯葛、轉致日本之採取報復手段耳、（中央社十二日路透電）

巴黎 法國各報對於華北戰事、甚爲重視、小日報稱、日內閣決定作敗解中國之第二次嘗試、南京爲實施計、不能聽令華北與日人談判 中華民國

《申报》，1937年7月13日，第4版

各方慰勞廿九軍

京市黨部去電勗勉
平新聞界組慰勞會

南京 京市黨部暨農工商婦女等團體、十二日電慰平宋委員長・馮主席・秦市長・津張市長・暨廿九軍將士、中有我廿九軍處國防最前綫、守土有責、各將士深明大義、定能沈着應付、我首都民衆爲民族爭生存、爲國家維人格、一息尚存、誓爲諸將士後盾、披髮纓冠、義無反顧等語、（十二日中央社電）

北平 平市記者公會、十二日下午三時召各報社組織平市新聞界慰勞抗戰守土將士會、採辦慰勞品、十三日出發慰勞、（十二日中央社電）

南京 京商會十二日電宋哲元、略云、日軍無故尋衅、在蘆溝橋以槍砲轟擊我軍、至深憤慨、惟望我公、本守土之決心、鼓勵前方袍澤、振作士氣、以挽兇頑（十二日專電）

漢口 蘆溝橋發生戰事後、我軍抗戰守士、十分忠勇、平漢路長辛店辦事處及工會、卽於九日購買罐頭食品多件、前往慰勞受傷將士、現正組織慰勞隊、（十二日中央社電）

天津 津中等學校學生、十二日成立勞軍團、全市各中校均有代表參加、決定卽日起、開始募捐、（十二日中央社電）

重慶 此間各界以日軍又在華北挑釁、我守士將士、忠勇抗戰、殊爲興奮、紛起募捐慰勞前方將士、新蜀報十二日刊登啟事、代收捐款、全體職員、並捐百元以爲之倡、又私立贛江中學全體師生亦捐百元、並電廿九軍致慰、（十二日中央社電）

西安 東北大學師生十二日電慰廿九軍將士、並將節省所得百元、匯平慰勞、（十二日中央社電）

紅卍字會組救護隊

北平 蘆案發生後、附近居民、受災甚重、世界紅卍會現組兩救護隊、每隊十餘人、定十三日晨赴前方、並携帶藥物實行救護、（十二日中央社電）

《申报》，1937年7月13日，第4版

蘆溝橋事變後
上海日方行動

外陸海首腦會

日使館參事官兼駐滬總領事岡本、於昨日上午十一時三十分、在黃浦路該國領署內、邀集在滬之該國外交及陸海軍首腦、舉行會議、討論對於北方中日戰事之態度、使館情報部長田尻、領事吉岡、陸軍武官喜多、海軍武官本田、海軍陸戰隊司令大川內等均參加、互相報告所得關於戰事情報、交換種種意見、會議約達一小時之久、直至十二時許始散、聞岡本並定日內一訪本市俞代市長、

出雲艦警備會

日本駐華海軍第三艦隊司令官長谷川中將、於前晨六時、乘旗艦「出雲」號抵滬後、曾於當日下午三時五十分許、在艦上舉行特別警備會議、出席者除長谷川外、計有海軍武官本田輔佐官冲野、田中、第三艦隊參謀長岩村、海軍特別陸戰隊長司令大川內及警備部長等數人、議至四時一刻許、陸軍武官喜多、輔佐官宇都宮、特別機關長楠本等氏、亦先後登艦參加、議至六時餘始散、昨晨據華東社記者探悉、前日之會、由長谷川主動、依據海軍省八日所發之緊急訓令、討論所謂「保護日僑」問題、決議分三組特務艦隊、每隊支配砲艦一艘、輕巡艦或淺水艦二艘、運輸艦一艘、上海方面、由長谷川指揮、（第三艦隊司令）漢口方面、由谷本指揮（第一艦隊司令）青島方面、則由十一艦隊負責、厦門汕頭各地、由第三艦隊「夕張」艦負責、（該艦將於今晨抵厦）担任警備護僑之責、必要時、得由特別艦隊長指揮、並由特別陸戰隊協力警戒、

《申报》，1937年7月13日，第13版

日增援軍到平郊
今晨以重兵進犯南苑
我方軍士於大紅門奮勇抵禦
昨午永定門外一度發生激戰
日軍對北平現取大包圍形勢

〔天津〕日增援軍到平郊、十四上午一時、集結兵力千餘、向南苑猛攻、我軍拚死禦敵於大紅門、正激戰中、大井村日軍六百、向該方增加、（十四日上午三時急電）

〔北平〕今晚十時許、平郊日軍、又向我軍射擊挑釁、城內隱聞砲聲（十三日專電）

〔天津〕板垣定十四下午五時由東京飛來津、襄香月指揮全軍、（十四晨二時急電）

〔北平〕日軍十四日晨分若干股、在大紅門一帶向我軍挑戰、晨二時半、大井村以北大小村一帶、亦發現數股、日軍經我軍擊退後、至三時許、前方各地均趨平靜、（中央社十四日晨三時十分電）

日將以二師團兵力來侵

〔天津〕十二日·十三日·自關外開到日軍、現查明爲朝鮮駐屯第十師團、川口中將所部、現運到者僅三分之一、餘在中途、自古北口開入者、爲關東軍佐藤師團一部、三日內日軍集結華北、將三師團一旅團以上兵力、（十四日上午二時急電）

戰事重心由蘆東移平郊

〔天津〕十三日上午十一時起平永定門外鐵橋、及南苑附近、發生激烈衝突、日軍裝甲汽車唐克車、均運往前方、關東軍千餘、十三晨五時、陸續自津乘載重汽車輸往平郊、鐵甲車在津總站昇火待發（十三日下午三時專電）

〔北平〕今晚形勢仍惡化、永定門外東西兩邊、均有日兵、蔣家墳古廟清查村一帶、日軍仍未撤、居民均逃避一空、今晚法國兵營纖美兵營後、架設機槍鋼砲、並加崗、截至今晚止、秋平曙光實不絕如縷、今夜係和戰關鍵、極爲重要、（十三日專電）

〔北平〕豐台武裝日兵六七十名、分乘汽車、並携大砲機槍等、今午擬進永定門、當行至大紅門地方、被我軍擊退、日軍子彈爆炸、響聲甚大、平市南城、並聞砲聲極清細、前門大街一帶商店、臨時關閉、外城各門亦關、（十三日專電）

〔北平〕廣渠門外有日兵三四百名、欲進城被拒、迄今晨仍未撤退、有乘機窺視模樣、齊化門外亦有日軍三四百名、並不時聞槍聲、（十三日專電）

〔北平〕日軍數百名携坦克車七輛、今午至永定門外窺探、與我城防軍衝突、日軍竟放砲、向城內攻擊、有二砲彈落永定門城墻下、又放三砲、彈落何處不詳、午後兩軍仍在相持中、（十三日專電）

〔天津〕十三日十二時後、平永定門外戰事已移至觀音堂、砲聲漸密、黃土坡豐台以西、遍是日軍、豐台日方已置大本營、頃對平市取南西兩面包圍式、厚集兵力、漸行迫壓、平漢·平綏·北甯·三路、皆爲遮斷、刻戰事重心已由蘆溝橋宛平而移至北平、敵似注意我南苑西苑二十九軍根據地、（十三日專電）

〔北平〕中日軍今日在距北平南半哩許永定門外鐵路橋附近激戰二小時、此爲十二小時內第二次嚴重衝突、第一次乃昨夜十時、兩軍在北平西二哩財神廟附近及距西城二哩之跑馬場交綏、今日之戰事、於晨間十一時開始、日兵約五百名、携坦克車四輛、鐵甲汽車若干輛、出現於北平豐台間之鐵路綫、與來自南苑飛行場之華軍接觸、戰事旋卽遍

《申报》，1937年7月14日，第3版

近北平、而達永定門外之鐵路橋、至是華軍由城內各段馳至、以援戰區附近之守軍、戰事於下午十二時四十五分終止、當交綏之際、城南斷絕交通、居民皆不許外出、**據在城牆目擊戰事者聲稱、雙方肉搏甚猛、昨夜來自古北口之日軍、圖入北平城未果、今日曾參加戰事、聞因華軍勢盛、卒向豐台方面敗退、**所携載重汽車二輛、載有汽油與子彈均炸毀、乃委棄道旁、有砲彈二枚、曾飛過城牆而爆炸、**今晨南苑華軍營房附近因有日兵一隊前往偵察、致亦發生小戰事、今日下午日飛機第一次參戰、飛機數架、曾轟擊南苑區之華軍、**據居於城外之外人聲稱、昨夜之戰事、亦極劇烈、雙方皆用砲隊與機關槍轟擊、且用星彈照耀戰區、戰至午夜、因日軍退走、遂告終止、日軍乃沿宛平北平公路與蘆溝橋方面平漢路綫而進、據村民聲稱、戰事開始時、華兵即奪得日砲一尊、於是由西開來之日軍、乃與華兵約千名交戰、華兵在跑馬場掘壕固守云、路透訪員今晨曾往戰地視察、知華軍於黎明時退出跑馬場、戰壕中遺有空子彈箱多具、華軍現扼守西城外之綏遠鐵路、今日路透訪員往訪日大使署一等秘書加藤、據謂、和平解決之希望、仍未全絕、加藤今日下午曾訪問秦德純、與商釋爭辦法、（中央社十三日路透電）

《申报》，1937年7月14日，第3版

〔天津〕平永定門外北寗路軌、十三日午由我拆毁、鐵橋附近頃有大批日軍、南苑通平市電話、被日軍割斷、該方聯絡斷絕、**大紅門有日軍砲兵陣地、時向我南苑駐軍營轟射、**(十三日專電)

〔北平〕日軍六百餘名、乘裝甲汽車四十餘輛、今晨由通縣出發來平、分別在朝陽廣安永定各門集中、平至南苑電話綫、發生阻碍、北寗平漢各路火車均不通、(十三日專電)

〔北平〕此間截止十三日下午八時止、仍安靜、戒嚴時間亦照常、惟前發通行證將作廢、重新再發、平至南苑電話、下午七時已恢復、東西車站來往各次車全停、平滬車本定下午七時開出、已售票、臨時復停開、(十三日中央社電)

〔北平〕永定門外砲聲起後、民衆不知原委、一度狂奔、致永定門大街以北、至前門大街西折珠市口、騾馬市大街、菜市口一帶商店、紛紛閉門、但約二十分鐘卽完全恢復、前門大街一小部商店亦陸續開門、行人照常鎮靜、各內城如前門和平宣武等門仍開半扇、電車照舊通行、惟置各衝要路口之沙包等障碍物昨已撤除、現復重行堆壘、平至南苑電話、迄下午四時未恢復、廣安門大街土地廟元廟會遊人仍擁擠、毫無驚擢、(十三日中央社電)

〔北平〕今午被我軍在大紅門擊退之日軍、午後集中海慧寺觀音堂一帶、是役雙方各有傷亡、(十三日專電)

〔天津〕北寗路津至榆關各站、十三日午後、日方調來國際警察隊一隊、每站駐四五名、恊鐵道隊辦軍運、幷監視我路員、豐林延平鐵道公路旁、高粱與樹木均爲日兵刈除、便作戰、豐台扶輪學校爲日兵佔爲兵營、學生停課、十三晚滿鐵運兵空車百三列、開回關外接運軍隊、(十三日專電)

〔北平〕日軍於十三日晨陸續由通州經永定門外大紅門開赴豐台、至十一時許、復有日軍四百餘名、乘載重汽車六十五輛、携帶坦克車四輛、迫擊砲七門、卡車四輛、突向我軍挑戰、意欲入城、我軍當卽阻攔、遂卽開始衝突、雙方戰事激烈、日軍死傷頗多、據由永定門外某軍官入城談、日軍大部在永定門外、北寗路橋下屯集頗多、當衝突時、日軍曾以坦克車向我衝擊、我軍奮勇抵抗、一時戰事頗爲激烈、雙方均有死傷、大部障綫、在永定門外四里許之觀音堂一帶、記者欲出城探詢消息、因永定

《申报》,1937年7月14日,第3版

門業已關閉、記者曾登城樓上遠望、見城外居民、紛紛逃難步槍聲頗爲稠密、歷約間可望見日軍之行踪 至十二時三十五分、突有重砲兩響、聲音極近、前門大街行人聞聲紛紛躲避、各商店當即閉門、城內亦即嚴密警戒、（十三日中央社電）

【北平】今晨雙橋有日兵六百餘人携坦克車六七輛、鋼砲二十餘門、欲進朝陽門、經我軍拒絕後、乃分向南苑北苑而去、（十三日專電）

【北平】官息、昨中日雙方所派監視員張凌雲·櫻井·等、往前方視察後、當晚返平、據報告、日軍仍未撤退、現仍在大井村五里店一帶約六百人、自昨下午起、日方由榆關開來軍隊、復陸續向津豐集中、似有擴大事件之企圖、（十三日專電）

【北平】記者三時後至永定門、欲出城調查衝突眞象、經守門阻攔、無法前往、旋由永定門外抬進傷兵一名、遍體鱗傷、爲狀極慘、但該傷兵於昏迷中、仍具悲憤之慨、忠勇衛國精神、睹之令人敬仰、據隨傷兵入城之某士兵談、日軍共携有子彈四載重汽車、除兩車被我軍擊中爆炸外、餘兩車爲我軍奪獲、現日軍已撤退、我軍正嚴密戒備中、（十三日中央社電）

【天津】津東車站現由日軍派隊分散各處、往來巡梭、並向路局索房一間、設有日軍車站司令部、至來津日兵所乘之各次列車、均爲南滿路或關外僞路者、現停於東車站貨廠、十三日北甯路由東開來各次車、因秦唐等地日兵車絡繹不絕、致多不能按時開行、應於三時半抵津之平瀋四次車、迄五時半仍在途中、（十三日中央社電）

【北平】中日軍十三日午在永定門外衝突、經我軍奮戰、至下午一時許、已將日軍擊退、當永定門外發生衝突時、一部日軍擬向南苑進攻二十九軍軍部、立即被我軍擊散、同時在觀音堂擇樂材地方停有日軍載重汽車兩輛、滿裝軍火被我軍擊中起火爆炸、聲如暴雷、烟燄冲天、在永定門內天橋地方、即可瞭見、車旁有日軍五十餘、當被炸死八九名、餘均逃逸、（十三日中央社電）

《申报》，1937 年 7 月 14 日，第 4 版

雙方人員猶在折衝和平

〔北平〕今晚、平郊緊張狀態稍見和緩、蘆溝橋、大井村、五里店日軍、大部今晚向豐台以東、西管頭一帶撤退、僅留少數日軍防衛原有警戒綫、外交重心已移津、今夜和平問題、當可有所決定、（十四日上午二時急電）

〔天津〕蘆溝橋事件、因日方並未撤兵、復繼續增派部隊、故事態解决益感困難、中日雙方刻在津有所談商、陳覺生·鄧哲熙·與日軍部各參謀間、連日分别會晤、據聞第一步在使目前局面趨於和緩、再談其他云、（中央社十三日電）

〔天津〕張自忠十三日下午九時、乘汽車返抵津、（十三日專電）

〔天津〕和平猶有一綫曙光、張自忠原定十三下午六時專車由平回津、應宋召協議辦法、臨時因永定門外安樂林村日軍火汽車爆炸、死兵三名、日人圍觀者衆、永定門豁口沙袋拆除不及未開出、如今夜無衝突、張十四日晨可到、大局關鍵在十三日夜平津兩地之折衝、加籐·松井·塚田·大木·十三夜將與秦德純·張允榮·陳覺生·等會談、新增日軍似有壓迫恫嚇意、欲使地方當局屈服、在武裝威脅下、一總解决華北問題、進而實現其理想園地、（十三日專電）

《申報》，1937年7月14日，第4版

日軍强行佔據津東車站

〔天津〕十三日下午二時餘、日軍協同南滿鐵道隊、已强佔津東站、由津迄榆關北甯路幹綫、殆全爲日軍佔據、津總站十三日下午三時起、日兵六名放卡、北甯路調度所亦爲日軍盤據、路方除行車可用長途電話外、餘悉受阻、（十三日專電）

日關東軍陸續抵津

〔天津〕關東軍第五列兵車、十三日上午十一時到津東站、津日軍預先驅逐車站内外華人、不准路員近車旁、致該列車所載人數不詳、第六列兵車載靖安軍約六百餘、下午二時可到、第七列載八百餘、軍需品無數、共掛車三十節、並有日重要統帥在内、上午十二時四十分已自榆關開來、薄暮可到、（十三日專電）

〔天津〕路訊、由日國内增調之兩師團兵力、已乘船到釜山登陸、由朝鮮鐵道配車、共五十列、下午一時起已向華北進發、第一列十五日晨可到、（十三日專電）

〔天津〕十三午後、關東軍裝甲無綫電車、及探照燈、鐵甲車、均開抵津、截至下午七時止、前後到津日新軍已三千餘名、載重汽車百餘輛、軍需品無數、僞滿軍已到千五百餘名、來津日新軍、十三日下午四時、續乘載重汽車向平郊增發、步砲騎兵開去約六百名、（十三日專電）

〔天津〕到津日軍已下車、分别開入李明莊·海光寺·兵營、津市各街衹見日軍隊伍、輸送繁忙、反映時局益臻緊迫、（十三日專電）

〔天津〕關東軍兵車四列、步兵四百餘、鐵道隊三百餘、軍需品大批、由十三晨四時起、陸續抵津、士兵猶未下車、尚有兵車兩列、午後可到、（十三日下午三時專電）

〔天津〕十三日由關外所到軍隊、内以僞滿靖安軍爲多、以後猶有大批將開到、已到兵車第一列載兵二百名、載重汽車十部、軍用品五火車、晨四時十分到津、第二列兵二百名、載重汽車廿部、軍用品五火車、晨五

《申报》，1937年7月14日，第4版

時十分到、第三列兵三十名、載重汽車十部、軍用品十火車、晨六時一刻到、第四列南滿鐵道隊一大隊、三百名、枕木鐵軌四車、晨七時三刻到、第五列車發電時已抵站、載運類未詳、以上各列兵車、均南滿路機組車輛、技術員工均該路調撥、由瀋逵運駛來、津榆交通因日兵車絡繹、各次車均誤點、（十三日專電）

〔北平〕密雲電話、密雲原駐日軍百餘名、十二晚開往懷柔、十三晚由古北口開到日軍三百餘名、分住城內各商號、携鋼砲甚多、薊縣燕郊夏甸一帶戰區保安隊、十三日突向通縣城北城西集聚、（十日專電）

〔天津〕據此間外人方面視察、此次由關外開來之日軍、其總數將達萬餘人、此項軍隊並無關東軍之符號、據彼等推測、恐係由日本國內開至東北、再經鐵路運來、以避人注意云、另聞十二日晚由古北口開到通縣之日軍約二千餘人、十三日仍有大批陸續開到、（十三日中央社電）

〔北平〕確訊、日對華北增兵、除由榆關沿北寧路綫運輸外、並分由平古（北口）大道運輸、十三日計到三批、第一批載重汽車七十餘輛、滿載軍火有兵士六百餘人、晨七時由通縣轉廣渠門、在該處營幕休息兩小時後、復沿永定門赴豐臺、第二批載汽車一百十餘輛、內有坦克車鐵甲車卡車等兵士八百餘人、循第一批原路赴豐臺、第三批載重汽車五十餘輛、兵士三百餘人、亦循原路轉往豐臺、（十三日中央社電）

〔天津〕十三日上午十一時二十五分、東站又由榆關開到日兵車一列、裝士兵二百餘人、載重汽車三十餘輛、尙有大批軍械子彈、爲數甚多、同時有駁船一隻、由塘沽開抵日租界河沿、卸下彈藥五百餘箱、（十三日中央社電）

《申报》，1937年7月14日，第4版

宋未接見日方代表

【天津】宋哲元代表、態度鎮靜、於軍上已有把握、絕不屈辱、（十三日專電）

【天津】宋哲元十三日晨七時召集各機關首領談話、謂盧事固願和平解決、但報載接受條件云云、絕非事實、（十三日中央社電）

【北平】宋哲元抵津後、一切軍政外交方針、此間當局隨時電津請示、一切悉秉宋意旨進行、張自忠今晚赴津謁宋報告、並請示一切、（十三日專電）

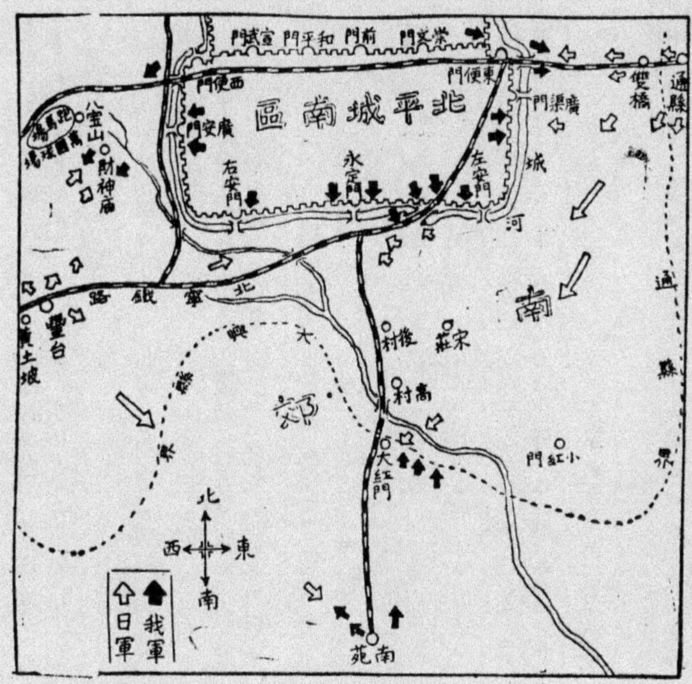

《申报》，1937 年 7 月 14 日，第 4 版

〔天津〕停津李明莊機場飛機、十三晨起、不斷二三架起飛、沿平漢津浦偵查、（十三日專電）

日軍用機不斷偵察

〔天津〕惠通公司所辦津東京航空、由十三日起、逐日飛行、取軍事情報、人事上聯絡緊密、（十三日專電）

〔北平〕昨通縣運到日軍用飛機二十架、（十三日專電）

〔北平〕日軍用機一架、今下午三時、由津飛平高空盤旋甚久、旋赴南苑西苑北苑一帶偵察、繼赴盧溝橋長辛店等處盤旋、四時十分復來平盤旋、旋即飛去、（十三日專電）

〔天津〕據此間外人方面消息、榆關停日飛機達百餘架（除抵津者三十二架外、餘均仍停該處未他運、又十三日晚抵津之日兵車、其中有看護隊二十餘人、携看護車二十輛、及大批藥品同來云、（十三日中央社電）

平津交通復告斷絕

〔天津〕此間大局已危急萬分、日方軍事行動漸趨具體化、平津交通十三日復斷、祇二十二次客車、上午九時由津駛豐台、惟無旅客、（十三日下午三時專電）

〔天津〕津日租界在鄉軍人義勇隊、國防婦人會、已下總動員令、由大江警部田村在鄉軍人分會長、分任指揮、為救護傷亡及保僑準備、一切皆充滿戰時氣氛、（十三日下午三專電）

〔天津〕北甯東車站路方建築、十三日頗多為日軍拆毀、以便其軍需搬運、（十三日專電）

關東軍之强硬表示

〔長春〕關東軍發言人今日在此聲稱、如再遇「挑釁」行為、日方準備採行最劇烈之手段、關東軍現已作完全佈置、以援助華北駐屯軍、俾衝突事件、獲有完全結束云、日軍除由鐵路出發外、現乘載重汽車、由熱河經古北口向北平前進、其由朝鮮調往華北之日軍、大約將取道瀋陽而行、此項援軍所取之路綫、現尚未悉、但以意度之、將經山海關前進、而以摩托隊為其後援、此摩托隊、現正由熱河經古北口而進窺北平、（十三日中央社路透電）

〔天津〕津海光寺司令部附設統監部、由參謀和知鷹任作戰課長、駐屯軍部幕僚將校、皆被編入戰事職務、（十三日專電）

《申报》，1937年7月14日，第4版

川越在青召見 日各方重要人員

對華北時局有所商討

【青島】川越在青、召見日各方重要人員、聽取報告、並視察日僑後、定十四午前離青飛津、又川越十三日召大鷹領事及駐青海陸武官天龍等艦長開會、對華北時局、有所商討、(十三日專電)

【青島】記者因華北時局緊張、特訪川越據談觀察近日情報、共戰事有擴大之可能、惟華北日僑等多爲保僑起見、勢必派兵、必要時在華日僑或全退出、青市日僑在沈保護之下、情形良好、且地方亦安謐、不致有何事件發生、(十三日專電)

我駐日楊代辦 訪日外交當局

對於撤兵問題促日政府注意

【東京】我駐日代辦楊雲竹、奉部令、於十三日午、訪日外相廣田、因廣田正出席會議、由外次堀內接見、楊對雙方撤兵問題、促起日政府注意、談約四十分鐘、(十三日中央社電)

日艦兩艘 開抵馬江

【福州】日驅逐艦刈萱號・芙蓉號・兩艘、日昨由臺灣開抵馬江、停泊星塔洋面、(十三日中央社電)

加藤 訪秦德純

表示日方兩點希望 和平口號恐係緩兵

【北平】加藤今日下午訪秦德純、表示奉外務省命令、對盧溝橋事件、日政府希望一、不擴大、二就地解決、秦稱、和平爲中國向來主張、但須在保全領土主權原則之下、現日方大軍紛紛入關、而前方亦不踐約撤退、殊非和平之道、加藤亦感覺日外交與軍部步調未能一致、一般觀察、日方對盧溝事件、晝唱和平、夜放槍砲、同時調集重軍、構成必勝戰綫、其和平口號實係緩兵之計、(十三日專電)

劉湘飭屬 趕辦整軍各事宜

對於盧溝橋事件 正在待命抗敵中

【成都】劉湘十三日下午三時召綏省兩署人員談話、說明軍整會議經過情形、及圓滿之結果、並飭所屬各處趕速辦理有關整軍各項事宜、以便依限於八月十五日以前完成軍政軍令統一於中央之目的、此外對盧溝橋事件、及川康將士應如何在中央領導下待命抗敵一節、亦有慷慨之發抒、(十三日中央社電)

何應欽 未晤日高

【南京】駐華日本大使館參事日高、及駐京武官大城戶、日昨曾先後要求請謁何部長、何氏以外交事務向由外交部主管、且現值公務繁忙、實無暇晷、故未接見、(十三日中央社電)

平滬南下車 旅客擁擠

【徐州】被阻北平之平滬通車一列、昨晨由平開出、今午二時准點過徐南駛、車上旅客擁擠、至無隙地、外僑尤多、據外僑談、平市人心鎮定、戰事忽緩忽急、某方似故爲狡獪、以行擾亂之策、造成華北恐怖局面、(十三日專電)

《申报》，1937年7月14日，第4版

秦德純談

和平希望極微

事態必然擴大

一切要求拒絕

【南京】廿九軍駐京代表李世軍、十三日午與平市長秦德純用京平長途電話談話據秦稱、㈠十三日晨拂曉南苑永定門間之大紅門發現日軍約千餘名、分向永定門及南苑附近我軍陣地猛烈攻擊、激戰兩小時、均被我軍擊退、㈡北平東南近郊各鐵道、多被日方破壞、㈢所謂日方退兵、毫無誠意、彼仍源源增兵、雖仍派人向我交涉、但和平希望極微、事態必然擴大、㈣盧溝橋方面戰事稍沉寂、仍爲我軍駐守、陣地鞏固、又李氏以連日談判、日方是否提出條件、我方有無承認情事詢秦、據答、對方常有種種要求、已經拒絕、誓死未有隻字條件之承認、請轉呈中央釋念云、嗣李氏又與津海關監督孫維棟通話、內容與秦所稱者相似、現李氏已將秦孫兩氏所言、轉向何部長報告、（十三日中央社電）

《申报》，1937年7月14日，第4版

美國務卿照會中日大使

中日衝突影響世界和平
赫爾表示九國公約有效

［華盛頓］美國國務院今日聲稱、國務卿赫爾、已分別照會美日本大使齋藤博、與中國大使署、告以中日間之武裝衝突、將爲和平與世界進步之重大打擊云、（中央社十二日路透電）

［華盛頓］國務部長赫爾、今日已向中日兩國 駐美代表、提出警告、謂華北中日衝突、將使世界之和平進步、受一打擊、同時中國大使館亦發表聲明、謂七月九日、中日雙方雖已各允後退、然北平區內之日軍、竟仍見增加、現在豐台附近、已有日軍二萬、顯見日本已有預定之計劃、其唯一之目的、爲欲使華北成爲第二滿洲、此次釁端、旣由日方所開、則一切損失、自當由日方負責云、（十二日國民電）

［華盛頓］美國國務卿赫爾、今日答復關於華北局勢之種種問話、未作切實肯定之語、英或問以英外相艾登所稱、英政府現考慮與美國商權事一節、赫爾答稱、渠現尚未接到關於此種動作之情報、又有人訊 以美國將否 以中立法案施諸中日、赫爾答稱、中日事件尚未至必須採行此種步驟之階段、赫爾又稱、華盛頓海軍公約、雖已結束、然美政府以爲同時締結之其他條約如九國公約等、至今仍有效力云（中央社十三日路透電）

粵日僑
準備回國

［香港］粵日僑奉命、必要時赴港返國、惟截至十三日止、日僑仍留居沙面未去、但少出外、（十三日專電）

《申报》，1937年7月14日，第4版

日言論界已形成
舉國一致陣勢
—大局已達最憂慮境地—

〔東京〕今晨朝日新聞社論題爲「舉國一致之支持」謂中國抗日意識旺盛、乃今次事變不可避免原因、日遂行大陸政策、與中國建設近代國家之兩大使命、似形對立、欲使其渾然融和於兩國國民意識中、兩國衝突、或爲不可避免之運命、當前時局之深刻、其因在此、日日新聞謂今後事態如何轉變、要視中國態度而定、無論如何、日本決意已定、必使其發生效力到達最後目的、報知新聞謂近衛於夜中召集各黨派言論界財界產業界代表要求舉國一致實現意思總動員、與參加歐戰時大隈所取態度相同、依此總動員、須求有永久性解決新法、都新聞主張膺懲中國、方有好果、中外商業新聞謂此時中國若認識日本立場、翻然悔悟、中日關係與其他不同、則自有融通之路、綜觀日言論界、已形成舉國一致陣勢、大局已達最憂慮境地、或難挽回乎、（十三日中央社電）

《申报》，1937年7月14日，第4版

中國恢復繁榮英日均蒙其利

軍事侵略影響貿易

招待日考察團宴席上李滋羅斯爵士之表示

［倫敦］不列顛實業聯合會今晚歡宴日本經濟考察團團員、席次、由巴爾比勛爵（即一九三四年不列顛實業聯合會派赴日本與「僞滿」經濟考察團團長）發表演說、略稱、「今後十年內、東亞各國之發展將爲世界貿易復興希望之所在、吾人忝爲英日兩國工商界領袖、對於兩國間誤會之消除、睦誼之充實、頗能盡其棉力、誠如此、則不但兩國之幸、抑亦有裨於全世界安全與繁榮、此在日本考察團諸君當亦首肯此言也、」繼由日本考察團團長門野重九郎起立作答、述及巴爾比勛爵三年前率領考察團訪問日本之舉、謂此舉結果、使兩國實業界相互諒解、「余幷以爲吾人近數日來討論結果、足使雙方對於各種事實、以及對方就此項事實所具之見解、得以互相了解、此實極有價值、亦極有利益者也、總之、就英日兩國貿易關係而論、並無何種情形、足使吾人感覺兩國間傳統的友誼有被認真妨害之處」云、（中央社十二日哈瓦斯電）

［倫敦］英政府首席經濟顧問李滋羅斯繼起發言、述及中國境內現有之局勢、謂坦克車與軍用載重汽車、胥不爲最好之商業推銷員、渠希望常識佔優勢、而戰勝各種困難、渠見日本對華貿易、在過去十八個月內業已擴張、良用欣慰、惟確信中日兩國間如有更良好之諒解、則日本對華貿易當更有起色、苟中國之土地完整、與其尋常主權不予以尊重、則類似目前衝突之事件、勢必時常發生、必使中國更爲繁榮、吾人始可有增進對華貿易之望、而各國之因中國繁榮所獲較多者、莫日本若、是以最有益於英日兩國者、厥在兩國合作以使中國復臻强盛和平耳、渠爲雙方相互利益計、對於英日關係之前途、有厚望焉、目前日本貿易既在擴張中、此乃消除誤會而增善商業關係之最好機會、至於現有之進口限額制度、渠主張以有利於英日雙方之他種制度代替之云、駐英日大使吉田茂起而致答、（中央社十二日路透電）

《申报》，1937 年 7 月 14 日，第 8 版

本市新聞

敵愾同仇

本市各界紛起勉慰抗戰將領

繼續抗戰勿以尺寸土讓人 踴躍輸金為物質上之援助

百餘同業公會

本市棉布業·綢緞業·呢絨業·新藥業·紙業·米業·製藥廠業·糖業·全國新藥業·礦灰業·化妝品業·針織業·化學原料業·彩印業·絡麻袋業· 等百餘同業公會、因鑒於日軍一再挑釁、華北戰端既開、時局已臻非常嚴重、特於昨日下午在三馬路 綢業大樓上海商社 舉行聯席會議、計到各業代表等百餘人、公推駱清華主席、報告華北近況、僉以日軍蓄意挑釁、不惜擴大事件、前途演變不能預測、滬市為經濟重心、際此非常局勢應為必要準備、對於二十九軍將士 奮勇抗戰誓死守土、尤當加以慰勉、經一致議決、㈠各業公會聯名電慰 二十九軍將士抗敵禦侮、並先匯一千元、用犒前綫士卒、㈡組織各業公會援助抗敵 將士募捐委員會勸募捐款、以為物質上之援助、㈢時局已至嚴重關頭、各業代表應於 每日下午六時至本社協商對策、並確留通訊地址、以便臨時集合、㈣秘、㈤秘、 當由到會代表會集現款一千元 交由中國銀行先行匯去、並聯名致電宋哲元將軍、文曰北平綏靖主任宋明軒 將軍勛鑒、日軍一再挑釁、貴軍奮勇抵抗、下風迯聽、不勝振奮、尙望繼續抗戰、勿以尺寸之土讓敵、揚我威武、戢彼野心、中央及全國民衆必為後盾、敝會等已着手組織 募捐會募集款項、以為物質上之援助、茲先由中國銀行匯奉國幣一千元、用犒前綫士卒、尙祈察轉電復為盼、上海市棉布業綢緞等一百六十三同業公會 叩

元、

各大學聯合會

本埠各大學聯合會、鑒於日本無端尋釁、廿九軍各將士奮勇抗戰、捍衛國家、殊堪感奮、除於昨日由交通等大學聯名電慰外、並定於昨日下午四時、假八仙橋青年會、召開臨時會員大會、討論積極援助辦法、計到廿餘校代表、公推吳甫軒為臨時主席、杜佐周紀錄、首由主席報告略云、暴日此次背信棄約、攻我盧溝橋、犯我宛平、乃係其一貫政策、故若欲希冀此次事態縮小、殆屬難能、我忠勇之廿九軍將士、嚴守疆土、捍衛國家、殊堪感奮、我人身居後方、職屬教界、除應激勵外、物質上之援助、尤應首為各界提倡云、隨即議決各案如下、㈠建議各會員學校、一律捐薪一日、此種款項、由各校會計科預為扣劃、於二日內交九江路新華銀行總行、㈡在二日內 迅即集成五千元、先行匯出、款匯寄宋委員長、轉廿九軍前敵將士、㈢推王毓祥·褚輔成·杜佐周· 草擬致前敵將士通電、㈣用本會名義通函本市各機關、請一致發起募款援助、㈤用本會

《申报》，1937年7月14日，第13版

名義、函在廬談話各會員、呈請中央、以整個力量、抵抗强暴、㈥如局勢更趨嚴重、則再發一宣言、並卽召開臨時會員大會、籌整個辦法、附慰勞電如後、衛略、此次×日無端尋釁、貴部奮勇抗戰、誓以戰地爲墳墓、壯烈忠勇、舉國感奮、茲由上海各大學、各獨立學院、各專科學校、先集慰勞金五千元、卽日匯奉、藉表微忱、特此電達、上海各大學聯合會元、

上海政治學會

上海政治學會、昨電宋哲元馮治安云、北平冀察政委會、轉宋哲元將軍・馮治安將軍・鈞鑒、×日蹂躪吾國久矣、邇復預佈詭謀、以找尋失兵爲藉口、攻擊宛平、冀達其豺狼之野心、警報遞聆、髮指眦裂、羣情震憤、賴我將軍、精嫺韜鈐、指揮若定、前綫健兒、敵愾同仇、誓死抗戰、卒使×虜披靡、金甌無損、翹瞻虎帳、曷勝佩慰、詎敵人譸張爲幻、

平當局嚴正表示

向重合法合理之精神
素以不屈不撓爲職志
秦德純代宋報告四點

本市市商會地方協會銀錢業公會等、曾於十日電勉廿九軍全體將士、並匯款千元、慰勞吉星文團、昨晨已接該軍覆電、表示感奮、原文云、上海廿九軍駐滬辦事處李處長請即分轉上海市商會・地方協會・銀行業公會・錢業公會・及各公會均鑒、蒸電敬悉、本軍受國家人民付託之重、保衛國疆、義不容辭、向重合法合理之精神、素以不屈不撓爲職志、故人不侮我、我不侮人、委曲苦衷、諒爲中外所共鑒、頃者盧溝橋事變發生、爲正當防衛計、自不能不予以堅强之抵禦、且軍之宗旨在戰鬥、凡我官兵、慷慨赴義、分所當然、惟此局部之衝突、尚不得謂之戰爭、必須整個戰爭、始能爲國爭光、辱承電慰、全軍感奮、特電奉復、敬致謝忱、陸軍第廿九軍全體官兵同叩文、廿九軍駐滬辦事處、昨晨接秦德純等各將領電告該軍近狀云、李處長廣安兄並轉卓超兄勛鑒、眞(十一日)文(十二日)兩電均敬悉、宋委員長昨已抵津、雙方軍隊、昨日戰鬥後、又復接洽和平、雙方派員監視前方軍隊、各回原防、今日正在撤退中、能否告一段落、殊無把握、刻下我軍仍嚴於警戒、弟秦德純・張自忠・馮治安・張維藩・文亥叅、盧溝橋事件發生迄今將近一週、而以日軍之反復無常、故尚在相持中、中央社記者頃晤由平抵滬之某君、據稱渠赴平係參加在北平清華大學舉行之兩教育團體年會、事件發生之次晚、冀察政務委員會、在懷仁堂歡宴、雖在戰事時作時息之緊張空氣中、市長秦德純、仍親行列席、代表宋哲元作懇切之表示、報告四點、可顯示當局對事件之態度、一・絕對服從中央、二・不惹事亦不怕事、三・北平決不作瀋陽第二、四・準備犧牲、故民情憤激、士氣旺盛、八日晨卽有慰勞隊赴宛平縣勞軍、並誓願爲後盾、渠在平守候兩日、於十日晨乘平渝通車離平、過豐台時、幸安全通過、抵津見東西兩車站日兵甚多、蓋係候車運平、以圖擴大事件者、以後平津間車行卽絕、至前晨(十二日)始有平浦一次開出、但尚未恢復常態、

★ ★ ✶ ✶

《申报》，1937年7月14日，第13版

日軍源源開到
津市昨夜起加緊戒備
中日雙方人員在津進行談判
日騎兵進攻廿九軍部被擊退
楊村落垡間傳有衝突未徵實

【天津】駐鮮日軍二百餘、十四日下午十一時專車一列抵津、官方頃否認楊村發生衝突、津十四下午十時起、加緊戒備、警所滅燈火、(十五日晨三時急電)

【天津】路息十四日下午九時、楊村有槍砲聲、傳十四晨自津開出日軍、與三十八師衝突、情況不明、(十五晨一時急電)

【北平】日軍約六七百人、由津乘車一列、開豐台、於十四晚九時過楊村、抵落垡時、當與我該地駐軍衝突、現仍續戰中、故平津各次夜車均停駛、(十四日中央社電)

【北平】十四日下午五時、有日騎兵二百餘人、由豐台經南苑南面團河、向南苑廿九軍軍部進攻、我軍當即迎頭痛擊、日騎兵卽退走、雙方各有傷亡、(十四日中央社電)

【天津】傳北甯路楊村落垡間日軍將我駐軍包圍、致雙方發生衝突、頃向此間官方探詢、未能證實、又十四日晚十時許津東站又到日兵車一列、載士兵二百餘人、(十五晨中央社電)

【天津】截至十四日下午十時、永定門大井村廣渠門一帶日軍、分向豐通撤退、祗宛平縣東門平漢路涵洞猶留少數步砲兵未退、盧溝橋仍在我軍手、雙方前哨、由十四日午後起、各自引退數百米、平市十四日夜十一時始戒嚴、情況安堵、(十四日專電)

【北平】時局緩和空氣濃厚、津今日下午雙方有會談、張自忠·齊燮元今赴津謁宋、報告外、並參加會談、但日方軍事佈置未撤、大軍源源而來、一般對會談後之時局、仍抱殷憂、記者今午赴宛平、城門仍關閉、不能進城、盧溝橋仍爲我軍駐守、日軍在千米外、隨時放槍、並無目標、記者在橋畔立十分鐘、頭上飛過日軍所放槍彈約數十發、廣安門外仍有一部日兵未撤、(十四日專電)

【天津】十四日上午十時後、津英租界十九號路進德社有重要時局對策會商、宋哲元自爲中心、張自忠·齊燮元·陳覺生·鄧哲熙·劉家鸞·李文田等均參加、迄發電時猶未散、(十四日專電)

【天津】和知十四日上午七時由平飛返津、日方負外交責者仍爲橋本·和知·塚田·松井等、(十四日專電)

【天津】大局確有轉機、交涉重心移津、十三夜已商出輪廓、祇待具體規定、齊張到後、津宋邸將有協商、平市郊頃平靖、(十四日專電)

【天津】張自忠十四日下午二時半、專車由平抵津、卽接見保安司令劉家鸞·津警局長李文田、商治安問題、下午六時、赴英租界十七號路宋宅謁宋報告、(十四日專電)

【天津】十四晨情形趨緩和、中日雙方負責折衝人、十三日通宵爲和平奔走、平津兩地均有接洽、齊燮元午可抵津、報告接洽經過、昨電張自忠已返津、係誤傳、頃悉渠於今午專車由平來津、謁宋洽商一切、(十四日專電)

【天津】十四日午後、以此地折衝情形觀察、和平空氣愈濃、負責談洽者言、當前急務、爲使雙方軍隊各自向後行退、距離稍遠、免摩擦機會過多、頃正努力進行、對方已有允意、善後問題、須俟衝突完全停止、再辦理、另據負責者表示、關進關內對方軍隊、短期間似不能不利用爲外交砲壘、總之、今後衝突、或不致再有、(十四日專電)

【天津】十四日晚八時止、平四郊安謐、日軍無動作、津日軍六百餘乘汽車到豐台、未前進、大紅門東側、猶有一部日軍露營未撤、廣安門外日軍構築工事、(十四日專電)

【天津】此間中日雙方十四日仍繼續談判、陳覺生·鄧哲熙·與日駐屯軍參謀長橋本羣·參謀和知塚田等、隨時接洽、關係方面對盧溝橋事件、認爲和平曙光尙存、但對日方何時撤兵、則無法作斷定的斷言、總之、今日前方情勢漸趨緩和、但全局之解決、似仍有待於雙方之繼續折衝也、陳覺生十四日下午四時謁宋、報告與日方接洽情形、並有所請示、當晚仍將與日駐屯軍參謀塚田等會晤、張自忠十四日午抵津後、鄧哲熙往訪、交換意見、張允榮十四日亦來津、當晚張等謁宋、報告平市情形、並請示一切、據聞我方對和平仍願盡最大之努力、而結果如何、則關鍵在日方是否欲事態之擴大、十四日此間盛傳平郊仍有戰事、但據返津之張

《申报》,1937年7月15日,第3版

自忠稱、平市十四日漸趨平靜、南苑亦無事、（十四日中央社電）

【北平】今晨此間局勢、稍見和緩、因大多數日軍、已由宛平區域撤退至豐臺也、火車三列、頃已離平南下、其第一列係裝載美國軍官多人返秦皇島之專車、中日雙方現皆稱、談判刻在天津進行中、由宋哲元與日軍當局主持、以期成立新約定、永定門現極擁擠、最近交戰區域內之民衆數千人、皆擁入城中、此外又有裝載食物與蔬菜之車輛、亦欲入城、（中央社十四日路透電）

【北平】午夜甫過、而中日軍隊又起衝突、以致驚魂不定之北平人士、終夜又不能安枕而眠、居民方擬就寢、乃迫擊砲聲大砲聲與機關槍聲、相續而作、密如連珠、蓋城門附近、戰事復起矣、自上星期四日衝突發生以來、此次惡戰、最近北平、幸半小時後、槍砲聲停止、同時議和之說、仍充滿空氣中、北平市長秦德純與日大使署一等秘書加藤晤商後、某高級華員聲稱、榮譽的和平、尚有一綫希望、並謂冀察當局決不犧牲中國主權、昨日永定門外之戰事、因日兵載重汽車兩輛、誤走路綫、致起衝突、英國及其他使署、皆已諭令住於郊外之外僑、避居城中、昨日午後又有日軍兩大批共一千一百人、由古北口遵陸開抵豐台、携有坦克車及鐵甲車若干、（中央社十四日路透電）

【北平】十四日上午十一時至十二時、永定門迤西藥崗子地方、有日軍十人駕載重車坦克車各一輛、擬向永定門前開、當被我軍阻止、日軍開槍、我亦還擊、日軍旋即退去、（十四日中央社電）

《申报》，1937年7月15日，第3版

〔北平〕官方公布、㈠十四日晨日軍千餘隨有騎兵百餘、由津向通州方面開去、㈡十四下午一時許右安門外忽發現日方坦克車兩輛、車上兵士共十六人、頻以步槍向城上射擊、經我城上守兵大聲勸止不從、雙方衝突約半小時、該兩車始向豐台退去、㈢十四日下午六時許、距南苑南七八里之鳳河附近、發現日騎兵十餘、向我防地偵察、國即鳴槍衝襲、我不得已加以抵禦、雙方射擊不久、該日兵等即逃走、㈣十三日在大紅門方面向我衝擊之日兵、據日方稱、有十二人失踪、本日則又謂已逃往通州、（十四日中央社電）

〔北平〕日大使館參事官加藤傳乆郎武官・輔七井武夫・十四日下午五時、赴市府訪晤市長秦德純、（十四日中央社電）

〔北平〕茲據確訊、北平東北密雲縣亦到有日軍、此使平地居民大爲不安、負責方面亦視此種行動足以大增時局之嚴重、至今日正午止、英大使署尚未接英政府致文中日雙方之一之消息（字林報十三日專電）

大批日軍開赴豐台

〔天津〕今晨三時、日步兵約三千人、携帶迫擊砲與機關槍、遄陸開往豐台、昨夜與今晨日兵車四列、裝載兵士、自動車高射砲與水泥、開抵天津東站、今晨四時半與九時之間、有日機四架、四次飛過天津、日本當局發表一文、言北平附近衝突事、謂華軍方面、屢有「挑釁」舉動、局勢如何發展、尙難逆料、但若事態愈臻嚴重、則負其責者「當爲華軍」云、（中央社十四日路透電）

〔北平〕豐台附近、現由通縣及關外開往之日軍、已有一旅以上、計步兵兩團、約四千人、機槍約百餘挺、重砲八門、重戰車八輛、（十四日專電）

〔保定〕日軍在豐台附近村莊民房完全佔居、並趕造工事、無撤兵模樣、（十四日中央社電）

《申报》，1937 年 7 月 15 日，第 4 版

大紅門一帶之視察

（北平）記者十四日下午三時出廣安門、赴大井村視察日軍情況、廣安門仍關閉、每隔兩小時開門一次、放人出入、由廣安門至小井村約十一里許、沿途平靜、未見日軍、出小井村約半里許、至大井村、卽中日軍隊屢次衝突之地、該村西口大道旁、有一小茶館、住日軍約二十名、見記者至、卽持槍攔阻、不准通過、經交涉亦無結果、記者告以中日雙方已有和平希望、故來視察雙方撤兵情形、中有一日軍答曰、無此等事、快走、記者遂返、該處日軍均赤臂、在村口挖戰壕、察其形勢、似爲防禦我城內駐兵之進攻、小茶館門前有槍十七枝、疊成槍架、另有一機槍在地架設、茶館屋頂上有一日軍、持望遠鏡向各方瞭望、記者向四週探視、發現附近高粱地內藏有日兵多名、覘其形勢、絕無卽刻撤退之準備、記者進城後、復出永定門視察、十三日午中日軍衝突情況、是永定門外、北寗路鐵橋南面道上、有被炸之日載重汽車及小型汽車各一輛、僅餘車骨、車旁尚有日軍鋼盔一頂、與難辨係何家之垃圾一堆、蒼蠅麕集、或係尸骨之類、該載重汽車、卽係炸燬之軍火汽車、被炸原因、有謂係我軍擊中而炸者、有謂係汽油爆炸而着火者、至今仍未判明、其小型汽車上乘日軍指揮官一人、因隨該載重汽車而行、故亦波及、據聞該指揮官已殞命、另聞在爆炸後、卽已脫逃、傳說不一、亦難判明、由北寗鐵路再向南行、至大紅門地方、又有一日軍載重汽車擱於道旁大樹上、不能行走、說係因開行慌恐所致、現該車上仍有子彈數箱、由我方警察看守、計十三日午永定門外衝突結果、日軍死五人傷二人、失踪十二人、十四日由日方會同我方人員各處尋找、至下午六時、仍未獲見、日軍於十三日午被我軍擊敗後、十四日晨二時許、復有一度衝突、此後卽撤退、現永定門至南苑一帶、已無日軍行踪、但我軍在大紅門一帶、仍嚴密戒備中、永定門外兩次衝突、附近居民、頗受驚恐、據調查、尙無多大損失、（十四日中央社電）

《申报》，1937年7月15日，第4版

【北平】據城外戰地逃至永定門之難民聲稱、夜中槍聲不絕、至今晨三時三十分始已、華方稱、由古北口乘載重汽車駛至豐臺之日兵一隊、曾在北平南苑之間、與華軍開火、是役與昨晨之戰事相同、當時有日兵五百名携坦克車四輛、鐵甲汽車若干輛、與華軍在北平豐臺間鐵路綫接觸、繼乃漸漸逼近、直至戰事延達永定門外路橋而後已、今日赴 永定門外視察、可覩戰事之遺跡、日軍載重汽車二輛、軍官所乘之汽車一輛、毀棄道左、其中載重汽車一輛、車身破裂不堪、日軍似由古北口取道通 州直駛而來、至永定門外之路橋、是僅有小徑可通豐臺、乃在該處棄車而逃、(中央社十四日路透電)

《申报》,1937年7月15日,第4版

津日兵游行擾商民

〔天津〕日軍千餘人、十四日晚九時許、由海光寺兵營出發、行經東馬路過金鋼橋、仍沿平津公路前行、是否開豐台、抑或楊村未詳、當此項日軍出發時、在日租界旭街放哨、禁止車馬行人、經東馬路時、爲首日騎兵復驅逐行人、致一般民衆、爭先逃避、各商店亦紛紛閉門、河東河北南市各夜市、亦立卽收市、秩序因之紊亂、迄晚九時半後、此項日軍已全部到達平津公路、全市秩序、始漸告恢復、（十四日中央社電）

〔天津〕十四日下午八時半、海光寺內日步砲兵千五百餘、經東馬路・黃緯路・沿平津公路開豐台、過華界時、交通皆爲阻斷、（十四日專電）

〔天津〕來津日軍步騎砲兵二千餘、十四日四時開平增援、人馬列隊、自海光寺兵營出發、經我東馬路、河北黃緯路等處、沿途呼口號、停津李明莊機場飛機、十四日四時、卽有數架載大量炸彈飛平助戰（十四日電）

〔天津〕十四日下午七時、津日軍百餘、全武裝、由海光寺開出遊行、至東南城角馬棚胡同、架槍休息、驅逐行人、致無知羣衆奔避、一時東馬路特二區秩序大亂、交通斷絕、商家上門、電車停駛、約歷刻許始恢復、（十四日專電）

〔天津〕今晚九時、突有日步兵六百名、騎兵一百名、及機器自由車隊等、自日租界向華界東馬路出發、一時行人狂駭奔避不遑、中國方面事前並未接得通知、臨時交通一律斷絕、店鋪羣起閉門、今晨三時亦有日軍千名作間諜之進行、惟當時行人甚少、當由保安隊加以阻止、以待長官命令、後日軍卽繼續向北平出發、據云、中國方面擬將公路首端之橋封閉、以防日軍之再假道、（中央社十四日路透電）

《申报》，1937年7月15日，第4版

日傷兵大批載回津

〔天津〕十四日上午四時、日津增援赴平日軍二千名、爲津唐義勇隊在鄉軍人所編成、家屬婦女送別至東南城角、均泣不成聲、爲狀至慘、由十四晨一時迄十二時止、自前方以載重汽車運回津日租界日將兵傷亡者、已八車、肢體殘缺、遭大刀削傷者爲多、日僑睹狀、均爲掩面、日方恐其士兵獲見氣餒、特禁將兵入醫院探視、（十四日專電）

〔天津〕十四日上午四時、由津開平日僑義勇隊在鄉軍人等、下午一時後、軍次楊村、忽奉軍部令、局勢緩和、着即折回、（十四日專電）

〔天津〕蘆溝橋戰事、日本死亡士兵遺骸、十四日晨以車輛運往碼頭、裝駁船赴塘沽、換輪運回國、（十四日中央社電）

平津交通昨晨恢復

〔天津〕北甯路平津間交通、十四日晨又恢復、平榆廿二次及平津六次車已分別售票、致北平下行車、除平榆四十一次車、係由豐台開出外、平榆廿一次車則由平開津、十二時半到達、齊燮元乘此車來津謁宋哲元報告蘆溝橋現狀及政委會事務（十四日中央電）

〔北平〕東車站十四日晨臨時佈告謂、自十四日起、上下各次車均按正點開行、觀此緊張之時局、似已轉變、但十四日上下午離平之客人突擁擠異常、車站行李堆積、其中並有要人眷屬甚多、（十四日中央社電）

〔天津〕十四日平津交通恢復、由平來津各列客車、均滿載避難者、極擁擠、朝日訪歐機神風號十四日上午十時來津、爲傳達消息及攝電影便利、（十四日專電）

〔北平〕平津今日恢復通車、北甯路各次車、均恢復原狀、（十四日專電）

〔北平〕北甯路恢復通車後、平日鮮僑民眷屬數百人、今搭車赴津、車站堆集日僑行李箱籠甚多、平市北京・六國・德國・ 店、原爲外籍旅客住所、因蘆溝橋事變發生後、均告客滿、今因平津通車、上項外籍旅客、離平者約十分之二、（十四日專電）

〔天津〕十四日晚平津間往來各次車又停駛、由津開平之平榆二十四次、平浦三〇六次車、均止於津站、由平開濬之三次車亦未開行、十四日晨由平來津之各次車、及由津南開之各次車、旅客甚爲擁擠、（十四日中央社電）

《申报》，1937年7月15日，第4版

川口師團全部抵津

〔天津〕日軍連日開來津市者、爲川口師團、截至十四日晨一時、已抵津十五列車、共第十六列車所裝給養等、十四日午亦開到、聞尚有由日本國內開到關外之第五師團阪垣部、現亦待命入關、阪垣亦有日內抵津之說、熊本師團聞亦將開往青島、（十四日中央社電）

〔天津〕十三午夜十二時、十四晨一時、由朝鮮到津日兵車二列、共載兵六百名、軍用品十車、軍用汽車二十輛、坦克車四部、均開入海光寺兵營、（十四日專電）

〔天津〕日陸軍第五師團步砲兵萬二千名、分乘日軍船七艘、向華北開來、十五晨可抵秦榆及塘沽、當日登陸、滿鐵已爲備妥空車十五列、開以上各地備用、師團長板垣征四郎少將、十四日下午五時搭軍用機由東京直接飛來津、冀東漢奸、因板垣向主僞組織擴大、聞其來、皆大喜、此間外交與軍事情勢、將因板垣前來、有重大演變、（十四日專電）

〔天津〕朝鮮駐軍第十師團長川口十四日由京城飛來津、卽訪晤香月接洽、第十師團部隊因雙方和平解決有望、大部止於安東錦綏、暫停開進、（十四日專電）

日機兩度飛平偵察

〔北平〕此間除各城門半閉外、一切俱入常態、日機四架、十四日晨七時及九時兩度飛平偵察、飛行甚低、均係轟炸機、東車站交通完全恢復、但日本增兵仍繼續西開、豐臺方面已集中約萬人、沿平通大道西至豐臺運輸絡繹、豐臺人民逃避一空、據觀察家觀察、日軍係取包圍平北之勢、俟準備完成、卽以强力對我壓迫、（十四日中央社電）

〔北平〕平漢路保定·定縣·高邑·一帶、今晨上午十時至十一時許、發現日方飛機來往偵察、惟飛行甚高、旋向東北方飛去、（十四日專電）

〔北平〕今晨有日機二架、分飛豐台南苑盧溝橋及平市上空偵察、又日機一架在南苑康莊地方降落、用意不明、（十四日專電）

《申报》，1937年7月15日，第4版

日方推廣作戰準備

〔南京〕據確息、日本作戰準備、已由本國推廣至朝鮮及我東北各地、聞朝鮮新義州守備軍一部份及在鄉軍人數百名、均已先後出動、安東瀋陽各地、亦已實行防空準備、軍需用品連日運輸極忙、空氣甚爲緊張、一若大戰之將臨、(十四日中央社電)

〔北平〕通縣日軍十四日開始在通縣西門外三間房迤南地方、埋設地雷多座、上敷樹枝、并佈置防綫、同時集中通縣之戰區保安隊千餘名、及一部日軍、十四日在八里橋一帶布防并作工事、(十四日中央社電)

〔北平〕平南關河附近之康莊、距平約三十里、十四日下午二時、有日機一架飛落該地、上載六人、有三人下機、四面瞭望後、當圈定該地農民孫冠星之地六十七畝、及宋某之地若干畝、共百三十畝、爲機場之用、每畝允給地價十元、(十四日中央社電)

津日軍部發表聲明

〔天津〕津日軍部十四晨發聲明、謂日軍部期與二十九軍當局和平交涉解決、此後時局如何、當視二十九軍而定、探其意、似將有大規模軍事行動、特預爲地步、(十四日專電)

張自忠發表重要談話

姓張的決不做對不起民衆的事

〔北平〕津訊、據傳本市當局「市長張自忠」今日宣稱、和平尚未至絕望時期、蘆溝橋方面我軍已復員至八日前狀態、日方則仍未完全撤退、本人始終以國家爲重、(十五日上午二時中央社電)

〔北平〕據官方稱、張自忠在津發表談話、略謂二十九軍已恢復八日前狀態、但日軍尚未完全撤退、張並稱姓張的決不做對不起民衆的事、(十五日上午二時中央社電)

華北事件 日拒第三國調停

日外務省發言人之表示

〔東京〕十四日午外國記者向外務省發言人詢於華北事件、提出問題甚多、(一)問・到現時止、駐日各國使節、有無與外務省接觸、答・無、(二)問・如有第三國出面調停、日本態度如何、答・日本態度早定、如有干涉、毫不介意、(三)問・國府行動有無違反任何協定、答・尚無、(四)問・日本行動目的究竟安在、答・首應忠實履行解決辦法之規定、(五)問・現時尚繼續談判否、答・北平仍繼續談話、(六)問・日本向國府交涉否、答・無、(十四日中央社電)

《申报》，1937年7月15日，第4版

香月發表 就職宣言

【東京】新任華北日駐屯軍司令香月抵津就職後、即發表宣言、略謂渠之職責、在根據星期日內閣緊急會議所成立之莫可變更的決議、保護華北之日僑、及日本權益云云、查香月中將現年五十六、以精於步兵戰術著聞、曾參加俄日戰爭、後在法國留學五年、（中央社十四日路透電）

北平街頭戒備情形

秦德純令 保護外僑

【北平】盧溝橋事件發生後、平市即宣佈戒嚴、市長秦德純、以各國在平僑民甚多、亟應妥爲加護、（十四日）特手諭警察局、着即轉飭各區、嚴密保護外僑、（十四日中央社電）

孔祥熙 在美宣言
中國捍衛疆土 抱有絕大決心

【紐約】中國財政部長孔祥熙關於華北之緊張局勢、今日發表聲明如下、「華北已發生不幸之嚴重事件、前途非常危險、中國歷年對於日本、向持極端忍耐之政策、懇切希望與鄰近各國、共維友好和平、近數月來、中國甚信日本國內明達之領袖、已能轉移其軍人之意見、而使若干激進分子、或可稍自克制、然不幸此等激進份子、仍以其一手造成之事件、擾亂中日兩國之和平、余稱之爲一手造成、蓋因盧溝橋之所在地點、日本在法律上及道德上、皆無在彼作軍事演習之權利也、余甚願世人對於日本所作冗長之解釋及强詞奪理之宣傳、勿予輕信、現在中國雖希望與日本維持友好之關係、然日本軍閥如再侵略不已、而强佔中國之土地、則中國亦決不再能默爾而息、余以爲日本陸軍在華北所造成之反常局勢、不獨令人困惱、且已危及世界和平、目光遠大之人士、當知余言之不謬也、星星之火、可以燎原、戰亂不戢、瞬將蔓延、吾人固猶希望日本有一明達之領袖、能注意人民之福利、而敢主持正義、排斥武力、苟主權無損、則中國渴求和平、惟如必須自衛、始能保全吾人之土地完整及民族自立、則亦惟有決心自衛而已」云云、（十三日國民電）

《申报》，1937年7月15日，第4版

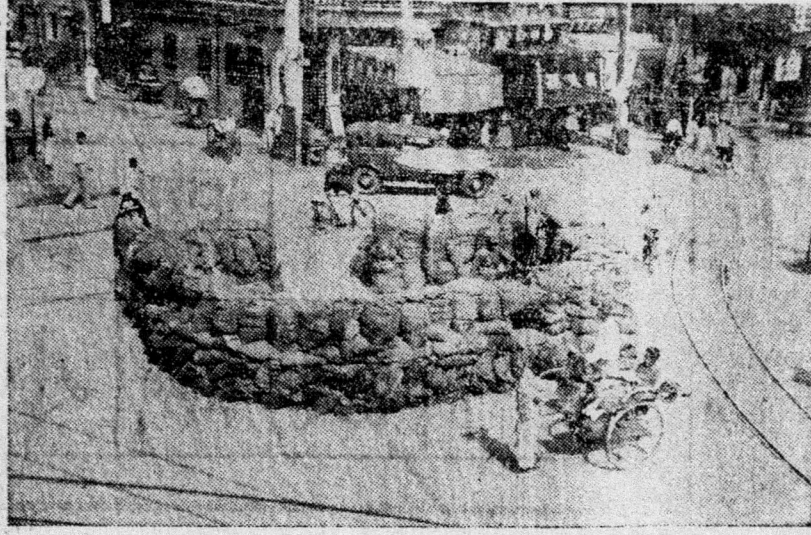

川越自青抵津

訪晤香月交換意見 聽取崛內等之報告

〔天津〕川越十四日上午十一時、偕隨員清水星野搭中航機由青抵津、崛內等均到機場歡迎、下午二時、訪香月於張園司令官邸、交換意見、四時在英租界總領官邸、聽取崛內總領事等報告、據川越對外報記者表示、駐屯軍此次斷然處置正當、事態擴大與否、須視中國有無誠意、又川越在軍事問題未停止前、猶未準備訪宋、宋亦無意接待、（十四日專電）

〔天津〕十四日下午二時、川越訪香月後、即在張園官邸參加華北日陸海外幹部人員、對華北時局問題協商、由香月主召、陸軍側橋本・和知・大木・池田・塚田・海軍側久保田・小別當・外交側川越・崛內・岸偉一・大江・村上・荻原等、共十餘人參加、（十四日專電）

楊林口劉河間 發現怪艦

〔蘇州〕今晚九時半、蘇州天空突然發現白光、旋接常熟電話、謂楊林口與劉河口之間今晚八時許、忽到有怪艦三艘、泊於距岸四五十里之江中心、因天時已晚、無從辨明國籍、至九時半該三怪艦、並用照海燈探照海岸、光綫强烈、常熟警察當局已嚴令防範、（十四日專電）

《申报》，1937 年 7 月 15 日，第 4 版

歐美注意遠東局勢
英美協商尤密切
聯合行動時機未成熟
盼中日糾紛早日平息
我駐使分訪各國當局

倫敦　倫敦人士現皆注意遠東局勢、外相艾登、無時不與美政府有密切接洽、艾登並於今日會晤中國大使郭泰祺、謂英政府亟盼中日衝突早日解決、因事態一經擴大、則將大碍英國在華利益云、英外相昨亦向日本大使吉田茂與美國代辦表示同樣意見、此間人士、咸盼中日早日釋爭、其所引以爲慮者、雙方如各以開釁責任相責難、則各爲尊嚴起見、或使解決發生障碍云、（中央社十三日路透電）

倫敦　英外相艾登今日與中國駐英大使郭泰祺會談、據確息、英國深信遠東危機可望和平解決、英國態度正隨時通知美國、（十三日國民電）

華盛頓　國務卿長赫爾今日宣稱、昨夜曾接得英政府照會一件、內容未經宣佈、惟稱、彼對於該項照會、認爲並無正式答覆之必要、美國仍將採取單獨行動政策、以俟遠東局勢之發展、其間英美兩國雖不乏利害相同之處、應在相諮詢、然並無採取聯合行動之必要云、（十三日國民電）

華盛頓　關於中日兩國現行糾紛、美國務院雖無所表示、但半官界人士以爲美政府現正努力使之地方化、一俟此種努力歸於失敗、幷擬採用下開各項程序、㈠關係各國勸告中日兩國政府採取妥協辦法、㈡華府九國公約各簽字國相互諮詢、以定應付辦法、㈢中國向國聯會提出申訴、㈣中國北部事變若果釀成中日兩國戰爭、美國或須實施中立法、所幸中日兩國均不願事態擴大、自有裨於美國政府之斡旋工作、要之、美政府須待現行時局發展之後、始乃就上開辦法抉擇其一、藉以維持和平局勢云、（中央社十四日哈瓦斯電）

華盛頓　據消息靈通人士所知、英國政府在該照會內建議、立即由關係各國相互磋商、俾對於最近華北事變、採取共同行動、惟美國政府似尚未準備遵循此項創議、據官方人士宣稱、現須待局勢進展之後、方可確定美國態度云、一般觀察者、以爲美國用意、似在靜待時機、然此非謂美國他日不擬有所行動、蓋美國寧願等待局勢完全明瞭、俾得出于較有效率行動也、美國若實施中立法、卽係一種超然行動、而與赫爾之言相符、但關係方面人士認爲、在最短時期內中立法不致付諸實施、蓋依照中立法所規定、美國對於交戰國、應禁止貸款、且美國船舶對於羅斯福總統所決定可作爲軍用之各項貨物、亦不得運往交戰、國苟然、則美國對日本輸出勢必大受損害、半官界人士現以爲美國政府、將採取何項態度、在最近數日內未必發表云、（中央社十三日哈瓦斯電）

日內瓦　中國駐法大使顧維鈞今日對美聯社稱、彼已向法外長台爾博斯說明引起遠東危局之種種事實、顧大使並謂、日本欲將華北變爲滿洲第二、實屬毫無疑義云、（十三日國民電）

華盛頓　中國駐美大使王正廷博士、頃訪謁國務卿赫爾、談話二十分鐘、事後王正廷向報界宣稱、目前局勢、雖屬緊張、然中國仍當盡其可能、以謀維持和平、如萬不獲已、則中國亦惟有出於自衛行動、以抵抗日本之侵略云、（中央社十三日哈瓦斯電）

巴黎　中國駐法大使顧維鈞今日宣稱、日本乘歐洲多事之秋、發動事變、世人當猶知日德協定眞實目的尚未全明、中國軍界探悉、日本將於七月十五日由其國內朝鮮及關東調來軍隊、大舉進攻、以冀佔據華北全部、惟中國軍隊雖至一兵一卒亦將抗戰到底云、（十三日國民電）

柏林　德外長牛賴特今日爲華北現局事、先後接見中國大使程天放與日大使武者小路、外交界現傳兩大使皆係探詢德政府之態度、並聲明其本國政府之立場、同時德報對於中日爭案、現守中立態度、若干日本觀察家、因德日兩國曾於去年十一月間締結互助協定、故深以德報所取之態度爲異、（中央社十四日路透電）

《申报》，1937年7月15日，第4版

政院舉行談話會

對北方時局相互發表意見
各部會署今恢復全日辦公

〔南京〕行政院所屬各部會署長官、以目前北方時局嚴重、京中公務增劇、大部已於十三日由廬返京、各長官現以多項政務計劃須行會商、十四日上午十時、在行政院舉行談話會、到王寵惠·蔣作賓·吳鼎昌·何應欽·王世杰·俞飛鵬·何廉·暨各部次長等、由王寵惠主席、除共同討論各部政務外、關於北方時局問題、亦均相互發表 意見甚多、嗣以各部會署政務繁重、當即決定於十五日、院屬各部會署恢復全日辦公時間、遇必要時、得延長之、談話會至十二時始散、又息、行政院及所屬各部會署駐廬辦公人員、已於十四日晨下山、十五日可由潯分別乘輪返京、（十四日中央社電）

〔南京〕國府現以時局嚴重、公務增劇、決自即日起仍恢復 全日辦公、（十四日中央社電）

〔南京〕鐵長張嘉璈·財次徐堪·十四晨十時二十分、乘航機返京、即赴行政院參加談話會、徐氏因滬上金融待理、到院略留、仍乘原機飛滬、（十四日專電）

〔牯嶺〕政院各部會在廬辦公人員、十四日續有下山、餘定兩三日內離牯返京、談話會 十五日開始、十七日起共同談話、到山參加人、十四日已報到完竣、各組應行準備事項、亦研究完畢、汪蔣定二十一午歡宴全體、請柬已發出、（十四日專電）

英使南下

〔南京〕據英國大使館消息、駐華英國大使許閣森、於十四日晨由北戴河乘軍艦南下、大約十五日下午可抵京、（十四日中央社電）

許世英定期返任

〔南京〕外交界息、駐日大使許世英、定十七由滬乘美輪克利扶 總統號赴日回任、將於十五日來京見王外長、 商談與請示、大使館秘書黃伯度、十四晨十時、再赴外部見次長陳介後、於下午赴滬向許大使復命、（十四日專電）

《申报》，1937年7月15日，第4版

冀察政會各首要
昨集津商洽外交問題
宋指派張自忠等與日方代表磋商
和平局勢似已形成其他續待交涉

〔天津〕截至十六日上午一時止、和平局勢已定、張自忠・張允榮・鄧哲熙等、定十六日午後、再與橋本・和知・會談、一切可決定、（十六晨二時急電）

〔天津〕十五日下午四時、冀察政會二十九軍要人、由宋哲元以下、張自忠・齊燮元・劉郁芬・過之翰・張允榮・石敬亭・魏宗瀚・陳覺生・鄧哲熙等、均到英租界十七號路進德社、爲外交問題集議、宋指定張自忠・張允榮・鄧哲熙・三人爲負責人、與對方負責人橋本・和知・進行磋商、十五夜約定在海河路北甯官舍會見、爲具體談判、此間應付方針、業已決定、在未完全復原前、先致力於日軍不再增加、已增加者不爲軍事活動、平郊蘆溝橋附近軍隊數目減少、俾軍心漸靜、以便互相信守諾言、在我方無害而應辦者、卽自行辦理、故十五晚止、和平已有希望、（十五日專電）

〔天津〕二十日前、日軍大部隊可不致開來、正在輸送之第五・第十・師團、卽止於秦榆錦綏等地待機、由十四日迄二十日七日內、雙方軍隊可望無劇烈衝突、大局是否好轉、亦視此期內雙方談洽程度與事實加何表現爲斷、（十五日專電）

香月昨訪宋哲元提解決時局條件
日兩師團大軍現暫止於秦榆一帶

〔天津〕新任華北日駐屯軍總司令香月中將、今日訪問宋哲元、提出解決華北危機之條件、其內容未經宣露、但衆信其條件尚有討論之餘地、（中央社十五日路透電）

〔天津〕此間大局關鍵、繫於宋哲元與香月之會見、當局十五日召冀察首要來津、集議如何方式始爲合宜、聞有派張自忠・陳覺生・齊燮元・先行接洽之途、（十五日專電）

〔北平〕平消息沉寂、空氣煩悶、雖有西南及東南城角偶聞機步槍聲、但官方否認前方有接觸、多指爲係步哨小衝突、日兵續增不已、十五日晨由榆先後開來三列、均已到津、卽分別轉往豐台、豐台已成爲日軍之大本營、人民遷避、秩序紛亂、平市城內戒備如常、各衝要街道障礙物尚未撤盡、入夜由廿九軍士兵步哨警戒、各城門仍開半扇、廣安・永定・等

《申报》，1937 年 7 月 16 日，第 3 版

外城各門、則每一二小時開啟一次、東車站交通完全恢復、西車站平漢通車尚無確期、十五日晨八時、張允榮·過之瀚·門致中·劉郁芬·石敬亭·魏宗瀚·等、連翩赴津、十時曹汝霖亦去、一般相信、時局重心已移天津、（十五日中央社電）

天津　中日當局雖尚在磋商和平之中、但因日方軍運紛繁之故、形勢猶極度緊張、日當局在天津東車站之監視、今日益行嚴緊、入口處均有日軍駐守、時向行人盤問、卽外人亦不能免、日本僑民在車站歡迎來津之日軍者極爲擁擠、今日有日軍四百名携帶大量軍需品開到、不久卽有日軍一隊及鐵甲車三輛、保護滿載軍用品及軍糧之運輸車三十六輛、由公路向豐臺出發、據中國方面消息、日兵車自山海關開來者已有七列、日大使川越猶力稱最近事變、完全在軍事方面、僅限於事變之責任問題及防止同樣事件復發之方法、其他事項並未加以討論云、（中央社十五日路透電）

天津　冀察要人石敬亭·過之翰·門致中·張允榮·魏宗瀚·劉郁芬、十五午來津集議、（十五日專電）

天津　十五日午、張自忠·張允榮·魏宗瀚·陳覺生·鄧哲熙·章士釗等、偕往進德社謁宋哲元、協商蘆溝橋事件、此間和平空氣仍甚濃厚、但事態解決、似又非一二三日內可了、現中日雙方十五日仍繼續接洽、但折衝情形、雙方均守秘密、故現在進行至何種階段、無從探悉、某要人十五日對人否認曾簽有任何協定、據云、如果有協定存在、則又何必待於折衝、宋在津俟商有端緒後、卽行返平、（十五日中央社電）

《申报》，1937年7月16日，第3版

〔南京〕二十九軍駐京代表李世軍、對於盧溝橋事件、曾電平詢商談判經過、及是否容納日方任何條件、李氏十五日晨已接秦德純·馮治安·復電、探錄如下、（銜略）文（十二日）亥電敬悉、查此次盧溝橋事件、我方與日當局接洽內容、係雙方口頭商洽、彼則認以此次事件係共黨策動、要求取締、並對陣亡官兵、同表惋惜、並希望此後不再發生類似事件、我方提出此後日方不得夜間演習、經商定後、雙方卽從事撤退、但迄今我方已將部隊撤退原地、而彼尚未撤退、並天津方面先後開到兵車十五列、今日由天津沿平津大道有日步砲兵約二千餘名西來、又平郊不時有其小部隊出沒、以將係最近情形、至京滬所傳種種、不足置信、特復、秦德純·馮治安·叩、寒、十四日申參、（十五日中央社電）

〔保定〕盧溝橋方面十四日全日沉寂、據軍事眼光觀察、日方似有避免正面、而趨向側面威脅形勢、但和平尚未完全絕望、聞北方當局、仍本自衛圖存原則上求和平、竭力避免事態擴大、（十五日中央社電）

〔天津〕盧溝橋事件、中日雙方連日在津談商、僅係交換意見、正式談判、將於十六日開始、十五日齊燮元·陳覺生·張自忠·張允榮·等、分晤橋本·和知·據悉、將來在津舉行之正式談判、仍係賡續前此雙方在平所談之各事、其內容亦較前無多差異、日方所提出者、竟仍主張我方道歉及懲辦肇事者、但此爲雙方面之問題、我方因駐軍已撤至相當距離、要求日方早日撤兵、但對方則表示如完全解決後再行辦理、故兩方意見、仍不無相當之距離、連日非正式之接洽、亦不外如何使兩方意見接近、俾正式談判、得以順利進行、此間一般觀察、此項談判、雖不能絕對樂觀、但如日方能具誠意、則和平解決、亦屬可能之事、宋哲元有二十日前後赴平之意、又聞正式談判時、我方代表將爲張自忠·張允榮·鄧哲熙·三人、張等十五日夜在齊燮元宅曾交換意見、（十五日中央社電）

〔天津〕十五日下午四時、津進德社宋與冀察要人會商時、各首要請宋速返平坐鎮、主持一切大計、宋關於華北外交大計、表示遵從中央命令辦理、（十五日專電）

《申报》，1937年7月16日，第4版

平津日軍運輸繁忙

【北平】日兵百餘人乘大汽車六輛、坦克車一輛、今晨由豐台經南郊玉泉營向右安門前進、(十五日專電)

【天津】十四日晨三時、九時、由津開出兩批日軍晚、共三千五百餘名已徒步遵津保公路向某方 進發、十五晨抵平漢路良鄉以南、尚無動作、(十五日專電)

【北平】今由瀋抵平旅客談、日關東軍連日入關者有六七千人、昨晚止於榆關者約萬餘人、在瀋待命出發者尚有萬餘人、日艦亦頗活躍、計榆關泊四艘、秦皇島泊三艘、大沽口亦有數艘、唐山有日軍千餘名、津東站有五六百名、楊村亦有千餘名、(十五日專電)

【天津】十五晨五時半、日兵車到津兩列、載兵二百三十名、煤道木鐵軌八車、十一時到鐵甲車一列、均停東站、(十五日專電)

和議係日緩兵之計

【北平】昨晨三時半起之停戰狀態、在識者視之、認爲暫時性質、今其言果信、蓋中日軍隊、昨夜在平津路綫上距津西北約三十一哩之落垡車站、又起衝突、此次戰事始於昨夜九時、其時有日兵七百、由津乘火車赴豐台、迨抵落垡時、忽與華兵衝突、據路局消息、夜半戰事、猶在進行中、同時豐台日軍刻向南苑集中、據可恃消息、日軍將以驅逐南苑華軍一萬二千人爲其作戰方略中之第一目的、昨日停戰十八小時、雖當地緊張空氣、稍見和緩、且冀察政委會人員與日軍當局已在津復開談判、然中外觀察家、咸信此必爲日方緩兵之計、蓋料日軍當局現不過等待時機、一俟生力軍齊集後、即將開始將第二十九軍逐出河北境外也、(中央社十五日路透電)

《申报》,1937年7月16日,第4版

日陸省決派兵來華

〔東京〕據陸軍省於午後八時十分發表出兵情形如左、「鑑於華北之現勢、決於十五日由內地派遣一部分軍隊出發」（十五日同盟社急電）

〔東京〕陸軍省今晚正式宣佈、日政府遣派日本本部境內軍隊前往華北之決議、並謂華北事態嚴重、故此舉實爲必要、（十五日中央社電）

〔南京〕據確息、日近仍繼續徵調國內外各地大軍、向平津出動、其第十二師團、亦已奉命開拔、聞多由大連登陸、並盛傳俄邊衝突甚烈、（十五日中央社電）

日機偵察平市上空

〔北平〕今晨九時許、有日偵察機一架、在平市上空盤旋甚久、旋飛四郊偵察、十時許有日轟炸機一架、由東北飛來、穿過平市上空、向南飛去、（十五日專電）

〔張家口〕據化德息、十三日由飛辦到戰鬥機七架、連同現停商都機場者、四十九架、現張垣地方人心、尙稱安謐鎮定、（十四日專電）

宛平城防極爲鞏固

〔北平〕王冷齋十五日電平謂、宛平城防極鞏固、長辛店方面已與平漢北段警備司令鄭大章會銜佈告、安定人心、幷嚴防宵小乘機滋擾、日機連日飛蘆溝橋及長辛店上空偵察、時間甚久、然後飛保定偵察、每日達四五次、但各日機均當日向西北飛返、（十五日中央社電）

楊村發生衝突經過

〔天津〕十四日楊村附近發生衝突、茲探明係十四晨日軍自津向津保公路開進時、過楊村附近漢溝、與三十八師部隊發生衝突、旋經雙方派員馳往制止、各無損傷、（十五日專電）

《申报》，1937年7月16日，第4版

政府某要人駁斥
日陸軍當局謬論

蘆溝橋日軍無故挑釁世所周知
激發國民愛國心爲政府之天職
日人在華不法行爲不下數百件

（南京）政府某要人頃對於同盟社所傳日本陸軍當局對於國民政府處理蘆溝橋事件之觀察、評論如下、據同盟社東京七月十五日電稱、日本陸軍當局對於我政府處理蘆溝橋事件之態度、加以種種譏評、措詞荒謬怪誕、立論無中生有、在發言者或自以爲竭盡巧妙、但讀者祇見其宣傳技術之惡劣、該陸軍當局首謂、此次事件、係由華軍不法射擊而起、查蘆溝橋事件之發生、由於日軍非法在蘆溝橋深夜演習、無故向我軍攻擊、已爲舉世周知之事件、陸軍當局次謂、國府壓迫在華北方面與日本携手之要人與民衆運動、激發冀察軍中堅層及學生之愛國心、以爲自力統一中國之手段、查統一建設與激發國民之愛國心、爲各國政府應有之天職、今日本陸軍當局以此爲攻擊國府之理由、是不啻自承其分化宰割中國之政策、中國對於鄰邦日本、係主張以平等互惠之立場携手合作、但截至今日、日本始終未以平等視我、遑言互惠、至於假提携之名、行侵略之實、政府自不得不加以反對、該日本陸軍當局續謂國府假日軍之手、以淘汰中央軍直系以外之軍隊、尤爲毫無根據、挑撥離間之詞、不值識者一笑、中國軍隊編制及駐防區域、容有不同、但同爲國家軍隊、初無系統之分、任何國家如對中國武力侵略、中國當不惜以全國軍力與之週旋、該陸軍當局之讕言、絕不能欺世界、更不能欺中國人、至該陸軍當局所謂近來中國對日暴狂不下數百件、想係日本對華暴狀顚倒錯語、蓋近年以來日人在華之暴行、如走私・販毒・聚賭・窩娼・非法飛行、私設特務機關等等不法行爲、確不下數百件、東西人士、耳聞目睹、無論如何顚倒是非、終難掩盡天下耳目也、（十五日中央社電）

《申报》，1937 年 7 月 16 日，第 4 版

川越談稱
雙方正商解決辦法
增兵挑釁竟認爲地方事件
晤宋否未定領事會議不開

〔天津〕川越十五日晨接見記者、談及蘆溝橋事件、據稱、日方並未提及其他政治要求、或與地方當局商洽任何秘密協定、川越十五日晨在常盤飯店接見新聞界、首談、余此次來津、原定耽擱二三日、但截至目前、赴平日期尚未定、繼談、到津後曾晤日軍事當局、得悉此次蘆溝橋事件發生經過、目前正由中日雙方軍事當局商解決辦法、第一步在如何制止繼續衝突、第二步爲如何避免再發生同樣事件、如果華方態度不變、中日兩國正面衝突、亦非不可能之事、此事余之觀點有地方事件、故仍由地方解決爲宜、但如果事態擴大、或亦將由中日兩國政府交涉、川越並云、日方並無藉此事件談判華北其他問題之意、總之、如果此事措置不當、卽有引起重大事故之可能、川越末稱、在津與宋哲元會晤否未定、亦無在津開華北領事會議之意云、（十五日中央社電）

張慶餘部
在唐反正

〔天津〕冀東保安隊張慶餘部、十二日在唐山附近胥各莊反正、殷事前獲悉逃匿津、日軍大集激戰至十三日張部不支、被繳械、該隊駐通州部隊、亦遭解決、頃通州猶戒嚴、其他保安隊、均被逼退出、由日軍塡防、（十五日專電）

《申报》，1937年7月16日，第4版

東京方面空氣略有轉變

召開地方長官會議 外相海相措辭含蓄 鐘淵等股票均回漲

〔東京〕今日此間空氣、似覺略有轉變、一般觀察家印象、蘆溝橋事件之解決、或不甚困難、惟駐屯軍司令香月與宋哲元談判、究涉及何事、則不明、地方官會議中首相近衛·外相廣田·海相米内之·訓示措辭、似多含蓄、現此間甚重視中央軍移動、十日來與華最有關係之鐘淵股票、暴落三十元、昨日下午起已回漲七八元、其他股票亦回漲、、今日午前各種股票·債票·又一律回漲、但當前情勢極爲複雜、難關甚多、未許樂觀、（十五日中央社電）

〔東京〕首相近衛·外相廣田·陸相杉山·今日在地方長官緊急會議時、各發訓話、皆表示華北事件和平解決之希望、然皆勸國人準備局勢逆轉、勿抱樂觀、杉山稱、華軍誤認日人忍耐爲怯弱、華人誤解日本之地位、以爲獲得歐美之同情與干涉、卽可打倒日本云、近衛發言、希望中國從速重行考慮其態度、而給予最近狂妄行爲不致再度發生之保證、廣田稱、如因目前進行之當地談判、而獲有維持華北治安與秩序之充分擔保、則誠爲幸事云、（中央社十五日路透電）

〔東京〕日本陸相杉山·海相米内光政·今日出席地方官會議中宣稱、彼輩對於華北事件之和平希望尚未完全放棄、但人民必須深知集中在華北軍事力量之必要、外相廣田則稱、日政府希望以外交方式解決華北事件（十五日海通社電）

〔東京〕政府因華北事件重大化、特於十五日召開緊急地方長官會議、於首相官邸、廣田外相及全體閣員·風見書記官長·瀧法制局長官·松井資源局長·石黑北海道長官·館東京府長·池田大阪府長·及其他各縣長官·齋藤警視總監·中島警備司令官·朝鮮台灣兩總督府·樺太廳·南洋廳·各關係官等出席、（近衛首相因病未出席）會議於上午十時開、最先由馬場内相代理首相致訓話後、闡明政府根本方針、其次廣田外相·杉山陸相·米内海相·等分別說明所管事項、外務省石井東亞局長·陸軍省後宮軍務局長·松井資源局長·橫溝情報委員長等亦挨次報告華北事件發生以後之經過情形、各長官對此發出質問、並開陳意見、至正午休會、（十五日同盟社電）

《申报》，1937年7月16日，第5版

英使訪王外長

極關懷平津情況 斡旋事未具體化

南京 據使館方面消息、英美法聯合出來調停中日蘆案糾紛之舉、並未成爲具體化、但各國對於華北事變衷心希望、勿要擴大、免影響東亞和平、則爲事實斡旋 和平究以何種方式出之、現時尙未商量及之、（十五日專電）

南京 英大使許閣森、十四晨由北戴河搭 英艦直駛南京、十五下午三時許到英使館、全體館員到埠恭候、許氏於四時半赴外部晤王外長於官舍、英使對於蘆溝橋事件發生後之平津情況、頗致其友誼關懷之忱、王外長當將最近情況略有告知、談話約一小時許辭出、（十五日專電）

南京 外交界息、北平近郊迭受日軍侵攻、各國政府對日軍此種暴行、均極不滿、連日外部接到駐外各大使電告、國際上對於日方之挑釁、均已明確瞭解、外部十五對最近日軍向平進攻情形、電告郭泰祺、顧維鈞、王正廷、程天放各大使查照、俾遇各方面訪問時、得將眞相告知、免受日方片面宣傳影響、（十五日專電）

南京 德使館 參事飛師爾、十五下午四時半赴外部訪情報司長李迪俊、對華北情勢有詳細探詢、談半小時出、（十五日專電）

今之跌價而購入者、故價格因以獲相當之穩定、目前事況、穩定而欠活動、倫敦人士大都不 信戰事不能倖免、且皆希望能覓得保全顏面之解決辦法、雖南京政府發言人 曾發援助廿九軍之言論、而一般人士因此購入遠期、蓋信此爲中國團結 益見鞏固之明徵也、倫敦人士所以抱樂觀者、因信中日兩國爲經濟原因、目前無一能從事戰爭也、（十五日中央社路透電）

英法報評論 華北事件

日本冒險舉動 必將自食其果

◉倫敦 關於華北事變、今日泰晤士報載一社論稱、今日日本最聰明之舉動、莫如「打退堂鼓」、開始調查七月八日事件之眞相、並藉中國之合作、將流彈之價值、加以眞實之估計、如此日本或可贏得世界之尊重與感謝、惜日本採取此種辦法之機會、今已極微、其原因不外、㈠不能信任與中國辦交涉、因中國人之外交手腕、遠勝乎日人也、㈡目覩全部中國政治之日漸健全、隱覺中心惴惴、㈢日本軍部之桀驁不馴、若更以前途安危之機加以衡量、則大規模之戰事、似屬意料中事、除非在最後五分鐘能翻然悔悟也、日軍之所以不願爲者、即在未向宋哲元軍隊大張撻伐之前而先悄然引去、泰晤士報不信日本或中國事前有深刻隱秘之用意、認爲事變之開始、爲一神經過敏之哨兵、或應付無方之長官、或二者兼之、再則尤堪注意者、小誤會之反響、雙方雖曾任其擴大至不祥之範圍、但南京與東京均深悵量發揮其時局中潛在之搗亂可能性、在表面上觀之、東京似願極力使該事件局部化、但此非即謂更嚴重之戰事可以消弭、或竟不幸而適得其反、但日本軍隊行走極端之時、日本政府正悚然於冒險前途之凶危也、日本或可一鼓而下北平、更以兵艦上溯長江、而窺中國之首都、但此亦僅取快於一時、惟以政治家之目光觀之、事態即至較此更嚴重時、亦無敢擇此危險而最後且能召致巨禍之途徑者、在已往一年半之中、日本在華北幾不自明其所欲者爲何物及如何始可取得之、但如謂日本將化華北爲第二「滿洲國」、日本絕不願爲之、蓋華北勝利之結果、不過財政上及軍事上平添重大之責任、以現狀觀之、日本之雙手固已抓滿、但庫藏則益見空虛矣、日本即能不宣而戰、但加磨折於中國之自尊觀念至不可磨滅之程度、日本實須小心將事云、（中央社十四日路透電）

◉巴黎 共產黨機關報人道報頃評論遠東事變、對於日本之侵略企圖、表示不安、對於中國軍隊忠勇抗戰、則加以贊許、並謂中國民族、茲正完成統一事業、中國對於外來侵略、已能樹立較爲統一之陣綫、而予以抵抗、「九一八」故技今已不堪再用、此層日本即當覺悟及之云、（中央社十五日哈瓦斯電）

《申报》，1937年7月16日，第5版

〔南京〕英大使許閣森、十四日晨由北戴河南下、十五日下午四時到京、四時半赴外部官舍 拜會王部長、探詢北平最近情勢、約談一小時辭去、（十五日中央社電）

〔南京〕亞洲司長高宗武、日前因病赴滬療治、現因中日局勢緊張、十五日晚力疾返京、（十五日中央社電）

美議員要求 向日抗議

破壞九國公約

〔華盛頓〕衆議員波納德·考維·康納爾·希爾等四人、今日致函國務部長赫爾、謂最近華北方面中日衝突、已破壞九國公約、要求向日本政府 提出抗議、爲世界和平計、此舉實屬需要、彼等並引一九三四年密希爾 少將對聯邦委員會之證言、稱日本爲美國最危險之敵人云、（十四日國民電）

倫敦證交所 仍形安靜

〔倫敦〕證券交 易所對中日爭案、仍形安靜、並未因最近之發展、而呈驚惶之象、祇有中日債券之大戶保險公司及銀行、均未出售、今日且多有乘近

楊代辦 訪日外交當局

請促川越大使晉京 以便談判蘆溝橋案

〔東京〕我駐日 代辦楊雲竹、十五日上午十一時半、訪謁日外相廣田、適廣田正出席會議、由外次堀內接見、楊傳達我政府意旨、盼川越大使從速回京、以便談判、解決蘆溝橋事件辦法、堀內答、川越日內卽由津南下、談約四十分鐘、（十五日中央社電）

潘家口竟劃歸 偽滿管轄

冀東偽治 荒謬行動

〔南京〕確息、六月二十日晚、突有偽熱河青龍縣縣長到達冀東遷安縣潘家口、立將遷安縣第四警察分所接收、並命令警察穿着偽滿制服、惟中有警官劉振樓一人伏地痛哭、不願穿着、致被看管、押往雙子山服役、其餘警察悉遵令簽具服從偽滿之志願書、幷願受日人晚山之監督指揮、照常服務、廿二日晨七時、該偽縣長又偕同偽滿邊境警察隊長及日憲兵長各一人、率兵來潘宣稱、冀東偽組織已將遷安縣潘家口地方劃歸偽滿管轄、嗣復巡視附近各地、廿三日晨十時、日人杉山至潘家口海關分卡宣稱、爲軍事形勢之關係、偽滿已商得冀東偽組織之同意、將潘家口劃歸偽滿管理、幷查詢對於此事之態度、據我國海關當局表示、非在絕對必要時、潘家口海關分卡、決不輕於退出云、（十五日中央社電）

英下院宣稱 辯論外交

工黨準備提出 中日糾紛問題

〔倫敦〕政府頃接受下院反對派工黨黨團領袖阿特里少校之請求、決定於本月十九日在下議院舉行關於外交政策之辯論、一般人相信、屆時工黨將提出中日兩國糾紛問題、幷主張英法美三國應有所行動、以使中日糾紛不致益形嚴重、倘屬可能、則當交由國聯會加以處理、至關於西班牙問題、則工黨人士將反對承認西班牙內戰當事雙方爲交戰團體云、（中央社十四日哈瓦斯電）

楊虎城抵舊金山

〔舊金山〕陝西省前綏靖主任楊虎城、已於今日到此、（十四日國民電）

《申报》，1937 年 7 月 16 日，第 5 版

日積極佈置軍事
完成大包圍北平形勢
威脅地方當局實現彼方目的
大局和戰命運三日中可決定
平津各界冀宋哲元保持令譽

〔天津〕大局無變化、消息雖沉悶、但折衝正積極進行、平津安謐、（十七晨二時本報急電）

〔北平〕時局前途、雖尚無把握、但北平在砲聲停息四十八小時後、現已漸復常態、平津火車、已完全恢復、戒嚴令雖未撤銷、然亦不過官樣文章、北平人士現亟待天津談判之結果、與南京之意見、一般人印象、以爲除非有積極變更冀察行政之代價、日軍當局、決計不放鬆其華北之把持、是以衆所注意者、皆集中於南京、是否準備軍事行動之問題、中國與歐亞兩航空公司、現否認南方與北平間航空業務、因日方請求、業已停頓之消息、謂兩公司之飛機、刻照常來往、自雙方衝突以來、日方死傷數、約死二十人、傷六十人、（十六日中央社路透電）

〔天津〕豐台通州間、日軍共集結八千餘名、川口第十師團長、河邊旅團長、頃在豐通、對平市大包圍勢已成、大局轉捩關鍵在於二十日前、（十六日專電）

〔天津〕陳中孚十六日應宋電召、由東京飛津、即謁宋報告、將協張自忠·張允榮·鄧哲熙等辦外交、十六晚兩張及鄧等在寓園爲陳洗塵、（十六日專電）

〔天津〕陳中孚自奉宋召由日返津後、現已加入中日和平談判、據中國方面消息、目前雙方討論者祇限於軍事問題、惟日後廣泛問題提及時、前途殊難逆料、再則南開學生頃有電致中央政府、陳述北方危急情形、天津城內亦各處散發傳單、要求政府採取軍事抵抗政策、（十六日中央社電）

〔北平〕中日雙方人員對盧案連日在津接洽、交換意見、張自忠·鄧哲熙·張允榮等、定今日再與橋本和知會晤、對盧案和平解決辦法、正式談商、（十六日專電）

〔天津〕張自忠·張允榮·十六日再訪橋本·和知商談、鄧哲熙·陳覺生亦由側面進行接洽、截夜止、局勢猶無何顯著進展、對方確已透出不願擴大意、是禍是福視三數日內決定、（十六日專電）

今晨五時消息

〔南京〕據確悉、日政府近扣留商輪三十一艘、裝運大批軍隊軍火前來我國、已奉令開拔者、有第五、第六、第十、第十二、第十六、五個師團、人數約在十萬左右、其中除兩個師團已指定開赴平津外、其餘三師團暫開至朝鮮待命、預定一週內調動完畢、又駐朝鮮等地之日本後備隊、亦已奉令準備、據確息、大批日本軍用品、十六日已運到津、（十七日中央社電）

《申报》，1937年7月17日，第3版

秦德純等電滬闢謠

冀察決不承認日要求

(本埠消息)連日盛傳冀察當局、將接受日方無理要求、對日妥協、並有二十九軍將領主戰言和、內部意見不甚一致、致予日軍以完成軍事佈置之機會、經該軍駐滬辦事處處長李廣安電平方叩詢真相、昨晚已接秦德純・馮治安・張樾亭・來電闢謠、茲覓錄各電如下㈠(銜略)本日雙方無大變化、祇四郊因日方運送軍及少數部隊不時窺擾、不斷發的小誤會、現宋委員長在津、聞對方曾派員與我方接洽、要求即有之、我方決不承認、刻下尚未成議、更無絲毫損失國權國土之事、請釋念、並轉告各方為荷、㈡特急、李處長廣安兄勛鑒、刪電承示各節均敬悉、外間謠言種種、意在挑撥離間、及淆惑聽聞、不值識者一笑、我方情形吾兄知之甚詳、務希隨時設法更正、以明真像為荷、特復㈢(銜略)寒電敬悉、孫宋杜楊諸公暨各界領袖、關心北方、顧全國家、至為欽感、本軍無一刻不在積極備戰、祈代達謝忱為盼、特聞、

大井村日軍又挑釁

北平 大井村以北日軍迄無撤退準備、十六日夜並向我軍以步機槍三次挑釁、每次約二十分鐘、因我軍未予還擊、故未發生衝突、計第一次為晚六時二十分、第二次十一時二十分、第三次十二時零七分、(十七日零時五十分中央社電)

北平 大井村十六晚十時、又有砲聲、至今晨二時尚未止、(十七日晨三時半本報急電)

北平 據報大井村所留日軍臨時編組戰地聯絡哨十排、每排廿人、各在警戒綫高粱地內、往返搜查、遇有可疑行人卽行逮捕、被害者甚多、我當局已提抗議、(十六日中央社電)

《申报》，1937年7月17日，第3版

日軍迄無撤退模樣

北平　大井村五里店一帶日軍、仍無撤退模樣、河邊旅團原駐通州之部隊、均集中豐台、現豐台日軍連騎兵在內、共有三千餘人、十六日前方各地均沉寂、雙方監視撤兵人員、十六日仍赴前方監視撤兵、因日方迄不遵守信約、預料結果、亦只有徒勞往返、（十六日中央社電）

天津　十六午前平津四郊均安謐、大井村五里店日兵未撤、亦未增加、（十六日專電）

北平　和平空氣今仍頗濃厚、惟日方增兵仍甚積極、北倉現亦住日兵千餘人、其他各地之軍事運輸均極忙碌、平廣安門外等處、日軍建築工事、似無即退模樣、（十六日專電）

天津　和平空氣瀰漫中、平市以東以南之日軍、迄未停止運輸、河邊旅團駐通縣部隊迄今已全部集中豐台、連同大部隊之砲兵騎兵戰車等特種兵、共達三千餘人、廣安門外大井村日軍自昨起在該地掘壕設防後、迄今午仍未撤退、廣安門右安門至豐台間日軍小部隊活動、仍未停止、中日雙方監視人員周思靖·櫻井等、今下午再度出發前綫視察、（十六日專電）

天津　十六晨由關外續到兩列車、載軍火枕木道軌極多、東車站卸下軍火山積、由日軍警戒下僱苦工數百搬運、自晨迄夜未停、東站秩序極亂、往來各站各車皆不能照例靠近站台、（十六日專電）

《申报》，1937年7月17日，第3版

日在豐台 强築機場

〔北平〕日兵增加騷擾不已、津北北甯現駐日兵千餘、其他各地之軍亦遇機尤忙碌、豐台係日軍根據地、現以局兵被拘去、我警察俱離行使職務、亦被到、日方曾擬在該處飛機場修路、經王冷齋專員外交秘書孫潤宇拒絕、其事卒未實現、聞現在豐台之東大鄉已被日軍佔地五百餘畝、闢為機場、將地上樹木用者砍去、田禾則係工割棄、每人發工資六毛、至於地價、上者每畝八十元、下者每畝六十元、人民在暴力下被收買、於是日在豐台建築機場一所、該處亦有、聞該機場現停日轟炸機二、偵察機三、每日飛平市長辛店後偵察、即由該機場起落、（十六日中央社電）

日機偵察 平漢沿綫

〔天津〕十六日上午九時、日偵察機三架、編隊飛平漢綫保定順德一帶偵查、津市上空亦有飛機數架盤旋、並故炫飛行技術、在和平未完全終了前、日軍似不肯放棄其軍事行動、津日軍十六早續有數百開豐台、現通州豐台平漢綫長辛店附近、露營兵額達一旅團一聯隊以上、期待武裝下達成願望、我軍自十四日後撤已竭力忍耐、俾不致影響談判、（十六日專電）

〔天津〕在津之日飛機、仍為三十三架、十六日晨在東局子李明莊飛機場表演上下飛落、並有三架西飛偵察、（十六日中央社電）

〔天津〕十六日上午八時、日機六架由津飛平、在南苑西苑部駐軍營房上高空盤旋偵查半時許、（十六日專電）

〔北平〕日兵百五十餘名欲佔據津浦路車廠、被我方拒絕、日兵已改駐附近候車室、北寧至古北口長途電話因通縣古北口兩處日軍增調已斷絕、密雲電報局被日軍監視、平密長途電話亦發生障礙、（十六日專電）

日圖佔據 津浦車廠

〔天津〕津北寧路東站總存煤廠、（十六日為日軍佔用為臨時兵房、津沽路總站大倉房日亦擬强佔、正交涉中、（十六日專電）

〔天津〕日軍刻在津總東兩站、積極佈置軍事工程、除昨日在總站貨廠派兵駐守並挖戰壕外、十六日又有四十餘人開往東站北寧材料廠、並擬繼續佔據東站頭二等候車室、以便駐兵、總站鐵道外日商公大紗廠、亦開到日軍數十人、並運到大批洋灰蔴袋橋樑材料等、似有擕築軍事工程之意、十六日下午四時日軍八十餘人、全副武裝由榆搭平榆四次車抵津、（十六日中央社電）

《申报》，1937年7月17日，第4版

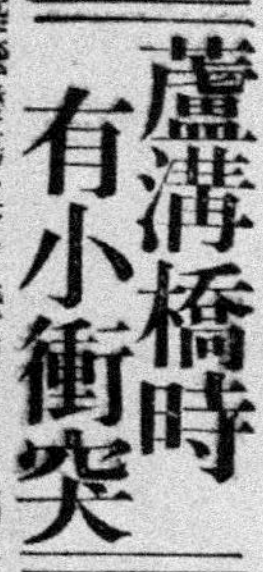

盧溝橋時有小衝突

〔南京〕京中十六日午接平電稱、一、津方續到日軍兵車四列、裝載多量軍用品及汽車等、并鐵甲車數輛、二、由津開往豐台敵軍兵車一列、兵三百餘名、豐台東南造家村附近農田、日方建築飛機場、并有飛機四架、翔空偵察、三、通縣西方八里橋一帶、由冀東僞保安隊趕築工事、平津綫之楊村、由津開到敵軍五百餘名、砲十數門、四、豐台四週敵軍築有工事、並擬埋設地雷、附近樹本禾稼均被敵方砍伐、五、盧溝橋方面無變化、惟時有小衝突、（十六日中央社電）

〔北平〕盧溝橋被日軍砲擊後、損壞甚巨、平漢路派工修理數次、均被日兵阻止、今晨該路再派工程車一輛、先載應用材料及人員往修、結果仍碰壁而回、（十六日專電）

官方否認簽訂協定

〔北平〕官方公布消息、關於盧溝橋事件、日方並未向我提出政治之要求、或如外傳已簽定任何條件一節、日大使川越、十五日在津接見新聞界時、已有相當說明、微聞此事雙方人員現正在津作側面的折衝、以期意見之接近、至正式洽商日期、此間尚無報告、且事態前途、變化叵測、亦似非一二日即可解決、（十六日中央社電）

〔天津〕華北日軍、部下六日登聲明謂橋本參謀長十五日曾接見張自忠交換意見、現日軍不顧事態擴大、今井武官十六午後訪秦德純表示兩點、一應即解嚴、二恢復交通秩序、秦表示如日軍完全撤退、人心穩定、不待日方提示、即行解嚴、（十六日專電）

日方兵車陸續到津

〔天津〕日兵車十六日晨四時許、由榆又開到一列、滿載煤及鐵路道木等甚多、停車站、此間總東兩車站日兵、仍派兵分別戒備、夜間並限制行人、日兵乘汽車十餘輛、十六日晨由津赴豐台、（十六日中央社電）

〔北平〕路息、由關外到津兵車中、載有裝甲汽車五輛、今易以鐵輪停津東站待發、南滿及奉山兩路各技術職員日人多名、隨各列兵車入關、分佈北寧路沿綫、（十六日專電）

〔天津〕在津朝鮮義勇軍隊、十六日編成、協力担當津日界治安、（十六日專電）

通州東南亦有接觸

〔天津〕十六日上午八時、日軍一中隊在通州東南方安平與我方軍、衝突約一時許始止、豐台日軍步砲兵大敵、十六日下午時起向大井村永定門推進、廣安門外日軍復增加、南苑大紅門附近下午三時開到日裝甲汽車數部、步兵五百餘、通縣一帶軍火運輸頗忙、（十五日專電）

〔北平〕通縣來人談、㈠通州以東各縣保安隊、現到通集合者、已達萬餘、僞滿軍隊亦有由古北口開來者、惟人數未詳、通縣南門、現由日兵把守、㈡通縣日兵營內、駐紮兵士無多、大部均已調出、惟兵營內存有鐮刀兩大車、聞係備爲一旦再有戰事割除青紗帳之用、㈢通縣日飛機場現停有日機卅餘架、（十六日中央社電）

《申报》，1937年7月17日，第4版

日僑婦孺紛紛離平

〔北平〕北寧路各次車、今車時運出南下旅客須在津換車、兩日來津積存行李在兩千件以上、平站今接局令限制南運行李、日來每日離平日鮮僑民在四百人左右、以婦孺爲多、（十六日專電）

〔天津〕關內總領事十六電外務省轉報張垣日僑六百餘、并三十餘、鄰州十餘名、請發回國費、（十六日專電）

宛平縣府移長辛店

〔保定〕宛平縣府因被日軍砲火損壞過甚、十四日起、暫移長辛店辦公、王冷齋諭全體職員、即日前往、（十六日中央社電）

〔天津〕平今豪雨、盧溝橋等處前綫沉靜、日兵多在構築防禦工事、大井村今有機槍射擊聲、但未久復停、僞滿軍隊已開入古北口、人數未詳、通縣停日機三十餘架、（十六日專電）

〔北平〕據由盧溝橋轉門頭溝再搭平綏路到平者、談宛平縣城仍由王冷齋坐鎮、自十二日以後、各方尚無衝突、惟步哨偶有小接觸、盧溝石橋本在我手中、鐵橋亦於十二日晚奪回、同時並奪回附近之廻龍廟龍王廟（村名）日軍仍在大瓦窰五里店大井村一帶、現我軍已撤至東水貫頭、構築工事、架設電台、毫無撤退模樣、（十六日中央社電）

津學生會告同胞書

〔天津〕津學生救聯會十六日發告同胞書、㈠要求武裝保衛華北、㈡擁護二十九軍繼續抗敵、津學生組盧溝橋抗戰後援會、決與救聯會一致行動、（十六日專電）

〔天津〕塘沽日軍艦已增加兩艘、屬旅順要港部第十四驅逐隊、由艦隊司令久宗米次郎率領、共驅逐艦菊荻葵三號、（十六日專電）

平教育界電宋勗勉

〔北平〕**平各大學今分別電宋、請其本喜峯口精神、爲民族爭正氣、**平教育界名流李書華、李蒸等十六日赴津、會同津教育界名流張伯苓等謁宋、對盧溝橋事件、有所請求、（十六日專電）

〔北平〕平教育界名流李書華李蒸等、今赴津謁宋、有所談商、當晚返平、定十七日邀平方教育界名流報告謁宋經過、（十六日專電）

〔天津〕宋哲元十六日在津進德社接見平津教商金融界代表甚多、**關於時局和緩原因、有重要說明、**（十六日專電）

〔北平〕李書華・李蒸・張貽惠等赴津謁宋哲元、已於十六日下午六時返平、據李蒸談、宋因公忙、於十六日下午三時晤面、談約四十分鐘、宋態度極好、談畢、余等卽乘車返平、定十七日午邀各院校當局報告云云、又平教育界名流多人、十六日曾有一電致宋、對時局形勢詳加分析、並有所陳述、又平各大學學生、對時局尤關心、表示除請廿九軍集中力量抗敵外、對和平解決、亦決不反對、惟須在無條件之原則下進行一切、恢復八日前狀態、（十六日中央社電）

《申报》，1937年7月17日，第4版

殷逆畏战 避往唐山

〔天津〕殷逆與僞糞東各機關漢奸懼戰事擴大、通州危險、均避往唐山、通州完全讓日軍駐守、又僞區域內、禁京滬平津報紙入境、防民衆奮起、驅逐漢奸、（十六日專電）

〔天津〕關東軍鐵甲車一列、十六日猶停東站未移進、（十六日專電）

〔北平〕榆關來人談、停泊秦島榆關間日軍艦、仍未離去、日軍大部集中錦州榆關間待命、錦州日機塲停飛機五六十架、榆關日軍通知附近住房商店、夜間一律不得燃燈、（十六日專電）

平後援會 交換意見

〔天津〕蘆案進行和平談判後、宋復發表辭謝捐款通電、平市一部抗戰後援會、鑒於此種情形、已分別交換意見、必要時决停止工作、（十六日專電）

〔北平〕自蘆溝橋事件發生後、各地紛紛予廿九軍抗敵將士以精神或物質之慰勞、極爲熱烈、宋哲元以此次事件、係屬小衝突、特通電謝絕各方捐款、平當局接到此項通電後、以日來各界因愛國心切、時在市內捐款勞軍、意雖可感、惟不免有妨碍交通情事、且對宋之意旨亦有未合、故决自十六日起、暫時停止各界之募捐運動、（十六日中央社電）

日方密設 無綫電機

〔北平〕確息、平東交民巷瑞金大樓「日本國際運輸公司辦事處」二層樓上、日方密設無綫電機一架、專備接收我方各機關情報、現又藉華安飯店樓下之旗桿、加設無綫電天地綫、增大電力、已被該飯店拒絕、現天綫雖未掛妥、而所設之綫仍未撤除、（十六日中央社電）

《申报》，1937 年 7 月 17 日，第 4 版

英大使訪徐謨

並與日高會晤

各國關切華事

【南京】英大使許閣森十六日下午五時四十分到外部訪徐謨、談半小時出、（十六日同盟社電稱、十五日英大使許閣森晤外交部王部長時、曾表示英國對於盧溝橋事件之希望數點云云、關係方面消息、該社所傳、絕對不確、（十六日專電）

【南京】十六日下午四時半、法駐京總領事高蘭赴外部、訪情報司長李迪俊、詢平津事態演變情況、談半小時、五時半意大使館二等秘書屆斯第繼訪李氏、探詢情況、表示意政府關懷之意、並謂大使柯賚準備日內來京一行、（十六日專電）

【南京】英國大使許閣森十五日下午抵京、邀請日高參事官、詢問中日兩軍在華北衝突原因、及其後情形、許閣森旋對日高謂、（余未奉本國政府公式訓令、然如此事件擴大、於中日兩方不利、故希望早時解決、以免其擴大、許氏是日會見、似奉本國政府命令、探詢日方意見（準備英國之正式調停、（十六日同盟電）

【南京】平郊被日軍蹂躪案、倫敦泰晤士報·紐約泰晤士報·均著論對日抨擊、同情於我、法國輿論亦有公正之批評、德意兩國、雖未有顯著表示、惟對盧溝橋事件之同情於我、大致顯然、（十六日專電）

《申报》，1937 年 7 月 17 日，第 4 版

日外省發言人

答外國記者質問

派兵赴華係原定計劃

冀省談判仍在進行中

（東京）日外務省發言人十六日晨答復外國記者、關於華北事件之質問、綜合之如下、日本從內地派兵赴華、乃原定計劃、昨今情勢未見好、亦未更懷、華北駐屯軍與冀察當局談話、仍在進行中、冀察幹部尙有誠意、現所談者、爲根據協定之細目、目前關鍵、在協定辦法履行問題、中國政府亦希望平和解決、故仍努力、有人問、冀察當局既有誠意、何以增兵、答爲安全、（十六日中央社電）

日外省電令

川越南下

（南京）外交界息、楊雲竹向日外務省傳達我政府意旨、盼川越茂從速回京、以便隨時接洽、聞日外務省現已電令川越、日內卽南下、（十六日中央社電）

內地日僑

準備撤退

（東京）天津總領事堀田十五日對外務省報告留居中國內地日僑狀態、謂張家口方面現住日僑六百人、堀田總領事匯寄日僑撤退經費、然因該地空氣惡化、未能兌換現金、中根代理領事請求航運現金、太原日僑開始向張家口撤退、鄭州日僑十數人現正準備回國、（十六日同盟電）

《申报》，1937 年 7 月 17 日，第 4 版

英美法對遠東局勢
密切交換意見
羅斯福總統停止休假
英政府準備出任調解
法外長再晤中日駐使

〔華盛頓〕羅斯福總統每逢星期杪、輒乘遊艇出外、今則取消出遊、而將留駐白宮、以遠東局勢嚴重故也、美總統對於中國境內情勢之發展、甚爲關切、而對於西班牙內亂不干涉計畫、亦復繫念、美總統外交顧問三人、今日午後被召至白宮、會商國際形勢、此三人爲前駐華公使馬慕瑞・國務院特辦韋爾士・與美總統特使台維斯、皆美國極熟諳中國事件之專家、聞羅斯福總統亦不擬採行特殊舉動、但僅嚴密注視而已、（中央社十五日路透電）

〔倫敦〕外務次官克蘭波勛爵、頃下議院某議員之質問、提出書面答復稱、「英政府現正與駐中國大使許閣森爵士、常川互通訊息、並已告以英國政府一遇任何機會、即當竭盡能力、以謀目前中日兩國糾紛之和平解決」云、（中央社十五日哈瓦斯電）

《申报》，1937年7月17日，第5版

〔伦敦〕伦敦人士现正极密切注意中国境内使人不宁之事件、下院对于华北危局今日复有种种询问、同时英法美三国、仍交换其所得关于时局发展之情报、英美两政府皆已单独照会日政府、说明华北此次冲突、起因甚微、不应听此扩大纠纷、英国在照会中并谓、中国或日本、苟有扩大此事、化为国家威严问题之任何企图、则将成为与英国至有重大关系之事件云、伦敦所接东京传来之最近消息、殊不能使人宽慰、日方所称、此次冲突并非为预定计划、而日政府亦非故意延不解决、伦敦人士姑以为然、是以英政府现未见有出任调停之理由、英外部次官克兰波今日在下院答保守党议员毛根之问话、谓渠在过去数日内、常与中国大使郭泰祺接洽、郭大使屡以关于时局之报告相示、查此报告、与报纸所已披露者、无大出入、渠已向郭大使声明、英政府将利用各种机会、竭其能力、以作和平解决之贡献云、保守党浦番奇发言、主张英国向有关系列强建议、将辛丑条约第九款予以废除、因北平现不复为中国首都、而列强对北平、除日本外、又无甚贸易关系也、克兰波答称、该约第九款规定若干国得驻兵于华北若干地方、俾保持北平与海口间交通、其目的在保障使馆之安全、今者仍有若干使馆、留于北平、至于商业关系、则当时并未考虑及之云、工党麦克恩提起称、英日谈话、宜待华北现有纠纷结束后、再行进行、因此种谈话、或将被人认为英国赞同日本行径也、克兰波答称、英日谈话何日开始、尚未有切实日期云、（中央社十六日路透电）

〔伦敦〕华北事件发生以来、英法两国原拟按照中国政府之建议、提议由英法美三国政府联合行动、而在伦敦巴黎华盛顿三处、同时进行交涉、但美国政府不欲参预任何种外交阵线、对于上项提议、认为未便接受、故乃改变方针、现闻英美两国政府业已决定、分别向日本政府交涉、以期维持和平、并使目前中日两国间之纠纷、获得友谊的解决、据负责人士所知、法国亦当提出与英美两国相同之交涉、惟苏联政府究抱何种意向、则尚所未悉、若谓英国政府业已以其用意、通知苏联政府、则此间外交界人士似并未具有此种印象、大约英国在中国方面不愿表示与俄国有任何种连带一致之行动、此则显而易见者也、又此间一般人士认中国政府坚决反抗日本併吞华北、故对于远东时局发展、均极为关怀、预料时局发展之趋势、在今后四十八小时内、可见分晓云、（中央社十五日哈瓦斯电）

〔巴黎〕外长台尔博斯、本日分别接见中国驻法大使顾维钧及日本驻法代办内山、商谈华北局势、（中央社十五日哈瓦斯电）

《申报》，1937年7月17日，第5版

日本兩師團

陸續抵平津

北寗路幹綫完全被佔 雙方要員仍接洽和平

天津通信、近數日來、敵軍大批運至、鮮滿津榆間兵車、絡繹於途、飛機遮遍天空、時局殆益趨緊張、乃同時雙方又有和平談判之進行、茲綜合各方情報錄述如下、

新到日軍

由十二日以來、日軍使用北寗鐵路、竟強制以鮮滿鐵道車輛、載運駐朝鮮第十師團川口部隊向天津開來、司機及隨車人員、除自滿鐵調用者外、另有鐵道隊隨行、並於兵車之外、開來鐵甲車一列、探照燈鐵甲車一列、無綫電鐵甲車一列、及枕木鐵軌等材料一列車、備鐵道發生障碍時、立即修築、迄十四日晨一時爲止、已開到津者、共兵車十五列、運來步砲兵約四千六百名以上、該師團爲戰時編制、人數一萬四千左右、故截至十四日早開到津者、祇及三分之一、其餘猶在輸送途中、預計十五日可以運輸終了、第五師團坂垣征四郎所部、三日前、即以軍用船七艘裝運開來、擬十五日早分在山海關南海濱・秦皇島・塘沽・三地靠岸登陸、再由滿鐵備車運輸平津、關東軍佐藤師團之一部、十二日起、自古北口入境、向北平市郊開進、另外尚有一師團已在準備動員、其目的似爲青島、日方兵力、截至十五晚、大約集結完了、一般推測、當爲大規模之進攻、平津必均遭其殃也、至於關東與朝鮮之空軍、自十一日起、陸續飛抵天津、降停於李明莊・八里台・兩飛場、截至十四日止、又有爆炸・戰鬥・運輸・偵察・四種飛機三十二架、中日合辦之惠通飛機、大半改爲偵察機、

坂垣綏來

前充日本關東軍參謀長・現充日本陸軍第五師團長之坂垣征四郎、原定十四日午後五時左右、由東京逕飛來津、會晤駐津日軍新任司令香月清司、該第五師團開到後、將增駐北平四週、第十師團長川口、亦定十四日午後由朝鮮京城來津、該兩師團長到後、與香月開一軍事會議、以定軍事進行計畫、坂垣爲有名之支那通、素性極爲兇狠、亦九一八事變主角之一、現爲少壯軍人派領袖、一向主張所謂冀東擴大化與所謂華北特殊化者、故冀東漢奸、聞悉坂垣統兵前來侵略消息、皆有喜氣、嗣以中日雙方進行和平接洽、遂暫緩前來、川口則仍依時到津、即往訪香月會商軍務、

交通被佔

十二日起、朝鮮日軍進關、北寗路局拒絕撥車、日方乃以滿鮮鐵道車輛輸運、兵車所過處、均令隨車前來之滿鐵鐵道隊、及僞國國境警察隊數名下車、留守沿途各站房內、監視路員行動及調度車輛、各站員工除行車照例以長途電話通話外、餘悉不准、天津東車站及總站亦然、當日兵車開到各站時、禁止華人在側窺伺、即不必要職務之路員、亦驅逐出站、十四日並派兵駐守北寗路局軍運股・及車輛調度所內、以防該路調撥車輛運輸我方軍隊、故北寗路幹綫、已完全成爲日軍所佔、豐台車站、只有少數路員被留工作、餘悉被逐出、即扶輪小學校舍、亦被其佔用、但駐津日軍司令部十二日發一聲明、妄謂因北寗路不爲撥車運兵、不得已乃調撥滿鐵車輛入關、供給軍運、並非強佔北寗鐵路、妨碍辛丑條約各國權利云云、此蓋故意遮飾、先杜列強開口干涉也、

和平磋商

關於和平磋商、十三日夜、平津兩方冀察要人、曾竭力奔走、與對方接洽、在平方致力者、爲秦德純・齊燮元・張允榮・諸人、在津方致力者、爲陳覺生・鄧哲熙・劉家鸞・諸人、對方負責談洽者、爲駐津日軍司令部參謀長橋本・第二課長和知、各盡溝通往返磋商力量、乃得一輪廓、其先決問題、爲日方停止軍隊開來、已來者須短期內撤退出境、未到者宜即設法復員、蘆溝橋・永定門・大井村・各地對峙之雙方軍隊、派監視員監視其撤退、或撤至相當距離處、免摩擦機會過久、事態擴大、餘事再爲具體商討、日方對此同意、十四日起、乃由二十九軍旅長張凌雲等、與冀察政委會日顧問櫻井・中島・二人、駐平日特務機關副機關長寺平・豐台日軍隊長嘉田等、共同監視、雙方均將部隊撤至距離數千米以外、旁午、大井村・永定門外・廣渠門外・一帶日軍、皆陸續撤走、分回通州・豐台・駐剳、至晚間、祗宛平縣城東門外平漢路鐵橋涵洞下、尚有日軍二百餘名未撤、北平市內空氣、因而轉趨緩和、十四午刻、齊燮元・張允榮・先行來津、向宋哲元報告平方情形、午後二時半、張自忠亦專車由平歸津、夜十時後、宋哲元特在英租界十九號路進德社、召集二十九軍與冀察等要人密議、張自忠・齊燮元・陳覺生・劉家鸞・鄧哲熙・等皆參與、關係專討論決定具體答覆日方要求之道、經討議良久始散、連夜即派張自忠・陳覺生・往訪橋本、有所表示、因雙方意見比較接近、故直至十五早三時以前、平津情況、較爲安謐、

川越抵津

日本駐華大使川越茂、按照其規定行程、十四日午前十時五十五分、偕書記生星田・翻譯官清水、搭中航機來津、寓於日租界常盤旅館、午後二時、偕駐津日總領事堀內干城、到張園拜會香月清司、交換意見、并即出席香月所召集之在華北日本陸海外幹部人員會議、陸軍方面出席者、爲橋本・和知・大木・池田・塚田、海軍方面出席者、爲駐平津武官小別當・久保田、外交方面出席者、爲川越・堀內・津領岸偉一・森原・大江・村上、迄三時許方散、會後、川越到英租界日總領事官邸、聽取堀內一般華北情形之報告、晚應堀內等歡宴、在津將留數日、觀察外交情形、然後赴平、其與宋哲元之會見、猶未約定日期、宋既不願在此刻接見川越、川越亦不便於軍事問題未告段落前往訪、惟側面之意見溝通、或由雙方素日接近者傳達、

《申报》，1937年7月17日，第11版

我政府駐外使節

致牒九國公約簽字國

日軍侵犯我主權違反國際條約

苟不及時制止將危害世界和平

我政府願用和平方法解決糾紛

〔華盛頓〕中國駐美大使王正廷博士今日向美國務部提出備忘錄、此項文件同時已向九國公約簽字國提出、其內容聞爲中國政府對於華北局勢、或將援引九國公約、至王大使惟一表示、則爲「中國準備採取任何和平方法」云、（十六日國民電）

〔華盛頓〕此文是否爲正式援用九國公約之舉、現尚未確定、惟簽約國固擔任尊重中國之主權與土地完整也、備忘錄聲稱、盧溝橋之被襲擊、與日軍之侵入華北、顯然破壞中國主權、而與九國公約及國聯盟約相抵觸、此種事態如聽其自己進展、不獨即將擾亂東亞和平、且將使世界其他各處受不可逆料之影響、中國不得已將用其全力以保衛疆土與國家尊榮、但亦準備以國際公法與條約所有之和平方法、與日本解決爭端云、王正廷與赫爾談話後聲稱、渠已討論中國要求美國及九國公約其他簽字國、對於遠東危局有所舉動一事云、（十六日中央社電）

〔華盛頓〕中國駐美大使王正廷、面遞國務卿赫爾之節略、措詞與中國政府同時致英・法・意・荷蘭・比利時・葡萄牙・及俄・德各國者相同、大意係稱「日本軍隊在華北之行動、實屬破壞一九二二年華盛頓九國公約、一九二八年巴黎非戰公約、及一九一九年國際聯合會盟約」云、聞國務院各專家現正研究該項節略、（中央社十六日哈瓦斯電）

〔倫敦〕中國駐英大使郭泰祺今日向英外相艾登提出備忘錄、內論「日本在華北威脅之現狀、」此項文件同時向九國公約簽字國提出、惟日本除外、此項文件並亦提交德俄兩國、備忘錄內容略稱、日本在華之侵略行動、苟任其一意孤行、不僅即將擾亂東亞和平、並將陷全世界於萬劫不復之境地、日軍進攻盧溝橋、實係侵犯中國主權、違反九國公約與國聯盟約云、（十六日國民電）

〔莫斯科〕中國駐蘇聯大使蔣廷黻昨訪李維諾夫、親將國民政府外交部關於華北局勢之宣言、交與李氏、宣言內聲明 日軍此次突攻盧溝橋、並在華北大舉增兵、實屬公然侵犯中國主權、並違犯九國公約、巴黎和平公約、及國聯盟約、中國政府擬用和平方式解決中日間一切糾紛、蔣大使並聲明、同樣宣言業已送達九國公約簽字各國、（十七日塔斯電）

〔柏林〕中國駐德大使署參贊今日以備忘錄送交德外部、據信此備忘錄實係說明中國抗拒日本侵略之意、聞中國大使程天放星期三日訪問德外長牛賴特時、曾表示同樣意見、牛賴特以德國願維持和平爲言、程大使當時答稱、中國亦願和平、但此事繫於日本、如日本在華北繼續有軍事行動、則中國不得不力抗云、（中央社十七日路透電）

〔倫敦〕節略內稱「此次紛擾發生之際、係在七月七日夜間、其時日本軍隊正在舉行演習、最初發生衝突之地點、係在盧溝橋一帶、日本軍隊在該處並無條約權利足以根據、蓋一九〇一年辛丑條約第九條規定、外國軍隊駐在地點、並未將盧溝橋宛平縣城・及豐台包含在內、日本根據此項條約而提出要求、原已不合時宜、縱令根據、且即就辛丑條約條文而論、日本在各該地方駐紮軍隊、舉行演習、亦絕無理由、……日本軍隊竟稱要求在中國軍隊防地內、搜尋失蹤之日本兵士一名、進而以強力於夜間侵入中國軍隊所駐防之宛平縣城、明知中國軍隊必加以拒絕、乃故意出此、藉以發動對於華北更進一步之侵略行爲、此固爲顯而易見者也、」節略繼稱、現有日本飛機百餘架、陸軍約二萬員名、集中北平及天津附近、「中國當局曾竭盡一切方法、甚至允許雙方相互撤兵、以冀停止敵對狀態、無如每次雖得解決辦法之後、輒因日本軍隊進行進攻、以致立即成爲無效、」節略最後聲稱、中國政府

《申报》，1937年7月18日，第3版

認爲「此項侵略行爲、」實屬破壞華盛頓九國公約所規定之中國領土主權完整、倘任其發生、則足以在亞洲及全世界產生重大之後果、此在中國方面、現仍準備談判任何榮譽之協定、「惟中國國民政府、對於談判解決之基本條件、不得不加以密切之控制、蓋恐嚇地方當局、促成華北分裂、原爲日本軍人慣用之策略、而爲世人所熟知也」云、（中央社十六日哈瓦斯電）

美國政府當局

重申嚴正立場

戰事足影響美權利義務
反對憑藉武力推行政策
干涉他國內政亦所不取

［華盛頓］美國務部長赫爾今日發表措辭嚴厲之警告、暗示中日兩國不得在華北開戰、以免直接妨害美國利益、文中雖僅以强有力之語氣、重申美國政策、而未直接指明中日兩國、但適於華北危局千鈞一髮之際發表、其用意不言可喻、赫爾警告、措辭直捷了當、爲美國近年來有數之文件、內稱、「世界各地、騷擾不寧、各方人士、前來探詢意見、或提出建議者、實繁有徒、任何局勢、如武力衝突已在進行、或武力衝突有發生之危險者、則必使世界各國之權利義務、感受嚴重之威脅、抑嚴重之武力衝突、不論發生於何時何地、必致直接影響美國之權利義務、職是之故、余感覺責職所在、宜將美國政府之立場、昭示天下、美國志在保障世界和平、時加制止、不遑餘力、美國並主張避免憑藉武力以推行其政策、更反對干涉他國內政、」赫爾又稱、美國始終不渝、贊成和平談判、與忠實履行國際協定、各國對於他國權利、務當遵重、而過分之貿易障礙、亦當設法減少、以確實現通商機會之平等及國際軍備之限制云、（十六日國民電）

《申报》，1937 年 7 月 18 日，第 3 版

天津談判難關重重

日方傳涉及軍事約定 政治解決日後亦討論 馮治安等態度極堅決

〔天津〕張自忠・張允榮仍繼續折衝中、馮治安・秦德純態度極堅決、現在日軍分布平西平南及平東三面之綫、爲準備佔領地區、今日平津無槍砲聲、但外交情形萬分緊迫、（十七日下午十一時本報天津電話）

〔天津〕齊燮元・張自忠・張允榮・等一部冀察要人、十七日上午三時、集英租界齊宅、通宵會議、討論轉變時局辦法、六時始散、魏宗翰十七日十時、偕今井由平來津、參加外交問題商討、（十七日專電）

〔天津〕中日雙方在津談判盧溝橋問題、雙方意見似尚未全部一致、仍待於繼續努力、宋哲元十七日派陳中孚協助張自忠張允榮等折衝、陳十七日晨再謁宋有所表示、預定十八日再繼續接洽、官方對談判前途、雖不絕對樂觀、但認爲日來空氣已較緩和云、（十七日中央社電）

〔天津〕中日雙方人員十七日晚繼續會晤、對盧溝橋事件交換意見、當夜我方負責談判人員並會商一切、據參與談判之我方某要人稱、十七日雙方交換意見、已有進步、但尚未告解決、（十七日中央社電）

〔天津〕十七日午田代葬儀、宋哲元前往弔唁時、與日駐屯軍司令香月曾作非正式之會晤、但未談及任何問題、（十七日中央社電）

〔天津〕華北各地日僑、已奉外務省令、退集津平唐山三地、由日兵保護、必要時再退回國、（十七日專電）

〔鄭州〕安陽十六日午發現國籍不明之飛機在高空偵察數週、旋即沿平漢路北飛、（十七日中央社電）

〔天津〕十七夜、張自忠張允榮再晤橋本・和知・談洽有進展、唯距完全解決猶遠、（十八日上午一時本報專電）

津日軍部澈宵會議

〔天津〕十七夜津日軍部開重要會議、由柴山、永津就携來東京命令與香月橋本等軍部要人磋商、東京對華北事件辦法有重大指示、頃未散（十八上午三時本館急電）

〔天津〕日陸軍省 中國班長柴山、參謀本部中國課長永津、啣日陸軍首腦部命、十七日下午五時 由東京飛來津、吊田代喪、兼傳達首腦部意旨於香月、川口、（十八日上午一時本報急電）

《申报》，1937年7月18日，第4版

二十九軍不失寸土

宋哲元對平教育界表示

［北平］宋哲元對平教育界代表李書華等表示三點、㈠盧案發生後、雙方和平雖屢經接洽、但絕未簽訂任何條約、㈡二十九軍決保全主權、不失寸土、㈢希望教育界處以鎮靜態度、（十七日專電）

日本動員四十萬人

向我國作大規模侵略

［南京］據息、日本政府近擬動員四十萬、向我國作大規模之侵略、除五個師團業已奉令開拔外、尚有大批隊部、由日本國內外各地繼續出發、現更陸續徵集預備隊入伍、聽候派遣、並有大批軍火及軍用物品、向平津一帶源源運送、坦克車數百輛、已由日運出、飛機四百架、亦已飛至台灣候用、又日第二艦隊現亦準備開赴華南一帶警戒、（十七日中央社電）

大戰祇缺一導火綫

［天津］宋十七日上午九鐘在進德社接見陳中孚、聽取東京報告、並召齊燮元·張自忠·張允榮等、聽取會議結果、為促談洽圓滑進行、加派陳中孚·陳覺生·協助張自忠·張允榮與橋本·和知等會商、某要人觀察、頃此間局勢有逐漸擴大趨勢、已非蘆溝橋及華北一隅一事件之簡單問題、日方積極增兵、大戰祇缺一導火綫、故華北當局對解決此事、殊感困難、（十七日專電）

［天津］魏宗瀚十六日下午四時乘汽車返平、將宋意旨傳達於秦德純、十七日晨復携秦馮意見返津、報告於宋、聞宋已決定以和平處理此次事件為原則、不令民衆遭塗炭、十七夜宋與姑翁通話、向蔣汪報告平津近勢、及折衝情形、（十七日專電）

天津談判

日方主張

［北平］北平中國政界、歡迎東京空氣轉變之訊、但以關東軍或將提出非中國所可接受之要求為慮、就此間各界輿情察之、如第二十九軍領袖諸人、將接受辱國之解決辦法、則該軍兵士、將起而推翻其長官、據日方宣揚消息、刻在天津進行之談判、涉及一般軍事約定、日方主張必須載有第三十七師全部遷駐防北平之軍隊在內、[illegible]至永定河以西某處之條款、日方並謂、政治解決日後亦必須討論、[illegible]冀察北之全部局勢云、日軍一縱隊現已由津開抵通州、殷汝耕之[illegible]、現亦有大批集於通州、而日方飛機若干架、亦抵該處、（十七日中央社路透電）

《申报》，1937年7月18日，第4版

天津市民發表通電

〔天津〕津市民一千餘人、頃聯合簽名爲盧溝橋事件發表通電、主張㈠擁護宋哲元 統軍抗戰到底、㈡要求中央派兵北上全國一心努力殺敵、㈢要求獨立解放的和平、反對屈辱的和平、㈣誓死反對一切漢奸敵寇的分裂陰謀、又津學生亦發表聯名宣言、（十七日中央社電）

日軍佔據津浦西站

〔天津〕日兵車一列、十七日晨七時五十分、由榆關來津、載士兵百餘人、及大批軍械給養等均停於車站、此間日軍十七日又派卅餘人將津浦西站津海關查驗所之房舍佔據、擬足期駐守西站、用意不明、（十七日中央社電）

〔天津〕十七日七時五十分、日兵車一列、兵百餘名、軍需品三火車、由榆關開抵津、（十七日專電）

〔天津〕津總站鐵道外日商公大紗廠現駐日兵四百餘人、並在附近築防禦工事、入晚在小于莊等地放哨、左近居民極感不安、日軍十七日晨所佔據之海關查驗所、係在總站、經海關與日方交涉、據稱係暫時佔作「日軍鐵道聯絡所、」迄晚不允退出、津總東兩站貨廠、自經日軍長期駐守後、每晚戒備益嚴云、（十七日中央社電）

平北交通已全斷絕

〔北平〕長城各口日軍、逐漸向關內開進、平北各公路沿途均有日軍工事、平北交通已全斷絕、冀東戰區保安隊奉僞令集中德昌、平保安隊已於十六日晚集中通縣北關、懷柔密雲保安隊亦集順義、保安隊眷屬奉令來平避難、十七日陸續入朝陽門者達三百餘人、平北高麗營農民均已四散避難、（十七日中央社路透電）

〔北平〕確息、十六日下午有日兵九百餘名、由津赴通縣、經武清縣安平鎮宿營、十七日晨四時日兵藉口聽見槍聲、將該鎮保安隊槍支繳去三十餘支、並將分隊長王憲文帶往通縣、（十七日中央社電）

平小湯山有便衣隊

〔北平〕確息、平北小湯山東北十三里辛城地方、十七日發現穿白布褲褂者八九十人、着黃衣者九人、携輕機關槍四挺、擲彈筒兩隻、手槍四十支、駐屯小湯山我軍、已嚴密把守、（十七日

《申报》，1937年7月18日，第4版

中央社電）

〔北平〕密雲現駐日兵三百餘、懷柔駐二百餘、均由古北口調到、平北小湯山附近高麗營十七日又由古北口開到日軍步騎砲二百餘人、當即挖戰壕作戰時準備、高麗營西面王家口地方、十七日突出便衣土匪百餘、在該地綁肉票十餘人、我駐小湯山桃李茶塢地方軍隊反正、擬清勦該匪、石友三部保安隊現完全開抵高麗營、（十七日中央社電）

日方軍火塘沽起卸

〔天津〕據聞日方現有大批軍用品將開塘沽起卸、現在塘沽各華商輪船公司碼頭、所有各該公司輪船停泊、須得日方之許可、否則日方竟加以干涉云、（十七日中央社電）

〔南京〕關係方面頃接北平方面電告、㈠天津續到日軍兵車兩列、裝載多係軍用品、㈡日軍千餘名、由津沿平津大道向通縣方面行進、已到何西塢、㈢包逆悅卿部十五日以一部開沽源及大梁底、㈣盧溝橋及豐台等處無變化、（十七日中央社電）

〔天津〕十七日榆關到關東軍飛機九架、降落南關外飛機場、榆關車站停空車十七列備用、傳十七夜將有日軍六列軍由關外開來、即駛平津、（十七日專電）

〔天津〕十七日下午一時三十分、日軍火十九車、由兵三十名押運自津去豐、另以載重汽車多部載軍火等品由津平公路開通州（十七日專電）

僞保安隊聯合反正

〔天津〕唐山以東頃猶混亂中、僞保安第一總隊張慶餘部與第二總隊張硯田部聯合反正、由十六日與日軍激戰、昌灤各地均戒嚴、薊縣遵化玉田亦有戰事、第二總隊長張硯田、正被扣留唐山、（十七日專電）

永定門外路軌拆毀

〔天津〕上午九時永定門外北甯鐵橋路軌再拆毀我軍登城扼守、城郊禾稼地潛伏日軍甚多、時傳稀疏槍聲、津市穩、（十七日專電）

〔北平〕確息、十六日夜十一時許、在犬井村吳家村四頃地郭莊子一帶、中日軍隊發生小衝突、約十分鐘即息、據蔣家墳農民云、夜間衝突、日兵死亡二十餘名、十七日晨彼親見日兵將死屍運往豐台、聞我方亦有傷亡、（十七日中央社電）

《申报》，1937年7月18日，第4版

日軍來華經費千萬

東京 政府在今日閣議席上、對於此次華北事變派遣部隊、及其他各節所需經費約一千萬元、決定由十二年度第二豫備費項下開支、惟此款乃特別議會以前之應急經費、若有不足、再將華北事變費算爲十二年度之追加預算、擬要求議會之贊助云、（十七日同盟社電）

北平 日關東軍在南滿站所停軍隊約達五十餘列車、聞有十七列車今向榆關開動、又榆關日軍昨今運到大批高射砲、高射機槍、及各項防空用品甚夥、（十七日專電）

北寧路車照常開行

北平 北寧路各次車十七日照常開行、乘客仍擁擠、惟平津第六次快車按照規定時間、應於十七日午十一時三十分到平、十一時行抵豐台時、駐豐日軍擬增掛兵車兩輛來平、當被我方拒絕、經交涉一小時、日軍乃去、該車延至十二時五十分始抵平、至平漢路十七日仍未恢復通車、（十七日中央社電）

天津 北寧路平津間交通、刻雖漸次恢復、但晚間各次車刻均停開、所有平浦三〇次、平瀋二次、均止於津站、至平滬三〇一次南下車、及平瀋一次車、均改以天津爲起點、（十七日中央社電）

日軍拉夫强徵牲畜

北平 平南郭家莊、十七日午有日軍十餘名、徵車及騾驢牛、各住戶聞訊均將車畜收藏、日軍不得要領、悻悻出村、旋復返回、强迫搜索、牽去騾車六輛、驢牛數頭、同時又有日軍在宛平縣界內徵得車輛多輛、並拉民夫多人、向豐台載運軍用品、運到後、各給僞滿鈔幣三十元、二十元、十元不等、各農民均棄而未收、（十七日中央社電）

北平 今晨日軍百餘名、乘載重車十五輛、由津赴通、今晨大井村岳各莊一帶有日兵向住戶徵發騾馬、今午日軍用大汽車二十輛、由豐台開津、滿載傷兵、（十七日專電）

《申报》，1937年7月18日，第5版

宛平軍民晝夜守城

[北平] 宛平來人談、前方沈寂、我方軍已抱定守土決心、晝夜守城、縣當局民放糧三千斤、並向各界呼籲接濟、甚望醫界組救護隊、敵機三四架時來城橋河堤低飛偵察、各處騾馬悉被搶奪、（十七日專電）

[天津] 官息、蘆案發生後、蘆溝橋城並鐵橋石橋及大瓦窰以西、大井村以東地帶、爲我軍原防地、現仍爲我軍駐守、惟因大井村尚有日軍、平漢綫被破壞之軌道未易修復、致外間頗有誤會、殊與事實不符、（十七日專電）

日軍在豐委司令官

[北平] 蘆溝橋情勢依舊、宛平縣移長辛店辦公說非確、惟因長辛店地處形勢扼交通咽喉、縣長王冷齋抱病回縣後、曾往長辛店視察調度、一般人誤會爲移地辦公、茲據確息、王自返縣後、均在縣城鎮壓人心、蘆溝橋自十二晚以後、戰事沉寂、但雙方仍嚴密警戒、豐台方面日軍已大部集中完竣、日竟派其所謂駐豐司令官、喧賓奪主、出示安民、現豐台各旅館滿駐日軍、民房亦被佔殆盡、（十七日中央社電）

[北平] 豐台日軍趕築工事忙、晚六時起即戒嚴、斷絕交通、居民逃避一空、民房多架設機槍、（十七日專電）

平津豐通日軍總數

[北平] 日駐屯軍原在北寧路綫者、共七千七百餘人、日來由關外開來增援者不過三千六百人、截至今晨止、豐台約二千六百餘人、津約三千六百餘人、平日兵營約六百餘人、通縣千數百人、此外在行動中者約二千五百餘人、總數約一萬二千人、（十七日專電）

冀東僞軍不聽調度

[北平] 冀東僞組織第一保安隊長張慶餘、現駐通縣、日方令張部即日調防長城、與國軍挑釁、張當時表示消極、謂中國人不打中國人、因此觸日人之怒、現將張扣押於通縣、所部見張被

《申报》，1937年7月18日，第5版

扣、均甚憤慨、預料將有不穩之勢、聞日軍已將張部嚴密監視、（十七日中央社電）

（天津）據聞僞組織軍隊在唐山榆關間已有千人以上、日方在唐山集中軍隊將有六千人、作一個根據地、榆秦等地亦擬增加、津東背各莊日方刻在建築飛機場、約一公里見方云、（十七日中央社電）

（天津）津日領館息、川越南返確期未定、擬俟此地形勢稍爲定局、至遲二十二日前飛返京、（十七日專電）

日外相訓令川越 返京進行談判

近衛召開五相會議 決議促進華北交涉

（東京）昨夜陸相杉山・海相米內・謁首相近衛報告華北情況、今晨十時、外相廣田謁近衛、亦爲同樣報告、十一時近衛召集四相會議、討論今後方針、（據日日新聞載、今日將有重要訓令致華北駐屯軍司令香月、指示天津談判最後方案、廣田已訓令川越大使、卽返南京、（十七日中央社電）

（復訂於十八日午前十一時、再行召集五相會議云（十七日同盟電）

（東京）內閣書記官長、今日午後、於首相近衛・陸相杉山・海相米內・外相廣田・內相馬場・藏相賀屋・舉行會議後聲稱、華北談判不能容其一再拖延、故日政府已決定促進此項談判之計畫云、該計畫之性質、未經宣佈、（中央社十七日路透電）

日報紙 激烈社論

主張發動實力

（東京）日日新聞十七日載激烈社論、主張華北事件應從速解決、大意謂（中國無誠意、過去十數年業經試驗、目前態度、乃採中國式遷延主義、日本行動之信念、在再建東洋平和、舍用實力外、無他法、日本過於穩健、中國或認爲怯懦、則事態更趨惡化云、（十七日中央社電）

《申报》，1937年7月18日，第5版

東京 日本政治家覺悟華北戰事一經爆發、欲使戰事限於華北一隅、甚非容易、故此間空氣現漸改變、衆料日當局將作種種努力、以成立和平解決、關關於此旨之新訓令、已發致華北日本駐屯軍司令香月矣、據朝日新聞消息、日外相廣田、昨發重要訓令、致駐華大使川越、諭其由津返南京、與中國外長王寵惠等接洽、以期達到日本所抱華北事件就地和平解決之目的云、（中央社十七日路透電）

東京 今日上午十一時開會之外內陸海藏五相會議、十二時四十五分散會、據正式發表、華北交涉、不容遷延、日本政府決定採取促進之處置、同時已訓令華北日駐屯軍司令香月、及駐華大使館參事官日高、明日雖爲星期日、仍於十一時召集五相會議、近衛首相或力疾出席、中日時局、果將達最緊迫時期乎、（十七日中央社電）

東京 政府爲考究華北事變之對策起見、已於十七日召集五相會議、今爲促進華北交涉、不許遷延計、並須決定處置辦法

美法當局 再晤中日駐使

顧維鈞發表談話 我國決保護領土

華盛頓 參院外交委員會主席畢特門今日表示意見、謂美國應與九國公約其他簽字國共同行動、渠不以觀於過去之經驗、爲美國應單獨與中日討論、關於危害中國之事件、一九三一年美國曾以措詞嚴厲之牒文、送交日本、促其注意中國領土之完整、但英國未曾完全合作、僅致文日本、詢問日本是否欲維持在華之門戶開放、日本當卽答曰然、於是當時英外相西門、卽在下院宣稱、英國不欲牽涉於遠東時局中矣、迴溯一九三一年日本答文中、曾有日本派兵赴華保護生命財產、並未破壞九國公約等語、中國爲簽約國之一、遇有此約將被破壞之危險時、當然有權可援約請各簽字國互作完全與坦直之接洽、今日王大使致赫爾之備忘錄、是否爲此約之正式援用、渠尙未決定云、或詢以美國中立法案、可否適用於中日、畢特門答稱、今尙未也、參議員波拉稱、九國公約中未有强迫吾人行動之處、渠將研究此約、並覆查一九三一年事件之外交史云、（十六日中央社電）

華盛頓 美國官場人士頃宣稱、中國駐美大使王正廷博士、日本代辦須磨、（本日先後訪問國務卿赫爾之後、美國對於遠東時局所持態度、並不因而有所變更、赫爾國務卿仍主保持遠東和平、且持之甚力、此在美國政界人士、則謂中日兩國或戰或和、猶不可知、美國須待時局發展之後、始可決定援引華府九國公約與否云、（中央社十六日哈瓦斯電）

華盛頓 日本駐美大使館參贊須磨本日訪謁國

《申报》，1937年7月18日，第5版

纽约日领事馆前 民众示威反对侵略

庐山谈话会 讨论外交各问题

严详述卢沟桥事件 二三期谈话仍进行

定返谒蒋院长

《申报》，1937年7月18日，增刊第5版

日軍昨又向宛平進攻

大井村日軍昨晚亦與我軍衝突

宋哲元今返平津談判繼續進行

〔北平〕十八下午四時、日軍又向宛平城進攻、用機槍放射、我方死警察一名、保安隊二名、傷十餘人、約半小時始止、大井村日軍十八晚亦與我軍衝突、該處日軍有久居意、（十九日晨一時本報急電）

〔北平〕蘆溝橋前綫、十八晚十時半又有砲聲、聞日軍又向我軍挑釁、（十八日專電）

〔北平〕十八日下午四時、宛平縣城外東北角之日軍、復開槍向我城內攻擊、我方未還擊、被擊死巡警一人、傷十餘人傷者已由王冷齋送長辛店醫院醫治、槍聲約廿分鐘始息、原因及用意均不明、（十八日中央社電）

〔天津〕日方軍事行動進行頗速、聞日方已駐兵於天津西站、並派兵在沿平津鐵路之北倉楊村武淸等處駐防（十八日中央社路透電）

〔保定〕長辛店來人談前方情況、㈠日軍現正沿豐台至五里店・大瓦窰・大井・小井・看丹等村、與我遙峙、對宛城仍取包圍之勢、並沿河向蘆溝橋趕築堅强工事、似最近將有動作模樣、㈡日軍大捕各村農民、在豐台東村及南趙家村、趕修機場兩處、㈢日機連日不斷偵察、十七日到轟炸機二架、偵察機一、低旋甚久、看丹村昨到坦克車二、有待命出動形勢、㈣津鐵甲車一列、昨開豐台、豐台蘆溝橋間鐵道及蘆溝橋車站、均被任意破壞甚重、豐蘆附近各村、沿途每數里停一載重車、上架電綫、聯絡交通、㈤各村難民紛集長辛店、人口暴增、治安由軍警聯合維持、市景照常、王冷齋坐鎭蘆溝、有時赴長辛店調度一切、卽力疾遄返、城防鞏固、㈥平漢局在長辛店組臨時辦事處、路員幷組有防空隊及救護隊戰地服務團等、㈦當地及良鄉涿縣等處、連日捕獲漢奸甚多、長辛店自强小學校長賈自强充漢奸、被捕已正法、（十八日中央社電）

宋哲元與香月會見

〔天津〕宋哲元定明晨七時回北平、專車已升火待發、（十八日下午十一時電話）

〔天津〕宋哲元與香月會見、係十八晨、由張自忠・張允榮・先與橋本接洽而定、因張園官邸諸多不便、臨時改在日租界明石街日軍官偕行社晤會、宋當偕張自忠・張允榮・陳覺生・陳中孚・鄧哲熙等五人前往、由香月親延入、橋本・和知・大木・池田・塚田・均在座、彼此關於蘆溝橋衝突、互表歉意、嗣洽談雙方對善後意見、迄下午二時許辭出、此爲香月到任後宋自樂陵歸津事變發生後、第一次兩首腦覿面懇談、路透十五日電傳已會晤、不確、自雙方當局此度晤商、形勢又趨穩定、以後談判、我由張自忠・張允榮・陳中孚・陳覺生・鄧哲熙五人負責、日由橋本・和知・負責、柴山・永津・在津俟局勢確有開展後、卽返國報告、（十八日電）

〔天津〕宋哲元香月會見後、意義已透緩和、惟顧慮善後、有相當困難、不欲迅抱樂觀、十八日午後、津兩機場停放日機、中止市空示威飛行、（十八日專電）

〔天津〕香月十八日下午十時、在司令部召在鄉軍人分會・國防婦人會・義勇隊・民團代表、爲非常時期訓話、（十八日專電）

〔東京〕日日新聞稱、華北日軍司令香月、昨日已向宋哲元提出接受日方條件之要求、（中央社十八日路透電）

〔北平〕華方要人終夜開會討論日方要求後、正式談判、昨已停頓、魏宗瀚昨夜由津返平、與秦德純馮治安商榷一切、（中央社十八日路透電）

〔天津〕宋哲元十八日下午一時、曾偕齊燮元・張自忠・等赴日租界偕

《申报》，1937年7月19日，第3版

行社訪日駐軍屯司令香月、及參謀長橋本、有所商談、約一小時辭出、聞宋有將於十九日返平說、（十八日中央社電）

北平　此間接津方報告、宋哲元十八日下午一時與香月在偕行社會晤、但係普通酬應、並未談及冀察外交、現宋定十九日晨返平、專車已升火待開、關於和平交涉、仍由張自忠與橋本折衝中、（十八日中央社電）

雙方折衝未有進步

天津　關係方面十九日晨對記者談中日交涉情形、據云、十八日雖未解決、但亦未惡化云、（宋定十九日晨赴平、（十九晨二時中央社電）

天津　大局陡逆轉、柴山・永津・香月・等北間召集之重要會議、十八日上午三時方散、（十八日專電）

北平　門致中返平、分訪秦德純・馮治安、報告津方情形、（十八日專電）

北平　平市今靈傳、和平已漸具體化、（十八日專電）

天津　陳中孚十八日代宋訪日憲兵總隊長藤井、交換盧溝橋事意見、下午四時、宋再於進德社召集齊燮元・張自忠・張允榮・陳中孚・陳覺生・等爲盧溝橋事如何善後協商、（十八日專電）

南京　據京中十八日晚接平電稱、綜合各方情形觀察、中日局勢現已屆最重要階段、和平聲浪雖高、但似係日方緩兵之計、日兵車仍源源由津西開增厚豐台實力、日機十八日晨有六架分爲兩隊、在高空偵察、聞平市東郊被日軍拉去之民夫約在八百人左右、均被送往豐台、强迫運輸、通縣南門外路河中學附近亦有日兵駐紮、北平市內情況如昨、惟各衝要街道已堆沙包障碍物者則加高增厚、未堆者亦正趕緊堆壘、中航機每日仍照舊開行、但十八日北上機已停青島、傳係天氣不佳、歐亞平港機、十六日飛平、原班期應爲廿日南飛、但已提前於十八日晨飛幷、待廿日再飛港、據天津來人談、傾聞之時局、最遲廿日必可揭曉、（十八日中央社電）

天津　盧溝橋事件和平解決空氣甚濃、官方認爲中日雙方逐日折衝已有進步、似已趨於解決之途徑、大局在一二日內即可望初步告一段落、同時日駐屯軍部十八日亦稱、宋哲元及張自忠十八日午一時在日租界偕行社與香月橋本有所商談、關於此事、即由雙方分派張自忠及橋本等協議一切、惟官方對此說、尙未能予以證實、（十八日中央社電）

日機偵察平市上空

北平　今午有日機六架、分爲兩隊、在平市上空偵察、由東方向西北方飛去、飛度極高、盧溝橋今午有日巨型機一架、飛往偵察（十八日專電）

北平　平市上空、今日三度發現日機、每次偵察、均以南苑爲目標、計晨九時半一架、十一時六架、下午三時一架、（十八日專電）

北平　十八午日飛機六架由西北飛、過回龍廟衙門口大井村一帶上空盤旋數分鐘、向東南飛、旋經過南苑上空、仍向西北飛去、（十八日專電）

天津　津兩機場所停日機三十二架、十八晨有六架飛回長春、另一架飛平漢飛保大等地偵查、在順德低空盤旋、（十八日專電）

太原　今晨九時許、有日機一架、幷飛偵察、飛行極高、盤旋稍頃面去、（十八日專電）

日司令部設在豐台

北平　日本軍最高司令部、現設豐台、日兵警聯隊部在豐台西方五里店、專負西北路指揮之責、豐台街中大興棧中和棧均駐有日兵、入夜沿街步哨、檢查行人、斷絕交通、幷分派哨兵四出搜索、天明始行解除、（十八日中央社電）

北平　豐台訊、豐台今到日駐兵一連、將看丹村一帶民房佔住不少、所有豐台各客棧一律劃作駐軍之用、聞今明日尙有步隊三四百名、由通州陸續開來、（十八日專電）

北平　豐台設日軍最高司令部、其聯隊司令部設東五里店、專負西北路指揮責任、大興客棧內住大批日兵、日兵夜間沿街佈防、並派哨兵四出搜索、大井村日軍沿東兩西北兩翼挖掘戰壕、佈置防禦工事、將四週田禾剷去周圍約百米、日兵白晝在房上潛伏、（十八日專電）

《申报》，1937年7月19日，第3版

日方軍運絡繹不絕

【天津】日軍運絡繹不絕、十七日下午十一時四十分、專車一列、掛二十五節、載士兵數百、及彈藥等、由榆西進、約十八日晨可抵津、外有鐵甲車兩列、十七日下午七時、已由錦州開抵唐山、夜間可續西進、（十八日專電）

【北平】十八午日軍五十餘人、乘載重汽車十五輛、由津到通、十八晨通縣續到日步砲騎隊、約千餘人、十八下午二時半、日兵車一列由津開來、日兵十餘人、押運有鐵悶車七輛、滿載軍用品、日軍沿大井村宛平路開築工事、僱中間可通汽車、該村駐兵已達百餘人、榆關城由站一帶、民房全被日軍圈佔、預備駐軍、（十八日專電）

【北平】十八晨日兵千餘名、攜機槍十六挺、輕機槍七十挺、重砲八門、山砲十六門、載重汽車六十、由津抵通、十八午日兵六十餘名、押載重汽車二十二輛、滿載彈藥汽油等物、由楊村開往豐台、通縣今晚到日兵千餘、進南門後、旋出北門、至范莊用晚飯、該日軍押運六十餘輛載重汽車、及小汽車百餘輛、聞係由順義赴懷柔、（十八日專電）

【天津】十八日一日、由榆到津日兵車計㊀上午九時二十六分到一列、掛鐵甲車七節、㊁十一時十三分到一列、掛車二十五節、載步砲兵千餘名㊂十一時五十六分到一列、掛車二十三節、載步砲兵八百餘人、㊃下午一時五十六分到一列、掛車三十一節、載砲兵四百餘名、㊄七時零九分到一列、掛二十八節、載兵五百餘名、十八日夜十九日晨將續有五列車到津、人數約二千名左右、（十八日專電）

【北平】北甯路各次車、因日兵到處擋道擾亂、今均誤點、日軍鐵悶車五輛、今午後由豐到平、隨有押車日兵數名、停東站貨廠、滿載日軍給養品、（十八日專電）

【北平】豐台日兵車一列、今晨欲北來、路局未允、暫將路軌撤去一段、致今早客車均未開出、十七日下午三時、日步兵卅餘人、由懷柔開昌平、八時又到騎兵七八人、向縣長勒索洋一千五百元、作修路費、並令準備二百名騎兵草料、據稱、後續騎兵二百餘名、已到東門外七八里、（十八日專電）

【天津】十七日夜十八日晨、川口師團後續部隊、分乘十列車、兵員約二千名、已由榆關開出、午後可陸續抵津、尚有五列車、午後續向西發、平永定門外北甯路鐵軌、十八日上午七時曾拆毀、平津交通一度中斷、八時四十分復接好、交通旋復、惟南西苑及永定廣安廣渠各門、因日軍前移、故我軍亦加緊戒備、平津氣氛悉呈緊張、津榆段交通、因日兵車擁擠、各列客車誤點三時以上、二十二次車被阻唐山、猶未至津、（十八日專電）

【天津】豐台日兵車一列、十八晨擬駛入平城內、我軍拒絕、永定門外北甯路軌臨時拆毀、交通中斷、嗣日兵車停開進、路軌接好、交通始復、各次往來車均誤點、津平一度呈緊張、卽因此故、豐台頃猶集結日步兵千餘、坦克車十七部、裝甲汽車三十餘部、附近營閭子、造甲莊・湯家莊・韓家莊・等十餘村、亦駐日步砲兵千餘名、坦克車七部、十八日無活動、（十八日專電）

【北平】日關東軍六車、昨今間抵津、有十三列、內有數列滿載彈藥汽油等軍用品、今晨有三列由津開豐台、抵豐後、一列滿載彈藥、轉平至右安門、經我軍阻止、日軍復開回豐、今午有日人三名、押運載重汽車一輛、擬進宣武門、經軍警阻止城門一度關閉、日人以交涉無效、向南駛去、（十八日專電）

【天津】由榆關開來日兵車十列、共第一列鐵甲車七輛、第二列日兵八百名、軍需兵四車、共掛二十八節、分於九時二十五分十時二十分開抵津、津日兵百餘名、十八日十時五十分、專車一列、掛鐵悶車十輛、平車八輛、並軍需品、由津開豐、北甯路因受日兵車影響、貨運悉停、津浦路西站十七夜去日兵三十餘、强佔海關查驗所、將長期占据、海關交涉無效、（十八日專電）

《申报》，1937年7月19日，第4版

朝鮮各地 軍運甚忙

（南京）據確息、日本駐朝鮮日部隊、約萬餘人、現分乘火車數列、向我國開拔、朝鮮各地十四日起、已奉令實行防空、又日軍軍用飛機、亦連日由朝鮮出動、據息、上海現共有日本在鄉軍人四千、備有武器者一千五百人、近藉口保護在滬日僑、每日分區警戒、又日本野戰砲十五尊、現運轉上海、（十八日中央社電）

（南京）駐朝鮮日軍第十九·二十·兩師團、亦奉令開拔、現第二十師團已全部出發、第十九師團亦集中待命、朝鮮各地日來軍運甚忙、又鴨綠江聞已宣布戒嚴、（十八日中央社電）

平郊日軍 强拉民夫

（北平）日騎砲兵三百人今晨到豐台、今晨三時許日兵多名、在東郊强拉民夫、截至今午止、被拉去民夫、已達八百人、均送往豐台、郊民被帶走、呼救聲慘不忍聞、（十八日專電）

（北平）日軍令在東郊拉夫、至晚達千名、均運豐台、掘戰壕、（十八日專電）

（北平）日駐豐司令官河邊、在豐台遍貼安民告示、并附軍用徵發車馬民夫價格、徵發民間大車一輛、給價六元、騾馬一匹、給價二元六角、民夫一名、給價六角、永定河岸之龍王廟東辛莊八寶山及堤墻等戰地、現仍有二十九軍駐守、並無變化、指揮日軍作戰之日軍旅團長河邊、兩日前離盧他往、現日方指揮軍事者、除聯隊長牟田口外、尚有隊長川邊岡村及筒井等、幫同指揮、十八日拂曉、日方又由通州增加援兵百二十餘人、經平市南郊馬村等地、逕赴蘆日軍陣地、據前方來人、現在蘆溝橋大井村等地日軍、均無撤退準備、（十八日專電）

日軍竟欲 檢查郵件

（天津）十八日下午四時、有日憲兵四、軍服者一、便服者三、到特三區郵務管理局、見本地股長黃家德、要求派員在局常駐檢查郵件、黃拒絕、爭執時許、突又到便衣日人二、類似華人者七、共同向黃爭論、最後即自行入郵件封發處工作、唯迄晚猶未開始檢查、該憲兵等囑黃不得發表消息、（十八日專電）

《申报》，1937年7月19日，第4版

【南京】據交通界十八日晚接得報告稱、日駐津憲兵隊、十八日下午四時派人到河北郵務管理局、欲見郵務長、謂係奉令到局檢查往來郵件、適此時該局本地業務段長黃家德到局、以郵件檢查、自有我國官廳辦理、對日方此項非法舉動、當經堅予拒絕、但日憲兵隊所派之人、態度異常强横、謂此係奉令辦理、准與否均不計、決於即日起派人檢查、該交涉者四人乃日憲兵隊分隊長等、臨行時留下檢查員八人、並聲言此事不准對外宣佈、又當此項日憲兵到局時、並於門前派士兵數十人、或係用以威脅之意、河北郵務管理局、已將此事分別報告交通部及地方當局云、（十八日中央社電）

秦等電告折衝情形

【南京】連日中日雙方人員在津磋商和平問題、十八日京中接秦德純・孫維棟・等來電報告、秦電云、密、現彼我兩方均在積極準備中、在津接洽、未具體化、決無屈辱之事、本軍抱誓死抵抗決心、京滬諸君萬勿誤信、特聞、秦德純・馮治安・張維藩・[illegible]、孫電云、明公以平津爲華北重鎮、決不能輕予犧牲、亦更不能隨意放棄、苟有和平途徑、決在不喪失主權原則下進行談判、雙方兩日折衝已稍接近、日方所提仍本十一日辦法、我方力主並不附帶其餘政治條件、先此奉聞、餘容續報、孫維棟・[illegible]、（十八日專電）

中樞各要人與王外長晤談

王報告平津最近情勢 對北方時局交換意見

【南京】軍政部長何應欽・內政部長蔣作賓・實部長吳鼎昌・交長俞飛鵬・教長王世杰・衛生署長劉瑞恒・實次周詒春・對平津近日情形、深爲關心、於十八日上午九時、赴外部官舍晤王外長時、外次徐謨・陳介・均在座、王氏對最近平津日軍行動、及各項情勢、有所報告、並交換時局意見、及應付情形、直至午刻、各部長始辭出、（十八日專電）

【南京】外部亞洲司長高宗武、奉命赴廬謁陳一切、定十九晨九時乘中航機飛潯、上山見蔣院長・汪主席・等、有所請示、在廬留兩天返京、（十八日專電）

全國各團體電請抗敵

【南京】桂省教育會・桂省學生抗敵教聯會・南大學生會・新加坡中華總商會・皖省記者公會・芝加哥華僑抗敵救國會・甘肅拉卜楞保安司令・冀省保定院校館聯會・昆明市商會・蘇省合作社・隴海鐵道工會等、頃均分別電呈國府、爲日寇華北懸即速決大計、迅派大軍、作自衛抗戰、（十八日中央社電）

日大隊長傷重不治

【天津】豐台日軍大隊長一木清直少佐、十日盧溝橋之役、重傷不治、十八日死於豐台、（十八日專電）

張北僞軍趕築防禦工事

【北平】張垣來人談、僞在張北趕築防禦工事、有日軍官在內指揮、日在鄉軍人昨在日領署召開緊急會議、多倫方面日軍連日增加、積極配備工事、並運抵大批槍械彈藥、及飛機多架、（十八日專電）

《申报》，1937年7月19日，第4版

日機掃射我列車
外部向日嚴重抗議
在我境內私自飛行已屬不法 開槍射擊列車尤爲蓄意挑釁

〔開封〕日機十八下午一時飛彰德偵察、下午二時、在平漢雙廟站以輕機關槍掃射、死傷我駐軍兵各二、（十八日專電）

〔南京〕關於十八日日本軍用飛機在河南漳河橋河北官莊站、及元氏縣等處、用機關槍射擊我經過之列車、死傷多人事、外部據報、即日向日本駐華大使館提出嚴重書面抗議、認爲該軍用飛機在我國境內私自飛行已屬不法、今竟開槍射擊列車、尤爲侵犯我國領土主權、蓄意挑釁、要求該使館立即轉電日本軍事當局、嚴令約束該方軍用飛機不得再有同樣非法行爲、其發生結果、應由日方負責、至關於此事各種合法要求、我方並聲明保留云、（十八日中央社電）

〔南京〕十八日上午十一時二十分、有日本軍用飛機二架、飛往河南境內、當過平漢路漳河橋時、適有該路列車正在行進、日飛機竟以機關槍對該列車射擊、當死二人、傷二人、同日十二時由保定南下之第七十二次客車、當達到河北邢臺縣（即順德）屬官莊站時、亦遭日機之機關槍射擊、傷十餘人、又十二時三十五分、某次列車在河北元氏縣同被日機掃射、傷十餘人、下午一時該機經石家莊西飛、旋又飛回、經柳辛站往北飛去、（十八日中央社電）

〔保定〕平漢路七二次北上混合車、十八日下午一時至彰德、發現日戰鬥機一架、隨車偵察、並以機槍向車內掃射、傷旅客數人、該機沿平漢綫北返、至馬頭鎮一帶偵察甚久始去、（中央社十八日電）

京各團體
請宋返保

〔南京〕京抗日後援各團體、以日軍續增大兵、進窺平津、派遣飛機、越境示威、種種威脅、不一而足、特聯電請宋剋日回保定坐鎮、以盡保障國家領土主權之責職、（十八日專電）

東北留晉青年
出發抗戰

〔太原〕東北留晉青年參加抗戰志願兵 王擁等四十餘、今乘正太車出發、各救亡團體列隊歡送者三千餘、情狀至爲悲壯、（十八日專電）

粵港日僑
準備歸國

〔香港〕粵日商行開始辦結束、日僑共三百餘、集沙面候命歸國、省府十八日下令、保護日僑、港日僑亦準備回國、（十八日專電）

《申报》，1937年7月19日，第4版

外部對蘆溝橋事件

將促川越談判

蘆案非地方事件 不宜由地方解決

〔南京〕日本大使川越茂、日內離津來京、外部以蘆溝橋案 非地方事件可比、不宜由地方解決、應由外部 與日方爲正式之折衝、將於川越南來後促其談判（十八日專電）

某方增强

匪僞實力

〔張家口〕某方已開始增强察北匪僞實力、脅迫綏晉、㈠調張海鵬部騎兵第四六八九四旅、以勵匪名義入察北、其第四旅蘇木實蘭部十八日已抵沽源大梁底一帶、餘均集駐熱屬經棚縣待命、㈡揚言撥飛機三百架援助叛逆、已到多倫者三十架、餘停承德待命、㈢並允現任張北搜查處僞處長 艾烈威招撫民軍、成立僞軍一師、艾充師長、但艾現尚來着手進行、（十八日專電）

蘆溝橋

槍决漢奸

〔北平〕蘆溝橋 方面我軍防地內、十七日晨捕獲漢奸二人、腰均纏有紅布一條、鞋內貼膏藥一塊、帽內別針一個、作爲符號、詢明後當卽槍决、（十八日中央社電）

日政府

續開五相會議

對華北事件決定辦法 業已經緊急閣議通過

〔東京〕十八日晨、外相廣田召外次堀田·東亞局長石射商議、十一時後開五相會議、各報皆稱、華北時局、已達最後階段、（十八日中央社電）

〔東京〕十八日 五相會議、歷一小時、十二時半開緊急閣議、通過該會議對華北事件所決定之辦法、閣議後、外相廣田陸相杉山海相米內同謁首相近衛、爲重要協議、日方對最後階段之各種準備、似已完成、只待時局之展開、（十八日中央社電）

〔東京〕日五相會議後、僅發表「鑒於華北交涉經過、更爲各種接洽」而已、又決定如有必要、隨時皆可召集會議云、（十八日中央社電）

〔東京〕十八日 朝日新聞社論謂、日對華北問題、應準備全般的解決案、乘此機會、謀全面的解決、期可實現多年所期望之明朗狀態、冀察所可同意之問題、亦今生疑問、則爲打開計、不可不加相當壓力、此時應有解決蘆溝橋事件及華北問題兩大難關之覺悟機宜、處置倘有錯誤、永失機會、亦未可知、（十八日中央社電）

〔東京〕華北情勢愈形緊迫、十八日雖係星期日、政府仍於午前十一時半召開五相會議、廣田外相·杉山陸相·米內海相·馬場內相·賀屋藏相等、均經出席、首由外·陸·海相詳報華北交涉之經過、其次由其他閣員各述意見、午後零時半散會、（十八日同盟電）

《申报》,1937年7月19日,第4版

羅斯福召見赫爾
商討遠東局勢
九國約如何保持威信
國際間進行交換意見

華盛頓 總統羅斯福今日爲遠東局勢、尤其涉及美國中立法一節、特召國務卿赫爾至白宮互相商討、事後赫爾語人稱、華北危局刻尙在嚴重之中、但在已往二十四小時中、並無新變化、故美國尙無需採取明確之决定或政策、赫氏復稱、彼日昨所公布之政策宣言、已獲得美洲其他二十共和國家之贊助、查赫氏日昨發表之宣言、主張國家及國際間之自制、及避免用武力作爲政治之工具、以及干涉他國之內政等、但未明白指示係對中日而發、再則白宮方面消息、美國至今尙未接得採取積極行動之請求云、（中央社十七日路透電）

華盛頓 國務卿赫爾昨日曾向報界發表書面談話、說明美國對於維護世界和平、有與他國合作之志願、頃又發表宣言加以補充、略稱、渠關於和平事業所發表之呼籲、南美各國咸皆爲之聲援、總之渠所作宣言、乃欲使國際無政府狀態與國際秩序二者之間劃分界限云、（中央社十七日哈瓦斯電）

南京 我駐外各大使以備忘錄致九國公約簽字國、說明日軍在華北之威脅、十八日各大使均有電報到京、報告與各該國當局晤談之經過、至該約主旨、在尊重中國領土主權之完整、各國對於日軍在華北之違約行動、將如何使九國公約不致墮落威信、現正在國際間互相交換意見中、（十八日中央社電）

莫斯科 中國駐俄大使蔣廷黻、頃以中國外交部所提出關於華北中日兩國糾紛之節略一件、面遞人民外交委員李維諾夫、事後蔣大使發表談話、加以解釋、謂中國政府之節略、係同時遞交華盛頓九國公約各簽字國政府、（惟日本除外）蘇聯並非九國公約之簽字國、然亦向其遞送節略、則以任何有關遠東之重要問題、均不能聽任蘇聯置身事外而漠不相關也、惟中國政府若僅向蘇聯遞送節略、則一般人或將在政治與思想上有所誤解、中國政府同時以節略送致德國政府、即爲避免此種誤解計也」云、（中央社十七日哈瓦斯電）

《申报》，1937年7月19日，第5版

法報評論
美應出而干涉

〔巴黎〕此間各報頃就美國對於遠東時局所抱態度之重要性、加以評論、急進社會黨事業報載稱、美國羅斯福總統一俟中日兩國發生戰爭時、或當實施中立法、而不任日本從中取便、蓋以日本派遣本國船舶、并用現金向美國購買貨品、其事實較中國爲易也、（按之中立法、交戰國如用現金向美購買貨品、并用本國船舶運輸、則不在禁止之列）雖然、「此恐不足以難日本、該國仍可於數星期之後、遣派船舶前往美國購買各種貨品、用以對付中國、羅斯福總統左右人士乃爲說曰、中立法所載條文、不一而足、美國亦不乏法學名家、力能予以解釋、俾羅斯福總統可阻止美國傳統的敵人即日本、勿任取給于美國、並勿任其組成擁有人口二萬萬之帝國、藉非然者、此一帝國成立之後、不出數年即可與美國一較短長也、似此關於中立法實施問題、羅斯福總統未來之行動自由、當以總統如何運用定之、明矣」、左派共和報載稱、保持東亞和平唯一方法、厥爲各大國尤其是美國出而加以干涉、因而我人對于華盛頓方面之舉動、亟須密切加以注視、羅斯福總統聞亦甚爲焦念、茲欲强令日本懸崖勒馬、美國實優爲之」云、（中央社十八日哈瓦斯電）

妨害利益
各國不能漠視

〔倫敦〕「星期泰晤士報」頃登載社評、題曰、「遠東之戰雲」、略稱、中國所發生之事件、外方世界斷不能漠然置之、則以中國以外各國、在中國均有廣大之利益故也、吾人今必須熱忱希望現在天津進行之談判、最後結果成立一種通融之辦法、東京政府業已保證目前局勢無日趨惡化之足慮、吾人尙竭誠盼望事實證明此種保證之正確、但最後結果、要當使中國方面、不至有損威望而後可也」云、（中央社十七日哈瓦斯電）

王正廷演講
中日問題
攝製新聞片
將在美放映

〔華盛頓〕派拉蒙影片公司今日午後在我國駐美大使館攝製我駐美大使王正廷博士之演講新聞片、內容泛述現時中日糾紛問題、將於下星期放映、屆時將有美國民衆四千萬人、得聆王大使之講演、王氏演詞略謂、日本軍隊在華北所造成之局勢、其嚴重不可勝言、遠東和平現尙在兩可之間、大規模之衝突、將不免影響整個世界、日本軍隊中侵略份子、此次所創嚴重局面、其目的在完成其預定之計劃、吾人不能視若無睹、再則吾人必須牢記日本軍隊無論在道德上及法律上、均無權在中國土地內舉行演習、已往數年中國政府對日本之迭次挑釁、輒抱忍耐政策、此次危機是否將釀成更嚴重之後果、須視日本之行動如何而定、中國政府現僅一如其他政府採取防禦措置耳、中國政府希望苟和平不礙及中國之土地完整及尊嚴時、則和平仍有可能、惟遇因國家之生存及獨立而不得不犧牲時、則準備作最大之犧牲云、（十七日中央社電）

宋子文
到盧謁蔣

〔牯嶺〕宋子文於今日來盧、將謁蔣委員長報告有關金融情形、並有所請示、（十八日中央社電）

〔漢口〕宋子文爲出席漢既濟水電公司首次董監聯席會議、於十八日上午九時、由滬乘機抵漢、李馥蓀・霍亞民・胡筆江・徐新六・陳鳳辰等五人同來、宋抵漢後、在中國銀行略事休息、即赴既濟公司出席董監聯席會議、旋在中國銀行午餐、並與何成濬會晤、十二時半仍偕李馥蓀等乘原機離漢、宋氏預定在潯下機、轉牯嶺謁蔣委員長、李馥蓀等則逕行返滬、據宋語記者、在廬無多耽擱、謁蔣委員長後、即返滬、昆明之行刻以滬上事務繁冗、決定作罷、俟有機會時再行前往、（十八日中央社電）

《申报》，1937年7月19日，第5版

前越督觀察

中日局勢

日本侵略行動將遇認眞抵抗

（巴黎）前任越南總督社會黨衆議員范連尼、最近曾赴中國各地考察、頃在「巴黎晚報」發表長文、就中日兩國紛紛起源、及其國際的影響有所論列、略稱、「日本雖曾力謀避免墮入德國術中、然今仍不免落入德國之圈套矣、（日本被捲入於三角同盟、（按即指德意日三國）其所担當之任務無他、僅在牽制俄國一部份兵力、使其駐守遠東而已、蓋此際歐洲政治局勢異常複雜、大戰有隨時爆發之可能、故德意兩國乃欲利用日本以分蘇聯之兵力、此就最近蘇聯與滿洲邊境之事端可以證之、日本既蓄志鯨吞中國、乃先在蘇聯邊境作聲東擊西之計、蘇聯倘出而與日本作戰、則其在歐洲之地位將因之而削弱、反之、蘇聯倘不加干預、則日本將益無所忌憚、以征服華北之全部、而日後大戰爆發之際、日本可擁有鞏固根據地、以對俄作戰矣、抑日本政府前曾準備就日軍佔領北平週圍之問題、（按當係指冀東僞組織問題）與中國政府謀友誼之解決、然以現內閣完全聽命於軍部、以致解決無從着手、日本軍部蓄意控制全國政權、故於本年春間、迫令政府下令解散議會、四月三十日議會改選之結果、證明日本民意不直軍部之所爲、然軍部並不因此而就範、馴至日本外交政策均出自軍部之授意、去年日德兩國之反共協定、實際上並未經日本外交官之手、而係由軍部代表之所簽訂、職是之故、就目前事變而論、向中國所放之大砲、「是否係由柏林之所發射、誠令人不能無疑矣」、范連尼繼稱、「此次日本之行動、勢將遭受中國方面認眞抵抗、蓋一則中國具有無窮盡之潛勢力、二則目前中國之行動能力、已非數年前所可比擬、就中國軍隊而論、近年以來顯然大有進步、此在一二八上海戰爭中、日本固已深感中國軍隊之不可輕侮矣、假令日本必欲輕於一試、則勢必促成長時期之戰爭、且困難重重、耗費不貲、其最後結果、日本必將以重大之代價、獲得一種敎訓、此敎訓爲何、中國有四萬萬人民、且有二百餘萬久經訓練設備完全之軍隊、欲加以滅亡、斷非輕而易舉是也、」最後范連尼說明法國之觀點、則謂「法國絕無任何反對日本之成見、惟吾人固有萬分理由、相信中國具有和平之意向、中國絕不欲威脅任何他國、其所孳孳以求者、無非在於民族復興之工作、此吾人所以不禁向中國深表同情也、總之、日本國民倘能明瞭其目前之統治者、正驅策其國家以入於冒險之途徑、甚或崩潰之途徑、則庶幾回復清平之理智、而爲懸崖勒馬之計乎」云云、（中央社十七日哈瓦斯電）

《申报》，1937年7月19日，第7版

由醞釀漸趨事實

英美調停情報

英大使忽忽南下探詢我態度

日係主動故斡旋重心在東京

北方戰事、雖和平談判、不絕如縷、而日方增兵不已、我又無論如何、不願屈辱、兩相爭持、大戰隨時有爆發之可能、現我政府業經令由駐外各使、牒告九國公約簽字各國及蘇聯德國、公告日方違約侵害我主權、及我國現取態度、茲據新聲社記者從外國外交界探悉、英美出任調停、已由醞釀而趨於事實、法國處於國際聯盟之領袖國地位、其本身在遠東之利益、尤不可忽視、亦將爲主要調人之一、此外意大利亦將出而斡旋、現對關英之態度、已不若九一八事變時之遲疑、蓋自李滋羅斯爵士來華以還、英國對華關係、愈形密切、英國在華北之商務利益、勝過美法等國、自有其重要性、斷不能聽憑日本之蹂躪、故英國勢必首先出任調停、駐華英大使許閣森爵士之忽忽南下、蓋爲探詢我國政府之態度、至美國大使詹森、現尚留平、法國大使那齊雅、及意大利大使柯賚、暫均留北戴河、一時尚無南下之準備、俾就近觀察北方情勢之發展、並聞各國以北方戰事、乃日本主動、中國處於被動地位、故調停重心、在於東京、將由駐日各該國大使、向日政府斡旋云、

《申报》，1937年7月19日，第13版

告全美民衆

董顯光昨播講

最近中日問題

美國人士、對於華北中日糾紛、異常關切、美國哥倫比亞廣播組合、特約董顯光氏、於昨日（十八日）上午六時四十五分、在滬向全美民衆、播講最近中日問題、並由交通部廣播電台轉播國內各地、其演辭如左、

哥倫比亞廣播組合、能給我這個機會、來把威脅世界和平的中日危機講幾句話、我是十分感謝的、在未入主題以前、讓我先把一九一五年以來中日關係的歷史背景、扼要的說一說、

在一九一五年、日乘世界各國捲入大戰漩渦、無暇東顧的機會、突然向中國提出了二十一條要求、中國倘全部接受了這二十一條、簡直就變成了一個日本的附庸、到了一九二二年、大部份靠着美國的努力、完成了九國公約、保證中國領土的完整、可是這公約到了一九三一年、就給日本破壞了、它佔領我東北四省、並威脅我北平天津、中國當時、力不足以作有效抵抗、於是河北省接近長城的東部、就劃成了非戰區域、不久、日本又鼓動漢奸殷汝耕、宣佈非戰區域脫離河北省治、並警告南京、若以武力脅迫殷汝耕、日本不甘坐視、接着中國另一省份察哈爾的北部、也給日本佔領去了、從一九三五年以來、日本政治家還口口聲聲要把華北五省、完全收歸日本的統治、說這是他們不能動搖的決意、

這種特殊的中日關係、是絕端片面的、你們若想切實瞭解這局面、我可以給你們一個比仿、這好比你們美國突然來了一批外國軍隊、把你們的紐英倫州搶了去、事實上、我們的東北四省、比你們的紐英倫州還要大、總面積是五十萬方英里、或者你們的紐英倫州還得加上一個泰克薩斯州、你們的最大兩州、泰克薩斯州和利佛尼亞州、併起來、也許差不多、

現在請你們想、假使這外國軍隊、佔領了你們的紐英倫、就把它做根據地、進而征服美國的其他部份、特別注意在沿大西洋 海岸的諸州、假定說、從佛琴尼亞而北、一直向西、出米契根、威斯康辛而迄西北、奄有大湖流域的土地、你們應作怎樣的感想、十天前、日本所製造的新事件、其侵略的目標是北平、這是中國的舊都、正像華盛頓一樣、離海岸約有八十英里、它的海口是天津、正像紐約、或費拉台爾費亞、或巴底摩爾、是華盛頓的海口一樣、在這新事件沒有發生以前、日本軍隊駐在天津的有七千人、駐在北平 及其附近的有三千人、這已經超過辛丑條約所規定的駐軍人數、很多很多了、

七月七日晚十點鐘、日軍一隊、在駐有中國軍隊的宛平城前、演習實彈野戰、宛平城接近蘆溝橋、這又要請你們設身處地想一想、假使一隊駐在華盛頓的外國兵、就在你們京城附近十餘里間演習夜戰、我說其用意在製造事端、你們一定會同意的、因爲在這種情況之下、發生事變、是再容易也沒有了、果然、事變眞就發生了、

據日人說、他們不見了一個參加演習的兵、於是這一隊日兵、就在午夜十二時、要求開進宛平城去搜索這一個逃兵、這種要求、當然給中國軍隊拒絕了、於是日軍竟開砲轟城、同時就毀壞了我們的蘆溝橋、

不到兩小時、日本已開到援軍、參加進攻、中國軍隊經其一再挑釁之後、到這時方開始還擊、日軍爲什麼單挑宛平和蘆溝橋、做他們進攻的目標呢、因爲這兩地在形勢上實在太險要了、是中國國防綫上之重鎭、並且控制着由北平達漢口、直通中國中部的一條鐵路、日本早就想佔領這個要塞、以隔離北平的、二年以前、他們就用這一高壓的手段、佔領了北寧路上險要的豐台 而見成功、所以這次又來嘗試了、

七月七日和以後幾天、衝突的結果、日方野心益發擴大、竟聲言要佔領我北方更

《申报》，1937 年 7 月 19 日，第 14 版

大的領土了、為了要支持他們這種侵略計劃起見、在一個星期中間、平津一帶、竟開到了日軍二萬五千多人、據日軍高級長官說、其目的是要「懲罰暴戾的中國人」、東京又聲稱、日本擬再遣五師團來華、換句話說、他們在華北的軍隊、不久就要有十萬人、日本業已控制中國北寗路、並佔領沿路各處的要塞、在中國境內、他們任意在各處挖掘戰壕、日本軍隊不獨阻碍中國人的安居樂業、並也阻碍其他非中國人的事業、美國海軍參贊的乘車、在中國公路上行駛、日軍竟要搜查、乘車者拒絕、他們竟持槍刺威脅、幸經其軍官及時喝止、不然不知道要發生怎樣可怕的侮辱、日本領袖這種盛氣凌人的姿態、跟中國行政院長兼軍事領袖蔣介石先生、所取鎮靜而莊嚴的態度兩兩對比、實在是值得注意的、自從事變發生以來、蔣先生和他政府中的同僚、始終沒有說過一句有挑撥性的話、他們決不像日本的政客軍人、那樣儘量挑撥人民 戰爭的狂焰、

目前日本所取的政策、是跟一九三一年佔領滿洲時的政策、完全相同的、一切現象、例如放言中國無誠意、製造事件、强辭威脅、舉行夜戰演習等、簡直一一重新搬演出來、即利用人民的民族心理、挑撥起戰爭情緒的狂燄、其手腕也正與一九三一年相同

日本一方面說在華北任意實行、是條約和協定給他們的特權、然而他們因為要奪取瀋陽、佔領滿洲、又不惜同時破壞了九國公約、克洛格公約及國聯盟約、他們視條約協定本若糞土、可是現在他們却責難中國破壞威脅下所訂定的協定了、

日本軍隊在中國境內、既享受着這種獨往獨來絕對自由的權利、任意破壞中國國防的實力、而日本外交家、却在南京警告中國政府說、他們不能容忍中國政府給予中國自衛軍以精神上或物質上的援助、他們不能容忍中國軍隊開入與事件有關的中國境內、他們也不能准許南京政府、參加解決這項糾紛、他們的警告、若不遵守、竟威脅聲言、將有不利的後果、

時局結果如何、實不是我們所能預斷、我對你們美國聽衆、實在沒有法子來描寫我們國內各方面風發雲湧緊張和憤怒的情態、中國的和平政策、我知道不用說明、你們都已十分明瞭的了、中國希望跟一切鄰國親睦敦善、尤對日本為緊切、然而容忍侵略、究竟有個限度、我們政府自一九三一年日本佔奪滿洲之後、一向抱着息事寗人的態度、可是眼看我們豐饒的國土、給强鄰一塊塊剝奪而去、我們再也不能無盡期的繼續這種政策了、

我們政府、現在已派軍隊到河北省的邊境、是否將令該項軍隊繼續推進、防衛平津、將看局勢推移再定的了、可是日本現在已在這種區域裏積極增兵、顯見大規模軍事行動、有不能避免之勢、倘這種局勢展現出來、我們的軍隊、自不得不向北移動、其結果必為戰爭、他日影響及世界的又該怎樣、祇有上天可以知道的了、

我們知道、大半美國人不願因我們這面的糾紛、而捲入漩渦、然而我要你們想一想、現在戰爭是不容易局部化的、戰爭彷彿是鄰家失火、我國中國人固然希望我們的火、不要延燒到你們財產的區域裏、可是你們得知道、火這東西、是沒法子叫它局部化的、更何況這種火是澆上了帝國主義和民族野心的油

我們希望誠意擁護太平洋和平、亦即世界和平的人們、別遺忘了我們現有着礎議與行動的機構、這就是九國公約、這公約十年以來、向為和平的屏障、破壞它的實惟日本、這公約雖不能阻止日本的侵我國土、可不能就說它也失掉了束縛簽字各國的效力、簽字各國若不能起而調解、日軍人若不肯取比較協調的態度、戰爭決難避免、我們在蔣委員長領導之下、整個民族所追求的、是在榮譽中的和平、在和平中的榮譽、倘日本再要挑撥我們、那末、我們為了榮譽、挾着榮譽、不惜跟他們周旋於戰場、最後、我願說、深信他日戰雲爆發的時候、太平洋對岸現在聽我演講的這個偉大的國家、跟中國素敦友誼、一定會響應着我們、高呼「願上帝維護正義」、

《申报》，1937年7月19日，第14版

盧溝橋事件

蔣委員長發表重要意見

臨到最後關頭惟有堅決犧牲

吾人祗準備應戰而並非求戰

和平未絕望前仍望和平解決

但須固守四點最低限度立場

準備應戰之蔣委員長

［牯嶺］蔣委員長十七日在廬山談話會第二次談話時、對蘆溝橋事件、有所報告、茲紀其演詞如下、各位先生、中國正在外求和平、內求統一的時候、突然發生了蘆溝橋事變、不但我舉國民衆悲憤不置、世界輿論、也都異常震驚、此事發展結果、不僅是中國存亡的問題、而將是世界人類禍福之所繫、諸位關心國難、對此事件、當然是特別關切、茲將關於此事件之幾點要義、爲諸君坦白說明之、

拚全民族生命　以求國家生存

第一、中國民族本是酷愛和平、國民政府的外交政策、向來主張對內求自存、對外求共存、本年二月三中全會宣言、於此更有明確的宣示、近兩年來的對日外交、一秉此旨向前努力、希望把過去各種軌外的亂態、統統納入外交的正軌、去謀正當解決、這種苦心與事實、國內大都可共見、我常覺得、我們要應付國難、首先要認識自己國家的地位、我們是弱國、對自己國家力量要有忠實估計、國家爲進行建設、絕對的需要和平、過去數年中、不惜委曲忍痛、對外保持和平、即是此理、前年五全大會、本人外交報告、所謂「和平未到根本絕望時期、決不放棄和平、「犧牲未到最後關頭、決不輕言犧牲、」跟着今年二月三中全會對於「最後關頭」的解釋、充分表示我們對於和平的愛護、我們既是一個弱國、如果臨到最後關頭、便只有拚全民族的生命、以求國家的生存、那時節再不容許我們中途妥協、須知中途妥協的條件、便是整個投降、整個滅亡的條件、全國國民最要認清所謂最後關頭的意義、最後關頭一到、我們只有犧牲到底、抗戰到底、唯有「犧牲到底」的决心、纔能博得最後的勝利、若是彷徨不定、妄想苟安、便會陷民族於萬刼不復之地、

蘆溝橋之事變　爲有計畫行動

第二、這次蘆溝橋事件發生以後、或有人以爲是偶然突發的、但一月來對方輿論、或外交上直接間接的表示、都使我們覺到事

《申报》，1937 年 7 月 20 日，第 3 版

變發生的徵兆而且在事變發生前後、還傳播着種種的新聞、說是什麼要擴大塘沽協定的範圍、要擴大冀東僞組織、要驅逐第廿九軍要逼迫宋哲元離開、諸如此類的傳聞、不勝枚舉、可想見這一次事件並不是偶然的、從這次事變的經過、知道人家處心積慮的謀我之亟、和平已非輕易可以求得、眼前如果要求平安無事、祇有讓人家軍隊無限制的出入於我們的國土、而我們本國軍隊反要任受限制、不能在本國土地內自由駐在、或是人家向中國軍隊開槍、而我們不能還槍、換言之、就是人爲刀俎、我爲魚肉、我們已快罹臨到這極人世悲慘的境地、這在世界上稍有人格的民族、都無法忍受的、我們的東四省失陷、已有了六年之久、繼之以塘沽協定、現在衝突地點已到了北平門口的蘆溝橋、如果蘆溝橋可以受人壓迫強佔、那末我們五百年故都北方政治文化的中心與軍事重鎮的北平、就要變成瀋陽第二、今日的北平、若果變成昔日的瀋陽、今日的冀察、亦將成爲昔日的東四省、北平若可變成瀋陽、南京又何嘗不可變成北平、所以蘆溝橋事變的推演、是關係中國國家整個的問題、此事能否結束、就是最後關頭的境界、

放棄尺寸土地 便爲千古罪人

第三、萬一眞到了無可避免的最後關頭、我們當然只有犧牲、只有抗戰、但我們的態度、祇是應戰、而不是求戰、戰是應付最後關頭必不得已的辦法、我們全國國民、必能信任政府已在整個的準備中、因爲我們是弱國、又因爲擁護和平是我們的國策、所以不可求戰、我們固然是一個弱國、但不能不保持我們民族的生命、不能不負起祖宗先民所遺留給我們歷史上的責任、所以到了必不得已時、我們不能不應戰、至於戰端既開之後、則因爲我們是弱國、再沒有妥協的機會、如果放棄尺寸土地與主權、便是中華民族的千古罪人、那時候便祇有拚民族的生命、求我們最後的勝利、

和平絕續關鍵 全繫日軍行動

第四、蘆溝橋事件能否不擴大爲中日戰爭、全繫日本政府的態度、和平希望絕續之關鍵、全繫日本軍隊之行動、在和平根本絕望之前一秒鐘、我們還是希望和平的、希望由和平的外交方法、求得蘆事的解決、但是我們的立場、有極明顯的四點、㈠任何解決不得侵害中國主權與領土之完整、㈡冀察行政組織、不容任何不合法之改變、㈢中央政府所派地方官吏、如冀察政務委員會委員長宋哲元等、不能任人要求撤換、㈣第二十九軍現在所駐地區、不能受任何約束、這四點立場、是弱國外交最低限度、如果對方猶能設身處地爲東方民族作一個遠大的打算、不想促成兩國關係達於最後關頭、不願造成中日兩國世代永遠的仇恨、對於我們這最低限度之立場、應該不致於漠視、總之政府對於蘆溝橋事件、已確定始終一貫的方針和立場、且必以全力固守這個立場、我們希望和平而不求苟安、準備應戰而決不求戰、我們知道全國應戰以後之局勢、就祇有犧牲到底、無絲毫僥倖求免之理、如果戰端一開、那就是地無分南北、年無分老幼、無論何人、皆有守土抗戰之責任、皆應抱定犧牲一切之決心、所以政府必特別謹愼、以臨此大事、全國國民亦必須嚴肅沉着、準備自衛、在此安危絕續之交、唯賴舉國一致、服從紀律、嚴守秩序、希望各位回到各地、將此意轉達於社會、俾咸能明瞭局勢、效忠國家、這是兄弟所懇切期望的、（十九日中央社電）

《申报》,1937年7月20日,第3版

津日駐屯軍聲明

今午開始直接行動

大井村日軍炮轟我陣地

反藉口我軍擊傷其將校

日居心叵測大戰將爆發

〔北平〕十九晚七時、豐台日軍四十餘名、携重機槍向大井村土家店增援、九時許、大井村日軍向我軍放砲三發、並放機槍掃射、我未還擊、日軍旋亦停擊、（十九日下午十一時急電）

〔北平〕十九日晚大井村日軍發砲後、當夜日駐屯軍忽向我方遞謀質問、稱係我方開砲、倘再有此種情勢、日軍決定二十午進攻、日人居心叵測、時局萬分嚴重（二十晨一時本報急電）

〔天津〕日駐屯軍司令部十九日下午十時發表聲明、藉口我軍擊傷其將校、稱將於二十日正午以後開始採取直接行動、（二十日上午一時急電）

〔北平〕據與日軍有關係之某日人稱、此次入關之日軍、何時撤退、尚無所聞、惟必需能使日方滿足其希望、然後始能談到撤退問題、（十九日中央社電）

〔天津〕香月十九下午一時、召部屬訓話、並在福島街花園舉行授旗禮、日各機關門前均置土袋、形勢嚴重、（二十日晨一時電）

《申报》，1937年7月20日，第4版

【南京】天津進行所謂和平談商中、而日方迭作擴大軍事行動、近且偵察豫省漳河、又復轟炸平漢列車、對和平毫無誠意、吾方勢不能任其長陷於此種狀態、宋哲元等迭次聲明力持不屈、連日會談、是否能獲得結果、此時已爲最後關鍵、國人固企盼和平之實現、萬一不幸日軍無悔禍之意、則吾民族自衛、亦惟有於抵抗中求生存、平津形勢、十九日傍晚止、事態仍在嚴重、（十九日專電）

【北平】今晚九時三十分、平西有機關槍聲、歷五分鐘之久、華方消息謂、日軍射擊大井村之華軍、華軍未回擊、日方現未傳出關於此事之消息、（中央社九日路透電）

【天津】北倉附近路軌上、今日發現未爆發炸彈一枚、（十九日中央社路透電）

【天津】日軍仍源源經過山海關、開入中國本部、唐山現屯集許多分隊、估計前二十四小時內、開抵之日軍、共有三千五百名、（十九日中央社路透電）

【北平】十九晨九時、此間上空有日機六架、整隊而行、旋即往平漢路而去、（十九日專電）

【北平】現前綫我兵所需要之物、爲强心針綳帶、望遠鏡西藥等、日機由早至晚、往返不斷飛蘆偵查、（十九日專電）

【北平】蘆溝橋電話、前綫十九日有小衝突、蘆溝橋城我軍堅守、王冷齋向各縣購買米麵雜糧等一萬餘斤、在蘆賑濟平民、無辜人民被日軍槍殺者甚多、毁房無數、刻正調查、（十九日專電）

【北平】豐台馬廠現停日飛機四架、輜重車二十一輛、坦克車一輛、（十九日專電）

【北平】豐台電話、日兵車一列、共廿九輛、十九午由津抵豐、載日兵五百餘、附有高射砲四門、及其他軍需品等、豐台十八村現均爲日軍佔據、統計豐台日軍現已有四千餘人、（十九日專電）

【天津】十九日晚大井村北日軍、以警犬在我二十九軍陣地搜索、當有地雷爆炸、日軍聞聲即出動、向我挑釁、一時機步槍聲紛起、我方亦即起而應戰、約二十分鐘日軍始退去、我軍仍守原陣地、（十九日中央社電）

宋哲元昨自津抵平
與秦馮等商談時局

《申报》，1937年7月20日，第4版

【北平】宋哲元今晨九時五十分抵平、下車後逕返武衣庫私邸、秦德純・馮治安・張維藩・鄧哲熙・等隨往、談商時局問題、午尚未散、陳繼淹代宋對記者表示、宋決站在國家及民族立場、秉承中央意旨、以求解決時局問題、爲謀東亞兩大民族幸福計、雙方應和平解決、但不平則不能和、欲和須求其平、幷望國人處以鎮靜、宋定一二日內招待報界、（十九日專電）

【天津】宋哲元赴平料理政委會事務、並接見僚屬、聽取報告、聞數日後、仍有來津之說、至蘆溝橋事件、尚有待於新折衝、由張自忠等在津辦理、聞張十九日下午一時又與橋本會晤、（十九日中央社電）

【北平】冀察政務委員會宋委員長偕秘書長王義檒・副官長王實蘇等、於十九日上午七時許、乘專車由津來平、九時半到達前門車站、冀省府馮主席・平市各機關長官・政委會自楊秘書長以次各處長・各委員會主席委員・綏靖公署自富參謀長以次各處長・平市府自秦市長以次各局長・以及其他機關領袖新聞記者等約二百人、均先在站迎候、宋着長衫青褂、態度安定、下車與歡迎人員一一握手示意、旋即出站、乘汽車回武衣庫私邸休息、各要人多隨至宋邸等候面謁、新聞記者十餘亦往求見、宋氏因公忙、派北平市警察局長陳繼淹出面招待、代致歉忱、並謝平市新聞界捐助之意畢、嗣謂委員長現甫回平、未能即時延見、尚希原諒、委員長令人轉達諸君、決本國家立場人民立場中央意旨之原則、以期蘆溝橋事件早日解決、蓋能平即能和、日前在津談話中、早已述及、如委員長日內有暇、當再奉請諸君面談、（十九日中央社電）

【北平】蘆案經連日在津折衝、頗有進展、宋與香月十八日在津晤面事件、可望初步解決、一切善後、仍由張自忠與橋本隨時商談、宋抵平後、即令撤除沙袋、開放城門、以利交通、延長戒嚴時間而安民心、（十九日專電）

【北平】時局形勢緩和、宋今抵平後、人心安定、各衝要街衢前門西單西四牌樓等處堆集沙袋、今撤除、和平宣武崇文等門、完全開放、外城各門、仍隨時開啟半扇、戒嚴時間亦延長至晚十一時、冀察要人鄧哲熙・張維藩・李思浩・石敬亭・齊燮元・趙登禹・今先後謁宋、（十九日專電）

【北平】彰儀門外青塔寺村附近、十九日拂曉、突有地雷爆炸、係敵方企圖轟炸我軍、幸未傷人、日軍在造甲村建飛機場、正在趕造中、（十九日專電）

《申报》，1937年7月20日，第4版

北甯路廿七號橋發現炸彈

——宋哲元專車已過——

〔天津〕北甯路二十七號橋旁發現炸彈、其時宋哲元赴平專車已過、炸彈未爆發、無損傷、橋在楊村與漢灑之間、（十九日中央社電）

大批日軍今晨開豐台

〔天津〕日軍二千餘人、包括騎兵四百餘、並有砲數門、機槍數十架、二十日晨二時十分由海光寺日兵營出發經東馬路、過金鋼橋、由黃緯路沿平津公路而行、似開往豐台、當此項日軍出發時、一部日僑外出歡送、行經東馬路時、高唱軍歌、居民多被吵醒、迄三時許始全部過金鋼橋沿平津公路而進云、（二十日上午三時四十五分中央社電）

〔南京〕據息、日本軍用飛機三百架、防毒面具十餘萬、機器脚踏車二百輛、現由日向天津等處運送、又日本第一師團及近衛一師團、近亦各抽派一部份部隊隨同其他部隊開來、（十九日中央社電）

《申报》，1937 年 7 月 20 日，第 4 版

日方要求範圍廣泛

〔北平〕昨日下午盧溝橋案已在天津解決之信念、今晨據中日雙方官塲消息、業已銷亡、日方聲稱、昨日中日雙方當局之會議所傳出之消息、爲宋哲元已對盧溝橋案謝罪、華方則稱、當時曾由雙方相互謝罪、雙方均承認會議之其他結果、爲張自忠與日軍參謀長橋本決議繼續談判、履行七月十一日議定書之各款事宜、今晨日本某高級官員聲明該文措詞廣泛、其履行詳則、尚需繼續討論、故華方縱予口頭承認、仍難認爲明白有效之協定云、據可靠方面消息、今除取締排日運動一條之解釋問題外、日軍事當局尚堅主宛平華軍撤退一節、須包括駐平第二十九軍之退出、及第三十七師向南退在內、再關於懲辦負責人員一條、能擴大而及於冀察政委會最高人員、若輩多兼任第二十九軍指揮、故有資格之外國觀察時局者、皆謂此議定書能包括範圍極大之無數要求云、日偵察機一架、昨在冀南射擊火車一列一節、玆悉共發一百五十彈、（十九日中央社路透電）

豐台日軍向盧開進

〔北平〕豐台日軍一聯隊約千人、携砲十餘門、坦克車鐵甲車十餘輛、火車多輛、上載軍用品、另有馱子卅餘輛、亦係軍用品之類、於十九夜十二時許經大井村向盧溝橋開進、（十九日中央社電）

日機射擊列車事件

〔南京〕日本軍用飛機十八日射擊平漢路列車消息到京後、各界憤激異常、聞除外部對日嚴重抗議外、日方如再有此種行動、我方將採取適當措置、將來惹起擴大之事態責任、應由日方負之、（十九日中央社電）

〔北平〕日機今上午數度來平偵察、旋飛西郊及盧溝橋一帶偵察、津原駐日軍一旅團、現改爲一師團、（十九日專電）

〔北平〕平漢路交通迄未恢復、工料車尚停西便門車站、盧溝大鐵橋及

《申报》，1937年7月20日，第4版

附近沿路破壞、詳情無法調查、（十九日專電）

日方準備海道運軍

〔天津〕塘沽日本碼頭公司已由日軍事當局命其於七月二十二日由碼頭運煤七千噸、並準備所有貨船、聽日軍調用、大約將用以由海道運輸軍隊、運煤問題、因塘沽缺乏工人、頗感困難、日人現已向外商貨船公司探詢、擬借用彼等之貨船（中央社十九日路透電）

〔南京〕京中所得報告、據天津外人方面消息、日人經營之塘沽運輸公司、所有駁船已全部停泊候用、但因該公司所有駁船爲數不多、故復向各外商輪船公司僱用、限二十二日備齊、似有準備裝運軍械來津模樣、（十九日中央社電）……

平郊日便衣隊活動

〔北平〕平西郊清華大學以北、十九日晨一時許、突有槍聲、經查悉係日軍便衣隊在該處一帶活動、經我駐軍趕到擊退、至二時左右平息、死傷尚未判明、（十九日中央社電）

〔北平〕平西紅旗口係由平赴溫泉賜壽山大覺寺等處之通路、十九日晨一時許、突發現日便衣隊若干人、企圖南下擾亂西郊、經我方發覺、當即趕往在清華大學以北地方接觸約半小時後、始被我擊散、截至發電時止槍聲尙繼續未息、（十九日中央社電）

津日租界戒備甚嚴

〔天津〕津日租界十九日晚戒備甚嚴、凡各衝要路口、均堆置麻袋、佈置工事、長途載重汽車被扣者甚衆、均分停於各處、（十九日中央社電）

日軍非法檢查郵件

〔南京〕關係方面接津訊、津日本兵隊派人到河北郵務管理局、檢查信件、竟於十九日起非法執行、今晨所派到局者共有八九人、內二人爲白俄、對收發信件、任意拆閱、並有數件予以扣留、凡由彼等檢查之信件、上均蓋以檢閱木戳、河北郵務管理局十九日已分別呈報交部、及冀察政委會津市府報告、（十九日中央社電）

〔天津〕官塲今日承認日當局確有强在前俄租界郵務管理局內設置檢查事、聞天津領事團定明日集議、將提出抗議、反對日人檢查郵件、聞與中國其他各省之往來郵件、皆須受檢查、日方檢查員中有一白俄人、可見寄往蘇聯之郵件、亦將受同樣待遇、由滬至津之航空郵寄、現已無期停止、（十九日中央社路透電）

《申报》，1937年7月20日，第4版

日軍强佔平郊農村

【北平】十九日平市四郊情形略誌如下、㈠平西門頭溝日前發現便衣携械之日人三名、測量地形、㈡廣安門外青塔寺附近某姓農田內、十九日晨九時許發生巨響、査係某方所埋之地雷爆炸、幸未傷人、㈢南郊南苑以西五里外民地、被日軍强佔百餘畝、青苗悉被剷去、右安門外傳亦有日兵强佔民地、㈣日軍圖在南郊造家村建飛機場、連日該村附近有日人測地埋立標樁、㈤豐台南之趙君村、全村被日軍佔領、農民均被驅逐村外、（十九日中央社電）

【北平】豐台日軍、前將康莊農田强佔築機場、現囑各地主登記、每畝發給十元、須至十二月底、方能領得、被佔土地農作物、悉被日軍摧毀無遺、豐台南趙君村被日軍佔領、將全村農民驅逐、所有房屋、滿儲軍火及軍用品、將門鎖閉、該村農民多來平避難、（十九日專電）

榆關英軍集津護僑

【香港】據英國駐華軍司令部接到來電云、駐紮山海關之英國軍隊、爲保護英僑起見、除留駐一小隊外、其餘全部現已開始結集於天津云、（十九日同盟社電）

【香港】所有英軍除一中隊外、現皆由山海關撤退而集中於天津、（十九日中央社路透電）

外部派員赴日使館致備忘錄

重申不擴大事態與和平解決之意

提議約定確期雙方停止軍事調動

【南京】本日下午二時半、外部派科長董道寧赴日本駐華大使館、會晤日高參事、面致備忘錄、內容如次、

自盧溝橋事件發生後、我國始終不欲擴大事態、始終無挑戰之意、且屢曾表示、願以和平方法謀得解決、乃日本政府雖亦曾宣示不擴大事態之方針、而同時調遣大批軍隊、開入我國河北省內、迄今未止、顯欲施用武力、我國政府於此情形之下、固不能不作自衛之適當準備、然仍努力於和平之維持、本月十二日外交部長接見日本大使館日高參事時、曾提議雙方停止軍事調動、並將軍隊撤回原地、日方對此提議、迄無表示、不勝遺憾、現在我國政府願重申不擴大

《申报》，1937年7月20日，第5版

事態與和平解決本事件之意、再向日本政府提議、兩方約定一確定之日期、在此日期、雙方同時停止軍事調動、並將已派武裝隊伍、撤回原地、日方旣抱和平折衝之希望、想必願意接受此項提議、至本事件解決之道、我國政府願經由外交途徑、與日本政府立即商議、俾得適當之解決、倘有地方性質可就地解決者、亦必經我國中央政府之許可、總之、我國政府極願盡各種方法、以維持東亞之和平、故凡國際公法或國際條約、對於處理國際紛爭所公認之任何和平方法、如兩方直接交涉、斡旋調解公斷等、我國政府無不樂於接受也、（十九日中央社電）

許大使昨抵日

過神戶時發表談話

【東京】我駐日大使許世英、十九日晨九時半到神戶、午乘車赴東京、當晚九時可到達、在神戶發表談話謂、我政府堅持不擴大與外交解決兩大方針、今年爲中日兩國最重大時機、兩國朝野應以熱意努力改善、果能依正義誠意處理現在事態、則解決當非至難、（十九日中央社電）

【神戶】華北事件發生後、奉中國政府重要訓令返任之許世英大使、十九日上午九時乘「克立普蘭總統」船抵神戶、十二時半轉搭火車赴東京、許大使在船上對日記者發表談話、謂余因回國之後、得病未赴廬山、並無攜行華北事件之具體的解決條件、然中國政府現已決定解決方針、爲㈠不擴大事件、㈡以外交交涉解決事件之兩項、日方所謂中國之抗日論、實與吾人觀念不同、余確信不論任何方面、如以誠心誠意對付事態、則不難解決本事件、對於中日兩國人民、今年爲最嚴重之關頭、兩國朝野之最大努力、與改善目前狀態之熱心、乃爲必要、余切望日本當局不拘泥於目前事情、應就東亞大局之立場、努力解決事件、（十九日同盟電）

各部會長集議

商應付時局辦法 行政院今開例會

【南京】行政院各部會長何應欽·蔣作賓·等十九晨十時、第二次續在外部官舍、與王外長晤談應付時局並研究辦法、聞宋哲元於會晤香月後、十九晨抵津、十九午有一電到京、詳情未悉、（十九日專電）

【南京】行政院所屬各部會署長官前移廬辦公、嗣因北方時局嚴重、政務增劇、業已全體回京、積極商討應付時局辦法、茲悉二日晨爲該院例會、決在京舉行、屆時將由王寵惠主席、聞對時局問題將詳商應付方針、（十九日中央社電）

【南京】行政院各部會長官、十九日晨九時在外交部長官舍、繼續會談、商討應付時局辦法、（十九日中央社電）

《申报》，1937年7月20日，第5版

僞滿騎兵四旅奉命開入綏北

一旅分駐沽源大梁底 餘則集中於察熱邊境

〔北平〕茲據此處華方所接報告、僞滿騎兵四旅、現已奉命開入綏北、其中一旅將分駐沽源及大梁底等處、其餘則集中於察熱邊境、（十九日中央社電）

廬山談話會分組討論

〔牯嶺〕廬山談話會、十九日舉行分組談話、上下午各出席百餘人、地點仍在圖書館禮堂、上午九時至十二時討論者爲政治、由汪兆銘主席、各來賓會對憲法問題、分別發揮宏論甚多、中午蔣委員長歡宴各來賓、賓主情緒融洽熱烈、下午討論者爲經濟問題、仍由汪主席、關於經濟建設事項、來賓發言者有十餘人、至四時始散、二十日上午之分組談話爲討論教育、（十九日中央社電）

日外省發言人答復外記者詢問

天津談判仍在進行中 日高勸阻中央軍北上

〔東京〕日外務省發言人十九日晨答復外國新聞記者、關於華北局勢之詢問、大體如下、宋哲元雖陳謝、但處罰責任者及安全保障、尚未實行、天津談判、仍在進行中、駐華大使館參事官日高對中國王外長之談判、僅勸告停止中央軍北上、日本並未限期、但王外長答覆、與時局有重要關係、發言人持示地圖、謂中央軍北上已違反協定之精神、有人問前途究竟悲觀或樂觀、發言人笑答曰、請看我臉色、（十九日中央社電）

《申报》，1937年7月20日，第5版

平津形勢驟緊張

日軍全線向我軍攻擊

兩度炮轟宛平戰事異常劇烈

什方院大紅門等處均有衝突

北平西南城門緊閉嚴密防守

蘆溝橋全被炸燬

北平　豐台日軍大部調往大井村·五里店、二十日晚突攻宛平、迄午夜未止、城內落砲彈甚多、傳有起火情事、我軍堅絕守城、抵抗到底、宋二十一日晨一時親赴各街衢巡查、蘆溝橋二十一日晨一時後砲聲漸少、預定二十一日晨十時、由保安隊接防、衝突或可望停止、（二十一日上午一時半急電）

北平　日軍復於下午三時後全綫向我軍攻擊、至五時前略停、平津交通時斷時通、前途依然在和戰分歧點上、（二十日下午四時本報電話）

北平　日軍於本日下午三時十分、以大砲猛轟宛平縣城、城內公私建築被燬甚烈、然守城軍士忠勇奮發、固守不懈、現戰事正在繼續開展中、（二十日下午三時三十分本報急電）

北平　今日下午三時、日軍已不顧一切、在豐台蘆溝橋等處、用大砲向我軍猛烈攻擊、我駐蘆溝橋及駐豐台附近之國軍爲自衛計、已一致奮起應戰、前方砲聲不絕、已入激戰狀態、（二十日下午三時五十五分本報急電）

北平　二十日蘆溝橋之役、非常劇烈、聞蘆溝橋已全被燬、宛平縣城內警察局亦全燬於砲火下、保安隊大隊附孫某不知下落、其餘死傷尚未判明、（二十日中央社電）

北平　大井村一帶之日軍、二十日夜七時後突向我什方院進攻、截至發電時止、已發砲三十餘響、仍未停止、（二十日下午八時四十分中央社電）

吉星文團長昨又負傷

北平　二十日晚蘆溝橋城被日軍砲毁多處、城內民房毁壞亦甚多、我軍大獲勝利、此次奪獲日軍機槍十餘架、守城團長吉文星負傷、（二十一日上午二時半急電）

北平　蘆溝橋中日軍衝突、自二十日下午開始後、一度停止、晚八時許日軍復進攻、雙方砲火益趨激烈、我軍沉着應戰、日軍雖數度衝擊、均未得逞、九時後戰事復稍殺、至十二時許又有砲聲、其大井村小井村什方院一帶戰事、亦未停止、但尚不劇烈、聞宛平縣城內落日砲彈甚多、損失浩大、並有民房數處起火、（二十一日上午零時二十二分中央社電）

北平　我軍守宛平縣城團長吉星文、蘆溝橋事件發生日、即指揮部屬忠勇衛國、八日曾受微傷、旋即治愈、二十日晚中日軍激烈衝突時、吉團長因奮勇應戰、不幸又負傷、（二十一日上午一時中央社電）

北平　二十日晨蘆溝橋方面、突增日兵千餘人、并有坦克車四十輛、及載重汽車等、滿載軍實、一般預料必有戰事發生、至下午三時半、日

《申報》，1937年7月21日，第3版

軍果以大砲、向我宛平縣城猛攻、約數十分鐘我方沉着應戰、戰況頗爲劇烈、至四時半左右、始漸停止、據聞日視盧溝橋爲軍事上必爭基地、二十日晚或尚將有戰事發生、(二十日下午六時十五分中央社電)

〔北平〕自二十日下午三時起、盧溝橋方面及市西南郊大井村。小井村·什方院一帶、均有戰事發生、尤以盧溝橋方面爲激烈、晚大小井村及什方院至發電時、砲聲又連續不斷、惟北平市內仍安定如常、各城門除外城已閉外、內城各門亦照常至十時後始閉、宋哲元晨發表書面談話後、學術教育界名流李書華·李蒸·樊際昌等、下午三時曾赴宋邸晉謁、叩詢一切、宋因公忙、允約期再見、(二十日晚九時三十分中央社電)

盧溝橋今晨暫時安靜

〔北平〕盧溝橋一帶中日軍衝突、至二十一日上午二時許已入安靜狀態、雙方均無動作、但戒備極嚴(二十一日上午一時四十五分中央社電)

〔南京〕京中二十日晚十時、接北平電告、盧溝橋方面戰事復作、原因係由日方十九日晚無故派隊在該地搜索、誤中我方地雷、致傷亡數十人、日方乃不自悛悔、竟遷怒向盧溝橋發砲數十響、以示洩憤、二十日下午二時半、日軍又集結二千餘人、大舉向盧溝橋進攻、經我軍沉着應戰、日方傷亡甚衆、卒未得逞、至四時許戰事稍停、七時半日方又續取攻勢、至發電時止、仍在激戰中、聞某軍事當局曾電勉盧溝橋守軍、誓死保衛國土、旋據該地守軍負責長官復電聲稱、區區二千日軍、決不足慮、盧溝橋防務、極稱穩固云、(二十日中央社電)

〔北平〕盧溝橋戰事、至下午四時半停止、天津車亦重新售票、於五時開出、雙方死傷及損失現正調查中、(二十日中央社電)

〔北平〕盧溝橋一帶、今日槍砲聲復作、華北空氣乃愈緊張、永定門立卽關閉、火車亦停駛、歷四十分鐘後、戰事終止、聞宛平城墻頗受損毀、此次日方未用步兵云、(二十日中央社路透電)

〔天津〕今晨四時、日軍於盧溝橋附近地點、施行拂曉攻擊、經我駐軍奮勇抵抗、日軍隨卽退卻、(二十日上午十時本報電話)

〔天津〕我軍於晨四時半乘勝進佔陣地、已由盧溝橋防區東進、直至豐台、日軍暫行退守、以俟援軍、(二十日上午十時本報加急電話)

日軍兩次向宛平轟擊

〔北平〕盧溝橋今日發生兩次衝突、第一次始於午後二時半、至四時半停止、宛平城與盧溝橋均大遭砲擊、今晚七時三刻、日軍第二次向宛平城轟擊、夜九時一刻、北平猶聞砲聲、聞今晚北平西二哩之什方院、宛平東北之大井村、及北平與南苑間之大紅門、皆有戰事、北平西南各城門復閉、而由軍隊駐守、平津火車因豐台日軍調動、開行誤時、聞華軍刻在海河上游掘壕備戰、據塘沽來人云、海河岸旁村中、駐紮華兵頗多、聞天津日軍當局、已要求華商航業公司讓出碼頭與駁船、供日軍運輸之用、碼頭一帶、現已不許華人走近、(二十日中央社路透電)

〔北平〕盧溝橋方面、二十日下午三時雙方衝突停止後、晚七時許日軍突又砲轟宛平縣城、我軍爲自衛加以抵禦、至晚八時半始停止、雙方互有傷亡、現鐵道橋及宛平縣城、仍爲我軍駐守、(二十一日上午一時三十分)

《申报》，1937 年 7 月 21 日，第 3 版

三萬日軍由海道運津

〔天津〕宛平戰事今日復作、天津乃大起恐慌、城中居民紛紛避入租界、蓋恐北平戰事將蔓延他處也、北寧路上日軍調動、現又開始、夜半後將有滿載日兵之火車數列、開抵此間、此外尚有日本運兵船四艘、本月二十二日晨亦可抵此、日軍當局為援軍將到預為佈置起見、已將塘沽沿海碼頭完全佔用、即外人所有者、亦不能免、獨開灤碼頭除外、因今日午後到央艦一艘、適泊於該處也、聞日兵由海道來者、共三萬五千人、登岸後即將乘火車赴津、（二十日中央社路透電）

〔天津〕此間日軍仍源源向豐台一帶增援、二十日晚七時有專車一列、滿載大批子戰軍械、由津赴豐台、七時半又有一列載兵六十餘人、及給養等用品、亦赴豐台、（二十日中央社電）

永定門外亦有衝突

〔北平〕豐台與南苑之間、二十日晨六時許、有一小部日軍與我軍發生衝突、雙方以步槍互擊、數分鐘即停止、又永定門外大紅門二十日晨九時亦發現日軍多名、與我軍一度衝突、致北寧路二十日晨上下各次車誤點、至下午已恢復、（二十日中央社電）

〔北平〕官方公佈息、二十日下午二時許、大井村方面日軍突又向我射擊、小有衝突、三時許已停、（二十日下午六時三十分中央社電）

〔北平〕下午三時半、豐台日軍一百三十餘名、開至大井村、分駐於和順永糧店等處、携有全副武裝及機槍等、下午三時許西郊西南方發現日軍活動、同時有砲聲二十餘響、機槍聲甚密、迄至五時始止、（二十日專電）

馮治安氏電京闢謠

〔南京〕馮治安二十日有兩電到京、一係報告軍情、一係對外傳津方已簽定和平辦法之謠言、予以否認、并稱廿九軍全體將士、在宋委員長領導之下、决本中央意旨守衛國土、請中樞當局釋念、廿九軍駐京代表李世軍、當將馮電遞呈何部長（二十日中央社電）

〔北平〕據外籍記者息、㈠二十日下午三時半、日記者以電話詢豐台日軍司令部、據答豐台無事、惟自三時起、聞蘆溝橋方面有砲聲、㈡駐安定黃村一帶之日軍二十日下午三時半起紛紛移動、目的在增援蘆溝橋、抑開往別處、尚未判明、㈢蘆溝橋現今在激戰中、情況相當劇烈、（二十日中央社電）

《申报》，1937年7月21日，第4版

天津談判仍未停頓

〔天津〕盧溝橋戰事、二十日又發生、但此間之和平談判、並未停頓、張自忠二十日晚又與橋本會晤、交換各項意見、對和平仍在努力、市內刻尚平靜、（二十日中央社電）

〔天津〕昨晚十一時、張自忠與橋本等繼續談判、關於日方所提出之某項條件、爭持甚烈、今晨十時、齊燮元等復與日方會見、因日軍於昨晚起屢次挑釁、認爲毫無誠意、雖經懇談、仍於事實無補、和平已無希望、（二十日午零時三十分本報電話）

〔北平〕二十日晚櫻井·魏宗瀚等調停、雙方派人監視、我方派程希賢·周永業、日方櫻井·中島、二十一日晨前往監視雙方撤兵、（二十一日上午二時半急電）

〔天津〕張允榮二十日下午五時返平、向宋哲元報告在津與日方折衝情形、（二十日中央社電）

〔天津〕北寧路上下行車、二十日因日兵車鐵甲車往來頻繁、多誤點、但南行各次車均正點由津開行、（二十日中央社電）

傳張慶餘被日槍決

〔北平〕通州來人談、戰區保安隊第二總隊長張慶餘、十九突被日方槍決、通州城內住戶大部被驅逐、由日軍居住、商民黎大不叫苦、（二十日專電）

〔北平〕平北來人談、日方現已準備向平北增兵一個聯隊、二十日晨已有日兵三百餘人開到高麗營、該地東北之板橋村·茶塢村·橘子村等處民房、均被劃爲駐兵之用、農民多向北郊逃去、平德勝門外難民麕集、日軍並在高麗營附近圈地百餘頃、作大規模之飛機場、二十日强令當地農民開始割草平墊、又平南來人談、前泥窪（村名）青苗四十一畝及七間房村青苗地四畝、二十日均被日兵强令割去、（二十日中央社電）

《申报》，1937年7月21日，第4版

日機偵察平市城郊

【北平】今晨七時九時至十一時許、均有日機一架由東南方飛平偵察、旋飛永定河沿岸、長辛店豐臺南苑一帶偵察、下午五時二十分及五時五十分、又發現日雙翼機一架、在平市及城郊一帶偵察、盤旋約二十分鐘、始向西北方飛去、（二十日專電）

英法武官視察前方

外交界息、盧事發生後、平各國使館武官曾紛赴前方視察、法大使館武官薩援鐵、英陸軍武官史考特、十八日由平乘汽車赴保沿途視察、並曾訪萬福麟有所探詢、事畢、於二十日返平、（二十日中央社電）

大批日艦將到塘沽

【天津】塘沽日艦仍停沽三艘、傳有大批驅逐艦續來、但未能證實、泊塘沽之日艦每晚均以探照燈放射、人心極感不安、據塘沽來人談、該地各輪船公司碼頭、以及一部棧房、均被迫遷出貨物、日艦陸戰隊亦有陸續登陸之意云、（二十日中央社電）

【天津】日軍陸地鐵軌兩用式鐵甲車一列、現停於新站、廿日自晨至晚不時開往楊村北倉等地、晚間仍停新站、同時日兵二百餘人、駐於機廠未他往、新站外公大紗廠日兵入晚亦仍在戒備、廊坊車站廿日午到日兵

《申报》，1937年7月21日，第4版

數十人、在站台稍留卽返、楊村車站廿日亦有日兵十餘人侵入關柵內、（二十日中央社電）

宋哲元氏書面談話

〔北平〕宋哲元二十日發表書面談話云、本人向主和平、凡事以國家爲前提、此次蘆溝橋事件之發生、絕非中日兩大民族之所願、蓋可斷言、甚望中日兩大民族、彼此互讓、彼此相信、彼此相推誠、促進東亞之和平、造人類之福祉、哲元對於此事之處理、求合法合理之解決、請大家勿信謠言、勿受挑撥、國之大事、祇有靜聽國家解決也、（二十日專電）

〔北平〕宋哲元二十日晚對各界發出佈告云、爲佈告事、本委員長請假回籍、不幸本月七日夜蘆溝橋事變發生、實係局部衝突、本委員長秉以愛護和平爲宗旨、以國家爲前提、本合法合理原則、處理一切、深望中日兩個民族、推誠相見、共達和平之目的、惟恐各界同胞誤聽謠言、多所疑慮、爲此佈告一體週知、各同胞各宜鎭靜照常安業、此係國家大事、不可輕信謠傳、妄加議論、自相驚擾、切切此佈、（二十日中央社電）

日兵遊行天津南市

〔天津〕日兵百餘人、二十日晨赴南市一帶遊行、迄午始返回、刻日租界日兵通行各路口、均滿佈電網及蔴袋等工事、人心因此益感緊張、二十日晨有日軍用載重汽車三十餘輛、滿載大批軍用品給養等事、由津開赴豐台、（二十日中央社電）

〔天津〕日兵車二十日晨續到兩列、其一於晨四時五十分由唐山來津、另一列於晨七時十分由榆關開來、兩列均載大批日兵及軍用品甚多、（二十日中央社電）

〔天津〕據聞唐山交通大學、現已由日軍開入駐紮、該校教職員等已紛紛來津云、（二十日中央社電）

官方公佈日軍動態

〔北平〕官方公佈息、二十日各方報告如次、㈠清晨三時半、日兵千六百餘人攜砲二十門、重機關槍十五挺、載重汽車四十輛、由津向通州方面前進、㈡上午四時後、又有日騎兵約三百人、載重汽車二輛、由津開通、㈢上午九時許、日鐵甲車兩輛、及鐵道陸地兩用坦克車二輛、由津抵豐、㈣上午十時、日兵車一列、載日兵四十餘人、由豐開津、（二十日下午六時四十分中央社電）

〔天津〕日軍用載重汽車三十二輛、二十日午後裝運大批軍用品外附糧草、由津開往豐台、（二十日中央社電）

〔天津〕日軍坦克車四輛、鐵甲車三輛、載重汽車四輛、兵三十餘人、二十日晚十二時、由津沿平津公路開豐台（二十日中央社電）

《申报》，1937年7月21日，第4版

日軍兩攻 均經擊退

【北平】蘆溝橋來人談、十九日夜至二十晨、蘆溝橋日軍曾兩度向我軍猛攻、均被我軍擊退、㈠首次攻我軍陣地之日軍係十九日下午由豐台開抵蘆溝橋之步兵百五十名、由一大尉率領、自大井村方面以騎兵四十餘人掩護前進、經我駐永定河西岸之軍隊發現、當即迎頭痛擊、將該大尉擊傷、㈡二次進攻我軍之日軍、計共一聯隊、携加農重砲二門、鋼砲十門、坦克車八輛、鐵甲車四輛、此外並有裝載子彈給養之大車廿餘輛、自大井村遥遥前進、至二十日晨三時四十五分、即開始以步槍向我陣地猛烈射擊、至四時許復發砲兩發、均落我軍陣地內、我軍當稍加還擊、至拂曉時、日軍始向大井村原陣地退去、(二十日中央社電)

各國津領 召開會議

【天津】駐津各國領事二十日午十一時在比總領館開會、計到英法美等國領事、所討論者、鑒於時局頗趨嚴重、擬於必要時、將租界以外之各國僑民、遷往租界、及必要時之防衛方法、均經交換意見、有所決定、此外對日方在河北郵務管理局檢查信件事所取之態度、加以研究、擬向日方提出抗議云、(二十日中央社電)

蔣委員長飛抵京

精神煥發態度安閑

中樞要人相繼晉謁

【南京】蔣委員長偕夫人、二十日下午六時三十五分、由潯乘飛機抵京、錢大鈞另乘一機隨行到京、(二十日中央社電)

【南京】蔣委員長以京中政務殷繁、特於二十日午偕夫人宋美齡女士離牯由潯乘機返京、侍從室主任錢大鈞等另乘他機隨行、中樞要人居正・王寵惠・何應欽・俞飛鵬・張嘉璈・王世杰等、事先得訊、齊集明故宮機場恭迎、蔣委員長所乘之飛機於六時三十五分到達機場降落、錢所乘之機亦相繼到達、蔣委員長身着淺灰色絲綢長衫、容光煥發、態度安閑、頻頻向歡迎人員頷首示謝、旋偕夫人乘汽車返邸休息、歡迎各員均相繼往謁、分別有所報告、(二十日中央社電)

【牯嶺】蔣委員長以京中要公待理、於二十日下午三時偕夫人宋美齡女士、離山赴潯、即乘飛機返京、隨行者有錢大鈞等數十人、馮玉祥・熊式輝等、均往歡送、記者在途中遇見、蔣氏着便裝、精神極為煥發、坐肩輿中、並時時翻閱報紙、其不欲使一分鐘之時間虛擲、及關心輿論、於此可見一斑也、(二十日中央社電)

【牯嶺】邵力子・葉楚傖・因要公待理、於二十日晨離山返京、(二十日中央社電)

日艦二艘 開到崇明

【南京】據息、崇明花鳥山、十七日晚八時開到日本驅逐艦兩艘、(二十日中央社電)

劉汝明 抵平謁宋

【北平】察主席兼二十九軍師長劉汝明、二十日晨六時四十分由察抵平、謁宋哲元報告、並請示一切、(二十日中央社電)

《申报》,1937年7月21日,第4版

王外長對日高之表示

雙方採取迅速行動避免事態擴大 地方交涉例由中央政府主持辦理

〔南京〕日大使館參事日高、二十晨八時、到外部謁王外長、談半小時辭出、（其時許大使東京見廣田之電報尚未到部、）王氏對於此案、未作詳談、（二十日專電）

〔南京〕日大使館參事日高、於二十日上午八時、赴外部官舍晋謁王部長、繼續交換關於蘆溝橋事件之意見、王外長告以際玆事機緊迫、彼此不必作無益之辯論、貽誤大局、務須雙方採取迅速行動、避免事態之擴大、如謂中國在河北省之軍隊調動、有可非議之點、則日本大部軍隊之在該省、當尤顯爲侵犯中國領土主權、王部長旋更重提昨日節略中之提議、謂雙方應立即約定日期、彼此同時停止軍事行動、撤退軍隊、以爲此係惟一可能的避免衝突之方法、王氏幷稱、雙方既均謂不欲擴大事態、且均謂軍隊之調遣不過預防萬一、則中國之提議、自無不能接受之理由、關於地方交涉一點、王部長則謂任何國家之外交、無不由中央政府主持辦理、就本事件而論、中國政府固無時不準備與日本政府交涉、以謀迅速公正之解決、倘有地方性質可就地方解決者、亦必經我國中央政府之許可、最後王部長並稱、中國政府已屢次表明其熱烈願望、願將此不幸事件得一和平解決、只須有一綫和平希望、中國決不放棄其依據外交途徑、從事和平解決之勞力、（二十日中央社電）

〔南京〕日高參事官今晨八時、訪問外交部長王寵惠氏、經二小時後辭出、（二十日同盟社電）

《申报》，1937年7月21日，第4版

許大使晤廣田

說明我政府方針 廣田態度極堅決

〔東京〕許大使昨夜安抵東京後、深夜始就寢、今晨九時、訪日外相廣田、談一小時半、力說我國堅持不擴大方針、及盼日方從速撤兵、廣田謂現只盼中國承認及實行協定、其餘以後再說、態度極堅決、（二十日中央社電）

〔南京〕駐日大使許世英因華北局勢嚴重、力疾返任、二十晨九時訪日外相廣田、作一小時談話、許氏秉承我政府和平自衛之主旨、催日方從速撤兵、廣田態度堅決、要求我國實行日方所提之辦法、國際間一般原企望日本外務省能從外交途徑、以解救目前危機、不幸日方對此尚未發見誠意、時局益緊、（二十日專電）

〔南京〕外交界息、許世英十九日抵東京、當晚九時到館視事、二十日對東京各報記者發表談話、切望日方停止軍事行動、勿使事態擴大、根據正義、由外交途徑謀和平解決、我國軍事準備、係因日本積極增兵、純爲自衛、並無挑戰之意云云、並聞許二十日訪廣田外相、作回任後首次訪問、（二十日中央社電）

〔東京〕許大使前抵東京、即於今晨九時、訪問日外相廣田、討論華北中日爭案、聞廣田語許大使、謂日本政府深以中政府對盧溝橋所取之態度爲異、中政府對日本備忘錄之覆文、殊堪扼腕、廣田並解釋日本之立場、請許大使轉促南京政府重行考慮其主張、廣田延見許大使後、即赴參加內閣會議、由首相近衛主席、近衛上星期中曾患病多日、聞內閣決定進行七月十一日所宣布之政策、內閣復於午後集議、據中國外長王寵惠博士與日參事日高今晨會談之官報、討論一切、據報館所接南京消息、日高曾請王博士切實答覆日本所提出之請求二條、即㈠南京承認華北任何地方協定、㈡即速停止一切抗日挑釁行動、包括中央政府派兵至華北一事、王博士即答稱、㈠任何地方協定、如其中條款國民政府能予認可、則不欲妨阻之、㈡國民政府不欲激起戰事、且願根據局部化與互不侵犯之原則、獲一和平解決云、同時日政府人員皆堅稱平津地方談判、與南京中日談話、性質完全不同云、聞駐華日大使署與南京日總領事署職員之眷屬、均將於七月二十三日自動返國、（中央社二十日路透電）

〔東京〕許世英大使今晨偕楊參事官會見廣田外相、先致回任之詞、後說明本國政府對於華北事件之態度、並詢問日政府之態度、至十時會見乃畢、（二十日同盟電）

〔東京〕廣田外相會見許大使後、招致堀內次官與石井東亞局長至官邸、說明許大使所傳中國政府之態度、交換意見後、出席閣議、（二十日同盟電）

法義大使 謁蔣晋京

〔北平〕法大使那齊亞以時局緊張、日內卽將赴京、義大使柯賚、短期內亦將來京謁蔣［illegible］、（二十日中央社電）

膠濟線日僑 向青撤退

〔濟南〕膠濟沿線日僑向青島撤退、二十日晨又到七十餘人、在［illegible］五日內、共到日僑約五百餘人、［illegible］、（二十日中央社電）

德使館參事 昨訪徐謨

〔南京〕德使館參事費師爾、二十日下午赴外部訪徐次長、對華北情勢有所詢商、聞德大使陶德曼現在滬、二十晨來京、定二十一晨拜會我外交當局、詢問時局情形、（二十日專電）

《申报》，1937年7月21日，第4版

日政府召開緊急閣議

關係各閣員均出席與議 對華北照既定方針實行

〔東京〕今晨十時半、日閣舉行會議、首相近衛出席、首由陸相杉山報告各種情勢、次由外相廣田報告與許大使會見情形、及外交交涉經過、閣決定俟日駐華大使館參事日高與王外長會見結果詳報到後、下午再開緊急閣議、爲最後決定、日閣今晚將發表重大聲明、（二十日中央社電）

〔東京〕日華兩軍竟在宛平縣附近發生衝突、是以政府決即召開緊急閣議（廿日午後六時、諸閣員陸續集合於首相官邸、（二十日同盟電）

〔東京〕廣田外相於二十日午後九時十分、在閣議散會後進宮、覲見日皇陛下、將閣議決定對華北事變之處置、委曲上奏、並奉答各種下問、旋即退出、（二十日同盟電）

〔東京〕二十日夜間之緊急閣議、散會後風見書記官發表其情況如左、今夜之閣議、乃繼續午前開會、於午後七時五十分由關係閣員聽取各項情勢後、對於今後之態度、決定左列各項、旋於午後九時五分散會、政府仍當遵照既定方針、充分監視、講求自衛上之適宜處置、云云、（二十日同盟電）

〔東京〕今日之重大閣議、自近衛首相以次、全體閣員均經出席、首由杉山陸相報告華北事變之各種情勢、其次由廣田外相報告該項外交交涉之經過、經協議後、政府決照既定方針之範圍內、講求適當處置、以待機之湊勢、觀察華北形勢云、（二十日同盟電）

汕海面泊兩日艦

〔汕頭〕日海軍第五驅逐艦隊二等驅逐艦春風號、十八日由馬公港駛汕（泊汕海面日艦共兩艘、（二十日專電）

盧山發生搶案

〔牯嶺〕匡廬勝地、各方來遊者皆高尙人士、地方治安素佳、竊盜之事鮮有發生、惜二十日午竟發生一白晝搶刦案、緣二十日下午五時許、有一美籍女子葛利克行經松樹路時、此處較爲僻靜、突有業石匠之陳常海、將葛女士之手皮夾攫取而遁、葛女士當向警察所署報案、警署當派員與葛女士前往肇事地點查察、詎料行經正街時、適與兇犯相遇、當將捕獲、搜査贓物俱在、直認行刦不諱、現已轉送九江警備司令部嚴辦矣、（二十日中央社電）

汕案解決

〔廣州〕汕頭中日爭案、經廣州日總領事中村與刁作謙博士談判多星期、茲已解決、（二十日中央社電）

《申报》，1937年7月21日，第4版

各部會長官對時局 交換應付方策

王外長報告華北情勢及冀察當局折衝經過

【南京】二十日行政院會議、九時各部會長官均到、外長王寵惠因外部臨時要務、延遲至十時舉行、首由王外長報告華北情勢、及我國致日使館備忘錄、與冀察當局之折衝、經各部會長官聽取此報告後、即席交換應付方策意見、歷時甚久、王外長未待散會、十一時半先行離院、到外部處理部務、（二十日專電）

【南京】中樞當局應付此次事態、整齊嚴肅、爲九一八以來所未有、蔣委員長十七日闡明政府立機之文字、大義凜然、頗博國際上之同情、及全國人民之擁護、（二十日專電）

二三期談話 如期舉行

【牯嶺】張羣二十日語記者、第一次談話現已結束、劉正整理談話紀錄、一俟完畢、即呈政府供參考及採納、二三期談話如期舉行、本人因籌備談話會事宜、暫不離山、（二十日中央社電）

【牯嶺】廬山談話會、二三兩期照常舉行、已開始籌備、（二十日專電）

各方電請 一致抗戰

【南京】國府二十日收到各方來電、請立即發動全國一致抗戰、來電名銜如次、㈠桂省黨部、㈡廣州南洋華僑興業社、㈢滬市商會等、㈣蒼梧抗日敵國會、㈤閩南宛縣黨部、㈥柔佛峇株巴轄中華商會、㈦太原文化界聯合會、㈧南昌市漁會、㈨中航建協會菲支會、㈩川華陽新運會、⑪波士頓華僑聯會、⑫三寶壠支部、⑬隴南各界抗日後援會、⑭甘肅民衆守土抗戰後援會、⑮革命同志會、⑯中國軍事交通學會郵政分會籌備會、（二十日中央社電）

《申报》，1937年7月21日，第4版

前夜劇戰後

蘆宛方面形勢轉平穩

約定雙方退後避免再起衝突

冀北保安隊開宛平縣城接防

我軍撤退時日軍竟向我開砲

一部日軍傳亦已向後方移動

〔天津〕二十日晚津中日雙方代表、正式商定蘆事初步解決辦法、平郊一帶再遭砲火後、二十一晨四時後前方已轉平靜、晨八時、由冀北保安旅長程希賢・日顧問櫻井・等赴蘆溝橋監視撤兵、駐軍防地、由石友三保安隊接防、聞日軍亦有撤回原地準備、但日方調度軍事仍極忙碌、前途荆棘尚多、未可逆測、（二十一日專電）

〔北平〕二十一晚六時許、冀北保安隊開進宛平縣城、城內我駐軍後撤、七時半後、前綫日軍亦向後移動、雙方距離在一千五百米突之槁射綫以外、期先避免衝突、然後再談商其他問題、七時許聞衙門口附近四格莊砲聲十餘響、即係日軍撤退時之掩護砲、（二十一日專電）

〔北平〕雙方監視撤兵人員周永業等、二十一晚返平、聞我保安隊抵衙門口後、因日方監視極嚴、相持甚久、迭經交涉、始開始撤退、當我軍撤退時、日軍又開砲、現正抗議中、至蘆溝橋宛平城、原爲保安隊駐防、蘆溝橋衙門口日軍、二十一晚亦向後移動、傳大瓦窰・大井村・一帶日軍亦有後撤模樣、我軍駐八寶山部隊、於二十一晚七時二十分撤退、當撤退時、日軍又放六砲、現亦在抗議中、倘今明日軍不挑釁、局部可望暫安、（廿二日晨一時急電）

〔北平〕據二十一日晚由前綫來平之某軍官談、蘆溝橋及宛平縣我軍防地經二十日夜激戰後、迄未移動、我軍士氣甚旺、均抱爲國犧牲決心、惟宛平縣城、前曾由石友三部保安隊接防、故二十日夜日軍向我猛烈攻擊時、我方以保安隊勢力單薄、不得已乃調一部軍隊增防、至蘆溝橋方面、本由吉星文團駐守、二十日夜之戰、即由此兩部奮力抵禦、至二十一日晨、日軍停止攻擊、我增援部隊、亦即撤去、現宛平縣仍由保安隊固守、雙方監視撤兵人員在該地視察後、即赴平西郊衙門口監視撤兵、我該地駐軍爲表示和平解決、以促日方覺悟、當於二十一日下午一時、暫向後撤退、遺防由保安隊接替、至於八寶山我方駐軍、亦於二十一日晚七時二十分、撤退一部、當撤退時、日軍曾乘機向我發砲六響、傷我士兵數人、我軍未還擊、又大井村大瓦窰一帶日軍、截至發電時止、尚未撤去、（二十二晨中央社電）

雙方派員監視撤兵

〔北平〕今晨十時至十二時、爲蘆溝橋前綫雙方撤防由保安隊接防時

《申报》，1937年7月22日，第3版

間、我方派程希賢·周永業·周思靖、日方派櫻井·中島·笠井·等前往監視、日偵察機廿架、今晨九時半、由通縣出發、過平市往前綫、監視軍隊撤退、飛行極低、機聲洪大、今明爲和平最要關頭、倘我撤兵後、日仍不撤、戰事決不能免、（二十一日專電）

【北平】中日軍廿日晚在蘆溝橋一帶激烈衝突後、雙方人員、廿一日晨一度會晤、商議即刻停戰、雙方開始撤兵、於是各通知前方駐軍停止衝突、我方派周思靖·周永業·日方派中島·櫻井·等於二十一日晨九時半、同乘汽車赴前方、監視撤兵、（二十一日中央社電）

【南京】兩週來日軍在平郊蹂躪、舉國痛憤、二十日蘆溝橋劇烈戰爭後二十一日下午消息、和平似已得些微之象徵、因二十一日晨中日雙方人員、會商定停戰、我方派周恩靖·周永業·日方派中島·櫻井·同赴前方監視撤兵、據交通界息、我方駐平當局嚴守立塲、爲表示愛好和平、已將蘆溝橋前綫部隊暫行撤退兩里、日軍方面則宣稱二十二日起開始撤退、故日方對於和平誠意之初步表示、其關鍵尚在二十二日之行動、萬一日軍二十二日仍無誠意、不速撤退、則破壞和平責任顯然、我原駐前綫部隊、不能不再行前進、北平防務將由趙登禹等負責、（二十一日專電）

【北平】中日雙方**監視撤兵人員**周思靖中島等、於**二十一日晨赴蘆溝橋宛平縣城及衙門口 八寶山兩軍前綫交涉撤兵、因有相當結果、於二十一日晚十時餘返平、**周即向秦德純報告交涉情況、（二十一日中央社電）

撤兵交涉一度僵持

【北平】昨夜宛平激戰中我負傷之保安隊隊附孫佩五、今來平醫傷、蘆溝橋及橋西我軍防地、**我方爲表示和平誠意起見、廿一午前十時至十二時、派冀北保安隊程希賢部接替、惟日軍在蘆溝橋以東部隊、迄尚未撤、**（廿一日專電）

【天津】冀北保安隊程希賢旅第二團、**二十一晨八時開抵蘆溝橋接防、原駐當地軍隊奉令撤退、但截至下午四時止、因日軍未退、雙方仍相持中、**平市空氣沉悶、謠言甚多、**二十一晚七時十五分永定門鐵軌 拆毁交通阻斷、**（二十一日專電）

【北平】我方赴蘆換防之保安隊、行至門頭溝後、見日軍監視極嚴、日軍不僅毫無撤退模樣、且態度頑强、現仍由雙方人員交涉中、今明本爲最緊要關頭、倘日軍仍無誠意、恐形勢即轉惡化、我當局態度鎮定、前方士氣極盛、均抱誓死守土決心、（二十一日專電）

【北平】確息、我保安隊原定二十一日上午十時至十二時接防蘆溝橋、但因前綫日軍防守監視甚嚴、以致接防不易、截至下午四時止、保安隊接防尚未實現、（二十一日中央社電）

《申报》，1937年7月22日，第3版

我軍先退 表示和平

〔北平〕此間當局對盧溝橋事件、始終主張和平解決、二十一日晨已令盧溝橋以西以北我前方各地駐軍、暫時向後撤退一二里、所遺防務、由石友三保安隊依次接防、保安隊第一旅長程希賢、於二十一日晨十時起率部前往接防、如日軍於我保安隊接防時期不予攻擊、至午十二時可換防完竣、據關係方面稱、我方此次先行撤兵、即係表示和平之誠意、亦係促日方之覺悟、倘我軍撤退後、日軍仍不遵約撤退、其啓釁意義、已爲舉世所共見、設不幸事件擴大、其責當由日方負之、（二十一日中央社電）

〔北平〕盧溝橋一帶中日軍、二十日下午衝突原因、據關係方面稱、日駐屯軍十九日晚通知我軍、限期撤退、我以日軍屢次失約、且撤兵應雙方共同進行、今日軍竟向我要求單獨撤兵、其無誠意、當可見也、我軍對此未予答覆、日軍乃開始向我攻擊、以致演成劇烈之戰爭、我軍守土有責、對日軍不法行動、當予痛擊、盧溝石橋及宛平縣城、因被日軍砲火擊燬甚巨、但日軍傷亡、據調査當在我軍之上、戰至二十一日晨、雙方始停止、（二十一日中央社電）

日電所傳 撤兵情形

〔北平〕宋哲元於二十一日午後八時半、對於今井武官通告、謂盧溝橋對岸之兵、業經撤退、八寶山之部隊、亦於午後八時開始撤退、（二十一日同盟電）

〔北平〕茲據中島顧問於午後九時半發出之實地報告、謂八寶山一帶之華軍、現已開始集合、訂於今夜暫行移駐於八寶山北方之黃寺、明晨再行候令移駐於指定地點、（二十一日同盟電）

日飛機隊 大肆活動

〔北平〕二十一日晨飛平偵察之日機、計有十七架、共分四隊、在平市上空及南苑各地盤旋偵察後、即向盧溝橋方面飛去、平市各城門如宣武和平崇文等門、二十一日起復開一扇、門後堆疊沙包、情況較二十日略緊、聞日使館指定、㈠日本大使館、㈡東交民巷正金銀行、㈢東單三條日本倶樂部、㈣東單二條日本小學四處、爲日僑避難地、美使館方面亦派人向市內各美僑處有所通知、又東城一帶住各國僑民甚多、現皆各於門前懸其本國國旗一面、藉資識別、（二十一日中央社電）

〔天津〕東局子日飛機場二十一晨七時餘、**轟炸機十八架、沿平浦綫偵察、至十時四十分飛回、十時餘有日機六架、在津市低空盤旋、後向西南方飛去、**據調查、**停津日飛機仍爲五十三架、**北倉機場各工作已大部告成、日軍向鄉公所聲言、將派兵駐守、隨時保護、（二十一日專電）

《申报》，1937年7月22日，第4版

【北平】日機十餘架、二十一日晨由津飛盧溝橋一帶偵察、於九時餘、來平市上空低飛盤旋數週後、即飛北郊偵察、（二十一日中央社電）

【南京】京中所得津訊、津東局子飛機場所渟之日軍用飛機、二十一日晨四時以後、即開始活動、曾有一部飛出、至八時許又有十七架、飛向西北方面、十時許已全部返回、（二十一日中央社電）

【北平】今晨大批日機飛盧偵察時、旋來六架飛翔極高標幟不清之飛機、速度極快、與日機成追迫形勢、聞該六架係由保定方面飛來、（二十一日專電）

【北平】今晨九時四十分、日本驅逐機八架、在北平上空作低空飛行、在南城一帶盤旋、少頃即向豐台飛去、十分鐘後、復有三架出現、向北飛去、（中央社二十一日路透電）

【天津】津縣北倉劉安莊宜興埠等村、日方所闢之飛機場、共佔地三四百畝、連日强行開工、至今已大部完成、日方廿一日派員前往勘查、尚擬在附近駐兵、據謂係保護飛機場、（二十一日中央社電）

平市戒備 恢復常態

【北平】平市戒備、自宋哲元返平後撤除、當局以事件已逐步解決、下令今夜起、平市維持治安辦法、一切恢復常態、各城門一律於上午五時開啟、晚十時關閉、（二十一日專電）

【東京】東京方面稱華北局勢、現已有轉佳之趨勢、並稱宋哲元昨夜已允將三十七師自平西八寶山撤退、另由保安隊塡防、（二十一日中央社電）

【北平】旅平各國僑民、多住東城一帶、刻以時局不靖、各將該本國國旗懸門前資識別、（二十一日專電）

《申报》，1937年7月22日，第4版

李白通電擁護
蔣委員長抗戰主張

欣聆國策已決尤慶請纓有路
統率全桂民衆不辭任何犧牲

【香港】李宗仁·白崇禧·黃旭初二十日通電、頃讀蔣在廬二次談話會關於盧事談話、宣示政府對日方針、並昭示吾人應堅守四原則、辭嚴義正、實爲代表全國民衆公意、循迴雒誦、感奮莫名、仁等欣聆國策已決、尤慶請纓有路、誓本血忱、統率五路全體將士、暨桂千三百萬民衆、擁護委座抗戰主張到底、任何犧牲、在所不辭、希全國一致奮起、爲政府後盾、（二十一日專電）

【北平】蔣委員長日前在廬山演詞發表後、各地民氣頓形振奮、平市學生團體二十一日特電蔣表示、對解決盧事四項原則、絕對贊同與擁護、並請蔣委員長領導全國一致抗戰、平市文化教育界名流、日內亦將有同樣表示、（廿一日中央社電）

★★★

《申报》，1937年7月22日，第4版

平漢交通可望恢復

［北平］自盧溝橋事件發生後、平漢綫北段、交通即告斷絕、現經雙方商定、沿盧溝橋綫道左右側之中日軍隊、同時向他處移退、由平漢路派工務人員前往修理被毀之電綫等、以便通車、據聞昨日午後起、雙方軍隊均已陸續他移、大井村方面日軍將逐漸退往豐台、六時許、平市所聞砲聲數響、即係日軍掩護行動所放、今日平漢交通或可恢復、至宛平縣城及盧溝鐵橋石橋等我軍防地、則並未移動、（二十一日中央社電）

［北平］平漢路駐平辦事處長鄒致權、同周永業、定二十二晨率路工視察、並修理平漢路盧溝橋一帶路軌、準備恢復通車、（廿二日上午一時急電）

［北平］平市西郊什方院以西四里許平漢路十號橋附近、二十一日晨發現日兵十數名、在該地隱伏、（二十一日中央社電）

［天津］北寗路平津間廿一日晨又恢復平津六次·平榆廿二次·均按時由津赴平、由平開行之四一次車、二十一日亦過津東行、（二十一日中央社電）

日軍砲轟宛平經過

［北平］二十日盧溝橋方面日軍、再向我方挑釁經過如次、㈠本月二十日軍三次不顧信義、復於稍露和平聲中、於下午一時以重砲猛攻盧溝橋城東北兩面、砲彈之落於城內、達五百餘發、居民死傷、血肉橫飛、慘不忍睹、殘酷行爲、超過前兩次、東門城樓與東北城牆、悉被砲燬、至三時許始息、我方正在救護傷亡時、日軍竟於七時許復行開砲、比前二次尤爲緊密、全城民房、無一完好、直至七時半始停止、我長辛店亦受七砲彈、旋日機由豐台飛來低空掃射略有損傷、陣地無變動、㈡昌平縣高麗營有日軍二百餘名、佔民地千餘畝、建飛機場、現已完成、停有日機三架、㈢豐台街衢、表面沉靜、實際緊張、各大客棧浴堂多被日軍强佔、㈣此次日軍進攻盧溝橋、我方損失甚鉅、城內被炸慘痛情形、不堪言狀、縣保安隊隊附受傷甚重、已於二十一日派人護送來平、入某醫院治療、（二十一日中央社電）

《申报》，1937年7月22日，第4版

日軍載重汽車爲我軍擊毀

宋哲元抵平之一瞥

【北平】蘆溝橋電話、二十日日軍在和平解決聲中、於下午一時、突以重砲猛攻蘆溝橋城東北兩面、城內砲彈落達五百餘發、居民死傷、血肉横飛、目不忍視、東門城樓與東北城墻、悉被砲燬、至三時許稍歇、我方正在救護傷亡時、日軍竟於七時再行開砲、較前尤緊密、全城民房無一完好、至九時半始停止攻擊、長辛店亦落砲彈七枚、未幾日機由豐台飛來低空掃射、略有損傷、惟陣地無變動、（二十一日專電）

【北平】南苑來人談、二十日下午中日軍隊衝突時、有日裝甲汽車兩輛、載兵十餘人、經大紅門西進、至南苑以西十餘里地方、車忽停住、日方十餘人下車、意圖設地雷、被我方軍警瞥見、當卽上前驅逐、該兩汽車急向西駛去、（二十一日專電）

《申报》，1937年7月22日，第4版

（保定）蘆溝橋日軍二十日夜全綫以騎兵掩護步兵及坦克車、向我左右翼猛衝、希圖過河、砲火之猛、空前未有、我軍嚴陣以待、進攻日軍、均經擊退、前方士氣極盛、受傷官兵均帶傷拚命、誓死堅守、團長吉星文、表示宛城即其葬地、決共存亡、（二十一日中央社電）

（北平）攻我衙門口陣地之日軍、共千餘名、前頭部爲騎兵及坦克車、二十晚七時許一度撤回、二十一晨一時許、該項日軍復向我陣地猛衝、同時什方院大紅門等地、中日兩軍亦有衝突、惟日軍均未得逞、我軍陣地無變化、（二十一日專電）

秦榆日軍陸續到津

（天津）集結秦榆等地日軍、仍陸續來津、二十一日晨又到兩列車、載兵數百餘人、及給養軍械等甚多、均停於東站、（二十一日中央社電）

（天津）日軍以舊式馬車四十餘輛、裝運大批木箱、二十一日晨六時由津沿平津公路開豐台、據一般推測、此項木箱、內多係子彈等物、（二十一日中央社電）

（北平）平北高麗營南面十餘里前後蘭溝（村名）地方、二十日晨到日兵多名勘察附近一河流、寬約十餘丈、因不能通過、即强迫當地農民支搭浮橋、擬於二十日午夜完成、聞至二十一日晨未竣、該橋寬一丈五尺、上覆黃土、現由日兵看守、（二十一日中央社電）

（北平）日軍大部集中津迤東北寧路沿綫、故津榆間滿佈日軍、日並在榆關附近架設軍用電話、往來運輸頻繁、（二十一日專電）

（天津）日軍調動甚繁、廿一日上午零時卅分、日兵車一列、掛車二十一節、滿載日兵、由榆開津、十一時廿分、日兵車一列、掛車卅五節、載軍

《申报》，1937年7月22日，第4版

用品由榆開津、十二時廿五分、日兵車一列、載日軍百八十餘名、由津開楊村、二時五十分復折回津、下午一時廿八分、日鐵甲車三輛、由津開楊村、旋於二時十分折回、用意不明、又二十一晨七時餘、日載重車十輛、滿載日兵、押騾車五十餘輛、載軍用品、由津開往豐台、（二十一日專電）

〔北平〕二十一午有日軍一部、由津抵豐、下午一時四十分、有日裝甲汽車二輛、載重汽車一輛、載日兵三十餘名、由津抵平、（二十一日專電）

日在塘沽 設運輸部

〔天津〕塘沽因日艦開到三艘、同時日駐軍入晚嚴加戒備、故人心大感不安、紛紛來津、日軍部在該地設有運輸部、頃通知各華商公司、凡輪船靠岸及啟椗、均須事先通知、須得核准、日前曾徵集駁船五千噸以上輸運軍用品、現又通知不用、但對各碼頭所積存貨物、則限即日他運、而各公司因駁船貨車目前均甚缺乏、日方催促甚嚴、目前甚感困難、（二十一日中央社電）

中政會昨開例會

王何報告外交軍事 並討論通過各議案

〔南京〕中政委會廿一日晨舉行四十九次會議、出席者蔣副主席・及委員居正・孫科・張繼・王寵惠・陳果夫・何應欽・吳敬恒・等廿餘人、列席者柏文蔚・褚民誼・趙丕廉・石瑛等卅餘人、由居正代理主席、首由外長王寵惠・軍長何應欽、即席報告關於外交軍事各種情形甚詳、

《申报》，1937年7月22日，第4版

隨即討論各案、茲悉議決各案如下、㈠追認特派何應欽爲川康軍事整理委員會主任委員、顧祝同・劉湘・爲副主任委員、川康軍事整理委員會組織大綱、准予備案、㈡准湖北省發行建設公債五百萬元、原則六項通過、交立法院、㈢核定概算案十九件、（廿一日中央社電）

馬來半島華僑 捐款勞軍

【南京】自盧溝橋事變發生後、各地華僑極端憤慨、頃由馬來半島恩吉洪惠關匯來國幣一萬五千元、作慰勞前方將士之用、聞已照數匯交二十九軍核收、（二十一日中央社電）

蔡廷楷 由菲回國

【香港】蔡廷楷二十一日晨七時、乘俄后號由菲抵港、（二十一日專電）

日驅逐艦一艘 駛抵青島

【青島】日驅逐艦朝顏號二十一晨由滬抵青、現泊青日艦共五艘、（二十一日專電）

福州戒嚴

【福州】省府二十日集各廳處重要人員、商保安等問題、當局爲維護治安、定二十一日起提早戒嚴、夜十時後商民切實遵限休息、（二十一日專電）

平學生訓練 期滿解散

【北平】平各大學及高中以上二年級學生紀律訓練二千餘人、現已期滿（廿一日晨九時在西苑舉行解散儀式、宋哲元・馮治安・等均親往訓話、事畢全體學生即返城、（二十一日中央社電）

廬談話會 首期來賓 紛紛離山

【牯嶺】廬山談話會第一期已結束、廿一日起招待截止、來賓廿一日紛紛離山、各返原地、（廿一日中央社電）

《申报》，1937年7月22日，第4版

我方遵約撤兵 日軍陣地並未移動

反將大批軍火運往前線

前途如何推演殊難判斷

［北平］中日決定二十一晨雙方撤兵後、蘆溝橋五里店大井村之日軍、本應同時撤退、但截至二十二晚六時止、日軍毫無撤退模樣、並增加大小鋼砲二十餘門、蘆溝橋以東一帶、亦運到大批毒瓦斯、似此情形前途難測、（二十三晨一時本報急電）

［北平］關於前方撤兵情況、截至下午六時止、未接續報、本社特派員亦未返城、惟聞日軍在前綫陣地並未移動、僅各地人數略爲減少、故前途如何推演、尙難遽斷、（二十二日專電）

［北平］記者今晨因前方雙方軍隊後移、特驅車擬出彰儀門赴蘆溝橋城視察戰蹟、到城門口時、據守城軍警告稱、日軍大部仍在大井村一帶、恐通行困難、力阻前往、乃廢然而返、（二十二日專電）

［天津］據此間關係方面確息、華北最高當局意旨、目前我方力避衝突、先作到雙方撤兵之目的、將來之交涉、將由中日雙方政府以外交途徑謀善後解決、（二十二日專電）

［南京］據北平電稱、蘆溝橋宛平桑乾河兩岸雙方互退一二里、其作用在避免雙方步槍機槍有效射程、僅爲停戰第一步措施、於緊個談判和平前途、尙有若干距離、若認爲協定中之一項、則屬錯誤、（二十二日專電）

［北平］日武官今井今訪湯爾和、據表示、日軍決陸續撤退、希望和平解決、平漢路北平至蘆溝橋段路軌、今日下午修復、當發現被日砲擊燬數處、及未炸之砲彈數枚、客車通行、尙待與日軍交涉、鐵道兩旁日軍仍潛伏高粱地內、無撤退模樣、（二十二日專電）

［北平］聞我軍卅七師馮治安一部防地、將與一百卅二師趙登禹部對調、（二十二日中央社電）

平漢鐵道綫日軍稍後退

［北平］我軍遵約撤退後、平漢鐵道兩旁日軍、已撤至三里以外、（二十二日專電）

［北平］蘆溝橋事件發生後、迄今半月、我當局始終表示和平、并於二十一日首先移動該地駐軍、以石友三部塡防、日軍亦表示願撤退、二十二移動情形如下、一、在平漢路涵洞地方之日軍、截至二十二下午五時止、僅留少數步兵、大部隊伍向豐台方面退、二、在大瓦窰郭莊子一帶日軍、向五里店方面移動、三、大井村方面日軍、砲兵百餘名、携陸砲十餘門、二十二晨已向豐台移動、中日軍隊已開始撤退、一切問題、從長討

《申报》，1937年7月23日，第3版

論、但駐欒大瓦窰一帶日軍、二十二晨一時五十分、以大砲向我軍防地轟擊、落彈十餘發、我方未還擊、旋由監視撤兵員周永業等向日軍質問、據答、係撤兵時掩護砲、並非向中國方面進攻等語、砲聲旋即停止、至下午一時許、又有重砲發自五里店日軍防地、凡三響、比經交涉、其答覆仍與前同、（二十三日專電）

【北平】官息、當局爲亟謀恢復平漢路交通、二十一日商同日方、將沿蘆溝橋鐵道左右側之雙方軍隊、同時他移、日軍現仍在向豐台方面陸續撤移中、當晚砲兵一部、携陸砲十一門、已撤往豐台、雙方前所派之監視撤兵員周永業·周思靖·中島·櫻井等、均曾前往前綫、相互監視一次、（二十二日專電）

【北平】蘆溝橋沿平漢鐵道綫之日軍、二十二日晨五時起、開始向後撤退一二里許不等、聞日軍此次後撤、係分兩步驟、第一步由鐵道綫撤至大井村小井村郭莊子等地、第二步再續撤向豐臺集中、雙方監視撤兵員周永業·周思靖·中島·櫻井。刻仍在前方辦理一切、又聞平漢路二十二日下午可望通車、（二十二日中央社電）

【北平】二十二晚大井村日軍、已出戰壕、日軍官等改着白汗衫、已不似作戰時緊張情形、監視撤防之櫻井二十二午返平、並有前綫日兵三十餘名隨來、（二十二日專電）

【天津】廿二日晨平漢沿綫前方中日兩軍、已均撤退二華里、我軍防地由保安隊接防竣事、日軍仍放哨至鐵道附近、（二十二日專電）

昨晨衙門口發生肉搏戰

【北平】二十二晨二時起、大井村五里店等地日軍、突以重機槍向我衙門口陣地猛攻、我軍奮勇抵抗、至二時半、日軍百餘人又進襲我陣地、我大刀隊亦奮起抵禦、雙方在衙門口東南一小土山上發生極劇烈之肉搏戰、未及十分鐘、日軍敗退、又二十二晨襲我之日軍大部、現已集中大井村小井村及五里店等地、僅二十餘人乘跨子車赴豐台、餘均未撤、現蘆溝橋等地日軍給養、仍由豐台日本妓女作成飯團、運往日軍陣地、蘆溝橋附近日軍、共有四道防綫、昨晚日軍僅將第一綫之步兵撤至第二綫、除鐵道附近之日兵已有一部撤至豐台外、其餘各陣綫內之日軍、並未移動、（二十二日專電）

《申报》，1937年7月23日，第3版

北平 華北時局緊張兩星期、兹因宛平區内之中日軍均已撤退、人心始爲安定、蓋雙方繼續衝突之可能、將因此減少也、雙方撤兵事宜、由中日軍事委員依照協定會同監視實行、華軍之撤退者、爲第三十七師、該師駐蘆溝橋八寳山西苑北平之軍隊、今全移駐永定河西之各地點、日軍則由宛平附近撤至較近豐臺之地點、三十七師撤出之各地、由一百三十二師之軍隊塡防、今晨已由河間開抵、駐北平之三十七師軍隊、於今日下午三時撤盡、登火車開至保定南面之某地點、駐宛平者、須於昨夜撤退、但臨時發生頓挫、因日方初允若輩撤至西苑、後又改爲撤至永定河西、該軍不服、復馳回原地、開始掘壕、致北平復見緊張、但至今晨、一切已妥協矣、(中央社二十二日路透電)

北平 現悉第三十七師已接受移駐永定河西面之辦法、今已有數分隊撤至宛平北面、(二十二日中央社路透電)

和知飛往東京報告現況

天津 田尻二十一日晚到津、當晚與川越懇談時局、並報告日高在京交涉一般情形、廿二日晨九時許、田尻由津赴平、將分訪各關係方面、一二日仍返津轉滬、川越刻尚無返京準備、又日軍部高級參謀和知、爲報告現地情形、及向日陸軍省請示最後意旨、二十二日晨八時、由津東局子機場搭裏通機飛往東京、聞此行所負使命極爲重大、(二十二日專電)

南京 中日雙方平津商定撤兵、宋哲元於二十二晨有電報到京、表示一切秉承中央意旨、對撤兵情形、亦有所提及、(二十二日專電)

北平 今井今晨訪秦德純、有所商談、(二十二日專電)

日方認爲全面衝突可免

東京 二十一日夜八時、得八寳山方面馮治安部三十七師尚未撤退消息、復形一度緊張、嗣又得報告、已於二十一日夜撤至黄寺、此間始覺全面的衝突、已可避免、二十二日晨各報社論、大體如下、朝日新聞謂、十九日夜協定細目、如全部實行、則問題範圍自可縮小、爲中日計、可喜無過於此、所餘者、僅南京不承認該協定及中央軍北上二問題而已、日本有一定目標、最後解決似已漸近、誠屬幸事、日日新聞仍主張對於擴大事態之根源、應一舉芟除、(二十二日中央社電)

平漢路綫修理竣事

北平 平漢路駐平辦事處長鄒致權、今晨七時偕同日方中島・竺井・等由平專車赴蘆視察、過西便門後、換乘手搖車數輛、十一時到蘆溝橋、當派工人開始修理電綫、平漢路今明可望恢復通車、蘆溝鐵橋以建築堅固、損壞不重、(二十二日專電)

天津 廿二日晨七時二十五分、綏署參謀周永業・平漢路平辦事處長鄒致權・偕櫻井等掛專車赴蘆溝橋前方觀察、並派工將被毁橋樑及電綫完全修後、下午三時後卽行通車、(二十二日專電)

《申报》，1937年7月23日，第3版

【北平】官息、鄒致權二十二晨率員工赴盧將修電綫、午後已修理畢、旋有一列車開至長辛店、約二十三日起、客車可恢復、（二十二日專電）

【北平】平漢路駐平辦事處長鄒致泉、二十二日晨七時二十分、隨中日雙方監察撤兵人員、赴盧溝橋進行修理電綫等工作、（二十二日中央社電）

【北平】據路局消息、平漢綫北段交通、自事變發生後、即告斷絕、至今兩旬餘、一切損失、自頗重大、但如撤兵之事進行順利、則短期內自可恢復通車、（二十二日中央社電）

【北平】中日雙方監視撤兵人員周思靖·周永業·暨中島·櫻井等一行、二十二日晨七時二十分乘平漢路專車赴盧溝橋、監視撤兵、聞專車赴五里店時、將稍停止前進、與日方駐盧溝橋部隊接洽一切、如無其他阻碍發生、即繼續向盧開行、（二十二日中央社電）

【北平】盧案發生後、盧溝橋車站辦公室即被日軍佔據、設立臨時指揮司令部、該站站長職員等並未遠離、鄒致權聞訊、今特派人送往糧麵等物、並加慰勉、（二十二日專電）

【北平】平保間長途電話及電報、自盧案發生後、即被日軍切斷、現因局勢緩和、冀電政管理局今派員工由平出發修理、因盧溝橋長辛店間綫桿摧折頗多、植架需時約二三日內即可修復、（二十二日專電）

日軍調遣仍極頻繁

【北平】豐台電話、今晨一時餘、日由津開來鐵道陸地兩用之鐵甲車三輛、至豐後、即將鐵輪卸除、換裝橡皮胎輪、現停站內、似有開往盧溝橋準備、（二十二日專電）

【北平】昨晨楊村開到日兵車一列、約二百餘人、下車後、住站台內外、並在大鐵橋放步哨、禁絕行人通過、原住站內我方憲兵、現已移住站外、今晨十時平瀋車抵平時、有日便衣隊八人來平、內有二人着中國衣、據聞、係奉命由關外來此、擔任特務工作、（二十二日專電）

【北平】今午有日機一架、飛平市上空、盤旋一週而去（二十二日專電）

【北平】今晨有載重汽車二輛、每輛載日兵二十餘人、後隨小汽車一輛、上坐二三軍官、出彰儀門不遠、至鐵道西、由車上放出軍用鴿數隻、放畢、原車返城、用意不明、（二十二日專電）

【南京】京中所得津訊、津日軍調動仍繁、停於東局子之飛機、二十二日晨即有十餘架陸續起飛、赴西北部偵察、九時有專車一列、掛鐵悶甲車三輛、運兵百餘名、由東站沿平津綫前進、去向不明、上午十一時有由榆關開來之軍用車一列、抵車站、（二十二日中央社電）

【保定】二十二日晨八時及十一時、日偵察機兩架、在車站及機場上空飛旋、達半小時之久、向北飛去、下午一時又來一架、在省垣東南方低空偵察、（二十二日中央社電）

【北平】通縣來人談、日方近强令冀通二十二縣長、轉飭各村正副、每村徵發壯丁十名、總計十萬、準備由某方施以軍事訓練、各村壯丁因不甘壓迫、已相率逃避、日方近又以冀東僞鈔四十元雇用一名、但應徵者並無一人、（二十二日專電）

《申报》，1937年7月23日，第4版

（北平）北甯路東站長途電話室、二十二下午突有日工兵四名闖入室內、設一收音而去、同時日工兵復在水關前裝設軍用電話綫四條、均附掛北甯路長途電話綫上、直通日兵營、可與北甯沿綫各站通話、平蘆電話二十二晚恢復、（二十二日專電）

（天津）二十二日日軍調動仍繁、每晨至晚以載重車載軍用品由津開往計五十餘輛、上午零時二十分、日兵車一列、掛車十九節、由津開豐台、下午一時五分、日兵車一列、掛車十一節、由榆開津、下午九時二十分、日兵車一列、掛車十五節、由榆開來、二十三晨可到津、截至二十三日止、津共到日兵車四十八列、又日停塘沽驅逐艦菊荻葵三號、現以局勢稍緩、二十二晨十一時菊開往塘沽口外、又津東站放哨日軍、二十二已減少、但嚴重情勢、仍未消除、（二十二日專電）

蘆溝橋及宛平視察

（北平）門頭溝電話、二十二日下午二時、記者由平抵長辛店視察、當地秩序安堵、商民照常營業、防務異常鞏固、二十日夜日軍砲攻蘆溝橋時、當地市內落彈九枚、傷四人、死幼女一名、人心尚鎮靜宛平專員王冷齋偕秘書洪大中、自二十日至今、仍往來於蘆溝橋與長辛店間、辦理後方工作、記者復往晤王洪兩氏、經過蘆溝橋石橋至宛平縣城內視察、所得結果如次、㈠石橋橋身未受大損、橋下河灘被砲彈所擊、炸痕累累、橋東頭「蘆溝曉月」石牌、幸無損壞、入宛平縣西門、城內戒備緊嚴、由冀北保安隊駐防、二十日下午、日軍砲火密集、城內落彈五六百枚、民房被擊、殘瓦敗垣、一片焦土、景象奇慘、專員公署及警察局亦全被炸毀、保安隊兵及縣民傷亡纍纍、屍骸枕藉、東門城樓被擊全塌、通東西門馬路被砲彈炸成無數大坑、彈炸處兩旁商戶門面均被摧毀、㈡城內居民除一部份婦孺自事變發生後、因王專員勸告離開縣城外、其餘壯丁均留駐城內、不願出城、王氏代辦糧食、按戶發放、㈢中日雙方撤兵辦法、本經酌定、廿日由我保安隊接防衙門口八寶山二十二日下午六時以前、蘆溝橋東至五里店大井村一帶、所有日軍全部撤往豐台、但截至廿二日下午六時半、據報前述地點之日軍、不但未撤、而又有大小鋼砲廿餘門由豐台增援、㈣日本飛機一架廿二日上午十時飛長辛店蘆溝橋偵察、㈤平漢路北平至長辛店間路綫、廿二日修復、由平開出第一列車、載有某國士兵一車、廿二日晚八時復由長辛店開往涿州、㈥蘆溝橋一帶前綫廿二日竟日平靜、（二十二日中央社電）

《申报》，1937年7月23日，第4版

盧溝橋事件
馮玉祥發表意見
全國軍民應團結一致 爲民族生存堅决奮鬥

牯嶺 自盧事發生、中央社記者久欲訪謁馮副委員長、聆取意見、以馮氏公務見忙、於二十一日始得暇暢談、馮氏精神奕奕、態度嚴肅、對所叩詢者、均懇切作答、(以下爲記者問馮氏答)、(問)副委員長對於日軍此次行爲之觀察如何、(答)盧溝橋事件之發生、决非偶然、日本有些軍人好大喜功、亦爲此次挑戰之一因、彼等鑒於東四省之不戰而勝、熱中於升官如拾芥、故又欲以九一八之故技、復演於華北、而忘記古訓頓兵堅城之下、將不勝其憤而蟻附之、殺士卒三分之一、而城不拔者、此攻之災也、予相信日本人民中不乏明智之士、日本政府中亦不乏明達之人、如果迅速澈底放棄侵略政策、猶不失爲亡羊補牢之措置、否則追隨少數輕燥者之後、繼調大軍、擴大事態、則不僅破壞東亞及世界之和平、其自身恐亦遭受不可挽救之後果、(問)盧溝橋抗戰之經過、副委員長所知如何、(答)事變經過、據余所知、决非二十九軍挑釁、乃日方假借非法演習之名、完成其進攻準備、後以一士兵失踪爲藉口、猛向盧溝橋及宛平城進攻、企圖一舉佔領、以控制北平、當時我軍守盧溝橋者祇兵一連、而敵兵則以三連及大砲機關槍集中於盧溝橋轟擊、致我死守該橋之官兵、全作悲壯犧牲、其未死亡者不過四人而已、我守宛平城者爲吉星文團長之一部、卽沉着抗戰、將盧溝橋克復、繼又組織襲擊隊、利用夜襲、殺傷敵兵甚多、總計我傷亡者達二三百人、但侵略者之損失、當過於此、予在知戰事消息後、卽復廿九軍將士一齊電、內云、「諸君乃革命軍人、抗敵守土之責、斷不容絲毫退讓、以保千萬年之光榮歷史也、予深信廿九軍及華北民衆正準備爲捍衛國家而繼作更勇敢之奮鬥、更偉大之犧牲也、」(問)副委員長對此事前途之觀察如何、(答)此事前途全視日本有無悔悟、我國固望和平、但斷不能容忍侵略事態之存續與擴大、因爲國家之獨立自由、爲全國上下不惜犧牲一切以求之者、且華北官吏與軍民、忍辱負重、數年於茲、其忠勇愛國之教育與歷史、以及救亡圖存之一致信念、斷不能輕自斷送、關於我國軍民應有之態度、已見委員長之談話、恕不重複、全國軍民應團結一致、不畏不驕、忠誠勇敢、就各人之地位、貢獻一切力量、在政府統一領導之下、爲民族生存爲國家復興來堅决奮鬥也、(二十二日中央社電)

◉牯嶺 馮副委員長二十二日晨八時離山赴潯、乘輪返京、(二十二日中央社電)

《申报》,1937年7月23日,第4版

東京來客談

日之備戰與排華

統制新聞刺激民衆情緒 監視我國使館人員行動

（南京）頃有自東京歸來之客、漫談盧溝橋事件發生後、日方種種情事、亟值讀者之注意、爰濡筆記之如左、據客談、自盧溝橋事件發生後、日方對於統制言論新聞、無所不用其極、各報登載、均屬不能自由、統制之機關、即由日陸軍省之新聞班、統制之方針、則除華北駐屯軍關東軍 及陸軍省方面直接或間接 發表之消息外、均不得登載、中國之重要聲 明宣言、或抗議文件等、更不能見於日方報紙、統制之目的、無非一致宣傳中國挑釁、中國軍隊衆多、抗日情緒激烈、中國對於此次事變、應負全責等、統制範圍不僅限於報紙、即在電影方面、亦必於演映之際、每間數幕、即插入關於此次戰事之富有刺激 性之短片或標語、以冀激起一般民衆作戰之情緒、而爲軍部之後盾、至於留日之中國士生、尤以學生中之擅長文字者、則往往無故被警察機關傳去詢話、且或時有警察暗密跟踪、中國大使館左近 則有便衣及着制服之警察各十餘人、且停有汽車二輛、對於來館訪問者、必由此等警察詳詢其姓名住址職業、以及來訪之目的等等、備極瑣煩、若館員外出、則停於大使館附近之汽車、即緊隨其後、名爲保護、實係監視、其抹殺外交官之尊嚴與特權、實開世界各國未有之惡例、又如中央社駐東京訪員陳博生、住居某屋之五樓、其門首亦有警察四名看守、又有一汽車以備於 陳出外時追隨探察、其有至陳處拜訪者、亦必詳加詢問、防華排華空氣、旣如此之濃厚、於是旅日華僑遂時不免受浪人侮辱、乃至有行經東京銀座之中國女學生、亦受若輩之侮辱、警察且熟視無覩、中國留學生亦以環境惡劣、不能安心讀書、先後回國者已達千餘人、此次與本人同時乘美輪歸來者、即有一百四十人、日方之對待我 國旅日之外交官僑民、如是之嚴苛、旣已如上所述矣、而返觀吾國之待 遇日方使領人員、日方旅華僑民及新聞記者等、均仍一任自由、無殊曩昔、互證參觀、不能不令人興無窮之感喟也、（二十二日中央社電）

中央常會

（南京）二十二日晨八時中央召開第四十八次常會、到居正・葉楚傖・陳立夫・孫科等三十二委員、陳立夫主席、決議案如下、㈠修正中央民衆訓練部合作事業 指導委員會組織規程、及各省市黨部合作事業指導 委員會組織大綱、㈡派吳鐵城・余漢謀・曾養甫・許崇清・徐景唐・余俊賢・香翰屛・劉健羣・鍾天心・伍觀淇・金曾澄爲廣東省地方 自治推進委員會委員、㈢中央組織部組織委員 韓振聲已另就他職、遺缺以汪寶暄充任、㈣其他例案、（二十二日中央社電）

旅粵日婦孺

昨日歸國

汕廈日艦 未有異動

（香港）省日婦孺二十二日歸國、李漢魂二十一日晚由汕抵省、謁余漢謀幷晤黃濤、李談、汕廈雖時有日艦來往、仍無異動、我防務鞏固、（二十二日專電）

東京局勢稍緩和

債市微漲

（東京）從二十二日夕刊觀察、目前局勢似稍緩和、但今後如何轉變、依然不易判斷、現時祇綫仍在國府 是否承認十九日夜協定、今日此間股票債市、大體微漲、（二十二日中央社電）

《申报》，1937年7月23日，第4版

非法駐津郵局
日檢查員已撤回
津警局長交涉之結果

〔天津〕津郵局自十八日起、日軍强派人駐局檢查信件、該局曾分別報告中央及地方當局、市警局長李文田迭次與日軍部交涉後、已得橋本藤井諒解、廿二日下午、四時駐郵局檢查之日人、已奉令撤回、不再檢查、（二十二日專電）

〔南京〕日軍非法在津檢查我國往來郵件、在津佔據招商局棧埠碼頭、係破壞國際郵政公約、交部已咨達外部、外部準備即向日方提出抗議、要求迅予停止、（二十二日專電）

〔天津〕如利狄今日由南京抵此、接管郵局職務「日方所派之檢查員、原定夜半撤回、至是乃於今日午後五時一律撤回、（二十二日中央社路透電）

日共產黨
反對侵略

〔南京〕傳日本共產黨因反對日政府最近之行爲、二十二日曾在大森拋擲炸彈、並決定由思想宣傳入手於實際行動時期、（廿二日中央社電）

孫科歡宴
何應欽等

〔南京〕立法院長孫科、

《申报》，1937年7月23日，第4版

二十二晚在宅宴請各部長官、到王寵惠、何應欽等十餘人、席間對華北事件、亦有所商談、（二十二日專電）

【南京】魏道明二十二日晨十時訪王外長有所晤談、又曾仲鳴二十二日晨訪徐謨、探詢蘆事、（廿二日中央社電）

粵舉行防空警報演習

【廣州】粵防空處、二十二日舉行防空警報演習、由空軍派機參加、歷一小時半始畢、全市人民並定日內再舉行電笛汽笛警鐘全部試演、（二十二日中央社電）

察北匪僞積極增兵築防

【張家口】廿二日察北匪僞積極在張北境內增兵築壕、僞四師一百六十騎由張北城內開猴兒山、又一百九十騎由後廟灘開玻璃彩、第十團全部在萬担窪趕築防工、所遺防地由張海鵬熱僞軍駐守、張北東南東北兩城角正趕築機關槍掩蔽、其西北西南兩角築砲兵掩蔽工程、情形緊張、（廿二日專電）

【張家口】連日駐口日僑返國者甚衆、截至二十二日止、尚有男女僑民七十餘人、亦在準備啟程、（廿二日專電）

許昌捕獲漢奸秦少卿

【鄭州】蘆案發生後、日人漢奸來豫陝內地活動、往來頻繁、許昌警局二十日捕獲漢奸秦少卿一名、搜出偷攝要塞照片多幀、（二十二日專電）

《申报》，1937年7月23日，第4版

平津局勢可慮
前線日軍繼續增加
川越亦無來京談判準備
日居心叵測傳另有企圖
香月病劇橋本代行職務

［天津］平津局勢極可慮、馮治安部撤退後、前綫雖無戰事、但日方延不撤兵、居心叵測、軍部幕僚奔走活動、另有新企圖、大局數日內當有開展、（二十四日上午二時十分本報急電）

［天津］香月現因病劇、不克起牀、津日軍部事務、由參謀長橋本羣代理、（二十三日專電）

［南京］晚報載關係方面確息、中日雙方停戰撤兵問題、截至二十三午止、京中所接電告日僅撤退一小部份、至究竟商量時應撤至若何程度、及其地界、均未據宋哲元之詳細報告、（廿三日專電）

［北平］宋哲元以政會公務待理、今晨七時卽到政會辦公（廿三日電）

［天津］蘆溝橋事件經半月來之折衝、軍事衝突截至廿二日止已告一段落、日軍如不再生枝節、時局可暫告小康、惟前綫日軍仍未全撤、將來是否能恢復八日以前狀態、關東軍是否退回關外、殊可重視、川越大使始終無返京準備談判、前途尙未許樂觀、但據此間當局消息、日軍如誠意撤兵、預計一週內可恢復八日以前狀況、（二十三日專電）

［天津］日軍調度並未稍停、據路息、秦楡尙停有日兵車五列、有繼續西上模樣、二十三日晨此間又有日軍載重汽車四十餘輛、載運大批軍用品赴豐台、下午五時有載重空車四十餘輛返津、（二十三日中央社電）

某方在津任意捕人
平當局已令張自忠交涉

［北平］關於某方在津任意逮捕我國民、平市當局已令津市長張自忠嚴厲交涉制止、並不得再有類似事件發生、（二十三日專電）

［南京］曾爲馮玉祥參謀之蔡樹棠、二十二晨在津被日軍捕去、外部預備提起交涉、先電津市府查詢眞相、（廿三日專電）

大井村日軍昨又開砲

［北平］大井村日軍今晨五時、又向我軍防地施放五砲、我又向其提出質問、加藤今赴津謁川越、對盧案有所報告、並請示一切、（二十三日專電）

［北平］據大井村逃來平避難者談、鐵路綫日軍確已後撤、惟祗有一二里許距離、大井村五里店一帶日軍並未見少、接近鐵路綫之日軍戒備極嚴、並按五十步設一機關槍哨、通平豐之各要隘路口、均有日軍把守、對來往行人盤問甚詳、短時間內無撤返豐台模樣、（二十三日專電）

雙方約定撤兵之步驟

［北平］雙方決定二十日撤兵時、原分三步、㈠我方撤衙門口・八寶山一帶軍隊、㈡日方撤退五里店・大井村・大瓦窰一帶軍隊、㈢我方撤退蘆溝橋以西軍隊、恢復以前狀況、迄現在止、大井村五里店一帶日軍、尙有多數未撤、且日軍晝撤夜增、令人莫明其妙、現正與日方繼續交涉中、（二十四日上午三時二十五分本報電話）

《申报》，1937年7月24日，第3版

盧溝橋一度形勢緊張

北平 盧溝橋、大井村、大瓦窰、一帶、日軍約二三千名、截至二十三日下午、仍無撤退準備、且於二十二日復增加砲隊多名、當晚即至盧溝橋車站、東南方之沙崗高地、將各砲架起、砲口向宛平縣城、盧溝石橋、及長辛店各地瞄準、我方據報後、城內保安隊即登城警戒、同時盧溝橋一帶、我軍亦準備出動、記者適於此時入城視察、因形勢嚴重、故巡視一週即出城、至晚八時、形勢轉緩、截至二十三日下午、迄未衝突、雙方現猶在相持中、按攻擊宛平縣、盧溝橋一帶之日軍、依約應於二十二日撤退、但迄二十三日、仍未實行、其屢次失約、早爲世人所共悉、預料前途尚難樂觀、據我某軍官稱、盧溝橋東北回龍廟一役、敵我曾肉搏數次、終因我軍大刀之威力、與愛國之精神、將敵砍死數十名、故敵軍埋屍地雷、以防我軍衝擊、二十三日午、盛傳五里店一小部、日軍已撤退說、但迄未證實、據前綫我軍談稱、日軍輒於晝間聲明撤退、入夜則又前進、故非大部撤退、不足爲信、宛平縣盧溝橋現由我方保安隊防守、俟日軍依約撤退後、我駐該地一帶之二十九軍亦即撤退、盧溝橋車站未有日軍、一切均由我方人員主持、車站東南約半里許一帶高地、爲日軍駐守、記者搭平漢車於二十三日下午二時過該地時、見日軍仍在戰壕內向對面約一里許之我軍作瞄準姿勢、並仍趕築戰壕、絕無撤退模樣、盧溝橋前彈痕甚多、現由我士兵把守、(二十三日中央社電)

日重爆炸機出發來華

南京 據息、日軍用品現仍源源向我國運來、大阪近又扣留商船十七艘、備軍運之用、又日軍用飛機五十架、重爆炸機一中隊、於日昨由日出發備用、(二十三日中央社電)

保定 二十三日午十二時半、日偵察機一架、在車站低空偵察、甚久始去、(二十三日中央社電)

北平 日機三架二十三日晨在長辛店盧溝橋一帶往返偵察、約[illegible]時餘、旋飛平市上空偵察一週而去、(二十三日中央社電)

北平 平市上空連日日機不斷飛來盤旋、二十三日晨七時起至下午三時止、日機數架先後飛翔平市上空、及南苑北苑西苑盧溝橋各地、在四郊並作低飛偵察、(二十三日專電)

北平 日機一架、今日盤旋於北平天空、歷半小時、夜間宛平與八寶山陣地、一切寧靜、(二十三日中央社電)

鄭州 二十三日下午三時五十五分、又有日機一架、在汴空偵察後、向西航進、四時零五分到達鄉空、盤旋一週北飛、在黃河鐵橋高空偵察、旋即向東北飛去、(二十三日中央社電)

川越留津訪晤當局

天津 據此間官方稱、盧溝橋中日雙方軍隊、已開始撤退、至此次所發生之事件、已告一段落、日軍在盧溝橋事件發生後、曾有大批兵車來津、並轉豐臺、關係方面云、由關外計開到兵車三十列、人數七千餘、馬一千二百餘匹、其他若坦克車·汽車各若干·飛機三四十架、現分在津·豐·等地、尚無撤退之意、日軍部人員、曾向官方非正式表示謂、日軍調集繁瑣、俟稍待當陸續撤退、但未有日期、川越尚在津、二十三日晨派駐津領事永井、赴市府訪秘書長馬彥翀、表示盧案已解決、對過去市府維護地方、特致敬意、聞興中公司社長十河、滿鐵理事阪谷、二十二日已到津云、(二十三日中央社電)

日野戰砲由津運平

天津 裝運日軍第十師團前來華北之日方運輸船、預料昨晨可抵大沽者、迄未駛抵、聞船已開行、大約抵大連後、視察北平時局之趨勢、再定行止、昨晨九時有野戰砲七尊、以馬曳之、沿大路向北平進發、並有日兵百名、隨行保護、日方軍用品剩在海河北岸起卸、而華兵則集於海河南岸、大沽中日軍隊衝突之說、現悉不確、(二十三日中央社路透電)

天津 津東站總站仍爲日軍佔據、情形稍緩和、華人已允進站、平津各次車二十三日已照常開行、日機仍時起時落、飛各處偵察、泊塘沽日艦葵號二十三晨開回旅順、上午六時日載重車四十餘輛滿載軍用品、由津日兵營開豐台、下午六時空車折回、(二十三日專電)

《申报》,1937年7月24日,第3版

日在宛蘆增厚兵力

〔北平〕華北局勢依然可慮、日軍二十三日下午又在宛平與蘆溝橋方面增厚兵力、八寶山現有華兵一中隊、衙門口之華兵已撤、日武官今井稱、日方並未依允如華兵退出宛平、則日兵亦退出該境、日兵之去留、全視情形而定云、（二十三日中央社路透電）

今井表示無意撤兵

〔北平〕今井談、日本前方軍隊是否完全後撤、須視中國軍隊有無誠意撤退後、再陸續後撤、現尚非其時、前方軍隊果撤至豐台後、是否常駐豐台、抑調往他處、或調回本國、須視中國方面而定、近兩日前方並無衝突、蘆溝橋事件發生後、日方調入關內之增援部隊、是否復員、仍調出關外、須俟奉陸軍省命令而定、（二十三日專電）

日軍趕築防禦工事

〔北平〕大小井村之日軍、二十三日仍積極作防禦工事、令農民協助挑挖戰壕、其兵士日多散伏高粱地內、戒備極爲嚴密、又原駐豐臺之日兵、二十三日晨開數十人赴蘆溝橋一帶、並携有鋼砲二十一門、及大批瓦斯品、（二十三日中央社電）

〔天津〕塘沽大沽地方尚平靜、前此開到之日驅逐艦三艘、二十三日晨葵號亦開往他處、目下僅有荻號仍停泊碼頭、又到津之日飛機、前後共三十八架、仍未離去、（二十三日中央社電）

〔天津〕此間二十三日晨九時、又到日兵車一列、計有十五節車、即係二十二日晚由榆關出者、津東總兩站日兵戒備情形如前、且東局子之日機、亦時飛各地偵察云、（二十三日中央社電）

日軍到處建築機場

〔北平〕蘆溝橋來人談、大井村五里店等地日軍、迄二十三日午止、仍未完全撤退、現大河窰陣地我已向後移動、距蘆溝橋西南約七八華里之文字山地方聚集日軍甚多、日聯隊長牟田口仍在前方指揮、尚無準備撤退模樣、日旅團長河邊前他往後、迄今尚未返部隊、豐台日軍前在造甲村强佔地百餘畝建築飛機場後、日軍今晨又在南郊湯莊子强佔當地住戶常鴻奎等地九十九畝、又由日軍拔草開始建築機場、（二十三日專電）

〔天津〕日軍在津市縣境界、劉安莊宣只埠等村、闢地三四百畝、作飛行場事、市府已分令縣府及警察局、調查鄉民損失情形、準備交涉賠償云、（二十三日中央社電）

《申报》，1937年7月24日，第4版

平漢路車首次抵平

【北平】路息、二十三日晨九時、平漢路局派工程車一列、沿綫修理被毀電綫、由保定首次北開之四十四次車於下午二時半抵平、下午二時二十分由平應行南開之車、則遲至三時二十分始開出、聞該路各次客車、自二十四日起、可全部恢復、（二十三日中央社電）

【北平】長辛店來人談、宛平城北至鐵路間高地、日軍今尚未全部撤退、平保間客車今過蘆溝橋時、日軍猶以望遠鏡探視、宛平縣城及兩橋仍由我保安隊駐軍嚴守、長辛店地方安謐、今晨二時許、長辛店東北方突發生砲聲、旋即息止、平保間通車今過蘆溝橋時、另懸特種標幟、以防意外發生、（二十三日專電）

日方停止檢查郵件

【天津】日方檢查郵件事、經當局交涉後、日方所派之檢查人員、二十二日午後離河北郵政管理局、廿三日未續來、二十三日並將致遞郵局之文件索回、（二十三日中央社電）

【天津】市府秘長馬彥翀談、㊀日檢查郵件事、經交涉已撤退、日並將致郵局文件索回、㊁日在宜興埠劉安莊建機場損毀青苗、允賠償損失、㊂日方在華界捕人事、經交涉結果、日保證決不再有此類事發生、對已捕者、俟訊問後、即引渡、（二十三日專電）

平市緩和無形解嚴

【北平】平市治安無虞、在防範宵小便利人民原則下、每晚已入無形解嚴狀態、各娛樂場夜戲二十四日起恢復、但須十一時以前散場、免碍秩序、一切情形已在逐日恢復以前狀態、自蘆案發生後、平市日韓僑民多自動離去、頃亦時局緩和、今晨有日籍便服男女廿餘人、乘北甯車來平、東站今起各次列車到達時旅客漸增多、（二十三日專電）

【北平】清河飛機場今捕獲漢奸兩名、並搜出手槍、已送戒嚴司令部審訊、（二十三日專電）

《申报》，1937年7月24日，第4版

中日關係緊張聲中
日特別議會昨召集
衆議院推定正副議長
首相外相將發表演說

東京 議會定廿五日舉行特別會議、日皇將親臨行開幕禮、其第一事務、似將爲通過贊助政府對華北事變政策之決議案、大約尚將通過 申謝華北日駐屯軍之決議案、議會開幕禮 雖須於星期日在日皇前舉行、但今晨九時議會已召集 選舉衆院各委員會、民政黨主要黨員小山已被選爲衆院議長、而以政友會 主要黨員金光副之、星期一日將從事各項辯論 與其他例行事務、正規事務將於星期二日開始、屆時首相近衛外相廣田藏相賀屋 均將到會演說、據現象觀之、兩星期之特會 政府可安然渡過、（中央社廿三日路透電）

東京 第七十一屆特別議會廿三日業經召集、當將手續辦妥、一俟廿四日衆議院決定部屬、兩院即告成立、廿五日貴族院舉行開院典禮、衆議院即於當日開會、貴族院則訂於廿六日進行議事、廿七日演說施政方針後、即當展開論戰、兩院各黨派因時局關係、決定倡導舉國一致擁護現內閣之立場、至各項議案 均爲前屆議會未了再行提出者、故本屆當無任何特別波瀾也、（廿三日同盟電）

東京 近衛首相 將在特別議會演說施政方針、其草案 已於今日在閣議席上提出討論、陸海兩相及其他閣員 均開陳各種意見、未及結束、擬於廿四日由閣議決定、並爲此次華北事變、亦須將政府方針明白通知國民、故着瀧法制局長官再行改草、然後交閣議附議、（廿三日同盟電）

東京 貴院今午後召開各派交涉會、決定推薦德川圖順公爵爲全院委員長、並將選任研究會之林博太郎伯爵、爲預算委員長、以公正會之千秋季隆男爵爲該項副委員長、（廿三日同盟電）

東京 貴族院互選各部長之結果、決定如次、第一部長西鄉從德・第二部長鷹司信輔・第三部長阪谷芳郎・第四部長島津忠承・第五部長佐竹義春・第六部長細川護立・第七部長一條實孝・第八部長島津忠重・第九部長德川義親・（廿三日同盟電）

東京 貴族院各派今日分別開會、協議應付特別議會之態度、據聞各派方針大致如下、鑒於時局嚴重、擁護政府、俾能圓滿實行國策、政府提出各法案 應加以嚴密審議後、力謀其成立、二十六日 將開各派交涉會、決定全院委員長與常任幹事、（二十三日同盟電）

《申报》，1937年7月24日，第5版

英國一味縱容 促成日本侵略

俄報著論備加指責 中國抵抗力量增强

（莫斯科）眞理報云、「日本在華北的侵略、對于其他資本主義國家的利益、當然爲重大打擊、而尤以英國受害最甚、然而吾人必須指出、英政府無論對于遠東或歐洲的侵略者、實均採取妥協縱容政策、而此政策、例如最近英日談判之開始、實斷然有利于日帝國主義的侵略計畫、華北方面目前事件、乃爲日本在大陸上準備大戰之一部份、故必須加以嚴重注意也」（廿二日塔斯社電）

（莫斯科）消息報撰文痛論華北事件之意義、首稱、「一九三七年七月的事件、與一九三一年「九一八」日本强佔滿洲事件頗有相同之點、此不難指出、日本與六年前相同、方調集大軍恫嚇中國、同時則僞飾鎭靜、冀減輕列强之注意、此意義深長的類似點、使消息靈通的觀察家深覺目前的華北事件、不過係日帝國主義業經長期佈置周全的征服中國第二階段計畫之初步、「九一八」時日本佔領滿洲之成功、乃西歐列强採取消極態度之結果、此毫無疑問之事、而英國之公開縱容、尤爲促成日本侵略之主因、彼時一部份英國政客、完全贊佑遠東勢力之交互關係、以爲日本佔領滿洲後、將不向華北華中而向他方發展、今日英國乃復有採取一九三一年時立塲之傾向、此誠非常可悲可異者也、「英國保守黨報紙現在與六年前相同、仍然企圖輕視華北事件、似以爲與他國利益無關、換言之、即彼等竟乃支持日方軍閥借以掩飾其準備周到的軍事行動之口實、英國保守黨現正在遠東重施過去不但在遠東並在東非及西歐早已失敗之政策、保守黨政客顯已爲虛張聲勢及威嚇之手段所懾服、而不問此種手段係來自遠東抑中歐」、消息報繼指出一九三一年時日本曾宣佈其侵略僅限于滿洲境內、然結果則完全背約、繼之以佔領熱河、創造冀東傀儡「政府」、强迫建立所謂冀察政委會、奪取察北六縣、「今者、日本乃積圖武力佔領華北平津、進步更準備武力侵入華中、而其在台灣等地之活動、更切實證明華南亦在整侵略計畫之內、「形勢如此、而仍企圖遂得日方軍閥之承諾、使其業已開始的擴張計畫局部化、倘有何用、苟日本肯放棄其侵略計畫者、則惟有[illegible]某一政府停止縱容此種計畫之時而已、」消息報當廻述英外次克蘭波勳爵曾于一九三七年五月間否認英國「意欲不尊重中國之主權」、從而問曰、「英國目前之抹殺華北事件的極端重要性、其意義豈非謂英國不尊重中國主權乎、不僅此也、其意義甚至可謂英國已在放棄其在華利益、同時並顯示倫敦對于遠東勢力的交互關係、乃重覆估計錯誤耳」、最後消息報論及一九三七年七月八日事件、與六年前「九一八」事件本質上之不同、稱、「即不提蘇聯國力加强多倍之一決定因素、亦有兩點應與指出、「六年以來中國人民之抗日運動已非常發展、而日本之後方則反因六年之冒險政策、而大爲削弱與騷亂、目前日本物價之高漲、罷工浪潮之擴大、財政之困難以及其他多次因素、證明此次對華侵略新階段之展開、乃在國內形勢異常不穩定之條件下、別方面自新中日衝突爆發以來、吾人即眼見中國抗日運動之愈益堅强爲發展、同時民族意識以及人民對侵略者憤恨亦極端發揚、數年以前、英國的立塲事實上曾決定日本的勝利、今者嚴重的時機又已來臨、世界列强尤其是英國「已復須採決肯定的立塲矣、華北事件以及列强對該事件的態度、其將成爲國際形勢中最重要之因素乎」、（二十二日塔斯社電）

《申报》，1937年7月24日，第5版

中樞當局 商討應付危局大計

宋哲元在平亦召部屬會議

日軍正挖掘戰壕趕築工事

松井反質問我軍不撤理由

【南京】華北局勢、日軍仍無和平表示、反增兵平津、前途如何展開、殊難預測、中央爲應付危局計、二十四日晨曾由中樞當局約集各重要人員、會商一切、一般對敵侵我領土主權、甚爲憤慨、(廿四日專電)

【南京】冀察政務委員長宋哲元、二十三晚有電到京、呈報最高當局、對華北現在情勢及雙方約定撤兵經過、有詳細陳述、(廿四日專電)

【天津】前方我軍撤退換防後、時局轉趨緩和、但日方態度又行轉變、(二十四日專電)

【北平】宋哲元今晨在進德社召見秦德純·馮治安·劉汝明·趙登禹等軍政要人、對盧事善後、有所商談、午始散(二十四日專電)

【北平】陳覺生奉宋電召、今午抵平、即謁宋談商、(廿四日專電)

【天津】宋哲元赴平後、即由張自忠·陳覺生·在津與日方繼續折衝、曾有數度接洽、現前方軍事雖告停止、陳覺生於二十四日晨由津赴平謁宋、除報告在津折衝經過外、並將留平協助辦理善後交涉、(二十四日專電)

【天津】據此間所得消息、截至二十四日止、前方日軍仍無撤退模樣、並趕築工事、似有佔據意、宋哲元·秦德純·馮治安·劉汝明·趙登禹等、二十四晨十時、在平會商、決先作到日軍撤退目的、但聞日方擬就地談判華北一切問題後、再談撤兵、故時局推移、頗堪重視、(二十四日專電)

【北平】日來華北時局、表面稍見緩和、我方部隊已陸續自動調防、但日軍除在鐵路綫部隊略爲後撤外、其大井村·五里店一帶日軍、截至今午止、似無即撤模樣、且日軍軍用品陸續運來、是和平途徑中暗礁正多、(二十四日專電)

【北平】平郊附日軍、迄無撤退之意、據悉大局將在嚴重情形下、暫趨靜止狀態、而綏東形勢又將轉趨緊張、盧溝橋平漢車站仍有兵約二百名駐守、白晝不出、晚七時半起即放哨、故平漢車夜間仍不通行、(廿四日專電)

【天津】日駐屯軍副參謀長矢野大佐、二十四日晨由津乘機赴平、下午三時謁宋哲元、據日方稱、矢野謁宋、係促盧溝橋一帶我軍撤退、(二十四日中央社電)

【北平】北平日方軍事特務長松井、今日午後訪宋哲元、詢問卅七師不撤退之理由、聞宋答稱、此事稍有誤會、余將設法銷釋之、松井表示、日軍當道可靜待一二日、逾期則將採獨自行動、以促撤兵之實現、(中央社二十四日路透電)

【北平】豐台日軍、廿四日經大井村向田村大道挖掘戰壕及交通溝、以蔣家墳褒林莊工事最注意、擬直迄門頭溝、圖截斷平綏路、(二十四日專電)

日軍不撤反增加

【北平】長辛店來人談、宛平城東方沙崗村高地日砲兵軍事準備並未移動、城北及大瓦窰各地日軍、亦未全撤、(廿四日專電)

【南京】津訊、唐山現有日兵車三四列、即將陸續來津、日兵三四百人乘載重汽車三十餘輛、於廿四日上午七時由津開豐台、上午十一時半空車返津、(廿四日中央社電)

【天津】北寧路楊村車站、現停有日軍鐵甲車兩輛、係於二十四日晨由津總站開到者、同時尚有日兵百餘名、亦駐於車站、無撤去模樣、(二十四日中央社電)

【北平】長辛店電話、盧溝橋城東門外日

平市戒嚴 時間縮短

【北平】平各娛樂場所、今晚起、奉令恢復夜場、須晚十一時前完場、(二十四日專電)

【北平】平當局以時局漸趨緩和、將戒嚴時間亦再縮短、二十四日起並恢復夜間各娛樂場所營業、警察局長陳繼淹二十四日商同軍事當局、將所有市內各處沙袋等防物、竟夜撤除、用安人心、(二十四日中央社電)

《申报》,1937年7月25日,第3版

軍、截至二十四日下午六時止、仍未撤退、大井村·五里店及平漢路涵洞附近日軍、活動頻繁、前綫二十三日夜至二十四日下午、平靜無事、（二十四日中央社電）

［北平］沙崗日軍砲兵陣地因平漢車過蘆溝橋車站時、乘客均能淸晰可見、二十四日將砲身以草掩護、假稱撤退、（二十四日中央社電）

［天津］日兵車一列、二十四日下午十一時半、由榆關抵津、計二十八節滿載大批子彈及炸藥、並有士兵若干名、停於東站、（二十四日中央社電）

［北平］長辛店電話、蘆溝橋城東門外日軍截至廿四晚六時止、仍未撤退、大井村五里店及平漢路涵洞附近日軍、活動頻繁、前方盛傳日軍已運到毒氣多種、並强僱工匠多名入日兵營工作、（廿四日專電）

［北平］日軍尙未退出宛平區域、北平昨日頗爲寗靜、聞駐紮八寶山最後一批之華兵、業已撤去、故除宛平附近一帶外、雙方軍隊、現皆相隔數哩、北平夜間戒嚴時間、現又縮減、故電影等娛樂場所、今晚又復開門、（中央社廿四日路透電）

［北平］日軍官冲山枝一廿四晨到南郊、以調查日軍爲名、將巡官陳順帶至大井村後和順永糧店日軍司令部內審訊、三十七師是否全撤、前綫有無間牒情形、陳答以職司維持治安、不知其他、下午始放回、（廿四日專電）

日高訪高宗武

［南京］代理大使日高、於二十四日午後三時、訪外交部亞洲司長高宗武於其住宅、對於中日兩國關係會談、達一小時而去、（二十四日同盟電）

喜多抵青

［青島］喜多廿四日由滬來青、日內卽去津、偕川越香月、（廿四日專電）

［濟南］田尻愛義今早由津到濟、未煩赴青島、（二十四日專電）

［青島］日軍用機一三四號一架、廿四晨十時半許由津抵青、日人谷原隨來、該機於十一時半返津、（二十四日專電）

李世軍謁馮玉祥

［南京］二十九軍駐京辦事處長李世軍、二十四晨往謁馮副委員長、報告平津近情極久、馮氏並有所指導、（二十四日專電）

《申报》，1937年7月25日，第3版

日軍火運往豐台

〔天津〕二十四日上午七時、日載重汽車十三輛、載軍用品並日兵二十餘人、由津開豐台、十時半日載重車二輛滿裝麻袋開豐台、下午三時、日載重車十三輛、五時日載重車二十六輛、均載軍火由津開豐台、晚十時許、日兵車一列掛二十四節、滿載炸藥、由榆關開津、(二十四日專電)

〔北平〕塘沽昨晨開到日輪兩艘、滿裝軍火及軍用品等甚夥、並載來第十師團兵士、該輪到達後、日兵卽登岸、將輪上軍用物件卸下、自昨起至今晨、方將貨件卸盡、該輪今晨卽開出、不知所往、至所卸下之軍用品、則將陸續運津、(二十四日專電)

〔天津〕此間日軍用品仍源源運往豐台一帶、二十四日自晨七時半至下午五時、計有載重汽車六十餘輛、裝載大批軍實及士兵、由津沿平津公路開往豐台、(二十四日中央社電)

〔北平〕門頭溝廿四日晨電話、蘆溝橋一帶全綫日軍、廿四日未撤去、軍用汽車往來豐台、運輸頗忙、形勢嚴重如故、又平門間電話、午後發生障碍、原因未明、(廿四日中央社電)

日機飛平空偵察

〔北平〕日機今日上下午又兩次來平及南苑一帶偵察、每次均作半小時許之盤旋、(二十四日專電)

〔北平〕自蘆案發生後、日機連日飛平偵察、二十四日晨十時許、日機一架來平、飛繞數匝他往、下午三時又來一架、偵察頗久始去、(廿四日中央社電)

〔天津〕自蘆溝橋事件發生後、日機大批到津、分停於南開日機場及東局子飛機場、惟以機多地窄、起飛時感困難、除在劉安莊宜興埠另闢機場外、並決定擴充東局子機場、曾由日軍部測繪地勢、擴充四週建築碡基洋灰場面、二十四日正式興工、並由日方撥大型汽車六輛晝夜趕築、預計三週內完成、(二十四日專電)

《申报》，1937 年 7 月 25 日，第 4 版

僞蒙軍積極準備犯綏

僞軍集中熱察邊境 蒙軍紛紛開往察西

〔北平〕萬全電、僞蒙軍第六師寶音烏勒吉、已由公會地原防地率全師蒙軍西上、駐商都之僞蒙軍第二師尹寶山部門樹槐・朱子文・兩團、亦離商都開往察西各地、傳僞蒙軍將於下月犯綏、熱察邊境之寶源多倫等地、集中大批僞軍及蒙軍、據調查、察東僞軍皆係由錦州承德等地開來、其中有王靜修部步兵一旅、張海鵬部騎兵一團、駐巴拉圖獨石口等地者、爲張海鵬部騎砲聯合部隊、其餘大部蒙軍、仍爲包悅卿部之僞第八師、李守信前由張北赴滂卜寺、同又乘機赴承德、現已返抵張北、積極佈置軍事、現張北及附近各地僞蒙軍雲集、由張垣入蒙者、經張北時、受檢查極嚴、（二十四日專電）

〔太原〕邇來綏邊因僞滿騎兵四旅均集中沽源・大梁底・張北等處、察熱邊境與布魯圖哲斯各地、亦將駐守僞軍、準備犯綏、閻爲防萬一起見、除令前方部隊充厚實力嚴防外、並召王靖國・李服膺・趙承綬・及近由廬返幷之彭毓斌・孫蘭峯・馬延壽等面授機宜、彭孫等二十三日赴大同轉綏防次、（二十三日中央社電）

〔張家口〕察北各縣除張北化德兩特務機關尚有一部日籍人員外、迄廿四日日籍僑民均退淨、張化兩特務機關長應香月電召、廿三午由張北乘機飛天津、報告察北近況、並請示今後策動匪僞計劃、匪僞方面正積極趕築張北境內防禦工程、大批民夫澈夜工作、急如星火、又因財政拮据、更肆刮斂、新增一種苛捐、即每戶不計人口多寡、祇准用鍋一口、倘增一鍋、每月即加捐八角、苛雜重重、徵收繁多、人民均不堪擾、（廿四日專電）

《申报》，1937年7月25日，第4版

平漢路昨恢復通車

經蘆溝橋站時日軍上車檢查

路局顧慮旅客安全停開夜車

嚴詰日本

澳洲工黨

十河商談經濟開發

紛如雪片

各地抗敵通電

捕獲漢奸

豫皖各地

慰勞官兵

報告旅政

《申报》,1937年7月25日,第4版

日方重視
我中央當局態度
各報觀察不致重生波瀾
朝日新聞主張調整國交
日日新聞仍持强硬論調

【東京】今日此間視綫、雖對三十七師是否照預定日期全部撤退、依然注視、但對南京態度、更爲重視、各報專電觀察不一、大體上多謂不致重生波瀾、東京人心、更形鎮靜、股票仍漲、較諸事變後最低價格、或漲十元八元、或漲三十三四元、議會將於二十五日舉行開院式、二十六日選舉各委員會、二十七日國務大臣施政演說、首相近衛・外相廣田・陸相杉山・對華問題如何說法、最可注目、報載二十三日夜陸相杉山與外相廣田曾有重要協商、大約對根本調整方法、正密議中、（二十四日中央社電）

【東京】今日朝日新聞社論、漸趨溫和、於論述事件解決經過後、謂因臨時派兵所與華方之若干疑惑、不日當可烟消雲散、不足爲慮、南京對現地解決所抱喪失國權及將來或受重大束縛之憂慮、故取不承認方針之論、惟實質上無可憂慮、既已明瞭、自可轉化、從全般言之、中日間政治的軍事的對立、依然存在、若不速謀全般的解決、則持久的對立、仍不可免、最近論者謂宜力謀根本調整、不勝同感、吾人切望兩國國民復歸平靜、先解除精神的武裝、虛心坦懷、協力改善國交、（二十四日中央社電）

【東京】日日新聞社論與朝日新聞適持相反論調、首叙述華北局勢依然不安、次論國府强硬態度、謂局部縱可小康、日本所翹望之華北安定終不可保、遷移更使事態瀕於危殆、吾人自事變以來、主張舍用實力解決外無他法、及今更感有果斷之必要、確立平和基礎、不得不從根本建造、爲永遠和平犧牲、誠非得已、（二十四日中央社電）

各界談話
沈鴻烈召

【青島】沈鴻烈二十四日召集各機關團體領袖談話、謂蘆案發生後、中央始終未放棄和平、本市中外人士、當局決盡力保護、希居民應安定、勿聽無稽之言、勿作越軌之舉、本人期於和平狀態中、克盡守土之責、（二十四日專電）

北大教授發宣言
歷述日野心軍人的暴行
日應負破壞和平之責任

【北平】北大全體教授、今日爲蘆案發表宣言、文長千餘言、歷述蘆案真像、向全世界聲明破壞和平責任、（廿四日專電）

【北平】北京大學全體教授爲蘆溝橋事件、頃發表宣言云、「中華民族向來是愛好和平的、遠在周秦、我們的先哲、就提倡「弭兵」和「非攻」的大道理、數千年來、我們對於四鄰、全抱着一個息事寧人的宗旨、以禮義相待、以仁信相期、苟非狠子野心、狡焉思逞者、我們決不忍以兵戎相見、這是稍讀中國歷史的人所共知道的、自一九三一年九月十八日以來、日本非法侵佔我們的東北四省、構成傀儡的僞組織、强據榆關、侵入長城、以暴力脅迫平津、干涉我國的內政、以武裝包庇走私、敗壞中國的關稅、更加縱容浪人、毒化華北、卵翼漢奸、擾亂地方、關內任意駐屯軍隊、城中强自演習巷戰、像這類的舉動、都是現代尊重公理的國家、所不屑爲的、我政府承革命之

《申报》，1937年7月25日，第4版

後、正在努力從少數以暴力侵略者的手中、移人大多數 的國民、日本的國策、不決於謀 孤注一擲的野心家、而決於賢明練達的老成人、則中日兩國未始不可親善、東亞和平當能日益鞏固、不料我們這個希望、竟成空中樓閣「日本野心的軍閥、理性日滅、氣燄日張、去年十月中旬已無理由的迫我撤去豐台的駐軍、今年七月七日、又竟夜在蘆溝橋附近實彈演習、想欲模仿襲擊我瀋陽的故技、侵入我宛平縣城、以控制我七百年來文化中心的故都、經我守軍阻止、遂借端挑釁、開砲轟擊、兩週以來、日方不但毫無信義、屢違雙方同時撤兵的約定、而且擄我北甯鐵路、運集重兵、侵佔我農田、傷害我禾稼、在我國土之內、擅設日本軍用機場、東則在我北方重鎮的天津、佔領車站、檢查郵電、逮捕記者、西則在我平漢鐵路的綫上、用機槍掃射火車、殺害旅客、又隨地强制拉夫、徵用軍需、依恃武力、欺凌良善、 這些暴行、都是中外人士所共見 共聞的、這些暴行、非特我們從國家的 立點所不能忍、即從人道和正義的立點、亦不能再忍、我民族縱愛好和平、但不能放棄衛國的職責、更不能坐視人道和正義 的被摧殘而不奮起維護、現在和平的希望、已到了絕續的關頭了、我們的政府、仍本着「求自存與共存」的政策、始終一意愛護和平、前日蔣委員長發表的談話、當已得着 全世界有理性者的同情了、中日兩國是否結成永世不解的仇恨、日本是否 願作破壞東亞和平的戎首、這都繫於日本政府的態度、和日本軍隊的行動、倘使日本還不悔悟、那麼我們舉國上下、惟有犧牲一切、抗戰到底「不幸到了那個時候、我們就要爲抵禦暴力而戰、爲保其國土而戰、爲人道和正義而戰、爲人類的自由而戰、爲世界的和平而戰、如果人類的大多數都有維持人道 和正義的同情、都有愛護自由與和平的決心、我們自信終究會得着最後的勝利、同人等是從事教育的人、負有維持文化的責任、天天以宣傳和平與正義爲事、我們不忍見同文同種的鄰邦、甘冒世界的不韙、來首先摧殘人類的文化、破壞東亞的和平、我們深願世界文化界的同志、共同起來幫助我們、喚醒這些迷夢中的日本政客和軍人、不立即覺悟、逼迫我們這個愛好和平的民族、使不得不共起抗戰、則非特中日兩國同遭浩刼、即全世界的驚濤駭浪、也要從此掀動了、我們爲人道、爲正義、爲自由、爲和平、而犧牲、自所不惜、惟望全世界的明達、認清這個破壞和平摧殘文化的罪魁、是日本而不是中國、（二十四日中央社電）

交部派定 津郵局長

［南京］日人在津非法檢查郵件事、經外交部向日方抗議後、檢查員已撤去、交部派郵政總局英籍顧問嘉利畢爲天津 郵政局長、赴津郵局視事、並悉平漢路恢復通車後、前由他路運送之郵件、二十四日起、仍由平漢路寄遞（二十四日專電）

張鉞返濟南

［濟南］韓代表張鉞謁蔣畢、由京返濟、（二十四日專電）

兩德人 洩漏軍機 昨被處決

［柏林］米許亞 與瑪第含克二人、前因洩漏軍事秘密罪判處死刑、頃已付諸重典、據司法部發表公報稱、各該被告曾在三閱月之內、與外國秘密工作人員會晤九次之多、並將陸軍駐防 地點與正在籌備中之駐防地 點暨某處邊境防務予以洩漏、實與德國重整 軍備計劃有害」云、（中央社二十四日哈瓦斯電）

巴勒斯坦、 阿猶兩民族 擬直接交涉

⊙耶魯撒冷 英國委員會關於劃分巴力斯坦爲三個區域所提出之報告書、自該國下議院決定展緩討論、並提付國聯會之後、此間阿拉伯與猶太兩族人士多少爲之寬慰、但對於前途仍有疑慮之念、此間頗有人主張、宜由阿猶兩族逕自接洽、正在醞釀之中、（中央社二十四日哈瓦斯電）

溫莎公夫婦 駕車出遊受傷

⊙奧大利壟堡 溫莎公偕夫人昨日駕車出遊、在奧斯特大飯店前、與電車相撞、險遭不測、公爵及公爵夫人均被衝出車外、汽車已損壞不堪、幸溫莎公伉儷僅受微傷、按溫莎公及公爵夫人係昨晨離開華色古堡、偕美籍朋友出外遨遊云、（二十四日國民海通電）

《申报》，1937年7月25日，第4版

平津中日雙方昨晚均有重要會議

爲決定北方局勢緊弛之樞紐

日方宣稱須大局平定後撤兵

日軍開抵廊房鳴機關槍示威

〔北平〕宋哲元廿五晚在進德社召集冀察各要人會談、張自忠趕來參加、迄深夜尚未散、對時局問題、有重要商討、與津日軍部廿五日之會議、遙遙相應、同等重要、（二十六日上午一時急電）

〔天津〕日軍部二十五日發表、日軍須時局平定後、始可撤兵、（二十五日專電）

〔北平〕宋哲元應付當前外交、態度極鎮靜、今晨至進德社與秦德純·張維藩·會商要公、迄午始返私邸、平市僻巷沙袋、今再令全部撤除、市內一般情形、大致已復舊觀（二十五日專電）

〔北平〕傳津日軍部今日下午開重要會議、松井即係奉命參加、此會內容極重要、爲決定華北時局緊弛之樞紐、（廿五日專電）

〔北平〕某關係方面稱、大井村大瓦窰五里店及紗廠一帶日軍、大部均未撤去、僅有小部實行調防、我軍依約已陸續撤退、三十七師所遺防地、由百三十二師趙登禹部接替、現日方又强稱趙部接防部隊較原防部隊增多爲名、忽又提出交涉、查日方此舉、顯係企圖延緩撤兵之日期、用意深刻、目前苟安、決非長久、預料前途頗爲悲觀、（二十五日中央社電）

〔南京〕盛傳北平市長秦德純將辭職、由趙登禹繼任、某記者向關係方面探詢、據答華北事件發生、秦氏忠誠努力主持、顯著辛勞、値此平津重要關鍵、負有地方安危重任之長官、中央決不准其高蹈云、華北大局仍處嚴重狀態、中日全面形勢、仍無開展、整個外交亦未有接談、冀察當局正折衝中、中央對宋氏信任有加、宋氏必能本過去苦撑精神、而達中央之期望、（二十五日專電）

〔北平〕宛平僵局仍未打開、中日軍均未撤退、目前雖無戰事、但局勢仍甚緊張、因日軍或將以武力逐走三十七師之軍隊也、日軍現依天津日司令部訓令、松井大佐已於今晨赴津報告大局、據日方消息、北平現駐有三十七師之兵兩團、共約三千人、張自忠已於今晚由津抵此、會晤宋哲元、（中央社二十五日路透電）

〔天津〕二十五晨九時四十分、日兵車一列掛車三十五節、滿載軍用品開抵塘沽、下午一時十分、日兵車一列掛車五節、載日兵二百餘名、由津開廊房、停楊村之日鐵甲車四輛、二十五日開廊房、與駐軍對峙中、（二十五日專電）

〔北平〕今晨七時四十五分及下午二時二十分、日軍飛機、又兩度飛平盤旋偵察、約十數分鐘始向西北方永定河一帶飛去、（二十五日專電）

〔天津〕北寗路廊坊情形甚緊張、二十五日晚開到之日軍、堅持非下車不可、經我駐軍再三阻止、日方竟鳴機關槍示威、幸我駐軍鎭靜應付、致未發生事故、雙方刻仍在僵持中、（二十五日中央社電）

〔北平〕廿五日晨九時四十分、及下午一時半、有日機兩架、由東南方飛抵平、在高空盤旋偵察、各約十分鐘、始向西南方飛去、廿五日南苑方面共發現日機三架、上午十一時許、日機一架自東南方飛來、在南苑上空盤旋兩週、向東北飛去、十一時十五分、日機一架、由西南飛來、偵察一週、向東北方飛去、又下午二時半、西北又來日機一架、在上空盤旋一週、向東南方飛去、（二十五日中央社電）

《申报》，1937年7月26日，第3版

【天津】廿五日下午七時許、有日軍二百餘名、由津掛車開往廊坊、即擬駐於車站、該地我駐軍爲避免雙方發生誤會起見、當加以勸阻、但日軍堅持非下車不可、刻正在交涉中、聞我駐軍劉旅長、已報告平方請示、（二十五日中央社電）

【天津】此間東局子李明莊飛行場、尙停有日飛機三十餘架、二十五日晨有四架啟飛赴各地偵察、另有數架、已飛往塘沽、（二十五日中央社電）

日軍迄無撤退意 軍火源源運豐台

【天津】平津沿路日軍仍積極布置防禦工程、盧溝橋日軍今仍未撤、晨有載重汽車四十輛、滿裝軍火運往前方、楊村停靠鐵甲車二輛、據查截至今止、日軍開來兵車共四十八列、現分佈平津一帶共六萬人以上、廿五下午一時三十分、續由榆抵津日兵車一列、滿載炸藥並日兵百餘名、（二十五日專電）

【北平】盧溝橋電話、豐台日兵營內現存儲汽油達二千餘箱、火藥貯滿三間房屋、仍在繼續運存中、（二十五日專電）

《申报》，1937年7月26日，第3版

北平　蘆溝橋電話、大井村五里店之日軍、今無撤退準備、隊長川邊及筒井牟田口等、連日不時赴日軍各陣地視察、蘆溝橋車站左側之日軍、原設有四個防綫、其第一道防綫內之步兵、雖已移動、然其砲兵陣地、一如前數日情况、大井村日軍二十四下午及二十五上午、派出便衣哨兵甚多、窺探我方保安隊陣地、大小井村五里店等處居民、兩日來被此種便衣日人捕去者極多、（二十五日日專電）

北平　長辛店來人談、宛平前綫及五里店大井村一帶日軍、仍無撤退模樣、且豐台與大井村間、運輸調動極繁忙、（二十五日專電）

北平　津日兵多名、押運載重汽車三十二輛、滿裝軍需品、今晨由津沿平津公路運抵豐台、北寧路楊村站日兵百餘名、鐵甲車兩列、亦有開赴豐台準備、平連日天氣奇熱、日軍前方士兵不堪其苦、每日中暑死亡多人、日軍運輸未稍懈、日軍並在四郊割毀

《申报》，1937年7月26日，第3版

莊稼、農民怨聲載道、(二十五日專電)

〔天津〕據聞榆關現尚有日兵車五列停留、有卽西開模樣、關外綏中縣亦停有日飛機三十餘架、(二十五日中央社電)

〔天津〕津東總兩站日兵仍未撤、日駐軍二十五晨五時在日租界淡路街一帶演習巷戰、市民頗受虛驚、(二十五日專電)

大批給養陸續來 軍火將有十萬噸

〔天津〕日軍給養糧秣、源源運津、日租界各大倉庫、均佔用、特三區日糧秣處堆集已滿、二十五日强將特三區七緯路慶大貨棧佔用日軍糧秣處、定日內遷入辦公、又日軍在大王莊鐵道岔一帶放哨、二十五捕去行路華人一名、(二十五日專電)

〔天津〕日兵船三艘、滿載軍用品及給養、二十五日由大沽開至塘沽、此爲由日運華之第一批給養、二批將繼續運來、(二十五日專電)

〔天津〕二十五日塘沽到日輪香浦丸宇平丸兩艘、載重均在一千至三千噸之間、到達後、日軍卽拉民夫起卸裝來之軍用品、明後日續有二十二艘駛津、(二十五日專電)

〔北平〕日運輸艦多艘、今晨開抵唐沽、卽停泊該處、船中滿裝物品、(二十五日專電)

〔天津〕日方大批軍火、將有十餘萬噸、陸續由輪船運往塘沽·秦皇島等地登岸、二十五日下午三時抵塘沽之三輪船、卽爲其中之一部、據悉二十四日本有三萬五千噸軍火、預定由塘沽啟御、但臨時變更計劃、輪船行至大沽、又開秦皇島、此外每日到塘沽之零星軍用品、則無日無之、均隨時由火車運津、其整批十萬噸、日內卽可運到、(二十五日中央社電)

〔天津〕據二十五日晚塘沽來人談、日輪將二十五艘裝載大批軍火、於日內陸續開到、二十五日晨抵塘之三艘、一名宮浦丸、載重一千噸、餘二艘一爲宇品丸、另一船名不詳、均載重三千噸、靠岸後、卽由日軍拉夫起運、所有北寧路塘沽車站存積之枕木、均被使用、修臨時碼頭、塘沽所停之駁船、亦被徵集、似擬用以載運此項軍火來津、據聞二十五日下午二時、仍有數艘軍火、陸續到塘沽、另悉、塘沽現停有日軍艦一艘、但大沽口尚有兩艘停泊(二十五日中央社電)

〔北平〕二十五日各方報告如次、㈠下午十二時半、日兵車一列、鐵達車二十一輛、平車四輛、野砲九門、由山海關抵津、下車後卽運入日兵營、押車者爲滿鐵護路隊、㈡下午一時半、日兵二百七十餘名、小砲二門

《申报》，1937年7月26日，第3版

、迫擊砲四門、輕機關槍十二挺、乘載重汽車十二輛、由豐臺開向黃村、㊂二十五晨有日兵專車一列、共十二輛、載工人百餘、內多鮮人及華人、並木料四車、梯子四車、由山海關到津、㊃二十五日晨有日兵百餘、分乘載重汽車三十五輛、由豐台開津、又日兵百餘、乘載重汽車二十五輛、由豐到津後、即開海光寺日兵營、㊄二十五日由津開豐台載重汽車四十輛、滿載軍用品、㊅大井村日兵百餘、步哨警戒頗嚴、坦克車兩輛、由豐台經七里店向五里店前進、㊆高麗營仍駐日騎兵二百餘、狀況無變化、徵發洋車及水車、人民均逃避、又附近之日兵用汽車裝皮製假人若干、晚即散放各地、晨則收起、（二十五日中央社電）

［天津］日運輸艦三艘、今日由日本駛抵大沽、其中滿載戰品與軍需、以接濟華北日駐屯軍、即由貨船分載各物、運至塘沽、艦中並未載有兵士、（中央社廿五日路透電）

《申报》，1937年7月26日，第4版

津日人戒備更嚴
塘沽情形亦緊張

〔天津〕二十五日津日租界戒備更嚴、除各要口及軍事機關防禦仍舊外、福島街河沿至宮島街間、亦以電網阻斷交通、該處新設日兵營、晚八時後、派兵放哨、明祀淡路曉街等處及海光寺附近、沙袋增多、日憲兵便衣偵探遍地均是、對夜間行人、檢查極嚴、（二十五日專電）

〔天津〕塘沽情形異常緊張、現有大批日軍集中、入晚宣佈戒嚴放哨、檢查行人及船舶、各公司及鐵路碼頭幾完全爲日人所佔據、每日自晨至午晚、有飛機若干架、翱翔空中、飛行甚低、並赴大沽偵察當地我國駐軍情形、日駐軍晝夜亦不斷的演習示威、車站駐軍尤多、並沒有警備司令、所有交通工具、均派員加以監視、（二十五日中央社電）

日武官僕僕平津
川越未準備晉京

〔北平〕駐華日大使館陸軍副武官大城戶三治、奉調長川駐華服務、今由京乘中航機飛抵平、下機後、赴日大使館晤加藤今井等、有所商洽、在平稍留、即赴津謁川越及香月、報告在京與我方外部當局會晤經過、（二十五日專電）

〔北平〕日大使館陸軍副武官大城戶三治、奉命調津服務、於二十五日下午三時十分由京乘中航機飛抵平、當即分晤日參事官加藤武官今井等、有所商洽、在平稍留、即赴津謁川越大使及日軍司令香月、報告在京與我外部當局會晤經過、（二十五日中央

《申报》，1937 年 7 月 26 日，第 4 版

社電）

〔天津〕日使川越前來津晤香月、今擬其[illegible]決、一時尚不離津云、（二十五日專電）

〔北平〕松井奉香月電召、今晨赴津報告、請示要公、當晚返平（二十五日專電）

張自忠到平謁宋　宋哲元南苑閱兵

〔天津〕張自忠二十五日下午四時零五分赴平謁宋報告盧事善後、宋擬召冀察要人再加商討、（二十五日專電）

〔北平〕張自忠二十五日晚七時半由津抵平、秦德純·石友三·等到站歡迎、張下車後赴武衣庫謁宋哲元、有所商洽、（二十五日中央社電）

〔北平〕宋哲元二十五日晨五時、赴南苑檢閱駐軍、並視察營房、七時餘返平、仍赴進德社、召秦德純等有所商洽、（二十五日中央社電）

〔天津〕盧溝橋日兵迄無撤退之意、聞當局對此事、現正在平與日方折衝中、張自忠奉宋哲元召、於二十五日下午五時由津搭車赴平、（二十五日中央社電）

〔北平〕張自忠今晚由津抵平、謁宋報告在津與橋本晤談情形、並有所請示、（二十五日專電）

《申报》，1937 年 7 月 26 日，第 4 版

日便衣隊搜民槍 農民被掠掘壕溝

【北平】日便衣隊八十餘名、二十五日在昌平縣屬·瓦窰村·南柳村·搜集民槍十支、現我方已加戒備、又豐台日兵營存儲汽油達二千餘箱、火藥約有一房間、（二十五日中央社電）

【北平】據被日軍捕去工作逃出之農民稱、余等被掠後、即在永定河西岸日軍陣地內挖掘交通溝、日兵每六小時換班一次、即由交通溝走出、現被日軍掠去之農民、尚有三十餘人被迫工作中、（二十五日專電）

南京主教令屬 準備抗戰

【南京】南京主教于斌博士、最近訓令所屬教士及信友、在此非常時期、應懇切祈禱和平、同時更應在政府統一指揮之下、準備奮勇抗戰、所屬各處教會學校員生、均應練習後防工作、如緊急救護、收容難民、灌輸防空防毒等戰時生活常識等項云、（二十五日中央社電）

【長沙】湘各界民衆團體代表二十四日假省黨部成立湖南人民抗敵後援會、即以到會代表爲執委、並設正副主席、常委下設總務組織宣傳調查徵募五部、呈請黨政機關備案、即日開始辦公、（二十五日中央社電）

【香港】粵禦侮救亡會定二十六日召各界談話會、組工作團、各縣組救

《申报》，1937年7月26日，第4版

糾衆尋釁
幾釀事端

【太原】留并某日人昨晚以乘汽車外出、未携護照、經警勸阻、致觸伊等之怒、旋糾集同黨十餘人赴警所尋釁、幾釀事端、警所强制制止、始平息、（二十五日專電）

日佔津塘碼頭
繼續交涉

【南京】日兵佔津塘招商碼頭、經天津航政局與日方交涉後、迄未交還、日方會要求我將棧貨全部搬出、塘沽招商局碼頭亦已同樣被佔、交部已飭航政局繼續進行交涉、如仍無結果、即咨外部向日方抗議、（二十五日專電）

青日僑
集中訓練

【青島】青日居留民團義勇隊二十五日起在日小學開始集中訓練、青地方近尚安謐、（廿五日專電）

日機偵察
汴鄭等處

【鄭州】日機一架、二十五日下午四時飛鄭偵察一週、旋向洛鞏一帶飛去、聞來鄭前曾在汴偵察、（二十五日專電）

田尻離青

【青島】田尻書記官由津來青、晤大鷹領事及日方關係人員後、廿五日乘輪赴滬、（二十五日專電（

【青島】日警察二十餘名、二十五日由大連乘輪來青、（二十五日專電）

趙丕廉談
綏防鞏固

【南京】綏東匪僞因盧溝橋事件發生、有蠢動來

華北文化界
電請出兵

【北平】華北文化界抗日後援會二十五日電蔣委員長、略謂、我公牯嶺演詞、昭示犧牲圖存四點、大義凜然、薄海同欽、惟日軍目前猶在步步進逼、轟擊我城地、殺戮我農民、擅捕我人員、强佔我車站、檢查我郵電、領土主權之完整、破壞殆盡、務懇堅持抗敵國策、動員全國、一致禦侮、（二十五日中央社電）

中村
訪歐陽駒

【廣州】日總領中村、二十五日晨十時半謁省府秘書長歐陽駒、聲言粵省船民、偶有拒御貨物情事、並稱維持治安人員、有從旁指揮之嫌、請求設法制止、歐陽秘書長當答以在兩國外交緊張之際、我地方當局向即勉力維持彼此友誼、惟人民行動、有其自由、政府勢難加以干涉、至云我維持治安人員從旁指揮、則確信絕無其事、談半小時中村辭出、（二十五日中央社電）

【香港】粵運輸工人自動停運日貨、（二十五日專電）

宛平城內外
災民待賑

【北平】宛平城內外待賑災民達三千人、專員公署定三日施米一次、需二萬餘斤（二十五日專電）

《申报》，1937年7月26日，第4版

宋哲元決心應戰
通令二十九軍抵抗
日軍炮轟北平廣安門
廊房楊村今晨又衝突
中日局勢臨最後關頭

［北平］外人方面息、冀察最高當局、在以往之半個月內、正努力於蘆案和平解決措施中、不意廊房戰禍又起、顯然引起無限焦慮、此間各國使節間之輿情、對日軍全然堵塞和平路徑之行動、多數認爲中日局勢行將臨爲不可收拾之境、張自忠今晨因廊房案曾與松井晤面、惟松井於廿六下午四時起、已拒絕與中國方面任何往訪賓客接見、其情勢嚴重、未來之演變殊足注目、（二十六日專電）

［南京］中央頃接宋哲元來電、謂已諭令二十九軍抵抗日軍云、同時據今午長辛店電話、蘆橋溝及大井村形勢極端緊張、該兩地雖未發生戰事、但隨時有發生衝突之虞、（廿六日中央社路透電）

香月向宋提最後通牒

［東京］日駐屯軍司令香月、今日下午三時半、通告宋哲元、在蘆溝橋與八寶山附近之三十七師、限二十七日正午退長辛店、在平城內之三十七師、從北平城外撤退與西苑三十七師部隊、經由平漢綫以北陣地、於二十八日正午先退永定河以西地域、以後此等軍隊、陸續開始運往保定、如不實行、認爲無誠意、日軍不得不取獨自行動等語、（二十六日中央社電）

［天津］此間日軍部宣稱、駐平特務機關長松井、廿六日下午三時、向宋哲元提出通牒、㈠限蘆溝橋八寶山一帶我駐軍三十七師、於廿七日午前撤至長辛店、㈡限北平西苑我駐軍三十七師、於廿八日午前撤至永定河以西、並謂三十七師必須撤至保定以南云、（廿六日中央社電）

［天津］據日方息、廿六日下午三時十分、日駐平特務機關長松井、參謀大木輔佐官來平、赴平進德社謁宋哲元、由秦德純張維藩代見、松井等已將所提之通牒、轉交秦張等代達、（二十六日中央社電）

［北平］松井特務機關長、本日下午三時半、赴進德社會見宋哲元、談判廊坊事件、（二十六日同盟電）

［北平］今晚各要人齊集宋邸、商談應付方針、（二十六日下午十一時二十分急電）

［天津］日兵至華界南市放哨、電燈全熄、商號閉門、十時半日軍退去、電燈復明（二十七晨一時電）

［北平］廊房戰事發生後、張自忠今晨電津、令李文田向日方交涉停止進攻、張本人今晨亦訪松井交涉、均無結果、（廿六日專電）

《申报》，1937年7月27日，第3版

進城日軍與我巷戰

【北平】二十六晚七時、廣安門外到日車一部、乘軍用汽車三十餘輛、據稱、由大井村開回、共百五十人、要求進城、及開進七輛汽車入城後、我守城士兵見其人數約三百餘、來勢洶洶、遂加阻止、城外日兵即開砲射擊、我方還擊、一時槍砲聲極大、進城之日兵亦散在牛街王子墳一帶、與我軍發生巷戰、自七時戰至九時始息、我方死警察一名、雙方各有傷亡、廣安門內及宣武門外一帶各大街、均熄滅電燈、宣外大街各報館均在黑暗之燭光下工作、各城門均關閉、平市長途電話發生阻碍、各商店七時一律關閉、各崗位特別戒備、電燈七時後均熄滅、居民入晚紛紛向東交民巷各飯店搬家、（二十七日晨一時電）

平市街口趕堆沙包

【北平】二十六日晚七時半、廣安門外、日兵向我發砲數響、意在攻城、我軍已派部隊出城制止、（廿六日下午八時中央社電）

【北平】豐台日軍五百餘名、集中廣安門外財神廟北、其中百五十名於下午七時半、由政會日籍顧問櫻井率領、叫開廣安門入城、甫入城一半、前行日軍在汽車中開槍、我守城軍立即閉城、並為阻止入城日軍前進、雙方即發生衝突、我以手榴彈還擊、日軍向廣安門內以南之牛街逃去、戰至八時止、在牛街附近將日軍包圍中、城外日軍入城不得、向城門開砲轟擊、城內落數彈、無大損害、（廿六日下午九時三十五分中央社電）

【北平】廿六日晚廣安門衝突、日砲彈由城外擊中城內南面電燈變壓器上、致該器爆炸、廣安門大街以南及菜市口宣武門內大街等處電燈全滅、宣武和平兩門均緊閉、附近各商舖亦㮇上門、土地廟以西至廣安門禁絕行人、至晚九時警察驅逐行人、再度戒嚴、如衝要街道口趕堆沙包、截至發電時止、西南城角仍有槍聲、形勢至為嚴重、（二十六日中央社電）

今晨最後消息

【北平】日方各要人二十六晚十時半、在松井私邸開緊急會議、會後向我方提出通牒、㈠請我三十七師撤出西苑、㈡請我駐廊坊之三十八師限二十八前撤退、我當局接到此通牒後、繼續在進德社商討、聞將婉拒日方要求、（二十七日晨二時二十分急電）

【北平】據軍事家談、日方對平市取威脅形勢、恐今夜日軍對南苑西苑蘆溝橋一帶我軍、或將襲擊、我方部隊已嚴加戒備、平市今晚全市戒備、東城一帶保安隊等均置步哨、以防浪人便衣隊等乘機圖謀不軌、（二十七日晨二時二十分急電）

【北平】宋及各要人今晚赴進德社、開緊急會議、一面候中央電報指示、一面商臨時應付日方辦法、（二十七日晨一時急電）

【北平】廣安門內被包圍之日軍數十人、經三十七師宣副旅長、二十九軍日顧問笠井、日使館武官寺平等、於二十六日夜十時許、在外四區警察署晤談結果、均認為係出於誤會、該部日軍於夜十二時許乘汽車赴東交民巷日兵營、我方軍隊亦即撤退、（二十七日上午一時中央社電）

【天津】傳廊坊一帶二十六日晚十二時許、中日駐軍又發生衝突、又傳楊村附近二十六日夜亦有槍聲、平津間形勢極度緊張、（二十七日上午一時中央社電）

《申报》,1937年7月27日,第3版

西便門外亦有衝突

〔北平〕二十六日晚八時三十五分、西便門外白雲觀、中日軍亦發生衝突、詳情尚不明、（二十六日中央社電）

〔北平〕在牛街包圍中之日軍、約有數十人、已逐漸衝出牛街、越廣安門大街、在王子墳報國寺以東、東北大學第一分校以西一帶、仍由我軍嚴重監視中、雙方正在相持、尚無衝突、現廣安門大街牛街以西、至廣安門已成軍事區域、警戒森嚴、又西便門外日軍一部百餘人、曾在白雲觀附近與我軍衝突、意在佔據廣安門車站、截至發電時止、該日軍尚在鐵路以西、與我軍相持、（二十七日零時十五分中央社電）

宛平境內戰事又作

〔北平〕宛平境內戰事現又發作、在過去十五分鐘內、此間聞砲聲機關槍聲與來復槍聲絡繹不絕、（二十六日下午六時中央社路透電）

〔北平〕長辛店二十六日晨十時電話、蘆溝橋大井村大瓦窰沙崗一帶、日軍積極備戰、形勢嚴重、我方已令前方軍隊、嚴加防備、惟現時尚未發生衝突、（二十六日中央社電）

〔北平〕長辛店來人談、㈠蘆溝橋日軍步砲兵陣地、廿六日上午仍無變化、蘆溝橋附近各地日軍、仍無撤退準備、宛平縣東門外之日軍陣地中、運輸極忙碌、㈡豐台蘆溝橋間日軍用汽車及裝甲車來往頻繁、長辛店盛傳蘆溝橋日軍已準備於廿六日夜、再大舉進攻、聞日軍非但未撤、且要求我方替防之保安隊、亦須撤去、否則卽斷然處置、㈢大井村五里店日軍廿五日夜至廿六日晨、曾數度向我保安隊鳴槍、（廿六日下午十時廿分中央社電）

〔北平〕蘆溜橋日軍今又增加、並增重砲廿四門、（二十六日專電）

〔北平〕今晨七時三十七師一營、擬開良鄉、過蘆溝橋時、被日軍阻止、經交涉後始放行、（二十六日專電）

日第十六師團運津

〔天津〕日軍第十六師團磯谷廉介部、已由日本用商船二十五艘載運來華、二十六日有一聯隊由塘沽登岸、搭北甯車來津（二十六日專電）

《申报》，1937年7月27日，第4版

日軍攻佔廊房經過

天津 二十六晨一時三十分、日軍向我廊房駐軍要求退出營房、我軍未允、日軍卽開槍射擊、至四時許、我軍不堪砲火壓迫、開始抵抗、日機九架、五時赴前方轟炸、擲彈四五十枚、我駐軍營房全遭炸毁、士兵死傷甚多、損失奇重、三十八師副師長李文田據報後、急向平師長張自忠請示、張令負責與日軍部交涉、李文田向日軍部交涉結果、先令前方停止衝突、十一時後戰事停止、(二十六日專電)

北平 交通界息、二十五日下午五時、由津開抵廊坊日軍稱、修理電話綫、擬均下車、我廊坊駐軍第三十八師張自忠部劉旅因未奉命、當加阻止、並婉詞勸止、該部日軍堅不接受勸告、當卽全部下車、成散兵綫、將廊坊車站佔據、並積極搆築工事、雙方卽形成對峙狀態、至二十六日晨零時三十分、該部日軍突由車站用機關槍向我軍防地掃射、我方因事前未作準備、傷亡十數名、乃一面向上官請示、一面準備應付、形勢極嚴重、是時日軍仍每隔數分鐘、卽以機關槍掃射、約二十分鐘、掃射時槍聲極密、同時有日軍鋼甲車一輛、開至我軍防地附近開槍射擊數十餘發、我軍迄未還擊、直至二十六日晨二時半始應戰、是時津日軍六十餘名、乘載重大汽車三輛、由津過武清開抵廊坊增援、雙方對峙、至二十六日晨五時、廊房上空忽有由東北方飛來日偵察機一架、低飛偵察、約十五分鐘始飛返、五時十五分卽有日轟炸機四架、飛抵廊坊上空、向我軍營房投炸彈達五十餘枚、我方損失極重、同時據守車站內日軍三百餘人、向我猛烈攻擊、因電話已不通、我前方部隊祇得沉着應戰堅守原防、日軍迄未得逞、五時廿分復有日軍兵車一列、上載日兵三百餘名、鐵甲車三輛、大砲十門、由津開抵廊坊、五時廿五分有由津新站開來日兵車一列、上載日軍一千四百餘名、亦開抵廊坊、下車增援、日方轟炸機四架亦於五時卅五分飛去、六時十分日轟炸機四架、又飛來擲彈數十枚我軍以僅小一部、日軍大批援軍到達共達二千餘名、且我軍因日軍轟炸及猛攻、已傷亡甚重、我軍乃退出營房、在廊坊北甯路鐵道南北高粱地內佈防、十時廿分又有日偵察機轟炸機混合隊十七架、飛抵廊坊我軍防地及廊坊附近擲彈、同時日軍仍向我猛攻、附近人民亦避於高粱地內、但結果我軍民傷亡達千人、情形極慘、截至下午一時許、我軍漸向廊坊西北方集中、逐步與敵軍相峙中、另悉、已有一部日軍向黃村方面進襲、因交通中斷、詳情不明、(二十六日中央社電)

午後雙方衝突停止

天津 此間中日雙方所派之前往調查人員計三十八師參謀李少韓、警察局秘書嚴寒梅、及日軍部特務機關長茂川、及小林等、於二十六日午由津赴廊坊、下午二時許抵達視察後、搭原專車於下午五時當抵津、當卽分別復命、據悉、目前雙方已停止射擊、日軍

《申报》,1937年7月27日,第4版

二十六日晨開到三千餘人增援、並以飛機七架投彈轟炸、故我軍退入廊坊附近鐵路以南二里許之青紗帳內、以避其鋒、日方現已將車站及附近佔據、但午後二時三十分起、雙方已無衝突、據關係當局稱、二十六日雙方所派之調查人員、第一步制止射擊、已告段落、第二步善後問題、即如何使日方不再擴大軍事行動、目前正在折衝中、又廊坊與此間電話中斷、消息傳遞不靈、此間當局正在設法謀取得聯絡云、（廿六日中央社電）

〔天津〕二十六日由津東站開廊坊日軍、計上午二時日鐵甲車一列、三時二十分日兵五十餘、同時日兵車一列掛車三十二節、載日兵及軍用品去廊坊、五時四十分日兵車二十七輛、砲十門、六時三十分日兵車三十二輛、十時日兵車十輛、十一時二十分日兵車二十輛、均由津去廊坊、（二十六日專電）

雙方派員 制止衝突

〔天津〕此間中日當局、對廊坊事件、決設法和平解決、二十六日晨日駐屯軍參謀塚田、特務機關長茂川等、赴市府訪秘書長馬彥翀、警察局長兼三十八師副師長李文田等協商一切、雙方均表示不願事態擴大、當決定由雙方派員到廊坊調查眞相、並制止衝突、計我方派三十八師參謀劉爾韓、市府秘書盧南生、日方派茂川及小林、於十一時半由津乘專車赴廊坊、第一步制止繼續開槍、恢復平津交通、俾事態可以平息、（二十六日中央社電）

要求我軍 退至固安

〔北平〕今晨中日軍在廊坊發生衝突、日軍曾以轟炸機助戰、經此結果、平津火車交通又復中止、先是有日兵一千三百名、分乘火車二列、開抵廊坊、不知如何、與防守廊坊之三十八師華

《申报》，1937 年 7 月 27 日，第 4 版

軍發生衝突、日兵傷者數名、大隊日軍隊乘火車往援之、經日軍用轟炸機轟炸後、華軍乃後退、日軍事當局現要求駐廊坊之華軍、退至永定河西之固安、（二十六日中央社路透電）

【北平】中日軍在廊坊激戰至廿六日午十時許、日轟炸機十七架、先後飛廊坊向我軍猛烈轟炸、我軍傷亡慘重、我該地駐軍、僅卅八師劉振山旅兩營、日軍前後增援約二千人、我以少數之部隊、刻仍與其周旋中、（二十六日下午一時中央社電）

廊房我軍 集中某處

【北平】廊坊我駐軍於二十六日午十一時許、集中口口、現前方戰事已停、張自忠與松井等在平開始交涉、日方態度强硬、預料恐無若何結果、（二十六日中央社電）

【東京】二十六日晨六七時、各報競出號外、報告二十五日夜廊坊衝突消息、至午號外鈴聲猶未止、局勢又形極端嚴重、外務省發言人、接見外國記者、僅述衝突經過、對事件前途、似極憂慮、對所謂滬日水兵宮崎失蹤事、謂在調查中、（二十六日中央社電）

《申报》，1937年7月27日，第4版

日向廊坊積極增兵

〔天津〕日向廊坊積極增兵、二十六日由津開廊坊者計、㈠上午三時日鐵甲車一列、約五六輛、日兵百餘人、㈡四時日兵車一列、兵八百餘人、㈢六時二十分日鐵甲車一列、與百餘人、㈣十時三十分、朝鮮工人五百餘人、由榆去廊坊、（二十六日專電）

〔天津〕二十六日下午二時半、由榆抵津日兵車一列、士兵共四百餘名、停於新站、同時日軍鐵甲車一列及大批載重車、由津開廊坊、（二十六日中央社電）

平津電話竟日不通

〔天津〕北甯各次客貨車、因廊坊車站被佔、二十六日平津段均未開行、平浦平榆各次車均至津折回、平津電話自上午七時起竟日未通、（二十六日專電）

〔天津〕廊坊廿六日午後無大衝突、但日方仍不斷開槍、津市府秘書長馬彥翀、警察局長李文田、廿六日晚與日軍部參謀塚田茂川等、會商善後事宜、我方要求日軍撤退恢復原來狀態、（二十六日中央社電）

〔天津〕津西站二十六晚十時餘、到日鐵甲車一、兵五十餘、在站放哨（二十七日晨一時急電）

天津全市異常緊張

〔天津〕此間自廊坊衝突情形傳到後、全市異常緊張、二十六日晨日軍調動甚忙、由唐榆等地到津之日兵在三千人以上、由津開至廊坊之日軍、亦在一千至二千之間、東總西三車站、所有調動所及閘樓、均有日兵若干名前往監視、車站行人往來皆受限制、此間當局、在各衝要路口亦分別嚴加戒備、各機關門禁亦加緊、蓋二十六日晨、有日兵十餘人前往警察局欲見局長李文田、適李不在、被勸回、事後據日方稱、彼等赴警察局係保護日顧問小林云、今日盛傳有某方便衣隊百餘名、潛於各地、故人心極爲恐慌、（二十六日中央社電）

〔天津〕傳津日軍二十六日夜將化裝出動、對津市有所企圖、警局已嚴密戒備、情勢極度緊張、又津東總兩車站日哨兵增加、勢亦轉緊、（二十六日專電）

宋哲元氏電京報告

〔南京〕日軍二十六日復以大軍侵我廊坊、加以轟炸、華北情勢備覺可慮、宋哲元有詳電到京、向當局報告、日軍進迫我軍不得已出於自衛予以還擊各情、一般觀察華北局勢雖極繁複、仍將有展開趨勢、行政院二十七例會照常舉行、對於華北局勢突轉之應付方針、會中將以充分之時間、予以商討、（二十六日專電）

〔南京〕二十九軍辦事處長李世軍、二十六下午三時接北平電告廊坊

《申报》，1937年7月27日，第4版

戰況、當赴軍政部謁何部長轉呈報告、據該處息、我軍、仍在抗戰中、二十六下午陣地無變更、惟日援兵源源由津運輸前方、故戰事前途未可預測、（廿六日專電）

日在津修輕便鐵路

〔天津〕日方近竟在津修輕便鐵路運兵、廿六日晨已開始工作、路綫係由東車站鳳林村以達東局子兵營、全綫計長約廿餘里、所有枕木鐵軌等、均已運到云、（二十六日中央電）

〔北平〕二十六日下午二時、輕油車一列、由永定門沿北寗路開出、載日兵二十名、日便衣工人二十名、日記者四名、由廿九軍參謀周思靖偕行、據聞係修理沿途被毀之電話綫、（二十六日下午四時半中央社電）

日機活躍到處偵察

〔天津〕日機二十六晨五時飛廊坊前方轟炸時、因兩軍陣地距離甚近、日機飛行甚高、目標不準、所擲炸彈中日軍陣地數枚、日兵死傷甚多、（二十六日專電）

〔天津〕日機三架、二十六晨九時飛廊坊前方偵察、十時許飛回、十二時許日戰鬥機四架、由津飛西南方偵察、一時許飛回、下午四時餘又飛往前方、晚始飛回、（二十六日專電）

〔保定〕日機一架、二十六日下午一時半沿平漢綫至石莊一帶偵察、二時北返、在省垣高空盤旋多時、仍沿平漢綫北飛、（二十六日中央社電）

〔鄭州〕日機二架、二十六日分往鄭汴豫偵察、一於下午三時十分鐘由汴來鄭、低飛一週北去、一於下午四時飛洛、盤旋五週轉豫潁、（二十五日專電）

〔洛陽〕二十六日下午四時、洛空發現日機、飛行極高、盤旋一週後、卽向東飛去、（二十六日中央社電）

〔北平〕日軍飛機誤轟其進攻廊房之軍隊、損失甚鉅、迨拂曉後、因又轉移目標、盡量向廊房我軍陣地及附近村舍轟炸、房屋爲墟、我軍晨間十時整隊、退出廊房、分扼黃村及附近地點、日軍則於强佔廊房後、尚期推進部隊及於四郊、（二十六日上午十時急電）

昌平縣境突來日軍

〔北平〕關係方面消息、㊀距廊坊廿餘里釆育鎭、（大興縣屬）廿六日晨六時來日飛機八架、擲彈數十枚、又槍砲聲甚烈、㊁距大興縣東南卅里青雲店、來日人六名、逗留不去、經警察盤查、據云日本兵隊數百人最近將來此、㊂昌平縣突來日軍二百餘人、用意不明、（十六日下午九時廿分中央社電）

《申报》，1937年7月27日，第4版

津市日軍演習巷戰

〔天津〕廿六日晚七時、海光寺日兵營鳴槍數響、日兵旋出發至日租界淡路、明石街須磨街一帶演習巷戰、至十一時尙未撤去（二十六日專電）

〔天津〕此間人心極爲緊張、全市戒備甚嚴、日軍廿六日晚八時起、在日租界須磨街宮島街明石街一帶演習巷戰、尤使人民飽受虛驚云、（二十六日中央社電）

日方軍火源源運津

〔天津〕唐楡等地之日兵車、及塘沽登岸之日軍火、二十六日晨已陸續以火車向天津運輸、計（一）二十六日晨三時二十分、有專車一列、計卅二節、滿載士兵數百人到津、（二）二十六日晨五時四十分、又有專車一列、共廿七節、滿載騎砲兵到津、（三）二十六日晨六時半、又有卅二節車滿載軍用品及士兵到津、（四）二十六日晨十時有兵車一列、共十節到津、（五）二十六日午十一時廿分、專車一列、共廿節、滿載砲兵到津、此項日軍一部開往日兵營、其餘仍集於車站、似有繼續出發模樣、（二十六日中央社電）

日軍募集華工三千

〔天津〕日租界情形緊張、晚八時後行人絕少、日兵在界內梭巡、入於戰時狀態、日軍部二十六日臨時募集華工三千人、在福島街設事務所、限二十七日晨募齊工作、二十六日一日被迫應徵者已過半數、密集某處、用意不明、（二十六日專電）

〔天津〕日軍在廊坊挑釁與我駐軍發生衝突後、此間日軍、已有大批開到增援、計晨三時許有鐵甲車兩列、繼又有鐵甲車一列、載士兵百餘名、晨四時有士兵八百餘名、六時半又有鐵甲車一列、士兵百餘名、均由津沿北寧路開廊坊、據悉廊坊我駐軍爲卅八師劉振山旅之一團、昨晚有日兵二百餘名、以修理電線爲名、由津開往、堅欲下車、我駐軍爲避免發生誤會、當加以勸阻、不料日軍態度異常强硬、於夜間一時許、首開機關槍、我軍不得已、始與週旋、廿六日晨尙在激戰中、廿六日平津各火車均未開行、（二十六日中央社電）

《申报》，1937年7月27日，第5版

中日證券 倫敦跌價
受華北局勢影響

〔倫敦〕華北局勢愈益趨於嚴重，此間證券交易所，因而頗受影響，中日兩國證券，均跌落一點之譜。（中央社二十六日哈瓦斯電）

日本決定 對華特費
九千餘萬元

〔東京〕大藏省決定華北事變費如次，一般會計外務省七〇〇、〇〇〇元，大藏省四〇、八〇〇、〇〇〇元，陸軍省四六、〇〇〇、〇〇〇元，海軍省九、〇〇〇、〇〇〇元，共計九六、五〇〇、〇〇〇元，特別會計，朝鮮總督府二〇〇、〇〇〇元。（二十六日同盟社電）

浙省府召開 緊急會議

〔杭州〕浙省府因時局緊張，今晚十一時召集緊急會議，黨政各要人均參加，討論非常時期準備，明日將繼續開會，討論防務問題，嚴密維持本省治安。（二十六日專電）

青日紗廠 儲備槍械

〔青島〕青日神社及各紗廠，近多趕建軍事準備，大部已完成，並有各式槍械備用，又紗廠日籍職員，已改着在鄉軍人制服。（二十五日專電）

〔青島〕青島日情形尚安謐，膠濟沿綫日僑仍不斷東歸，一部已回國。（二十六日專電）

〔青島〕日方連日運到軍用品甚多，分存於居留民團及泊青之各日艦。（廿六日專電）

津日汽車 炸彈爆炸

〔天津〕二十六日晚十時半，日軍用二二一號載重汽車一輛，滿載大批軍用品，行至日租界須磨街時，車中突有炸彈一枚，突然落地，當時轟然一聲爆炸，該車因開行甚速，未被波及，但當時街上適有小販及行人共七人受傷，其中二人傷勢甚重，二十六日晚十一時許，日租界戒備甚嚴，已禁止行人通過，接近南市一帶，形勢尤緊張。（二十六日中央社電）

某方軍艦 槍擊漁船

〔濟南〕某方軍艦經過牟平近海，漁船驟至時，忽放兩槍。（二十六日專電）

二期區署訓 開始授課

〔牯嶺〕第二期廬山暑訓學員，已到千餘人，業已編隊完竣，二十六日晨開始授課，全開學典禮將於日後擇期補行。（二十六日中央社電）

劉文輝部 着手改編

〔重慶〕川康整軍各軍師及以上人員，均集重慶，二十四軍劉文輝部，亦集雅着手改編，四十五軍鄧錫侯部，亦已下令縮編。（二十六日專電）

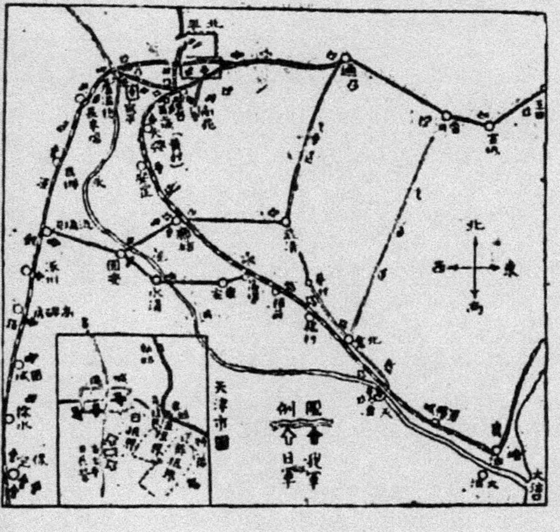

《申报》，1937年7月27日，第5版

華北情勢嚴重

各團體籌議救護

徵集人員訓練救護工作
善團勸募救濟戰地同胞

救護委員會　本市救護事業協進會、自擴大組織、改組爲救護委員會、推顏福慶・徐乃禮・許冠羣・爲正副主任後、現以時局日趨嚴重、救護事業亟待進行、除加入本市抗敵後援會救護委員會積極辦理救護工作外、爰定於本月二十八日下午四時、在會所舉行第一次會員大會、昨已通知本市醫藥團體、醫事教育機關・市商會・中國紅十字會、及其他與救護工作有關係各團體、推派代表參加、屆時將討論㊀關於救護工作人員之征集與訓練、㊁關於救護交通地域之研究、㊂關於救護之實際工作等各項問題、並推選委員聘任總幹事及特種委員人選云、

慈善團救災會　本市慈善團體聯合救災會、爲華北事件、現已擴大、人民遭受損害頗巨、除聯合中國紅卍字會、世界紅卍字會、中國佛敎會等團體、積極訓練救護人員準備戰事救護工作外、並在北平盧溝橋宛平等處、辦理難民收容所、以免流亡、昨發啟事、向各界捐募、俾資救濟云、華北地本瘠苦、年來强敵侵凌、蹂躪壓迫、憔悴更甚、頃者又起事變、盧溝喋血、宛境成坵、本會推派常務委員楊子功君親往查勘、據報店舍田疇悉成焦土、死亡枕藉、流離失所、目不忍覩、應速撥款救濟死亡家屬、並應設法收容婦孺等情、本會職在救濟、責無旁貸、除將綏振餘款即行匯往振濟外、國以民爲本、尙望各界仁慈本救人之心、慨捐款物、拯此孑遺、曷勝盼禱、又函各界勸募捐款、從事救濟云、敬啟者、華北重受桎梏、已非一日、蹂躪壓迫、民不聊生、乃者重兵壓境、砲火連天、盧溝橋喋血、宛境成墟、將士挺身抗敵、災民束手待斃、傷哉慘矣、吾政府決心應戰、人民願爲國犧牲、何時發生事變、何地應予救濟、瞻念前途、不知所止、將士奮雄衛國、慷慨激昂、吾人仗義輸將、責無旁貸、惟有各盡所能、堅持到底、以待敵人之悔禍、現在宛平一帶房舍被毁、死傷遍野、本會已派員親赴振濟、除將捐戶指定救濟綏災賑款、儘先提撥、即匯前方施振外、救國以救民爲要、所冀海內外同胞、本救人之心、爲救國之計、慨捐款物、源源接濟、强鄰野心、一日不戢、即吾輩責任一日未已、掬誠陳詞、敬候惠覆、

《申报》，1937年7月27日，第13版

宋正式答覆日通牒

對無理要求嚴予拒絕

北平形勢已入最嚴重時期

平市四郊昨陸續發生激戰

日軍進攻目標在南苑西苑

【北平】日駐屯軍二十六日致我最後通牒、限盧溝橋等地三十七師於二十七日正午撤退、我因決定最後態度、曾通知日方延緩三小時答復、**旋於二十七日下午三時、由我方正式答復、拒絕日駐屯軍之無理要求、於是一切談判、均歸停頓**、現北平四郊槍砲聲斷續不絕、南郊在南苑團河一帶接觸、戰況最烈、迄發電時止、尚未停止、聞我軍奮力抵禦、傷亡甚多、現仍在團河力搏中、東郊在與通縣交界處、與我駐寶珠寺部隊衝突、下午戰況尚未明瞭、西郊在八寶山衙門口一帶、時有射擊、戰況似不甚烈、北郊則在高麗營小湯山立水橋等處、常有日便衣隊及騎兵等出沒、我方正嚴密警戒中、至盧溝橋方面、有無接觸、此間尚未接報、綜合各方情形觀察、日軍企圖包圍我北平城、進而壓迫中國、達其不戰而勝之目的、**而目標所注、尤在於南苑與西苑、駐平市城內之卅七師部隊、日駐屯軍原限廿八日正午以前退去、但聞我已於廿七日下午三時答復時、一併拒絕、故現在此間形勢、已入最嚴重時期、一般預料大戰即在目前**、（二十七日中央社電）

【天津】華北大局、二十七日於極度嚴重中、轉趨苦悶、津市當局於日軍部並無商談、交涉中心雖在北平、但因電訊失去聯絡、一切消息殆無所聞、**一般咸認爲二十八日正午爲最後關鍵、局勢將有開展**、據歐美觀察家聲稱、中日和平尚未完全絕望、二十八晨或能逆轉、而使局勢轉變、二十七日下午四時、日軍部招待外報記者、發表最後限度截至明日正午爲止、該發言人旋對該項消息、表示不能負責、（廿七日專電）

【北平】自盧溝橋事變發生以來、我中央地方當局、力持鎮靜、講求和平、而日方則大量增兵、源源不絕、一面虛與我方商談和平、以作緩兵之計、一面隨處挑釁、無理取鬧、自二十日砲攻宛平之後、繼以轟炸廊坊、二十六日復由香月向我當局提出種種無理要求、並企圖攻破我廣安門、奪取北平、在天津方面則佔據我北寧津浦兩路各車站、致使時局愈趨嚴重、**我當局以日軍蠻不講理、蓄意挑戰、認爲時局已瀕最後關頭、和平殆屬絕望、二十七日起卽決定拒絕一切無理要求、準備爲國家民族生存而抗戰**、現平市人心異常振奮、態度沉着、決一致爲我政府後盾、**二十七日下午、雖市內交通照常、然四郊均已陸續發生激戰、日機則竟日翱翔上空、從事偵察、大戰恐在今夜明晨、卽將爆發**、我當局對市內治安、保護外僑、以及指導居民作戰時準備等等工作、均已有嚴密之計劃、全市上下一致興奮、誓與强敵抗戰到底、（二十七日中央社電）

【北平】各處通北平之電綫、除天津一條外、全被割斷、電話交通、亦全中斷、北平全城已復頒行戒嚴令、昨晚西城外車站曾見戰事、聞日軍圖佔車站爲華軍擊退、宛平陣綫昨夜發生戰事之說、不確、僅有零落之槍聲、昨日下午松井與張自忠在平所開解決廊坊案之談判、未獲進步、廊坊日軍、續得天津開到之援兵、現總數已逾二千人、宋哲元昨致南京之

《申报》，1937年7月28日，第3版

電報、華當局拒絕發表其內容、惟政界之意、宋不過請訓而已、華人各界之意、日方堅決要求華軍退出黃村、蓋欲完全控制平津鐵路、據現勢視之、日軍似襲行九一八後之故技、逐步侵佔華北至囊括全部而後已、（中央社二十七日路透電）

〔天津〕三十七師對日本最後通牒之態度、因平津間電報電話綫皆斷、故此間中國當局無由知之、但皆視大局爲無希望、今晨復有日飛機三十架飛抵此間、昨日廊坊戰事、中國當局曾力圖局部化、但後此一切談判、均告停止、華方意見、因日援軍源源開到、故殊難討論日方之建議、保安隊現維持此間華界治安、華界四週之華兵、戒備頗嚴、（中央社二十七日路透電）

〔北平〕松井昨向我當局致最後通牒、限平城內之馮治安・趙登禹・部隊、於二十七日午退出、否則日方卽斷然處置等語、（二十七日下午二時急電）

通縣日軍向我砲擊轟炸

〔天津〕二十七日上午六時、日廣島部隊與冀東保安隊、將駐通縣南門外之二十九軍一營包圍、雙方發生劇烈衝突、日機五架投擲大批炸彈轟炸、（二十七日專電）

〔北平〕通縣城外二十九軍駐兵兩營、今晨七時、被日軍包圍、擬將我軍繳械、我軍拒絕、日軍卽用大砲機槍攻擊、平市聞砲聲極淸細、至十時半、尙未停止、（二十七日下午二時急電）

〔北平〕確息、二十七日淩晨二時、通州日軍突通知我方駐通縣寶珠寺某部、竟有强迫繳械之意、我軍不允、三時半遂開始衝突、迄六時許仍在激戰中、另據報告、通縣城外西南方面、現有冀東僞保安隊長督率民夫千餘人、構築工事、由重興寺經紅菓園、至東西總屯主綫長約六七里、正對我軍駐地、通縣城上敵部砲兵散向我駐通部隊射擊、迄午十一時未停、（二十七日中央社電）

津日軍抓拉人民馬車

津苦力被日軍拉往作工

《申报》，1937年7月28日，第3版

【北平】二十七日晨通縣方面、發生衝突後、天發明、日機炸燬六架飛我陣地上空擲彈十數枚、我傷亡甚衆、聞通縣僞保安隊隊長張慶餘、因該誤反正、已被日軍殘害監視、（二十七日中央社電）

【北平】通縣我北平汽車公司發電廠、二十七日被日方炸燬、汽車盡被焚燬、現平市汽車已改供平津公路沿線、（二十七日中央社電）

團河激戰我軍鎮靜抵抗

【北平】南苑南方團河、二十七日下午四時起發生衝突、駐該地我軍趙登禹部、正極力抗戰中、至發電時止、尚未停止、又二十七日下午一時、日機一架飛南苑盤旋偵察甚久、現南苑及團河一帶居民、均已與駐軍離開、（二十七日中央社電）

【北平】二十七日晨八時、平北小湯山附近、日軍與我軍發生衝突、又晨七時至九時許、平北郊古城村發現日騎兵三十餘名、秦村發現日步兵廿餘、與我軍衝突、至下午仍對峙中、（二十七日中央社電）

【北平】蘆溝橋形勢、二十七日突緊張、大井村五里店及蘆溝橋以東以北附近各地、二十七日上午由豐臺開到日兵八九百名、不時向我陣地開槍挑釁、（二十七日中央社電）

【北平】南苑南方之團河村、（距南苑十里）二十七日下午二時突有日軍千餘名、携鋼砲機槍、由楊村一帶開來、突向我當地駐軍攻擊、我軍當即起而抵抗、日軍集中砲火、向我軍猛攻、我軍亦奮勇還擊、戰至三時許、日兵稍向後退、並將部隊分爲若干小部、紛紛在青紗帳中藏匿、至四時、日砲兵復以大砲向我轟擊、同時以機槍掃射、我軍仍鎮靜抗戰、迄未稍懈、南城一帶、可聞清晰之槍砲聲、四時十分、日方轟炸機一架、由東方飛抵南苑及團河一帶盤旋偵查、約五十分鐘始東返、至五時十分、日轟炸機一架仍在團河南苑一帶盤旋偵查半小時後東返、兩機均携炸彈、但未向下投擲、迄晚七時止、該方面戰事仍未停止、南苑地方平靖、我軍已有戒備、（二十七日中央社電）

日兵昨又到廣安門挑釁

【北平】廣安門外日軍、二十六日晚與我軍衝突後、二十七日晨一時許、又有豐台日軍四百餘名、坦克車九輛、裝甲車五輛、載重大汽車十餘輛、開抵廣安門外、與原留城外之日軍二百餘名會合、迄晚未離去、二十七日下午二時、突又開槍、向我軍射擊、我軍現沉着堅守、至三時始息、當時廣安門內、大街至菜市口一段、臨時宣佈戒嚴、斷絕行人、至三時許始恢復原狀、（廿七日中央社電）

【北平】昨晚廣安門之役、我軍死一、重傷一、輕傷十人、城內日軍死傷約二十人、（二十七日下午二時急電）

《申报》,1937年7月28日,第4版

平市已入大戰前夕狀態

北平 平市二十七日晚已漸入大戰前夕狀態、八時以後、電車即陸續收車、街上行人亦漸減少、東北長安街東西單牌樓、襲為熱鬧街衢、現已寂靜沉肅、僅慘綠之路燈、斜照於道旁樹林、益呈森嚴氣象、各城門終日緊閉、僅留前門通行、各要道口加緊堆疊沙包及障碍物、東西兩車站站門均緊閉、官方公布拒絕日方任何無理要求後、人心激奮、咸欲一知究竟、晚報銷路因而陡增、人咸手一張細閱、面露歡欣而又悲壯之顏色、交通工具之電報與電話、因郊外各路電綫多被日軍割斷、故有綫電報均發生障碍、平保平津平通等各綫電話、亦未恢復、宋哲元・秦德純・陳繼淹等、二十七日晨對平市治安曾一度商議、對保護外僑、尤有詳細之決定、但外僑則多已奉到使館集中命令、聞東交民巷各國使館、對維持該地治安、已經分配、巷之西口由美兵守衛、日兵則負守衛台基廠之責、市內日僑二十七日 午已分別集中於日本俱樂部、正金銀行、日大使館、及日本小學四處、日通信機關同盟通信社、二十七日停止發稿、日籍職員均逃去、廣安門大街、二十七日下午一時、曾一度戒嚴、旋即放行、聞係二十六日晚入城日軍中、有便衣兵士雜於其中、其後武裝者送回日兵營、便衣者廿七日復由牛街等處竄出、但人數極少、故秩序不久即恢復、市民避難者不多、但每人面上均呈緊張情緒、尤其分布街頭之兵士、莫不精神抖擻、態度憤激、(廿七日中央社電)

旅平日僑集中使館

北平 日使館二十七日令駐平日僑即日集中使館、德使館亦令德僑於必要時遷入使館內、英使館應英僑之請、已允僑民隨時可移駐使館內、至於美法義等國使館、尚無舉動、(二十七日中央社電)

北平 北平各日僑均奉命於今日正午前、退入日大使署與東交民巷內其他各集中地點、日大使署發言人聲稱、此舉乃防三十七師對日本最後通牒有劇烈之反動云、昨夜陷於城內某廟之日兵、經中日當局到場會商後、今晨已經護送至北平營房、城外日兵則向豐台撤退、廊房一役、據日當局宣稱、日兵死四名、傷七名、今晨北平天空有日飛機飛行不息、餘尚安謐、(中央社二十七日路透電)

日租界呈戰時狀態

天津 日軍澈夜準備後、今晨日租界已呈戰時狀態、毘連華界一帶之各街道、堆積沙袋、建設有刺鐵絲防禦物、置兵守衛、日租界之河邊、由軍隊封鎖、渡船停止往來、鐵門均閉、今晨各街道禁止汽車人力車來往、僅日軍用汽車與電車得以行駛、行人與電車乘客均受檢查、日租界華警均不携槍械、東車站與國際橋間之區域、由

《申报》，1937年7月28日，第4版

日兵逃還、廊坊戰事發生後、北倉楊村車站均爲日兵佔據、華界保安隊徹夜防守、阻止日本鐵甲汽車駛入、日鐵甲汽車均沿華界馬路駛行、今晨保安隊已發手榴彈、並開發槍彈與各隊員、日當局現圍將日僑悉遷東交民巷、日大使署日銀行日警局已容納日僑三分之一、鮮僑則集中於租界、昨夜日人寓區內有一炸彈爆炸、傷華人八名、檢華人嫌疑、該炸彈乃由日兵運輸軍火之汽車上偶而落下者、（中央社二十七日路透電）

〔天津〕日租界二十七日戒備仍嚴、八時始准行人、只旭街榮街明石街三處可通行、其餘路口均已封閉、日警憲檢查行人極嚴、自二十七日下午至二十七日晚、共捕去華人五十餘名、東車站日兵亦增加軍運車輛竟日往來不絕、禁止華人進前、形勢緊張、總站日兵亦有增加、西站日軍仍盤據未去、津市謠言甚多、遷移者絡繹不絕、市當局已作非常準備、（二十七日專電）

〔天津〕津日租界二十七日起戒備甚嚴、現祇有旭街明石街榮街可以通行、但無論乘車或步行、均須受查、卽電車亦須經檢查以後、始能通行、此外各街口沙袋電網均已布置、由日兵守衛（二十七日中央社電）

決不接受無理要求

〔北平〕確訊、在日來中日雙方、企求不將盧溝橋事件擴大、期得和平解決聲中、二十五日夜日方突又向廊坊進兵、對我駐軍射擊、二十六日晨且增加大批援軍、並以十七架轟炸機四出轟炸、我軍奮勇抵禦、損失甚重、二十六日夜多數日軍更衝入廣安門、幸經我防範制止、退入日兵營、我當局現已決定絕不接受任何無理要求、所望全市市民、沉着鎮定、同赴國難、（二十七日中央社電）

《申报》，1937年7月28日，第4版

一切談判均歸停頓

［天津］時局已瀕最後關頭、此間一切談判、均已停止、官方因平津電話電報均被破壞、消息傳遞殊欠靈敏、故大局究竟現已發展至如何程度、無從知悉、張自忠在平、市府政務由市府秘書長馬彪獅警察局長李文田等處理、據當局稱、目前大沽等地尚平靜、廊坊二十七日晨亦無衝突、中日雙方軍隊仍在對峙之中、（二十五日中央社電）

日軍續向廊坊增援

［天津］上午七時半電、此間日軍二十七日晨陸續向廊坊增援、計㈠上午六時十分有兵車一列、士兵九百餘名、㈡上午六時半、有兵車一列、士兵六百餘名、㈢上午七時四十分、有兵車一列、士兵五百餘名、㈣上午八時十分有兵車一列、鐵甲車一列、士名百餘名、㈤上午六時半有軍用車一列、滿載軍用品、均由津開往廊坊、（二十七日中央社電）

［天津］由秦榆唐等地到津之日軍、現大部已往北開、其下車地點不外廊坊・黃村・豐台・等處、據交通界息、二十六日開出十列、連同二十七日共達二十五列、現津東站所停之日兵車亦無多、二十七日所開出者爲四列、計軍用品車一列、砲兵車兩列、騎兵車一列、（二十七日中央社電）

［天津］二十七日上午二時三十分至下午五時、由津開往廊坊日兵車共十七列、均載軍需品及日兵、內有鐵甲車三列、又日軍在唐山一帶徵集大車、截至二十七日止、抵津者達一千餘輛、均運前方應用、（二十七日專電）

［天津］廊坊車站仍爲日軍佔據、我軍現移防散伏青紗帳內抗守中、截至二十七晚止、尚無衝突、（二十七日專電）

《申报》，1937年7月28日，第4版

平津嚴密戒備情形

〔北平〕平市各城門除前門以外、二十七日仍關閉、天安門西三座門二十七日關兩門、僅餘一門通行、各街衢沙袋已重新堆起、由保安隊嚴密戒備、市內秩序甚佳、平漢北寧兩路二十七日均停開、東西兩車站均寂無一人、東交民巷入口處檢查頗嚴、(二十七日中央社電)

〔天津〕此間地方尚平靜、惟二十七日晨日租界至八時止、始恢復交通、市內遷居者甚多、當局除加緊戒備外、並力持鎮靜、平津間交通、路局原定二十七日晨 派工程車由日方聯絡員會同赴沿綫廊坊等地勘查、以謀恢復、此事雖事前得日方之同意、但二十七日晨三時、被新開到之日軍所反對、致未能實現、(二十七日中央社電)

日機又有多架到津

〔天津〕日機三十架、二十七日晨由關外到津、分停於東局子中航及惠通機場、李明莊日兵營亦停有一部、目前到津之日軍用飛機、總數已達八十二架、(中航公司飛機已改落南開機場、(二十七日中央社電)

〔天津〕日軍飛機二十七日突增加三十架、現共為六十二架、中航飛機場現亦為日軍佔據、津上空時有日機盤旋、並分至北寧平漢津浦沿綫偵察、(二十七日專電)

日軍沿平漢綫推進

〔天津〕此間日軍二十七日上午八時後、仍有大打沿平漢綫推進、其目的除廊坊外、豐台附近、亦佔一部份、二十七日上午八時半至上午十時由津開出者共有專車四列、包括兵車兩列、鐵甲車一列、軍用品車一列、(二十七日中央社電)

〔天津〕塘沽日軍源源而來、均分別乘車來津、其中一部到津後、即逕行北開、此外尚有由輪船裝運之軍用品一部、廿七日在秦皇島登陸、聞日內將有數艦到塘沽起卸云、又據悉塘沽日軍在北岸積極修築軍用碼頭、並準備一切、與我大沽駐軍三十八師隔河對峙云(廿七日中央社電)

《申报》,1937年7月28日,第4版

北平兩處衝突經過

〔北平〕中日軍於二十六日晚在廣安門內衝突後、廣安門大街二十七日沉寂無人、大部份商店、迄午尙關閉、城門口滿堆沙袋、戒備極嚴、據守門某兵士談、二十六日晚日軍約百餘名、分乘大汽車十餘輛、經我當局允許後、即啟門准彼等入城、詎意日兵入門約六七十名後、即迅速下車、將隊伍散開、向我軍以機槍掃射、我軍當即還擊、並放手溜彈多枚、我以城外日軍甚多、乃速將城門關閉、一時廣安門大街驟成戰場、演成劇烈巷戰、城外日軍、聞聲即向城內發砲數響、旋與我城外駐軍發生衝突、同時日便衣隊數十名、不知由何處竄出、亦向我軍射擊、我守門軍隊一連之衆、無不奮勇抵抗、激戰至九時許、日軍不支、向牛街一帶撤退、旋被我軍包圍、槍聲始息、城外中日軍亦漸停止衝突、至夜十二時許、始由雙方人員交涉、將被包圍之日軍、送回日兵營、此次戰役、日軍死傷約三十餘人、我軍死一人、傷十一人、另死巡官一人、察日軍此舉、顯係內應外合、有計劃之行動、圖將廣安門衝開、使城外大部日軍入城、故我輩誓死與之周旋、言下頗爲悲憤、（二十五日中央社電）

〔北平〕西城彰儀門外昨晚發生戰事、聞日兵在內城外城死者達二十人、載重汽車三輛、滿載兵士、曾爲手溜彈炸毀、華方死傷警察各一名、先是有日大使署衛兵三百名、由宛平開至彰儀門、當滿載日兵之載重汽車駛過城門時、戰事即發作、日兵繼乃散匿於城內外各屋、以來福槍與機關槍與華兵交鋒、華兵旋用迫擊砲應敵、大多數日兵避匿城內某廟、而爲華兵及便衣華人約千人包圍、是時彰儀門附近一帶密佈哨綫、戰事歷四小時始已、路透社曾接豐台電話、謂日軍坦克車現正馳往平城、但談話未畢、電話綫被斷、據目擊者稱、戰事發作後、彰儀門內外城同時緊閉、甚危云、（中央社二十七日路透電）

《申报》，1937年7月28日，第4版

平津電訊時斷時續

〔天津〕廊坊衝突停止後、當局原擬二十七晨六時開試道車一列、沿路視察、先謀通車、因日兵車擁擠、至下午二時四十分始由津開出、路局工務電務處人員、及日聯絡員隨行、五時到廊坊、修理電綫、至六時半通話、九時原車開回、北甯路平津電話、二十七日下午亦通、惟沿綫日軍把持、時斷時續、平津間客車完全不通、乙二十八日仍無通車希望、平浦車自二十七日起、以西站爲起點、不開總站、津浦大廠昨仍爲日軍佔據、(二十七日專電)

大沽口外到三日艦

〔天津〕大沽口外二十七日又到日驅逐艦三艘、塘沽日軍集輪船駁船二十餘隻備用、與對岸大沽駐軍對峙中、形勢轉緊、英軍艦一艘、到塘沽保僑、(二十七日專電)

日機竟拋擲毒氣彈

〔北平〕二十七日午日機一架飛蘆溝橋擲兩彈、一爆炸、一未爆炸、經人檢拾、認係毒氣彈、又同時衙門口方面、日機亦飛往擲兩彈、均爆炸、死傷未明、(二十七日中央社電)

〔天津〕日飛機一架、廿七日晚七時、由東局子機場起飛、在津上空盤桓約一小時、並放射紅白色探照燈、(二十七日中央社電)

津三車站完全被佔

〔天津〕津總東西三車站、已完全由日本兵佔據、各重要部份、均由日兵派員監視、總車站候車室由日方設臨時聯絡所、津浦路西沽大廠亦被日兵駐守、西車站辦公人員均被迫遷移、此外河北五馬路扶輪中學校二十七日晨亦有日軍百餘名開到駐守、(二十七日中央社電)

津日軍復檢查郵件

〔天津〕此間日軍當局現已對於寄往南方之郵件復施檢查、日方檢查員今日午後復至郵局實施檢查中文郵件之工作、此次檢查員中、未有白俄在內、頃由平寄津之郵件、今日由飛機遞送、頃有日兵三千人、分乘十二列車、由津開往廊坊等處、(中央社廿七日路透電)

《申报》，1937年7月28日，第4版

宋哲元派代表到京

謁當局報告華北近況並請示機宜
聞宋已下決心不願再作無謂折衝

［南京］宋哲元派高級將領代表乘機抵京、二十七日晨謁當局、報告華北戰況、并請示機宜、日內返平復命、（廿七日專電）

［南京］日軍在廊房進攻後、宋委員長以日軍毫無和平誠意、不得已下令還擊、雙方俱多死傷、日軍復悍然提出所謂通牒、竟限我軍于二十七午前撤退至長辛店云云、據京中消息、宋哲元決定加以拒絕、（二十七日下午五時止、平郊兩軍、時有衝突、）我軍固守防地、生死以之、據聞宋哲元電京表示、事已至此、不欲再徒與日方作無謂之折衝、據歐美人方面消息、宋哲元殆已痛下決心、願爲正義而應戰云云、（二十七日專電）

［南京］二十九軍駐京代表李世軍二十七晨九時、謁軍事當局、報告宋哲元來電所述各情、並有所請示、（二十七日專電）

［南京］冀察政委會委員長宋哲元二十七日有兩電到京、對平津情況、續作詳細報告、并有所請示、一面派員到京代表面陳一切、（二十七日中央社電）

平教界人士 電蔣請明令應戰

務懇發動全國兵力
以保國家民族生存

［北平］平教育學術界人士李書華・李蒸・樊際昌・査良釗・等二十餘人、二十七日午曾再交換時局意見、當決定卽電蔣委員長、請明令應戰、原電如次、南京蔣委員長鈞鑒、近日敵機轟炸廊坊、又砲擊廣安城門、並對我提最後通牒、危機一髮、萬不能坐以待斃、務懇發動全國兵力、卽日明令應戰（以保國家民族生存、李書華・李蒸・査良釗・潘光旦・張貽惠・樊際昌・鄭天挺叩緘、同時國立北京大學・清華大學・市大女院・私立中法大學・中國學院等五校學生、亦推代表十三人、於下午一時半携意見書赴市府謁秦德純、探詢時局眞象、至請示最近服務工作方針、（二十七日中央社電）

陳紹寬 昨自歐飛抵港

擬今晨卽飛往首都
孔短期內亦將回國

［香港］陳紹寬二十七日由歐飛抵港、二十八晨乘中航或歐亞機飛京、談華北緊張、予分屬軍人、以身許國、故趕急歸來、現和戰兩途、全繫於日、孔最短期內亦將歸國、歐風雲亦緊、各國均無東顧之力、聞英駐星洲艦隊及空軍、必要時調港、（廿七日專電）

行政院 決議事項

［南京］二十七日行政院會議、各部會長均到、軍政部長何應欽報告日軍佔我廊坊車站及進攻經過後、交長俞飛鵬續報告平津等處交通機關發生困難情形、歷一小時餘、（二十七日專電）

［南京］行政院二十七日晨開三二二次例會、蔣作賓主席、議決要案如下、報告事項、㈠軍政部何部長報告廊坊中日兩軍衝突情形、㈡交通部俞部長報告平津等處交通機關發生困難情形、討論事項、一、軍事委員會函爲擬訂防空法草案、請轉陳公布施行案、決議通過、送中央政治委員會二、財政部孔部長呈送整理太平洋拓業公司債款五項、請鑒核備案云、決議通過、並報請中央政治委員會備案、三、內政・軍政・財政・實業・教育・交通・鐵道・七部衛生署振務委員會報告審查浙江省二十六年度地方概算書暨整理借款計劃綱要一案意見十項、請鑒核案、決議、照審查意見通過、四、內政・軍政・財政・實業・教育・交通・鐵道・七部衛生署振務委員會報告審查湖南省二十六年度地方概算書」一案意見十四項、請鑒核案、決議、照審查意見通過、五、內政軍政財政實業教育交通鐵道七部、衛生署振務委員會報告審查「上海市二十六年度地方概算書」一案意見九項、請鑒核案、決議、照審查意見通過、任免事項 一、院長提議、任命俞鴻鈞爲上海市長、請公決案、決議、通過、二、交通部俞部長呈、郵政儲金匯業局監察委員會、現任簡派委員吳大鈞、聘任委員錢新之王曉籟任期屆滿、擬請准予連任一期、並仍指定錢新之爲委員長案、決議通過、（二十七日中央社電）

《申报》，1937年7月28日，第4版

日軍壓迫無已時
外部發言人發表談話
在我方已盡和平最大之努力
彼則蓄意擴大事態別有企圖
嗣後一切責任均應由日負之

〔南京〕外交部發言人對於日軍在廊坊等處重啟戰釁事、二十七日發表談話如下、

自本月七日夜、日軍在蘆溝橋無故向我駐軍襲擊以來、雖其責任完全不在我方、但我當局爲顧全東亞和平、始終表示願以外交方式謀適當之解決、我外交部長並曾迭次向日方正式提議、雙方約定日期同時撤兵、不幸日方對於我方歷次和平表示及提議、不獨不予接受、且大舉增兵集中平津、同時與我方當局議定解決辦法、我中央得報後、察其內容、與我既定方針、尚無重大出入、爲貫澈和平之初衷、不予反對、我方極度容忍、維護和平之苦衷、應爲中外人士所共見、方謂日方前綫之軍、從此可以撤退、後方之軍、亦可以停止進發、乃一週以來、日軍不獨毫無撤退模樣、且日本國內及朝鮮各地、仍續派大量軍隊絡繹向平津出動、二十五日晚間、並無故向我廊坊駐軍襲擊、繼之以飛機轟炸、二十六日復向我地方長官提出無理要求、兼在北平近郊四出挑釁、其蓄意擴大事態、別有企圖、蓋已昭然若揭、兩旬以來、我方已盡和平最大之努力、嗣後一切事態之責任、自應完全由日方負之、（二十七日中央社電）

《申报》，1937年7月28日，第5版

日本發揮武力
對華抱重大决心
近衛首相說明派兵目的
猶冀中日國交根本調整
華北事件仍求現地解决

〔東京〕日首相近衛在議會演說、關於對華問題、大要如下、此次華北事變之勃發、誠爲遺憾、政府不得已爲重大决意、得舉國一致支持、不勝感謝、此次派兵目的、在維持東亞和平、如聲明所述、余衷心切望中國政府及國民「自省自律」、從速根本調整國交、(二十七日中央社電)

〔東京〕二十六日夜廣安門衝突、又引起極大衝動、二十七日晨各報發號外、報告詳細消息、六時陸相開重要會議、八時開緊急閣議、傳有重要聲明發表、廣田外相二十七日晨在議會演說、首指摘中國組織的強化、利用抗日精神及運動、爲統一國內輿論、發揮國家意識之手段、次謂日本對東亞之根本方針、在求日中「滿」之融和提携、阻止赤化勢力東漸、期實現東亞安定、切盼中國從速對此根本方針有充分理解與認識、最後述及此次事變、謂日政府仍如十一日聲明、保持現地解决事態不擴大方針、故一方就現地力圖和平解决、一方努力使中國爲從速收拾時局、務宜善處、所切望者、華方從速反省誠實實行協定、總之此次事變、關鍵在華、余期待中國可副日本希望、對於結束時局速取有效適切之處置、(二十七日中央社電)

《申报》，1937年7月28日，第8版

廣田弘毅演說外交

（東京）廣田外相今日在特別議會發表外交演說如下、夫確保東亞安定勢力之地位、貢獻於眞正世界和平之樹立、乃爲日本帝國之國是、今已毋待贅言、維當其實行之際、首應考慮中日「滿」蘇間之關係、此爲余所確信者也、綜觀最近中國之情勢、以統一國內輿論、並勵國家意識爲手段、而以日本帝國爲目標、提倡所謂抗日精神、甚至成爲運動、具有組織、強化而利用之、甚因於上項情形、於是不祥事態層見疊出、帝國政府認爲至堪遺憾者也、帝國政府曾於成都事件[illegible]之際、卽欲糾正在中日國交上根本障礙之中國對日態度、關於改善國交與該政府之誠意等等、具體問題、求其有所表示、但不幸而該項交涉、因遭華方反對、不得已爲之停頓、其後中日兩國關係、直言之、決難認爲滿足者也、東亞之日本帝國、其根本方針在乎中日「滿」三國間之融和提携、以阻止赤化勢力之東漸、俾便實現東亞之安定、自毋待重申前言、故帝國政府切盼華方對此根本方針、及早得到充分理解與認識、但事實上華方非僅缺乏上項理解與認識、且近來抗日精神變本加厲、甚至本月七日夜間、忽有盧溝橋事件之爆發、要不外乎前因之結果耳、帝國政府對於此次事件之態度、曾於本月十一日業經聲明在案、當以現地解決與不擴大事態爲方針、企圖和平解決、同時並努力希望南京方面設法善處、迅速收拾時局、此余所以極望華方及早反省、切實履行本月十一日晚雙方簽約現地解決之條件、帝國政府此項態度、已令駐外使臣詳細轉達各國政府、當承充分諒解、惟以南京政府之態度若何、則對於中國一般民衆之反響、未許樂觀、或不無激發不祥事件之危慮、故應向華方中央及地方當局對於取締排日行爲及保護日僑、促其注意、以應付事態之推移、而策萬全、總之、此次事變、其解決關鍵完全繫於華方之行動若何、余則期待華方容納我方所希望、迅速穩定時局、庶以適宜有効之措置耳、

對俄解決懸案

至對蘇聯關係、政府自應愼重考慮、惟滿蘇間之邊界方面、依然迭次發生事件、尤以最近蘇聯邊防警備隊非法侵佔黑龍江上「滿洲國」領之島嶼、以致日「滿」部隊與之發生衝突、一時事態險惡、其後得與蘇聯約定、恢復該方面之現狀、藉此收拾事態、日本帝國對於滿蘇國境方面時滋事端之情勢、極爲關心、欲爲防止邊界糾紛計、認有講求實際方法之必要、以處理歷年成爲懸案之國界確定、及其糾紛之解決、擬設委員會兩處、企圖緩和邊界方面之空氣、迅速採取適當之辦法、因此、在蘇聯方面亦應虛心坦懷、並力協助、余認爲不得不向蘇聯促其猛省者也、政府對於北洋日商之漁業與北樺太之日商採油掘煤等等利權、自應保障其正當事業之經營、極力加以注意、凡屬根據條約辦理各項事業、決不許其成爲有名無實之狀態、總之、日蘇間急待解決之問題尙多、政府自應充分努力、日英關係曾因英皇加冕典禮、日本卽以天皇之代表秩父宮與妃參加盛典、於是兩國傳統的交誼、因此更加親密、不勝感謝、政府應求對於增進日英親善、未變方針、最近爲調整兩國間之關係計、彼此開始相商、意見已趨一致、自當迅速以圖促進也、至日美關係近來極其良好、益增親善之度、前次我國艦隊使節遊美、與各界開誠交換意見、經濟上及其他各節、兩國接近之態甚非淺鮮、此余引爲快慰者也、

運用德日協定

我國曾於客歲與德國訂立日德防共協定、政府擬將該項協定運用於有効、同時期望將來兩國關係愈臻緊密、

發展對外貿易

至於通商關係則振興輸出、極其重要、亦卽我國在生存上必需之條件、尤以現在我國經濟情勢觀之、實爲企圖收支適合最重要對策之一端、自不待言、惟歐美各國現狀其於經濟財政及其他各方面情形、迄今對於我國輸出貿易、尙維持其有各種障礙、因此、政府應付對方國、分別實情、或與之訂立協定、或出於

《申报》，1937年7月28日，第8版

杉山報告華北事變

謂決採斷然處置

（東京）[illegible]（二十七日中央社電）

日本海軍充分戒備

米內在議會說明

（東京）[illegible]（二十七日中央社電）

英上院討論軍艦砲位

十四吋口徑，限於十六吋

（倫敦）[illegible]

日本野心無饜

英報評論

（倫敦）[illegible]

《申报》，1937年7月28日，第8版

沙河保安隊附敵

今晨北平形勢突變

宋哲元率部隊午夜赴保定

馮治安秦德純陳繼淹偕行

張自忠兼代冀察委員長職

（南京）京中軍事機關、廿八日深夜得北平方面報告、駐平綏綫沙河保安隊附敵、北平形勢突變、宋哲元、秦德純、馮治安、陳繼淹等、廿八日晚十一時半率部離平、（二十九日上午二時二十分中央社電）

（北平）頃由半官方面公布消息、宋委員長因公廿八日晚赴保視察、命天津市長張自忠兼代冀察政務委員會委員長、北平市長秦德純隨宋赴保、平市長職務亦由張自忠兼代、津市長則由警察局長李文田代行、又平綏路局局長張維藩職、由張允榮繼任、（二十九日上午三時十五分中央社電）

（天津）市當局廿八日奉宋委長命、固守津市、安保外僑、各地民團同日奉令無論何處如遇日兵挑釁、即行抵抗、（二十八日專電）

（天津）二十八日午起、廊房楊村一帶日軍、向北倉退集整理、附近一帶電話均生阻礙、準備全綫向我豐台廊房楊村反攻、（二十八日下午四時本報急電）

（本埠消息）戈定遠昨晚由平電滬云、李[illegible]兄勳鑒、宋委員長決心極大、決堅守北平與城共存亡、昨夜我軍血刃廊坊之敵三百餘人、今日上午十一時攻佔豐台、殲敵無算、聲勢甚盛、請轉告諸友釋注爲盼、弟戈定遠叩儉、

（北平）我軍事某要人、廿八日晨赴平郊某地督戰、士氣大振、（廿八日中央社電）

（北平）二十八日各街巷口滿置沙袋、並架機槍、交通斷絕、（二十八日專電）

（天津）日駐軍作戰課長和知、二十八日亦到津、日海陸空三方指揮官、二十八日在津有緊急會議、討論當前一般重要軍事計劃、企圖大舉攻我守地、（二十八日專電）

日軍圖佔津市

（天津）二十九日晨二時許、津四郊槍聲四起、坪坪不絕、據查係日軍由東局子北倉東車站總車站四處出動、圖侵

《申报》，1937年7月29日，第3版

佔津市、當由我四郊駐軍及保安隊出而應戰、迄發電時、雙方仍在激戰中、（二十九日上午二時四十分中央社電）

我軍退出豐台

〔南京〕關係方面接前方報告、我軍二十八日晨確將豐台車站攻克、迄午後日軍陸續增援、猛烈反攻、我軍因戰略關係、暫向某處移動、（二十八日中央社電）

〔北平〕長辛店電話、二十八日晨九時我軍奮起迎戰、士氣旺盛、攻盧溝橋東沙黨劉莊大瓦窰一帶、鐵甲車向前推進、與大砲猛烈向東沙黨敵軍轟射、平漢沿綫推進之士兵、爭先向前、「中華民族解放萬歲」、呼聲响澈雲霄、旋分三路向豐台猛攻、下午二時豐台日軍已被我軍全部肅清、傍晚前全部克復豐台、長辛店一帶、砲聲震耳欲聾、人心鎮定、（二十八日中央社電）

《申报》，1937年7月29日，第3版

天津　我軍以日兵自昨日起、四處挑釁、已入激戰狀態、二十九軍特以精銳部隊、自侵晨起、由永定河岸、向前猛攻、所向無敵、遂於九時三十分、奪回豐台、截獲日軍輜重品無數、刻正在積極推進中、（廿八日上午十時零五分急電）

北平　我軍二十八日各路戰況極佔優勢、團河我軍自二十七日與日軍衝突後、至二十八日晨經激烈戰爭、日軍始不支向西南竄退、我軍奪獲坦克車三輛、並乘勢追擊、隨即於二十八日上午九時三刻、將豐台車站克復、日軍急由通縣調隊增援、我援軍亦相繼到達、刻正激戰中、又蘆溝橋一帶、我軍於二十八日晨猛烈應戰、至上午九時許、已越過蘆溝橋、向大瓦窰日軍追擊、刻正激戰中、（二十八日中央社電）

北平　據外籍記者息、㈠二十八日晨拂曉、我騎兵一部、由南苑向豐台前進、豐台日軍立即出而應戰、我騎兵佯作敗退、拆回南苑、日軍乃大舉來攻、我軍即於此時分兩路圍攻豐台、日軍不支潰散、我軍遂於晨九時將豐台克復、㈡平日兵營電綫已被割斷、今井對外籍記者談、日軍軍用電信隊迄今並無軍情報告、㈢日軍二十八日下午二時、猛襲北苑、另有機械隊向沙河鎮車站進攻、企圖切斷平綏綫、（二十八日中央社電）

日軍反攻廊坊

南京　確息、二十八日晚綜合廊坊及平郊一帶戰況如下、㈠通縣收復說未證實、廊坊車站二十八日晨確經我軍克復、日軍受創奇重、向後潰退、正午左右稍停、四時後日軍後續部隊到達、即以飛機向我軍轟炸、猛烈反攻、刻正激戰中、㈡大小井村方面、昨晚迄今、日軍迭向我駐軍進犯、經予痛擊、我軍確佔優勢、日軍向豐台潰退、㈢平北淸河製呢廠（德勝門外十八里）二十八日晨被日飛機炸燬、損失甚鉅、㈣南苑方面、日軍迭以多數飛機及砲兵助攻、向我猛撲、我軍奮勇抗戰、情況甚爲激烈、午後附近某地爲日軍所據、現正對峙中、（二十八日中央社電）

天津　二十八日晨五時、我軍乘暴風雨向廊坊日軍進襲、八時克復廊坊車站、（二十八日專電）

天津　我駐廊房之二十九軍口口旅口口團、自日昨退出車站後、即在附近村落佈置一切、準備應戰、今晨與口口師會齊出動、當即攻復廊房、我軍僅傷七人、（二十八日上午十一時十分急電）

《申报》，1937 年 7 月 29 日，第 4 版

【北平】廊坊被我軍於二十八日晨九時克復後、我軍卽將鐵路軌道切斷、阻止天津日軍北上聲援、同時我軍並將廊坊以南之楊村收復、（二十八日中央社電）

【天津】楊村鐵橋被毁後、據聞楊村日軍向天津撤退時、情勢頗混亂、（二十八日下午七時四十分中央社電）

【北平】據官報確息、我軍某部劉旅、二十七日夜由某地進襲廊坊、肉搏甚烈、劇戰至二十八日上午八時、敵全部潰退、傷亡甚衆、我軍將廊房克復、（二十八日中央社電）

【北平】據報我軍於二十八日上午十時許、收復距通縣六七里之看丹村、奪敵鐵甲車三輛、現我正乘勝追擊中、（二十八日中央社電）

【天津】據交通界息、楊村鐵橋已發生阻碍、此間日兵車二十八日雖有四列到津、但未有向平豐開出者云、（二十八日中央社電）

【天津】津日軍部二十八日下午一時許派小型鐵甲車一列、由津赴楊村修理電綫、蓋日方之軍用電綫二十八日亦中斷也、該鐵甲車迄下午四時尚未返津、（二十八日中央社電）

【天津】據華人方面消息、華軍已將距天津西北約三十哩之楊村鐵路橋炸毁、以阻分佈楊村與北平間日軍之獲援、（二十八日中央社路透電）

沙河一帶亦有戰事

【北平】北甯路於日前發生障碍後、平綏路二十八日亦因沙河一帶發生戰事、不能通行、現僅西直門至門頭溝一段、照常通車、（二十八日下午九時二十五分中央社電）

塘沽日驅逐艦開砲

【天津】大沽二十八日中日軍隊衝突情形、頃向官方探詢、據稱二十八日下午四時、有日輪一艘、滿載軍火入口、照例日船皆停於北岸、而此

《申报》，1937年7月29日，第4版

次竟停於我方駐軍之南岸、當經我駐軍加以制止、日輪乃悻悻而去、臨行時、並鳴槍數響示威、旋有駐塘沽之日驅逐艦發砲若干響、我方無重大損傷、迄晚已趨平息、當此事發生時、駐津日總領事向海關通知、限制輪船出口、否則如有砲彈擊中者、日方概不負責云、(二十八日中央社電)

［天津］日輪四艘裝運軍火、駛抵塘沽、海河兩旁華軍、卽以手溜彈向前轟擊、日輪被迫退出海口、惟不久日輪中之一艘復由日砲船保護開抵塘沽、卽向岸上中國軍隊轟擊、結果未詳、(二十八日中央社路透電)

［天津］塘沽日駐軍時向南岸大沽我軍三十八師之一部挑釁、二十八日下午七時許雙方已發生衝突、迄八時許未停、戰情未詳(二十八日下午八時中央社電)

大小井村戰況劇烈

［北平］二十八日下午六時起、日軍復向我大小井村一帶進襲、砲聲隆隆、至六時四十分逐漸濃密、聲响極大、城內廣安門右安門一帶、屋瓦爲之震動、戰況頗爲激烈、(二十八日下午八時中央社電)

灤河鐵橋被我炸燬

［南京］交通界確息、冀東保安隊反正部隊、二十八日將灤河鐵橋炸燬、阻日軍西犯、(二十八日中央社電)

［天津］廿八日晚北寧路津站北廿二號橋、發現地雷一枚、但未爆炸、廿八日晚有大批日官兵及軍用品分乘載重車六十餘輛、沿平津公路返津、(二十八日中央社電)

《申报》,1937年7月29日,第4版

天津西站日軍撤盡

〔南京〕交通界確息、㊀我軍二十八日午收復通縣消息已證實、㊁津西站日軍二十七日撤退、機廠日軍二十八日亦撤盡、北上客車開抵西站未續進、㊂津總西兩站聞槍砲聲漸迫近、或係日軍掩護退却、傳北倉方面已有戰事、（二十八日中央社電）

〔天津〕此間津浦西站及大廠日軍、二十八日已撤去、在東站之一部日兵及調動所人員、二十八日晚亦分別離去、二十八日晚並有日兵車一列西上、但行至盧台、即停止云、（二十八日中央社電）

〔天津〕廿八日下午五時十分、有日兵六百餘人、乘專車一列由津赴楊村、又有日工程兵百餘人、亦於廿八日赴楊村、（二十八日中央社電）

各國武官紛往觀戰

〔北平〕英美法義日各國駐軍、二十八日派兵在東交民巷各出口把守、戒備極嚴、平美武官巴瑞特、英武官傅瑞澤、義武官葛針科等、二十八日晨戰事發生後、分赴各方視察觀戰、迄晚返城、各國武官二十八日均輪流在使館界巡行、又駐平美兵司令馬斯頓、二十八日晨八時召集全體美兵訓話、並舉行檢閱、（二十八日中央社電）

津領事團舉行會議

〔天津〕日軍之在天津者、頃於惶急之中、在東站以運貨汽車百輛、及其他運輸汽車若干輛、裝入火車一長列、同時日軍已乘運輸汽車陸續運到該處、華界居民紛紛自舊奧界遷往他處避難、天津各地均見有沙袋鐵絲網、領事團今日舉行會議、再討論日軍檢查郵件及租界治安等問題、日本當局曾聲明決不侵及租界治安、（二十八日中央社路透電）

〔天津〕日方派赴河北郵務管理局非法檢查郵件之人員、二十八日午後又離去云、（二十八日下午十時二十五分中央社電）

平各銀行捐款勞軍

〔北平〕平市各銀行、以前方將士喋血守土、其衛國精神極可欽佩、特

《申报》，1937年7月29日，第4版

於廿八日共捐洋二萬、慰勞我方將士、平學術敎育界人士李書華等、廿八日集議、決設法援助守土戰士、平紅卍字總會、已組織大批救護隊、定廿九日或三十日出發前方救護、(二十八日中央社電)

大戰爆發平市情形

【北平】日本提出之新要求、卽除三十七師外、新抵之一百卅二師、均須退出北平、經宋哲元毅然拒絕後、北平區昨夜已發生惡戰、就目前戰事之性質觀之、日軍決計將二十九軍全部逐出北平區、英義法美軍隊現衛守交民巷之園牆與入口、日僑現已全數移入交民巷、華人移往者亦多、許多華人家中、在其花園內建成避炸彈之住所、宋哲元拒絕日本新要求後、松井表示日人將視此爲華方拒絕日方要求撤退卅七師之最後通牒、據華人半官消息、日本之要求、等於將北平區作爲不設軍備區域、此爲冀察政委會所完全不能接受者云、(二十八日中央社路透電)

日便衣隊被我擊散

【北平】廿八日晨七時、有美兵七名、由東交民巷台吉廠北行過王府井大街、至梯子胡同東口時、兩旁突發現日便衣隊向我巡司之保安隊射擊、當由我保安隊予以還擊、相持約廿分鐘、日便衣隊卒被我擊退、捕一人、自承爲日軍間牒、同時美兵一人、亦被流彈擊傷、(廿八日中央社電)

【南京】二十九軍駐京代表李世軍、二十八日下午四時接北平來電、除報告豐台廊坊通縣確已由我軍相繼收復外、並稱、我軍現分途將盧溝橋及楊村廊坊豐台間殘敵包圍繳械、其由廊坊潰退楊村之殘敵、因鐵橋被斷、多落水圖逃、適二十八日晨天雨、河水高漲、致大部溺斃、(二十八日中央社電)

駐津我軍準備應戰

【天津】此間我駐軍三十八師現分駐於某某兩處、師長張自忠現負北平城內指揮之責、在津郊部隊、卽由副師長李文田指揮一切、李現已赴某處坐鎮待命、此間日駐軍二十八日四出張貼佈告、措詞荒謬、但除此以外、迄午止尚無其他舉動、祇空（？）機聲軋軋、隨時由津飛赴平豐偵察、我駐軍士氣異常振奮、隨時準備應戰云、(二十八日中央社電)

《申报》,1937年7月29日,第4版

津市情形極度嚴重

［天津］廊坊豐台我軍收復後、津市民極振奮、均懸國旗慶祝、人心轉鎮靜、遷移者已不多見、日租界情形則甚恐慌、檢查行人益嚴、是日由海光寺兵營向東車站運輸、但至下午四時後、經過法租界已受限制、晨有日載重車二輛欲過英租界被拒折回、市當局已在閘口電話局及衡突地帶堆集沙袋、充分戒備、義租界當局亦派兵在東浮橋一帶佈置電網、法租界除佈電網外、晚九時起局部戒嚴、津市情形今日爲最嚴重、（二十八日專電）

［天津］日軍部二十八日下午二時許派人在南馬路散發荒謬傳單、適有一行人經過、不明眞相、取而視之、頗爲憤慨、當隨手撕碎擲之於地、日人羞惱成怒、竟向空放三槍、並將該路人架往日租界云、（二十八日中央社電）

日軍照會冀察當局

［天津］華北大戰勢難挽回、蓋松井於午夜照會宋哲元謂、日本鑒於華軍無履行協定之誠意、故不得不取獨自行動也、松井（現爲日軍總司令香月之代表）臚舉華軍屢次挑釁行動、如廣安門之槍擊日兵、實屬侮辱日軍而不可恕者也、松井要求北平之華軍全行退出、謂北平駐有華軍、足以引起紛亂與戰事、而危及本城與寓於平城之外僑等生命也、松井與宋哲元會談後、日軍事當局即照會中國當局、謂將取特別計劃、以求㈠日軍與軍需在天津區內通過、包括派兵至中國特區內日人之產業一項、㈡保護通至日人區域之各路、㈢華界內之日僑全行撤退、（二十八日中央社路透電）

我軍奪獲日機七架

［北平］平南造甲屯前被日軍強佔民地建築機場、我軍廿八日晨向該機場襲擊、經激烈衝突後、守機場日軍不支、倉惶退走、我軍當將機場收復、並獲日機七架、（廿八日中央社電）

［天津］日軍飛機隊今晨飛往南苑西苑活躍、然因遭遇猛烈雷雨、其中三架被逼降落於天津郊外、（廿八日同盟社電）

［東京］據當局宣佈、今晨五時四十五分與六時、有日空軍兩分隊、先後由天津出發（目下正在北平西南兩面擲炸彈、而尤注重南苑、（廿八日中央社路透電）

［北平］廿八日晨五時半至六時半、日機廿一架、分兩隊飛平市四郊擲彈轟炸、並以機關槍掃射、第一隊共十一架、於五時半飛平郊上空、沿城垣以外投彈數十枚、同時以機槍低飛掃射後、即飛入市內、散放傳單、由香月淸司署名、自稱「大日本軍司令」、其措詞荒謬、令人髮指、在平市上空盤旋、約卅分鐘始去、第二隊共機八架、約六時廿分左右飛來、亦沿城郊投彈後、在市內散發傳單、盤旋十餘分鐘始去、今日此間天陰、但當日

《申報》，1937年7月29日，第4版

機來時、雖機聲不絕於耳、而一般民衆、均極興奮、毫無畏懼之色、咸從夢中醒起、佇足街道仰觀、足見人心憤激已達沸點、現在郊外死傷聚失均未判明、尚待調查、（二十八日中央社電）

日機墜毀 四人炸死

天津 今晨由津轟擊西苑南苑兵房之日轟炸機、歸時遇大風雨、致有一架在津南城塘莊墜毀、據華人消息、該機着地後、機中炸彈皆爆炸、機中四人全遭炸死、今晨有日兵車四列、由東開抵、載有大批軍需、並日兵約千名、日飛機今晨在天空散發傳單、措詞極爲荒謬、（二十八日中央社路透電）

天津 此間日軍調動甚繁、廿八日晨四時許在東局子之日機有廿餘架啟飛、其中一部戰鬥機赴南苑轟炸、另有數架偵察機飛行津市上空散放各種傳單、辭句甚荒謬、謂日軍出動、係對我加以膺懲、六時許平津間大雨如注、日軍用機頗受阻碍、且有一架在津縣屬陳塘莊地方被焚、緣廿八日上午六時許日軍戰鬥機六架起飛向南苑方面飛去、其中一架、行至津縣屬陳塘莊地方、因發動機走火被迫降落、全機被焚燬、駕駛員二人身死、該機並有炸彈十二枚、機關槍一架、落地時一炸彈爆炸云、（二十八日中央社電）

天津 日轟炸機由津飛前方助戰、被風雨迫落津郊大窰村、炸彈爆炸、架駛員二人焚死、機身全毀、（二十八日專電）

我軍擊落 日機一架

北平 西苑兵營及營市街、廿八日晨被日機轟炸、所有房屋多被炸燬、該地軍民因事前有準備、故傷亡甚少、（廿八日中央社電）

北平 日機二十八日晨在西苑轟炸時、當被我軍擊落一架、（二十八日中央社電）

北平 二十八日下午五時五十分、日機二架在平市上空盤旋飛行、其中一架先飛向使館界日兵營投遞信件、旋復環繞平市飛行兩週、散放天津庸報號外兩種、其一爲二十八日上午七時以前日軍部發表之各路戰況、無非妄誇其勝利、但內有「日軍軍用電話二十八日晨三時全被我軍割斷」之語、其一則盛誇日軍二十八日晨在南苑如何勝利、亦爲津日軍部發表之消息、與我方所得戰報相照、適足證實日軍二十日敗退、完全皆爲事實、（二十八日中央社電）

《申报》，1937年7月29日，第4版

日方在津設航空團

（天津）日軍用飛機在津者、現達七八十架、已在津設立航空團、由德川中將主持、負責指揮、德川二十八日晨已到津、尚有參謀長今澤、參謀大賀及儀我等隨來、即在日租界花園公會堂、組織辦事處、二十八日晨後飛機一架、飛北倉附近李家嘴子拋擲硫磺彈四枚、意欲破壞永定河放水閘、但結果無損傷、（二十八日中央社電）

（天津）日轟炸機二十八日續有到津、總計已達百架、日陸軍省派航空一團司令德川中將、參謀長金津、陸軍指揮官儀我少將、大賀參謀、二十八日上午十一時由東京搭特快機到津、日航空司令部當日在日租界花園公會堂成立、（二十八日專電）

中日絕交 尙談不到

（南京）某外人對外記者表示、中國將與日本斷交、據中央負責人員云、現在尙未考量及此、因此時尙無斷交必要、將來是否宣布斷交、關鍵在於對方、（二十八日專電）

日外省發言人 發表聲明

（東京）二十八日午、外務省發言人接見外國記者、發表重要聲明、大意敘述經過情形、謂日軍不得不取自衛行動、二十七日內閣及陸軍聲明大體相同、或問今後交涉對手爲冀察抑爲南京、答、如有和平途徑、皆可、或問、日要求撤兵區域、限於北平附近、抑爲河北、答、現不能言、或問、對河北省內中央軍問題、如何、答、現亦不能言、（二十八日中央社電）

日高 訪晤陳介

（南京）日本大使館參事日高、二十八日下午六時、赴外部訪陳介、談一小時辭去、（二十八日專電）

陳紹寬 昨晚抵京

（南京）海長陳紹寬二十八日下午九時五十分返京、海次陳季良・陳訓泳・等均往下關車站歡迎、陳下車後、即返部休息、據陳語記者、本人在歐洲任務適畢、即得華北緊張消息、遂急遄歸國、主持海軍軍務、孔特使刻在倫敦、余因彼由美返歐後、余適在義未晤及、故不知何時返國、歐洲各國對日本侵略我國、均作非議、對我國態度、至表同情、余係十九日由義起飛、二十七日即抵滬、定二十九日晨、晉謁蔣院長報告一切、（二十九日中央社電）

蘭封鄭州 發現日機

（南京）據息、本月二十三日上午十時零五分、蘭封上空發現黑灰色飛機兩架、高度約四千公尺、由西經蘭封往東南飛去、又二十六日下午四時十八分、鄭州上空亦發現日機兩架、高度達五千公尺、在鄭盤旋一週、即向東飛去、（二十八日中央社電）

《申报》，1937年7月29日，第4版

英美法三國
共同向日抗議事
關係方面正在徵求意見
九國公約會議尚非其時

[倫敦]廊坊之役、此處報紙均以大字登載、各方極爲重視、惟英方似尚認此爲局部事件、刻英美法三國共同向日本抗議問題、正在徵集意見之中、法國對於共同抗議、據云甚爲積極、惟美國則願置身事外、俾得採取任何單獨行動、英國仍信日本志願和平、惟受跋扈軍閥之牽制、故覺友誼調解爲最良之方法云、（中央社二十七日路透電）

[華盛頓]中國大使館今日公布北平當局及中國軍隊决心抗戰之電報後、即宣稱中國似已達大戰之前夕矣、（二十日國民電）

[華盛頓]國務部長赫爾今日訓令駐美大使詹森及駐日大使格魯、分別向中日兩國表示、希望華北戰事、可以避免、同時亦促兩國政府注意華北一帶美國僑民之安全已受危險、故美國力勸中日維持和平、官方聲明、美國此項勸告、雖與英法兩國之行動類似、然係完全根據美國之獨立政策云、（二十七日國民電）

[華盛頓]國務卿赫爾頃向報界發表談話、謂關於華北局勢、國務院始終與中日兩國政府常川接洽、且賡續努力、務使中日兩國政府態度、趨于緩和、使糾紛成爲地方化、以謀和平解决、各報訪員詢以華盛頓九國公約、有否援引之可能、赫爾則稱、關於此層、國務院尚未獲有較爲準確之消息、尤其是對於中日兩國政府之恒久目標何在、迄未完全明瞭、以故一時尚難决定、至就能否進行調解一層、赫爾答稱、調解須先經中日雙方同意而後可、惟關於此層、國務院迄未獲何項消息云、（中央社二十七日哈瓦斯電）

[華盛頓]國務部長赫爾今日論及日本外相廣田在議會中之演説、謂美國對於廣田所提各點、最近已説明美國之立場、且已早與廣田氏交换函件、聲明美國立場

《申报》，1937年7月29日，第5版

之綱要云、（二十七日國民電）

〔倫敦〕英外相艾登今日在下院答覆議員詢問、謂在過去數日內、中日雙方確發生若干次嚴重衝突、至於北平當地情形、則駐日英代辦杜德已奉命向日政府表示勿在北平城內作戰之希望、刻尚未接到北平城內戰事業已發生之報告、北平英人已由當局勸令避入東交民巷、同時英美及他國政府將竭其能力、以謀取最後解決方法云、自由黨議員曼德、問遠東時局如此嚴重、外相擬召集國聯行政院會議否、艾登答稱、時局誠屬嚴重、但渠未準備有此發起、吾人須知有兩個最重要國家非爲國聯會員國也云、（中央社二十八日路透電）

〔倫敦〕日本駐英大使館參事富井男爵頃訪謁外務部、說明日本對於中國北部局勢之觀點、並就最近外交及軍事方面演進情形、向外務部遠東司高級官員有所陳述、（中央社二十七日哈瓦斯電）

英美大使 訪日外相

探詢華北情勢

〔東京〕近衛首相今晨入覲日皇、報告華北局勢、同時陸相杉山亦對國會報告華北嚴重情形、駐日英代辦杜德與美大使格魯今日訪問日外相廣田、探詢華北情形、廣田告以最近消息、並說明日本在華北之地位、（中央社二十八日路透電）

孔在英召集 三使會議

顧蔣先後蒞英 討論華北時局

〔倫敦〕中國駐法大使顧維鈞到此之後、該國駐蘇俄大使蔣廷黻、又於昨日深夜行抵此間、均於本日會晤該國行政院副院長孔祥熙、暨該國駐英大使郭泰祺、並就華北時局進行談話、蔣廷黻大使定於本晚或明晚返歸任所、（中央社二十八日哈瓦斯電）

〔倫敦〕中國駐法大使顧維鈞博士、頃自巴黎行抵此間、據中國方面人士宣稱、顧維鈞來此、係因中國行政院副院長孔祥熙日內將自倫敦前往巴黎、故先行來此、與孔副院長有所接洽、與遠東中日兩國間所發生之事變、並無關係、（中央社二十八日哈瓦斯電）

死傷人數

日方發表

〔東京〕陸軍省今日公報稱、自七月七日起至七月二十七日止、華北日兵死四十二人、傷一百十三人、其中有軍官十七人云、（中央社二十八日路透）

駐漢日領 請求護僑

〔漢口〕日領松本再訪我當局、請求保僑、日租界已戒嚴、界內華民紛紛遷出、武漢治安如恒、（二十八日專電）

〔漢口〕漢商自動不售仇貨、已由各業商會議決、已定貨者犧牲定款、記者會亦通告各報拒登廣告、日租界口電網沙包、二十八日已安設、（二十八日專電）

《申报》，1937 年 7 月 29 日，第 5 版

日外相廣田

訓令川越即返南京

近衛表明仍未放棄和平　川越今日南飛先至青島

（東京）報載日外相廣田自十六日起、兩度催促日駐華大使川越、即返南京、因首相近衛昨在議會答小川安藤質問時、表明有即行外交交涉意、故廣田昨第三次訓令川越速返任、（二十八日中央社電）

（東京）二十八日晨衆院預算總委會、以三十分短時間全體通過九千六百八十餘萬元之華北事變追加預算案、近衛說明時、仍謂日政府對和平解決一綫之望、仍未放棄、（二十八日中央社電）

（天津）二十八日 據聞川越大使在中航公司定購坐位、定二十九日南飛、先至青島、（二十八日中央社電）

胡適發表

抗戰感想

（南京）蔣夢麟・梅貽琦・原定廿八日由京返平、處理校務、現以平津間交通關係、暫緩成行、又胡適在廬參加談話畢、廿八日下午三時乘機抵京、記者往訪、適蔣梅在座、共談及北方時局、對廿九軍起而應戰、由胡發表其感想、首對平津教育學術界電請應戰及北大全體教授對盧事宣言、以處此危機中作此表示、甚為欽佩、大謂我雖能愛和平、但敵人日肆侵逼、現已至忍無可忍地步、故我忠勇之廿九軍、為捍衛國家及民族生存、不得不起而應戰、未以現今為抗戰起點、希望政府及全國各界共赴國難、（二十八中央社電）

使團探詢

華北情形

（南京）我國駐外各大使連日頻電外部、探詢華北情形、廿八日我軍攻克豐台廊坊、繼克冀東之通縣後、外部立即急電轉告駐外各使館、俾知華僑、以慰懸念（廿八日專電）

（南京）比大使秘書范登波、二十八晨訪外部情報司長李迪俊、探詢平郊我軍抗戰情形、及我軍所克豐台廊坊經過、范稱、比使紀佑穆昨電表示深切關懷華北局勢、已準備來華、至遲十月間返任、（二十八日專電）

《申报》，1937年7月29日，第5版

美各報

嚴辭抨擊日本軍人

爲威脅東亞和平之唯一國家 此次不幸情形日本應尸其咎

紐約　美國各報均以封面版刊載廊坊、廣安門及通州戰事消息、華盛頓當局宣布美國曾與法英兩國訓令各該國駐中日大使向中日政府表示避免戰事之希望、惟此間重要報紙如紐約泰晤士報及紐約講壇報等、今日社評均以嚴詞抨擊日本軍人之態度、僉稱日本武人屢次採取侵略技倆、實使美國輿論界爲之齒冷云、紐約泰晤士報社論、於論述日外相廣田對議會之演詞云、廣田所稱日本政策、純在由中日「滿」之合作協調、遂行東亞之安定云云、此種表示、在吾人視之、實爲虛飾之詞、日本發表此項官方聲明後、竟隨之在北平郊外施用重砲・手溜彈・來福槍、誠爲一極大之謬舉、日本揭櫫其使命爲維持其誠爲東亞安定力之地位、實則日本爲威脅東亞和平之唯一國家、該報繼謂日本藉口七月七日蘆溝橋事件、竟圖脅迫中國政府、放棄對冀察之管轄、並請求日本軍隊合作滅共、凡此種種、均足表示日本所謂「安定」者、實即「霸權」耳、日本現所採取之行爲、均使中日兩國之合作爲不可能、日本屢次刺激中國人民之情感、無視中國領土之主權、欲釀成此次不幸情形、日本應尸其咎、該國首相近衛、星期一日向中國朝野呼籲請重行考慮、並表示自制、實屬可笑、良以日本內閣、現正放縱日本在華北之軍人、任意向中國發出最後通牒也、最後該報謂、廣田表示希望各列強充分瞭解日本忍耐及自制之態度、此種口吻、殊屬樂觀、緣除德國或意國外、其他各國均已向日本表示深慮、日本所提之要求、將使遠東陷入戰禍、此固爲公開之秘密、日本自與蘇聯發生衝突、引起嚴重之危機後、輒以爲各國對日本侵略中國之政策表示贊同、此實爲日本曲解西方各國之態度云、紐約講壇報社評稱、日本認爲將中國「好戰」之一師軍隊換防、而易以比較溫和之軍隊駐紮、則日本軍隊繼續夜操、可無事件爆發之虞、此點實與事實大相逕庭、廣安門事件、日軍官命軍隊由豐台開赴出事地點、該軍官如非企圖肇事、即屬諸愚蠢之流、總之不論中國任何軍隊駐紮該處、均不能避免不發生事端也、該報結論謂、華北所能享受之和平、良以華北和平之不能保持、正因日本之不欲和平、（二十八日中央社電）

《申报》，1937年7月29日，第5版

上海文化界

昨日成立救亡協會

蔡子民潘公展等當選理事
通過章程並發表救亡宣言

上海文化界救亡協會、於昨日下午七時舉行成立大會、到文化界人士五百餘人、主席團沈田莘・黃造雄・舒新城・諸青來・周劍雲・胡愈之・傅東華・沈茲九・周寒梅・顧執中・張志讓・孫祖基等、行禮如儀、首向抗戰陣亡將士默哀三分鐘、即由主席傅東華致開會詞、顧執中・周劍雲等相繼報告、旋通過章程、宣言提案、並選舉理事、至十一時始散、茲分誌如次、

通過提案

㈠電呈蔣委員長乘勝收復失地、㈡參加上海各界抗敵後援會、㈢請求上海各界抗敵後援會根據該會議決立即召開市民大會發揚民氣、㈣切實抵制劣貨、㈤聯合各界切實制裁漢奸、㈥請求中央宣傳部鼓勵愛國言論、㈦組織國際宣傳委員會擴大對外宣傳、㈧策動本市文化界擴大救國宣傳、㈨協助政府加緊緝私工作、㈩出版會報、

當選理事

計蔡子民・潘公展・陶百川・吳開先・蔣建白・何炳松・黎照寰・劉湛恩・張菊生・黃造雄・舒新城・胡愈之・嚴獨鶴・金仲華・顧執中・馮有眞・姚蘇鳳・沈田莘・薩空了・王芸生・馬崇淦・陳寶驊・周劍雲・張善琨・陶伯遊・應雲衛・唐槐秋・陳英・傅東華・葉靈鳳・周寒梅・趙景深・鄭振鐸・諸青來・茅盾・錢俊瑞・張志讓・沈茲九・謝六逸・張秉輝・凌憲文・魯少飛・徐公美・姚莘農・孫寒冰・汪馥泉・宋之的・許幸之・徐懷沙・關露・陶亢德・沈起予・王雲五・洪深・陳克成・黃香谷・嚴諤聲・陸禮華・趙樸初・張志學・顧樹武・樊仲雲・王新命・盛成・張天翼・巴金・黎烈文・簡又文・曾虛白・孫祖基・歐陽予倩・何景元・王晉琦・等當選爲理事、

電蔣委員長

南京蔣委員長、北平宋哲元將軍勛鑒、國軍克復豐台廊房、全國歡騰、民族復興、此其發軔、特請令前方部隊、乘勝進擊、立即規復冀察兩省失地、再行會師榆關殲滅倭寇、收復東北四省、本會同人誓當犧牲一切、爲國效命、上海文化界救亡協會叩、

發表宣言

上海文化界救亡協會宣言云、「九一八」以來、敵人向我們不斷地進攻、現在已到了一個最嚴重的關頭了、七月七日蘆溝橋的砲聲、破壞了遠東和世界的和平、北平和天津被敵軍重重包圍、敵人的陸海空軍源源不絕地開來、雖然二十九軍撤退了一部份、敵軍仍卻是有進無退、這是第二「九一八」的前夜、蔣委員長在七月十七日的演說中、大聲疾呼着、最後關頭已到來了、而且說「到了最後關頭、我們只有犧牲、只有抗戰、」是的、最後關頭已經到來了、而且遲早不免要到來、幸而我們已不怕這最後的關頭了、因爲中國、已不是過去的中國、中國是統一團結的中國了、我們民衆已經一致擁護政府抗敵救國、政府已再三表明了保土禦侮的決心、四萬五千萬人、現在只有一條心、就是「實行全民族抗戰、反對侵略、收復失地」、只有一個領導中心、就是國民政府和最高領袖蔣委員長、我們雖然是弱國、但是我們有堅强的決心、我們的國防實力比敵人弱小、但是我們却有廣大的民衆力量、中國是不可能滅亡的、中國民族是不會戰敗的、戰敗的一定是向我們實施侵略的帝國主義、但是全民族抗戰的勝利、不是沒有代價的、還要用頭顱和鮮血來換得、我們的犧牲越大、我們的勝利越有保障、因此、在抗戰開始之前、開始之後、不但我們的軍界同胞都要準備上前綫、凡是一切不願做亡國奴的人們、也都得立下決心、準備一齊上前綫去、我們上國防前綫去、我們的國防前綫、不在黃河、也不在永定河邊、而在黑龍江之涯、長白山之巔、我們上經濟前綫去、我們要立下志願、不買仇貨、禁絕走私、不讓我們同胞的汗血錢、有一文流到敵人的荷包裏去、我們上文化前綫去、喚醒同胞、組織同胞、共同爲抗敵救國而奮鬥、讓全世界都知道中國人不是低等民族、不是野蠻民族、而是實愛和平、但決不讓領土主權、遭人侵犯的偉大民族、更不用說、我們要做的事多着、我們要救護前綫的傷兵、我們要鞏固後方的陣營、我們要供給抗敵隊伍的一切給養、我們還要担任前綫與後方的一切聯絡、我們要擁護協助實行抗戰的政府、來共同推進一切救亡的工作、我們大部份是上海市民、上海這是有過「一二八」抗戰的光榮歷史的地方、讓大家起來、踏着淞滬抗戰烈士的足跡前進罷、這是我們成立這一個團體的用意、我們的工作是繁重的、我們的鬥爭是艱苦的、但是、我們的最後的勝利和成功、却決沒有一點疑問、最後高呼口號起來、大家起來、一齊上前綫去、抗敵救國萬歲、中華民國萬歲、

《申报》，1937年7月29日，第10版

平津形勢驟變後
蔣委員長發表意見
盡全力負全責挽救今後危局
軍事上小挫折不得認爲失敗
存與國同盡決心不妥協屈服

【南京】蔣委員長對於平津形勢驟變後之政府方針、二十九日應新聞記者之詢問、發表下列之意見、

抗戰到底之蔣委員長

（問）宋委員長突然離平、致失重鎮、未悉中央對其責任問題、如何處理、

（答）在軍事上說、宋早應到保定、不宜駐在平津、余自始卽如此主張、余身爲全國軍事最高長官、兼負行政責任、所有平津軍事失敗問題、不與宋事、願由余一身負之、余自信必能盡全力負全責、以挽救今後之危局、須知平津情勢、今日如此轉變、早爲國人有識者預想所及、日人軍事政治勢力之侵襲壓迫、由來已久、故造成今日局面、絕非偶然、況軍事上一時之挫折、不得認爲失敗、而且平津戰事不能算爲已經了結、日軍既蓄意侵略中國、不惜用盡種種之手段、則可知今日平津之役、不過其侵略戰爭之開始、而決非其戰事之結局、國民祇有一致決心共赴國難、至宋個人責任問題、不必重視、

（問）今後我政府對日方針究竟如何、

（答）自蘆溝橋事變發生、余在廬山談話會、曾切實宣告、此事將爲我最後關頭之限界、並列舉解決此事之最低立場、計有四點、此中外所共聞、絕無可以更變、當時余曾我不求戰、祇在應戰、今既臨此最後關頭、豈能復視平津之事爲局部問題、任聽日軍之宰割、或更製造傀儡組織、政府有保衛領土主權與人民之責、惟有發動整個之計畫、領導全國一致奮鬥、爲捍衛國家而犧牲到底、此後

《申报》，1937年7月30日，第3版

決無局部解決之可能、國人須知我前次所舉之四點立場、實爲守此則存、逾此則亡之界限、無論現時我軍並未如何失敗、即使失敗、亦必存與國同盡之決心、決無妥協與屈服之理、總之、我政府對日之限度始終一貫、毫不變更、即不能喪失任何領土與主權是也、我國民處此祖國之存亡關頭、其必能一致奮鬥到底、余已決定對於此事之一切必要措置、惟望全國民衆、沉着謹慎、各盡其職、共存爲國犧牲之決心、則最後之勝利、必屬於我也、（二十九日中央社電）

國府接各地

請抗戰電

［南京］國府二十九日接粵民衆禦侮救亡會・浙省會職業團體抗敵後援會・及桂果德縣・川永川縣・皖和縣・陜興平縣・等各界抗日救聯會、暨粵漢路工會等、電呈爲日侵華北、同深憤慨、懇祈積極抗戰、保守領土主權、（二十九日中央社電）

［南京］美國米希干大學中國學生會、頃電中央擁護抗戰、（二十九日中央社電）

川越

暫不南下

［天津］川越大使二十八日向中航公司定購座位、聞二十九日又退票、暫不南下、（二十九日中央社電）

張自忠就

平市長職

［北平］聞宋哲元離平前、曾手諭張自忠等、分掌各機關職務、新任平警察局長潘毓桂、二十九日晨已到局視事、平市長張自忠定下午三時就職、至就冀察政會職務及日期尚未定、（二十九日中央社電）

綏境軍隊

嚴加戒備

［歸化］傅作義・湯恩伯・趙承綬・諸將領・因平津情勢益趨惡化、特令綏境前後防軍隊嚴加戒備、並加緊訓練、以防萬一、除綏東綏北駐軍新加配備外、關於平綏綫安全、亦經由某部妥加戒護、綜合各方所得消息、察北匪僞近雖積極增加、惟實數約僅增二團之衆、且重在防守、若遽圖侵犯綏境、實不值我軍一剿、當局近對漢奸及敵探緝捕甚嚴、前後已捕獲數人、現有留綏日人、除羽山暨其隨從二三人、及包頭留住有四五人外、其餘均已自動離去（二十九日中央社電）

蕪湖

日僑離境

［蕪湖］蕪日僑加藤謙一南田武夫等率眷十餘人、二十九日晨乘鳳陽丸離蕪返國、日艦拇號二十九日晨過蕪駛往上游、（二十九日專電）

［香港］日艦早苗二十九晨抵省、準備載日僑離境、（二十九日專電）

［香港］瓊榆林港文昌縣二十三日突來一怪機偵察半小時始去、（二十九日專電）

丹使

訪王外長

［南京］丹使歐斯浩、二十九日下午四時、至外部官舍、謁王外長有所晤談、（二十九日中央社電）

［南京］駐華丹麥公使歐斯浩、二十九日晨九時訪外次徐謨、探詢華北事件、約四十分鐘辭出、（二十九日中央社電）

《申报》，1937 年 7 月 30 日，第 3 版

津市我軍奮起抗敵

日機猛烈轟炸一片焦土
我軍浴血搏擊大獲勝利
昨晚戰事稍停今晨又作
各國領事現正出任調停

［天津］日機轟炸至晚七時後停止、同時各處槍砲聲較前稀、八時後戰事似已趨休止狀態、刻東局子、海光寺、東總兩站依然在對峙中、此間各國駐津總領事、二十九日下午三時晤市府秘書長馬彥翀、各領事願出任調停、俾得和平解決、安定地方、馬當作嚴正之表示、謂津當局向主和平、惟此事責任何在、極爲顯明、日方無端佔據我四區警局、向我攻擊、自不能容忍、馬同時表示渠僅負地方政治責任、對此事更不能作主云、（二十九日下午九時半中央社電）

［天津］津市二十九日起宣佈戒嚴、每晚自六時起、至翌晨八時、街上斷絕行人、（二十九日中央社電）

［南京］日軍猛轟平津、宋哲元離平赴保消息到京後、京中各界益堅抗日決心、抱不餒態度、準備爲長期奮鬭、中央當局應付時機、預有準備、對平津情形及日軍暴行、向國民明白宣示、（二十九日專電）

［天津］北甯戰事已漸停、平津間公路北甯間發生障礙、北甯路二十五二十六號鐵橋亦均中斷、（二十九日中央社電）

［天津］駐津各國領事對於日空軍實施轟炸案、共同討論之結果、已向香月軍司令官提出抗議、（二十九日同盟電）

《申报》，1937年7月30日，第4版

李文田等通電

喋血抗戰義無反顧

迅予援助共殲彼虜

天津 各報館及我二十九軍全體同仁均鑒、自蘆案發生後、我宋委員長·張市長·始終爲愛護東亞和平、維持人類福祉、一再容忍、乃敵人日日運兵、處處挑釁、除無端分別襲擊我平郊各處外、竟於今晨復强佔我特四分局、分別襲擊我各處、我方爲國家民族圖生存、當卽分別應戰、誓與津市共存亡、喋血抗戰、義無反顧、敬祈各長官各父老迅予援助、共殲彼虜、臨電神馳、無任惶悚、天津市各部隊臨時總指揮李文田、副指揮劉家鸞、市政府秘書長馬彥翀仝叩豔、(二十九日專電)

日艦砲擊塘沽鎭

日水兵一分隊登陸

隔河激戰異常劇烈

天津 日驅逐艦兩艘、今日駛抵塘沽後、卽砲轟駐塘沽鎭之華軍、旋有日兵一分隊登陸、圖逐華軍、雙方現在塘沽隔河交轟、通天津沿途各地點、均有戰事、華軍現完全控制西站與總站、雙方現仍在爭取東站、但東站與國際橋間之全區、已爲華軍佔有、有圖過橋者、輒爲伏於屋面之兵開槍狙擊、故海河右岸外國租界與東站及郵務局業已隔斷、(二十九日中央社路透電)

天津 塘沽日艦三艘、二十九日午繼續向南岸大沽發砲甚烈、陸戰隊數百人登陸、該地刻正由我軍張團沉着應戰、死守防地、目前尙無變化、(二十九日中央社電)

天津 駐塘沽之日驅逐艦菊葵兩艘、二十九日晨先向南岸大沽我駐軍發砲、繼之水兵亦登陸、我軍遂卽迎戰、目前極爲激烈、(二十九日中央社電)

天津 據傳大沽方面、二十九日晨亦發生衝突、槍砲聲不絕、該地爲

《申报》,1937年7月30日,第4版

我軍三十八師二二六團駐守、因遭日軍襲擊、刘正鎮靜與之週旋中、（二十九日中央社電）

我軍包圍日機場

各國租界宣佈戒嚴 日飛機悉陷於危境

〔天津〕今晨此間各國租界均宣佈戒嚴、英兵與商團均已出防、關外兵觀戰者、曾有數人中彈受傷、安南兵一人斃命、華僑一人與華警一名受傷、日軍野戰砲所發之砲、有數發擊中南開大學、一彈擊毀鄉下總會之健身房、**華軍曾有一時機次入飛機場、日飛機悉陷於危境、日守軍大爲驚恐、日軍現仍衛守飛行場、該場則在華軍包圍中、**各車站槍聲不已、雙方由四週各屋與軌道側時時開槍射擊、關大沽華軍亦有同樣行動、鐵路與水上交通、今晨全斷、（二十九日中央社路透電）

日機轟炸津市大火

〔天津〕日機二十九日晨赴津浦西站擲彈四枚、圖破壞津浦交通、但並無損害、（廿九日中央社電）

〔天津〕日空軍在津作戰計劃、係輪流以飛機八架轟炸、截至二十九日下午四時止、已有十餘處遭硫磺彈投擲後、發生大火、全市空際烟雲圍繞、各街市無辜人民之被炸而死者、觸目皆是、尤以河北大馬路及東馬路等地爲甚、街上屍骨橫陳、爲狀極慘、（二十九日中央社電）

〔天津〕二十九日午後日機在津市上空盤旋者達十架以上、大肆投彈、現聞正午金鋼橋市政府、東浮橋警察局、河北中山公園均中彈被炸、東車站河北郵務管理局對過羣賢旅館已起火、郵局遷英租界辦公、（二十九日中央社電）

〔天津〕津市府遭日機轟炸起火後、現火勢甚熾、蔓延及天緯路一帶、迄晚未熄、天緯路河北省立女師學院、黃緯路河北省立工業學院、亦均同時被焚云、（二十九日中央社電）

《申报》，1937年7月30日，第4版

市民遭難一二千人

（天津）日機二十九日在津大舉轟炸、無辜市民遭者難、目前雖無法統計、但衆信至少亦在一二千之間、東車站因燃燒彈擲下起火、尙未滅熄、而總站又繼之、據日軍部二十九日向外國新聞界稱、日飛機所轟炸之地方、包括市府、警察局、保安司令部、南開大學、總東兩車站、寧園、並謂此皆爲抗日集會地方云、（二十九日中央社電）

南開大學損失奇重

（天津）二十九日下午津戰甚烈、飛機四出到處轟炸、聲震屋瓦、以市府警察局、南開大學、東總兩車站等處爲尤甚、現二十九日下午一時許、有轟炸機四架、飛河北在市府上空任意投彈、甚有炸彈八枚同時下降者、辦公房舍多被炸燬、同時有兩架到八里台南開大學投彈、該校秀山堂及圖書館已成灰燼、下午二時許日機二架、到東浮橋附近投彈、意欲轟炸警察局、但所投炸彈多中於附近水閣大街、各商號損失甚重、此外在東站投擲炸彈、除中貨廠外、車站前郵局對過大觀園相繼起火、總車站日機亦不時四出活動、我軍隨時予以痛擊、截至下午三時止、此間戰事除日軍飛機在空中活動外、自以海光寺一帶爲最烈、砲火甚熾、日軍顯係圖自海光寺出動、向市區進襲、保安隊在日軍砲火連天之下、浴血抗戰、前仆後繼、士氣極盛、（二十九日中央社電）

日機過保南飛偵察

（保定）廿八日晨六時、日機十五架、過保南飛偵察、僅一架略低、餘均飛翔極高、午十一時、又來一架、沿平漢綫南飛偵察、至七時又來戰鬥機一架、在省東南部低空偵察後、至省垣上空作升降表演、擬以機槍向下掃射、我駐軍當予以還擊、乃急向北方飛逃、又長辛店晨有敵機八架、在上空偵察甚久、下午三時平漢四十三次車北開

《申报》，1937年7月30日，第4版

時有敵機一架隨車擲彈一枚、落道旁未炸、（廿八日中央社電）

津公大紗廠亦起火

（天津）津總站外小于莊公大紗廠所駐之日軍二百餘名、企圖外出、向總站竄擾、當被我軍包圍、午一時半尚在激戰中、現公大紗廠內已起火、（二十九日中央社電）

（天津）中國軍轟擊天津日租界、電燈電話綫切斷、租界內交通完全杜絕、又電、中國軍砲兵以中原公司（七層樓）爲目標、集中砲彈、因此日本人俱樂部·憲兵隊·及同盟通信社附近、砲彈炸裂甚多、形勢頗危險、（二十九日同盟社電）

（天津）中國軍之砲擊漸次猛烈、其中兩發於今晨四時落於日軍司令部通信隊屋頂、破壞其一部、該處槍彈降落甚多、（二十九日同盟社電）

津東局子戰事激烈

（天津）二十九日拂曉、此間槍砲聲依然不絕、足證戰事尚屬激烈、其方向仍以東局子爲甚、據官方稱、東局子戰况尚不詳、惟東車站之戰甚激烈、我官兵傷亡者達百餘人、均送市稱醫院、北平大隊長劉照華率部隊奮勇力抗、亦受傷云、（二十九日中央社電）

（天津）津郊戰事集中東局子、海光寺、新老兩車站、津城南市大胡同者、華界均未波及、（二十九日中央社電）

（天津）二十九日午全市槍聲雖漸稀、而北倉·海光市·東局子等處仍在對峙中、日似仍待機而動、故我保安隊取嚴密監視態度、日機廿餘架繼續在津上空盤旋、並以機關槍掃射云、（二十九日中央社電）

謀攻海光寺日營房

李世軍兩謁何應欽

（南京）二十九軍駐京辦事處長李世軍、二十九晨及下午兩次接保定電話、**稱二十九軍在永定河以西畫佈新防地、準備反攻、**及宋離平赴保詳情、李當於晨六時半及晚七時半兩次赴軍部謁何部長、詳爲報告、（二十九日專電）

（天津）此間自午間起、砲聲不斷、方向尚未判明、惟東局子現已發生大火、雙方有激烈之戰事云、（二十九日中央社電）

（天津）津東車站兩軍仍在對峙中、砲火異常激烈、日軍一部尚在站內盤踞、車站內二十九日十一時五十分起火、（二十九日中央社電）

《申报》，1937年7月30日，第4版

津市交通完全斷絕

（天津）二十九日此間交通完全斷絕、所有鐵路航空輪船均已停止、即市內交通如未轟炸之法租界內、亦無電車通行、日間各街道行人更屬無幾、（蓋曾有二十餘人在法租界被流彈所擊傷、入晚各租界均宣佈戒嚴、禁止通行、全市除時聞斷續的槍聲外、極爲冷靜、（二十九日中央社電）

津電話局亦被炸燬

（天津）津全市電話交通幾已至中斷狀態、蓋日機二十九日午後投擲炸彈、電話二局五局及六局均已被炸毀、二五局適在閘口地方、刻已全部被焚云、（二十九日中央社電）

（天津）日機在河北一帶轟炸數處起火、迄晚仍未熄、電話二五六局機器全燬、損失甚重、日軍對南開大學、顯係有計劃殘酷的破毁文化機關、秀山堂芝琴樓全被燬、木齋圖書館亦有一部被炸云、（二十九日中央電）

津法當局向日抗議

（天津）日人廿九日晨分在法租界中街、新華大樓、及百福樓屋頂、以槍向我東站附近之保安隊射擊、蓋此兩處前者爲滿鐵事務所、後者則爲惠通公司故也、津法租界當局對此曾向日方抗議、但晚間仍有武裝日人、高踞樓頭未去、法租界晚九時戒嚴、對日兵運輸、亦禁止通過界內云、（二十九日中央社電）

《申报》，1937年7月30日，第4版

宋表示誓死守土

〔濟南〕今晚十時宋哲元在保與此間某要人通電話、大意誓死守土、（二十九日電）

〔北平〕宋哲元・秦德純・馮治安・陳繼淹等、於廿八日夜離平赴保後、所有城內外三十七師及百三十二師卽陸續撤退、至廿九日晨始撤盡、城內已無駐軍、現由公安局保安隊及冀北保安隊維持秩序、各街衢沙袋廿九晨開始撤除、壕溝亦塡平、當三十七師撤退時、日軍仍不斷追擊、聞該師前後傷亡頗衆、（廿九日中央社電）

〔濟南〕廿九日晨七時許日機九架、飛平偵察、約半小時始去（廿九日中央社電）今全省教界領袖在醫專開會、到五十餘校長、議决準備戰時種種工作、（二十九日電）

趙登禹悲壯殉國

馮部在蘆溝橋抗戰
阮部退集南口防守

〔南京〕京中軍事機關接保定電告、㈠宋哲元秦德純等已於廿九日晨三時抵保、並與孫連仲等晤面、對今後軍事佈置、有所商議、會將結果電呈中央核示、㈡馮治安刻在平漢綫之蘆溝橋一帶指揮廿九軍各部作戰、并趕築防禦工事、至北苑一帶廿九軍已由阮玄武率往平綏綫南口集中、憑險防守、㈢趙登禹在廿日晚與敵人激戰於南苑時、會率部向敵人前後衝鋒四次、第三次受傷、第四次卽告蹤跡不明、截至廿九日下午二時止、仍無下落、一般預料已陣亡殉國、又第廿九軍副軍長兼軍官教育團教育長佟麟閣、亦於廿八日夜在南苑督戰陣亡、惟遺體尙未覓獲、（二十九日中央社電）

〔北平〕確息、二十九軍一百三十二師長趙登禹、軍官教導團教育長佟麟閣、於南苑團河之役、不幸陣亡、尸身迄未尋獲、（二十九日中央社電）

《申报》，1937年7月30日，第4版

佟麟閣略歷

南京　在南苑團河之役陣亡之二十九軍副軍長佟麟閣氏、略歷如下、佟氏諱麟閣、字捷三、河北高陽人、光緒十八年（一八九二）生、現年四十六歲、曾任陸軍第十一師步兵第二十一旅旅長、陸軍第三十師師長、國民軍第一師師長、隴南鎭守使、民十六七參加南口灤州天津諸役、卓著戰績、十八年退伍返鄉、二十年主持二十九軍教導團、二十二年任張家口警備司令、是年五月抗日同盟軍在察成立、氏代理察省主席、兼第一軍軍長、八月同盟軍撤消、改任張垣公安管理處處長、現任第二十九軍副軍長兼軍官教導團教育長、氏沈毅果敢、素富愛國心、治軍極嚴、與士卒共甘苦、每遇作戰、輒奮身向先、今於南苑團河之役、英勇抵抗强敵、不幸陣亡、遺骸迄未尋獲、然爲國成仁、氏固與中華民族同垂不朽也、氏有女二、男三、長男現年已二十餘云、（二十九日中央社電）

我軍死傷約五千人

▼南苑一役▲

北平　昨日南苑一役、華兵死傷約五千人、北平附近戰事雖停、但人心猶甚惶恐、今日午後此間猶聞砲聲歷半小時始息、察此砲聲顯由盧溝橋方面而來、（二十九日中央社路透電）

北平　宋哲元於午夜後離平、昨晚有受傷華兵二千人、由南苑入城、永定與廣安門附近之房屋均受日軍砲火之重損、城牆到處殘破、城中攜武器者、僅巡街之警察、現城門業已復開、（二十九日中央社路透電）

傳殷逆保安隊反正

北平　據華人消息、殷汝耕之保安隊約千人、今日侵晨在通州與日衝突、雙方整日作戰、聞日兵三百名被圍於城內營房、附近有軍需處或子彈庫一所、業已起火、該地砲火甚烈云、（二十九日中央社路透電）

北平　通縣保安隊反正後、多處起火、濃烟上冲、午後北平高處、可瞭見之、保安隊發表一文、謂吾輩華人、必須抗敵云、日機加以轟擊、但保安隊仍扼守陣地、開槍還擊、（二十九日中央社路透電）

《申报》，1937年7月30日，第4版

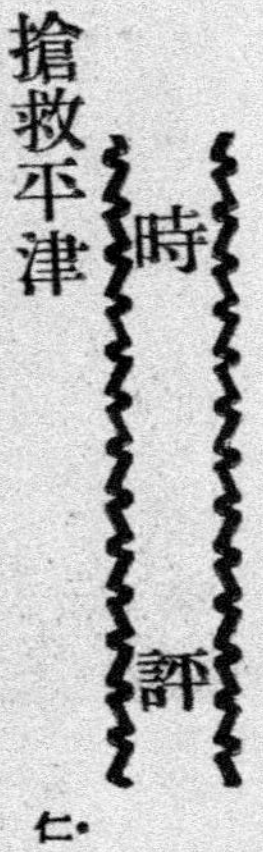

搶救平津

仁

七八盧溝橋的事變在發生的當時。大家早就看出這是日方有計劃的行動。是想囊括華北的一種發端。因此我們也就感到要使這種事變能和平解決。那就除非是對方懸崖勒馬。否則在我們是祇有抗戰的一條路。

廿八日晨大戰的開始。這就是表示了我們已依着我們應該走的道路出發。我們是已不再顧慮也已不再徘徊。據昨晚（廿九日）所得消息。平市我駐軍。雖已因一部分漢奸的叛亂開始撤退可是天津盧溝橋大沽一帶我忠勇的將士正還在浴血抗戰之中。並聞趙登禹師長及佟麟閣將軍已於南苑團河一役中。為國家光榮地陣亡了。

這次平津的抗戰。在事實上當然還不過是全面大戰的序幕。然而我們對於這個序幕戰的成敗。我們却是萬不能忽略的。我們要深切的了解。今日中國之是否將為日本鯨吞。就要看我們能否保持華北。而華北的是否能保持。就看我們能否保衛冀察。而冀察的能否保衛。就看我們能否堅守平津。北平與天津。無論在軍事方面交通方面經濟方面政治方面看。都可以說是冀察的心臟。假若一旦平津落到敵人手中。那末在軍事上或經濟上都就可以控制了冀察。同時可以作為囊括華北的大本營。華北既去。則大江南北就不能不受着嚴重的威脅了。

因此在目前的抗戰中。我們可以把平津認為是一條生命綫。這條生命綫的是否被敵人突破。就決定了我們抗戰運命的成敗。照昨晚的形勢。北平我駐軍既已退出。同時平郊沙河·清河·西苑南苑·宛平都已受了敵軍的重重壓迫。僅門頭溝一路。還能聯絡平市內外交通。在這種形勢下。北平顯然已陷到極嚴重的危急關頭。這裏只有在天津我們還佔着相當優勢。可是現在捍衛這天津重地的。據新聞的報導。僅有一部分廿九軍的孤軍。而它們的能否堅守天津。就要看它們能否得到援兵。

這次中央政府對於華北的事變。從列次的宣言談話中看來。我們相信對於「應戰」是有決心的。這決心究竟到了怎麼一個程度。我們固然不得而知。可是我們以為在目前這個平津絕續關頭。似乎正是中央具體表現決心的大好機會。同時也正是應戰的必要時期。在目前。日本帝國主義者已揭出了猙獰的面目。殘忍的砲火已在到處射發。我們除掉速卽發動全面戰爭以外。我們已沒有了第二條可走的路。換一句話說。現在和平既已絕望。最後關頭亦已到臨。我們祇有犧牲目前的首要急務就是以前仆後繼的精神來搶救平津。

《申报》，1937 年 7 月 30 日，第 5 版

津我軍撤退後
日機轟炸保定琉璃河
保定車站被毀琉璃河死傷多人
並沿平漢路飛正定石家莊偵察

津保安隊退靜海警察被迫繳械
奸民乘機活動謀組治安維持會

〔南京〕此間接保定電話、三十日下午一時半、有日機數架、飛抵保定、投彈轟炸、保定車站被炸燬、傷站員人民十餘人、(三十日專電)

〔天津〕津市經廿九夜澈宵激戰、又遭日機不斷轟炸、今晨(三十日)形勢陡變、廿九軍一部及保安隊、暫向靜海方面撤退、全市四千餘警察、均被日軍解除武裝、現奸民乘機活動、將有類似治安維持會之組織出現、(三十日專電)

〔保定〕日轟炸機七架、三十日下午飛平漢路琉璃河及保定・正定・石家莊・等地偵察、在琉璃河及保定並投彈轟炸、保定城內及車站各落數彈、無大損失、惟琉璃河頗有死傷、(三十日中央社電)

〔天津〕三十日晨此間戰事已漸趨停頓、槍砲聲更少、日軍飛機三十日晨仍有十餘架出動、分赴各處偵察、但未投彈、廿九日河北東馬路等地被轟炸之無辜市民、屍骨暴露於途、已由各救濟機關分別收殮葬埋、市府被炸後、火焰迄今尚未熄、市區內保安隊漸少、但地方情勢、三十日晨尚無變化、(三十日中央社電)

〔天津〕日轟炸機一架、三十日午因機件損壞、自天空掉落於惠通機場、機身全焚、(三十日中央社電)

日軍佔據津特一特三區

〔天津〕日軍百餘人、三十日下午五時許、又將特一區完全佔據並在各馬路派兵値崗　居民極爲恐慌、(三十日中央社電)

〔天津〕日軍三十日、已將特三區完全佔據、並將所有東車站附近居民驅逐、同時並有日鮮人在特三區搜查行人、又聞河北大馬路有難民十餘人、露宿街頭、秩序極紊亂(三十日中央社電)

津日軍砲擊河北及南市

〔天津〕日軍據日租界東南城角日警察分所高樓、三十日下午四時許、以大砲向河北及南市一帶射擊、大經路商店住戶中砲者多處、公園後教會亦起火、(三十日中央社電)

〔天津〕津警察局三十日下午四時、又被日機轟炸、同時並有砲彈十餘枚、自東南城角日租界發來、均擊中樓頂(三十[illegible]

《申报》,1937年7月31日,第3版

中央社電）

〔天津〕津警察局前面之東浮橋、三十日下午五時亦被日機投彈、橋身被炸一孔、但車馬行人無阻、（三十日中央社電）

大沽昨日亦被日軍佔據

〔天津〕駐大沽之三十八師一團、因日方海陸軍聯合進襲、已於三十日晨後撤、現大沽已被日軍佔據、（三十日中央社電）

日方稱佔據宛平蘆溝橋

〔北平〕日軍事當局宣稱、派往通縣援救被圍日兵之援軍、今晨嘗可到達、日軍繼續向保定方面追擊二十九軍、古北口之日軍約四千人、已於今晨乘載重汽車馳抵距宛平北八哩之衙門口、携有坦克車鐵甲車機關槍、該隊前曾監視由北平退出在門頭溝渡永定河之華軍之後衛、日軍已佔據宛平與蘆溝橋、並向長辛店進擊渡河退走之華軍、昨晚日軍曾砲轟該地、（三十日中央社電）

日軍四出縱火殺戮民衆

〔南京〕關係方面據報、日軍三十日下午七時許、又將河北及城内各處佔據、除沿街派兵值崗外、並有日兵多人、以煤油沿月緯路保安司令部一帶縱火、延燒甚廣、當居民逃出時、日軍復以機關槍掃射、屍骨横陳於途、其行爲之殘酷、令人髮指、電話六局二十九日已修復通話、二十日晚因此又中斷、現在各地難民絡繹於途、投奔英法租界而來、多有行經東馬路一帶、被日軍機關槍掃除而亡者、又河東郭莊子三十日午亦遭日軍燃燒後掃射、無辜市民死於非命者甚多、（三十日中央社電）

津市府造幣廠等均被燬

〔南京〕京中關係方面據報、津東馬路北馬路、三十日亦由日兵佔據、沿街派兵值崗、遇有行人、即開槍射擊、無辜市民遭慘殺者無算、河北一帶、兩日來被炸地方無數、北寧路局舊房所全部被焚、造幣廠地方法院亦起火、市府後樓幾片瓦無存、津浦電臺暨警察所亦全毁、此外被炸者計有擇仁里心田西里慶記東里民德學校李公祠等處、（按各處均在南開中學附近）均被炸、（三十日中央社電）

《申报》，1937年7月31日，第3—4版

日方發表轟炸天津經過

〔東京〕三十日午、日外務省發言人接見外國記者、書面發表二十九日空炸天津情形、大意謂、空炸前、日本駐天津總領事曾發表聲明、謂中國保安隊以市政府・公安局・寗園・八里台・等爲根據、攻擊日租界、日軍對急迫舍空炸外無他法、又謂、爆炸北寗總局及南開大學、因中國軍獨立二六旅以南開大學爲根據、三十八師以路局爲根據、攻擊日租界云、或問空炸前曾通知市民否、答、未得詳報、或問北平有自治運動說確否、答、聞正組織治安維持會、維持治安、自治與否未詳、此乃中國內政問題、中國慣例、於軍隊退後、由人民代表組織維持治安機關、但有進展爲樹立自治可能性、此運動如抬頭、或求助於日本當局、則不能不予以助力、或問近衛在議會聲明日本四十年來尊重中國主權、如北平所樹立之自治機關受認南京政府、日本當局是否制止、該發言人答謂、日無制止義務、因此乃中國內政問題、又聞華南情況如何、答廣州汕頭排日頗甚、日僑難購食物、或不得不撤退云、（三十日中央社電）

北平解嚴市面蕭條異常

〔北平〕北平市所有障碍物、均撤除淨盡、各城門皆大開、刻實佈解嚴、惟一般商店仍閉門、市面蕭條慘慘、（三十日中央社電）

〔北平〕平市各銀行、二十九日多未辦公、三十日已照常營業、惟河北省銀行門前、三十日持該行鈔票兌換其他銀行法幣者甚多、該行乃延長辦公時間、實行無限制兌換、[illegible]照常行使、（三十日中央社電）

通縣保安隊之反正通電

〔保定〕通縣保安隊第一二總隊長張慶餘・張硯田・率全體官兵二萬餘人反正後、三十日發出通電、略謂長城戰役以後、歸殷汝耕指揮、不意殷逆甘作傀儡、神人共棄、當時格於時勢、不得已含垢待機至今、爰於廿九日拂曉誓師、一鼓粉碎僞組織各機關、驅暴日駐通守備隊及警署巨憝漢奸、一體俘獲、當日與敵血肉相拼中、此後一切行動、均惟蔣委員長及宋軍長命令是從、（三十日中央社電）

津全市皆火大雨後熄滅

〔南京〕據保方面報告、三十一日晨一時、津大雨、歷一刻始止、三十日晚爲日軍所燃燒之各處火燄、因此已漸熄滅、截至三十一日晨二時止、[illegible]仍[illegible]之槍砲聲、蓋日軍[illegible]全市、不斷的開槍開砲示威、

《申报》，1937年7月31日，第4版

也、全市交通幾形隔絕、茲續經調查、三十日晚七時日軍在河北縱火、電話北局已完全被焚燬、鐵道外水產學校亦遭燃燒彈之轟起火、東車站附近居民被驅逐後、日軍亦隨之縱火、其他若東馬路南馬路火燄、亦有數處、南關下頭區文及中西兩校、亦有一部被炸、市立圖書館聞亦起火、全市損失異常慘重、並據日方宣稱、仍將調查保安隊所在地、繼續轟炸、（三十一日晨中央社電）

日機繼續轟炸南開

〔天津〕三十日下午三時、日機四架、續向南開中學投燃燒彈、現火燄甚熾、同時日砲隊、亦自海光寺向南開大學射擊、共中四彈、該院圖書館後、刻亦起火、（三十日中央社電）

〔天津〕日機二架、三十日下午三時許、又到南開中學投擲數彈、損失尚不詳、（三十日中央社電）

〔南京〕兩日來日機在津投彈、慘炸各處、而全城視綫、尤注視於八里台南開大學之烟火、緣日方因廿九日之轟炸、僅及二三處大樓、爲全部毀滅計、乃於三十日下午三時許、日方派騎兵百餘名、汽車數輛、滿載煤油、到處放火・秀山堂思源堂（上爲二大廈均係該校之課堂）圖書館、教授宿舍、及鄰近民房、盡在火烟之中、烟頭十餘處、紅黑相接、黑白相間、烟雲蔽天、翹首觀火者、皆嗟嘆不已、（三十日中央社電）

〔天津〕今日午後、日方轟炸機又大活動、對南開大學之未毀部分、及天津城西北各處、大肆攻擊、城西教育區域旋起大火、南開女校與中學聞皆被燬、據逃難華人云、中國法院等悉遭日機炸毀、日機去後、街中死屍枕籍、南開大學係鋼骨水泥築成、故雖遭轟炸、並未着火、日方乃派兵携煤油燃之、日兵又携油分赴附近各村、從事縱火工作、日當局藉口華兵在該處屢向日方射擊、乃以此爲今日日機活動之理由、有若干外人、午後赴南開視察、在該處除日兵外、不見一人、而日兵則以機關槍向之、城內軍警自遭轟炸後、業已絕跡、致匪徒橫行、民衆愈形惶恐、第三特區保安隊現已退出、故全由日兵佔據、惟第二特區尚有保安隊、今晚日當局恐華兵反攻、惴惴不安、午後五時、有日兵二一人、由第一特區南面之紗廠區域、乘自行車向英租界馳來、但被英租界之警察所阻、日兵乃下車取毛瑟槍向空開放、此事引起惶擾、英兵乃調出、並設置障礙物、實施戒備、（中央社三十日路透社電）

《申报》，1937年7月31日，第4版

難民流離 爲狀絕慘

【天津】日機廿九日在津大肆轟炸後、有大批難民約千餘人、至特二區擬入義租界避難、但遭拒絕、此千餘人遂在特二區大安街露宿終夜、至今晨始陸續經義租界特三區越萬國橋而至法租界、各處人滿街上、行人益多、率皆無處可奔者也、三十日晨河東北馬路一帶、隨地皆有屍骨暴露、幼童尤多、更有因傷重奄奄待斃者、爲狀至慘、據聞當昨日日機出動時、先投硫磺彈、使房舍燃燒、人民乃四出逃奔、日機遂低飛、以機關槍掃射、無辜市民、多因此遭難、此外各機關住宅被炸或燒死者、亦無從計算、（三十日中央社電）

【南京】關係方面據報、三十日晨天津大雨、特三區河沿難民大半爲婦女幼童冒雨沿河蟻行、厥狀甚慘、又河北總站員工一批、由日方車遂至法租界交通銀行前下車、該員工等或手携楊旗、或手提油壺、仍不忘職守也、（三十日中央社電）

津法領向 日軍抗議

【天津】駐天津法領事以日軍廿九日晨行經法租界時、以手槍對准道傍行人、及一日兵開槍射擊法租界內華商兩事、實違反日駐屯軍司令香月尊重外人權利之通告、已向日軍當局提出嚴重抗議、並聲明嗣後不准日軍通過法租界、（三十日中央社電）

日意租界 造成軍橋

【天津】日軍司令部發表昨日天津萬國橋因有法國武裝兵禁止通行、且中途被中國軍佔領、日租界與東站之間連絡杜絕、然至今晨五時、日意租界間造成軍橋、日援軍由此入東站、（三十日同盟電）

燕大電話 綫被割斷

【北平】燕京大學電話綫、已被割斷、但該校校長司徒埃特博士、今日午後抵平、謂校內現有百人左右、皆安好無恙、午後日兵與殷汝耕保安隊在海甸交戰、刻猶在進行中云、殷汝耕保安隊於今晨日方援軍抵通後散至各處、有一大股擬入北平西直門、但警察阻

《申报》，1937年7月31日，第4版

其入城、閉門不納、另有一股聞已抵八寶山附近、通州方面與北平東北現仍有戰事、（中央社三十日路透電）

日傳平市組治安維持會

［東京］據華北日方傳來消息、北平今日已組織治安維持委員會、計有委員四十人、北平市與商會・銀行公會・報界自治團體及重要公民各舉代表六人組成之、而以江朝宗爲委員長、輔以常務委員六人、**北平新市長張自忠謀取委員長一席、運動甚力、但爲各方面所反對、**聞日當局亦以爲 **如廿九軍與冀察政委會之要人、仍居新委員會中據有負責任之地位、則北平時局、難期明朗、**（中央社三十日路透電）

［北平］今晨日砲隊在兩哩外轟擊西苑、日飛機二十架今日降落頤和附近之廣場、其他日軍則在追擊由通縣退走之冀東保安隊、通縣現復落日軍之手、據平綏路一帶各地點避難來此之軍人聲稱、昨日南口附近亦發生戰事、該地村民紛向西南逃避、昨晚日軍砲轟宛平時、平民死傷甚衆、日軍旋於午夜前進佔該城、聞日軍事當局初主日員應參加保安委員會、後因華方領袖反對、謂恐引起中國警察之反動、乃作罷論、今晨張自忠至交民巷訪問松井、討論該問題、日武官今井宣稱日當局關切現避居交民巷之日僑千名鮮僑一千二百名之前途至深、切盼地方恢復常狀、俾彼等可早返家、據華人意見、日員從不參加保安委員會、亦必要求與聞平城維持治安工作、同時華人仍極驚惶、今晨中國各銀行雖皆復開、但商店多仍閉門、（中央社三十日路透電）

［北平］北平治安維持委員會、今日午後已告組成、委員四十人、皆非政界中人、此委員會僅有顧問權、而無行政權、以七十八齡之江朝宗爲會長、此間日人對於津事、甚爲焦慮、因自昨晚起、迄未接津方消息也、（中央社三十日路透電）

《申报》，1937年7月31日，第4版

趙佟忠骸尋獲入殮

趙稱忠孝不能兼全勸母勿悲

（北平）二十九軍百三十二師師長趙登禹、及二十九軍副軍長兼軍官教導團教育長佟麟閣、忠骸已尋獲、三十日共殮後、靈柩暫厝龍泉寺、趙佟此次奮勇抗戰、不幸陣亡、市民聞之、無不下淚、據趙之護兵返平談、當戰事激烈、趙師長正在團河左近指揮時、忽中彈、左臂受傷、余卽欲將其背回、師長不允、仍向前進、未幾腿部肩部又受傷、余勸師長後退、師長遂向余云、汝從速返平、向余母言、「忠孝不能兼全、設余不幸、請余母勿悲」云云、余力勸不獲、無奈只得返平、至後門辛寺胡同太夫人寓報告師長母、此後卽不知信息、又聞佟副軍長在前綫時、忽被機槍將腿之下部射傷、佟因正在跑步、身向前栽倒、適有一砲彈射來、擊中頭部、遂致陣亡、（三十日中央社電）

趙登禹略歷

（南京）在南苑團河抗日之役陣亡之二十九軍一三二師師長趙登禹氏、略歷如下、趙登禹字舜臣、山東人現年四十八歲、民國三年在陝西十六混成旅一團三營佟麟閣連入伍、旋充旅部傳令兵馬弁等職、民四隨馮玉祥入川東剿匪、十一年在豫升排長、十三年在南苑升連長、十四年後以戰功升營副團長等職、十六年北伐時、率部出潼關、擢升爲旅長、十七年任第二集團軍二十七師長、十八年編遣回任旅長職、十九年中原大戰時、又升師長、二十二年喜峯口抗日之役、任三十七師馮治安部旅長、親率健兒一團、夜襲敵營、斬首千餘名、敵人爲之寒膽、旋以戰功升任一三二師師長、是年任二十九軍特別黨部籌備委員、九月率部一戰而克復沽源、二十五年一月、國府任爲陸軍中將、五月任河北省第四區剿匪司令、十二月十一日兼任河北省政府委員、氏驍勇善戰、慷慨豪爽、頗有燕趙豪傑之風、此次團河南苑之役、三次衝鋒、已受重傷、猶復親冒彈雨、指揮作戰、卒至爲國捐軀、開中華民族解放史上光榮之一頁、（三十日中央社電）

（漢口）四川各界抗敵後援會、以趙登禹·佟麟閣·抗敵殉國、備極悲悼、三十日特電趙·佟·兩氏家屬弔唁、（三十日中央社電）

《申报》，1937 年 7 月 31 日，第 4 版

南開大學被炸燬 各方深表痛憤

日人有意摧殘我文化 張伯苓決擬繼續努力

〔南京〕天津南開大學經已故創辦人嚴範孫先生、及現任校長張伯苓博士、四十年來慘淡經營、至今計成立大學·男女中學·小學四部、學生合計達三千餘人、其大學中學兩部、竟於昨今兩日被日軍仇視、以飛機大砲炸燬、中外人士、莫不震憤、本京教育學術界人士、除教育部王部長 三十日晨曾親訪張氏 致深切之慰問外、該校留京各校友、亦均紛紛前往 向張氏表示對母校極關切之意、記者三十日下午亦曾往訪、當承接見、張氏首對各方紛致慰問、表示感謝、次謂敵人此次轟炸南開、被燬者爲南開之物質、而南開之精神、將因此挫折而愈益奮勵 、故本人對於此次南開物質上所遭受之損失、絕不掛懷、更當本創校一貫精神、而重爲南開樹立一新生命、本人惟有憑此種精神、絕不稍餒、深信於短期內不難建立一新的規模、現已在京成立南開辦事處、對於下期開學一切事宜、正趕事籌劃中等語、張談時、態度極嚴肅、而意志之堅强不屈、可於其目光與談話姿勢中充分表現、記者敬致慰問詞後、卽興辭而出、按張氏創辦 南開學校已近四十年、最初成立中學部、嗣後相繼增設大學部女中部及小學部、以成績優良、深得海內外及政府社會人士之贊助、該校各部每年經費、大部係由教部津貼、及各方捐助、當創辦時、學生僅六人、現已達三千餘人、原有校舍僅數間平房、近則大小已增至數十所、二十九日軍轟炸之木齋圖書館、（爲國內著名圖書館之一）秀山堂、（卽辦公室及文商學院課室）芝琴樓、（卽女生宿舍）等均該校建築中之堂皇者也、該校大學部除文理商學院外、並有南開經濟研究所、及南開化學試驗一所、均聞名全國、尤以經濟研究所所發行之各種刊物、及物價指數等、在國內外經濟學界深有聲譽、又該校各部校舍、均臨近津日兵營、日飛機場等自九一八以來、師生在課室中幾 無日不聞敵人之打靶聲飛機聲、然學校紀律、因張氏主張嚴格訓練、讀書救國努力精神、始終如一、對一般之衝動的愛國主張、向抱沉着持重之態度、今且不爲强暴所顧念、是敵人之堅欲根本摧殘我國文化、不難於此可證、中外人士對該校之無辜受摧殘、均深表惋惜痛憤、蓋該校不但爲我國之一 著名文化機關、且爲四十年來無數智識份子血汗之產物也、（三十日中央社電）

〔南京〕南開大學校、被日軍仇視炸燬後、王敎長二十九日晚聞此消息、異常痛憤、三十日晨特往訪張伯苓、致惋惜慰問之意、張向王表示、決以餘生、續爲南開努力、決不中懈、王當鄭重表示、大變敉平、政府必負責恢復該校舊有規模、（三十日中央社電）

日報載稱 冀東僞政府推翻

通州保安隊反正 殷汝耕下落不明

〔東京〕據日日新聞今日宣稱、通縣有日人避難者三百名、又聞殷汝耕已被擒、（中央社三十日路透電）

〔東京〕此間日日新聞今日載北平電稱、通州保安隊反正、日本難民被殺者三百人、冀東僞自治政府已被推翻、殷汝耕無下落、若干人以爲殷汝耕已被架去、（三十日國民社電）

〔北平〕平市西直門外一帶、三十日午砲聲突起、約一小時漸止、據悉係通縣反正之張慶餘部保安隊、由通西退、與日軍發生衝突、（三十日中央社電）

汪主席離廬返京

〔牯嶺〕汪主席以在廬事畢、於今日下午二時、偕夫人陳璧君女士、及曾仲鳴等、離山返京、（三十日中央社電）

〔牯嶺〕第二期廬山談話會結束後、各被邀來賓、均以任務已畢、於三十日紛紛離山、各返原地、（三十日中央社電）

徐永昌等赴保晤宋

〔鄭州〕徐永昌·熊式輝·熊斌·二十九日上午十時、由京乘歐亞機飛鄭轉車赴保定、晤宋商抗敵軍務、又宋代表張樾亭二十九日下午七時在京向中樞請示機宜畢、過鄭赴保復命、（三十日專電）

華南海防戒備嚴密

〔香港〕汕廈日艦日增、汕海達九艘、環岸亦常出現、華南海防日緊、日幷擬利用漢奸、收買土匪擾亂、我嚴密戒備、前方官眷盡離防、（三十日專電）

《申报》，1937年7月31日，第4版

美對中日糾紛不施行中立法

赫爾會晤羅斯福後宣布

畢德門亦發表有力言論

華盛頓 國務卿赫爾頃與羅斯福總統會商後宣稱、國務院目下尚未建議由總統宣布中日兩國間具有戰爭狀態、而使中立法發生效力、遠東大局現仍嚴重、惟美國目前不欲取任何特殊行動、赫爾又稱、英外相艾登在下院宣布、英政府已照會日政府、日軍如在中國續進、則英國將不以爲然、渠尚未接英國方面正式通報、同時國務院官員表示、不主張美國第十五步兵隊留駐天津、但覺該隊現必須留駐該處、以免使日人有美國贊同彼等行動之印象、及使中國視此撤退爲不友好之舉動云、此間一般人士之印象、以爲辛丑和約規定外兵衛守平津鐵路、該約簽字國不加抗議、故已成一紙廢文、今因日本屢作侵略行動、國務院現仍研究撤退平津美兵問題、（中央社二十九日路透電）

華盛頓 國務卿赫爾頃偕羅斯福總統之特使台維斯同赴白宮、晋謁羅斯福總統、商討華北局勢、各報記者有以遠東時局叩諸赫爾者、赫爾並無明白表示、美國半官界人士現均以爲、北平天津美國僑民一千二百名、安全頗感危險、加之日本飛機、已在天津投彈轟炸、該城外僑居住地帶、因而岌岌可危、此在官方人士以爲、美國决當維護平津兩地美僑安全、但當由平津美國駐軍司令加以採取、總之、美國現所表白之態度、乃在竭力避免與中國或日本發生事端、俾中日兩國衝突事件、可較易覓獲解决方案云、（中央社二十九日哈瓦斯電）

華盛頓 參院外交委員會主席畢德門今日發表談話、反對美國對中日衝突援用中立法、外間對此甚爲重視、蓋畢氏爲政府在國會中對於外交政策之有力發言人、今此主張、當係羅斯福總統授意而發、畢氏認爲援引中立法、足以妨害挽救華北和平之努力、并危及美僑在華之地位、畢氏續謂、羅斯福總統正盡力消弭戰禍、此種爲和平與人道之努力、無論何國政府、不應加以破壞、況中立法并非條約、不應祖護或損害任何國家、其目的僅爲保障美國自身之和平及其人民之安全耳、若羅斯福總統宣佈中日兩國已處於交戰地位、未幾兩國已宣告停戰、則總統之宣布、顯屬誤會、而此種宣布、尤將嚴重危及在華美僑云、（二十九日國民電）

華盛頓 國務部長赫爾今日繼續接得美國駐中日使領館之報告、表示遠東局勢仍甚嚴重、並隨時轉告羅斯福總統、官方對於中國蔣委員長之宣言、保持保留態度、至於最近中日衝突對於菲列賓獨立問題之影響、多數參議員以爲、美國政策不致因而變更、參議員柏布氏稱、現在危局僅係臨時性質、因對於美國政策、不致發生影響、惟以爲談判菲島中立問題、此非其時、參議員潑波氏稱、現在危局、益證美國何以不宜變更對菲現行關係、情形如此、吾人若在最近之將來、即任菲島獨立、則必無人足以防止日本併吞菲島、因無理由須變更現行獨立法之原則、彼贊成及早開議菲島中立問題、參議員克勞馥氏則稱、遠東局勢有如火山、吾人亟宜公開討論菲島獨立問題云、（二十九日國民電）

紐約 據紐約泰晤士報載稱、由接近政府方面探悉、美政府擬請中日雙方休戰四五日、俾危險區域內之外僑、可全退出、蓋視目下之狀况、作大舉之拯救、過於危險也、日軍僅保證不轟擊有外僑寓區之大城、恐戰事進行劇烈、未能履行之、縱日政府宜佈其極美之意志、恐亦不足恃云、（中央社三十日路透電）

《申报》，1937年7月31日，第5版

《新闻报》

日軍在蘆溝橋啓釁

數度猛烈攻擊我軍

日軍深夜演習稱有一兵失蹤 要求率隊入宛平縣城內搜查 正交涉間突然東西兩路進攻

昨日晨午 進攻兩次 晚間七時後三次進攻

▲北平　豐台日駐軍、八日晨五時許、向我蘆溝橋（卽宛平縣城）駐軍挑釁、在縣城東西、以大炮機鎗、不斷攻擊、我軍因傷亡過衆、當作正當防禦、予以抵抗、至七時許、休戰、縣城由我軍固守中、

▲北平　八日上午十一時、日軍復向我蘆溝橋駐軍進攻、未逞、炮聲甚烈、至十二時五十分又止、

▲北平　中日軍對峙地點、在豐台與蘆溝橋間之平漢路與永定河交叉處、地名後河套、我軍防地鞏固、日軍屢攻、均未得逞、

▲中央社北平八日晚七時四十分電　八日下午七時半起、平市西南城角、又隱聞炮聲、傳日軍復開始向我攻擊、

▲同盟社東京八日急電　據陸軍省於八日午後九時三十分公佈如左、日華兩軍目下正在交戰中、

▲北平　蘆溝橋中日軍、仍相持中、平市間聞炮聲、交涉刻在平進行、稍有發展、惟尚無結果、

▲中央社北平八日路透電　中日兩軍自今晨四時三十分起互起衝突、戰至九時三十分、乃「休戰」至十一時、後此復曾發生短戰一次、但今日下午未續起衝突、華軍方面死傷者在二百人以上、日軍死傷者十餘人、死者中有軍官一人、下士兩人、傷者中有副中尉一人、最初事變發生於昨晚、當時有日兵一中隊、在蘆溝橋附近演習戰鬬、不意與華兵互起衝突、據日方聲稱、日兵初聞手鎗之聲數響、料係駐龍王廟之華兵所發者、北平日軍當局乃要求許日兵入宛平城、搜查開鎗者、而經華方拒絕、於是日援軍即由豐台馳往、開始包圍宛平城、今日侵晨、中日軍民當局代表五人、（華方三人日方兩人）由北平同赴宛平、澈查此案、惟在會商之中、蘆溝橋附近頓起戰事、至九時三十分始已、華軍退過永定河時、受損甚巨、日軍曾否認炮轟宛平、惟華軍則稱、確有炮彈落於城中、致喪失生命毁及財產云、戰事終止後、有日飛機在天空擲下傳單、要求華軍撤退、惟華軍置之不理、準備扼守平漢路線、故至上午十一時、戰事復作、但僅歷數分鐘卽已、駐平日武官今井少佐宣稱、華軍除於昨晚射擊日軍外、今晨復首先開鎗、日軍遂不得不予報復、中國當局則稱、當解決最初爭案之談判、正在進行之際、日軍忽向華軍開鎗、華軍至萬不得已時、始開鎗回擊云、查華軍與戰者、爲第二十九軍第三十七師、該師由馮治安統率、馮於昨晚戰事發生前、方由北平赴保定任所、聞今晨日方提出之要求、其一爲蘆溝橋之華軍、應加撤退、即經中國代表毅然拒絕、談判乃於上午十一時決裂、下午日當局由冀察政委會外交委員會商請中國當局稍作談話、於是雙方乃進行非正式之討論、同時中國領袖刻正在北平市長秦德純寓所、會商應付大局之辦法、

▲北平　蘆溝橋車站暨附近所有煤廠、俱被日軍佔領、宛平縣城亦被日軍包圍、刻廿九軍駐蘆部隊、仍在永定河與彼方對峙中、

▲北平　蘆溝橋平漢鐵路南端、晨被日軍炮擊、破壞一部、日軍現在橋南附近築工事、

日軍向我軍挑釁經過

▲中央社北平八日電　日軍在蘆溝橋演習部隊、向我軍挑釁事件、經記者向冀察當局探悉其

《新闻报》，1937 年 7 月 9 日，第 2 版

經過如次、七日晚十二時許、日松井武官用電話、向冀察軍政當局聲稱、昨夜日軍一中隊、在盧溝橋郊外演習、忽聞鎗聲、當即收隊點名、發現缺少一兵、同時認爲放鎗者已入宛平縣城、要求立即率隊入城、搜查該兵云云、我方當以時入深夜、日兵入城、殊足引起地方不安、同時我方在盧部隊、昨日竟日均未出城、該槓鎗聲、决非我方所放、遂婉加拒絕、但不久松井又來電話、聲稱、我方如不允許、彼方將以武力包圍前進云云、同時我方已得報告、日軍對宛平縣城、已取包圍前進形勢、於是我方再與日方商定、雙方即派人員前往調查、並防止日軍行動、日方所派爲寺平副佐、櫻井顧問、我方所派爲冀省第四區行政專員兼宛平縣長王冷齋、外委會專員林耕宇、暨綏靖公署交通處副處長周永業、至八日晨四時許、到達宛平縣署、寺平仍堅持日軍須入城搜查、我方未允、正交涉間、忽聞東門外鎗炮聲大作、我軍未予還擊、俄而西門外大炮機關鎗聲又起、連續不絕、我軍仍鎭靜如故、繼因日軍炮火更烈、我軍爲正當防衛、萬不得已、始加抵抗、我軍傷亡頗衆、犧牲甚大、但仍請其停止進攻、調回原防、否則責任應由彼方擔負、日方答以永定河方面尚有二十九軍騎兵、要求退去、方能再談其他、現雙方仍在對峙中、我方駐盧者均爲步兵、並無炮兵、七日晚炮聲、均爲日兵所放、我方軍政當局均極鎭定、不願事態擴大、希望立即停止戰鬥狀態、入于外交狀態、倘對方一再壓迫進攻、不得已爲正當防衛起見、不得不與周旋云、

事變責任完全在日方

▲天津 關於盧溝橋事、當局發表聲明、謂七日夜十一時許、接平日軍武官松井電話、謂日駐軍在盧溝橋附近演習斥堠、騎兵三名外出、失蹤一名、囘營二名、要求入宛平縣城搜查、當局告以宛平我駐軍並未外出、爲免人民驚擾、可代爲搜查、希勿入城、未幾、松井復來電話、仍申前請、同時宛平我駐軍及專員公署、亦來電話報告、謂有大隊日軍、正將縣城包圍、遮斷交通、我方爲免意外、已將城門緊閉、盼速交涉等語、當局遂與松井洽商、經决定雙方派員前往勸阻、以免衝突、松井派其副特務機關長寺平大尉等、我方派外交委員會參議林耕宇等、距寺平到後、仍主日軍非入城不可、正爭論中、東門外忽槍聲大作、西門外亦發現炮聲及槍聲、我駐軍至此、迫不得已、遂予抵抗、惟並未出城、士兵傷亡甚衆、現渾河岸森林內、有日軍約近五百餘名、取臥倒預備放式、情形殊嚴重、日方要求將永定河岸騎兵撤退、但我駐在該方者、均屬步兵、並無騎兵、顯係無理要求、我方决本鎭靜態度對付、倘日方仍肆無理壓迫、使我忍無可忍、當本公理、决不退讓、又宛平駐軍並無炮兵、其炮聲何自、不問自明、設因此發生意外、一切責任、當然應由日方負之、

雙方交涉竟日無結果

▲中央社北平八日下午四時十五分電 盧溝橋事件、中日外交人員魏宗瀚•松井等、八日晨十時、開始交涉、日方要求駐盧之二十九軍部隊須先撤退後、再談判一切、我方以日方要求不當、即婉詞拒絕、致雙方交涉無結果、十時至十一時、日兵繼續進攻、但俱未得逞、十二時後、日方復派外交人員、擬與秦德純馮治安協商一切、秦馮派魏宗瀚等接見、但交涉亦無何進步、刻冀察政委會日籍顧問櫻井、暨宛平縣長王冷齋、及市府朱專員等、仍在繼續斡旋、期事態不致擴大、又張自忠八日晨由津乘汽車來平、下午即訪秦德純、會商對策、據日軍部參謀長橋本向人表示、謂决不願使事態擴大、又東交民巷日兵營鋼甲車開出城、增厚兵力、又北寧路開赴通州之車、於十二時五十分起、業已停止開出、又北寧路下午四時應行開津之車、亦已停止駛出、

《新闻报》，1937年7月9日，第2版

▲中央社天津八日電　日駐屯軍參謀塚田中佐、八日午曾訪此間地方當局、對蘆溝橋事件、表示日方不願事態擴大、希望早日解決、此間已轉達平方、現津日軍參謀和知、八日已到平、會同北平日使館武官今井等、會晤秦德純馮治安張自忠等、會商一切、八日一日間、此間有千餘日軍、開往豐台集中、豐台原有日駐軍千人、及通縣等地部隊、亦分別有所準備、同時北寧沿線各地日軍及特務人員、極爲活動、至由津搭火車赴平者、皆爲日軍官佐約百餘人左右云、

日方竟要求我方撤兵

▲中央社北平八日下午四時四十分電　自蘆溝橋事件發生後、日駐屯軍參謀長橋本及八日晨派往宛平縣與該縣長王冷齋交涉之日顧問櫻井等、皆希望該事不再擴大、惟日方所提條件過苛、必須我方先將駐蘆溝橋軍隊撤退、然後再談其他問題、

我軍與蘆溝橋共存亡

我方駐軍、當堅決表示、願與蘆溝橋共存亡、並稱和平固所願、但日軍要求我軍撤出蘆溝橋、則有死而已、蘆溝橋可爲吾人之墳墓、士氣激昂、均抱寧爲玉碎、勿爲瓦全決心、現我軍正嚴陣以待、如日方不撤回無理要求、我方決不與晤談、至軍事方面、蘆溝橋守軍團長吉星文、正沉着應付、刻在黑桃村對峙中、

宛平守軍之悲壯表示

據宛平縣守城我軍在城上語記者、日軍早擬侵奪蘆溝橋、連日在該地演習、藉窺形勢、七日日軍忽向該地增防、遂不幸發生此事件、日方所稱有一士兵失蹤、純係藉口之詞、吾等爲國服務、決以死報國云、態度沉着而悲壯、秦德純馮治安張自忠等態度均鎮靜、表示願和平解決、但不能附無理之條件、

日軍攻城發砲數百響

▲中央社北平八日電　據蘆溝橋逃難來人談、日軍八日晨三時廿分至七時五十分、又十一時至十二時止、兩次向我發炮約百八十餘響、下午七時半後、又陸續射擊數十發、城內落炮彈甚多、損失頗巨、現縣長兼專員王冷齋、仍在城內主持一切、意志甚爲堅決、

《新闻报》，1937年7月9日，第2版

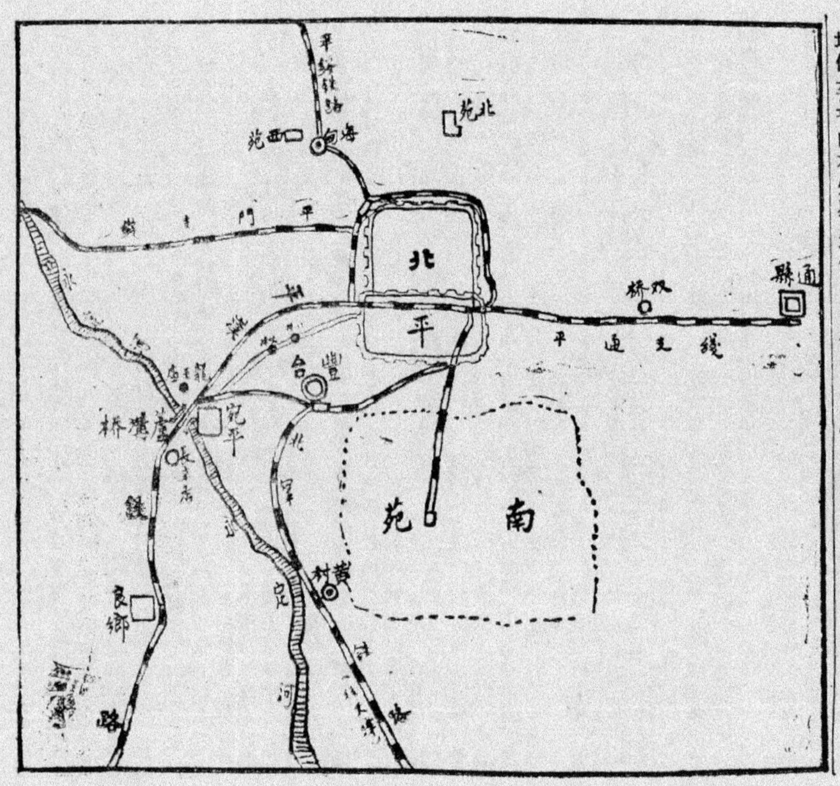

失蹤日兵業已歸隊矣

▲本埠消息、廿九軍駐京滬代表昨晚十時廿三分接北平來電云、（上略）據日方人員聲稱、昨夜缺少之兵、現已歸隊、（足見昨夜武力入城、顯係藉口、曲直甚明、）我方駐蘆均係步兵、昨夜炮聲、均係日方所爲、此種情形、駐平各使館均甚瞭解、

《新闻报》，1937年7月9日，第2版

社論

盧溝橋事件

（用言）

日軍在盧溝橋夜間演習。忽然向我挑釁。竟圍攻宛平城。機鎗大炮。東西兩門並作。雖經雙方派員調查。我國方面屢次要求外交解決。而日軍終堅執不退。遂致演成衝突之事。至今尚未完全停息。此事之起因。據云日軍演習時。忽聞鎗聲。即收兵點驗。缺少一人。遂謂其人已入宛平縣城。可謂奇極。黑夜之間。蹤跡難辨。何以知其入城。倘謂確有所見。又何以待點驗始知。且我軍旣無一人出城。又安得捕風捉影。況雙方已派代

我方死亡已六七十名

▲中央社北平八日電　續得報告、盧溝橋日軍至八日正午止、始暫停砲擊、現雙方仍對峙中、

我方死亡詳數尚未明、但已發現之屍首、有六七十具、平日兵營坦克車數輛、向廣安門開去、豐台現尚平靜、惟日兵車一列、八日下午一時、由津開出、約五時可抵豐台、我駐豐台附近軍隊、鎭靜監視中、

日軍死傷亦有十數人

▲同盟社天津八日電　日軍司令部今晨十一時半發表、謂日軍戰死戰傷者共十數人、日軍戰死者中主要、為鹿內准尉、太田軍曹、受傷者野地少尉、

日兵紛紛向豐台增加

▲天津　東車站停專車一列、日兵千餘、正忙於裝車、向豐台增加、津市謠諑雖起、但大體平靜、

▲中央社北平八日下午五時卄五分電　據續報、日坦克車八輛、載重汽車卄三輛、兵士三百餘人、及炮車等、於八日下午二時由津東局子開出、經義租界河北黃緯路、沿平津汽車路線赴盧溝橋、又子彈車同時亦由海光寺日兵營開赴盧溝橋、

▲天津　八日下午一時津日軍三百餘、裝甲汽車數部、乘載重汽車、馳往豐台增援、此次衝突部隊、為豐日軍嘉田大隊及市木大隊各一部、日軍部八日晨午關於此事發表兩次聲明、謂已佔龍王廟、軍部因田代病未愈、由橋本率大木和知池田安達等中堅幹部、自晨六時開會、午刻方散、

《新闻报》，1937 年 7 月 9 日，第 8 版

表。倘可查察。何以遽爾攻城。且一再進犯不已。其爲有意尋釁可知。日前日大使川越。在京發表談話。謂希望雙方助力緩和局勢。勿再啓糾紛。吾人即謂此事當視日人之行動。因種種糾葛。皆由日人方面發動也。以今日宛平之事證之。非其明驗乎。

更就根本論。客軍肆爲演習。本非所宜。況在深夜。乃更存一尋釁之心。則何事不可爲。觀其舉動。直是處心積慮。欲造成事端。破壞和平。如此而求免糾紛。眞不易言矣。

此事發生以後。我國當局始終於外交途徑中覓解決之方法。毫無挑釁之心可見。日人於此。宜自檢其行動。迅速撤兵。以免糾紛不解。若必不悛改。則我軍爲自衛計。爲守土計。亦惟有力盡防禦之責。斷不能受其威脅。日人狃於前事。以爲所用之力微。所獲者甚鉅。遂無往不作此謀。今則此作用已經失效。徒戀戀於迷夢。適見其心勞日拙耳。

▲中央社天津八日電　日軍聯隊長萱島、八日晚復率日軍二百餘人、乘載重汽車由津開往豐台、八日一日間、日軍部由津運往豐台之子彈及一切軍用品、爲數頗多、

▲中央社天津八日路透電　今日此間有日軍一批、携坦克車十二輛、野戰炮八尊、分乘載重汽車若干輛、馳往豐台、同時有日軍坦克車十二輛、在天津華界游行、並有日飛機兩架、翺翔天空、

▲中央社北平八日下午五時四十五分電　豐台電話、日兵車一列、計共十輛、於八日午後五時、由津開抵豐、車內共載士兵三十八名、押運子彈多箱、另有救護人員數名、彼等下車後、即將子彈搬至日兵營、現豐台甚安謐、

▲中央社天津八日路透電　今晚八時、復有載重汽車二十輛、載全副武裝日兵五百名、由津赴豐台、

本報記者視察宛平城

▲北平　記者八日晨冒險赴盧溝橋視察、至則城門掩閉、未能入城、但見城上守兵矗立、嚴加警戒、各使館武官與外記者多人、旋亦前來、因雙方正在對峙中、記者未便赴前方、乃與附近逃難方歸之農民作簡短談話、據稱、日軍連日不斷在盧演習、至昨忽聞鎗炮聲、當地人民爲避危險、均逃出家中、伏高粱地中、人民亦有死傷、但數目不詳、

日軍挑釁之近因遠因

▲中央社北平八日電　盧溝橋在廣安門外西南廿里、爲平西名勝之一、扼平漢交通孔道、其東豐台、又爲平漢北寧兩路接軌處、四年以前、宛平縣始移治盧溝橋、縣府在橋西、城垣不甚大、但尙堅固、自去年日本在華北增兵後、迭在豐台建兵營機場、進而謀在盧溝橋作同樣設備、縣長兼專員王冷齋、周旋應付、煞費苦心、卒獲保持土地之完整、遂爲日方所痛恨、此爲事件之遠因、最近又以此間當局久滯梓鄉交涉失其對象、而國大代表選舉、遵令進行、復予以多少刺激乃欲造成

《新闻报》，1937年7月9日，第8版

恐怖局面、以達壓迫當局返平之目的、此爲事件之近因、調來日軍頻頻在盧演習、且[illegible]、人民[illegible]七日夜間、[illegible]二時卅分左右[illegible]約百米時、竟發炮[illegible]衝鋒前進、於是事件之衝突、遂開始矣、記者於八日晨曾一度赴當地視察、因該縣城四門緊閉、東南城角且有日兵甚多、故無法入城、據探悉、當日軍向我進攻時、我方初猶疑係日軍演習、及見其愈迫愈近、有意挑釁、始知係欲搶奪縣城、當即起而應付、爲正當防衛計、予以還擊、因縣城甚小、苟不抵抗、即將不保也、日方見我抵抗、更以小鋼炮小過山炮轟擊、其目標在奪取盧溝石橋、進取縣城、自八日晨三時半起、至八日晨七時五十分、鎗炮聲不停、我方死者約六七十人、附近大井村一農民、且無辜被日軍斬首、日軍方面據傳死准尉一人、一少尉負傷、自八時以至十一時、爲雙方接洽調停之時間、其經過業已見前電、十一時、我方以日方所提先撤兵條件、不能接受、日方乃又開始攻擊、至十二時始復停止、直至下午六時、雙方尙在對峙中、此關於日軍向我軍挑釁之經過也、至於我當局態度、固希望和平解決、但決不能接受日方先撤兵之條件、故交涉雖在進行、有無結果、則未可知、惟民衆憤慨、士氣旺盛、守軍咸抱與縣城共存亡之決心、北平市內人心亦極鎮靜、雖八日晚八時即宣告戒嚴、但道路行人、絕無張皇驚慌之色、蓋平津民衆已習於此等生活矣、

外部派員提口頭抗議

▲中央社南京八日電　關於盧溝橋事件、外部八日晨八時得訊後、即電詢肇事眞相、並報告在盧當局、下午收到各方報告、事實眞相漸明、遂於六時卅分、派亞洲司科長董道寧、赴日本大使館、提出口頭抗議、略謂據我方所得報告、此次事件之責任、不在我方、顯係日軍挑釁、本人奉命向貴使館嚴重抗議、並聲明保留一切合法要求、中日關係已至重要關頭、不容再趨惡化、應請貴方立電華北駐屯軍、立即制止一切軍事行動、並令駐屯軍代表與冀察政委會所派人員、速急根據正確事實、立謀和平解決、藉免事態之擴大、日使館參事日高信六郎、當即表示、日本對此次事件、無意擴大、深信不致惡化　並允將我方制止軍事行動等要求、立即電知駐屯軍云、

▲中央社南京八日電　日本駐京陸軍副武官大城戶三治、八日下午六時、到外部訪亞洲司董科長道寧、談盧溝橋事件、董科長當將我方之立場、詳予申說、詞意與向日高參事之表示略同、董氏並請其報告日本陸軍省及參謀本部、聞大城戶已允照辦云、

王外長今日由廬飛京

▲中央社牯嶺八日電　外長王寵惠定九日晨由廬飛京、俾便處理一切、

▲南京　外部聞報盧溝橋事變後、工作立即緊張、主要人員陳介、李迪俊、均終日在部辦公、深晚始離部、王外長八日下午迭與陳李通電話、指示應付方針、　李迪俊原擬九日晨赴廬、現決展緩、

▲南京　又據外部接牯嶺電、王外長定九日過潯乘中航專機返京、　並聞王抵京後、將向日方提嚴重交涉、

▲南京　外部亞洲司長高宗武、現因病留滬就醫、八日下午五時、由該司科長董道寧、赴日大使館訪參贊日高、旋日大使館派武官大城戶、於下午六時半赴外部訪董、閒爲交換雙方所得情報、

《新闻报》，1937年7月9日，第8版

宋哲元命門致中返平

▲天津 宋哲元在樂陵得悉宛平衝突事、即飭門致中於八日十時、迅速歸平、傳達意旨於秦德純・張自忠・馮治安等、

冀當局召開緊急會議

▲北平 秦德純馮治安齊燮元魏宗瀚等八日晨召開緊急會議、商應付盧溝橋日軍挑釁事件辦法、午向中央與宋哲元報告請示、並派魏宗瀚王冷齋林耕宇與日使館武官今井松井等交涉、商解決辦法、我當局表示、決處以鎮靜、以全力維護主權、並維持平津治安、

北平各城門緊閉警戒

▲中央社北平八日電 在苗家地演習之日兵、約二百餘人、八日晨亦欲開拔進城、現東直東便朝陽等門、俱已緊閉、廿九軍兵士、多在城上警戒、劉平漢北上車只能開至長辛店爲止、南下車八日晨均未開出、東交民巷自事變發生以後、戒備極嚴、我方警憲在外亦加崗戒備、

▲中央社北平八日下午六時電 日軍三百餘名、八日下午三時、擬由朝陽門入城、因該門事前關閉、奉令不準行人來往、據日軍聲稱、彼等係七日由該門出城演習、今日始返城、守門人以七日並無日軍由該門出城、故拒絕日軍進城、以防意外、

▲北平 平市八日晚戒嚴、八時半起、斷絕交通、各城門完全掩閉、別無異態、

津當局傳令加緊戒備

▲中央社天津八日晚九時零五分電 盧溝橋事件傳津後、益以日軍大批坦克車經市區沿平津汽車路開豐台、及日軍官不斷的乘機飛往各地偵察、人心雖不免稍受震動、但尚鎮靜、此間地方當局、平日對市內治安、本有週密之配備、今日起更由警察局傳令所屬、加緊注意、以防宵小乘機活動、隊警均各在所轄區域、特別警備、此間日軍部亦間接向地方當局表示、不願因此事影響及津市治安云、又津平間電訊仍通、但異常壅濟、平津五次車原定六時到津、迨六時後始能由平開出云、

《新闻报》，1937年7月9日，第8版

日機日軍在天津示威

▲天津 八日午十二時、日軍用飛機三架、在津市上空盤旋示威、並於豐台盧溝橋偵查、下午二時、日步兵數百、裝甲汽車坦克車卅餘輛、分在河北大經路黃緯路特二區金湯大馬路遊行示威、

平津日僑召集義勇隊

▲同盟社北平八日電 戒嚴令下之北平、入夜則斷絕交通、惟日本僑民會則召集職員及義勇隊等、以備萬一、並商議臨時應急各節、

▲天津 津日僑義勇隊為應赴非常時期機宜、特組警備班、選百卅四名團員、由高木訓練、

平津間各項交通狀況

▲天津 平津長途電話、八日晨一度被阻、午恢復、唯終日叫話者極多、致通話困難、津平間交通如常、祇下午四時許、平前門站我軍檢查奸宄防意外、致三〇一次津浦快車、第三次平津快車、各誤時許、由津開平各次客車、亦誤一二時不等、車抵黃村站、須暫停、候得豐台電話、始敢前駛、豐台站安謐、

▲南京 據交通界息、平漢津浦兩路北上各項客車、八日均照常開行、自平南下車均未開出、平京間電話電報均暢通、

津日軍當局一面之詞

▲中央社北平八日路透電 天津日軍事當局發表公報、述今晨日軍與中國軍隊衝突日人一方面之詞、謂今晨五時三十分、駐平西龍王廟之華兵、開鎗射擊日軍、傷日兵一名、昨夜十一時四十分、亦發生同樣案件一次、日軍本欲與中國當局開始談判、解決該案、至是即開鎗回擊、並佔據龍王廟、繳華兵之械、兩案均在日軍夜操之際發生、盧溝橋之華兵、現正在繳械中、日當局決追究華兵不負責行動之原因、並將使中國當局、擔負挑釁行動之責任云、

日當局希望不致擴大

▲中央社東京八日路透電 北平附近中日軍隊衝突之消息、東京人士聞之、頗為駭異、外務省與陸軍省人員、皆希望此事不致擴大、彼等接到戰事已停之情報時、咸為一慰、北平發來新聞電報、謂中日軍隊衝突後、平津間電線已不通、中日兵士各有死傷、據最初估計、龍王廟華兵約有三中隊、日兵僅有一中隊、未幾豐台日軍來援、戰事起於今晨五時半、至午前九時半始止、日軍當道接受華軍當局提議、允停戰至十一時、而以華兵立即退出盧溝橋為條件云、

《新闻报》，1937年7月9日，第8版

日外務省發表之聲明

▲中央社東京八日電　關於昨晚所發生之盧溝橋事件、官方雖於午夜一時接獲消息、惟朝日新聞於今晨九時、即發行號外、頗惹起此間重大之注意、據今日午後二時所接獲之最後消息、雙方已於今晨九時三十分停止射擊云、日外務省所發表之聲明、內容均係日本方面所接獲之消息、結論謂、觀察目前局勢、事態似不致擴大、惟將來之行動、須視中國態度如何而定云、

日海陸軍當局之舉動

▲同盟社東京九日急電　日本海軍對於盧溝橋事件之推移、予爲重視、已於八日午後、電令第三艦隊司令長官長谷川中將、着其警備一切、俾策萬全、▲同盟社東京十八日電　陸軍重視盧溝橋事件之推移、八日午後九時、杉山陸相•梅津次官•後宮軍務局長•田中軍事課長•及其他主要人員、均集合於陸相官邸、協議對策、至深更尚在繼續討論、

關東軍聲明嚴重决意

▲同盟社長春八日急電　關東軍對於豐台事件、於八日午後七時十分、發表聲明如左、起因於二十九軍之挑釁、今已發生事端於華北、關東軍當保持極大之關心、與嚴重之决意、愼重注視事件之推移、

深望日方制止擴大

▲中央社南京八日電　盧溝橋事件發生後、各方咸深憤慨、官方尤極端重視、惟以尚未獲得詳細報告、不願遽爲正式表示、但就現有之報告觀察、事件之責任、不在我方、蓋無疑義、値玆近衛組閣、川越回任之際、各方對於中日關係之調整、咸抱有若干之期待、乃突有此不幸事件發生、誠堪遺憾、時至今日、中日之邦交、祇宜努力改善、不容稍趨惡化、深望日方立即制止軍事行動、根據正確事實、即日和平解決、以免事態擴大、而增加兩國調整邦交之障碍也

各國使館注意事變

▲南京　駐京各國使領、對盧溝橋事變評論、咸認爲日方有意挑釁、責不在我、雖日方多方宣傳、不欲事態擴大、然殊難置信、日方眞實態度、尚須視一二日內日軍實際行動以爲證明、

冀東僞員均已離平

▲北平　平市秩序、刻甚平安、通縣方面、情形不明、平通客車現暫停售票、任平冀東僞組織人員、八日晨均離平赴通、

平保電話電報不通

▲中央社保定八日電　八日晨三時、盧溝橋日軍演習部隊、突向我駐軍挑釁、五時後、平保電話電報均不通、情況刻未判明、省垣鎮靜、人心尚安、

首都各界極端憤慨

▲南京　京中各界、對此事均極端憤慨、信任宋哲元部廿九軍忠勇、守土精神、盧溝橋駐軍堅決表示嚴拒日方無理要求、願與盧溝橋共存亡、均感異常興奮、

《新闻报》，1937年7月9日，第8版

中日軍退駐永定河兩岸
蘆溝橋事件告一段落

撤兵前又因誤會發生衝突旋平息
石友三部保安隊已入宛平城接防
津日軍部派橋本赴北平商辦善後

▲天津　九日九時許、蘆溝橋雙方軍隊均撤退、宛平縣城由石友三部冀北保安隊接防、我軍退出、日軍則撤至蘆溝橋西北方數千米外、解除戰時準備、雙方代表猶在宛平縣城談商以後手續、

▲天津　九日午後一時三十分、津日軍部發出聲明、謂蘆溝橋軍隊已向西北方撤退、集結待命、暫解消戰時狀態、又豐台日軍數百、索車欲運平、北寧路拒絕、

▲北平　中日九日晨雙方代表林耕宇與日人中島赴前方監視雙方撤兵、林等當午返平後、又派張允榮偕松井前往視察雙方撤兵情形、張等與中日前方軍事長官晤面、解釋一切、旋即回平、聞日軍九日下午已撤至距城較遠處、何時能撤至豐台原防、尚難預定、我調防部隊即可入城、

▲中央社北平九日路透電　今晨黎明、中日軍作短戰後、已各撤至指定之地點、雙方撤兵之舉、經長時間之談判後、於今晨四時商定、其條件為中日軍同時由晨五時許撤退、華軍退出宛平、日軍退至指定之地點、至晨七時、撤退告竣、蘆溝橋已由石友三所統之冀北保安隊接防、今日宛平附近短戰、雙方各諉責於對方、華軍指日軍開鎗掩護其由宛平附近撤退、日軍則謂華軍違背和議、開鎗挑釁、

▲北平　雙方九日晨撤防時、發生誤會、後由雙方當局派員赴豐台解釋一切、以期和平不受影響、結果尚好、日軍九日撤至城東五里之五里店、城內我軍撤永定河西、我接防保安隊下午四時已由隊長賈朝毅率領入城、十日可復常態、平宛電話十日可修復、

▲北平　宛平縣長王冷齋、九日午佈告、城內人民願出城者、派隊護送至長辛店、城內因日軍炮擊、閭損失頗大、死傷人民亦多、

▲天津　九日五時許、蘆溝橋續有衝突、迨三十七師步兵百十旅長何基灃偕冀察綏署交通處長周永業趕到、與森田嘉田寺平王冷齋櫻井林耕宇平日憲兵隊長赤藤等晤會、雙方始決定監視制止衝突及撤兵法、六時後即已無衝突、

▲徐州　由平南下三零一次平滬通車、係八日晚由平開出、九日午抵徐州、頭二等旅客較前為多、據談北平市面甚靜、車站秩序亦良好、惟鎗聲時有所聞、

▲中央社北平九日路透電、中日軍隊今日發生兩次衝突、出於誤會、歷時甚短、傍晚卒歸和平、在過去二十四小時內交戰之中日軍隊、現皆已依照議定辦

《新闻报》，1937年7月10日，第3版

法、退至指定地點、日軍撤至永定河左岸、而華軍則退駐永定河右岸、第一次衝突發生於宛平附近、時方破曉、此役中國保安隊死一傷四、午前八時半戰事告停、但午後第二次衝突又作、此乃互相猜疑所致、日軍雖有一部份撤回豐台、然餘者仍據守宛平附近如車站等處、欲監視華軍之行動、而華軍則決定非確知日軍用意後、必不輕離防地、以致互相射擊、來復鎗機關鎗之聲時作時輟、惟華軍則退出宛平盧溝橋等處而以來自冀北之保安隊接防、日軍黍半已退、惟截至今夜止、日軍仍佔據宛平北面之鐵路車站、

雙方口頭商洽復員

▲中央社北平九日八時四十分電　盧溝橋事件、經一再斡旋、至九日晨三時、始有結果、四時決定雙方同時撤退盧溝橋之部隊、該處防務改由石友三之保安隊接防、並酌定五時起實行、屆時日軍一方爲向我示威、一方爲掩護部隊後退、復發炮數十響、石友三本人當率領保安隊七百餘人、乘載重汽車二十餘輛、由黃寺開到此時困守宛平縣城內之二十九軍一營、亦撤出城外、聞日軍現已撤至豐台附近之五里店、至善後問題、當另舉行談判解決、將仍由魏宗瀚齊燮元等主持、馮治安現在秦德純宅、徹夜與張自忠等協商對策、

▲中央社北平九日十二時五十分電　盧溝橋事件、截至正午十二時止、雙方確已停戰、靜待協商、漸有和平解決之途徑、我軍政當局、始終以鎮靜態度處之、

▲中央社北平九日電　(一)八日下午日方通牒宛平縣當局、聲明限六時以前將宛平縣城讓出、否則決武力攻城、經我方嚴拒、致昨夜兩軍又入於對峙狀態、(二)八日夜經雙方長官商洽結果、雙方部隊各歸原防、據確息、日軍九日午正在撤回原防進行中、我軍已奉令回原建制、惟當雙方復員之際、適值大雨淋漓、彼此誤會、致傷我排長一人、士兵若干人、正在調查中、(三)據報盧溝橋最古之石橋、被日軍炮火損失甚鉅、宛平縣城內損失情況正在調查中、所有善後事宜、正在辦理中、(四)據聞此次係雙方口頭商洽、和平解決、並無任何條件及文字之規定、

▲本報昨晨九時零八分北平電　盧溝橋事件、昨晨四時許、已和平解決、雙方商定、先停止射擊、天明時日軍開始向豐台撤退等辦法、預期十日起、恢復常態、平市日內亦即解嚴、交涉詳細內容、尚待官方公佈、五時五十分起所聞炮聲、係日軍掩護撤退、

▲北平急電　盧溝橋事件、昨晨四時、經秦德純與今井和知談判、已和平解決、宛平縣城由石友三部保安隊接防、石氏昨晨三時半已率隊赴盧接防、原駐軍一營、撤退長辛店、城外日軍一中隊、五時五十分起、開始向豐台撤退、昨晨所聞砲聲、係日軍撤退時所放掩護砲、此爲初步解決辦法、善後問題、待繼續交涉、惟因大批日軍撤退情形、當局尚未接報告、中途是否發生變化、尚難預斷、平市除西直門前門外、餘各門均閉、內堆沙袋、衝要街衢、架機關槍、各要人住宅所在街口、均堆沙袋、形勢嚴重、宋哲元原擬於形勢惡化時、由樂陵赴保定坐鎮、聞將作罷、

《新闻报》，1937年7月10日，第3—4版

石部接防 誤起衝突

▲中央社北平九日路透電 今晨宛平附近中日軍隊之衝突、適在石友三部下行抵該處之時、華方保安隊死一人傷四人、此役顯係誤會所致、午前八時半停戰、北平中日官員接衝突訊後、即趕往宛平、以期恢復秩序、聞此事不致爲妨碍今日四時議定停戰之辦法、今午日兵泰半已退至豐台、餘者俟華兵履行停戰辦法後、亦將撤退、

▲天津 某氏已於九日晨率隊乘汽車九輛開往接防、日軍允該隊到達、忽又鳴鎗、該隊乃散開、日軍始停止射擊、惟當雙方復員之際、蘆溝橋値大雨、又生小誤會、致傷我排長一人、士兵若干、正調査中、

▲中央社九日北平電 九日下午四時記者接到蘆溝橋事件已和平解決報告、即冒雨逕赴蘆溝橋採訪各項消息、茲綜合報告如次、九日下午四時石友三之保安隊百六十餘名、由中隊長賀毅率領、已開入宛平縣城內、先是晨六時保安隊向前開動時、日軍曾發生誤會、開鎗射擊、當擊斃保安隊兵一人、傷二人、我方未予還擊、當由交涉人員向日方解釋後、旋即停止、至包圍宛平縣城之日軍、於下午一時在中日雙方所派監視員張元榮及松井久太郎監視之下、開始向蘆溝橋東約六七里之五里店地方撤退、同時我軍亦撤至蘆溝橋以西、我保安隊即於三時半後開入城內、此次交涉人員、計我方爲冀察綏代表周永業、二十九軍代表周思靖、冀察外委會代表林耕宇、日方代表爲中島櫻井、笠井三人、彼等於保安隊開入縣城後、即在城內長途電話局、與宛平縣長王冷齋、及因守城而受微傷之團長吉星文等晤面、互表歉意後、對此次事變之和平解決、互引爲快、并表示善後問題、容再作第二步之研究、今後首以避免衝突爲要、日方人員旋即退出、我方人員乃在城內視察一週、現城內治安由保安隊負責維持、城內房屋被日軍炮火擊燬甚多、有無死傷尚未調查清楚、宛平縣府大客廳屋頂被擊一洞、王冷齋臥室亦被擊燬、縣城東門仍關閉、西門已開一半、由保安隊把守、對出入行人檢查頗嚴、城內人民雖飽受驚恐、但秩序始終甚佳、馮治安定十日赴宛平縣視察、並撫慰人民、王冷齋俟善後問題料理就緒後、亦即返平謁當局報告一切云、

《新闻报》，1937年7月10日，第4版

事件初步解決經過

▲中央社天津九日電　盧溝橋事件初步已告解決、中日雙方軍隊已分別撤退、日駐屯軍參謀長橋本羣、參謀塚田、九日下午四時由津搭車赴豐台、換乘汽車赴平、協商善後問題、預料即可獲得和平解決、至此事發生後、我方各地方長官雖多在平、而日方重心在津市、田代抱病、其司令官職務、由橋本代行、故關於一切交涉、在平津兩地同時進行、北平由秦德純·張自忠·馮治安·張允榮等隨時與日駐屯軍參謀和知·武官今井接洽、此間則由市府秘書長馬彥翀警察局長李文田、於八日晚五時起與日駐屯軍參謀長橋本參謀塚田協商一切、雙方均表示不願事態擴大、故協商得以順利進行、先是雙方軍隊衝突後、日方即佔據龍王廟及宛平城外、向我採取攻勢、我宛平城內駐軍一營、不得已散開抗拒、迨至雙方協議解決辦法、第一步即爲撤消敵對行爲、再談其他細目、我方主張攻城之日兵須立即撤退、但日方堅持目前既成敵對行爲、如果撤兵、須雙方同時實行、此點頗多爭執、雙方迭次分向上峰請示、徹夜商洽、迄九日晨四時許始商定、日方將攻城之部隊開回原演習地點、我城內駐軍亦暫行調至距宛平城西約二里之村暫駐、另派保安隊維持城內秩序、俾雙方之敵對行爲在此過渡期內、得以解消、然後再恢復平常狀態、乃九日晨五時許、我方保安隊石友三部乘載重汽車五六輛前往接防時、日方駐軍又開槍射擊、因此幾又出枝節、旋經雙方當局解釋後、保安隊已開到接防、據此間當局得悉、中日雙方軍隊亦於午後分別撤退、現在平所交涉者、即爲善後一切問題、因此橋本塚田等於下午四時赴平、繼續商洽、據一般觀察、此事可望順利解決、據關係方面稱、雙方在津接洽時、日方亦未提出任何要求、又在八日盧溝橋事件發生後、市長張自忠在平主持一切、但津市治安亦異常重要、此間市府秘書長馬彥翀、警察局長李文田、徹夜辦公、鎮靜應付、地方治安得以無虞、旋因九日晨停戰消息傳來、人心益趨安定云、

我軍嚴守宛平縣城

▲中央社南京九日電　據確息、盧溝橋事件、中日雙方自八日晚以來、協議和平解決、九日晨日軍撤退時、又略有衝突、旋即停息、宛平縣我駐軍因傷亡過重、已另行派隊換防、至日方希望我軍退出一節、我當局已斷然拒絕云、

▲中央社北平九日路透電　日當局要求中國當局完全撤退宛平駐軍、中國當局亦提出反要求、(一)主張日軍應退至原駐之地、日方之要求乃於昨夜由日武官今井少佐向秦德純提出、中國之反要求則由秦氏提出、雙方均願勿將此案擴大、現正覓取調解辦法、其建議已送交華北日駐屯軍司令田代、昨日薄暮、中日軍均各守其陣地、昨夜十時當局宣布戒嚴令、現正嚴厲實行、日落後、各街除能證明有正當事務者外、均不許行人來往、平漢鐵路已停止開車、通州一線之交通、亦經封閉、昨日有通州開來之日軍、圖入北平、在城門爲當局所阻、宛平至長辛店之平漢鐵路一段、長約十哩、現集有軍隊三千名、路透社訪員昨日下午曾出視察、見宛平城門防守甚嚴、雖有沙袋、城上架有迫擊炮與機關鎗、盧溝橋亦有重兵守衛、苦力正在堆沙袋掘壕溝、自昨日日中後、鎗聲甚稀、居於附近茅屋中之華人、男子各理其業、婦女安坐洗衣、兒童則在距機關鎗與手榴彈數碼之內嬉玩、一若無事者然、昨日下午、雙方從事調解、未嘗停輟、時有傳書者高持白旗、來往於雙方陣線之間、北平日大使署已置障礙物、以事防範、北平各城門大部關閉、由大隊警察守衛、

《新闻报》，1937年7月10日，第4版

社論

◎蘆溝橋事件應以確守條約爲歸束

（夢蕉）

蘆溝橋事件。吾人信任政府必能顧全大體。善爲處理。故不欲多爲該事件正面之評論。惟今日有最要之一義。不容忽視者。人與人之分際。有國家法律爲之制裁。故能不致於相互凌奪。國與國之分際。則全恃彼此視條約爲神聖。共同確守。庶幾强者雖一方獲得其優厚偏惠之利益。弱者雖已失其部份應有之權利。但强者與弱者之間。究有一不可踰之鴻溝。以爲之界線。故勢力雖屬懸殊。彼此尚能相安。若有條約而視同無條約。則强者之權利。根本上已無所謂限度。可以日日伸張。弱者之立場。根本上更無所謂保障。惟有日日退讓。如果稍有猶豫觀望。不副强者之願望。則衝突起矣。故吾人以爲昔人有言。惡法律猶勝於無法律。今日可改爲惡條約猶勝於無條約。而今日冀察之形勢。則全在無條約籠罩之下。故吾國欲謀冀察兩省之穩定。必自切實談判。使對方確守條約始。否則十百於蘆溝橋之事件。可以賡續迭演也。

日本之華北駐屯軍。根據於辛丑條約。其內在之含義。至今日雖已多變化。但日人對外解釋。亦未嘗否認該約爲今日駐軍惟一之依據。但今日通州之駐軍。豐台之駐軍。該兩地根本不在原約指定地點之內。當日軍初駐豐台之際。尚以華北駐軍增派之後。原有營房。不敷分佈。暫時停駐爲詞。此語雖屬飾詞。但可爲舊約不容一筆抹煞之明證。其實增派軍隊。既暫無營房可駐。則何弗緩增。况舊約指定駐軍之地點內。何嘗不可臨時騰出房屋暫住。邦交自邦交。條約自條約。約文所無者。不能以鄰邦而曲徇。進一步言。兩國爲敦睦誼。乃訂條約。故堅守條約。乃所以預杜糾紛。善全鄰誼。日軍擅駐豐台之時。我方不能堅持此點。與之交涉。不得謂非一着之錯也。既駐軍矣。於是有演習。既演習矣。於是與國軍迫近而生事端。此實爲必然之形勢。亦係一貫之方針。往者日本增軍華北之際。曾以辛丑條約。初未限定駐軍人數。且日本僑民。其時已有二萬餘。數目遠在各國之上。故不能不多派駐軍。以資保護等語。當時吾人即有兩種疑問。其㈠日僑之在冀省者。現在多係違約散居於內地。並不專在指定之通商口岸。然則日軍爲貫澈其護僑政策起見。凡日僑足跡所及之處。皆可認爲應予駐兵保護之處。日僑爲適應其國策起見。凡係認爲兵略上應行布置之地。即可先以僑民雜居。其繼乃駐軍保護。豐台通州。即係切近之例證。其㈡因兩國駐軍之迫近而摩擦。因摩擦而迫令一方撤退。然則日方駐軍所至之處。皆可成爲被迫解除武裝區域。是則其應用之變化無方。乃遠勝於以前之設立非武裝區域。必先訂立某種停戰協定。經此一度演變。吾人自不得不贊歎其靈心妙算。凡此皆上年豐台駐兵後之收穫也。兩三萬之日僑。即須設一混成旅以保護之。然則冀省三千萬人民所託命之區。乃可不駐一兵乎。欲駐兵則終有摩擦之藉口。故今後冀省之能否安枕。要在辛丑條約之能否確守。外國駐兵地點之有無限制。否則不揣其本而齊其末。欲無事適以多事而已。

《新闻报》，1937年7月10日，第8版

各地日軍紛紛開動

▲中央社北平九日電 八日上午七時十五分駐通日兵百餘乘汽車到東郊關東店、藏匿人民住宅牆下、七時五十分又有百餘名徒步經關東店到三塊柏一帶作散兵線形式、八時四十分又有八十餘人徒步由通開來、共三百餘人、於下午二時許帶機關鎗二架、迫擊炮兩架、經廣渠門向豐台前進、又上午十時許、由通州開到苗家地日兵三百餘名、下午二時移往東便門外二閘南河沿五福館一帶散開、又上午八時許由通開出日兵三百餘名、經龍爪樹往左安門向十里河四鄰口黃莊胡村大紅門等處、向豐台增援、又正午十二時、駐平日兵三十餘名、乘汽車兩輛、出永定門、一輛赴右安門、一輛赴安樂林、沿途用白石灰劃地作記號、十二時十五分有日兵十五名、由平赴通、亦用白石灰沿途劃地作記號、下午一時四十分有五十餘人由津開來汽車三輛、押運子彈藥箱、又坦克車四輛、均開抵豐台、下午四時十五分由津開出火車一列、滿裝彈藥、由日兵百餘名押運、於五時許抵豐台、五時許由天津開來汽車二輛、有武官率兵五十餘人、又紅十字會日本醫兵十餘名、由津開抵豐台、即抵日本兵營、同時有日本坦克車廿餘輛、載重汽車廿餘輛、由津開出、均轉往豐台盧溝橋一帶、又豐台日韓僑民八日全部改着日本軍服、入日本兵營、八日下午豐台電話局有日軍駐守監視、

▲天津 九日下午七時日軍卅名、馬八四、押運輜重一列車、由南大寺開抵津、將遵陸路運豐台、

▲天津 津日軍部八日夜迄九日晨三時前、曾向北寧索車數次、擬運唐塘津駐軍赴平、該路拒絕、

▲天津 頃查在盧溝橋任總指揮者、爲步兵第一聯隊森田大隊長、擔任左右翼者爲嘉田禾木兩大隊長、兵力集結約八百餘名、津一部機器化學戰隊及輜重、因向北寧索車運輸未遂、由九日四時起、以載重汽車運送、

日軍在豐台放步哨

▲北平 豐台日軍連日在當地各要道布崗、我各機關門首亦有日哨兵監視、惟未生意外、九日下午二時、津日軍步騎炮聯合兵七八百人開豐、携大炮十餘門、機鎗二十餘挺、坦克車三十餘輛、子彈數百箱、

橋本赴平辦理善後

▲同盟社九日天津電 據駐津日軍司令部於午後五時發表如左、駐津軍參謀長橋本少將、茲爲辦理事件善後交涉計、已於午後四時、率其幕僚乘車赴平、

▲天津 橋本參謀長、九日下午四時偕部附鈴木、參謀塚田、搭北寧四次車赴豐台、即轉盧溝橋、晤森田嘉田寺田寺平等、晚赴平、遂

《新闻报》，1937年7月10日，第9版

▲北平 津日軍部參謀長橋本羣九日晚九時由津來平、晤今井和知、傳達軍部命令、或留平參加交涉、

▲中央社天津九日電 日駐屯軍參謀長橋本塚田、九日下午四時由津搭車赴豐台、將換汽車赴平、與我方協商盧溝橋事件善後問題、

王外長昨已飛返京

▲中央社牯嶺九日電 外長王寵惠以盧溝橋事件發生、爲謀早得適當解決起見、特於九日晨十時離山赴潯乘飛機返京、俾便處理一切、關於應付此事件之方針、蔣委長八日午召見時、已有指示、

▲中央社南京九日電 王外長月初由京赴牯、晉謁蔣院長、報告部務、並出席行政院會議、玆以部務及最近發生之外交事件待理、九日晨下山至潯、搭乘中航公司廣東號郵航機飛返京、下午二時卅分到達下關水上機場、外部高級職員均到機場迎接、王部長下機登岸後、與往迎人員略事寒暄、即乘汽車入城、赴外交官舍休息、並接見外部高級職員、垂詢各事、

▲南京 王外長七時半復赴陵園孫邸、訪立院長孫科、晤談一切、

外交當局兩次抗議

▲南京 盧溝橋事件、我方曾向日外交當局兩次提出口頭抗議、是否再提書面抗議、十日可決定、

▲中央社南京九日電 日本駐華大使館參事日高信六郎、九日下午四時半至外交部謁見陳介次長、初係談其他中日問題、嗣經陳次長提出盧溝橋事件、幷聲明除八日已派董科長向提抗議、保留我方對於該事件之一切合法要求外、特再鄭重聲明、日高謂昨董科長所言、已電陳外務省、今貴方復言及此、日方亦應保留對於該事件之一切要求、當復經陳次長聲明此次事件責任不在我方、日方所提保留未便接受、旋復談其他中日事項、至六時廿分日高始興辭而去、

▲南京 外部亞洲司科長董道寧、昨晚六時奉命赴日大使館、對日軍在北平近郊挑釁行動、並提口頭嚴重抗議、要求立即制止日駐屯軍非法行動、保留今後一切合法交涉地步、日使館負責人允轉電日駐屯軍部知照、並責日高、定今日下午四時至外部、對本案有所解釋、

▲南京 外部於挨獲日軍攻擊宛平城造成嚴重事件後、八日午即電駐日代辦楊雲竹、向日外務省提出交涉、日外務省當局表示可和平解決、不致擴大、

《新闻报》，1937年7月10日，第9版

▲北平 外交界息、日外務省九日已電令川越即由青回京、與我當局談判盧溝橋事件、期以外交方式解決、

川越抵青發表談話

▲中央社青島九日電 川越九日下午四時乘奉天丸由滬抵青、日領大鷹等百餘人到碼頭歡迎、川越下船後、接見記者、發表如下談話、(問)大使來青有何任務、(答)今夏擬在平避暑、過青就便視察僑民情形、(問)是否將在青召集華北領事會議、(答)無此打算、(問)報載大使來華携有新訓令、其內容如何、(答)並無新訓令、(問)在青共住幾日、此後行程如何、(答)定十四日飛津、(問)盧溝橋事件、大使有何感想、現在情勢如何、(答)此次事件、昨由滬動身時、始有所聞、今日抵青後、據駐青領事報告、得悉詳情、今晨業已停戰、據個人感想、此次不幸事件、洵為兩國提携中之遺憾、盼望兩國當局以填誠的態度、早日解決、免使事態擴大、(問)中日兩國是否將繼續談判、(答)余於三日到京五日到外部拜訪徐次長、我想兩國現時情形及空氣尚不同、目前還不到作整個談判的時候、

田代力疾召集會議

▲天津 九日七時起、津大雨、天陰晦、無晴意、日軍在市內無何動作、八日夜津日軍部奉到陸軍省新指示、九日三時起、田代力疾召集全體幕僚在張園官邸會議、討論時間甚久、會後派大木第一課長淺井專田兩參謀、乘汽車馳赴盧溝橋、傳達命令、日關東軍原擬九日派員飛來津、交換意見、因雨阻未到、現證明日方對此次事件、確無擴大意、田代因離任在即、所持意見尤穩健、祇少數少壯派幕僚、主張強硬、但因陸軍省新訓令到津、故亦改為緩和、頃津方傳盧溝橋對峙軍隊、由八時起、雙方已同時開始撤退、和平解決有望、

津日租界無形戒嚴

▲天津 津日租界警署代署長川島、九日召集全署人員會議、決定分全租界為五區警備、由在鄉軍人義勇隊協助、下午七時即無形戒嚴、檢查可疑行人、

▲天津 津日憲兵隊、九日下午一時派菅川大尉訪市警局長李文田、對日租界治安事、有所接洽、

▲天津 津日租界、由八日夜戒備、迄今未解、要道口檢查行人、九日午後、日憲兵隊派菅川大尉訪市警局長李文田、

《新闻报》，1937 年 7 月 10 日，第 9 版

日本閣議商討對策

▲中央社東京九日電　昨晚八時此間得北平交涉破裂消息、突形緊張狀態、今晨七時、得昨夜繼續談判結果、雙方約定於今晨六時同時開始撤退軍隊、再進行外交交涉消息、一般感覺或可緩和、乃九時復得消息、兩方又開始射擊、正在激戰中、形勢復形緊張、八時陸軍首腦部有重要商議、十時開閣議、決定對策、最可注目、日政府及軍部仍聲明不擴大方針、今晨各報社論、皆以蘆溝橋事件爲題、大體上咸希望事態不至擴大、朝日新聞謂日本視中國誠意如何、亦應有協力解決之準備、此由日本以誠意促進倫敦談判之事徵之、殊屬當然等語、

▲中央社東京九日電　今午十一時得悉蘆溝橋兩軍射擊、已於晨七時停止、形勢復形緩和、日閣議決定、堅持不擴大方針、故觀察軍事行動、當可停止、惟今後外交上折衝仍多困難、而日軍是否即歸還豐台、尚成問題、惟最危險時期當已過去、東京人心甚平靜、惟我使館門外增加警備而已、

▲中央社東京九日路透電　今日內閣舉行緊急會議時、外務及陸軍二省之使蘆溝橋事件局部化辦法、已爲內閣所採納、並謂『中國倘能重新考慮其態度』則事變頗有和平解決之望、日政府仍堅稱此次事變之原因、爲中國軍隊之『非法』舉動、故倘中國不允變更其態度、而致促成危險之局勢時、日本決定立即採取相當之辦法云、內閣會議告終後、近衛首相即驅車至日皇行宮、向天皇報告華北近狀云、

北寧平津交通受阻

▲中央社天津九日電　北寧路中津間交通、九日仍受影響、各次車開平者多止於天津、惟由平開出者、亦分別改由豐台或天津開車、計㈠津間六次直達快車今日停開、㈡平滬三零二次北上車九日晨十時四十分抵津後、停於車站未開平、即擬於當晚九時改爲平滬三零一由津南下、㈢平浦三零五次南下車、亦係於九日上午十一時半由津南開、㈣平榆二次車上午十一時二十五分由豐台開津、下午一時五十分始到津、誤點一小時半、該次車上載停於豐台之旅客甚多、並有日軍傷兵十餘名、㈤平瀋一次車、亦係於晨八時四十分由津東行、㈥平榆四二次慢車、則於午二時十五分由津開豐台、（中央社）

▲本埠消息　中國航空公司之滬平機、今晨（九日）仍照常飛航、滬平通車、迄

《新闻报》，1937年7月10日，第9版

日亦照常開駛、而上海至北平及豐台間之電報、均仍暢通無阻、（中央社）

▲北平　平各城門除前門西直門外、均掩閉、衝要街衢、警戒亦嚴、九時起大雨、街市冷落、惟秩序頗佳、

▲北平　平津長途電話、九日晨九時忽不通、原因不明、

▲漢口　平漢路客車、保定漢口對開、

▲中央社天津八日電　北寧路交通、因盧溝橋之變大受影響、所有開平之各次車、均止於豐台、八日除平漢五次、平滬三〇一各次車均誤點外、平浦二次亦係於八日下午十時半始由豐台開出、約一時許始能抵津、誤點一小時、

▲中央社北平八日電　盧溝橋事件發生後、平漢交通遂告中斷、應於八日晨八時四十分及十二時十五分到達前門之快車、均未開到、同時應於八日晨七時及九時開出之各次列車、亦均未開行、前門西車站八日竟日均無列車來往、平漢路第十一號道牌附近平保長途電話線、八日午十一時被一騎車日兵折斷、同時便郊小井村附近、亦有騎車日兵、將一九三一九五〇話線剪斷、致平保電話中斷、迄晚九時尚未修復、平津電話八日上下午曾兩度不通、至下午四時許恢復、

▲中央社天津九日電　平津間公路、廊坊附近、稍有損壞、汽車通行感覺困難、但日軍用載重汽車兩輛、仍載徒手兵五十餘名、九日下午二時沿平津公路而行、去向及任務不明、日軍部九日請北寧路局代備專車三輛、停於車站備用、

▲北平　平津長途電話、午已修復、

▲天津　津平交通九日午後二時四時由津開出四十二次第四次兩列客車、唯因平戒嚴時間提早於下午七時施行、旅客入城不便、故仍駛至豐台止、永定門附近路軌、已於午後五時修復、三零一次滬平通車及第三次平榆車、均提前於下午六時開津、

▲徐州　盧溝橋事件發生、津浦路北上滬平通車、九日起暫止天津、平浦三零六次快車、亦抵津為止、所有赴平旅客、九日均由津折回、路局仍用原車輸送南返、來往票價一律退還、津隴兩路奉命通告全線暫行停售北平旅客聯運票、

▲北平　平漢平通九日均未開、平包車改由西直門站下開、東站九日僅開出平滬車一列、惟售票僅售至津東站、九日晚九時許、到平津車一列、乘客頗少、有日傷兵八人隨來、抬往日兵營診治、

▲天津　九日午前、除廿一二兩次車、由平至豐台開行、並無旅客乘坐外、其餘津榆平瀋津唐平滬平浦各次客車、皆以津為起迄站、暫維交通、如雙方果真完全撤兵、交通午後可復、

▲中央社漢口九日電　平漢路電訊交通、迨九日晚仍未恢復、行車方面、九日北上尋常快車、仍於午十二時二十五分開出、但客票僅售至長辛店為止、七日晚由平南開之特快車、九日亦按時到達、過盧溝橋時係在七日晚十時三十分、據旅客云、當時尚毫無動靜云、

各國記者尖銳質問

▲中央社東京九日電　今晨外務省發言人接見外國記者團、宣佈盧溝橋事件經過、與報載同、各國記者、質問甚尖銳、有問日本軍是否有在北平附近任何地方演習之權、又有問日本軍夜間演習是何用意、發言人答為訓練、又有問日軍佔領盧溝橋車站及飛機場確否、答未得報告、縱使佔領、亦不過暫時、又有問日政府是否擬向國民政府抗議、答未定、最後發言人謂外務省訓令日駐華大使館參事官日高向中國外交部要求保護在華日僑、今晨外國記者出席者甚多、足證事件引起世界重視、

《新闻报》，1937年7月10日，第9版

▲中央社倫敦九日路透電　今日英國各報、皆載華北中日軍隊衝突之消息、但未置批評、外交界與商界人士、相信日政府必願獲和平解決、因若對華採行嚴峻步驟、則英日談判之前途、將受打擊、而對於蘇俄之黑龍江事件、亦將因以增劇也、中國債券並未因此次衝突而受影響、最近數星期來需求頗殷之中國鐵路債券、現仍爲人爭購、若干觀察家其人絕無反日情緒者、謂日本大軍集於華北、時常在各處舉行會操、此種舉動、殊足引起華人惡感、故雙方衝突僅屬意中事耳、

▲國民新聞社華盛頓八日電　此間官方對於華北中日軍隊之衝突、非常關心、惟因尚未接得正式詳細之情報、故並無批評、此間認爲局勢頗形嚴重、惟亦以爲雙方之爭執、尚能調整云、

▲中央社柏林九日哈瓦斯電　此間各報頃以動人聽聞之標題、登載中日兩國軍隊在北平市外盧溝橋地方衝突消息、但不加以評論、僅有『星期一報』載稱、『日本目標所在、厥爲維護其在『滿洲國』所保有之利益、日本在中國或有所作爲、或無所作爲、要當依據此項觀點、而加以評論』云、

平市冷落 物價飛漲

▲中央社北平九日電　平市自九日晨三時起降雨、迄十一時未止、陰雲四佈、淅瀝聲不已、氣候轉涼、恰似深秋、倍增惆悵、晨六時各馬路上始漸有行人、記者當冒雨出發、赴市內各處巡行、發見街道中各衝要處亦滿堆沙袋、有士兵執鎗駐守、並時有巡邏隊不絕梭巡內外城各門、除正陽門僅開東邊一門外、餘仍緊閉、惟每隔兩小時開放一次、以便人民出入、行駛市內各城之電車、至八時始出廠、較平日遲兩小時許、且僅開東城一路、西城因交通阻碍、並未開駛、市內商店雖已照常開市、但物價均飛漲、

▲北平　平各城門、除前門西直門半掩、以便行人外、餘各門終日未啓、外城各城門爲便利小商販出入、九日晨一度開放、旋又掩閉、市民均甚安定、惟爭先購儲米糧、價因此稍漲、但存糧尚足多日、可以無慮、蔬菜因農人入城者少、價亦上漲、其他情況均好、每日上下午滿街賣號外聲、市民爭購、各報銷路均激增、

《新闻报》，1937年7月10日，第10版

蘆溝橋日軍未撤

關東軍大批出動

兵車十列已到榆關者二千

昨晚日軍又向我軍挑釁

衝突甚烈今晨尚在激戰

▲北平急電　蘆溝橋日軍未撤、津日兵五百、通日軍三百、十日午開豐台、日軍部十日晨運山砲廿門到蘆溝橋、遼甯九日開出兵車十列、共萬人、兩列已於十日到榆、平市現加緊戒嚴、北甯車全停、

▲中央社北平十日晚十時廿五分急電　蘆溝橋日軍、迭有增加、並積極佈置各項工事、十日晚六時許、該地日軍又向我軍挑釁、當卽發生衝突、雙方互擊約兩小時始停止、現在形勢頗爲嚴重、

▲天津　路息、山海關十日上午六時迄下午一時、由錦綏開到日兵車五列、載關東軍二千餘、停山海關、貯站待發、榆關秦皇島南大寺一帶華北駐屯軍二千餘、亦奉命集結、並因北甯不撥車輛、已向僞奉山路局調車、擬候令內開、十日上午六時、津李明莊日駐軍鈴木聯隊砲兵、及萱島聯隊機關鎗中隊、乘載重汽車數十部、急行開豐台、轉蘆溝橋增援、聞關東軍態度强硬、有支持華北駐屯軍擴大事態趨勢、是以華北情形、又轉嚴重、蘆溝橋事件、已不能如預料解决之速、津日軍部十日招待津外報記者、對蘆溝橋事變經過、有詳細說明、惟不及撤兵一點、據外報記者觀察、日方態度、或因其部隊死傷過多、意存報復、轉爲蠻幹心理、

▲天津　十日下午七時後、豐台日軍陸續向蘆溝橋增加、黃村豐台間、聞殷殷炮聲、平豐平蘆長途電話皆斷、日軍森田嘉田大隊、據宛平城東北高地、架炮向城內轟擊、我冀北保安隊三百餘、困守城內、竭力應戰、我二十九軍退往永定河右岸之部隊、亦由日軍夾河互擊、下午八時後、衝突轉烈、該方情形、全然不明、

▲天津　唐山塘沽日軍、十日有一部已遵唐通塘津公路向豐台開進、爲預備隊、唐山方面、自九日晚集結昌濼南大寺等地日軍極多、唐榆豐台段軍運極忙

《新闻报》，1937年7月11日，第4版

▲天津 路息 **盧溝橋平津北甯兩路過軌鐵路、十日下午四時、已爲日軍拆毀、兩路聯絡斷絕、宛平縣城在日軍圍攻中、晚十一時後鎗炮聲漸烈、今晨三時尚在激戰中**

▲天津 盧溝橋事件、中日駐豐台大隊一木清直少佐足傷、陣亡淮尉曹長軍曹伍長等下士官四名、負傷小隊長中少尉淮尉軍曹六名、傷亡士兵達七十餘、尋獲下落者三十七具、河邊旅團長牟田口步兵第一聯隊長、均以所部傷亡過衆、不主了結、河邊現在豐台指揮全軍、牟田口則在平布置、橋本在豐台盧溝橋視察部隊及慰傷兵、平津交通、十日午前恢復、唯因平戒嚴、各次車開行時間均延後、上午七時後、下午七時前、爲客車入平時間、逾此則不准開出與開進、十時下午三時、盧溝橋忽有清晰炮聲、情形不明 平市各城門堆沙袋戒備加嚴、

▲天津 盧溝橋事件、和平解決、希望未絕、廿九軍日顧問中島・櫻井・笠井・三氏、正協同秦德純・魏宗瀚・與和知・松井・今井・牟田口・塚田・等日少壯派幹部、竭力磋商停止衝突、華北日軍自本年二月末換防增加戰鬥兵力後、共一師團不足、確數爲萬名、分步兵一二兩聯隊、炮兵獨立一聯隊、附以機器化學戰車等中大隊、頃調查盧溝橋集結之平津通三地調去及原駐該地隊伍、總數達二千餘名、河邊旅團長自往指揮、通州現餘千餘名、平現餘千餘名、津現餘三千餘名、其餘二千餘名、散駐榆秦唐昌灤南大寺等處、主力步隊、猶未發動、

▲中央社北平十日下午九時二十分電 因盧溝橋附近日軍二百人不肯撤退問題、引起雙方極大誤會、現日軍向平市城郊各地積極增兵、並構築工事、我方爲防範起見、凡日軍所在地、亦均有我軍駐守、目前正在對峙中、形勢似頗嚴重、我當局表示願始終和平解決、雖在交涉無法進行中、亦決願作最大之努力、倘萬不得已時、亦只有盡衛國之責、與之周旋、

▲北平 宛平附近日兵、十日午後已增至千餘人、平宛公路與電話均不通、市內入晚隱聞斷續槍炮聲、情況不明、

▲中央社北平十日路透電 經過整二十四小時之平靜後、今晚日本軍隊復在宛平出現、開始將城包圍、中日軍隊已發生劇戰、因之華北局勢突又緊張、此種出乎意料之外之變化、已使中國當局重將北平各城門關閉、事前宛平區會有半小時之激戰、砲聲在北平城內亦可聞見、據云日軍開往宛平者、爲駐紮豐台之軍隊六百名、及坦克車四輛、及野戰砲二十七尊、並有冀東僞自治區一分隊云、北平城內各險要地點、現皆安置沙袋及其他障碍物、並於晚間八時停止交通、僅滿載華兵之載重汽車、紛紛出城而已、中日雙方、方在河北保安司令張允榮宅內舉行和平會議、但戰事既已復作、此會遂中止、平津鐵路交通、現已中斷、開藍鋼車不擬南下、同時關東軍六列車、聞已由瀋陽抵山海關、日軍已在該處下車、但客車現仍生火以待、長城一帶各要地、聞皆駐有大批日

《新闻报》，1937年7月11日，第4版

軍、而援軍猶源源而來、第二十九軍兩團、駐於永定門、控制退至宛平之大路、並已拆毀路軌、以阻敵軍前來、傳說日軍亦在豐台拆路、以阻華軍行動、日軍指華軍復據宛平、故猛攻之、今夜官塲聲稱、日軍欲以宛平爲其軍事集中點、華軍定力拒之、不許日軍佔據該城、華軍確已依照昨日議定辦法、從事撤退、以免衝突、但並未放棄其駐守該城之權云、此間日軍發言人今夜曾稱、日軍部在宛平造成可使此種衝突不能復作之局面、但此說究作何解、該發言人不願將以申說、

▲中央社北平十日路透電　此間今夜十時四十分接中國軍界方面消息、據稱宛平劇戰、尚在進行中、又日方半官消息、謂華軍向日方援軍射擊、但日軍未曾還擊、逾一小時後、華軍停火、惟華人方面、則謂華軍苟未經挑釁、決不致無端開炮、且雙方互擊、炮戰因以延長云、

昨晨日軍又向宛平開槍

▲北平　盧溝橋附近日軍二百餘、迄九日夜止、未撤退、十日晨二時半、續向我駐宛平城內保安隊開鎗、我保安隊未還擊、十日晨十時、續開到日軍六百餘人、並携大炮機鎗我駐宛平專員王冷齋來平謁當局報告、正向日方嚴重交涉中、前途變化殊難測、

▲北平　日軍九日晚已由盧東五里店撤豐、惟尚餘二百餘人、駐盧東城北約一里處高地、即豐台至長辛店支線與平宛公路交點以北地帶、距豐約七八里、距十五里、據日方稱係爲尋兩日兵屍身、獲後即撤、刻無企圖、但我方認尋屍似不需二百人、且尋獲無定期、若過久恐引起其他枝節、影響和平、故與交涉、希速撤、乃十日晨二時半、日軍忽開機鎗、向永定河西射擊、約半小時、當經王冷齋邀留縣日顧問中島、詢放鎗原因、並加制止、據稱因河西有鎗東射、故還擊、經解釋後即停、事後據王調查、我方是時均未放鎗、日方放鎗原因、殊難明瞭、

▲中央社天津十日電　據此間接得消息、十日晨二時半、尚留宛平城東北高地之日軍、又向城內連續開機關鎗、達廿分鐘之久、專員王冷齋、當向日方質問、據日方謂係因搜查傷亡士兵屍體時、聞有鎗聲、但我方遍查、並無開鎗情事、王冷齋十日晨八時、已赴平、向秦德純等報告一切、

▲中央社北平十日晚六時五十五分電　確息、㈠盧溝橋方面日軍主要部隊、九日下午已開始撤退、我方換防部隊晚已全部到達宛平城內、及盧溝橋附近各地、㈡宛平縣城東北三里許大瓦窰高地、九日下午、尚有某方軍隊二百餘人、隱伏該地、經我方發現、提出交涉後、彼方始於晚十一時許撤至五里店、晚間並在五里店幕營、㈢雙方自九日午起、分別復員後、九日晚、我方部隊已完全恢復原建制、及十日晨二時半後、平市忽又聞槍炮及機關鎗聲、繼續約半小時之久、嗣經多方調查、我方安靜如常、並無絲毫動作、(此是證明鎗聲係發自五里店所駐日軍、其用意不明、)㈣現日軍尚未完全撤回原防、五里店方面、仍留有約二百餘名、又據報告、十日晨八時許、有日軍六百餘名、附山陸炮約二十門、由豐台向西前進、意義不明、且仍有小步隊時來時往、據一般觀察、和平解決雖已開始、但將來交涉、恐難免相當波折、對方避用武力之可能、尚未完全消除、

《新闻报》，1937年7月11日，第4版

中日當局在平洽商撤兵

▲北平　王冷齋於十日晨八時許、偕中島由盧來平、謁中日當局、商盧東北未撤完日軍撤退問題、王語記者、十日晨日軍開鎗事、係小枝節、開鎗責任、亦不必深究、我方只希其從速撤完、免再生誤會、使時局惡化、現來平商洽、若能得好結果、則和平即可告成、盧城內治安、現已大體恢復、人民死傷不多、數目正調查、九時許、王與中島、分謁秦德純・橋本・松井・河邊等、商撤退日方餘兵事、

▲中央社北平十日下午一時二十五分電　宛平縣長兼專員王冷齋、偕秘書洪大中、及日顧問中島、於十日晨六時、由盧溝橋返平、　當往謁秦德純調治安及冀察外委會主席委員魏宗瀚、報告事件經過、并請示善後辦法、秦馮面對王此次維護國家立場、備致慰勉、並諭此後關於外交問題、仍由王負責辦理、王定十日晚返縣、但如時間不允許、將先派洪大中先回、　又昨王曾向受傷縣民撫慰、並將被日炮火破壞處所攝影存執、備作將來交涉根據、又九日十日兩日、京滬粵各地民衆團體及文化機關、均紛紛電宛平縣慰問、　一般民衆、對此情緒、甚爲感奮、

▲中央社北平十日下午七時四十五分電　盧溝橋附近五里店、尚有日軍二百餘名、迄未撤退、對此問題、中日雙方人員、十日午在張允榮宅晤面、到我方秦德純・馮治安・王冷齋、及日方櫻井等、彼此討論達數小時之久、因日方意態堅決、故毫無結果、致交涉陷入停頓中、

▲中央社北平十日電　津日駐屯軍參謀長橋本羣、九日由津來平[illegible]赴扶桑館召見日方各要人、會商一切、迄至十日晚六時止、尚未與我方晤面接洽、橋本此次來平、頗引人注意、

▲中央社天津十日電　津市府秘書長馬彥翀、中日晨九時半、由津赴平、分謁張自忠秦德純馮治安等報告在津與日方折衝盧溝橋事件經過、

平津兩地昨夜加緊戒備

▲北平　十日夜、北平戒備益緊、頗入戰時狀態、城內各重要地點、佈置鐵絲網沙袋障碍物、馬路上行人斷絕、市面交通、完全停頓、

▲天津　十日下午九時、津警局長李文田、爲市治安問題、召集全市警局分局長保安隊長、會商決定、加密布防、

▲天津　津警局十日會議、決定即開始清查全市戶口、盤詰奸宄、管理燈火及電話、

平津交通又在豐台遇阻

▲天津　十日午後、開平各次客車抵豐台遇阻、晚均折返、平豐間交通、下午九時後完全斷絕、　唯平津長途電話尚照常通話、

▲中央社天津十日電　九日滬津之平浦三〇六次及平瀋二次車、分於夜間二時及三時由津開出、行至豐台稍留、旋於七時許先後到平、十日晨、除由平來

《新闻报》，1937年7月11日，第7版

津之平瀋一次車、因北平戒嚴關係、緩開一小時外、其餘各次均照常通行、

▲中央社北平十日電　平市十日已放晴、氣候轉熱、九日晚戒嚴狀況、較八日晚尤緊、下午八時後、即斷絕交通、非有戒嚴司令部所發之通行證、難越雷池一步、各城門仍緊閉、細風斜雨、淅瀝不斷、故路上益呈荒涼之狀、十日、各城門多已半闢、情勢較昨緩和、交通警戒亦略見鬆弛、各衝要地點、熱鬧情形、一如平日、西車站各次車仍不通、東車站僅於上午七時開出一次車、因在戒嚴時間、乘客寥寥、九時五十分應到平之火車、遲至下午一時卅五分始到、上午十一時半應到平之火車、亦遲至下午一時四十分始到、又平瀋通車、每日係晚九時開行、現已提前於六時離平、因永定門外鐵道柵欄、一屆戒嚴時間、即行閉鎖、派員把守、火車不能進站、故不得不提前開駛也、

盧溝橋宛平城視察詳記

▲中央社北平十日電　記者十日晨再赴盧溝橋、七時抵廣安門、門已半闢、菜販小賈、因交通斷絕兩日、均乘此機會入城、故行人特別擁擠、七時廿分抵五里店、遠望平漢路軌道日軍營幕、始知盧溝橋附近尚有日軍二百餘人未撤、若干日兵、猶在該地高土架設炮位、察其目標、仍向盧溝石橋、鐵道涵洞有日兵盤問行人、但不甚苛阻、過涵洞後、即為宛平縣城、現東門依然緊閉、無法通行、惟西門半開、行人經查問後、可以出入、城內保安隊共百五十人、由賈隊長率領、會同縣警官柏榮光負責維持治安、一般情形、尚頗平靜、惟商店尚未開業、住戶雙扉緊閉、一切均呈靜止狀態、至戒備方面、因我軍撤至橋西、尚未撤去之日軍、在鐵路軌道旁臨時設立之司令部、相距僅一二百米達、故警戒未敢放鬆、據宛平縣警官柏榮光談、七日深夜發生衝突後、八日日方致我通牒、竟要求限於六時前、自縣長以下至百姓、應全部退出、欲來接收縣城、當時王縣長因電話電報俱斷、無法向長官請示、祇與本人（柏自稱）與金營長商議覆日、尚未得有結果、日軍已開砲轟擊、此役彼方目標、完全在於縣府、因縣府屋頂豎有旗杆、可作彼射擊標準、故縣府同時受中四砲、縣長臥室大客廳及第三科辦公廳等處、均被燬、後將旗杆卸去、發炮目標遽失、遂多落於民房、共計日軍此次三度炮攻宛平縣城、一為七日夜三時後、二為八日上午十時後、三為八日下午六時後、共發炮二百餘發、我方死傷、現尚不知確數、但已收殮屍首六十餘具、抬赴長辛店營地掩埋、受傷者約有百二十餘人、亦已陸續運至臨時所設之醫院醫治、日軍死傷實數不詳、但與我方亦不差上下、其死者已運往豐台或天津、由此觀之、此次戰事、不能謂不激烈云云、記者與柏分手後、復往各街衢大略巡視、因接防伊始、戒備仍嚴、故不克十分自由、且新雨初晴、泥濘載道、除保安隊之巡邏外、絕少行人往來、景象淒冷、覩之徒增憤慨、又因一切損失均待調查、人民驚魂甫定、不願與縣境外人閒談、用是調查頗難、又記者到盧溝橋之後、始悉縣長王冷齋、業已赴平、一切問題、均無專人接洽、乃決定且先折返北平、俟日內原狀稍恢復、當再實地前往考察、

▲中央社北平十日路透電　日兵一隊約五十人、駐於距宛平城東半哩之處、以鐵路堤身為掩護、而永定河對岸、則駐有第廿九軍之兵士約三百人、防守盧溝橋之西端、餘者已向長辛方面退去、今晨有外國官員與新聞記者若干人、在宛平附近為日兵阻止）加以盤詰、後經聲明未攜帶照相機、始許前進、既至宛平、則見城牆炮痕歷歷、尤以東門為甚、蓋星四星五兩日、該處適當日軍炮火之衝也、炮彈落於城中約五十枚、行政官署半被轟毀、幸署中人早一刻鐘避開、警署與附近一酒店、亦被日炮擊中、檢視彈屑、可見日軍所用之炮、為三十七耗至三吋之口徑、星四星五兩日戰鬥中、第二十九軍死二十人、重傷二十人、輕傷五十八人、日軍方面死十八人、失蹤二人、傷二十二人、

《新闻报》,1937年7月11日,第7版

事變中之雙方傷亡人數

▲北平 盧溝橋事變中、我陣亡官兵屍均拾長辛店、現已獲六十餘具、傷兵百餘、亦在長辛店診治、

▲同盟社北平十日電 此次事件之犧牲者 共計三十七名、其中陣亡者十一名、負傷者廿六人、

日軍阻止修理平漢路橋

▲北平 平漢站十日晨九時開工程車赴盧、修被破壞鐵橋、北甯晨開客車一列、惟行車時刻、尚未復常態、平通車仍停、

▲漢口 平漢路派員修理盧溝橋橋樑軌道、被日軍阻止、正交涉中、

盧溝橋事件 外部提書面抗議 並派員北上協助交涉

▲中央社南京十日電 關於盧溝橋事件、我外交部前曾派員向日大使館提嚴重抗議、茲聞外交部復將前次抗議時所談各點、本日下午、以書面送交該館、同時幷派員北上、協助交涉、

日高參贊謁王外長 商汕案及盧溝橋事

▲南京 日大使館參贊日高、奉日外省命令、十日上午十一時赴外部、謁王部長、王延晤於會客室、由亞洲司科長 董道寧傳譯、寒暄後日高首述日外省意、對汕案認爲地方事件、主由地方當局迅謀解決、王部長對原則表示同意、繼王部長述盧溝橋事變責任、應完全由日駐屯軍負之、要求日高迅電日政府、電令華北駐屯軍、勿再爲軌外行動、致事態續趨擴大、聲明並保留一切合法要求、談話歷一時半之久、聞未獲有結論、十二時半日高辭去、

冀察政會改組說 秦德純電滬闢謠 謂所傳毫無根據

▲本埠消息 冀察政委會委員長宋哲元氏、此次在樂陵休養、外間因此謠傳冀察政委會將改組云云、第廿九軍駐滬代表李廣安氏、特於七日致電北平市長秦德純氏詢問眞相、業於九日得復、純爲謠言、原電云、上海廿九軍代表李廣安兄鑒、陽電奉悉、承示外間所傳冀察政局改組、純係謠言、毫無根據、特電復聞、弟秦德純叩佳、(中央社)

廿九軍駐京處長 李世軍謁何應欽

▲中央社南京十日電 廿九軍駐京辦事處長李世軍、十日晨由滬返京、午後分謁軍政各當局、轉呈平來各項要電、幷於晚八時、往謁何應欽、報告盧溝橋事變經過、約一時許辭出、聞李日內赴牯、

《新闻报》，1937年7月11日，第7版

中日雙方議定和平後

前線戰事更激烈

昨下午商定在無條件下
雙方同時下令停戰撤兵

夜間十時後和平局面又變

▲天津 此間得報、十一日夜十一時、日軍復食言、向蘆溝橋開進、擬佔據該地、與我軍再度衝突、戰況轉激、接觸地在五里店宛平城東涵洞、今井和知均避匿、不願見我方談洽人、

▲中央社北平十二日上午二時零五分電 蘆溝橋大井村五里店一帶、十二日晨一時四十分、中日軍又大衝突、重砲機鎗之聲、密如連珠、聲音頗爲清晰、戰情難詳、

▲北平急電 日方表示不願擴大、十一日午後、與我方口頭約定、雙方無條件下令復員、

▲天津急電 中日雙方在平議定辦法、下午六時、雙方軍隊、已各向後引退、衝突停止、

▲北平 十一日下午七時、局勢突然好轉、九日由津抵平之日駐屯軍參謀長橋本、十一日上午十一時、突訪秦德純、表示日方願和平解決、下午一時、北寧路局長陳覺生、亦啣命由津至平、負交涉責任、下午四時、於秦宅開會、橋本·陳覺生·冀察政會外交主任委員魏宗瀚·及秦德純等、均出席、開會後、首以口頭約定、雙方立卽停戰撤兵、繼商其他問題、至下午七時、完全和平解決、內容情形、以關防嚴密、無從探悉、惟據當局表示、未有任何條件、下午八時起、駐蘆溝橋附近日軍、已開始向豐台撤退、集中豐台日軍、同時分向北平天津方面撤退、惟夜間十一時半發電時、尙隱聞砲聲、據當局表示、係日軍掩護撤退所放、無碍和平進展、

▲中央社北平十一日下午十時二十分電 中日雙方十一日復約定仍在無條件下撤兵復員後、此間形勢似漸和緩、但頃據報告、和平局面又有變化、前方復有戰事發生、且更激烈、

▲中央社北平十一日下午十時五十分電 十一日夜十時卄分、蘆溝橋前方復有戰事發生、步鎗機關鎗炮聲甚

《新闻报》，1937 年 7 月 12 日，第 4 版

密、戰況似頗激烈、

▲中央社北平十一日下午十一時二十五分電　豐台南黃土坡、十一日晚十一時、亦發生衝突、至發電時止仍在接觸中、

▲中央社天津十二日電　十二日晨三時一刻津市某租界突有槍聲四五響、旋即停止、據調查係某方欲乘此機會、造成地方不安狀態、故放槍數響挑撥、惟此間警察局在四郊及市區已有週密佈置、鎮靜應付、

▲中央社北平十二日上午二時五十分電　大井村一帶日軍、十二日上午一時餘、突向我平市西郊蔣家村青塔村古廟等處駐軍、以重炮機關槍猛烈攻擊、我軍當奮起應戰、雙方激戰約半小時、日軍不支復退回原地、雙方死傷頗重、民衆損失亦甚大、

▲中央社北平十二日上午二時半電　日軍不履約撤退、反增調大軍、向我軍猛攻、致十日下午六時起、又發生猛烈衝突、嗣雖又經雙方口頭約定、停止軍事行動、撤歸原防、正在依照約定履行間、詎十一日晚十時後、平郊東北及西南各方又有緊密槍聲、清晰可聞、十二日晨一時後、據報日軍更以機槍及大炮向我軍猛轟、我軍憤日方之一再食言、反覆無常、當即奮勇抵抗、迄發電時、戰事仍在進行中、

▲中央社南京十一日電　據某要人接平電謂、日方十一日曾派員向冀察當局接洽、對此次事件表示遺憾、並對雙方死亡官兵表示惋惜、謂當力求事態縮小云、消息靈通者對日方此種舉動　認爲恐係緩兵之計、因日兵車十列、已由關外開入山海關秦皇島一帶、且附有飛機五十架、足徵日方預有計劃、企圖將事態擴大云、

《新闻报》，1937年7月12日，第4版

十日夜間永定河兩岸之劇戰

日軍幾度猛烈進攻 我軍忠勇自衛抵抗
日軍百餘被我解决 日圖渡河終未得逞

▲北平　十日下午四時、駐盧溝橋附近永定河東岸之日軍百餘人、突然向我永定河西駐軍進攻、我軍本不挑戰不退讓態度、爲正當防衛、即予迎擊、日軍百餘人、全部爲我軍解决、日軍續派大隊五六百人、坦克車四輛、大砲多尊、再向我軍進攻、企圖强佔盧溝橋、渡過永定河、佔領我軍陣地、我軍忠勇還擊、戰事異常激烈、雙方進退多次、在深晚九時十時、砲火尤爲猛烈、但日軍渡河計劃、終未得逞、我軍士兵、多次欲渡河出擊日軍、均爲長官阻止未果、直至今晨

《新闻报》，1937年7月12日，第4版

三時、日軍退去、戰事始告停止、日軍退後、復將我宛平縣西北三里之楚王莊、東北之五里店、及大井村一帶、悉予佔領、構築工事、全線日軍、約逾千人、由平至宛平公路、已爲日軍阻斷、平宛間電報電話及汽車、悉不通、宛平縣城仍在我保安隊堅守中、城內人民、已逃避一空、

▲天津　十日夜十一時起、迄十一日晨、日軍不斷向平西八寶山集結兵力、猛攻該山險要衙門口、日方係以聯隊單位作戰、　由河邊旅團步兵第一聯隊主力擔任、此役聯隊長牟田口親往指揮、現探明蘆溝橋戰事方面、一爲八寶山衙門口、由牟田口大佐督戰、二爲蘆溝橋永定河夾河炮戰、由森田中佐指揮、三爲包圍宛平縣、監視我保安隊衝出、時以機關槍掃射、　由嘉田少佐指揮、河邊旅團長十一日晨移其總指揮部進至龍王廟、

▲中央社北平十一日電　中日軍在蘆溝橋五里店一帶、於十日下午兩度衝突、後、迄十一日晨五時許始稍停、至午又繼續小接觸、記者茲晤十一日晨始由前方返平之某軍官、探悉十日夜衝突情形如下、十日下午六時許、日軍突以步鎗向我軍射擊、我軍當奮勇抵抗、旋即開始炮擊、雙方戰事轉劇、八時許略停、至九時、日軍百餘人、猛攻宛平縣東北高地、　我軍遂取包圍形勢、一鼓將該部日軍完全解決、我方亦有相當傷亡、旋日軍五百餘人、於十一日晨一時許、又以步機鎗衝來、並以大炮掩護前進、雙方激戰、猛烈異常、我軍因人數較少、乃稍退、日軍亦不敢追、故此時戰事略停、另有一部日軍、在永定河東岸、擬渡河抄我軍後路、數度進攻、均被我軍擊退、至五時許、日軍始撤至大井村、戰事乃中止、不料十一日午、日軍復擬繼續前進、故又開始接觸、但戰事並不激烈、宛平縣城及蘆溝橋、仍由我軍固守中、

▲中央社天津十一日下午二時電　據此間接得消息、十一日上午十一時許、日軍又向蘆溝橋一帶炮擊、企圖渡河、通縣南門外及平津間黃土坡車站、亦因日軍向我駐軍挑釁、小有衝突、

▲天津　十一日拂曉、日軍分三路向八寶山蘆溝橋永定河右岸猛撲、以八寶山大王廟、永定河右岸大瓦窰、蘆溝橋畔回龍廟爲攻擊目標、炮火猛烈、日軍一中隊全滅、大瓦窰方面、敵大迂迴渡河、襲我永定河岸守軍後路、經我軍遊擊敗退、頃我軍士氣旺盛、迫擊炮發射、多能命中、敵密集隊衝鋒均爲我擊潰、

▲中央社北平十一日電　中日雙方約定停戰復員後、十日日方忽又違約、由豐台通縣增兵千餘人之多、配備完畢後、於下午四時許將九日已撤退至五里店之二百餘人、復進至大瓦窰、同時由通縣新到之日軍三百餘人、携有機鎗山炮、進達大井村、與五里店大瓦窰之日軍、即兩面向我方射擊、至七時炮火更爲猛烈、日方向龍王廟撲攻數次、最後以一營之衆、向我方衝鋒、因此兩方各有損傷、我軍爲自衛起見、不得不予以還擊、激戰至拂曉、迄後兩方即入於停戰相持狀態中、

《新闻报》，1937 年 7 月 12 日，第 4 版

▲中央社北平十一日下午四時十分電 確息、盧溝橋方面、十日下午五時半、日軍突又以大砲機鎗攻擊我軍、我軍不得已予以還擊、入夜以後、日軍一連、且向我龍王廟陣地突襲、被我軍沉着擊退、旋日方又增加兩連、繼續猛攻、我守軍雖不足一連、然以士兵奮勇、日軍並未得逞、雙方激戰至十時許、日方更增加兩連、且以山砲猛烈進攻、我軍為戰略計、稍向後退、日軍竟欲繼續前進渡河、卒被我軍擊退、此役雙方均有損失、嗣即入於停戰對峙狀態、日方仍表示不願事態擴大、疑經接洽、現雙方暫行口頭約定、仍在無條件下、雙方下令復員、結果日方是否如前不遵守信約、尚待事實之證明、

南苑發生之斥堠戰

▲天津 十一日晨、豐台日軍由黃土坡站繞往我南苑、偵察我卅八師動作、發生斥堠戰、日軍經我擊退、我軍猶嚴行戒備中、豐台鎮治安、頃由少數警察維持、

通州亦曾發生衝突

▲中央社北平十一日下午一時二十五分電 豐台日軍驟增、遍地皆是、强佔民房、入民紛紛逃避、市內僅由徒手警察一二十人維持、電話局亦有日便衣兵監視、據未證實消息、豐台南之黃土坡日步哨兵、十日曾與南苑我軍步哨發生接觸、又通州城外駐二十九軍一部、十日上午十一時、日軍欲實行驅逐、我軍起與抵抗、發生衝突、

香月清司 任華北駐屯軍司令

日方當局通夜開會 五相會商決定方針 調任香月授與訓令 緊急飛津業已接任

▲天津 新任日華北駐屯軍司令香月清司、十一日下午四時半、由日機十一架護送抵津、卽接事、

《新闻报》，1937年7月12日，第7版

▲中央社東京十一日電　昨夜得盧溝橋再衝突消息、此間非常緊張、陸海外三省、及參謀本部澈夜辦公、今晨陸省派香月清司、乘機前往某處、參謀總長閑院宮、赴葉山謁日皇、首相及外陸海藏四相、十時召集緊急會議、十一時再召集緊急閣議、形勢極端緊張、惟日政府聲明、仍努力制止擴大事態、外次堀内約我駐日代辦楊雲竹晤談、

▲中央社東京十一日路透電　華北中日軍隊戰事復作後、日本高級官員通夜開會、討論應付中日間緊張局勢之辦法、今晨二時、陸相杉山與陸軍省首腦部人員、及陸軍次官梅津舉行會議、繼而外務與海軍省人員亦開聯席會議、散會後據官場消息、軍事教育總監（編者按即香月清司）奉陸相重要訓令、於今晨十時乘軍用飛機前往秘不宣布之某處、

▲同盟社東京十一日電　今日發表調動情形如左、教育總監部本部長陸軍中將香月清司調任華北駐屯軍司令官、華北駐屯軍司令官　陸軍中將田代皖一郎、調任兵器本廠附、

▲同盟社東京十一日急電　教育總監部本部長香月中將、於十一日午前八時、至陸相官邸、接受杉山陸相給與之重要訓令、同時十五分辭出官邸、當即赴參謀本部後、旋於本日午前十時、由立川飛行場乘軍用飛機、急飛往某地而去、

▲同盟社東京十一日電　三宅坂陸軍參謀本部、今晨召開緊急會議、陸軍省參謀本部之將校七時全部到廳、該地附近各要所、由憲兵隊嚴重警戒、杉山陸相梅津次官等、自昨晚開秘密會議、至今晨七時、招致教育總監部本部長香月中將奉重命赴口口方面、首腦部舉行簡單送別會、至八時十五分香月中將謁見參謀總長、受重大訓令後、偕幕僚數人、乘汽車赴立川飛機場、乘機開往口口、

《新闻报》，1937年7月12日，第8版

▲同盟社十一日東京電　臨時閣議下午二時開會、協議五相會議決定之方針、其結果全體一致承認原案、近衛首相即赴葉山、覲見日皇、請求裁可、

▲中央社東京十一日電　今午緊急閣議、至九時始散、內容未發表、近衛首相即赴葉山謁日皇、閣令晚將發表重要聲明、宣布日政府方針、

▲中央社天津十一日電　華北駐屯軍司令、已由日陸軍省發表、以香月淸司繼任田代之職、香月十一日下午六時、已由東京乘飛機經大連抵津、日駐屯軍參謀長橋本羣等、十一日下午三時、亦由平乘機返津、當赴機場歡迎、並陪赴張園官邸休息、旋與田代會晤、

▲中央社東京十一日電　今日五相會議歷二小時、閣議時間較短、日政府重大態度已決定、下午海軍參議官亦開會贊成內閣決議、外務省令在華日僑作撤退準備、警視廳嚴令保護在日華人、形勢似將達最惡場合、終日各報號外、滿街發售、咸謂中日危機一觸即發云、

▲中央社東京十一日路透電　首相近衛陸相杉山海相米內藏相賀屋、今晨集議三小時後、已商定根本決議、內閣於今日下午二時開會、攷慮此項決議、歷時甚短、即延會、因日皇現駐葉山、首相於延會後即赴該處、以政府對付華北之政策、請皇允准、聞內閣已允撥付必要經費、以供政府實行其決定政策、並保護日本在華之權利、剷除中國違法行動根原之用、內閣開會後、藏相即與大藏次官等會商籌撥、實行政府所決定各計畫之必要經費、今日下午四時二十分、陸相杉山會以華北大局情形及所決定之軍事計劃奏報日皇、首相則於五時四十分覲見日皇、皇即允准內閣所決定之政策、新任華北駐屯軍司令香月中將、現將携陸軍省重要訓令、乘飛機離此、其目的地未悉、聞擬赴天津云、陸軍參謀總長閑院宮親王亦在葉山覲見日皇、奏報華北爭案詳情、內閣今晚發表一長文、臚舉華北中國當局侵犯日本權利之種種行動、謂政府現已取必要之對付計劃、並遣師前往華北、惟仍希望爭案能獲和平解決云、

▲天津　香月抵任後、十一日夜十一時、招集橋本等以下軍部幕僚開會、討論盧溝橋事件辦法、

田代時入昏迷狀態

▲天津　田代所患爲心臟衰弱、十一日晨起、時入昏迷狀態、肢體動作機能全失、粒米不能下喉、香月來任後、田代移住芙蓉別館、

▲天津　傳田代十一日午後已彌留、

《新闻报》，1937年7月12日，第8版

關外飛來
大批轟炸機抵天津
到達榆關之關東軍
乘汽車向天津進發
大批日軍及軍用品
紛紛由津運赴豐台

▲天津 日關東軍轟炸機六架、十一日午後四時半、編隊由錦州飛來、在津盤旋市空一匝、降李明莊日兵營前飛機場、某公司飛機二架、猶在市空偵查、

▲中央社天津十一日午十二時電 日軍由關外開到榆關、外傳已進抵唐山、並有三列過津開豐台云云、頃於十一日午調查、得悉關外日軍開抵榆關者、共有六列車、人數約在三五千之譜、但尚未西上、仍停於榆關車站、此間日軍部準備大批輜重、擬運往豐台、十一日晨、並以載重汽車三輛、裝運大批汽油、擬搭車赴豐台未果、十日由津運豐台之日軍輜重車主列、現止於廊坊、未前進、

▲中央社天津十一日電 津日軍用載重汽車三十三輛、裝運大批士兵及軍械子彈、為數甚多、於十一日上午五時半、由海光寺兵營出發經河北黃緯路沿平津公路而行、似前往豐台一帶增援、至八時一刻、其中之五輛載原人返津、

▲中央社天津十一日電 本日一日內、由關外來津之日軍用飛機、共達十三架、計戰鬥機六架、轟炸機三架、其餘皆為偵察機、現均停於東局子日兵營前飛行場、該處現有日兵為數已不多、十一日起、已在兵營四週放哨、

▲中央社天津十一日電 日軍用飛機六架、十一日早由關外飛抵津、停於東局子機場、旋於下午四時半啓飛、在津市四週上空盤旋、約廿分鐘之久、仍降於東局子機場、另有原停於津市之日機四架、十一日下午四時、亦由津啓飛、赴西北一帶偵察、旋即返津、

▲中央社天津十一日電 十一日下午四時三十五分、津上空發現日機六架、由南向東北飛去、

▲中央社天津十一日電 中航公司接某方通告、須將在津飛機離津飛青、空出機場、聞某方即將由榆關增兵五百、暫駐該地云、

《新闻报》，1937年7月12日，第8版

▲中央社北平十一日下午五時十分電　中日軍十一日午一度接觸後、旋即停止、現雙方正對峙中、日機一架、十一日晨飛平市上空、繞一週、即飛盧溝橋一帶偵察、

▲中央社天津十一日路透電　關東軍之第一批、已於今日正午、由山海關開出、向天津進發、因中國鐵路當局拒絕供給專車、故兵車均在尋常火車之後、聞關東軍六列車昨開抵山海關、兵士在該處下車度夜、同時據天津擾訊、今晨六時、有日軍七百名、乘載重汽車三十五輛、駛過北倉、向豐台進發、携有機關鎗等武器、今日下午、此間之賽馬、已徇從日軍事當局之請求、停止舉行、蓋以日軍飛行場與其營房逼近跑馬場故也、

▲中央社天津十一日電　北甯線榆關昌黎北戴河等地日駐軍、現已大部集中唐山、聞將由唐山取道通州開豐台、在榆關停留之日關東軍兵車、已增至六七列、亦有西上赴唐轉往通州模樣、又十一日午由榆開津之平榆四十二次車、有日兵六十餘名、强行登車隨來、下午七時可到津、

▲天津　秦榆南大寺日軍、已搭兵車兩列、十一日晨開抵唐山、午徒步向通豐進發、名數約六百餘、唐山以東、因日方運兵故、交通繁忙、津日軍一小隊、十一日晨押運軍火廿餘載重汽車、駛豐台轉榆前方、

▲天津　十一日晨八時、津日軍步兵第二聯隊四百餘、乘汽車廿餘部、開赴盧溝橋增援、豐台因日軍麕集過多、民房均被佔用、商民背逃、

▲北平　豐台民房、全被日軍佔住、人民大部逃去、我警察六十八人、鎗均被繳、徒手在各巷內站崗、重要地點、均由日軍布防、十日晚、一部日軍欲由豐赴南苑、被我軍阻止未果、

▲中央社天津十一日電　日軍專車一列、內中五悶車子彈、於十一日晚九時由津赴豐台、

▲中央社天津十一日電　十一日下午三時五十分、日兵十一名、押汽油車三輛、由津開赴豐台、又下午五時、由豐台到津火車、滿載男女難民、並有日傷兵十一名、

▲中央社天津十一日電　由關外開抵榆關之日軍現有三列車、準備西上、十一日晚曾要求北甯路局定點開行、已被拒絕、日軍之第一列兵車士兵均已上齊、擬夜一時半開出、其二三兩列亦將陸續西行、據稱、此三列車將直駛天津、途中如不在唐山停留、十二日晨七時許可抵達、

平當局否認
容納日軍四項要求

▲中央社北平十一日電　當局負責聲明謂、十一日夜津市盛傳關於盧溝橋事件、日方宣稱我已容納該軍四項請求云云、與事實絕不相符、

《新闻报》，1937年7月12日，第8版

華北局勢忽弛忽張
全日充滿和平聲浪後
盧溝橋夜間又起激戰
中日雙方本已約定同時撤兵
日無誠意仍在陣地布置工事
我方惟有奮起與之周旋

▲北平十三日晨二時電　平近郊距城四五里大井村小井　財神廟一帶日軍、十二日向豐台撤退一部份、係緩兵之計、遺留日軍三百人、至十二日晚八時半、又向我軍防地猛烈進攻、大炮機鎗齊發、其聲時疏時密、至十三日晨二時發電時止、鎗炮聲仍未息、現日軍在平漢路南、我軍在平漢路北、

▲北平十二日夜十二時急電　日軍十二日晚九時半、由大井村東進、向距廣安門五里之財神廟炮擊、

▲中央社北平十二日晚十時二十分電　十二日晚十時、前方又發生接觸、鎗炮聲密集、迄發電時未止、

▲中央社北平十二日電　中日本約定同時撤兵、但日並無誠意、祇撤去少數部隊、經我方催促、反謂我違約前進、現局勢確又趨嚴重、

《新闻报》，1937 年 7 月 13 日，第 4 版

▲中央社北平十二日下午十一時四十五分電　大井村日軍、於十二日晚十時許、向財神廟進攻、（按財神廟距平市廣宛門約五華里）我駐該地之軍隊、事前早有準備、當予以猛烈之還擊、雙方炮擊約三十分鐘、日軍不支、旋即退去、

▲中央社北平十二日下午九時十分電　蘆案和平解决、又呈惡化、日方十一日與我交涉結果、本允將大井村至蘆溝橋附近各地日軍、撤至豐台、但其後日軍並未實踐諾言、除十一日晚十二日晨一再猛攻我軍陣地外、十二日上午起、仍在原陣地佈置工事、自劉家口至大井村一帶民房、被佔領多處、或利用田禾爲掩護物、或將田禾割去、趕築壕溝、由大井村至五里店、日軍警戒尤嚴密、反客爲主、檢查行人、大瓦窰及鐵路涵洞、放置大炮、及軍馬甚多、僅於十二日下午一時許、將部隊百餘人、撤至距豐台一里許之窪地、另一方面、則迭向平津增兵、駐平日軍、此次並未參加蘆溝橋之役、但十二日晨、仍有百六十餘名運平、由水關下車、入日本兵營、謂係從前方復員之兵、山海關兵車、十二日已有五列西上、已運到之日機有二十餘架、（一說五十餘架）十二日下午三時、並有關東軍五百餘名、携有小鋼炮多尊、分乘大汽車、由承德開古北口、分駐石匣等處、其第二批一百五十餘人、亦於十二日下午四時開到、駐在密雲城内、據某觀察家談、日閣議已議决向華北增兵、關東軍及朝鮮軍正紛紛調動、足見欲以强力壓迫華北、以遂行其政策、和平解决及事態不擴大等名詞、或僅其準備未完成時、一種外交辭令、惟我方已有堅决之意志、即日方苟不踐其諾言、對我挑釁、亦惟有奮起與之周旋云、

▲中央社北平十二日晚十時三十五分路透電　今晚宛平一帶、機關鎗聲復轤轤不絕、因此北平市民在稍覺安逸之後、復現緊張神色

▲中央社北平十二日下午十時十分電　日本已决定於關東軍方面、抽調大部軍隊、向華北增兵、並由該國另開兩師團、現已有一部士兵登輪待發、

▲北平十三日晨二時電　連日和平談判、均以日軍屢次背信、致成泡影、時局已達極嚴重階段、雙方似均失却解决本問題權力、但我方仍極力避免事態擴大、聞雙方已約定十三日再進行交涉、能否和平解决、將爲最後關鍵、

▲北平　大瓦窰五里店大井村劉家口日步騎炮兵三百餘名、附坦克車二輛、炮廿餘門、佔民宅、迄今不但無撤退準備、且有久居模樣、記者十二日晨七時前往視察、時見日軍正卸行裝、安臨時軍用電話、由此可證、目前既成之和平、並無鞏固基礎、故日軍一日不撤、隨時均可違約、揑造口實、使事態惡化、任何約言均不能約束日方行動、十二日晨起、北寗交通恢復、前門亦全開障碍物移去、時局似漸趨轉和、然市郊陰霾四伏、任何人對目前之和平、均不敢存奢望、頃據官方表示、日軍不即撤完、如生枝節、當由日方負之、我方於必不得已時、將不辭與之周旋、

▲北平十三日上午一點廿分電　平戒嚴時間、十二日夜起縮短、由八時改至十一時斷絕交通、

▲中央社北平十二日下午六時廿分電　此間局勢急轉和平、全城戒備漸弛、各城門除外城各門外、前門已全開、宣武和平兩門亦開啓、惟未開直耳、各衝要街道之沙包障碍物、已逐漸撤去、永定門缺口處、障碍亦撤除、東車站各次上下車均恢復、僅平通支線車未開、

《新闻报》，1937年7月13日，第4版

社　論

●挑釁之責在日本

駁日報之所謂「中國不信行爲」

（夢蕉）

盧溝橋事件。日軍夜操。忽缺一人。遂誣謂已入宛平城。遽爾開鎗發砲。包圍進攻。其後事已辯明。我軍已改調保安隊入城。而日兵尚逗留不去。乃又發生激戰。至十一日雙方已在平議定無條件雙方下令撤兵。而日軍又食言用武。其爲有意挑釁。顯然可見。乃觀日人紀載。反厚誣中國。東京朝日且謂『中國不信』。此則吾人所不能已於言也。

該報謂『每遇日本糾正中國不信行爲。中國即用爲抗日材料。』所謂『每遇』云者。是反責中國之失信。非止一次。試問自塘沽停戰協定以來。吾國守信不於該區駐紮一兵。而日本則捴護殷汝耕輩。以爲威脅冀省之根據地矣。對於察北六縣。始則要求我方撤軍而易以保安隊。繼則由其卵翼之李守信等。前來侵擾。乃又佯出周旋。謂保安隊撤去以後。縣政府可仍舊保存。由察省節制。今則淪爲匪僞之窟穴矣。是中國因守信而吃虧。但愈吃虧亦愈守信。而該報猶反責吾國爲屢次失信。是不幸而爲弱國者。非但無勢力可較。並且無是非可講矣。國際信義。表現於條約。故守約即守信。以此次盧溝橋事件而論。起因於上年豐台之駐兵。假使日方而恪守辛丑條約。不於指定之十二處以外。擅自在豐台駐兵。則根本即可無盧溝橋演習肇禍之事。該報如肯一繙條約。探其原因。尚能責中國之不信乎。且國與國之糾紛。如有所謂『糾正』之舉。亦應用外交方式談判。而該報竟指此次宛平之砲轟爲糾正。多數流血之不幸事件。竟輕輕以糾正兩字開脫。是其本旨非鼓勵和平。而爲鼓勵用武。吾人誠不意其持論之失當。乃如此也。

該報又謂冀察政權『原以獨自立場。促進中日提携。調整中日僞滿關係之基幹機關。但徵諸實際。一無成就』等語。冀察既係中國領土之一部。即無所謂『獨自立場』。此爲國內行政組織問題。絕非他人所能擅自支配指派。調整中日關係之基幹機關。自有兩國互派之大使及我國之外交部日本之外務省在。僞滿在中國立場上。旣未承認其存在。根本上談不到所謂調整。至於經濟提携。一無成就。自由於冀東察北之問題。日方避不肯談。而盧變抑價。通惠擅權。以提携之名。行壟斷之實。中國方面。不能不詳細攷慮之故。該報又謂『因此日對冀察政權現狀。有再檢討之必要。』此則不啻自白其盧溝橋事件之種種飾詞。均爲借端。其主旨乃在再造一『第二僞滿』或『準僞滿』。凡不達此目的者。不惜用盡種種方法以遂行之。當此關頭。吾人雖明知無是非可講。然一任該報之飾詞熒聽。則於言責亦有所未盡。爰粗爲駁議如右。

▲中央社北平十二日下午五時廿五分電　據報告、盧溝橋方面日軍、已大部撤至豐台、但尚有若干未撤、且有久駐模樣、我方仍希望事態不擴大、惟日軍倘無履行信約之誠意、仍向我挑釁、則我惟有堅決抵抗、又據路訊、日關東軍決增調二千五百人入關、第一批七百人、已於十二日開抵津、第二批一千八百人、十二日亦可到、隨帶鎗械軍實甚多、

▲中央社北平十二日午十二時四十分電　中日軍大部已撤退、十二日晨衝突關係日使衣隊在西郊八寶山一帶活動、被我軍擊散後、即已平靜、平津形勢現已緩和、

▲中央社北平十二日路透電　昨夜戰事最劇烈之處、在宛平與八寶山間之大井村與將家村、日大使署衛兵百人、星期四日開往衝突地點者、今晨已返北平、日當局已佈置一切、俾隨時可將宛平日僑、一律移至使署區域、昨夜日人義勇兵、在日僑住宅一帶巡邏不懈、北寧鐵路交通現已恢復一部份、火車暫以西直門爲起點與終點、

▲中央社天津十二日晚十一時電　據路息、十二日晚、豐台沿途有日軍坦克車數輛經過、去向不明、又據聞十二日晨十時半、有日軍四百餘名、馬百餘匹、由平津公路前進、似亦赴豐台、

日方兩次背約開釁

▲中央社北平十二日晚九時五十分電　舉世矚目之盧溝橋事件、本於第二次口頭約定於十一日實行撤歸原防、嗣我軍已復撤至衙門口（地名）後方一帶、日軍大部亦撤往豐台方面、惟井未完全撤盡、前方警戒區內、雙方軍隊爲警戒起見、因此又有射擊、而至互相死傷、形勢轉趨嚴重、十二日下午、雙方當局遂派員各往前線視察、相互監視實行復員、以期事件早日了結、我方所派爲三十七師副師長張凌雲、冀察綏靖公署交通處副處長周永業、廿九軍參謀周思靖、日方所派爲櫻井笠井中島、張等奉命已於十二日午前往、我方復員、現正準備中、日是否實行踐約、尚待續報、至事件發生以來、已歷五日、此間當局始終本不挑釁不喪權不辱國之旨、以促雙方之猛省、如日軍再不撤退、則前途如何演變、殊難臆料也、

▲北平　盧溝橋事件發生以來、我始終顧念和平、一再容忍、九日第一次媾和後、日雖背約、我仍委屈求全、看日撤兵、至十一日下午七時、二次媾和方終、我方並公佈和平公報、不料八時許、前方又發生鎗聲、至十時左右、砲聲機鎗聲益密、直至十二日晨四時許始漸息、因在深夜、情況不明、茲探悉日軍十一日夜只撤豐台一部、大部仍在五里店一帶、無故又向東北方吳家村將家墳各莊寄塔寺平

《新闻报》，1937年7月13日，第7版

漢沿線一帶村莊進展、午後並在小井村東南之太平橋放鎗、達半小時、黎明又退大井村、現仍未撤、似仍有重大企圖、

八寶山前終夜劇戰

▲中央社北平十二日路透電　今晨拂曉前、北平西約六哩之八寶山萬國高爾夫球場附近、有劇烈之戰事、爲星期四日蘆溝橋中日軍隊衝突以來所未有、機關槍聲與炮聲、歷歷可聞、終夜不絕、城內戒嚴、市聲全息、故雖坦克車馳往前敵之聲亦復淸晰可辨北平戒嚴至爲認眞、居民咸不許離家出外、

▲中央社北平十二日路透電　昨夜中日軍復相開戰、據華方消息、雙方均受重創、現一切復歸安謐、最近之戰事、發生於距平西約六哩之八寶山萬國高爾夫球場附近、自夜十時半起至今晨二時半止、平西村莊數所、大受炮火與機關槍之摧毀、午夜後炮火至烈、歷一時二十分鐘之久、或謂今晨五時半復開火、但未幾即停云、日方所稱中國當局接受日方休戰條件之說、已由中國當局正式否認、故今必須續作談判、以免戰事復作、宋哲元已由樂陵返抵天津、

本報記者戰區視察

▲北平　十一日晚八時起、平近郊日軍、爲威脅我當局簽字於日方所提和平條件、復自背口頭約定、向我軍進攻、我軍奮勇還擊、戰事徹夜未停、迄十二日晨四時始止、五時、本報記者乘汽車出彰儀門、赴戰區視察、於離外城一百餘米處、遇一日軍、監視甚嚴、直至我軍陣地始去、宛平城外我軍、士氣甚旺、我門緊閉、城內由保安隊駐守、城外西南隅、尚有日軍三百餘未撤退、其輜重行李、已搬上載重汽車復卸下、目的不明、據日方表示、須我現駐永定河西龍王廟一帶二十九軍續向南撤退至長辛店後、宛平城外日軍即撤、此間張允榮宅中、竟夜有會議、出席駐平日特務機關長松井及陳覺生魏宗瀚張允榮等、晨五時始散、

▲中央社北平十二日電　記者十二日晨復出城視察撤兵情形、廣安門仍開半扇、往來行人甚擁擠、出城至大井村、沿途則頗寂靜、行人亦少、抵大井村見日軍尚甚多、戒備頗嚴、且出而攔阻、經與說明、始由日軍中派兵一人、隨同西行、過大井村沿鐵道涵洞、至五里店大瓦窰一帶、日軍崗位密佈、警戒嚴密、大瓦窰附近高地、有軍馬甚多、高地上架炮多門、子彈箱及各種軍實、堆積無數、有若干日軍、正在該處架設電線、又有一部日軍、在構築工事、豎掛綵色之掩護物、來來往往、厥狀至忙、惟未能窺出有撤兵模樣、中有一日兵能華語、詢記者關於和平消息、城內已正式公佈否、記者頷首、渠又謂恐仍和平難實現、詢其原因、渠又搖首不答、大瓦窰距宛平縣城極近、望見城上有少數保安隊駐守、復前行尚未至城下、即爲城上保安隊所阻、謂大瓦窰高土有日軍可以瞭望得見、入城太危險、勸令東返、記者不得已始折回、再查十一日晚十二日晨衝突情況、知十一日晚十時及十二日晨、一時曾發生兩度接觸、旋即停止、結果雙方各有傷亡、惟衝突原因、則仍不明、又平市西郊八寶山一帶、十一日晚發現日軍便衣隊、當被我擊散、至十二日晨三時後、前線即入靜止狀態、以迄於今、

《新闻报》，1937年7月13日，第7版

秦德純報告停戰電

（中央社）二十九軍駐滬辦事處處長李廣安氏、頃接北平市市長秦德純氏十一日來電、報告中日兩軍業已停戰、原電云、上海二十九軍駐滬辦事處李處長廣安兄鑒、眞日（十一日）下午六至八時、中日雙方首腦部在張升三兄（按即張允榮）宅聚會、當議決中日兩軍多歸原防、對此不幸事件陣亡與受傷官兵、分表惋惜、研究以後不再發生類此之事件、刻下日軍大部份由盧溝橋附近撤至豐台等處原防、至盧溝橋防務、仍由我軍駐守、此次事件、或可告一段落也、特聞、弟秦德純叩眞、

▲南京 李世軍十二日晨接秦德純電、㈠日軍昨晚七時、又向我盧溝橋駐軍猛攻、經我沉着應戰、迄未得逞、雙方現成對峙狀態、㈡彼方屢來表示和解、刻正商洽、各將軍隊撤回原防、和平了結、㈢關東軍開到山海關兵車二列、擬要車西開、已被我北寗路局嚴拒、餘續聞、

平津交通漸次恢復

▲中央社北平十二日電 北寗路平津間交通、十二日晨又漸次恢復、平津六次車十二日晨九時半由津開平、平浦三〇五次車十二日晨由平過津、即按規定時間南下、平榆四十一次車、則係於晨間由豐台來津、又據路息、十二日晨六時半、豐台有專車一列、載日軍官數名開平、

▲中央社天津十二日電 北寗路平津段交通、十二日晨起本已恢復通車、晚間赴平各次車購票之旅客亦甚踴躍、惟因平市戒備關係、十二日晚應開平之平浦三〇六次平榆一一四次、以及平瀋二次車均停開、臨時通知、旅客退票、又由平開津之平瀋三次車亦未來津、

秦榆日軍紛紛西進

▲天津 南大寺秦榆間日駐屯軍、分乘兵車五列開津、十二日十一時廿分已到津一列、有士兵四百餘、炮八門、在東站下車、開入李明莊兵營、其餘四列、午後可續到、

▲天津 路息、由秦榆南大寺開來日軍、爲華北駐屯軍河邊旅團之一部、關東軍第二十三旅團部隊之一聯隊、尚未深進、即接防秦榆南大寺一帶、

▲中央社天津十二日電 盧溝橋中日雙方軍隊撤退事、雖已由官方證實、但日軍仍由榆關源源西開、十二日午後、又陸續到津、㈠下午二時十分、由榆開到鐵甲陸地兩用鐵甲車一輛、內載士兵五人、㈡下午四時十分、由榆又到巨型鐵甲車一列、共計五輛、內裝炮四門、機關鎗若干架、載士兵三十餘人、均停於東站、又平榆四次車十二日下午四時抵津時、亦附掛日軍用車兩輛、內載日兵

《新闻报》，1937年7月13日，第7版

七十餘人、在津下車、尚有馬四十餘匹、原車赴豐台、

▲中央社天津十二日電 日軍仍陸續由榆乘專車來津、頃又到達千餘人、計㈠日軍六百餘人、馬百餘匹、軍用品六悶車、於下午六時二十分抵津、㈢下午七時半、又有四百餘人、馬一八〇匹、大炮共裝九車、於七時半抵津、均停於東站、全體士兵、並下車在附近休息、另有日兵車、十二日晚亦可到、

▲中央社天津十二日電 十二日晚九時、又有日兵車一列由榆抵津、計載兵四百餘名、馬百餘匹、大炮六門、另有悶子車五輛、滿載軍械子彈、即停於東站、十二日一日共到日兵車四列、人數在二千人以上、所有運兵之車皮及機關車、均係關外開來者云、

强乘北甯路車經過

▲中央社天津十二日電 榆關開到之日軍、原定十二日晨二時西開三列車、分別西上、但因北甯路局、拒絕付給路簽、致未開行、頃據交通界息、日軍現已於十二日晨十時許、將五列車强行開出、預定午後可抵津、其中第一列現已抵茶淀車站云、

▲天津 由榆關西進之日兵車五列、因北甯路拒發路簽、日軍强令開行、並調僞奉山路司機駕駛、車皮亦均由奉山路配拖、

▲天津 津日軍部十二日午聲明、對日軍乘滿鐵車輛及由滿鐵人員司機運兵事、謂因北甯路拒絕撥車、不得已臨時辦法、絕不佔據北甯路、並妨碍辛丑條約國權利、倘北甯路允許運兵、即令滿鐵人員車輛退出、

關東軍鐵甲車駛津

▲天津 關東軍鐵甲車一列、共掛甲車三節、將車二節、由錦州開來、十二日下午四時駛抵津、在東站少停、擬駛平、抵新站、北甯拒撥道叉、正交涉中、平榆四次車、因日鐵甲車在前阻路、由榆抵津誤點、隨該車到津者、有日軍步兵七十名、在東站下車、即入海光寺兵營、尚有馬五十餘匹、隨四次車運豐台、

▲北平 日軍鐵甲車一列、十二日由榆開唐、又日關東軍七百餘、十二日下午三時、由承德開密雲增防、

▲中央社北平十二日電 路訊、日鐵甲車一列、十二日下午已由山海關開抵津東站、又訊、豐台日軍加緊構築工事、步哨達數里以外、并收買漢奸、刺探我方消息、豐台居民已紛紛逃避、

▲北平 日關東軍五百餘、附坦克車十一輛、十二日由承德入古北口、至通縣、晚八時、乘車開平、我關東便門拒入、遂轉大井村、

▲中央社天津十二日路透電 今日續有日軍自滿洲乘北甯鐵路火車開抵天津、午後有鐵甲車一列、自瀋陽抵此、未幾復有日兵一大隊、在天津東站下車、同時此間日空軍續到飛機多架、今共有飛機二十八架之多、宋哲元今日宣稱、渠擬在津留駐數日、不欲見客云、

日軍開平拒絕入城

▲中央社北平十二日電 日軍坦克車十餘輛、重炮車七輛、摩托車四十餘輛、載重汽車三十餘輛、上載鋼炮迫擊炮重機關鎗多架及士兵多名、於十二日晚九時由古北口經通州開抵平市廣渠門、要求開門入城、我軍未允、日軍乃留一部在門外、一部似向南苑方面開進、現我南苑駐軍、已嚴密戒備、又有一部日軍、約有二百餘人、九時十分、由通州開抵朝陽門外二里西之大橋(地名)地方、

▲中央社北平十二日電 日軍百六十餘名、擬由豐台回平、我方爲防不測、令其解除武裝、始允回城、該部日軍、當將所備子彈解下、僅荷鎗枝、於十二日晨七時、由豐乘車抵平、下車後、即由水關赴日兵營、

《新闻报》,1937年7月13日,第7版

日方飛機續有增加

▲中央社天津十二日電　日軍飛機續有增加、十二日晨又到七架、停於東局子日兵營前機塲、連同十一日到津者、此間已有日機二十餘架、

我軍開回宛平縣城

▲中央社天津十二日電　日軍用飛機、十二日又有陸續抵津者、並隨時飛往各地偵察、迄晚津東局子日兵營及惠通兩機塲、共停日軍用機廿八架云、

▲中央社北平十二日電　中日撤兵談判、十二日仍繼續舉行、但我方因日軍屢次食言、不撤退蘆溝橋之部隊、同時證明、日軍繼續徵調、顯欲擴大挑釁行動、故將宛平已撤退之駐軍、又復開回、駐紮城廂之保安隊、則協助維持治安、

津日軍又定期演習

▲中央社天津十二日電　津日軍將於十四日起、在津南郊演習三日、際此蘆溝橋戰事未完全解决之時、日軍此舉、頗引人嚴重注意、又據此間消息、關外日軍一部經古北口開往通縣豐台一帶、

日機兩次繞飛平空

▲中央社北平十二日電　十二日晨七時許、日機一架繞飛我平市上空及西苑南苑一帶一週、向東北飛去、至下午四時半、又有日機一架、由西北飛向東南、斜越平市上空而去、又日在平居留民會、在平募集居留民、組義勇隊、

宋哲元發書面談話

能平即和不平不和

▲中央社天津十二日電　宋哲元因昨日來津、途中勞頓、腰痛宿疾、因以復發、返平期尚有待、原定十二日午後接見記者、亦因之改期、隨時發表書面談話、原文云、此次蘆溝橋發生事件、實屬東亞之不幸、局部之衝突、能隨時解决、尚屬不幸中之大幸、東亞兩大民族、即是中日兩國、應事事從順序上着想、不應自找苦惱、人類生於世界、皆應認淸自己責任、余向主和平、愛護人羣、决不願以人類作無益社會之犧牲、合法合理、社會即可平安、能平即和、不平决不能和、希望負責者、以東亞大局爲重、若只知個人利益、則國家有興有亡、興亡之數、殊非盡爲吾人所能逆料也、

▲中央社天津十二日電　宋哲元十二日六時許、即到進德社辦公、擬十二日晚或十三日晨、接見此間新聞界、津市府秘書長馬彥翀及陳覺生、十二日午、先後由平返津、當分赴進德社謁宋報告一切、

▲中央社天津十二日路透電　宋哲元今晨召集在津各上級軍官、在英租界開會、討論一切、代理津市長馬彥翀報告最近發展情形、

▲天津　宋哲元於十一日午、由樂陵抵津、拒見外賓、現大局情勢、雖已緩和、仍未許過分樂觀、此間當局、本以靜待動意旨、沉着應付、日奉榆駐軍西進、殊感覺對日方態度、不敢遽信無事、

《新闻报》，1937年7月13日，第8版

王冷齋返宛平

▲中央社北平十二日電　宛平縣長王冷齋、日前來平謁當局、報告蘆溝橋事件經過、嗣因病入醫院療養、茲以稍愈、於十二日晨、乘汽車返宛平縣、主持一切、

李世軍謁何徐

▲南京　宋哲元十二日與李世軍通電話、希望日軍勿再圖擴大事變、貽遠東大局不可收拾、李十二日晨十時半、謁何部長、下午謁軍委會辦公廳主任徐永昌、有所報告並請示、據李語記者、我決不中日方緩兵之計、我軍守土决心、因强敵非法進攻而益堅、

接受日條件說不確

未經中央核准者無效

▲中央社南京十二日電　關於蘆溝橋事件、某方自十一日起、盛傳冀察當局已接受日方條件云云、記者以之叩詢外交部當局、據該部發言人稱、外部未接此項報告、諒不確實、且任何解決辦法、未經中央政府核准、自屬無效、外部十二日已將此意作成節略、於下午七時、正式送致日駐華大使館查照矣、

▲北平　十二日上午、中日兩方負責當局、曾推代表會商撤兵、聞日方堅持我軍須先撤退、我方則主雙方同時撤退、交涉甚久、未得結果、外傳我方已接受日方條件、此間當局、正式加以否認、

▲中央社南京十二日電　廿九軍駐京代表李世軍、十二日晚對記者談稱、日軍自在蘆溝橋對我方挑釁後、經外交當局據理抗議、三日以來、中日雙方曾各派代表舉行談判、但日方應允撤兵、迄未履行、更由關外調兵增援、白晝談判、夜則繼續挑釁、猛襲我方防地、其爲利於作戰策略、而故作緩兵之計、毫無誠意、甚爲明顯、日來日本同盟社屢傳協定已成立、附有種種條件、我方已開始撤軍等消息、均係惡意宣傳、望國人勿爲淆惑云、

《新闻报》，1937年7月13日，第8版

香月飛赴前線視察

並召前方將領會議

▲天津　新任華北駐屯軍司令香月、十二日上午十一時廿分、偕橋本和知大木等幕僚、飛蘆溝橋宛平偵查、並到豐台、召河邊等前方將領會議、大局能否和平、端視渠此行用意如何、

▲中央社天津十二日電　新任日駐屯軍司令香月淸司、十二日晨已正式到海光寺司令部視事、下午一時、並召集各高級幕僚會議、計到橋本池田專田大本等、迄下午三時始散、香月到津後、尙未正式通知我地方當局、

▲天津　十二日上午、日租界商僑、均懸旗慶祝新司令官香月就職、和知大本今井等、十二日早均由平飛返、參加典禮、

▲中央社天津十二日電　據傳日華北駐屯軍司令香月、十二日午一度飛豐台、對部隊有所訓示、旋即返津、又日軍艦菊號、十二日午開抵塘沽、共有水手百餘名、

田代病逝

▲天津　田代病歿、已屬事實、十二日、津日界商僑、門外均下半旗、僑民均配素鍮、海光寺兵營、由六時起、即廣集車輛、出入者面現憂容、

許大使决提前返任

楊代辦提書面抗議

▲南京　外交界息、我國駐日大使許世英、以年高多病、不勝煩劇、屢次呈請辭職、均經蔣院長慰留、聞許氏近以蘆溝橋事變、中日外交情勢緊急、業已自動打銷辭意、不日即首途回任、力疾從公、

▲南京　我駐日大使館秘書黃伯度、十二日上午赴外部、訪常次陳介、報告許大使力疾從公提前返任外、並對華北軍事情形有所探詢、

▲中央社東京十二日電　我駐日大使館代辦楊雲竹、今日下午五時往訪日外務次官堀內謙介、提出蘆溝橋事件之書面抗議、

《新闻报》，1937年7月13日，第8版

日本決心出兵華北

海陸各省情緒緊張

▲中央社東京十二日路透電　日皇與后、在葉山別宮過夏、原擬於七月二十五日國會開特別會議時返京、茲因華北局勢緊張、聞已於今日午後返抵東京、

▲同盟社東京十二日電　海軍省自十一日晨米内海相山本次官豐田軍務局長等高級人員、迭次集會、至傍晚全省空氣俄然緊張、海軍首腦部通宵協議、警備中國海面及艦隊行動之種種計劃、其情形宛如戰時狀態、

▲同盟社東京十二日電　決定出兵華北之重大廟議、已於昨夜經過、十二日之陸軍省、在緊張情形之下、表示沉着態度、杉山陸相昨夜就寢於一時以後、但今晨仍照舊於午前六時起床、到署辦公、當即召集各局長、自午前八時起、正午止、舉行重要協議、

▲同盟社東京十二日電　各省辦事之緊張情形、如海軍外務大藏等省、固形忙碌、自不待言、而對於事變、無甚直接事務關係之其他各省、其情形亦至為緊張、茲分別略述於左、（內務省）全部職員均經非常召集、講求適用軍事救護法、及其他後方之維護、俾策萬全、（遞信省）十一日雖係星期日、因各項電報陡然增加、乃着中央電信局非常召集、認眞處理、十二日清晨、永井遞相等全體人員、均提早開始服務、（商工省）因十一夜在首相官邸召開財界巨頭懇談會、得悉完全成為舉國一致之體制、財界與股票行市、均無任何動搖與變化、（文部省）豫備於時局嚴重之際、決向全國學生、發出重要通牒、促其對於時局、應有正當之認識、同時、須以學生資格為國家服務、現正着手準備各節、（農林省）自今晨起、以準戰時之姿勢、着手準備、其中尤以馬政局及糧食方面之米穀局、更形忙迫、（拓務省）壁上新掛華北與滿洲地圖、新裝無線電播音機、注視事態之推移、準備各節、（司法省）擬於萬一之際、決令着全國囚徒、使之製造軍需品、以便強化勞力而促進愛國熱誠、（鐵道省）準備運輸軍隊、須預先仔細調查、以便作鐵道之策戰云、

《新闻报》，1937年7月13日，第8版

首相召集各界代表 解釋政府對華政策

▲中央社東京十二日路透電　首相近衛昨夜邀集政財報界代表約七十人、向之解釋政府對華北之政策、諸代表皆允團結贊助政府之政策、首相詳述政府不得不作嚴重決議之情勢、惟謂政府仍未放棄和平談判之希望、並謂此次事變、乃中國多年來辛苦大胆經營之排日運動與教育之自然結果、日政府由滿韓及日本本部派兵至華北者、本意乃在促中國重行考慮其態度云、此次集會、閣員全體蒞臨、散會後、民政黨與政友會皆發表宣言、聲明贊助政府之政策、少數黨後亦有此行動、藏相賀屋今日宣布政府雖遭華北事變、仍決計維持目前之匯率、即一先令二便士合日金一元是、並請銀行家財政家合作以達此目的云、

日各報評出兵事件 仍望最後努力和平

▲中央社東京十日電　今晨各報評論日本出兵事件、皆支持內閣方針、朝日新聞謂、如能平和收拾華北局面、最爲幸事、目前尚未失時機、切望最後努力、從速平和解決、此次出兵、決非以中日戰爭爲目的、日日新聞謂吾儕所希冀者、乘此機會、對蘆溝橋事件背後所潛藏之根本原因、須採取拔本塞源之對策、此即國府抗日政策、及華北中央化是也、並謂引起此類事態之淵源、在排日侮日抗日運動、故非掃滅不可、不消除根本原因、則不足語調整中日國交、當然須獲得或種保障、斷不可不澈底而終、報知新聞謂縱使中日間能得或種收拾方法、惟是否可完全信賴、殊屬疑問、希望中國從速採取誠意態度、同時日當局應發揮一切機能、努力圓滿收拾事態、但軍略上時機亦不可失、讀賣新聞謂、中日間不幸而發生全面的衝突、其結果究如何、近代戰爭、決不能限定於相對兩國、歐洲大戰、可爲一例、現時情勢、比歐戰時、更複雜險惡、遠東之中日衝突、誰亦不能保證其無引起許多波瀾之危險云、

《新闻报》，1937年7月13日，第8版

日軍在蘆溝橋演習

毫無法律上之根據

▲中央社南京十一日電　本京某著名法學家頃對於日外務省發言人七月十日所發表辯護日本駐屯軍在華北演習之聲明、發表其意見如下、日外務省發言人對於日軍在蘆溝橋附近之軍事演習、似以一九〇〇年十二月二十二日列強關於庚子事變聯合照會中之第九條及一九〇二年七月十五日中國與各國(日本在內)關於交還天津照會之第四款、以爲辯護之根據、實則該發言人殆已忘却該列強之聯合照會、要求保持北京與海口之交通、係以各國占據若干彼此同意的地點爲條件、而此項之同意、後即載入一九〇一年九月七日之所謂辛丑條約、計沿北京奉天鐵路、共有十二地點、茲有特須注意者、即在此十二地點中、幷無自二十四年秋以來、即爲日軍所佔之豐台、更無位置在平漢鐵路線上之蘆溝橋、蓋此在平漢線上之蘆溝橋、固與北京至海口之交通、絕無絲毫關係也、日本發言人、殆似又忘却交還天津照會之第四款所謂『田野演習來復鎗實習除實彈演習外不必知照中國方面』云云、按照該項照會之規定、亦僅適用於駐在天津之軍隊、天津以外之其他十一地點之軍隊、即不適用、至若于不在北平奉天鐵路線上之蘆溝橋、自更不適用、且所謂田野演習來復鎗實習云云、自有限度、不能解釋爲如最近兩年來日本悍然不顧中國之嚴重抗議所屢演之大規模的演習也、最後該法學家以爲日本在蘆溝橋之演習、不惟無法律根據、且亦有昧於適可而止之義、去歲九月十八日、旣已非法派遣軍隊至豐台、壓迫中國軍隊退出該地矣、則今日在蘆溝橋方面、似亦應稍留餘地、不以演習爲掩護、而更予彼間之中國軍隊以難堪、觀於日軍此次之行動、且益使人相信侵略者之行爲、絕對無有止境而已、

《新闻报》，1937年7月13日，第8版

外部昨舉行紀念週

陳介報告外交情勢

▲中央社南京十二日電　十二日上午九時、外部舉行總理紀念週、外次陳介主席、領導行禮如儀後、即席報告中日外交情勢、略謂、七日晚盧溝橋事件發生後、八日晚已停戰、不意十日雙方復起衝突、昨日又約停止、但據確息、迄今晨止、仍有鎗聲、足見尚未實行停戰、第一次衝突解決辦法、係由雙方撤兵、衝突地帶由保安隊接防、但不知何故、停戰以後忽又衝突、目前戰事範圍不大、然從近日日方軍事行動觀察、似爲有計劃之大規模策動、東京方面情勢緊張、近衛公爵、十一日赴葉山謁見日皇、陸軍海軍外務三省及參謀本部、澈夜辦公、華北駐屯軍司令田代有病、已命香月替代、關東軍仍源源策動、朝鮮總督府亦有聲明國內之第五師已開拔來華、第十師團亦待命出發、更觀日方當局對內對外之聲明、顯有擴大事態之勢、現中央對此極爲注意、軍事方面行動、吾人不知、外交方面、除屢次抗議外、並已有節略送致日本大使館、同時電令駐日大使館楊參事、向外務省嚴重抗議、本部昨已派員赴平津實地調查、以爲將來交涉之準備、昨日日本大使館日高參事來見、探聽中國軍隊移動情形、當告以軍事情形、外人不得而知、中國軍隊決無向任何國家挑戰之意、但如任何國侵略中國領土主權、則有應戰之決心、現日本積極向平津增兵、實與日本國內外當局不願事態擴大之聲言完全相反、日本如有心維護東亞和平、應即停止軍事行動、日高亦以爲然、然日方之所以一面增兵、一面進行談判、不能不令人認爲遷延時日、藉謀大舉、現在外交情勢如此緊急、事務倍增、諸同人幸勿以在暑假期內、稍有懈怠、我國駐日許大使年高多病、屢次請辭、茲以外交緊急、院部盼其回任、今晨派人來部、表示願打銷辭意、不日即返東京、老成謀國、至可欽佩、深盼諸同仁有此精神、努力公務云、

▲中央社南京十二日電　自盧溝橋事件發生後、中日外交又形緊張、外部在暑期照例僅上午辦公、現則自晨至夕、竟日工作、極形忙碌、各高級官員深夜猶在部辦公、又情報亞洲兩司爲辦事迅速起見、現各指派重要職員數人合署工作、

《新闻报》，1937 年 7 月 13 日，第 8 版

天津漢奸蠢動 放槍擾亂治安

▲中央社天津十二日路透電　今晨破曉前、有來歷不明穿便衣者若干人、在日租界與華界之毗連處、放槍數響、頗使人驚擾、保安隊馳往視察、但無發展、旋安靜如常、此間外國軍事當局、已採行戒備方法、俾有事時、保護租界、英兵一中隊、原擬開赴山海關、今已奉命留駐天津、

▲天津　官方查明劉桂棠白堅武受僞冀東組織接濟、擬乘蘆溝橋衝突、以便衣擾亂平津治安、乘間擴大僞組織、平津當局已予注意、十二日晨三時、津海光槍聲、據當局證明、即係僞便衣隊所發、幸中日當局鎮靜、未中其挑撥計中、

冀東極端恐慌 殷逆密避唐山

▲北平　冀東僞組織、因通西南門外駐廿九軍、恐蘆溝橋事件擴大、首先影響、近極恐慌、戰區人心亦浮動、僞冀東銀行十二日發生擠兌、傳殷逆已密赴唐山暫避、

日軍炮擊宛平 縣署被炸幾毁

▲北平　日軍十一日夜曾炮擊宛平城、縣署被炸幾毁、陳姓全家四口、共臥一處、一彈落下、一死一傷、

英軍開赴豐台

▲北平日軍十二日在豐車站設指揮部、英兵五六十人、十二日午後、由秦島開豐、駐英兵營、準備非常時、按條約保護交通、

外部派兩專員 赴平津調查

▲南京　外部派赴平津專員兩人、十一日抵津、十二日抵平晤各當局、開始調查工作、

各國政府重視 蘆溝橋事件

▲中央社南京十二日電　日軍近在平郊挑釁、與我駐軍發生衝突、華北局面頓形嚴重、歐美各國政府、對此事極爲重視、駐華英國大使館秘書禮德本、及駐華美大使館秘書艾其森、十二日上下午先後到外部拜訪情報司李司長、探詢關於此事之消息、

▲中央社倫敦十二日路透電　倫敦人士對於遠東事變、採取鎮靜之態度、市場方面因購方消乏、各項貨價皆以愼重而稍加低抑、但售方亦不求急售、且以上海形勢安靜之故、中國債券價格降落極微、但日本債券、因日本貨幣限制而無法與東京方面成立公斷比例、大爲銳落、倫敦方面極望中日間能早日成立和解、所恐者中國將對日貨重起杯葛、轉致日本之採取報復手段耳、

▲中央社倫敦十二日路透電　今日下院中議員爲華北事件、向外相艾登提出若干質問、艾登於答復時、略述華北戰事之經過、惟此種消息、大都不甚完全、且多已經披露者、艾登稱、根據一九〇一年(辛丑)條約、日本及其他列强得在華北某某若干地點駐兵、以維持與海上之交通、現日軍總額約達七千名之衆、現中日局勢緊張、於英國利益及國際貿易上之可能反響、均已有充分之認識、艾登繼復於答復保守黨議員潑魯奇氏之質問時、曾稱倘英日之談判在倫敦進展、當然對於華北事變、日後儘有與日大使吉田討論之機會、英政府所渴望者、非但目前之事、應即加以解決、即中日兩國間之種種困難、亦應加以解除也、(衆歡呼)至此勞工黨議員漢德桑、當即建議謂、英政府應向日本大使提出對於日本軍在北平附近操演之異議、艾登聲稱、此等事件之原委、至爲複雜、但彼深知下院之普遍志願、即『吾人應竭力設法阻止事態之更惡化也』、衆復歡呼、

日本記者大批抵津

▲天津　日東京大阪記者二十餘人、十二日均隨四次車經關外抵津、每人臂佩隨軍記者白綫、

《新闻报》，1937年7月13日，第9版

和平尚未絕望歟

日軍包圍北平城

我方實行撤兵而日反大增兵 破壞和平之責應由日方負之

今晨日軍猛攻大紅門 已爲我軍奮勇擊退

▲北平今晨二時電　十三日下午七時、秦德純向報界發表談話、謂現在時局、犧牲固屬應該、但北平爲我國數千年故都、我人不願輕言犧牲、和平前途、現雖渺茫、但尙未絕望、現我人惟有在不喪權不辱國限度內、求取和平、雙方撤兵、恢復八日事變以前原狀、爲和平唯一途徑、宋委員長不願事態擴大、此間軍政外交、宋均秉承中央命令、應付一切、我方已實行撤兵、日方則至今未撤、而反增兵、現關東軍到津者、已有十三列車、人數約二千餘人、後尙有續來者、通州日炮兵、十三日已開赴豐台、破壞和平責任、應由日方負之、平東城朝陽門廣渠門、南城永定門左右門、西城彰儀門外、距離不遠各地、十三日均有日軍、對北平城作包圍形勢、故各城門均緊閉、惟城內秩序甚佳

▲中央社北平十四日晨二時四十分電　大紅門中日軍於十四日晨一時許衝突後、截至二時許、排鎗聲仍繼續不斷、惟聞鎗聲方向已轉向西、似在大井村一帶、永定門車站曾落炮彈數枚、但無多大損失、

▲中央社北平十四日晨三時十分電　日軍十四日晨分若干股、在大紅門一帶向我軍挑戰、晨二時半、大井村以北大小村一帶、亦發現數股、日軍經我軍擊退後、至三時許、前方各地均趨平靜、

《新闻报》，1937年7月14日，第3版

▲天津今晨二時急電　坂垣定十四日下午五時、由東京飛津、襄贊香月、指揮全軍、

▲中央社北平十四日晨一時四十分電　十四日晨一時許、日軍約千名、向永定門外大紅門我方駐軍、開始用砲轟擊、我當加以還擊、雙方刻正用機鎗對射中、又十三日晚十一時、豐台日軍五十餘人、乘載重汽車三輛、向大紅門一帶開去、

▲天津今晨四時急電　日增援軍到平、十四日晨一時、集結兵力千餘、向南苑猛攻、我軍拚死禦敵於大紅門、正激戰中、井村日軍六百向該方增加

▲天津今晨四時電　十二日十三日自關外開到日軍、現查明爲朝鮮駐屯軍第十師團川口中將所部、現運到者僅三分之一、餘在中途、自古北口開入者、爲關東軍佐藤師團一部、三日內日軍集結華北、將有三師團一旅團以上兵力、

▲北平　日大使館代辦加籐、十三日謁秦德純、說明日政府不願事態擴大、希望和平解決、加籐個人表示、亦以日軍應即撤退、秦當作同樣表示、一般觀測、平津當局、迄今仍在努力和平、但日方一再背信、形勢日益惡化、和平希望極微、

▲中央社天津十四日上午三時十五分電　津海光寺日兵營、十四日七午二時半、有騎兵五六百人開出、自日租界福島街旭街向北、行經東馬路向河北而去、似將開往平津公路轉赴豐台一帶增援、

▲中央社天津十四日晨三時五十三分電　十四日晨二時半、由海光寺兵營開出之日兵約二千人左右、先是日方曾派隊在東馬路青年會附近放哨、三時許大部日軍開來、最首爲騎兵、中爲炮隊、最後爲步兵、並由軍官一名乘汽車隨行沿途高唱軍歌、迄三時半全部巳開過金鋼橋向北駛去、

▲天津　今晨四時廿分電、十三日夜午十四日晨一時、朝鮮到津日兵車二列、共載兵六百名、軍用品十車、軍用汽車廿輛、坦克車四部、均開入海光寺兵營、

▲天津今晨四時四十分電　日陸軍第五師團步炮兵萬二千名、分乘日軍艦七艘、向華北開來、十五日晨可抵秦榆及塘沽、當日登陸、滿鐵巳爲備妥空車十五列、開以上各地備用、師團長坂垣征四郎少將、十四日下午五時搭軍用機由東京直接飛津、冀東津漢奸因坂垣向主僞組織擴大、聞其來皆大喜、此間外交與軍事情勢、將因坂垣前來有重大演變、宋哲元十三日上午十一時召津、保安司令劉家鸞、津警局長李文田及陳覺生等、商治安及時局對策、

《新闻报》，1937年7月14日，第3版

▲天津　十三日午永定門外激戰後、現黃土坡豐台以西、遍地日軍、豐台日方已置大本營、對平市取南西兩面包圍式、厚集兵力、漸行迫壓、平漢平綏北甯三路、皆爲遮斷、刻戰事重心、已由盧溝橋宛平而移至北平、敵似注意我南苑西苑廿九軍根據地、宋哲元在津未接見日方任何代表、態度鎮靜、於軍事上已有把握、絕不屈辱、

▲北平十四日晨一時電　平齊化門·廣渠門·永定門·右安門·彰儀門外附近、均有日軍、以上各門均關、

▲中央社北平十三日下午八時十五分電　此間截止十三日下午八時止、仍安靜、戒嚴時間亦照常、惟前發通行證將作廢、重新再發、平至南苑電話、下午七時已恢復、東西車站來往各次車全停、平滬車本定下午七時開出、已售票、臨時復停開、

▲中央社天津十三日電　盧溝橋事件、因日方並未撤兵、復繼續增派部隊、故事態解決益感困難、中日雙方刻在津有所談商、陳覺生鄧哲熙與日軍部各參謀間、連日分別會晤、據聞第一步在使目前局面趨於和緩、再談其他云、

▲天津　平永定門外北甯路軌、十三日午、由我拆毀、鐵橋附近、頃有大批日軍、搆築掩蔽工事、南苑通平市電話、被日軍割斷、大紅門有日軍炮兵陣地、時向我南苑駐軍營轟射、津海光寺司令部附設統監部、由參謀和知任作戰課長、駐屯軍部幕僚將校、皆被編入戰事職務、津市各街、祇見日軍隊伍輸送繁忙、時局益緊迫、

▲天津　陳覺生齊當局意旨、竭力在津爲最後努力、奔走和平、日方意態、故示落漠、十三日晚七時廿分、日兵車一列、載兵百餘名、馬廿四、唐克車二部、軍用汽車五部、由榆抵津、尚有兵車二列在速進中、須午夜到津、外息、日軍來華者共三師團、協同關東軍及僞軍、分由鮮滿鐵路古北口大道、及塘沽青島兩處上岸開進、

《新闻报》，1937 年 7 月 14 日，第 3 版

▲天津　和平猶有一線曙光張自忠原定十三日下午六時專車由平回津、應宋召協議辦法、臨時因永定門外安樂林村日軍火汽車爆炸、死兵三名、日人圍觀者衆、永定門口沙袋拆除不及、未開出、大局關鍵、在十三日平津兩地折衝、加藤松井塚田大木、十三日夜將與秦德純張允榮陳覺生等會談、新增日軍、似有壓迫恫嚇意、欲使地方當局屈服在武裝威脅下、一總解决華北問題、進而實現其理想園地、

▲中央社北平十三日電　蘆溝橋事件、因日方軍隊未全撤退、且由關外調來大部軍隊、陸續由天津通州方面向豐台方面增援、致使形勢益趨嚴重、十三日晚、據精通冀察情形者聲稱、我軍始終不願事態擴大、如和平未至絕望時期、自不放棄和平、非至存亡最後關頭、當然不願陷兩大民族於萬刼不復之地步也、若日軍翻然覺悟、國內出發軍隊、立時停止、蘆溝橋豐台方面、亦立即恢復本月八日以前之態度、則前途或有一線曙光、亦未可知、總之、此事件冀察當局固願求『和』、但能『平』、然後能『和』、深望負責者加以絕大反省也、

永定門外之激戰

我軍奮擊日軍敗退

▲中央社北平十三日下午一時電　日軍於十三日晨、陸續由通州經永定門外大紅門開赴豐台、至十一時許、復有日軍四百餘名、乘載重汽車六十五輛、携帶坦克車四輛、迫擊炮七門、卡車四輛、突向我軍挑戰、意欲入城、我軍當即阻攔、遂即開始衝突、雙方戰事激烈、日軍死傷頗多、據由永定門外某軍官入城談、日軍大部在永定門外、北甯路鐵橋下屯集頗多、當衝突時、日軍曾以坦克車向我衝擊、我軍奮勇抵抗、一時戰事頗爲激烈、雙方均有死傷、大部陣線、在永定門外四里許之觀音堂一帶、記者欲出城探詢消息、因永定門業已關閉、記者遂登城樓上遠望、見城外居民紛紛逃難、步鎗聲頗爲清晰、隱約間可望見日軍之行蹤、至十二時三十五分、突有重炮兩響、聲音極近、前門大街行人聞聲、紛紛躲避、各商店當即閉門、城內亦即嚴密警戒、

▲中央社北平十三日下午三時二十分電　永定門外中日軍衝突時、前門大街各商號即相繼閉門、嗣經我軍將日軍擊退後、一部商店於下午二時許已啓門、餘仍緊閉、日機一架、於三時許在永定門一帶高飛偵察、旋即飛平市上空、盤旋一週而去、

《新闻报》，1937年7月14日，第4版

進攻南苑亦被我軍擊退

▲中央社北平十三日下午二時三十分電 中日軍十三日午在永定門外衝突、經我軍奮戰至下午一時許、已將日軍擊退、當永定門外發生衝突時、一部日軍擬向南苑進攻二十九軍軍部、立即被我軍擊散、

日軍火兩車被我軍擊炸

同時在觀音堂擇樂村地方停有日軍載重汽車兩輛、滿裝軍火、被我軍擊中、起火爆炸、聲如暴雷、烟燄冲天、在永定門內天橋地方、即可瞭見、車旁有日軍五十餘、當被炸死八九名、餘均逃逸、

日子彈兩車爲我軍奪獲

▲中央社北平十三日下午三時五十分電 記者三時復至永定門、欲出城調查衝突眞象、經守門阻攔、無法前往、旋由永定門外抬進傷兵一名、遍體鱗傷、爲狀極慘、但該傷兵於昏迷中、仍具悲憤之慨、忠勇衛國精神、睹之令人敬仰、據隨傷兵入城之某士兵談、日軍共攜有子彈四載重汽車、除兩車被我軍擊中爆炸外、餘兩車爲我軍奪獲、現日軍已撤退、我軍正嚴密戒備中云、

大紅門日軍强進起衝突

▲中央社北平十三日下午一時四十分電 十二日午後中日雙方所派監視撤兵人員張凌雲櫻井等、赴前方視察後、當日下午九時、即分別返平、據我方人員報告、日軍迄未撤退、仍在大井村五里店一帶、約有六百餘人、另據確息、自十二日下午起、日方由山海關開來之軍隊、陸續向天津豐台方面集中、似有擴大事件之企圖、十二日深夜一時許、前線警戒區內、復傳來斷續鎗聲、十三日上午十時半、據報由平市至南苑途中大紅門（在永定門外）地帶、突有通州方面開來日軍一部、向前推進、我軍勸即退走、該軍不從、强欲前進、首先開鎗、當即發生衝突、各有傷亡、

《新闻报》,1937年7月14日,第4版

前晚平西財神廟之戰事

▲中央社北平十三日路透電 數小時前所商妥之雙方擔任在今後談判進行際、軍隊不得開入宛平區域之約定、因日方解釋、顯違原意、致昨夜華北戰事復作、其交戰地點、在北平西二哩之財神廟附近、據華方消息、日軍交綏一小時後、業已退走、中國軍事當局、在戰事復作前一小時、曾往宛平視察休戰情形、認爲日方對於休戰約定之解釋、與原意大相逕庭、旋即返平、聲稱此種休戰、毫無效力、因日軍並未退至必要的距離也、此間本已解嚴、至此乃加緊戒嚴、

日機在南苑等處投炸彈

▲北平 日機五架、十三日下午一時半、偵察南苑盧溝橋、在南苑西北、向我防地投彈、下午三時、又在右安門永定門外投彈、

▲中央社北平十三日路透電 戰事頃已發生、其地點在北平南半里之鐵路橋、今午十二時十六分、有炮彈兩枚、在北平城牆上爆裂、

▲北平 十三日下午一時半、日飛機五架、在南苑附近拋擲炸彈、下午三時、又在永定門左安門外擲彈、數目及損失情形、尚待調查、

日機不斷起飛偵察各地

▲天津 停津李明莊機場飛機、十三日晨起、不斷二三架飛前沿平漢津浦偵查、惠通公司所辦津東京航空、由十二日起、逐日飛行、取軍事人事上聯絡、

▲中央社保定十三日電 日機十三日下午三時 又有一架、由津飛保天空環察後、沿平漢線北去、高度達四千米以上、

古北口日軍佔領各商號

▲中央社北平十三日電 密雲電話、謂原駐該地日軍百餘名、十二日晚開往懷柔、十三日晚七時由古北口開到日軍三百餘名、分別佔領城內各商號 携鋼炮甚多、薊縣燕郊夏甸一帶之戰區保安隊、十三日亦突向通縣城北城西集聚、用意不明、

《新闻报》，1937年7月14日，第4版

永定門戰時之平市情形

▲中央社北平十三日下午四時廿五分電　永定門外炮聲起後、民衆不知原委、一度狂奔、致永定門大街以北、至前門大街西折珠市口、騾馬市大街、菜市口一帶商店、紛紛閉門、但約廿分鐘、即完全恢復、前門大街一小部商店、亦陸續開門、行人照常鎮靜、各內城如前門和平宣武等門仍開半扇、電車照常通行、惟置各街要路口之沙包等障碍物、昨已撤除、現復重新堆疊、平市商業稍衰、迄下午四時未恢復、廣安門大街土地廟元廟會遊人仍擁擠、毫無驚懼、

▲中央社北平十三日路透電　中日軍今日在距北平南半哩許永定門外鐵路橋附近激戰兩小時、此爲十二小時內第二次嚴重衝突、第一次乃昨夜十時兩軍在北平西二哩財神廟附近及距西城二哩之跑馬場交綏、今日之戰事、於晨間十一時開始、日兵約五百名、携坦克車四輛、鐵甲汽車若干輛、出現於北平豐台間之鐵路線、與來自南苑飛行場之華軍接觸、戰事旋即逼近北平、而達永定門外之鐵路橋、至是華軍由城內各段馳至、以援戰區附近之守軍、戰事於下午十二時四十五分終止、當交綏之際、城南斷絕交通、居民皆不許外出、據在城牆目擊戰事者聲稱、雙方肉搏甚猛、昨夜來自古北口之日軍、圖入北平城未果、今日曾參加戰事、聞因華軍勢盛、卒向豐台方面敗退、所携載重汽車二輛、載有汽油與子彈、均炸燬、乃委棄道旁、有炮彈二枚、曾飛過城牆而爆炸、今晨南苑華軍營房附近、因有日兵一隊前往偵察、致亦發生小戰事、今日下午、日飛機第一次參戰、飛機數架、曾轟擊南苑區之華軍、據居於城外之外人聲稱、昨夜之戰事、亦極劇烈、雙方皆用炮隊與機關鎗轟擊、且用星彈照燿戰區、戰至午夜、因日軍退走、遂告終止、日軍乃沿宛平北平公路與盧溝橋方面平漢路線而進、據村民聲稱、戰事開始時、華兵即奪得日炮一尊、於是由西開來之日軍、乃與華兵約千名交戰、華兵在跑馬場掘壕固守云、路透訪員今晨曾往戰地視察、知華軍已於黎明時退出跑馬場、戰壕中遺有空子彈箱多具、華軍現扼守西城外之稜邊鐵路、今日路透訪員往訪日大使署一等秘書加藤、據謂和平解決之希望、仍未全絕、加藤今日下午曾訪秦德純、與商釋爭辦法、

《新闻报》，1937年7月14日，第4版

關東軍紛紛入關

其中並有僞滿軍隊

▲天津 十三日由關外所到軍隊、關東軍外、並有僞滿靖安軍、以後猶有大批將開到、已到兵車第一列、載兵二百名、載重汽車十部、軍用品五火車、晨四時十分到、第二列兵二百名、載重汽車二十部、軍用品五火車、晨五時十分到、第三列兵三十名、載重汽車十部、軍用品十火車、晨六時一刻到、第四列南滿鐵道隊一大隊三百名、枕木道軌四車、晨七時三刻到、以上各列兵車、均南滿路編組、車輛技術員工均該路調撥、由瀋連運駛來津、共到兵車十二列、人數在五千人以上、其他軍械子彈、爲數極多、

▲天津 關東軍第五列兵車、十三日上午十一時到津東站、津日軍預先驅逐車站內外華人、並不准路員近車旁、致該列車所載人數不詳、第六列兵車、載靖安軍約六百餘、第七列車亦載八百餘、及軍需品無數、共掛車三十節、聞其中有日重要統帥在內、下午十二時四十分、已自榆關開來、薄暮可到、

▲中央社天津十三日午十二時五十五分電 十三日上午十一時二十五分、東站又由榆關開到日兵車一列、裝士兵二百餘人、載重汽車三十餘輛、尚有大批軍械子彈爲數甚多、同時有駁船一隻、由塘沽開抵日租界河沿卸下彈藥五百餘箱、

▲中央社天津十三日路透電 南滿鐵路職員、現已分駐於榆關天津間鐵路各點、以便照料日本兵車交通、現日本兵車自關外向天津進發、源源不斷、天津東站開到日本兵車、徹夜未停、東站現已呈非常備戰形式、截至十三日晨十一時半止、已到日本兵車共十二列、尚有許多正在途中、聞日軍一營、携帶野戰炮、已由古北口開入關內、現距北平不遠、天津南站與日租界間沿路交通、在日軍由站赴營之時、概行禁絕、總站與東站間之路軌、刻由日兵巡邏防衛、由津赴平之火車、刻被阻於豐台、天津現共有日飛機三十二架、

▲中央社天津十三日電 日兵車十三日晚七時半、又有一列到津、計載兵一百餘名、坦克車二輛、載重汽車二輛、軍械車五輛、馬二十餘匹、停於東站、即下車分赴海光寺及東局子兩兵營、又十三日晨抵津之日兵車共三列、午後離津東返、另有一列載兵三十餘人、於午後赴豐台、

▲中央社天津十四日晨一時四十三分電 十三日晚繼續到津之日兵車共爲三列、計㈠晚十一時二十五分載兵五十餘人、載重汽車十輛、小汽車十輛、㈡晚十一時五十分、載兵百餘人、載重汽車廿輛、軍械車十一輛、高射炮六門、㈢晚十二時許又到一輛、人數不詳、十三日晚東站、有日兵三十餘人嚴重戒備、[illegible]、十三日尚有一部日軍用品、沿平津公路運豐台、日軍在津除强徵日租界內大批載重汽車外、十三日又派人自各處徵集大車八十輛、

《新闻报》，1937年7月14日，第4版

表示準備採最劇烈手段

▲中央社長春十三日路透電 關東軍發言人今日在此聲稱、如再遇『挑釁』行爲、日方準備採行最劇烈之手段、關東軍現已作完全佈置、以援助華北駐屯軍、俾衝突事件、獲有完全結束云、日軍除由鐵路出發外、現乘載重汽車、由熱河經古北口向北平前進、其由朝鮮調往華北之日軍、大約將取道瀋陽而行、此項援軍所取之路線、現尙未悉、但以意度之、將經山海關前進、而以摩托隊爲其後援、此摩托隊、現正由熱河經古北口而進窺北平、

日本兩師團已在韓登陸

▲天津路訊、由日國內增調之兩師團兵力、已乘船到釜山登陸、由朝鮮鐵道配車、共五十列、十三日起、已向華北進發、第一列十五日晨可到、

新到津日軍已達萬餘人

▲中央社天津十三日電 據此間外人方面觀察、此次由關外開來之日軍、其總數將達萬餘人、此項軍隊、並無關東軍之符號、據彼等推測、恐係由日本國內開至東北、再經鐵路運來、以避人注意

計。是毋怪宛平變起。近衛即評指爲中國排日之後果。並直承派兵來華。意在促中國重行考慮其態度。因而誘致政民各黨。支持其侵略政策。强拽日本國民。陷入於戰爭狀態耳。

抑日本處心積慮。尙不止此。彼對華傳統方針。無非欲貫澈『以華制華』之狡計。故東京輿論。對華北中央化之主權關係。竟公然指爲引起事變之淵源。而其半官式通訊機關。復故散我已接受彼方條件之烟幕。藉以嘗試其挑撥技倆。倘國人漫焉弗察。不幸由苦悶悲痛馴至懷疑於中央負責當局。寧止舉艱苦收穫之統一盡付洪流。使時局重返於西安事變以前之階段。且何異增加日本炮聲聲勢。永淪國族於滅亡之深淵。此尤國人所當警惕策勵。毋爲客氣所乘。致輕墮敵人彀中者也。

吾人基於上述認識。以爲在日軍積極侵華之嚴重情勢下。中央固應盡其無可規避之責任 。嚴督華北守土將士。痛予侵略者以嚴厲之膺懲。國民尤應加强其對最高領袖之信心。出以沉着整齊之步驟。而在抗戰中政府採取自上而下之統一方式 。一切緊急措置 。要爲國族爭取生存所必需。斷無反對之餘地。徵諸現代國家。唯內部堅强團結。乃能發揮民族之硬性 。而國與國之間。亦唯强硬摩擦之結果。始有眞正和平之可言。西哲有言。『世界和平。建築於鎗刺之上。』不佞久服膺斯義。認爲國族起死回生之唯一良方。因日本欲克服其國內矛盾。不惜大舉侵華。欲分化中國民族意識。敢於脅我就範。爰引伸其義於此。

《新闻报》，1937年7月14日，第7版

云、另聞十二日晚由古北口開到通縣之日軍約二千餘人、十三日仍有大批陸續開到、

▲中央社北平十三日路透電　外國軍事家估計由滿洲乘火車開抵天津之日援軍、共有三千名、尚有萬名、已抵山海關與天津間各地點、華北原有日駐軍爲七千名、據華人方面消息、日駐軍現集於豐台者、約三千名

山海關有日機百架演習

▲中央社北平十三日路透電　外國軍事家又稱、昨日至少有日飛機百架、在山海關天空演習、其數之多、不能一一數之云、

▲中央社天津十三日電　據此間外人方面消息、榆關停日飛機達百餘架、除抵津者三十二架外、餘均仍停該處未他運、又十三日晚抵津之日兵車、其中有看護隊二十餘人、携看護車二十輛、及大批藥品同來云、

日軍用機又有四架飛津

▲中央社天津十三電　十三日晨、此間又到日軍用機四架、東局子飛機場、截至今午止、已有日機三十二架、

日驅逐艦菊號駛抵塘沽

▲天津日第三驅逐隊驅逐艦菊號、十二日晨

《新闻报》，1937年7月14日，第7版

載官兵八十餘抵塘沽泊停、

北寧全線悉爲日軍强佔

▲天津十三日下午二時後、日軍協同南滿鐵道隊已强佔天津東車站、由津迄楡關北寗路幹線、殆全爲日軍佔據、津總站十三日下午三時起、日兵六名放哨、北寗路調度所、亦爲日軍盤據、路方除行車可用長途電話外、餘悉受阻、

▲天津 北寗路津至楡關各站、十三日午後、日方調來國際警察隊一隊、每站駐四五名、協同鐵道隊辦軍運、并監視我路員、

▲中央社天津十三日下午一時零五分電 十三日晨三時四十五分到津之日兵、多屬交通兵、並有鐵路枕木四十四車同來、現在北寗沿線各站、均有日交通隊駐守、津平間各次車、十三日晨均未開行、只二十二次由津至豐台、

日軍在津東站設司令部

▲中央社天津十三日下午五時五十分電 津東車站現由日軍派隊分散各處、往來巡梭、並向路局索房一間、設有日軍車站司令部、至來津日兵所乘之各次列車、均爲南滿路或關外僞路者、現停於東車站貨廠、十三日北寗路由東開來各次車、因秦唐等地日兵車絡繹不絕、致多不能按時開行、應於三時半抵津之平瀋四次車、迄五時半仍在途中、

僞奉山路職員分佔各站

▲中央社天津十三日晚九時三十五分電 日兵車大批抵津後、僞奉山路職員百餘人隨來、在沿途各站分別下車、赴各站長公事房、津東站計有六人、並聞尚有六人、擬十四日赴北寗路車務處調動股、據彼等稱、係因北寗路對兵車不負調動責任、故自行辦理、路局對此將予拒絕、又據路訊、豐台扶輪小學、已被日方於十三日午佔據駐軍、

《新闻报》，1937年7月14日，第7版

日軍佔據豐台扶輪學校

▲天津豐台扶輪學校爲日兵佔爲兵營、學生停課、十三日晚滿鐵運兵空車白三列、開回關外、接運軍隊、

抵津各軍紛向平郊進發

▲天津十三日午後、關東軍裝甲無線電車及探照燈鐵甲車均開抵津、截至下午七時止、前後到津日新軍、已三千餘名、載重汽車白餘部、軍需品無數、僞滿軍已到千五百餘名、來津日新軍、十三日下午四時、續乘載重汽車向平郊增發、鎗炮騎兵開去約六百名、

由古北口來者轉往豐台

▲中央社北平十三日電確訊、日對華北增兵、除由榆關沿北甯路線運輸外、並分由平古（北口）大道運輸、十三日計到三批、第一批載重汽車七十餘輛、滿載軍火、有兵士六百餘人、晨七時由通縣轉廣渠門、在該處營幕休息兩小時後、復沿永定門赴豐台、第二批載重汽車一百十餘輛、內有坦克車鐵甲車卡車等兵士八百餘人、循第一批原路赴豐台、第三批載重汽車五十餘輛、兵士三百餘人、亦循原路轉往豐台、

▲中央社北平十三日下午一時三十分電　平市廣渠門外南約三里許之架松墳地方、十三日午十二時、有日軍二百餘名、携重炮多門、在該地休息、旋即向豐台開行、

▲中央社北平十三日下午二時十五分電　東便門外雙橋車站、十三日晨發現日軍五六百人、乘載重汽車六七十輛、携大炮十門、坦克車數輛、經該地向西南開進、聞係經通州、開往豐台、

《新闻报》，1937年7月14日，第7版

接受條件說不確

宋哲元向各界表示

▲中央社天津十三日電 宋哲元十三日晨七時、召集各機關首領談話、謂盧事固願和平解決、但報載接受條件云云、絕非事實、

▲南京 日報載駐津我某當局、十二日晚六時已簽字於日所提條件說、絕對不確、或一二漢奸有此希冀、但已爲當局嚴詞斥責、

▲中央社天津十三日電 宋哲元仍在津、外傳十三日赴保說不確、張自忠原定十三日晚專車來津、謁宋報告一切、臨時因故、改十四日晨啓行、

秦德純對李世軍之談話

▲中央社南京十三日電 廿九軍駐京代表李世軍、十三日午與平市長秦德純用京平長途電話談話、據秦稱、㈠十三日晨拂曉、南苑永定門間之大紅門、發現日軍約千餘名、分向永定門及南苑附近我軍陣地猛烈攻擊、激戰兩小時、均被我軍擊退、㈡北平東南近郊各鐵道、多被日方破壞、㈢所謂日方退兵、毫無誠意、彼仍源源增兵、雖仍派人向我交涉、但和平希望極微、事態必然擴大、㈣盧溝橋方面戰事稍沉寂、仍爲我軍駐守、陣地鞏固、又李氏以連日談判、日方是否提出條件、我方有無承認情事詢秦、據答、對方常有種種要求、已經拒絕、誓死未有隻字條件之承認、請轉呈中央釋念云、嗣李氏又與津海關監督孫維棟通話、內容與秦所稱者相似、現李氏已將秦孫兩氏所言、轉向何部長報告、

《新闻报》，1937年7月14日，第7版

川越定今日飛津

承認戰事將趨擴大

▲中央社青島十三日電 日大使川越、定十四日乘機飛津、記者特於十三日晚訪川越、提出問題數則、請其答覆、川越談話時、煞費考慮、態度亦極嚴肅、渠承認華北戰事將趨擴大、並承認日本將撤退在華僑民、但始終爲日軍辯護、反誣中國軍隊挑釁、對日軍之行動、美其名曰自衛、川越談話頗長、茲誌其要

豐台之日本駐軍兵營

豐台位於北平近郊之西南爲華北各鐵路要站、自盧溝橋事件發生後、日軍陸續增防、該站預備截斷我軍在平津間軍事上之聯絡、圖爲豐台日本駐軍兵營（國際社攝）

《新闻报》，1937年7月14日，第7版

點如下、㈠華北戰事、如果擴大、內地僑民、自有令其撤退之必要、㈡日本方面抱定不擴大之宗旨、至今未變、如中國軍隊違反協定、攻擊日軍時、日軍爲自衞計、不能不應戰、故事態之擴大與否、須視中國軍隊之態度如何而定、㈢到津後必要時、或與宋哲元晤面、㈣日本在華北有不少僑民、爲保僑計、日本政府自應有增派軍隊來華之必要與準備、㈤我想地方事件、應由地方解決、目前無向中國中央政府正式交涉之必要、記者當反問謂、外交權是整個的、本不需要地方交涉、何况華北時局至此、絕非局部問題矣、川越答稱、地方交涉乃係慣例、余與君之見解不同、㈥今日北平情勢、余尚未接得公報、㈦本人對沈市長維持治安、保護僑民之精神、甚爲欽佩、我想青島僑民之安全、絕無問題、最後川越竟謂、日軍紀律甚嚴、中國軍隊如不打日軍、日軍決不會開鎗、關於此點、記者向川越表示疑義、但渠始終認爲中國軍隊違反協定先打日軍、談一小時、記者始辭出、

日軍艦紛開華南

閩粵各口已到四艘

▲中央社香港十三日路透電　日本海軍之第十三第十六兩分隊、已奉命開赴華南各口岸、厦門現已到日艦兩艘、汕頭與福州各到一艘、

▲中央社福州十三日電　日驅逐艦刈萱號芙蓉號兩艘、日昨由台灣開抵馬江、停泊星塔洋面、

▲中央社厦門十二日電　日前由港開厦日艦朝顏夕張兩艦、十二日晨二時仍由大熊司令率領南駛赴粵、

日方意思總動員

與參加歐戰時相同

▲中央社東京十三日電　今晨朝日新聞社論、題爲『舉國一致之支持』、謂中國抗日意識旺盛、乃今次事變、不可避免原因、日遂行大陸政策、與中國建設近代國家之兩大使命、似形對立、欲使其渾然融和於兩國國民意識中、兩國衝突、或爲不可避免之運命、當前時局之深刻、其因在此、日日新聞謂今後事態如何轉變、要視中國態度而定、無論如何、日本決意已定、必使其發生效力到達最後目的、報知新聞謂近衞於夜中召集各黨派言論界財界產業界代表、要求舉國一致實現意思總動員、與參加歐戰時大隈所取態度相同、依此總動員、預求有永久性之解决新法、都新聞主張膺懲中國、方有好果、中外商業新聞謂、此時中國若認識日本立場、翻然悔悟　中日關係與其他不同、則自有融通之路、綜觀日言論界、已形成舉國一致陣勢、大局已達最憂慮境地、或難挽回乎、

日本閣議堅持既定方針

▲同盟社東京十三日電　政府今日開閣議、除近衞首相因病未到外、其他閣員均出席、由內相提議、召開地方長官會議、俾全

《新闻报》，1937年7月14日，第8版

國國民、諒解政府方針與意圖、得全體同意、其次外相報告推書記官長主持舉國一致國民運動事宜、最後由陸海兩相及外相等、報告關於時局之種種情形、全體議決、堅持前閣議決定方針、並注視事態推移情形、

日參謀總長等上奏日皇

▲同盟社東京十三日電 廣田外相因近衛首相有病、十三日上午十一時四十分、代表首相進宮、奏上華北情形、

▲同盟社東京十三日電 閑院參謀總長官殿下、於十三日午後七時二十分與杉山陸相、同時進宮、拜謁天皇陛下、對於華北情勢、委曲上奏、並奉答各種下問、隨即退出、又百武侍從長、亦於十三日午後七時半進宮、

察北僞軍之移動

構築軍事工作甚忙

▲萬全 日軍自蘆溝橋事件發生後、即在熱察間沿長城各口與察北各村鎮、積極構築軍用電話網、工作甚形緊張、日內即可完成、察北僞軍、邇來亦迭向察東移動、用意不明、胡寶山部僞保安隊、已由寶昌開抵平定堡、僞五師易孝先部、開至崇禮西灣村及沽源一帶、又德王等十二日在化德開會、決定各縣逐細搜查、防民軍乘機活動、民軍領袖李庭芳李英、現均因經濟不足及其他原因、自動退出、所部統歸張仲英收集、

津地漢奸潛伏 圖謀擾亂地方

海光寺暴徒已捕獲一名

▲天津 十三日早、津警察捕獲十二日晨在南市海光寺附近開鎗圖擾治安暴徒一名、津地潛伏各色漢奸、均乘機活動、有向敵方呈計劃、建議如何擾亂地方者、當局正努力維持治安、防奸徒得逞、十三日晨、日憲兵隊派員訪津警局長李文田、

日軍今日不演習

係經交涉後中止

▲中央社天津十三日電 津日駐屯軍、原定十四日在津東南鄉大畢莊陳官屯等地、舉行實彈演習、茲經冀察綏靖公署與日方交涉結果、日方十三日已通知津保安司令部、將此項演習、暫緩舉行云、

平教界之決議

▲北平 平教界十三日開會、對時局決議、㈠推代表訪當局、致慰勞之意、㈡電託津教界推代表訪宋哲元、請保衛國土、㈢電赴廬之胡適蔣夢麟等、就近謁長、請援華北、

▲中央社北平十三日電 平教育界名流李書華李蒸楊立奎陸志韋等十三日午開會、商討勞軍及對時局意見、決除電蔣院長及宋委員長有所表示外、並徵津教界當局之意見、至三時方散會、又平各界聯合會十三日電宋哲元暨函秦德純有所表示、致宋電中有謂、鈞座英名偉烈、薄海同欽、切盼睿衷獨斷、迅赴戎機、爲我中華民族爭人格等語、致秦函中略謂、鈞座有守土之責、切盼當機立斷、速作撻伐、以保危機而固國防等語、

《新闻报》，1937 年 7 月 14 日，第 8 版

英美[illegible]

雙方應取之態度

▲國民新聞社十二日倫敦電　下院今日有人質問外相艾登、英國政府對於目前遠東之危險局勢、曾否考慮與美國磋商、外相答稱、本人頗有此意、事前艾氏亦曾述及現在華北之衝突、對於英國及其他外人利益之影響云、

▲中央社倫敦十二日哈瓦斯電　關於中日兩國糾紛、英國消息靈通人士頃表示希望、謂當以友好方式解決之、此外英美兩國并已進行談話、而就雙方所當採取之態度、加以商酌、俾外交上必須有所舉動時、即可以適宜之舉動出之云、

為適應時局處理要公

各部會長離廬飛京

▲中央社牯嶺十三日電　行政院蔣院長以時局日趨嚴重、京中公務緊張、十三日晨下諭各部會長即日返京、處理一切、內長蔣作賓•教長王世杰•實長吳鼎昌•交長俞飛鵬•財次鄒琳•外次徐謨等、均於十三日晨離山赴潯、一時許乘飛機返京、

▲中央社南京十三日電　政院所屬部會駐廬各長官、頃以時局嚴重、京中政務增劇、特於十三日晨院會時、決定即日起程返京、除張嘉璈•陳樹人•吳忠信•劉瑞恆•陳季良•徐堪•段錫朋•陳誠•彭學沛等、均定十四日分別乘輪乘機返京外、十三日下午五時一刻、由潯乘中航水上機抵京者、有吳鼎昌•俞飛鵬•王世杰•蔣作賓•徐謨•暨鄒琳等、京中各界及各該部長官前往歡迎者極衆、有王寵惠•褚民誼•張道藩•周炳琳•周詒春•陳介等百餘人、一行六人下機後、即與往迎者握手致謝、旋分別乘車入城休憩、據談近日平津局勢緊張、在廬各長官均極表鎮靜、本人等頃以京中政務繁重、特奉蔣院長諭、齊離牯返京、至廬山談話與各種訓練、現仍照原定計劃進行云云、

美國務卿赫爾

照會中日大使署

華北衝突將影響世界和平

九國公約至今仍舊有效力

▲中央社華盛頓十二日路透電　美國國務院今日聲稱、國務卿赫爾、已分別照會美日本大使齋藤博與中國大使署、告以中日間之武裝衝突、將爲和平與世界進步之重大打擊云、

▲中央社華盛頓十二日哈瓦斯電　外交界人士對於中國局勢、極爲關切、但以爲中立法所載條款、對於中日兩國、一時當無實施之可能、緣按照中立法、中日兩國間有無戰爭狀態之存在、惟羅斯福總統有權決定之、而據消息靈通人士所知、則總統固將出以極端審慎之態度也、此外英國艾登外相對於華北局勢、曾擬由英美兩國舉行磋商、但此層在目前則尚未實現也、

▲中央社華盛頓十二日哈瓦斯電　日本駐美大使齋藤、頃與國務卿赫爾談話、歷半小時之久、當就渠自東京方面所獲關於華北局勢之消息、向赫爾提出說明、事後齋藤向報界發表談話稱、渠並未與赫爾討論任何種和解性質之建議、並謂日本現正謀設法儘量減少華北局勢之危險性云、

▲中央社華盛頓十三日路透電　美國國務卿赫爾、今日答復關於華北局勢之種種問話、未作切實肯定之語、或問以英外相艾登所稱英政府現致慮與美國商搉事一節、赫爾答稱、渠現尚未接到關於此種動作之情報、又有人詢以美國將否以中立法案施諸中日、赫爾答稱、中日事件尚未至必須採行此種步驟之階段、赫爾又稱、華盛頓海軍公約、雖已結束、然美政府以爲同時締結之其他條約如九國公約等、至今仍有效力云、

▲中央社華盛頓十三日路透電　美國國務卿赫爾今日答復關於華北局勢之種種問話、未作切實肯定之語、或問以英外相艾登所稱、英政府現致慮與美國商榷事一節、赫爾答稱、渠現尚未接到關於此種動作之情報、又有人詢以美國將否以中立法案施諸中日、赫爾答稱、中日事件尚未至必須採行此種步驟階段、赫爾又稱、華盛頓海軍公約、雖已結束、然美政府以爲同時締結之其他條約如九國公約等、至今仍有效力云、

《新闻报》，1937 年 7 月 14 日，第 8 版

何部長未接見日高

▲中央社南京十三日電　駐華日本大使館參事日高、及駐京武官大城戶、日昨曾先後要求請謁何部長、何氏以外交事務向由外交部主管、且現值公務繁忙、實無暇晷、故未接見、

華北局勢 和平尚非無望？

▼美英義均有此觀念

▲中央社華盛頓十三日路透電　關於華北局勢、茲聞美國所以尚未引用中立法案者、因和平解決、今尚非無望云、

▲中央社倫敦十三日路透電　倫敦消息靈通方面接中國傳來最近消息、華北中日軍之爭案、仍有解決希望云、

▲中央社羅馬十三日路透電　此間官場對於華北中日軍隊衝突事、認為有和平解決之希望、故尚未頒發特殊訓令、以保護僑居華北之義人、

日運華貨物 收戰時保險費

▲中央社東京十三日路透電　日本各報指華北目前情勢、為大風雨前之恬靜、日報謂日當局不得不進行其『已定的計劃』、軍事參議院定今日開會、以便通過陸軍省之計劃　朝日新聞稱、運華貨物從今日起、收戰時保險費云、

我駐日楊代辦 訪晤日外交當局

對撤兵問題促日政府注意

▲中央社東京十三日電　我駐日代辦楊雲竹、奉部令於十三日午訪日外相廣田、因廣田正出席會議、由外次堀內接見、楊對雙方撤兵問題、促起日政府注意、談約四十分鐘、

英法外交當局 接見我國大使

▲中央社倫敦十三日哈瓦斯電　艾登外相頃於本日午前、接見中國大使郭泰祺、

▲中央社巴黎十三日哈瓦斯電　外交部長台爾博斯、頃接見中國大使顧維鈞博士、

《新闻报》，1937年7月14日，第9版

各方援助抗戰將士

▲中央社太原十二日電 國民兵軍官教導團、十二日開會討論援助盧溝橋抗戰將士、決定一•加緊擴大宣傳運動、二•加緊推動一百萬大銅元募捐簽定運動、三•成立工作訓練班、加緊訓練、四•致電廿九軍將士、誓爲後盾、

▲中央社保定十二日電 盧溝橋事件受傷官兵營長金振中等五十餘人到保、商學各界均有熱烈慰勞、省府同人、自動捐薪、前往慰問、

▲中央社廣州十三日電 粵省市黨部十三日電宋哲元暨二十九軍將士略云、貴軍將士、忠勇抗敵、舉國振奮、尚望努力抑敵守土衛民、爲粵同胞、誓爲後盾、又粵婦女國防協會女權同盟鄭務協會[illegible]義 海外交通部等十餘社團紛電勗慰二十九[illegible]

▲中央社西安十三日電 二十八軍軍長孫蔚如、率師長趙壽山李興中十二日電宋哲元等 略謂 強敵預謀啓釁、藉口與我 攻我宛平、同胞堅守抗戰、應挫兇鋒 遂聽風聲、既佩且奮、本軍全體將士、誓爲後盾等語

▲中央社北平十三日電 平新聞界於十三日午派代表多人、携帶慰勞品赴戒嚴司令部、請轉發前方抗戰將士、十一日世界紅卍會中華總會組織之救護隊、十二日晨七時赴盧溝橋宛平一帶救濟當地災民、並携大批暑藥繃發振救一般疾病貧苦人民、

▲中央社漢口十三日電 漢記會十三日建議市黨部、召各機關團體學校、組募捐慰勞會、建議各機關嚴密檢舉漢奸、抑用私貨、鞏固後方、恢復暑期下午辦公 與前方將士共休戚、建議新運會通知各界 節省無謂消耗、以慰勞前方將士

▲成都 劉湘電慰二十九軍將士、守土殺敵、省黨部及各團體分電宋苑勞軍、渝各界組後援會、募捐援助、

▲漢口 漢口商會匯一萬元勞軍 電各省市縣商會一致興起、

▲中央社重慶十三日電 渝市黨部以二十九軍將士、忠勇抗戰、十三日電宋哲元秦德純張自忠等致慰 並率全市民衆誓作後盾、連日各界自動募捐慰勞者亦極踴躍、

▲廣州 粵學生會電宋暨二十九軍將士 日軍藉口演習、侵我宛平、賴我將士忠勇爲國、奮起抗戰、期本犧牲精神、抗敵到底

▲鎮江 鎮縣直屬十七區黨分部、此次盧溝橋事發生、幸賴二十九軍將士捍衛地方、努力殺敵 忠勇精誠、昭乎寰宇、十一日特致電前方慰問、並捐款四十元、以資慰勞云、

《新闻报》，1937年7月14日，第9版

▲南昌　贛省綏戰後援會、以盧溝橋戰事復起、十三日午召開緊急會議、並商討慰勞前方守士抗戰軍民辦法、

▲南京　浙紅十字會京分會、以華北戰釁密佈、定十四日下午三時召開全體理監事緊急會議、商組戰傷救護團等重要提案、

▲南京　京市商會農會婦女會工人福利會等團體、十三日電宋哲元將軍並二十九軍全體諸將士云、警耗傳來、神人共憤、幸賴我將士忠勇、浴血抗戰　首都民衆誓爲後盾、切盼誓死守土、爲民族保全命脈、謹電慰勉、無任悲憤、

▲南京　京市商會婦女會農會工人福利會各團體、十三日通知各公團云、暴日攻我北平、神人共憤、凡我國民、敵愾同仇、義無反顧、現經各團體聯席會議議決、訂十六日上午八時假市黨部大禮堂、發起組抗敵後援會、務希派代表二人出席、討論進行、

華北事件暴發後
各國報紙之評論

○阻止戰爭・倘屬可能・但須速圖○

▲中央社倫敦十三日路透電　英報對於北平事件、第一次之評論、今日發見於伯明罕郵報及曼却斯德指導報、伯明罕郵報稱、倘此種事變僅係意外事件者、則日本唯一挽救之方、可於不再侵入中國領土之中求得之、但倘此事並非偶然發生、而屬有計劃之行動、欲藉此作爲行侵入華北之口實者、『則世界各文明國家、豈遂不發一言以阻撓日本乎』、該報復稱、『凡深切注意最近黑龍江中日俄之爭執者、俱已無疑該事件之效果、已足使日本覺悟蘇俄之可畏、並不如一般審愼和平之日本人士之所恐懼者、故此次日本在華北之前進、若認爲係蘇俄在滿洲及蒙古却退之直接結果、亦非過甚之詞也』、該報謂此事若英美等國欲阻止日本之採取致命之步驟、倘屬可能、但阻止戰爭、必須急速圖之始可云、

○中國軍民・已放棄不・抵抗主義○

曼却斯德指導報則謂、華北人民及二十九軍全體、已俱在激昂慷慨之中、誓不再作不流血之失敗、日本對於此種精神上之變更、已具敏銳之感覺、今此之急劇前進者、實亦因彼等深知若欲攫取華北、必須於此時攫取之、否則將永無攫取之機會也、該報覺時局已達至嚴重之境地、決不能依賴調解之空想、或認爲至多係華北之小舉動而自加寬慰云、

《新闻报》，1937年7月14日，第9版

日本既得東北四省又圖冀察

▲中央社巴黎十三日哈瓦斯電 此間社會黨機關報人民報頃評論遠東事變、對於日本所持態度、攻擊甚力、據載稱「日本既欲解决地方事件、又以壓力加諸中國、而欲强令該國中央政府、接受政治的需索、日本所圖者、首爲東北四省、頃爲冀察兩省、地點雖屬不同、但其所抱之慾望、與所採之方式、則始終如一、並未有所變更」云、此外、急進黨機關報「新時代報」所持論調、亦與此相同、

日本策略與九一八事件無二

▲中央社紐約十一日電 此間各重要報紙聞日本在華北之突然行動、如晴天霹靂、大爲震驚、均以大號標題及顯著地位刊載北平戰事消息、美國民衆對日本擴充其侵略的大陸政策至黃河以南之陰謀、已充分認識、不復如數年前之隔膜矣、據此間熟悉遠東時局之觀察家、相信關東軍目前圖佔盧溝橋區域之行動、僅爲鞏固日本在長城以南勢力之初步、而藉此佔據豐台及盧溝橋一帶、以控制華北之交通、目前日軍此種企圖、與九一八瀋陽事件所採之策略初無二致、但此輩軍人是否擬將僞組織擴張至平津地帶、觀察家則不願加以臆測、民聲講壇報今晨社評、謂日本軍人不願受東方政府所持之和平政策所束縛、一旦有機可乘、則在華北擴充其霸權、所望者日本新華北駐屯軍司令香月就任後、或能制止日軍之越規行動、而挽救一切糾紛云、此間其他美國報紙如紐約泰晤士報 及華盛頓郵報在前數日亦均著論評華北戰事、 泰晤士報謂日本之行動、適在黑龍江衝突測驗蘇聯實力之後、 華盛頓郵報則謂、日本此種行動不啻「玩火」云、 紐約泰晤士報星期版載名作家包爾文所撰論文一篇、略謂日本軍隊在二星期中、竟發生衝突三次、該項衝突二次地點距離雖遠、但其關係甚爲密切、蓋均爲東亞不安之直接後果、而爲日本圖控制東亞所促成者也、觀察家現均認爲中國在蔣介石將軍指導之下、日臻强盛、現已成爲遠東之安定力、中國現已統一、軍隊均久經訓練、武裝齊備、精銳無比云、該作者繼詳述中國最近二年來統一情形、結論謂、萬一中日兩國果發生戰爭、則日本於初戰時、或能在平津一帶稍獲小利、但中國國民新生活運動之精神及中國全國統一之鞏固、終將打破日本之迷夢云、

今日紐約泰晤士報對於華北問題、曾著有評論、稱日本專橫條件之重新提出、欲藉以獲得若干政治之讓與、已重使美國一般思想者再提起一九三一年滿洲征服後、所念念不忘之問題、「日本在亞洲大陸稱霸之野心、能否與一統一獨立之中國並存不悖乎」、該報謂此問題在英人腦中亦有之、觀英外相艾登日昨在下院所發表之言論、即可知之也

《新闻报》，1937年7月14日，第9版

和平空氣瀰漫中 落垡南苑又傳衝突

中日雙方繼續談判和平 結果如何全視日方態度

我方當局深夜會議應付

▲中央社北平十四日下午十一時廿分電　日軍約六七百人、由津乘車一列開豐台、於十四日晚九時過楊村、抵落垡時、當與我該地駐軍衝突、現仍續戰中、故平津各次夜車均停駛、

▲中央社北平十四日下午十一時十五分電　十四日下午五時、有日騎兵二百餘人、由豐台經南苑南面團河、向南苑廿九軍軍部進攻、我軍當卽迎頭痛擊、日騎兵卽退走、雙方互有傷亡、

▲北平今晨四時四十分電　蘆溝橋事件、十一日本已結束、目前日軍行動、已不以該事爲口實、而以整個華北爲對象、我當局雖渴望和平、但日方討價過高、極難理喩、故十四日傳津交涉已有結果說、似尙言之過早、平津形勢日非、新事變旦夕可發、

▲中央社天津十五日上午一時四十四分電　傳北寧路楊村落垡間日軍將我駐軍包圍、致雙方發生衝突、頃向此間官方探詢、未能證實、又十四日晚十時許、津東站又到日兵車一列、載士兵二百餘人、

▲中央社北平十四日下午十一時零五分電　官方公布、㈠十四日晨日軍千餘隨有騎兵百餘、由津向通州方面開去、㈡十四日下午一時許、右安門外忽發現日方坦克車兩輛、車上兵士共十六人、頻以步鎗向城上射擊、經我城上守兵大聲勸止不從、雙方衝突、約半小時、該兩車始向豐台退去、㈢十四日下午六時許、距南苑南七八里之團河附近、發現日騎兵十餘、向我防地偵察、嗣卽鳴鎗衝襲、我不得已加以抵禦、雙方射擊不久、該日兵等卽逃走、㈣十三日在大紅門方面向我衝擊之日兵、據日方稱、有十二人失蹤、本日則又謂已逃往通州云、

《新闻报》，1937年7月15日，第4版

▲北平　十四日、大局情形、突轉緩和、中日雙方負責折衝人、十三日通宵爲和平奔走、現時局重心、已由平移津、宋哲元到津後、表示不怕事、不惹事、不喪權、不辱國、爲應付時局原則、陳覺生連日接洽甚力、張自忠於十四日午十二時專車赴津、張眷屬及政界要人眷屬同行、齊燮元亦下午抵津、均謁宋哲元、盛傳和平已現一線曙光、

▲天津　津英租界十九號路進德社、有重要時局對策會商、宋哲元自爲中心、張自忠齊燮元陳覺生鄧哲熙劉家鸞李文田等均參加、迄午夜十二時猶未散、

▲天津　張自忠於十四日下午二時半專車由平歸津、卽接見保安司令劉家鸞、津警局長李文田、商治安問題、六時赴英租界十七號路宋哲元宅謁宋報告、和知於十四日晨七時、由平飛津、日方負外交責者、仍爲橋本和知塚田松井等、朝鮮駐軍第十師里長川口、十五日由京城飛津、卽訪晤香月接洽、第十師團部隊、因雙方和平解決有望、大部止於安東錦綏、暫停開津、

▲北平　時局仍嚴重、當局雖迄未摒棄和平企圖、然日方要價太高、無法還價、和平希望甚微、宋委員長現仍在津、時局重心亦移津、十四日盛傳津方交涉已有結果、但尙不可恃、蓋蘆溝橋之事件、　本屬日人無端挑釁、十二日雙方已口頭約定撤兵、　乃日方又復食言、且關外日軍源源增調入關、擅攻北平近郊、此純爲謀所謂冀察全局特殊化、現時日方態度之忽張忽弛、純爲緩兵之計、待大部日軍集中、恐將有無理要求提出、此間當局已燭照其奸、軍事準備絕未怠弛

▲中央社天津十四日路透電　據北寧路局長陳覺生今日聲稱、華北爭案、今復有和平解決希望、談判刻正順利進

《新闻报》，1937年7月15日，第4版

行渠於爭案發生後、卽與日方密切接觸、以期防止日援軍到後、大局益臻嚴重云、同時齊燮元與張自忠已由平返此協助談判、談判情形、隨時報告宋哲元、

▲天津今晨二時電　截至十四日夜十時止、永定門大井村廣渠門一帶日軍、分向豐通撤退、祇宛平縣東門、平漢路涵洞、猶留少數步炮兵未退、蘆溝橋仍在我軍手、雙方前哨、由十四日午後起、各自引退數百米、

▲中央社北平十四日電　通縣日軍、十四日開始在通縣西門外、三間房迤南地方、埋設地雷多座、上敷樹枝、并佈置防綫、同時集中通縣之戰區保安隊千餘名及一部日軍、十四日在八里橋一帶布防并作工事、

▲北平　十四日晨起、平郊未有戰事、但日兵仍不時向我軍放鎗、我軍亦向放鎗者還擊耳、城內外軍警戒備仍嚴、惟秩序甚佳、

▲中央社天津十四日電　此間中日雙方、十四日仍繼續談判、陳覺生・鄧哲熙、與日駐屯軍參謀長橋本羣、參謀和知塚田等、隨時接洽、關係方面對盧溝橋事件、認爲和平曙光尙存、但對日方何時撤兵、則無法作斷定的斷言、總之、今日前方情勢漸趨緩和、但全局之解決、似仍有待於雙方之繼續折衝也、陳覺生十四日下午四時謁宋、報告與日方接洽情形、並有所請示、當晚仍將與日駐屯軍參謀塚田等會晤、張自忠十四日午抵津後、鄧哲熙往訪、交換意見、張允榮十四日亦來津、當晚張等謁宋、報告平市情形、並請示一切、據聞我方對和平仍願盡最大之努力、而結果如何、則關鍵在日方是否欲事態之擴大、十四日此間盛傳平郊仍有戰事、但據返津之張自忠稱、平市十四日、漸趨平靜、南苑亦無事云、

▲天津　十四日午後、此地和平空氣愈濃、據負責談洽者言、當前急務、爲使雙方軍隊、各自向後退、庶距離較遠、以免摩擦機會過多、頃正努力進行、對方已有允意、善後問題、俟衝突完全停止、再辦理、另據負責者表示、開進關內之日方軍隊、短時間內似不能不利用爲外交炮壘、

▲天津　十四日竟日、平郊安謐、日軍無動作、津日軍六百餘、乘汽車到豐台、未前進、大紅門東側猶有一部日軍露營未撤、廣安門外日軍、仍構築工事、

▲天津　十四日晚八時半、海光寺內日步炮兵千五百餘、經東馬路黃緯路沿平津公路開豐台、過華界時、交通皆爲遮斷、

▲中央社保定十四日電　日軍在豐台附近村莊民房完全佔居、並趕造工事、無撤兵模樣、十四日晨六時、又有日機沿平漢線南飛偵察、在省垣上空盤旋甚久始去、

《新闻报》，1937年7月15日，第4版

社論

時急寇深敬告國人

（瓊蓀）

自盧溝橋事件發生後。中日和平。已趨於絕望之境。其所以至此者。非我國不願和平。乃日方無絲毫誠意也。託故起衅。知其必有所爲而來。一再反覆。料將不能無所得而去。和平。非屈辱之代名詞也。惟當於平等互惠中求之。光榮的和平。凡爲人類。靡不企求。吾人今日所求者。即基於平等互惠而產生之光榮的和平。可以和平而和平。是爲眞和平。不可以和平而和平。是爲屈辱。可以和平而不和平。是爲强暴。是即日人今日之行徑。在此和平尚在斡旋之中。吾人對於和平二字。不可不有正當之認識。

五全大會宣言。『在和平未至完全絕望之時。決不放棄和平』。於此可知我政府當局愛護和平之誠意。今者和平希望。尚不絕如縷。雖戰場上炮火連天。而樽俎間折衝未斷。兩國邦交。猶未至決絕地步。凡吾國人。不可激於義憤。而稍涉鹵莽。內則可以增加外交上之困難。外則使日人有所藉口。其在國際間之宣傳。又得一極好資料。而一線和平希望。更將陷於困境。此非吾人目前最大之期望也。

惟以日人之種種行動觀之。所謂和平者。殆已絕望。其內閣各省。幾入於總動員之戰時狀態。於此可知日方已抱有使事態擴大之決心。非使我國接受其所謂和平條件不止。甚至不惜展開全面的衝突。以脅迫吾人作城下之盟。故吾人於企求和平之中 。又不可不有最大之準備與努力。以與日人作殊死戰。

一切橫逆之來。應有冷靜之頭腦以思考之。機警之手段以應付之。强毅之意志以處理之。約言之。爲堅•忍•弘•毅四字。堅以守志。忍以定性。弘以養氣。毅以儲力。衆志成城。不摧不拔。剛如精鐵。固若金湯。此堅之義也。苦其心志。勞其筋骨。餓其體膚。空乏其身。此忍之要也。富貴不淫。威武不屈。任重道遠。死而後已。此弘毅之至也。國人能具備此四者。則克敵致果。如操左劵。

堅忍弘毅四字總括的涵義。爲集中力量。所謂力量。當然指國家民族一切物質的與非物質的力量而言。在積極方面謂之集中。在消極方面即不浪費。自全國統一。內戰停止。而國力不浪費。所有軍隊。悉歸中央調遣與節制。而軍力集中 。因壯訓軍訓之厲行 。使全國數千萬壯盛之國民 。練成一種最偉大的團結禦侮之基本勢力。是皆可喜之事。更進而將全國人之技術能力。集中分配於需要之途。是亦非常時期所應有之措施。凡吾國人。所當預爲準備者也。全國經濟力之集中。尤爲切要 。國家一切不必要之建築。應即行停止。一切不必要之政費。應從事節省。而人民用度。亦當有所撙節。用之於國內者。雖楚弓楚得。猶不免虛耗物力。其流出國外者。更難免藉寇兵而齎盜糧。非愛國者所宜出此。是故酒食徵逐之事。應有所節制。聲色狗馬之好。當從此屏絕。金迷紙醉之場。酒綠燈紅之會。最容易使人蝕骨銷魂。消磨志氣。尤非抗敵救國奮發有爲之士。所當留戀於其間。時急寇深。吾人嘗膽臥薪。猶虞不及。寧有餘力。以消耗個人之體力•精力•財力於酣歌恒舞之所哉。

《新闻报》，1937年7月15日，第6版

昨夜日軍由津出發 驅逐行人秩序大亂

▲中央社天津十四日下午十時十八分電　日軍千餘人、十四日晚九時許、由海光寺兵營出發、行經東馬路過金鋼橋、仍沿平津公路前行、是否開豐台、抑或楊村未詳、當此項日軍出發時、在日租界旭街放哨、禁止車馬行人、經東馬路時、爲首日騎兵復驅逐行人、致一般民衆、爭先逃避、各商店亦紛紛閉門、河東河北南市各夜市、亦立即收市、秩序因之紊亂、迄晚九時半後、此項日軍已全部到達平津公路、全市秩序、始漸告恢復、

▲中央社天津十四日路透電　今晚九時、突有步兵六百名、騎兵一百名、及機器自由車隊等、自日租界向華界東馬路出發、一時行人狂駭、奔避不遑、中國方面、事前並未接得通知、臨時交通一律斷絕、店舖羣起閉門、今晨三時、亦有日軍千名作同樣之進行、惟當時行人甚少、當由保安隊加以阻止、以待長官命令、後日軍即繼續向北平出發、據云、中國方面擬將公路首端之橋封閉、以防日軍之再假道云、

蔣委長態度鎮靜

于右任謁蔣後談話

▲中央社牯嶺十四日電　于院長抵廬後、近感腹瀉、惟精神尚佳、日內當可全愈、上午馮玉祥邵力子往訪、有所談商、下午接見中央社記者、據談稱、此來係訪蔣委員長、談商一切、已經晤面、**蔣委員長**、精神甚佳、**對盧溝橋事處置態度極爲鎮靜**、于氏並稱、在山稍作勾留、然後返京云、

香月發就職宣言

保護日本在華北之權益

▲中央社東京十四日路透電　新任華北日本駐屯軍司令香月抵津就職後、即發表宣言、略謂渠之職責、在根據星期日內閣緊急會議所成立之莫可變更的決議、保護華北之日僑及日本權益云、查香月中將現年五十六、以精於步兵戰術著聞、曾參加俄日戰爭、後在法國留學五年、

召集陸海外幹部員會議

▲天津此間情形稍緩、板垣未如期至津、十四日下午二時、川越訪香月後、即在張園官邸參加華北日陸海外幹部人員對華北時局問題協商、由香月主召、陸軍側橋本和知大木池田塚田、海軍側久保田小別、外交側川越幡內岸偉一大江村上荻原等、共十餘人參加、下午

《新闻报》，1937年7月15日，第6版

三時、關東軍參謀武藤章飛津謁香月、代植田交換意見、定十五日晨飛返、晚十時後、

川越飛津訪香月

交換應付華北時局意見

▲天津 川越於十四日上午十一時、偕隨員清水星野、搭中航機由青抵津、日總領堀內等、均到機場歡迎、下午二時、川越訪香月於張園司令官邸、交換應付華北時局之意見、下午四時、在英租界總領官邸、聽取堀內總領事等報告、據川越對外報記者表示、駐屯軍此次斷然處置甚當、事態擴大否、須視中國有無誠意、聞川越在軍事問題未停止前、不準備訪宋哲元、宋亦無意接洽、

▲中央社天津十四日電 日使川越十四日午後赴津日總領事館視察、幷召集堀內岸西田等各領事談話、聽取報告、下午二時許、赴海光寺日兵營訪香月及橋本等、當時日駐津海軍武官之保田等均在座、彼此有所集議、下午七時、應堀內干城在英租界官邸之歡宴、定十五日晨接見我國新聞界、

大紅門馬村之役

昨晨衝突後旋即告停止

▲北平 通縣運來日兵百餘名、分乘載重汽車六輛、於十四日晨十時、抵達大紅門、欲通過該地、經我軍攔阻、稍有衝突、其中載有彈藥之一輛、因誤撞路旁大樹、當被爆炸、

▲中央社北平十四日路透電 午夜(十三日)甫過、而中日軍隊又起衝突、以致驚魂不定之北平人士、終夜又不能安枕而眠、居民方擬就寢、乃迫擊炮聲大炮聲與機關鎗聲、相續而作、密如連珠、蓋城門附近、戰事復起矣、自上星期四日衝突發生以來、此次惡戰、最近北平、幸半小時後、鎗炮聲停止、同時議和之說、仍充滿空氣中、北平市長秦德純與日大使署一等秘書加藤晤商後、某高級華員聲稱、榮譽的和平、尚有一線希望、並謂冀察當局、決不犧牲中國主權、昨日永定門外之戰事、因日兵載重汽車兩輛、誤走路線、致起衝突、英國及其他使署、皆已諭令住於郊外之外僑、避居城中、昨日午後、又有日軍兩大批共一千一百八、由古北口遵陸開抵豐台、携有坦克車及鐵甲車若干、

昨午永定門外之小衝突

▲中央社北平十四日下午九時四十分電 十四日上午十一時至十二時、永定門迤西藥崗子地方、有日軍十八、駕載重車坦克車各一輛、擬向永定門前開、當被我軍阻止、日軍開鎗、我亦還擊、日軍旋即退去、

《新闻报》，1937年7月15日，第6版

大紅門與永定門視察記

▲中央社北平十四日下午六時三十分電　記者十四日下午三時、出廣安門、赴大井村、視察日軍情況、廣安門仍關閉、每隔兩小時開門一次、放人出入、由廣安門至小井村、約十一里許、沿途平靜、未見日軍、出小井村約半里許、至大井村、即中日軍隊屢次衝突之地、該村西口大道旁、有一小茶館、住日軍約二十名、見記者至、即持鎗攔阻、不准通過、經交涉亦無結果、記者告以中日雙方已有和平希望、故來視察雙方撤兵情形、中有一日軍答曰、無此等事、快走、記者遂返、該處日軍均赤臂、在村口挖戰壕、察其形勢、似爲防禦我城內駐兵之進攻、小茶館門前有鎗十七枝疊成鎗架、另有一機鎗在地架設、茶館屋頂上有一日軍、持望遠鏡向各方瞭望、記者向四週探視、發現附近高粱地內藏有日兵多名、觀其形勢、絕無即刻撤退之準

(下)我廿九軍士兵在盧溝橋防守情形

(左)北平宣武門鎖閉後廿九軍在城內外佈置防禦工程一瞥

←北平民衆紛往前綫慰勞(正任)

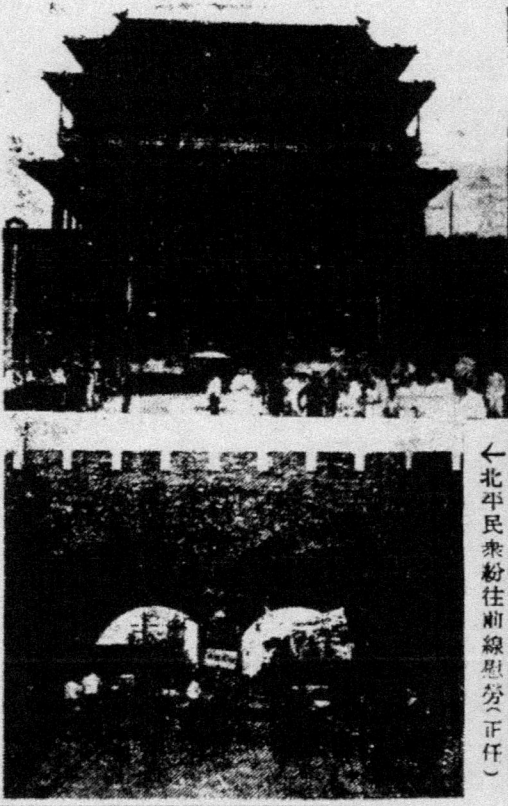

備、記者進城後、復出永定門視察十三日午中日軍衝突情况、見永定門外、北甯路鐵橋南面道上、有被炸之日載重汽車及小型汽車各一輛、僅餘車骨、車旁尚有日軍鋼盔一頂、與難辨係何家之垃圾一堆、蒼蠅麕集、或係屍骨之類、該載重汽車、即係炸燬之軍火汽車、被炸原因、有謂係我軍擊中而炸者、有謂係汽缸爆炸而着火者、至今仍未判明、其小型汽車上乘日軍指揮官一人、因隨該載重汽車而行、故亦波及、據聞該指揮官已殞命、另聞在爆炸後、即已脫逃、傳說不一、亦難判明、由北甯鐵路再向南行、至大紅門地方、又有一日軍載重汽車、擱於道旁大樹上、不能行走、諒係因開行惶恐所致、現該車上仍有子彈數箱、由我方警察看守、計十三日午永定門外衝突結果、日軍死五人、傷二人、失蹤十二人、十四日由日方會同我方人員各處尋找、至下午六時、仍未獲見、日軍於十三日午、被我軍擊敗後、十四日晨二時許、復有一度衝突、此後即撤退、現永定門至南苑一帶、已無日軍行蹤、但我軍在大紅門一帶、仍嚴密戒備中、永定門外兩次衝突、附近居民頗受驚恐、據調查尚無多大損失、

永定門外日軍棄車而逃

▲中央社北平十四日路透電 據城外戰地逃至永定門之難民聲稱、夜中鎗聲不絕、至今晨三時三十分始已、華方稱、由古北口乘載重汽車駛至豐台之日兵一隊、曾在北平南苑之間、與華軍開火、是役與昨晨之戰事相同、當時有日兵五百名、携坦克車四輛、鐵甲汽車若干輛、與華軍在北平豐台間鐵路線接觸、繼乃漸漸逼近、直至戰事延達永定門外路橋而後已、今日赴永定門外視察、可覩戰事之遺跡、日軍載重汽車二輛、軍官所乘之汽車一輛、毀棄道左、其中載重汽車一輛、車身破裂不堪、日軍似由古北口取道通州直駛而來、至永定門外之路橋、見僅有小徑可通豐台、乃在該處棄車而逃、

日軍有撤退模樣

蘆溝橋日軍已撤至豐台

▲中央社北平十四日電 十四日上午、據各方報告如下、㈠蘆溝橋方面大瓦窰大井村五里店一帶、日軍自十三日下午起、漸有陸續撤退模樣、但軍事佈置、尚未完全撤除、㈡豐台附近、現由通州及關外開往之日軍、據調查、現已有一旅以上、計步兵兩團、約四千人、機鎗約百挺、重炮八門、重戰車四輛、輕戰車八輛、㈢平市左安門外西南角設哨警及永定門外大紅門北方十里店、十四日晨一時至二時間、均發現少數日軍、該時平市所聞炮聲、即該兩處傳來、眞象不明、現正調查中、

▲中央社北平十四日路透電 今晨此間局勢、稍見和緩、因大多數日軍、已由宛平區域撤退至豐台也、火車三列、頃已離平南下、其第一列係裝載美國軍官多人返秦皇島之專車、中日雙方現皆稱、談判刻在天津進行中、由宋哲元與日軍當局主持、以期成立新約定、永定門現極擁擠、最近交戰區域內之民衆數千人、皆擁入城中、此外又有裝載食物與蔬菜之車輛、亦欲入城、

《新闻报》，1937 年 7 月 15 日，第 7 版

關外日兵車開抵津詳情

▲中央社北平十四日電　據天津外報載、自九日至十二日止、日兵車共開來十五列、十三日有八列以上之日兵車、由『滿』開到、大部分係由關外開來、最後三列約在下午十一時方到天津東站、載兵約一千五百名、并有載重汽車多輛、及大炮數門、計第一列車在上午四時開到、內裝日兵三百人、汽車五輛、載重十一輛、第二列車在上午五時開到、內裝日兵二百人、載重車二輛、汽車五輛、又有滿載軍車火之車三輛、又一小時後、第三列開到、內載日兵七十人、汽車五輛、載重車十輛、及鐵悶車數輛、滿裝軍火及食料、給養車在十一時開到、附帶敞車四十、滿載鐵道枕木鐵軌及鐵路用品、並有無線電發報機數架、車上有三百名工程人員及工人、大車上之日兵與其他人員等均在車上、待向豐台出發佈置、至十三日夜半、仍留車站未開出、半小時後、第五列車又到、內裝日兵二百人、載重車三十、及軍火車數輛、第六列車包括三十二個北寧車廂、計携有十二輛汽車及六輪汽車多輛、四車廂之岩鑿廿四車廂、疑為『水門汀、』因其上覆以蓆片也、此外有坦克車一輛、均於夜十一時方到、第七列車於夜間十一時四十五分到、第八列車十二時方到、計携有汽車二輛、日兵四百人、到達津東站時、日僑男婦均備茶點歡迎、第七列車、除裝有日軍外、有十五車廂之食料、並載重汽車十四輛、及大炮數門、第八列車內有輕重坦克車各一架、鐵甲車七輛、六輪載重汽車三輛、煤車三輛、另有五車廂內裝何物不詳、

日軍到楊村者奉令折回

▲天津　來津日軍步騎炮兵二千餘、十四日晨四時、赴平增援、列隊自海光寺兵營出發、經我東馬路河北黃緯路等處、沿線呼號、聲聞四遠、下午一時、行至楊村、忽奉軍部令、着即折回、

日軍出發家屬痛哭送別

▲天津　十四日晨赴平增援之日軍二千、係津唐義勇隊及在鄉軍人所編成、家屬婦女送別至中日交界東南城角、均泣不成聲、為狀至凄慘、由十四日晨一時迄十二時止、自前方以載重汽車運回津日界之日兵傷亡者已八車、肢體殘缺、遭大刀削傷者為多、日僑睹狀、均為掩面、日方恐其士兵氣餒怯敵、特禁將兵入醫院探視、

《新闻报》，1937年7月15日，第7版

日兵駐津浦路西沽鐵橋

▲中央社天津十四日電 日步騎兵三十餘人、十四日上午十一時許、赴津浦路西沽鐵橋與平津公路交义處駐守、用意不明、市警察局已派員交涉、尚無結果、

日在康莊圈農田爲機場

▲中央社北平十四日電 平南團河附近之康莊、距平約三十里、十四日下午二時、有日機一架飛落該地、上載六人、有二人下機、四面瞭望後、當圈定該地農民孫冠星之地六十七畝及朱某之地若干畝、爲機場之用、每畝允給地價十元、

日運大批汽油開赴豐台

▲中央社天津十四日電 日兵車一列共九節、裝載汽車二輛、其餘均爲汽油、爲數甚多、十四日晚七時廿分、由士兵五十六名、押運赴豐台、十四日津東總兩站日兵、仍在嚴加戒備、注意站內行人、日方派交通隊六人、十四日午後已强行到北甯路局車務處調動股、司日兵車調遣事務、又據聞日兵均分佈於北甯沿線各站、唐山塘沽兩站、有便衣路警三人、竟被日兵拘捕、

關外日軍續到十六列車

▲中央社北平十四日電 路息、自十三日晚九時起至十四日晨六時止、共有日兵車十六列、由山海關開抵津、

▲中央社天津十四日下午十時二十五分電 日軍連日開來津市者、爲川口師團、截至十四日晨一時、已抵津十五列車、其第十六列車所裝給養等、十四日午亦開到、聞尚有由日本國內開到關外之第五師團阪垣部、現亦待命入關、阪垣亦有日內抵津之說、熊本師團聞亦將開往青島云、

《新闻报》，1937年7月15日，第7版

朝鮮徵發在鄉軍人萬人

▲中央社南京十四日電　據確息、朝鮮軍近在京畿道徵集在鄉軍人萬人、補充部隊、京城方面醫學生數百、郵務員四十、汽車夫三百、日鮮民夫二千、大汽車徵發殆盡、準備出動、鐵路集中車輛、十二日起、供給軍運、又聞日軍連日扣留商輪達十四艘、供給軍用、大阪因裝運軍械、不准外輪靠近碼頭、川崎職工多被徵調、又傳日對俄有已開火一星期之說、

▲中央社南京十四日電　據確息、日本作戰準備、已由本國推廣至朝鮮及我東北各地、聞朝鮮新義州守備軍一部份及在鄉軍人數百名、均已先後出動、安東瀋陽各地、亦已實行防空準備、軍需用品連日運輸極忙、空氣甚爲緊張、一若大戰之將臨、

死亡日兵遺骸裝船運日

▲中央社天津十四日電　盧溝橋戰事、日本死亡士兵遺骸、十四日晨以車輛運往碼頭、裝駁船赴塘沽、換輪運回國、

《新闻报》，1937年7月15日，第7版

北平入安靜狀態

昨晨日機兩度飛平偵察

▲中央社北平十四日下午三時十五分電　此間除各城門半閉外、一切俱入常態、日機四架、十四日晨七時及九時、兩度飛平偵察、飛行甚低、均係轟炸機、東車站交通完全恢復、但日本增兵仍繼續西開、豐台方面已集中約萬人、沿平通大道西至豐台、運輸絡繹、豐台人民逃避一空、據觀察家觀察、日軍係取包圍北平之勢、俟準備完成、即以强力對我壓迫、

日鮮旅平僑民紛紛離平

▲中央社北平十四日電　自盧溝橋事件發生後、日鮮旅平僑民、連日以來、離平他去者、截至十四日下午、已有男女二百餘名、

秦德純下手諭保護外僑

▲中央社北平十四日電　盧溝橋事件發生後、平市即宜布戒嚴、市長秦德純、以各國在平僑民甚多、亟應妥爲加護、十四日特手諭警察局、着即轉飭各區、嚴密保護外僑、

平站各次車均按點開行

▲中央社北平十四日電　東車站十四日晨臨時佈告謂、自十四日起、上下各次車、均按正點開行、觀此、緊張之時局、似已轉變、但十四日上下午離平之客人、突擁擠異常、車站行李堆積、其中並有要人眷屬甚多、

▲中央社天津十四日電　北寧路平津間交通、十四日晨又恢復、平榆二十二次及平津六次車、已分別售票、至北平下行車、除平榆四十一次車係由豐台開出外、平榆二十一次車、則由平開津、十二時半到達、齊燮元乘此車來津、謁宋哲元報告盧溝橋現狀、及政委會事務、

入晚各次車又止於津站

▲中央社天津十四日晚九時三十五分電　十四日晚、平津間往來各次車又停駛、由津開平之平榆二十四次、平浦三○六次車、均止於津站、由平開滬之三次車、亦未開行、十四日晨由平來津之各次車及由津南開之各次車、旅客甚爲擁擠、

《新闻报》，1937年7月15日，第7版

日拒第三國調停

日外務省發言人之表示

▲中央社東京十四日電　十四日午外國記者向外務省發言人、關於華北事件、提出問題甚多、㈠問、到現時止、駐日各國使節、有無與外務省接觸、答、無、㈡問、如有第三國出而調停、日本態度如何、答、日本態度早定、如有干涉、毫不介意、㈢問、國府行動有無違反任何協定、答、尚無、㈣問、日本行動、目的究竟安在、答、首應忠實履行解决辦法之規定、㈤問、現時尚繼續談判否、答、北平仍繼續談話、㈥問、日本向國府交涉否、答、無、

▲中央社東京十四日路透電　外務省發言人今日聲稱、華北危局無重大變動、此事前途、端賴中國好自爲之、或問英美兩國如出爲友誼的調解、是否有益、發言人答稱、日本不歡迎任何調解云、

日閣努力統一國民意思

▲中央社東京十四日電　自十一日來近衛內閣爲形成舉國一致陣勢、連日招待各黨派·報界·雜誌界·金融界·產業界等代表、說明出兵方針、今日起、又分別招待電影界·對華關係團體等代表、爲同樣說明、十五日更召集地方官會議、更利用廣播等、努力統一國民意思、所謂全國各方面總動員、業已實現、可謂爲日本空前未有之大規模動作、近衛因疲勞不適、正休養中、今日樞密院會議不出席、由外相廣田說明出兵方針、

《新闻报》，1937年7月15日，第7版

▲南京　據熟諳日本國情某外人云、自盧溝橋事件發生、日國內極感不安、除少數野心家欲將事態擴大、造成殘酷戰爭外、財政界實業界及一般日民、均表反對、國內意見、極不一致、日政府當局乃一面統制輿論、冀統一全國思想、一面由近衛內閣出面、向各方疏通、連日召各黨派各報社及金融界產業界文化界等代表、廣事說明日本出兵方針、要求各界諒解、各界人士、在暴力威脅下、對所謂舉國動員、敢怒而不敢言、然厭戰情緒、充滿全國、

張自忠發表談話

姓張的決不做對不起民衆的事

▲中央社北平十五日晨二時四十分電　津訊、據傳本市當局（市長張自忠）今日宣稱、和平尚未至絕望時期、盧溝橋方面我軍已復員至八日前狀態、日方則仍未完全撤退、本人始終以國家爲重云、

▲中央社北平十五日上午二時三十分電　據官方稱、張自忠在津發表談話、略謂二十九軍已恢復八日前狀態、但日軍尚未完全撤退、張並稱姓張的決不做對不起民衆的事、

《新闻报》，1937年7月15日，第7版

各國報紙對日軍啟釁

一致作攻擊評論

▲中央社巴黎十四日哈瓦斯電　法國各報對於中日兩國糾紛、頗爲關心、『巴黎迴聲報』頃發表評論云、『目今局勢危險特甚、其故由於中日兩國政府、其一擁有熱烈而憤激之民衆、其一則擁有强有力之軍隊、各不相下』、『事業報』載稱『英美法三國、現已準備向南京東京方面進行調查、一俟查明日本確欲推行侵略政策、即將向之表示堅決反對之意』、『白日報』載稱、『英美法三國政府、關於中日兩國局勢所進行之外交活動、不致令人驚惶、各該國所望者、乃其華北之政治商務權利、受人尊重而已』、『斐迦羅報』所見、適與『白日報』相反、據載稱『爭端範圍、予以限制、勿任擴大、苟爲時未晚、必須以强硬之外交壓力施之、始乃有濟』、『日報』載稱、『歐美各國、務當採取審慎政策、遠東地方、形勢旣甚危險、而中日兩國軍隊、互相衝突之事、或亦可和平了結』、『時代報』對於日本推行冒險政策之說、表示懷疑、略謂、『中日兩國衝突結果、徒令他國坐收漁人之利、日本或因而陷入黑暗之深淵』云、

▲中央社倫敦十四日路透電　每日導報評論華北大局、謂遠東如發生新戰爭、必將成一浩劫、英美兩國當速取共同行動、阻止日本作危險之企圖、此種危險企圖之結果、浮躁之軍人、不能豫先鑒及、今日之事、實爲五年前日內瓦處理中日問題萬分懦弱之後果中之一新段云、

▲中央社倫敦十四日路透電　倫敦每日電聞今日載一社論、言華北局勢、謂東京新內閣成立未久、日本軍人思有以强迫之、乃以中國爲日本政治賭局中之一注、要知此種賭局、出入頗鉅、無異民治主義與法西斯主義之對博、此爲日本自己事、不應爲國際糾紛之原因、英日兩國近方在談話中、其目的在恢復日軍强佔滿洲以前雙方所固有之邦交、在此談話中、當然必以中國爲其討論之主要事件、在中國龐大市塲中、應有良好政府、及因此政府而產生之安全、此不獨爲英國之利、亦日本之利也、但華北現有之衝突、則將使此令人興奮之好氣象、喪失無遺、故甚望南京與東京、皆抱和緩精神、與遠大目光、以應付此局勢云、

▲國民海通社十四日倫敦電　中日軍隊於華北發生衝突、此間報紙、均異常注意、英外相艾登與中美法三國大使會談後、預料英美法三國、將合力阻止事態之擴大云、每日電聞報指稱、英日談判、正在倫敦舉行、而華北發生衝突、談判前途絕無希望矣、

《新闻报》，1937年7月15日，第8版

各地慰勉抗敵將士

▲蕪湖 蕪商會以二十九軍將士忠勇抗戰、十四日聯合六十一業公會電平慰勞、誓爲後盾、

▲鎭江 鎭江新聞記者公會等團體、十三日通電全國各界、請一致籲請當局出兵抗敵、大張撻伐、還我河山、

▲廣州 宋電粵、日興兵起釁、一再食言、二十九軍決誓死抗敵、各界咸振奮、郵務報界船員等公會電宋馮暨二十九軍將士慰勞後、以前方需款孔急、請各界籌募巨款匯濟前方、

▲廣州 市商會電宋、日食言背約、進窺平津、公等本與城存亡之決心、與敵週旋、粵各界誓爲後盾、

▲中央社南京十四日電 首都新運會十四日電慰二十九軍全體將士奮勇殺敵、並發起募捐慰勞前方將士運動、函請各機關學校新運會、一致實行、

▲中央社長沙十三日電 盧溝橋事件發生、局勢日趨惡化、湘省民衆、對此事甚爲憤慨、紛紛電平聲援、並慰守土將士、願爲後盾、日勢多炮艦十三日由漢駛湘、

▲中央社蕪湖十四日電 此間各界紛起募捐、慰勞抗敵守土將士、文藝學術界通電全國、一致奮起聲援、並電宋哲元等慰勞、望本不屈不撓精神、抗戰到底、一面電呈中央國府、請速出師北上、

▲中央社南京十四日電 京市北貨乾鮮菓業同業公會、發起捐款慰勞二十九軍、各同業已慷慨捐輸、先由正大號等十九家、共捐國幣一千二百四十元、匯寄前方、幷通電津滬粵漢各同業一致響應、

▲中央社南京十四日電 津浦路黨部及工會及陸軍交通學校陸軍通信兵學校、頃紛紛致電二十九軍慰勞、並誓爲後盾、

▲中央社安慶十四日電 盧溝橋事件發生後、此間各界無不義憤塡胸髮指眦裂、十四日晨十餘民衆團體、聯電宋哲元及守土將士致慰、並請其奮勇作自衛抗戰、全皖民衆誓爲後盾、

▲中央社開封十四日電 豫省黨部暨工農商婦女各團體、十三日電宋哲元馮治安秦德純張自忠及二十九軍全體將士、略謂日軍無故襲擊盧溝橋、我二十九軍起與抗戰、爲國家爭存亡、爲民族爭人格、凡屬國人、莫不振奮、本部謹率各民衆團體誓作後盾、

▲北平 平各界聯合會十四日下午三時、召開慰勞救護兩股成立會、對於勞軍救護兩辦法多所決定、又平學術團體聯合會十四日派慰勞團表代十餘人、赴衛戍醫院慰勞廿九軍受傷戰士、又平學生團體發起鋤奸運動、

▲中央社福州十四日電 福州各界以盧溝橋事變發生後、廿九軍將士奮勇挺戰、先後紛電慰勞、並將發起募捐運動、爲物資上之聲援、又各公私立小學亦將發起募集禦侮儲金、

▲中央社漢口十四日電 自盧溝橋戰事發生以來、我前方將士忠勇用命、安土禦侮、迭挫兇鋒、連日各地慰勞團組織風起雲湧、平漢路員工特組織慰勞守土將士團、定十五日商討慰勞辦法、又漢商會已捐款兩萬元、日內購慰勞品北上勞軍、又

▲中央社杭州十四日電 省農會省商會市商會等團體聯名電請宋哲元堅持不屈、保守國土、又省黨部十四日電廿九軍將士、忠勇抗戰 保護國土、願率兩浙民衆、誓爲後盾、

▲南京 京市工人福利會今晨緊急會議、決議(一)呈中央速派大軍抗敵、以保國土、(二)電慰宋哲元將軍暨廿九軍全體將士、(三)聯合各團體發起募集物品慰勞前方將士、

《新闻报》,1937年7月15日,第8版

和平談判在進行中

日本決派本部軍來華

冀察要人羣集天津會商應付辦法

傳宋哲元將與香月會晤解決現局

二十日前可望無劇烈衝突

▲中央社東京十五日電　陸軍省今晚八時十分發表公報、謂鑒於華北情勢嚴重、決定從日本內地、派遣一部部隊、前往華北、

▲中央社東京十五日路透電　陸軍省今晚正式宣佈日政府遣派日本本部境內軍隊前往華北之決議、並謂華北事態嚴重、故此舉實爲必要云、

▲中央社南京十五日電　據確息、日近仍繼續徵調國內外各地大軍、向平津出動、其第十一師團、亦已奉令開拔、聞多由大連登陸、並盛傳俄邊衝突甚烈、

▲天津　十五日下午六時急電　聞宋哲元將與香月會見、大局關鍵、繫於此兩當局之晤談、宋十五日召冀察各首要人物來津集議、如何應付時局、始爲合宜、石敬亭・過之翰・門致中・張允榮・魏宗瀚・劉郁芬、十五日午、均已來津謁宋、李思浩亦於下午抵津、在進德社開會議、聞將令張自忠・陳覺生・張允榮・鄧熙哲・齊燮元、先行與日方之橋本和知等接洽、

▲天津　十五日夜十一時急電　在二十日以前、日軍大部隊、可不致繼續開來、正在輸送之第五第十師團、將止於秦榆錦綏等地待機、由十四日迄廿日、此七日內、雙方軍隊、可望無劇烈衝突、但大局是否好轉、視交涉如何、十五日宋哲元發出通電、婉謝全國各界慰勞捐款、

▲天津十五日十二時急電　十五日下午四時、冀察政委會及二十九軍要人、由宋哲元以下張自忠・齊燮元・劉郁芬・過之翰・張允榮・石敬亭・魏宗瀚・陳覺生・鄧哲熙等均到、在英租界十七號路進德社、爲外交問題集議、宋爲專責成起見、已指定張自忠張允榮鄧哲熙三人爲負責人、與對方負責人橋本和知、進行磋商、十五日夜、約定在海河路北寧官第會見、爲具體談判、此間應付方針、業已決

《新闻报》，1937年7月16日，第4版

定、在未完全復原狀前、先致力於日軍不再增加、已增加者不爲軍事活動、平郊蘆溝橋附近軍隊數目減少、俾軍心漸靜、以便互相信守諾言、在我方無害而應辦者、即自行辦理、故十五日晚止、和平已有希望、

▲天津十六日晨三時急電　截止十六日晨一時止、和平局勢已定、張自忠張允榮鄧哲熙等、定十六日午後、再與橋本和知會談、一切可望決定、

▲中央社天津十五日電　蘆溝橋事件、雙方十五日在津繼續折衝、齊燮元陳覺生、下午三時偕訪橋本、有所談商、張自忠亦晤和知、彼此交換意見、聞日方竟仍要求蘆溝橋我軍後撤云、

各將領義憤填膺

日軍不撤一再背信

▲北平　廿九軍在平各將領劉汝明・趙登禹・馮治安、對日軍一再背信不撤、多方向我軍一再挑釁、均異常憤激、

▲北平　宋哲元十五日令所屬各機關公務員、嚴禁藉故請假、擅離職守、違以軍法論罪、

▲北平　蘆溝橋駐軍、已遵宋令撤退、恢復八日前原狀、但日軍仍未撤、並要求我軍續向後撤、我軍拒未允、雙方仍對峙中、

宋表示不接受捐助金

▲中央社天津十五日路透電　頃宋哲元宣示、不願接受國內對於二十九軍之一切捐助、謂殺敵乃軍人之天職、軍人受國家之豢養、已不能再受人民財物云、宋復稱、蘆溝橋事件、乃局部事件、

《新闻报》，1937年7月16日，第4版

日軍正紛紛布置

似取包圍北平形勢

▲天津　十四日晨二時及晚九時、由津開出兩批日軍、共二千五百餘名、已徒步遵津保公路向某方進發、十五日晨抵平漢路良鄉以南、尚無動作、

▲北平　十五日晨七時半、日軍百餘人、由豐台開至右安門外駐紮、又平通鐵路與平通公路、十四日均發現日哨兵、兩路起點之東便門與朝陽門軍警、嚴加戒備、北平之西南東三面、皆有日軍、窺其布置、似取包圍形勢、

▲中央社北平十五日電　確息、㈠據南郊玉泉營報告、有日兵百餘人、乘載重汽車六輛、坦克車一輛、十五日上午七時半、由豐台經玉泉營向右安門方面前進、㈡通縣保安隊在八里橋建築工事、㈢津訊、十五日上午六時二十分、有日兵車一列、載日兵三百餘人、載重汽車三輛、鐵甲車五輛、又十五鐵悶車、滿裝軍用物品到津站、準備開豐、㈣十四日晚、津海光寺日兵營開出步兵三百餘名、向豐增援、㈤津訊、十五日上午二時許、由榆開到日兵車一列、兵三百餘名、軍用品十五車、載重車十輛、鐵悶車五輛、無線電汽車二輛、又津訊、十五日午前六時半、由榆開到日兵車一列、日兵三十餘人、軍用品九車、載重車五輛、鐵道枕木車四輛、煤車四輛、

▲中央社北平十五日電　據確息、㈠十四日上午三時、天津到日軍車三列、加車一列、日軍約三百餘名、坦克車四輛、載重汽車四十六輛、高射機鎗六架、軍用品十七悶車、下車後、入日兵營、㈡十四日晨五時、日步炮兵一千五百餘人、大炮三十六門、軍馬二百五十餘匹、彈藥給養車共四十九輛、由津沿平津鐵路開往豐台、㈢十三日晚九時、通縣有日軍騎兵一百六十餘名、由津抵通、㈣十四日日機一架、降落豐台南康莊、乘有日人四名、號碼爲一〇一二、㈤十三日有日兵十餘名、在津東車站祠堂、組臨時辦事處、並設崗兵一名、㈥十四日下午三時、津北倉附近、有日步騎兵三百餘名、開往豐台、㈦十四日下午、豐台日兵營有重炮四門、向我南苑方面放射、又載重汽車數十輛、日騎兵二百餘、經過團河向我駐軍射擊、開抵楊村休息、聞係增援豐台、由津開出日軍專車一列、內裝小汽車五輛、載重汽車二輛、軍用品五鐵悶車、

▲中央社北平十五日電　通縣來人談、駐通日軍二千餘名、均集中南門、與駐通南門外之我軍對峙、密雲懷柔等縣保安隊二十餘名、十五日全部集中通縣西北城、民房均被佔用、人心恐慌、該項保安隊并在各民房牆垣、架炮及築防禦工事、

▲天津　津日界軍警拉車、汽車被扣者尤多、逼令駛通豐、供軍運、洋車夫苦工經日界者、亦多被拉、運前方充苦力、致日租界秩序大亂、

《新闻报》，1937年7月16日，第7版

在各地掘戰壕埋地雷

▲北平 大井村劉家口日軍、十四日掘戰壕、埋地雷、

▲北平 通縣日軍、十四日在西門外三間房迤南埋地雷、掘戰溝、並與戰區保安隊千餘、在通西八里橋佈防、

▲北平 平南郊居民、因日軍隨意強佔住宅、並劃警戒線、掘戰壕、埋地雷、如大戰將至、十五日逃城內者甚衆、官方已收容、

擬在津浦路貨廠駐兵

▲中央社天津十五日電 日軍擬在津浦貨廠內駐兵、十五日有日兵四十餘名、乘載重汽車二輛、鐵甲車三輛、到津浦貨廠、要求擬在內駐兵一百五十餘名、經我方拒絕、目前尚無結果、

落垡楊村之衝突

日軍注意南苑我軍

▲中央社北平十五日路透電 昨晨三時半起之停戰狀態、在識者視之、認爲暫時性質、今其言果信、蓋中日軍隊、昨夜在平津路線上距津西北約三十一哩之落垡車站、又起衝突矣、此次戰事、始於昨夜九時、其時有日兵七百、由津乘火車赴豐台、迨抵落垡時、忽與華兵衝突、據路局消息、夜半戰事、猶在進行中、同時豐台日軍刻向南苑集中、據可恃消息、日軍將以驅逐南苑華軍一萬二千人爲其作戰方略中之第一目的、昨日停戰十八小時、雖當地緊張空氣稍見和緩、且冀察政委會人員與日軍當局已在津復開談判、然中外觀察家咸信此必爲日方緩兵之計、蓋料日軍當局現不過等待時機、一俟生力軍齊集後、即將開始將第廿九軍逐出河北境外也、

▲天津 十四日楊村附近發生衝突、茲探明係十四日晨日軍自津向津保公路開進時、過楊村附近血濺溝、與三十八師部隊發生衝突、旋經雙方派員馳往制止、各無損傷、

《新闻报》，1937年7月16日，第7版

北平不斷聞鎗聲

北平各門戒備甚嚴

▲北平 十四日起迄十五日午止、中日軍未發生激戰、惟斥堠戰及鎗炮聲、日夜絡繹不斷、雙方戒備均甚嚴、平各城門六時均開半門、城內秩序甚佳、北寧路十四日起已完全恢復交通、平浦車晨八時開浦一次、平漢路客車、以盧溝橋日軍未撤、未能開出、

▲中央社北平十五日下午三時十五分電 平消息沉寂、空氣煩悶、雖有西南及東南城角偶聞機步鎗聲、但官方否認前方有接觸、多指爲係步哨小衝突、日兵續增不已、十五日晨、由榆先後開來三列、均已到津、即分別轉往豐台、豐台已成爲日軍之大本營、人民避遷、秩序紛亂、平市城內戒備如常、各街要街道障碍物尚未撤盡、入夜由廿九軍士兵步哨警戒、各城門仍開半扇、廣安永定等外城各門、則每一二小時開啓一次、東車站交通完全恢復、西車站平漢通車尚無確期、十五日晨八時、張允榮•過之瀚•門致中•劉郁芬•石敬亭•魏宗瀚等連翩赴津、十時曹汝霖亦去、一般相信、時局重心已移天津、

▲北平 東站交通十五日恢復後、旅客極擁擠、旅行社頭二等票、已預售至二十一日、

▲中央社南京十五日電 二十九軍駐京代表李世軍、對於盧溝橋事件、會電平詢商談判經過、及是否容納日方任何條件、李氏十五日晨已接秦德純馮治安覆電、探錄如下、(銜略)文(十二日)亥電敬悉、查此次盧溝橋事件、我方與日當局接洽內容、係雙方日前商洽、彼則諉以此次事件係共黨策動、要求取締、並對陣亡官兵、同表惋惜、並希望此後不再發生類似事件、我方提出此後

(右上)前哨防守之二十九軍一兵士
(右下)北平城門緊閉斷絕交通
(左上)前方運回傷兵一瞥
(左下)巡行北平之二十九軍騎兵隊(中外社)

《新闻报》,1937年7月16日,第7版

日方不得夜間演習、經商定後、雙方即從事撤退、但迄今我方已將部隊撤退原地、而彼尚未撤退、並天津方面先後開到兵車十五列、今日由天津沿平津大道、有日步炮兵約二千餘名西來、又平郊不時有其小部隊出沒、以上係最近情形、至京滬所傳種種、不足置信、特復、秦德純馮治安叩寒(十四日)申參、

日機不斷飛平空偵察

▲北平 十五日破曉起、日機即不斷飛平偵察、於西苑南苑上空、飛機次數尤多、十五日下午一時許、記者發電時、平天空尚有日機兩架、飛翔未去、

▲中央社北平十五日電 十五日晨九時許、十時許、及十一時許、各有一日機飛平偵察、人民見慣不甚爲異、又晨八時許、日坦克車三輛、在永定右安門間、欲向北開、經我軍制止、始轉向西南而去、一時南郊一帶一度緊張、旋即平復、

▲中央社北平十五日下午九時十分電 日機一架、於十五日上午八時四十分、飛平市上空偵察、歷二十分鐘旋飛南苑上空、盤旋甚久、即向豐台飛去、九時五十分、又來日機一架、在平市西方上空偵察後、飛往南苑豐台、十一時二十分、又來日偵察機一架、在平上空偵察、歷半小時、旋向東飛去、下午一時至二時、日軍用機兩架、由津遥飛南苑偵察、歷二十分鐘始去、

日艦紛在冀海面活動

又據報告、日來冀海面日艦亦活動、榆關泊四艘、秦皇島三艘、大沽口外亦泊有數艘、又日軍在瀋待命入關者、傳尚有萬人以上、

日機飛保定等處偵察

▲中央社北平十五日電 王冷齋十五日電平謂、宛平城防極鞏固、長辛店方面已與平漢北段警備司令鄭大章會銜佈告、安定人心、并嚴防宵小乘機滋擾、日機連日飛盧溝橋及長辛店上空偵察、時間甚久、然後飛保定偵察、每日達四五次、但各日機均當日向西北飛返、

入關日軍逾萬人

集中完畢恐有舉動

▲北平 自盧溝橋事變發生迄十四日止、日軍由瀋入關共十六列車、已逾萬人、大礮載重汽車軍用品、運到甚多、據外人方面所得報告、現通州方面有日軍二千餘、豐台及北平近郊二千餘、天津五千餘、山海關新到一萬餘、據一般觀察、日軍現既背約拒絕撤兵、並一面增調大軍入關、與其在津軍事外交負責人員所發不願事態擴大之言、顯相背謬、咸料一二日內、日軍集中完畢後、將更暴露其猙獰面目、時局前途、極可憂慮、

▲天津 十五日晨五時半、日又到兵車兩列、載兵二百三十名、煤及道木鐵軌八車、十一時到鐵甲車一列、均停東站、

▲中央社天津十五日路透電 中日當局雖尚在磋商和平之中、但因日方軍運紛繁之故、形勢猶極度緊張、日當局在天津東車站之監視、今日益形嚴緊、入口處均有日軍駐守、時向行人盤問、即外人亦不能免、日本僑民在車站歡迎來

《新闻报》，1937年7月16日，第8版

津之日軍者、極爲擁擠、今日有日軍四百名、携帶大量軍需品開到、不久即有日軍一隊及鐵甲車三輛、保護滿載軍用品及軍糧之運輸車三十六輛、由公路向豐台出發、據中國方面消息、日兵車自山海關開來者已有七列、日大使川越猶力稱最近事變、完全在軍事方面、係限於事變之責任問題及防止同樣事件復發之方法、其他事項並未加以討論云、

▲中央社天津十五日電　十五日午前、此間又到日兵車三列、計㊀五時四十五分、載兵三百餘名、軍械車十五輛、載重車十輛、鐵甲車五輛、無線電車二輛、㊁六時三十分、載兵五十餘名、軍械車九輛、鐵道枕木車四輛、煤車四輛、均由榆關開來、㊂十一時五十二分、載兵十餘名、押坦克車六輛、由唐山來津、

▲天津　十五日下午三時廿五分、日兵車一列、載兵卅名、輜重五車、由榆抵津、與以前所到日兵、借住日商公大紗廠內、又下午六時廿分、日軍廿名、軍需品五車、自津赴豐台、

日陸軍荒謬言論

政府某要人痛駁之

▲中央社南京十五日電　政府某要人頃對於同盟社所傳日本陸軍當局對於國民政府處理盧溝橋事件之觀察、評論如下、據同盟社東京七月十五日電稱、日本陸軍當局、對於我政府處理盧溝橋事件之態度、加以種種譏評、措詞荒謬怪誕、立論無中生有、在發言者或自以爲竭盡巧妙、但讀者祇見其宣傳技術之之惡劣、該陸軍當局首謂、此次事件、係由華軍不法射擊而起、查盧溝橋事件之發生、由於日軍非法在盧溝橋深夜演習、無故向我軍攻擊、已爲舉世周知之事件、陸軍當局次謂、國府壓迫在華北方面與日本携手之要人、與民衆運動、激發冀察軍中堅層及學生之愛國心、以爲自力統一中國之手段、查統一建設與激發國民之愛國心、爲各國政府應有之天職、今日本陸軍當局以此爲攻擊國府之理由、是不啻自承其分化宰割中國之政策、中國對於鄰邦日本、係主張以平等互惠之立場携手合作、但截至今日、日本始終未以平等視我、遑言互惠、至於假提携之名、行侵略之實、政府自不得不加以反對、該日本陸軍當局續謂國府假日軍之手、以淘汰中央軍直系以外之軍隊、尤爲毫無根據、挑撥離間之詞、不值識者一笑、中國軍隊編制及駐防區域、容有不同、但同爲國家軍隊、初無系統之分、任何國家、如對中國武力侵略、中國當不惜以全國軍力與之週旋、該陸軍當局之謊言、絕不能欺世界、更不能欺中國人、至該陸軍當局所謂近來中國對日暴狂、不下數百件、想係日本對華暴狀顛倒錯語、蓋近年以來日人在華之暴行、如走私販毒、聚賭窩娼、非法飛行、私設特務機關等等不法行爲、確不下數百件、東西人士、耳聞目睹、無論如何顛倒是非、終難掩盡天下耳目也、

《新闻报》，1937 年 7 月 16 日，第 8 版

日本地方官會議

闡明政府根本方針

▲同盟社十五日東京電　政府因華北事件重大化、於十五日召開緊急地方長官會議於首相官邸、廣田外相及全體閣員風見書記官長、除法制局長官、松井資源局長、石黑北海道長官、篩東京府長、池田大阪府長、及其他各縣長官、齋藤警視總監、中島警備司令官、朝鮮台灣兩總督府、樺太廳南洋廳各關係官等出席、（近衛首相因病未出席）會議於上午十時開、最先由馬場內相代理首相致訓話後、闡明政府根本方針、其次廣田外相、杉山陸相米內海相等、分別說明所管事項、外務省石井東亞局長、陸軍省後宮軍務局長、松井資源局長、橫溝情報委員長等、亦挨次報告華北事件發生以後之經過情形、各長官對此發出質問、並開陳意見、至正午休會、

▲中央社東京十五日電　今日此間空氣似覺略有轉變、一般觀察家印象、盧溝橋事件之解決、或不甚困難、惟駐屯軍司令香月與宋哲元之談判、究涉及何事則不明、地方官會議中首相近衛、外相廣田、海相米內之訓示措辭、似多含蓄、現此間甚重視中央軍移動、十日來與華最有關係之鐘淵股票、暴落二十元、昨日下午起、已回張七八元、其他股票亦回張、今日午前各種股票價票、又一律回張、但當前情勢、極為複雜、難關甚多、未許樂觀、

《新闻报》，1937年7月16日，第8版

▲中央社東京十五日路透電　首相近衛外相廣田陸相杉山、今日在地方長官緊急會議時、各發訓話、皆表示華北事件和平解決之希望、然皆勸國人準備局勢逆轉、勿抱樂觀、杉山稱、華軍誤認日人忍耐為怯弱、華人誤解日本之地位、以為博得歐美之同情與干涉、即可打倒日本云、近衛發言、希望中國從速重行考慮其態度、而給予最近狂妄行為、不致再度發生之保證、廣田稱、如因目前進行之當地談判、而獲有維持華北治安與秩序之充分辦法、則誠為幸事云、

▲中央社東京十五日電　十五日晨地方長官會議、首相近衛未出席、由內相馬場代讀訓示、陸相杉山外相廣田海相米內藏相賀屋內相馬場皆有訓示、近衛訓示中、仍謂希望中國從速反省、對於將來為誠意的保障、期可和平解決、杉山訓示中、謂中國於抗日標語下、努力實現中央集權、強化軍備內容、致過信其國力、而變抗日為侮日、廣田訓示謂、此次事變、如在現地雙方談話、能得結果、於維持治安、獲得適當保障、則於兩國前途、誠為幸事、但由現在情勢推測、任何事態發生、皆難預料、故國民認識現實、須有一大覺悟、

▲國民海通社東京十五日電　日本陸相杉山·海相米內光政·今日出席總督會議中宣稱、彼輩對於華北事件之和平希望、尚未完全放棄、但人民必須深知集中在華北軍事力量之必要、外相廣田則稱、日政府希望以外交方式、解決華北事件云、

（右上）前線指揮抗戰之二十九軍團長民族英雄吉星文氏（右下）忠勇抗戰為國犧牲之兵士（左上）長辛店小學生在國防前線慰勞抗敵將士（左下）華北各界所組之慰勞團（中外社）

《新闻报》，1937年7月16日，第8版

川越接見新聞界

謂無任何政治要求

▲中央社天津十五日電　川越十五日晨接見記者、談及盧溝橋事件、據稱、日方並未提其他政治要求、或與地方當局商洽任何秘密協定、川越十五日晨在常盤飯店、接見新聞界、首談余此次來津、原定躭擱二三日、但截至目前、赴平日期尚未定、繼談、抵津後曾晤日軍事當局、得悉此次盧溝橋事件發生經過目前正由中日雙方軍事當局商解決辦法、第一步在如何制止繼續衝突、第二步爲如何避免再發生同樣事件、如果華方態度不變、中日兩國正面衝突、亦非不可能之事、此事余之觀點、爲地方事件、故仍由地方解決爲宜、但如果事態擴大、或亦將由中日兩國政府交涉、川越並云、日方並無藉此事件談判華北其他問題之意、總之、如果此事措置不當、即有引起重大事故之可能、川越末稱、在津與宋哲元會晤否未定、亦無在津開華北領事會議之意云、

楊代辦請促川越晉京

▲中央社東京十五日電　我駐日代辦楊雲竹、十五日上午十一時半、訪謁日外相廣田、適廣田正出席會議、由外次堀內接見、楊傳達我政府意旨、盼川越大使從速回京、以便談判、解決盧溝橋事件辦法、堀內答、川越日內即由津南下、談約四十分鐘、

并日僑奉令撤退

張口日僑亦將撤退

冀東保安隊　張慶餘部反正

日軍大集激戰兩日　張部不支卒被繳械

▲天津　冀東保安隊張慶餘部、十二日在唐山附近胥各莊反正、般逆事前獲悉逃匿津、日軍大集、激戰至十三日、張部不支、被繳械、該隊駐通州部隊、亦遭解決、頃通州猶戒嚴、其他保安隊、均被逼退出、由日軍塡防、

《新闻报》，1937年7月16日，第8版

我駐日許大使 决明晨返任主持折衝

（中央社）駐日大使許世英氏、前患耳疾、雖已痊愈、但精神迄未復原、連日仍在寓靜養、並繼續延醫服藥、許氏此次以盧溝橋事件發生、故决力疾返任、主持折衝、許氏曾於十三日特派秘書黃伯度氏再度入京、晉謁王外長作最後之請示、黃氏業於前晚公畢返滬、昨日往謁許氏報告一切、許氏定於今晚登大來公司之克利扶倫總統號輪、明晨二時啓碇出國返任、至於黃伯度氏、則須稍緩再行啓行云、

美議員函赫爾 請向日政府提出抗議

▲國民新聞社十四日華盛頓電　衆議員波納·德考維·康納爾·希爾等四人、今日致函國務部長赫爾、請最近華北方面中日衝突、已破壞九國公約、要求向日本政府提出抗議、爲世界和平計、此舉實屬需要、彼等並引一九三四年密希爾少將對聯邦委員會之證言、稱日本爲美國最危險之敵人云、

美議員函赫爾 請向日政府提出抗議

▲國民新聞社十四日華盛頓電　衆議員波納·德考維·康納爾·希爾等四人、今日致函國務部長赫爾、請最近華北方面中日衝突、已破壞九國公約、要求向日本政府提出抗議、爲世界和平計、此舉實屬需要、彼等並引一九三四年密希爾少將對聯邦委員會之證言、稱日本爲美國最危險之敵人云、

（一）盧溝橋戰地我軍受傷兵士待運情況

（二）盧溝橋事件我方受傷營長金振中在戰地後方醫院中療治之情形

（三）因誤會而致我換防之保安隊與兵士受傷者運往後方醫院在車留影

（四）長辛店扶輪小學生組織募捐團在街頭爲二十九軍抗敵將士捐款

（五）北平紅卍字會救護隊冒雨出發盧溝橋救護前方受傷之軍民

（六）宛平縣政府被砲炸毀後之慘狀　宋致泉攝

《新闻报》，1937年7月16日，第8版

最後消息

▲中央社北平十五日電　豐台北甯路貨廠內日軍、已架設炮位、置炮數尊、其最大口徑者、目的地似在南苑、平南郊後泥灣亦有日軍在彼處安裝機關鎗多挺、係向南方而設、大井村日軍除挖戰壕外、並架設無線電、

▲中央社天津十五日電　十五日午、張自忠張允榮魏宗瀚陳覺生鄧哲熙章士釗等、偕往進德社謁宋哲元、協商盧溝橋事件、此間和平空氣仍甚濃厚、但事態解決、似又非一二三日內可了、現中日雙方十五日仍繼續接洽、但折衝情形、雙方均守秘密、故現在進行至何種階段、無從探悉、某要人十五日對人否認簽有任何協定、據云、如果有協定存在、則又何必待於折衝、宋在津俟商有端緒後、即行返平、

▲中央社天津十五日電　王揖唐十五日下午九時許、由平到津、

▲中央社南京十五日電　平津各大學教授、十四日電林主席蔣院長汪主席王教、請即發動全力、抗敵圖存原電云、林主席蔣行政院長汪主席王教育部長鈞鑒、敵深入華北、垂危民族、危機已到最後關頭、懇中央迅即發動全力、抗敵圖存、并請轉令粘北平津各大學校長教授等、尅日北返、領導青年、效忠國家、國運已屆否極之期、民氣亦達沸騰之點、成敗興亡、間不容髮、臨電迫切、莫知所云、平津各大學教授凌樹聲•王惠中•王之相•尹文敬•左宗綸•江之泳•李紹陵•丁西平•李陶達•陳啓修•陳其田•徐繩組•黃得中•章友仁•梁儀南董人驥鄭伯粹趙進義叩、

▲中央社天津十五日路透電　新任華北日駐屯軍總司令香月中將、今日訪問宋哲元、提出解決華北危機之條件、其內容未經宣露、但衆信其條件尚有討論之餘地、

▲中央社天津十五日電　日軍十五日開往總站津浦車廠駐守、并在鐵路道叉挖戰壕、築防禦工事、津浦北甯兩路站長、於十五日晨間接得日方比項要求後、即交涉制止、不料日方置若罔聞、於午後三時卅五分、由榆開津之專車一列、上載日兵二百餘名、軍械車五節、過東站未停、即逕駛總站貨廠停留、全體士兵即分別下車、一部開往鐵道外日商公大紗廠、餘即在道叉傍挖戰壕、聞日方並將於十六日在東站貨廠駐兵、又十五日午日兵百五十餘人、由榆搭平榆四次車抵津、

▲中央社天津十五日電　宋哲元十五日發出通電云、全國報館并轉全國各界同胞海外僑胞均鑒、此次盧溝橋事件、不幸發生、海內外各界同胞、先後來電慰問、且有捐款勞軍之舉、熱誠贊助、全軍感奮、惟此次事件、僅係局部衝突、傷亡亦係少數、況國家養兵千日、用兵一時、效命疆埸、乃軍人之天職、軍隊平時有餉、戰時亦有軍費、哲元以爲遇此類小衝突、即勞海內外同胞相助、各方盛意、雖甚般感、而捐款則概不敢受、倘將來國際大戰發生、全國動員、犧牲鉅大之時、再由國家統籌、同胞捐助、未爲晚也、謹掬誠意、敬佈區區、諸維鑒諒是幸、宋哲元咸叩、

▲北平　秦德純以冀察外交可望和平解決、飭屬注意保護日僑、並令報章勿爲過激言論、以重邦交、

▲北平　日軍十餘人、十五日在平漢線長辛店站外測量地形、半日始去、永定門外王爺坟、十五日亦有日兵測量、日機一架、十五日午、在南苑小紅門外投彈四枚、毀民房數間、未傷人、

▲北平　朝陽門東便門廣渠門左安門永定門右安門彰儀門外、連日均有日軍數百人或數十人乘汽車或開坦克車往來不斷、亦無固定路線、表面上似爲往來通過、實際均爲偵察地形、準備戰爭、當日軍經過各城門外時、常向我守軍開釁、故市內時聞鎗聲、夜間日軍不時發空炮警戒、

▲中央社北平十五日電　自盧溝橋事件發生後、冀察綏靖主任宋哲元、爲防止奸人乘機造謠、維護地方治安起見、十五日轉發出布告如左、照得現在地方不靖、維持治安、最關重要、凡我民衆、務須深明大義、各安本分、不得自相驚擾、影響秩序、倘有不逞之徒、乘勢投機、或假借名義、淆惑聽聞、或另有企圖行動越軌者、一經查獲、定以擾亂治安罪、從嚴懲辦、絕不姑寬、合亟明白布告、仰各凜遵、勿謂言之不預也、切切此佈、主任宋哲元

▲中央社天津十五日電　宋哲元十五日接見此間各院校長時、否認與日方簽任何協定、

《新闻报》，1937年7月16日，第11版

和平談判積極進行中

日軍增調十萬人來華

日方集結重兵於通豐一帶

一度突襲我安平方面守軍

大井村日軍入晚三次挑釁

▲天津　十六日晨八時、日軍一中隊、在通州東南方安平、突襲擊我守軍、衝突約一時許始止、

▲天津　豐台日軍步炮兵大隊、十六日下午二時起、向平郊大井村永定門推進、廣安門外日軍復增加、南苑大紅門附近、下午三時開到日裝甲汽車數部、步兵五百餘、通豐一帶軍火、運輸轉忙、

▲天津　大局無變化、消息沉悶、但折衝正積極進行中、平津安謐、

▲北平　平十六日大雨、近郊日軍構築工事甚忙、各線均沉寂、僅大井村方面、午後有機鎗聲、數分鐘即停、中日監視撤兵員周思靖・櫻井・十六日午後再赴前方視察、當晚回城、

▲北平　當局在津、本其和平願望、令陳覺生張允榮鄧哲熙等積極交涉、頗聞有相當進展、但難關重重、前途仍難抱樂觀、頗聞日方欲實行其向來所抱之以華制華政策、但當局表示、決不中其蠱惑、十六日平郊無事、日軍非特未撤、且有增加、

▲天津　張自忠張允榮十六日再訪橋本和知商談、鄧哲熙陳覺生亦由側面進行接洽、截至十六日夜止、局勢猶無何顯著開展、對方確已透出不願擴大意、東京增援消息、是在促問題早決、故放空氣、是禍是福、視三數日內決定、

▲中央社十七日上午寄時五十分電　大井村以北日軍、迄無撤退準備、十六日夜並向我軍以步機鎗三次挑釁、每次約二十分鐘、因我軍未予還擊、故未發生衝突、計第一次爲晚六時二十分、第二次十一時二十分、第三次十

《新闻报》，1937 年 7 月 17 日，第 4 版

二時零七分、

▲中央社北平十六日電 據報大井村所留日軍 臨時編組戰地聯絡哨十排、每排二十人、各在警戒線高粱地內、往返搜查、遇有可疑行人、即行逮捕、被害者甚多、我當局已提抗議、

▲中央社北平十六日下午八時二十五分電 據由盧溝橋轉門頭溝再搭平綏車到平者談、宛平縣城仍由王冷齋坐鎮、自十二日以後、各方尚無衝突、惟步哨偶有小接觸、盧溝石橋本在我手中、鐵橋亦於十二日晚奪回、同時並奪回附近之迴龍廟龍王廟、現我軍已撤至東水頭、（村名）日軍仍在大瓦窰五里店大井村一帶構築工事、架設電台、毫無撤退模樣、

▲中央社北平十六日電 李書華、李蒸、張貽惠等、赴津謁宋哲元、已於十六日下午六時返平、據李蒸談、宋因公忙、于十六日下午三時晤面、談約四十分鐘、宋態度極好、談畢、余等即乘車返平、定十七日午邀各院校當局報告云云、又平教育界名流多人、十六日曾有一電致宋、對時局形勢詳加分析、並有所陳述、又平各大學學生、對時局尤關心、表示除請廿九軍集中力量抗敵外、對和平解決、亦決不反對、惟須在無條件之原則下進行一切、恢復八日前狀態、

對北平大包圍
日重兵集結豐台
兵力一旅團一聯隊

▲天津 豐台通州日軍、共集結八千餘名、川口第十師團長、河邊旅團長、頃在豐通、對平市大包圍勢已成、

最後消息
日調國內五師團來華
人數約十萬扣留商輪卅一艘

▲中央社南京十六日電 據確息、日政府近扣留商輪三十一艘、裝運大批軍隊軍火前來我國、已奉令開拔者、有第五第六第十第十二第十六五個師團、人數約在十萬左右、其中除兩師團已指定開赴平津外、其餘三師團暫開至朝鮮待命、預定一週內調動完畢、又駐朝鮮等地之日本後備隊、亦已奉命準備、據確息、大批日本軍用品、十六日已運到津、

《新闻报》，1937年7月17日，第4版

社論

◎東亞局勢之前瞻

（石龍）

東亞局勢。最近以黑龍江與盧溝橋事件。頓形緊張。黑龍江事件。以堪察賚與柴那摩哈兩嶼島問題。曾引起日俄雙方之衝突。日軍先擊沉蘇俄之炮艦。蘇俄亦俘獲日僞之哨船。一時日俄戰雲。密佈於俄僞邊境。大有一觸即發之勢。嗣幸雙方未關閉外交談判之門。卒於本月六日成立撤兵協定。顧蘇俄遵約將該兩島駐軍及附近炮艦撤退以後。日方不僅不履行撤兵之約。且復派兵進佔兩島。於是又引起蘇俄重大之反感。乃向日方提出嚴重抗議。要求指日撤退兩島駐軍。甚至欲對侵入俄境之日僞軍隊。予以斷然處置。乃當日俄國交千鈞一髮之際。而中日間又有盧溝橋之事變發生。日軍藉口搜查參加演習之失卒。竟不惜炮轟宛平。而引起雙方局部之戰爭。我方固守和平立場。於一度衝突之後。即進行停戰談判。乃日方不遵守撤兵信約。又復對我進攻。遂演成今日之狀態。現東亞局勢。已步入非常時期。前一事件。雖不若後一事件之緊張。然係日來爲後一事件所籠罩。未能顯示其充分之嚴重性。但危機四伏。亦有爆發之可能。果黑龍江戰釁一開。將與永定河邊之炮聲相應。則遠東浩刧。從此開端。而推原禍始。日方之違約進兵。前後如出一轍。其責任之所在。亦可知矣。

吾人猶憶本年二月日本林銑十郎就職時。曾以確保東亞安定具現萬邦共榮相標榜。對於蘇俄。欲將兩國間之各項懸案。促進友誼之解決。對於我國。亦欲相互提携。企圖兩國國交之明朗化。而外相佐籐之演說。對於華北問題。亦以尊重中國利益爲言。且深知對他人不加敵視。方可獲得其他各國之諒解。而能眞實保障日本之利益。迨後近衛文麿登台。亦明白宣布其對外政策。欲根據國際正義。確立眞正之和平。廣田弘毅。重作馮婦。幷以協和萬邦相號召。且自認以前所主張之對華三原則。爲當時中日關係之抽象詞令。已不適於今日之採用。若就過去數月來日本當局所發表之對外言論觀之。吾人以爲東亞局勢暫可無事。不圖東京主人之口沫未乾。而東亞大陸之炮聲已作。黑龍江事件。重投日俄邦交以暗影。盧溝橋變亂。又造成中日關係之危機。言行之相悖竟至如此乎。今者東亞局勢。和戰關鍵。悉視日本態度之如何爲轉移。日人果有安定東亞局勢之意。則迅速撤兵放棄侵略未嘗無轉圜之餘地。故遠東前途之爲禍爲福。惟日人自擇之耳。

《新闻报》，1937年7月17日，第7版

宋哲元之表示

最後亦不惜一戰

二十日前宋將返平

▲北平 盧溝橋事件、津方交涉、和平聲浪未斷、宋哲元對人表示、不惜多方求和平、萬不獲已、最後亦不惜一戰、

▲天津 大局轉捩關鍵、在於二十日前、宋哲元十六日在津進德社接見平津教商金融各界代表甚多、關於時局和緩原因、有重要說明、

▲南京 十六日午前京中所接平津情報甚少、各線無大衝突、宋哲元二十日前返平、在宋離津前、和戰決可獲一結論、華北事件、三日內決有新開展、將打破目前沉寂局面、

▲中央社天津十六日路透電 北平事態、現尚寧靖、華北危局中之注意集中點、業已移至天津、因中日當局間之休戰談判、刻正在津進行也、聞華方現極力謀取和平解決、第廿九軍各上級軍官之在津者、昨日午後舉行會議、會議後當地各大學校長推舉代表團、進謁宋哲元、叩其對於時局之意見、聞宋在答詞中、宣佈其和平願望、

▲中央社天津十六日電 平教育界李書華・張貽惠・李蒸等、十六日午抵津、下午三時赴進德社謁宋、探詢時局眞相、

▲中央社天津十六日下午五時半電 平教育界李書華・張貽惠・李蒸等、十六日下午三時謁宋哲元探詢時局眞相、宋當予接見幷說明一切意見、李等已於下午四時車返平、

陳中孚奉召由日飛津

▲天津 陳中孚十六日應宋哲元電召、由東京飛津、即謁宋報告、將協同張自忠張允榮鄧哲熙等辦外交、十六日晚、兩張及鄧等、在寧園爲陳洗塵、

▲中央社天津十六日路透電 陳中孚自奉宋召由日返津後、現已加入中日和平談判、陳覺生今夕特設宴爲陳中孚洗塵、據中國方面消息、目前雙方討論者、祇限於軍事問題、惟日後廣泛問題提及時、前途殊難逆料、再則南開學生頃有電致中央政府、陳述北方危急情形、天津城內亦各處散發傳單、要求政府採取軍事抵抗政策、

平市已停止募捐運動

▲中央社北平十六日下午六時十五分電 自盧溝橋事件發生後、各地紛紛予廿九軍抗敵將士以精神或物質之慰勞、極爲熱烈、宋哲元以此次事件係屬小衝突、特通電謝絕各方捐款、平當局接到此項通電後、以日來各界因愛國心切、時在市內捐款勞軍、意雖可感、惟不免有妨碍交通情事、且對宋之意旨、亦有未合、故決自十六日起、暫時停止各界之募捐運動、

《新闻报》，1937年7月17日，第8版

冀察官方公布 日未提政治要求

並否認已簽訂協定

▲中央社北平十六日電　官方公布消息、關於蘆溝橋事件、日方並未向我提出政治之要求、或如外傳已簽定任何條件一節、日大使川越、十五日在津接見新聞界時、已有相當說明、徵聞此事雙方人員、現正在津作側面的折衝、以期意見之接近、至正式洽商日期、此間尚無報告、且事態前途、變化叵測、亦似非一二日即可解決、

▲北平　秦德純談、蘆溝橋事件、　我方未簽訂政治性質之條件、　雙方交涉人員、正進行側面談判、

秦德純等電滬 闢承認日要求謠

無一刻不積極備戰

▲中央社北平十六日電　連日盛傳冀察當局將接受日方無理要求、　對日妥協、並有二十九軍將領以主戰言和、內部意見不甚一致、致予日軍以完成軍事佈置之機會、經該軍駐滬辦事處處長李廣安電平方叩詢眞相、　昨晚已接秦德純馮治安張維藩來電闢謠、玆覔錄各電如下、㈠（銜略）本日雙方無大變化、祗四郊因日方運送車及少數部隊不時竄擾、不斷續的小誤會、刻宋委員長在津、聞對方曾派員與我方接洽、要求即有之、我方決不承認、刻下尚未成議、　更無絲毫損失國權國土之事、請釋念、並轉告各方爲荷、㈢特急、　李處長廣安兄勛鑒、刪電承示各節、均敬悉、外間謠言種種、意在挑撥離間及淆惑聽聞、不值識者一笑、我方情形、吾兄知之甚詳、務希隨時設法更正、　以明眞相爲荷、特復、㈢（銜略）寒電敬悉、孫宋杜楊諸公暨各界領袖、關心北方、顧全國家、　至爲欽感、本軍無一刻不在積極備戰、祈代達謝忱爲盼、特聞、

平津天空不寧 日飛機四出偵察

在津日機三十三架

▲中央社天津十六日電　在津之日飛機、仍爲三十三架、十六日晨、在東局子

《新闻报》，1937年7月17日，第8版

莪?莊飛機場表演上下飛落、並有三架西飛偵察、

▲天津　十六日晨九時、日偵察機三架、編隊飛平漢線保定順德一帶偵查、津市上空亦有飛機數架盤旋、並故炫飛行技術、在和平未完全終了前、日軍似不肯放棄其軍事行動、

▲北平　平上空十六日晨七時起、續有日機三四架、繞飛城郊一帶偵查、形勢仍極嚴重、

▲天津　十六日晨八時、日機六架、由津飛平、在南苑西苑我駐軍營房上高空盤旋、偵查半時許、

塘沽日艦又增加兩艘

▲天津　塘沽日軍艦已增加兩艘、屬旅順要港部第十四驅逐隊、由艦隊司令久宗米次郎率領、共驅逐艦菊・荻・葵・三號、

▲天津　僞滿炮艇海龍海鳳、十六日抵秦皇島泊停、

關外運入軍火
日兵車絡繹到津
各地趕築工事甚忙

▲中央社南京十六日電　京中十六日午接平電稱、㈠津方續到日軍兵車四列、裝載多量軍用品及汽車等、并鐵甲車數輛、㈡由津開往豐台敵軍兵車一列、兵三百餘名、豐台東南造家村附近農田、日方建築飛機場、并有飛機四架、翔空偵察、㈢通縣西方八里橋一帶、由冀東僞保安隊趕築工事、平津線之楊村、由津開到敵軍五百餘名、炮十數門、㈣豐台四週敵軍築有工事、並擬埋設地雷、附近樹木禾稼、均被敵方砍伐、㈤盧溝橋方面無變化、惟時有小衝突、

▲中央社天津十六日電　日兵車十六日晨四時許、由榆又開到一列、滿載煤及鐵路道木等甚多、停車站、此間總東兩車站日兵、仍派兵分別戒備、夜間並限制行人、日兵乘汽車十餘輛、十六日晨由津赴豐台、

▲天津　十六日晨、由關外續到日兵車兩列、載軍火枕木道軌極多、東車站卸下軍火山積、由日軍警戒下、僱苦工數百搬運、自晨迄晚未停、東站秩序極亂、往來各站客車、皆不能照例靠站、

▲北平　山海關今有日兵一列車、正向平運送中、由榆關運來日兵、迄今止已十八列車、人數一萬餘、未來者正在待運、由古北口運來日兵、亦已一萬餘人、

《新闻报》，1937年7月17日，第8版

日軍在津總站挖戰壕

▲中央社天津十六日下午六時零五分電 日軍刻在津總東兩站、積極佈置軍事工程、除昨日在總站貨廠派兵駐守並挖戰壕外、十六日又有四十餘人開往東站北寧材料廠、並擬繼續佔據東站頭二等候車室、以便駐兵、總站鐵道外日商公大紗廠、亦開到日軍數十人、並運到大批洋灰蔴袋橋樑材料等、似有構築軍事工程之意、十六日下午四時、日軍八十餘人、全副武裝、由榆搭平榆四次車抵津、

▲天津 津北寧路東站總存煤廠、十六日爲日軍佔用爲臨時兵房、津沽路總站大倉房、日亦擬强佔、正交涉中、

▲中央社天津十六日路透電 頃聞歐亞與中國兩航空公司、往來北平與南方間之航空業務、已因日軍當道之干涉而停頓、天津鐵路總站、刻在實際上已爲日人所佔領、昨有日軍官數人、通知津浦路局、欲派日兵一隊、駐於總站之貨棧、路局雖拒絕之、然日兵一中隊、已擅自駐紮其中、總站附近之某紗廠、亦有日軍駐紮、貨棧附近已置障碍物、日方自稱、其目的在保護路線、

日軍大部集中錦榆間

▲中央社北平十六日下午五時廿三分電 榆關來人談、㈠日軍大部集中錦州榆關間、待命出動、停泊秦皇島榆關間之日艦、仍未撤去、㈢錦州日機塲現停日機五六十架、㈢榆關日軍通知附近住戶商店、夜間一律不得燃燈火、

今井謁秦德純 要求平市即解嚴 秦答俟日軍全撤後

▲天津 今井武官十六日午後訪秦德純、表示兩點、㈠應即解嚴、㈡恢復交通秩序、秦表示、如日軍完全撤退、人心穩定、不待日方提示、即行解嚴、

▲中央社北平十六日路透電 時局前途、雖尚無把握、但北平在炮聲停息四十八小時後、現已漸復常態、平津火車、已完全恢復、戒嚴令雖未撤銷、然亦不過官樣文章、北平人士、現亟待天津談判之結果、與南京之意見、一般人印象、以爲除非有積極變更冀察行政之代價、日軍當局、決計不放鬆其華北之把持、是以衆所注意者、皆集中於南京、是否準備軍事行動之問題、中國與歐亞兩航空公司、現否認南方與北平間航空業務、因日方請求、業已停頓之消息、謂兩公司之飛機、刻照常來往、自雙方衝突以來、日方死傷數、約死二十八、傷六十人、日武官今井今晨語人、日本人民自動離平者、現共達二百五十人左右、其中泰半爲韓人婦孺、或詢以天津談判之範圍、今井答稱、渠未有所聞云、

《新闻报》，1937年7月17日，第8版

各路交通未完全恢復

▲中央社北平十六日下午九時四十分電 北平各路交通、截至十六日止、仍未完全恢復、平漢路盧溝橋路軌及電線桿、自經日軍破壞、復因日軍始終佔據盧溝橋車站、并拒絕我方路工修理、故迄十六日仍未修復、破壞部份極爲重大、故平站至長辛店間通車、遙遙無期、北寗路除平通車仍未恢復外、其餘上下各次客車、均照點開行、惟九點之三次平瀋車、仍提前二小時、於十六日晚七時即行開出、至該路貨車、刻仍未暢通、

平與密雲間電話不通

▲北平 平與密雲間電話、十六日起不通、傳該地電局、已被日軍佔領、

日在東交民巷設電機

▲中央社北平十六日電 確息、平東交民巷瑞金大樓日本國際運輸公司辦事處二層樓上、日方密設無線電機一架、專備接收我方各機關情報、現又藉華安飯店樓下之旗桿、加設無線電天地線、增大電力、已被該飯店拒絕、現天線雖未掛妥、而所設之線、仍未撤除、

殷逆大起恐慌

通州讓日軍駐守

滿軍有大部開通

▲天津 殷逆懼戰事擴大、通州危險、將通州完全讓日軍駐守、又僞區域內禁京滬平津報紙入境、防民衆奮起、驅逐漢奸、

▲中央社北平十六日電 通縣來人談、（一）通州以東各縣保安隊、現到通集合者、已達萬餘、僞滿軍隊亦有由古北口開來者、惟人數未詳、通縣南門、現由日兵把守、（二）通縣日兵營內、駐紮兵士無多、大部均已調出、惟兵營內存有鐮刀兩大車、聞係備爲一旦再有戰事割除靑紗帳之用、（三）通縣日飛機塲現停有日機三十餘架、

《新闻报》，1937年7月17日，第9版

▲北平 僞滿軍十六日有大部由古北口開通、人數未詳、日飛機停通機場共三十餘架、殷逆繼續將各縣保安隊向通集中、十六日已達二千餘人、

▲南京 朝陽門外人力車夫三十餘名、被冀東僞組織拉去、强令挖戰壕、

(北平通訊)自盧溝橋事件發生以來、『冀東』僞組織恐事態擴大、首先影響其本身之存在、故極度恐慌、因中日戰事一旦爆發、二十九軍必攻通縣、消滅中市側面之威脅、而日軍忙於戰事、亦必無暇保護殷逆、在此種情形之下、僞組織自有被消滅之可能、頃據通縣來人談、僞組織近來特別警戒、每晚十時以後、實行戒嚴、因南門外有二十九軍一營駐紮、故該門每日關閉、不許通行、城門內由日軍與保安隊守衛、城門外則由二十九軍與該署警察守衛、全城治安本由保安第一總隊與保安教導總隊維持治安、近恐二十九軍攻戰、又調保安第二總隊之第二第三兩中隊到通協防、殷逆爲安定人心、雖極力表示鎭定、然爲準備萬一、已決定逃跑計劃、若通縣因中日戰事而感覺不安、即移僞組織於唐山、唐山若仍有危險、即再移僞組織於山海關、若山海關仍不能保、即作鳥獸散、殷逆原擬於香月到津時前往拜會、後恐搖動人心、另派池宗墨前往活動、藉以取得香月之好感、爲他日求助留地步、殷逆爲安定所屬人員、十三日特令通唐公路提前開車、十四日試車、十五日已正式開車、以便僞組織人員送其眷屬移居唐山、且自事變發生以來、『冀東』之走私稅收、日見減少、僞冀東銀行亦發生擠兌(以僞鈔兌法幣)、殷曾派其日文秘書島田勇於十二日赴津、向正金銀行取中中交法幣五十萬元、以便無限制兌現、至十四日市面始踏平定、日軍常駐通縣者爲五百餘人、近數日由古北口開來日軍不下二千餘人、惟均爲過路性質(開往平郊及豐台)、並未入城駐紮、日軍現以通縣爲其後方、令僞組織代爲辦理一切供應事宜、殷逆於十三日特令紳商各界及僞組織政務處長陳曾栻等組織『供給委員會』、陳已於十四日赴唐山採辦糧秣、該會於十四日已出佈告、招募民夫一千五百名、購置鞋與鐵鏟各一千五百件、決在通縣四郊構築工事、雖通縣城迤西十里之雙橋鎭、亦掘戰壕、本月十日、通縣日軍曾與南門外二十九軍因細故發生衝突、旋即平息、因是日下雨、二十九軍守衛兵士赴城門洞之下避雨、城內日軍疑爲二十九軍乘雨攻城、即出而阻止、僅發生口角、並未開鎗、數日來雙方和好如初、相安無事、二十九軍兵士如不携帶武器、可隨時入城行走、平通火車自八日迄今未再通車、平通公路上長途汽車亦均停開、旅客往來、惟有人力車可以代步、北平朝陽門二十九軍衛兵數日以來、對出入城旅客並不予嚴厲檢查、通興方面則檢査頗嚴、營業汽車不許入城、即乘自用汽車經過者、亦須施行檢査、殷逆近對情報工作、特別加緊、欲以此諂媚日方、在平津各設一情報處、在平者設於北溝沿三十五號、在津者設於日租界石山街五號、

《新闻报》，1937年7月17日，第9版

津日總領轉報

各地日僑請回國

日鮮婦孺紛紛離平

▲天津　堀內總領事十六日電外務省、轉報張家口日僑六百餘、太原三十餘名、鄭州十餘名、請發回國費、

▲中央社北平十六日電　旅平日鮮人、自蘆溝橋事件發生後、每日均有二三百人、離平他往、但多係婦孺之輩、其少壯者、均留平、用意不明、又日軍前在朝陽門抓洋車三十餘輛、運輸軍用品、據警區報告、該洋車等迄今尚未回平、行蹤不明、

▲漢口　日僑六人、由晉飛漢、換輪返國、湘鄂日僑數人亦返日、

日艦陸續開到

青島形勢又嚴重

沈鴻烈拒日軍登陸

▲南京　某方接報告、青島新到日船數艘、一部水兵徒手登陸、駐青日領館義勇隊武裝操演該方面情形極堪重視、

▲南京　青島電、十五日下午續有日驅逐艦及巡洋艦開到、並傳有一師團載來、要求登陸、經沈鴻烈拒絕、青市空氣緊張、但人心鎮定、日特務機關及所謂日義勇隊甚爲活躍、我青島市內警察已加緊戒備、維護治安、

▲濟南　沈鴻烈定十七日早到濟晤韓復榘、有所洽商、

日外務省表示

決派內地兵赴華

華北情勢未好未壞

▲中央社東京十六日電　日外務省發言人十六日晨答復外國記者關於華北事件之質問、綜合之如下、日本從內地派兵赴華、乃原定計劃、昨今情勢未見好、亦未更壞、華北駐屯軍與冀察當局談話、仍在進行中、冀察幹部尙有誠意、現所談者、爲根據協定之細目、目前關鍵、在協定辦法履行問題、中國政府、亦希望平和解決、故仍努力、有人問、冀察當局既有誠意、何以增兵、答爲安全、

日軍士氣渙散

日軍官在榆自殺

不願作戰實行屍諫

▲北平　交通界息、十五日下午由關外開抵榆關之日兵車一列、中有日中級軍官一名、於車抵榆關後、突以手鎗自殺、彈由下頦打入、穿過頭頂而出、立即斃命、傳該軍官因不欲作戰、故實行自殺以屍諫、又據前線來人談、日軍下級軍官及一般士兵、常對人表示不願作戰、足見其士氣甚渙散、

《新闻报》，1937年7月17日，第9版

日陸省發表傷亡人數

▲同盟社東京十六日電　據陸軍省於十六日午後四時半、發表將兵死傷人數如左、華北事變截至七月十二日止、日軍陣亡與負傷者如下、陣亡者、准尉下士五名、兵士十二名、共計十七名、負傷將校七名、准尉下士五名、兵士二十八名、共計四十名、陣亡與負傷者合計五十七名、

日軍人已屬外强中乾

▲南京　據熟諳外交情况者談、自盧溝橋事件發生以來、日軍人外受國際輿論指摘、英美法俄各大報、一致著論抨擊、即與成立協定之德義報紙、亦不爲左袒、内感國内應付困難、債劵低落、物價高昂、發現破綻甚多、目前雖用種種方法、鼓惑民衆敵愾心、一方大放恫嚇言論、實則外强中乾、仍望不戰而勝、極望我當局詳審敵情、決定應付方略、

▲同盟社十六日東京電　華北事件以後、日本穀類市價、勢將高漲、商工省十五日下午、招致米穀交易所、雜糧公會代表、要求抑制投機的漲價、維持市塲平衡、

日方正式發表 田代患心病身亡

宋哲元擬今日往吊

▲同盟社天津十六日急電　據駐屯軍司令部於十六日午後五時十分發表云、前任駐華軍司令官陸軍中將田代皖一郎、已於十六日午前十時五十分、在司令官官邸逝世矣、

▲天津　津日軍部十六日晚正式發表、田代因心臟衰弱病死、

▲天津　津日軍部通知津各國領館駐軍司令、定十七日下午三時、在海光寺兵營舉行田代佛式殯儀、四至六時、送津南火葬塲火葬、宋哲元擬十七日下午四時前往吊唁、

《新闻报》，1937年7月17日，第9版

和戰關鍵決於今日

日擬動員四十萬侵華

大批坦克車與飛機出發

日閣決議最後方針不容談判遷延

特派要員飛津傳達訓令於香月等

▲北平 津方和平談判、仍在繼續折衝中、盛傳日方十七日開五相會議、決定最後方針、分別訓令香月川越等、對華北事件談判、不容許遷延、或傳日方亦不主張擴大、或傳日軍以集中已竣、如談判不能圓滿達到目的、即將大舉進攻、總之、十八日爲和戰重要關頭、

▲天津十八日晨二時急電 日陸軍省中國班長柴山、參謀本部中國課長永津、啣日陸軍首腦部命、十七日下午五時、由東京飛津、傳達首腦部意旨於香月川口、

▲天津 宋哲元已決定、以和平處理此次事件爲原則、不令民衆遭塗炭、十七日夜、宋將與牯嶺通電話、向蔣委長汪主席報告平津局勢、及折衝情形、

▲中央社南京十七日電 據息、日本政府近擬動員四十萬、向我國作大規模之侵略、除五個師團業已奉令開拔外、尚有大批隊部、由日本國內外各地繼續出發、現更陸續徵集預備隊入伍、聽候派遣、並有大批軍火及軍用物品、向平津一帶源源運送、坦克車數百輛、已由日運出、飛機四百架、亦已飛至台灣候用、又日第二艦隊、現亦準備開赴華南一帶警戒、

▲天津十八日晨三時四十分急電 十七日夜、津日軍部開重要會議、由柴山永津、就携來東京命令、與香月橋本等軍部要人磋商、東京對華北事件辦法、有重大指示、頃未散、又十七日夜、張自忠張允榮再晤橋本和知、談洽有進展、唯距完全解決甚遠、

▲北平 華北外交中心、自宋哲元到津後、已由平移津、津方連日以宋氏爲中心、迭有會議、日來和平聲浪、不斷由津方傳出、然在我當局「不喪權、不辱國」之條件下、和平殊難實現、因日方此次大舉來犯、全國動員、若無所獲於我、決難干休也、各方均認宋此次先赴天津、實爲傾向和平之一種表現、但日方方針、一方面故播和平空氣、對我方虛與委蛇、以待其軍事佈置之完成、一方面利用漢奸、製造謠言、離間我中央與地方之感情、並企圖分化二十九軍內部、威脅宋氏、以便其未來之軍事行動、有更大之收穫、聞日方將於其軍事佈置完妥後、將對我提出重大要求、我當局若不妥協、即開始軍事行動、然宋之態

《新闻报》，1937年7月18日，第4版

度、一以『不怕事、不惹事、不喪權、不辱國』爲辭、苟堅持此立場、則除一戰而外、殆無其他途徑、一般人均信宋氏及其幹部、必不至對日在政治上作妥協、蓋爲國家民族着想、爲二十九軍着想、爲宋氏本身着想、均不能亦不應作任何政治性質之讓步也、

▲天津　十七日晚、因日軍調動甚勤、九時、永定門外北寧　路鐵橋再拆毀、我軍登城扼守、城郊禾稼、潛伏日軍甚多、時聞稀疏鎗聲、

日軍仍不斷挑釁

蘆溝橋方面鎗炮聲時作
豐台日軍佔民房架機鎗

▲北平　十六日午夜起、蘆溝橋方面日軍、又向我防地射擊、市內聞斷續鎗炮聲、至拂曉始止、

▲中央社北平十七日路透電　據中國方面正式布告、大井村方面、昨晚夜半仍聞有鎗聲及機關鎗聲、僅歷五分鐘即停、詳情未悉、

▲中央社北平十七日電　確息、十六日夜十一時許、在大井村吳家村四頃地郭莊子一帶、中日軍隊發生小衝突、約十分鐘即息、據蔣家墳農民云、夜間衝突、日兵死亡廿餘名、十七日晨彼親見日兵將死屍運往豐台、聞我方亦有傷亡、

蘆橋宛城仍爲我軍護守

▲中央社北平十七日電　官方公布息、蘆溝橋事件發生後、蘆溝橋城（宛平縣城）及鐵橋石橋、以及大瓦窰以西、大井村以東地帶、爲我軍原防地、仍爲我軍護守、惟因大井村方面尚有日軍、故平漢線被破壞之軌道、未易修復、以致外間頗有誤會、殊與事實不符云、

《新闻报》，1937年7月18日，第4版

宋哲元弔田代時晤香月

▲中央社天津十七日電　十七日午田代葬儀、宋哲元前往弔唁時、與日駐屯軍司令香月會作非正式之會晤、但未談及任何問題、

孫殿英謁宋後由津返平

▲中央社北平十七日電　冀南保安司令孫殿英、十六日赴津、謁宋事畢、於十七日晨返平、

津市民之擁宋抗戰通電

▲中央社天津十七日電　津市民衆一千餘人、頃聯合簽名、爲盧溝橋事件發表通電、主張㈠擁護宋哲元、統軍抗戰到底、㈡要求中央派兵北上、全國一心努力殺敵、㈢要求獨立解放的和平、反對屈辱的和平、㈣誓死反對一切漢奸敵寇的分裂陰謀、又津學生亦發表聯名宣言、

日閣開五相會議

對華北交涉不容許遷延
對香月川越發重要訓令

▲中央社東京十七日電　今日上午十一時開會之外內陸海藏五相會議、十二時四十五分散會、據正式發表、華北交涉、不容遷延、日本政府、決定採取促進之處置、同時已訓令華北日駐屯軍司令香月、及駐華大使館參事官日高、明日雖爲星期日、仍於十一時召集五相會議、近衛首相或力疾出席、中日時局、果將達最緊迫時期乎、

訓令香月促進早爲解決

▲中央社東京十七日路透電　日本政治家覺悟、華北戰事、一經爆發、欲使戰事限於華北一隅、甚非容易、故此間空氣、現漸改變、衆料日當局將作種種努力、以成立和平解決、聞關於此旨之新訓令、已發致華北日本駐屯軍司令香月矣、

《新闻报》，1937 年 7 月 18 日，第 9 版

訓令川越即日赴京接洽

▲據朝日新聞消息、日外相廣田、昨發重要訓令、致駐華大使川越、論其由津返南京、與中國外長王寵惠等接洽、以期達到日本所抱華北事件就地和平解決之目的云、

日閣書記官長會後表示

▲中央社東京十七日路透電、內閣書記官長、今日午後、於首相近衛陸相杉山海相米內外相廣田內相馬場藏相賀屋舉行會議後聲稱、華北談判、不能容其一再拖延、故日政府已決定促進此項談判之計畫云、該計畫之性質、未經宣佈、

決定局部解決最後方針

▲同盟社東京十七日電、日本政府對於華北事變、主張由局部解決、其最後方針、已於十七日在五相會議席上、業經決定、至於具體措置、當由外務及陸海軍等三省有關之首要、於十七日午後三時、集會於外務省協議之結果、該三省意見、完全趨於一致、對於華北事態之完全對策、均已決定、並由政府即向駐津軍司令官香月中將、發出重要訓令、同時外務省亦向駐京參事官日高發出訓令、着其對於地方解決案、作側面之援助云、

今日午前再開五相會議

▲同盟社東京十七日電、日政府為考究華北事變之對策起見、已於十七日召集五相會議、今為促進華北交涉、不許遷延計、尚須決定處置辦法、複訂於十八日午前十一時、再行召集五相會議、

川越即將返京行期未定

▲中央社天津十七日電、據此間日領館人員稱、川越大使抵津後、原擬赴平、現因事實之需要、擬先返京、惟日期未確定、並云綏晉等地日僑暫撤退、平津日僑則尚無此項準備云、

日報主張對我發動實力

▲中央社東京十七日電、日日新聞十七日載激烈社論、主張華北事件應從速解決、大意謂、中國無誠意、過去十數年業經試驗、目前態度、乃採中國式遷延主義、日本行動之信念、在再建東洋平和、舍用實力外、無他法、日本過於穩健、中國或認為怯懦、則事態更趨惡化云、

《新闻报》，1937年7月18日，第9版

張慶餘被日扣押

日令僞保安隊調防挑釁
張謂中國人不打中國人

▲中央社北平十七日上午一時電　冀東僞組織第一保安隊長張慶餘、現駐通縣、日方令張部即日調防某處、與國軍挑釁、張當時表示消極、謂中國人不打中國人、因此觸日人之怒、遂將張扣押於通縣、所部見張被扣、均甚憤慨、預料將有不穩之勢、聞日軍已將張部嚴密監視、

▲天津　僞保安隊第一總隊、張慶餘部與第二總隊張硯田部、聯合反正、由十六日與日軍激戰、昌灤各地均戒嚴、薊縣遵化玉田亦有戰事、第二總隊長張硯田正被扣留唐山、

綏東防務極鞏固

察北匪僞活躍不足爲害
如乘機犯綏決迎頭痛剿

▲中央社歸綏十六日電　綏東防務、近經新配備、益形鞏固、匪僞絕難得逞、外傳察北匪僞活躍情形、經向各方探詢、據云不足爲害、蓋此間當局、已抱定隨時犧牲决心、如敵趁機來犯綏境、决當迎頭痛剿、

《新闻报》，1937年7月18日，第9版

我政府令駐外使節
致牒九國公約簽字國

說明日本在華北威脅詳情
俄德兩國亦遞對同樣節略

美國

▲中央社華盛頓十六日路透電　中中駐美大使王正廷、今日往訪國務卿赫爾、交換遠東時局情報時、以中政府備忘錄遞交國務卿、內述日本刻在華北威脅之詳情、凡九國公約簽字國、連蘇聯與德國在內、惟日本除外、皆已接到同樣備忘錄、駐英中國大使郭泰祺、親以此項公文、面交英外相艾登、此文是否爲正式援用九國公約之舉、現尚未確定、按簽字國在此約下、固擔任尊重中國之主權、與土地完整也、備忘錄聲稱、蘆溝橋之倏被襲擊、與日軍之侵入華北、顯然破壞中國主權、而與九國公約及國聯盟約相抵觸、此種事態如聽其自己進展、不獨即將擾亂東亞和平、且將使世界其他各處受不可逆料之影響、中國不得已將用其全力以保衛疆土與國家尊榮、但亦準備以國際公法與條約所有之和平方法、與日本解決爭端云、王正廷與赫爾談話後聲稱、渠已討論中國籲訴美國及九國公約其他簽字國、對於遠東危局有所舉動一事云、日本駐美代辦今日亦往見赫爾、事後前駐南京日總領事須磨告新聞記者、渠已向國務卿說明日政府在華北意旨之堅決、記者詢以曾一再向赫爾保證日政府決無掠取中國新土地之計畫否、須磨答稱、此固無待言者云、參院外交委員會主席畢特門今日表示意見、謂美國應與九國公約其他簽字國共同行動、觀於此約下過去之經驗、渠不以爲美國應單獨與中日討論關於危害中國之事件、一九三一年美國曾以措詞嚴厲之牒文、送交日本、促其注意中國領土之完整、但英國未曾完全合作、僅致文日本、詢問日本是否欲維持在華之門戶開放、日本當即答曰然、於是當時英外相西門即在下院宣稱、英國不欲牽涉於遠東時局中矣、迴溯一九三一年日本答文中、曾有日本派兵赴華保護命生財產並未破壞九國公約等語、中國爲簽約國之一、遇有此約將被破壞之危險時、當然有權可援約請各簽字國互作完全與坦直之接洽、今日王大使致赫爾之備忘錄、是否爲此約之正式援用、渠尚未決定云、或詢以美國中立法案、可否適用於中日、畢特門答稱、今尚未也、參議員波拉稱、九國公約中未有强迫吾人行動之處、渠將研究此約、並覆查一九三一年事件之外交史云、

德國

▲中央社柏林十七日路透電　駐德中國大使署參贊、今日以備忘錄一份、送交德外部、衆信此備忘錄重行說明中國抗拒日本侵略之意、聞中國大使程天放、星期三日訪問德外長牛賴特時、曾表示同樣意見、牛賴特以德國願維持和平爲言、程大使當時答稱、中國亦願和平、但此事繫於日本　如日本在華北繼續有軍事行動、則中國不得不力拒云云、

《新闻报》，1937年7月18日，第9版

英國

▲中央社倫敦十六日哈瓦斯電　中國駐英大使郭泰祺、本日訪謁外相艾登、面遞中國政府所送出之節略、就中日兩國糾紛情勢、有所說明、此項節略、係同時送遞華盛頓九國公約各簽字國、惟日本不在其內、（按即美國、比利時、英國、法國、義國、荷蘭、葡萄牙等七國、）此外並送遞蘇聯與德國、內容均屬相同、略稱『此次紛擾發生之際、係在七月七日夜間、其時日本軍隊正在舉行演習、最初發生衝突之地點、係在盧溝橋一帶、日本軍隊在該處毫無權利足以根據、蓋一九〇一年辛丑條約第九條規定外國軍隊駐在地點、並未將盧溝橋、宛平城及豐台包括在內、日本根據此項條約而提出要求、原已不合時宜、絕無根據、且即就辛丑條約條文而論、日本在各該地方駐紮軍隊舉行演習、亦絕無理由足言、……日本軍隊藉詞要求在中國軍隊防地內搜尋失蹤之日本兵士一名、竟圖以强力於夜間侵入中國軍隊所駐防之宛平縣城、明知中國軍隊必加以拒絕、乃故意出此、藉以發動對於華北更進一步之侵略行爲、此固屬顯而易見者也、』節略繼稱、現有日本飛機百餘架、陸軍約二萬員名、集中北平及天津附近、『中國當局竭盡一切辦法、甚至允許雙方相互撤兵、以冀停止敵對狀態、無如每次獲得解決辦法之後、輒因日本軍隊重行進攻、以致立即成爲無效、』節略最後則稱、中國政府認爲『此項侵略行爲、』實屬破壞華盛頓九國公約所規定之中國領土主權完整、倘任其發生、則足以在亞洲及全世界產生重大之後果、此在中國方面、現仍準備談判任何種榮譽之協定、『惟中國國民政府、對於談判解決之基本條件、不得不加以密切之控制、蓋恐嚇地方當局、促成華北分裂、原爲日本軍人慣用之策略、而爲世人所熟知也』云云、

法國

▲中央社巴黎十六日哈瓦斯電　外交部長台爾博斯、頃於本日先後接見日本駐法代辦內山、中國駐法大使顧維鈞、蘇聯駐法大使蘇里資、就華北事件有所磋商、事後中國大使顧維鈞向哈瓦斯社訪員發表長篇談話、謂中國政府頃已通告各國政府、凡日本强令華北地方當局所締結之協定、非經中央政府核准者、中國概不加以承認、中國已抱決心、如日本方面對於中國領土主權、再有任何種僭越侵奪之行爲、當用一切方法、加以抵抗云、繼稱『假令中國北部、竟由日本加以控制、則勢將成爲第二次日俄戰爭之序幕、其影響所及、固不難想像而得矣、抑尤有進者、國際法與國際關係之各項基本原則、現已因日本之態度、而遭嚴重之威脅、中國之獨立、不僅爲維持東亞均勢所必不可缺、即爲維持全世界之均勢計、亦屬必不可少也、日本如一旦控制中國、則不僅歐美各國在中國之廣大利益、將悉被剷除、且對於歐美各國在亞洲之各屬地、危險亦至爲鉅大』云云、

蘇聯

▲塔斯社七月十七日莫斯科電　中國駐蘇聯蔣廷黻大使昨往訪李維諾夫、親將國民政府外交部關於華北局勢之宣言交與李氏、宣言內聲明日軍此次突攻盧溝橋、並在華北大批增兵、實屬公然侵犯中國主權、並違犯九國公約巴黎和平公約及國聯盟約、蔣大使並聲明同樣宣言業已送達九國公約所有締約各國云、

《新闻报》，1937年7月18日，第9版

宋哲元會晤香月
商洽華北局勢之善後
宋與香月對盧溝橋衝突互表歉意
宋於今晨返平着手進行善後問題

▲天津 宋哲元與香月會見、係十八日晨、由張自忠張允榮先與橋本接洽而定、因張園宮邸、諸多不便、臨時改在日界明石街日軍官偕行社會晤、宋當偕張自忠張允榮陳覺生陳中孚鄧哲熙等五人前往、由香月親出延入、橋本・和知・大木・池田・塚田・均在座、彼此對盧溝橋之衝突、互表歉意、嗣洽談雙方善後意見、迄下午一時許辭出、此爲香月到任宋自樂陵歸津後第一次晤談、路透社前傳已會晤不確、自雙方當局此度晤商後、形勢已趨穩定、以後談判、我方由張自忠張允榮陳中孚陳覺生鄧哲熙五人負責、日方由橋本和知負責、柴山永津在津、俟局勢確有開展後、即返國報告、

▲天津 宋哲元定十九日晨七時回平、專車已升火待發、

日機無端掃射平漢路列車

▲北平 津方交涉、十八日已得初步解決、宋哲元定十九日晨回平、

▲天津 陳中孚十八日代宋哲元訪日憲兵總隊長藤井、交換盧溝橋事意見、下午四時、再於進德社召集齊燮元張自忠張允榮陳中孚陳覺生等爲盧溝橋事善後、開會協商、

▲中央社南京十八日電 據京中十八日晚接平電稱、綜合各方情形觀察、中日局勢現已屆最重要階段、和平聲浪雖高、但似係日方緩兵之計、日兵車仍源源由津西開、增厚豐台實力、日機十八日晨有六架分爲兩隊、在高空偵察、開平市東郊被日軍拉去之民夫、約在八百人左右、均被送往豐台、强迫運輸、通縣南門外灕河中學附近、亦有日兵駐紮、北平市內情況如昨、惟各衝要街道、已堆沙包障碍物者、則加高增厚、未堆者、亦正趕緊堆疊、中航機每日仍照舊開行、但十八日北上機已停青島、傳係天氣不佳、歐亞平港機、十六日飛平、原班期應爲廿日南飛、但已提前於十八日晨飛并、待廿日再飛港、據天津來人談、煩悶之時局、最遲廿日必可揭曉、

▲中央社天津十八日電 盧溝橋事件和平解決空氣益濃、官方認爲中日雙方

《新闻报》，1937年7月19日，第4版

連日折衝、已有進步、似已趨於解決之途徑、大局在一二日内即可望初步告一段落、同時日駐屯軍部十八日亦稱、『宋哲元及張自忠十八日午一時、在日租界偕行社與香月橋本有所商談、關於此事、即由雙方分派張自忠及橋本等協議一切』、惟官方對此說、尚未能予以證實、

▲天津　廿九軍白卅二師長趙登禹、十八日晚由河間來津謁宋哲元、香月十八日夜十時、在司令部召在鄉軍人分會、國防婦人會、義勇隊民團代表、爲非常時期訓話、

▲中央社十八日北平電　此間接津方報告、宋哲元十八日下午一時與香月在偕行社會晤、但係普通酬應、並未談及冀察外交、現宋定十九日晨返平、專車已升火待開、關於和平交涉、仍由張自忠與橋本折衝中、

▲中央社天津十九日上午二時四十分電　關係方面十九日晨對記者談、中日交涉情形、據云、十八日雖未解決、但亦未惡化云、宋定十九日晨赴平、

日機掃射我列車

我外部向日提嚴重抗議
認爲侵犯我國領土主權

▲中央社南京十八日電　關於十八日日本軍用飛機在河南漳河橋河北官莊站、及元氏縣等處、用機關槍射擊我經過之列車、死傷多人事、外部據報、即日向日本駐華大使館提出嚴重書面抗議、認爲該軍用飛機在我國境内私自飛行、已屬不法、今竟開槍射擊列車、尤爲侵犯我國領土主權、蓄意挑釁、要求該使館立即轉電日本軍事當局、嚴令約束、該方軍用飛機不得再有同樣非法行爲、其發生結果、應由日方負責、至關於此事各種合法要求、我方並聲明保留云、

《新闻报》，1937年7月19日，第4版

▲中央社南京十八日電　十八日上午十一時二十分、有日本軍用飛機二架、飛往河南境內、當過平漢路漳河橋時、適有該路列車正在行進、日飛機竟以機關鎗對該列車射擊、當死二人、傷二人、同日十二時、由保定南下之第七十二次客車、當達到河北邢台縣（即順德）屬官莊站時、亦遭日機之機關鎗射擊、傷十餘人、又十二時三十五分、某次列車在河北元氏縣、同被日機掃射、傷十餘人、下午一時、該機經石家莊西飛、旋又飛回、經柳辛站往北飛去、

▲中央社鄭州十八日電　路訊、平漢路七十二次客貨車、十八日晨午高碑店站時、（按該站距長辛店約八十華里）日機用機鎗向該列車低飛掃射、傷亡十餘人、平漢路交通、因盧溝橋被毀、路軌仍未修復、通車有待、

日軍又攻擊宛平

擊死巡警一人傷十餘人
廿分鐘始息我方未還擊

▲中央社北平十八日晚十時五十分電　十八日下午四時、宛平縣城外東北角之日軍、復開鎗向我城內攻擊、我方未還擊、擊死巡警一人、傷十餘人、傷者已由王冷齋送長辛店醫院醫治、鎗聲約二十分鐘始息、原因及用意均不明、

▲中央社保定十八日電　長辛店來人談前方情況、㈠日軍現正沿豐台至五里店大瓦窯大井小井看丹等村、與我遙峙、對宛城仍取包圍之勢、並沿河向盧溝橋趕築堅强工事、似最近將有動作模樣、㈡日軍大捕各村農民、在豐台東村及南趙家村趕修機場兩處、㈢日機連日不斷偵察、十七日到轟炸機二架、偵察機一、低旋甚久、看丹村昨到坦克車二十有待命出動形勢、㈣津鐵甲車一列　昨開

《新闻报》，1937年7月19日，第4版

豐台、豐台盧溝橋間鐵道及盧溝橋車站均被任意破壞甚重、豐盧附近各村、沿途每數里停一載重車、上架電線、聯絡交通、㈤各村難民紛集長辛店、人口暴增、治安由軍警聯合維持、市景照常、王冷齋坐鎮盧溝、有時赴長辛店調度一切、即力疾遄返、城防鞏固、㈥平漢局在長辛店組臨時辦事處、路員幷組有防空防毒及救護隊戰地服務團等、㈦當地及良鄉涿縣等處、連日捕獲漢奸甚多、長辛店自强小學校長賈自强、充漢奸、被捕已正法、

日軍又大批入關

川口部隊繼續由榆開津
先發十列車續發五列車

▲天津 十七夜十八晨、川口師團後續部隊、分乘十列車、兵員約二千名、已由榆關開出、尚有五列車、午後續向西發、其第一列計鐵甲車七輛、第二列日兵八百名、軍需品四車、共掛二十六節、分於九時二十五分及十時二十分開到津、津日兵百餘名、十八日上午十時五十分、專車一列、掛鐵悶車十輛、平車八輛、並軍需品、由津開豐台、北甯路因受日兵車影響、貨運悉停、

▲天津 十八日一時、由榆到津日兵車、計㈠晨九時廿六分到一列、挂鐵甲車七節、㈡上午十一時十三分到一列、挂車廿七節、載步炮兵千餘名、㈢七午十一時五十六分到一列、挂車廿三節、載步炮八門、兵八百餘名、㈣下午一時五十六分到一列、挂軍三十一節、載炮八門、兵四百餘名、㈤下午七時九分到一列、挂廿八節、載兵五百餘名、十八日夜十時四十九分、十一時十五分、十一時五十分、及十九日晨三時五十四分、四時三十分、將續有五列車到津、人數約二千左右、

▲中央社天津十八日路透電 日軍與軍用品十列車、現開入關內、其中七列運津、二列赴唐山、今晨已到日軍九百、日方現趕緊添造東兵工廠附近之營房、

▲中央社南京十八日電 據京方所得津訊、由日本國內開出之軍隊、現已到達東北、有兵車十六列、陸續來津、計十八日晨九時廿五分到日鐵甲車七輛、晨十時半到專車一列、共有廿六輛車、士兵約在數百名、晨十一時十五分及十二時許、又陸續開到兩列、尚有四列、十八日午後將抵津、十九日晨起至午止、亦有四列、經排定時間陸續開來、目前津東車站日軍增派士兵監視益嚴、所有各次日兵車開到時、車站禁人出入、故列車日軍所到數目、殊難明悉、即路局員司執行職務時、亦受日兵之無形監視也、

《新闻报》，1937年7月19日，第6版

▲中央社天津十八日電　日騎兵又有數百名、於十八日晚七時十分、由楡關抵津、當即開往兵營、尚有日兵車兩列、十八日晚十時四十分及十一時五十分抵津、又日方現增僱大批無業游民、每日發工資兩角、似爲準備構築工事之用、

▲中央社天津十八日電　十八日夜津又續到日兵車兩列、計㈠十時五十分一列、共二十八節、㈡十一時五十分一列、共三十二節、均由楡來津、以日騎兵佔多數、

朝鮮十九師團集中待發

▲中央社南京十八日電　駐朝鮮日軍第十九二十兩師團亦奉令開拔、現第廿師團已全部出發、第十九師團亦集中待命、朝鮮各地日來軍運甚忙、又鴨綠江聞已宣布戒嚴、

大批日軍用品由鮮運津

▲中央社南京十八日電　據悉大批日本軍用物品、連日經朝鮮向平津一帶運送、計有炮彈二千五百箱、與其他軍火、共裝十五車、馬四十八車、野炮十車、此外尚有坦克車高射炮、載車汽車及拆卸之飛機等物甚多、據息、朝鮮銀行因日本大軍源源向我國開動、擬在天津青島兩地、發行紙幣五千萬元、以供軍用、

前晚吳家村發生小衝突

▲中央社南京十八日電　關係方面頃接北平方面電告、㈠日軍千餘名、由津經武清縣開赴通州、㈡懷柔及高麗營到日軍百餘名、幷有便衣隊出沒、㈢昨晚十一時、盧溝橋附近之吳家村一帶日軍、與我軍發生小衝突、日兵死亡二十餘名、五里店大井村附近、今日增加日軍二百餘名、正積極備戰、據確息、日本駐朝鮮日部隊、約萬餘人、現分乘火車數列、向我國開拔、朝鮮各地十四日起、已奉令實行防空、又日本軍用飛機、亦連日由朝鮮出動、

《新闻报》，1937年7月19日，第6版

日運野戰炮十五尊來滬

▲據息、上海現共有日本在鄉軍人四千、備有武器者一千五百人、近藉口保護仟滬日僑、每日分區警戒、又日本野炮十五尊、現運轉上海、

豐台日軍一度擬入北平

▲天津豐台日兵車一列、十八日晨擬駛入北平城內、我軍拒絕、永定門外北甯路軌、臨時拆毀、交通中斷、嗣日兵車停進、路軌接好、交通始復、各次往來車、均誤點、津平一度呈緊張、即因此故、豐台頃猶集結日步兵千餘、坦克車十七部、裝甲汽車三十餘部、附近營園子造甲莊湯家莊韓家莊等十餘村、亦駐日步炮兵千餘名、坦克車七部、十八日無活動、

日軍運大批給養品抵平

▲中央社北平十八日電 十八日下午二時半、由豐台方面開來日軍用車一列、滿載大米小麥油鹽醬醋餅乾洋酒等給養、抵東車站後、即用大汽車數輛、轉運入城、送儲東交民巷日兵營、又平警察局消防隊十八日午十二時、派第四分隊消防車一輛、上載瓦斯救火機一架及全付水龍帶等消防器具、由分隊長率警十四人、開赴南苑、擔任火災警備工作、

大批日軍由津開古北口

▲中央社北平十八日電 日軍步騎炮約千人、分乘六輪大汽車六十餘輛、携子彈軍用品車百餘輛、於十八日晚七時許、由津沿平津大道抵通縣稍息、即開往古北口、並在密雲順義懷柔各縣沿途佈防、

《新闻报》，1937 年 7 月 19 日，第 6 版

盧溝橋各地陣線無變化

▲中央社北平十八日電 盧溝橋方面十七日夜至十八日上午平靖無事、永定河岸之龍王廟東辛莊八寶山及堤壩等陣地、亦無變化、據悉指揮日軍作戰之日軍旅團長河邊正三、兩日前已離盧溝橋司令部他往、現日方指揮軍事者、除聯隊長牟田口外、尚有隊長川邊岡村等、十八日拂曉、日方又由通州方面增援兵百廿餘人、經平市南郊之馬村等地、逕赴盧溝橋日軍陣地、

日軍又佔據豐台電話局

▲北平豐台電話局、十八日被日軍佔據、惟平豐電話尚通、

日機在平津等各地偵察

▲中央社北平十八日電 日機一架、十八日晨十時許、飛平市上空盤旋偵察、約一小時始飛去、

▲中央社南京十八日電 東局子飛行場、現有日飛機數十架、四週由日兵嚴加戒備、十八日晨起飛者、共十餘架、多在津郊或西去偵察、並有數架在津市上空飛行甚低、故今日上午、此間機聲軋軋不絕、

▲中央社保定十八日電 十八日下午一時、日戰鬥機一架、沿平漢線南飛偵察、聞有在順德天空用機鎗向下掃射、下午二時過保北返、

▲中央社南京十八日電 津訊、停東局子之日軍用飛機、現尚有廿餘架、十八日晨至暮、不斷起飛赴各方偵察、一部並在東局子上空表演、

▲中央社北平十八日電 十八日十一時許、日機六架、由西北飛過迴龍廟衙門口大井村上空、盤旋數分鐘、向東南飛去、旋復飛過南苑上空、偵察一週、仍向西北飛去、

日擬在劉安莊闢飛機場

▲中央社天津十八日電 日方竟又在津增闢飛機場、十七日下午十一時、有日人神谷·中一·伏見等四人、率華工七人、到北倉附近劉安莊地方、見鄉長周學彬、據云、現看妥鐵道旁南北八百米長、東西六百米寬之地方、擬闢作飛機場、願予租用或收買、周當告以向縣府接洽、渠對此不能負責、但日方當時即自行測量、並云於五日內完成、縣府囑已報告市府、請交涉云、

▲中央社南京十八日電 津訊、日方在津縣北倉一帶劉安莊增設飛行場等、十八日又派由惠通公司組長岡部等數人、乘汽車再度前往勘察、準備動工、此次日方所圈佔之地畝、計劉安莊及附近宜興埠等村共佔四百畝、即將强行動工、津縣對此、除報告上峯交涉外、並飭鄉長副轉諭村民、不得收日方所付之租價、農民不得應僱、爲其工作、

《新闻报》,1937年7月19日,第6版

日軍最高司令部設豐台

▲中央社北平十八日電 日本軍最高司令部現設豐台、日兵營聯隊部在豐台西方五里店、專負西北路指揮之責、豐台街中大興棧中和棧均駐有日兵、入夜沿街步哨、檢查行人、斷絕交通、並分派哨兵四出搜索、天明始行解除、

日軍在平郊拉民夫千餘

▲北平 日軍卅餘名、十八日在東郊強拉民夫千餘人、赴豐台築工事、又日軍百廿名、晨由通過南郊、赴盧溝橋增防、

▲南京 京某機關接平電、平西郊空氣、因日兵運輸極忙、甚緊張、豐台等處日兵、拘農搬運軍火、構築戰壕、並由日兵嚴密監督工作、稍不遂意、輕則毆打、重則結果性命、

日軍在大井村損害田苗

▲中央社北平十八日電 日軍沿大井村東馬路(平盧大道)南北兩翼、均已搆築工事、僅中間可通汽車、四週田苗、悉已割去、方圓約在百米左右、該村駐有日兵約百餘人、晝夜均在房上或隱避地內瞭望、日夜無常、

日軍在津郵局檢查郵件

▲天津十八日下午四時、有日憲兵四名、軍服者一、使服者三、到特三區郵務管理局、覓本地股長黃家德、要求派員在局常駐、檢查郵件、當拒絕、爭執時許、突又到便衣日人二、類似華人者七、共同向黃爭論、最後即自行入郵件封發處工作、唯迄晚猶未開始檢查、

▲中央社南京十八日電 據交通界十八日晚接得報告稱、日駐津憲兵隊、十八日下午四時、派人到河北郵務管理局、欲見郵務長、謂係奉令到局檢查往來郵件、適此時該局本地業務股長黃家德到局、以郵件檢查、自有我國官廳辦理、對日方此項非法舉動、當即堅予拒絕、但日憲兵隊所派之人、態度異常強橫、謂此係奉令辦理、准與否均不計、決於即日起派人檢查、該交涉者四人、乃日憲兵隊分隊長等、臨行時留下檢查員八人、並聲言此事不准對外宣佈、又當此項日憲兵到局時、並於門前派士兵數十人、或係用以威脅之意、河北郵務管理局已將此事分別報告交通部及地方當局云、

《新闻报》，1937年7月19日，第7版

日軍佔津東站設立兵站

▲天津津東站日方設兵站司令部、頭二等候車室悉被佔、三等候車室亦有日軍在內坐臥、津浦路總站叉道、頃有日兵搭造蘆棚、爲兵士臥時住所、數額已增至三百餘、

津東局子日兵營將擴大

▲中央社南京十八日電 津東局子日兵營、現又陸續運到大批磚瓦木器建築材料、似有擴展營舍及增築工事模樣、十八日上午十時五十分、日兵車一列、計掛悶子車十輛、多載軍械、平車十輛、山津赴豐台、

北平四周日軍行動彙報

▲中央社北平十八日電 官方息、據十八日上午各方報告如次、(一)十七日下午三時、日步兵卅餘人、由懷柔方面開抵昌平、八時又到騎兵七八人、該日兵向縣長勒讐洋一千五百元、作修路費、並令準備二百名騎兵草料、據稱、尙有騎兵二百餘名、已到東門外七八里、(二)大井村、據調査現有敵兵三十人、附駝店地方十七日上午被擄去婦女四名、中有一人已逃回、敵兵復向該村村長索青年婦女、(三)小井村迤南道口村、本由我軍駐守、十七日上午、對方忽開來汽車一輛、我軍出覘、被擊斃一人、(四)豐台車站附近管園子、有日兵千餘名、坦克車七輛、(五)七里莊•泥灣•李莊子•佘莊村•譯丹村•韓家莊•康家莊•王家莊•皂甲村•東管頭•劉村皆有日兵千餘名、(六)日騎兵分四班、每班四人、每日由豐台到岳樓八爺墳一帶偵察一過、

▲中央社北平十八日電 據確悉、(一)日兵車十六列、由榆開動、十七日已有三列車轉津、每列載日兵約三百人、軍用品數悶車、十八日上午十一時又開到一列車、日兵數百名、下午三時續到一列車、步兵約三百名、騎兵約百名、載重汽車五輛、(二)十八日上午十一時、日兵五十餘人、乘載重汽車十五輛、由津到通、又十八日晨七時許、通縣續到日軍步炮聯隊約千餘人、(三)十八日下午二時半、日兵車一列、由津開豐、日兵十餘押運鐵悶車七輛、滿載軍用品、(四)日兵十餘名、乘載重汽車一輛、十八日下午三時、到宛平縣界郭公莊一帶偵察地形、又在龍王廟永定河岸砍樹一株作暗記、用意不明、(五)榆唐等車站一帶民房、全被日軍强佔、一律駐軍、(六)十八日晨七時許、日兵千餘名、携機鎗十六挺、輕機鎗七十挺、重炮八門、山炮十六門、載重汽車六十輛、由津抵通、(七)十八日上午十一時、日軍六十餘名、押載重汽車廿一輛、滿載彈藥汽油等物、由楊村開往豐台、

《新闻报》，1937年7月19日，第7版

日人汽車擬闖入宣武門

▲中央社北平十八日電　日人二名、乘汽車一輛、上載大小包裹數件、於十八日晨十時許、不知由何處開抵宣武門外、擬疾駛入城、我守門駐軍、見彼等行跡可疑、當令停車檢查、該二日人不服檢查、並蠻橫異常、我軍即將該城門關閉、約半小時許、該二日人始去、城門乃啓、

日令僞冀東築懷昌公路

▲天津日軍令僞冀東昌平懷來兩縣長、三日內撥款千五百元、趕築懷昌公路、備行軍、並令昌平僞縣長、備二百名口糧、供十八日該軍騎兵自古北口入境之需、

盧溝橋獲漢奸二人鎗决

▲中央社北平十八日電　盧溝橋方面我軍防地內、十七日晨捕獲漢奸二人、腰間均纏有紅布一條、鞋內貼膏藥一塊、帽內別針一個、作爲符號、詢明後當即鎗決、

津三不管捕獲漢奸八人

▲天津十八日津警局在南市三不管捕獲爲日方募工築飛機場漢奸八人、

一木少佐受傷不治而死

▲天津豐台日軍大隊一木清直少佐、十日盧溝橋之役受重傷不治、十八日死於豐台

▲中央社北平十八日電　中日軍此次在盧溝橋大井村五里店一帶屢次衝突、我方因始終願和平解決、故當日軍每次挑釁時、僅令我軍嚴加防範、未予追擊、我軍固有損失、但日軍傷亡、截至現在止、已不下二百人、駐豐台日軍少佐大隊長一木靑直、在盧溝橋一役受傷後、刻已斃命、

日陣亡兵屍二百餘運津

▲天津日軍陣亡士兵屍體、十七日由豐台運津二百餘具、均缺頭少臂、以帆布蒙蓋、抵東站用大汽車十六部、載日本坟地火葬、

《新闻报》，1937年7月19日，第7版

日閣開緊急會議

通過五相會議決定辦法
日報鼓吹華北全面解決

▲中央社東京十八日電　十八日晨、外相廣田、召外次堀內、東亞局長石射商議、十一時、復開五相會議、各報皆稱、華北時局、已達最後階段、

▲中央社東京十八日電　十八日五相會議、歷一小時、十二時半、開緊急閣議、通過該會議對華北事件所決定之辦法、閣議後、外相廣田·陸相杉山·海相米內·同謁首相近衛、爲重要協議、日方對最後階段之各種準備、似已完成　只待時局之展開、

▲中央社東京十八日電　日五相會議後、僅發表「鑒於華北交涉經過、更爲各種接洽」而已、又決定如有必要、隨時皆可召集會議云、

日本在鄉軍官緊急會議

▲同盟社東京十八日電　日華兩國之關係、將遇一觸即發之嚴重局面、在京在鄉將官、已於十八日午後、召集緊急會議、並聽取杉山陸相與梅津次官應付時局之陸軍方針、

朝日新聞主張增加壓力

▲中央社東京十八日電　十八日朝日新聞社論謂、日對華北問題、應準備全般的解決案、乘此機會、謀全面的解決、期可實現多年所期望之明朗狀態、冀察所可同意之問題、今亦生疑問、則爲打開計、不可不加相當壓力、此時應有解決蘆溝橋事件及華北問題兩大難關之覺悟機宜、處置倘有錯誤、永失機會、亦未可知、

《新闻报》，1937年7月19日，第7版

秦德純等電告

決不簽訂喪權條約

廿九軍團結一致謠言請勿置信

廿九軍駐滬辦事處長李廣安、昨晨六時接北平市長秦德純等來電 報告華北近況、及三十七師馮治安電覆南京留滬某要人函、茲探錄原電如下、

秦張昨電滬之報告

『特急、(銜略)銑電敬悉、至佩偉論、現彼我兩方、均在積極準備中、在津接洽未具體、但決無屈辱之事、軍本內部團結、行動一致、謠言請勿置信、知注特復聞、弟秦德純張自忠張維藩銑本叅、』又電、(銜略)『日軍千餘名、由津經武清縣開赴通州、懷柔及高麗營到日軍百餘名、并有便衣隊出沒、昨晚九時盧溝橋附近之吳家村一帶、日軍與我軍發生小衝突、日兵死亡廿餘名、五里店大井村附近今日增加日軍二百餘名、除積極備戰外、謹電奉陳、餘情續報、秦德純馮治安叩篠亥、

馮治安覆某要人電

馮治安昨覆南京留滬某要人電云、(銜略)電奉悉、尊見無任欽佩、查盧溝橋事變中、經雙方商談撤兵、彼謂此次不幸事變、係共黨策動要求取締、并對陣亡官兵同表惋惜、我方提出此後日方不得夜間演習及不再發生此類事件、當時我方大部隊撤回原防、至盧溝橋及宛平縣城、仍由我軍駐守、彼方大部雖已撤退、但前方小部仍與我不時衝突、且津榆道上仍增兵未已、此近來經過之情況、除此并未有任何條件簽定、宋委員長及二十九軍將士、決不簽訂任何喪權條件、刻下我軍無一時不在積極備戰中、深望中樞下最大決心、領導全國一致努力、共赴國難、是所企盼、謹復、秦德純馮治安叩篠未參、

本市各界捐欵慰勞

上海律師公會、爲慰勞華北抗敵受傷兵士、由全體執監委員決定、湊集國幣五百元、匯往北平律師公會、該會委員徐佐良朱文德龔文煥李寶森等二十餘人、當塲每人捐款國幣十元外、一俟湊集五百元、即行電匯、又全國郵務總工會、昨議決通令各地郵務工會、捐助月薪百分之一、逕寄前方慰勞、又婦女國防會、輪船客票同業公會等、電勉廿九軍忠勇衛國、

《新闻报》，1937 年 7 月 19 日，第 11 版

蔣委員長在談話會席上對蘆溝橋事件之報告

▲中央社牯嶺十九日電　蔣委員長十七日在廬山談話會第二次談話時、對蘆溝橋事件有所報告、茲紀其要點與演詞如下、

要點

(一)國府政策爲求自存與共存、始終愛護和平、

(二)蘆溝橋爲北平門戶、蘆溝橋事件能否結束、就是最後關頭的境界、

(三)臨到最後關頭、祇有堅決犧牲、但吾人祇準備應戰、而不是求戰、

(四)和平未絕望前、終希望和平解決、但要固守四點最低限度之立場、一、主權領土完整、不受侵害、二、冀察行政組織不容改變、三、中央所派官吏不能任人要求撤換、四、二十九軍駐地不受約束、

各位先生、中國正在外求和平、內求統一的時候、突然發生了盧溝橋事變、不但我舉國民衆悲憤不置、世界輿論也都異常震驚、此事發展結果、不僅是中國存亡的問題、而將是世界人類禍福之所繫、諸位關心國難、對此事件、當然是特別關切、茲將關於此事件之幾點要義、爲諸君坦白說明之、

第一、中國民族本是酷愛和平、國民政府的外交政策、向來主張對內求自存、對外求共存、本年二月三中全會宣言、於此更有明確的宣示、近兩年來的對日外交、一秉此旨向前努力、希望把過去各種軌外的亂態、統統納入外交的正軌、去謀正當解決、這種苦心與事實、國內大都可共見、我常覺得、我們要應付國難、首先要認識自己國家的地位、我們是弱國、對自己國家力量要有忠實估計、國家爲進行建設、絕對的需要和平、過去數年中、不惜委曲忍痛、對外保持和平、即是此理、前年五全大會、本人外交報告所謂「和平未到根本絕望時期、決不放棄和平、犧牲未到最後關頭、決不輕言犧牲」、跟着今年二月三中全會對於「最後關頭」的解釋、充分表示我們對於和平的愛護、我們既是一個弱國、如果臨到最後關頭、便只有拚全民族的生命、以求國家的生存、那時節再不容許我們中途妥協、須知中途妥協的條件、便是整個投降、整個滅亡的條件、全國國民最要認清、所謂最後關頭的意義、最後關頭一到、我們只有犧牲到底、抗戰到底、唯有「犧牲到底」的決心、纔能博得最後的勝利、若是彷徨不定、妄想苟安、便會陷民族於萬劫不復之地、

第二、這次盧溝橋事件發生以後、或有人以爲是偶然突發的、但一月來對方輿論或外交上直接間接的表示、都使我們覺到事變發生的徵兆、而且在事變發生的前後、還傳播着種種的新聞、說是什麼要擴大塘沽協定的範圍、要擴大冀東僞組織、要驅逐第二十九軍、要逼迫宋哲元離開、諸如此類的傳聞、不勝枚舉、可想見這一次事件、並不是偶然的、從這次事變的經過、知道人家處心積慮的謀我之亟、和平已非輕易可以求得、眼前如果要求平安無事、祇有讓人家軍隊無限制的出入於我們的國土、而我們本國軍隊反要任受限制、不能在本國土地內自由駐在、或是人家向中國軍隊開鎗、而我們不能還鎗、換言之、就是人爲刀俎、我爲魚肉、我們已快要臨到這極人世悲慘的境地、這在世界上稍有人格的民族、都無法忍受的、我們的東四省失陷已有了六年之久、繼之以塘沽協定、現在衝突地點已到了北平門口的盧溝橋、如果盧溝橋可以受人壓迫強佔、那末我們五百年故都北方政治文化的中心與軍事重鎮的北平、就要變成瀋陽第二、今日的北平若果變成昔日的瀋陽、今日的冀察、亦將成爲昔日的東四省、北平若可變成瀋陽、南京又何嘗不可變成北平、所以盧溝橋事變的推演、是關係中國國家整個的問題、此事能否結束、就是最後關頭的境界、

第三、萬一眞到了無可避免的最後關頭、我們當然只有犧牲、只有抗戰、但我們的態度、祇是應戰、而不是求戰、戰是應付最後關頭必不得已的辦法、我們全國國民、必能信任政府已在整個的準備中、因爲我們是弱國、又因爲擁護和平是我們的國策、所以不可求戰、我們固然是一個弱國、但不能不保持我們民族的生命、不能不負起祖宗先民所遺留給我們歷史上的責任、所以到了必不得已時、我們不能不應戰、至於戰端既開之後、則因爲我們是弱國、再沒有妥協的機會、如果放棄尺寸土地與主權、便是中華民族的千古罪人、

《新闻报》，1937年7月20日，第3版

那時候便祇有拼民族的生命、求我們最後的勝利、

第四、盧溝橋事件能否不擴大爲中日戰爭、全繫日本政府的態度、和平希望絕續之關鍵、全繫日本軍隊之行動、在和平根本絕望之前一秒鐘、我們還是希望和平的、希望由和平的外交方法、求得盧事的解決、但是我們的立場、有極明顯的四點、(一)任何解決、不得侵害中國主權與領土之完整、(二)冀察行政組織、不容任何不合法之改變、(三)中央政府所派地方官吏、如冀察政務委員會委員長宋哲元等、不能任人要求撤換、(四)第廿九軍現在所駐地區、不能受任何約束、這四點立場、是弱國外交最低限度、如果對方猶能設身處地爲東方民族作一個遠大的打算、不想促成兩國關係達於最後關頭、不願造成中日兩國世代永遠的仇恨、對於我們這最低限度之立場、應該不致於漠視、總之、政府對於盧溝橋事件、已確定始終一貫的方針和立場、且必以全力固守這個立場、我們希望和平而不求苟安、準備應戰而決不求戰、我們知道全國應戰以後之局勢、就祇有犧牲到底、無絲毫僥倖求免之理、如果戰端一開、那就是地無分南北、年無分老幼、無論何人、皆有守土抗戰之責任、皆應抱定犧牲一切之決心、所以政府必特別謹慎、以臨此大事、全國國民、亦必須嚴肅沉着、準備自衛、在此安危絕續之交、唯賴舉國一致、服從紀律、嚴守秩序、希望各位回到各地、將此意轉達於社會、俾咸能明瞭局勢、效忠國家、這是兄弟所懇切期望的、

我外部派科長董道寧

向日使館面致備忘錄

重申不擴大事態與和平解決本事件之意

提議約定一確期雙方同時停止軍事調動

◆中央社南京十九日電　本日下午二時半、外部派科長董道寧赴日本駐華大使館、會晤日高參事、面致備忘錄、內容如次、

自盧溝橋事件發生後、我國始終不欲擴大事態、始終無挑戰之意、且屢曾表示、願以和平方法、謀得解決、乃日本政府雖亦曾宣示不擴大事態之方針、而同時調遣大批軍隊、開入我國河北省內、迄今未止、顯欲施用武力、我國政府於此情形之下、固不能不作自衛之適當準備、然仍努力於和平之維持、本月十二日、外交部長接見日本大使館日高參事時、曾提議雙方停止軍事調動、並將軍隊撤回原地、日方對此提議、迄無表示、不勝遺憾、現在我國政府願重申不擴大事態與和平解決本事件之意、再向日本政府提議、兩方約定一確定之日期、在此日期、雙方同時停止軍事調動、並將已派武裝隊伍、撤回原地、日方既抱和平折衝之希望、想必願意接受此項提議、至本事件解決之道、我國政府願經由外交途徑、與日本政府立卽商議、俾得適當之解決、倘有地方性質、可就地解決者、亦必經我國中央政府之許可、總之、我國政府極願盡各種方法、以維持東亞之和平、故凡國際公法或國際條約、對於處理國際紛爭所公認之任何和平方法、如兩方直接交涉斡旋調解公斷等、我國政府無不樂於接受也、

《新闻报》，1937年7月20日，第3版

日華北駐屯軍聲明 今午後獨自行動

昨晚已在大井村挑釁

▲天津急電　津日華北駐屯軍司令部於晚七時、發表聲明、謂日軍將於二十日正午以後、採取獨自行動、

蘆溝橋方面有炮聲甚密

▲北平　自宋哲元於晨九時四十分專車抵平後、北平城雖仍在日軍包圍形勢下、但空氣驟形緩和、宣武正陽等城門均已開放、各要道所堆沙包障碍、亦多撤去、平市戒嚴時間、延長至晚十一時開始、乃晚間九時蘆溝橋方面又有炮聲甚密、迄十時餘始停、宣武正陽等城門、聞炮聲後立即關閉、

日軍又攻擊大井村我軍

▲中央社北平十九日路透電　今晚九時卅分、平西有機關鎗聲、歷五分鐘之久、華方消息謂、日軍射擊大井村之華軍、華軍未回擊、日方現未傳出關於此事之消息、

▲中央社北平十九日電　大井村北日軍、十九日晚九時半、向我發炮二四響、機鎗數十聲、意圖挑釁、我軍未還擊、旋即停止、

日機射擊平漢路列車 我將採適當措置

日方應負惹起事件責任

▲中央社南京十九日電　日本軍用飛機、十八日射擊平漢路列車消息到京後、各界憤激異常、聞除外部對日嚴重抗議外、日方如再有此種行動、我方將採取適當措置、將來惹起擴大之事態責任、應由日方負之、

喜多謁何部長交換意見

▲中央社南京十九日電　日本駐華陸軍武官喜多誠一、十九日下午四時赴軍政部晉謁何部長交換關於蘆溝橋事件之意見、喜多謂中日局勢已到最後階段、希望撤退軍隊、否則局勢有擴大之虞、

《新闻报》，1937年7月20日，第4版

何表示日軍應負其責任

何部長答稱、目前緊張情形、全係日方派遣大量陸軍空軍所造成、我方自始希望和平解決、並無擴大之意、但鑒於日方調派大軍於河北省、不能不有所準備、此種準備、全係出於自衛、並無挑戰之意、中國軍隊均是國軍、無所謂中央軍與其他軍、中國政府在中國領土內必要調動國軍、係屬當然之事、但如日本能將新增之軍隊撤退、中國方面亦可考慮作同樣之行動、總而言之、事態之擴大與否、在日方而不在中國也、

宋哲元離津赴平

本國家人民立場與中央意旨 以期盧溝橋事件之早日解決

▲中央社天津十九日電　宋哲元偕張維藩鄧哲熙及隨員等、十九日晨七時半、乘專車赴平、各機關長官、均到站歡送、張自忠因病未同行、

▲中央社北平十九日電　冀察政務委員會宋委員長、偕秘書長王義檉、副官長十寶驎等、於十九日上午七時許、乘專車由津來平、九時半到達前門車站、冀省府馮主席、平市各機關長官、政委會自楊秘書長以次、各處長、各委員會主席委員、綏靖公署自富參謀長以次各處長、平市府自秦市長以次各局長、以及其他機關領袖、新聞記者等、約二百人、均先在站迎候、宋着長衫、青褂、態度安定、神采奕奕、下車與歡迎人員一一握手示意、旋即出站、乘汽車回武衣庫私邸休息、各要人多隨至宋邸、等候面謁、新聞記者十餘人、亦往求見宋氏、因公忙、派北平市警察局長陳繼淹出面招待、代致歉忱、並勞謝平市新聞界相助之意、畢、嗣謂委員長現甫回平、未能即時延見、尚希原諒、委員長命本人轉達諸君、決本國家立場、人民立場　中央意旨之原則、以期盧溝橋事件早日解決、蓋能平即能和、日前在津談話中、早已述及、如委員長日內有暇、當再請諸君面談云云、

▲中央社北平十九日電　宋哲元返平後、即在私邸接見秦德純馮治安賈德耀張維藩等軍政要人、垂詢一切、並就盧案事件、有所協議

▲中央社北平十九日路透電　北平警察局長陳繼淹、頃代表宋哲元發表一文、謂宋決不作違反中央意旨、或有害國家利益之事云、天津談判雖未結果、但宋之返平、頗有安定人心之影響、城內數處之沙袋與其他障礙物、業已撤除、

張自忠昨再晤橋本折衝

、▲中央社天津十九日電　宋哲元赴平料理政委會事務、並接見僚屬、聽取報告、聞數日後、仍有來津之說　至盧溝橋事件、尚有待於新折衝、由張自忠等在津辦理、聞張十九日下午一時、又與橋本會晤、

張自忠陳覺生患病請假

▲天津十九日電　張自忠患病請假、未與宋哲元同赴平、陳覺生亦患咯血症、請假休養、亦未隨同赴平、

李思浩石敬亭由津赴平

▲中央社天津十九日電　李思浩石敬亭、十九日晨九時半、由津搭平津通車赴平、

趙登禹等抵平謁宋哲元

▲中央社北平十九日電　二十九軍一三二師長趙登禹及石敬亭李思浩等、十九日先後由津抵平、謁宋哲元、

《新闻报》，1937年7月20日，第4版

楊村某小橋有地雷一枚

▲北平　宋哲元十九日晨由津返平、經過楊村站附近某小橋時、發現地雷一枚、幸未爆炸、

北倉附近發現未爆炸彈

▲中央社天津十九日路透電　北倉附近路軌上、今日發現未爆發炸彈一枚、

解散軍官訓練所等學生

▲北平　宋哲元十九日下午五時赴南苑、對軍官訓練所學生一千餘人訓話、並將該所學生解散、旋至西苑、對集訓學生四千餘人訓話、定二十日解散、

平教育界名流交換意見

▲中央社北平十九日電　平市學術教育界名流李書華李蒸袁同禮張貽惠等廿餘人、十九日午、交換時局意見、又平市文化教育市民及學生等各界人士、爲交換應付時局意見　定日內舉行聯席會議、將有所表示、

王冷齋在宛平力疾從公

▲中央社保定十九日電　長辛店電、王冷齋返任後、因宛平縣府被燬、暫移城內民房辦公、王本人往返長辛店間、主持一切、縣府並未遷往、王現患腹疾　仍力疾從公、毫忘疲倦、當地民衆極爲欽佩、

日軍仍源源入關

當局要求入關日軍即行撤退
日方不允昨日又續到三千餘

▲北平　我當局向日方要求關外日兵勿前進、新調關內日兵、即撤退平津駐地　以奠和平基礎、日方未允、要求與北上中央軍同時撤退、十九日續由山海關開到日兵三千六百人、塘沽口亦到日艦數艘、運大部日兵登陸、顯見無和平誠意　據此間一般人士觀察、日方要求北上中央軍撤退、即使我方照辦、日兵亦未見即撤　並將對廿九軍益施威脅、

▲中央社天津十九日路透電　日軍仍源源經過山海關、開入中國本部、唐山現屯集許多分隊、估計前二十四小時內、開抵之日軍、共有三千五百名、

▲中央社天津十九日電　日兵車仍絡繹不絕、十九日上下午計開到四列、均裝載大批步騎兵、人數約仟千餘以上、均開日兵營云、

日人須滿足希望始撤退

▲中央社北平十九日電　據與日軍有關係之某日人稱、此次入關之日軍何時撤退、尚無所聞、惟必需能使日方滿足其希望、然後始能談到撤退問題云、

我軍擊退平西日便衣隊

▲中央社北平十九日上午三時十分電　平西郊清華大學以北、十九日晨一時許、突有鎗聲、經查悉係日軍便衣隊在該處一帶活動、經我駐軍趕到擊退、至二時左右平息、死傷尚未判明、

▲中央社北平十九日上午三時三十七分電　平西紅爐口、係由平赴溫泉賜臺山大覺寺等處之通路、十九日晨一時許、突發現日便衣隊若干人、企圖南下、擾亂西郊、經我方發覺、當即趕往、在清華大學以北地方接觸、約半小時後、始被我擊散、

宛平又遭日軍開鎗射擊

▲中央社北平十九日路透電　宛平停戰四日後、昨日午後、城內保安隊與城南日兵、又互相開鎗射擊、歷一小時始止、

塘沽全部駁船停泊候用

▲中央社南京十九日電　京中所得報

《新闻报》，1937 年 7 月 20 日，第 4 版

告、據天津外人方面消息、日人經營之塘沽運輸公司、所有駁船已全部停泊候用、但因該公司所有駁船爲數不多、故復向各外商輪船公司僱用、限廿二日備齊、似有準備裝運軍械來津模樣、

▲中央社天津十九日路透電 塘沽日本碼頭公司、已由日軍事當局命其於七月二十二日、由碼頭運煤七千噸、並準備所有貨船、以聽日軍調用、大約將用以由海道運輸軍隊、運煤問題、因塘沽缺乏工人、頗感困難、日人現已向外商貨船公司探詢 擬借用彼等之貨船、

日轟炸機三架由津西飛

▲中央社南京十九日電 京中所接報告、天津停留之日飛機 十九日晨、有轟炸機三架、向西飛去、

日機飛平市及南苑偵察

▲中央社北平十九日電 十九日上下午均有日機飛平、在市區及四郊盤旋偵察甚久、在南苑偵察時間爲最久、

日機六架在蘆溝橋偵察

▲中央社南京十九日電 京關係方面頃接平電、㈠十七日晚迄十八日、由關東開來日軍兵車十三列、一列停秦皇島 兩列停唐山、另十列抵津、均係徒手兵員、人數未詳 ㈡由津開通縣日軍千餘名、輕重機鎗八十餘挺、野炮廿餘門、載重車六十餘輛 ㈢日兵六十餘名、押汽車六十餘輛、滿載彈藥汽油等 由楊村開往豐台 ㈣日機六架、在蘆上空偵察、旋即南飛、㈤宛平縣城以東大井村一帶日軍炮兵及障碍物已撤去、造家村日機場守兵數百人已撤去大部、

日軍非法檢查津局郵件

▲中央社南京十九日電 關係方面接津訊、津日本兵隊派人到河北郵務管理局檢查信件、竟於十九日起非法執行、今晨所派到局者共有八九人、內二人爲白俄、對收發信件、任意拆閱、並有數件予以扣留、凡由彼等檢查之信件上、均蓋以檢閱木戳、河北郵務管理局十九日已分別呈報交部及冀察政委會津市府報告、

《新闻报》，1937年7月20日，第4版

最後消息

▲中央社南京十九日電　京中十九日晚迭據平津報告、盧溝橋方面日軍、仍不時向我駐軍挑釁、且有開炮射擊情事、乃據同盟通訊社消息、反誣我駐軍向日軍開鎗、並稱津日軍部十九日晚發表聲明、謂日方限至二十日午止、如華方仍有開鎗情事、將採取必要之措置云云、顯係日方故作反宣傳、以爲其將來挑釁之藉口、

▲中央社北平二十日上午一時四十分電　豐台日軍一聯隊、約千人、携砲十餘門、坦克車鐵甲車十餘輛、大車多輛、上載軍用品、另有卡子卅餘輛、亦係軍用品之類、於十九日夜十二時許、經大井村向盧溝橋開進、

▲中央社北平十九日路透電　昨日下午盧溝橋案已在天津解决之信念、今晨據中日雙方官塲消息、業已銷亡、日方聲稱、昨日中日雙方當局之會議所傳出之消息、爲宋哲元已對盧溝橋案謝罪、華方則稱、當時曾由雙方相互謝罪、雙方均承認會議之其他結果、爲張自忠與日軍參謀長橋本决議繼續談判、履行七月十一日議定書之各款事宜、　今晨日本某高級官員聲明、　該文措詞廣泛、其履行詳則、尚需繼續討論、故華方縱予口頭承認、仍難認爲明白有效之協定云、　據可靠方面消息、　今除取締排日運動一條之解釋問題外、日軍事當局尚堅主宛平華軍撤退一節　、須包括駐平第廿九軍之退出乃第三十七師向南退在內、再關於懲辦負責人員一條、能擴大而及於冀察政委會最高人員、若雖多兼任第廿九軍指揮、故有資格之外國觀察時局者、　皆謂此議定書能包括範圍極大之無數要求云、日偵察機一架、昨在冀南射擊火車一列一事、玆悉共發一百五十彈、

▲天津今晨五時急電　香月十九日下午一時、召部屬訓話、　並在福島街花園舉行授旗禮、各機關門前、均置土袋、形勢嚴重、

▲中央社南京十九日電　據息、日本軍用飛機三百架、防毒面具十餘萬、機器脚踏車二百輛、現由日向天津等處運送、又日本第一師團及近衛師團、近亦各抽派一部份部隊、隨同其他部隊開來、

▲北平今晨四時電　津中日接洽、迄十八日止確未簽訂任何成文協定、十九日外報雖揭載三點、但均出諸日方宣傳、確否尚待證明、就宋回平後觀察、交涉重心、似將移往中央、聞撤兵問題、將爲交涉焦點、

▲中央社天津廿日上午三時四十五分電　日軍二千餘人、包括騎兵四百餘、並有炮數門、機鎗數十架、廿日晨二時十分、由海光寺日兵營出發、經東馬路、過金鋼橋、由黃緯路沿平津公路而行、似開往豐台、當此項日軍出發時、一部日僑外出歡送、行經東馬路時、高唱軍歌、居民多被吵醒、迄二時許始全部過金鋼橋、沿平津公路而進云、

《新闻报》，1937 年 7 月 20 日，第 4 版

全國各界紛請抗敵

▲中央社南京十九日電　自盧溝橋事件發生後、全國各界深爲痛憤、紛紛電呈國府、請發動全力、抗敵圖存、誓爲政府後盾、並對前方抗敵將士、紛致精神上或物質上之慰勞、茲將國府十九日續收到各方申請抗敵來電銜名誌後、(一)模里斯全體華僑救國委會、(二)貴陽縣商會率綢緞等業卅餘同業公會、(三)天津各界救聯會、(四)安慶各界抗敵後援會、(五)紐約中華公所、(六)豫教育學社年會、(七)加拿大域多利中華國民抗日救國會、(八)粵民衆禦侮救亡大會、(九)檀香山中華會館中華總商會、(十)中市學生救聯會、(十一)怡朗全體華僑、(十二)豫許昌縣各法團暨全縣五十萬民衆、(十三)閩建甌縣兵役擴大宣傳大會、(十四)全歐救聯會、(十五)沙市商會、(十六)桂文化界救國會、(十七)皖當塗縣各界抗敵後援會、(十八)冀豐清縣各界抗日守土後援會、(十九)中國童軍總會、

▲中央社南京十九日電　京市婦女會女子學術研究會婦女共鳴社女子文化月刊社基督教女青年會、頃聯合電宋哲元、請力抗强暴、謂二萬萬女同胞、决勸夫訓子、毁家紓難、誓爲後盾、

▲中央社南京十九日電　僑委會十九日接南非洲杜省中華公會來電、請堅决抗敵、勿稍退讓屈服、以全國士、本會率全僑誓爲後盾、有必要時、捐款請指定機關統收盼覆、

▲中央社南京十九日電　海内外團體電中央請出兵抗敵者、十九日續有駐墨西哥直屬支部、菲律賓呂宋支部、加拿大域多利分部、希文直屬支部、雪梨總支部、

▲高淳縣黨政各機關團體十七日電慰二十九軍、誓爲後盾、

▲海州　隴海鐵路工會大浦分會、電鄭州總會、請迅予通令全路分會、一致聲援、並懇電請中樞出師北上、固我疆圉、

▲福州　各界今集會　决設抗敵後援會、即電二十九軍誓爲後盾、

▲國民新聞社十九日新嘉坡電　此間華僑今日開始組織救護隊、俾於必要時往華北戰區服務、

▲中央社貴陽十九日電　黔各界自盧案發生後、憤慨非常、紛紛電慰華北守士將士、並組織後援會、爲政府後盾、

▲中央社洛陽十九日電　盧事發生、舉國悲憤、洛各界民衆十八日假縣黨部組抗敵後援會、並電宋哲元及廿九軍將士慰勞、

《新闻报》，1937年7月20日，第9版

蘆溝橋戰事劇烈

蔣委員長離蘆飛京

日軍兩次猛攻蘆溝橋與宛平
我軍沉着應戰日方傷亡甚衆

▲中央社牯嶺二十日電　蔣委員長以京中要公待理、於二十日下午三時、偕夫人宋美齡女士、離山赴潯、即乘飛機返京、隨行者有錢大鈞等數十人、馮玉祥熊式輝等均往歡送、記者在途中遇見、蔣氏著便裝、精神極為煥發、坐肩輿中、並時時翻閱報紙、其不欲使一分鐘之時間虛擲、及關心輿論、於此可見一斑也、

▲中央社南京二十日電　蔣委員長以京中政務殷繁、特於二十日午、偕夫人宋美齡女士離牯、由潯乘飛機返京、侍從室主任錢大鈞等另乘他機隨行、中樞要人居正·王寵惠·何應欽·俞飛鵬·張嘉璈·王世杰等、事先得訊、齊集明故宮機場恭迎、蔣委員長所乘之飛機、於六時三十五分到達機場降落、錢所乘之機、亦相繼到達、蔣委員長身着淺灰色絲綢長衫、容光煥發、態度安閑、頻頻向歡迎人員頷首示謝、旋偕夫人乘汽車返邸休息、歡迎各員均相繼往謁、分別有所報告、

日軍中我地雷

▲中央社南京二十日電　京中廿日晚十時接北平電告、蘆溝橋方面戰事復作、原因係由日方十九日晚無故派隊在該地搜索、誤中我方地雷、致傷亡數十人、日方乃不自後悔、竟遷怒向蘆溝橋發炮數十響、以示洩憤、

兩度攻蘆溝橋

二十日下午二時半、日軍又集結二千餘人、大舉向蘆溝橋進攻、經我軍沉着應戰、日方傷亡甚衆、卒未得逞、至四時許戰事稍停、七時半、日方又續取攻勢、至發電時止、仍在激戰中、聞某軍事當局曾電勉蘆溝橋守軍、誓死保衛國土、旋據該地守軍負責長官復電稱、區區二千日軍、決不足慮、蘆溝橋防務極稱穩固云、

日方最後通牒

▲北平　十九日夜十二時日軍以我蘆溝橋駐軍向日軍開槍為由、突以最後通牒致我平津當局、要求將我蘆溝橋駐軍調離、並限二十日午前答復、我當局以國軍防地、絕非外人所能干涉、未予答復、

我軍士氣極旺

▲北平　二十日下午二時餘、大井村大瓦窯方面、日軍大舉向蘆溝橋我軍防地進攻、人數約一聯隊、步騎炮兵俱有、大炮機槍齊發、我軍沉着應戰、晚七時半、戰事異常激烈、八時半略停、日軍共發一百五十餘炮、我軍仍固守原防、官兵爭欲出擊衝擊、士氣極旺、平市正陽宣武等門均閉、

日軍炮攻宛平

▲中央社北平二十日下午六時十五分電　二十日晨蘆溝橋方面突增日兵千餘人、並有坦克車四十輛、及載重汽車等、滿載軍實、一般預料、必有戰事發生、至下午三時半、日軍果以大炮、向我宛平縣城猛攻、約數十分鐘、我方沉着應戰、戰況頗為劇烈、至四時半左右、始漸停止、據聞日視蘆溝橋為軍事上必爭之地、二十日晚、或尚將有戰事發生、

蘆橋初次之戰

▲中央社北平廿日電　據外間記者息、㈠廿日下午三時半、日記者以電話詢豐台日軍司令部、據答、豐台無事、惟自三時起、聞蘆溝橋方面有炮聲、㈡駐安定貴村一帶之日軍、廿日下午三時半起、紛紛移動、目的在增援蘆溝橋、抑開往別處、尚未判明、㈢蘆溝橋現今在激戰中、情況相當劇烈、

▲中央社北平廿日電　蘆溝橋戰事、至下午四時半停止、平津車亦重新售票、於五時開出、雙方死傷及損失現正調查中、平市仍安定、平豐南苑交通亦照常、豐台方面日部隊調動忙碌、但無戰事、

蘆橋已全被燬

▲中央社北平二十日電　二十日蘆溝橋之役、非常劇烈、聞蘆溝橋已全被燬、宛平縣城內警察局亦全燬於炮火下、保安隊大隊附孫某不知下落、並傷死

《新闻报》，1937年7月21日，第3版

尚未判明、

大井村小衝突

▲中央社北平下午六時三十分電　官方公佈息、二十日下午二時許、大井村方面日軍、突又向我射擊、小有衝突、三時許已停、

日軍攻什方院

▲中央社北平廿日下午八時四十分電　大井村一帶之日軍、廿日晚七時後、突向我什方院進攻、截至發電時止、已發炮三十餘響、仍未停止、

南苑之小衝突

▲中央社北平二十日下午三時十五分電　豐台與南苑之間、二十日晨六時許、有一小部日軍、與我軍發生衝突、雙方以步鎗互擊數分鐘即停止、又永定門外大紅門二十日晨九時亦發現日軍多名、與我軍一度衝突、致北寧路二十日晨上下各次車誤點、至下午已恢復、

我軍沉着應戰

▲南京　私人方面接平急電、十九日日軍於盧溝橋附近中我地雷、死三十餘人、二十日下午三時半、日軍二千餘人數度向我宛平縣城及盧溝橋陣地進攻、我軍均靜伏戰壕中、待日軍進至相當距離、始奮起應戰、以手溜彈及機鎗掃射、日軍傷亡過半、

日軍旋即擊退

▲中央社南京二十日電　關係方面、二十日下午四時接津電稱、日軍於下午二時半、以密集炮火、向我宛平駐軍攻擊、當被擊退、南苑方面、同時亦被日軍射擊、正由我軍抵抗、幷已派隊前往增援云、

▲中央社北平二十日路透電　盧溝橋今日發生兩次衝突、第一次始於午後二時半、至四時半停止、宛平城與盧溝橋、均大遭轟擊、今晚七時三刻、日軍第二次向宛平城轟擊、夜九時一刻、北平猶聞炮聲、聞今晚北平西二哩之什方院、宛平東北之大井村、及北平與南苑間之大紅門、皆有戰事、北平西南各城門復閉、而由軍隊駐守、平津火車因豐台日軍調動、開行誤時、聞華軍刻在海河上游掘壕備戰、據塘沽來人云、海河岸旁村中、駐紮華兵頗多、聞天津日軍當局、已要求華商航業公司讓出碼頭與駁船、供日軍運輸之用、碼頭一帶、現已不許華人走近、

昨晨盧橋之戰

▲中央社北平二十日電　盧溝橋來人談、十九日夜至二十日晨、盧溝橋日軍曾兩度向我軍進攻、均被我軍擊退、日首先攻我軍陣地之日軍、係十九日下

《新闻报》，1937年7月21日，第3版

午由豐台開抵盧溝橋之步兵百五十名、由一大尉率領、自大井村方面以騎兵四十餘人、掩護前進、經我駐永定河西岸之軍隊發現、當即迎頭痛擊、將該大尉擊傷、(三)二次進攻我軍之日軍、計共一聯隊、携加農重炮二門、鋼炮十門、坦克車八輛、鐵甲車四輛、此外并有裝載子彈給養之大車二十餘輛、自大井村迤邐前進、至二十日晨三時四十五分、即開始以步鎗向我陣地猛烈射擊、至四時許、復發炮兩發、均落我軍陣地內、我軍當稍加還擊、至拂曉時、日軍始向大井村原陣地退去、

盧橋二次之戰

午夜炮聲復起

日軍雖數度衝擊、均未得逞、九時後、戰事復稍殺、

▲中央社北平廿一日上午零時廿二分電 盧溝橋中日軍衝突、自廿日下午開始後、一度停止、晚八時許、日軍復進攻、雙方炮火益趨激烈、我軍沉着應戰、至十二時許、又有炮聲、其大井村小井村什方院一帶戰事、亦未停止、但尚不劇烈、聞宛平縣城內落日炮彈甚多、損失浩大、並有民房數處起火、

最後消息

吉星文又負傷

▲中央社北平二十一日上午一時電 我軍守宛平縣城團長吉星文、盧溝橋事件發生日、即指揮部屬、忠勇衛國、八日曾受微傷、旋即治愈、廿日晚中日軍激烈衝突時、吉團長因奮勇應戰、不幸又負傷、

盧橋今晨停戰

▲中央社北平二十一日上午二時四十五分電 盧溝橋一帶中日軍衝突、至二十一日上午二時許、已入安靜狀態、雙方均無動作、但戒備極嚴、

和平談判未停

▲中央社天津廿日電 盧溝橋戰事、廿日又發生、但此間之和平談判、並未停頓、張自忠廿日晚與橋本會晤、交換各項意見、對和平仍在努力、市內刻尚平靜、

盧宛均爲我守

▲中央社北平廿一日上午二時三十分電 盧溝橋方面、廿日下午三時雙方衝突停止後、晚七時許日軍突又炮轟宛平縣城、我軍爲自衛、加以抵禦、至晚八時半始停止、雙方互有傷亡、現鐵道橋及宛平縣城、仍爲我軍駐守、

《新闻报》，1937年7月21日，第3版

日軍有大批開津

大都由海道而來
人數約三萬五千

▲中央社天津廿日路透電　宛平戰事今日復作、天津乃大起恐慌、城中居民、紛紛避入租界、蓋恐北平戰事、將蔓延他處也、北寗路上日軍調動、現又開始、夜半後、將有滿載日兵之火車數列、開抵此間、此外尚有日本運兵船四艘、本月二十二日晨亦可抵此、日軍當局爲援軍將到、預爲佈置起見、已將塘沽沿海碼頭完全佔用、即外人所有者、亦不能免、獨開灤碼頭除外、因今日午後到英艦一艘、適泊於該處也、聞日兵由海道來者、共三萬五千人、登岸後即將乘火車赴津、

▲中央社天津二十日電　此間日軍、仍源源向豐台一帶增援、二十日晚七時、有專車一列、滿載大批子彈軍械、由津赴豐台、七時半、又有一列、載兵六十餘人及給養等用品、亦赴豐台、

大批日驅逐艦將到塘沽

▲中央社天津廿日電　塘沽日艦仍停泊三艘、傳有大批驅逐艦續來、但未能證實、泊塘沽之日艦、每晚均以探照燈放射、人心極感不安、據塘沽來人談、該地各輪船公司碼頭、以及一部棧房、均被迫遷出貨物、日艦陸戰隊亦有陸續登陸之意云、

日艦二艘運兵抵大沽口

▲北平　大沽口到日艦二艘、自日國內載來日軍千四百餘人、登岸後即開塘沽駐紮、

日機三架在平西北偵察

▲北平　二十日、日機三架、在平西北偵察測量、日軍在平西北各地、積極增兵、對平取大包圍、

▲中央社二十日北平電　日飛機二十日四度在平市上空偵察、爲上午七時十時及卜午四時五時、據日使館方面消息、日使館已令在平日僑、每日赴使館避

《新闻报》，1937年7月21日，第4版

難、又將居留民編爲義勇隊八隊、

關外日兵車又陸續開津

▲中央社天津廿日電 日兵車廿日晨續到兩列、其一於晨四時五十分由唐山來津、另一列於晨七時十分由榆關開來、兩列均載大批日兵及軍用品甚多、

▲中央社南京廿日電 關係方面廿日接平電稱、榆關開出陸續到津日軍兵車三列、共載步兵千餘名、騎兵一百六十餘名、馬一百六十餘匹、

▲天津 十九日晨一時到日兵車四列、載日兵共一千餘名、晨十時四十分到一列、載軍用品二十八節、十一時五十分到一列、掛三十節、下午一時三十分到一列、掛三十二節、三時到一列、掛三十二節、日兵到時、車站內禁止行人、形勢嚴重、

日大批軍用品紛運通豐

▲中央社北平二十日電 (一)十九日下午五時許、日兵五十餘人、在豐台東北後泥窪村割去田禾約十三四畝、(二)十九日下午七時許、日兵四十餘名、携重機槍一架、由豐台到大井村附近褚家店停止、(三)十九日上午六時半、有日載重汽車廿九輛、兵百五十名、小轎車二輛、及摩托車七輛、由津向通前進、八時、又有載重汽車一輛、日兵十名、又載重車廿四輛、滿載彈藥汽油軍用品、由津向通前進、(四)十九日午十一時、日兵車一列、日兵六十名、押載軍需品十輛、客車一輛、平車八輛、上裝載重汽車八輛、自行車八輛、由津開豐、

▲中央社北平廿日下午六時四十分電 官方公佈息、廿日各方報告如次、(一)清晨三時半、日兵千六百餘人、携砲廿門、重機關鎗十五挺、載重汽車四十輛、由津向通州方面前進、(二)上午四時後、又有日騎兵約三百人、載重汽車二輛、由津開通、(三)上午九時許、日鐵甲車兩輛、及鐵道陸地兩用坦克車二輛、由津抵豐、(四)上午十時、日兵車一列、載日兵四十餘人、由豐開津、

▲中央社天津廿日電 日軍用載重汽車卅二輛、二十日午後、裝運大批軍用品、外附糧草、由津開往豐台、

▲中央社天津廿日電 日軍坦克車四輛、鐵甲車三輛、載重汽車四輛、兵卅餘人、廿日晚十二時、由津沿平津公路開豐台、

日鐵甲車往來楊村北倉

▲中央社天津二十日電 日軍陸地鐵軌兩用式鐵甲車一列、現停於新站、二十日自晨至晚、不時開往楊村北倉等

《新闻报》，1937年7月21日，第4版

地、晚間仍停新站、同時日兵二百餘人、駐於機廠未他往、新站外公大紗廠日兵、入晚亦仍在戒備、廊坊車站二十日午到日兵數十人、在站台稍留即返、楊村車站、二十日亦有日兵十餘人侵入閘樓內、

日軍駐紮唐山交通大學

▲中央社天津二十日電據聞唐山交通大學、現已由日軍開入駐紮、該校教職員等已紛紛來津云、

高麗營一帶民房均被佔

▲中央社北平廿日電 平北來人談日方現已準備向平北增兵一個聯隊、二十日晨已有日兵三百餘人開到高麗營、該地東北之板橋村•茶塢村•橋子村等處民房、均被劃爲駐兵之用、農民多向北郊逃去、平德勝門外難民麕集、日軍並在高麗營附近圈地百餘頃、作大規模之飛機場、二十日强令當地農民開始割草平墊、又平南來人談、前泥窪(村名)青苗四十一畝、及七間房村青苗地四畝、二十日均被日兵强令割去、

日軍在高麗營强拉農夫

▲北平日軍一聯隊、由古北口開至平北順義縣高麗營地方、强割我民田青苗百餘畝、並拉去農民七八百人、

天津日租界已滿布電網

▲中央社天津廿日電 日兵百餘人、廿日晨赴南市一帶遊行、迄午始返、刻日租界日兵通行各路口、均滿佈電網及蔴袋等工事、人心因此益感緊張、廿日晨、有日軍用載重汽車卅餘輛、滿載大批軍用品給養等、由津開赴豐台

《新闻报》,1937年7月21日,第4版

宋哲元書面談話
總以國家爲前提
請大家勿信謠言

▲中央社北平二十日電　蔣委員長發表我國最低立場談話後、記者二十日晨訪宋哲元、詢以對時局態度、宋因事忙、未予接見、乃發表書面談話云、本人向主和平、凡事以國家爲前提、此次蘆溝橋事件之發生、決非中日兩大民族之所願、蓋可斷言、甚望中日兩大民族彼此互讓、彼此相信、彼此推誠、促進東亞之和平、造人類之福祉、哲元對於此事之處理、求合法合理之解決、請大家勿信謠言、勿受挑撥、國之大事、只有靜聽國家解決也云、

馮治安表示決守衛國土

▲中央社南京二十日電　馮治安二十日有兩電到京、一係報告軍情、一係對外傳津方已簽定和平辦法之謠言、予以否認、并稱廿九軍全體將士、在宋委員長領導之下、決本中央意旨、守衛國土、請中樞當局釋念、廿九軍駐京代表李世軍、當將馮電遞呈何部長、

孫潤宇談確未簽訂協定

▲北平冀察政委會外交委員孫潤宇、二十日晨由津携眷抵平、據談、津方交涉、僅口頭所提意見、迄未簽訂任何協定、日方於折衝時所提問題、牽涉範圍甚廣、我方當表示凡關華北整個局面問題、如政治機構、人事進退、以及軍隊駐地、均非冀察當局有權答復、希望日方逕向中央交涉、地方當局僅負守土責任、談判範圍、應以蘆溝橋事件爲主、關於新入關日軍三萬餘撤回原防問題、亦將由中央與日方交涉、據本人（孫自稱）觀察、交涉重心將移京辦理、在交涉未解決前、平津方面、或可得短時苟安、

張自忠等在津與日談判

▲天津　津日駐屯軍司令部、十九日晚發表聲明、謂日軍二十日午後將開始自由行動後、張自忠立即往晤橋本、至晚十一時許始辭出、又齊燮元於二十日上午十一時十五分、訪問松井談判、

《新闻报》，1937年7月21日，第4版

張允榮到平報交涉情形

▲中央社天津二十日電 張允榮二十日下午五時返平、向宋哲元報告在津與日方折衝情形、

中日代表已成立諒解

▲中央社天津廿日路透電 此間日軍當局今日聲稱、華北日軍參謀長橋本、與中國第廿九軍代表已成立諒解云、聞此中載有中國當局制止共黨與後日活動之詳則、

察主席劉汝明抵平謁宋

▲中央社北平廿日電 察主席冀廿九軍師長劉汝明、廿日晨六時四十分、由察抵平、謁宋哲元、報告並請示一切、

松井偕和知等謁宋哲元

▲同盟社北平廿日電 松井特務機關長、於午後三時、偕和知參謀、今井武官、訪晤宋哲元、會見達一小時又四十分

宋發布告切勿輕信謠言

▲北平宋哲元二十日布告、謂本委員長對盧溝橋事、主張合理合法之解決、商民人等、應各安居樂業、切勿輕信謠言、自相驚擾、

▲中央社北平二十日電 宋哲元二十日晚對各界發出佈告云、爲佈告事、本委員長請假回籍、不幸本月七日夜、盧溝橋事變發生、實係局部衝突、本委員長素以愛護和平爲宗旨、以國家爲前提、本合法合理原則、處理一切、深望中日兩個民族、推誠相見、共達和平之目的、惟恐各界同胞、誤聽謠言、多所疑慮、爲此佈告一體週知、各同胞各宜鎮靜、照常安業、此係國家大事、不可輕信謠傳、妄加議論、自相驚擾、切切此佈、

《新闻报》，1937年7月21日，第4版

曾琦請秦德純備戰守城

▲中央社牯嶺二十日電　曾琦來廬參加談話會、適遇盧案發生、曾氏日前致電秦德純、有所申述、秦當覆電、玆錄兩電如次、㈠曾琦去電、（上略）弟元（十三）日抵廬、迭次參加茶會議會、當局均表示極端信任兄等、惟日方大舉增兵、言和恐係詭計、仍宜備戰、未可弛防、堅守城池、以禦强鄰、是所望於健者、近況如何、盼示梗概、㈡秦德純復電、（上略）巧（十八日）電敬悉、承中央當局諒解信賴、至爲感奮、刻下形勢雖無大戰、而日方運兵不已、內容仍極嚴重也、特復、

平學術界名流謁宋未見

▲中央社北平二十日電　宋哲元晨發表書面談話後、學術教育界名流李書華、李蒸、樊際昌等、下午三時、曾赴宋邸晉謁、叩詢一切、宋因公忙、允約期再見、

王外長再告日高

雙方速撤退軍隊 交涉由中央主持

▲中央社南京二十日電　日大使館參事日高、於二十日上午八時赴外部官舍晉謁王部長、繼續交換關於盧溝橋事件之意見、王外長告以際玆事機緊迫、彼此不必作無益之辯論、貽誤大局、務須雙方採取迅速行動、避免事態之擴大、如謂中國在河北省之軍隊調動、有可非議之點、則日本大部軍隊之在該省、尤顯爲侵犯中國領土主權、王部長旋更重提昨日節略中之提議、謂雙方應立即約定日期、彼此同時停止軍事行動、撤退軍隊、以爲此係惟一可能的避免衝突之方法、王氏幷稱、雙方既均謂不欲擴大事態、且均謂軍隊之調遣、不過預防萬一、則中國之提議、自無不能接受之理由、關於地方交涉一點、王部長則謂任何國家之外交、無不由中央政府主持辦理、就本事件而論、中國政府固無時不準備與日本政府交涉、以謀迅速公正之解決、倘有地方性質、可就地方解決者、亦必經我國中央政府之許可、最後王部長幷稱、中國政府已屢次表明熱烈願望、願將此不幸事件、得一和平解決、只須有一線和平希望、中國決不放棄其依據外交途徑、從事和平解決之努力、

《新闻报》，1937年7月21日，第4版

王外長昨報告華北情勢

▲南京 廿日晨、政院會議、討論例案前、首由王外長報告華北情勢、及我國與日使館備忘錄要點、暨冀察當局與日方折衝經過、旋交換今後應付方策、歷一時餘、王外長未待會畢、十一時半即離院、赴外部處理要公、

德參事飛師爾昨謁徐謨

▲中央社南京二十日電、德使館參事飛師爾、廿日午後五時許謁徐謨、探詢盧事、又義使館秘書瞿斯蒂、定廿一日晨八時半謁徐謨、

喜多誠一昨晨由京返滬

（中央社）日本駐華大使館陸軍武官喜多誠一、前晨由滬到京、晉謁何部長、並會晤日使館參事官兼駐京總領事日高氏、對於盧溝橋事件有所商談、業於當晚十一時乘坐夜車離京返滬、昨晨七時許抵此、

宋哲元代表謁當局報告

▲南京 宋哲元駐京代表李世軍、二十日晨接宋報告平津狀況電、八時即赴陵園新村謁孫院長、九時赴軍政部謁何部長、報告並請示、午後十二時餘、復持宋來電謁何部長、及軍委會辦公廳主任徐永昌等、有所請示、

《新闻报》，1937年7月21日，第7版

許大使昨晤廣田

盼日方從速撤兵

廣田態度極堅决

▲中央社東京二十日電　許大使昨夜安抵東京後、深夜始就寢、今晨九時晤日外相廣田、談一小時半、力說我國堅持不擴大方針、及盼日方從速撤兵、廣田謂現只盼中國承認及實行協定、其餘以後再說、態度極堅決、

▲中央社東京廿日路透電　許大使甫抵東京、即於今晨九時訪問外相廣田、討論華北中日爭案、聞廣田語許大使、謂日政府深以中政府對蘆溝橋所取之態度爲異、中政府對日本備忘錄之覆文、殊堪扼腕、廣田並解釋日本之立場、請許大使轉促南京政府重行考慮其主張、廣田延見許大使後、即往參加內閣會議、由首相近衛主席、近衛上星期中曾患病多日、聞內閣决定進行七月十一日所宣布之政策、內閣復於午後集議、根據中國外長王寵惠博士與日參事日高今晨會談之官報、討論一切、據報館所接南京消息、日高曾請王博士切實答覆日本所提出之請求二條、即(一)南京承認華北任何地方協定、(二)即速停止一切抗日挑釁行動、包括中央政府派兵至華北一事、王博士即答稱、(一)任何地方協定、如其中條款國民政府能予認可、則不欲妨阻之、(二)國民政府不欲激起戰事、且願根據局部化與互不侵犯之原則、獲一和平解決云、同時日政府人員皆堅稱平津地方談判與南京日中談話、性質完全不同云、聞駐華日大使署與南京日總領事署職員之眷屬、均將於七月二十三日自動返國、

▲同盟社二十日東京電　廣田外相會見許大使後、招致堀內次官與石井東亞局長至官邸、說明許大使所傳中國政府之態度、交換意見後、出席閣議、

▲中央社南京廿日電　外交界息、許世英十九日抵東京、當晚九時到館視事、廿日對東京各報記者發表談話、切望日方停止軍事行動、勿勿事態擴大、根據正義、由外交途徑謀和平解決、我國軍事準備、係因日本積極增兵、純爲自衛、并無挑戰之意云云、并聞許廿日訪廣田外相、作囘任後首次訪問、

日外務省深夜發表聲明

▲同盟社二十日東京電　外務省因華北事變現已臨到危機、二十日上午一時二十分發表聲明、謂日高代理大使七月十七日對於中國政府提出備忘錄之要旨、爲(一)不妨害現地當局實行解決條件、(二)應即停止對日一切挑釁行動之兩點、然中國政府十九日對此答覆、大致爲如下四點、(一)中日兩方軍隊之同時撤退、(二)由外交交涉解決事件、(三)現地

《新闻报》，1937年7月21日，第7版

解決辦法、必經中央政府之許可、四中國政府願接受直接交涉斡旋調解公斷等、日本當局不能承認此爲對於日本提議之答覆、

日內閣昨召開緊急閣議

▲同盟社廿日東京電　日政府因時局已臨到最惡關頭、在今晨閣議、協議日政府應取態度、至正午散會、然頃又決定於本日下午待南京天津方面報告來到後、即時召開緊急閣議、決定日本政府對於時局之最後方針、而由廣田外相或風見書記官發表談話、闡明日本態度、然時局嚴重、

（又電）近衛首相自本月十三日因病在永田町自宅靜養、未出席任何會議、廿日上午十時、赴首相官邸、即時出席閣議、

▲中央社東京廿日電　今晨十時半、日閣舉行會議、首相近衛出席、首由陸相杉山報告各種情勢、次由外相廣田報告與許大使會見情形、及外交交涉經過、聞決定俟日駐華大使館參事日高與王外長會見結果、詳報到後、下午再開緊急閣議、爲最後決定、日閣今晚將發表重大聲明、

▲同盟社廿日東京電　日華兩軍竟在宛平縣城附近發生衝突、是以政府決即召開緊急會議、廿日午後六時、諸閣員陸續集合於首相官邸矣、

▲同盟社廿日東京電　廿日夜間之緊急閣議散會後、風見書記官發表其情况如左、全夜之閣議、乃繼續午前開會、於午後七時五十分、由關係閣員聽取各項情勢後、對於今後之態度、決定政府仍當遵照既定方針、充分監視華軍、講求自衛上之適宜處置、旋於午後九時五分散會、

▲同盟社廿日東京電　廣田外相於廿日午後九時十分在閣議散會後、進宮覲見日皇陛下、將閣議決定對華北事變之處置　委曲上奏、並奉答各種下問、旋即退出、

同盟社揑造禁日貨新聞

▲中央社南京二十日電　本京訊、下午六時、同盟社曾發出國府編定禁止日貨進口之記事、本社記者特以此訪問外交關係方面、據稱、關於此事、業經邀得該社駐京記者詢來資詢其來源、該記者答稱、本人並未發出此項記事、並稱當問上海同盟支局聲明等語、按同盟社邇來屢發不實消息、今又揑造上項新聞、當兹中日關係千鈞一髮之際、乃故散此刺激日本商人情感事消息、實不能不令人感覺其係屬有意挑釁也、

《新闻报》，1937 年 7 月 21 日，第 7 版

津各國領事開會

擬悉遷各國僑民入租界
擬對日檢查郵件提抗議

▲中央社天津二十日電　駐津各國領事、二十日午十一時、在比總領館開會、計到英法美等國領事、所討論者、鑒於時局顯趨嚴重、擬於必要時、將租界以外之各國僑民遷住租界、及必要時之防衛方法、均經交換意見、有所決定、此外對日方在河北郵務管理局檢查信件事所取之態度、加以研究、擬向日方提出抗議云、

▲中央社天津二十日路透電　日方在此間東站之軍事活動、現已終止、東站幾無人往來、惟日兵巡邏迄未稍弛、天津領事團今日集議、討論大局、而租界外外人安全與日人檢查郵件兩事、亦在研究之列、討論多時、卒決定俟事態稍明朗時再定辦法、

英軍由山海關撤集天津

▲中央社香港十九日路透電　所有英軍、除一中隊外、現皆由山海關撤退而集中於天津、

英法武官視察前方狀況

▲中央社北平二十日電　外交界息、盧事發生後、平各國使館武官、曾紛赴前方視察、法大使館武官巖拔戴、英陸軍武官史考特、十八日由平乘汽車赴保、沿途視察、並曾訪萬福麟、有所探詢、事畢於二十日返平、

《新闻报》，1937 年 7 月 21 日，第 7 版

法美大使將晉京

▲中央社北平廿日電　法大使那齊亞、以時局緊張、日內即將赴京、美大使詹森、短期內亦將乘軍艦南下、

各國報紙評論

日應負保持和平責任
對蔣委長宣言極重視

▲中央社倫敦二十日哈瓦斯電　英國各報頃撰論評遠東時局、「新聞紀事報」載稱、「保持和平之責任、應由日本負之、蔣介石將軍昨日所發表之言論、措詞決堅而又婉和、一方面表示保持和平之意願、一方面又提出切實條件、可謂智慮周全、世人所當知者、使將有四萬萬人口之中國、決非輕易所可摧毀」、「每日電聞報」載稱、「南京東京、皆無開始大戰之意、所望中日兩國外交家、能以覓雙方均可認爲滿意之解決辦法」、晨郵報載稱、「日本或可戰敗中國、但不能征服之、中國或可抵抗日本、但必大傷元氣」云、

▲中央社倫敦廿日路透電　孟却斯德指導報、今日論遠東時局、謂哀的美敦書之在遠東、鮮有限期屆滿者、因遠東了解討價還價之藝術、遠甚於西方也、是以南京政府之拒絕日本要求、未必即作談判終止之解、日前局勢危迫、固無疑問、但有可注意者、蔣委員長之文告、明白承認冀察政委會、其所堅持者、僅爲任何解決不得變更中國之土地與主權耳、南京迄未採行可被斥爲侵略之任何行動、此層儘可切實說明、縱使不許中國有權在其自己一省內調動自己軍隊之秘密約定果然存在、然此約定、恐已爲日軍之開抵該省所徒廢矣云、

▲中央社巴黎二十日哈瓦斯電　法國各報頃撰論評遠東時局、右派費加羅報載稱、「日本參謀部對華作戰時、苟非有迅速結束之把握、其間諜機關若非確知蘇俄必不乘機而攻擊滿洲、自不致遣派大批部隊、前往中國」、共產黨人道報載稱、「法西斯各國對於西班牙問題、願與英國爲之從犯、此次對於中國問題、亦作如是想、惟美國對於和平擾亂份子、態度日益堅決、非[illegible]也」云、

蘇聯政府態度

以極端同情加以注視
並給予精神上之聲援

▲中央社倫敦二十日哈瓦斯電　按之莫斯科最近消息、蘇聯方面對於中國抵抗日本一層、咸以極端同情之態度加以注視、蘇聯消息靈通人士則謂、中國在蘇聯方面、除可在精神上獲有聲援而外、不必別有奢望云、查蘇聯行政機關與共產黨內部、現仍賡續肅清工作、將欲拼除一切反動份子、截至目前爲止、共產黨員全數四分之一、約七十萬人、或已開除黨籍、或已被捕、或竟執行鎗決、毫不放鬆一步、此外蘇聯政府刻曾決定在各軍區成立軍事蘇維埃、俾以強化政治管理、嗣後軍事領袖多人、因恐個人威權與陸軍紀律等所妨害、當即提出異議、因而發生爭執、並被剷除、關於外交一層、陸軍前總參謀長杜哈契夫斯基與高級將官數員、曾提出主張、謂蘇聯若不準備與德國作戰、即當與之接近、庶在遠東方面得以行動自由、[illegible]德國之愛、此在蘇聯獨裁者史丹林、以爲戰爭非必不可避免、至少在相當時期之內、亦必如是云、

王正廷之談話

日本實包藏侵略陰謀
將使全世界和平受擾

▲國民新聞社十九日華盛頓電　中國駐美大使王正廷今日聲稱、日本對於中國、實包藏遠大之侵略陰謀、其手段始則造成事件、然後徐圖地方解決、以達其蠶食政策、余深望日本不再使局勢趨於嚴重、否則唯有將遠東大陸於大紊亂、其結果將使世界和平亦受擾、中國政府已重向日本聲明雙方同時撤兵、及和平解決盧溝橋事件之願望云、

孔副院長抵英

渠以爲日軍侵擾華北
乃政府與軍人之爭執

▲中央社倫敦二十日路透電　中國行政院副院長兼財政部長孔祥熙博士、今日由紐約抵此、路透訪員往見之、但孔不願發表言論、因尚未接到

《新闻报》，1937年7月21日，第8版

南京方面之更详细情報也、渠以爲華北事件、現爲東京政府與關東軍極端派間之爭執問題、孔似甚健康、已不擬赴德療病、渠欣然語人、體氣縱不視前爲佳、亦不較前爲劣云、孔在倫敦盤桓久暫、將視遠東時局而定、

日兵惡遇美婦

在北平日大使署門外 拉斯羅浦女士被踢傷

▲中央社北平二十日路透電　美婦婦瓊斯夫人與拉斯羅浦女士、昨晚在日大使署外受日兵惡遇、據女士報告美大使署謂、日兵一名曾猛推之、渠因而驚哭、該兵復擧足踢其腰部、女士又曰、『諸兵當時狂噪推我二人、甚形粗暴、』瓊斯夫人與其同伴後經釋放、但二人離走時、哨兵一名、復由後踢瓊斯夫人、美大使署現已將此事通知日大使署、請予注意、

英對中日事件

艾登在下院答阿特重 正與各政府密切接觸

▲中央社倫敦二十日路透電　今日下院開會時、外相艾登答復反對黨領袖阿特里關於中國時局之問話、謂英政府現正步步與關係之各政府密切接觸、除昨日所告下院之消息外、絕少新聞、中政府答復七月十七日日代辦所發照會之內容、渠尚未接到情報、至於蔣委員長之宣言、渠已接徵實消息、阿氏又問報載日軍炮轟某鎮、大約爲宛平之說、是否確實、外相答稱、渠尚未接到情報、

《新闻报》，1937年7月21日，第8版

各方電請抗戰

▲中央社南京廿日電、國府廿日收到各方來電、請立即發動、全國一致抗戰、來電名銜如次、㈠桂省黨部、㈡廣州南洋華僑興業社、㈢滬市商會等、㈣蒼梧抗日救國會、㈤閩南宛縣黨部、㈥柔佛峇株巴轄中華商會、㈦太原文化界聯會、㈧南昌市漁會、㈨中航建協會菲支會、㈩川華陽新運會、(十一)波士頓華僑聯會、(十二)三寶峰支部、(十三)隴南各界抗日後援會、(十四)甘肅民衆守土抗戰後援會、(十五)革命同志會、(十六)中國軍事交通學會郵政分會籌備會、滇在野軍人周伯甘等電蔣委員長、靜待後命、努力前驅、

各地民氣憤慨

紛起組織後援會

▼捐款慰勞守土將士

▲中央社重慶二十日電　渝各界二十日成立援助平津守土抗敵將士大會、通過組織大綱九條、計分設總務宣傳勸募監察四組、並推選胡文瀾溫少鶴等九人爲常務委員、即日開始工作、

▲中央社保定十九日電　清華大學學生自治會、組守土將士慰勞團、派代表趙儒沂等三人、携大批毛毯及現金十九日由平來保、慰勞受傷官兵、又東北旅京同鄉慰勞團張利達等三人、携大批毛巾線襪肥皂汗衫暑藥等、亦來保慰勞、

▲南通　南通地方各團體、鑒於前方將士、忠勇衛國、組織救國後援會、募款慰勞前方將士、

▲中央社西安二十日電　陝學生集訓總隊各生、對盧案憤慨異常、近紛紛請求入軍校肄業、並由十八日起節食捐款、共得二百六十八元五角、已送交抗敵後援會、轉匯前方慰勞抗敵將士、

《新闻报》，1937年7月21日，第8版

日驅逐艦駛汕

▲汕頭 日海軍第五驅逐艦隊二等驅逐艦春風號、十八日由馬公港駛汕、汕海面現有日艦兩艘、

日領請求保僑

▼蘇州日僑將返國

▼膠濟線日僑赴青

駐蘇日領市川、二十日上午十時、赴縣政府、由黃外務秘書代見、市川要求飭屬特別保護在蘇僑民、並謂婦孺僑民已整理行裝、將離蘇赴滬、準備返國、

▲中央社青島二十日電 膠濟沿線日僑向青島撤退、廿日晨又到七十餘人、在最近五日內、共到日僑約五百餘人、當局態度極鎮靜、

《新闻报》，1937年7月21日，第8版

閩浙當局
飭屬維護治安

▲福州 省憲警當局爲維護治安、決嚴行防止無稽謠言、夜十二時卅分後施特別警戒、必要時得提早、

▲杭州 市府令省會警察局、自蘆溝橋事發生、全國震撼、人心不定、本市爲浙西首善區、深恐奸人闖謀不軌、影響地方、應嚴查集會、如有未經黨政機關許可者、一概予以禁止、並嚴禁造謠滋事、以維治安、

日艦二艘到崇明

▲中央社南京廿日電 據息、崇明花鳥山、十七日晚八時、開到日本驅逐艦兩艘、

駐通保安隊長
張慶餘被日方鎗决
因張同情廿九軍

▲南京 駐通保安隊第一大隊長張慶餘、自蘆溝橋事件發生、極同情廿九軍、約定戰事發生時、在通內應、爲日方察覺、十八日將張鎗斃、並改委馬國芳爲隊長、

何柱國演講
爲蘆事告西北同胞

▲中央社西安二十日電 何柱國二十日晚廣播演講『爲蘆溝橋事件告西北同胞』、略謂西北雖在後方、但負有援助責任、尤須積極準備、大家要堅毅沉着、百折不撓、團結鞏固、才能做到我們持久的消耗戰、達到我們最後的勝利、結論謂親者所痛仇者所快的事、我們萬萬不可做、敵人希望我們做的、我們都不做、才是眞正救亡圖存的道理、

《新闻报》，1937年7月21日，第8版

華北籠罩和平空氣

雙方又約定停戰撤兵

我方軍隊已守約向後撤退一二里

日軍尚未撤退前途如何猶難樂觀

▲北平　二十日夜盧溝橋劇戰後、雙方連夜在平進行和平談判商定將雙方軍隊、同時撤退至砲火有效射程以外、日方要求我先撤、我允將原駐盧溝橋龍王廟衙門口一帶卅七師何旅後撤、由石友三部保安隊旅長程希賢部接防、日方同意、二十一日晨六時雙方共派六人、我方爲程希賢·周永業·周思靖、日方櫻井·中島·笠井出發盧溝橋一帶、監視雙方撤兵、十時我何旅開始先撤、由保安隊程旅接防、二十日夜雙方談判撤兵時、我方曾鄭重聲明九日晚約定撤兵、我宛平縣城駐軍即先撤、日軍竟違約拒撤、此次希望日方勿再背信、否則我方决難容忍、戰事再起時、責有攸歸、我何旅現撤至保安隊後方一二里休憩、隨時可開前方應戰、如日軍依約後撤、局部和平、可以實現、否則將發生更嚴重衝突、

▲天津　二十日晚、津中日雙方代表、正式商定盧溝橋事解决辦法、二十一日晨四時、前方已轉平靜、晨八時、由冀北保安旅長程希賢、日顧問櫻井等、赴盧溝橋監視撤兵、二十九軍防地、由石友三保安隊接防、聞日軍亦有撤回原地準備、和平空氣甚濃、但日方調度軍事仍甚積極、二十一日所實行者、不過序幕、前途荊棘尙多、尙待努力、此際猶未可全抱樂觀、

▲天津　冀北保安隊程希賢旅第二團、廿一日晨八時、開抵盧溝橋接防、原駐當地軍隊奉令撤退、但當時因日軍未退、雙方仍對峙、平市謠言本多晚七時十五分、永定門鐵軌又拆毁、交通阻斷、經雙方再度交涉後、我方軍隊於晚八時後實行後撤、

▲北平　官方息、我駐盧溝橋龍王廟衙門口宛平一帶廿九軍何旅、已照雙方口頭約定辦法、向後撤退、由保安隊第一旅長程希賢部接防日軍亦開始後撤、惟廿一日夜十時、盧溝橋方面、尙有歷落炮聲、據官方稱、係日軍掩護撤退、實仔情形、須待今日判明、

▲中央社北平二十一日電　此間當局、對盧溝橋事件、始終主張和平解决、二十一日晨、已令盧溝橋以西以北我前方各地駐軍、暫時向後撤退一二里、所遺防務、由石友三保安隊依次接防、保安隊第一旅長程希賢、於二十一日晨十時起、率部前往接防、如日軍於我保安隊換防時期、不予攻擊、至午十二時、可換防完竣、據關係方面稱、我方此次先行撤兵、即係表示和平之鐵證、亦係促日方之覺悟、倘我軍撤退後、日軍仍不遵約撤退、其蓄意挑釁、已爲舉世所共見、設不幸事件擴大、其責當由日方負之、

▲中央社北平二十一日下午四時四十分電　確息、我保安隊原定二十一日上午十時至十二時接防盧溝橋、但因前線日軍防守監視甚嚴、以致接防不易、截至下午四時止、保安隊接防尙未實現、

《新闻报》，1937年7月22日，第4版

▲中央社北平二十一日下午十二時電　中日雙方監視撤兵人員周思靖中島等、於二十一日晨赴盧溝橋宛平縣城及衙門口八寶山兩軍前線、交涉撤兵、因有相當結果、於二十一日晚十時餘返平、周即向秦德純報告交涉情況、

▲北平　二十一日夜十時三刻、盧溝橋方面、又有礮聲、原因不明、

▲中央社北平廿二日零時四十分電　據廿一日晚由前線來平之某軍官談、盧溝橋及宛平線我軍防地、經二十日夜激戰後、迄未移動、我軍士氣甚旺、均抱爲國犧牲決心、惟宛平縣城前曾由石友三部保安隊接防、故二十日夜日軍向我猛烈攻擊時、我方以保安隊勢力單薄、不得已乃調一部軍隊增防、至盧溝橋方面、本由吉星文團駐守、二十日夜之戰、即由此兩部奮力抵抗、至二十一日晨、日軍停止攻擊、我增援部隊、亦即撤去、現宛平縣仍由保安隊固守、雙方監視撤兵人員、在該地視察後、即赴平西郊衙門口監視撤兵、我該地駐軍爲表示和平解決、以促日方覺悟、當於二十一日下午一時、暫向後撤退、遺防由保安隊接替、至於平西八寶山我方駐軍、亦於二十一日晚七時二十分、撤退一部、當撤退時、日軍曾乘機向我發砲六響、傷我士兵數人、我軍未還擊、又大井村大瓦窰一帶日軍、截至發電時止、尚未撤去、

秦德純談和戰全視日方

▲北平　秦德純二十一日晨談、宋哲元對中央發表蔣委員長牯嶺談話、極表欽崇、此間對日一切交涉、悉秉承中央指示意旨辦理、時局根本解決辦法、在入關日軍能否撤退、最後關鍵、全視日方有否和平誠意、

北寧路平津間交通恢復

▲中央社天津二十一日電　北寧路平津間二十一日晨又恢復、平津六次、平榆二十二次、均按時由津赴平、由平開行之四一次車、二十一日亦過津東行、

路局派工修理平漢路橋

▲中央社北平二十一日電　自盧溝橋事件發生後、平漢線北段、交通即告斷絕、現經雙方商定、沿盧溝橋鐵道左右側之中日軍隊、同時向他處移退中、平漢路派工務人員前往修理被毀之電線等、以便通車、據聞昨日午後起、雙方軍隊均已陸續他移、大井村方面日軍、將逐漸退往豐台、六時許、平市所聞炮聲數響、即係日軍掩護行動所放、今日平漢交通或可恢復、至宛平縣城及盧溝鐵橋石橋等、我軍防地、則並未移動云、

《新闻报》，1937年7月22日，第4版

蘆溝橋一場激戰

日軍幾全軍覆沒

▲北平 二十日下午、盧溝橋一帶戰事、參加日軍一聯隊、步騎炮各種兵均備、人數達二千以上、我軍均赤膊、以大刀手溜彈應戰、下午七時半、戰事最烈時、雙方相距僅二十米、日軍三百餘人、突前衝擊、冀奪我盧溝石橋、多爲我軍手溜彈擊斃、大刀砍殺尤衆、幾於全軍覆沒、日軍炮火、異常猛烈、我宛平縣城、幾全燬於炮火、我方盧溝橋及宛平城一帶陣地、均屹然未動、

日軍傷亡者五倍於我軍

我軍傷亡百餘人、日軍傷亡五六百人、我軍截獲日軍大炮六門、輕機鎗四架重機鎗一架、步鎗數百枝、激戰至八時餘停戰、

我受傷官兵均帶傷拚命

▲中央社保定二十一日電 盧溝橋日軍、二十日夜、全線以騎兵掩護步兵及坦克車、向我左右翼猛衝、希圖過河、炮火之猛、空前未有、我軍嚴陣以待、進攻日軍、均經擊退、前方士氣極盛、受傷官兵、均帶傷拚命、誓死堅守、團長吉星文、表示宛城即其葬地、決共存亡、

吉星文受傷仍裹創作戰

▲北平 駐守盧溝橋奮勇作戰團長吉星文、係吉鴻昌姪、二十日晚以親入戰壕督戰、頭部左頰上爲步槍子彈擦傷、幸不甚重、戰事如再起、吉仍決裹傷作戰、

日軍炮轟宛平城

居民死傷者極多

▲中央社北平二十一日下午五時五十五分電 二十日盧溝橋方面日軍、再向我方挑釁經過如次、㈠本月二十日、日軍三次不顧信義、復於稍露和平聲中、於下午一時、以重炮猛攻盧溝橋城東北兩面、炮彈多落於城內、達五百餘發、居民死傷、血肉橫飛、慘不忍睹、殘酷行爲、超過前兩次、東門城樓與東北城轆、悉被炮燬、至三時許始息、我方正在救護傷亡時、日軍竟於七時許、復行開

《新闻报》，1937年7月22日，第6版

炮、比前二次尤爲緊密、全城民房、無一完好、直至七時半始停止、

炮轟之後日機低飛掃射

我長辛店亦受七炮彈、旋日機由豐台飛來、低空掃射、略有損傷、陣地無變動、㈢昌平縣高麗營有日軍二百餘名、佔民地千餘畝、建飛機場、現已完成、停有日機三架、㈢豐台街衢、表面沉靜、實際緊張、各大客棧澡堂多被日軍强佔、

宛平城內殘毀損失甚巨

㈣此次日軍進攻盧溝橋、我方損失甚鉅、城內被炸慘痛情形、不堪言狀、縣保安隊隊附受傷甚重、已於二十一日派人護送來平、入某醫院治療、

日方飛機之示威

在各地低飛偵察

▲中央社南京二十一日電　京中所得津訊、津東局子飛機場所停之日軍用飛機、二十　日晨四時以後、即開始活動、曾有一部飛出、至八時許、又有十七架飛向西北方面、十時許已全部返回、

日機十七架飛平空偵察

▲中央社廿一日下午六時卅分電　廿一日晨飛平偵察之日機、計有十七架、共分四隊、在平市上空及南苑各地盤旋偵察後、即向盧溝橋方面飛去、平市各城門、如宣武和平崇文等門、廿一日起復開一扇、門後堆壘沙包、情况較二十日略緊、

日僑避難地點指定四處

聞日使館指定、㈠日本大使館、㈡東交民巷正金銀行、㈢東單三條日本俱樂部、㈣東單二條日本小學四處、爲日僑避難地、

各國僑民門前懸旗示別

美使館方面亦派人向市內各美僑處有所通知、又東城一帶住各國僑民甚多、現皆各於門前懸其本國國旗一面、藉資識別、

《新闻报》,1937年7月22日,第6版

日機在津市空低飛盤旋

▲天津二十一日上午十時餘、有日機六架、在津市低空盤旋、復向西南方飛去、據調查、停津日飛、現仍爲三十七架、

日機在盧溝橋一帶偵察

▲中央社北平二十一日電　日機十餘架、廿一日晨、由津飛盧溝橋一帶偵察、於九時餘、來平市上空低飛、盤旋數週後、即飛北郊偵察、

日機二十餘架二次起飛

▲中央社天津廿一日電　東局子所停之日飛機、二十一日下午四時起、又有二十餘架陸續起飛、赴津南及西北等方面偵察、迄七時許始返回降落、現此間仍有日機三十餘架、

保定車站舉行防空演習

▲中央社保定廿一日電　此間車站、廿日下午九時、舉行防空演習、實行燈火控制、又下午五時、日機一架、飛固城偵察、旋向東飛去、

日軍仍陸續到津

重兵集結於豐台

▲中央社天津二十一日電　集結秦榆等地日軍、仍陸續來津、二十一日晨、又到兩列車、共六十節、載兵數百餘人、及給養軍械等甚多、均停於東站、

▲中央社南京二十一日電　津訊、二十一日午十一時許、日兵車一列續由榆關抵津、共有三十二節車、士兵數百名、據聞廿一日晨所到之日軍、係屬第十九師團云、

▲天津　日軍調動仍繁、廿一日晨零時三十分、日兵車一列、掛車廿一節、滿載日兵、由榆開津、上午一時廿分、日兵車一列、掛車三十五節、載軍用品由榆開津、十二時廿五分、日兵車一列、載日軍百八十名、由津開楊村、二時五十分、復折回津、下午一時廿八分、日鐵甲車三輛、由津開楊村、旋於二時十分折回、用意不明、又廿一日晨七時餘、日載重車十輛、滿載日兵、押騾車五十餘輛、載軍用品由津開往豐台、

日鐵甲車三輛開往豐台

▲中央社南京二十一日電　津訊、日鐵甲車三輛、廿一日下午一時半、由津總站開往豐台、日軍二十一日午十二時許、由津開專車一列、共有五節、有官佐數人赴豐台、

▲中央社天津廿一日電　日軍以舊式馬車四十餘輛、裝運大批木箱、二十一日晨六時　由津沿平津公路開豐台、據一般推測、此項木箱、內多係子彈等物、

《新闻报》，1937年7月22日，第6版

駐豐台日軍共有六聯隊

▲中央社南京二十一日電 據息、駐豐台日軍、係四十旅團山下全部、計鯉登七十七、野村七十九、南雲七十八、加籐二十、岡崎廿八、細川廿六、共六聯隊、

日軍在塘沽設立運輸部

▲中央社天津廿一日電 塘沽因日艦開到三艘、同時日駐軍入晚嚴加戒備、故人心大感不安、紛紛來津、日軍部在該地設有運輸部、頃通知各華商公司、凡輪船靠岸及啓碇、均須事先通知、須得核准、日前曾徵集駁船五千噸以上輸運軍用品、現又通知不用、但對各碼頭所積存貨物、則限即日他運、而各公司因駁船貨車目前均甚缺乏、日方催促甚嚴、目前甚感困難云、

日兵在蘭清村支搭浮橋

▲中央社北平廿一日電 平北高麗營南面十餘里前後蘭清(村名)地方、二十日晨到日兵多名勘察、附近一河流、寬約十餘丈、因不能通過、即强迫當地農民支搭浮橋、擬於二十日午夜完成、聞至廿一日晨始告竣、該橋寬一丈五尺、上覆黃土、現由日兵看守、

日兵隱伏平漢路十號橋

▲中央社北平廿一日下午六時四十分電 平市西郊什方院以西四里許平漢路十號橋附近、廿一日晨、發現日兵十數名、在該地隱伏、

日軍在劉安莊强築機場

▲天津二十晨日日人神谷符見、率華工九十餘名、赴北倉劉安莊繼續建築飛機場、農作物已均割除、用土填平、決於廿三日完成、縣府阻止無效、已分呈省市府交涉、

▲中央社天津廿一日電 津縣北倉劉安莊宜興埠等村、日方所闢之飛機場、共佔地三四百畝、連日强行開工、至今已大部完成、日方廿一日派員前往勘查、尚擬在附近駐兵、據謂係保護飛機場云、

日方懷疑僞冀東保安隊

▲北平 日人對冀東廿一縣保安隊、均極懷疑、全部調集通州順義兩縣、嚴重監視、所遺二十一縣防地、均改派日軍接防、

日兵拘押我漢溝鎮警察

▲中央社天津二十一日電 日兵數百人、二十日晨由津開往豐台、途中經縣境漢溝鎮時、將縣警察治淨等拘押、晚八時始向北而去、但仍留四十餘人在鎮看守云、

高麗營難民紛紛逃北平

▲北平 平北高麗營鎮及附近村莊、多被日軍佔領、農民馬紛紛逃平、有步行者、有携妻女老幼乘大車者

《新闻报》,1937年7月22日,第6版

日兵侮辱美婦案

美向日提嚴重抗議

▲中央社北平二十一日路透電　報載日大使館兵士星期一晚在大使館外、侮辱美籍婦人瓊斯夫人及拉斯羅浦女士事、美大使館已向日大使館提出嚴重抗議、日大使館允於調查後再答復、瓊斯夫人及拉斯羅浦女士均稱、受日兵猛推足踢、但據日使署發言人聲稱、調查後已知日兵並未向二美婦行暴云、又日衛隊軍官曾告日報訪員、謂二婦當時希圖張望沙袋障碍物之後方、日兵揮之使去、二婦仍徘徊其側、日兵乃推之前行、該軍官否認日兵曾舉足踢之、並謂一婦失足仆地、或因以猜想日兵曾跌之云、

英大使昨謁蔣委長

▲南京　英大使許閣森、廿一日下午五時赴軍校校長懇廬謁蔣委長、談一時餘辭出、

華北時局不安靜

英不欲與日本談話

▲中央社倫敦二十一日路透電　外相艾登今日在下院宣稱、英政府雖希望與日本談話、但華北時局長此狀態、似未使出此、故余不得不以英政府此種意見、通告日政府云、

《新闻报》，1937年7月22日，第7版

許大使再訪廣田 磋商盧溝橋事件

▲中央社東京廿一日電 廿一日晨十時、我駐日大使許世英再訪日外相廣田、對盧溝橋事件有所磋商、

美對中日糾紛 尚無意援用中立法

▲中央社華盛頓廿日路透電 羅斯福總統今日接見記者時、復表示美政府尚無對於中日雙方援用中立法之意、

英政府仍與他國 商權改善遠東現局

▲中央社倫敦二十一日路透電 中日時局、今日又爲英下院詰問之事件、外相艾登答自由黨曼德之問、謂英政府仍與他國政府時常商榷遠東現局、不論其爲國聯會員國與否也、此種商榷、現逐日沿外交途徑進行、以渠目前所知、渠以爲曼德所發將此事提交國聯行政院之建議、未必能改善時局云、保守黨議員濟爵奇問、英國根據九國公約凱洛格公約與國聯盟約、在華北糾紛中、有何種束縛、艾登答稱、九國公約與凱洛格公約、皆未在目前爭執中、束縛英政府、即在國聯盟約下、亦未發生任何束縛云、艾登復答工黨台氏之問、謂中國境內領事裁判權之地位、並無變更云、艾登又答保守黨摩廉之問、謂駐華英大使關於中國保險法之批評、外部業已接到、刻正在考慮中云、

義美法三國使館 派員探詢最近情形

▲中央社南京廿一日電 義使館秘書羅斯齊、法使館秘書高蘭、美使館參事裴克、分於廿一日上午八時半九時半十時先後到外部謁徐次長、探詢北方最近情形、又日使館秘書福井淳、廿一日午訪亞洲司科長董道寧、有所接洽、約談半小時辭去、

《新闻报》，1937年7月22日，第7版

日軍在華北行動 德政界極爲重視

▲中央社柏林廿一日哈瓦斯電　中日兩國糾紛、極爲德國政界人士所重視、各報亦登載長篇消息、國社黨機關報民衆觀察報、幷加以評論云、『日本在華北之行動、乃係對付蘇聯之精密預備工作、所惜者中日兩國因而互相敵對、自難望其互相合作、以反抗布爾希維克主義』云、

三日人擬進北平宣武門被拒（國際社）

《新闻报》，1937年7月22日，第7版

日當局並未訓令
使館人員家族撤退

▲中央社東京二十一日電　二十一日午、日外務省發言人答各國記者關於盧溝橋事件之問話謂、廿日夜及二十一日晨、尚無再衝突之報告、外務省幷未訓令南京日使館員及家族撤退、現地交涉仍在進行中、

法左右兩派報紙
一致對我國表同情

▲中央社巴黎二十一日哈瓦斯電　法國左右兩派各報賡續評論中日問題、對於雙方談判進展情形、拒不加以推測、對於中國表示同情者、仍佔大多數、天主教『晨曦報』載稱、『中日兩國孰是孰非、不容加以曲解、世人若以日本爲是、非失之幼稚、即屬居心險惡、各種政制有等候戰爭者、有希望戰爭者、亦有製造戰爭者、日本帝國主義、即其一例、』右派『斐伽羅報』載稱、『日本好戰、不可不加以承認、恫嚇之爲事、雖不失爲一種巧妙手段、但日本若欲藉此而迅速致勝、其對於中國是否估價過低、實一問題、』共產黨『人道報』載稱、英國雖與日本成立諒解、吾人仍高呼中國萬歲、極右派『小日報』載稱、『英國採取審愼態度、美國保留行動自由、法國亦採審愼態度、蘇俄或可出而干涉、德義兩國則受反共協定之拘束、無以自拔、綜計各大國中、恐無一國出而加以干涉』云、

《新闻报》，1937年7月22日，第7版

日法兵同時演習 津市民衆頗感不安

▲天津 津日軍八十餘名、廿一日晨六時、在南開靶檔道舉行實彈射擊、同時法兵亦在東局子演習機關鎗、市民不明真相、頗感不安、市警局嚴禁造謠、派偵緝隊隨時查禁、

廬山談話會 第一期已告竣

▲二期定廿三日舉行

（本報特派記者牯嶺通信）談話會政治組今日上午舉行、係採自由參加方式、並不指定何人參加政治、何人參加經濟、蔣委長未到、由汪主席、汪無報告、僅請大家儘量發表意見、並聲明有何項質問、因個人不能代表整個中央、在談話會時、恕不能立即作答、旋張君勱發言、主張開放言論結社集會應予人民以自由、對憲法討論最久、左舜生主張國民大會應請各派代表參加、下午經濟組參加人較少、馬寅初有關於財政上之提案、查談話會之日程與方式、與初定辦法頗有出入、分組談話、僅由出席人表示意見而已、黨外頭角崢嶸之士、藉此發洩其平日抱負、其餘謹飭之士、要多噤若寒蟬 明日上午談話之後、第一期即告竣事、下午當有大批人員下山、聞第二期決定於廿三日開始舉行、參加人員亦已陸續來山、至第三期是否照開、目前尚難斷定、蓋時局嚴重、前方消息瞬息萬變、殊非吾人所能意料也、（七、十九、）

▲中央社牯嶺二十一日電 廬山談話會第一期已結束、二十一日起招待截止、來賓二十一日紛紛離山、各返原地、

▲中央社南京二十一日電 中央秘書長葉楚傖及中宣部部長邵力子在廬參加談話會事畢、二十日下山、葉乘江大輪、邵乘隆和輪東返、兩氏均於二十一日抵京、旋即赴中央黨部辦公、

▲中央社漢口二十一日電 師長魯大昌、霍揆彰赴廬參加二期署訓、二十一日到漢謁何主任成濬、當晚乘輪赴潯轉廬、又騎兵師長彭學斌、亦已過漢赴廬、

▲牯嶺 蔣委長返京、署訓仍照常、已派黃旭初爲第二期總隊長、衛立煌爲主任、劉建緒等爲團副、

《新闻报》，1937年7月22日，第7版

華北局勢急轉直下

雙方軍隊均已後撤

前線及平郊馮部悉已調防

由趙登禹及程希賢部接防

▲北平 時局急轉直下、我方前線盧溝橋・宛平・龍王廟・馮治安部應戰軍隊、均已後撤、改由石友三部保安隊程希賢旅接防、日軍亦撤至大瓦窰・大井村・小井村・五里店一帶、將俟三十七師全部換防後、大部日軍、即繼續撤向豐台、但是否別生枝節、尚難預測、惟駐北平城內及平郊各地之馮部、亦奉宋哲元令調防涿州、已於二十二日下午、開始出發、其第一列車、已過長辛店、二十三日將續有兩列車出發、其所遺防地、調一百三十二師趙登禹部填防、趙部二十二日下午、亦已開到、大局至此、似已無再發生衝突之可能性矣、

▲天津 盧溝橋事解決辦法、進行甚速、廿二日晨平漢沿線前方中日兩軍、已均撤退二華里、我軍防地、由保安隊接防竣事、日軍仍放哨至鐵道附近、平漢路被毀橋樑及電線、完全修復、下午三時後、即行通車、據關係方面確息、華北最高當局意旨、目前我方力避衝突、先作到雙方撤兵之目的、將來之交涉、由中日雙方政府、以外交途徑謀善後解決、

▲北平 程希賢・周永業・周思靖・二十二日晚九時、由盧溝橋回平、謁宋哲元、報告我保安隊換防後日軍撤退情形、

▲北平 我保安隊接防盧溝橋龍王廟衙門口一帶陣地後、日軍於二十二日午後、亦由平漢線左側撤完、正陸續由大瓦窰五里店大井村向豐台撤退、迄晚止、各處尚留日軍四五百人、二十三日亦可相繼撤竣、

▲北平 盧溝鐵橋東平漢線兩側日軍、迄二十二日夜尚未撤完、

中日監視撤兵人員出發

▲中央社北平廿二日電 中日雙方監視撤兵人員周思靖・周永業、暨中島・櫻井等一行、廿二日晨七時廿分、乘平漢路專車赴盧溝橋、監視撤兵、聞專車過五里店時、將稍停止前進、與日方駐盧溝橋部隊接洽一切、如無其他阻碍發生、即繼續向盧開行、

前線我軍撤退換防已竣

▲北平 我方於盧溝橋・宛平・龍王廟之線、應戰最忠勇之廿九軍何旅、已於廿五日上午、實行後撤、改由石友三部程希賢保安隊旅起接防、廿二日午刻、宛平及附近一帶、接防已竣、何旅吉星文團已退出宛平他移、

▲中央社北平二十一日路透電 現悉第三十七師已接受移駐永定河西面之辦法、今已有數分隊撤至宛平北面、

北平馮治安部奉令調防

▲北平 平漢路後段路軌、二十二日

《新闻报》,1937年7月23日,第4版

上午已修竣、下午通車、原駐平郊及城内之卅七師馮治安部、頃奉宋令、移駐保定涿州、二十二日午、宋召卅七師高中級幹部訓話、解釋調防原因、下午五時起、馮部駐南苑八寶山大紅門之二一八團、已乘平漢南下第一次兵車、向新防地進發、

▲北平 廿二日下午五時、馮治安部未開前、蘆溝橋一帶平漢路軌旁、仍有少數日軍、當局慮馮部兵車通過該地時、發生衝突、經與日軍當局商妥、嚴令路軌旁之日軍、撤匿高糧深處、勿爲馮部所見、以免衝突、日方允照辦、頃交通方面據報、馮部已通過該地、進達長辛店、

趙登禹部開入北平換防

▲北平 一百三十二師趙登禹部、奉宋哲元令、開平換防、其駐河間之某團、廿二日午、已開入北平、接防馮治安部原駐之平郊及城内等防地、

蘆溝橋日軍向豐台撤退

▲中央社北平廿二日電 蘆溝橋沿平漢鐵道線之日軍、廿二日晨五時起、開始向後撤退一二里許不等、聞日軍此次後撤、係分兩步驟、第一步由鐵道線撤至大井村・小井村・郭莊子・等地、第二步再續撤向豐台集中、雙方監視撤兵員周永業・周思靖・中島・櫻井、刻仍在前方辦理一切、又聞平漢路廿二日下午可望通車、

▲中央社北平廿二日電 官方消息、當局爲亟謀恢復平漢路交通起見、廿一日商同日方、將沿蘆溝橋鐵道左右側之雙方軍隊、同時他移、日軍現仍在向豐台各方面陸續撤移中、廿一日晚炮兵一部、携帶陸炮十一門撤往豐台、雙方前所派之監視撤兵員周永業・周思靖・中島・櫻井等、均會往前線相互監視一次、平漢路駐平辦事處長鄒致泉、廿二日晨亦親率工務人員、赴蘆溝橋一帶督修電線、以便通車、

雙方撤退時之一度波折

▲中央社北平二十二日路透電 華北時局緊張兩星期、茲因宛平區内之中日軍均已撤退、人心始爲安定、蓋雙方繼續衝突之可能、將因此減少也、雙方撤兵事宜、由中日軍事委員依照協定、會同監視實行、華軍之撤退者、爲第三十七師、該師駐蘆溝橋八寶山西苑北平之軍隊、今全移駐永定河西之各地點、日軍則由宛平附近撤至較近豐台之地點、三十七師撤出之各地、由一百三十二師之軍隊填防、今晨已由河間開抵、駐北平之三十七師軍隊、於今日下午三時撤盡、登火車開至保定南面之某地點、駐宛平者、須於昨夜撤退、但臨時發生頓挫、因日方初允若華撤至西苑、復又改爲撤至永定河西、該軍不服、復馳回原地、開始掘壕、致北平復見緊張、但至今晨、一切已妥協矣、

豐台楊村日方仍集重兵

▲中央社北平二十二日下午六時三十五分電 關於前方撤兵情況、截至下午六時止、未接續報、本社特派員亦未返城、惟聞日軍在前線陣地並未移動、僅各地人數略爲減少、故前途如何推演、

《新闻报》，1937年7月23日，第4版

尚難遮斷、豐台方面廿二日晨曾開到鐵道陸地兩用之鐵甲車三輛、抵豐站後、即將鐵輪卸除、改換皮輪、似有西開準備、楊村日兵亦較二十一日略增、且放步哨、禁絕交通、現我在該處憲兵已移駐車站外、二十三日晨飛平之日機雖僅一架、但在平市上空盤旋時間則較久、另據交通界消息、鄒致權已抵盧溝橋、如無特別變化、平漢通車一二日內即可恢復云、

關外日兵車仍不斷開津

▲天津廿二日、日軍調動仍繁、自晨至晚、以載重車載軍用品由津開出者、計五十餘輛、上午零時廿分、日兵車一列、掛車十九節、由津開豐台、下午一時五分、日兵車一列、掛車十一節、由榆到津、下午九時廿分、日兵車一列、掛車十五節、由榆開來、二十三日晨可到津、截至二十二日止、津共到日兵車四十八列、又日停塘沽驅逐艦菊荻葵三號、現以局勢稍緩、二十二日晨十一時、菊開離塘沽口外、

▲最後消息▼

日本共產黨反對日政府最近行為

▲中央社南京二十二日電　傳日本共產黨因反對日政府最近之行為、二十二日曾在大森拋擲炸彈、並決定由思想宣傳入手於實際行動時期、

蘆溝橋宛平城視察記

日軍不但未撤且又增援

▲中央社北平廿二日電　門頭溝電話、廿二日下午二時、記者由平抵長辛店視察、當地秩序安堵、商民照常營業、防務異常鞏固、二十日夜日軍炮攻盧溝橋時、當地市內落彈九枚、傷四人、死幼女一名、人心尚鎮靜、宛平專員王冷齋、偕秘書洪大中、自二十日至今仍往來於盧溝橋與長辛店間、辦理後方工作、記者復往晤王洪兩氏、經過盧溝橋石橋至宛平縣城內視察、所得結果如次、㈠石橋橋身未受大損、橋下河灘被砲彈所擊、炸痕累累、橋東頭「盧溝曉月」石牌幸無損壞、入宛平縣西門、城內戒備緊嚴、由冀北保安隊駐防二十日下午日軍砲火密集城內落彈五六百枚、民房被擊、破瓦敗垣一片焦土、景象奇慘、專員公署及警察局亦全被炸毀、保安隊兵及縣民傷亡累累、屍骸枕藉、東門城樓被轟全塌、通東西門馬路被砲彈炸成無數大坑彈炸處兩旁商戶門面均被摧毀、㈡城內居民除一部份婦孺自事變發生後因王專員勸告離開縣城外、其餘壯丁均留駐城內、不願出城、王氏代辦糧食、按戶發放、㈢中日雙方撤兵辦法、本經約定二十日由我保安隊接防衛門口八寶山、二十二日下午六時以前盧溝橋東至五里店大井村一帶、所有日軍全部撤往豐台、但截至廿二日下午六時半、據報前述地點之日軍、不但未撤、而又有大小鋼炮廿餘門由豐台增援、㈣日本飛機一架二十二日上午十時飛長辛店盧溝橋偵察、㈤平漢路北平至長辛店間路線二十二日修復、由平開出第一列車載有某國士兵一車、二十二日晚八時復由長辛店開往涿州、㈥盧溝橋一帶前線二十二日竟日平靜、

▲中央社北平二十二日電　平漢路駐平辦事處處長鄒致權廿二日晨七時許親率工務人員前往盧溝橋方面督修電線、據報午後已修理完畢、旋有一列車開至長辛店、大約即日起客車即可完全恢復、

日軍出動統計

▲中央社南京廿二日電　據最近統計、日軍由國內出動者、計有駐姬路廣島京都四國熊本大阪等地之師團、日本全國各地徵集之運輸汽車約二百輛、現均由海道運至天津、又日本郵船會社之摩耶丸生駒丸等船、亦專供每日由日本向塘沽運送軍火之用、至日方自本月十七日起、向平津一帶輸送之軍用物品、計有飛機三百架、機器腳踏車一百數十輛、防毒面具三十萬、及彈藥坦克車大炮機關鎗等甚多、此外由日本國外各地調赴華北之軍隊、除駐朝鮮之第十九第二十兩師團外、關東軍亦調入榆關、

《新闻报》，1937 年 7 月 23 日，第 4 版

日軍部人員表示

日軍撤退未有定期

豐台日軍仍向大井村一帶增加
馮治安部繼續開涿州換防

川越表示盧案已解决

▲北平 豐台日軍二十三日下午一時許、向大井村一帶增加炮兵、附大炮廿四門、切近平漢線兩側日軍、每五十步設一機鎗哨、人數時多時少、往來不定、並時時發炮示威、我當局深恐又生誤會、一面嚴令我軍遵令移指定地帶、一面派員勸日軍勿再激起事變、日方答稱、候我調防完竣後、卽可後撤、

▲北平 長辛店二十三日下午九時電話、我八寶山衙門口一帶軍隊、二十一日午後已全部後撤、由冀北保安隊接防、盧溝橋以東日軍、按約應於二十二日下午六時前全部撤至豐台、但迄無撤退勢、且有增加、據謂係監視我軍調防、兩日來前線平靜無事、

▲天津 盧溝橋事件、經半月來之折衝、軍事衝突、截至廿二日止、已告一段落、廿三日馮治安師防地、由一三二師趙登禹部接防後、日軍如不再生枝節、時局可暫告小康、唯前線日軍仍未全撤、將來是否能恢復八日以前狀態、關東軍是否退回關外、殊可重視、川越大使始終無返京準備、談判前途、尚未許樂觀、但據此間當局消息、日方如誠意撤兵、預計一週內可恢復八日以前狀況、

▲中央社北平廿三日路透電 華北局勢、依然可慮、日軍廿三日下午又在宛平與盧溝橋方面增厚兵力、八寶山現有華兵一中隊、衙門口之華兵已撤、日武官今井稱、日方非未依允如華兵退出宛平、則日兵亦退出該境、日兵之去留、全視情形而定云、

▲中央社天津廿三日電 據此間官方稱、盧溝橋中日雙方軍隊、已開始撤退、平漢路廿三日正式恢復通車、至此次所發生之事件、已告一段落、日軍在盧溝橋事件發生後、曾有大批兵車來津、並轉豐台、關係方面云、由關外計開到兵車卅列、人數七千餘、馬一千二百餘匹、其他若坦克車•汽車•各若干、飛機三四十架、現分在津•豐等地、尚無撤退之意、日軍部人員、曾向官方非正式表示、日軍調集繁瑣、俟稍待、當陸續撤退、但未有日期、川越尚在津、廿三日晨、

《新闻报》，1937年7月24日，第3版

派駐津領事永井、赴市府訪秘書長馬彥翀、表示盧案已解决、對過去市府維護地方、特致敬意、聞興中公司社長十河、滿鐵理事阪谷、二十二日已到津云、

▲中央社北平二十三日電　長辛店電話、我方衙門口八寶山一帶守軍、二十一日下午即全部後撤、由冀北保安隊接防、盧溝橋以東日軍、按約定應於二十二日下午六時前全部撤退豐台、但截至二十三日下午五時止、所撤者僅大井村五里店之一部、兩地殘餘部隊及盧溝橋城東門外最前線部隊、迄無撤退勢、我盧溝橋城防務極鞏固、因雙方已商定和平辦法、故自二十三日起、兩軍前線、已入停戰狀態、

▲中央社北平二十三日下午四時十分電　大小井村之日軍、二十三日仍積極作防禦工事、令農民協助挑挖戰壕、其兵士且多散伏高粱地內、戒備極爲嚴密、又原駐豐台之日兵、二十三日晨開數十人赴盧溝橋一帶、並携有鋼礮廿一門及大批瓦斯品、

▲中央社天津二十三日路透電　聞日本駐屯軍某員今日向中國當局聲明、謂赴華北之日本軍隊、定於環境許可時、一律撤回、惟目前不能預定撤兵日期云、此間日軍現已增八千餘人、而其携來之軍用品、數量亦復不少、此外北倉附近之劉安莊、已新闢大飛行場、興中公司總理十河信二、與南滿鐵路公司實業股長阪谷二人、皆與華北經濟發展有密切關係者、今日已迭袂抵津、

盧溝橋一帶
前晚曾一度緊張
架起各砲瞄準宛平等地

▲中央社北平二十三日電　盧溝橋大井村大瓦窰一帶日軍約二三千名、截至二十三日下午、仍無撤退準備、且於廿二日復增加砲隊多名、當晚即至盧溝橋車站東南方之沙崗高地、將各砲架起、砲口向宛平縣城・盧溝石橋・及長辛店各地瞄準、我方據報後、城內保安隊、即登城警戒、同時盧溝橋一帶、我軍亦準備出動、記者適於此時入城視察、因形勢嚴重、故逗留一週、即出城、至晚八時、形勢轉緩、截至二十三日下午、迄未衝突、雙方現猶在相持中、按攻擊宛平縣盧溝橋一帶之日軍、依約應於二十二日撤退、但迄二十三日、仍未實行、其屢次失約、早爲世人所共悉、預料前途尙難樂觀、

回龍廟之役敵受創甚重

據我某軍官稱、盧溝橋東北回龍廟一役、敵我曾肉搏數次、終因我軍大刀之威力、與愛國之精神、將敵砍死數十名、故敵軍埋置地雷、以防我軍衝擊、廿三日午、盛傳五里店一小部日軍、已撤退

《新闻报》，1937 年 7 月 24 日，第 3 版

說、但迄未證實、

日軍晝撤夜進完全背信

據前線我軍報稱、日軍輒於晝間聲明撤退、入夜則又前進、故非大部撤退、不足爲信、宛平縣盧溝橋現由我方保安隊防守、俟日軍依約撤退後、我駐該地一帶之廿九軍亦即撤退、

盧溝橋東南有日軍戰壕

盧溝橋車站未有日軍、一切均由我方人員主持、車站東南約半里許一帶高地、爲日軍駐守、記者搭平漢車於廿一日下午二時過該地時、見日軍仍在戰壕內向對面約一里許之我軍作瞄準姿勢、並仍趕築戰壕、絕無撤退模樣、盧溝橋前彈痕甚多、現由我士兵把守、

八寶山馮部臨行之悲憤

▲北平 駐八寶山馮治安部卅七師一團、奉開拔令時、全軍悲憤、宋哲元聞訊、恐釀事變、派員持親筆手諭、對官兵詳爲解釋、廿三日晚八時徒步開長辛店乘平漢車赴保、預計一週內換防可竣、

趙登禹率部開北平換防

▲北平 一百三十二師趙登禹部開三十七師駐防各地換防、二十三日晨、有一營進北平、維持平市治安、趙本人亦已到平、又二十三日有趙部一團到北苑營房、

宋哲元已蒞政委會辦公

▲北平 宋哲元因時局略和緩、二十三日晨十時赴政委會辦公、

張自忠談愛國向不後人

▲中央社天津二十三日電 張自忠二十三日發表談話云、此次盧溝橋不幸事件發生、適予臥病在平、當即力疾會同秦市長馮主席、本素主不喪權不辱國之精神、與之周旋、所有經過、業會同秦馮通電各方、迨宋委員長到津、予始來津、一切均遵照宋委員長之指示辦理、當知中國是整個的國家、中華民族是整個的民族、如屬國家整個問題、應由中央統籌處理、若係保地方事件、當唯冀察政委會委員長之命令是從、予分屬軍人、兼綰市政、只知服從命令、捍衛地方、自信愛國尤向不後人、至近日情形、已散見各報、刻以宋委員長返平、故一切均由宋委員長在平處理、予以病猶未愈、各位記者未能多所延見、故簡談經過如此云、

《新闻报》，1937年7月24日，第3—4版

今井談日軍持觀望態度

▲中央社北平二十三日電 今井武官談、(一)盧溝橋一帶向後撤之日軍、是否繼續撤退、須視華軍之撤退是否有誠意、故日軍此際再向後撤、尚非其時、(二)日軍撤至豐台後、是否即駐紮豐台、抑再調往他處、或回本國、全視中國方面能否履行一切條件而定、(三)近兩日前方均極平靖、雙方並無衝突事件發生、(四)由關外增援之日軍、是否即行復員、或仍駐在關內、俟奉到陸軍省命令而後定、

川越派員向津市府道謝

▲天津 日副領永井、二十三日晨十時、代表川越大使、赴津市府訪張市長、由秘書長馬彥翀招待、對維護治安、日僑未受驚恐、表示敬意、並對時局交換意見、據永井談、川越大使最近期內、暫無離津意、十時餘辭去、

香月病劇不克起牀理事

▲天津 香月現因病劇、不克起牀理事、津日軍部事務、由橋本代理、

津市府向日方交涉三事

▲天津 市府秘書長馬彥翀談、(一)日軍檢查郵件事、經交涉已撤退、日並將致郵文件索回、(二)機場損毀青苗、允賠償損失、(三)日方在華北捕人事、經交涉結果、日保證決不再有此類事發生、對已捕者、俟訊問後、即引渡、

日方允賠償割青苗損失

▲天津 日軍在津市縣境界割安莊宜興埠等村、圈地三四百畝、強割青苗、作飛行場事、市府已分令縣府及警察局、調查鄉民損失情形、日方已允賠償、

《新闻报》，1937年7月24日，第4版

日方允釋濫捕之津市民

▲北平 日方近在津任意捕我國民拷打、平當局廿三日已令津市府交涉制止、聞日方允即日釋放、

日機三架飛長辛店偵察

▲中央社北平廿三日電 日機二架、廿三日晨、在長辛店盧溝橋一帶往返偵察、約一時餘、旋飛平市上空偵察一週而去、

日機二架飛翔平空盤旋

▲北平二十三日晨、日轟炸機二架、飛翔平市上空、盤旋甚久始去、

▲中央社北平廿三日路透電 日機一架、今日盤旋於北平天空、歷半小時、夜間宛平與八寶山陣地、一切寧靜、

日機一架飛至汴鄭偵察

▲中央社鄭州廿三日電 廿三日下午三時五十五分、又有日機一架、在汴空偵察後、向西航進、四時零五分、到達鄭空、盤旋一週北飛、在黃河鐵橋高空偵察、旋即向東北飛去、

▲中央社保定二十三日電 二十三日午十二時半、日偵察機一架、在車站低空偵察甚久始去、

時局和緩平市無形解嚴

▲北平 時局自廿二日起確巳和緩、不至發生嚴重波瀾、觀於冀察當局日來應付事變之步驟、與態度之鎮靜、可知確具睦鄰決心、與和平志願、故就冀察局部觀察、時局前途、完全和平、平市入夜巳無形解嚴、以使小民、各娛樂場所、定二十四日晚、恢復夜場、

《新闻报》，1937年7月24日，第4版

平漢客車已恢復一部份

▲中央社北平廿三日電　廿三日平漢路交通狀況如下、㈠晨七時廿分、由西車站開出兵車一列、仍往涿州、尚有一列、原定九時開駛、但至十一時止、尚未開動、㈡午十二時、有客車一列、由保定開來、下午二時、有客車一列、由平開保定、㈢其餘各次客貨車、自廿四日起、可恢復原狀、

▲中央社北平廿三日電　路息、廿三日晨九時、平漢路局派工程車一列、沿線修理被毀電線、由保定首次北開之四十四次車、業於下午二時半抵平、下午二時廿分由平應行南開之車、則遲至三時廿分始開出、聞該路各次客車、自廿四日起可全部恢復、

平漢路損失達一百餘萬

▲北平　平漢路駐平辦事處長鄒致泉談、平漢此次損失、達百餘萬、路軌與電話線、均已修復、惟路籤線兩日後始能修竣、日軍在蘆溝橋路線附近未撤者、係放哨性質、

平津各次客車照常開行

▲天津　津東站總站仍爲日軍佔據、情形稍緩和、華人已允進站、平津各次車二十三日已照常開行、

日兵車一列又由榆到津

▲中央社天津二十三日電　此間二十三日晨九時、又到日兵車一列、計有十五節車、聞係二十二日晚由榆開出者、

《新闻报》，1937 年 7 月 24 日，第 4 版

津東總兩站日兵戒備情形如前、且東局子之日機、亦時飛各地偵察云、

▲中央社天津二十三日電 日軍調度並未稍停、據路息、秦榆尚停有日兵車五列、有繼續西上模樣、

日軍第十師團未抵大沽

▲中央社天津二十三日路透電 裝運日軍第十師團前來華北之日方運輸船、預料昨晨可抵大沽者、迄未駛抵、聞船已開行、大約抵大連後、視察北平時局之趨勢、再定行止、

日運野戰炮七尊赴北平

昨晨九時有野戰炮七尊、以馬曳之、沿大路向北平進發、並有日兵百名、隨行保護、日方軍用品、刻在海河北岸起卸、而華兵則集於海河南岸、大沽中日軍隊衝突之說、現悉不確、

日軍糧食軍火之運輸忙

▲天津廿二日晨七時廿分、日大車二百、載運大批糧秣、卸津特三區日軍糧秣廠、又下午三時、運到專車一列、停特三區鐵道、當時日兵禁人通過、又晨六時、日載重車四十餘輛、滿載軍用品、由津日兵營開豐台、下午六時、空車折回、

日軍又在湯莊子築機塲

▲北平南郊湯莊子常姓田地九十九畝、二十三日晨、被豐台日軍強佔、鏟除青苗、建築機塲、

▲中央社北平廿三日電 平南距城三十餘里康莊子地方、日軍前佔去民地二百餘畝、擬建飛機塲、因不敷用、廿三日又佔去常鴻奎三十五畝、常調林廿七畝、常曙海廿二畝、張佥長十五畝、共九十餘畝、強迫地主簽定契約、

日空軍大批出發來華說

▲中央社南京廿三日電 據日息、日軍用品現仍源源向我國運來、大阪近又扣留商船十七艘、備軍運之用、又日軍用飛機五十架、重爆炸機一中隊、於日昨由日出發備用、日空軍指揮官亦隨機飛來、

《新闻报》，1937年7月24日，第4版

大沽口日艦又開去一艘

▲中央社天津二十三日電 塘沽大沽地方尚平靜、前此開到之日驅逐艦三艘、二十三日晨葵號亦開往他處、目下僅有荻號仍停泊碼頭、又到津之日飛機、前後共三十八架、仍未離去、

平市槍決漢奸于芷山等

▲北平 綏署二十三日午槍決携帶鎗械擾亂公安之漢奸于芷山·韓心德·王黎鏡·楊眞建四名、

各使館派員赴戰地調查

▲中央社北平二十三日電 外交界息、盧溝橋事件告一段落後、各國駐華使節、紛紛派員赴戰地調查事實經過、

田尻赴平事畢過津返京

▲天津 田尻於二十一日到津、與川越談時局、二十二日晨赴平、晤松井等、傳達一般意見、二十三日晚九時、由平過津返京、

津浦車上拘獲可疑苦工

▲中央社天津二十三日電 二十三日晨津浦北上車抵津時、有苦工四十餘名、由魯平原登車隨來、路警以其行跡可疑、當加以盤詰、據稱係由一陳某招募、準備修築鐵路、言語甚爲支離、當送警務段轉解警察局訊辦云、

日便衣隊沿津浦路南下

▲快訊社天津廿三日電 昨晚有日使衣隊二百餘人、一律穿着中國衣、分批由津出發、沿津浦路南下、據聞係奉命

《新闻报》，1937 年 7 月 24 日，第 4 版

前往津浦膠濟隴海等線、從事特務工作、

平保間電話線在修復中

▲北平 平保間長途電話、因盧溝橋事變、被日軍破壞甚大、廿三日已趕修、廿五日可恢復通話、

日本各報否認 華北時局根本解決

謂將變更政策剷除禍根

政府決派政治家來華着手談判

▲中央社東京二十三日路透電 日本各報、對於華北第三十七師之更調防地、否認爲華北時局之解決辦法、以爲衝突之基本要點、依然存在、除剷除禍根外、將來糾紛必繼續發生、預料日本關於此事之政策、或將大有變更、據朝日新聞載日政府主張遣派重要政治家一員、前往南京、着手談判中日問題之根本解決、

《新闻报》，1937年7月24日，第4版

社論

馮趙兩師之換防

（夢蕉）

據前日消息。原爲馮治安師駐守之盧溝橋•宛平•龍王廟等處。已改由程希賢之保安第一旅接防。而原駐北平城內及四郊之馮師。則改調趙登禹師換防。凡此皆爲地方當局。息事寗人。委曲求全之辦法。若就軍隊本身而論。則所負守土衛國之任務。並不以番號而有差別。八日盧溝橋之役。無論當時駐守者爲何項部隊。亦必招致同一結果。蓋對方固以冀省整個之武力爲對象。甚或爲其眼中釘。觀於上年豐台之役。第一次衝突後。亦以改調某營換防。爲暫時解紛之計。迨其後第二次問題再燃。竟至逼退守軍。任何部不容再駐。此等苦痛之經驗。當猶縈繞於國人腦際。故以趙易馮之結果。謂自此可以相安。任何人不容作此奢望。自辛丑條約締結後外國駐兵於平津各地。已有三十餘年之歷史。中外軍隊。歷久相安。即就日本而論。亦僅於民國三年。發生昌黎駐軍。擅殺路警之案。尚未聞其他事變。北洋軍人柄政之際。其時我國冀省駐軍。最爲龐雜。其間且曾發生皖奉直奉數次大戰。與外國駐軍摩擦之機會尤多。何以迄無釁端之肇。是則由昔例今。其故可想。光緒十一年。中日駐軍在朝鮮互鬨。日使伊藤至津。力以懲罰滋事華兵爲言。合肥不允。然卒定雙方互撤駐兵之約。而中日勢力之消長。實判於是。故通常所謂撤兵或停戰協定者。驟視之似爲地方局部之事。實則禍患所隱伏。可以支配兩國數十年政治之命運。此例甚多。不遑枚舉。而由上述之成案言。自光緒八年我國駐軍於朝鮮都城之後。日人千廻百折。剛柔互用。卒遂其迫退我軍之計。蓋與上年豐台一役。雖有時地迥乎不同之感。但國策既定。必曲折以赴之。則由今溯前。並無殊異。故今日不論其爲地方當局。或中央政府。均應審愼戒備者在此。豐台本非日軍應駐地點。今則自各路調來之兵。暨由宛平稍向後退之兵。均以此爲集結地點。是等於轉換陣地。增厚軍力。以實行其控制平郊之計。較之七月八日以前。情勢蓋又轉劣十倍。如此而欲地方相安無事。又豈可得。故今日我方最低之限度惟有與對方澈底清算辛丑條約。以追問其有無應守之範圍。應負之責任。蓋置違約駐兵違約演習於不理。而惟以守土自衛之軍士爲其要求對象。試問二十九軍自昔受同一之教育。服從同一長官之指導。馮師所不能爲不願爲者。其他各師亦不能爲不願爲。此後輾轉吹求之結果。冀省將來且無我國可駐之兵矣。此非吾人過慮之詞。殷鑒不遠。即在上年豐台一役。因此吾人認爲對於此事。應以日本駐軍勿超過辛丑約定範圍。退出豐台。爲我方應提之對案。否則枉己徇人。流弊無窮矣。

《新闻报》，1937年7月24日，第7版

日稱一水兵失蹤
全滬陸戰隊昨晚出動

昨晚九時半、本市日本海軍陸戰隊藉口於一水兵之失蹤、要求市府尋覓、同時日陸戰隊坦克車鐵甲車紛紛出動、茲將各情分誌於後、

日稱兵士失蹤

㈠據日人方面消息、昨夜九時半日本海軍陸戰隊本部據日僑宮崎舞雄(住吳淞路八十五號)報告、謂有日本水兵一名、在北四川路長春里內被華人(二三名)毆傷後、拖上汽車架跑而去、不知所終、陸戰隊本部查得失蹤者爲一等水兵宮崎貞雄、即分頭向警所捕房查究下落、㈡閘北寶山路警察分局突於昨晚九時半接日本陸戰隊本部電話、謂有水兵一名、在狄思威路北四川路附近被華人毆傷後失蹤、請查究下落、當夜十時半又接日領署電話、謂有日本水兵一名、在靶子路海能路附近爲華人毆傷後失蹤、請即查究下落、㈢據外人方面消息、謂昨夜九時許捕房方面接電話報告、謂北四川路某舞場有鬧事毆打情事、捕房方面即派探捕前往、事已平息、且亦無甚關碍云云、㈣記者復向出事處調查、據當地住戶云、其事若何、當時未有聞見、詢諸當地警捕、據云當時亦未曾獲得任何警報云、

日陸戰隊出動

北四川路底、日本海軍陸戰隊本部、於昨晚九時許、即派陸戰隊兵士在北四川路橫浜橋、架置機關鎗、檢查往北行人、汽車、電車、公共汽車亦逐一檢查、其他如寶樂安路、狄思威路、天同路、歐嘉路等處、亦有日兵同樣檢查、並有架機關鎗之機器脚踏車數輛、在虹口一帶巡邏示威、至十時半日陸戰隊全體動員、坦克車亦同時奉命出動、

警長一度被拘

日水兵失蹤消息傳出不久、北四川路狄思威路一帶即有大批武裝水兵分佈警戒、沿路檢查車輛行人、當夜十一時許、寶山路分局所屬分駐所警長黎廣坦、率警巡邏至東橫浜路寶樂安路口、突爲日軍拘去、巡官柳蘭坡得報即向日軍交涉、亦被拘往陸戰隊本部、嗣經寶山路分局梁局長向日方交涉、至十二時許始獲釋放、

今晨形勢稍緩

本報記者於今晨四時許前往虹口及閘北各地巡視、則見沿橫浜河一帶放哨日水兵、人數已略減少、形勢似稍緩、惟步鎗依然上刺、對行人盤詰仍未放鬆云、

日領館之表示

本報記者於今晨二時驅車至本市黃浦路日本總領事署、探詢關於本案之態度、當由該署派代表與記者會見、首由該代表告記者以此事之經過、略謂今晚(即昨晚)九時半、有在購買組合商店服務之日僑、報告一附近之日本水兵、謂有另一水兵名宮崎貞夫者、在狄思威路北四川路口爲中國人以汽車載去、該水兵得報、當即馳報日本海軍陸戰隊司令部、唯眞正情形如何、當記者提出詢問時、該代表人亦言甚不明瞭、如汽車之顏色號數以及有無其他人目睹等情、則稱更無從知悉、

市長電話交涉

俞代市長得悉各項情形後、當即用電話向日本總領事岡本交涉、謂日兵失蹤報告是否眞確、尙待調查、市府方面亦當協助調查、以明眞相、陸戰隊此項舉動、徒使人心驚惶、影響本市治安、盼望領事署方面能制止陸戰隊此種行動云云、岡本答稱、日本陸戰隊之行動、完全爲戒備起見、別無他意、請勿誤會、但日兵失蹤事應請努力調查云云、(中央社)

軍警當局交涉

日本海軍陸戰隊出動放哨後、我軍警當局曾向日軍方面交涉、請取愼重態度、日方答稱、陸戰隊出動、意在搜查、而資戒備、並無他意、希望華方亦取愼重態度云云、又據我軍警當局、觀察現在形勢、尙屬和緩、我方決取鎭靜愼重態度、事態不致擴大惡化云、

《新闻报》，1937年7月25日，第4版

日軍違約不撤

宋哲元召各將領會議

陳覺生抵平報告在津交涉經過

松井訪宋探詢馮部未全撤原因

宋亦派員交涉促日軍撤退

▲北平 廿四日晨、宋哲元召秦德純·馮治安·劉汝明·趙登禹等、在進德社談話甚久、

▲北平 馮師撤防、係我當局決心求和之最大表現、當局頗希望以此感動日方、同時撤兵至豐台、然日軍在蘆溝橋東平漢線沿線附近、迄廿四日晨、仍積極佈置工事、毫無撤退準備、當局現派員交涉制止、能否生效難預知、

▲北平 平郊危機、現仍四伏、豐台日軍、日有增加、對平郊軍事佈置、亦未中止、平北四五十里高麗營昌平間、平東四十里通縣、日軍駐屯千餘、平西南十餘里大井村一帶、日軍佈防如故、兩日來雖已無正式戰事、但鎗聲時有所聞、但市內二十四日起已露太平景象、赴津逃難富戶、因租界天熱、漸有回平者、公園游人亦增、各娛樂場所均奉當局令恢復晚場、

▲天津 據此間所得消息、截至二十四日止、前方日軍、仍無撤退模樣、並趕築工事、似有久據意、宋哲元秦德純馮治安劉汝明趙登禹等、二十四日晨十時、在平會商對策、決先作到日軍撤退目的、但聞日方擬就地談判華北一切問題後、再談撤兵、故時局推移、頗堪重視、

▲天津 宋哲元赴平後、即責成由張自忠陳覺生、在津與日方繼續折衝、曾有數度接洽、現前方軍事、暫告停止、陳覺生於二十四日晨由津赴平謁宋、除報告在津折衝經過外、並將留平協助辦理善後交涉、

▲中央社北平二十三日電 陳覺生二十四日午由津抵平、在東便門下車後、即謁宋哲元、有所報告、

▲中央社北平廿四日路透電 北平日方軍事特務長松井、今日午後訪宋哲元、詢問第二十七師不即撤退之理由、聞宋答稱、此事稍有誤會、渠將設法消釋之、松井表示、日軍當道可靜待一二日、逾期則將採獨自行動、以促撤兵之實現、

▲北平 冀察局部和平、雖暫實現、然整個民族危機益深、中央與地方當局、兩日來對時局不斷交換意見、聞對和平希望仍殷、均切盼以目前和平局勢爲基礎、迅謀結束事變、挽救危機、然問題解決、關鍵在日、不在我、日若即日撤兵、則和平立現、中央與地方當局、現均以此問題爲中心、謀交涉進展、然就各方觀察、日方因目前青紗帳起、作戰利於我、不利於彼、故對軍事有藉我撤兵爲台階而暫維現狀之勢、現或將先作外交活動、與彼談判、俟秋後再定行動方針、因此、各方均認今後數十日內、時局將轉爲慢性發展、

▲天津 盧溝橋事件、已告結束、平津沿線、暫時不致再有戰事、惟日軍在盧溝橋一帶、並無撤退模樣、日拉夫挖壕、積極備戰、試用毒氣、平津交通、二十四日起逐漸恢復原狀、前日軍佔據東車站、現僅留一小部份、鐵甲車仍靠站、兵車往來不絕、第十師團兵士一千餘、二十四日在塘沽上岸、

《新闻报》，1937年7月25日，第4版

▲中央社北平廿四日電　華北時局、近數日來表面上似趨緩和、我方步隊已遵約陸續調防、而日軍迄無後撤準備、即有亦係最小之一部份、晚晝間撤退後、夜間復前進、依鄉大井村一帶日軍、於廿四日仍運輸軍需、未稍中止、前途未許樂觀、

▲中央社北平廿四日電　沙崗日軍砲兵陣地　由平漢車過盧溝橋車站時、乘客均能清晰可見、廿四日將砲身以草掩蓋、假稱撤退、

八寶山我軍已完全撤退

▲中央社北平廿四日路透電　日軍尚未退出宛平區域、北平昨日頗爲寧靜、聞駐紮八寶山最後一批之華兵、業已撤去、故除宛平附近一帶外、雙方軍隊、現皆相隔數哩、北平夜間戒嚴時間、現又縮減、故電影等娛樂場所、今晚又復開門、

矢野由津赴平謁宋哲元

▲中央社天津二十四日電、日駐屯軍參謀矢野大佐二十四日晨由津乘機赴平、下午三時謁宋哲元、據日方稱、矢野謁宋、係促盧溝橋一帶我軍撤退、

日重視我南京當局態度

▲中央社東京廿四日電　今日此間視線、雖對三十七師是否照預定日期全部撤退、依然注視、但對南京態度、更爲重視、各報專電觀察不一、大體上多謂不致重生波瀾、東京人心更形鎮靜、股票仍漲、較諸事變後最低價格、或漲十元八元、或漲二十三四元、議會將於二十五日舉行開院式、廿六日選舉各委員會、廿七日國務大臣施政演說、首相近衛、外相廣田、陸相杉山、對華問題如何說法、最可注目、報載廿二日夜陸相杉山與外相廣田曾有重要協商、大約對根本調整方法、正密議中、

日軍用品源源運往豐台

▲中央社天津廿四日電　此間日軍用品、仍源源運往豐台一帶、廿四日自晨七時半至下午五時許、有載重汽車六十餘輛、裝載大批軍實及士兵、由津沿平津公路駛往豐台云、

《新闻报》，1937年7月25日，第6版

▲中央社南京廿四日電　津訊、唐山現有日兵車三四列、即將陸續來津、日兵三四百人、乘載重汽車三十餘輛、於廿四日上午七時、由津開豐台、上午十一時半、空車返津、

▲中央社北平廿四日電　門頭溝廿四日晨電話、蘆溝橋一帶全線日軍、廿四日未撤去、軍用汽車往來豐台、運輸頗忙、形勢嚴重如故、又平門間電話、午後發生障碍、原因未明、

▲天津　廿四日上午七時、日載重汽車十三輛、載軍用品並日兵二十餘人、由津開豐台、十時半、日載重車二輛、滿裝蔴袋開豐台、下午三時、日載重車十七輛、五時、日載重汽車二十六輛、均載軍火由津開豐台、晚十時半、日兵車一列、掛廿四節、滿載炸藥、由榆開津、

日兵車載炸藥由榆抵津

▲中央社天津廿四日電　日兵車一列、廿四日下午十一時半、由榆關抵津、計廿八節、滿載大批子彈及炸藥、并有士兵若干名、停於東站云、

楊村車站停有日鐵甲車

▲中央社天津二十四日電　北寧路楊村車站、現停有日軍鐵甲車兩輛、係於廿四日晨由津總站開到者、同時尚有日兵百餘名、亦駐於車站、無離去模樣云、

日方擴充東局子飛機場

▲天津　自蘆溝橋事件發生後、日機大批到津、分停於南開日機場及東局子飛機場、惟以機多地窄、起飛時感困難、除在劉安莊宜興埠另闢機場外、並決定擴充東局子機場、曾由日軍部測繪地勢、擴充四週建築磚基洋灰場面、廿四日正式興工、晝夜趕築、預計三週內完成、

日機仍不斷飛平空偵察

▲中央社北平二十四日電　自蘆案發生後、日機連日飛平偵察、二十四日晨十時許、日機一架來平、盤旋數匝他往、下午三時、又來一架、偵察頗久始去、

《新闻报》，1937年7月25日，第7版

日軍擅捕平市警官陳順

▲中央社北平二十四日電　日軍官冲山直一、二十四日午赴平市南郊第六段警察派出所、以調查日軍姦淫婦女爲名、將警官陳順帶往大井村日軍防地和順永糧店內、詳詢三十七師是否撤退、及現在有無間諜活動等語、該警官答稱、余係負治安之責、對軍事毫無所聞、約半時許、始將該警官放出、

日方拉人力車夫掘地窖

▲北平　據廿一日下午六時自東交民巷日本兵營逃出之我國人力車夫云、於本月十四日遇一洋服少年、僱車至日兵營、到即爲日兵强曳入內、迫令代掘地窖、同時工作者二百餘人、均用同一方法强迫入內者、窖深七八尺、長寬各約六七尺、此二百餘人、能否安全外出、殊不可知、

平市撤除市內各處沙袋

▲中央社北平二十四日電　平當局以時局漸趨緩和、將戒嚴時間亦再縮短、二十四日起並恢復夜間各娛樂場所營業、警察局長陳繼淹二十四日商同軍事當局、將所有市內各處沙袋等防物、竟夜撤除、用安人心、

十河阪谷在津活動甚忙

▲中央社天津廿四日電　日興中公司社長十河、滿鐵理事阪谷抵津後、廿四日分與各關係方面會晤、又日駐屯軍經濟課長池田、廿四日晨九時赴平、

▲天津　日興中公司社長十河、產業部長阪谷抵津後、業與此間關係方面及川越大使會晤、對經濟開發事宜、有具體研商、據悉、十河阪谷日內仍將赴平一行、至滄石築路及龍烟礦開發等問題、聞日方亦將作進一步之努力、以促其實現、

華南日輪廿餘艘調華北

▲中央社福州二十四日電　日航行華南各口之盛京丸·大球丸·福建丸·長沙丸等二十餘艘、現均調往華北航行、祇留二艘、往來各航線、

衛生署員携藥品赴前方

▲中央社保定二十四日電　衛生署派黃警凡、携救急包二十萬個、及行車十滴水·良丹·金雞納霜錠·綳帶布·五百瓦紗布等甚多、來保轉赴前方慰勞、黃並代何部長劉衛生署長致慰、前線官兵現正殷望此項藥品、故極感需要、黃二十三日已返保、分往各醫院慰問傷兵、現與當局接洽、其他需要物品、日內返京覆命、設法補充、

《新闻报》,1937年7月25日,第7版

吉星文誓守宛平

憤日軍背信不撤 願死於戰壕之中

▲北平 駐宛平縣城內及宛平 西郊盧溝橋一帶之三十七師吉星文團，因日軍背信，不同時與我軍撤退，故迄二十四日，仍未離戰壕，吉團全團士兵，經數次激戰，傷亡約一營，現僅餘二營，約千餘人，全伏戰壕內，與日軍對峙中，日軍時向我放鎗，我亦即還擊，當局再三遣人勸令撤退，全團士兵泣稱，縱斷絕一切接濟，亦決死於盧溝橋戰壕之中，不放棄國家寸土，

忠勇守土之吉星文團長

吉星文團長、有十七日發致京友一函，字裏行間，滿腔義憤，特攝影如下，函中所謂未受傷者，是十七日事，但二十一日確抗戰負傷，

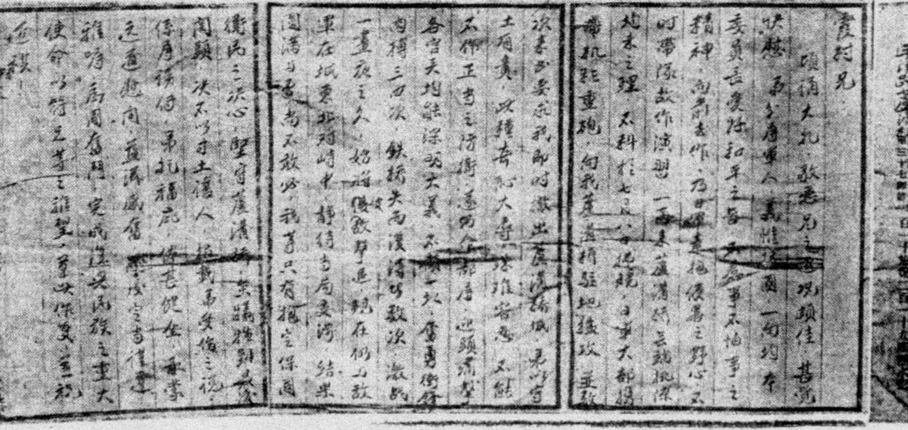

南京

蒙藏委員會

霞村先生 [illegible]

[illegible]

霞村兄：

頃誦大札，敬悉兄之[illegible]，以頌佳，甚覺快慰。弟身為軍人，義[illegible]國，一切均本委員長[illegible]和平之旨，[illegible]事不怕事之精神，[illegible]，乃日[illegible]之野心不時帶隊[illegible]作演習，一面[illegible]盧溝橋[illegible]之理，不料於七月[illegible]，日軍大部攜帶機關重砲，向我蘆溝橋駐地猛攻，並[illegible]次要求我部[illegible]出盧溝橋城，[illegible]守土有責，以種種[illegible]，[illegible]不[illegible]正當之防衛，遂命令部屬，迎頭痛擊，各官兵均能深明大義，[illegible]，奮勇[illegible]肉搏三四次，[illegible]數次激戰一晝夜之久，[illegible]，現在[illegible]軍在城東北對峙中，靜待當局交涉，結果[illegible]尚不敢必，我輩只有[illegible]保國衛民之決心，堅守盧溝橋，[illegible]問題，決不以寸土讓人，[illegible]傷亡[illegible]，[illegible]之責，[illegible]之[illegible]，[illegible]民族之重大使命，[illegible]

[illegible]

弟 吉星文 [illegible]

《新闻报》，1937年7月25日，第7版

平漢路之行車狀況

車過盧溝橋日軍上車檢查
由平南開車均已恢復原點
由保開平車仍照改點開行
夜車均停特快車不到北平

▲北平 平漢路爲謀行車與旅客安全、對晚間過盧溝橋各次車、均改點、特別快車、則改在漢保間行駛、不來平、

▲中央社北平二十四日電 平漢車仍未完全恢復、二十四日上午各次車尚能開行、但行至盧溝橋車站時、日軍即上車檢查、路局爲謀旅客安全起見、決定二十四日晚各次車暫停、

▲中央社北平二十四日電 平漢路恢復通車後、二十四日晨七時由平開漢、及九時由平開石莊之列車、均按時開行、二十三日下午由漢開來之四十四次車、中途在長辛店停車、延至二十四日晨始到平、現平漢路局將夜間平漢開車時間、稍加變更、凡該路由平開出之車輛、應於夜間開行者、決於翌晨開行、由漢或他處開平之該路車輛、如於晚間到達長辛店時、即暫在該處停止、俟翌晨再開平、

保定車站布告行車時刻

▲中央社保定廿四日電 車站布告、二十四日起、四十一·廿一·四十三等次車、恢復原點、由平開行、北上四十二次車、仍照改點北開、廿二次照原點下午八時到保、停八小時、翌晨四時廿分開平、第一·二·次特快車、仍以清苑站爲起訖點、廿四日南下廿一·四十一·兩次車已於上午十一時下午一時半由平到保、搭客無多、半月來平市報紙、今始能當日閱及

車上懸旅客列車小黃旗

據旅客稱車過盧溝橋時、日軍仍嚴重戒備、並以探遠鏡向車上探察、對押車路警、尤加注意、我方於過該段時、懸有旅客列車小黃旗、以資辨識、過此沿途均甚安全、

本報記者試乘平漢快車

▲北平 平漢直達普通快車、二十四日晨首次由平南開、記者乘車赴盧溝橋視察、車抵盧站前、路員即警告旅客、謂車過站時、勿探首車外、免日軍誤會射擊、旅客聞言、無不悻悻、多將百葉窗關閉、但因天熱、旋又開啓、車過站時、速度極小、記者自車窗外視、見路線兩側、日軍機鎗、時露於高粱中、遠望大瓦窰沙崗上、日軍砲位、歷歷可數、砲身以草掩蓋、西南望宛平城、殘壁頹牆、一片焦土、八時許、[illegible]

《新闻报》，1937年7月25日，第7版

視察宛平城半成瓦爍場

車到長辛店、下車訪宛平縣署秘書洪大中、據由日營逃出之鄉民言、被日軍拉去築工事、動被鞭打、旁有漢奸監視、入夜輒開婦女在帳棚中啼哭、直是亡國慘象、記者於午後改乘北來車回平、

美德義三大使南下

法大使亦定今晚離平晉京

▲南京　美大使詹森、廿四日晚十時餘由平到京、定今明日分訪王外長及中樞當局、探詢時局情況、

▲北平　平各國使節頃均奉其本國政府命令赴京、注視中日交涉發展、

▲中央社北平廿四電　德大使陶德曼、義大使柯賚、因盧溝橋事件仍未根本解决、特於廿四日晨偕眷由北戴河同車抵津、分赴義德兩館署休息後、當晚九時乘平滬車南下赴京、義代辦兼海軍武官葛里科、現亦由北戴河返平、暫不他往、法大使那齊雅、定廿五日晚六時偕秘書包立爾、乘平滬車赴京、聞駐華英德法義蘇俄等六國大使、及各國公使日內均將到達南京、

德聲明對中日糾紛態度

▲國民海通社廿三日柏林電　關於德國對於中日糾紛之態度、此間又發表聲明、首述德國對於遠東兩大國政治關係之擾動、甚爲關切、因德國在遠東雖無政治目標、然中日糾紛、將影響德國之經濟利益也、以故德國渴望在遠東亦如在歐洲、獲得解决辦法、保證經濟建設與國際貨物交易、該聲明復提及德國駐美大使在華盛頓發表之宣言、及歡迎該宣言之世界輿論、該聲明又嚴詞斥責法國無線電台之報告、即德義兩國、因西班牙內戰問題、希望中日糾紛擴大是也、以德日防共協定、爲此種毀謗之根據、實爲以不負責之態度、向世界宣傳德國之目的與興趣之特徵、蓋德日防共協定、與中日糾紛、絕無關系云、

澳洲工黨會對我表同情

▲南京　外交界息、盧溝橋事件發生後、世界輿論一致抨擊、澳洲工黨理事會七月二十二日決議三項、(一)日本侵略中國、應嚴詞譴責、(二)對中國自衞運動深表同情、(三)建議澳洲政府轉請國聯、依照盟約制裁侵略國、足見公理自在人心、

《新闻报》，1937年7月25日，第7版

日本報紙仍持强硬論調

▲中央社東京二十四日電 今日朝日新聞社論、於論述事件解決經過後、謂因臨時派兵所與華方之若干疑惑、不日當可烟消雲散、不足爲慮、南京對現地解決所抱喪失國權、及將來或受重大束縛之憂慮、故取不承認方針之論、惟實際上無可憂慮、既已明瞭、自可轉化、從全般言之、中日間政治的軍事的對立、依然存在、若不速謀全般的解決、則持久的對立、仍不可免、最近論者謂、宜力謀根本調整、不勝同感、吾人切望兩國國民復歸平靜、先解除精神的武裝、虛心坦懷 協力改善國交、

▲中央社東京二十四日電 日日新聞社論與朝日新聞適持相反論調、首敘述華北局勢依然不安、次論國府强硬態度謂、局部縱可小康、日本所翹望之華北安定終不可保、遷移更使事態瀕於危殆、吾人自事變以來、主張舍用實力解決外無他法、及今更感有果斷之必要、確立平和基礎、不得不從根本建造、爲永遠和平犧牲、誠非得已、

高宗武返京昨會晤日高

▲南京 外部亞洲司長高宗武、前因公赴廬、事畢返京、廿四日上午十時謁王外長、面陳一切、並到司辦公、

▲同盟社南京廿四日電 代理大使日高、於廿四日午後三時訪外交部亞洲司長高宗武於其住宅、對於日華兩國關係、會談達一小時而去、

天津的恐怖

本報戰地記者通信

記者在二十日的下午、於日軍猛烈炮火的歡送下、離盧溝橋返平、那晚日軍猛攻宛平、炮火的劇烈、創了新紀錄、在北平的人、都可很清晰的聽到毀我們城垣的炮聲、翌晨八時、十七架日機、低空飛翔、掠北平城牆而過、空氣緊張、到達了頂點、後悉我軍爲再度表示和平誠意、開始撤退、讓保安隊接防宛平及盧溝橋、而這十七架低翔而過的日本機、據說是到前方去偵察撤兵情况的、撤兵換防的消息一傳播、北平的空氣、頓見和緩、偷安者的臉上、又浮現了笑容、

記者旋於下午四時、搭北寧路飛快車離平到津、北寧路是我國的鐵路、可是豐台、楊村、都駐有日軍、列車過站、月台上和天橋上、滿站着虎視眈眈的日兵、與由日[illegible]惡的浪人、向乘客們投視輕蔑兇惡的眼光、上車檢查、又可以隨便加上侮日排日的頭銜、而加以逮捕、國家的鐵道、築好了竟給日軍拿來運輸、以致我們的死命、痛心孰甚、一到天津東站、該站仍有日軍的步哨線、而且站長室、頭二等候車室、三等候車室、各色房子都給日軍不客氣的借用了、站外復有日本居留民團、國防婦女會等團體、設有臨時辦事處、日鮮人民、都臂纏白布、奔走忙碌、充分顯示了非常時的氣氛、日軍兵站司令部的木牌、又赫然觸入眼簾、軍輸品堆積如山、入關的日軍仍洶湧而來、這種景象、叫人們那兒去找和平的痕跡、

天津英法租界的旅館、家家宣告客滿、找旅館的不易、是我有生以來任何地方所罕見的、但日租界跟華界的旅館、由家家門前車馬稀、尤其是日租界上、居民皆惴惴自危、寢不安枕、自盧溝橋事變以來、日軍及日方特務人員、在日租界任意拘捕華人、日必數起、被捕者有南開大學教授、新聞記者、青年學生、工人、商人等、都拘押於日軍憲兵司令部、生死不明、無從探問、即使居住華界、日方也可派其僱用的漢奸、以及特務人員、對所謂侮日排日的份子、隨便拘捕或暗殺、中國人住在天津、生命保障、早已發生問題、天津是中華民國的領土、可是今已成爲恐怖之窟、也是日方策動華北陰謀的總部、漢奸浪人的集中地了、

此外最可注目的一點、就是天津東站總站、被日軍佔據未撤之外、最近復有大批滿鐵職員、如站段長、電訊人員、路工等、業已到津、這情况類似行將接收北寧路的樣子、截至現在爲止、我軍全線、確已履約撤退、日軍在前線者、也有一小部份的撤退、可是日本國土內的兩師團士兵、早已動員、不日乘輪來華、現在塘沽已準備大批駁船、渡日軍登岸、日軍現駐平津的軍隊、已達三萬餘、這些軍隊

《新闻报》，1937年7月25日，第8版

何時撤退、恢復八日以前的原狀態、啓程來華的軍隊、是否立即中止前進、這都是時局的重要關鍵、眼前的和平、只好說是限於盧溝橋一帶的小部份、來日的華北隱患、還正多着哩、

法人道報論斷日本

▲中央社巴黎廿四日路透電　法國人道報今日論中國時局、謂最近華北事件、乃日本在亞陸備戰之一節、亦即近衛法西斯政府與德義聯盟而向中國侵略之第一幕云

義秘書昨謁李迪俊

▲中央社南京廿四日電　義駐華大使館秘書瞿斯謠、廿四日晨十時許至外部謁情報司長李迪俊、探詢華北最近情勢、

大城戶昨訪董道寗

▲中央社南京廿四日電　日大使館陸軍副武官大城戶三治、廿四日午十二時到外部拜訪亞洲司科長董道寗、有所晤談、聞大城戶最近將調天津任職、

泊蕪日艦開往下游

▲蕪湖　停泊此間已久之日驅逐艦蓮號、廿四日離蕪開往下游、現蕪埠江面已無日艦駐防、

保垣禁止操縱糧價

▲中央社保定廿四日電　當局對平抑糧價、調劑民食、早經實際考核、盧案發生後、恐奸商乘機操縱居奇、警務處特布告禁止、

各方電請抗敵

▲中央社南京廿四日電　自盧溝橋事件發生後、全國各地抗敵通電如雪片飛來、中央黨部玆又得到各處通電、計有㈠新疆邊防督辦盛世才、新疆省政府主席李溶、㈡廣西省黨部、㈢湖南省黨部、㈣威海衛各民衆團體、㈤廣西田東縣各界民衆抗敵救國會、教育會、學生救國會、商會、車縫工會、染業總工會、理髮工會、㈥常熟縣抗敵後援會、㈦江西高安縣、各界民衆抗敵後援會、㈧江蘇溧水縣黨部、㈨安徽無爲縣黨部、㈩武漢各界民衆抗敵後援會、⑪洛陽各團體慰勞前方抗敵將士後援會、⑫廣西懷集縣黨部、⑬蒼梧縣抗敵救國會、⑭隴南各界抗日後援會、⑮甘肅民衆守士抗戰後援會等機關團體、均請即出大兵抗敵、並誓爲中央後盾

▲中央社廣州廿四日電　粵民衆禦侮救亡會工作團、廿四日議決全盤工作計劃、定廿六日至廿八日分別召集各民衆團體、舉行談話會、對各種救亡問題詳加研討、

▲中央社西安廿四日電　陝各界抗敵後援會發起組織西安婦女抗敵後援工作團、擬定組織大綱、將分別派員向婦女界接洽籌組、

▲中央社成都廿四日電　廿九軍盧宛抗敵、蓉各界紛紛去電慰勉、廿四日得宋哲元復電、略謂此次盧事發生、不得已應戰抗日、乃承慰勉激勵、感愧同深等語、

▲中央社漢口二十四日電　湖北民衆抗敵後援會二十四日下午二時在市商會舉行成立大會、到五百餘人、情形熱烈、空氣緊張、由孔庚主席、報告開會意義後、由喻育之江述之演說、旋即通過簡章、選舉執監委員、並發表宣言、散會後繼續舉行第一次執委會監委會及執監聯席會議、决議要案甚多、工作頗爲緊張、

▲中央社洛陽二十四日電　洛軍校黨部二十二日電慰二十九軍將士、守衛國土、又伊川伊陽縣黨部亦致電慰勉、

▲中央社開封二十三日電　豫各界抗敵後援會、二十三日下午四時開首次委員會議、以省黨部爲主任委員、通過各組長迅速辦理一切事宜、

▲中央社長沙二十三日電　湘各界通電擁護蔣委員長對盧事宣言、並誓爲後盾、

▲中央社南京二十四日電　中大暑期留校生鑒於事件日趨嚴重、民族存亡、屆最後關頭、二十四日成立暑期留校同學抗日後援團、除積極作講演壁報話劇等工作、以喚起國人一致奮起抗敵外、并絕食一日及募捐、以助前方將士、

▲中央社南京二十四日電　國府二十四日續接北婆羅洲亞庇中華商會、印度南順會館、駐印度

《新闻报》，1937年7月25日，第8版

縂支部、新疆旺陽各界抗敵後援會、鄖光化縣老河口各界抗日後援會、湘邵陽人民抗日後援會、西康縣政人員劉耀昕等處、電呈、請迅派勁旅、北上抗禦暴敵、

偽軍集中綏邊

我方已切實防範

▼閻召各將領面授機宜

▲中央社太原廿三日電　邇來綏邊因偽滿騎兵四旅均集中沽源、大梁底、張北等處、察熱邊境與布魯圖哲斯各地、亦將駐守偽軍、準備犯綏、閻爲防萬一起見、除令前方部隊、充厚實力嚴防外、並召王靖國・李服膺・趙承綬・及近由廬返幷彭毓斌孫蘭峰・馬延壽等面授機宜、彭孫等廿三日赴大同轉綏防次、

▲萬全　察北各縣除張北化德兩特務機關、尙有一部日籍人員外、迄廿四日止日鮮僑民均退淨、張化兩特務機關長、應香月電召、廿三日午由張北乘機飛天津、報告察北近况、並請示今後策動匪偽計劃、匪偽方面、正積極趕築張北境内防禦工程、大批民夫漏夜工作、急如星火、

沈鴻烈表示

負責維持治安

▲青島　沈鴻烈廿四日召各機關團體領袖、發表談話、表示負責維持治安、期於和平狀態中、盡守土之責、

▲青島　日軍用飛機一架、廿四日上午十時五十分、由津飛青、載來日人一名、該機十一時許仍飛津、田尻定廿五日晨由濟抵青、

▲青島　據青島電、旅青日僑紛紛離青返國、市面蕭條、

船民不運卸日貨

粤日領訪刁作謙

人民自動行爲無法限制　日領不得要領無辭而退

▲廣州　外交界息、日領中村訪刁作謙、謂汕船民不運卸日貨、係由黌主使、廣州民船有同樣情事、要求制止、刁答若由黌使、於法未合、如由各船民自動者、殊難限制、該領無詞退、

蕪米糧採運業

嚴防漢奸運糧

▼辦米須有證明文件

▲蕪湖　蕪米糧採運業廿四日開會議决、防止漢奸私運米糧、接濟敵方、自即日起、凡華北各處來蕪採辦米糧、須有當地商會證明文件、方准購辦、否則一致拒絕、

《新闻报》，1937年7月25日，第8版

宋召各將領澈夜會商

日軍欲在廊房下車經我軍阻止

日軍竟開槍挑釁雙方在相持中

▲北平　北甯路豐台以東廊房附近、日軍二十五日夜十一時餘、突向當地我駐軍張自忠部三十八師開鎗挑釁、我軍以猝未及防、頗有傷損、當即還擊、至今晨一時半本報記者發電時止、雙方仍相持中、三十八師將領急電平請示應付方略、

▲中央社天津二十五日電　二十五日下午七時許、有日軍二百餘名、由津搭車開往廊坊、即擬駐於車站、該地我駐軍爲避免雙方發生誤會起見、當加以勸阻、但日軍堅持非下車不可、刻正在交涉中、聞我駐軍劉旅長、已報告平方請示云、

▲中央社天津廿五日電　北甯路廊坊情形甚緊張、二十五日晚開到之日軍、堅持非下車不可、經我駐軍再三阻止、日方竟鳴機關槍示威、幸我駐軍鎮靜應付、致未發生事故、雙方刻仍在僵持中云、

▲北平　二十四日下午三時、日方派松井・池田・今井等三人謁宋哲元、宋當即召所屬高級人員秦德純・馮治安・劉汝明・趙登禹・張允榮・張維藩・陳覺生等、漏夜會商應付辦法、二十五日晨繼續商討、並電召張自忠自津來平、共同研究、會議至今晨二時未散、

▲中央社天津二十五日電　蘆溝橋日兵迄無撤退之意、聞當局對此事、現正在平與日方折衝中、張自忠奉宋哲元召、於二十五日下午五時由津搭車赴平、

▲中央社北平二十五日電　某關係方面稱、大井村大瓦窰五里店及紗崗一帶日軍、大部均未撤去、僅有小部實行調防、我軍依約已陸續撤退、三十七師所遺防地、由百三十二師趙登禹部接替、現日方又强稱趙部接防部隊、較原防部隊增多爲名、忽又提出交涉、查日方此舉、顯係企圖延緩撤兵之日期、用意深刻、目前苟安、决非長久、預料前途、頗爲悲觀、

▲北平　此間廿五日晚九時、各城門均關閉、提早戒嚴、

《新闻报》，1937年7月26日，第4版

宛平中日兩軍均未撤退

▲中央社北平廿五日路透電 宛平僵局仍未打開、中日軍均未撤退、目前雖無戰事、但局勢仍甚緊張、因日軍或將以武力逐走三十七師之軍隊也、日軍現候天津日司令部訓令、松井大佐已於今晨赴津報告大局、據日方消息、北平現駐有三十七師之兵兩團、共約三千人、

宋哲元赴南苑檢閱駐軍

▲中央社北平廿五日電 宋哲元廿五日晨五時、赴南苑檢閱駐軍、並視察營房、七時餘返平、仍赴進德社、召秦德純等有所商洽、

張自忠抵平謁宋商善後

▲北平 張自忠二十五日下午四時零五分赴平謁宋哲元報告、盧事善後、宋擬召冀察要人、再加商討、

▲中央社北平廿五日電 張自忠廿五日晚七時半由津抵平、秦德純石友三等到站歡迎、張下車後、即赴武衣庫謁宋哲元、有所商洽、

松井赴津謁香月等報告

▲北平 松井於二十四日下午三時、會訪我當局、二十五日晨六時赴津、謁日駐屯軍司令香月及橋本、有所報告、當晚五時、又匆匆回平、其行動頗堪注意、

平教界推代表謁秦德純

▲中央社北平廿五日電 平學術教育界人士李書華等廿餘人、廿五日午、在歐美同學會聚餐、交換時局消息、並推李蒸等五人、代表訪晤秦德純、由秦親自接見、對時局現狀談述頗詳、並對平學術教育界態度之鎮定、表示欽慰、又聞平各大學校長蔣夢麟梅貽琦徐誦明等、下週內即行返平、主持校務、李書華李蒸等則定下週南下、赴京轉廬、參加二次茶叙、

《新闻报》，1937年7月26日，第4版

日方啟運

軍火十萬噸來華

在塘沽秦島啟卸運津

▲中央社天津二十五日電　日方大批軍火、將有十餘萬噸、陸續由輪船運往塘沽秦皇島等地登岸、二十五日下午三時抵塘沽之三輪船、即爲其中之一部、據悉二十四日本有三萬五千噸軍火、預定由塘沽啓卸、但臨時變更計劃、輪船行至大沽、又開秦皇島、此外每日到塘沽之零星軍用品、則無日無之、均隨時由火車運津、其整批十萬噸、日內即可運到云、

▲中央社天津二十五日電　據二十五日晚塘沽來人談、日輪將有二十五艘、裝載大批軍火、於日內陸續開到、二十五日晨抵塘之三艘、一名宮浦丸、載重一千噸、餘二艘一爲宇品丸、另一船名不詳、均載重三千噸、靠岸後、即由日軍拉夫起運、所有北甯路塘沽車站存積之枕木、均被使用、修臨時碼頭、塘沽所停之駁船、亦被徵集、似擬用以載運此項軍火來津、據聞二十五日下午二時、仍有數艘軍火、陸續到塘沽、另悉、塘沽現停有日軍艦一艘、但大沽口尙有兩艘停泊云、

▲中央社天津二十五日路透電　日運輸艦六艘、今晨由日本駛抵大沽、其中滿載戰品與軍需、以接濟華北日駐屯軍、即由貨船分載各物、運至塘沽、艦中並未載有兵士、

▲中央社天津二十五日電　據聞榆關現尙有日兵車五列停留、有即西開模樣、關外綏中縣亦停有日飛機三十餘架云、

▲天津　日兵船三艘、滿載軍用品及給養、二十五日由大沽開至塘沽、此爲由日運華之第一批給養、二批將繼續運來、

▲天津　二十五日塘沽到日輪弓浦丸宇平丸兩艘、載重均在一千至三千噸之間、到達後、日軍即拉民夫起卸裝來之軍用品、明後日續有廿二艘駛津、

▲中央社天津二十五日電　秦榆唐等地日軍用車異常擁擠、往來各次車均誤點、二十五日下午四時應抵津之平榆四次車、迄下午五時許始到津、二十五日下午一時日軍用車一列、由榆來津、共二十六節、滿載大批軍用品、停於東站、聞尙有軍用品一列車、共三十五節、將於二十六日晨九時由榆啓程來津、

▲中央社北平二十五日電　二十五日各方報告如次、㈠下午十二時半、日兵車一列、鐵蓬車二十一輛、平車四輛、野炮九門、由山海關抵津、下車後即運入日兵營、押車者爲滿鐵護路隊、㈡下午一時半、日兵二百七十餘名、小炮二門、迫擊炮四門、輕機關鎗十二挺、乘載重汽車十二輛、由豐台開向黃村、㈢二十五日晨、有日兵專車一列、共十二輛、載工人百餘、內多鮮人及華人、并木料四車、梯子四車、由山海關到津、㈣二十五日晨、有日兵百餘、分乘載重汽車三十五輛、由豐台開津、又日兵百餘、乘載重汽車二十五輛、由豐到津後、即開海光寺日兵營、㈤廿五日由津開豐台載重汽車四十輛、滿載軍用品、㈥大井村日兵百餘、步哨警戒頗嚴、坦克車兩輛、由豐台經七里店向五里店前進、㈦高麗營仍駐日騎兵二百餘、狀況無變化、徵發洋車及水車、人民均逃避、又附近之日兵用汽車裝皮製假人若干、晚即散放各地、晨則收起、

《新闻报》，1937年7月26日，第4版

塘沽情形緊張入晚戒嚴

▲中央社天津廿五日電 塘沽情形異常緊張、現有大批日軍集中、入晚宣佈戒嚴放哨、檢查行人及船舶、各公司及鐵路碼頭、幾完全為日人所佔據、每日自晨至午晚、有飛機若干架、翩翔空中、飛行甚低、並赴大沽偵察當地我國駐軍情形、日駐軍晝夜亦不斷的演習示威、車站駐軍尤多、並設有警備司令、所有交通工具、均派員加以監視云、

日軍糧秣在津堆集如山

▲天津 日軍給養糧秣、源源運津、日租界各大倉庫、均佔用、特三區日糧秣處、堆集已滿、廿五日強將特三區七緯路盤大貨棧佔用、日軍糧秣處定日內遷入辦公、又日軍在大王莊鐵道岔一帶放哨、廿五日擄去行路華人一名、

日大批軍用品運送前方

▲中央社天津廿五日電 此間日軍仍以大批軍用品運送前方、計廿五日晨六時半、有廿五輛載重汽車、由津沿平津公路赴豐台、各車均滿載大批軍用品、至十一時許、有十七輛空車返津、十一時、又有八輛載大批軍用品赴豐台、

▲中央社天津廿五日電 廿五日午後、仍有大批日軍用品、由津運往豐台、計下午四時、有載重汽車三十六輛、滿載木箱、由津沿平津公路赴豐台、 下午六時、有十八輛返津、同時另有九輛、載大批軍用品赴豐台、

▲北平 豐台日兵營內、現儲汽油二千餘箱、火藥貯滿三屋、仍續運中、

▲天津 廿五日晨九時四十分、日兵車一列、掛車三十五節、滿載軍用品、開

《新闻报》，1937年7月26日，第6版

抵塘沽、下午一時十分、日兵車一列、掛車五節、載日兵二百餘名、由津開廊房、停楊村之日鐵甲車四輛、廿五日開廊房、與駐軍對峙中、

前線日軍大都晝伏夜動

▲中央社南京二十五日電 日軍在平津一帶、仍在晝夜準備、據此間廿五日午所得平方電告如次、㈠廿四日上午六時半、有日載重汽車四十餘輛、押車兵約百人、陸續由津向通縣輸送軍用品、通縣現駐日軍二千人、由聯隊長萱島鈴木二人分領、㈡通縣麵粉缺乏、津運已斷、全賴秦皇島運往接濟、㈢五里店大瓦窰大井村一帶、有日軍七八百名、晝間均隱於莊稼地內、夜間即潛入陣地、又豐台方面日兵百餘名、換灰軍衣、其用意不明、㈣平津路通車後、平市安謐如常、人心亦極安定、

日軍中暑傷亡爲數甚衆

▲中央社北平二十五日電 關於盧溝橋事件、因日軍背約、迄未撤兵、故形勢仍甚嚴重、連日平市酷熱異常、前線日軍、因不堪其苦、每日中暑死亡者甚衆、日軍非但不撤兵、且軍運仍極忙碌、二十五日上午八時、日兵多名、由津押運載重汽車三十二輛、滿裝軍需品、沿平津公路運豐台、又北寧路楊村車站日兵百餘名、乘鐵甲車兩列、亦有開往豐台之準備、

▲北平 前方平靜、日軍仍積極佈置、因溫度每日在百度以上、日兵每日中暑死者四五十名、

日軍對北平城三面包圍

▲北平 日方連日乘我撤兵換防、晝夜趕做包圍北平工作、[illegible]行[illegible]築[illegible]、[illegible]北平鐵道、計北寧・平漢・平綏・平門・（北平至門頭溝）平通・（北平至通州）五線、現北寧・平漢・平通・三線、已悉在日軍控制下、又由平至苑平、阜城門至三家店、東直門至古北口、朝陽門至通州各公路、多已爲日軍截斷、僅餘安定門至湯山、西直門至西山各公路可通、日軍現復於高麗營至湯山、集結二千餘人、趕挖戰壕、築機場、予平綏路及平保交通線以重大威脅、又豐台日軍、廿三日起、復自大井村至田村、沿大道挖長壕數十里、並西自桑林莊、經六道口・小瓦窰・王家莊・西莊・至八寶山、築聯絡戰壕、北平城已三面陷於包圍中、

《新闻报》，1937年7月26日，第6版

川越目前無準備晉京意

▲天津 日使川越、前來津晤香月、今據其左右談、目前尚不準備晉京、

大城戶飛平即轉津服務

▲中央社北平廿五日電 日大使館陸軍副武官大城戶三治、奉命調津服務、於廿五日下午三時十分由京乘中航機飛抵平、當即分晤日參事官加藤武官今井等、有所商洽、在平稍留、即赴津謁川越大使、及日軍司令香月、報告在京與我外部當局會晤經過、

平津沿路日軍增加不已

▲天津 平津沿路日軍、仍積極布置防禦工程、盧溝橋日軍仍未撤、二十五日晨有載重汽車四十輛、滿裝軍火運往前方、楊村停泊鐵甲車二輛、據查截至二十五日止、日軍開來兵車、共四十八列、現分布平津一帶、共六萬人以上、二十五日下午一時三十分、續由榆抵津日兵車一列、滿載炸藥、並日兵百餘名、

日軍在津又復演習巷戰

▲天津 日駐軍二十五日晨五時、在日界淡路街一帶演習巷戰、市民頗受虛驚、津東總南站日軍仍未撤、東站因軍用車皮擁擠、二十五日日軍部飭令均停鳳林村、附近日兵設崗安設電網、交通阻斷、

津日租界戒備益臻嚴重

▲天津 廿五日津日租界戒備更嚴、除各要口及軍事機關防禦物仍舊外、福島街河沿至宮島街間、亦以電網阻斷交通、該處新設日兵營、晚八時後、派兵放哨、明石淡路熙街等處及海光寺附近、沙袋增多、日憲兵便衣偵探、遍地均是、對夜間行人、檢查極嚴、

日機飛平市及南苑偵察

▲中央社北平廿五日電 廿五日晨九時四十分、及下午一時半、有日機兩架、由東南方飛抵平、在高空盤旋偵察、各約十分鐘、始向西南方飛去、廿五日南苑方面、共發現日機三架、上午十一時許、日機一架自東南方飛來、在南苑上空盤旋兩週、向東北飛去、十一時十五分、日機一架、由西南飛來、偵察一週、向東北方飛去、又下午二時半、西北又來日機一架、在上空盤旋一週、向東南方飛去、

日機又飛汴鄭一帶偵察

▲鄭州 日機一架、二十五日下午四時、飛鄭偵察一週、旋向洛寧一帶飛去、聞來鄭前、曾在汴偵察、

《新闻报》，1937年7月26日，第6版

▲中央社鄭州二十五日電　日偵察機一架、二十五日下午四時、由東南飛至鄭空、約五千公尺高、盤旋一週後、折回西北飛去、

▲中央社天津廿五日電　此間東局子李明莊飛行場、尚停有日飛機廿餘架、廿五日晨有四架曾飛赴各地偵察、另有數架已飛往塘沽、

日方動支軍費七千萬元

▲同盟社東京二十五日電　大藏省現正審議華北事件費、將於二十六日提交閣議、正式決定後、提出特別議會、其數目爲陸海軍與外務三省經費五千餘萬元、及第一預備金二千萬元、全部由公債支出、又有朝鮮與關東局兩特別會計中、亦有若干追加預算計、

日便衣隊搜集鄉村民鎗

▲中央社北平二十五日電　日便衣隊八十餘名、二十五日在昌平縣屬支家村兩柳村、搜集民鎗十支、現我方已加戒備、

蘇聯各報觀察

華北局勢嚴重性

中國一日喪失華北　將永遠成日本附庸

▲中央社莫斯科廿四日哈瓦斯電　蘇聯各報頃評論中日兩國間之糾紛、僉以爲局勢極端嚴重、不僅對於蘇聯如此、即就全世界言之亦然、莫斯科日報載稱、「此項糾紛發生於盧溝橋豐台及北平附近一帶、並非出於偶然、日本所由擇定該處爲進攻地帶者、誠以各該地方、係華北各主要鐵道之交叉點、若能加以佔據、即可經由平綏鐵道、運兵前往察哈爾、藉以對付察省境內日益滋長之抗日運動、不寧唯是、日本且復希望控制華北全部、藉以開闢日本帝國主義向中國西北與中部侵略之道路、而外蒙古與蘇聯、亦爲其侵略「目的之所在」、莫斯科晚報則稱、華北小麥產量、佔全中國百分之五十五、棉花佔百分之六十五、羊毛佔百分之九十二、煤佔百分之五十二、鐵礦佔百分之六十、鐵路線長度、則佔全國百分之四十六、戶口數額、約有一萬萬人、「華北一旦失去之後、中國即將在經濟上成爲附庸於日本之農業國、煤鐵既感缺乏、工業將無復發展之望、而獨立亦自將成爲問題矣、從最近一次日本向中國之挑戰行爲、乃日德兩國軍事協定之結果、日本現正與英國談判、在中國劃分勢力範圍、故出此一舉、藉以壓迫英國、造成華北完全向日本屈服之既成事實、以置於英國之前、至於國社主義之德國、則欲藉此移轉英國之視線、使德國得在西班牙完全自由行動、而無所顧忌」、結論則稱、「瀋陽事件發生之後、日本於七天之內、奪取滿洲之全部、但在華北、則雖發生十數次之事件、歷兩年之久、僅乃勉強成立冀東反共僞組織、亦從見其心勞日拙而已」云、

《新闻报》，1937年7月26日，第6版

日方提出最後通牒
宋哲元决下令抗戰
日軍轟廊坊我軍民死傷逾千
日軍襲平城未逞砲攻廣安門

▲中央社天津廿六日電 此間日軍部宣稱、駐平特務機關長松井、廿六日下午三時、向宋哲元提出通牒、(一)限盧溝橋八寶山一帶我駐軍卅七師、於廿七日午前撤至長辛店、(二)限北平西苑我駐軍卅七師、於廿八日午前撤至永定河以西、並謂卅七師必須撤至保定以南云、

▲中央社東京廿六日電 日駐屯軍司令香月、今日下午三時半、通告宋哲元、在盧溝橋八寶山附近之卅七師、限廿七日正午退長辛店、在平城內之卅七師、從北平城外撤退西苑、與卅七師部隊、經由平漢線以北陣地、於廿八日正午、先退永定河以西地域、以後此等軍隊、陸續開始運往保定、如不實行、認爲無誠意、日軍不得不取獨自行動等語、

▲中央社天津廿六日路透電 日方今日午後、以日本皇軍名義、以通牒致宋哲元、要求在限定時期中、將第卅七師、從北平及附近一帶撤出、此項通牒、係松井代表華北日軍總司令香月而提出者、要求㈠駐紮盧溝橋區域之卅七師兵士、於明日午前退至長辛店、㈡北平與西苑之卅七師兵士、於星期三日午前、退至永定河以西之處、俟上述區域退出後、卅七師全部、必須立即退至保定、

▲中央社天津二十六日電 據日方息、二十六日下午三時十分、日駐平特務機關長松井、參謀大木、輔佐官寺平、赴平進德社謁宋哲元 由秦德純張維藩代見、松井等已將所提之通牒、轉交秦張等代達、

香月致宋哲元通牒全文

▲同盟社天津二十六日電 華北駐屯軍最後通牒、着北平特務機關長松井大佐、於本日午後三時半、面交第二十九軍軍長宋哲元、其內容如下、『昨二十五日夜間、因貴軍非法攻擊我軍派往廊坊守護通信交通兵之一部分、致兩軍發生衝突、不勝遺憾、至惹起此種事態、當係貴軍對於實行協定、仍無誠意、而挑戰態度亦未和緩之故、倘貴軍仍有意不欲擴大事態、則應迅速將駐盧溝橋及八寶山附近之第三十七師、促其於二十七日正午以前、退至長辛店、又將北平城內之第三十七師與西苑之該師部隊、同時退往平漢路以北區域、至本月二十八日正午爲止、須遷至永定河以西之地帶、嗣後仍須將此項軍隊、運往保定方面、倘上述各節、不能見諸事實、則認爲貴軍無誠意、我軍出於不已、當即採取獨自之行動、屆時發生之事態、當然應由貴軍負責者也、此致第二十九軍軍長宋哲元、 昭和十二年七月二十六日、華北駐屯軍司令官香月淸司謹啓』、

宋哲元决定令所部抗敵

▲南京 據某方面消息、宋哲元以日方要求無厭、不堪壓迫、决定抗敵、已下令所部準備應戰、並電中央報告請示、

《新闻报》,1937年7月27日,第4版

▲中央社南京二十六日路透電　中央頃接宋哲元來電、謂已諭令二十九軍抵抗日軍云、

▲北平三時急電　時局已到最嚴重階段、日方對我致最後通牒、我當局正研討、雖仍盼和平、但正準備萬一時措置　廿七日正午、將爲時局安危最後關頭、就目前局勢觀察、前途頗堪憂慮、

廊坊楊村今晨又起衝突

▲中央社天津廿七日上午一時半電　傳廊坊一帶、廿六日晚十二時許、中日駐軍、又發生衝突、官方對此尚未能證實、但廿六日夜十二時許、有大批日軍、向津日租界出發、至東站登車、開往豐台、又傳楊村附近、廿六日夜、亦有鎗聲、平津間形勢極度緊張、津市府秘書長馬彥翀、警察局長李文田等、廿六日夜十二時許、在市府後樓接見日駐屯軍參謀塚田茂川等會商一切、迄二時許、尚未散

炮攻廣安門

▲北平急電、廣安門外日軍、二十六日下午七時、經接洽後、我允其入城、甫入百餘人、即開鎗謀不軌、我乃關城、阻其餘兵入城、日軍乃開炮攻城、八時半始息、城內日軍至報國寺求知中學、被我包圍、九時城外又炮攻、旋即息、

▲北平　二十六日下午五時、廣安門外突來日載重汽車四輛、滿載日兵及爬城雲梯、準備越城、朝陽門外亦有同樣情形、我守城軍士、已嚴爲戒備、

▲中央社北平二十六日晚八時電　二十六日晚七時半、廣安門外日兵、向我發炮數響、意在攻城、我軍已派部隊出城制止、

▲中央社北平二十六日下午六時三十分電　確息、二十六日下午六時、日兵四五百人、乘載重汽車四十輛、自豐台開抵廣安門外、本擬叫開城門入城、旋又近至距廣安門里許之某村、下車後、即將部隊散開、佈成陣勢、並將機關鎗小鋼炮等配置支架、形勢至爲嚴重、

日顧問櫻井騙進廣安門

▲中央社北平二十六日下午九時三十五分電　豐台日軍五百餘名、集中廣安門外財神廟北、其中百五十名、於下午七時半、由政會日籍顧問櫻井率領、叫開廣安門入城、甫入城一半、前行日軍、在汽車中開鎗、

入門後即在汽車中開鎗

我守城軍立即閉城、並爲阻止入城日軍前進、雙方即發生衝突、

立即閉門當將日軍擊逃

我以手溜彈還擊、日軍向廣安門內以南之牛街逃去、截至八時止、在牛街附近、將日軍包圍中、城外日軍入城不得、向城門開炮數發、城內落數彈、無大損害、

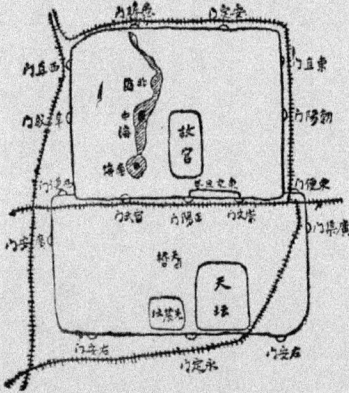

一部日軍包圍牛街一帶

▲中央社北平廿七日零時十五分電　在牛街包圍中之日軍、約有數十人、已逐漸衝出牛街、越廣安門大街、在王子墳報國寺以東、東北大學第一分校以西一帶、仍由我軍嚴重監視中、雙方正在相持、尚無衝突、現廣安門大街牛街以西、至廣安門、已成軍事區域、警戒森嚴、

北平

《新闻报》，1937年7月27日，第4版

包圍日軍釋回東交民巷

、北平今晨三時急電 求知中學所圍日軍、午夜經雙方派員解釋誤會、我已解圍、日兵回東交民巷兵營、

▲中央社北平廿七日上午一時電 廣安門內被包圍之日軍數十人、經卅七師官副旅長、廿九軍日顧問笠井、日使館武官寺平等、於廿六日夜十時許在外四區警察署晤談結果、均認爲係出於誤會、該部日軍於夜十二時許、乘汽車赴東交民巷日兵營、我方軍隊亦即撤退

西便門外亦曾發生衝突

▲中央社北平二十六日電 廿六日晚八時三十五分、西便門外白雲觀、中日軍亦發生衝突、詳情尚不明、

▲北平 西便門外日軍一部百餘人、曾在白雲觀附近與我軍衝突、意在佔據廣安門車站、截至發電時止、該日軍尙在鐵路以西、與我軍相持、

東交民巷日軍企圖接應

、北平急電 東交民巷日兵百餘、二十六日夜八時、乘汽車到廣安門內、接應城外日軍、我恐生事變、派隊尾隨保護、無衝突、城上及城下、均由我固守、與城外日兵相持中、十時、城外鎗炮聲又息、

日兵數百企圖進朝陽門

▲北平 二十六日晨、日兵四五百人、企圖由朝陽門進城、出彰儀門、向大井村集中、我守城廿九軍閉門堅拒、迄午猶相持中、

《新闻报》，1937年7月27日，第6版

電燈變壓器中炮後爆炸

▲中央社北平二十六日電　二十六日晚廣安門衝突、日炮彈由城外擊中城內西南路電燈變壓器上、致該器爆炸、廣安門大街以南及菜市口宣武門內大街等處、電燈全滅、宣武和平兩門均緊閉、附近各商舖亦全上門、土地廟以西至廣安門禁絕行人、至晚九時、警察驅逐行人、再度戒嚴、各衝要街道口趕堆沙包、截至發電時止、西南城角仍有槍聲、形勢至為嚴重、

宛平起戰事

▲中央社北平廿六日午後五時半路透電　宛平境內戰事現又發作、在過去十五分鐘內、此間聞砲聲機關槍聲與來復槍聲、絡繹不絕、

蘆橋一帶日軍準備進攻

▲中央社北平廿六日下午十時三十分電　長辛店來人談、㈠蘆溝橋日軍步炮兵陣地、廿六日上午仍無變化、蘆溝橋附近各地日軍、仍無撤退準備、宛平縣東門外之日軍陣地中、運輸極忙碌、㈡豐台蘆溝橋間日軍用汽車及裝甲車來往頻繁、長辛店盛傳蘆溝橋日軍已準備於廿六日夜、再大舉進攻、聞日軍非但未撤、且要求我方替防之保安隊亦須撤去、否則即斷然處置、㈢大井村五里店日軍、廿五日夜廿六日晨、曾數度向我保安隊鳴槍、

日軍二千携炮增援蘆橋

▲北平　日軍二千餘、携大炮十二門、由大井村向蘆溝橋方面增援、戰事將波及該方面、

《新闻报》，1937 年 7 月 27 日，第 6 版

吉星文裹創死守宛平城

▲長辛店 本報記者二十六日抵宛平視察、城內經迭次炮攻、滿目創痍、吉團長仍負創駐守、日軍不撤、誓不後退、前方日軍備戰積極、近到野炮十餘門、配置沙崗陣地、全線復呈緊張、**我方急需防毒面具、**

廊坊之激戰

▲中央社北平廿六日電　交通界息、廿五日下午五時、由津開抵廊坊日軍稱、修理電話線、擬均下車、我廊坊駐軍第三十八師張自忠部劉旅、因未奉命、當加阻止、並婉詞勸止、該部日軍堅不接受勸告、當即全部下車、成散兵線、將廊坊車站佔據、並積極搆築工事、雙方即形成對峙狀態、至廿六日晨零時卅分、該部日軍、突由車站用機關鎗向我軍防地掃射、我方因事前未作準備、傷亡十數名、乃一面向上官請示、一面準備應付、形勢極嚴重、是時日軍仍每隔數分鐘、即以機關鎗掃射、約廿分鐘、掃射時鎗聲極密、同時有日軍鋼甲車一輛、開至我軍防地附近、開鎗射擊數十餘發、我軍迄未還擊、直至廿六日晨二時半始應戰、是時津日軍六十餘名、乘載重大汽車三輛、由津過武淸開抵廊坊增援、雙方對峙、至廿六日晨五時、廊房上空、忽有由東北方飛來日偵察機一架、低飛偵察、約十五分鐘始飛返、五時十五分、即有日轟炸機四架、飛抵廊坊上空、向我軍營房投炸彈達五十餘枚、我方損失極重、同時據守車站內日軍三百餘人、向我猛烈攻擊、因電話已不通、我前方部隊、祇得沉着應戰、堅守原防、日軍迄未得逞、五時廿分、復有日軍兵車一列、上載日兵三百餘名、鐵甲車三輛、大炮十門、由津開抵廊坊、五時廿五分、有由津新站開來日兵車一列、上載日軍一千四百餘名、亦開抵廊坊、下車增援、日方轟炸機四架、亦於五時卅五分飛去、六時十分、日轟炸機四架、又飛來擲彈數十枚、我軍以僅一小部、日軍大批援軍到達、共達二千餘名、且我軍因日軍轟炸及猛攻、已傷亡甚重、我軍乃退出營房、在廊房北甯路鐵道南北高粱地內佈防、十時廿分、又有日偵察機轟炸機混合隊十七架、飛抵廊坊我軍防地及廊坊附近擲彈、同時日軍仍向我猛攻、附近人民、亦避於高粱地內、但結果我軍民傷亡達千人、情形極慘、截至下午一時許、我軍漸向廊坊西北方集中、逐步與敵軍相峙中、另悉、已有一部日軍向黃村方面進襲、因交通中斷、詳情不明、

《新闻报》，1937年7月27日，第7版

日方在事前之無理要求

▲北平 日方於廿四日下午三時、派松井•池田•今井三人、晤宋哲元、聞松井對宋、謂日軍撤退時期、應有充分自由、不受約束、馮師全部、應撤至保定以南、不得滯留平郊或涿州、趙登禹部前在喜峰口抗日最力、以之接防馮部防地、日方不能同意等語、宋除口頭解釋外、廿五日夜十一時、派陳覺生答復日方、謂馮治安師調開北平、已屬我方最大讓步云云、日方認此答復爲不滿意、遂由天津開出日兵三百餘人、攜帶機鎗大炮、至廊坊車站、向我駐軍三十八師開鎗挑釁、

日軍開抵廊坊强欲下車

▲中央社北平廿六日上午十一時電 日軍百餘、乘鐵甲車於廿五日夜十一時半、由楊村開抵廊坊後 即擬下車駐守該地、經我駐軍卅八師張自忠部旅長劉振山勸阻無效、

日軍突向我軍鎗擊砲轟

日軍於廿六日晨〇時卅分、遂向我廊坊車站駐軍、以機鎗掃射、並開砲向我轟擊、旋以鐵甲車向車站直衝、

我軍初未還擊繼乃抵抗

我駐軍因奉令不准還擊、日軍遂將車站佔領、至廿六日晨二時半、我軍以日軍攻擊益猛、不得已乃開鎗還擊、一時戰事頗爲激烈、附近居民、聞聲恐惶異常、

日軍陸續開抵廊坊增援

楊村原駐日軍二百餘名、二十五日下午七時、由津開到百五十名、即在該地趕築工事、同時於廿五日下午七時、日兵六十餘名、乘載重汽車三輛、沿平津公路、由津開往武清、因城門關閉、該部日軍、遂於廿六日晨二時、開至廊坊增援、廿六日晨五時許、日兵車一列、鐵甲車七輛、上載大砲十門、兵三百餘名開廊、旋又有兵車一列、載兵一千四百餘名、亦開廊增援、廿六日晨五時後、戰事更趨激烈、

《新闻报》，1937年7月27日，第7版

日機五架飛廊轟炸我軍

旋有日偵察機一架、偕轟炸機四架飛廊向我軍猛烈轟炸、損失頗大、附近居民、傷亡亦甚衆、聞津公安局長李文田、奉命在津與日軍部交涉、迄無結果、

澈夜激戰我軍傷亡慘重

▲北平 日軍藉口保護廊坊軍用電線、二十五日夜十一時半、由楊村派百餘人乘鐵甲車赴廊坊、欲在該地卜車駐守、並擬佔用二十九軍營房、一部二十九軍三十八師駐廊坊部隊嚴阻、日軍遽開機鎗掃射、雙方激戰澈夜、二十六日晨五時日機五架、飛廊坊轟炸二十九軍營房及前方部隊、我軍傷亡慘重、迄晨九時、雙方仍在相持中、

日軍得援强佔廊坊車站

日軍七時由津增援、將廊坊車站佔據、北寗路車停開平津電話已不通、張自忠二十五日晚由津到平、二十六日晨與宋哲元秦德純張允榮晤商應付辦法、向平日軍方面提出質問、日方態度强硬、形勢惡化、

日機十七架向我軍猛轟

▲北平 中日軍在廊坊激戰至二十六日午十時許、日轟炸機十七架、先後飛廊坊向我軍猛烈轟炸、我軍傷亡慘重、我該地駐軍、僅二十八師劉振山旅兩營、日軍前後增援約二千人、我以少數之部隊、刻仍與其周旋中、

▲天津 日單翼轟炸機十餘架、在廊坊附近吾軍陣地擲彈十餘顆、損燬慘重、

《新闻报》，1937年7月27日，第7版

宋召各將領開緊急會議

▲北平 二十六日晨、廊坊發生激戰後、宋哲元立即在宅召各將領開重要緊急會議、二十九軍將領、全體出席、除電京報告外、即令陳覺生等、奔走接洽、仍力謀最後之和平、平市軍警已全體出動警戒、

李文田急向張自忠請示

▲天津 二十六日晨一時卅分、日軍向我廊坊駐軍、開鎗射擊、四時許、我軍開始抵抗、日機五架、五時赴前方轟炸、擲彈四五十顆、我駐軍營房全遭炸毀、士兵死傷甚多、卅八師副師長李文田據報後、急向師長張自忠請示、張令負責與日軍部交涉、李文田與日軍部交涉結果、先令前方停止衝突、十一時後戰事乃停、

雙方當局在津洽商和平

▲天津 此間中日當局、對廊坊事件、決設法和平解決、二十六日晨、日駐屯軍參謀塚田、特務機關長茂川等、赴市府訪秘書長馬彥翀、警察局長兼三十八師副師長李文田等協商一切、雙方均表示不願事態擴大、

雙方派員到廊制止衝突

當決定由雙方派員到廊坊調查眞相、並制止衝突、計我方派三十八師參謀李少韓、警察局秘書嚴寒梅、日方派茂川及小林、於十一時半由津乘專車赴廊坊、第一步、制止繼續開鎗、恢復平津交通、俾事態可以平息、另聞日軍於二十八日晨、派機十餘架飛廊坊、並投硫磺彈、附近頗多損失、但現在依然有大批軍隊開往增援、前途似難樂觀云、

兩軍激戰至十時後暫止

▲中央社天津 廿六日電 廊坊中日軍衝突至廿六日晨十時、已漸停止、據官方稱、廿六日晨零時卅分、有日軍一百餘人、係屬第二師團部隊、由津開到廊坊、據云、係修理保護附近電線、當即下車、在廊坊駐有我軍卅八師劉振山部一團、旅部亦設在該處、均在鐵道以北、爲避免發生誤會起見、當通知日軍、如下車請開往鐵道以南、但日軍竟不聽勸阻、仍結隊向我駐軍地帶開行、並用機鎗向我軍掃射、當即發生衝突、至二時許稍停、四時許、戰

《新闻报》，1937年7月27日，第7版

事續作、迄十時始止、廿六日晨八時以後、天津至廊坊間長途電話中斷、故午間情形如何、此間無從得悉、

雙方調査人員視察前線

▲中央社天津廿六日電　廊坊衝突、二十六日午前停止後、此間中日雙方所派之前往調査人員、計卅八師參謀李少韓、警察局秘書嚴寒梅、及日軍部特務機關長茂川及小林等、於廿六日午、由津赴廊坊、下午二時許抵達視察後、搭原專車於下午五時許抵津、當即分別復命、據悉、目前雙方已停止射擊、日軍廿六日晨開到三千餘人增援、並以飛機七架投彈轟炸、故我軍退入廊坊附近鐵路以南一二里許之靑紗幃內、以避其鋒、日方現已將車站及附近佔據、但午後雙方已無衝突、據關係當局稱、廿六日雙方所派之調査人員、第一步制止射擊、已告段落、第二步善後問題、即如何使日方不再擴大軍事行動、目前正在折衝中、又廊坊與此間電話中斷、消息傳遞不靈、此間當局正在設法謀取得聯絡云、

我軍集中廊坊西北某地

▲中央社北平廿六日電　廊坊我駐軍於廿六日午十一時許、集中廊坊西北某地、現前方戰事已停、

張自忠與松井在平交涉

張自忠與松井等在平開始交涉、日方態度强硬、預料恐無若何結果、

雙方在津會商善後事宜

▲中央社天津廿六日電　廊坊廿六日午後無大衝突、但日方仍不斷開鎗、津市府秘書長馬彥翀、警察局長李文田、廿六日晚與日軍部參謀塚田茂川等、會商善後事宜、我方要求日軍撤退、恢復原來狀態、但此事須待於折衝云

▲天津　廊坊衝突、由中日人員赴前方視察後、十時以後、前方平靜、善後交涉、由李文田馬彥翀、在津與日方折衝、決定先使平津交通恢復、定廿七日上午六時、由津開專車一列通道、

日軍要求我軍退至固安

▲中央社北平廿六日電　今晨中日軍在廊坊發生衝突、日軍曾以轟炸機助戰、經此結果、平津火車交通又復中止、先是有日兵一千三百名、分乘火車二列、開抵廊坊　不知如何、與防守廊坊之卅八師華軍發生衝突、日兵傷者數名　大隊日軍隊乘火車往援之、經日軍用轟炸機轟炸後、華軍乃後退　日軍事當局現要求駐廊坊之華軍　退至永定河西之固安、

《新闻报》，1937年7月27日，第7版

日方援軍繼續開赴廊坊

▲中央社天津廿六日電　時局顯然愈感緊張、日軍廿六日晨繼續開至廊坊增援、計㈠廿六日七時十分專車一列、兵二百餘名、㈡廿六日晨九時半專車一列、士兵數百名、㈢廿六日晨九時四十分、由東北到天津之華工約五百餘名、由津專車開廊坊、

▲中央社天津二十六日電　二十六日下午二時半、由榆抵津日兵車一列、士兵共四百餘名、停於新站、同時日軍鐵甲車一列及大批載重車、由津開廊坊、

▲天津　二十六日午後、津日軍絡繹經過萬國橋赴東站上車、開赴廊坊、大部屬於鯉登部隊、當局正與日方交涉停止戰鬥外、並謀和平解決、惟日方態度强橫、事態惡化、

▲天津　二十六日由津東站開廊坊日軍、計㈠上午二時、日鐵甲車一列、㈡三時二十分、日兵五十餘、同時日兵車一列、掛車三十二節、載日兵及軍品去廊坊、㈢五時四十分、日兵車二十七輛、炮十門、㈣六時三十分、日兵車三十二輛、㈤十時、日兵車十輛、㈥十一時二十分、日兵車二十輛、均由津去廊坊、

日機擲彈炸死日軍甚多

▲天津　日機二十六日晨五時飛廊坊前方轟炸時、因兩軍陣地距離甚近、機飛行甚高、目標不明、所擲炸彈、中日軍陣地數枚、日兵死傷甚多、

我軍民傷亡者達千餘人

▲天津　廊坊戰事、據調查、我國方面軍民死傷者、達千餘人、因我軍猝不及備、居民皆在睡夢中驚起、羣赴高粱地避難、日飛機三次轟炸、第一次在五時、僅一架、偵察十五分鐘後、即有四架飛來投彈、約五十枚、第二次爲六時〇五分、又來四架、第三次爲十點二十分、計來十七架、

▲北平　廊坊村鎮二十六日晨被日機轟炸甚慘、死傷居民甚多、居民現均避高粱地、

日軍多於我軍者約五倍

▲北平　廊坊日軍、原約有二三千人、增援者亦在三千人以上、我駐軍爲三十八師劉振三旅、兵力僅二營、日軍多於我軍者、至少五倍、

日機午後仍飛前方示威

▲天津　日戰鬥機四架、二十六日下午一時、由津飛往前方、晚始飛回、

秦德純談廊坊戰役經過

▲北平　秦德純談、廊坊一帶、原駐我　張自忠部三十八師劉旅全部、旅司令部設車站、本鎮駐兵、祗二營餘、分駐附近各村鎮、二十五日晚、日方由天津豐台楊村調集五倍以上兵力、向廊坊猛攻、我軍當予抵抗、相持至天明、日方以轟炸機十七架、向我軍投擲巨量炸彈、我軍死傷甚衆、似此無限制侵略我土地、和平尙從何談起、秦語時、態度異常悲憤、

《新闻报》，1937年7月27日，第7版

周思靖赴黃村廊坊視察

▲中央社北平廿六日晚九時廿五分電 廿九軍參謀周思靖、廿六日下午二時乘北寧路輕油車、由平赴黃村廊坊一帶視察、日方軍事人員及日記者多人隨往、周氏在當地勾留五小時、旋於下午七時五十分仍乘輕油車返平、

廊坊我軍營房損失奇重

▲中央社天津二十六日電 日飛機七架、二十六日在廊坊車站附近投彈二十餘枚、幸車站無恙、又在我駐軍營房一帶、投彈三十餘枚、損失甚重、

平津電話線為日軍破壞

▲北平 平津長途電話線、二十六日晨、先被日方破壞、迄午、北寧路電話線亦斷、平津交通、完全斷絕、

日兵修理北寧沿綫電話

▲中央社北平二十六日下午四時三十分電 二十六日下午二時、輕油車一列、由永定門沿北寧路開出、載日兵二十名、日便衣工人二十名、日記者四名、由二十九軍參謀周思靖偕行、據聞係修理沿途被毀之電話線、

日軍車源源運津

有大舉侵佔華北之勢

▲天津 日軍大量向關外集結、二十六日到津者、計㈠上午三時二十分、日兵車一列、計三十二輛、載軍需品及日軍數百人、由榆到津、㈡五時四十分、日兵車二十七輛、載日兵百餘人、馬多匹、炮數門、由榆抵津、㈢六時二十分、日兵車三十二輛、載軍火及日兵、由榆抵津、㈣十時、日兵車四輛、兵百餘人、由榆抵津、㈤十一時二十分、日兵車二十輛、載炮兵及軍用品、由榆抵津、㈥下午二時三十分、日電信隊四百餘名、由榆抵津、駐於北寧津站貨廠、

▲中央社天津廿六日路透電 日軍佔據廊坊後、現已控制天津與豐台間之平津路線、今夜七時十分、日方火車一列、載修理電線等工人、由此前往廊坊、自廊坊衝突後 由此開出之兵車與運輸車、亦絡繹抵此、幾無間斷、今日午後三時二十分、有一列車、計車三十二輛、滿載軍火與軍用品、由塘沽抵此、此後又有五列車、接踵而來、最後復有專車由山海關載步兵四百人開抵此間總站、

《新闻报》，1937年7月27日，第7版

津日軍調動全日甚忙碌

▲中央社天津廿六日電 此間自廊坊衝突情形傳到後、全市異常緊張、廿六日晨 日軍調動甚忙、由唐榆等地到津之日兵在三千人以上、由津開至廊坊之日軍、亦在一千至二千之間、廿六日午、有日騎兵一百餘名、步兵一百廿餘名、大炮七門、開到海光寺中日中學駐守、東總西三車站、所有調動所及閘樓、均有日兵若干名前往監視、車站行人往來皆受限制、此間當局、在各衝要路口、亦分別嚴加戒備、各機關門禁亦加緊、

日兵若干欲入津警察局

蓋廿六日晨、有日兵十餘人前往警察局、欲見局長李文田、適李不在、被勸回、事後據日方稱、彼等赴警察局、係保護日顧問小林云、今日盛傳有某方便衣隊白餘名、潛於各地、故人心極爲恐慌云、

▲中央社天津廿五日路透電 日兵兩分隊、分乘載重汽車二輛 今晨八時、越過義租界、至警察局前、要求入內、經拒絕後即退走、旋有日軍官數員、要求見警察局長李文田、李現助張自忠與日方辦理談判、

津市情勢在極度緊張中

▲天津傳 津日軍廿六日夜將化裝出動、對津市有所企圖、警局已嚴密戒備、情勢極度緊張、又津東總南車站、日哨兵增加勢亦轉緊、

日軍在日租界演習巷戰

▲中央社天津廿六日電 此間人心極爲緊張、全市戒備甚嚴、日軍廿六日晚八時起、在日租界須磨街宮島街明石街一帶、演習巷戰、尤使人民飽受虛驚云、

▲天津 廿六日晚七時、海光寺日兵營鳴槍數響、日兵旋出發至日租界淡路明石須磨街一帶、演習巷戰、至十一時、尚未撤去、

日鐵甲車開駐津浦西站

▲中央社天津廿六日電 日軍陸地鐵路兩用 鐵甲 車一列、二十六日晚十二時許、由東站開往津浦西站駐守、車內並有士兵十餘名、似對車站取監視之意、廿六日有日軍馬車千餘輛、由唐山運津、此項車輛多係在唐山附近强行征集者云、

日軍部强募華工三千人

▲天津 日租界情形緊張、晚八時後行人絕少、日兵在界內梭巡、入於戰時狀態、日軍部二十六日臨時募華工三千人、在福島街設事務所、限二十七日晨募齊工作、二十六日一日、被迫應徵者、已過半數、密集某處、用意不明、

《新闻报》,1937年7月27日,第7版

日第十六師團登岸開津

▲天津 日軍第十六師團磯谷廉介部、已由日用商船二十五艘載運來華、二十六日有一聯隊由塘沽登岸、搭北寗車來津、

北寗路各次車完全停開

▲北平 北寗路上下各次車、廿六日晨均停開、前門車站大門緊閉、旅客廿六日晨麕集車站、欲離平者、達數百人、平滬平浦車改由津開行、

▲天津 北寗各次客貨車、因廊坊戰事、廿六日平津段均未開行、平浦平滬各次車、均至津折回、

日在津修輕便鐵路運兵

▲中央社天津二十六日電 日方近覺在津修輕便鐵路運兵、二十六日晨已開始工作、路線係由東車站鳳林村以達東局子兵營 全線計長約二十餘里、所有枕木鐵軌等、均已運到云、

大興采育鎮被日機投彈

▲中央社北平廿六日晚九時廿分電 關係方面消息、㈠距廊坊廿餘里采育鎮、(大興縣屬)廿六日晨六時、來日飛機八架、擲彈數十枚、又鎗炮聲甚烈、

昌平縣突到日軍三百餘

㈡距大興縣東南三十里青雲店、來日人六名、逗留不去、經警察盤查、據云日本兵隊數百人、最近將來此、㈢昌平縣突來日軍三百餘人、用意不明、

通日軍威脅我駐通部隊

▲中央社南京二十六日電 南京關係方面頃接北平電、二十六日下午一時、通縣日軍步炮兵五百餘名、舉行演習、並向我駐通部隊加以威脅、經交涉後、已漸撤退、

日汽車墮炸彈爆炸傷人

▲中央社天津二十六日電 二十六晚十時半、日軍用二一一號載重汽車一輛、滿載大批軍用品、行至日租界須磨街時、車中突有炸彈一枚、突然落地、當時轟然一聲爆炸、該車因開行甚速、未波及、但其時街上適有小販及行人共七人受傷、其中二人、傷勢甚重云、二十六日晚十一時許、日租界戒備甚嚴、已禁止行人通過、接近南市一帶、形勢尤緊張云、

▲天津 二十六日晚十時、日兵輸送彈藥、在松島街、有手溜彈一枚墮地爆炸、傷華人六名、日兵至華界南市放哨、電燈全熄、商號閉門、十時半、日軍退去、電燈復明、

《新闻报》,1937年7月27日,第8版

日機飛石家莊保定偵察

▲中央社保定二十六日電 日機一架、二十六日下午一時半、沿平漢線至石莊一帶偵察、二時北返、在省垣高空盤旋多時、仍沿平漢線北飛、

日機飛鄭洛高空中偵察

▲中央社鄭州廿六電 廿六日下午四時四十五分、又有日機一架、由東飛至鄭洛、偵察一週、旋向東北飛去、當日下午、洛陽孝義、亦發現日機、在高空偵察、

日軍控制下之北平形勢

三條大動脈已完全被人割斷 僅平門支線猶保持交通自由

(北平通訊)自盧溝橋事件發生以來、我方抗戰雖着着勝利、然而日方對我之壓迫、則步步加緊、目前我方在軍事上對北平幾乎已失却控制能力、日方對北平之包圍形勢、已日漸完成、記者爰就此數點加以說明、

北平有 三個最重 要的門戶、即豐台•盧溝橋• 南口三地、這三個地方是北寗路•平漢路•平綏路所經過的要道、日方若將這幾個地方於其軍事 控制之下、則這三條鐵路便被截斷、就等於割斷北平市的三條動脈、日方可不費吹灰之力、佔領北平、豐台的地圖早已變了顏色、今日且爲日本軍事上一重要根據地、盧溝橋雖尚未被日軍佔領、但日軍在此地之軍事佈置、已可以控制平漢路的交通、平綏路交通雖尚平安、但豐台爲該路終點、可說已被日本握住手足、最近昌平高麗營湯山一帶已有日軍千餘人正在建築工事、平綏路已感到很大的威脅、旦夕之間、就有遭受與平漢路同樣命運的可能、所以只就這三條鐵路目前的形勢而論、北平已危險到萬分、

除上述三大鐵路而外、還有兩條支線、一爲北寗路之平通支線、長四五十里、一爲平綏路之平門支線、長一百二三十里、平通路的終點爲通縣、這是冀東僞組織之所在地、所以這條鐵路至少有一半已受日軍之控制、現在惟有平門路還完完全全在我控制之下、不受任何威脅、

日本方面欲包圍北平、威脅我方、在平北、平東與西南方面、均已做下相當基礎、惟有平西因我駐屯大軍、不易得手、所以日方亦處心積慮的要破壞我們這一交通要道、

最近於二十三日、 日軍由豐台經大井村、穿過平漢線、向西北方面、直到平門鐵路以南不遠的田村爲止、沿大道掘了一條戰溝、中途並由棗林莊向吳家村八寶山方面、掘了兩條聯絡戰溝、因青紗帳起、日軍秘密工作、直到廿四日我方才發覺、然而日方工作已大部完成、日方若向田村方面有所行動、則平門路立刻可被截斷、八寶山爲平西軍事要隘、此山若爲日方所佔、居高臨下、則平門交通亦必受阻、故日軍近在平西行動、極可注意、

田村、公村、八角莊一帶、現均爲三十七師防地、八寶山及其迤南各地、均爲冀北保安隊之防地、若三十七師再行撤退、則平西前途實堪憂慮也、(七月二十五日)

某艦駛過牟平 向附近漁船開鎗

▲濟南 某方軍艦經過牟平近海漁船麕集處時、忽放兩鎗、

《新闻报》，1937年7月27日，第8版

日內閣提議增加

對華軍費九千餘萬

倘戰事擴大準備二次增加

▲東京電　日內閣今日向議會提增加華北軍費預算九千七百萬元、宣稱倘華北戰事擴大、再增加第二次額外預算、

▲同盟社東京廿六日電　今日臨時閣議開會、於午前十一時三十分、首相以次全體閣員均經出席、首由賀屋藏相對於華北事變提出追加預算案、有所說明、其次由杉山陸相對於廊坊衝突事件、略謂此次事件、其詳情雖未獲悉、倘今後正式抵抗我軍、則前途形勢實未可逆睹云、其次由米內海相對於上海日本水兵宮崎之失蹤事件、謂尚未得其眞相等語、二時零五分散會、

各鑛購運炸藥

請領護照法

▲中央社南京廿六日電　各鑛購運炸藥雷管導火線等請領護照、向由實部核轉軍部請發、實部刻准軍部咨、嗣後各鑛請領購運炸藥等護照、須由實部核明、年需數量、至鑛與鑛間所用炸藥亦非經核准、不可讓售、以杜流弊、現實部已製發鑛場使用炸藥雷管導線數量報告表、通飭各鑛公司、迅即填呈、以憑査核、

宋哲元昨電京報告

▲南京　宋哲元廿六日上午有電到京報告廊坊事件、並稱已下令抵抗、

▲南京　宋哲元廿六日晨電京、報告昨晚十一時廊坊日軍進攻我駐軍、經我軍抵抗激戰情形、

孔祥熙談中日糾紛

▲中央社倫敦二十六日路透電　今日中國行政院副院長孔祥熙向路透社記者稱、中央政府對於中日間解決糾紛之條件、既未詳知、亦未加以許可、故殊無法加以接受、孔氏並稱目前之爭執、可以分曉華北之是否將化爲日本之藩屬、或繼續爲整個中國之一部份、氏氏繼稱、中國對於英法美等國政府之關切、極爲感謝、但謂此事不僅中日兩國間之爭端、實亦對於世界和平及國際間信賴及道德之襲擊、惟日本平民中及高級軍人中不乏有理性之人物、故甚希望此等人能亟起挽救狂瀾而免戰禍云、

日本各報競出號外

▲中央社東京廿六日電　廿六日晨六七時、各報競出號外、報告廿五日夜廊坊衝突消息、至午號外鈴聲猶未止、局勢又形極端嚴重、外務省發言人接見外國記者、僅述衝突經過、對事件前途、似極憂慮、對所謂滬日水兵宮崎失踪事謂在調查中、

各國大使在京行動

▲中央社南京廿六日電　法大使那齊亞、廿六日晚十時可由平抵京、定廿七日謁王外長、又法使館陸軍隆拔鐵、廿六日晨謁徐謨、探詢華北事件、德大使陶德曼、義大使柯賚、分於廿六日下午四時五時先後謁王外長、探詢華北事件、美大使詹森、廿六日下午四時一刻謁徐謨、有所晤談、約四十分鐘辭出、

英市中日債券均跌

▲中央社倫敦廿六日哈瓦斯電　華北局勢、愈益趨於嚴重、此間證券交易所、因而感受影響、中日兩國證券、均跌落一點之譜、

中樞昨開重要會議

▲南京　當局昨晨召開重要會議、商日軍突攻廊坊後應付方策、宋駐京代表李世軍奉何部長令召列席、

▲南京　政院廿七日例會、對華北局勢突轉惡化後應付方針、將詳加商討、

日本大批軍火

由門司大連運青

▲青島　日方連日由門司及大連運來青市軍火甚多、運卸時極爲秘密、聞日本各紗廠中、均有軍事佈置、

《新闻报》,1937年7月27日,第8版

决不接受無理要求

當局誓與强敵抗戰

大戰爆發在即平郊戰事已起

▲北平　二十七日下午三時　官方公佈、我决不接受日方任何無理要求、望市民沈着鎮静、同赴國難、

▲中央社北平二十七日晚七時電　自盧溝橋事變發生以來、我中央地方當局、力持鎮靜、謀求和平、而日方則大量增兵、源源不絕、一面爲與我方商談和平、以作緩兵之計、一面隨處挑釁、無理取鬧、自二十日炮攻宛平之後、繼以轟炸廊坊、二十六日復由香月向我當局提出種種無理要求、並企圖攻破我廣安門、奪取北平、在天津方面、則佔據我北寧津浦兩路各車站、致使時局愈趨嚴重、　我當局以日軍蠻不講理、蓄意挑戰、認爲時局已瀕最後關頭、和平殆屬絕望、二十七日起、即决定拒絕一切無理要求、準備爲國家民族生存而抗戰、現平市人心異常振奮、態度沉着、决一致當我政府後盾、二十七日下午、雖市內交通照常、然四郊均已陸續發生激戰、日機則竟日翱翔上空、從事偵察、大戰恐在今夜明晨、即將爆發、我當局對市內治安、保護外僑、以及指導居民作戰時準備等等工作、均已有嚴密之計劃、全市上下、一致興奮、誓與强敵抗戰到底、

▲中央社北平二十七日下午十時四十分電　日駐屯軍二十六日致我最後通牒、限盧溝橋等地三十七師、於二十七日正午撤退、我因決定最後態度、曾通知日方延緩三小時答復、　旋於廿七日下午三時、由我方正式答復、拒絕日駐屯軍之無理要求、於是一切談判、均歸停頓、現北平四郊槍炮聲、斷續不絕、　南郊在南苑團河一帶接觸、戰況最烈、迄發電時止、尚未停止、聞我軍奮力抵禦、傷亡甚多、現仍在團河力搏中、東郊在與通縣交界處、與我駐寶珠寺部隊衝突、下午戰況尚未明瞭、　西郊在八寶山衙門口一帶、時有射擊、戰况似不甚烈、　北郊則在高麗營小湯山立水橋等處、常有日便衣隊及騎兵等出沒、我方正嚴密警戒中、至盧溝橋方面、有無接觸、此間尚未接報、綜合各方情形觀察、日軍企圖包圍我北平城、進而壓迫中國、達其不戰而勝之目的、而目標所注、尤在於南苑與西苑、駐平市城內之三十七師部隊、日駐屯軍原限二十八日正午以前退出、但聞我已於二十七日下午三時答復時、一併拒絕、故現在此間形勢、已入最嚴重時期、一般預料、大戰即在目前、

▲南京　據平電、日方二十六日向宋哲元提最後通牒、要求各點、宋已完全拒絕、宋並布告、决不接受日方任何要求、及萬不獲已起而應戰苦衷、人心大爲振奮、又宋二十七日迭電中央、報告日軍在廊坊及北平近郊各地挑釁戰事經過、並有所請示、

▲南京　中央據平津當局最近報告、認和平已完全絕望、决出於應戰之途、以維國家民族生存、何部長於二十七日深夜、於私邸召廿九軍駐京代表、商對平津一帶抗擊日軍應戰軍事方略、迄二十八日晨一時餘始散、

《新闻报》，1937年7月28日，第3版

宋哲元發表通電

▲中央社北平二十八日上午三時五十分電 宋哲元頃發表通電原文如下、委員長蔣各院會均鑒、各部各省市政府各綏靖主任各總司令各總指揮各軍長各師旅長各法團各報館均鑒、哲元自奉命負冀察軍政之責、兩年來、以愛護和平爲宗旨、在國土主權不受損失之原則下、本中央意旨處理一切、以謀華北地方之安寧、此國人所共諒、亦中日兩民族所深切認識者也、不幸於本月七日夜、日軍突向我盧溝橋駐軍襲擊、我軍守土有責、不得不正當防禦、十一日雙方協議撤兵、恢復和平、不料於二十一日砲擊我宛平縣城、及長辛店駐軍、於二十五日夜突向我廊坊駐軍猛烈攻擊、繼以飛機大砲肆行轟炸、於二十六日晚、又襲擊我廣安門駐軍、廿七日早三時又圍攻我通縣駐軍、進逼北平、南北苑已均在激戰中、似此日日增兵、處處挑釁、我軍爲自衛守土計、除盡力防衛聽候中央解決外 謹將經過事實擁誠奉聞 國家存亡、千鈞一髮、伏乞賜教、是所企禱、第二十九軍軍長宋哲元叩感印

▲北平二十七日十二時急電 **劉汝明於二十七日夜回張家口坐鎮、負維持平綏之責、**

▲**北平急電 公使團擬俟正式戰事發生後、按辛丑條約、向雙方建議、平市區內、不作戰、並維持平津交通、**

▲北平 外人消息、**二十八日破曉、日軍將對北京行總攻擊、**西苑南苑之二十九軍部隊、已奉令集中、東交民巷使署區 由各國衛隊、出動保衛、法使已將法僑集中使館、各國水兵之出動者、計美國五百人、英國二百五十人、法國二百人 內有安南兵一百人、意國九十人、

▲南京 連日京中關於華北時局消息、極感沉鬱、遂無疑是時局已達最後關頭的反映、記者敢負責向讀者忠實報道、(一)中央與冀察當局應付強敵侵凌的步驟與方略、是始終一致的、冀察當局開始出以最大的讓步、迫而出於最後之應戰、亦是出於政府整個之計劃、(二)政府當局、現仍期待日方最後之覺悟、且不惜多方予以覺悟機會、但如終不覺悟、而必迫中國出而應戰、所有應戰之準備、政府無日不積極進行、未肯稍失機宜、(三)連日政府外交人員、於外交上極努力、但祇是覓求和平解決之途徑、而絕非向任何國家求援、政府對抗敵作戰計劃、祇是拚我全民族的生命、與敵作殊死戰、(四)我最高統帥蔣委員長、是全世界公認之天才軍事家、最後勝利、必屬於我、毫無可疑、

▲保定 本報特派員二十七日午由長辛店抵保、當地極鎮定、二十七日晚、據我軍全線抗戰訊後、軍民振奮 平漢沿線防務極鞏固、各地已設後方醫院 可容三四萬人、一切準備極充分、盧溝橋抗戰受創傷兵、往平民醫院者七十餘人、記者往慰問時、無呻吟呼痛聲、極關懷前方戰事、皆盼傷速愈、再上前線殺敵

▲中央社北平二十七日晚九時零五分電 平市二十七日晚已漸入大戰前夕狀態、八時以後 電車即陸續收車、街上行人亦漸減少、東北長安街東西單牌樓、最爲熱鬧街衢、現已寂靜沉肅、僅樣綠之路燈、斜照於道旁樹枝、益呈森嚴氣象、 各城門終日緊閉、僅留前門通行、 各要道口加緊堆壘沙包及障礙物、東西兩車站站門均緊閉、官方公佈拒絕日方任何無理要求後、人心激奮、咸欲一知究竟、晚報銷路因而陡增、人咸手一張細閱、面露歡欣而又悲壯之顏色、交通工具之電報與電話、因郊外各路電線多被日軍割斷、 故有線電報均發生障礙、平保平津平通等各線電話、亦未恢復、 宋哲元秦德純陳繼淹等、二十七日晨、對平市治安、曾一度商議、對保護外僑、尤有詳細之決定、但外僑則多已奉到使館集中命令、 聞東交民巷各國使館、 對維持該地治安、已經分配、巷之西口、由美兵守衛、日兵則負守衛台基廠之責、市內日僑、廿七日午已分別集中於日本俱樂部・正金銀行・日大使館・ 及日本小學四處、日通信機關同盟通信社、廿七日停止發稿、日籍職員均逃去、廣安門大街、廿七日下午一時、曾一度戒嚴、 旋即放行、 聞係廿六日晚入城日軍中、有便衣兵士雜於其中、其後武裝者退回日兵營、便衣者廿七日午復由牛街等處竄出、但人數極少、故秩序不久即恢復、市民避難者不多、 但每人面上則守衛分布街頭之兵士、莫不精神抖擻、態度憤激、

▲北平 今夜以來槍砲聲發自八寶山一帶者、緊密不斷、北平日僑、皆由使署發給軍裝槍械、組成預備隊、

▲北平今晨三時電 現平城四週、均有鐵蒺藜、城內各要隘、均增沙袋、城內晚九時起戒嚴、外城下午四時起戒嚴、日方重金收買便衣隊甚多、謀破壞我秩序、我軍警維持極得力、治安絕無虞、

《新闻报》，1937年7月28日，第3版

已有準備 決心奮鬥

在淋病嚴重時期，人體受淋菌之破壞，創鉅痛深，所以病家不得不準備武器，與萬惡之淋菌奮鬥，求最後之勝利，恢復康健之精神。

德國白濁專藥「梅濁尅星」，是世界著名之滅殺菌劑，藥力能透澈泌道黏膜，直透深部，將淋菌一鼓殲滅，以絕後患，不論新久淋病，內服本品，與淋菌奮鬥，猶戰士得犀利武器之助，百戰百勝。

德國「梅濁尅星」，對於利尿，鎮痛，防腐等等，面面顧到，無淋濁痛苦不堪之時，能迅速發揮其藥力，以解除痛苦，故能立時止痛清濁尤為特色，功效之偉大，實高於一切淋藥而上之。

普通梅濁尅星每盒二元五角，特種每盒四元，各埠各大藥房，均有出售。

團河方面之激戰

趙登禹部極力抗戰 日方軍隊自豐推進

▲中央社北平二十七日下午五時十分電　南苑南方團河、二十七日下午四時起、發生衝突、駐該地我軍趙登禹部、正極力抗戰中、至發電時止、尚未停止、又二十七日下午一時、日機一架飛南苑盤旋偵察甚久、現南苑及團河一帶居民、均已與駐軍離開、

▲北平　團河戰入晚極烈、我軍固守、

▲中央社北平廿七日下午九時十二分電　南苑南方之團河村、（距南苑十里）廿七日下午二時、突有日軍千餘名、携鋼炮機鎗、由楊村一帶開來、突向我當地駐軍攻擊、我軍當即起而抵抗、日軍集中炮火、向我軍猛攻、我軍亦奮勇還擊、戰至三時許、日兵稍向後退、並將部隊分為若干小隊、紛紛在青紗帳中藏匿、至四時、日炮兵復以大炮向我轟擊、同時以機鎗掃射、我軍仍鎮靜抗戰、迄未稍懈、南城一帶、可聞清晰之鎗炮聲、四時十分、日方轟炸機一架、由東方飛抵南苑及團河一帶盤旋偵査、約五十分鐘始東返、至五時十分、日轟炸機一架、仍在團河南苑一帶盤旋偵査、半小時後東返、兩機均携炸彈、但未向下投擲、迄晚七時止、該方面戰事仍未停止、南苑地方平靖、我軍已有戒備、

《新闻报》，1937年7月28日，第4版

盧溝橋形勢已突轉緊張

▲中央社北平廿七日下午八時五十分電、盧溝橋形勢、廿七日突緊張、大井村五里店及盧溝橋以東以北附近各地、廿七日上午、由豐台開到日兵八九百名、不時向我陣地開鎗挑釁、

日軍紛由豐台方面推進

▲中央社北平二十七日電　二十七日各方報告、(一)上午十一時半、日兵約百餘名、由豐台經潘家廟向南苑方面前進、(二)上午十一時半、孫河鎮北方約十里處、發現日軍騎兵約四五十名、便衣隊百餘名、載重汽車四十餘輛、每輛乘步兵二十餘名、向孫河鎮行進中、(三)午十一時、日兵二百餘名、由豐台向東行進、至黃土崗地方、將長途電話線割斷、復向南苑方面前進(四)下午一時半、有日兵四五百名、由豐台開至潘家廟、(距南苑西北約七里)有前進模樣、又一時四十分、日坦克車兩輛、經草橋趙家莊、向潘家廟前進、(五)下午一時　日兵五六十名、乘載重汽車兩輛、自豐台經南部公莊西開、(六)豐台車站我國員工、已被日軍驅逐、

通縣南門之激戰

包圍阮元武部繳械　並有飛機五架轟炸

▲北平　通縣日軍、二十七日晨七時、將南門外我軍一營包圍、要求繳械、正相持中、

▲天津　通縣南門外、吾駐軍屬獨立三十九旅之阮元武部五百人、被日軍飛機五架、擲彈轟炸、死傷慘重、

▲中央社北平二十七日下午五時三十五分電確息、二十七日凌晨二時、通州日軍、突通知我方駐通縣寶珠寺某部、竟有强迫繳械之意、我軍不允、三時半、遂開始衝突、迄六時許、仍在激戰中、另據報告、通縣城外西南方面、現有冀東僞保安隊長督率民夫千餘人、搆築工事、由重興寺經紅菓園、至東西總屯、主線長約六七里、正對我軍駐地、通縣城上、敵部炮兵、散向我駐通部隊射擊、迄午十一時未停、

▲天津　二十七日上午六時、日萱島部隊與冀東保安隊、將對通縣南門外之廿九軍一營包圍、雙方發生劇戰衝突、日機五架、投擲大批炸彈轟炸、

▲中央社北平廿七日電　通縣我北平電車公司發電廠、廿七日被日方炸毀、電車電流斷絕、現北平市電車已改借平電燈公司電流、

《新闻报》，1937年7月28日，第4版

小湯山發生衝突

▲中央社北平廿七日電　廿七日晨通縣方面、發生衝突後、至黎明、日轟炸機六架飛我陣地上空擲彈十數枚、我傷亡甚衆、聞通縣僞保安隊隊長張慶餘、因密謀反正、已被日軍監視、

平北古城村與秦村 發現日軍亦起衝突

▲中央社北平廿七日下午二時十五分電　傳平北小湯山、距平市約五十餘里、中日軍於廿七日晨、發生衝突、平湯電話、廿七日午不通、平市廿七日上午迭聞炮聲、究係湯山、抑係盧溝橋、尚難證明、

▲中央社北平廿七日下午六時電　廿七日晨八時、平北小湯山附近、日軍與我軍發生衝突、又晨七時至九時許、平北郊古城村發現日騎兵卅餘名、秦村發現日步兵廿餘、與我軍衝突、至下午仍對峙中、

廣安門內之巷戰

日軍希圖裏應外合 我軍奮勇消滅危機

▲中央社北平二十七日電　中日軍於二十六日晚在廣安門內衝突後、廣安門大街、二十七日仍沉寂無人、大部份商店、迄午尚關閉、城門口滿堆沙袋、戒備極嚴、據守門某兵士談、二十六日晚、日軍約百餘名、分乘大汽車十餘輛、經我當局允許後、即啓門准彼等入城、詎意日兵入門約六七十名後、即迅速下車、將隊伍散開、向我軍以機鎗掃射、我軍當即還擊、並放手溜彈多枚、我以城外日軍甚多、乃速將城門關閉、一時廣安門大街、變成戰場、演成劇烈巷戰、城外日軍、聞聲即向城內發炮數響、旋與我城外駐軍發生衝突、同時日便衣隊數十名、不知由何處竄出、亦向我軍射擊、我守門軍隊一連之衆、無不奮勇抵抗、激戰至九時許、日軍不支、向牛街一帶撤退、旋被我軍包圍、鎗聲始息、城外中日軍亦漸停止衝突、至夜十二時許、始由雙方人員交涉、將被包圍之日軍、送回日兵營、此次戰役、日軍死傷約三十餘人、我軍死一人、傷十一人、另死巡官一人、察日軍此舉、顯係內應外合、有計劃之行動、圖將廣安門衝開、使城外大部日軍入城、故我輩誓死與之周旋、言下頗爲悲憤、

▲中央社北平廿七日路透電　西城彰儀門（編者按彰儀保舊名即今之廣安門）外昨晚發生戰爭、聞日兵在內城外城死者達二十人、載重汽車三輛、滿載兵士、曾爲手溜彈炸毀、華方死傷警察各一名、先是有日大使署衛兵三百名、由宛平開至彰儀門、當滿載日兵之載重汽車駛過城門時、戰事即發作、日兵繼乃散匿於城內外各屋、以來福鎗與機關鎗與華兵交鋒、華兵旋用迫擊炮應敵、大多數日兵避匿城內某廟、而爲華兵及便衣華人約千人包圍、是時彰儀門附近一帶密佈哨線、全線漆黑、戰事歷四小時始已、路透社曾接豐台電話、謂日軍坦克車現正駛往小城、但該話未畢、電話線被斷、據目擊者稱、戰事發作後、彰儀門內外城同時緊閉、

《新闻报》，1937年7月28日，第4版

平市戒備嚴密秩序甚佳

▲中央社北平廿七日十二時五十分電　平市各城門、除前門以外、廿七日仍關閉、天安門西三座門、廿七日闢兩門、僅餘一門通行、各

日使館令日僑集中使館

▲中央社北平廿七日電　日使館廿七日令駐平日僑、即日集中使館、德使館亦令德僑於必要時遷入使館內、英使館應英僑之請、已允僑民隨時可移駐使館內、至於美法義等國使館、尚無舉動、

▲中央社北平廿七日路透電　北平各日僑均奉命於今日正午前退入日大使署與東交民巷內、其他各集中點、日大使署發言人聲稱、此舉乃防卅七師對日本最後通牒有劇烈之反動云、

▲中央社東京廿七日路透電　日大使署鑒於時局嚴重、已命平城日僑於晨五時全移交民巷、日大使署參贊森島、今晨七時訪秦德純、請中國當局取適當計畫、保護日僑退出北平、

門外日軍匿高粱內未退

▲北平　廣安門外日軍、迄二十七日未退、均匿高粱地內、我軍關城固守、

昨下午又一度開鎗攻擊

▲中央社北平二十七日下午八時四十五分電　廣安門外日軍、二十六日晚與我軍衝突後、二十七日晨一時許、又有豐台日軍四百餘名、坦克車九輛、裝甲車五輛、載重大汽車十餘輛、開抵廣安門外、與原留城外之日軍一百餘名會合、迄晚未離去、二十七日下午二時、突又開鎗、向我軍射擊、我軍沉着堅守、至二時始息、當時廣安門內、大街至菜市口一段、臨時宣布戒嚴、斷絕行人、至三時許始恢復原狀、

巷戰時雙方傷亡之統計

▲北平　廣安門內二十六日夜巷戰、我陣亡一、輕傷十一、重傷一、誤斃警官一、日方傷亡卅餘人、當夜將屍運日兵營、

▲同盟社二十七日天津電　日軍司令部發表(上午六時)廣部部隊之一部、本日上午二時許、到達北平城內、將兵死四傷二、尚有二十九軍顧問川村戰死、櫻井少佐受傷、同盟通信社攝影員受重傷、該社映畫部員受輕傷、

《新闻报》，1937年7月28日，第4版

處決內應便衣漢奸若干

▲北平 廣安門內、二十六日晚獲漢奸便衣隊、頭頂剃十字、貼膏藥、手持日輔幣一枚、均已處決、數不詳、

○

廊坊一帶無衝突

中日兩軍在對峙中
日軍大批由津推進

▲天津 廊坊車站、仍爲日軍佔據、我軍現散伏靑紗帳內抗守中、截至廿七日晚止、尙無衝突、

▲中央社二十七日天津電 據當局稱、目前大沽等地尙平靜、廊坊二十七日晨亦無衝突、中日雙方軍隊仍在對峙之中、

▲中央社天津二十七日電 此間日軍二十七日上午八時後、仍有大批沿平漢北寗兩線推進、其目的除廊坊外、豐台附近、亦佔一部份、二十七日上午八時半至上午十時由津開出者共有專車四列、包括兵車兩列、鐵甲車一列、軍用品車一列云、

▲中央社天津二十七日電 上午七時半電、此間日軍二十七日晨陸續向廊坊增援、計㈠上午六時十分有兵車一列、士兵九百餘名、㈡上午六時半有兵車一列、士兵六百餘名、㈢上午七時四十分有兵車一列 士兵五百餘名、㈣上午八時十分有兵車一列、鐵甲車一列、士兵百餘名、㈤上午六時半有軍用車一列滿載軍用品、均由津開往廊坊、

▲天津 二十七日午後、日兵共有十七列車、由津開往廊坊增援、

▲中央社天津二十七日電 由秦榆唐等地到津之日軍、現大部已往北開、其下車地點不外廊坊黃村豐台等處、據交通界息、二十六日開出十列、連同二十七日共達二十五列、現津東站所停之日兵車亦無多、 二十七日午所開出者爲四列、計軍用品車一列、炮兵車兩列、騎兵車一列、

▲天津 二十七日上午二時三十分至下午五時、由津開往廊坊日兵車、共十七列、均載軍需品及日兵、內有鐵甲車三列、又日軍在唐山一帶、征集大車、截至二十七日止、抵津者達一千餘輛、均過前方應用、

《新闻报》,1937年7月28日,第4版

我外部發表談話

一切責任均由日方負之
并令駐外各使通告各國

▲中央社南京二十七日電　外交部發言人對於日軍在廊坊等處重啓戰釁事、二十七日發表談話如下、自本月七日夜、日軍在盧溝橋無故向我駐軍襲擊以來、雖其責任完全不在我方、但我當局爲顧全東亞和平、始終表示願以外交方式、謀適當之解決、我外交部長並曾迭次向日方正式提議、雙方約定日期同時撤兵、不幸日方對於我方歷次和平表示及提議、不獨不予接受、且大舉增兵集中平津、同時與我地方當局議定解決辦法、我中央得報後、察其內容、與我既定方針、尚無重大出入、爲貫澈和平之初衷、不予反對、我方極度容忍、維護和平之苦衷、應爲中外人士所共見、方謂日方前線之軍、從此可以撤退、後方之軍、亦可以停止進發、乃一週以來、日軍不獨毫無撤退模樣、且日本國內及朝鮮各地、仍續派大量軍隊、絡繹向平津出動、二十五日晚間、並無故向我廊坊駐軍襲擊、繼之以飛機轟炸、二十六日、復向我地方長官、提出無理要求、兼在北平近郊四出挑釁、其蓄意擴大事態、別有企圖、蓋已昭然若揭、兩旬以來、我方已盡和平最大之努力、嗣後一切事態之責任自應完全由日方負之、

▲南京　外部以日軍侵擾我平津一帶、戰事日急、時局益趨險惡、二十七日滿夜辦公、王外長徐陳兩次長及司長李迪俊等、均深夜留部、主持一切、二十七日該部發言人對日軍在廊坊等處重啓戰事、發表談話、并深夜分電我駐外各使館、轉達各駐在國政府知照、

《新闻报》，1937年7月28日，第4版

津日租界之緊張

完全入於戰時狀態
我方當局鎮靜戒備

▲中央社天津廿七日下午二時五十分電　津日租界廿七日起戒備甚嚴、現祇有旭街明石街榮街可以通行、但無論乘車或步行、均須受檢查、即電車亦須經檢查以後、始能通行、此外各街口、沙袋電網、均已布置、由日兵守衛云、

▲中央社天津廿七日電　此間地方尚平靜、惟廿七日晨日租界至八時止、始恢復交通、市內遷居者甚多、當局除加緊戒備外、並力持鎮靜、平津間交通、路局原定廿七日晨派工程車、由日方聯絡員會同赴沿線廊坊等地勘查、以謀恢復、此事雖事前得日方之同意、但廿七日晨三時、被新開到之日軍所反對、致未能實現、

▲中央社天津廿七日路透電　日軍徹夜準備後、今晨日租界已呈戰時狀態、毗連華界一帶之各街道、堆積沙袋、建設有刺鐵絲防禦物、備兵守衛日租界之河邊、由軍隊封鎖、渡船停止往來、鐵門均閉、　今晨各街道禁止汽車人力車來往、僅日軍用汽車與電車得以行駛、行人與電車乘客、均受檢查、日租界華警、均不携鎗械、東車站與國際橋間之區域、由日兵巡邏、廊房戰事發生後、北倉楊村車站、均爲日兵佔據、華界保安隊徹夜防守、阻止日本鐵甲汽車駛入、日鐵甲汽車、均沿華界馬路駛行、　今晨保安隊已發手溜彈、並加發鎗彈與各隊員、日當局現圖將日僑悉送東交民巷、日大使署日銀行日警局、已容納日僑三分之一、鮮僑則集前奧租界、

《新闻报》，1937 年 7 月 28 日，第 4 版

社論

宋哲元氏已下令抗戰

（玄圃）

日軍之野心與其侵略步驟。具載於所謂田中奏摺中。其內容早洩漏於世。吾全國上下。無有不知之。其步驟爲先東北而華北。而後華中華南。今東北已入其手中。由是順次而侵及華北。吾全國上下。亦無有不知之。冀東僞組織之成立。爲其蠶食華北之第一步。促成冀察冀東化。爲其蠶食華北之第二步。同時提出華北特殊化之口號。是將整個華北一口鯨吞矣。此種方式。極其簡單。其手段。亦直捷了當。無精徵奧妙存其間。吾全國上下。亦無有不知之也。我中央政府與冀察當局所以虛與委蛇。自有其不得已之苦衷。蔣委員長報告云。『我們是弱國。對自己力量要有忠實估計。國家爲進行建設。絕對的需要和平。過去數年中。不惜委曲忍痛。對外保持和平。即是此理。』此爲政府所以採取和平政策之一個總答復。

冀東僞組織之成立。日人既完成其吞噬華北之第一步驟。由是第二步驟。遂在其積極進行中。侵略者之本意。本欲鯨吞。不耐蠶食。然而事與願違。華北地方當局。非如東北四省之不抵抗。由是日人乃採取漸進辦法。以遂其蠶食之志。乃鼓吹所謂冀察冀東化。其結果。冀察當局不願爲漢奸。不甘爲殷逆第二。由是日軍之侵略步驟。停頓於第二階段。希望以陰謀的政治方式解決者。不獲實現。利誘不成。繼以威逼。盧溝橋之炮聲。從此發作矣。

北平爲我國六百餘年來之故都。其政治地位之重要。不言可知。今國都雖南遷。猶不失爲華北政治中心。抑亦華北之重鎮。綰北寧·平漢·平綏·平通·平門諸路之中心。日欲圖我冀察。必先爭奪北平。其近年來之軍事布置。完全對北平取大包圍之形勢。通州今爲僞組織所盤據。平綏鐵路。隨時有中斷之虞。豐台撤兵。北寧路亦爲之遮斷。今完全溝通者。惟平漢一線。盧溝橋爲北平門戶。扼平漢豐盧支線之交點。爲兵家必爭之地。宛盧一失。北平將完全孤立。日軍可唾手而得北平。故平漢線已爲北平僅有之大動脈。亦北平唯一之生命線。日後兩軍在盧溝橋一帶必有惡戰。可預卜也。

日軍以演習爲名。企圖偷襲我宛盧。今復提出通牒。要求三十七師全部撤退。然其陰謀實欲使北平成一空城。俾長驅直入。以建立所謂華北國。或驅溥逆入關。重演一幕滑稽劇。是可忍。孰不可忍。秦德純談話云。『似此無限制侵略我土地。和平尚從何談起』。宋哲元氏所以決心拒絕日方要求。下令抗戰。其故肯在乎是。蔣委員長有云。『和平未絕望前。終希望和平。臨到最後關頭。祇有堅決犧牲』。如何是最後關頭。蔣委員長對此亦有明白之界說。『所以盧溝橋事變的推演。是關係中國國家整個的問題。此事能否結束。就是最後關頭的境界』。換言之。對盧溝橋事件。決不於主權領土方面。再有所讓步也。

今日軍已逼迫中國臨到最後關頭。我當局已奮起抗戰。於此。國人對當局委曲求全之苦心。抱有焦灼疑慮之念者。今亦可以釋然矣。

二十九軍在中華民族之抗敵史上。曾佔有極光榮之一頁。其軍士同仇敵愾壯烈犧牲之決心。於今次事變中吉星文團已充分表現之。昨日宋氏之表示。亦已明白顯露。抗戰既決。義無反顧。惟有全國一致。共起努力。

《新闻报》，1937年7月28日，第7版

總東西站均爲日兵佔據

▲天津　津總東西三車站、已完全由日兵佔據、各重要部份均由日兵派員監視、總車站候車室、由日方設臨時聯絡所、津浦路西沽大廠、亦有日兵駐守、西車站辦公人員、均被迫遷移、此外河北五馬路扶輪中學校、二十七日晨亦有日兵百餘人、開到駐守、

▲天津　二十七日晨日軍五十餘人、鐵甲汽車一輛、赴津浦西站、佔據辦公室、北甯路北倉楊村至廊坊各站、均有日軍盤踞、連日由榆關到津日軍、勢如潮湧、晝夜運兵、

▲天津　二十七日東車站日兵有增加、軍運車輛、竟日往來不絕、禁止華人進前、形勢緊張、總站日兵、亦有增加、西站日軍、仍盤據未去、津市謠言甚多、遷移者絡繹不絕、市當局已作非常準備、

日軍又復强檢津局郵件

▲中央社天津廿七日路透電　此間日軍當局、現已對於寄往南方之郵件復施檢查、日方檢查員今日午後、復至郵局實施檢查中文郵件之工作、此次檢查員中、未有白俄在內、由平寄津之郵件、今日由飛機遞送、頃有日兵三千人、分乘十二列車、由津開往廊坊等處、

▲中央社天津二十七日電　津日憲兵隊、二十七日下午二時半、又派八人到河北郵務管理局非法檢查郵件、此次所派之檢查員、均係太原人、但仍有武裝者數名隨同前往、郵務當局雖堅作拒絕、但因日方態度異常强横、殊無法制止、

平津間電話線業已修復

▲天津　廊坊衝突停止後、當局原擬廿七日晨六時、開試道車一列、沿路視察、先謀通車、因日兵車擁擠、至下午二時四十分、始由津開出、路局派工務電務處人員、及日聯絡員隨行、五時到廊坊、修理電線、至六時半通話、九時原車開回、北甯路平津電話、廿七日下午亦通、惟沿線爲日軍把持、時斷時續、平津間客車、完全不通、平浦車自廿七日起、以西站爲起點、不開總站、

無端捕去華人五十餘名

▲天津　日租界二十七日戒備仍嚴、八時始准行人、只旭街榮街明石街三處可通行、其餘路口均已封閉、日警憲檢查行人極嚴、自二十七日下午至二十七日晚、共捕去華人五十餘名、

《新闻报》，1937年7月28日，第7版

日機三十架到津

總數已達八十二架　不斷飛向各地偵察

▲天津　日軍飛機、二十七日突增加三十架、現共爲八十二架、中航飛機場現亦爲日軍佔據、津上空時有日機盤旋、並分至北寧平漢津浦沿線偵察、

▲中央社天津二十七日電　日機三十架、二十七日晨、由關外到津、分停於東局子中航及惠通機場、李明莊日本營、亦停有一部、目前到津之日軍用飛機、總數已達八十二架、中航公司飛機已改落南開機場、

▲中央社天津二十七日路透電　三十七師對日本最後通牒之態度、因平津間電報電話線皆斷、故此間中國當局、無由知之、但皆視大局爲無希望、今晨復有日飛機三十架、飛抵此間、昨日廊坊戰事、中國當局曾力圖局部化、但後此一切談判、均告停止、華方意見、因日援軍源源開到、故殊難討論日方之建議、保安隊現維持此間華界治安、華界四週之華兵、戒備頗嚴、

日機不斷飛向平空偵察

▲中央社北平二十七日下午六時十五分電　日機三架、於二十七日晨五時半・六時・八時半、先後飛平市上空偵察、約半小時、均向東南方飛去、下午六時、復又有七架飛平、偵察一週而去、

日機在蘆溝橋拋毒氣彈

▲中央社北平廿七日下午五時四十分電、二十七日午、日機一架飛蘆溝橋擲兩彈、一爆炸、一未爆炸、經人檢拾、認係毒氣彈、又同時衙門口方面、日機亦飛往擲兩彈、均爆炸、死傷未明、

日機在津空放射探照燈

▲中央社天津廿七日電　日飛機一架、廿七日晚七時由東局子機場起飛、在津上空盤桓約一小時、並放射紅白色探照燈、

日機竟遠飛至渭南偵察

▲中央社西安二十七日電　據渭南來人談、二十五日晨十時許、日機一架、飛至渭南車站及縣城一帶高空偵察、盤旋兩週東去、

日機沿平漢線盤旋偵察

▲清苑　日轟炸機一架、廿七日午後六時半、沿平漢線飛保盤旋甚久、忽忽高低、歷二十分鐘、向東飛去、

《新闻报》，1937年7月28日，第8版

大沽口又到日艦

塘沽日軍聚船備用 英艦一艘開塘保僑

▲天津 大沽口外、廿七日又到日驅逐艦二艘、塘沽日軍、聚輪船駁船廿餘隻備用、與對岸大沽駐軍對峙中、形勢轉緊、英軍艦一艘、到塘沽保僑、

塘沽日軍源源增運抵津

▲中央社天津廿七日電 塘沽日軍源源而來、均分別乘車來津、其中一部到津後、即逕行北開、

日軍用品在秦皇島登陸

此外尚有由輪船裝運之軍用品一部、廿七日在秦皇島登陸、聞日內將有數艦到塘沽起卸云、

塘沽北岸修築軍用碼頭

又據悉塘沽日軍在北岸積極修築軍用碼頭、並準備一切、與我大沽駐軍卅八師隔河對峙云、

津市勞苦同胞、被日軍拉往日租界作苦力、（國際社）

日軍在津強拉我馬車運輸軍用品（國際社）

《新闻报》，1937年7月28日，第8版

日内閣緊急會議

政府正式發表聲明 採取必要自衛行動

▲同盟社二十七日東京電　政府因華北情形嚴重、今晨八時召開緊急閣議、全體閣員均出席、由陸相報告北平廣安門發生事件及其後經過頗詳細、並說明陸軍省今晨六時重要會議之結果　、其次米內海相報告保護留華日僑之對策、最後一致決定依照既定方針、隨時採取臨機辦法、（又電）政府定於本日近午、在議院內再開閣議、發表聲明書、闡明日本政府最後決心、

▲中央社東京廿七日電　廿七日午十二時十五分、日內閣又召集緊急會議、決定政府聲明書內容、於一時半、以內閣秘書長談話形式發表之、原文於敘述事件經過後、謂因確保平津間交通線、及保護僑民、使不受華軍武力妨害、故日軍爲遂行此任務、及確保履行協定事項、不得不採取必要之自衛行動、日本所期者、爲芟除如此次不祥事件所發生之根因、不敢視善良民衆、亦無任何領土的企圖、對保護列國權益、不惜盡最善努力、日本以確保東亞和平爲使命、事雖至此、仍切望中國反省、使局面限定於最小範圍、速謀圓滿解決、

近衛首相演說出兵目的

▲中央社東京二十七日電　日首相近衛在議會演說、關於對華問題、大要如下、此次華北事變之勃發、誠爲遺憾、政府不得已爲重大決意、得舉國一致支持、不勝感謝、此次派兵目的、在維持東亞和平、如聲明所述、余衷心切望中國政府及國民『自省自律』、從速根本調整國交、

杉山報告決意斷然措置

▲中央社東京廿七日電　日陸相杉山、在議會演說華北事件經過甚長、結論謂事態如此、因中國武力妨害、致保護僑民及確保平津間交通線、陷於危殆、駐屯軍已不容隱忍、爲遂行其任務及自衛、決定斷然膺懲、陸軍當局亦決意採取適應之重要措置、今後推移、不易逆睹等語、

《新闻报》，1937年7月28日，第8版

海相說明海軍戒備情形

▲中央社東京二十七日電　日海相米內、在議會說明此次事變與海軍戒備情形、最後述及宮崎事件、大意謂該事件眞相、尙不明瞭、誠爲遺憾、因滬地甚複雜、且鑒於時局情形、海軍取充分愼重態度、與各部密切聯絡、力求眞相判明、並防止人心動搖、求適切處置、

日陸軍省全體部員會議

▲同盟社二十七日東京電　最近華北發生廊房廣安門等事件、日陸軍省及參謀本部、空氣極形緊張、各局課長今晨未晚均到、並令全體人員須於六時以前到省、(又電)陸軍省今晨二時召集全體部員、六時半在陸相官邸開重要會議、杉山陸相·梅津次官·後宮軍務局長、及其他各要人均出席、商議日軍應取方針、至七時散會、

▲同盟社二十七日東京電　海軍軍令部長伏見宮、今晨十時拜謁日皇、奏海軍應付華北事件之方針、

廣田外相發表外交演說

▲同盟社東京廿七日電　廣田外相之外交演說如左、夫確保東亞安定勢力之地位、貢獻於眞正世界和平之樹立、乃爲日本帝國之國是、今已毋待贅言、維當其實行之際、首應攷慮日『滿』、華蘇間之關係、此爲余所確信者也、綜觀最近中國之情勢層見疊出、帝國政府認爲至堪遺憾、帝國政府曾於成都事件勃發之際、卽欲糾正在日華國交上根本障碍、關於改善國交、有所表示、但不幸而該項交涉、不得已爲之停頓、其後日華兩國關係直言之、決難認爲滿足者也、東亞之日本帝國、其根本方針、在乎日『滿』華三國間之融和提携、以阻止赤化勢力之東漸、俾便實現東亞之安定、自毋待重申前言、本月七日夜間忽有盧溝橋事件之爆發、帝國政府對於此次事件之態度、曾於本月十一日業經聲明在案、當以現地解決與不擴大事態爲方針、企圖和平解決、

《新闻报》，1937年7月28日，第8版

我軍克豐台廊坊後 日軍反攻正激戰中

通縣已傳收復尚難證實 南苑被敵猛攻戰況劇烈 津總站特四區業已克復

▲南京 某高級機關二十八日上午接廿九軍限即刻到電告捷、日軍今拂曉、沿全線向我軍進犯、我廿九軍奮勇出戰、今晨六時半克復豐台車站、九時半克復廊房、擊落日飛機一架、獲坦克車三輛、附近兩地日軍、以根據點爲我擊破、紛紛潰退、我軍正追擊中、通州附近戰事、我軍亦有佔優勢、截獲敵坦克車三輛、正激戰中、蘆溝橋日軍後方聯絡、爲我軍截斷、正包圍夾擊、戰事異常激烈、

▲中央社南京廿八日電 確息、廿八日晚、綜合廊坊及平郊一帶戰況如下、（一）通縣收復說未證實、廊坊車站、廿八日晨確經我軍克復、日軍受創奇重、向後潰退、正午左右稍停、四時後、日軍後續部隊到達即以飛機向我軍轟炸、猛烈反攻、刻正激戰中、（二）大小井村方面、昨晚迄今、日軍迭向我駐軍進犯、經予痛擊、我軍確佔優勢、日軍向豐台潰退、（三）平北清河製呢廠、（德勝門外十八里）廿八日晨被日飛機炸燬、損失甚鉅、（四）南苑方面、日軍迭以多數飛機及炮兵助攻、向我猛撲、我軍奮勇抗戰、情況甚爲激烈、午後附近某地、爲日軍所據、現正對峙中、

▲中央社南京廿八日電 關係方面接前方報告、我軍廿八日晨、確將豐台車站攻克、迄午後、日軍陸續增援、猛烈反攻、我軍因戰略關係、暫向某處移動、

▲中央社北平廿八日下午一時電 我軍事某要人、廿八日晨、赴平郊某地督戰、士氣大振、

▲天津 二十九日晨三時急電 二時起、津總站槍炮聲密集、已起衝突、

▲中央社南京廿八日電 中樞最高軍事當局、獲悉我軍收復豐台廊坊之捷音後、極爲欣慰、當致電宋哲元及廿九軍全體將士嘉勉、又宋之代表、廿八日晨續向當局有所請示、定廿九日北返復命、

▲北平 西城方面聞重炮聲頗密、城中居民、窗門皆爲之震動、同時南苑正在大火、

▲中央社天津廿九日上午二時四十分電 廿九日晨二時許、津四郊槍聲四起、砰砰不絕、據查係日軍由東局子北倉東車站總車站四處出動、圖侵佔津市、當由我四郊駐軍及保安隊出而應戰、迄發電時雙方仍在激戰中、

《新闻报》，1937年7月29日，第3版

今晨四時半消息

宋哲元離平形勢突變

▲中央社北平二十九日上午三時十五分電 頃由平官方面公布消息、宋委員長因公、廿八日晚赴保視察、命天津市長張自忠兼代冀察政務委員會委員長、北平市長秦德純隨宋赴保、平市長職務、亦由張自忠兼代、津市長則由警察局長李文田代行、又平綏路局局長張維藩辭職、由張允榮繼任、

▲中央社南京二十九日上午三時三十分電 京中軍事機關、二十八日深夜得北平方面報告、駐平綏線沙河保安隊附敵、北平形勢突變、宋哲元秦德純馮治安陳繼淹等、廿八日晚十一時半、率部離平、

我軍克復豐台 肅清平漢北段

蘆溝橋一帶敵軍 均紛紛向南潰退

▲北平 官方公佈、確息、昨夜日軍突攻北平近郊、南北苑皆有激烈戰鬥、延至二十八日晨未止、南苑方面、敵人進逼團河、二十八日晨、經我擊退、並即跟蹤前進、大小井村方面已無敵軍、

▲中央社北平二十八日午十二時零五分電 據官報、我軍於廿八日八時四十分、確將豐台全部克復、日軍潰退、我軍正乘勝追擊中、

擊退團河敵軍乘勝進追

▲中央社北平廿八日上午十時五十五分急電 我軍廿八日各路戰況極佔優勢、團河我軍、自廿七日與日軍衝突後、至廿八日晨、經激烈戰爭、日軍始不支、向西南潰退、我軍奪獲坦克車三輛、並乘勢追擊、隨即於廿八日上午九時三刻、將豐台車站克復、日軍急由通縣調隊增援、我援軍亦相繼到達、刻正激戰中、又蘆溝橋一帶、我軍於廿八日晨猛烈應戰、至上午九時許、已越過蘆溝橋、向大瓦窰日軍追擊、刻正激戰中、

騎兵一部佯敗遂克豐台

▲中央社北平二十八日下午四時四十二分電 據外籍記者息、(一)二十八日晨拂曉、我騎兵一部、由南苑向豐台前進、豐台日軍立即出而應戰、我騎兵佯作敗退、折回南苑、日軍乃大舉來攻、我軍即於此時、分兩路圍攻豐台、日軍不支潰散、我軍遂於晨九時、將豐台克復、(二)平日兵營電線已被割斷、今井對外籍記者談、日軍軍用電信隊、迄今並無軍情報告、(三)日軍二十八日下午二時、猛襲北苑、另有機械隊向沙河鎮車站進攻、企圖切斷平綏線、

蘆溝橋一帶雙方之鏖戰

▲中央社北平二十八日下午五時三十分電 平漢線北段蘆溝橋車站、暨五里店大小井村一帶之日軍、二十八日侵晨起、與我軍發生劇烈衝突、雙方鏖戰至七時許、日軍不支、開始向南潰退、嗣經我長辛店之駐軍往北突擊、日軍腹背受攻、不半小時、即狼狽退去、其中有一小部潰至西便門外跑馬場、亦被我軍包圍繳械解決、刻平漢線北段原駐之日軍、已被我軍完全肅清、我某團已進駐於毗連蘆溝橋車站之大瓦窰、平漢路局正趕速修復被破壞之電線、俾於最短期內恢復交通、

大小井村之敵包圍繳械

▲天津 五十三軍劉元勛部、二十八日午、在大井小井村、將敵完全包圍繳械、

《新闻报》，1937年7月29日，第3版

我軍高呼民族解放萬歲

▲中央社北平廿八日電 長辛店電話、廿八日晨九時、我軍奮起迎戰、士氣旺盛、攻盧溝橋東沙窩劉莊大瓦窰一帶鐵甲車、向前推進、以大炮猛烈向東沙窩敵軍轟射、平漢沿線推進之士兵、爭先向前、「中華民族解放萬歲」呼聲響徹雲霄、旋分三路向豐台猛攻、下午二時、豐台日軍已被我軍全部肅清、傍晚前、全部克復豐台 長辛店一帶、炮聲震耳欲聾、人心鎮定、

日軍又反襲我大小井村

▲中央社北平二十八日電 二十八日下午六時起、日軍復向我大小井村一帶進襲、炮聲隆隆、至六時四十分、逐漸濃厚、聲響極大、城內廣安門右安門一帶、屋瓦爲之震動、戰况頗爲激烈、

我軍奪回廊坊 乘勝收復楊村

楊村路橋已炸燬 斷絕津日軍北援

▲北平 據官報確息、我軍某部劉旅、廿七日夜 由某地進襲廊坊、肉搏甚烈、劇戰至廿八日上午八時、敵全部潰退、傷亡甚衆、我軍將廊坊克復、

▲中央社北平廿八日下午五時卅五分電 廊坊被我軍於廿八日晨九時克復後、我軍即將鐵路軌道切斷、阻止天津日軍北上聲援、同時我軍並將廊坊以南之楊村收復、

▲天津 廿八日晨五時、吾軍乘暴風雨、向廊坊日軍進襲、八時克復廊坊車站、日轟炸機由津飛前方助戰、被風雨迫回津郊、

▲天津 廊坊方面吾軍利用靑紗帳、以大刀屠敵六七百人、敵竄退、

楊村鐵路橋爲我軍炸燬

▲中央社天津二十八日路透電 據華人方面消息、華軍已將距天津西北路三十哩之楊村鐵路橋炸毀、以阻分佈楊村與北平間日軍之獲援、

▲中央社天津二十八日電 據交通界息、楊村鐵橋已發生阻碍、此間日兵車二十八日有四列到津、但未有向平豐開出者、

廊坊殘敵紛紛落水溺斃

▲中央社南京廿八日電 廿九軍駐京代表李世軍、廿八日下午四時接北平來電、除報告豐台廊坊通已由我軍相繼收復外、並稱、我軍現分途將盧溝橋及楊村 廊坊豐台間殘敵包圍繳械、其由廊坊潰退楊村之殘敵、因鐵橋被斷、多落水圖逃、適廿八日晨天雨、河水高漲、致大部溺斃、

日鐵甲車修理楊村電線

▲中央社天津二十八日電 津日軍部二十八日下午一時許、派小型鐵甲車一列、由津赴楊村修理電線、蓋日方之軍用電線、二十八日亦中斷也、該鐵甲車迄下午四時尚未返津、

《新闻报》，1937年7月29日，第4版

▲中央社天津廿八日電 廿八日下午五時十分、有日兵六百餘人、乘專車一列、由津赴楊村、又有日工程兵百餘人、亦於廿八日赴楊村、

潰退日軍現向北倉退集

▲天津廿八日晚六時起、廊坊楊村一帶日軍、向北倉退集、附近一帶電話、均生障礙、該處詳情不明、

▲天津 前綫日軍、因楊村鐵橋炸燬、歸路斷絶、甚恐慌、現開始沿平津公路撤退、一部已抵北倉、

日機兩隊飛平 在四郊擲炸彈

二機墮落陳塘莊 機中四人皆炸死

▲中央社北平二十八日上午七時電 二十八日晨五時半至六時半、日機二十一架、分兩隊飛平市四郊擲彈轟炸、並以機關鎗掃射、第一隊共十一架、於五時半飛平郊上空、沿城垣以外投彈數十枚、同時、以機鎗低飛掃射後、即飛入市內、散放傳單、由香月清司署名、自稱「大日本軍司令」、其措詞荒謬、令人髮指、在平市上空盤旋、約二十分鐘始去、第二隊共機八架、約六時二十分左右飛來、亦沿城郊投彈後、在市內散發傳單、盤旋十餘分鐘始去、今日此間天陰、但當日機來時、雖機聲不絕於耳、而一般民衆、均極興奮、毫無畏懼之色、咸從夢中醒起、佇足街道仰觀、足見人心憤激、已達沸點、現在郊外死傷喪失均未判明、尚待調査、

平市上空機聲軋軋不斷

▲中央社北平二十八日上午八時二十分電 日機仍不斷飛平偵察、或一二架、或三四架不等、自六時半後、迄發電時止、平市上空、軋軋聲斷續可聞、晨兩度轟炸郊外、南苑西苑北苑及八寶山小湯山等處、均落有炸彈、損失亦相當重大、但詳數則尚待調査、

散發天津庸報造謠號外

▲中央社北平二十八日下午六時三十五分電 二十八日下午五時五十分、日機二架、在平市上空盤旋飛行、其一架、先飛向使館界日兵營投送信件、旋復環繞平市飛行兩週、散放天津庸報號外兩種、其一爲二十八日上午七時以前日軍部發表之各路戰况、無非妄誇其勝利、但內有『日軍軍用電話、二十八日晨三時、全被我軍割斷』之語、其一則盛誇日軍二十八日晨在南苑如何勝利、亦爲津日軍部發表之消息、與我方所得戰報相照、適足證日軍二十八日敗退、完全皆爲事實、

大風雨中日機墮地爆炸

▲中央社天津二十八日路透電 今晨由津轟擊西苑南苑兵房之日轟炸機、歸時遇大風雨、致有一架在津南陳塘莊墜毀、據華人消息、

《新闻报》,1937年7月29日,第4版

機着地後、機中炸彈皆爆炸、機中四人全遭炸死、今晨有日兵車四列、由東開抵、載有大批軍需、並日兵約千名、日飛機今晨在天空散發傳單、措詞極爲荒謬、

▲天津　廿八日晨六時許、平津間大雨如注、日軍用機頗受阻礙、且有一架在津縣屬陳塘莊地方被焚、緣廿八日上午六時許、日軍戰鬥機六架起飛向南苑方面飛去、其中一架、行至津縣屬陳塘莊地方、因發動機走火、被迫降落、全機被焚燬、駕駛員二人身死、該機並有炸彈十二枚、機關鎗一架、落地時、一炸彈爆炸云、

津空散發各種荒謬傳單

▲中央社天津廿八日電　此間日軍調動甚繁、廿八日晨四時許、在東局子之日機、有廿餘架起飛、其中一部戰鬥機、赴南苑轟炸、另有數架偵察機、飛行津市上空、散放各種傳單、辭句甚荒謬、謂日軍出動、係對我加以膺懲、

西苑我軍擊落日機一架

▲中央社北平廿八日下午一時電　日機廿八日晨在西苑轟炸時、當被我軍擊落一架、

轟炸西苑我方傷亡甚少

▲中央社北平二十八日正午十二時十五分電　西苑兵營及營市街、二十八日晨被日機轟炸、所有房屋多被炸燬、該地軍民因事前有準備、故傷亡甚少、

南苑現仍在我軍堅守中

▲北平廿八日晨、日機飛南苑、投彈轟炸、我軍於日機來時、四散伏匿、日機去後、仍堅守、敵不得逞、

▲中央社北平二十八日路透電　戰事在南苑南面團河附近發生、蔓延甚廣、日飛機在戰區甚爲活動、

日機三架遇雨被迫降落

▲中央社天津二十八日路透電　此間日軍司令部頃發表公報、據稱、日方轟炸機三架、於轟擊南苑後飛回時、在天津附近、因遇傾盆大雨、被迫落地云、

日機在北倉拋擲硫磺彈

▲天津廿八日晨日飛機一架、飛北倉附近李家嘴子、拋擲硫磺彈四枚、意欲破壞永定河放水閘、但結果無損傷、

▲天津　日機廿八日午續燬民房數間、

日機兩隊飛保遇雨折回

▲保定　二十八日晨八時、陰霾密佈中、突有日機七

架、發現於保定天空、繼而風雨驟至、該日機無所施其技、遂即向東北方飛返、上午十一時、續有日機一隊、計轟炸偵察混合機共十一架、沿平漢線過長辛店南來偵察、行至高碑店一帶、即行北返、未再南來、

僞保安隊反正 通縣正在激戰

▲北平 通縣僞保安隊張慶餘、張硯田兩部、因密謀反正、被日軍監視、廿八日、該兩部遂實行發動、當被日軍包圍、欲將其解決、我軍聞訊、即急派隊馳援、現正與日軍激戰中、

收復看丹村奪獲鐵甲車

▲中央社北平廿八日上午十時五十五分電 據報、我軍於廿八日上午十時許、收復距通縣六七里之看丹村、奪獲敵鐵甲車三輛、現我正乘勝追擊中、

▲天津 吾軍克復距通縣六七里之看丹村、奪獲敵鐵甲車三輛、日軍死傷不計其數、

日軍炮轟廣安門

▲中央社北平廿八日路透電 廿九軍與日軍在北平一帶、交戰終日、日機轟炸南苑、以燃燒彈焚燬華兵營房、並攻擊華兵陣地、戰事現漸延至北平、今晚雙方在北平西南城外、數百碼處交綏、日機又以炸彈與機關鎗轟攻、西苑與北平今晚炮聲隆隆、日軍已開始炮轟廣安門、居民皆閉門不出、街中已掘戰壕、而險要地點、已裝置障碍物、城內兵士頗多、英美人民、今晨已避入東交民巷、

津總車站等克復

▲中央社天津二十九日上午三時四十五分電 日軍圖佔津市、由來已久、二十八日晨四出派人散發荒謬佈告後、一般早料其晚間必將發動戰事、故警察局對全市佈置、異常週密、迄至二十九日晨二時、日軍因已四路向津市襲擊、㈠東局子特四區、㈡北倉宜興埠一帶、㈢新車站、㈣東車站、當時鎗聲砰砰不絕、並夾以機關鎗鋼炮、幸我津郊駐軍、連日來士氣異常旺盛、故接觸後即努力肉搏、漸佔優勢、迄晨三時許、已將特四區克復、日軍已向東局子後退、總車站我軍亦佔上風、刻已收復、至北倉及東車站兩地、刻亦仍在對峙中、又市當局決定廿九日起宣布戒嚴、

我軍克復津總東兩站

▲中央社天津廿九日上午四時電 據官方接到報告稱、㈠二十九日晨三時半我軍已將總東兩車站分別克復、日軍已分別逃散、㈡佔據特四區(即前比租界)日軍約三四百人、經我軍還擊後、已向東局子一帶逃走、我軍正在向前推進中、㈢八里台中日中學之日騎兵三百餘名、廿九日晨三時已出動、我亦在應戰中、㈣北倉附近戰事亦甚激烈、

《新闻报》,1937年7月29日,第4版

社論

憤怒之中國

（天放）

中國以應戰之決心。當求戰之强敵。乘舉國憤怒之餘。一鼓而將廊坊豐台。先後克復。同時告捷於蘆橋。殲敵於通州。原不難舉日方藉詞辛丑條約所慘澹經營之軍事根據地。掃蕩淨盡。對東京鈎心鬥角所手造之冀東僞政權。根本剷除。不謂沙河形勢突變。宋哲元氏身居主帥。竟爾率先離平。事雖至堪痛惜。然已痛予侵略者以嚴厲教訓。俾知我爲不可輕侮之民族矣。吾人覆按宋哲元氏感日通電。歷述日方無理要求經過。直令人聞而髮指。其所以刺激吾民族意識者。至爲深切。而吉星文之願以身殉宛平。効死弗去。更充分反映前方將士殺敵致果之決心。唯日方壓迫愈甚。而軍民抗戰之心亦愈堅。宜我方僅以二十九軍一部勁旅。已足摧挫日本集結兼旬號稱數師團之新式武器兵而有餘也。日本輒欲以阿比西尼亞視我。而妄詡爲『東亞安定勢力』。抑知中國自有其數千年之文化。與先天傳來不屈不撓之精神。焉能與黑大陸之半開化民族。等量齊觀。中國自東省淪陷以後。所以甘於隱忍遷就。不欲遽釀國際戰爭。無非期待日方最後覺悟。共維東亞和平。乃關東軍必欲得寸進尺。迫之至不能堪。卒至攖中國之怒。日本實自取之。現華北戰局。我方雖佔優勢。日軍如能依限出關。返我侵地。以我國人酷愛和平之天性。斷不驅人於絕境以求快。藉曰不然。是求共存共榮而不可得。終必演至不惜共毀共滅以爭最後存亡之階級。其責任所在。日本將百喙而無以自解矣。抑不佞尚有爲國人告者。此次廊坊豐台之捷。不過爲中日局部衝突之開始。其全面戰爭。仍有待於逐步之展開。中國唯一戰略。端賴堅苦卓絕。持續應戰。以求最終之勝利。在戰局展開以後。舉凡國民之生命財產與自由。悉應貢諸政府。因而社會之生活形態。亦將有重大之變更。具體言之。如意大利大舉征非之日。某影戲院主。甚至許觀衆以廢鐵購買戲券。即以所集之鐵。獻納於國家。德國在備戰期中。因感資源不足。特提倡小學生拾荒運動。以爲涓埃之助。此雖至細至微之事。已足表現其國民愛惜物力之精神。推而至於節衣縮食。克制不合理之奢侈習慣。備供戰時徵發所急需。胥爲集中國力必然之趨勢。是尤殷望國人於情緒緊張之際。各自警惕於心。慎勿迷戀當前享樂而忽視未來危機者也。

灤河鐵橋炸燬阻敵西犯

▲中央社南京二十八日電　交通界確息、冀東保安隊反正部隊、二十八日將灤河鐵橋炸燬、阻日軍西犯、

沙河一帶發生激烈戰事

▲北平廿八日電　平綏路沙河一帶、發生激烈戰事、不能通行、現僅西直門至門頭溝一段、照常通車、

加藤謁秦德純請保日僑安全

發現日方便衣隊即爲保安隊擊退

▲中央社北平廿八日下午六時卅分電　中日軍廿七日晚衝突後、日使館參事官加藤、即往謁秦市長、請求保護日僑及日使館安全、秦答稱、我對保僑睦鄰、國府早有命令、請勿驚擾等語、加藤旋辭出、由我派員護送至使館、

▲中央社北平廿八日上午九時卅分電　廿八日晨七時、有美兵七名、由東交民巷台吉廠北行過王府井大街、至梯子胡同東口時、兩旁突發現日便衣隊向我巡行之保安隊射擊、當由我保安隊予以還擊、相持約廿分鐘、日便衣隊卒被我擊退、捕一人、自承爲日軍間諜、同時美兵一人、亦被流彈擊傷、

日軍照會決採獨自行動

▲中央社天津二十八日路透電　華北大戰勢難挽回、蓋松井於午夜照會宋哲元、謂日本鑒於華軍無履行協定之誠意、故不得不取獨自行動也、松井(現爲日軍總司令香月之代表)臚舉華軍屢次挑釁行動、如廣安門之鎗擊日兵、實屬侮辱日軍而不可恕者也、松井要求北平之華軍全行退出、謂北平駐有華軍、足以引起紛亂與戰事、而危及本城與寓于平城之外僑等生命也、松井與宋哲元會談後、日軍事當局即照會中國當局、謂將取特別計劃、以求(一)日軍與軍需在天津區內通過、包括派兵至中國特區內日人之產業一項、(二)保護通至日人區域之各路、(三)華界內之日僑全行撤退、

交民巷口各國軍隊守衛

▲中央社北平二十八日路透電　日本提出之新要求、即除三十七師外、新抵之一百卅二師、均須退出北平、經宋哲元毅然拒絕後、北平區昨夜已發生惡戰、就目前戰事之性質觀之、日軍決計將二十九軍全部逐出北平區、英義法美軍隊現衞守交民巷之圍牆與入口、日僑現已全數移入交民巷、華人移往者亦多、許多華人家中、在其花園內建成避炸彈之住所、宋哲元拒絕日本新要求後、松井表示、日人將視此爲華方拒絕日方要求撤退三十七師之最後通牒、據華人半官消息、日本之要求、等於將北平區作爲不設軍備區域、此爲冀察政委會所完全不能接受者云、

交通斷絕軍警準備萬一

▲北平　平市內交通斷絕、各商店未開、各衝要地、沙袋山積、我軍警準備萬一、市內電話、一部不通、

《新闻报》，1937年7月29日，第6版

宋令津市當局遇挑釁即抵抗

李文田負責指揮 馮治安飛保坐鎮

▲天津 市當局二十八日奉宋委長命、固守津市、安保外僑、各地民團、同日奉令、無論何處、如遇日兵挑釁、即行抵抗、

▲天津 廊坊豐台由我軍收復後、津市民極振奮、均懸國旗慶祝、人心轉鎮靜、遷移者已不多見、日界情形則甚恐慌、檢查行人益嚴、竟日由海光寺兵營向東車站運輸、但至下午四時後、經過法界、已受限制、二十八日晨有日載重車二輛、欲過英租界、被拒折回、市當局已在開口電話局及衝突地帶、堆集沙袋、充分戒備、義租界當局亦派兵在東浮橋一帶佈置電網、法界除佈電網外、晚九時起、局部戒嚴、津市情形、今日爲最嚴重、

▲天津 津市民聞宋委長決心抗戰、異常興奮、各機關停止辦公、各馬路均堆沙袋、英法租界亦布置防禦工程、

▲天津 此間我駐軍三十八師、現分駐於某某兩處、師長張自忠現負北平城內指揮之責、在津郊部隊、即由副師長李文田指揮一切、李現已赴某處坐鎮待命、我駐軍異常振奮、隨時準備應戰、馮治安午飛保坐鎮、

日韓人赴市府無理取鬧

▲中央社天津二十八日電 前方軍事節節勝利消息傳至此間後、人心異常興奮、蹇衆聞訊、無不鼓舞稱慶、現在津郊尚平靜、截至下午二時尚無事、廿八日晨、有日鮮人十餘名、乘汽車赴市府要求謁秘書長馬彥翀、聲稱、請負責保護日韓僑民、並無理取鬧、當由門警拒其入內、該日鮮人始悻悻而去、下午二時、日方並派人乘汽車兩輛、散發其荒謬佈告、

日散荒謬傳單市民唾棄

▲天津 日軍部廿八日下午二時許、派人在南馬路散發傳單、言語荒謬、市民皆唾棄之、

行人撕毀竟被日軍架去

適有一行人經過、不明眞相、取而視之、頗爲憤慨、當隨手撕碎、擲之於地、日人羞惱成怒、竟向空放三鎗、並將該路人架往日租界云、

津領團開會議決定三事

▲中央社天津廿八日電 天津各國領事團廿八日午在比總領館開會、討論時局問題、決議、㈠對日方繼續檢查郵件事、提出抗議、㈡在界外各國僑民、一律遷回租界、㈢租界安全問題、聞日總領館曾向領事團正式表示、日本極力避免在津發生變亂云、

檢查郵件日人昨已離去

▲中央社天津二十八日下午十時二十五分電 日方派赴河北郵務管理局非法檢查郵件之人員、二十八日午後又離去云、

津西站及機廠日軍撤退

▲中央社南京廿八日電 交通界確息、津西站日軍廿七日撤退、機廠日軍廿八日亦撤盡、北上客車開抵西站未續進、津總西兩站聞鎗炮聲漸迫近、或係日軍掩護退却、傳北倉方面已有戰事、

《新闻报》，1937年7月29日，第7版

日派德川中將在津設航空部

津日機續有增加 三指揮緊急會議

▲天津　日機昨續二十八日飛有到津、總計已達百餘架、日陸軍省派航空一團司令德川中將、參謀長金津、陸軍指揮官儀我少將、大賀參謀、廿八日上午十一時、由東京搭特快機到津、日航空司令部、當日在日界花園公會堂成立、又日駐軍作戰課長和知、二十八日亦到津、日海陸空三方指揮官、二十八日在津有緊急會議、討論當前一般軍事、企圖大舉進攻、

日兵三千餘由唐榆抵津

▲天津　由唐榆等地到津之日軍、二十八日晨到津者、計四列車、共三千餘、尚有大批軍用品子彈等爲數甚多、

▲中央社天津二十八日路透電　日軍之在天津者、昨於惶急之中、在東站以運貨汽車百輛、及其他運輸汽車若干輛、裝入火車一長列、同時日軍已乘運輸汽車陸續運到該處、華界居民紛紛自義奧界遷往他處避難、天津各地均見有沙袋鐵絲網、

收復平南機場 奪獲日機七架

▲中央社北平廿八日下午一時電　平南苑甲屯、前被日軍强佔民地建築機場、我軍廿八日晨、向該機場襲擊、經激烈衝後、守機場日軍不支、狼狽退走、我軍當將機場收復、並獲日機七架、

塘沽發生衝突 日艦砲擊我軍

▲中央社天津廿八日下午八時電　塘沽日駐軍、時向南岸大沽我軍三十八師之一部挑釁、二十八日下午七時許、雙方已發生衝突、迄八時許未停、戰情未詳、

▲天津　日潛艦船四艘、滿載軍火、須在塘沽停泊、經吾軍發槍警告、該艦未靠岸、即駛去、

▲中央社天津廿八日路透電　日輪四艘裝運軍火、駛抵塘沽、海河兩旁華軍、即以手溜彈向前轟擊、日輪被迫退出港口、惟不久日輪中之一艘、復由日炮艦保護開抵塘沽、即向岸上中國軍隊轟擊、結果未詳、

▲中央社天津廿八日電　大沽廿八日中日軍隊衝突情形、頃向官方探詢、據稱、廿八日下午四時、有日輪一艘、滿載軍火入口、照例日船常停於北岸、而此次竟停於我方駐軍之南岸、當經我駐軍加以制止、日輪乃悻悻而去、臨行時、並鳴鎗數響示威、旋有駐塘沽之日驅逐艦發炮若干響、我方無重大損傷、迄晚已趨平息、當此事發生時、駐津日總領館向千城、向海關通知、限制輪船出口、否則如有炮彈擊中者、日方概不負責云、

各地紛請明令撻伐

▲中央社南京二十八日電　國府廿八日接青省鎮回蒙藏漢士三百萬民衆、浙大全體教授、桂省源抗日救國會、樂山各界抗敵後援會、湖南各縣募萬餘人、潮安醫師公會、黔省縣抗日救國後援會、駐北伐勿支部加呈示分部、暨全國各胞等電呈、爲暴日逞兇、懇明令撻伐、共赴危難、誓爲政府後盾、

▲中央社長沙二十七日電　湘抗敵後援會二十七日開第一次常委會、討論工作、並推齊雅黜陽謝中爲正副主席、推程潛山張家余等數員爲失協會司委

《新闻报》，1937年7月29日，第7版

總務宣傳徵募調查組織各部主任、其副主任另聘之、湘省會各醫院聯合組救護隊、出發前方工作、

▲中央社廣州二十八日電　省黨部二十八日電宋哲元、略謂頃聞貴軍浴血作戰、一舉收復豐台廊坊各地、樹勝利之先聲、百粵民衆、誓爲後盾等語、

▲中央社南京二十八日電　我國各地僑胞、欣悉政府決心抗日、紛紛來電、表示擁護、茲錄各電如次、㈠欣悉決心抗日、僑胞等當按月助戰時軍需、誓爲後盾、中美洲洋大連華僑救國籌餉會、㈢日軍再侮、請即令全軍抗戰、僑民誓爲後盾、巴西中華會館、

▲中央社安慶二十八日電　皖省黨部以和平絕望、二十八日電請中央徹師應戰、并電宋哲元暨前方諸將士慰勉、

▲中央社保定二十八日電　保各界抗敵救國會、廿八日特通電全國、大致謂現中央地方實行應戰、願在政府指揮之下、隨諸將士之後、誓作最大犧牲、以自衛圖存等語、該會二十八日起各組均加緊工作、

▲廣州　二十八日余漢謀電宋謂、暴敵侵凌、至今已慘痛刻骨、尙冀鼓勵將卒、努力前驅、弟當秣馬厲兵、爲兄後盾、

▲蕪湖　蕪各界抗敵後援會二十八日開會議決、除電請中央明令應戰外、並積極進行募捐、慰勞前方將士、

全國動員實行焦土抗戰！

李宗仁

▲南京　京各界抗日後援會頃電中央、從速出兵應戰、並電宋誓守國土、

▲杭州　浙省會職業團體抗敵後援會、於二十八日下午二時成立、議決電中央、請積極抗戰、并通告各機關團體、定二十九日上午九時、召集代表會議、辦理防護慰勞事項、

▲成都　渝市抗敵後援會電請劉湘迅速完成整軍、並調兵出川抗敵、

▲明光　明光各界對日軍侵我華北、憤慨異常、二十八日組抗敵後援會、電懇中央明令抗戰、並電勗二十九軍將士、全埠籌款慰勞、

▲銅山　我軍收復豐台廊坊、士氣大振、徐埠市民聞訊、興奮異常、抗敵後援會電請繼續努力、全徐民衆誓爲後盾、

▲中央社南京二十八日電　東北宿將李杜、二十八日電慰二十九軍云、（衔略）閱本日專電、豐台廊坊同時規復、行見華北之肅淸、四省之收復、翹企可待、謹電祝捷、諸維珍攝、弟李杜叩儉、

▲中央社南京二十八日電　中國國民黨東北黨務辦事處、遼吉黑熱四省旅京同鄉慰勞會、河北旅京同鄉會、頃紛紛電慰宋委員長及前方將士、

▲中央社淸江浦二十八日電　我軍克復豐台廊坊消息傳達此間後、各界民衆極度興奮、抗敵後援會電慰二十九軍將士、

《新闻报》，1937年7月29日，第7版

英美法蘇態度一致
反對日本在華行動
三國共同向日抗議
正分別徵集意見中

▲中央社倫敦二十八日路透電　英外相艾登、今日在下院答覆議員詢問、謂在過去數日內、中日雙方確發生若干次嚴重衝突、至於北平當地情形、則駐日英代辦杜德已奉命向日政府表示、勿在北平城內作戰之希望、刻尚未接到北平城內戰事業已發生之報告、北平英人、已由當局勸令避入東交民巷、同時英美及他國政府、將竭其能力、以謀取最後解決方法云、自由黨議員曼德、問遠東時局如此嚴重、外相擬召集國聯行政院會議否、艾登答稱、時局誠屬嚴重、但渠未準備有此發起、吾人須知有兩個最重要國家非爲國聯會員國也云、

▲中央社倫敦二十七日哈瓦斯電　本日下議院開會時、工黨黨團主席阿特里少校、曾向外相艾登質問、謂政府擬有所行動、以終止中國境內中日雙方之敵對行爲否乎、艾登當加以答復、首就七月十九日中國冀察當局與華北日本駐屯軍成立地方協定之後、所發生之種種事端、作概括的說明、並就政府關於北平市城內城外發生戰鬥所接獲之消息、以及關於日本軍隊在北平市城內行動可能所接得之報告、提出說明、並謂英國政府已向日本政府表示、希望此種行動、能予以避免、「就余所知、法美兩國政府、亦在東京及南京採取與英國同樣之行動」云、另有一議員、當質問關於此事、與英國政府保持聯絡之各國、蘇聯亦在其內乎、外相答之曰然、

▲中央社倫敦二十七日哈瓦斯電　日本駐英大使館參事富井男爵、頃訪謁外務部、說明日本對於中國北部局勢之觀點、並就最近外交及軍事方面演進情形、向外務部遠東司高級官員有所陳述、

▲中央社倫敦二十七日路透電　經過若干和平希望之後、廊坊之役此處報紙均以大字登載、各方極爲重視、惟英方似尚認此爲局部事件、剎英美法三國共同向日本抗議問題、正在徵集意見之中、法國對於共同抗議、據云甚爲積極、惟美國則願置身事外、俾得採取任何獨立行動、而英國則相信東京志願和平、惟受跋扈軍閥之牽制、故覺友誼調解爲最良之方法云、

《新闻报》，1937年7月29日，第7版

日水兵宮崎在靖江投江遇救

外部昨送交日領館 筆述宿娼圖逃經過

所謂水兵失蹤案真相如此!

宮崎自述

江面撈獲

美各報刊載華北中日軍戰事消息 均以嚴詞抨擊日本軍人

《新闻报》,1937年7月29日,第8版

蔣委員長發表意見負責挽救今後危局

今既臨此最後關頭惟有發動整個計劃捍衛國家犧牲到底

▲中央社南京二十九日電　蔣委員長對於平津形勢驟變後之政府方針、二十九日應新聞記者之詢問、發表下列之意見、(問)宋委員長突然離平、致失重鎮、未悉中央對其責任問題、如何處理、(答)在軍事上說、宋早應到保定、不宜駐在平津、余自始即如此主張、余身爲全國軍事最高長官、兼負行政責任、所有平津軍事失敗問題、不與宋事、願由余一身負之、余自信必能盡全力負全責、以挽救今後之危局、須知平津情勢、今日如此轉變、早爲國人有識者預想所及、日人軍事政治勢力之侵襲壓迫、由來已久、故造成今日局面、絕非偶然、況軍事上一時之挫折、不得認爲失敗、而且平津戰事、不能算爲已經了結、日軍既蓄意侵略中國、不惜用盡種種之手段、則可知今日平津之役、不過其侵略戰爭之開始、而決非其戰事之結局、國民祇有一致決心、共赴國難、至宋個人責任問題、不必重視、(問)今後我政府對日方針究竟如何、(答)自盧溝橋事變發生、余在廬山談話會、曾切實宣告、此事將爲我最後關頭之限界、並列舉解決此事之最低立場、計有四點、此中外所共聞、絕無可以更變、當時余言、我不求戰、祇在應戰、今既臨此最後關頭、豈能復視平津之事爲局部問題、任聽日軍之宰割、或更製造傀儡組織、政府有保衛領土主權與人民之責、惟有發動整個之計畫、領

《新聞报》,1937年7月30日,第4版

導全國、一致奮鬥、爲捍衛國家而犧牲到底、此後決無局部解決之可能、國人須知我前次所舉之四點立場、實爲守此則存、逾此則亡之界限、無論現時我軍並未如何失敗、卽使失敗、亦必存與國同盡之決心、決無妥協與屈服之理、總之、我政府對日之限度、始終一貫、毫不變更、卽不能喪失任何領土與主權是也、我國民處此祖國之存亡關頭、其必能一致奮鬥到底、余已決定對於此事之一切必要措置、惟望全國民衆、沉着謹愼、各盡其職、共存爲國犧牲之決心、則最後之勝利、必屬於我也、

津市我軍浴血抗戰
日機轟炸火光燭天

▲天津　天津戰事、係於二十八日晨二時起、日軍首由河東大直沽一帶衝出、將吾特四區公署佔據、嗣四郊均發動、我軍全體出動應戰、先後奪回四區公署及總東二站、敵不支後退、我軍奮勇前進、包圍東局子飛機場、聞獲敵機三十架、海光寺日兵營、亦在包圍中、日機十餘架、向各處擲彈轟炸、亘五小時之久、計擲燃燒彈百餘枚、先後炸燬津市府・警察局・總東西三站・電話局・及南開大學七處、均全部焚燬、津市滿城火光燭天、入夜炮聲又起、

▲天津　二十九日晨起、各區交通均斷、本報記者在法租界某樓屋頂、用望遠鏡觀戰、見東局子有日機十餘架、時起時落、向華界擲彈、中原公司屋頂、架炮向華界猛轟、吾軍隱伏四郊、沉着應戰、

▲中央社東京二十九日路透電　今晨二時、華軍三十八師與日軍戰於天津東車站與城中各車站間之熱鬧區域、上午五時、炮火甚爲猛烈、

▲中央社天津二十九日下午一時三十分電　津市二十九日起宣布戒嚴、每晚自六時起、至翌晨八時、街上斷絕行人云、

▲中央社天津廿九日上午四時十五分電　據報進犯特四區之日兵、三四百人經我保安隊擊潰後、已向東局子兵營潰退、所有東局子日兵營及飛機場、已由我方包圍、該處共有日兵約在六七百名、正在頑抗中、東局子日飛機二十餘架已難出動、又海光寺日軍圖擾我南關一帶、亦遭我保安隊還擊、日軍已退向海光寺兵營、我保安隊亦在會同取包圍形勢中、日中學之日騎兵亦被保安隊擊退至北倉附近、截至二十九日晨四時、仍在激戰中、又當二十九日晨我方克復東車站時、曾獲日方鐵甲及裝甲汽車數十輛、

▲中央社天津二十九日路透電　今晨天津居民、爲炮聲與炸彈聲從睡夢中驚醒、始知戰事業已發生、據華人方面消息、日軍在東西與總車站、以機關鎗與來福鎗、轟擊駐軍於通此數站各馬路之保安隊、顯欲阻止彼等逼近車站、日軍旋佔據前北租界之中國警察署一所、保安隊於是乃下令反攻、據華人聲稱、已克復各陣地、又傳中國常備軍佔有北倉車站、駐南開日人學校內之日兵三百名、已被包圍、保安隊獲勝後、於上午四時、進攻日飛行場、與東兵工廠、於是乃發生大戰、日轟炸機參戰甚活動、各租界華人爲炮聲驚醒後、多在屋頂觀戰、

《新闻报》，1937年7月30日，第4版

宋哲元馮治安發表談話

▲中央社保定二十九日電 宋哲元馮治安等二十九日晨三時抵保、各有書面談話發表、分紀如次、▲宋氏談話 本人近來因火氣上沖、耳鳴殊甚、不能與大家面談、特發表書面談話、平津之戰乃係局部之戰、日來北平城外戰鬬甚烈、南苑尤甚、佟副軍長麟閣竟於昨日陣亡、駐南苑卅八師之一部、奉命應戰、傷亡最重、因日機之轟炸、故損失甚爲慘酷、駐西苑三十七師之一部與日軍衝突、頗有損失、駐黃寺之石友三部保安隊、與日軍肉搏血戰、尤爲慘烈、自昨晚至今晨、天津蘆溝橋等處、亦有 戰事、本人奉命移保小住、是否長駐保定尚未確定、戰事爲國家事、今後辦法、自應聽國家命令也、

馮氏談話

自蘆案發生、本師駐防宛平、不能不盡守土之責、本人到平以後、始終愛好和平、避免事態擴大、以期恢復八日以前之狀態、十七日以來苦心焦思、竟致咯血、現隨委員長來保、自應以疾病之身、追隨各長官之後、聽候驅策也、

平市組治安維持會

▲中央社北平廿九日電 此間將組織北平市治安維持會、地點在中南海懷仁堂、其構成由商界、銀行、教育 新聞及慈善團體五單位、每單位選出委員六人組織之、更由委員中推常委若干人、執行職務、另設委員長一人、由江朝宗擔任、職責爲維持本市治安、▲北平 二十九日午後、各界組織治安維持會、推江朝宗爲會長、

南苑戰區景象悽慘

▲中央社北平二十九日路透電 路透訪員今日午後赴南苑視察、所見景象、至爲悽慘、由北平南三哩某點起通至南苑之大路與溝渠皆有華人死屍、至少五百具、其中不盡爲兵士、而村民死屍、亦復不少、載重汽車等毁於途中者約有三十輛之多、車中人大都爲手溜彈所炸死、來福鎗手鎗大刀鎗彈死馬、遍地皆是、南苑鎮現由日兵巡邏、日兵以日旗發給各家、囑其懸挂、約有日兵五百、駐紮飛行場中、飛行塲以北之營房、損毁甚微、惟以東營房、則大受摧殘、有馬千餘、四處亂奔、飛行塲東角爲炮戰激烈之地、相距百碼處、猶有雙方對抗之炮數尊、飛行場中僅見死屍數具、蓋日人已於黎明時掩埋其同伴屍體矣、南苑東北村民述昨晨日軍動作之狀、謂日軍囑其閉門勿出旋將機關鎗置於屋頂、襲擊華兵、各村中皆有死屍一大堆、自十八至六十八不等、綜計其數約有五百人、

津鎗炮聲漸中斷

▲中央社天津三十日電 三十日晨二時許、津海光寺東車站等處、鎗炮聲漸中斷、現我保安隊正在嚴密監視、迄三時許、雖鎗炮聲仍斷續可聞、但前方無衝突、

《新闻报》，1937年7月30日，第4版

▲中央社天津二十九日下午九時三十分電　日機轟炸至晚七時後停止、同時各處鎗炮聲較前益稀、八時後、戰事似已趨休止狀態、刻東局子海光寺東總兩站、依然在對峙中、此間各國駐津總領事、二十九日下午三時、晤市府秘書長馬彥翀、各領事願出任調停、俾得和平解决、安定地方、馬當作嚴正之表示、謂津當局向主和平、惟此事責任何在、極爲顯明、日方無端佔據我四區警局、向我攻擊、自不能容忍、馬同時表示渠僅負地方政治責任、對此事更不能作主云、

拂曉時各處戰況甚劇烈

▲中央社天津二十九日上午七時三十分電　津郊戰事集中東局子・海光寺・新老兩車站、津城南市大胡同等華界、均未波及、市府上空、六時許、曾有飛機盤旋、經守衛射擊後、即去、戰事以拂曉時爲最激烈、飛機橫行、聲震遐邇、至七時許、天空停止轟炸、鎗聲亦漸稀少、各線皆入對峙狀態、

我軍包圍東局子日機場

▲中央社天津廿九日上午五時廿五分電　廿九日拂曉、此間鎗炮聲依然不絕、是處戰事甚屬激烈、其方向仍以東局子爲甚、且日飛機亦陸續出動、晨五時許、約十架飛翔於上空、以機關鎗四下掃射、並到東局子我軍陣地投擲炸彈、據官方稱、東局子戰況尚不詳、

▲中央社天津廿九日路透電　今晨此間各國租界均宣佈戒嚴、英兵與商團均已出防、聞外兵觀戰者、曾有數人中彈受傷、安南兵一人斃命、義僑一人與華警一名受傷、日軍野戰炮所發之炮、有數發擊中南開大學、一彈擊毀鄉下總會之健身房、華軍曾有一時幾攻入飛機場、日飛機悉陷於危境、日守軍大爲驚恐、日軍現仍衛守飛行場、該場則在華軍包圍中、各車站鎗聲不已、雙方由四週各屋與軌道側、時時開鎗射擊、聞大沽華軍亦有同樣行動、鐵路與水上交通、今晨全斷、

▲中央社天津廿九日電　此間自午間起、炮聲不斷、方向尚未判明、惟東局子現已發生大火、雙方有激烈之戰事云、

東車站起火日軍被包圍

▲天津　津東車站、兩軍在激戰中、炮火異常激烈、日軍一部、在站內盤踞、車站內十一時五十分起火、

▲天津　東車站之戰甚激烈、我官兵傷亡者達百餘人、均送市立醫院、北平大隊長劉照華、率部隊奮勇力抗、亦受傷云、

公大紗廠起火日軍受圍

▲中央社天津二十九日下午二時電　津總站外小于莊公

《新闻报》，1937年7月30日，第5版

大紗廠所駐之日軍二百餘名、企圖外出、向總站窺援、當被我軍包圍、午一時半、尚在激戰中、現公大紗廠內已起火、

日司令部等處中我炮彈

▲同盟社二十九日天津電 中國軍之炮聲漸大猛烈、其中兩發、於今晨四時、落於日軍司令部通信隊屋頂、破壞其一部、該處鎗彈降落甚多、(又電)中國軍炮兵、以中原公司七層樓爲目標、集中炮彈、因此日本人俱樂部憲兵隊同盟通信社附近、炮彈炸裂甚多、形勢頗危險、

津總指揮李文田等通電

▲天津 委員長蔣・各院會・委員長宋・市長張鈞鑒、各部長、各省市政府、各綏靖主任、各總司令、各總指揮、各軍長、各師旅長、各法團、各報館及我廿九軍全體同仁均鑒、自盧案發生後、我宋委員長張市長、始終爲愛護東亞和平、維持人類福祉、一再容忍、乃敵人日日運兵、處處挑釁、除無端分別襲擊我平郊各處外、竟於今晨復强佔我特四分局、分別襲擊我各處、我方爲國家民族圖生存、當即分別應戰、誓與津市共存亡、喋血抗戰、義無反顧、敬祈各長官各父老、迅予援助・共殲彼虜、臨電神馳、無任惶悚、天津市各部隊臨時總指揮李文田、副指揮劉家鸞、市政府秘書長馬彦翀同叩艷・

奪獲日軍需痛飲日啤酒

▲中央社天津二十九日路透電 日租界現已與他處隔斷、聞華軍現謀攻擊海光寺日營房、法租界當局、現禁止日兵通過、因保安隊分隊現駐郵務局對面之警察署、見經過國際橋者、即開鎗擊之也、因是橋南法租界極熱鬧之區域、生命可危、東車站日兵分隊、現陷於孤立中、日飛行場現仍在包圍中、該處戰事甚爲劇烈、同時前德租界保安隊分隊奪獲由塘沽開到滿載日軍需之貨船數艘、內有載重汽車多輛、彼等刻正在大連汽船公司前面辦事所痛飲日本啤酒、

津市府等機關悉被炸燬

▲中央社天津二十九日下午四時二十五分電 二十九日下午、津戰甚烈、飛機四出到處轟炸、聲震屋瓦、以市府・警察局・南開大學・東總兩車站等處爲尤甚、現二十九日下午一時許、有轟炸機四架、飛河北、在市府上空任意投彈、甚有炸彈八枚同時下降者、辦公房舍多被炸燬、

日機數十架轟炸津華界

▲中央社天津二十九日路透電 今日下午日轟炸機數十架、轟擊華軍陣地、並以燃燒彈擲擊華人重要建築、致各處發生大火、南開大

《新闻报》，1937年7月30日，第5版

[illegible]總車站•保安隊•司令部•均被轟、日飛機輪流而出、擲彈用罄、轉飛回飛行場、重載炸彈飛出、當時華人紛紛避入各租界、市政府與警長辦公處所在之鐵路公園、均被炸彈轟擊、保安隊司令部、與城南華軍集中之處、亦爲飛機轟擊之目標、轟擊後、有數村曾起火、東局子日飛行場附近之一村、亦在内、東車站因華軍轟擊之結果、亦起火、即爲日軍救熄、

▲中央社天津二十九日下午二時四十五分電　二十九日午後、日機在津市上空盤旋者、達十架以上、大肆投彈、現聞正午金鋼橋市政府、東浮橋警察局、河北中山公園、均中彈被炸、東車站河北郵務管理局對過羣賢旅館、已起火、郵局遷英租界辦公、

南開大學全部已成灰燼

同時有兩架到八里台南開大學投彈、該校秀山堂及圖書館、已成灰燼、下午二時許、日機二架、到東浮橋附近投彈、意欲轟炸警察局、但所投炸彈、多中於附近水閣大街、各商號損失甚重、此外在東站投擲炸彈、除中貨廠外、車站前郵局、對過大觀園、相繼起火、總車站日機、亦不時四出活動、我軍隨時予以痛擊、

海光寺前我軍浴血抗戰

截至下午三時止、此間戰事、除日軍飛機在空中活動外、自以海光寺一帶爲最烈、炮火甚熾、日軍顯係自圖海光寺出動、向市區進襲、我保安隊在日軍炮火連天之下、浴血抗戰、前仆後繼、士氣極盛、

電話局被炸電話已中斷

▲中央社天津二十九日下午五時零五分電　津全市電話交通、幾已至中斷狀態、蓋日機二十九日午後投擲炸彈、電話二局五局及六局、均已被炸毀、二五局適在閘口地方、刻已全部被焚云、

東總兩車站均中彈被燬

▲天津　津東總二車站、已被日機全部炸燬、貨站亦起火、烟火蔽天、日機擲彈已百餘枚、敵機並以機關鎗低飛向吾華界居民掃射、死亡無數、

▲中央社天津廿九日電　日機廿九日晨赴津浦西站擲彈四枚　圖破壞津浦交通、但並無損害

日機有意破壞文化機關

▲中央社天津二十九日電　日機在河北一帶轟炸、數處起火、迄晚仍未熄、電話二五六局機器全燬、損失甚重、日軍對南開大學、顯係有計劃殘酷的破毀文化機關、秀山堂•芝琴樓•全被燬、木齋圖書館亦有一部被炸云

《新闻报》，1937年7月30日，第6版

津市府起火後蔓延甚熾

▲中央社天津二十九日電 津市府遭日機轟炸起火後、現火勢甚熾、蔓延及天緯路一帶、迄晚未熄、天緯路河北省立女師學院、黃緯路河北省立工業學院、亦均同時被焚云、

津市民遭難者數以千計

▲中央社天津二十九日下午五時十分電 日機二十九日在津大舉轟炸、無辜市民遭難者、目前雖無法統計、但衆信至少亦在一二千之間、東車站因燃燒彈擲下起火 尚未滅熄 而總站又繼之、據日軍部二十九日向外國新聞界稱、日飛機所轟炸之地方、包括市府・警察局・保安司令部・南開大學・總東南車站・寗園、並謂此皆爲『抗日集會地方』云、

街上屍骨橫陳爲狀極慘

▲中央社天津二十九日下午四時十六分電 日空軍在津作戰計劃、係輪流以飛機八架轟炸 截至廿九日下午四時止、已有十餘處遭硫磺彈投擲後、發生大火、全市空際、烟雲圍繞、各街市無辜人民之被炸而死者、觸目皆是、尤以河北大馬路及東馬路等地爲甚、街上屍骨橫陳、爲狀極慘、

津法租界當局向日抗議

▲中央社天津二十九日電 日人二十九日晨、分在法租界中街・新華大樓・及白褔樓屋頂、以鎗向我東站附近之保安隊射擊、

天津市區圖

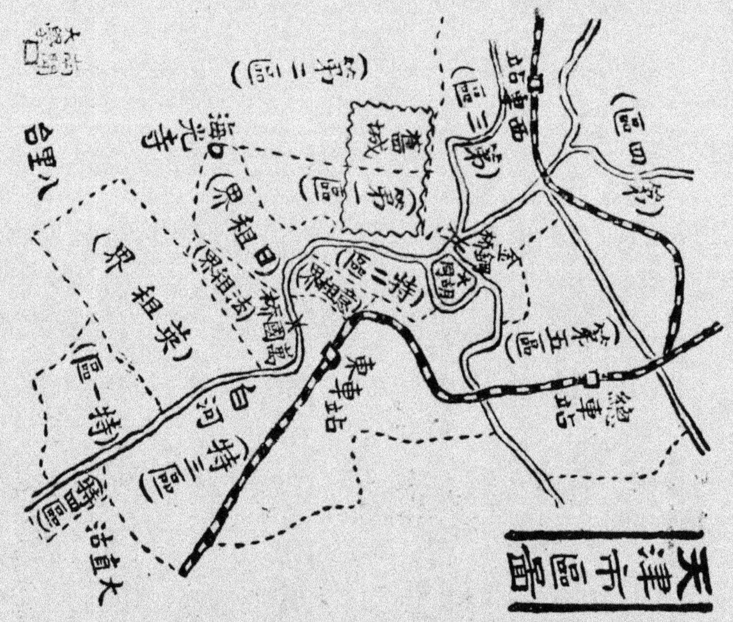

《新闻报》,1937年7月30日,第6版

蓋此兩處前者爲滿鐵事務所、後者則爲惠通公司故也、津法租界當局對此、曾向日方抗議、但晚間仍有武裝日人、高踞樓頭未去、法租界晚九時戒嚴、對日兵運輸、亦禁止通過界內云、

北寧路北倉兩鐵橋中斷

▲中央社天津二十九日下午九時四十分電　北倉戰事已漸停、平津間公路北倉間發生障碍、北甯路二十五二十六號鐵橋亦均中斷

津市交通業已完全斷絕

▲中央社天津廿九日電　廿九日此間交通完全斷絕、所有鐵路航空輪船、均已停止、即市內交通、如未轟炸之法租界內、亦無電車通行、日間各街道行人、更屬無幾、蓋曾有廿餘人、在法租界被流彈所擊傷、入晚、各租界均宣佈戒嚴、禁止通行、全市除時聞繼續的鎗聲外、極爲冷靜云、

海光寺東車站
今晨鎗砲聲又作

▲中央社天津三十日電　三十日晨一時、津市鎗炮聲又作、據查其地點爲海光寺及東車站兩地、先是日軍開步鎗、旋鋼炮機關鎗繼之、我保安隊當即應戰、刻雙方在相持中、李文田現在津郊某地、又二十九日我軍受傷官兵、在二百餘名左右云、

《新闻报》，1937年7月30日，第6版

日軍襲攻大沽 我軍沉着應戰

日艦炮擊我軍

▲中央社天津二十九日電　據傳大沽方面、二十九日晨亦發生衝突、鎗炮聲不絕、該地爲我軍三十八師二二六團駐守、因遭日軍襲擊、刻正鎮靜與之週旋中

▲中央社天津二十九日電　駐塘沽之日驅逐艦菊葵兩艘、二十九日晨、先向南岸大沽我駐軍發炮、繼之水兵亦登陸、我軍遂即迎戰、目前極爲激烈、

▲中央社天津二十九日下午一時二十五分電　塘沽日艦三艘、二十九日午、繼續向南岸大沽發炮甚烈　陸戰隊數白人登陸、　該地刻正由我軍張團沉着應戰、死守防地、目前尚無變化

▲中央社東京二十九日路透電　海軍省今日發表公報　謂華軍於今晨八時卜五分、用迫擊炮轟擊泊於大沽之日驅逐艦一艘、該艦發炮還擊後、日海軍遂會同陸軍取攻勢

▲中央社天津二十九日路透電　日驅逐艦兩艘、今日駛抵塘沽後、即炮轟駐塘沽鎮之華軍、旋有日兵一分隊登陸、圖逐華軍、雙方現在塘沽隔河交轟　通天津沿途各地點、均有戰事、

▲中央社烟台二十九日路透電　商船數艘由塘沽開來者、現逾期未到、　太古盛京輪船、今日接順天船自塘沽發來無線電、囑其暫留烟台、以待後命、　勿遽赴塘沽、

僞保安隊反正 通州炮火甚烈

中國人必須抗敵

▲中央社北平二十九日路透電　據華人消息、殷汝耕之保安隊約千人、今日侵晨、在通州與日兵衝突、雙方整日作戰、聞日兵三白名、被圍於城內營房　附近有軍需處或子彈庫一所　業巳起火、該地炮火甚烈云、

▲中央社北平二十九日路透電　通縣保安隊反正後、多處起火　濃烟上冲、午後北平高處、可瞭見之、保安隊發表一文　謂吾輩華人、必須抗敵云、日機加以轟擊、但保安隊仍扼守陣地　開鎗還擊、

▲北平　外記者今日由通州囘平者談、該處保安隊反正後、將日軍包圍、用槍及鐵甲車向日軍猛攻、激戰頗烈、至下午二時尚未止、　日方損失頗重、日使署亦宣稱、通州事變、出人意外、

《新闻报》，1937年7月30日，第6版

宋哲元等抵保定

商定軍事布置　電請中央核示

▲保定急電　宋哲元馮治安秦德純及門致中、并衛隊二十餘人、二十九日晨二時五十分、由平專車到保、此間聞訊後、萬福麟孫連仲閻承烈及省府各廳處長、均蒞站歡迎、宋下車後、卽與馮萬等偕赴南關行轅休息、

▲中央社南京二十九日電　京中軍事機關接保定電告、㈠宋哲元秦德純等、巳於二十九日晨三時抵保、並與孫連仲等晤面、對今後軍事佈置、有所商議、當將結果電呈中央核示、

馮治安在盧橋率部抗戰

㈡馮治安刻在平漢線之盧溝橋一帶指揮二十九軍各部作戰、并趕築防禦工事、至北苑一帶二十九軍、巳由阮玄武率往平綏線南口集中、憑險防守、

趙登禹在南苑陣亡殉國

㈢趙登禹在廿八日晚與敵人激戰於南苑時、曾率部向敵人前後衝鋒四次、第三次受傷、第四次即告蹤跡不明、截至廿九日下午二時止、仍無下落、一般預料、殆已陣亡殉國、

佟麟閣在南苑督戰陣亡

又第二十九軍副軍長兼軍官教育團教育長佟麟閣、亦於二十八日夜在南苑督戰陣亡、惟遺體尚未覓獲、

廿九軍副長佟麟閣略歷

▲中央社南京廿九日電　在南苑團河之役陣亡之廿九軍副軍長佟麟閣氏、略歷如下、佟氏諱麟閣、字捷三、河北高陽人、光緒十八年（一八九二）生、現年四十六歲、曾任陸軍第二十師師長、國民軍第一師師長、隴南鎮守使、民十六七參加南口諸役、卓著戰績、十八年退伍返鄉、二十年主持廿九軍教導團、廿二年任張家口警備司令、是年五月、抗日同盟軍在察成立、氏代理察省主席、兼第一軍軍長、八月同盟軍撤消、改任張垣公安管理處處長、現任第廿九軍副軍長兼軍官教導團教育長、氏沈毅果敢、素富愛國心、治軍極嚴、與士卒共甘苦、每遇作戰、輒奮身向先、今於南苑團河之役、英勇抵抗強敵、不幸陣亡、遺骸迄未尋獲、然爲國成仁、氏固與中華民族同垂不朽也、氏有女二、男三、長男現年已二十餘云、

南苑退出時我軍之犧牲

▲北平　外國記者今日親赴南苑視察、見廿九軍死屍千具、皆係昨日退去時犧牲者、該處飛機場及附近營房、皆爲日軍所佔、內有馬約千匹、尙完好、歐亞機場中、遺有軍火頗多、

▲北平　外人消息、昨夜宋哲元退走時、損失奇重、傷亡約數千人、廿九日有傷兵約二千人、由南苑入北城軍醫院、

▲中央社北平廿九日路透電　昨日南苑一役、華兵死傷約五千人、北平附近戰事雖停、但人心猶甚惶恐、今日午後此間猶聞炮聲、歷半小時始息、察此炮聲、顯由盧溝橋方面而來、

《新闻报》，1937年7月30日，第6版

日機十五架過保定南飛

▲中央社保定二十八日電　二十八日晨六時、日機十五架、過保南飛偵察、僅一架略低、餘均飛翔極高、午十一時、又來一架、沿平漢線南飛偵察、至七時、又來戰鬥機一架、在省東南部低空偵察後、至省垣上空作升降表演、擬以機鎗向下掃射、我駐軍當予以還擊、乃急向北方飛逃、又長辛店晨有敵機八架、在上空偵察甚久、下午三時、

平漢北開車爲日機擲彈

平漢四十三次車北開時、有敵機一架、隨車擲彈一枚、落道旁未炸、

日驅逐機一架中彈降落

▲保定　日驅逐機一架、廿八日下午四時半飛保、當在城空盤繞極久、飛度甚低、竟以機關槍向我駐於行宮之五十三軍司令部及東關等處掃射、經我守城駐軍以高射機關槍擊中該機要害、未及遠逃、即降於保垣北四十里之徐水地方、○

北平城內無駐軍

張自忠就市長職

▲中央社北平二十九日下午二時四十分電　宋哲元秦德純馮治安陳繼淹等、於二十八日夜離平赴保後、所有城內外三十七師及白三十二師　即陸續撤退、至二十九日晨始撤竣、城內已無駐軍、現由公安局保安隊及冀北保安隊維持秩序、各街衢沙袋、二十九日晨、開始撤除、壕溝亦填平、當二十七師撤退時、日軍仍不斷追擊、聞該師前後傷亡頗衆、二十九日晨七時許、日機九架飛平偵察、約半小時始去、

▲北平　宋哲元秦德純赴保定後、卅七師由城內亦全部退出、日飛機廿九日晨又在天空向城內放散傳單、措詞荒謬、謂卅七師已撤出北平　日軍之目的已達、此後北平可免去恐怖等語、一面又有人發起組織和平維持委員會、

▲中央社北平二十九日下午二時四十五分電　聞宋哲元離平前、曾手諭張自忠等、分掌各機關職務、新任平警察局長潘毓桂、二十九日晨已到局視事、平市長張自忠、定下午三時就職、至就冀察政會職務及日期尚未定、

▲北平　廿九日下午四時、廣安門大火、

▲中央社北平廿九日電　張自忠廿九日下午三時就平市長職、四時就冀察政會委員長職、並召集所屬訓話、張談定三十日到冀察綏署就主任職、日內不擬返津、

▲北平　英僑若干及美僑二百四十五人、今日仍居留使署、不准外出、以防意外、平城頗安靜、

豐台天津間交通已恢復

▲中央社天津二十九日路透電　日軍公報否認華軍克復廊坊之說、惟承認華軍曾猛攻該地、日守軍初因兵力單薄而受不利、但卒獲鐵甲汽車之援助　將華軍擊退　故至昨晚　鐵路與公路之交通已復、日軍用火車一列　其引擎愼加保護、載日兵五百名、由此開往楊村、旋又有修路車一輛開出、前往修理華軍拆斷之路軌數處、載重汽車五十輛　已由豐台抵此、兵車三列、已在由山海關來津之途中、

永定廣安兩門損失甚重

▲中央社北平二十九日路透電　宋哲元於午夜後離平、昨晚有受傷華兵二千人、由南苑入城、永定與廣安門附近之房屋、均受日軍炮火之重損、城牆到處殘破、城中攜武器者、僅巡街之警察、現城門業已復開、

《新闻报》，1937年7月30日，第6版

英法各報

評論華北時局

認調協已無復可能

▲中央社巴黎二十九日哈瓦斯電　法國各報對於華北時局、咸以事變伊於胡底爲問、並作種種不同之推想、『事業報』謂『事已至此、協調似已無復可能、一切惟有聽命於大炮而已、但在遠東方面、雖在軍事行動開始之後、亦往往仍可從事外交活動、此則爲吾人所不當忘者也、』『共和報』則稱、蘇聯在遠東不能再行退讓、而日本之進展、則永無止境、因此日俄兩國步調、雖甚迂緩、然其日趨於相互衝突之途、則有必然也、』『時代報』亦謂『莫斯科是否將聽其自然乎、此爲今後之一大秘密、但若謂日本必能勝利、則亦難令人置信、蓋中國整頓國防、已五年於玆、較諸九一八滿洲戰爭發生之際、抵抗力已增强多矣、』共產黨之『人道報』復稱、『中國必能驅逐日本之勢力、且亦必須驅逐日本之勢力、但英國萬不可以施諸西班牙之刑罰、施諸中國、』(按所謂刑罰、當係指禁運用品至西班牙而言、)此外、『秩序報』評論謂、『若日本竟成爲日本之城市、殊屬難以相信、』此語頗足以代表一般法國報紙之態度焉、

▲中央社倫敦二十九日路透電　英國各報、今日皆重視中日衝突之種種趨勢、並著論申說之、路透社在遠東各處之探詢、發現種種不同之意見、東京人士、鑒於日本貿易之大受影響、深願華北之爭、早日終止、所可慮者、關東軍野心勃勃、與中國反日情緒、將爲解決之障碍耳、多數意見、以爲終有解決方法、蓋第二十九軍既被驅逐、日方當可就範、蓋自知過於操切、則其影響必等於自殺也、孟却斯德指導報評論遠東時局、謂日人應及早了解中國人民、決不甘使北平爲外人所盤踞、日人更應考慮其在遠東所享之地位、及其與鄰邦共處和平而得之繁榮、日本之聲望與軍力、固無可疑問、惟其最激烈之軍人、亦承認征服中國已不復可能、而其經濟家更瞭然於戰事發生後、經濟所受打擊之如何重大、如未有道德上或法律上理由、不顧有百害而無一利之情勢、仍從事戰爭、則將爲全世界所唾罵云、白明漢郵報稱、日本自在東三省侵略成功以來、吾人未見有現可阻遏戰爭者、日本軍人既不懼外人干涉、而中國政治家亦不希望外人干涉、蓋西方已放棄其直接干涉之權矣、間接交涉是否同樣放棄、亦爲人所疑問、今日復作開放門戶政策之申說、豈不可稍抑日本之慾望、而稍減中國之惶恐、庶左右中日政策乎云、

▲中央社倫敦二十九日路透電　新聞紀事報今日社論謂、華北此次戰事　西方諸國未必有何舉動、非因其與吾人利害無關也、亦非因吾人贊成日本征服華北也、特因吾人在六年前　對於東三省事件　毫不活動、致吾人今日莫能有何舉動耳、此次新戰事、更證明一九三一年與一九三二年英政府之荏弱、不獨已背棄集體安全　且亦背棄英人利益矣、自玆而後、阿比西尼亞萊因與西班牙事件、相繼發生、今又事變發現於中國、此皆英政府之示弱　有以致之也云、

《新闻报》，1937年7月30日，第7版

英下院討論華北事件

英已向日交涉保障英僑安全

▲中央社倫敦廿九日路透電 今日英下院所討論事項全屬華北事件、自由工黨領袖阿特里稱、目前遠東時局、實與滿洲事件相等、並問艾登倘中國向國聯請願、英政府將採取何種步驟、艾登答稱、遠東局勢確極危急、但據彼所知、現尚未向國聯請求、且彼昨日已言、日本及美國均非國聯會員、而英國則尚未有先行發動之準備云、阿特里復問、如此是否即一會員國受一非會員國侵略時、國聯將無力救援、艾登答、此非公允之解說、並稱遠東有例外之形勢、國聯盟約第十七條雖有解決會員國與非會員國間爭執之辦法、但此須視非會員國之是否能合作爲定、前印度事務大臣彭恩繼請外相艾登、應向日本聲明英國不能同意於另一片中國領土之自南京政府主權下受宰割、艾登稱、已往二日之中、已有各種宣言發表、政府對於局勢極爲抱憾、因政府前希望遠東局勢能普遍和緩化、而在現在繼續之下、已無法使之改進也、艾登復稱、彼與法政府不時接洽、但雙方均未覺陳請國聯之機會已成熟云、後自由黨議員曼德復提出質問、政府曾對於召集巴黎反戰協定及九國公約簽字國會議、有所討論否、艾登答是、此等事項均已討論過、阿特里聲明、彼得於明日閉會辯論時、再提出中國問題云、

▲中央社倫敦廿九日路透電 外相艾登今日在下院聲稱、英駐日代辦杜德、已奉命對於英僑之安全向日政府提出交涉、結果日政府及當地日軍領袖均已發表某種擔保、杜德並已向日政府說明時局之嚴重性、及包含之重大危險性云、

《新闻报》，1937年7月30日，第8版

本市各界 紛起援助抗敵

自華北事件發生後、我全國民衆激於義憤、奮起援助、爲前線抗敵將士後盾、茲分誌各情於后、

華商公司 願供運輸

各界抗敵後援會、昨接四川路一二六街二十一號華商運輸公司來函、關於將來之一切後方輸將、均願免費承辦、並於必要時可隨地派遣、以利輸送、

洪佐堯君 慨捐五千

本埠紗商洪佐堯君、昨晨至本館捐贈救國捐國幣五千元、愛國熱忱、至可欽佩、中法藥房全體同人、共同自動集款一千元、以爲報國後援之需、

存米充足 民食無虞

本市豆米業公會主席顧馨一語記者、本市糧食存底極豐、到路亦旺、本可無虞、市民及一般糧商、均應以鎮靜態度、勿可自相驚惶、本市糧食界自華北發生事變、即作種種非常時期必要之準備、如存底到銷之調査、及來源運輸上之布置、不論產銷運販各方、一切均在當局統籌之下、民食決可不生恐慌、

市民聯會 注意治安

本市第一特區市民聯合會、昨函工部局云、逕啓者、案據七月廿五日中國青年討論會請開、據報載昨夜日兵又藉口失蹤士兵一名、發動其大隊士兵、在虹口區內任意檢查拘捕行人、閱悉之下、不勝驚駭、凡我居住租界中之數十萬納稅市民、一任日兵之任意橫暴、我納稅人年納鉅額稅金於工部局、該局實不應放棄虹口區內之警權、致日兵橫行不法、故特致函貴會、請即向工部局提起嚴重責問、以保納稅市民之安全等情到會、查貴局負有保障租界市民生命安全之職責、豈能放任日兵作如是之不法行爲、縱或事出突然、而貴局亟應立時制止、庶不負租界居民之安全委託、爲特據情函達、希煩查照注意爲荷、又本市第一特區市民聯合會於昨晨通告全體所屬分會云、㈠本會爲徵集廢銅爛鐵貢獻國家、經第五次執行委員會議決、由各區分會、於三日內推出代表一人、報告本會、以便成立『征集廢銅爛鐵委員會』負責辦理、㈡查每値夏季、各區市民輒舉行太平公醮、在此國難當頭、應勸導市民節省該項浪費、移充救國捐款、㈢市民偶遇前方捷報、每喜燃放爆竹、表示欣慰、然此舉實失之虛浮、無補時艱、以後應就近勸導市民、勿作此舉動、多做實際工作、特此通告、

砂石公會 嚴辦私售

本市砂石業同業公會、因砂石對於戰事有切膚之關、爲預防萬一起見、特於昨日下午召開全體執監委員聯席會議、討論㈠凡同業（包括會員與非會員）進出貨物、向會派員逐日調查購進數量卸存地點、並售交何人、及何項用途、分別詳細報告、俾資致核、㈡凡同業中（包括會員與非會員）倘有將貨私行出售、或竟供給外人應用、一經被人舉發、或由本會幹事報告、查係確實、以通敵論、即將呈請市商會轉請抗敵後援會送交軍政機關按法嚴辦、㈢凡遇軍警政各界向同業灘基索取砂石用品、應立即報告本會、由會接洽應付、免致擾亂、而受損失云、

《新闻报》，1937年7月30日，第10版

日軍萬餘增援抵津
我軍撤退靜海一帶
我國人民遭敵殘殺慘狀空前

▲天津　日軍陸戰隊、因在塘沽爲我軍阻擊、未能登岸、遂於（二十九日）午夜改由大沽口登陸、計商船二十五艘、滿載士兵約一萬二千人、於（三十日）晨三時、分三路向我方襲擊、我軍奮力抵抗、澈夜激戰後、不得已於三十日晨六時許、暫向靜海唐官屯等處撤退、七時止槍砲聲漸息、河北一帶海河沿西車站、被燬十之六七、死亡枕藉、慘酷情狀、空前未見、現南開方面、火尚未熄、海光寺及東局子附近民房、多爲日軍燒夷彈焚燬、我軍以無所憑藉、遂告失陷、各租界口、交通斷絕、市府被燬各機關職員星散、行政陷於極度混亂中、我警察四千餘、爲日軍解除武裝後、仍徒手佈崗、聞齊燮元等將出組治安維持會、

▲天津　吾駐津郊軍隊、因戰略上關係、於三十日晨陸續向津浦沿路撤退、市內保安隊警察、亦均先後向郊外撤退、地方秩序紊亂、呈無政府狀態、傳張璧有繼任津市長訊、市內已有日軍布崗、東站方面、日軍肆意燬焚民房、黑烟蔽天、慘狀甚烈、

▲天津　我駐軍及保安隊、三十日晨因日軍壓迫、由東車站特三區附近各處撤退、一部留駐總站及河北一帶、尚苦力爭持中、日機於三十日下午三時起、仍結隊向華界肆行轟炸、計南開大中小學各部、並在日界沿三井洋行之河邊、架設大炮、向對岸之華界攻擊、

▲中央社天津三十日電　三十日晨、此間戰事已漸趨停頓、鎗炮聲更少、日軍飛機、三十日晨仍有十餘架出動、分赴各處偵察、但未投彈、二十九日河北東馬路等地、被轟炸之無辜難民、屍骨暴露於途、已由各救濟機關分別收殮葬埋、市府被炸後、火焰至今晨未熄、市區內保安隊雖少、但地方情勢、三十日晨尚無變化云、

日軍佔據津特三特二區

▲中央社天津三十日電　日軍三十日已將特三區完全佔據、並將所有東車站附近居民驅逐、同時並有日鮮人在特三區搜查行人、又聞河北大馬路有難民千餘人、露宿街頭、秩序極紊亂云、

▲中央社天津三十日電　日軍百餘人、三十日下午五時許、又將特二區完全佔據、並在各馬路派兵值崗、居民極爲恐慌云、

津東馬路北馬路亦被佔

▲中央社南京三十日電　京中關係方面據報、津東馬路北馬路三十日亦由日兵佔據、沿街派兵值崗、遇有行人、即開槍射擊、無辜市民遭慘殺者無算、

日軍炮擊河北南市

▲中央社天津三十日下午五時五十五分電　日軍據日租界東南城角日警察分所高樓、三十日下午四時許、以大炮向河北及南市一帶射擊、大經路商店住戶中炮者多處、公園後救會亦起火、

日機四架轟炸南開中學

▲中央社天津三十日電　三十日下午三時、日機四架、繼續向南開中學投擲燒彈、現火勢甚熾、同時日砲隊、亦自海光寺向南開大學射擊、共中四彈、該院圖書館後、頓亦起火、

《新闻报》，1937年7月31日，第3版

《新闻报》

日軍放火焚燬南開大學

▲中央社南京三十日電 關係方面據報、日來日機在天津投彈、慘炸各處、而全城神經、猶注視於八里台南開大學之烟火緣日方因廿九日之轟炸、僅及二三處大樓、爲全部毀滅計、乃於三十日下午三時許、日方派騎兵百餘名、汽車數輛、滿載煤油、到處放火、秀山堂思源堂(上爲二大厦均係該校之課堂)圖書館教授宿舍及鄰近民房、盡在火烟之中、烟頭十餘處、紅黑相接、黑白相間、烟雲蔽天、翹首觀火者、皆嗟嘆不已、

▲中央社天津三十日路透電 今日午後、日方轟炸機又大活動、對南開大學之未毀部分、及天津城西北各處、大肆攻擊、城西教育區域旋起大火、南開女中學開皆被燬、據避難華人云、中國法院等悉遭日機炸毀、日機去後、街中死屍枕藉、南開大學係鋼骨水泥築成、故雖遭轟炸、並未着火、日方乃派兵携煤油燃之、日兵又携煤油分赴附近各村、從事縱火工作、日當局藉口華兵在該處屢向日方射擊、乃以此爲今日日機活動之理由、有若干外人、午後赴南開視察、在該處除日兵外、不見一人、而日兵則以機關槍向之、城內軍警、自遭轟炸後、業已絕跡、致匪徒橫行、民衆愈形惶恐、第三特區保安隊現已退出、故全由日兵佔據、惟第二特區尚有保安隊、今晚日當局恐華兵反攻、惴惴不安、午後五時有日兵二人、由第一特區南面之紗廠區域、乘自行車向英租界馳來、但被英租界之警察所阻、日兵乃下車、取毛瑟槍向空開放、此事引起惶擾、英兵乃調出、並設置障礙物、實施戒備、

河北一帶被炸毀之機關

河北一帶、兩日來被炸地方無數、北寧路局舊房所全部被焚、造幣廠地方法院亦起火、市府後樓幾片瓦無存、津浦電台暨警察所亦全毀、此外被炸者、計有擇仁里・心田西里・慶記東里・民德學校・李公祠等處、(按各處均在南開中學附近)均被炸、

日軍以機關鎗慘殺人民

▲中央社南京三十日電 關係方面據報、日軍三十日下午七時許、又將河北及城內各處佔據、除沿街派兵放哨外、並有日兵多人、以煤油沿大緯路保安司令部一帶縱火、延燒甚廣、當居民逃出時、日軍復以機關槍掃射、屍骨慘狼於途、其行爲之殘酷、令人髮指、電話六局、二十九日已恢復通話、三十日晚、因此又中斷、現在各地難民、絡繹於途、投奔英法租界而來、多有行經東馬路一帶、被日軍機關槍掃除而亡者、又河東郭莊子、三十日午亦遭日軍燃燒後掃射、無辜市民、死於非命者甚多云、

難民冒雨逃生情況極慘

▲中央社南京三十日電 關係方面據報、卅日晨、天津大雨、特三區河沿難民、大半爲婦女幼童、冒雨沿河蟻行、厥狀甚慘、又河北總站員工一批、由日方車送至法租界交通銀行前下車、該員工等或手携揭旗、或手提油壺、仍不忘職守也、

日轟炸機一架跌落焚燬

▲中央社天津三十日電 日轟炸機一架、三十日午、因機件損壞、自天空掉落於惠通機場、機身全焚云、

津警察局又被日機轟炸

▲中央社天津三十日下午五時十五分電 津警察局三十日下午四時、又被日機轟炸、同時並有炮彈十餘枚、自東南城角日租界發來、均擊中樓頂、

▲中央社天津三十日下午九時三十七分電 津警察局南面之東浮橋、三十日下午五時亦被日機投彈、橋身被炸一孔、但車馬行人無阻云、

津法領向日提嚴重抗議

▲中央社天津三十日電 駐天津法領事、以日軍廿九日晨行經法租界時、以手槍對准道傍行人、及一日兵開槍射擊法租界內華商兩事、實違反日駐屯軍司令香月尊重外人權利之通告、已向日軍當局提出嚴重抗議、並聲明嗣後不准日軍通過法租界、

津義租界竟拒絕我難民

▲中央社天津三十日電 日機二十九日在津大肆轟炸後、有大批難民約千餘人、至特二區擬入義租界避難、但遭拒絕、此千餘人、遂在特二區大安街露宿終夜、至今晨始獲穿越義租界特三區、越爲擁擠而去法租界、各處人滿、街上行人益多、車輛幾無可行者也、

河東一帶慘狀觸目傷心

三十日晨、河東北馬路一帶、隨地皆有屍骨暴露、幼童尤多、更有因傷重奄奄待斃者、爲狀至慘、據聞當昨日日機出動時、先投硫磺彈、使房舍燃燒、人民乃四出逃奔、日機遂低飛以機關槍掃射、無辜市民、多因此遭難、此外各機關住宅、被炸或燒死者、亦無從計算云、

《新闻报》，1937年7月31日，第3版

義日兩租界間架軍用橋

▲天津 日租界與東車站間、因法租界禁止日軍武裝通過萬國橋、軍事連絡斷絕、現取得義租界同意、日義兩租界隔河間、架設軍用橋、日增援隊均開入東車站

兩醫院中收容傷兵千餘

▲天津 市立第一第二醫院、臨時改爲傷兵醫院、送往醫治者、不下千人、各醫師日夜未息、

津電報水路線被人破壞

▲中央社天津三十日電 天津電報水路線、三十日已分別被人破壞、察津京滬間除無線電外、均發生障碍云、

通保安隊反正 殷逆汝耕成擒

押解抵平始知大局全非 倉卒西退正與日軍激戰 通縣現仍由保安隊佔領

▲北平 通州反正之保安隊、在殷逆汝耕之住宅屋頂上、將殷逆拿獲、卅日夜間二時、將其押解到平西直門、待抵平後、始知宋哲元已率部離平、蓋保安隊之長官、初在收音機中、得聞我軍大勝、克復豐台及廊坊之消息、彼等原亦愛國心長、以爲時機已至、遂有反正之舉、時平通間交通已斷、不明北平真相及押解殷逆抵平、始知大局全非、遂繞道西退、刻在西直門與海甸間與日軍激戰、日軍正用飛機轟炸中、殷逆現在是否仍在保安隊之手、尚不可知、

▲北平 外人消息、開往通州之日援軍、三十日晨抵通、援救被反正保安隊所圍困之日軍、該處日軍一百人、僅剩十人尚存、其餘九十人皆被保安隊所殺、此外尚有日僑及韓僑百人失蹤、大半已死、通州現狀仍緊張、通州教會學校內有美教員馬丁氏、已兩日無蹤、生命堪虞、因該校適在城垣附近也、聞保安隊現仍佔據通州、

▲天津 通州反正之保安隊、雖後援斷絕、依然在忠勇抗敵中、日機於二十九日起、前往轟炸、現退集於通州之北、此間日軍司令部發表、通州戰事、日軍陣亡將校二名、兵十八名、傷將校一名、士兵十一名、可見保安隊抗戰之烈、

▲中央社北平三十日下午一時三十二分電 平市西直門外一帶、三十日午炮聲突起、約一小時許漸止、據悉係通縣反正之張慶餘部保安隊、由通西退、與日軍發生衝突、

▲中央社北平三十日路透電 午後、日兵與殷汝耕保安隊在海甸交戰、刻猶在進行中云、殷汝耕保安隊於今晨日方援軍抵通後、散至各處、有一大股擬入北平西直門、但警察阻其入城、閉門不納、另有一股、聞已抵八寶山附近、通州方面與北平東北、現仍有戰事、

《新闻报》, 1937年7月31日, 第4版

▲中央社東京三十日路透電　據日日新聞今日宣稱、通縣有日人避難者三百名、又聞殷汝耕已被擄、
▲國民新聞社三十日東京電　此間日日新聞今日載北平電稱、通州保安隊反正、日本難民被殺者二百人、冀東僞自治政府已被推翻、殷汝耕無卜落、若干人以爲殷汝耕已被架去、

沙河保安隊絕對未附敵

▲南京　此間軍事機關據電告、廿八日傳平綏線沙河保安隊附敵訊、絕對不確、現悉冀察政委會所屬保安隊、無不忠於國家、願與敵作殊死戰、即在日軍嚴密監視下、駐通僞冀東保安隊、亦乘機反正、充分證明我國同胞除特種階級外、無不具民族國家思想、

大沽被日軍佔據

日海陸軍聯合進襲 我軍不得已乃後撤

▲中央社天津三十日下午九時五十五分電　駐大沽之三十八師一團、因日方海陸軍聯合進襲、已於三十日晨後撤、現大沽已被日軍佔據云、
▲天津　大沽方面到日海軍旗艦、三十日晨、塘沽日守備隊在海軍協助之下、擬强渡白河、經我駐軍猛力抵抗、激戰甚烈、

宛平蘆溝橋陷落

日軍以重炮攻我軍

▲北平　外記者昨夜由前線視察門頭溝歸來、謂昨夜日軍已佔據宛平縣及蘆溝橋、日軍機械隊、用坦克車五十輛及重炮隊、與三十七師部隊、在蘆溝橋激戰後、華軍後退、遂被日軍佔據、
▲中央社北平卅日路透電　日軍事當局宣稱、派往通縣援救被圍日兵之援軍、今晨當可到達、日軍繼續向保定方面追擊廿九軍、古北口之日軍約四千人、已於今晨乘載重汽車馳抵距宛平北八哩之衙門口、携有坦克車鐵甲車機關鎗、該隊前曾監視由北平退出在門頭溝渡永定河之華軍之後衛、日軍已佔據宛平與蘆溝橋、並向長辛店進擊渡河退走之華軍、昨晚日軍曾炮轟該地、

日軍攻北苑我軍

日機十架飛往轟炸 附近居民損失甚重

▲北平　駐北苑三十七師之一部、內半係騎兵、並有一百三十二師之兩營、三十日晨、與日軍發生激戰、日軍用轟炸機十架、在北苑投彈多枚、附近居民、損

《新闻报》，1937 年 7 月 31 日，第 4 版

失節重、

兩將軍忠骸入殮

趙登禹受重傷不退 遺言告母請母勿悲

▲中央社北平卅日電　廿九軍一三二師師長趙登禹、及廿九軍副軍長兼軍官教導團教育長佟麟閣、忠骸已尋獲、三十日共殮後、靈柩暫厝龍泉寺、趙佟此次奮勇抗戰、不幸陣亡、市民聞之、無不下淚、據趙之護兵返平談、當戰事激烈、趙師長正在團河左近指揮時、忽中彈、左臂受傷、余即欲將其背回、師長不允、仍向前進、未幾腿部肩部又受傷、余勸師長後退、師長遂向余云、汝從速返平、向余母言、「忠孝不能兼全、設余不幸、請余母勿悲」云云、余力勸不獲、無奈只得返平、至後門辛寺胡同太夫人寓、報告師長母、此後即不知信息、

佟麟閣副軍長殉國情形

又聞佟副軍長在前線時、忽被機槍將腿之下部射傷、佟因正在跑步、再向前栽倒、適有一炮彈射來、擊中頭部、遂致陣亡云、

一三二師長趙登禹略歷

▲中央社南京三十日電　在南苑團河抗日之役、陣亡之二十九軍一三二師師長趙登禹氏、略歷如下、趙登禹字舜臣、山東人、現年四十八歲、民國三年、在陝西十六混成旅一團三營修麟閣連入伍、旋充旅部傳令兵馬弁等職、民四隨馮玉祥入川東勦匪、十一年在豫升排長、十三年在南苑升連長、十四年後、以戰功升營副團長等職、十六年北伐時、率部出潼關、擢升爲旅長、十七年任第二集團軍二十七師長、十八年編遣、回任旅長職、十九年中原大戰時、又升師長、二十二年喜峰口抗日之後、任三十七師馮治安部旅長、親率健兒一團、夜襲敵營、斬首千餘名、敵人爲之寒膽、旋以戰功升任一三二師師長、是年任二十九軍特別黨部籌備委員、九月率部一戰而克復沽源、二十五年一月、國府任爲陸軍中將、五月、任河北省第四區勦匪司令、十二月十一日、兼任河北省政府委員、氏驍勇善戰、慷慨豪爽、頗有燕趙豪傑之風、此次團河南苑之役、三次衝鋒、已受重傷、猶復親冒彈雨、指揮作戰、卒至爲國捐軀、開中華民族解放史上光榮之一頁、

爲民族爭人格之佟麟閣遺像

英勇抗敵殉國之趙登禹師長

《新闻报》,1937年7月31日,第4版

通保安隊反正通電

▲中央社保定三十日電 通縣保安隊第一二總隊長張慶餘張硯田率全體官兵二萬餘人反正後、卅日發出通電、略謂長城戰役以後、歸殷汝耕指揮、不意殷逆甘作傀儡、神人共棄、當時格於時勢、不得已含垢待機至今、爰於廿九日拂曉誓師、一鼓粉碎僞組織各機關暨暴日駐通守備隊及警署、巨憝漢奸、一體俘獲、當日與敵血肉相拚中、此後一切行動、均惟蔣委員長及宋軍長命令是從云

本田訪晤曹浩森陳紹寬

▼華中華南防止發生不祥事件

▼日第三艦隊決採取必要手段

▲中央社南京三十日電 日本海軍武官本田、廿九日由滬來京、先後訪晤軍政部曹次長、海軍部陳部長、略謂日本第三艦隊頗以平津中日兩軍衝突事件爲憾、現雖竭力設法防止該事件波及各地、然萬一各地發生事故、以致局勢無法收拾 則日本第三艦隊祇有採必要之手段、甚盼中國當局在華中華南努力防止不祥事件之發生云云、

川後援會電唁趙佟家屬

▲中央社成都三十日電 四川各界抗敵後援會、以趙登禹佟麟閣抗敵殉國、備極悲悼、三十日特電趙佟兩氏家屬弔唁、

哀哉北平之解嚴

九門大開凄涼萬狀

兩派對峙猶在爭權

▲中央社北平三十日下午一點廿七分電 北平市所有障碍物、均撤除淨盡、各城門皆大開、刻宣佈解嚴、惟一般商店仍閉門、市面蕭條凄慘、

▲北平 張自忠就冀察政委會委長及平市長職、並以此兩名義維持其本身地位、但各界均反對之、各界所組織之和平維持委員會、三十日下午、正式成立、兩派形成對峙、以後如何演變、未能預測、

《新闻报》，1937年7月31日，第4版

▲中央社東京卅日路透電 據華北日方傳來消息、北平今日已組織治安維持委員會、計有委員四十八、北平市與商會銀行公會報界自治團體及重要公民各舉代表六人組成之、而以江朝宗爲委員長、輔以常務委員六人、北平新市長張自忠、謀取委員長一席、運動甚力、但爲各方面所反對、聞日當局亦以爲如廿九軍與冀察政委會之要人、仍居新委員會中、據有負責任之地位、則北平時局、難期明朗云、

江朝宗爲和平維持會長

▲北平 和平維持委員會三十日下午二時成立、委員四十八、由市政府·商會·銀行公會·新聞界·自治協會·及地方領袖組織、每團體佔六人、舉江朝宗爲會長、

河北省銀行一時遭擠兌

▲中央社北平三十日電 北平市各銀行廿九日多未辦公、三十日已照常營業、惟河北省銀行門前、三十日持該行鈔票兌換其他銀行法幣者甚多、該行乃延長辦公時間、實行無限制兌換、故各商店對該行鈔票仍照常行使、

日軍强提某銀行之存銀

▲北平 日軍事當局派員在各機關監視、並聞派人赴某銀行分行提取現款存銀、

燕京大學電話線被割斷

▲中央社北平三十日路透電 燕京大學電話線已被割斷、但該校校長司徒埃特博士、今日午後抵平、謂校內現有百人左右、皆安好無恙、

日機炸保定車站

車站車輛損失甚巨

人民死傷達三十餘

▲南京 交通界息、敵軍飛機二十餘架、三十日下午一時餘、飛保定、向車站一帶施行轟炸、車站受損甚巨、貨車數輛被炸毀、並死傷人民三十餘人、

▲南京 日轟炸機飛保定、向車站附近投彈甚多、車站房屋、悉爲炸毀、三十日下午續來日機八架、仍向車站附近投彈、適該站停有客車一列、旅客被炸、死傷達卅餘人、

琉璃河亦被投彈有死傷

▲中央社保定三十日電 日轟炸機七架、三十日下午、飛平漢路琉璃河及保定正定石家莊等地偵察、在琉璃河及保定並投彈轟炸、保定城內及車站各落數彈、無大損失、惟琉璃河頗有死傷云、

《新闻报》，1937年7月31日，第7版

宋哲元蒞保以後

今後對日軍事步驟 均以中央意旨轉移

▲保定　宋哲元蒞保後、已將華北詳情、電告中央、今後對日軍事步驟、均以中央意旨爲轉移、平警察局長陳繼淹、二十九日下午二時許、乘汽車到保、即謁宋、報告平市情況、及平郊各路情形、保定自二十九日起、宣布戒嚴、由警備部頒布戒嚴法十六條、每晚九時至次晨五時爲戒嚴時間、

▲南京　二十九軍京辦事處長李世軍、三十日晨謁何部長報告、

保定戒嚴司令部已成立

▲中央社保定二十九日電（遲到）宋哲元廿九日晨三時偕秦德純過之瀚張維藩由平乘汽車至長辛店、改由平漢車抵保、陳繼淹劉治洲等下午相繼到達、馮治安二十八日先來座鎮、戒嚴司令部已成立、城防鞏固

南開大學被炸燬 王教長訪張伯苓慰問

張表示決以餘生續爲南開努力

▲中央社南京三十日電 南開大學校被日軍仇視炸燬後、王教長廿九日晚聞此消息、異常痛憤、三十日晨特往訪張伯苓、致惋惜慰問之意、張向王表示、決以餘生、續爲南開努力、決不中懈、王當鄭重表示、大變敉平、政府必負責恢復該校舊有規模、

▲中央社南京三十日電 天津南開大學、經已故創辦人嚴範孫先生、及現任校長張伯苓博士、四十年來慘淡經營、至今計成立大學、男女中學、小學四部、學生合計達三千餘人、其大學中學兩部、竟於昨今兩日被日軍仇視、以飛機大炮炸燬、中外人士、莫不震憤、本京教育學術界人士、除教育部王部長卅日晨曾親訪張氏致深切之慰問外、該校留京各校友、亦均紛紛前往向張氏表示對母校極關切之意、記者三十日下午亦曾往訪、當承接見、張氏首對各方紛致慰問、表示感謝、次謂敵人此次轟炸南開、被燬者爲南開之物質、而南開之精神、將因此挫折而愈益奮勵、故本人對於此次南開物質上所遭受之損失、絕不掛懷、更當本創校一貫精神、而重爲南開樹立一新生命、本人惟有憑此種精神、絕不稍餒、深信於短期內不難建立一新的規模、現已在京成立南開辦事處、對於下期開學一切事宜、正趕事籌劃中等語、張談時、態度極嚴肅、而意志之堅強不屈、可於其目光與談話姿勢中充分表現、記者敬致慰問詞後、即興辭而出、按張氏創辦南開學校、已近四十年、最初成立中學部、嗣後相繼增設大學部 女中部 及小學部、以成績優良、深得海內外及政府社會人士之贊助、該校各部每年經費、大部係由教部津貼、及各方捐助、當創辦時、學生僅六人、現已達三千餘人、原有校舍僅數間平房、近則大小已增至數十幢、廿九日被日軍轟炸之木齋圖書館、（爲國內著名圖書館之一）、秀山堂、（即辦公室及文商學院課室）芝琴樓（即女生宿舍）等、均該校建築中之堂皇者也、該校大學部除文理商學院外、並有南開經濟研究所、及南開化學試驗所、均開名全國、尤以經濟研究所所發行之各種刊物、及物價指數等、在國內外經濟學界、深有聲譽、又該校各部校舍、均臨近津日兵營、日飛機場等、自九一八以來、師生在課室中幾無日不聞敵人之打靶聲飛機聲、然學校紀律、因張氏主張嚴格訓練、讀書救國努力精神、始終如一、對一般之衝動的愛國主張、向抱沉着持重之態度、今且不爲強暴所顧念、是敵人之堅欲根本摧殘我國文化、不難於此可證、中外人士、對該校之無辜受摧殘、均深表惋惜痛憤、蓋該校不但爲我國之一著名文化機關、且爲四十年來無數智識份子血汗之產物也、

《新闻报》，1937年7月31日，第7版

日外務省發表
日軍空炸天津情形
北平組織自治機關將予助力
廣州汕頭之日僑亦準備撤退

▲中央社東京三十日電　三十日午、日外務省發言人接見外國記者、書面發表廿九日空炸天津情形、大意謂、空炸前、日本駐天津總領事曾發表聲明謂、中國保安隊以市政府公安局寧園八里台等爲根據、攻擊日租界、日軍對此急迫、舍空炸外無他法、又謂、爆炸北寧總局及南開大學、因中國軍獨立二六旅以南開大學爲根據、三十八師以路局爲根據、攻擊日租界云、或問空炸前曾通知市民否、答未得詳報、或問北平有自治運動説確否、答聞正組織治安維持會、維持治安、自治與否未詳、此乃中國內政問題、中國慣例、於軍隊退後、由人民代表組織維持治安機關、但有進展爲樹立自治可能性、此運動如抬頭、或求助於日本當局、則不能不予以助力、或問近衛在議會聲明日本四十年來尊重中國主權、如北平所樹立之自治機關、否認南京政府、日本當局是否制止、該發言人答謂、日無制止義務、因此乃中國內政問題、又問華南情況如何、答廣州汕頭排日頗甚、日僑難購食物、或不得不撤退云、

《新闻报》，1937年7月31日，第7版

英外相在下院

發表遠東時局宣言

關於促進和平無不樂於爲之
現仍與美法兩國作密切聯絡

▲中央社倫敦三十日哈瓦斯電 下議院本日午後開會時、艾登外相曾就遠東時局發表宣言稱、『關於促進和平、保持協和一事、凡一國政府之力所及者、吾國政府無不樂於爲之、吾人所抱目標、不外乎是』、外相嗣又重行聲明、現仍與美法兩國密切聯絡、所惜中日兩國爭端、愈益嚴重云、

▲中央社倫敦卅日路透電 遠東之危局、今日復由勞工黨領袖阿特里、在下院外交問題最後辯論會中、提出討論、阿特里稱、『遠東局勢似仍在化成大戰之中、』阿氏復謂華人自始至終、俱已走盡維持和平之限度、但每一點之讓步、反促成進一步之侵略、倘此等事態聽其繼續橫行、其意義即爲一切條約、吾人及美國所參加者、悉將化爲廢止也、阿特里繼稱、現國聯急應注視遠東所發生之事變、現世之趨勢已成侵略國家乘其餘國家之不備而行其劫持、故除非世界各國不再袖手旁觀、坐視無辜國家之橫被侵略、則此種投機之恐慌、恐將繼續發生而無已時也、繼保守黨議員布特比稱、彼覺倘美國按兵不動、英國殊覺孤掌難鳴、且國聯憔悴孱弱已極、曳之入漩渦亦屬無益、且反促其生命、故爲今之計、吾人惟有與美國共同行爲、因今日英美間感情之佳已臻極點也、後外相艾登起答、謂彼同意於阿特里氏之意見、即現在之局面、自昨日開會迄今、已大爲惡化也、艾登繼稱、英政府對於此等事變、極爲悲切、尤以最近遠東方面之國際關係、似已有改善之形勢、現則似已化爲烏有矣、艾復謂吾人至今尙信遠東國家之利益仍在和平之維護、無論何國倘能施用和平政策、袪除仇恨、從事和平發展、其利益必遠勝於武力之所得也、艾登又稱、英國將繼續與法美等國時通消息、吾人應與美國步趨相隨、有共同遠行速行之準備、而不超越美國之前、再則英國之目的、爲竭其單獨國家之力量、盡量增進國際間之和平協調云、

《新闻报》，1937年7月31日，第7版

美紐約泰晤士報傳

美擬請中日休戰數日

俾外僑得安全退出

法報對各國態度冷淡表示驚異

▲中央社紐約三十日路透電　據紐約泰晤士報載稱、茲由接近政府之某方面探悉、美政府擬請中日雙方休戰四五日、俾危險區域內之外僑、可全退出、蓋視目下之狀況、作大舉之拯救、過於危險也、日軍雖保證不轟擊有外僑寓區之大城、恐戰事進行劇烈、未能履行之、縱日政府宣佈其極美之意志、恐亦不足恃云、

▲中央社巴黎三十日哈瓦斯電　遠東事變發生以來、關係各國大多抱消極態度、因此法國大多數報紙均深以爲異、其中如急進黨『共和報』謂、『自華北中日衝突發生之後、蘇俄至今毫無動靜、誠足令人爲之驚異、……抑日本開始發動戰事、適在蘇聯前陸軍參謀總長杜嘉契夫斯基執行死刑之後、此兩事當非偶然巧合、實可加以注意、就一切經過情形以觀、大約日本政府設有廣大之間諜網、對於蘇聯內部弱點、深所諗悉、故乃認爲欲實現其在華之預定計畫、實以目前爲最良好之時機』、溫和派『秩序報』則稱、『日駐美大使齋藤、曾向美國務院提出保證、謂日本軍隊行動、不擬越過平津鐵路線以南三十二公里之線、然美政界人士對此、不欲有所評論、此外英外相艾登、昨在下院發表宣言、謂英國不擬在國聯提出中日衝突問題、至於蘇聯、目視日本向北平以南伸張勢力、足以減少對於外蒙古之威脅、自不引以爲苦也』、總工會機關報『民報』載稱、『列強明知日本行動、足以危及各該國在華利益、破壞華府九國公約、并在亞洲方面準備大戰、其目標不以中國爲限、但仍縱容日本爲所欲爲、殊屬不智』、共產黨機關報『人道報』載稱、日本社會大衆黨名爲民治派、乃在衆議院支持近衞內閣、與夫各國均以消極處之、均屬非是、『往者各國旣巳聽任中國獨自應付帝國主義的侵略者、而不予以援助、此次又復故態復萌、艾登之輩所把持之英國、現仍背叛和平』云、

▲中央社華盛頓三十日電　本日美國西耳營廖太陽報、對中日問題加以評論、略稱自一八九四年以來、此係中國首次抗日、惟據美國各報駐遠東記者報告、中國政府並無積極用兵意志、而日本則大軍侵犯平津、中國惟有出於一戰、中日果眞戰爭、美自同情於中國、以是羅斯福與赫爾國務卿、現正研究將來公允適當之中立政策、俾免中國獨蒙其害云、

英德大使昨訪徐謨

▲南京　駐華英大使許閣森、德大使陶德曼、三十日下午五時、先後訪外次徐謨、對目前華北情況、有所詢問、各談半小時辭去、

《新闻报》，1937年7月31日，第7版

《中央日报》

平郊演習日軍
昨晨突然砲擊我軍
蘆溝橋日軍包圍宛平縣城
我軍爲正當防衛起而抵抗
外部向日使館已提出抗議

▲中央社牯嶺八日電 日軍在蘆溝橋演習部隊，向我方挑釁消息、於八日晨十時已傳至牯嶺、此間均非常重視、當此中日兩國邦交期待好轉之時，忽有此不幸事件發生，實屬遺憾，但各方均希望事態不致擴大、從速解決、惟日方軍隊突然襲擊我國軍隊，並砲擊宛平縣城，此事件之責任，當然應由日方軍隊負之、平電所傳我方軍政當局所持態度及應付方針、此間頗爲贊同云。

▲中央社牯嶺八日電 外長王寵惠八日午應蔣院長之召、商談蘆溝橋日軍挑釁事件、

▲中央社牯嶺八日電 蘆溝橋中日軍衝突之消息 八日午傳遍於牯嶺、各要人聞訊、均非常注意、但態度則甚鎮靜。

《中央日报》，1937年7月9日，第3版

▲中央社北平八日上午十時十五分電 日軍在蘆溝橋演習部隊，向我方挑釁事件，據記者向冀察當局探悉經過如下：七日晚十二時許日松井武官用電話向冀察政當局聲稱，昨夜日軍一中隊，在蘆溝橋郊外演習，忽聞槍聲，當即收隊點名，發現缺少一兵、同時認爲放槍者已入宛平縣城，要求立即率隊入城，搜査該兵云云、我方當以時値深夜、日兵入城、殊足引起地方不安、同時我方在蘆部隊、七日竟日均未出城、該種槍聲、決非我方所放、遂婉加拒絕、但不久松井又來電話聲稱，我方如不允許、彼方將以武力保衛前進云云、同時我方已得報告、日軍對宛平縣城已取包圍前進形勢、於是我方再與日方商定、雙方即派人員、前往調査、並阻止日軍行動、日方所派爲寺平副佐櫻井顧問、我方所派爲冀察第四區行政專員兼宛平縣長王冷齋，外交委員會專員林耕宇，冀察綏靖公署交通處副處長周永業、至八日晨四時許到達宛平縣署、寺平仍堅持日軍須入城搜査、我方未允、正交涉間、忽聞東門外槍砲聲大作、我軍未予還擊、俄而西門外大砲機關槍聲又起、連續不絕、我軍仍鎮靜如故、惟因日軍砲火更烈、我軍爲正當防衛、萬不得已、始加抵抗、我軍傷亡頗衆、犧牲甚大、但仍請其停止進攻、調回原防、否則責任應由彼方担負、日方答以永定河方面忽有廿九軍騎兵、要求退去、方能再談其他、現雙方仍在對峙中、我方駐蘆均爲步兵、並無砲兵、七日晚砲聲、均爲日兵所放、我方軍政當局、均極鎮定、不願事態擴大、希望立即停止戰鬥狀態、入於外交狀態、倘對方一再壓迫進攻、不得已爲正當防衛起見、不得不與周旋云。

外部向日使館已提口頭抗議

關於蘆溝橋事件、外交部昨（八日）晨八時得訊後、即電詢肇事眞相、並報告在盧當局、下午收到各方報告、事實眞相漸明、遂於六時三十分派亞洲司科長董道寧、赴日本大使館提出口頭抗議、略謂據我方所得報告、此次事件之責任、不在我方、顯係日軍挑釁、本人奉命向貴使館嚴重抗議、並聲明保留一切合法要求、中日關係已至重要關頭、不容再趨惡化、應請貴方立電華北駐屯軍、立即制止一切軍事行動、並令駐屯軍代表與冀察政委會所派人員、速即根據正確事實、立謀和平解決、藉免事態之擴大、日使館參事日高信六郎當即表示、日本對此次事件、無意擴大、深信不至惡化、並允將我方制止軍事行動等要求、立即電知駐屯軍云。

又日本駐京陸軍副武官大城戶三治、本日下午六時、到外交部訪亞洲司董科長道寧、談蘆溝橋事件、董科長當將我方立場、詳予申說、詞意與向日高參事之表示略同、董氏並請其報告日本陸軍省及參謀本部、聞大城戶已允照辦云。

京息、蘆溝橋事件發生後、各方咸深憤慨、官方尤極端重視、惟以尙未獲得詳細報告、不願遽爲正式表示、但就現有之報告觀察、事件之責任、不在我方、蓋無疑義、値茲近衛組閣川越回任之際、各方對於中日關係之調整、咸抱有若干之期待、乃突有此不幸事件發生、誠堪遺憾、時至今日、中日之邦交、祇宜努力改善、不容稍趨惡化、深望日方立即制止軍事行動、根據正確事實、即日和平解決、以免事態擴大、而增加兩國調整邦交之障礙也。

《中央日报》，1937年7月9日，第3版

日外省發聲明
軍部協議對策

▲中央社東京八日電　關於七日晚所發生之蘆溝橋事件、朝日新聞於八日晨九時發行號外、頗惹起此間重大之注意、然官方則於七日午夜一時已接獲報告、據此間八日午後一時所接獲之最後消息、雙方已於八日晨九時三十分停止射擊云、日外務省所發表之聲明、內容均係日本方面所接獲之消息、結論謂觀察目前局勢、事態似不致擴大、將來之行動、須視中國態度如何而定云。

▲中央社上海八日電　據同盟社東京八日電、軍部重視蘆溝橋事件之推移、八日晚九時杉山陸相、梅津次官、後宮軍務局長、田中軍事課長、及其他主要人員、均集合於陸相官邸、協議對策、至深夜尚在繼續討論中。

▲中央社上海八日電　據同盟社東京九日電、日海軍對于蘆溝橋事件之推移、至為重視、已於八日午後電令第三艦隊司令長官長谷川警備一切、俾策萬全云。

▲中央社東京八日路透電　北平附近中日軍隊衝突消息、東京人士聞之、頗甚驚異、外務省與陸軍省人員、皆希望此事不致擴大、彼等接到戰事已停之消息時、咸為之一慰、北平發來新聞電報、謂中日軍隊衝突後、平津間電線已不通、中日軍隊各有死傷、據最初估計、龍王廟華兵約有三中隊、日兵初僅有一中隊、未幾豐台日軍來援、戰事起於八日晨五時半、至九時半始止、日軍當道接受華軍當局提議、允停戰至十一時、而以華兵立即退出蘆溝橋為條件云。

雙方進行交涉
尚無具體辦法

▲中央社上海八日電　據同盟社北平八日電、今井武官今日代表日方、與秦德純、賈德耀等交涉解決辦法、會談自晚七時起約歷兩小時、秦力主避免擴大事件、希望以和平解決為原則、日方表示同感、但具體條件、相距甚遠、尚未完全得到要領云。

▲中央社天津八日電　據此間得悉、蘆溝橋中日雙方仍在對峙中、下午五時起、又有衝突、張自忠、馮治安均在平主持一切、聞日方所提要求、第一步係請宛平城內軍隊撤退、我方則主張各退原駐地點、再調查眞相。

《中央日报》，1937年7月9日，第3版

平市及四郊戒嚴

馮治安就戒嚴司令

津當局亦嚴加警備

▲中央社北平八日下午十一時電 當局為維持治安計、已於八日成立平市及四郊臨時戒嚴司令部、由馮治安任正司令、石友三·鄭大章·邵文凱·陳繼淹副之、城內及四郊所駐軍警憲、統歸馮氏指揮、臨時秉承二十九軍司令部之指導、馮等當於八日晚正式就職、下午八時起實行戒嚴、晚十一時後全市斷絕交通、禁止通行、各遊藝場所、至戒嚴時間晚場一律停演、廣安西直阜成各城門、八日上午六時並未開啟、八時許一度開放、九時朝陽門緊閉、下午二時崇文門亦關閉、下午二時廿分、阜成西直廣安永定各門、再度關閉、下午二時四十分後、德勝宣武安定東直右安等門、亦陸續嚴扃、外城因出入行人甚多、每隔一二小時開城一次放行、至晚八時後、始完全禁止行人通過、全市內外城各門、除前門及和平門尚能通行外、其他一律斷絕交通。

▲中央社北平八日下午五時電 我當局為維持平市治安起見、除令全市軍警嚴密戒備外、東直朝陽阜成西便等門、均於八日晨關閉、午後並將宣武崇文兩門關閉、以防萬一、並定八日晚八時起開始戒嚴、十一時檢查行人、電車亦提早於八時收車、惟市面安謐、人心鎮靜、並無恐慌之狀。

▲中央社北平八日下午六時電 日軍三百餘名八日下午三時、擬由朝陽門入城、因該門事前關閉、故令不准行入、來往據日軍聲稱、彼等係七日由西門出城演習、今日始返城、守門人以七日並無日軍由該門出城、故拒絕日軍進城、以防意外。

▲又電 八日下午七時半起、平市西南城角又發開砲聲、傳日軍復開始向我攻擊。

▲中央社北平八日電 在苗家地演習之日軍約二百餘人、八日晨亦欲開拔入北平城、現東直朝陽東便等門、俱已緊閉、二十九軍兵士、多在城上警戒、平漢路北上車只能開至長辛店為止、南下車八日晨均未開出、東交民巷自事件發生後、戒備極嚴、我方警憲在外亦加崗戒備、冀察政委秦德純馮治安等、八日晨召開緊急會議、商應付對策、並派魏宗瀚·王冷齋·林耕宇等與日使館武官今井·松井磋商解決辦法、聞我當局、對此事件、決處以鎮靜、並不欲事態擴大云。

▲中央社天津八日下午九時零五分電 盧溝橋事件傳津後、益以日軍大批坦克車、經市區沿平津汽車路開豐台、及日軍官不斷的乘機飛往各地偵察、人心雖不免稍受震動、但尚鎮靜、此間地方當局、平日對市內治安、本有週密之配備、八日起更由警察局傳令所屬、加緊注意、以防宵小乘機活動、除警均各在所轄區域、特別警備、此間日軍部亦間接向地方當局表示、不願此事影響及津市治安云、又津平間電訊仍通、但異常擁擠、平津五次車原定六時到津、迄六時後始能由平開出。

【本報八日天津專電】日軍部八日晨七時、在海光寺會議、十一時始散、津市尚安謐。

平漢間昨電訊被阻

北上車僅開至保定

歐亞機昨照常飛行

▲中央社保定八日電 八日晨三時盧溝橋日軍演習部隊、突向我駐軍挑釁、五時後平保電話電報均不通、情況刻未判明、省垣鎮靜、人心尚安。

▲中央社鄭州八日電 交通界息、平漢路電訊、八日晨起忽生阻礙、現僅通至長辛店、七日下午十時由平南下之特快車、迄八日晚仍無到鄭消息、惟歐亞平港機八日仍由平過鄭南下。

▲中央社漢口八日電 路方息、平漢路平漢間電訊、七日深夜起發生阻礙、迄八日晚仍未通暢、該路八日北上車客票仍售至北平、但聞僅能通至保定、七日晚由平開出之南下快車、則于八日晚七時廿分到達大智門車站。

《中央日报》，1937年7月9日，第3版

【本報八日天津專電】[illegible]與日軍部進行折衝，傳已商有解決辦法。

【本報八日北平專電】[illegible]本不屈辱原則，作正當處置，對方如再進迫，惟有與之周旋。

▲中央社北平八日下午九時五十九分電 蘆溝橋事件日方仍要求我方先撤兵，我方堅決拒絕，故雙方猶在交涉中，八日下午七時半起，前方復有槍聲，迄發電時未止，據某觀察家稱，日方如無其他企圖，則事件自易解決，否則前途殊難樂觀。

▲中央社北平八日下午四時十五分電 蘆溝橋事件，中日外交人員魏宗瀚、松井等，八日晨十時開始交涉，日方要求駐蘆之廿九軍部隊，須先撤退後，再談判一切，我方以日方要求不當，即婉詞拒絕，致雙方交涉無結果，十時至十一時日兵猶繼續進攻，但[illegible]未得逞，十二時後日方復派外交人員，擬與秦德純、馮治安，協商一切，秦馮派魏宗瀚等接見，但交涉亦無何進步，刻冀察當局[illegible]，宛平縣長王冷齋，及市政府參事[illegible]等，仍在繼續[illegible]，期事態不致擴大。又張自忠[illegible]由津乘汽車來平，下午即訪秦德純會商對策，[illegible]日軍部會議[illegible]向人表示，謂決不願使事態擴大，又東交民巷日兵營鐵甲車，已開駛出城，增厚兵力，又北寧路開往通州之車，於十二時五十分起業已停止開出，又北寧路下午四時[illegible]開津之車，亦已停止駛出。

【本報八日北平專電】截至八日下午四時止，中日代表仍在蘆溝橋雙方會商，無具體結果，仍僵持中，此次我軍死傷五十餘，[illegible]村有一婦人，因不願為日方運軍火，被斬首，現平市軍警，全部出動，地方甚安。

【本報八日北平專電】聞失去之日兵，已歸日方部隊，日代表加藤原定八日下午三時[illegible]記者茶會，已臨時通知中止。

屢次向我挑釁 造成恐怖局面

▲中央社北平八日下午八時三十五分電 蘆溝橋在廣安門外西南廿里，為平市名勝之一，[illegible]平漢北寧兩路交通孔道，北平之[illegible]，又為平市南北間之孔道，以前宛平縣始移治蘆溝橋，縣府在橋西，城垣不甚大，但尚堅固，自去年日本作豐台駐兵後，欲在豐台建築兵營[illegible]，進而企圖在蘆溝橋作同樣之設施，縣長兼專員王冷齋，因應付，煞費苦心，盡力維持土地完整，遂為日方所嫉視，此為事件之遠因，最近又以此間當局，久持鎮靜，交涉失其對象，而國民大會代表選舉，正在進行，復予以多少刺激，乃欲造成恐怖局面，以達其迫當局讓步之目的，此為事件之近因，週來日軍每日在蘆溝橋附近演習，且皆實彈射擊，人民司空見慣，但至七日夜間，人數忽增，八日晨三時二十分左右，忽將附近散兵線，以宛平縣城為目標，向西急進，至距城約百米時，突發砲鳴槍，開始前進，於是事件之開發遂開始矣，記者於八日晨曾一度赴當地視察，因彼時縣城四門緊閉，東南城角且有日兵甚多，故無法入城，據[illegible]悉，當日軍向我進攻時，我方初猶疑係日軍演習，及見其愈逼愈近，有意挑釁，始知係欲攻佔縣城，當即起而應付，為正當之防衛計，予以還擊，因縣城甚小，苟不抵抗，即將不保也，日方見我抵抗，更以小鋼砲小迫擊砲轟擊，[illegible]石橋，進取縣城，自八日晨三時半起至七時五十分，槍砲聲不停，我方死者約六七十人，附近大井村一農民，無辜被日軍斬首，日軍方面傷亡死者[illegible]一人，一小時以後，[illegible]一時，經雙方接洽調停之時間，其結果[illegible]，十一時我方以日方所提先撤兵條件不能接受，日方乃又開始攻擊，至十二時始復停止，延至下午六時，雙方尚在對峙中，此關於日軍向我挑釁之經過也，至於我當局態度，則希望和平解決，但亦不能接受日方先撤兵之條件，故交涉雖在進行，有無結果則未可知，惟民眾情緒，士氣旺盛，守軍均抱與縣城共存亡之決心，北平市內人心亦極鎮靜，雖八日晚八時即宣告戒嚴，但道路行人，絕無張皇驚慌之色，蓋平津民眾，已習於此等事件矣。

採取正當防衛 我軍沉着應付

▲中央社北平八日下午四時十分電 自蘆溝橋事件發生後，日方屯軍參謀長橋本，及八日晨派往宛平縣與縣長王冷齋交涉之日顧問櫻井等，皆希望該事不再擴大，惟日方所提條件過苛，必須我方先將駐蘆溝橋軍隊撤退，然後再談其他問題，我方駐軍當堅決表示，蘆溝橋與蘆溝橋共存亡，並稱和平固所願，但日軍要求我軍撤出蘆溝橋，則有死而已，蘆溝橋可為吾人之墳墓，士氣激昂，均抱寧為玉碎，勿為瓦全決心，現我軍正嚴陣以待，如日方不撤回無理要求，我方決不與商談，至軍事方面，蘆溝橋守軍團長吉星文，正沉着應付，刻在[illegible]村對峙中，據宛平縣守城我軍在城上語記者，日軍早擬佔據蘆溝橋，連日在該地演習，[illegible]形勢，七日日軍忽向我增防，遂不幸發生此事件，日方所稱有一士兵失蹤，純係藉口之詞，吾等為國服務，決以死報國云，態度沉着而悲壯，秦德純、馮治安、張自忠等，態度均鎮靜，表示願和平解決，但不

《中央日报》，1937年7月9日，第3版

能射有無理之條件。

【本報八日北平專電】日軍砲轟宛平四小時未下、迄晚九時、仍有斷續槍聲、蘆溝鐵橋・長辛店以北鐵軌大半被毀・堅守宛平之駐軍・爲二十九軍馮治安部吉星文團・吉爲吉鴻昌之侄。

▲中央社北平八日下午十時三十五分電　據蘆溝橋逃難來人談：日軍八日晨一時二十分至七時九十分・又十一時至十二時止、兩次向我發砲、約一百八十餘響、七時半後又陸續射擊數十發、城內落砲彈甚多、損失頗巨・現縣長兼專員王冷齋仍在城內、主持一切・意志甚爲堅決。

▲中央社上海八日電　市總工會對蘆溝橋事件、八日電宋哲元・請飭守軍・堅決應變・勿稍氣餒・同時對日方所提要求・應嚴詞拒絕・毋稍苟循・

▲中央社北平八日電　在蘆溝橋演習之日軍一中隊約六百餘人、於七日晚十二時許、突向二十九軍駐蘆步兵射擊・雙方遂即開始接觸・雙方互有死傷、蘆溝橋車站暨附近所有煤廠、俱被日軍佔領、宛平縣城亦被日軍包圍、刻二十九軍駐蘆步隊・仍在永定河與彼方對峙中・

▲中央社北平八日電　日軍便衣隊現在蘆溝橋附近・散佈梭巡・遇有行人、即鳴槍阻止前進・至八日午十一時許、蘆溝橋日軍忽又進攻、但旋即被我方擊退、又平則・廣安・永定等門・亦俱已關閉・現平市情形如常・一般市民、均頗安靜。

▲中央社北平八日電　續得報告・蘆溝橋日軍至八日正午止、始暫停砲擊、現雙方仍對峙中、我方死亡詳數尚未明・但已發現之屍首有六七十具、平日兵鐵坦克車數輛・向廣安門開去・豐台現尚平靜・惟日兵車一列、八日下午一時由津開出・約五時可抵豐台・現我駐豐台附近軍隊・鎮靜監視中。

▲中央社北平八日路透電　今晨豐台區之中日軍隊・因故衝突・於是雙方各用砲隊作戰歷九小時・至上午九時半始告平息・蘆溝橋附近之宛平城、曾爲日軍砲轟・據華方聲稱、華兵死傷者數十名、平民死傷者至少十名云。

▲中央社北平八日路透電　中日軍隊在距北平西數里發生戰事・

▲中央社東京八日路透電　據北平日人方面消息・在豐台附近夜操之日兵一大隊・七日午夜與二十九軍之兵一發衝突・雙方援軍・均已馳往衝突地點・八日晨六時・輕砲隊與機關槍之聲・仍不絕於耳・聞雙方戰鬥頗烈・

▲中央社北平八日下午十時十分電　秦德純八日晚九時對記者談・（一）今日向蘆溝橋守軍發出命令謂「蘆溝橋可爲爾等墳墓・應與橋共存亡・不得失守・」（二）今井今日下午訪余談判・余首質問謂：一、日方此舉是否對中國有整個之舉動・二・是否如豐台一樣・將蘆溝橋佔領、今井答稱無此意思・旋要求我撤退駐蘆軍隊・余答稱如日方願和平解決・則應雙方同時撤兵・恢復原狀・我方並允先將宛平縣城內一部份軍隊撤去・以示誠意、然後再由雙方同時撤兵・今井對此允向田代請示・故目前交涉・尚在停頓中・至於雙方軍隊・亦在對峙中、秦又稱、此事恐將擴大・因日方繼續增兵似有預定之企圖云・

日軍運往豐台 向蘆溝橋增兵

【本報八日北平專電】津日軍四百人・下午五時分乘載重車三輛・坦克車八輛・經平郊赴蘆溝橋應援。

▲中央社天津八日電　日軍聯隊長壹島八日晚復率日軍二百餘人、乘載重汽車由津開往豐台、八日一日間・日軍部由津運往豐台之子彈及一切軍用品爲數頗多・

▲中央社北平八日電　八日上午七時十五分，駐通州日兵百餘、乘汽車到東郊關東店藏匿入民住宅牆下・七時九十分又有百餘名、徒步經關東店到二塊柏一帶・作散兵線形式・八時

《中央日报》，1937年7月9日，第3版

四十分又有八十餘人，徒步由通縣集其三百餘人，于下午一時許偕戰鬪機七架，並轟炸機兩架，經廣安門向豐台前進，又上午十時許由通州開到苗家地日兵三百餘，下午二時移往廣安門外二閘南河沿五顯廟一帶散開，又上午八時許，由通州開出日兵二百餘名，經過高廟往廣安門，向十里河轉口黃莊胡桃衣紅門等處，向豐台增援。

▲中央社北平八日下午五時廿五分電　豐台有日坦克車八輛，載重汽車廿三輛、兵士三百餘人，及砲車等，於八日下午二時由津東局子開出，經黃組楊柳向黃莊路，沿平津汽車路線赴盧溝橋，又子彈車同時亦由海光寺日兵營開赴盧溝橋。

▲又電　豐台電話，日兵車一列，計共十輛，于八日下午五時由津開抵豐台，載內共載士兵三十六名，押運子彈多箱，另有救護人員數名，彼等下車後，即將子彈運往日兵營，現豐台甚安謐。

▲中央社北平八日路透電　北平城上今可聞來福槍與機關槍聲，雜以大砲隆隆聲，戰事發生於今日侵晨，當時有從事夜操之日軍，在距平二十哩之盧溝橋附近，與駐紮該地近旁之華軍，發生衝突，日大使署接衝突消息後，即遣衛兵數百名，乘載重汽車，駛往出事地點，以資援助，先是七日晚，雙方軍隊曾發生小衝突，旋即寧靜，未幾於八日當局均相協力調停解決，但迄八日晨四時半、事變復興，至八時半戰事猶在進行中。

▲中央社東京八日路透電　八日晨七時，北平日軍司令部致東京公報稱，中日軍衝突中死日軍官一員，傷日兵數名。

▲中央社天津八日電　日駐屯軍參謀堀田中佐，八日午曾訪此間地方當局，對盧溝橋事件表示日方不願事態擴大，希望早日解決，此間已轉電平方，現聞日軍參謀和知，八日已到平會同北平日使館武官今井等與冀察當局晤商，馮治安暨秦德純等會商一切，八日一日間此間有千餘日兵，開往豐台集中，豐台現有日駐軍千人，及通縣等地部隊，亦分別有所準備，同時北寧沿線各地日軍及特務人員，極世活動，並由津搭火車赴平者，情報日軍官佐，約有百餘人左右云。

▲中央社天津八日電　此日軍官八日晨，分乘惠通公司飛機向北飛去，似往盧溝橋偵察，此間自昨晚的午，已呈紊亂不穩，津東局子日兵營，有日兵九百餘人，乘載重汽車三十輛，並攜坦克車八輛，鋼砲車數輛，沿英租界向河北省經路平津公路前進，其目的似欲開往北平，三時復有坦克車四輛，砲機出動。

▲中央社天津八日路透電　今日午間有日軍一批，携坦克車十二輛，野戰砲八尊，分乘載重汽車若干輛，駛往豐台，同時有日運坦克車十二輛，在法租界遊行，並有日飛機兩架，翱翔天空。

《中央日报》，1937年7月9日，第4版

蘆溝橋日軍已撤退

昨日午後始告和平解決

善後問題仍將在平續談

石友三部保安隊入駐宛平城

▲中央社北平九日上午四時電　蘆溝橋日軍、自八日下午七時半起、時有斷續槍聲、至九日二時後始寂、惟間均係前哨衝突、並無激戰、局勢仍僵持中。

▲中央社北平九日十二時五十分電　蘆溝橋事件、迄至午十二時止、雙方確已停戰、靜待協商、漸有和平解決之途徑、我軍政當局始終以鎮靜態度處之。

▲中央社天津九日下午二時零五分電　蘆溝橋事件、經中日雙方商洽結果、已漸趨於解決之途、據此間官方息、九日晨雙方軍隊已停止射擊、八時起同時撤退。

▲中央社北平九日八時四十分電　蘆溝橋事件經一再斡旋、至九日晨三時始有結果、四時決定雙方同時撤退蘆溝橋之部隊、該處防務、交由石友三之保安隊接防、並約定五時起實行、屆時日軍一方爲向我示威、一方爲掩護部隊後退、復發炮數十響、石友三本人當率保安隊七百餘人、乘載重汽車二十餘輛、由黃寺開到、此時困守宛平縣城內之廿九軍一營、亦撤出城外、聞日軍現已撤至豐台附近之五里店、至善後問題、當另舉行談判解決、將仍由魏宗瀚齊燮元等主持、馮治安現在秦德純宅、澈夜與張自忠等協商對策。

▲中央社北平九日上午十一時電　據稍訊、蘆溝橋日軍僅撤退一部、石友三之保安隊開到目的地後、是否已經接防、此間尚未接得確報、記者擬再赴蘆溝橋視察、車至廣安門、即被守城士兵攔阻、謂城外尚甚紛亂、仍不時有斷續槍聲、勸勿前往、故即折回、聞大局形勢、須待三小時以後始能決定、此時猶難認爲有結果。據確息、蘆溝橋事件、中日雙方自前晚（八日）以來協議和平解決、昨晨日軍撤退時、又略有衝突、旋即停息、宛平縣我駐軍因傷亡過重、已另行派隊換防、至日方希望我軍退出一節、我當局已斷然拒絕云。

▲中央社北平九日路透電　今晨黎明中日軍作短戰後、已各撤至指定之地點、雙方撤兵之舉、經長時間之談判後、於今晨四時商定、其條件爲中日軍同時由晨五時起撤退、華軍退出宛平、日軍退至指定之地點、至晨七時撤退告畢、蘆溝橋已由石友三所統之冀北保安隊接防。

《中央日报》，1937 年 7 月 10 日，第 3 版

解决經過
僅係口頭商洽

▲中央社北平九日電 (一)八日下午日方通牒宛平縣當局，聲明限六時以前將宛平縣城讓出，否則决武力攻城，經我方嚴拒，(二)昨夜兩軍又入於對峙狀態，八日夜經雙方長官商洽結果，雙方部隊各歸原防，據確息，日軍九日午正在撤回原防途行中，我軍已遵令回原駐地，惟當雙方復員之際、適值大雨淋漓、彼此小有誤會、致傷我警長一人、士兵若干人，正在調查中，(三)據報，蘆溝橋最古之石橋，被日軍砲火損失甚鉅，宛平縣城內損失情況正在調查中，所有善後事宜，正在辦理中，(四)據聞此次係雙方口頭商洽和平解决、并無任何條件及文字之規定。

▲中央社北平九日電 九日下午四時記者接到蘆溝橋事件已和平解决報告、即冒雨返赴蘆溝橋採訪各項消息，茲綜合報告如次；九日下午四時，石友三之保安隊百六十餘名、由中隊長賈朝毅率領已開入宛平縣城內，先是當晨六時保安隊向前開動時，日軍又發生誤會，復開槍射擊、當擊斃我保安隊兵一人、傷二人、我方未予還擊、當由交涉人員向日方解釋後，旋即停止，並包圍宛平縣城之日軍、於下午一時在中日雙方所派監視員張允榮及松井久太郎監視之下、開始向蘆溝橋東約六七里之五里店地方撤退、同時我軍亦撤至蘆溝橋以西，我保安隊即於下午三時半後開入城內，此次交涉人員、計我方爲冀察綏署代表周永業，二十九軍代表周思靖，冀察外委會代表林耕宇，日方代表爲中島、櫻井、笠井三人，彼等於保安隊開入縣城後、即在城內長途電話局與宛平縣長王冷齋及困守城而受微傷之團長吉星文等晤面、互表歉意後、對此次事件之和平解决，互引爲快、并表示善後問題容再作第二步之研究、今後首以避免衝突爲要、日方人員旋即退出、我方人員乃在城內視察一週，現城內治安由保安隊負責維持，城內房屋被日軍砲火擊燬甚多、有無死傷，尚未及調查清楚，宛平縣府大客廳屋頂被擊一洞，王冷齋臥室亦被擊燬，縣城東門仍關閉、西門已開一半，由保安隊把守，對出入行人檢查頗嚴，城內人民雖飽受驚恐、但秩序始終甚佳、馮治安定十日赴宛平縣視察、並撫慰人民、王冷齋俟善後問題料理就緒後，亦即返平，謁當局報告一切云。

▲中央社北平九日電 記者九日下午四時冒雨赴蘆溝橋，出廣安門至大井村，約八九里，沿途寂無一人，自大井村至五里店，約四五里，則仍由日軍佈防，崗位相望，進至肥城（即宛平縣城）城外，日軍作戰之簡單工事猶在，即其作戰時曾設四道防線，連日在此指揮者，爲旅團長河邊正三，當七日夜砲火最烈時，日軍曾企圖佔領蘆溝橋石橋（按蘆溝橋有二，一係著有勝名之石橋，一係平漢路之鐵橋，已爲日軍所强佔，）我守城團長吉星文，奮與搏鬥，曾於此役受有微傷，計兩日來日軍發炮達數百發之多，九日晨日本與我保安隊發生誤會時我保安隊班長李萬俊張士傑，隊兵邵彬卿，袁吉田負傷隊兵程步雲陣亡，經二十九軍代表周思靖聞日軍中阻止，始行停止射擊，當記者抵蘆溝橋時，雙方撤兵已竣事，保安隊正由中島櫻井及周思靖等率領，向肥城西門開入，旋在警察局門前集合，經周及石友三分別講話後，即分配防務，王冷齋於八日晚六時與櫻井在署內大客廳談話後，走出未數分鐘，日砲即自房頂射入，洞穿北壁成一大孔，又七日夜王甫由臥室走出，日軍炮彈即落於房之東北角，將房轟毀一角，器具粉碎，窗紙盡裂，覩之悚然，現王定十日約將料理善後事宜後，即來平謁各當局報告一切，該縣長途電話線，大部均被割斷，九日晚已派工修架，十

《中央日报》，1937年7月10日，第3版

日實十一日可修復•撤至五里店之日軍•限定十日分到達北平豐台原防事日駐屯軍司令部參謀長橋本羣•九日下午五時專車抵平•（按•九日平津各火車•僅平津間一次車開出•均由濟北上者•均未到達•）聞係與我當局談盧溝橋事件•

外王返京

日高昨謁陳介

▲中央社牯嶺九日電　外長王寵惠以盧溝橋日軍挑釁事件發生•爲謀早得適當解决起見•特於九日晨十時離山赴潯•乘飛機返京•俾便處理一切•關於應付此事件之方針•蔣委員長八日午召見時已有指示。

▲中央社廬山九日電　外次徐謨爲參加廬山談話會•於七日午由京來廬、九日晨八時抵達•對盧溝橋事件•於抵山後始得悉經過•當往謁外長王寵惠請示一切•據徐談•日軍隊此次在盧溝橋演習、原已越出辛丑條約之範圍、外部曾向日方提出抗議•今復襲擊我國軍隊、轟擊我國城垣、此種責任當然由日方負之、我國與各友邦素主和平•不願有任何不幸事件發生•今事變已起•惟希望事態不致擴大、吾人自當循正當之外交途徑、以謀適當之解决•王部長抵京後•對此事件即可就近處理一切云。

▲中央社北平九日路透電　據廬山半官消息•稱當軸雖願將盧溝橋事力求縮小範圍•勿使擴大•但日方若提出無理要求、則决予拒絕•當局甚贊成冀察政委會所持態度云。

【本京消息】　外交部王部長月初由京赴牯•晉謁蔣院長報告部務•并出席行政院會議•兹以部內事務及最近發生之外交事件待理•於昨（九日）晨下山至潯、搭乘中國航空公司廣東號郵航機飛返南京•下午二時三十分到達下關水上機場•外部高級職員均到機場迎接•王部長下機登岸後•與往迎人員略事寒暄、即乘汽車入城•赴外交官舍休息•并接見外部高級職員垂詢各事。

又訊•日本駐華大使館參事日高信六郎昨日下午四時半至外交部謁見陳介次長•初係談其他中日問題•嗣經陳次長提出盧溝橋事件、並聲明除昨（指八日）已派董科長向貴方提抗議、保留我方對於該事件之一切合法要求外、特再鄭重聲明、日高謂昨日董科長所言•已電陳外務省•今貴方復言及此•日方亦願保留對於該事件之一切要求•當復經陳次長聲明•此次事件責任、不在我方、日方所提保留•未便接受、旋復談其他中日事項•至六時二十分•日高始興辭而去云•

《中央日报》，1937年7月10日，第3版

橋本赴平

續談善後問題

▲中央社天津九日電　蘆溝橋事件初步已告解决、中日雙方軍隊已分別撤退、日駐屯軍參謀長橋本羣、參謀塚田、九日下午四時由津搭車赴豐台、換乘汽車赴平、協商善後問題、預料即可獲得和平解决、至此事發生後、我方各地方長官辦多在平、而日方重心則在津市、田代抱病、其司令官職務由橋本代行、故關于一切交涉、在平津兩地同時進行、北平由秦德純·張自忠·馮安·張允榮等隨時與日駐屯軍參謀和知武官今井接洽、此間則由市政府秘書長馬彥翀、警察局長李文田、於八日晚五時許與日駐屯軍參謀長橋本參謀塚田協商一切、雙方均表示不願事態擴大、故協商得以順利進行、先是雙方軍隊衝突後、日方即佔據龍王廟及宛平城外、向我方採取攻勢、我宛平城內駐軍一營、不得已散開抗拒、迨至雙方協議解决辦法、第一步即爲撤銷敵對行爲、再談其他細目、我方主張攻城之日兵須立即撤退、但日方堅持目前既成敵對行爲、如果撤兵、須雙方同時實行、此點頗多爭執、雙方迭次分向上峯請示、徹夜商洽、迄九日晨四時許、始商定、日方將攻城之部隊開回原演習地點、我城內駐軍亦暫行調至距宛平城西約二里之村暫駐、另派保安隊維持城內秩序、俾雙方之敵對行爲在此過渡期內得以解消、然後再恢復平常狀態、乃九日晨五時許、我方保安隊石友三部乘載重汽車五六輛前往接防時、日方駐軍又開槍射擊、因此幾又出枝節、旋經雙方當局解釋後、保安隊已開始接防、據此間當局得悉、中日雙方軍隊、亦於午後分別撤退、現在平所交涉者、即爲善後一切問題、因此橋本塚田等於午後四時赴平、繼續商洽、據一般觀察、此事可望順利解决、據關係方面稱、雙方在津接洽時、日方並未提出任何要求、又在八日蘆溝橋事件發生後、市長張自忠在平主持一切、但津市治安亦異常重要、此間市府秘書長馬彥翀、警察局長李文田、徹夜辦公、鎭靜應付、地方治安得以無虞、旋因九日晨停戰消息傳來、人心益趨安定云、

《中央日报》，1937年7月10日，第3版

東京方面

亦望不致擴大

▲中央社東京九日電　八日晚八時此間得北平交涉破裂消息、突形緊張狀態、九日晨七時得八日夜機槍發射、結果雙方約定於九日晨六時開始撤退軍隊、再進行外交交涉消息、一般感覺或可緩和、乃九時復得消息、兩方又開始射擊、正在激戰中、形勢復形緊張、八時陸軍首腦部有重要商議、十時開閣議、決定對策、最可注目者、日政府及軍部仍聲明不擴大方針、九日晨各報社論、皆以蘆溝橋事件爲題、大體上咸希望事態不致擴大、朝日新聞謂日本視中國態度如何、亦應有協力解決之準備、此由日本以誠意促進實效如何之事徵之、

▲中央社東京九日電　九日晨外務省發言人接見外國記者團、宣佈蘆溝橋事件經過、與報所同、各國記者質問甚尖銳、有問日本軍是否有在北平附近任何地方演習之權、又有問日本軍夜間演習、是何用意、發言人答：係訓練、又有問日政府估計蘆溝橋事件及其擴大、能否、答、未得報告、設使估計、亦不過暫時、又有問日政府對此事將向國民的所說明、答、未定、最後發言人謂外務省訓令駐華大使館參事官日高、向中國外交部要求保護在華日僑、九日晨外國記者出席者甚多、足證事件引起世界重視、

▲中央社東京九日電　今午十一時得悉、蘆溝橋兩軍射擊已於晨七時停止、形勢復形緩和、日閣議決定堅持不擴大方針、故觀察軍事行動當可停止、惟今後外交上折衝仍多困難、而日軍是否即歸還豐台、尚成問題、依然危險時期當已過去、東京人心尚平靜、惟我使館門外增加警員而已。

《中央日报》，1937年7月10日，第3版

平戒備仍嚴

商店雖已開市行人仍少
氣候涼如深秋倍增惆悵

▲中央社北平九日上午十一時電　平市自九日晨三時起降雨、迄十一時未止・陰雲四佈・淅瀝聲不已・氣候轉涼・恰似深秋・倍增惆悵・晨六時各馬路上始漸有行人、記者當冒雨出發・赴市內各處巡視・見街道中各衝要處所滿堆沙袋・有士兵執槍駐守・並時有巡邏隊不絕梭巡內外城各門・除正陽門僅開東邊一門外・餘仍緊閉・惟每隔兩小時開放一次・以便人民出入・行駛市內各城之電車・至八時始出廠・較平日約遲兩小時許・且僅開東城一路・西城交通阻礙・并未開駛・市內商店雖已照常開市・但物價均飛漲。

▲又電　平市九日晚八時起仍宣布戒嚴、十一時斷絕行人・在戒嚴期中・市內軍警憲嚴密佈置・治安決可無虞・平保電話因大雨竟日・致未能修復・平漢車因蘆溝橋秩序尚未恢復原狀・各次列車仍均停駛・共應於九日下午六時開出之平滬通車・已準時開出・惟晚九時應開出之平滬車・即提前六時四十分開行・又北路車九日仍在停頓中・

各路交通漸復原狀

▲中央社天津九日電　北寧路平津間交通、九日仍受影響、各次車開平者多止於天津、應由平開出者・亦分別改由豐台或天津開車・計（一）平津間六次直達快車今日停開、（二）平滬三〇二次北上車・九日晨十時四十分抵津後、停於車站・未開平・即擬於當晚九時改爲平滬三〇一次車由津南下、（三）平浦三〇五次南下車・亦係於九日上午十一時半由津南開、（四）平榆二次車上午十一時廿五分由豐台開津・下午一時

日大使到青

接見記者發表談話

▲中央社青島九日電　川越九日下午四時乘奉天丸由滬抵青、日領大鷹等百餘人到碼頭歡迎・川越下船後・接見記者・發表如下談話・（問）大使來青有何任務・（答）今夏擬在平避暑、過青就便視察僑民情形・（問）是否將在青召開華北領事會議・（答）無此打算・（問）報載大使來華攜有新訓令、其內容如何・（答）並無新訓令・（問）在青共住幾日・此後行程如何・（答）定十四日飛津・（問）蘆溝橋事件、大使有何感想、現在情勢如何・（答）此次事件・是由滬動身時始有所聞・今日抵青後・據駐青領事報告・得悉詳情・今晨業已停戰・據個人感想・此次不幸事件・洵爲兩國提攜中之遺憾・盼望兩國當局以眞誠的態度早日解決、免使事態擴大・（問）中日兩國是否將繼續談判・（答）余於三日到京・五日到外部拜訪徐次長、我想兩國現時情形及空氣尚不同、目前還不到作整個談判的時候。

《中央日报》，1937年7月10日，第3版

路透社記者

前線視察記

民衆態度極鎮靜

▲中央社北平九日路透電 日當局要求中國當局完全撤退宛平駐軍，中國當局亦提出反要求，主張日軍應退至原駐之地，日方之要求，乃于昨夜由日武官今井向秦德純提出，中國之反要求，則由秦氏提出，雙方均願勿將此案擴大，現正覓取調解辦法，其建議已送交華北日駐屯軍司令田代，昨日病篤，中日軍均各守其陣地，昨夜十時當局宣布之戒嚴令，現正嚴厲實行，日落後，各街除能證明有正當事務者外，均不許通行，平漢鐵路已停止開車，通州一線之交通亦經封閉，昨日有通州開來之日軍，圖入北平，在城門爲當局所阻，宛平至長辛店之平漢鐵路一段、長約七哩，現集有軍隊三千名，路透社訪員昨日下午曾出視察，見宛平城門防守甚密，堆有沙袋，城上架有迫擊砲與機關槍，蘆溝橋亦有重兵守衛，苦力正在裝沙袋掘壕溝，自昨午以後，槍聲甚稀，居于附近茅屋中之華人，男子各理其業，婦女安坐洗衣，兒童則在距機關槍與手溜彈數碼之內嬉玩，一若無事者，然昨日下午雙方從事調解，未嘗停輟，時有傳書者高持白旗來往于雙方陣線之間，北平日大使署已置障碍物，以事防範，北平各城門大都關閉，由大隊警察守衛。

《中央日报》，1937年7月10日，第3版

粵當局注意盧溝橋事件

日領中村亦訪省市當局 告以嚴令日僑愼重行止

【本報九日上海專電】香港電、日軍圖攻盧溝橋消息傳粵後、余漢謀羅卓英八日會商維持治安方策。

▲中央社廣州九日電 日駐粵總領中村九日晨分別拜會省市府及兩廣外交特派員公署、鄭重聲明、謂據報、中日兩國一部份軍隊、在盧溝橋發生衝突。事態緊張、彼認爲此間中國官民對日本感情、向極平靜、北海事件、早告結果、汕頭事件後來解決、在此時期、更發生盧溝橋衝突、殊屬不幸、彼已嚴令在粵日僑愼重行止、以免發生誤會、致中日親善關係發生障碍、總領署並於八日晚令日居留人民會會長、對日僑特別喚起注意、萬勿因誤會而惹起緊張之情緒、中村總領復面請軍政及關係機關、請求採取完密之措置、保護日僑。

▲中央社福州九日電 廈門禾山爲廈港要地、浪人任籍旅行或經商、混跡其間者日多、汕案發生後、浪人遷居該處者更夥、並以鉅資買荒地、愚民多爲所誘

各團體電宋哲元慰勞廿九軍將士

日軍無端挑戰同深憤慨 尚望沉着應付勿失寸土

本京息、中國社會問題研究會昨（九）日發出急電、致北平宋委員長哲元轉廿九軍全體將士慰勞原電錄下：北平宋委員長轉廿九軍全體將士均鑒：敵人無端挑釁、我軍奮勇抵抗、英武沉着、爲民族作壯烈之犧牲、警報傳來、全國振奮、本會同人誓爲後盾。中國社會問題研究會叩佳（九日）

▲中央社漢口九日電 平漢路工會九日電宋哲元云：頃閱報載、日軍藉故挑戰、謀擾平津、盧溝橋已然發生衝突等語。凡我國民、同深憤慨、望本守土衛國之旨、鼓勵士氣、沉着應付、勿令再失寸土、本會誓率兩萬會員、以爲後盾、特電、卽希鑒察。

《中央日报》，1937年7月10日，第3版

日軍違約大舉進攻
宛平守軍奮勇抵抗
今晨三時尚在激戰中
平郊敵我兩軍亦對峙

▲中央社北平十日下午九時二十分電　因盧溝橋附近日軍二百名不肯撤退問題，引起雙方極大誤會，現日軍向平市城郊四方積極增兵、並構築工事、我方為防範起見，凡日軍所在地，亦均有我軍駐守、目前正在對峙中、形勢似頗嚴重、我當局表示願始終和平解决、雖在交涉無法進行中、亦决願作最大之努力、倘萬不得已時、亦只有盡衛國之責、與之周旋。

▲中央社北平十日電　十日下午三時許、突有日軍卅餘名在南郊大井村大道南北檢查行人、同時大井村以東與平市交界處、有日軍卅餘人、小西村以西亦有日軍十餘名、檢查行人。

【本報十日北平專電】　蔣委員長・何應欽・宋哲元等、十日均有電致馮治安・秦德純・張自忠・慰勉應付事變得宜、宋並囑秦繼續加緊戒備、以防反覆。

《中央日报》，1937年7月11日，第3版

▲中央社北平十日下午十時二十五分急電　蘆溝橋日軍迭有增加、並積極佈置各項工事、十日下午六時許、該地日軍又向我軍挑釁、當即發生衝突、雙方互擊約二小時始停止、現在形勢頗爲嚴重。

▲中央社北平十一日黎明四十五分電　蘆溝橋五里店一帶自十日下午六時起、日軍復向我軍挑釁、一度衝突後、旋於下午九時許又繼續接觸、至下午十二時雙方仍在激戰中、又聞黃村亦曾發生衝突、但尚未證實、我當局於深夜召開重要會議、商應付辦法、聞已將日軍違約挑釁經過情形、電中央及各省市當局報告矣。

▲中央社北平十一日上午三時電　日軍於十一日晨一時三刻、向蘆溝橋以步槍機關槍夾以大砲猛烈攻擊、我守軍亦奮勇還擊、迄晨三時猶激戰中。

▲中央社北平十一日上午一時五十五分電　十日下午五時半日方由豐台開往蘆溝橋方面之軍隊、忽又以大砲機關槍向橋身及宛平縣城猛攻、我軍爲正當防禦、加以還擊、鬬至六時半始稍停止、但七時半日方復施行射擊、雙方互有損傷、倘事態繼續擴大、其責任應由日本負之。

▲中央社北平十一日三時五十五分電　日軍於十一日晨一時三刻、開始對蘆溝橋作再度轟擊後、我軍奮勇抵抗、戰况劇烈、刻日軍已退大井村、宛平縣北一帶、槍聲極爲繁密。

▲中央社北平十一日上午一時電　日機三架十日下午三時飛蘆溝橋一帶偵察、旋即飛去、另一架於下午三時半飛平市上空繞一週而去、此種舉動、自亦含有挑釁性質。

▲中央社北平十日路透電　今夜中國官場聲稱：日軍欲以宛平爲其軍事集中點、華軍定力拒之、不許日軍佔據該城、華軍確已依照昨日議定辦法從事撤退、以免衝突、但並未放棄其駐守該城之權云、此間日軍發言人今夜曾稱、日軍欲在宛平造成可使此種衝突不能復作之局面、但此說究作何解、該發言人不願加以申說。

《中央日报》，1937年7月11日，第3版

日兵車昨絡繹入關

▲中央社天津十日電　榆關現已開到日兵車三四列。

▲中央社北平十一日三時四十五分電　據報、由關外開來、日兵車十列、其兩列已由秦皇島開至豐台、另三列聞亦於十一日晨二時開抵天津、尚有五列十一日午亦可到山海關轉津。

▲中央社北平十日下午六時四十分電　路息、由遼寧開來之日兵十列車、每列約一千餘人、已到山海關者有兩列、由津開來載重車約十輛、每輛約日兵四五十名、似此情形、各方咸認日本有擴大蘆溝橋挑釁事件之企圖。

▲中央社北平十日下午十時三十分電　據車站報告、九日由關外開到日軍兵車兩列、內兵士僅百餘人、但攜有大砲十二門、車過山海關後、本有西進模樣、但旋又停於秦皇島、未再西開、又十日晨到平之平榆通車、抵豐台時、有一部日兵擬乘此來平、為我當局所勸止、並將該次車停在豐台。

▲中央社天津十日電　日軍運子彈三車、於十日下午一時強行附掛於平榆四十二次車由津開赴豐台。

▲中央社天津十日下午十一時四十八分電　交通界息、蘆溝橋一帶日軍現已增加至千人以上、駐豐台日軍除今日有一部開蘆溝橋外、其餘亦已準備出動、另駐秦皇島日軍曾向路局索車、擬西上、已被拒絕、外傳日兵車兩列已由榆關開抵唐山。

▲中央社北平十日下午五時四十五分電　蘆溝橋事件本日又呈逆轉趨勢、豐台日駐軍十日下午忽又向蘆溝橋前進、下午四時北平開津車及提前於晚六時開行之平瀋車、均已停開、所售之票、咸退回、豐台原駐日兵約一聯隊、近自蘆溝橋事件發生後、日在天津通縣及北寧沿線等處駐軍復不斷向豐台集中、實數不明、又日駐通縣兵士三百名、十日晨由東郊乘汽車抵豐台、有開往蘆溝橋模樣。

《中央日报》，1937年7月11日，第3版

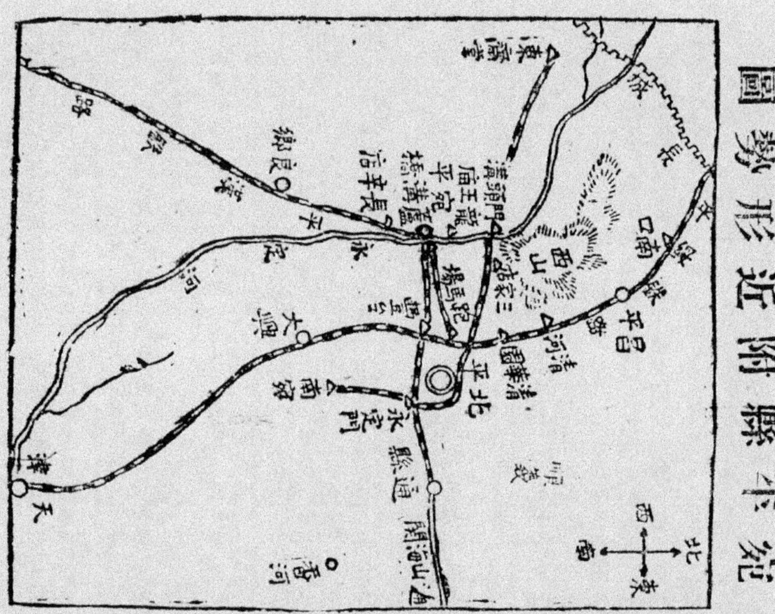

日軍挑釁全係預謀

▲中央社北平十日下午二時電　蘆溝橋中日留隊九日同時撤退後，我方部隊撤至指定地點，惟日方部隊尚有二百餘人仍逗留於蘆溝橋附近之鐵路軌道旁，日軍臨時司令部藉口此次戰役尚有陣亡日兵屍首兩具未覓獲，故須在此搜尋云云，經我方一再與之交涉、均置不理、結果九日晚九時許尚一度發生誤會、該部隊竟復向我開機關槍射擊、九日夜平市西南角微聞隱約槍聲、即此，旋經我方勸阻，始行停止，現我仍力促該部迅即撤離蘆溝橋，以防萬一、宛平城內防務，保安隊已分配完畢，開始維持治安。

▲中央社北平十日下午六時五十五分電　確息、（一）蘆溝橋方面日軍主要部隊，九日下午已開始撤退，我方換防部隊晚已全部到達宛平城內、及蘆溝橋附近各地，（二）宛平縣城東北三里許大瓦窯高地、九日下午尚有某方軍隊二百餘人，隱伏該地，經我方發現，提出交涉後，十一時許撤至五里店、晚間並在九里店露營，（三）雙方自九日午起、分別復員後，九日晚我方部隊已完全恢復原建制、及十日晨二時半後、平市忽又聞槍

《中央日报》，1937年7月11日，第3版

砲聲及機關槍聲繼續約半小時之久、嗣經多方調查，我方安靜如常，並無絲毫動作、（此足證明槍聲係發自九里店所駐日軍，其用意不明、）（四）現日軍尚未完全撤回原防，五里店方面仍留有二百餘名、又據報告，十日晨八時許有日軍六百餘名，附山陸砲約二十門，由豐台向西推進，用意不明，且仍有小部軍時來時往，據一般視察，和平解决雖已開始，但將來交涉，恐難免相當波折，對方避用武力之可能，尚未完全消除。」

▲中央社天津十日下午八時廿六分電　據此間所得消息，蘆溝橋事件和平解决、但尚有若干波折，宛平區行政專員王冷齋，十日晨赴平謁秦德純報告一切、並因宛平城外東北高地日軍二百餘人尚未撤退、十日晨二時半並連續開槍、特向日方交涉迅速撤退，但迄午後四時，尚無結果，同時通縣之日軍三百餘人、十日午乘載重汽車赴豐台、在豐台之日軍、亦有三百餘名他往、其目的似向蘆溝橋附近推進，在五里店之日軍亦未撤至豐台、日軍十日午後在豐台車站爲數甚多，並對來往車輛檢查、致十日午後四時應由平開出之平津五次車，以及平滬三〇一次平瀋三次車均尚未能開出云。

▲中央社北平十日電　日軍七日夜間在蘆溝橋實彈演習，其規模之大，遠過尋常演習範圍，並捏稱我方開槍，日兵有一名失蹤，欲入宛平縣城搜查，我方予以勸阻，日軍竟對宛平實施開攻，嗣經談判停戰，日方已允於九日晨撤兵，我方亦調保安隊換防，詎蘆溝橋附近日軍二百餘名，迄不履約撤退，十日我方復與交涉且數小時，不得結果，一方日軍徵調頻繁，北寧路落垡間兵車絡繹，豐台通縣日軍亦紛向蘆溝橋開動，並在北平郊外各地積極構築工事，同時蘆溝橋方面日軍十日傍晚又向我挑釁，雙方發生衝突，形勢頓爲嚴重，據某觀察家談，綜觀此次日軍無端挑釁之經過，足證彼方預有佔領蘆溝橋、遮斷我平漢交通、並擴大事件、以遂其大欲之企圖，其一度應允撤兵，並向外宣傳不欲事態擴大，實係緩兵之計也。

《中央日报》，1937年7月11日，第3版

李世軍謁當局報告

本京息、第廿九軍駐京辦事處處長李世軍、昨（十日）晨由滬乘車返京、旋於午後分謁各軍政當局、轉呈北平各項重要來電、並於昨晚八時晉謁軍政部何部長、對蘆溝橋事件經過詳爲陳述、約一時許辭出、聞李氏擬於日內赴廬一行。又據李氏語記者：石友三所部保安隊接防宛平縣、外間頗多誤會爲係解決此事件之條件者、一若今後宛平縣附近將僅准保安隊駐防、以形成變相之緩衝區域、然其實石部之保安隊係由二十九軍各師中抽調編成、石僅負訓練之責、此次防守宛平城之部隊、因辛勞過甚、故與石部換防、以資休養、絕非以此爲日方撤兵條件、亦非劃宛平爲緩衝區域、李氏並謂二十九軍駐防蘆北、一切均係以中央意志爲意志、和平固爲我人所願、但對方若妄施暴烈襲擊、我軍自當起而作正當之防衛也。

▲中央社北平十日電　宛平縣長兼專員王冷齋偕秘書洪大中及日顧問中島、於十日晨六時由蘆溝橋返平、當往謁秦德純馮治安及冀察政會外交委員會主席委員魏宗瀚、報告事件經過、並請示善後辦法、秦馮面對王此次維護國家立場、備致慰勉、並諭此後關於外交問題、仍由王負責辦理、現王定十日晚返縣、但如時間不允許、將先囑洪大中先回、又昨王曾向受傷縣民撫慰、並將被日軍砲火破壞處所攝影存執、備作將來交涉根據、又九日十日兩日京滬粵各地民衆團體及文化機關、均紛紛電宛平縣慰問、一般民衆對此情緒甚爲感奮。

▲中央社天津十日電　市府秘書長馬彥翀、十日晨九時半由津赴平、分謁張自忠·秦德純·馮治安等、報告在津與日方折衝蘆溝橋事件經過、又據此間接得消息、十日晨二時半尚留宛平城東北高地之日軍、又向城內連續開機關槍達二十分鐘之久、專員王冷齋當向日方質詢、據日方謂係因搜查傷亡士兵屍體時、聞有槍聲、但我方適查並無開槍情事、王冷齋十日晨八時又赴平、向秦德純等報告一切云。

▲中央社北平十日下午七時四十五分電　蘆溝橋附近五里店、尚有日軍二百餘名迄未撤退、對此問題、中日雙方人員十日午在張允榮宅晤面、到我方秦德純·馮治安·王冷齋、及日方櫻井等、彼此討論達數小時之久、因日方意態堅決、故毫無結果、致交涉陷入停頓中。

▲中央社北平十日電　津日駐屯軍參謀長、橋本羣、九日晚由津乘專車抵平後、即赴扶桑館召見日方人員、會商一切、迄至十日下午六時止、尚未與我方當局晤面接洽、橋本此次來平、頗引人注意。

《中央日报》，1937年7月11日，第3版

盧事發生後 舉國極關切

各地將領一致聲援

平學生代表出發勞軍

▲中央社北平十日電 自盧溝橋事件發生後、平市民對之極關切，但態度異常鎮靜、因而秩序井然，至於全國各地、亦莫不表示關切、而各將領如劉峙、商震、湯恩伯、龐炳勳、馮占海等，均來電慰問聲援。

▲中央社北平十日電 中國教育學會中華兒童教育社聯合年會八日閉幕後，十日午由秦德純馮治安在頤和園聽鸝館招待午餐，兩會會員對廿九軍守土精神、表示決全力援助，並電蔣委員長與宋委員長有所表示。

▲中央社北平十日電 盧溝橋事件，我方傷亡士兵頗多，平大各院，北大，中院，東大等校學生，連日派代表分赴戰地及城內醫院慰勞，清華大學學生並於十日分電蔣委員長宋哲元，表示以全體同學爲後盾，定十一日晨代表入城赴各醫院慰勞受傷士兵，同時平大醫學院，北大，齊魯等校學生，亦聯合發起戰地救護隊，期於最短期內促其實現，以備萬一。

滬文化界組織救國團體

▲中央社上海十日電 滬文化界人士洪深、胡愈之、周寒梅、周劍雲、鄭振鐸等一百四十餘人、於九日晚七時假鄧脫摩飯店舉行聚餐會，決議組織一救國團體，公推諸青來、王芸生、周寒梅、洪深、胡愈之等十九人爲籌備委員，當場決議致電蔣委員長、汪主席、及宋哲元、閻錫山、傅作義、韓復榘、石友三、諸將領，請力保國土，努力民族復興運動，當時復募捐百餘元，慰勞二十九軍守城兵士，該會復於十日開首次籌備會議，決議加推市黨政軍等各界領袖爲發起人，同時廣徵會員，擬於最近期內正式成立。

《中央日报》，1937年7月11日，第3版

故都昨晨雲開雨霽
盧事逆轉後入晚戒備愈嚴
各路奉令停止行車

▲中央社北平十日電　平市十日已放晴，氣候轉熱，九日晚戒嚴狀況較八日晚尤緊，下午八時後即斷絕交通，非有戒嚴司令部所發之通行證，雖越雷池一步。各城門仍緊閉，細雨斜風，淅瀝不斷，故路上益呈荒涼之狀。十日各城門多已半開，情勢較昨緩和，交通警戒亦略見鬆弛，各衙要地點熱鬧情形，一如平日。西車站平漢路一各次車仍不通，東車站北寧路停於七時開出一次車，因在戒嚴時間，乘客寥寥。九時五十分應到平之火車，遲至一時卅五分始到。十一時半應到平之火車，亦遲至一時四十分始到。又平津通車每日係晚九時開行，現已提前於六時瞬半，開永定門外環道欄閘，一屆戒嚴時間，即行閉鎖，派兵把守，火車不能進站，故不得不提前開駛也。▲又電　平市面仍安寧，惟各界對盧溝橋事件逆轉後，城門於下午五時後又復嚴閉，只餘前門往來行人，每門洞僅開半面，各街要道路，如東單西單等處，均堆置砂包，十日夜仍八時起戒嚴。警察局長陳繼淹談：自八日宣布戒嚴起，各界市民均能遵守規定辦法，一致維護地方，鎮靜應付，實爲良好現象，對於外僑願負責所在，尤應盡力保護等語。又關于交通方面，平漢路自盧溝橋東站仍爲日軍佔據，上下行車仍未能開，北寧路平瀋及平滬車，均於下午三時半奉令停開，臨時退票。長途電話平保線仍未通，平盧線十日晨一度修復，午又中斷，各路長途汽車亦均停頓未開，一般物價連日飛漲，糧商竟乘機操縱糧價，警察社會兩局現嚴厲取締中。市商會主席鄒泉蓀，召集各公會主席談話，希望各公會主席轉告各商號，在此非常時期，應力持鎮靜，勿自驚擾。

津當局亦加緊戒備

▲中央社天津十日電　津警察局十日午召集所屬分局偵緝隊長會議，協商維護地方治安辦法，除四鄉及市區均已有妥善佈置，更擬定辦法八項，注重（一）清查戶口，（二）盤查行跡可疑者，（三）限制旅店，（四）各區臨由偵緝隊警察臨時戒備，（五）遇有事發生，應力持鎮靜，聽候調遣，（六）遇必要時，得熄滅電燈，（七）四郊應隨時由自行車隊梭巡，（八）遇事力持鎮靜，避免事態擴大。另聞津當局除加緊戒備外，暫不宣佈戒嚴云。

廈門到兩日艦

【本報十日廈門專電】日艦夕張朝風兩艘，由大熊司令率領，九日晚開抵廈。

外交部派員北上協助交涉
王外長昨延見日高促請注意我方抗議
川越昨訪沈鴻烈晤談

本京息：日本駐華大使館參事日高信六郎，昨（十日）上午十一時赴外交部晉謁王外長，談汕頭事件，聞日高氏表示希望此事能早日就地解決，王外長答稱，本人抱有同感，旋王外長提出盧溝橋事件，要求日方注意我方所提抗議，並早日和平解決，此事不得再有任何足以擴大事態之行爲，日高對此表示同意。又訊，關於盧溝橋事件，我外交部前曾派員向日本大使館提出嚴重抗議，已誌各報，茲聞外交部復將前次抗議時所談各點，於昨（十日）下午以書面送交該館，同時並派員北上，協助交涉云。

▲中央社上海十日電　許世英對盧溝橋事件異常關懷，黃山之行業已中止，并特派秘書黃伯度十日晚入京，晉謁王外長接洽請示。

▲中央社青島十日電　川越十日下午四時赴青市府正式拜訪沈市長，談一小時許始辭出，沈定十二日答拜，沈談：川越前曾任駐青領事，與余交誼頗厚，今日相談甚爲歡洽，川越表示日朝野對許大使深致欽佩，承盼其早日返任，增進兩國邦交之友誼，關於盧溝橋事件，川越引爲憾事云。

《中央日报》，1937年7月11日，第3版

中日昨再約定復員
入夜日軍忽又進攻
今晨并向平郊駐軍砲擊
關東軍大舉向豐台開來
宋昨返津當局否認容納日要求

▲中央社濟南十一日電　宋哲元十一日午前十一時乘汽車離樂陵，在滄洲登車北返。

▲中央社天津十一日電　宋哲元十一日午由樂陵乘汽車來津、晚六時半抵達、宋行前甚秘、故知者極鮮、抵津後因身體勞頓、對訪客均未見到、外傳宋抵保說不確、宋眷屬乘專車亦於夜十一時抵津。

▲中央社北平十一日上午十一時四十五分電　馮治安偕趙登禹鄧哲熙、於十一日晨七時、由南苑乘機飛保定公幹。

▲中央社保定十一日電　師長趙登禹、十一日晨由平乘歐亞機返防、鄧哲熙同來。

▲中央社天津十一日電　鄧哲熙十一日夜十二時由保經滄縣乘車來津。

▲中央社北平十二日上午三時電　當局負責聲明：謂十一日夜津市盛傳關于蘆溝橋事件、日方宣稱我已容納該軍四項請求云云、與事實絕不相符。

▲中央社北平十二日電　平市十一日晚戒備如故、當日軍於十二日晨向我軍猛攻時、城內各衙要地點立刻增兵、以防萬一、適於此時有日人一名在街頭行跡可疑、不服盤詰、當由軍警逮捕、送交日警署。

▲中央社天津十一日中午十二時〇三分電　陳覺生在津、對蘆溝橋事件曾有折衝、十一日上午十時四十分、復乘專車赴平、協助交涉。

《中央日报》，1937年7月12日，第3版

▲中央社北平十一日下午四時十分電　確息、蘆溝橋方面、十日下午九時半、日軍突又以大砲機槍攻擊我軍、我軍不得已、予以還擊、入夜以後、日軍一連且向我龍王廟陣地突襲、被我軍沈着擊退、旋日方又增加兩連、繼續猛攻、我守軍雖不足一連、然以士兵奮勇、日軍並未得逞、雙方激戰至十時許、日方更增加兩連、且以山砲猛烈進攻、我軍為策略計、稍向後退、日軍竟欲繼續前進渡河、卒被我軍擊退、此役雙方均有損失、嗣即入於停戰時對峙狀態、日方仍表示不願事態擴大、幾經接洽、現雙方暫行口頭約定、仍在無條件下、雙方下令復員、結果日方是否如前不遵守信約、尚待事實之證明。

▲中央社北平十一日下午十時廿分電　中日雙方十一日復約定仍在無條件下撤兵復員後、此間形勢似漸和緩、但頃據報告、和平局面又有變化、前方復有戰事發生、且更激烈。

▲中央社北平十一日下午九時四十分電　關於蘆溝橋事件、經激烈衝突後、中日雙方於十一日晨、均表示願維持和平、不使事態更為擴大、雙方首腦人員、於十一日晨即開始會晤、經長時間討論之結果、仍如日前之約定、雙方軍隊撤歸原防、宛平城廂仍由我軍駐防、對此次因不幸事件而被傷亡之官兵、同極惋惜、並希望今後不再發生類似之事件、雙方遂即派員監視撤兵、回歸原防、下午四時、日軍大部份已由蘆溝橋附近撤至豐台等處原防、尚未發生障礙、至蘆溝橋防務、仍由我軍駐守、此次事件、或可告一段落、又聞此次和平解決並無任何條件。

▲中央社北平十二日上午一時五十分電　蘆溝橋附近大部日軍、十一日晚九時前已退至豐台方面、惟尚係少數部隊、至十時左右忽又有不斷槍聲、用意不明。

▲中央社北平十二日上午二時三十分電　日軍不履約撤退、反增調大軍、向我軍猛攻、致十日下午六時起、又發生猛烈衝突、嗣雖又經雙方口頭約定、停止軍事行動、撤歸原防、正在依照約定履行間、詎十一日晚十時後、平郊東北及西南各方、又有緊密槍聲、清晰可聞、十二日晨一時後據報日軍更以機槍及大砲向我軍猛轟、我軍憤日方之一再食言、反覆無常、當即奮勇抵抗、迄發電時戰事仍在進行中。

▲中央社北平十二日上午二時十分電、蘆溝橋、大井村、五里店一帶、十二日晨一時四十分中日軍又大衝突、重砲機槍之聲、密如連珠、聲音頗為清晰、戰情難詳。

▲中央社北平十二日上午一時五十五分電　大井村一帶日軍十二日上午一時餘突向我平市西郊蔣家村、青塔村、古廟等處駐軍以重砲機關槍猛烈攻擊、我軍當奮起應戰、雙方激戰約半小時、日軍不支、復退回原地、雙方死傷頗重、民衆損失亦甚大。

蘆溝橋戰事復起　另三處亦有衝突

▲中央社北平十一日下午五十分電　十一日晚十時二十分、蘆溝橋前方復有戰事發生、步槍機關槍聲甚密、戰況似頗激烈。

▲中央社北平十一日下午十一時廿五分電　豐台南黃土坡十一日晚十一時、亦發生衝突、至發電時止、仍在接觸中。

《中央日报》，1937年7月12日，第3版

▲中央社北平十一日下午一時二十五分電　豐台日軍驟增、遍地皆是、强佔民房、人民紛紛逃避、市內僅由徒手警察二三十人維持、電話局亦有日便衣兵監視、據未證實消息、豐台南之黃土坡日步哨兵、十日曾與南苑我軍步哨發生小接觸、又通州城外駐二十九軍一部、十日午十一時日軍欲實行驅逐、我軍起與抵抗、亦發生衝突。

▲中央社天津十一日下午二時電　據此間接得消息、十一日上午十一時許、日軍又向蘆溝橋一帶砲擊、企圖渡河、通縣南門外及平津間黃土坡車站、亦因日軍向我駐軍挑釁、小有衝突。

本京息、宋哲元駐京代表李世軍、曾於昨（十一）晨七時及下午六時、與北平市長秦德純、由京平長途電話線通話兩次、第一次、秦氏係報告日軍不顧撤兵信義、於日昨二度再犯蘆溝橋、經我方奮勇擊退經過、第二次、秦氏則稱自晨七時起、至下午六時通電話時止、前方戰事、幷無重大接觸、平津治安極佳、軍心振奮、防務亦甚周密、聞李氏已將兩次通話情形、分向何部長應欽王部長寵惠報告、另據某要人接平電、謂日方昨（十一）日曾派員向冀察當局接洽、對此次事件表示遺憾、幷對雙方死亡官兵表示惋惜、謂當力求事態縮小云、消息靈通者、對日方此種舉動、認爲恐係緩兵之計、因日兵車十列已由關外開入山海關秦皇島一帶、且附有飛機五十架、足徵日方預有計劃、企圖將事態擴大云。

日軍忽違約襲擊
前夕進犯之情形

▲中央社北平十一日中午十二時二十分電　中日軍在蘆溝橋九里店一帶、於十日下午兩度衝突後、迄十一日晨五時許始稍停、至午又繼續小接觸、記者茲晤十一日晨始由前方返平之某軍官、探悉十日夜衝突情形如下、十日下午六時許、日軍突以步槍向我軍射擊、我軍當奮勇抵抗、旋即開始砲擊、雙方戰事轉劇、八時許略停、至九時、日軍百餘人、猛攻宛平縣東北高地、我軍遂取包圍形勢、一鼓將該部日軍完全解决、我方亦有相當傷亡、旋日軍五百餘人、於十一日晨一時許、又以步槍機槍衝來、並以大砲掩護前進、雙方戰事猛烈異常、我軍因人數較少、乃稍退、日軍亦不敢追、故此時戰事略停、另有一部日軍在永定河東岸、擬渡河抄我軍後路、數度進攻均被我軍擊退、至五時許、日軍始撤至大井村、戰事乃中止、不料十一日午、日軍復擬繼續前進、致又開始接觸、但戰事幷不激烈、宛平縣城及蘆溝橋、仍由我軍固守中。

《中央日报》，1937年7月12日，第3版

始由前方返平之某軍官，據悉十日夜衝突情形如下，十日下午六時許，日軍突以步槍向我軍射擊，我軍當奮勇抵抗，旋即開始砲擊，雙方戰事轉劇，八時許略停，至九時，日軍百餘人、猛攻宛平縣東北高地、我軍遂取包圍形勢、一鼓將該部日軍完全解決、我方亦有相當傷亡、旋日軍五百餘人、於十一日晨一時許，又以步槍機槍衝來，並以大砲掩護前進，雙方戰事猛烈異常，我軍因人數較少，乃稍退，日軍亦不敢追，故此時戰事略停，另有一部日軍在永定河東岸，擬渡河抄我軍後路、數度進攻均被我軍擊退、至五時許，日軍始撤至大井村、戰事乃中止，不料十一日午、日軍復擬繼續前進、致又開始接觸，但戰事并不激烈、宛平縣城及蘆溝橋，仍由我軍固守中。

▲中央社北平十一日下午九時二十五分電　中日雙方約定停戰復員後，十日日方忽又違約、由豐台通縣增兵千餘人之多，配備完畢後，於下午四時許，將九日已撤退至五里店之二百餘人復進至大瓦窰，同時由通縣新到之日軍三百餘人，携有機關槍山砲，進迫大井村，與五里店大瓦窰之日軍，即兩面向我方射擊，至七時砲火更爲猛烈，日方向龍王廟撲攻數次、最後以一營之衆、向我方衝鋒、因此兩方各有損傷，我軍爲自衛起見，不得不予以還擊，激戰至拂曉、迄後兩方即入于停戰相持狀態中。

▲中央社上海十一日電　二十九軍駐滬辦事處，接秦德純馮治安張自忠來電云、日軍千餘、砲二十餘門、機槍三十餘架，十日晨集中於蘆溝橋東北三里許之大瓦窰後，即向我蘆溝橋陣地、數次猛力攻撲、並以一部搶乘蘆溝橋，均經我軍沉着擊退，戰至午後六時三十分，槍火漸稀云。

日機昨飛偵平津
大批由關外調來

▲中央社天津十一日電　日軍用飛機六架、十一日午由關外飛抵津，停於東局子機場，旋於下午四時半啓飛，在津市四週上空盤旋約二十分鐘之久、仍降於東局子機場，另有原停於津市之日機四架、十一日下午四時亦由津啓飛赴西北一帶偵察旋即返津。

▲中央社天津十一日電　十一日下午四時卅五分、津市上空發現日機六架、由南向東北飛去。

▲中央社天津十一日下午六時四十五分電　十一日一日間由關外來津之日軍用飛機共達十三架，計戰機六架，轟炸機三架，其餘皆爲偵察機，現均停於東局子日兵營前飛行場，該處現有日兵爲數已不多，十一日起已在兵營四週放哨。

▲中央社北平十一日下午二時五十分電　中日軍十一日午一度接觸後，旋即停止，現雙方正對峙中，日機一架十一日晨飛平市上空，繞一週，即飛蘆溝橋一帶偵察。

《中央日报》，1937年7月12日，第3版

▲中央社北平十一日特電　今晨拂曉時、北平爲至緊張空氣所包圍、不過表面上、除城門附近有軍事戒備外、餘鮮駭人景象耳、居民仍保其鎮靜態度、惟環境所許可、照常辦事、惟城門未能通物入城、故食物售價昂騰、今晨有日機兩架、飛過北平天空、向宛平方面而去、宛平局勢現欠明瞭、縣城仍在華軍掌握中、據華方消息、昨夜戰事係日軍首先發難、彼往宛平、致起衝突、至於日軍前往宛平之眞正理由、現尙未悉、昨午十二時後、即聞砲聲、但旋復沉寂、聞日方援軍到後、砲聲又作、聞夜間九時左右、戰事始停、中國鐵路當局、昨夜報告、有日方兵車兩輛經過天津而抵豐台、日兵遂分向各方面出發、有包圍北平模樣、然兵車中載有坦克車鐵甲車野戰砲及機關槍云、北平西北約十哩之石景山、即北平電氣廠所在地、其附近聞已發現日兵百人。

本京息、日軍在平郊向我駐軍挑釁、遂成嚴重局勢、我駐外使館及僑民自極爲關切、聞外交部已將連日經過情形、隨時電告駐外各使館轉爲周知云。

日方向各地增兵
關東軍陸續開榆

▲中央社北平十一日電　關於盧溝橋事件交涉問題、因日方屢次增兵、致誤會難釋、據某觀察家推測、日方一面與我方交涉、同時又向各地增兵、意在威脅我方、甚至擬佔領數地以爲交涉之要挾、我方早洞悉其用意、故寧願犧牲、不作城下之盟。

▲中央社天津十一日中午十二時電　日軍由關外開到榆關、外傳已進抵唐山、並有三列車過津開豐台云、頃於十一日午詳查、得悉關外日軍開抵榆關者、共有六列車、人數約在三五千之譜、但尙未西上、仍停於榆關車站、此間日軍部準備大批輜重、擬運往豐台、十一日晨並以載重汽車三輛、裝運大批汽油、擬搭車赴豐台、未果、十日由津運豐台之日軍輜重車三列、現止於廊坊、未前進。

▲中央社天津十一日電　盧溝橋事件發生後、此間日方十一日晨以大批載重汽車、運送軍需品赴豐台、所有日租界內各汽車行載重汽車、十一日晨已徵集一空。

▲中央社天津十一日電　北寧線榆關、昌黎、北戴河等地日駐屯軍、現已大部集中唐山、聞將由唐山取道通州開豐台、在榆關停留之日關東軍兵車、已增至六七列、亦有西上赴唐山轉往通州模樣、又十一日午由榆開津之平榆四十一次車、有日兵六十餘名強行登車隨來、下午七時可到津。

《中央日报》，1937年7月12日，第3版

▲中央社天津十一日電　津日軍用載重汽車三十三輛、裝運大批士兵及軍械子彈、爲數甚多、於十一日上午五時半由海光寺兵營出發、經河北黃緯路、沿平津公路而行、似前往豐台一帶增援、至八時一刻、其中之五輛、載原人返津。

▲中央社天津十一日電　日軍專車一列、內中五間車子彈、於十一日晚九時、由津赴豐台。

▲中央社天津十一日電　由關外開抵榆關之日軍、現有三列車準備西上、十一日晚、曾要求北甯路局定點開行、已被拒絕、日軍之第一列兵車、士兵均已上齊、擬夜一時半開出、其二三兩列亦將陸續西行、據稱此三列車將直駛天津、途中如不在唐山停留、十二日晨七時許可抵達。

平津間交通昨仍未恢復

郵件由平漢平綏轉遞

中航機亦僅飛至天津

▲中央社北平十一日電　平市各城門、十一日下午八時均關閉、仍留前門通行、十一日情勢似較十日略和緩、東車站來往各次車、因永定門缺口處有阻礙、（按即柵欄閉鎖、）原定改由西直門爲起點、但臨時又將此種決定取銷、售出之票臨時退票、故平津交通仍未恢復、中航機十一日北上者、僅止于津、未飛平、十二日將由津南飛、照班郵件、郵局特組早班、由平運至門頭溝、再轉平漢路遞發、重要郵件、由平綏路運至大同、取道同蒲路、轉正太路、至石家莊、再分轉平漢隴海等路、平綏交通、暢通如常。

▲中央社北平十一日下午二時五十五分電　平市安定如常、各城門每隔一二小時開放一次、前門、和平、宣武等內城三門均開半扇、東車站平津特快平浦平滬南下北上各次車、均改由西直門開行、平津電話已恢復、平保線仍不通、中航機因十日未開來、故十一日未開出、十一日北上機下午二時已過[illegible]、約四時可到、各線公路汽車仍照常通行。

▲中央社天津十一日正午十二時二十分電　北甯路平津間客車、十一日仍未恢復、十一日晨祇平榆貨車由津開行、止於廊坊、平榆二十二次車、開抵豐台即折回、平滬三〇二次北上車、十一日上午十時四十分抵津後、停於西站、未開平、擬當日下午九時改三〇一次車南下、平津三〇五次車、於上午十一時半由津南行。

▲中央社徐州十一日電　平滬與平浦通車、均止于天津、津浦路沿線各站、奉令暫不發售至平車票。

《中央日报》，1937 年 7 月 12 日，第 3 版

東京情勢緊張
昨召開緊急閣議
傳將于昨晚發表聲明
香月繼任日華北駐屯軍司令

▲中央社東京十一日電 十一日晨緊急閣議、至九時始散、內容未發表、近衛即赴葉山謁日皇、聞今晚將發表重要聲明、宣佈日政府方針。

▲中央社東京十一日電 今晨五省會議、歷二小時、閣議時間較短、日政府重大態度已決定、下午海軍參議官亦開會、贊成內閣決議、外務省令在華日僑作撤退準備、警備艦令保護在日華人、形勢似將達最惡場合、終日各報號外滿街、咸謂中日危機、一觸即發、

▲中央社東京十一日電 香月淸司繼田代爲華北駐屯軍司令、田代調參謀本部

▲中央社東京十一日電 昨夜得蘆溝橋再衝突消息、此間非常緊張、陸軍海軍外務三省、及參謀本部、徹夜辦公、今晨陸軍省派香月淸司乘機前往某處、參謀總長閑院宮赴葉山、謁日皇、首相及外陸海藏四省、十時召集緊急會議、十一時再召集緊急閣議、形勢極端緊張、惟日政府聲明、仍努力制止擴大事態、外次堀內約我駐日代辦楊雲竹晤談、

香月昨飛津

▲中央社天津十一日電 華北日駐屯軍司令、已由日陸軍省發表、以香月淸司繼田代之職、香月十一日下午六時、已由東京乘飛機經大連抵津、日駐屯軍參謀長橋本羣等、十一日下午三時亦由平乘機返津、當赴機場歡迎、並陪赴張園官邸休息 旋與田代會晤。

▲中央社北平十一日下午九時十五分電 津日駐屯軍參謀長橋本、九日來平後、未與此間當局晤面、十一日晨復訪秦德純、亦未獲晤、當於下午一時飛返津。

《中央日报》，1937 年 7 月 12 日，第 3 版

社評

論盧溝橋事件

盧溝橋事件，突發於八日淸晨，其性質之嚴重，遠過於去年九月之豐台事件，嗣經談判停戰，日方已允於九日晨撤兵，我軍亦調保安隊換防，乃盧溝橋日軍忽又背約棄信，迄未實行撤退，十日傍晚，復集結重兵向我挑釁不已，我軍爲正當防衛起見，仍不得不予以還擊，截至昨晚止，兩軍又有復員消息，日方是否誠意不欲使事態擴大，自應待事實之證明。

中日邦交之亟待調整，不獨兩國有識之士屢以爲言，即國際間亦同具殷望，雖前途梗阻尚多，但雙方果本此目標邁進，深信必有圓滿解決之一日。自近衛組閣，川越返任以來，各方對於中日關係之改善，益抱有若干之期待，且以爲無論如何，決不致再趨惡化，乃今茲不幸又有盧溝橋事件發生，予中國國民以重大之刺激，使未來中日邦交之調整，愈增困難，殊令人不勝遺憾！盧溝橋事件發生之原因，據日方聲稱，方日軍演習時，有日兵一名失蹤，因欲入宛平搜查，遂致發生衝突。實則此種理由，決不能盡掩天下人耳目，據日方近年在河北各地之行動以及三日來之各種情報觀之，日方此次顯屬有意向我尋釁，不嫌辭費，請得而申論之。

日本近年迭在冀省各地，大舉增兵，在豐台方面，且築有兵營操場，嗣復欲在盧溝橋作同樣之設備，經我方力阻始罷。然日軍處心積慮，無時或釋，是以週來駸駸在盧溝橋演習，且皆實彈露營，日間演習之不足，更繼之以夜。按日方所持增兵及演習之理由，謂係依據辛丑和約。不知辛丑和約所規定之各國駐兵處所，祇有黃村，廊坊，楊村，天津，軍糧城，塘沽，盧台，唐山，灤州，昌黎，秦皇島，山海關等十二處，其目的在保京師（即北平）至海通道無斷絕之虞。各國駐兵數目，亦有相當限度。乃近年日方在冀省駐屯大量軍隊，所駐地點，並未悉照辛丑和約之規定，駐軍人數，尤爲無限制，謂非別有作用，其誰信之？此其一。

一國軍隊在他國境內隨意演習，乃不合法之行爲，是以當辛丑和約訂立時，亦祇有「留兵駐守」之規定，而未言及駐兵有演習之權。日軍之駐屯冀省者，往往於日間隨地舉行演習，驚擾地方，已不合法，而此次特於夜間舉行演習，其爲含有故意尋釁之作用，實極明顯，此其二。

普通演習，與真正作戰有別，一般均用空彈，即日軍過去演習時，亦係如此辦理，乃此次演習，竟用實彈，揆其用心，自係欲藉故攻擊中國軍隊，侵奪中國土地，將冀省造成九一八時之東省，明眼人於此必能洞燭其陰謀，此其三。

盧溝橋在平郊廣安門外西南二十里，扼平漢路交通孔道，與辛丑和約所規定之各國駐兵地點，可謂全無關係，日軍必欲在其地演習，且於夜間實彈演習，違約妄動，已屬百口莫辯。乃八日晨三時二十分左右，忽將演習之軍隊散開，以宛平縣城爲目標，向西急馳，至距離約百米時，竟發砲鳴槍，衝鋒前進，此完全爲戰時之動作，事後竟誣稱欲入城搜查失踪之日兵，無論我方對日方針，早經確定，絕不致自背外交立場，向人挑釁，同時我國軍隊，亦訓練有素，雖抱禦侮自衛之決心，終守親仁善鄰之古訓，橫逆相加，決無是事，即令日兵果有失踪之事實，亦何妨出以和善之態度，要求我方共同查訪，又何必興師動衆，砲擊我城池？觀其自相矛盾，益見作僞心勞，此其四。

綜上所述，此次盧溝橋事件，顯係出於日軍之預定計劃，其責任應完全由日方負之。我外部向日方提出正式抗議，並聲明保留該事件之一切合法要求，同時對於日方所提保留，不予接受，實爲最合理最正當之辦法。日本朝野，不乏明達之士，倘平日靜氣一思吾人之所言，知必能爲亡羊補牢之謀，而共策東亞和平之百年大計也。

《中央日报》，1937年7月12日，第3版

外部昨發表聲明

盼日方遵約立即撤兵 否則不免益趨於危險

董道寧前夜向日高提出口頭抗議

日軍違約在平郊及盧溝橋突又大舉增兵、並又向我駐軍挑釁、衝突、情勢非常嚴重、我外交部於前（十）日深夜接到此項報告後、即由亞洲司司長董道寧、以電話通知日本駐華大使館參事日高信六郎、告以平郊日軍違約挑大事態、日方應負一切責任、並請其致電日本外務省及華北駐屯軍、立即下令制止一切軍事行動、日高允將此項要求分別電知日外務省及駐屯軍、又外交部於前晚接到該項報告後、首腦人員均曾徹夜工作、昨日雖值星期、亞洲情報兩司人員仍多照常到部辦公、王部長並於昨晨召集陳次長及情報司李司長等數人開會、商應付方策。

又訊　關於日軍不依約撤兵、再度進犯我盧溝橋駐軍事、我外交部發言人、頃聲明如下：

據所得報告、日軍不遵照雙方約定之停止軍事行動辦法、拒絕全部撤至指定地點、首則遺留部隊一百餘名於盧溝橋東北之五里店、繼則調動大部軍隊千餘人、集結於盧溝橋東北三里許之大瓦窰、於十日下午六時起、連續向我盧溝橋駐軍猛烈進攻、同時並調集日本國內外大軍、絡繹向平津進發、意圖作大規模之軍事行動、而貫徹其最初目的、至是盧溝橋事件、遂又趨於嚴重、其責任自應由日方負之。查此次事件、發動於七日深夜日軍在盧溝橋非法演習時、藉言演習兵士一名失蹤、要求入城搜查、經我方拒絕、彼遂發砲攻城、致起衝突。其爲日方有計劃有作用之行動、至爲顯然、而盧溝橋原非條約所許外人可駐軍演習之地、其行爲之不合法、尤無疑義、我方除由盧溝橋駐軍守土自衛、奮勇抵抗外、一面由外交部向日本使館、提出嚴重抗議、要求立即制止日軍之軍事行動、並聲明保留一切合法要求、一面由地方當局與日軍代表折衝、期事件之早日和平解決、我方維護和平苦心、可謂舉世共見、差幸八日晚雙方議定辦法、（一）雙方停止軍事行動、（二）雙方出動部隊、各回原防、（三）盧溝橋仍由我軍駐守、方謂事件於此可告一段落、初不料所謂撤兵辦法、竟係日兵緩兵之計、毫無和平解決之誠意、中國國策對外在於維護和平、對內在於生產建設、舉凡中日間一切懸案、均願本平等互惠之精神、以外交之方式、謀和平之解決、深盼日本立即制止軍事行動、遵照前約、即日撤兵、並爲避免將來衝突起見、切實制止非法之駐軍與演習、庶使事態好轉、收拾較易、否則一誤再誤、日方固無以自解其重責、遠東之安寧、或將不免益趨于危險、恐尤非大局之福也。

日高謁陳次長 談盧溝橋事件

又訊、十一日午後四時、日本大使館日高參事、訪外交部陳介次長談盧溝橋事件、各就所得不同之報告、相互辯論後、陳次長列舉日方最近向平津增兵之事實、謂顯與日本國內外當局不願事態擴大之聲言、完全相反、要求迅電日政府、制止日方軍事行動、俾盧溝橋事件得以和平解決、日高稱中國中央軍隊、目下有向北移動之消息、日方對此甚感不安、陳答深信中國軍隊、並無向日軍挑戰之意思、但對於任何外國任意增兵來華、侵略中國領土主權、殊難容忍、自不得不作正當之防衛、深望日本當局翻然反省、勿陷中日國交於危險之狀態、日高亦以爲然、談至五時半、始興辭而去。

▲中央社上海十一日電　盧溝橋事變消息傳滬後、許世英甚覺痛心、雖在病中仍力疾從公、聽取各方情報、注視事件推移、並每日與外交部通電話、且電東京我駐日大使館指示一切。

▲中央社上海十一日電　許世英十一日夜十一時車晉京。

《中央日报》，1937 年 7 月 12 日，第 4 版

京平各團體慰勉前方將士

對日再度挑釁極表憤慨

宋希濂電秦馮聲援

自日方不顧撤兵信義、再度挑釁消息傳抵首都後・京市市民、莫不表示激昂、多數報紙、均將此項消息刊出號外、或張諸館門、以引起市民之注意、昨(十一)日凡市內裝有無線電收音機之商店門首、均擁有大批群衆、以靜聽報告前線之捷音・此外人民團體多通電前方、以示聲援、文化機關並有發起募捐慰勞抗敵將士者。

▲中央社北平十一日電 平津院校教聯合會十一日晨召平市各界代表開會・由楊立奎主席・報告蘆溝橋事件經過後・並說明召各界開會之意義・旋議決組織平市各界聯合會推王李緒起草會章・楊立奎等代表各界謁當局、詢時局情況・並辦理慰勞等事宜・又清華學生派代表數人十一日晨分至各處慰勞二十九軍兵士、並贈送大批慰勞品。

▲中央社西安十一日電 三十六師師長宋希濂十一日電秦德純・馮治安・張自忠等聲援・內有本部全體將卒・合志同力・願步後塵、戮茲頑簇等語。

京息、遼吉黑熱旅京同鄉慰勞前方將士委員會、頃電慰宋委員長哲元・馮主席治安・秦市長德純・暨前方將士、原電略謂・頑敵無故尋衅・侵我疆土・我軍奮勇抗戰、厥挫兇簇・欽聞之下・無任振憤・更望再接再厲・殲彼醜類、還我河山・本會同人・誓作後盾・

▲中央社洛陽十一日電 蘆溝橋事件・國人同深憤慨・洛自治分會・十一日特電宋哲元及各將士・最共本守土有責決心・勿令損失寸土・原電云・北平宋委員長鈞鑒・日軍無端挑釁・在蘆溝橋與我軍發生衝突・據今日報載・日軍仍無撤退誠意・顯欲事態擴大・藉謀平津・凡我國人同深憤慨・望公務本守土衛國決心・鼓勵將士・沉着應付・勿令再失寸土・本會誓率全體會員・以為後盾・中國地方自治協會洛陽分會叩眞・

《中央日报》，1937年7月12日，第4版

美報論日軍挑釁

譏評日軍部浮躁無定
在火藥庫附近「玩火」

▲中央社華盛頓十日電　華盛頓郵報、今日刊載社論一篇、題為「玩火」，對于盧溝橋附近戰事，所足以引起之局勢，有所論述，該文首謂華北局勢、苟聽令關東軍恣意在該處採取既往數年相同之策略，為患甚巨，此次衝突，中日軍隊究係何方首先開釁，尚不明瞭、惟此點關係甚微，日本軍隊既往輒在中國軍隊駐軍地點舉行夜操，招致事端，屢見不鮮，該報繼謂日本一星期前，與蘇聯發生糾紛，今復向中國尋釁、益足見日本軍部之浮躁無定耳，日本在華北之活動，已使中國為之惴惴不安，日本時常舉行之操演，將于何時轉變為擴充控制華北範圍之實際行動，尚不可悉，實則日本自佔據「滿洲」後，關東軍已擴充其控制之範圍矣，該報結論謂「玩火」究為危險之舉動，而在火藥庫附近，其危險為尤甚云。

▲中央社巴黎十一日路透電　法外部發言人十一日宣稱，華北戰事消息，當然引起關於國際反響之憂慮，惟雙方情報，多相牴牾，故目前空氣以猶豫之成分居多，憂慮猶居其次，吾人今尚未接詳報，故不能發準確之意見云。

▲中央社柏林十一日路透電　德各報皆於顯著地位，登載華北戰事消息，德國並不圖掩飾大局之嚴重性，亦決不欲袒護任何方面，雙方公報均同樣登載，波森日報載有社論，謂戰事之最近原因，殆為氣候炎熱，神經不寧，此種戰事，當以和解了結，此次之和平結果，端賴雙方勿彎弓過烈云，佛蘭克費特報，謂蔣委員長已將中國軍隊練成勁旅，不復如前之委靡不振矣。

《中央日报》，1937年7月12日，第4版

日方繼續增調大軍
毫無表示撤兵誠意
昨再約定撤兵入夜復施攻擊
財神廟及前方均曾發生砲戰

▲中央社北平十二日電　中日本約定同時撤兵、但日方並無誠意、祇退去少數部隊、經我方催促、反謂我違約前進、現局勢確又趨嚴重。

▲中央社北平十二日夜十時二十分電　十二日夜十時、前方又發生接觸、槍砲聲密集、迄發電時未止。

▲中央社北平十二日下午十一時四十五分電　大井村日軍於十二日晚十時許、向財神廟進攻、（按、財神廟距平市廣安門約五華里）我駐該地之軍隊、事前早有準備、當予以猛烈之還擊、雙方砲擊約卅分鐘、日軍不支、旋卽退去。

▲中央社北平十二日下午八時十五分電　路訊、日鐵甲車一列、十二日下午、已由山海關開抵津東站、又訊、豐台日軍加緊搶築工事、步哨推數里以外、并收買漢奸、刺探我方消息、豐台居民、已紛紛逃避。

▲中央社北平十二日電　中日撤兵雖約今（十二日）仍繼續舉行、但我方因日軍屢失信諾、不復過於樂觀、同時對於日軍繼續增調、愈欲擴大挑釁行動、故將宛平已撤退之駐軍又復開回、駐紮城廂之保安隊、則協助維持治安。

▲中央社北平十二日下午十一時五分電　十二日午決定雙方派員監視撤兵後、日方頗多藉口、迄晚猶未施行、雙方距離密邇、成相互警戒之勢、稍一不愼、卽有惡化之可能、故十二日晚局勢仍在嚴重關頭、各方均極注視。

▲中央社北平十二日電　日軍坦克車十餘輛、軍砲車七輛、摩托車四十餘輛、載重汽車三十餘輛、上載鋼砲迫擊砲重機關槍多架、及士兵多名、於十二日晚九時由古北口經通州開抵平市廣渠門、要求入城、我方未允、日軍乃留一部在門外、一部仍向南苑方面開進、現我南苑駐軍已嚴密戒備、又有一部日軍約二百餘人、于九時十分由通州開抵平市朝陽門外二里許之大橋（地名）地方。

▲中央社北平十二日晚九時十分電　蘆溝橋日軍向我挑釁事件、和平解决又呈惡化、日方十一日與我交涉結果、本允將大井村永定河蘆溝橋附近各地日軍、撤至豐台、但其後日軍並未實踐諾言、除十一日晚十二日晨一再猛攻我宛陣地外、十二日上午起、仍在原陣地佈置工事、自劉家口至大井村一帶民房、被佔領多處、或將用田禾爲掩護物、或將田禾剷去趕築壕溝、由大井村至五里店日軍、警備尤嚴密、反客爲主、檢查行人、大瓦窯及鐵路涵洞、敵留大砲及軍馬甚多、僅於十二日下午一時許、將部隊百餘人、撤至距豐台一里許之窪地、另一方面、則迭向平津增兵、駐平日軍、此次并未參加蘆溝橋之役、但十二日晨仍有百六十餘名運平、由水關下車入日本兵營、調係從前方復員之兵、山海關兵車、十二日已有五列西上、已運到津之日軍用機、有二十餘架、（一說五十餘架）十二日下午三時、并有關東軍五百餘名、攜有小鋼砲多尊、分乘大汽車、由承德開古北口、分駐石匣等處、其第二批一百五十餘人、亦於十二日下午四時開到、駐在密雲城內、據某觀察家談、日閥諸已議決向華北增兵、關東軍及

《中央日报》，1937年7月13日，第3版

雙方一求約定撤兵

朝鮮軍正紛紛調動、是其欲以强力壓迫華北，以遂行其政策，和平解決及事態不擴大等名詞，或僅其準備未完成時一種外交辭令，豈我方己有堅決之意志，即日方所不願其實言，對我統盤亦惟有若與之周旋云。

廿九軍駐京代表李世軍昨（十二）晚對記者談稱：日軍自在蘆溝橋對我方挑釁後，經外交當局屢提抗議，三日以來，中日雙方曾各派代表舉行會商，日方屢允撤兵，竟未履行，更由關外調兵增援，自豐台到[illegible]，侵擾我方防地，其[illegible]利于作戰準備，尚欲作緩兵之計，[illegible]。日來日本同盟社屢傳協定已成立，附有細節條件，我方[illegible]均係惡意宣傳，望國人勿[illegible]云。

▲中央社北平十二日正午十二時四十分電 日軍大部已撤退，十二日晨間衝突，聞係日便衣隊在西郊八寶山一帶活動，被我擊散後，即已平靜，平津形勢現已緩和。

▲中央社北平十二日下午五時二十五分電 蘆溝橋方面日軍已大部撤至豐台，但尚有若干未撤，且有久駐模樣，我方仍希望事態不擴大，惟日軍倘無履行信約之誠意，仍向我挑釁，則我惟有堅決抵抗。

▲中央社北平十二日下午九時五十五分電 舉世矚目之蘆溝橋事件，本于第二次口頭約定，于十一日實行撤歸原防，嗣我軍已復撤至衙門口（地名）後方一帶，日軍大部亦撤往豐台方面，惟並未完全撤盡，前方警戒區內，雙方哨隊時發現起見，因此又有射擊，而步兵互相死傷，形勢時趨嚴重，十二日下午雙方當局遂各派員各往前線視察，相互監視實行復員，以期事件早日了結，我方所派為三十七師副師長張凌雲、冀察綏靖公署交通處副處長周永業、廿九軍參謀周思靖，日方所派為櫻井、笠井、中島，聯袂已于十二日午前往，我方復員現正準備中，日方是否實行踐約，尚待續報，至事件發生以來，已歷五日，此間當局始終本不挑釁、不喪權、不辱國之旨，以促對方之猛省，如日軍再不撤退，則前途如何演變，殊難臆料也。

▲中央社北平十二日下午二時四十分電 記者十二日晨復出城視察撤兵情形，廣安門仍閉半扇，往來行人甚稀少，出城至大井村，沿途則頗寂靜，行人亦少，抵大井村，見日軍尚甚多，戒備頗嚴，見出而攔阻，經與說明，始由日軍中派兵一人隨同前行，過大井村，沿鐵路西南洞至五里店大瓦窰一帶，日軍崗位密佈，警戒嚴密，大瓦窰附近諸地，有帳篷甚多，高地上架砲多門，子彈箱及各種軍實堆積無數，有若干日兵正在該處架設無線電，又有一部日兵在溝築工事，覆掛綠色之掩護物，來來往往，狀頗忙，惟未能發見有撤兵模樣，中有一日兵能華語者，詢記者關于和平消息，城內已正式公佈否，記者答否，彼又謂恐和平仍難實現，詢其原因，彼又搖首不答，大瓦窰距宛平縣城極近，望見城上有少數保安隊駐守，復前行，尚未至城下，即為城上保安隊所阻，謂大瓦窰高地有日軍可以瞭望得見，入城太危險，勸令其返，記者不得已始折回，十一日晚十時及十二日晨一時曾發生兩度接觸，旋即停止，結果雙方各有傷亡，惟衝突原因則仍不明，又平市西郊八寶山一帶，十一日晚亦發現日軍便衣隊，當被我擊散，至十二日晨三時後，前線即入靜止狀態，以迄於今。

▲中央社北平十二日路透電 今晨拂曉前，平西約六里之八寶山萬國高爾夫球場附近，有極激烈之戰事，為八日蘆溝橋衝突以來所未有，機關槍聲與砲聲遙際可聞，終夜不絕，城內戒嚴，市聲全息，故坦克車馳往前敵之聲，亦復清晰可辨，北平戒備甚為嚴密，居民咸不許離家門外。

《中央日报》，1937年7月13日，第3版

日軍昨有兩千到津

▲中央社北平十二日夜十時十分電 日本已決定于關東軍方面、抽調大部軍隊、向華北增援、並由該國另調兩師團、現已有一部士兵整裝待發。

▲中央社北平十二日下午五時二十五分電 路訊、日關東軍決增調二千五百人入關、第一批七百人已於十二日開抵津、第二批一千八百人、十三日亦可到、攜帶槍械軍需甚多。

▲中央社天津十二日電 由關外開抵榆關之日軍兵車一列、約載七百餘人、頃已于十二日午十一時許開抵津東站停留、截至發電時止、尚未續進。

▲中央社天津十二日電 榆關開到之日軍、原定十二日晨一時許開三列車分別西上、但因北寧路局拒絕付給路簽、致未開行、頃據交通界息、日軍現已于十二日晨十時許將五列車强行開出、預定午後可抵津、其中第一列車現已抵茶棧車站云。

▲中央社天津十二日下午八時四十五分電 日軍仍陸續由榆乘專車來津、頃又到達千餘人、計(一)日軍六百餘人、馬百餘匹、軍用品六悶車、於下午六時二十分抵津、(二)下午七時半又有四百餘人、馬一八〇匹、與大砲共裝九車、於七時抵津、均停於東站、全體士兵並下車在附近休息、另有日兵車十二日晚亦可到。

▲中央社天津十二日電 蘆溝橋中日雙方部隊撤退事、雖已由官方證實、但日軍仍由榆關源源西開、十二日午後又陸續抵津、(一)下午二時卅五分由榆開到鐵軌陸地兩用鐵甲車一輛、內載士兵五人、(二)下午四時十分由榆又到巨型鐵甲車一列、共計五節、內裝砲四門、機關槍若干架、載士兵三十餘人、均停於東站、又平榆系四次車十二日下午四時抵津時、亦附掛日軍用車兩輛、內載日兵七十餘人、在津下車、尚有馬四十餘匹、原車赴豐台。

▲中央社天津十二日電 十二日晚九時又有日兵車一列由榆抵津、計載兵四百餘名、馬百餘匹、大砲六門、另有悶車五輛、滿裝槍械子彈、即停於東站、十二日一日共到日兵車四列、人數在二千人以上、所有運兵之車皮及機關車、均係關外開來者。

▲中央社天津十二日電 十二日晚抵津之日兵車兩列、共載士兵約千餘人、及大批軍器、於九時整隊經萬國橋法租界至海光寺兵營、此項日兵所經過地方、往來均因之被阻、又下午八時五十分有日騎兵百餘名、押大批軍用品經平津公路赴豐台。

▲中央社天津十二日晚十一時電 據路息、十二日晚豐台附近有日軍坦克車數輛經過、去向不明、又此間十二日上午十一時半有日軍四百餘名、馬百餘匹、由平津公路前進、似亦赴豐台。

▲中央社天津十二日路透電 日軍車陸續由榆抵津、關內北寧路局拒絕裝運日軍之請求、日方乃以南滿鐵路之員工與車輛自行運兵入關、北寧路榆平段、實際上華方已無完全統制能力

《中央日报》，1937年7月13日，第3版

宋昨在津召開會議

因病未見記者發表談話
馬彥翀陳覺生由平返津
香月昨視事一度飛豐台

▲中央社上海十二日電 路透四〔?〕津十二日電，宋哲元十二日午後在私邸召集在津要人舉行重要會議，截至深夜，該宅附近不許任何人往來，戒備至爲嚴重。

▲中央社天津十二日下午一時四十分電 宋哲元十一日下午六時即到進德社辦公，擬十二日晚或十三日晨接見此間新聞界，津市府秘書長馬彥翀及陳覺生，十二日午先後由平返津，當分赴進德社謁宋報告一切。

▲中央社天津十二日電 宋哲元因昨日來津，途中勞頓，腰痛宿疾，因以復發，返平期尚有待，原定十二日午後接見記者，亦因之改期，臨時發表書面談話，原文云：此次蘆溝橋發生事件，實屬東亞之不幸，局部之衝突能隨時解決，尚屬不幸中之大幸，東亞兩大民族，即是中日兩國，應事事從順序上著想，不應自找苦惱，人類生於世界，皆應認清自己責任，余向主和平，愛護人羣，決不願以人類作無益社會之犧牲，合法合理，社會即可平安，能平即能和，不平決不能和，希望負責者以東亞大局爲重，若只知個人利益，則國家有興有亡，興亡之數，殊非盡爲吾人所能逆料也。

▲中央社西安十二日電 廿七路總指揮馮欽哉暨師長柳子俊、武士敏，十二日電宋哲元、秦德純、馮治安、張自忠響應，謂如有本路將士願作後盾，同仇敵愾，誠此明矣〔?〕云云。

日軍將在津南演習

▲中央社天津十二日電 新任日駐屯軍司令香月清司，十二日晨已正式到海光寺司令部視事，下午一時並召集各高級幕僚會議，計到橋本、池田、専田、大本等，迄下午三時始散，香月到津後，尚未正式通知我地方當局。

▲中央社天津十二日電 日軍艦菊號十二日下午開抵塘沽，共有水手百餘名，又傳日華北駐屯軍司令香月十二日午一度飛豐台，對部隊有所訓示，旋即返津。

▲中央社天津十二日電 津日軍將於十四日起在津南郊演習三日，際此蘆溝橋事件未完全解決之時，日軍此舉，頗引人嚴重注意，又據此間消息，關外日軍一部總古北口開往通縣豐台一帶。

▲中央社天津十二日路透電 日軍一大批援隊，內有機關槍兵一中隊，從關外開來，十二日抵津東站，旋開往日租界中之日營房，香月清司十二日午赴豐台，與該處日軍官有所接洽，參謀長橋本羣同往，宋哲元十二日晨召集在津各上級軍官在英租界開會，討論一切，由馬彥翀報告最近發展情形。

《中央日报》，1937年7月13日，第3版

近衛口中之對華北政策

日皇昨返東京

▲中央社東京十二日路透電　日首相近衛十一日夜邀集政財報界代表，向之解釋政府對華北之政策，諸代表皆允團結贊助政府政策，近衛詳述政府不得不作嚴重決議之情勢，惟謂政府仍未放棄和平談判希望，並謂此次事變，係中國多年來辛苦大胆經營之「排日」運動與教育之自然結果，日政府由「滿」韓及日本本部派兵至華北者，本意乃在促中國重行考慮其態度云，此次集會，閣員全體蒞臨，散會後政民兩黨發表宣言，聲明贊助政府政策，少數黨後亦有此行動，藏相賀屋今日宣布，政府雖遭華北事變，決計維持目前匯率，並請銀行家財政家合作，以達此目的。

▲中央社東京十二日路透電　日皇與后在葉山別宮過夏，因華北局勢緊張，十二日午後返抵東京。

各省情形甚為緊張

▲中央社上海十二日電　據同盟東京十二日電，各省辦事之緊張情形，如海軍外務大藏等省，固形忙碌，而對於事變無甚直接事務關係之其他各省，情形亦甚緊張，（一）內務省全部職員，均經非常召集，請求實用軍事救護法，及其他後方之維護，俾策萬全，（二）遞信省十一日電令，星期日內各項電報陡增，乃着中央電信局非常召集，認眞處理，十二日晨遞相等全體人員，均提早服務，（三）商工省因十一日夜在首相官邸召開財界巨頭懇談會，得悉成為完全舉國一致之體制，財政界與股票行市，均無任何動搖與變化，（四）文部省預備於時局嚴重之際，決向全國學生發出重要通牒，促其對於時局應有正當之認識，同時須以學生資格，為國家服務，現正着手準備各節，（五）農林省自今晨起，以準戰時之姿勢，着手準備，其中尤以馬政局及糧食方面之米穀局，更形忙迫，（六）拓務省鑒上華北與「滿洲」地圖，新裝無線電播音機，注視事態之推移準備各節，（七）司法省擬于萬一之際，決令着全國囚徒，使之製造軍需品，以便強化勞力，而促進愛國熱忱，（八）鐵道省準備運輸軍隊，須預先仔細調查，以便作鐵道之策戰云。

《中央日报》，1937年7月13日，第4版

日方增兵局勢益危

歐美各國當局極表關切

平郊昨午今晨均曾發生戰事

日軍續開津并傳成立統監部

▲中央社倫敦十三日路透電 倫敦消息靈通方面接中國傳來最近消息、華北中日軍之爭案、仍有解決希望。

▲中央社倫敦十三日哈瓦斯電 艾登十三日午前接見中國大使郭泰祺。

【本報十三日上海專電】 國民社倫敦電、下院十二日有人質問外相艾登、英政府對於目前遠東之危險局勢、會否考慮與美磋商、外相答稱、本人頗有此意。事前艾氏亦曾述及現在華北之衝突、對英國及其他外人利益之影響。

▲中央社倫敦十三日哈瓦斯電 關于中日糾紛、英國消息靈通人士表示希望、謂當以友好方式解決之。此外英美並已進行談話、而就雙方所當採取之態度加以商酌、俾外交上必須有所舉動時、即可以適宜之舉動出之云。

▲中央社華盛頓十二日路透電 美國務院今日聲稱、國務卿赫爾已分別照會駐美日大使齋藤博與中國大使署、告以中日間之武裝衝突、將爲和平與世界進步之重大打擊云。

▲中央社華盛頓十二日哈瓦斯電 日駐美大使齋藤、頃與國務卿赫爾談話歷半小時之久、當就渠自東京方面所獲關於華北局勢之消息、向赫爾提出說明。事後齋藤向報界談稱、渠並未與赫爾討論任何種和解性質之建議、但謂日本現正謀設法儘量減少華北局勢之危險性云。

▲中央社華盛頓十三日路透電 美國務卿赫爾今日答復關于華北局勢之種種問話、未作切實肯定之語。或問以英外相艾登所稱英政府現考慮與美商榷事一節、赫僅答稱、渠尚未接到關于此種動作之情報、又有人詢以美國將否以中立法案施諸中日、赫爾答稱、中日事件尚未至必須採行此種步驟之階段、赫爾又稱、華府海約雖已結束、然美政府以爲同時締結之其他條約、如九國公約等、至今仍有效力云。

▲中央社巴黎十三日哈瓦斯電 外長台爾博斯頃接見中國大使顧維鈞。

▲中央社羅馬十三日路透電 此間官方對於華北中日軍隊衝突事、認爲有和平解決希望、故尚未曾發特殊訓令以保護華北意僑。

《中央日报》,1937年7月14日,第3版

▲中央社北平十三日電　蘆溝橋事件、因日方軍隊未全撤退、且由關外調來大部軍隊、陸續由天津通州方面向豐台方面增援、致使形勢益趨嚴重、十三日晚據精通冀察情形者聲稱、我軍始終不願事態擴大、如和平未至絕望時期、自不放棄和平、非至存亡最後關頭、當然不願陷兩大民族於萬劫不復之地步也、若日軍幡然覺悟、國內出發軍隊立時停止、蘆溝橋豐台方面亦立即恢復本月八日前之狀態、則前途尚有一線曙光亦未可知、總之、此事件冀察當局固願求「和」、但能「平」然後能「和」、深望負責者加以絕大反省也。

▲中央社天津十三日電　蘆溝橋事件因日方並未撤兵、復繼續增派部隊、故事件解決、益感困難、中日雙方刻在津有所談商、陳覺生鄧哲熙與日軍部各參謀間連日分別會晤、據聞第一步在使目前局面趨於和緩、再談其他云、

▲中央社天津十三日電　據此間外人方面觀察、此次由關外開來之日軍、其總數將達萬餘人、此項軍隊並無關東軍之符號、據彼等推測、恐係由日本國內開至東北、再經鐵路運來、以避人注意云、另聞十二日晚、由古北口開到通縣之日軍、約二千餘人、十三日仍有大批陸續開到。

▲中央社長春十三日路透電　關東軍發言人今日在此聲稱：如再遇挑釁行為、日方準備採取最劇烈之手段、關東軍現已作完全佈置、以援助華北駐屯軍、俾衝突事件獲有完全結束云、日軍除由鐵路出發外、現乘載重汽車由熱河經古北口向北平前進、其由朝鮮調往華北之日軍、大約將取道瀋陽而行、此項援軍所取路線、現尚未定、但以意度之、將經山海關前進、而以摩托隊為其後援、此摩托隊現正由熱河經古北口而進窺北平。

▲中央社北平十四日上午一時四十分電　十四日晨一時許日軍約千名、向永定門外大紅門我駐軍開始用砲轟擊、我軍當予還擊、雙方刻正用機槍對射中、又十三日晚十一時豐台日軍五十餘人、乘載重汽車三輛向大紅門一帶開去。

▲中央社北平十四日晨二時四十分電　大紅門中日軍于十四日晨一時許衝突後、截止二時許、機槍聲仍繼續不斷、惟聞槍聲方向已轉向西、似在大井村一帶、永定門車站曾落砲彈數枚、但無多大損失。

▲中央社北平十四日上午三時十分電　日軍十四日晨分若干股在大紅門一帶向我軍挑戰、嗣二時半大井村以北大小村一帶亦發現數股日軍、當經我軍擊退、至三時後前方各地均趨平靜。

▲中央社天津十三日電　津日駐屯軍頃作戰時準備、聞已成立統監部、由香月任統監、下設作戰課、以和知任課長。

《中央日报》，1937年7月14日，第3版

永定門昨午有激戰

▲中央社北平十三日下午一時電　日軍于十三日晨陸續由通州經永定門外大紅門開赴豐台，至十一時許，復有日軍四百餘名，載重汽車六十五輛，携帶坦克車四輛，迫擊砲七門，卡車四輛特向我軍挑戰，意欲入城，我軍當即阻攔，遂即開始衝突，雙方戰事激烈，日軍死傷頗多，據由永定門外入城某軍官談：日軍大部在永定門外北寧路鐵橋下屯集頗多，當衝突時，日軍曾以坦克車向我軍衝擊，我軍奮勇抵抗，一時戰事頗爲激烈，雙方均有死傷，大部陣線在永定門外四里許之觀音堂一帶，記者欲出城探詢消息，因永定門業已關閉，記者遂登城樓上遠望，見城外居民紛紛逃難，步槍聲頗爲清晰，隱約間可望見日軍之行蹤，至十二時卅五分，突有重砲兩響，聲音極近，前門大街行人聞聲紛紛躲避，各商店當即閉門，城內亦即嚴密警戒。

▲中央社北平十三日下午二時三十分電　中日軍十三日午在永定門外衝突，經我軍奮戰，至下午一時許，已將日軍擊退，當永定門外發生衝突時，一部日軍擬向南苑進攻二十九軍軍部，立即被我軍擊散，同時在觀音堂操樂林地方停有日軍載重汽車兩輛，滿裝軍火，被我軍擊中起火爆炸，聲如暴雷，烟燄冲天，在永定門內天橋地方即可瞭見，車旁有日軍五十餘，當被炸死八九名，餘均逃逸。

▲中央社北平十三日下午一時四十分電　十二日午後中日雙方所派監視撤兵人員張凌雲、櫻井等，赴前方視察後，當日下午九時即分別返平，據我方人員報告，日軍迄未撤退，仍在大井村五里店一帶，約有六百餘人，另據確息，自十二日下午起日方由山海關開來之軍隊，陸續向天津豐台方面集中，似有擴大事件之企圖，十二日深夜一時許，前線警戒區復傳來斷續槍聲，十三日上午十時半據報，由平市至南苑途中大紅門（在永定門外）地帶，突有通州方面開來日軍一部，向前推進，我軍當即退走，該軍不從，强欲前進，首先開槍，當即發生衝突，各有傷亡。

▲中央社北平十三日正午十二時卅分電　日軍四百餘名，十三日午在永定門外北寧路鐵橋與我軍衝突。

▲中央社北平十三日下午三時五十分電　記者下午三時復至永定門，欲出城調査衝突眞相，經守門阻攔，無法前往，旋由永定門外抬進傷兵一名，遍體鱗傷，爲狀極慘，但該傷兵於昏迷中，仍具悲憤之慨，忠勇衛國精神，睹之令人敬仰，據隨傷兵入城之某士兵談，日軍共携有子彈四載重汽車，除兩車被我軍擊中爆炸外，餘兩車爲我軍獲，現日軍已撤退，我軍正嚴密戒備中。

《中央日报》，1937年7月14日，第3版

▲中央社天津十三日電　據北寧路訊、秦榆等地、日兵車絡繹不絕、現有若干列車仍擬準備西上。

▲中央社天津十三日下午二時四十四分電　十三日晨六時十分尚有日兵車一列開抵津東站、共載兵三十餘人、載重汽車十輛、軍械車五輛、亦停於新站。

日兵車十一列到津

▲中央社天津十三日電　榆關開到之關外日兵、于十二日晨仍陸續來津三列車、計（一）晨四時十分到日軍三百餘名、載重汽車十一輛、軍用汽車五輛、（二）九時十分到日軍二百餘人、載重汽車二十輛、軍用車五輛、（三）七時四十五分到工兵三百餘人、載重汽車若干、無線電機一架、又十二日夜十二時許抵津之日兵車、除有士兵三四百人外、尚有鐵甲車三十餘輛、十二日一日間由榆開來之日兵車共十二列、現已到津九列車。

▲中央社天津十三日十二時五十五分電　十三日午十一時二十五分、東站又由榆關開到日兵車一列、裝士兵二百餘人、載重汽車三十餘輛、尚有大批軍械子彈、爲數甚多、同時有駁船一隻由塘沽開抵日租界河沿、卸下彈藥九百餘箱。

▲中央社天津十三日下午一時零九分電　十三日晨三時四十五分到津之日兵、多屬交通兵、並有鐵路枕木四十四車、同來、現在北寧沿線各站均有日交通隊駐守、津平間各次車十三日晨均未開行、只廿二次車由津至豐台、據路訊、永定門附近十三日晨中日軍隊又有小衝突。

▲中央社天津十三日下午三時十二分電　日兵陸續由榆關來津、由十二日起至十三日午止、共到兵車十二列、人數在三千人以上、其他軍械子彈爲數極多、日方現派交通隊駐在東車站、並驅逐附近行人、來往盤旋。

▲中央社天津十三日電　日兵車十三日下午七時半又有一列到津、計載兵一百餘名、坦克車二輛、載重汽車二輛、軍械車五輛、馬二十餘匹、停于東站、卸下車分赴海光寺及東局子兩兵營、又十三日晨抵津之日兵車皮三列、午後離津東返、另有一列載兵三十餘人于午後赴豐台。

《中央日报》，1937 年 7 月 14 日，第 3 版

日軍由平北開豐台增援

密雲昨開到日軍一批

▲中央社北平十三日下午二時十五分電 東便門外雙橋車站、十三日晨發現日軍五六百人、乘載重汽車六七十輛、携大砲十門、坦克車數輛、經該地向西南開進、聞係由通州開往豐台。

▲中央社北平十三日下午一時三十分電 平市廣渠門外南約三里許之架松墳地方、十三日午十二時有日軍一百餘名、携重砲多門在該地休息、旋即向豐台開行。

▲中央社北平十三日電 確訊、日對華北增兵除由榆關沿北寧路線運輸外、幷分由平右(北口)大道運輸、十三日計到三批、第一批載重汽車七十餘輛、滿載軍火、有兵士六百餘人、晨七時由通縣轉廣渠門、在該處營幕休息兩小時後、復沿永定門赴豐台、第二批載重汽車一百十餘輛、內有坦克車鐵甲車卡車等、兵士八百餘人、循第一批原路赴豐台、第三批載重汽車五十餘輛、兵士三百餘人、亦循原路轉往豐台。

▲中央社北平十三日電 密雲電話、謂原駐該地日軍百餘名、十二日晚開往懷柔、十三日晚七時由古北口開到日軍三百餘名、分別佔領城內各商號、携鋼砲甚多、薊縣燕郊夏甸一帶之戰區保安隊、十三日亦突向通縣城北城西集聚、用意不明。

《中央日报》,1937年7月14日,第3版

日軍在津東站竟設司令部

并調僞奉山路員工入關 强佔北寧鐵路沿線各站

▲中央社天津十三日下午五時五十分電　津東車站現由日軍派隊分散各處、往來梭巡、並向路局索房一間、設有日軍車站司令部、　平來津日兵所乘之各次列車、均爲南滿鐵路或關外僞路者、現停於東車站貨廠、十三日北寧鐵路由東開來各次客貨車、因秦皇島唐山等地日兵車絡繹不絕、致多不能按時開行、應於三時半抵津之平瀋第四次車、迄五時半仍在途中。

▲中央社天津十三日下午九時三十五分電　日兵車大批抵津後、僞奉山路職員百餘人隨來、在沿途各站分別下車、赴各站長公事房、津東站計有六人、並聞尚有六人擬十四日赴北寧路車務處調動股、據彼等稱：係因北寧路對兵車不負調動責任、故自行辦理、路局對此將予拒絕、又據路訊、豐台扶輪小學已被日方於十三日午佔據駐軍。

▲中央社天津十三日上午十時十一分電　北寧路十三日晨僅通車一次至豐台、九時半平津特快車未開行。

《中央日报》，1937年7月14日，第3版

宋秦均否認接受日方任何條件

張自忠將返津謁宋報告

秦德純昨與李世軍通話

▲中央社天津十三日電 宋哲元十三日晨七時召集各機關首領談話，謂盧溝橋事件固願和平解決，但報載接受條件云云，絕非事實。

▲中央社天津十三日電 宋哲元仍在津，外傳十三日赴保說，不確，張自忠原定十三日晚專車來津，謁宋報告一切，臨時因故改十四日晨啓行。

▲中央社北平十三日下午八時四十五分電，張自忠定十三日下午五時專車返津，旋改六時啓程，但至七時半專車仍停在站，似又無返津意。

▲中央社北平十三日下午四時電 秦德純定下午七時招待記者，說明政府態度。

本京息，廿九軍駐京代表李世軍，昨（十三）午與北平市長秦德純用京平長途電話談話，據秦稱（一）昨（十三）晨拂曉，南苑永定門間之大紅門，發現日軍約千餘名，分向永定門及南苑附近我軍陣地，猛烈攻擊，激戰兩小時，均被我軍擊退，（二）北平東南近郊各鐵道，多被日方破壞，（三）所謂日方退兵，亳無誠意，彼仍源源增兵，雖仍派人向我交涉，但和平希望極微，事態必然擴大，（四）盧溝橋方面戰事稍沉寂，仍爲我軍駐守，陣地鞏固，又李氏以連日談判，敵人是否提出條件，我方有無承認情事詢秦，據答對方常有種種無理要求，均經拒絕，誓死未有隻字條件之承認，請轉呈中央釋念云云，嗣李氏又與津海關監督孫維棟通話，內容與秦所稱者略同，現李氏已將秦孫兩氏所言，轉向何部長報告。

《中央日报》，1937年7月14日，第3版

中日雙方續開談判
日兵車仍絡繹到津
張自忠宣稱我軍已復員
平郊昨有數處發生衝突

▲中央社北平十四日下午十一時零五分電　官方公佈、（一）十四日晨、日軍千餘、隨有騎兵百餘、由津向通州方面開去、據報、今晚該部已抵楊村附近宿營、（二）十四日下午一時許、右安門忽發現日方坦克車兩輛、車上兵士共十六人、頻以步槍向城上射擊、經我城上守軍大聲勸止、不從、雙方衝突約半小時、該兩車始向豐台退去、（三）十四日下午六時許、距南苑南七八里之團河附近、發現日騎兵十餘人、向我防地偵察、嗣即鳴槍衝襲、我不得已加以抵禦、雙方射擊不久、該日兵等即逃走、又我南郊查勤警察一名、被日軍脅往豐台、至晚九時始放回、（四）十三日在大紅門方面向我衝擊之日兵、據日方稱有十二人失蹤、本日則又謂已逃往通州。

▲中央社北平十四日下午九時四十分電　十四日上午十一時至十二時、永定門迤西前橋子地方、有日軍十人駕載重車坦克車各一輛、擬向永定門前開、當被我軍阻止、日軍開槍、我亦還擊、日軍旋即退去。

▲中央社北平十四日下午十一時十五分電　十四日下午五時有日騎兵二百餘人、由豐台經南苑南面團河向南苑廿九軍軍部進襲、我軍當即迎頭痛擊、日騎旋即退走、雙方互有傷亡。

▲中央社北平十四日下午十一時二十分電　日軍約六七百人、由津乘車一列、開豐台、於十四日晚九時過楊村抵落垡時、當與我該地駐軍衝突、現仍續戰中、故平津各次夜車均停駛。

▲中央社天津十五日上午一時四十四分電　傳北寧路楊村落垡間、日軍將我駐軍包圍、致雙方發生衝突、頃向此間官方探詢、未能證實、又十四日下午十時許、津東站又到日兵車一列、載士兵二百餘人。

▲中央社北平十四日下午九時四十五分電　通縣日軍十四日開始在通縣西門外三間房西南地方埋設地雷數座、上敷樹枝、并佈置防線、同時集中通縣之戰區保安隊千餘名及一部日軍、十四日在八里橋一帶佈防、並作工事。

《中央日报》，1937年7月15日，第3版

雙方仍在進行談判

▲中央社天津十四日電　此間中日雙方十四日仍繼續談判、陳覺生鄧哲熙與日駐屯軍參謀長橋本羣、參謀和知、塚田等隨時接洽、關係方面對蘆溝橋事件、認爲和平曙光尚存、但對日方何時撤兵、則無法作斷定的斷言、總之、今日前方情勢雖漸趨緩和、但全局之解決、似仍有待於雙方之繼續折衝也、陳覺生十四日下午四時謁宋哲元報告與日方接洽情形、並有所請示、當晚仍將與日駐屯軍參謀塚田等會晤、張自忠十四日午亦來津、當晚張等謁宋報告平市情形、並請示一切、聞我方對和平仍願盡最大之努力、而結果如何、其關鍵在日方是否欲事態之擴大、十四日此間盛傳平郊仍有戰事、但據返津之張自忠稱、平市十四日午後漸趨平靜、南苑亦無事云。

▲中央社天津十四日路透電　據陳覺生十四日稱、華北糾紛案今後有和平解決希望、談判刻正順利進行、渠於糾紛案發生後、即與日方密切接談、以期防止日援軍到後、大局益臻嚴重云、同時齊燮元與張自忠已由平返此協助締判、談判情形隨時報告宋哲元、川越已由青飛抵津、與香月長談、惟未約期往訪宋哲元。

▲中央社北平十四日路透電　午夜甫過、而中日軍隊又起衝突、以致驚魂不定之北平人士、終夜又不能安枕而眠、居民方擬就寢、乃迫擊炮聲大砲聲與機關槍聲相繼而作、密如連珠、蘆城門附近戰事復起矣、自八日衝突發生以來、此次惡戰最近北平、幸半小時後槍炮聲停止、同時議和之說、仍甚囂塵上、平市長秦德純與日使署秘書加藤晤商後、其高級華員聲稱、榮譽的和平、尚有一線希望、並謂冀察當局、決不犧牲中國主權云、昨日永定門外之戰爭、係因日軍戰車汽車誤走路線、致起衝突、加藤發言、謂若南京停止其引起日本極大注意之軍事準備、則戰爭可免、渠以爲如華北當局遵守其義務、則當地局勢即可收拾矣、美國及其他使署皆已諭令住於郊外之外僑避居城中、昨日午後又有日軍兩大批、共一千一百人、由古北口遂陸開抵豐台、攜有坦克車與裝甲車若干。

▲中央社北平十四日電　日大使館參事官加藤傳四郎、武官輔今井武夫、十四日下午五時赴市府訪晤秦市長德純。

▲中央社北平十四日電　同盟社十三日電稱關於蘆溝橋事件、二十九軍代表張自忠張允榮已於十一日與日方簽字云云、據秦德純十四日午語記者、日方現仍盡量增兵、倘若簽字、恐無此舉、由此可證明日電所稱之虛實也。

▲又電　張自忠十四日午十二時半乘專車赴津、謁宋哲元請示要公、又孫殿英十四日晨亦赴津公幹。

▲又電　齊燮元十四日晨十時乘平浦車赴津、謁宋哲元請示要公、並將有所建議。

▲中央社天津十四日下午二時卅分電　張自忠十四日下午一時卅分由平抵津、齊燮元偕平綏第二十一次車來津、謁宋哲元報告蘆溝橋事件及冀察政委會事務。

▲中央社北平十五日上午一時四十分電　津訊、據傳本市當局（市長張自忠）今日宣佈。

《中央日报》，1937年7月15日，第3版

和平尚未至絕望時期、蘆溝橋方面我方已復員至八日前狀態、日方則仍未完全撤退、本人始終以國家爲重云、

▲中央社北平十五日上午一時三十分電　據官方稱、張自忠在津發表談話、略謂廿九軍已恢復八日前狀態、但日軍尚未完全撤退、張並稱「姓張的决不做對不起民衆的事」。

豐台開到日軍萬餘

關係方面頃接平電、平市近郊自前晚至昨（十四）晨、均甚沉寂、惟昨晨有大批日機飛至平市上空偵察、天津續由關外開到日軍甚多。

又訊、此間昨（十四）日下午三時接平方電告：一、路局消息、津市附近十三十四兩日、共到日兵車十二列、二、平郊今（十四）晨有日兵四百餘名、乘載重汽車卅二輛、附帶彈藥車十一輛、及敞篷卡車十輛、向永定門外一郎廟豐台方面運動、三、通縣運來日兵白餘名、分乘載重汽車六輛、於今（十四）晨十時抵達大紅門、欲通過該地、經我軍攔阻、稍有衝突、其中載有彈藥之一輛、因錯撞路旁大樹、當被爆炸、四、昌平方面開到日軍一營、五、宛平縣城與蘆溝橋仍由我軍固守、大井村大小屯之日軍、向東水貫頭集中、五里店大瓦窰日軍、正構築陣地。

▲中央社北平十四日下午二時電　官方公布、十四日上午據各方報告如下：（一）蘆溝橋方面大瓦窰、大井村、五里店一帶日軍、自十三日下午起、漸有陸續撤退模樣、但軍事佈置尚未完全撤除、（二）、豐台附近現由通州及關外開往之日軍、據調查現已有一旅以上、計步兵兩團、約計四千人、機槍約百挺、重砲八門、重戰車四輛、輕戰車八輛、（三）平市左安門外西南角飛鳳營及永定門外大紅門北方十里店、十四日晨一時至二時間、均發現少數日軍、該時平市所聞砲聲、即該兩處傳來、真相不明、現正調查中。

▲中央社天津十四日下午五時〇五分電　十四日晨由津徒步向豐台開拔之日軍二千餘人、行至楊村即停、尚未續進。

▲中央社北平十四日下午三時十五分電　此間除各城門半閉外、一切俱入常態、日機四架、十四日晨七時及九時兩度飛平偵察、飛行甚低、均係轟炸機、東車站交通完全恢復、但日本增兵仍繼續西開豐台方面、已集中約萬人、沿平通大道西至豐台、運輸絡繹、豐台人民逃避一空、據觀察家觀察、日軍係取包圍北平之勢、俟準備完成、即以强力對我壓迫。

《中央日报》，1937 年 7 月 15 日，第 3 版

▲中央社天津十四日路透電　十四日晨三時、日步兵約三千人、攜帶迫擊砲與機關槍遵陸路開往豐台。十三日夜與十四日晨日兵車四列、裝載兵士、自動車、高射砲、糧食與水泥開抵津東站、十四日晨四時半與九時間、有日機四架、四次飛過天津、當日軍當局發表一文、言平市附近衝突事、謂華軍方面屢有「挑釁」舉動、局勢如何發展、當難逆料、但若事態愈臻嚴重、則負其責者當爲華軍云。

▲中央社天津十四日下午十時十八分電　日軍千餘人、十四日晚九時許由海光寺兵營出發、行經東馬路過金鋼橋、仍沿平津公路前行、是否開豐台抑或楊村、未詳、當此項日軍出發時、在日租界旭街放哨、禁止車馬行人、經東馬路時、爲首日騎兵復驅逐行人、致一般民衆爭先逃避、各商店亦紛紛閉門、河東、河北、南市各夜市、亦立即收市、秩序因之紊亂、迄晚九時半後、此項日軍已全部到達平津公路、全市秩序始漸告恢復。

川口師團全部到津

▲中央社北平十四日電　路息、自十三日晚九時起至十四日晨六時止、共有日兵車十六列由山海關開抵津。

▲中央社天津十四日下午十時廿五分電　日軍連日開來津市者爲川口師團、截至十四日晨一時、已抵津十五列車、其第十六列車所裝給養等、十四日午亦開到、聞尚有由日本國內開到關外之第五師團阪垣部、現亦待命入關、阪垣亦有日內抵津之說、熊本師團聞亦將開往青島云。

▲中央社北平十四日電　據天津外報載、自九日起至十三日止、日兵車共開來十五列、十三日有八列以上之日兵車由關外開來、最後三列約在下午十一時方到天津東站、載約一千五百人、並有載重汽車多輛及大砲數門、計第一列車在上午四時開到、內裝日兵三百人、汽車五輛、載重車十一輛、第二列車、在上午五時開到、內裝日兵二百人、載重車二輛、汽車五輛、又有滿載軍火之車三輛、又一小時後第三列開到、內載日兵七十人、汽車五輛、載重車十輛、及鐵悶車數輛、滿載軍火及食料、給養車在十一時開到、附帶敞車四十、滿裝鐵道枕木鐵軌及鐵路用品、並有無線電發報機數架、車上有三百名工程人員及工人、火車上之日兵與其他人員等、均在車上、待向豐台出發佈置、至十三日夜半、仍留車站、未開出、半小時後、第五列車又到、內裝日兵二百人、載重車三十、及軍火車數輛、第六列車、包括三十二個北寧車廂、計携有十二輛汽車、及六輪汽車多輛、四車廂之岩壁、二十四車廂疑爲水門汀、因其上覆以蓆片也、此外有坦克車一輛、均於夜十一時方到、第七列車於夜間十一時四十五分到、第八列車十二時方到、計携有汽車　輛、日兵四百人、到達津東站時、日僑男婦均傾巢站歡迎、第七列車除裝有日軍外、有十五車廂之食料、並載軍汽車十四輛、及火砲數門、第八列車、內有輕重坦克車各一架、鐵甲車七輛、六輪載重汽車三輛、煤車三輛、另有五車廂、內裝何物不詳。

《中央日报》，1937年7月15日，第3版

平津間交通 昨日已恢復

入晚各次車仍停駛

日騎兵駐守津交通要道

▲中央社北平十四日下午一時卅五分電　東車站十四日晨臨時佈告：謂自十四日起，上下各次車均按正點開行，觀此、緊張之時局似已轉變，但十四日上下午離平之客人擁擠異常，車站行李堆積，其中并有要人眷屬甚多。

▲中央社天津十四日電　平津十四日晨恢復通車，第二十二次車晨七時由津開平，如期到達，九時半平津特快車，亦按時由津開出云。

▲中央社天津十四日電　北寧路平津間交通十四日晨又恢復，平榆第二十二次及平津第六次車，已分別售票，至北平無結果。

▲中央社北平十四日路透電　十四日晨此間緊張局勢，稍見和緩，因大多數日軍，已由宛平區域撤退至豐也，火車三列頃已離平南下，其第一列係裝載幾輛軍官多人返秦皇島之下行車，除平榆第四十一次車係由豐台開出外，平榆第二十一次車則由平開津，十二時半到達。

▲中央社天津十四日下午九時三十五分電　十四日晚平津間往來各次車又停駛，由津開平之平榆廿四次車、平浦三〇六次車，均止於津站，由平開瀋之三次車亦未開行，十四日晨由平來津之各次車及由津南開之各次車，旅客甚爲擁擠。

▲中央社天津十四日電　日步騎兵三十餘人，十四日上午十一時許赴津浦路西站鐵橋與平津公路交叉處駐守，用意不明，市警察局已派員交涉，尚專車，中日雙方，現皆稱談判刻在津進行中，由宋哲元與日軍當局主持，以期成立新約定，永定門現極擁擠，最近交戰區內之民衆數千人，皆擁入城中，此外又有裝載食物與蔬菜之車輛，亦欲入城。

《中央日报》，1937年7月15日，第3版

川越昨到津

訪香月橋本等商談

▲中央社青島十四日電　川越十四日晨九時許，偕清水、星田等乘中航機飛津。

▲中央社天津十四日電　川越十四日晨十時四十分由青島乘中航機抵津，書記官星田清水偕來，津日總領堀內等均到機場歡迎，旋偕赴旅邸休息，川越定午後召集此間日領館有所垂詢，並將會晤香月。

▲中央社天津十四日電　日使川越十四日午後赴津日總領館視察，並召集堀內、岸西田等各領事談話，聽取報告，下午二時許赴海光寺日兵營訪香月橋本等，當時日駐津海軍武官之保田等均在座，彼此有所集議，下午七時應堀內干城在英租界官邸之歡宴，定十五日晨接見我國新聞界。

日機昨南飛偵察

并在團河附近強築機場

▲中央社天津十四日電　日軍用飛機十四日未續來，東局子機場仍有三十二架，十四日晨迭次飛向西北方面偵查，除二架行蹤不明外，餘均隨即返回停落云。

▲中央社保定十四日電　日軍在豐台附近，村莊民房，完全佔踞，並趕造工事，無撤兵模樣，十四日晨六時，又有日機沿平漢線南飛偵察，在省垣上空盤旋甚久始去。

▲中央社北京十四日電　平南團河附近之康莊，距平約三十里，十四日下午二時有日機一架飛落該地，上載六人，有三人下機四面瞭望後，當圈定該地農民孫冠成之地六十七畝及宋某之地若干畝，共百三十畝，為機場之用，每畝允給地價十元。

▲中央社太原十三日電　交通界息，石家莊十三日午發現飛機一架，從平漢線而來，飛度頗高，盤旋半小時，仍向北飛去。

《中央日报》，1937年7月15日，第3版

歐美關切北方局勢
德國現守中立態度
英美切取聯絡注視其發展

▲中央社東京十四日電 十四日午、外國記者向外務省發言人提出問題甚多、（一）問、到現時止、駐日各國使節有無與外務省接觸、答、無、（二）問、如有第三國出面調停、日態度如何、答、日態度早定、倘如有干涉、決不介意、（三）問、中國政府行動有無違反任何協定、答、倘無、（四）問、日本行動目的究竟安在、答、首應忠實履行解決辦法之規定、（五）問、現時尚繼續談判否、答、北平仍繼續談話、（六）問、日向國府交涉否、答、無。

▲中央社東京十四日路透電 外務省發言人今日聲稱、華北危局無重大變動、此事前途、端賴中國好自爲之、或問英美如出爲友誼的調解、是否有益、發言人答稱、日本不歡迎任何調解云。

▲中央社倫敦海通電 據此間所得電報、華北戰雲現已日漸密佈、各方咸信中日戰爭如無列強出面調停、決難避免、英美及其他對遠東有特殊利害關係之國家、對華北局勢之急轉直下、極爲關懷、惟官場表面力持鎮靜、除艾登外相昨在下院微露意態外、尚無任何意見發表、此間獲悉上海及其他地方日商業、已奉令採取迅速遣送歸僑離境之必要措置、虹口日軍亦奉令留駐營內、以備應變、停泊上海港內之日本兵艦、亦已升火待發、至於南京方面傳來之消息、亦謂中國當局對日方之無理侵迫、亦有抵抗之決心與充分準備、中日前途之推移、此時殊難逆覩云。

▲中央社巴黎十四日海通電 此間現對遠東時局之發展、予以相當焦慮之注視、據近外部人士、深恐歐洲列強之忙於西班牙內戰、業已鼓勵日本對中國之侵略、至於日本所稱中國反日情緒最近愈趨濃厚之說、頗多表示懷疑、認爲此不過用作此種衝突之藉口而已、據稱法政府現與英政府完全同意、必須竭力阻止遠東戰事之爆發、且將經由外交途徑警告中日兩國、表示法政府對於遠東方面現所發生之事件、極爲關注與焦慮云。

▲中央社上海十四日電 巴黎合衆十三日電、顧維鈞今日宣稱、日乘歐洲多事之秋、發動事變、世人當猶知日德協定眞實目的尚未全明、中國軍界探悉、日將于七月十五日由其國內朝鮮及關東調遣軍隊、大舉進攻、企圖佔據華北全部、惟中國軍隊雖至一兵一卒、亦將抗戰到底云。

▲中央社柏林十四日路透電 德外長牛賴特、十四日爲華北現局事、先後接見中國大使程天放與日大使武者小路、外交界現信兩大使皆係探詢德政府之態度、並說明其本國政府之立場、同時德對中日爭案現守中立態度、若干日本觀察家內德日兩國會於去年十一月間締結互助協定、故深以德報所取之態度爲異。

《中央日报》，1937年7月15日，第4版

英外相曾延見中日美三大使

▲中央社倫敦十三日路透電 倫敦人士現皆注視遠東發展情形·甚爲關切·在局勢未明瞭以前、英外相艾登無時不與美政府有密切接洽、聞艾登今日晤見中國大使郭泰祺時、告以英政府亟願見中日衝突之早日解決·因事態一經擴大·則將大有碍於英國在華利益也·聞英外相昨亦向日本大使吉田與美代辦表示與此同樣之意見·此間人士咸盼中日早日釋爭·其所引以爲慮者·雙方如各以開釁責任相責難·則各爲尊嚴起見·或使解決發生障碍也·

▲中央社倫敦十三日海通電 艾登外相與美國代辦今晚從長討論華北局勢後·據此間宣稱：英美兩國對於華北局勢之發表、現正保持密切聯絡、並已證實艾登與中國大使郭泰祺舉行會議·討論華北危機·渠並表示英國對時局最近發展·極爲關切·聞本日亦曾延見日大使云·

▲中央社倫敦十四日路透電 每日導報評論華北大局·謂遠東如發生新戰爭·必將成一浩刼·英美兩國當速取共同行動、阻止日本作危險之企圖·此種危險企圖之結果·浮躁之軍人·不能豫先鑒及·今日之事實、爲五年前日內瓦處理中日問題萬分懦弱之後果中之一新段云。

▲中央社倫敦十四日路透電 今日艾登曾在下院簡略論及華北局勢·艾稱·據彼所接最近報告局面·已較前略見和緩·但表面下層·仍有不安之恐慌·再則英政府已與中日雙方政府接近·聲明英政府對于局勢之焦慮及深切之注意、再則英政府以該戰事、若變方能審慎處理之、本可避免者也、艾登復謂·英政府已與法美政府作普通之商討·並擬繼續此種討論·目前英政府願努力於此困難之和平解决云。

《中央日报》，1937年7月15日，第4版

王正廷訪赫爾商談遠東局勢

▲中央社華盛頓十三日路透電　國務卿赫爾今日接到英政府來文、聞文內主張對於遠東事件、宜有國際商榷、赫爾雖承認接到關於華北危局之來文・然不允宣布其內容・亦不願說明美國答復之性質・或即以國際商榷之可能性・赫爾答稱・美外交政策・向來主張對於國際問題中之主要事項採行單獨行動・美國在華尚未作直接外交行動、亦未考慮北平區域內美僑出境事云・赫爾曾說明美國中立案之可否援用・將視發展情形而定・現有之衝突・尚不可為援用中立法案之充分理由云・駐美中國大使王正廷十三日訪問赫爾、談遠東局勢・赫爾將昨日對日大使齋藤所發之警告、復以友好態度向王言之、王聲稱：中國現仍力謀和平・但若日本在華北繼續其侵略行為、則中國除自衛外、別無他策云。

▲中央社華盛頓十四日哈瓦斯電　關於中日兩國現行糾紛・美國務院雖無表示・但半官界人士以為美政府現正努力使之局部化、如此種努力失敗、則擬採用下開各項程序：（一）關係各國勸告中日兩國政府採取妥協辦法・（二）華府九國公約簽字國相互諮詢・以定應付辦法・（三）中國向國聯提出申訴・（四）中國北部事變若果釀成中日戰爭・美國或須實施中立法・所幸中日兩國均不願事態擴大、自有裨於美政府之斡旋工作、要之・美政府須俟現行時局發展後・始乃就上開辦法抉擇其一・藉以維持和平局勢云・

《中央日报》，1937年7月15日，第4版

和平談判仍進行中
南苑竟成日軍目標

▲中央社東京十五日電　今日此間空氣似覺略有轉變、一般觀察家印象、蘆溝橋事件之解决、或不甚困難、惟香月與宋哲元談判究涉及何事、則不明、地方長官會議中、近衞廣田米內之訓詞、措辭似多含蓄、現此間甚重視中央軍移動、十日來與中國最有關係之鍾淵紡織會社股票暴落三十元、昨下午起已回漲七八元、其他股票亦回漲、今日上午各種股票債票又一律回漲、但當前情勢極爲複雜、難關甚多、未許樂觀。

▲中央社東京十五日電　十五日總地方長官會議、首相近衞未出席、由內相馬場代讀訓詞、杉山·廣田·米內·賀屋·馬場亦皆有訓詞、近衞訓詞中、仍謂希望中國從速「反省」、對於將來爲誠意的保障、期可和平解决、杉山訓詞中、謂中國於抗日標語下·努力實現中央集權、强化軍備內容、致過信其國力、而變抗日爲侮日、廣田訓詞、謂此次事變、如在現地雙方談話能得結果、於維持治安獲得適確保障、則於兩國前途、誠爲幸事、但由現在情勢推測、任何事態發生、皆難預料、故國民認識現實、須有一大覺悟。

《中央日报》，1937年7月16日，第3版

▲中央社天津十五日下午九時卅分電　十五日午張自忠·張允榮·魏宗瀚·鄧哲熙·[illegible]專，[illegible]開會討究，協商盧溝橋事件，此間和平空氣仍甚濃厚，但未能解決，[illegible]日內可了，現中日雙方十五日仍繼續接洽，但折衝情形，雙方均守秘密，就現在調查[illegible]，據觀察，某要人十五日對人否認有簽有任何協定，據云，如果有協定存在，則又何必再於折衝，宋哲元在津[illegible]有權[illegible]。[illegible]

▲中央社天津十六日上午二時電　盧溝橋事件、中日雙方連日在津談商、僅係交換意見、正式談判將於十六日開始、十五日齊燮元·陳覺生·張自忠·張允榮等分晤橋本和知·據悉將來在津舉行之正式談判、仍係繼續前次雙方在平所談之各事、其內容亦較前無多差異、日方所提出竟仍主張我方道歉及懲辦肇事者、但此為雙方面之問題、我方因駐軍已撤至相當距離、要求日方早日撤兵、但彼方則表示如完全解決後、再行辦理、故兩方意見不無相當之距離、連日非正式之接洽、亦不外如何使兩方意見接近、俾正式談判得以順利進行、此間一般觀察、此項談判雖不能絕對樂觀、但如日方能具誠意、則和平解決、亦屬可能之事、宋哲元有二十日前赴平之意、又聞正式談判時、我方代表將為張自忠、張允榮、鄧哲熙三人、張等十五日夜在齊燮元宅會交換意見。

▲中央社天津十五日電　盧溝橋事件、雙方十五日在津繼續折衝、齊燮元陳覺生下午三時偕訪橋本羣有所談商、張自忠亦晤和知、彼此交換意見、聞日方竟仍要求盧溝橋我軍後撤云。

▲中央社北平十五日下午二時十五分電　平市消息沉寂、空氣煩悶、雖西南及東南城角偶聞機步槍聲、但官方否認前方有接觸、多指為係步哨小衝突、日兵續增不已、十五日晨由榆先後開來三列、均已到津、即分別轉往豐台、已成日軍之大本營、人民遷避、秩序紛亂、平市城內戒備如常、各衝要街道障碍物尚未盡撤、入夜由廿九軍士兵步哨警戒、各城門仍開半扇、廣安永定等外城各門、則每一二小時開啓一次、東車站交通完全恢復、西車站平漢通車尚無確期、今晨八時張允榮·過之綸·門致中·劉郁芬·石敬亭·魏宗瀚·連翩赴津、十時曹汝霖亦去、一般相信時局重心已移天津。

▲中央社北平十五日電　冀察經濟委會主任委員李思浩十五日下午四時乘北甯路車赴津、謁宋哲元有所報告及請示。

▲中央社天津十五日路透電　香月今日訪宋哲元、提出解决華北危機之條件、其內容未經宣露、但衆信其條件尚有討論之餘地。

本京息·廿九軍駐京代表李世軍、對於盧溝橋事件曾電平詢問談判經過及是否容納日方任何條件、李氏昨（十五）晨已接秦德純馮治安覆電、探錄如下：（銜略）文亥電敬悉、查此次盧溝橋事件、我方與日當局接洽內容、係雙方口頭商洽、彼則謌

《中央日报》，1937年7月16日，第3版

以此次事件係共黨鼓動，必求取締，并對陣亡官兵同表惋惜，并希望此後不再發生類似事件，我方提出，此後日方不得夜間演習，經商定後，雙方即從事撤退，但迄今我方已將部隊撤退原地，而彼尚未撤退，并天津方面先後開到兵車十五列，今日由天津沿平津大道有日步騎兵約二千餘名西來，又平郊不時有其小部隊出沒，以上最近情形，至京滬所傳種種，不足置信，特復，秦德純馮治安叩寒（十四日）申參

日方調兵遣將 昨仍源源到津

▲中央社東京十五日電 陸軍省今晚八時十分發表公報，謂鑒於華北情勢嚴重，決定從日本內地派遣一部部隊前往華北。

據確息，日本近仍繼續抽調國內外各地大軍向平津出動、其第十二師團亦已奉命開拔、聞多由大連登陸，並盛傳俄邊衝突甚烈。

▲中央社北平十五日下午一時電 確息，（一）據南郊玉泉營報告，有日兵百餘人、乘載重汽車六輛，坦克車一輛，十五日上午七時半由豐台經玉泉營向右安門方面前進、（二）通縣保安隊在八里橋建築工事、（三）津訊，十五日上午六時二十分，有日兵車一列，載日兵三百餘人，載重汽車三輛，鐵甲車五輛，又十五輛鐵悶車，滿裝軍用物品到津站，準備開豐台，（四）十四日晚津海光寺日兵營開出步兵三百餘名、向豐台集結，（五）津訊，十五日上午二時許由榆開到日兵車一列，兵三百餘名，軍用品十五車，載重車十輛、鐵悶車五輛，無線電汽車二輛、又津訊，十五日午前六時半、由榆開到日兵車一列、日兵三十餘人、軍用品九車，載重車五輛，鐵道枕木車四輛，煤車四輛。

▲中央社天津十五日電 十五日午前此間又到日兵車三列，計（一）上午五時四十五分載兵三百餘名，軍械車十五輛，載重車十輛，鐵甲車五輛，無線電車一輛，（二）上午六時三十分載兵五十餘名，軍械車九輛、鐵道枕木車四輛，煤車四輛，均由榆關開來，（三）上午十一時五十二分載兵十餘名，押坦克車六輛由唐山來津。

▲中央社天津十五日路透電 日本軍隊仍在調動、今日復有日兵一中隊携武裝汽車三輛，由豐台護送子彈軍需三十六貨車，沿公路出發、午夜後、兵車一列由山海關抵津、載有日兵四百名及大批軍需，據華報載稱，山海關到有日本兵車七列。

《中央日报》，1937年7月16日，第3版

日軍集結豐台 砲口瞄準南苑

▲中央社北平十五日路透電　十四日晨三時半起之停戰狀態、依識者觀之、認爲暫時性質、今其言果信、蓋中日軍隊昨夜在平津路線上距津西北約三十一里之落垡車站又起衝突、此次戰事始於十四日夜九時、其時有日兵七百由津乘火車赴豐台、迨抵落垡時、忽與華兵衝突、據路息、夜半戰爭猶在進行中、同時豐台日軍刻向南苑集中、據可恃消息、日軍將以驅逐南苑華軍一萬二千人爲其作戰方略中之第一目的、昨日停戰十八小時、雖當地緊張空氣稍見和緩、且冀察政委會人員與日軍當局已在津復開談判、然中外觀察家咸信此必爲日方緩兵之計、蓋料日軍當局現不過等待時機、一俟生力軍齊集後、即將開始將廿九軍逐出河北境外也。

本京息　關係方面昨（十五）午十二時接平電稱：（一）日步砲兵二千餘人、携軍砲三十六門、馬二百五十匹、彈藥給養汽車四十九輛、正沿平津大道由津向平前進、（二）日機三架今晨在盧溝橋上空偵察、於晨十時在豐台降落、旋又續飛保定上空偵察、（三）密雲方面增日軍五百餘名、（四）灤河到日騎兵二百餘名、與我駐軍互射多時、旋被擊退、（五）豐台設有日方高級軍官指揮部、安置重砲、以我南苑爲目標、至發電時止、尚無重大戰事發生、（五）平市四郊有日方坦克車三四輛、四出竄擾、與我軍衝突、其企圖在使城內居民遍聞四處槍聲、以擾亂我人心、綜合以上情況觀察、確爲大戰前夕之準備云、又孫維棟電京稱、和平雖尚有一線曙光、惟日方增兵不已、大戰恐將不免云。

《中央日报》，1937年7月16日，第3版

▲中央社北平十五日上午二時十分電 據確息、（一）十四日上午三時天津到日軍車三列、加車一列、日軍約三百餘名、坦克車四輛、載重汽車四十六輛、高射機槍六架、軍用品十七悶車、下車後入日兵營、（二）十四日晨五時、日步砲兵一千五百餘人、大砲二十六門、軍馬二百九十餘匹、彈藥給養車共四十九輛、由津沿平津鐵路開往豐台、（三）十三日晚九時、通縣有日軍騎兵一百六十餘名由津抵通、（四）十四日日機一架降落豐台南[illegible]莊、乘有日人四名、號碼為「一〇二二」、（五）十三日有日兵十餘名、在津東車站祠堂組臨時辦事處、並設崗兵一名、（六）十四日下午二時、津北倉附近有日步騎兵三百餘名開往豐台、（七）十四日下午、豐台日兵營有重砲四門向我南苑方面放射、又載重汽車數十輛、日騎兵二百餘名、經過團河、向我駐軍射擊、開抵楊村休息、聞係向豐台集結、由津開出日軍專車一列、內裝小汽車五輛、設軍汽車兩輛、軍用品五藏悶車。

▲中央社北平十五日電 豐台北寧路貨廠內、日軍已架設砲位、設砲數尊、其最大口徑者、目的地似在南苑、平南郊後泥灣、亦有日軍在彼處安裝機關槍多挺、係向南方而設、大井村日軍除挖戰壕外、並架設無線電。

▲中央社天津十五日下午十時零五分電 日兵百餘人以載重汽車三十六輛、押運大批軍火給養等、于十五日由津開豐台、此間日租界各汽車行、因日軍強行徵用、多將所有汽車藏匿。

日機三度飛平
近郊昨日無事

▲中央社北平十五日電 十五日晨九時許、十時許、及十一時、各有一日機飛平偵察、人民見慣、不甚驚異、又晨八時日坦克車三輛、在永定右安門間欲向北開、經我駐軍制止、始轉向西南而去、一時南郊一帶一度緊張、旋即平復。

▲中央社天津十五日電 此間東局子日飛機場、仍停日軍用飛機三十三架、十五日一日間共有五六架不斷的啓飛赴各地偵察、晚間均返回。

▲中央社北平十五日電 據報告、日來冀境海面日艦亦甚活動、榆關泊有四艘、秦皇島泊有三艘、大沽口外亦泊有數艦、又日軍在瀋陽待命入關者傳尚有萬人以上

▲中央社北平十五日電 通縣來人談：駐通日軍二千餘人、均集中南門、與駐通南門外之我軍對峙、密雲懷柔等縣保安隊二千餘名、十五日全部集中通縣西北城、民房均被佔用、人心恐慌、該項保安隊並在各民房牆垣架砲及築防禦工事。

▲中央社北平十五日晚十時電 官方公佈、（一）十五日下午一時三十分日坦克車一輛、載重車二輛、退回豐台、其餘日兵四十餘名帶載重汽車二輛、坦克車一輛向永定門外前進、據云、係往南郊收取前在大紅門燒燬之汽車、嗣據調查、下午六時許該部日兵暨所帶車輛、已返豐台、（二）十五日下午一時有日機一架、由西北飛來、在南苑一帶上空偵察、約十五分鐘始向東南飛去、（三）十五日下午一時半、豐台東側前後泥灣地方、有日兵三十餘名、在通廣安門下道左右向北構築單人掩體工事、（四）十五日下午一時日兵在大井村構架無線電台。

《中央日报》，1937年7月16日，第3版

楊雲竹訪廣田
傳達我政府意旨
盼促川越回京俾便進行談判
許大使明日首途返任

▲中央社東京十五日電 楊雲竹代辦十五日午十一時半訪日外相廣田、適廣田正出席會議，由外次堀內接見、楊氏傳達我政府意旨、盼川越大使從速回京，以便談判解決蘆溝橋事件辦法，堀內答，川越大使日內即由津南下、談約四十分鐘。

▲中央社上海十五日電 許世英准十七日晨二時乘輪啓程赴日返任、市民聯合會等六團體，定十六日下午五時舉行茶會，歡送許氏。

▲中央社天津十五日電 日大使川越十五日晨接見記者、談及蘆溝橋事件，據稱：日方並未提其他政治要求、或與地方當局商洽任何秘密協定、川越大使十五日晨在常盤飯店接見新聞界，首談余此次來津，原定躭擱二三日，但截至目前，赴平日期尚未決定，繼談抵津後會晤日軍事當局，得悉此次蘆溝橋事件發生經過，目前正由中日雙方軍事當局商解決辦法、第一步在如何制止繼續衝突、第二步爲如何避免再發生同樣事件、如果華方態度不變，中日兩國正面衝突、亦非不可能之事，此事余之觀點爲地方事件、故仍由地方解決爲宜、但如果事態擴大，或亦將由中日兩國政府交涉，川越並云、日方並無藉此事件談判華北其他問題之意、總之，如果此事措置不當，即有引起重大事故之可能，川越末稱，在津與宋哲元會晤否未定、亦無在津開華北領事會議之意云。

《中央日报》，1937年7月16日，第3版

我政府要員駁斥日軍部謬論

挑撥離間不値識者一笑
混淆黑白直同掩耳盜鈴

本京息、政府某要人、頃對於同盟社所傳日本陸軍當局對於國民政府處理蘆溝橋事件之觀察、評論如下：據同盟社東京七月十五日電稱、日本陸軍當局對於我政府處理蘆溝橋事件之態度、加以種種譏訐、措詞荒謬怪誕、立論無中生有、在發言者或自以爲竭盡巧妙、但讀者祗見其宣傳技術之惡劣、該陸軍當局首謂此次事件、係由華軍不法射擊而起、奈蘆溝橋事件之發生、由於日軍非法在蘆溝橋深夜演習、無故向我軍攻擊、已爲舉世周知之事、該陸軍當局次謂國府壓迫在華北方面與日本携手之要人、與民衆運動、激發冀察軍中堅層及學生之愛國心、以爲自力統一中國之手段、奈統一建設與激發國民之愛國心、爲各國政府應有之天職、今日本陸軍當局以此爲攻擊國府之理由、是不啻自承其分化宰割中國之政策、中國對於鄰邦日本、素主張以平等互惠之立場携手合作、但截至今日、日本始終未以平等視我、遑言互惠、至於假提携之名、行侵略之實、政府自不得不加以反對、該日本陸軍當局續謂、國府假日軍之手以淘汰中央軍直系以外之軍隊、尤爲毫無根據挑撥離間之詞、不値識者一笑、中國軍隊編制及駐防區域容有不同、但同爲國家軍隊、初無系統之分、任何國家如對中國武力侵略、中國當不惜以全國軍力與之週旋、該陸軍當局之讕言、絕不能欺世界、更不能欺中國人、至該陸軍當局所謂近來中國對日暴狀、不下數百件、想係日本對華暴狀顚倒錯語、蓋近年以來、日人在華之暴行、如走私、販毒、聚賭、窩娼、非法飛行、私設特務機關等等不法行爲、確不下數百件、東西人士耳聞目睹、無論如何顚倒是非、終難掩盡天下耳目也。

《中央日报》，1937年7月16日，第4版

日國內動員五師團
平津商談亦在進行
東京竟宣稱增兵仍屬必要

▲中央社東京十六日路透電　此間負責方面今日聲稱、關于華北局勢、外國政府迄未有向日政府接洽者、惟英外相艾登曾于十二日與日大使吉田晤談、口頭傳達其希望華北事件應避免擴大之意、至于美法政府迄未有何接洽、或有何來文、日政府不欲接受第三方面對于華北事件之調停或干涉云、據此間今日所接情報、華北事態未有變化、中日軍事當局之代表刻仍進行談判、不過此項談判非由香月與宋哲元親自主持耳、日方聲稱、日本華北駐屯軍人數僅及華軍十分之一、故遣派日本本部之軍隊前往一舉、實屬必要云。

▲中央社東京十六日電　日外務省發言人、十六日晨答外國記者關于華北事件之質問、綜合之如下：日政府從內地派兵赴華、乃原定計劃、昨今兩天情勢未見好、亦未更壞、華北駐屯軍與冀察當局談話、仍在進行中、冀察幹部尚有誠意、現所談者爲根據「協定」之細目、目前關鍵在「協定」辦法履行問題、中國政府亦希望和平解決、故仍努力、有人問冀察當局既有誠意、何以增兵、答、爲安全

▲中央社北平十六日上午十二時電　大井村五里店一帶日軍、仍無撤退模樣、河邊旅團原駐通州之部隊、均集中豐台、現豐台日軍連騎兵在內共有三千餘人、十六日前方各地均沉寂、雙方監視撤兵人員、十六日仍赴前方監視撤兵、因日方迄不遵守信約、預料結果亦只有徒勞往返。

《中央日报》，1937年7月17日，第3版

▲中央社北平十六日下午一時電 官方公佈息、關於蘆溝橋事件、日方井未向我提出政治之要求、或如外傳已簽定任何條件一節、日大使川越十五日在津接見新聞界時、已有相當說明、徵聞此事雙方人員現正在津作側面的折衝、以期意見之接近、至正式洽商日期、此間尚無報告、且事態前途變化叵測、亦似非一二日即可解決。

▲中央社北平十六日電 日使館武官今井武夫、十六日下午四時赴市府謁秦德純市長、對蘆溝橋事件解決問題有所商洽、談半小時、聞無具體結果。

▲中央社天津十六日電 張自忠十六日晨與橋本晤面、下午進德社冀察高級幹部舉行會議、據聞蘆溝橋事件已有結果、內容不詳。

▲中央社牯嶺十六日電 戈定遠於十六日晚八時抵廬、此來係晉謁蔣院長、報告蘆溝橋事件經過、並請示一切。

▲中央社天津十六日電 陳中孚十六日午由東京經大連乘機抵津、午後謁宋哲元有所報告、當晚應此間各要人在北寧官舍之歡宴。

大井村北日軍挑釁

▲中央社北平十七日上午零時五十分電 大井村以北日軍迄無撤退準備、十六日夜並向我軍以步槍機槍三次挑釁、每次約廿分鐘、因我軍未予還擊、故未發生衝突、計第一次爲晚六時廿分、第二次十一時廿分、第三次十二時零七分。

▲又電 北平各路交通截至十六日止、仍未完全恢復、平漢路蘆溝橋路軌及電線桿、自經日軍破壞、復因日軍始終佔據蘆溝橋車站、并拒絕我方路工修理、故迄十六日仍未能修復、破壞部份極爲重大、故平站至長辛店間通車、仍未恢復外、其餘上下各次客車均照點開行、惟九時之三次平滄車仍提前二小時、于十六日下午七時即行開出、至該路貨車刻未暢通。

▲又電 據由蘆溝橋轉門頭溝再搭平綏路到平者談、宛平縣城仍由王冷齋坐鎮、自十二日以後、各方尚無衝突、惟步哨偶有小接觸、蘆溝石橋本在我手中、鐵橋亦於十二日晚奪回、同時並奪回附近之迴龍廟（非龍王廟）、現我軍已撤至東水買頭（村名）、日軍仍在大瓦窑、五里店、大井村一帶構築工事、架設電台、毫無撤退模樣。

▲中央社保定十五日電 宛平縣府因被日軍砲火損壞過甚、十四日起暫移長辛店辦公、王冷齋率全體職員即日前往。

《中央日报》，1937年7月17日，第3版

關外日軍待命出動

據確息，日政府近扣留商輪三十一艘，裝運大批軍隊軍火前來我國，已奉令開拔者有第五、第六、第十、第十二、第十六五個師團，人數約在十萬左右，其中除兩師團已指定開赴平津外，其餘三師團暫開至朝鮮待命，預定一週內調動完畢，又駐朝鮮等地之日本後備隊，亦已奉令準備。

▲中央社北平十六日下午五時廿五分電　榆關來人談：（一）停泊秦皇島榆關間之日艦仍未撤去，日軍大部集中錦州榆關間待命出動，（二）錦州日機廠現停大批日飛機，約有五六十架。

▲中央社北平十六日電　官方公佈息：（一）十六日上午五時半日兵車一列，由日兵若干人押運軍用品十鐵棚車、木料八敞車，由山海關到津，（二）十六日上午八時日兵百餘名，乘載重汽車十五輛，由津沿平津大道向通州方面前進，（三）十六日上午十時，豐台東南之廊房村發現日兵十餘名，並在該處檢查行人，（四）十六日上午九時大井村岳各莊一帶，有日兵四人，向住戶徵發騾馬，（五）十六日下午二時許，日兵車一列，由山海關開抵津，內裝載重汽車五輛，小汽車五輛，日兵若干人押運，（六）十六日上午十一時，日軍用大汽車二十輛，由豐台開津，內載傷兵，以帆布掩蓋，數目不詳。

▲中央社天津十六日電　十六日下午七時四十分日軍開專車一列，鐵悶車九輛，敞車二輛，均載軍需品由津赴豐台。

▲中央社天津十六日電　日兵車十六日上午四時許又由榆關到一列車，滿載煤及鐵路枕木等甚多，停於東站，此間總東兩車站日兵，仍在派兵分別戒備，夜間并限制行人，日兵乘汽車十餘輛，十六日晨由津赴豐台。

《中央日报》，1937年7月17日，第3版

辛丑條約第九欵

英議員主張廢除

因北平不復爲中國首都

各國在華北無駐兵必要

英美照會中日政府應防糾紛擴大

▲中央社倫敦十六日路透電 倫敦人士刻以極密切之注意視察中國境內使人不寧之事件。今日英下院對於華北危局復有種種詢問、同時英法美三國仍交換其所得關於時事發展之情報。英美兩政府皆已單獨照會日政府、說明其所抱華北此次衝突起因甚微，不應藉此擴大糾紛之意見。英國在其照會文中、並謂中國或日本苟有擴大事件爲國家威嚴問題之任何企圖、則將成爲與英國至有重大關係之事件云。倫敦所接東京傳來之最近消息、殊不能使人寬慰。日方所稱此次衝突並非爲預定計劃、而日政府亦非故意延不解决之說、倫敦人士姑以爲然。是以英政府現未見有出任調停之理由、英外次克蘭波今日在下院答保守黨議員毛根之問話、謂渠在過去數日內常與中國郭大使接洽。郭屢以關於時局之報告相示。查此報告與報紙所已披露者無大出入、渠已向郭聲明、英政府將利用各種機會、竭其能力、以作趨向和平解决之貢獻云。保守黨潑魯奇發言、主張英國向有關係列強建議 將辛丑條約第九款予以廢除、因北平現不復爲中國首都、而列強對北平、除日本外、又無甚貿易關係也。

【編者按：辛丑和約第九款原文：「第九款、按照西歷一千九百零一年正月十六日卽中歷上年十一月二十六日文內後附之條款、中國國家應允由諸國分應主辦會同酌定數處、留兵駐守、以保京師至海通道無斷絕之虞、今諸國駐守之處、係黃村、郎坊、楊村、天津、軍糧城、塘沽、蘆台、唐山、灤州、昌黎、秦皇島、山海關。」】

克蘭波答稱、該約第九款規定若干國得駐兵於華北若干地方、俾保持北平與海口間交通之開放、其目的在保障使館之安全、今日仍有若干使館留於北平至於商業之考慮、則當時並未列入此問題之內云、工黨麥克恩繼起稱、英日談話宜待華北現有糾紛結束後、再行開始、因此種談話之進行、或將被人認爲英國贊同日本行徑也。克蘭波答稱、英日談話何日開始、尚未有切實日期云。

《中央日报》，1937年7月17日，第3版

▲中央社華盛頓十五日路透電　羅斯福每逢週杪，輒乘遊艇出外，今則取銷出遊，而將留駐白宮，以遠東局勢嚴重故也，羅總統對於中國境內情勢之發展，甚爲關切、而對於西亂不干涉計劃亦復繫念，總統外交顧問三人、今日午後被召至白宮、會商國際形勢，此三人爲前駐華公使馬慕瑞、國務院幫辦韋爾士、與特使台維斯，皆美國極熟諳中國事件之專家也，聞總統現不擬採行特殊舉動，但僅嚴密注視而已。

▲中央社巴黎十五日哈瓦斯電　外長台爾博斯、十五日分別接見中國顧大使及日代辦內山，就華北局勢有所商談。

▲中央社柏林十五日海通電　中國駐德大使程天放博士，本日對中日最近衝突發表重要宣言如次：「據東京傳來最後消息，日本政府對華北問題希望和平解決，政界人士亦認爲日方之願意談判係在拖延時間以便從事更廣泛之軍事準備，但中國政府對於此事固已隨時表示其和平願望、地方停戰、如未經中央政府核准、決不能認爲有效，中國現已抱下決心，誓死反對其主權或領土之任何破壞」云。

美法兩大使將來京
英使昨訪晤徐次長

▲中央社北平十六日電　駐華英大使許閣森由北戴河返京後，英使館要員亦須南下辦公，又美大使詹森，法大使那齊亞，德大使陶德曼等、均曾電本國報告蘆案眞相、詹森，那齊亞俟必要時，亦擬赴京一行。

本京息　駐華英國大使許閣森於昨（十六）日下午六時到外交部　拜訪徐次長，約談半小時辭去，聞係對於昨日北方情勢有所探詢、又昨日上海同盟社電稱：前（十五）日駐華英大使許閣森晤外交部王部長時，曾表示英國方面對于蘆溝橋事件之希望數點云云，茲據關係方面消息，該通訊社所傳，絕對不確。

又訊，駐華法國大使館秘書高爾、於昨（十六）日下午四時半到外交部拜訪情報司長李迪俊，探詢北方昨日情勢，又駐華意國大使館秘書費斯禮、亦於昨日下午五時半至外部拜訪李司長，作同樣之探詢，費斯禮秘書並向李司長表示，據昨日甫自廬山到京，意政府及現在北戴河避暑之意國大使柯賚，與在北平之意使館參事亞力山得利等，對於此次蘆溝橋事件，均極重視，柯賚大使將於最近由北戴河南下來京，以便向我政府當局隨時接洽一切。

《中央日报》，1937年7月17日，第3版

青島海面 日戰艦日有增加
各地日僑絡繹於途
晉總動員檢捕漢奸

據確息。日本最近除不斷向天津一帶。增調大軍外。青島海面日驅逐戰鬥各艦。亦逐日增加。日本駐青特務機關及韓勇隊。尤爲活躍。其用心所在。亟堪注意。

▲中央社鄭州十五日電 蘆溝發生後。日人假商務遊歷之名。來往鄭汴濟者。絡繹於途。十五日岡田森卧等二人。由汴乘歐亞公司郵機過鄭飛漢。據關係方面息。駐鄭日領館近日與平津濟漢來往電訊極繁。多係報告戰况與我軍情。

▲中央社保定十六日電 日僑宮崎及其眷屬。十六日晨由省府派員勸送赴津。

▲中央社北平十六日下午三時廿五分電 旅平日鮮人自蘆溝橋事件發生後。每日均有二三百人離平他往。但多係婦孺之輩。其少壯者均留平。用意不明。又日軍前在朝陽門抓洋車三十餘輛。運輸軍用品。據警區報告。該洋車等迄今尚未回平。行踪不明。

▲中央社太原十五日電 本市自十四日起嚴加戒備。以防漢奸及不肖之徒。擾亂治安。

（本報十六日太原專電）平戰揭幕後漢奸在晉活動頗積極。閻錫山令嚴緝。七十萬公道團員。五十萬犧牲救國同盟會員。總動員檢捕。犧牲會尤努力。前昨兩日。並捕獲廿餘人

們要死裏求生。決心犧牲奮。我們要領導大家犧牲。并且要强制大家同我們一齊犧牲。

《中央日报》，1937年7月17日，第3版

社評

和戰之最後關頭

盧溝橋事變發生以來，倏忽旬日，此旬日中，日軍不斷挑釁，並陸續運到大批軍隊，集中豐台，我平津人民蒙憂禍至之無日，卽國際間亦莫不相顧驚眙，深以東亞和平不能保全爲慮。雙方撤兵談判，雖經數度舉行，而日兵不顧信義，迄無履行諸言之誠意，前途演變如何，殊難逆料。國人於此，自應予以極大之注意。

親仁善鄰，爲中國數千年之古訓，愛好和平，尤爲中國民族一致之心理。中國政府對於以平等待我之國家，罔不極意交歡，以期共謀世界人民之幸福。總理之三民主義，本黨之歷屆宣言，關於外交之主張，一言以蔽之，曰對內求自存，對外求共存而已，其事實上之所昭示，亦舉不逾此範圍。卽以對日言之，自九一八事件以來，日方所加於中國之種種壓迫與侵害，果達如何程度，世界各國，共見共聞，東邦賢達，亦所深悉，然中國仍始終不願遽見東亞和平之破裂，以貽世界各國之深憂，惟以誠心誠意感格日方，使之幡然改圖，共本平等互惠之精神，相與致力於中日邦交之調整。最近所發生之盧溝橋事變，顯爲日方之故意尋釁，而我軍則於日本進攻時，不得不誓死抗拒外，從未以一矢相加，此可證明中國力求避免戰禍之初心，迄今無改。解鈴繫鈴，一依日方之有無憬悟與誠意以爲斷。日本和平解決之說，遍傳道路，此不獨爲吾人所渴望，當亦爲世界各國所樂聞，惟和平解決，決不能有何條件，良以此次事變，責在日方，吾人日前已嘗論列舉種種證據，闡發無遺。日方果不欲使事態擴大，自應懸崖勒馬，迅爲無條件之撤兵，否則城下之盟，爲有國者所深恥，中國亦豈遽能放棄獨立主權國家之應有權利，自甘屈辱哉？

守土衛國，爲軍人之天職，此次前方將士對於日軍之無端挑釁，砲聲宛平，悲憤填膺，起而抗戰，傷亡相繼，卒保名城，愛國心長，令人起敬起愛，而旬日之間，日軍之進擊，有加無已，我軍仍誓死不屈，力與周旋，此種繼續奮鬥精神，尤覺難能可貴。中國民族，雖酷愛和平，而一遇國家生死關頭，輒不惜犧牲一切，以求保衛此疆土，往史昭昭，不難覆按，此所以中國能保有五千年之歷史，繼繼承承，迄今弗替。今茲前方將士之浴血苦戰，亦卽此種精神之具體說明，此次事件，倘能由日方之覺悟，無條件和平解決，自爲東亞和平之福，若和平絕望，在我自惟有抗戰到底，決不能讓他人得寸進尺，自陷國家民族於萬劫不復之深淵，守土將士，同時本其衛國之夙志，知必能再接再厲，予彼侵略者以重創。語云，哀者必勝，在昔苻堅以投鞭斷流之衆，大舉侵晉，卒爲謝玄敗之於淝水，歐戰中比利時以蕞爾小國橫見侵逼，不屈不撓，終大揚其光輝於世界，自古迄今，以弱敵強，以小勝大，其例不可勝數，是皆力求免戰而終不得不戰，悲憤之氣，鬱結於中，積久而後發，故能殺敵致果，克奏膚功。我前方將士今後於橫逆之來，但沉着應付，不矜不驕，深信最後勝利，必屬於我。

今日時局之嚴重，已達極度，東亞和平之前途，其樞機蓋完全握於日方。日本朝野應完全明瞭中國自始卽無與任何國家爲敵之意，惟中國爲求自存起見，對於任何國家之武力侵略，當不惜以全國之軍力與之周旋。日方果無侵略中國之野心，應卽日無條件撤兵，爲事實上之表白。倘仍進逼不已，或陽假和平之名，陰行侵略之實，則中國軍隊，中國人民，必不能默爾而息，坐待滅亡。彼時戰禍爆發，責有攸歸，萬世千秋，難逃公論，其爲不利，皦然甚明，此則吾人最後願爲日方進其一言者也。

《中央日报》，1937年7月17日，第3版

漢文化界五團體發表宣言

抗敵守土聲中
應有的撫慰與懲罰
須保障抗戰陣亡將士家屬生活
剷除漢奸與抗敵工作同樣重要

▲中央社漢口十六日電　漢口文化建設協會、教育會・記者公會・文藝作者協進會・戲劇學會等五文化團體・十六日發表宣言・題爲「抗敵守士聲中應有的撫慰與懲罰」・主張對守土抗戰的陣亡將士家屬之生活及保障・必須有特殊之規定・剷除漢奸與抗敵工作・有同樣之重要・應「格殺無赦」・並施行連坐法・以便澈底肅清・

紛紛電慰抗敵將士

一、華僑抗敵後援會・昨電慰前方抗敵將士云・北平宋委員長・馮主席・秦市長、天津張市長勛鑒：並轉前方將士均鑒、敵寇來侵・目的在造成華北僞滿之續・以遂其逐步併吞我國之謀・民族存亡・間不容髮・中央主持至計・早下犧牲以自衛之決心・斷不容敵人得寸進尺之陰謀所得逞・公等及我忠勇將士・守士衛國・夙著殊勳・長城抗戰以來・迭挫封豕長蛇之勢・而敵自蘆溝橋失利・更狡詐百出・一面交涉・一面進兵・威逼利誘・施其各個擊破慣技・想公等必當洞燭其奸・不屈不撓・再接再厲・以鐵血維護此垂危之邦國・爲萬代所瞻仰也・戰報傳來・舉國激奮・本會即日組織成立・聲矢精誠・號召海外千萬僑胞・竭力爲我將士後盾・北望燕雲・熱血騰沸・諸維鑒察・首都華僑抗敵後援會銑（十六日）印・

二、河南大學全體師生電慰抗敵將士云：北平宋委員長・秦市長・保定馮主席・天津張市長勛鑒・並轉二十九軍全體將士均鑒・倭寇肆虐・無端襲擊我駐蘆部隊・連日以來、以屢次食言・到處尋釁、冀圖淆亂華北局面・以遂其鯨吞蠶食之野心・凡我軍民・罔不悲憤・幸賴諸公沉着應付・各處駐軍奮勇抗戰、本寧爲玉碎・勿爲瓦全之志・盡保我疆土・固我河山之責、下風逖聽・無任欽遲・本校全體師生・誓作諸公後盾、掃蕩醜類・湔滌國恥・特此電達・諸祈垂察、河南大學全體師生同叩・

三、港華僑教育會　中央社香港十六日電　港華僑教育會・十六日電廿九軍將領・請繼續抵抗・保我國土・

四、陝西留京同學會・綏甘寧青同鄉會・陸軍獸醫學校特別黨部・蘇省合作協會・亦紛電廿九軍慰勞・並誓爲後盾・

《中央日报》，1937年7月17日，第4版

北方時局愈緊迫 日軍二千開抵唐山

東京將促使津商談從速進行

▲中央社東京十七日電　十七日上午十一時開會之外內陸海藏五相會議、十二時四十五分散會，據正式發表、華北交涉不容遷延，日政府決定採取促進之處置、同時已訓令香月日高、十八日雖爲星期日、仍擬於上午十一時召集五相會議、近衛或力疾出席、中日時局果將達最緊迫時期乎。

▲中央社東京十七日電　昨夜杉山米內謁近衛報告華北情況，今晨十時廣田謁近衛，亦僅同樣報告，十一時召集四相會議、討論今後方針，據日日新聞載，今日將有重要訓令致香月、指示天津談判最後方案、廣田已訓令川越即返南京。

▲中央社東京十七日路透電　日本政治家覺悟華北戰事一經爆發，欲使戰事限於華北一隅、甚非容易，故此間空氣現漸改變、衆料日當局將作種種努力以成立和平解決、開關於此旨之新訓令，已發致華北日駐屯軍司令香月矣，據朝日新聞息，廣田昨發重要訓令致川越，諭其由津返南京，與中國王外長等接洽，以期達到日本所抱華北事件就地和平解決之目的云。

▲中央社天津十七日下午十一時五十六分電　中日雙方人員十七日晚繼續會晤，對盧溝橋事件交換意見，當夜我方負責談判人員幷會商一切，據參與談判之我方某要人稱、十七日雙方交換意見已有進步、但尚未告解決。

▲中央社天津十七日下午七時三十三分電　中日雙方在津談判盧溝橋問題，雙方意見似尚未全部一致，仍待於繼續努力，宋哲元十七日派陳中孚協助張自忠，張允榮等折衝，說十七日晨再謁宋有所請示，惟十七日因田代葬儀，關係方面未有會商，預定十八日再繼續接洽、官方對談判前途猶不絕對樂觀，但認爲日來空氣已較緩和云。

▲中央社天津十七日電　十七日午田代葬儀，宋哲元前往弔唁時，與日駐屯軍司令香月曾作非正式之會晤、但未談及任何問題。

▲中央社天津十七日電　據此間日領館人員稱、川越大使抵津後，原擬赴平，現因事實之需要，擬先返京、惟日期未確定，並云綏晉等地日僑暫撤退平津日僑則尚無此項準備云。

▲中央社天津十七日電　魏宗瀚今井十七日午抵津、參與此間中日雙方之談商。

▲中央社北平十七日電　冀察外委會主席委員魏宗瀚前日赴津共商時局問題，旋于十六日下午四時由津乘汽車抵平，當晚晤馮治安秦德純、就津市側面折衝情形談商頗久，魏于十七日晨復乘車返津，向宋覆命、日武官今井與魏同車赴津、又冀察保安司令孫殿英十六日赴津謁宋，事畢于十七日晨返平。

▲中央社牯嶺十七日電　戈定遠十七日晨八時應將院長之召、前往報告盧溝橋事件經過及冀察近況、戈以在廬事畢，即晨離山赴京。

本京息，戈定遠昨（十七）午後二時許由潯飛抵京，即時許會晤李世軍，有所商談。

▲中央社北平十七日路透電　北平中國政界歡迎東京空氣轉變之訊、但以關東軍或將提出非中國所可接受之要求爲慮，日軍一縱隊現已由津開抵通州，殲逆汝耕之保安隊現亦有大批集于通州，而日方飛機若干架亦抵該處。

《中央日报》,1937年7月18日,第3版

日擬動員四十萬 作大規模之侵略

據息，日本政府近擬動員四十萬，向我國作大規模之侵略，除五個師團已下令開拔外，尚有大批部隊由日本國內外各地陸續出發，現更陸續徵集預備隊入伍、聽候派遣，並有大批軍火及軍用物品向平津一帶源源運送，坦克車數百輛已由日運出，飛機四百架亦已飛至台灣候用。又日本第二艦隊現亦準備開赴華南一帶警戒。

▲中央社北平十七日路透電 據津訊，朝鮮開來之日兵一師團、今日可抵唐山。

▲中央社天津十七日電 據聞偽組織軍隊在唐山榆關間已有千人以上，日方在唐山集中軍隊將有六千人、作一個根據地。榆秦等地亦擬增加，津東各莊，日方刻在趕築飛機場。

【本報十七日北平專電】日關東軍準備五十列兵車入關、十七日晨有十七列滿載軍火及日兵二千餘開抵榆關、石榆設高射砲多架、對防空佈置頗週密，當地形勢益嚴重。

▲中央社北平十七日電 確息，十六日夜十一時許在大井村、吳家村、四頃地、郭莊子一帶中日軍隊發生小衝突，約十分鐘即息，據該處農民云，夜間衝突，日兵死亡二十餘名，十七日晨彼親見日兵將死屍運往豐台，聞我方亦有傷亡。

▲中央社北平十七日電 確息，十七日上午各方報告如次：（一）晨一時半，大井村方面有槍砲聲，約三四分鐘即止。（二）晨八時，東車站有日便衣隊十餘人，乘八時車赴津。（三）十六日下午六時，高麗營有日軍三十餘人，又據稱有日軍百餘人，均係由密雲方面開來，有無後續部隊，現待續報。（四）日軍汽車四輛，官兵五十餘人，十七日晨一時由豐來到高麗營。（五）晨七時，日兵百餘人押運載重汽車二十九輛，滿載彈藥及汽油，由津沿平津大道向通州方面前進。（六）十六日下午八時，有日兵十人，押鐵甲車九輛，上裝軍用品，平車一輛，上裝載重汽車二輛，由津來平。

▲中央社天津十七日電 日兵車一列，十七日晨七時五十分由榆關來津，載士兵百餘人，及大批軍械給養等，均停於車站。此間日軍十七日又派三十餘人將津浦西站津浦路局各部所之房舍佔據，擬長期駐守西站。

本京息，關係方面頃接北平方面報告：（一）天津發到日軍兵車兩列，裝載多係軍用品，（二）日軍千餘名由津沿平津大道向通縣方面行進，已到河西塢，（三）包逆悅卿部十五日以一部開沽源及大梁底、（四）蘆溝橋及豐台等處無變化。

▲中央社北平十七日電 官方公佈息，十七日各方報告如次：（一）上午九時有日武裝兵四十人，乘鐵甲汽車兩輛，押運載重汽車廿四輛，內裝彈藥及米麵由津向通北運，（二）下午一時，有日兵三十餘人押火車一列，載軍用品，由津開豐台，（三）日兵四百人十九日晨到通，駐師範學校內，通縣南門東門北有防禦工事，（四）上午九時，西五里店附近日本步兵增百餘名，（五）大井村西端石牌坊下，晨十時日軍增加五六十人，該村東端同時亦增加五六十名，（六）大瓦窰村東端之兼國地方，日軍存放彈藥甚多，由日兵廿餘人看守，（七）十六日下午，東車站保安司令部駐站副官孫某潤及北寧路局職員三四人，被日兵帶往日兵營，十七日向之交涉，尚未釋放，（八）津新車站日兵六七人將津浦路檢查所佔據。

▲中央社天津十七日下午八時四十分電 據聞日方現有大批軍用品將在塘沽起卸，現在塘沽各輪船公司碼頭，所有各該公司輪船停泊，須得日方之許可，否則日方從加以干涉云。

▲中央社天津十七日電 日兵車一列，計鐵悶子車十一輛，平車九輛，裝滿載重汽車八輛，汽車一輛，及兵九十餘名，十七日午由津開豐台。

《中央日报》，1937年7月18日，第3版

平官方宣布
我軍仍固守原防
前線沉寂雙方戒備嚴密
宛平縣府并未遷長辛店

▲中央社北平十七日電 官方公佈消息、蘆溝橋事件發生後、蘆溝橋城（即宛平縣城）及鐵橋石橋、以及大瓦窯以西大井村以東地帶、爲我軍原防地、仍爲我軍護守、惟內大井村方面尚有日軍、故平漢線被破壞之軌道、未易修復、以致外間頗有誤會、殊與事實不符云。

▲又電 蘆溝橋情勢依舊、宛平縣府移長辛店辦公說非確、惟內長辛店地勢扼衝要爲交通咽喉、縣長王冷齋抱病回縣後曾到長辛店視察調度、一般人誤會爲移地辦公、茲據確息王自返縣後、均在縣城鎮壓人心、蘆溝橋自十二日晚以後、戰事沉寂、但雙方仍嚴密警戒、豐台方面日軍、已大部集中完竣、日竟派遣所謂駐豐司令官、喧賓奪主、出示安民、現豐台各旅館滿駐日軍、民房亦被佔殆盡。

▲又電 官方公布息、王冷齋日前扶病前往宛平後、連日對於救濟難民撫卹傷亡諸要務、督促進行、並會同該縣駐防部隊維持治安、致力城防。

▲中央社北平十七日下午六時三十分電 豐台日軍已達二三千人、近日趕築工事甚忙、每日於下午六時即開始戒嚴、斷絕交通、並在各民房架設機槍、居民早逃避一空。

平市一切漸復常態

▲中央社北平十七日電 平市安定如昨、戒嚴時間亦縮短、自每晚十一時

日機飛翔下平民衆仍極鎮靜

至翌晨五時、十八日起各路當車提早於晨九時半出廠、晚十一時入廠、一切秩序漸復常態、惟時局之幕未揭、令人煩悶、同時日機軋軋之聲、又使人憤慨、十七日晨七時及下午四時、日機兩次盤旋天空、飛繞一匝後、又往西南而去、十六日此間當局因宋哲元有謝絕慰勞之通電、曾勸告各界停止慰勞募捐、但十七日各界聯合會開會議、決仍貫徹原議、繼續進行、所募之款、不獨慰勞前方抗敵將士、且以救濟被難民衆、平津火車通後、乘客雖甚擁擠、但大多數民衆依然鎮靜

金融穩定 物價回跌

市面金融、亦極穩定、物價前雖略漲、但自城門啓閉有時後、亦已跌落、關于糧食業、經商會向北寧路接洽車輛運輸、由米莊公會聯合各糧商購麵粉萬五千袋、於十七日晨運抵東站、今後尚將陸續購運、藉以平抑糧價、燃料之煤、亦由煤棧煤舖兩同業公會議妥、不准漲價、同時向門頭溝方面多量購買囤藏、據內行人計算、即使現在交通斷絕、平市存煤、尚足供全市民衆半年之用云。

北寧各次車昨照常

▲中央社北平十七日電 北寧路各次車十七日照常開行、乘客仍擁擠、惟平津第六次快車、按照現定時間、應於十七日午十一時三十分到平、十一時行抵豐台時、

駐豐台日軍擬增掛兵車兩輛來平、當被我方拒絕、經交涉一小時、日軍乃去、該車延至十二時五十分始抵平、至平漢路十七日仍未恢復通車。

▲中央社天津十七日電 北甯路平津間交通列車漸次恢復、但晚間各次車刻均停開、所有平浦三十次平瀋二次、均止於津站、至平瀋三十次南下車及平瀋一次車、均改以天津爲起點。

日軍強徵民間騾馬

▲中央社北平十七日電 平南郭家莊、十七日午去有日軍十餘名徵車及騾騾牛、各住戶聞訊、均將車畜收藏、日軍不得要領、悻悻出村、旋復返回強迫搜索、牽去騾車六輛、騾牛數頭、同時又有日軍在宛平縣界內徵得車輛多輛、並拉民夫多人、向豐台載運軍用品、運到後、各給僞滿鈔幣卅元廿元十元不等、各農民均棄而未收。

陳立夫等昨訪王外長 談北方局勢

中央常務委員陳立夫、軍政部長何應欽、及行政院政務處長何廉、昨（十七）日下午先後到外交部訪外長王寵惠、關係對最近北方局勢有所晤談。

《中央日报》,1937年7月18日,第3版

我國分別以備忘錄致九國公約簽字國

並以同樣文件送達德俄

英使昨復訪徐探詢北方情勢

《中央日报》，1937年7月18日，第3版

法外長接見中日俄三使

平北交通已完全斷絕

各口日軍紛向關內開來
冀東保安隊奉僞令集中
小湯山東北發現便衣隊

安陽發現怪機一架

黃旭初赴湘鎮臨

《中央日报》，1937年7月18日，第3版

廬山昨續舉行第二次共同談話

汪蔣昨出席分別報告

政府爲應戰而非求戰

▲中央社牯嶺十七日電　廬山談話會第二次共同談話，十七日晨九時在圖書館禮堂舉行，除續到參加人梁實秋、張忠紱等外，其餘一如昨日談話會，邀集人汪主席、蔣委員長，於九時先後到會，首由汪主席報告三中全會以後外交情形，次由蔣委員長報告，參加人胡適、林宰平、馬君武、張君勱等各有意見發表，記者綜合觀察，政府對華北近事態度，爲不求戰而是應戰，十一時一刻散會，第一次談話會本日結束，今明日邀集人將邀請參加人分別談話。

▲中央社牯嶺十七日電　廬山談話會第一期之共同談話程序，至十七日已告一段落，十八日將有一部赴海會寺，參加暑期畢業典禮，其不能赴海會寺之來賓，由汪主席於中午在圖書館歡宴，至分組談話日程，已有變更，茲決定十九日上午九時至十一時討論政治，十九日下午四時至六時討論經濟，廿日上午九時至十一時討論教育，以上各組談話，皆在圖書館禮堂舉行，並參酌自由參加方式，俟分組談話舉行完竣，第一期之談話會即行結束。

▲中央社牯嶺十七日電　廬山本年第一期暑訓已屆滿，定十八日晨十時在海會寺舉行畢業禮，蔣委員長定十八日晨由牯前往主持一切，在山各長官及參加廬山談話會人員，均被邀前往觀禮。

▲中央社牯嶺十七日電　吳鐵城十七日晚八時晉謁蔣院長，報告粵省政務，蔣氏頗多垂詢，吳氏並定十八日晨赴海會寺，參加第一期暑訓畢業典禮。

本京訊　中大校長羅家倫，昨（十七）晨九時半乘機赴廬，參加廬山談話會，並將參加今日舉行之廬山暑訓首期畢業禮。

汪氏前午致詞

又訊，汪主席於十六日廬山談話會賓主午餐中致詞原文，昨因電訊收到較遲，未及刊入，現特補錄如下：

各位先生，此次在暑期中舉行談話，承各位先生不辭跋涉，遠道前來，俾兄弟等得聆教益，實在十分感謝，今於第一次談話之後，略備午膳，藉敘衷曲，剛纔在談話會裏，已得聆各位先生的高論，大概各位先生所注重的無過於眼前危迫的時局，及將來國家的根本辦法，我們深信經此一番討論之後，必能更看得出光明的路線，數年以來，國難日深一日，全國同胞，在重重壓迫重重斲削之下，只有說不盡的痛心，然而在這重重壓迫重重斲削之中，可看見的是我們國家民族的生機，還是不斷的長進，壓迫愈緊，則團結愈固，斲削愈甚，則撐持愈力，這一種元氣，正在和四周的困難盡力的奮鬥着，譬如一株大樹，在風雨飄搖之中，更受着斧斤的砍伐，牛羊的侵嚙，樹葉飄零，枝柯搖動，其情狀憔悴極了，然而只要生機不斷，內在的元氣足以支持環境，則仍然有干霄蔽日的餘裕，我們國家民族的內在精神，因憂患重重而更加奮發，也是如此，數年以來，我們的埋頭苦幹，不敢說有什麼成就，所幸全國同胞，對於維護國家維護民族，都具着十分的熱誠，忍受痛苦，搘柱艱難，這種熱誠，便是內在的元氣，爲國家民族長春不朽的根本，各位先生是全國知識界產業界之有力者，學問經驗，可以爲國民的良導，政府的益友，如今相聚一堂，同心戮力，以研究各種關於解除國難，復興民族之重大問題，這便是培養元氣，鞏固根本有絕大的效用，我們現在耳朵裏聽着盧溝橋的砲聲，眼睛裏見着前線將士的拚命，與地方人民的受苦，實在沒有可以開顏相向的理由，但是想起在環境艱難中培養元氣，生機不斷，精神不死，實在可使我們感激奮發，謹以此理由，滿舉一杯，祝各位先生的健康。

《中央日报》，1937年7月18日，第4版

蘆溝橋戰役
日軍死亡六百餘人
屍體已由津輪運回國
緩進派對和知等深致怨恨

（天津通信）此次蘆溝橋事件，日軍死亡人數，據日軍部公布、每役或三四名或七八名，總數不過百名、然自八日清晨以後，迄十三日黎明止，歷次衝鋒，戰況激烈，搶奪蘆溝橋八次竟未能下，死亡之數、絕非區區可知，日軍向例，每次戰後必檢點屍體，缺一具亦不甘休，蓋無論戰事勝負，其屍體必須運回本國火葬後，再將骨灰轉交家屬分別祭祀，據天津總東兩站調查，十日午及十一日晨，各有日兵屍車三輛、自豐台運津，十二日晚 又有日兵屍車四輛，均以載重汽車運往日租界海光寺，當自火車卸下轉入載重車時，車站上下日軍戒備甚嚴，禁止華人接近瞭望，故數目不詳，據探悉此項死屍、多身首異處，及肢體不全者，甚少中槍砲傷、蓋此次平郊中日軍衝突，我方僅以大刀隊應戰故日軍斷頭殘臂者比比皆是，日軍部爲保存屍體，特以大量食鹽醃拌，俾免腐臭，十六日晨、日軍部以載重汽車三十一輛，自海光寺運出屍體赴大連碼頭駁船，臨時藉英法兩租界，在運屍汽車通過時代爲淨街、驅逐行人，以維體面，據目睹者談，該項屍車共三十一輛，上罩布棚、氣味腥臭，蠅蛆叢生、每輛車至少有二十具，故知此三十一輛車中、至少當有六百二十具屍體；此乃比較正確之數目，惟前方日軍死亡之數、恐尚不止此，該項死屍在大連碼頭登駁船，運塘沽、換輪運回本國。日軍受傷兵士，重傷者在豐台日本軍醫院救治，輕傷者即運往天津、傷兵本已身受巨創，再加長途顛動，異常痛苦，日方醫療設備之簡陋，緊急救護之草率、殊出吾人意料，按此次中日軍衝突，適値日軍司令田代病危，而津日軍參謀長橋本羣，老成持重，頗能謹愼將事，獨日軍部課長和知，大木，旅團長河邊等，一干少壯軍人急進派，心浮氣躁，躍躍欲試，其中尤以和知爲甚，在和知本意，認爲佔領宛平縣，蘆溝橋、乃一舉手一投足之事、絕不料衝鋒八次未能下，現和知等已成騎虎難下之勢，惟日方自八日以來之軍事行動，隨地一籌莫展、蘆溝橋，宛平縣城，仍在二十九軍手中，官兵死傷如此之衆，日軍部內緩進派及一般軍曹，對和知，大木等輩、深致怨恨，新任司令香月、恐內訌擴大，現正調停中。

（十六日）

《中央日报》，1937年7月19日，第2版

宋哲元香月昨會晤

宋有今日返平坐鎮訊

側面折衝仍在進行中

日砲擊宛平我未還擊

▲中央社北平十八日電　日新任天津駐屯軍司令香月清司抵津後，頃求與宋委員長會晤，十八日下午一時許，香月偕參謀長橋本、宋委員長偕津市長張自忠、同在佟樓部晤面，除作初次寒暄外、未談其他問題，至關于蘆溝橋事件、側面談商、聞現仍在進行中。

▲中央社北平十八日電　此間接津方報告，宋哲元十八日下午一時與香月在偕行社會晤，但係寒暄酬應，並未談及政治外交，現宋定十九日晨返平，專車已升火待開、關於和平交涉、仍由張自忠與橋本繼續折衝中。

▲中央社天津十九日上午二時四十分電　關係方面十九日晨對記者談中日交涉情形，據云：十八日雖未解決，但亦未惡化云，宋哲元定十九日晨赴平。

【本報十八日天津專電】　宋哲元十八日午偕陳覺生、陳中孚、張自忠等原擬赴駐屯軍司令官邸會晤香月，臨時改在偕行社會晤，二人先互表歉意，旋即談商蘆溝橋善後問題，下午形勢緩和，機已停飛上空，今後善後，決由陳覺生、陳中孚、張自忠、張允榮、鄧哲熙與橋本和知負責接洽。

▲中央社天津十九日　趙登禹十八日晚由河間來津謁宋哲元，張維藩亦來津。

▲中央社東京十八日路透電　日日新聞稱，香月十七日已向宋哲元提出接受日方條件之要求。

▲中央社天津十八日電　蘆溝橋事件和平解決空氣益濃，官方認為中日雙方連日折衝，已有進步，似已趨於解決之途徑，大局在一二日內即可望初步告一段落，同時日駐屯軍部十八日亦發表，宋哲元及張自忠，十八日午一時，在日租界偕行社與香月橋本有所商談，關於此事，即由雙方分派張自忠及橋本等協議一切，惟官方對此說尚未允予以證實。

據京中昨（十八）晚接北平電訊稱，綜合各方情形觀察，中日局勢現已屆最重要階段，和平聲浪雖高，但似係日方緩兵之計，日兵車仍源源由津西開，增厚豐台實力，日機十八日晨有六架，分路兩隊，在宛平偵察，聞平市東郊被日軍拉夫之民夫，約在八百人左右，均被迫往豐台，強迫運輸，通縣南門外潞河中學附近，亦有日兵駐紮，北平市內情況如昨，惟各衙要街道已堆沙包障礙物者，則加高增厚，未堆

《中央日报》，1937年7月19日，第3版

者亦正趕緊堆疊，中國航空公司飛機，每日仍照舊開行，但十八日北上機已停，青島俾因天氣不佳，歐亞航空公司平港機十六日飛平，原班期應爲二十日南飛，但已提前於十八日晨飛并，待二十日再飛港，據天津來人談，煩悶之時局、最遲二十日必可揭曉。

又昨日京中方面，曾接秦德純孫維棟等來電報告、決無屈辱之事，玆將兩電錄下：（一）秦德純等電，「（銜略）密，現彼我兩方均在積極準備中、在津接洽未具體化、決無屈辱之事、本軍抱誓死抵抗決心，京滬謠言，萬勿置信，特聞，秦德純·馮治安·張維藩（徐未參）」（二）孫維棟電：「明公（哲元字）以平津爲華北重鎮，決不能輕予犧牲，亦更不能隨意放棄，苟有和平途徑，決在不毀失主權原則下進行談判，雙方兩日折衝、已稍接近，日方所提，仍本十一日辦法，我方力主並不附帶其他政治條件，先此奉聞，餘容續報，孫維棟叩篠（十七日）」

日軍昨又砲轟宛平

▲中央社北平十八日下午十時五十分電 十八日下午四時，宛平縣城外東北角之日軍、復開砲向我城內攻擊、我方未還擊、死巡警一人、傷十餘人、傷者已由王冷齋送長辛店醫院醫治、砲聲約二十分鐘始息，原因及用意均不明。

【本報十八日天津專電】 十八日晨九時，平郊復聞駐大井村日軍所發連續砲聲、是否有衝突，尚未判明。

關係方面頃接北平方面電告：（一）日軍千餘名、由津經武清縣開赴通州、（二）懷柔及高麗營到日軍百餘名，並有便衣隊出沒，（三）昨晚十一時，盧溝橋附近之吳家村一帶、日軍與我軍發生小衝突，日兵死亡二十餘名，五里店大井村附近，今日增加日軍二百餘名，正積極備戰。

▲中央社北平十八日電 日本軍最高司令部現設豐台、日兵營聯隊部在豐台西方五里店，專負西北路指揮之責，豐台街中大興棧中和棧均駐有日兵，日夜沿街步哨，檢查行人，斷絕交通，并分派哨兵，四出搜索，天明始行解除。

▲中央社北平十八日電 中日軍此次在盧溝橋，大井村，五里店一帶屢次衝突，我方因始終顧和平解決，故當日軍每次挑釁時，僅令我軍嚴加防範，未予追擊，我軍固有損失，但日軍傷亡，截至現在止，已不下二百人、駐豐台日軍軍官少佐大隊長一木青直

《中央日报》，1937年7月19日，第3版

・在盧溝橋一役受傷後、刻已殞命。

▲又電　盧溝橋方面十七日夜至十八日上午平靖無事。永定河岸之龍王廟、東辛莊、八寶山及梁場等陣地、亦無變化。據悉指揮日軍作戰之日軍旅團長河邊正三、兩日前已離盧溝橋司令部他往。現日方指揮軍事者、除聯隊長牟田口外、尚有隊長川邊圃村等。十八日晚間日方又由豐台方面抽撥兵百二十餘人、經平市南郊之馬村等增援盧溝橋日軍陣地。

▲又電　官方息、據十八日上午各方報告如次：（一）十七日下午三時、日步兵三十餘人、由懷柔方面開抵昌平、八時又有騎兵七八人。該日兵向縣長勒索洋一千五百元作修路費、並命準備二百名騎兵糧秣、據稱尚有騎兵一二百餘名已抵東門外七八里處。（二）大井村據調查現有敵兵三十餘人、附駝店地方被擄去婦女四名、中有一名已逃回。日兵復向該村村長逼索青年婦女、（三）小井村衛南道口村、本由我軍駐守、十七日上午對方有開來汽車一輛、我軍出避、被擄警一人。（四）豐台車站附近發園子、有日兵千餘名、坦克車七輛。（五）七里莊、泡子河、李莊子、金莊村、黃村、鄧家莊、康家莊、王家墳、高家村、東侯卿、劉村俱有日兵、約千餘名。（六）日騎兵分四班、每班四人、每日由豐台向南苑、偵八寶墳一帶偵察一週。

▲又電　日軍沿大井村東馬路（平廣大道）南北兩處築橋築工事、備中間可通汽車、兩側田苗悉已割去、方圓約在百米左右。該村駐有日兵約百餘人、此夜均在地上或隱藏地內埋伏、出沒無常。

▲中央社保定十八日電　長辛店來人談前方情況：（一）日軍現正沿豐台至五里店、大瓦窯、大井、小井、看丹等村、與我遙對、對宛城仍取包勢、並沿河向盧溝橋繼續築堅強工事、最近將有動作模樣、（二）日軍大捕各村農民在豐台東某村、及南苑趙家村、趕修飛機場兩處、（三）日飛機連日不斷偵察、十七日有轟炸機二架、偵察機二架、低旋甚久、看丹村十七日到坦克車二輛、有待命出動形勢、（四）鐵甲車一列、十七日開豐台盧溝橋間往返巡視及盧溝橋車站、均任其破壞甚重、日軍在豐台及盧溝橋附近各村強迫婦孺離村、一說係日軍、長辛店線、斷絕交通、（五）各村難民紛集長辛店、人口暴增、治安由軍警聯合維持、市面照常、王冷齋坐鎮宛城、有時赴長辛店調度一切、即力恢復秩序、城防嚴固、（六）平漢路局在長辛店組織臨時辦事處、路員亦組有防空防毒及救護隊、戰地服務團等、（七）當地及良鄉涿縣等處、連日捕獲漢奸甚多、長辛店日強小學校長賈日強、亦漢奸被捕、已正法。

《中央日报》，1937年7月19日，第3版

日兵車仍絡繹入關

▲中央社天津十八日路透電　日軍與軍用品十列車，現開入關內，其中七列運津，二列赴唐山，十八日晨已到日軍九百，日方現趕緊添造東兵工廠附近之營房。

據確息　日本駐朝鮮部隊約萬餘人，現分乘兵車數列，向我國開拔，朝鮮各地十四日起已奉命實行防空，又日本軍用飛機連日亦由朝鮮出動。

據京方所得津訊，由日本國內開出之軍隊現已到達東北，有兵車十六列陸續來津，計十八日晨九時二十五分到日鐵甲車七輛，晨十時半到專車一列，共有二十六輛，士兵約在數百名，晨十一時十五分及十二時許，又陸續開到兩列車，尚有四列車十八日午後將抵津，十九日晨起至午止，亦有四列車經排定時間，陸續開來，目前津東車站日軍增派士兵監視益嚴，所有各次日兵車開到時，車站禁人出入，故列車日軍所到數目，殊難明悉，即路局負司執行職務時，亦受日兵之無形監視也。

又訊，駐朝鮮日軍第十九二十兩師團亦奉命開拔，現第二十師團已全部出發，第十九師團亦集中待命，朝鮮各地日來軍運甚忙，又鴨綠江關已宣布戒嚴。

據京中所得津訊，十八日午後二時，津東站續到日兵車一列，共卅一節，載兵約數百人，係由榆關來津，聞晚間仍有二三列續來。

據悉大批日本軍用物品連日經朝鮮向平津一帶運送，計有砲彈二千五百箱，與其他軍火共裝十五車，馬四十八車，野砲十車，此外尚有坦克車，高射砲，載重汽車及拆卸之飛機等物甚多。

本京關係方面息，天津東局子日兵營，現又陸續運到大批磚瓦木器建築材料，似有擴展營舍及增築工事模樣，十八日上午十時五十分，日兵車一列，計掛悶子車七輛，多載軍械，平車十輛，由津赴豐台。

津訊，日騎兵又有數百名於十八日晚下午七時十分，由榆關抵津，當即開往兵營，尚有日兵車兩列，十八日下午十時四十分及十一時五十分抵津，又日方現僱大批無業游民，每日發工資兩角，似爲準備構築工事之用。

【本報十八日天津專電】十八日晨日兵車四列，運來朝鮮駐屯軍二千餘，載重汽車裝甲車及各種軍用品甚多。

▲中央社北平十八日電　據確息，（一）日兵車十六列，由榆開動，十七日已有三列車轉津，每列載日兵約三百人，軍用品數悶車，十八日上午十一時，又開到一列車，有日兵數百名，下午三時續到一列，帶步兵約三百名，騎兵約百名，載重汽車五輛，（二）十八日上午十一時，日兵五十餘人乘載重汽車十五輛，由津到通縣，又十八日晨七時許，通縣續到日軍步砲聯隊約千餘人，（三）十八日下午一時半，日兵車一列由津開豐台，日兵十餘押運鐵悶車七輛，滿載軍用品，（四）日兵十餘名，乘載重汽車一輛，十八日下午三時，到宛平縣界郭公莊一帶偵察地形，又在龍王廟永定河岸，砍樹一株以作暗記用意不明，（五）榆唐等車站一帶民房，全被日軍圈佔一律駐軍，（六）十八日晨七時許，日兵千餘名，携機槍十六挺，輕機槍七十挺，重砲八門，山砲十六門，載重汽車六十輛，由津抵通，（七）十八日上午十一時，六日軍十餘名，押載重汽車二十一輛，滿載彈藥汽油等物，由楊村開往豐台。

《中央日报》，1937年7月19日，第3版

日機昨飛偵豫北
突射擊平漢路車
兩次共傷亡旅客十餘人
外交部已提出嚴重抗議

▲中央社保定十八日電　十八日下午一時、日本戰鬥機一架、沿平漢路沿線南飛偵察、誾曾在順德天空用機槍向下掃射。

▲又電　平漢路七十二次北上混合車、十八日下午一時至彰德發現日戰鬥機一架隨車偵察、并以機槍向車內掃射、傷旅客數人、該機沿平漢線北返、至馬頭鎮一帶偵察甚久始去。

▲中央社鄭州十八日電　路訊、平漢路第七十二次客貨車、十八日晨至高牌店站時、（按、該站距長辛店約八十華里）日機用機槍向該列車低飛掃射、傷亡十餘人、平漢路交通因蘆溝橋被毀、路軌仍未修復、通車有待。

本京息、昨（十八）日上午十一時廿分、有日本軍用飛機一架飛往河南境內、當過平漢路漳河橋時、適有該路列車正在行進、日飛機竟以機關槍對該列車射擊、當死二人、傷二人、同日十二時由保定南下之第七十二次客車、當達到河北邢台縣（即順德）屬官莊站時、亦遭日飛機機關槍射擊、傷十餘人、又十二時三十五分某次列車、在河北元氏縣、同被日機掃射、傷十餘人、下午一時該機經石家莊西飛、繼又飛回、經柳辛站往北飛去。

又訊、關於昨日日本軍用飛機在河南漳河橋、河北官莊站、及元氏縣等處用機關槍射擊我經過之列車、死傷多人事、外交部據報、即日向日本駐華大使館提出嚴重書面抗議、認爲該軍用飛機在我國境內私自飛行、已屬不法、今竟開槍射擊列車、尤爲侵犯我國領土主權、蓄意挑釁、要求該使館立即轉電日本軍事當局、嚴令約束該方軍用飛機、不得再有同樣非法行爲、其發生結果、應由日方負責、至於關於此事各種合法要求、我方並聲明保留云。

日機飛平

▲中央社北平十八日下午二時廿分電　日機一架、十八日晨十時許飛平市上空盤旋偵察、約一小時始飛去。

▲中央社北平十八日電　十八日上午十一時許、日機六架由西北飛、繞過龍廟、衙門口、大井村上空盤旋數分鐘、向東南飛去、旋復飛過南苑上空偵察一週、仍向西北飛去。

本京關係方面接到天津方面電、東局子飛行場現有日飛機數十架、四週由日兵嚴加戒備、十八日晨起飛者共十餘架、多在津郊或西去偵察、並有數架在津市上空飛行甚低、截今日上午此間機聲軋軋不絕。

又據津訊、日方在津縣北倉一帶劉安莊增設飛行場事、十八日又派由惠通公司組長岡部等數人乘汽車再度前往勘察、準備動工、此次日方所圈佔之地畝、計劉安莊及附近宜興埠等村共佔四百畝、即將強行動工、津縣對此除報告上峯交涉外、並飭鄉長副轉諭村民、不得收日方所付之租價、農民不得受僱、爲其工作。

《中央日报》，1937年7月19日，第4版

前越督范連尼

論遠東局勢

日軍橫暴係自趨絕路

中國進步已大非昔比

▲中央社巴黎十七日哈瓦斯電　前任越南總督范連尼、最近曾赴中國各地考察、頃在巴黎晚報發表長文、就中日糾紛之起源及其國際的影響、有所論列、略稱日本雖曾力謀避免墮入德國術中、然今仍不免落入德國之圈套矣、日本被捲入於三角同盟（按即指德意日三國）、其所担當之任務無他、僅在牽制蘇聯一部份兵力駐守遠東而已、蓋此際歐洲政治局勢、異常複雜、大戰有隨時爆發之可能、故德意兩國、乃欲利用日本、以分蘇聯兵力、此就最近蘇聯與「滿洲」邊境之事端、可以證之、日本既蓄意蠶食中國、乃先在蘇聯邊境作聲東擊西之計、蘇聯倘出而與日本作戰、則其在歐洲之地位、因而削弱、反之、蘇聯倘不加干預、則日本將益無所忌憚、以征服華北之全部、而日後大戰爆發之際日本可據為固根據地、以對俄作戰矣、抑日政府前曾準備、就日軍佔領北平週圍之問題（按當係指冀東僞組織問題）、與中政府謀友誼之解決、然以現內閣完全聽命於軍部、以致解決無從着手、日本軍部蓄意控制全國政權、故於本年春間、迫令政府下令解散議會、四月三十日議會改選之結果、證明日本民意不直軍部之所為、然軍部並不因此而就範、則凡日本外交政策、均出自軍部之授意、去年日德反共協定、實際上並未經日本外交官之手、而係由軍部代表所簽訂、因此就目前事變而論、向中國所放之大砲、是否係由柏林所發射、誠令人不能無疑矣、范氏繼稱、此次日本行動、將遭受中國方面認真抵抗、蓋一則中國具有無窮盡之潛勢力、二則目前中國之行動能力、已非數年前可比、就中國軍隊而論、近年以來、顯然大有進步、此在一二八上海戰爭中日本固已深感中國軍隊之不可輕侮矣、假令日本必欲輕於一試、則勢必促成長時期之戰爭、且困難重重、耗費不貲、其最後結果、日本必將以重大之代價、獲得一種教訓、此教訓為何、中國有四萬萬人民、且有二百餘萬曾經訓練設備完全之軍隊、欲加以滅亡、斷非輕而易舉是也、最後范氏說明法國之觀點、則謂法國絕無任何反對日本之成見、惟吾人固有萬分理由、相信中國具有和平意向、中國絕不欲威脅任何他國、其所孳孳以求者、無非在於民族復興之工作、此吾人所不禁向中國深表同情也、總之、日本國民倘聰明識其目前之統治者正驅策其國家、以入於冒險之途徑、甚或崩潰之途徑、則庶幾回復清平之理智、而爲懸崖勒馬之計乎云云、

《中央日报》，1937 年 7 月 19 日，第 4 版

蔣在廬山談話會席上
闡明政府外交立場

盧事能否結束是最後關頭境界
希望和平解決但固守我方立場

昨分組談話討論政治經濟問題

▲中央社牯嶺十九日電 廬山談話會今日舉行分組談話、上下午各次出席者百餘人、地點仍在圖書館禮堂、上午九時至十二時討論者爲政治、由汪兆銘主席、各來賓曾對憲法問題、分別發揮宏論甚多、中午蔣委員長歡宴各來賓、賓主情緒融洽熱烈、下午討論者爲經濟問題、仍由汪主席、關於經濟建設事項、來賓發言者有十餘人、至四時始散、明日上午之分組談話爲討論教育

▲中央社南昌十九日電 黃旭初十七日離桂赴湘、十八日晚八時抵南昌、十九日分訪友好、並參觀市政建設、定二十日晨赴潯轉廬謁蔣院長、報告省政、並將留牯參加談話會。

▲中央社牯嶺十九日電 蔣委員長十七日在廬山談話會第二次談話時 對盧溝橋事件有所報告、茲記其演詞全文如下：

《中央日报》，1937年7月20日，第3版

各位先生：中國正在外求和平內求統一的時候、突然發生了盧溝橋事變、不但我舉國民衆悲憤不置、世界輿論也都異常震驚、此事發展結果、不僅是中國存亡的問題、而將是世界人類禍福之所繫、諸位關心國難、對此事件、當然是特別關切、茲將關於此事件之幾點要義、爲諸君坦白說明之：

國府的政策 兩年來一貫

第一、中國民族本是酷愛和平、國民政府的外交政策、向來主張對內求自存、對外求共存、本年二月三中全會宣言、於此更有明確的宣示、近兩年來的對日外交、一秉此旨向前努力、希望把過去各種軌外的事態、統統納入外交的正軌、去謀正常解決、這種苦心與事實、國內外都可共見、我常覺得、我們要應付國難、首先要認識自己國家的地位、我們是弱國、對自己國家力量要有忠實估計、國家爲進行建設、絕對的需要和平、過去數年中、不惜委曲忍痛、對外保持和平、即是此理、前年五全大會、本人外交報告所謂「和平未到根本絕望時期、決不放棄和平、犧牲未到最後關頭、決不輕言犧牲」、跟着今年二月三中全會對于「最後關頭」的解釋、充分表示我們對于和平的愛護、我們既是一個弱國、如果臨到最後關頭、便只有拚全民族的生命、以求國家的生存、那時節再不容許我們中途妥協、須知中途妥協的條件、便是整個投降、整個滅亡的條件、全國國民最要認清所謂最後關頭的意義、最後關頭一到、我們只有犧牲到底、抗戰到底、唯有「犧牲到底」的決心、纔能博得最後的勝利、若是徬徨不定、妄想苟安、便會陷民族於萬劫不復之地。

盧事的推演 係整個問題

第二、這次盧溝橋事件發生以後、或有人以爲是偶然突發的、但一月來對方輿論或外交上直接間接的表示、都使我們覺到事變發生的徵兆、而且在事變發生的前後、還傳播着種種的新聞、說是什麼要擴大塘沽協定的範圍、要擴大冀東僞組織、要驅逐第廿九軍、要逼迫宋哲元離開、諸如此類的傳聞、不勝枚舉、可想見這一次事件並不是偶然的、從這次事變的經過、知道人家處心積慮的謀我之亟、和平已非輕易可以求得、眼前如果要求平安無事、祇有讓人家軍隊無限制的出入於我們的國土、而我們本國軍隊反要任受限制、不能在本國土地內自由駐在、或是人家向中國軍隊開槍、而我們不能還槍、換言之、就是人爲刀俎、我爲魚肉、我們已快要臨到這極人世悲慘的境地、這在世界上稍有人格的民族、都無法忍受的、我們的東四省失陷、已有了六年之久、繼之以塘沽協定、現在衝突地點已到了北平門口的盧溝橋、如果盧溝橋可以受人壓迫強佔、那末我們五百年故都北方政治文化的中心、與軍事重鎮的北平、就要變成瀋陽第二、今日的北平、若果變成昔日的瀋陽、今日的冀察、亦將成爲昔日的東四省、北平若可變成瀋陽、南京又何嘗不可變成北平、所以盧溝橋事變的推演、是關係中國國家整個的問題、此事能否結束、就是最後關頭的境界、

《中央日报》，1937年7月20日，第3版

到最後關頭 亦只有抗戰

第三、萬一眞到了無可避免的最後關頭、我們當然只有犧牲、只有抗戰、但我們的態度祇是應戰、而不是求戰、應戰是應付最後關頭必不得已的辦法・我們全國國民必能信任政府、已在整個的準備中、因爲我們是弱國・又因爲擁護和平是我們的國策・所以不可求戰・我們固然是一個弱國、但不能不保持我們民族的生命、不能不負起祖宗先民所遺留給我們歷史上的責任、所以到了必不得已時、我們不能不應戰、至於戰事既開之後、則因爲我們是弱國、再沒有妥協的機會、如果放棄尺寸土地與主權、便是中華民族的千古罪人、那時候便祇有拚民族的生命、求我們最後的勝利。

政府已確定 方針和立場

第四・蘆溝橋事件能否不擴大爲中日戰爭、全繫日本政府的態度、和平希望絕續之關鍵、全繫日本軍隊之行動・在和平根本絕望之前一秒鐘・我們還是希望和平的・希望由和平的外交方法求得蘆事的解決・但是我們的立場有極明顯的四點：（一）任何解決、不得侵害中國主權與領土之完整・（二）冀察行政組織、不容任何不合法之改變、（三）中央政府所派地方官吏、如冀察政務委員會委員長宋哲元等、不能任人要求撤換、（四）第廿九軍現在所駐地區、不能受任何約束・這四點立場、是弱國外交最低限度、如果對方猶能設身處地爲東方民族作一個遠大的打算、不想促成兩國關係達於最後關頭・不願造成中日兩國世代永遠的仇恨、對於我們這最低限度之立場、應該不致於漠視、總之・政府對於蘆溝橋事件、已確定始終一貫的方針和立場・且必以全力固守這個立場・我們希望和平・而不求苟安・準備應戰・而決不求戰・我們知道全國應戰以後之局勢・就祇有犧牲到底・無絲毫僥倖求免之理・如果戰端一開、那就是地無分南北、年無分老幼、無論何人、皆有守土抗戰之責任、皆應抱定犧牲一切之决心、所以政府必特別謹愼、以臨此大事、全國國民亦必須嚴肅沉着、準備自衛、在此安危絕續之交、唯賴舉國一致、服從紀律、嚴守秩序、希望各位回到各地・將此意轉達於社會・俾咸能明瞭局勢・效忠國家・這是兄弟所懇切期望的。

《中央日报》，1937年7月20日，第3版

宋哲元昨日返平

召軍政要人協議蘆事

側面折衝仍在津進行

日軍仍有大隊入關向唐山集中

▲中央社天津十九日電　宋哲元偕張維藩·鄧哲熙及隨員等十九日晨七時半專車赴平·各機關長官均到站歡送·張自忠因病未同行。

▲中央社天津十九日電　李思浩石敬亭，十九日上午九時半由津搭平津快車赴平·齊燮元·趙登禹·潘毓桂·十九日下午四時由津赴平謁宋。

▲中央社北平十九日電　冀察政務委員會委員長宋哲元、偕秘書長王義樑副官長王寶縉等，於十九日上午七時許乘專車由津來平、九時半到達前門車站、冀省府馮主席治安·平市各機關長官政委會自楊秘書長以次各處長各委員會主席委員、綏靖公署自富參謀長以次各處長、平市府自秦市長德純以次各局長，以及其他機關領袖·新聞記者等約二百人、均先在站迎候、宋着長衫青褂·態度安定、神采奕奕、下車與歡迎人員一一握手示意·旋即出站·乘汽車回武衣庫私邸休息、各要人多隨至宋邸等候面謁、新聞記者十餘人亦經求見、宋氏因公忙·派北平市警察局長陳繼淹出而招待、代致歉忱·並勞謝平市新聞界相助之意舉·嗣謂宋委員長現甫回平·未能即時延見、尚希原諒·宋委員長令本人轉達諸君、決本國家立場人民立場中央意旨三原則、以期蘆溝橋事件早日解決、蓋能平即能和、日前在津談話中、早已述及·如宋委員長日內有暇、當再奉請諸君面談云云·

▲又電　宋哲元返平後·即在私邸接見秦德純·馮治安·賈德耀·張維藩等軍政要人、垂詢一切、並就蘆案事件有所協議。

【本報十九日北平專電】宋哲元回平、已證明時局確已告一段落·人心大安·惟和平初現·善後尚待努力·聞關外日軍即日停止前進·平津蘆溝橋一帶日軍·撤退尚無期·如中途無變化·八月內可望實行撤退·

【本報十九日北平專電】據重要方面表示、和平關鍵全視日方能否立即停止進兵並撤兵·在此以前、和平解決·雖因我方努力略具端倪·但尚無絕對把握·

▲中央社天津十九日電　宋哲元赴平料理冀察政委會事務·並接見僚屬·聽取報告·聞數日後仍有來津之說、至蘆溝橋事件、尚有待於新折衝，由張自忠在津辦

《中央日报》，1937年7月20日，第3版

理・張於十七日下午一時又與橋本會晤。

▲又訊　聞張發生現患咯血症・已向宋哲元請假休養・十九日亦未到署辦公・據[illegible]方面宮衛・目前中日當局對現局均無擴大之意・經雙方奔走交涉後・和平已見曙光・宋哲元之十九日返平、當有辦法、危局或可成過去・關平漢路不日亦可恢復通車

又京中昨（十九）晚接北平報告・稱北平各城門・自十九日午起完全開啓・沙包障礙物亦由衛生局巡丁撤除、西單牌樓及長安街一帶用沙土堆成之堡壘・備夜間架設機關槍用者、亦已鏟平、聞十九日晚戒嚴時間・將因交通[illegible]・但日軍運輸依然忙碌・[illegible]日去。

大井村日軍又挑釁

▲中央社北平十九日電　大井村日軍十九日晚七時又增四十餘名、馬四匹・重機關槍一架・今晚九時半該村北之日軍向我發砲三四響、機槍數十聲、意圖挑釁・我軍未還擊・旋即停止。

▲中央社北平二十日上午一時零八分電　十九日晚大井村北日軍、以警犬在我二十九軍陣地搜索、當有地雷爆炸・日軍聞聲即出動、向我挑釁、一時機步槍聲紛起、我方亦即起而應戰、約廿分鐘、日軍始退去・我軍仍守原陣地・

▲中央社北平十九日路透電　十九日晚九時半平西有機關槍聲歷九分鐘之久、華方息・謂日軍射擊大井村之華軍・華軍未回擊・日方現未傳出關於此事消息・

南京關係方面頃接平電・一、十七日晚迄十八日由關東開來日軍兵車十三列・除一列停秦皇島・兩列停唐山外・計到津十列・均係徒手兵員・人數未詳・二・由津開通縣日軍千餘名・輕重機槍八十餘挺、山野砲二十餘門・載重車六十餘輛・三・日兵六十餘名・押汽車二十餘輛・滿載彈藥等・由楊村開往豐台・四・日機六架在盧溝橋上空偵察・旋即南飛・五・宛平縣城以東大井村一帶日軍砲兵及障礙物已撤去・造家村日機場守兵數百人、已撤去大部。

《中央日报》，1937年7月20日，第3版

又京中昨（十九）晚迭據平津報告、蘆溝橋方面日軍仍不時向我駐軍挑釁、且有開砲射擊情事、乃據同盟通信社消息、反誣我駐軍向日軍開槍、並稱津日軍部昨（十九）晚發表聲明、謂日方限至二十日午止、如華方仍有開槍情事、將採取必要之措置云云、顯係日方故作反宣傳、以爲其將來挑釁行爲之藉口。

津榆間日兵車不絕

▲中央社天津十九日路透電　日兵仍源源經過榆關開入中國本部、唐山現屯集許多分隊、估計前二十四小時內開抵日軍共三千五百人。據息、日本關東軍部隊近奉命陸續開入榆關、向平津一帶增加、藉鞏邊防、現由「偽國」軍隊接充。

▲中央社天津十九日電　日兵車仍絡繹不絕、十九日上下午計開到四列、（一）十點四十分一列共二十八個車、（二）十一時五十分一列共三十個車、（三）下午一時三十分一列共二十九個車、（四）下午三時一列共三十二個車、均裝載大批步騎兵、人數約在千餘人以上、均開日兵營云。

▲中央社北平十九日電　十九日下午一時許日兵車一列開抵平台、計掛車十八輛、內裝有高射砲多門、子彈軍械等甚多、有日兵九百餘人。又京中所得報告：日兵二十餘名、十九日上午七時押載重汽車二十餘輛、滿載大批軍用品及砲一門由津赴豐台、又有空車四輛、十九日午返津。

▲中央社北平十九日電　據與日軍有關係之某日人稱、此次入關之日軍、何時撤退、尚無所聞、惟必須能使日方滿足其希望、然後始能談到撤退問題云。

《中央日报》，1937 年 7 月 20 日，第 3 版

津日憲兵擅檢查郵件

冀郵局已分向當局報告 津領事團將提抗議

▲中央社天津十九日路透電 官場今日承認日當局確有強在特三區（前俄租界）郵務管理局內設置檢查事、聞津領事團定明日集議、將提出抗議、反對日人檢查郵件、即與中國其他各省之往來郵件、皆須受檢查、日方檢查員中有一白俄、可見寄往蘇聯之郵件、亦將罹同樣待遇、由滬至津之航空郵寄、現已無期停止。又據關係方面接津訊、津日憲兵隊派人到河北郵務管理局、檢查信件、竟于十九日起非法執行、昨晚所派到局者共有八九人、內二人爲白俄、對收發信件、任意拆閱、並有數件、予以扣留、凡由彼等檢查之信件上、均蓋以一檢閱一木戳、河北郵務管理局、十九日已分別呈報交部及冀察政委會津市府報告云。

日軍便衣隊襲擊平西郊

經我軍趕到擊退

▲中央社北平十九日電 平西郊清華大學以北、十九日晨一時許、突有槍聲、經查悉係日軍便衣隊、在該處一帶活動、經我駐軍趕到擊退、至二時左右平息、死傷尚未判明。

▲中央社北平十九日電 平西紅山口、係由平赴溫泉暘台山大覺寺等處之通路、十九日晨一時許、突發現日便衣隊若干人、企圖南下擾亂西郊、經我方發覺、當即趕往、在清華大學以北地方接觸、約半小時後、始被我軍擊散、截至發電時止、尚有繼續槍聲。

《中央日报》，1937年7月20日，第3版

日機仍大批運來

平市及四郊仍有日機偵察

撩息、日本軍用飛機三百架、防禦面具十餘萬、機器脚踏車二百輛、現由日向天津等處運送、又日本第一師團及近衛師團近亦各抽派一部份部隊、隨同其他部隊開來。

據某中所得報告、天津停留之日飛機、十九日晨有轟炸機一架向西飛去。

▲中央社北平十九日電　十九日上午八時半、九時十八分、十時廿分、十一時、各有日機一架、由東北方飛平、在市區及四郊盤旋偵察甚久、旋即飛向南苑、豐台、蘆溝橋一帶偵察、在南苑偵察時間爲最久、下午一時至三時有日機二架、陸續飛平市及南苑一帶偵察。

孔昨抵英倫

留三四日轉赴歐陸

▲中央社倫敦十九日電　孔祥熙偕郭秉文、陳炳章、陳立廷、胡貽穀等、於十九日午後一時抵此、駐英大使郭泰祺、英外部代表暨其他官員等、均曾在蘇桑普敦港迎迓。孔氏在此作三四日勾留後、即將赴歐陸云。

▲中央社倫敦十九日哈瓦斯電　中國孔副院長十九日抵達蘇桑普敦港、當就中日糾紛、發表談話稱、此際緊張局勢、吾人原望處以忍耐之後、即可予以防止、即日前所發生之事故、亦可阻其重演、詎知事與願違若此、迄今此日、吾仍希望出以更大之忍耐、即可覓獲友好解決辦法、其他途徑、實屬危險、此在日本務當了解之云。

《中央日报》，1937年7月20日，第3版

外部再向日方提議
雙方約期談判撤兵
董道寧訪晤日高面致備忘錄
許大使昨過神戶談政府方針

▲中央社東京十九日電 許大使世英十九日晨九時半到神戶·午乘車赴東京、當晚九時可到達·在神戶發表談話·謂我政府堅持不擴大與外交解決兩大方針、今年爲中日兩國最重大時機·兩國朝野應以熱意努力改善·果能依正義誠心誠意處理現在事態·則解決當非至難。

▲中央社東京十九日電 十九日晨日外務省發言人答覆外國記者關於華北局勢之詢問、大體如下·宋哲元雖陳謝·但處罰責任者及安全保障尚未實行·天津談判仍進行中、日高參事官對中國王外長談判、僅勸告停止中央軍北上、日本並未限期、但王交涉與時局有重要關係·發言人指示地圖·謂中央軍北上·已達違反協定之線·有人問：前途究竟樂觀或悲觀、發言人笑答曰、請看我臉色。

外交部於昨（十九）日下午二時半派科長董道寧·赴日本駐華大使館會晤日高參事、面致備忘錄·內容如次：

「自盧溝橋事件發生後·我國始終不欲擴大事態、始終無挑戰之意·且屢曾表示願以和平方法謀得解決·乃日本政府雖亦曾宣示不擴大事態之方針·而同時調遣大批軍隊開入我國河北省內·迄今未止·顯欲施用武力·我國政府於此情形之下·固不能不作自衛之適當準備、然仍努力於和平之維持·本月十二日外交部長接見日本大使館日高參事時、曾提議雙方停止軍事調動、並將軍隊撤回原地·日本對此提議、迄無表示、不勝遺憾、現在我國政府願重申不擴大事態與和平解決本事件之意·再向日本政府提議、兩方約定一確定之日期、在此日期·雙方同時停止軍事調動、並將已派武裝隊伍撤回原地·日方既抱和平折衝之希望·想必願意接受此項提議·至本事件解決之道、我國政府願經由外交途徑、與日本政府立即商議·俾得適當之解決·倘有地方性質·可就地方解決者、亦必經我國中央政府之許可·總之·我國政府極願盡各種方法、以維持東亞之和平、故凡國際公法或國際條約對於處理國際紛爭所公認之任何和平方法·如兩方直接交涉·斡旋·調解·公斷等·我國政府無不樂於接受也。」

《中央日报》，1937年7月20日，第4版

各地民眾團體
請發動全力抗敵
并紛紛成立抗敵後援會
平各界將有所表示

▲中央社北平十九日電 平市學術教育界名流李
書華・李蒸・袁同禮・樊際昌・沈履・鄭天挺・潘貽惠等
二十餘人・十九日午交換時局意見・李蒸定月底赴
京晤謁・參加第三次談話會・又平市文化教育市民
及學生會等各界人士・昨交換時局意見・定日內分
派代表舉行聯席會議・將有所表示・

本京息・自盧溝橋事件發生
後・全國各界深為憤慨・紛紛
電呈國府・請發動全力抗敵圖
存・整飭政府後盾・並對前方
抗敵將士・紛致精神上或物質
上之慰勞・茲將國府昨（十九）
日續收到各方申請抗敵之團體
名稱列後・（一）模里斯全體
華僑救國委員會・（二）貴陽
縣商會・率綢緞等業三十餘同
業公會・（三）天津各界救國
聯合會・（四）安慶各界抗敵
後援會・（五）紐約中華公所・
（六）河南教育學社年會・
（七）加拿大埠多利中華國民
抗日救國會・（八）南京民衆
樂條救亡大會・（九）檀香山
中華會館・中華總商會・（十
）北平市學生救國聯合會・（
十一）怡朗全體華僑・（十二
）河南許昌縣各法團暨全縣五
十萬民衆・（十三）福建龍巖區
縣兵役擴大宣傳大會・（十四
）全歐救聯會・（十五）沙市
商會・（十六）廣西文化界救
國會・（十七）安徽當塗縣各
界抗敵後援會・（十八）河北
滿豐縣各界抗日守土後援會・
（十九）中國童子軍總會・

▲中央社上海十九日電 廿
九軍司令部十七日覆滬市商
會等五團體・謂本軍誓對宋
（哲元）領導下・一致奮鬥到
底・決無屈辱之事云云・

上海 ▲中央社上海十九日電 滬各界抗敵後援
會・十九日電懇中央・領導全
國・一致奮起・下最大決心作
全力戰・並嚴防華北當局・積
極準備應戰・不得接受任何屈
辱條件・

▲又電 滬記者公會十八日
電宋哲元・盼速拚和議・繼續
抗戰・全國同胞誓為後盾云云

鎮江 ▲中央社鎮江十九日電 蘇省會各界抗敵
後援會・十九日在省黨部開第
一次大會・由周紹勳主席・決
議設防護・慰勞・情報・交通
・救濟等五委員會暨總務處・
並推定省黨部省府記者公會等
九團體為常委・及電慰二十九
軍全體將士・及請軍委會遣調
大軍北上抗敵・

《中央日报》，1937年7月20日，第4版

外報論華北局勢

蘇眞理報謂有引起大戰可能

巴黎各報希望雙方成立妥協

▲中央社上海十九日電 莫斯科十八日塔斯電，眞理報論華北局勢稱，因日本軍閥在河北省挑釁而爆發之中日衝突，顯有掀起大戰可能，同時日軍閥，並可利用華北局勢，從事其他冒險舉動，此實世界和平之嚴重威脅云。

▲中央社巴黎十九日哈瓦斯電 此間大部份報紙，現仍希望中日雙方能以成立妥協方案，但對於遠東方面發生戰爭一層，則亦不加隱諱，巴黎迴聲報評論，謂日本略事躊躇後，似已決定斷然有所舉動矣，前當一九三一年日本以武力佔領「滿洲」之際，東京政府亦曾經過數星期之躊躇，當時一般人原以爲「滿洲」事件儘可不必趨於極端，最後必仍有妥協之可能，孰意結果竟不然，今其情形亦正相類似，但中日兩國倘一旦發生戰爭，或可有一定之限制，蓋蘇聯因歐洲局勢緊張未必能參預中日雙方之衝突，至於國聯則於一九三一年與一九三二年間處理中日事件，已證明其缺乏能力，此次自不至再行出而干涉，共產黨機關報人道報則稱，日本之眞正企圖，乃在威脅蘇聯，蓋日本已故首相田中之著名奏摺，內有日本非將中國領土之一半加以統轄，則斷不能向俄國進攻，不寧唯是，自德日訂結同盟後，日本進攻蘇聯，乃亦有可能，故此次中日糾紛，德國必參預其間，固屬明眼人所共見也，有派斐伽羅報則謂目前中日兩國均採取強硬態度，雙方倘在最後數小時內，不能成立妥協，則業經開端之和議，將如何收束，殆無人能加以預料矣，近年以來，中國國防已大見增強，故日本軍事行動，勢必遭受困難，惟英國對於此次事變，正予密切注視，維持遠東和平之最後一線希望，其在是乎云。

《中央日报》，1937年7月20日，第4版

日軍昨又大舉進攻

蘆溝橋及平郊均發生戰事

宛平城亦遭砲轟損失重大

戰況激烈迄今晨始告停止

▲中央社北平二十日九時三十五分電　二十日自下午三時起、蘆溝橋方面及市西南郊大井村小井村什方院一帶、均有戰事發生、尤以蘆溝橋方面爲激烈、晚天小井村及什方院至發電時止、炮聲尤連續不斷、惟北平市內仍安定如常、各城門除外城已閉外、內城各門亦照常至十時後始閉。

▲北平廿一日上午零時廿二分電　蘆溝橋中日軍衝突、自廿日下午開始後、一度停止、晚八時許日軍復進攻、雙方砲火益趨激烈、我軍沉着應戰、日軍雖數度衝擊、均未得逞、九時後、戰事復稍殺、至十二時許又有砲聲、其大井村、小井村、什方院一帶戰事、亦未停止、但尚不劇烈、聞宛平縣城內落日砲彈甚多、損失浩大、並有民房數處起火。

▲北平廿一日上午一時卅分電　蘆溝橋方面廿日下午三時雙方衝突停止後、下午七時許日軍突又砲轟宛平縣城、我軍爲自衛、加以抵禦、至下午八時半始停止、雙方互有傷亡、現下鐵道橋及宛平縣城、仍爲我軍駐守。

▲北平廿一日晨二時四十五分電　蘆溝橋一帶中日軍衝突、至廿一日晨二時許、已入寂靜狀態、雙方均無動作、但戒備極嚴。

▲中央社北平二十日九時三十分電　日飛機二十日四度在平市上空偵察、爲上午七時及十時下午四時及下午五時、據日使館方面消息、日使館已令在平日僑每日赴使館避難、又將居留民編爲義勇隊八隊。

【本報二十日天津專電】　日駐屯軍司令部十九日晚聲明、謂將於二十日午後採取獨自行動、果於二十日下午二時半以大砲向宛平城猛擊、二十九軍卅七師馮治安部願以熱血保守國土、士兵個個奮不顧身、爭先抵抗、戰事之烈、從來未有

《中央日报》，1937年7月21日，第3版

、宛平縣城內警察局亦全燬於砲火下，保安隊大隊附孫某不知下落，其餘死傷尚未判明。

▲中央社北平廿日電　蘆溝橋來人談：十九日夜至二十日晨蘆溝橋日軍會兩度向我軍猛攻、均被我軍擊退，（一）首次攻我陣地之日軍，係十九日下午由豐台開抵蘆溝橋之步兵百五十名，由一大尉率領，自大井村方面以騎兵四十餘人掩護前進，經我駐永定河西岸之軍隊發現，當即迎頭痛擊，將該大尉擊傷，（二）二次進攻我軍之日軍，計共一聯隊，携加農重砲二門，鋼砲十門，坦克車八輛，鐵甲車四輛，此外并有裝載子彈給養之大車二十餘輛，及三輛獸子車，自大井村邁邐前進，至二十日晨三時四十五分即開始以步槍向我陣地猛烈射擊，至四時許復發砲兩發，均落我軍陣地內，我軍當稍加還擊，至拂曉時，日軍始向大井村原陣地退去。

▲中央社北平二十日電　蔣委員長發表我國最低立場談話後，記者二十日晨訪宋哲元，詢以對時局態度，宋因事忙未予接見，乃發表書面談話云：本人向主和平，凡事以國家為前提，此次蘆溝橋事件之發生，決非中日兩大民族之所願，揆可斷言，甚望中日兩大民族彼此互讓、彼此相信、彼此推誠，促進東亞之和平，造人類之福祉，哲元對於此事之處理、求合法合理之解決，請大家勿信謠言，勿受挑撥，國之大事，只有靜聽國家解決也云。

▲中央社北平廿日電　宋哲元廿日晚對各界發出佈告云：「為佈告事，本委員長請假回籍不幸本月七日夜蘆溝橋事變發生，實係局部衝突，本委員長秉以愛護和平為宗旨，以國家為前題，本合法合理原則，處理一切，深望中日兩個民族，推誠相見，共達和平之目的，惟恐各界同胞誤聽謠言，多所疑慮，為此佈告一體週知，各同胞各宜鎮靜，照常安業，此係國家大事，不可輕信謠傳，妄加議論，自相驚擾，切切此佈」。

本京息，馮治安昨（二十）有兩電到京、一係報告軍情、一係對外傳津方已簽定和平辦法之謠言、予以否認，並稱念九軍全體將士，在宋委員長領導之下，決本中央意旨，守衛國土，請中樞當局釋念，念九軍駐京代表李世軍當將馮電轉呈何部長，又關係方面昨（二十）日下午四時接津電稱，日軍於下午二時半以密集砲火向我宛平駐軍攻擊，當被擊退，南苑方面同時亦被日軍射擊，正由我軍抵抗，並已派隊前往增援云

▲中央社北平二十日電　察主席兼二十九軍師長劉汝明、二十日晨六時四十分由察抵平、謁宋哲元報告並請示一切。

▲中央社天津二十日電　蘆溝橋戰事廿日又發生，但此間之和平談判並未停頓，張自忠二十日晚又與橋本會晤、交換各項意見，對和平仍在努力。

▲又電　張允榮廿日下午五時返平、向宋哲元報告在津與日方折衝情形。

▲中央社天津二十日路透電　此間日軍當局今日聲稱，日駐屯軍參謀長橋本與廿九軍代表已成立諒解云，聞此中藏有中國當局制止共黨與反日活動之詳則，同時日軍公報稱：華兵昨夜在蘆溝橋附近又向日兵射擊，致日兵傷一人，日軍或將因此而於今午採取斷然行動云，華方消息則謂昨夜日軍向大井村華軍射擊，但華兵並未還擊云。

《中央日报》，1937年7月21日，第3版

蘆溝橋戰况激烈

▲中央社北平二十日下午三時五十五分急電 據未證實之消息、蘆溝方面二十日下午三時開火、又確訊·豐台同時亦有戰事、平津車臨時停止·

▲中央社北平二十日下午四時九十分電 據外籍記者息·（一）二十日下午三時半·日記者以電話詢豐台日軍司令部·據答豐台無事·惟自三時起·聞蘆溝橋方面有砲聲·（二）駐安定黃村一帶之日軍、二十日下午三時半起·紛紛移動、其目的在增援蘆溝橋·抑開往別處·尚未判明·（三）蘆溝橋現仍在激戰中、情形相當劇烈。

▲中央社北平二十日下午五時三十五分電 蘆溝橋戰事至下午四時半停止、平津車亦重新售票、於五時開出、雙方死傷及損失現正調查中·平市仍安定·北平至南苑交通亦照常、豐台方面日部隊調動忙碌、惟無戰事。

▲中央社北平二十日下午六時十五分電 二十日晨蘆溝橋方面突增日兵千餘人·並有坦克車四十輛·及載重汽車等·滿載軍實·一般預料必有戰事發生·至下午三時半·日軍果以大砲向我宛平縣城猛攻·約數十分鐘·我方沉着應付、戰況頗爲劇烈·至四時半左右·始漸停止、據聞日視蘆溝橋爲軍事上必爭基點、二十日晚或尚將有戰事發生。

【本報二十日北平專電】蘆溝橋方面·二十日下午三時·日軍一聯隊附坦克裝甲等車·向我軍挑釁、共開炮一百五十餘發、我爲自衛應戰·極猛烈·六時日軍始退·七時又向我軍攻擊·迄八時平市猶聞砲聲·

《中央日报》，1937年7月21日，第3版

大井村日軍挑釁

▲中央社北平二十日下午八時四十分電 大井村一帶之日軍、二十日晚七時後突向我什方院進攻、（截至發電時止、已發）砲三十餘響、仍未停止。

▲中央社北平二十日下午六時三十分電 官方公佈息、二十日下午二時許、大井村方面日軍突又向我射擊、小有衝突、三時許已停。

▲中央社北平二十日下午三時十五分電 豐台與南苑之間、二十日晨六時許有一小部日軍與我軍發生衝突、雙方以步槍互擊、數分鐘即停止、又永定門外大紅門、二十日晨九時亦有日軍多名、與我軍一度衝突、我北寧路二十日晨上午各次車誤點、至下午已恢復。

▲中央社北平二十日上午十二時三十分電 （一）十九日下午五時許、日兵九十餘人、在豐台車站後泥窪村、劃去田禾約十三四畝、（二）十九日下午七時許、日兵四十餘名、攜重機關槍一架、由豐台到大井村附近祥家店停止（三）十九日上午六時半、有日載重汽車卅九輛、兵百五十名、小鋼車二輛、及摩托車七輛、由津向通州前進、八時又有載重汽車一輛、日兵十名、又載重車廿四輛、滿載彈藥汽油等用品、由津向通州前進、（四）十九日上午十一時日兵車一列、日兵六十名、押載軍需品十輛、客車一輛、平車八輛、上裝載汽車八輛、自行車一輛、由津開豐台。

▲中央社天津二十日電 此間日軍仍源源向豐台一帶增兵、廿日晚七時有專車一列、滿載大批子彈軍械、由津赴豐台、七時半又有一列載兵六十餘人及給養等用品、亦赴豐台。

▲中央社天津廿日電 日軍用京車四輛、鐵甲車三輛、載重汽車四輛、兵三十餘人、廿日晚十一時由津沿平津公路開豐台。

▲中央社天津廿日電 日軍用載重汽車三十一輛、廿日午後裝載大批軍用品、外附糧草、由津開往豐台。

▲中央社天津二十日電 日兵車二十日晨繼到兩列、共一於上午四時五十分由唐山來津、另一於上午七時十分由榆關開來、兩列車均載大批日兵、及軍用品甚多。

▲中央社北平二十日下午六時四十五分電 二十日各方報告如次、（一）清晨三時半、日兵千六百餘人攜砲廿門、重機關槍十五挺、載重汽車四十輛、由津向通州方面前進、（二）上午四時後、又有日騎兵約三百餘人、載重汽車二輛、由津開通、（三）上午九時許、日鐵甲車兩輛、及鐵道除地雷用坦克車二輛、由津抵豐、（四）上午十時日兵車一列、載日兵四十餘人、由豐台開津。

▲中央社天津廿日電 北寧路上下行車、二十日兵車鐵甲車往來頻繁、多誤點、但南行各次車、均準點由津開行。

關係方面昨（廿）日發表消息：（一）榆關開出除鐵甲車往津日軍兵車三列、共載步兵千餘名、騎兵一百六十餘名、馬一百六十餘匹、（二）由津開平豐台兵車一列、係載多量軍用品、（三）高驪營日兵四百餘名、拉民夫操作軍事、（四）宋哲元在津與香月晤談、除寒暄外、雙方希望早日恢復盧溝橋事件發生前之和平狀態、未涉其他。

《中央日报》，1937年7月21日，第3版

▲又電 商震・王樹常・吳克仁二十日午十二時聯袂抵廬、適蔣委員長正準備離山、故即時召見、三氏略作報告後、即行辭出、聞三氏日內即離此赴京一行。

▲又電 鄂主席黃紹竑於二十日下午三時抵山、適遇蔣委員長於途中、故未作詳細報告、黃主席旋於歡送蔣委員長離牯後、即隨行下山返鄂、主持省政。

【本京消息】 蔣委員長以京中政務殷繁、特於昨（二十）午偕夫人宋美齡女士離牯嶺由潯乘飛機返京、侍從室主任錢大鈞等、另乘他機隨行、中樞要人居正・王寵惠・何應欽・俞飛鵬・張嘉璈・王世杰等、事先得訊、齊集明故宮機場恭迎、蔣委員長所乘之飛機、於六時三十五分到達機場降落、錢主任所乘之機亦相繼到達、蔣委員長身着淺灰色綢長衫、容光煥發、態度安閑、頻頻向歡迎人員頷首示謝、旋偕夫人乘汽車返邸休息、歡迎各員均相繼往謁分別有所報告。

▲中央社香港二十日電 蔣委員長對蘆溝橋事件報告發表後、此間僑胞對領袖公忠體國之苦心孤詣、及所採立場之嚴正、極表敬佩與興奮、各種金融債券・廿日大體均上漲。

▲中央社漢口二十日電 湖北各界援助華北抗敵將士會二十日發出通電、擁護蔣委員長在廬山談話會對蘆事報告、我政府固守最低限度之立場、電中有凡我同胞、務須擁護此項主張、貫徹到底、如奉行徵兵令、澈底肅清漢奸、統一意志、服從政府指揮、從事防護工作、維持社會秩序、爲擁護此項主張之有效辦法。

▲中央社上海二十日電 滬市黨部二十日電蔣委員長云、報載鈞座談話、宣述中央所定國策、本人類之正義、求國家之生存、凡屬國人、莫不感奮、滬上人民、咸願犧牲個人之生命、爭取民族之生存、赴湯蹈火、在所不辭、破釜沉舟、義無反顧、現正集中實力、以待後命云云、又緊急通告全市民衆、準備實力、以待國家之總動員。

許大使訪晤廣田

說明我方對蘆案方針
盼日方從速實行撤兵

外王延見日高勗勿貽誤大局

▲中央社東京二十日電 許大使十九日夜安抵東京後、夜深始就寢、二十日晨九時晤廣田、談一小時許、力說我方不擴大方針及盼日方從速撤兵、廣田謂現只盼中國承認及實行「協定」、其餘以後再說、態度極堅決。

外交界息、我國駐日大使許世英、此次返任、已于十九日抵東京、當晚九時到館視事、昨（二十）日對東京各報記者發表談話、切望日方停止軍事行動、勿使事態擴大、根據正義、由外交途徑謀和平解決、我國軍事準備、係因日本積極增兵、純為自衛、並無挑戰之意云云、並聞許大使昨（二十）日訪廣田外相、作回任後首次訪問云。

又訊、日本大使館參事日高、於昨（二十）日上午八時赴外交部官舍、晉謁王部長、繼續交換關於蘆溝橋事件之意見、王外長告以際茲事機緊迫、彼此不必作無益之辯論、貽誤大局、務須雙方採取迅速行動、避免事態之擴大、如謂中國在河北省之軍隊調動有可非議之點、則日本大部軍隊之在該省當尤顯為侵犯中國領土主權・王部長旋更重提前日節略中之提議、謂雙方應立即約定日期、彼此同時停止軍事行動、撤退軍隊、以為此係唯一可能的避免衝突之方法、王氏並稱、雙方既均謂不欲擴大事態、且均謂軍隊之調遣不過為預防、則中國之提議、自無不能接受之理、關於地方交涉一點、王部長則謂任何國家之外交、無不由中央政府主持辦理、就本事件而論、中國政府尚無時不準備與日本政府交涉、以謀迅速公正之解決、倘有地方性質、可就地方解決者、亦必經我國中央政府之許可、最後王部長並稱、中國政府已屢次表明其熱烈願望、願將此不幸事件得一和平解決、只須有一線和平希望、中國決不放棄其依據外交途徑、從事和平解決之努力

《中央日报》，1937年7月21日，第3版

日閣昨開會

廣田報告晤許經過

▲中央社東京二十日電 日閣今晨十時半舉行會議、首相近衛亦力疾出席、[illegible]各報告時勢、次由外相廣田報告與許大使會見情形、及外交交涉經過、聞決定俟日高與我國王外長會見結果、詳細報告到達後、下午再開緊急閣議、協議後決定、日閣今晚將發表重大聲明」

▲中央社上海廿日電 據同盟東京電、外相廣田會見許大使後、即赴首相官邸、[illegible]說明許大使所傳中國政府之態度、交換意見後、出席閣議、

▲中央社東京二十日電 十九日晚六時、此間得我外部備忘錄後、極形緊張、二十日晨各報皆謂中日關係已達爆發點、外務省深夜發表長篇反駁聲明書、謂中央對地方許多重要交涉、未曾諒解、[illegible]要求須得中央許可、斷係有意妨害事件圓滿解決之舉、蔣委員長談話、各報多載全文、極端重視

英美對遠東時局

商共同行動

英外次稱盼能和平解決

現確有流入戰爭之危險

英報贊揚蔣對盧事態度

▲中央社倫敦十九日路透電 十九日午後英下院討論遠東事件、時外次克蘭蓬[illegible]

[illegible]

▲中央社倫敦廿日哈瓦斯電 英各報[illegible]評論遠東時局、[illegible]

[illegible]

▲中央社巴黎廿日哈瓦斯電 各報[illegible]評論遠東時局、[illegible]

[illegible]

美法兩大使

不日將南來

▲中央社北平二十日電 法大使那齊亞以時局緊張、日內即將赴京、美大使詹森、短期亦將乘軍艦南下。

平各國使館武官曾紛赴前方視察

▲中央社北平二十日電 外交界息、盧溝橋事件發生後、平各國使館武官曾紛赴前方視察、[illegible]

[illegible]

唐山交大

被日軍強佔

教職員赴津

▲中央社天津二十日電 據聞唐山交通大學、現已由日軍開入駐紮、該校教職員等已紛紛來津云。

《中央日报》,1937年7月21日,第3版

各團體電勗廿九軍

抵禦暴日固我疆圉

望本過去精神抵抗到底

陝集訓生願入軍校肄業

一、陝軍步兵學校特別黨部、昨致平津行政長官及二十九軍將士電云：北平宋委員長、馮主席、秦市長、天津張市長勳鑒、並轉二十九軍全體將士均鑒、暴日侵華志切、竟敢釁起蘆溝、舉國人民、莫不震憤、幸賴諸公忠貞捍衛、將士奮勇抗戰、壯烈齊伸、敵謀難逞、適睹旌麾、欣慶何似、尤盼繼續抵禦、固我疆圉、本部同人、誓爲後盾、謹馳電達、無任延企、陝軍步兵學校特別黨部叩號。

二、陝軍砲兵學校特別黨部昨電二十九軍全體將士慰勞、誓爲後盾。

三、教育部全國師範學校團體教育會暑期訓練班南京訓練班電二十九路軍全體將士云：北平宋委員長暨二十九軍全體將士鈞鑒、蘆溝橋事變以來、敵方徵調頻繁、大軍雲集、鯨吞平津之心、昭然若揭、際此嚴重時期、我方除奮力抵抗外、別無瓦全之策、全國同胞、實同此心、務望本過去殺敵精神、抵抗到底、以保持華北疆土、延續國家命脈、臨電迫切、不盡欲言。

四、中央社西安廿日電　陝學生集訓總隊各生、對蘆案憤慨異常、近紛紛請求入軍校肄業、並由十八日起、節食捐款、共得二百六十八元五角、已送交抗敵後援會、轉匯前方慰勞抗敵將士。

五、本京司法實務講習所暑期留京同學、鑒於暴日橫行、有增無已、既侵我東北、復窺我平津、凡屬國民、孰不髮指、爰於本月二十日、成立抗敵後援募捐會、推選梅慈恩、范鴻斌、陶世麟爲負責人、即日起開始工作、募款範圍、暫以本校校董教職員同學及其朋友以及一切可能接近之人爲限、捐款數目及用途、每十日登報公布一次、以憑核對、並議決全體會員均須遵守下列規約、切實履行、（一）節省無謂的消費、捐作慰勞前方將士之用、（二）盡自己的力量、作所能作的事、爲着我們的國家、（三）鍛鍊我們的體格、作抗敵的有力的後援。

《中央日报》，1937年7月21日，第4版

北方局勢急轉直下

雙方派員監視撤兵

我軍奉令實行向後撤退

各地由石部保安隊接防

【本報二十一日北平專電】華北局勢二十日劇戰後、廿一日急轉直下、商即停戰・雙方監視前線撤兵、此事已見諸事實・二十一日晨宋哲元召馮治安秦德純有所商談、城內情勢亦見和緩、郊外雖有斷續砲聲、然與和平可無影響、但日方仍以大批援軍向前線增調・二十一日晨八時日機十四架、結隊至南苑・宛平・蘆溝橋一帶視察。

▲中央社北平廿一日下午一時廿五分電　中日軍廿日晚在蘆溝橋一帶激烈衝突後、雙方人員廿一日晨一度會晤、商議即刻停戰、雙方開始撤兵、於是各通知前方駐軍停止衝突、我方派周思靖・周永業・日方派中島・櫻井等・於廿一日晨九時半同乘汽車赴前方監視撤兵。

▲中央社北平二十一日電　此間當局對蘆溝橋事件始終主張和平解決、二十一日晨已命蘆溝橋以西以北我前方各地駐軍、暫時向後撤退一二里、所遺防務、由石友三保安隊依次接防保安隊第一旅長程希賢・于二十一日上午十時起率部前往接防・如日軍于我保安隊換防時期・不予攻擊・至午十二時可換防完竣。

▲中央社北平廿一日下午四時四十分電　確息、我保安隊原定二十一日上午十時至十二時接防蘆溝橋・但因前線日軍防守監視甚嚴・以致接防不易、截至下午四時止、保安隊接防尚未實現。

▲中央社東京二十一日路透電　東京方面稱華北局勢現已有轉佳趨勢・並稱宋哲元二十日夜已允將三十七師自平西八寶山撤退・另由保安隊填防。

《中央日报》，1937年7月22日，第3版

日軍仍不絕向豐台開來

▲中央社北平廿一日下午六時四十分電 平市西郊什方院以西四里許平漢路十號橋附近、廿一日晨發現日兵十數名、在該地隱伏。

▲中央社天津二十一日電 集結秦皇島榆關等地日軍仍陸續來津．二十一日晨又到兩列車、共六十節、載兵數百餘人、及給養軍械等甚多、均停于東站。

津訊、二十一日午十一時許日兵車一列續由榆關抵津、共有三十二節車、士兵數百名、據聞廿一日晨所到之日軍、係屬第十九師團。

據息、豐台日軍係四十旅團山下全部、計鯉登七十七、野村七十九、南雲七十八、架應廿、岡崎廿八、細川廿六共六聯隊。

津訊、日鐵甲車三輛、廿一日下午一時半由津總站開往豐台、日軍廿一日午十二時許由津開專車一列、共有九列、有官佐數人赴豐台。

▲中央社天津二十一日電 日軍以舊式馬車四十輛、裝運大批木箱、二十一日晨六時由津沿平津公路開豐台、據一般推測、此項木箱內、多係子彈等物。

▲又電 日軍用鐵甲車兩列、又兵二百餘名乘專車一列、二十一日下午二時許先後由津開往豐台、迄下午三時許又陸續返津、二十一日下午七時有日軍二百餘人乘載重汽車七輛、由津赴豐台。

▲又電 日軍鐵甲車五輛、廿一日下午十時半由津沿北寧路開往楊村、抵站後、未前進。

▲又電 此間日軍仍向豐台開拔、廿一日晚有專車一列、共廿二節、、戰埋克車五輛、汽車十四輛、兵一百五十餘名、由榆來津、廿一日晨一時許開豐台。

《中央日报》，1937 年 7 月 22 日，第 3 版

▲中央社北平廿一日下午十二時電　中日雙方監視撤兵人員周思靖中島等、於廿一日晨赴蘆溝橋宛平縣城及衙門口八寶山兩軍前線交涉撤兵、因有相當結果、於廿一日晚十時餘返平、周卽謁秦德純報告交涉情況。

【本報二十一日北平專電】石友三保安隊百餘人、十時開赴蘆溝橋接防、經過如何，尙未接報告。

▲中央社北平二十二日上午零點四十分電　據二十一日晚由前線來平之某軍官談：蘆溝橋及宛平縣我軍防地，經二十日夜激戰後，迄未移動，我軍士氣甚旺，均抱爲國犧牲决心，惟宛平縣城前曾由石友三部保安隊接防，故二十日夜日軍向我猛烈攻擊時，我方以保安隊勢力單薄，不得已乃調一部軍隊增防，至蘆溝橋方面，本由吉星文團駐守，二十日夜之戰，卽由此兩部奮力抵禦，至廿一日晨日軍停止攻擊，我增援部隊亦卽撤去，現宛平縣仍由保安隊固守、雙方監視撤兵人員在該地視察後、卽赴北平西郊衙門口監視撤兵、我該地駐軍以表示希望和平解决，以促日方覺悟、當於廿一日下午一時暫向後撤退、遺防由保安隊接替、至於平西八寶山我方駐軍、亦于廿一日晚七時廿五分撤退一部、當撤退時，日軍曾乘機向我發砲六響、傷我士兵數人、我軍未予還擊，又大井村大瓦窰一帶日軍、截至發電時止，尙未撤去。

據關係方面稱、我方此次先行撤兵、卽係表示和平之鐵證、亦係促日方之覺悟、倘我軍撤退後、日軍仍不遵約撤退、其蓄意挑釁已爲舉世所共見，該不幸事件擴大、其責當由日本負之。

《中央日报》，1937年7月22日，第3版

艾登向吉田表示 願斡旋中日時局

東京稱津方已有所謂『約定』

許大使昨再訪晤廣田

▲中央社東京二十一日路透電 日外務省發言人今日聲稱：英外相艾登近在倫敦與日大使吉田茂晤談時、曾作英國出場斡旋中日時局之提議、但日本迄未答復之、日政府將否予以答覆、渠未能言之云、該發言人又謂十九日晚華北日軍參謀長橋本與二十九軍代表在津所成立之「約定」、其詳渠尚無所聞、昨夜日內閣決定採行實施此「約定」條款所必要之適當防衛方法、是准陸相杉山有辦理此事之全權云。

▲中央社倫敦二十一日路透電 中日時局今日又爲英下院詰問之事件、外相艾登答自由黨曼德之問謂：英政府仍與他國政府、時常商榷遠東時局、不問其爲國聯會員國與否也、現逐日沿外交途徑進行商榷、以彼目前所知、渠以爲曼德所發將此事提前交國聯行政院之建議、未必能改善時局云、保守黨議員邊魯奇問：英國根據九國公約、凱洛格公約、與國聯盟約在華北糾紛中有何種束縛、艾登答稱：九國公約與凱洛格公約、皆未在目前爭執中束縛英政府、即在國聯盟約下亦未發生任何束縛云、艾登後答工黨台氏之問謂：中國境內領判權之地位並無變更云、艾登又答保守黨議廉之問謂：駐華英大使關於中國保險法之批評、外部業已接到、刻正在考慮中云。

▲中央社華盛頓廿日路透電 羅斯福今日接見新聞記者時、復表示美政府尙無對于中日雙方援用中立法之意、

▲中央社倫敦廿日哈瓦斯電 此間中國大使館頃發表中國王外長昨日遞交日駐華大使館參事日高之備忘錄全文、其內容建議由中日雙方約定日期、彼此同時停止軍事調動、並謂中政府極願用盡各種方法、以維持東亞和平云。

▲中央社東京廿一日電 廿一日晨十時、許大使再訪廣田、對蘆溝橋事件有所磋商。

▲中央社東京廿一日電 廿一日午、日外務省發言人答各國記者關於蘆溝橋事件之問話、謂二十日夜念一日晨尚無再衝突之報告、外務省並未訓令南京日使館員家屬撤退、現地交涉仍在進行中。

中日外交人員續有接洽

▲中央社上海廿一日電 中航公司息、田尻二十一日晨乘滬平機飛津、謁日大使川越、抵青後、稍留再北上。

本京息、駐華日本大使館秘書福井淳、於昨(廿一)日中午十二時到外交部訪亞洲司第一科科長董道寧、有所接洽、約談半小時辭出。

▲又駐華意國大使館秘書羅斯諦、駐華法國大使館秘書高蘭、駐華美國大使館參事裴克、昨(二十一)日上午分別於八時半十時先後到外交部晉謁徐次長、探詢北方最近情形。

《中央日报》，1937年7月22日，第3版

平津間交通恢復

平漢線北段亦即照常行車

▲中央社天津二十一日電　北寧路平津間，二十一日晨又恢復通車，平津第六次車，平榆廿二次車，均按時由津赴平，由平開行之第四一次車，廿一日亦過津東行。

▲中央社北平二十一日下午十時三十分電　自蘆溝橋事件發生後，平漢線北段交通，即告斷絕，現經雙方商定，沿蘆溝橋鐵道左右側之中日軍隊，同時向他處移退，俾平漢路派工務人員，前往修理被毀之電線等，以便通車，據聞昨日午後起，雙方軍隊均已陸續他移，大井村方面日軍將逐漸退往豐台，六時許平市所聞砲聲數響，即係日軍掩護行動所放，至今日平漢交通，或可恢復，至宛平縣城及蘆溝鐵橋石橋等我軍防地，則並未移動云。

滬平航空照常飛行

▲中央社北平廿一日電　中國航空公司十一號機廿一日晨九時由南苑飛滬，歐亞二號機廿一日晨九時亦由南苑飛并，歐亞六號機廿一日午十二時四十五分由平飛包頭，三機均係定機無乘客。

▲中央社天津二十一日電　中國航空公司平滬北上旅客異常稀少，二十一日晨由滬飛抵青島後即折回，未來平津。

× × ×

津日兵馬車經英租界被扣

▲中央社天津二十一日電　二十一日午有日兵押馬車十四輛，由唐山來津，行經英租界時，因各車均無捐照及車輪寬度違反警章，當被扣留，解往英工部局，將押車之日人釋放，日方曾派人索車，已被拒絕，聞此項馬車全係由唐山被抓者，各車夫云寧願受處罰，亦不願再歸日方云。

外報論華北局勢 對我均表示同情

謂日本侵略政策終必失敗

▲中央社巴黎廿一日哈瓦斯電　左右派各報，曆論評論中日問題，對雙方談判進展情形，拒不推測，對華表示同情者，仍佔多數，右派斐伽羅派報稱，日本好戰，不可不加承認，恫嚇之為事，雖不失為一種巧妙手段，但日若欲藉此而迅速致勝其對華，是否估價過低，實一問題，共黨人道報稱，英雖與日成立諒解，吾人仍高呼中國萬歲，極右派小日報稱，英國採取審慎態度，美國保留行動自由，法國亦採審慎態度，蘇聯或可出而干涉，德意兩國，則受反共協定之拘束，無以測知，綜計各大國中，恐無一國出而干涉云。

▲中央社柏林廿日哈瓦斯電　漢堡外僑日報頃撰文評論中日事件之國際影響，以為英國漸不能坐視日本勢力發展深入中國腹地，而置之不問，遠東方面局勢既益緊張，故英外相艾登昨在下院演說時，乃深感數月來歐洲方面種種誤會，有以妥協精神加以處理之必要，此實無足為怪也，該報又謂，艾登演說中對于意國語氣頗為和婉，此亦由英國關心遠東方面利益之所致云。

塘沽日軍

竟限制我商輪往來

▲中央社天津二十一日電　塘沽因日艦開到三艘，同時日駐軍入晚嚴加戒備，故人心大感不安，紛紛來津，日軍部在該地設有運輸部，頃通知各華商公司，凡輪船靠岸及起碇，均須事先通知，須得核准，日前曾徵集駁船五千噸，以備輪運軍用品，現又通知不用，但對各碼頭所積存貨物，則限即日他運，而各公司因駁船貨車目前均甚缺乏，日方催促甚嚴，甚感困難云。

日軍暴行

擅拘我縣警

▲中央社天津廿一日電　日兵數百人，廿日晨由津開往豐台，途中經縣境漢溝鎮時，將縣警蘇治海等拘押，至晚八時始向北而去，但仍留四十餘人在鎮看守云。

日僑陸續抵青

鄭日領館員赴漢

▲中央社青島二十一日電　膠濟沿線日僑，二十一日午前來青者又有九十餘名，攜帶行李頗多，分在大港青島下車。

▲又電　日驅逐艦朝顏號二十一日晨開抵青，日領署事前曾通知我方。

▲中央社鄭州二十日電　駐鄭日領館派松井與本村，攜館員眷屬數名，由鄭赴漢，惟領事佐佐木因負特種任務，現正加緊活動，尚無離鄭準備。

▲中央社濟南二十一日電　濟南日僑，連日離濟赴青島者甚多，但濟市面安謐，人心極鎮定。

孔與英銀界

曆續舉行談判

▲中央社倫敦廿日哈瓦斯電　中國孔副院長日前自美來此後，一般人相信孔氏已與倫敦銀行界，曆續舉行談判，俾獲得借款，以供中國建築鐵路新幹線之用云。

× × ×

《中央日报》，1937年7月22日，第3版

各界抗敵後援會通電

擁護領袖主張

遵奉中央之國策磨厲以須

嚴守秩序準備作最後犧牲

首都各界抗敵後援會、頃通電全國擁護領袖對蘆溝橋事件之主張、原電云：（衔略）公鑒、强敵以有計劃之挑釁、作大規模之侵略、猙獰面目、暴露無遺、我最高領袖蔣委員長、業於十七日對蘆溝橋事件發表重要談話、揭示中央政策爲求自存與共存、愛護和平爲年來素志、在和平絕望前一秒鐘、仍希望和平、萬一竟至最後關頭、祇有犧牲到底、抗戰到底、但吾人祇是應戰、而不是求戰、明闡明我國之立場、明示非法要求斷然拒絕、義正詞嚴、昭如日月、苟稍具理性、宜如何悔禍撤兵、以維東亞之和平、我全國軍民、當此存亡一髮之秋、亟應擁護領袖之主張、遵奉中央之國策、臥薪嘗胆、磨厲以須、服從命令、嚴守秩序、作最後犧牲之準備、盡軍民神聖之天職、本會謹代表首都百萬市民、對領袖主張、竭誠擁護、雖赴湯蹈火、粉身碎骨、在所不辭、民族存亡、爭此一瞬、我國人共奮起圖之、首都各界抗敵後援會叩馬（廿一日）印。

統一救國組織

據悉首都各界抗敵後援會、以救國步驟必須一致進行、方能集中力量、切實辦理、而收宏效、故該會現擬擴大組織、凡屬首都各有關抗敵後援團體、將予合併設立、以期集思廣益、共同商討、辦理宣傳運輸救護勸募等各項事務、此間願開擬提出下次執委會中決定、同時該會連日收到各界要求參加各項抗敵工作者、爲數已達百餘起、該會已投函參加人員、志願可嘉、故將復函接受熱情、一俟各項組織大綱訂妥及名稱確定、再行支配。

嚴防運粮資敵

京市商會鑒於米價關係民食頗鉅、前日米市、經一度上漲、目前雖已回跌、然際此嚴重時期、爲抑平米價、并嚴密預防奸商運糧資敵起見、刻已切實予以調查外、昨并令飭米業同業公會注意、并轉飭所屬會員米商、禁止乘機抬價、以免影響民食。

《中央日报》，1937年7月22日，第3版

前綫日軍仍未全撤

并構築工事發砲挑釁

平漢路即日恢復通車

▲中央社北平二十二日下午六時卅五分電　關於前方撤兵情況、截至下午六時止、未接續報、本社特派員亦未返城、惟聞日軍在前線陣地并未移動、僅各地人數略爲減少、故前途如何推演、尚難遽斷、豐台方面廿二日晨曾開到鐵道陸地兩用之日鐵甲車三輛、抵豐站後、即將鐵輪卸除、改換皮輪、似有西開準備、楊村日兵亦較廿一日略增、且放步哨、禁絶交通、現我在該處憲兵、已移駐車站外、廿二日晨飛平之日機雖僅一架、但在平市上空盤旋時間則較久、另據交通界消息、鄭孩權已抵蘆溝橋、如無特别變化、平漢通車一二日内即可恢復云。

【本報二十二日天津專電】　二十二日晨有日機五架、由東局子飛宛平西苑一帶、探視我軍撤退情形、宛平城内遭砲火多次、半成瓦礫之場、宋哲元令冀察政委會趕辦善後急振、除少數日軍由前方退集豐台外、多數仍駐在原防地、無撤兵消息、熱邊及古北口一帶現集有日關東軍兩師團、日兵車一列二十二日晨四時由唐山開抵津、載日兵二百餘、一部下車、押運大批子彈砲彈赴海光寺兵營。

【本報二十二日北平專電】　前線日軍廿二日移集大井村五里店一帶、仍構築工事、作戰時準備、大瓦窰日軍下午一時又向我發三砲、我未還擊、平戒嚴二十二日改夜十二時起、平蘆電話下午六時修復通話。

《中央日报》，1937年7月23日，第3版

▲中央社北平二十二日電　中日雙方監視撤兵人員周思靖·周永業暨中島·櫻井等一行、二十二日晨七時二十分乘平漢路專車赴蘆溝橋監視撤兵、開專車過五里店時、將稍停止前進、與日方駐蘆溝橋部隊接洽一切、如無其他阻碍發生、即繼續向蘆開行。

▲又電　蘆溝橋沿平漢鐵道線之日軍、二十二日晨五時起、開始向後撤退一二里許不等、聞日軍此次後撤、係分兩步驟、第一步由鐵道線撤至大井村·小井村·郭莊子等地、第二步再續撤向豐台集中、雙方監視撤兵員周永業　周思靖·中島·櫻井·刻仍在前方辦理一切、又聞平漢路二十二日下午可望恢復通車。

▲又電　官方消息、當局爲亟謀恢復平漢路交通起見、二十一日商同日方將沿蘆溝橋鐵道左右側之雙方軍隊、同時他移、日軍現仍在向豐台各方面陸續撤移中、二十一日晚砲兵一部、携帶陸砲十一門、撤往豐台、雙方前所派之監視撤兵員周永業·周思靖·中島·櫻井等、均曾往前線相互監視一次、平漢路駐平辦事處長鄒致泉二十二日晨亦親率工務人員赴蘆溝橋一帶督修電線、以便通車。

【本報二十二日北平專電】平漢路兩旁日軍、今能否全撤、須視日方有無最後誠意、極堪注目、雙方監視人現已再度赴蘆溝橋、衛門口爲戰事最烈之地、二十一日已由保安隊接防。

【本報二十二日北平專電】二十二日晨七時廿分、平漢路開事變後第一次專車、載鄒致橋　周永業·中島·櫻井及路工到西便門外、換乘手搖車往蘆溝橋修橋及電線、大井村一帶日軍雖未撤、已允退距鐵路一里以外、不阻通車。

▲中央社北平二十二日電　平漢路駐平辦事處長鄒致泉、廿二日晨七時廿分、隨中日雙方監視撤兵人員赴蘆溝橋、進行修理電線等工作、據路息、平漢線北段交通、自蘆溝橋事件發生後、即告斷絕、至今已屆旬餘、一切損失、自頗重大、但如撤兵之事進行順利、則短期內自可恢復通車云。

▲中央社北平二十二日電　平漢路北段恢復通車事宜、廿二日晨經鄒致權偕同中日監視撤兵人員周永業櫻井等、專車赴蘆溝橋視察、於下午九時仍乘原車返平、據聞平漢交通恢復問題、因蘆溝橋一帶被損毀電線尚未修復、故日內僅通兵車、客貨車須俟電線修理完竣、始再開行。

▲中央社保定廿二日電　陳延炯二十一日派機工各副處長赴長辛店、調查機廠破壞情形、二十二日晨專車赴石家莊、調度一切。

▲中央社鄭州二十二日電　平漢鐵路工程車二十一日午由長辛店出發蘆溝橋修理被毀路軌、一次特快車二十一日午由鄭北上、明晨可直達北平市、二次快車二十二日由漢過鄭時、可售北平票。

《中央日报》，1937 年 7 月 23 日，第 3 版

廿九軍調防

▲中央社北平廿二日電 盧溝橋事件、至二十二日已告一段落、我方二十二日起自動將馮治安部與趙登禹部防地對調、宋哲元二十二日上午七時許召集馮部官兵在天壇訓話、并報告盧溝橋事件解決經過、至午詞畢返邸。

▲中央社天津廿二日電 據此間官方所接消息、平漢路已恢復、駐平之卅七師一部廿二日夜車已開往涿州、趙登禹師一旅廿二日亦到平接防、平漢路廿三日可望正式通車。

▲中央社北平廿二日電 平漢路駐平辦事處處長鄒致禱、廿二日上午七時許親率工務人員前往盧溝橋方面督修電線、據報午後已修理完畢、旋有一列車開至長辛店、大約即日起客車可完全恢復、又聞我軍卅七師馮治安一部防地、將與一三二師趙登禹對調。

▲中央社南京二十二日電 二十一日夜八時、此間得八寶山方面馮治安師尚未撤退消息、復形一度緊張、嗣又得報告、已於二十一日夜撤至黃寺、此間始覺全面的衝突已可避免、二十二日晨各報社論大體如下、朝日新聞謂十九夜協定細目、如全部實行、則問題範圍自可縮小、爲中日計、可喜無過於此、所餘者僅南京不承認該協定、及中央軍北上二問題而已、日本有一定之目標、最後解決、似已漸近、誠屬幸事、日日新聞仍主張對於擴大事態之根源、應一舉芟除。

和知昨返日

【本報二十二日天津專電】津日駐軍與日領館二十二日午後四時招待外國記者報告時局有進展、日軍參謀和知被調回國、二十二日晨六時由津飛東京、向日陸軍省報告此間情勢、和知爲少壯派軍人、主戰最力。

▲中央社天津二十二日電 日駐屯軍參謀和知、二十二日晨由津搭乘飛機赴東京、報告交涉經過及目前情形、據聞和知將不再來津。

【本報二十二日天津專電】二十二日午十一時、日軍火車一列由榆抵津。

▲中央社天津二十二日電 塘沽日艦前共有三艘、二十二日蔦號已啓碇他往、目前僅有麥狄兩艦停泊。

據最近統計、日軍由國內出動者、計有陸姬香·廣島·京都·四國·熊本·大阪等地之師團、日本全國各地徵集之運輸汽車約二萬輛、現均由海道運至天津、又日本郵船會社之摩耶丸生駒丸等船、亦專供每日由日本向塘沽運送軍火之用、至日方自本月十七日起向平津一帶輸送之軍用物品、計有飛機三百架、機器自踏車一百數十輛、防毒面具三十萬、及彈藥·坦克車·大砲·機關槍等甚多、此外由日本國外各地調赴華北之軍隊、除駐朝鮮之第十九第廿兩師團外、關東軍亦全部調入榆關。

▲中央社天津廿二日電 此間總東兩站日軍仍未肯撤退、入晚日軍並在附近放哨、楊村車站念一日開到之日軍鐵甲車、亦未離去、據交通界息、榆關念二日晚九時開出日兵車一列、共十八節、載有大批日兵、念三晨可到、豐台車站附近日軍、念二日四出割斷青苗、田禾損失甚鉅、念二日下午三時有日工兵乘載重汽車六七輛、由津經平津公路赴豐台。

《中央日报》,1937年7月23日,第3版

宛平視察記

▲中央社北平二十二日電　盧溝電話、二十二日下午二時記者由平抵長辛店視察、當地秩序安堵、商民照常營業、防務異常鞏固、二十日夜日軍砲攻盧溝橋時、當地市內落彈九枚、傷四人、死幼女一名、人心尚鎮靜、宛平專員王冷齋偕秘書洪大中、自二十日至今、仍往來於盧溝橋與長辛店間、辦理後方工作、記者夜往晤王洪兩氏、經過盧溝橋石橋至宛平縣城內視察、所得結果如次：（一）石橋橋身未受大損、橋下河灘被砲彈所擊、炸痕纍纍、橋東頭「盧溝曉月」石碑幸無損壞、宛平西門城內戒備緊嚴、由冀北保安隊駐防、廿日下午日軍砲火密集、城內落彈五六百枚、民房被擊、殘瓦敗甎、一片焦土、景象奇慘、專員公署及警察局亦全被炸毀、保安隊兵及縣民、傷亡纍纍、屍骸枕藉、東門城樓被擊全塌、通東西門馬路被砲彈炸成無數火坑、彈炸處、兩旁商戶門面均被摧毀、（二）城內居民除一部份婦孺、自事變發生後、因王專員勸告離開縣城外、其餘壯丁均留住城內、不願出城、王氏代備糧食、按戶發放、（三）中日雙方撤兵辦法、本經約定二十日由我保安隊接防衙門口八寶山、二十二日下午六時以前、盧溝橋東至五里店大井村一帶所有日軍、全部撤往豐台、但截至二十二日下午六時半、據報前述地點之日軍、不但未撤、而又有大小鋼砲廿餘門由豐台增援、（四）日本飛機一架、廿二日上午十時飛長辛店盧溝橋偵察、（五）平漢路北平至長辛店間路線、廿二日修復、由平開出第一列車、祇有某國士兵一車、廿二日晚八時復由長辛店開往涿州、（六）盧溝橋一帶前線、廿二日竟日平靜。

德大使訪美當局
商談遠東時局
願與美一致採中立政策

▲中央社華盛頓二十一日路透電　德大使狄高甫、今日曾與美國務卿赫爾及副國務卿韋爾士、討論遠東時局、表示願同美採取不干預政策、德方以為華北之戰爭、或即為歐戰之導火線、中日大使亦曾訪謁赫爾、赫爾稱美國務院對于遠東時局、密切注視、如有些微機會、定當竭力維持和平、免除戰爭云。

【本報二十二日上海專電】　國民社華盛頓電、德駐美大使狄考夫、二十一日與赫爾及韋爾斯會商關於遠東時局之國際問題、會議畢、三氏雖無表示、然據可靠方面消息、狄大使已向美保證德決不干預遠東方面之爭端、凡希望他國亦能如此、因恐遠東之戰事或引起世界戰爭、據悉赫對德「不干涉」政策殊為歡迎、蓋近年來德對國際危機能與美採相同態度、猶為第一次、赫與德使會晤之前、中國大使王正廷及日大使齋藤亦先後造訪、

《中央日报》，1937年7月23日，第3版

交換遠東方面最近情報、繆赫向記者稱、美對各方情形、非常注意、倘有保全和平之機會、美必盡力效勞。

本京息、德駐華大使館參事飛師爾、昨（二十二）日晨至外部謁情報司長李迪俊、又蘇聯駐華大使館秘書梅拉美德、昨晨謁外部國際司林幫辦、均係探詢華北事件云。

英美法仍保持密切聯絡

▲中央社倫敦二十一日哈瓦斯電　艾登二十一日午後在下院就中日糾紛發表宣言、首稱華北目前局勢、若賡續不變、則英政府即認為不宜與日本進行雙方合作之談話、余曾不獲已、而以此項見解、告知日本政府、艾登嗣又接見日大使吉田、將渠在下院所發宣言、予以證實、聞艾登堅稱、日本對中國態度過分強硬、足以損害英日間關係、因此英政府希望中日糾紛、得成立折衷方案云、此外政界人士、則謂日大使吉田曾向艾登證實、謂日本對于中日之糾紛、不能接受外國調停云。

▲又電　今晨內閣舉行會議、專討論遠東時局、聞後接得中國方面消息、知中日糾紛業已緩和、官場人士甚感滿意、惟咸恐日後或復趨於緊張耳、官方人士並謂英政府現仍與法美兩國政府、保持密切接洽、本日艾登並曾會晤法大使考賓、就遠東局勢、有所商談云。

▲中央社倫敦二十一日路透電　英外相艾登、今日在下院答復議員滂魯奇關于華北問題之質問時、稱除九國公約第七款可認作束縛者外、英國在該約及凱洛格公約下均不受任何束縛、即國聯盟約亦不加英國以束縛云、滂魯奇復問、豈一外邦之大量軍隊、在一友邦境內自由行動、尚不足認為軍事侵略耶、艾登拒不作答。

▲中央社倫敦廿二日路透電　倫敦泰晤士報載一社論稱、中日衝突、今尚有三種辦法、第一辦法即和平調解、此尚非不可能、中國應付和平相當之代價、而在日方則宜抑極微、自應限制其要求於中和限度之內、此外則為全副武裝之戰爭、或局部的軍事侵略、日本得自由選擇於大戰與小衝突或悲劇與反高潮之間、該報復稱、倘日本與中國開戰、最好能將中國軍隊立即斷然加以擊收、但此實萬無可能、日本對于中國之侵略、亦屬師出無名、且為無利之企圖、因日本在華北之經濟利益、今已至飄搖不定之地位、此後戰端一開、即使僅為局部之侵略、亦將使受嚴重之打擊、該報末稱、日本在華北之軍事侵略、無一軍事上政治上或經濟上之目標可以達到者云。

《中央日报》，1937年7月23日，第3版

全國各團體擁護蔣主張

服從賢明領袖 犧牲自我利益

勗勉宋哲元毋負期望

▲中央社廣州二十二日電 粵民衆禦侮救亡會二十二日通電云、頃讀蔣委員長十七日對中日關係之談話、義正詞嚴、實為吾全國人民之公意、蓋自蘆溝事起、日軍雲集、平津岌岌可危、古之明訓、戰爭所致、兩敗俱傷、歐戰前車可為殷鑒、用是屢加容忍、以冀和平於萬一、然今日和平之關鍵、不在中國、而在日本、雖三尺童子皆能道之、日本誠能敦重文明國家所共守之國際公法與正義、迅速撤退違法背約開入平津一帶之大軍、則和平可以立見、而戰禍自可即免、若必欲強中國接受喪權辱國之條件、則中國雖弱、尚有四萬萬五千萬之頭顱熱血、足與任何大敵相周旋、寧為砲下灰、不作亡國奴、此為我四萬萬五千萬同胞牢固不拔之決心、敢信以此決心必能戰勝任何艱苦危難、永保吾中華民族五千年之文明與生命也、切望我中央政府、以總理大無畏之精神、貫澈蔣委員長明確之主張、全國同胞以領袖之意旨為意旨、萬衆一心、力救國家於危亡、我廿九軍及前方將士、尤應仰體中央領袖及全國民衆期望之殷、俯察自身職責之重、必信必忠、誓與防地共存亡、萬勿中敵人離間之奸計、陷國家民族於萬劫不復之境地、簡言之、今日救亡之道、端在篤信總理之主義、服從賢明之領袖、犧牲自我之利益、百粵民衆、身家性命在所不計、誓本斯旨、備作前驅等語。

▲中央社上海廿二日電 滬各界抗敵後援會、廿二日成立後、即發出三電、（一）呈蔣委員長云、南京蔣委員長鈞鑒、本日上海全市各團體、舉行大會、全體一致、誓以血誠擁護鈞座十七日主張、抗敵救國、萬衆一心、謹電奉陳、竭誠待命、（二）致宋哲元云、北平宋明軒軍長勛鑒、貴軍浴血抗敵、全國欽奮、在此存亡關鍵、惟賴堅定毅力、務祈一本初衷、勿稍變渝、永保光榮歷史、毋負國民期望、全滬各界、竚候佳音、（三）致吉星文團長云、北平廿九軍司令部轉吉星文團長勛鑒、台端殺敵致果、奮不顧身、本會敬代表全滬各界、致其無限之敬意、與最高之慰勉。

▲中央社南昌廿二日電 蔣委員長在廬發表關於蘆溝橋事件談話後、市商會等團體廿二日特去電表示竭誠擁護、同時并電慰抗敵負傷之吉星文團長。

《中央日报》，1937年7月23日，第3版

申請抗戰電如雪片飛來

本京息、國府昨(二十二)日續收到各方申請抗戰來電多起、茲誌其銜名如次、廣東省立廣雅中學校長黃慎之等、安徽省無爲縣黨部、溫哥華中華會館、常熟縣抗敵後援會、香港航海聯合會等、常熟縣教育會、廣西田東縣各界民衆、晉江縣商會、威海衛各民衆團體

▲中央社上海二十二日電 上海市商會等各團體所發起之上海市各界抗敵後援會、二十二日晨九時開成立大會、到各界代表千餘人、行禮如儀、全體起立爲抗敵陣亡將士誌哀、旋由王曉籟陶百川相繼報告、通過(一)大會宣言、(二)通告全市動員抗敵救國、(三)嚴厲制裁漢奸、(四)徵募抗敵救國捐、(五)擁護蔣委員長十七日談話、(六)授權執委會、以各種有效方法完成本會使命等各項重要議案、並推出王曉籟、杜月笙、錢新之、陶百川、黃任之、童行白、潘公展等一百二十一人爲執委、吳開先、周雍能、楊虎、蔡勁軍、劉瑞恆、林康侯等二十五人爲監委、

▲中央社長沙二十一日電 湘省黨部特派委員賴璉、以强敵犯盧、顯欲吞我整個華北、時局異常緊張、二十一日召該部全體建設委員等、開緊急會議、將合各級黨部緊張工作、喚起民衆、一致應付、並發出要電、(一)電中央黨部云、暴日追逼、深入堂奧、平津國境、敵騎縱橫、蓄意謀我、匪伊朝夕、違背國際信義、破壞東亞和平、戎首自甘、無所逃罪、務懇當機立斷、滅此朝食、還我河山、剷除國恥、讓華三湘士庶、誓爲後盾等語、(二)電慰二十九軍全體將士云、日人藉口蘆溝橋事件、加派軍隊、進攻平津、侵奪主權、破壞和平、釁自彼開、舉世共覩、貴軍忠勇抗戰、衛國保土、無任欽佩、尚望努力抗敵、爲國爭光、敝部謹率三湘民衆、誓爲後盾、特電奉慰、諸維鑒察、

▲中央社保定二十二日電 前線將士守土爲國、後方民衆一致奮起、保紳商工學各界、昨特發起組織保定各界抗日救國會、假保師附小舉行成立會、到各界七百餘人、當推定育德校長鄭仲青等九人爲常委、分總務宣傳交際救護募捐民衆訓練交通等七股、以石冠英、黃際蒙、史卜達等分任正副股長、即日開始工作。

▲中央社福州廿二日電 省會商界及文化各團體、抗敵情緒熱烈、決捐款慰勞抗敵將士、

▲星子電 中央通訊社轉冀察政務委員會宋委員長、並轉二十九軍全體將士勛鑒、自古北口之役、而世知執事雄烈、二十九軍將士忠勇、藉勝敵之威、鎮西疑之地、閭知必有以慰國人之望也、盧溝釁啓、戰端既開、尺土寸地、關係華北全局、幸賴我將士同心努力、揚國威武、然既善其始、當成厥終、今執事處必爭之地、宜乘速斷之機、動定之間、安危大節、切盼本中央既定方針、抗戰到底、本班待命勤自、會當步武貴軍、共命疆場、痛飲有期、勿任企盼、中國國民黨中央陸軍軍官學校特別訓練班特別黨部、

▲星子電 中央通訊社轉冀察政務委員會宋委員長并轉廿九軍全體將士勛鑒、暴日藉口演習、無故興兵、幸賴貴軍忠勇抗戰、屢挫兇鋒、全國感憤、薄海同欽、切盼再接再厲、速殲强敵、以維國脈、而保衛土、本縣三十萬民衆、誓爲後盾、迫切陳詞、敬希垂察、星子縣各界聯合會叩。

美議員主張
撤退駐華海陸軍
放棄領判權亦正其時

▲中央社上海二十二日電 華盛頓二十一日合衆社電 共和黨衆議員費許、今日在衆院力主美國撤退所有駐泊中國境內之砲艦及駐紮天津之陸軍。費氏謂倘中日兩國發生戰事、美國不宜因此種在他國境內駐紮軍隊之背時政策、而致捲入漩渦、故撤退駐軍及放棄領判權、此其時矣云。

日艦一度探照棲霞山

據息、日前有日艦三艘、於深夜在棲霞山北面江內、用探照燈向岸山探照、約三四小時後、始向南京方面駛去。

日機昨飛保偵察
有十餘架自津陸續起飛

▲中央社保定廿二日電 廿二日晨八時及十一時、日偵察機兩架在車站及機場上空、飛旋達八小時之久、向北飛去、下午一時又來一架、在省垣東南方低空偵察。又京中所得津訊、津日軍調動仍繁、停於東局子之飛機、二十二日晨即有十餘架陸續起飛、赴西北部偵察、九時有軍車一列、掛鐵悶車三輛、運兵百餘名、由東站沿平津線前進、去向不明、上午十一時半由楊閘開軍用車一列抵車站。

▲中央社鄭州二十二日電 日機日前在豫北各地偵察轟炸後、二十一日上午十時又有日機二架由北飛至鄭縣高空、偵察一週後、向南飛去、本日迄晚未見折回。

喜多
定明日北上

▲中央社上海二十二日電 日陸軍武官喜多、定廿四日赴青、轉津、分晤川越及香月、報告前次入京晉謁何部長應欽經過、并請示、如時間許可、擬出關與梅田接洽一切。

平日兵暴行案
日方向美道歉了事

▲中央社上海二十二日電 華盛頓二十一日合衆社電 此間正式宣佈、星期二北平日兵欺凌美國女子一事、日使館衛隊司令已向美使館衛隊司令正式道歉。

《中央日报》,1937年7月23日,第3版

日軍未撤局勢難測

調動迄未稍停實際緊張

▲中央社北平二十三日路透電　日機一架、二十三日晨盤旋於北平天空、歷半小時、昨晚夜間宛平與八寶山陣地一切寧靜。

▲中央社北平廿三日電　日機三架、廿三日晨在長辛店蘆溝橋一帶往返偵察、約一時餘、旋飛平市上空、偵察一週而去。

▲中央社保定二十三日電　二十三日午十二時半、日偵察機一架在車站低空偵察甚久始去。

▲中央社鄭州廿三日電　廿三日下午三時五十五分又有日機一架在汴空偵察後、向西航進、下午四時零五分到達鄭空、盤旋一週北飛、在黃河鐵橋高空偵察、旋即向東北飛去。

據息、日本軍用物品現仍源源向我國運來、大阪近又扣留商船十七艘、備軍運之用、又日軍飛機五十架、重爆炸機一中隊、於昨日由日出發備用、日空軍指揮官亦隨機飛來。

【本報二十三日北平專電】除廣安門至蘆溝橋鐵路兩旁日軍後撤一二里外、餘均未撤、始終不放棄大井村至豐台與平漢涵洞、豐台及豐滄線且續增兵、平漢路兩側且架設機槍、對鐵路警戒、聞彼方擬俟我三十七師換防畢、再作第二步舉動、二十三日晨有二機飛偵我換防情形、大井村一帶仍佈置如舊、榆關仍有日兵車西開、依現情言局部雖和緩、整個形勢仍未見鬆、我方再促五里店大井村日軍速撤、正派人嚴重交涉中。

▲中央社北平廿三日電　長辛店電話、我方衙門口八寶山一帶守軍、廿一日下午即全部後撤、由冀北保安隊接防、蘆溝橋以東日軍、按約定應於廿二日下午六時前全部撤退豐台、但截至廿三日下午五時止、所撤者僅大井村五里店之一部、兩地殘餘部隊及蘆溝橋城東門外最前線部隊、迄無撤退勢、我蘆溝橋城防務極鞏固、因雙方已商定和平辦法、故自廿二日起兩軍前線已入停戰狀態。

《中央日报》，1937年7月24日，第3版

▲中央社北平二十三日下午四時十五分電 蘆溝橋、大井村、大瓦窰一帶日軍、約二三千名、截至二十三日下午、仍無撤退準備、且於二十二日復增加砲隊多名、當晚即在蘆溝橋車站東南方之沙崗高地、將各砲架起、砲口向宛平縣城、蘆溝石橋、及長辛店各地瞄準、我方據報後、城內保安隊即登城警戒、同時蘆溝橋一帶我軍、亦準備出動、記者適於此時入城視察、因形勢嚴重、故巡禮一週即出城、至晚八時、形勢轉緩、截至二十三日下午、迄未衝突、雙方現猶在相持中、按政宛平縣蘆溝橋一帶之日軍、依約應於二十二日撤退、但迄二十三日仍未實行、其屢次失約、早爲世人所共悉、預料前途尚難樂觀、據我某軍官稱、蘆溝橋東北回龍廟一役敵我曾肉搏數次、終因我軍大刀之威力、與愛國之精神、將敵砍死數十名、故敵軍埋置地雷、以防我軍衝擊、二十三日午盛傳五里店一帶、小部日軍已撤退說、但迄未證實、據前線我軍談稱、日軍於晝間聲明撤退、入夜則又前進、故非大部撤退、不足爲信、宛平縣蘆溝橋、現由我軍保安隊防守、俟日軍依約撤退後、我駐該地一帶之廿九軍亦即撤退、蘆溝橋車站、未有日軍、一切均由我方人員主持、車站東南約半里許一帶高地、悉爲日軍佔領、記者搭平漢車於二十三日下午二時過該地時、見日軍仍在戰壕內、向對面約一里許之我軍、作瞄準姿勢、並仍趕築戰壕、絕無撤退模樣、蘆溝橋旁彈痕甚多、現由我士兵把守、

▲中央社北平廿三日下午四時十分電 大小井村之日軍、廿三日仍積極作防禦工事、令農民協助挑挖戰壕、其兵士且多散伏高粱地內、戒備極爲嚴密、又原駐豐台日兵、廿三日晨開數十人赴蘆溝橋一帶、並攜有鋼砲廿一門及大批瓦斯品、

▲中央社北平二十二日電 華北局勢依然可慮、日軍二十二日下午又在苑平與蘆溝橋方面增厚兵力、八寶山現有華軍一中隊、衙門口之華軍已撤、日武官今井稱、日方並未依允、如華軍退出宛平、則日軍亦退出該境、日軍之去留、全視情形而定云、

▲中央社天津二十三日電 張自忠二十三日發表談話云、此次蘆溝橋不幸事件發生、適予臥病在平、當即力疾會同秦市長馮主席、本素主不喪權不辱國之精神、與之周旋、所有經過、業會同秦馮通電各方、迨宋委員長到津、予始來津、一切均遵照宋委員長之指示辦理、當知中國是整個的國家、中華民族是整個的民族

《中央日报》，1937 年 7 月 24 日，第 3 版

今井武夫竟稱
撤軍尚非其時

[illegible]

《中央日报》，1937年7月24日，第3版

中斷半月之平漢路 昨恢復通車

各次客車今日可照常開行

▲中央社北平廿三日電 路息，廿三日晨九時平漢路局派工程車一列，沿線修理被毀電線，由保定首次北開之四十四次車，業於下午二時半抵平，下午二時廿分由平應行南開之車，則遲至三時廿分始開出。聞該路各次客車，自廿四日起可全部恢復。

▲中央社北平二十三日電 二十三日平漢路交通狀況如下：（一）晨七時二十分由西車站開出兵車一列，仍往涿州，尚有一列車，原定九時開駛，但至十一時廿尚未開動。（二）午十二時有客車一列自保定開來，下午二時有客車一列由平開保定。（三）其餘各次客貨車，自二十四日起可恢復原狀。

▲中央社保定廿三日電 平漢路北上四十四次車，晨七時四十分仍由保售票至長辛店，平南下四十三次車，下午二時半由平正點開出，七時可到保，其他廿一次廿二次平快，仍在保起迄，倘再不生變故，廿四日可恢復常態，電訊亦通，路局電話廿三日幾恢復，電報及交部與省長途平保電話，尚有阻礙，未修復。

▲中央社鄭州廿三日電 平漢路盧溝橋被毀，路工待修復，四十一次車廿三日由保定經盧溝橋開平，陳延炯局長廿三日午由石家莊抵彰德，調度路政。

英下院討論 華北問題

保守黨議員提質問

▲中央社倫敦二十二日路透電 二十二日下午英下院復討論華北問題，保守黨議員赫浦威斯質問云：日本繼續不斷吸收中國領土，外相可否聲明英政府對於此後吞併之土地，亦將如東三省之先例，拒絕承認。艾登答稱，時局尚未發展至該程度，故赫浦威斯之質問，似嫌過早云。艾登復稱，望赫浦威斯勿再希望彼率先將政府之態度加以界說云。

▲中央社東京二十三日路透電 日外務省某發言人今日稱，外傳英外相曾通知日大使不願開始英日談判云云，實無其事，且對於此事加以評論，尚屬過早云。

平情勢緩和

已無形解嚴

▲中央社北平二十三日電 平市自二十日起已無形宣布解

一俟盧案解決 日將派大員來華

與我商談解決一切懸案

各國使節仍密切注視北方局勢

▲中央社東京二十三日電 朝日新聞載，日本對盧溝橋事件，始終抱定現地解決主義，俟完全實現後，對中日關係全面的根本解決，由兩政府開始談判。現日政府擬特派大人物前往南京，與中國徹底談判說，漸趨有力。

▲中央社東京廿三日路透電 日本特別會議定廿九日開幕，開會時期約須半月。二十三日晨九時議會已開始集議，推舉各委員會。日本各報關於華北三十七師之更調防地，不認為華北時局之解決方法，以為衝突之基本要點，依然存在，除剷除禍根外，將來糾葛必繼續發生，預料日本關於此事之政策，或將大有變更。據朝日新聞稱，日政府主張遣派重要政治家一員前往南京，著手談判中日關係之根本解決。

▲中央社天津二十三日電 日使館書記官田尻，二十二日晚由青抵津，謁日大使川越有所報告並請示，茲復於二十三日晚九時搭平瀋通車赴青。

本京息，駐蘇聯大使鮑格莫洛夫昨（廿三）日下午三時到外交部拜謁王部長，約談一小時辭去，聞對北方最近情勢有所探詢。駐華英國大使許閣森亦於昨日下午四時到外交部拜訪徐次長，有所晤談，約數十分鐘辭去。

▲中央社北平二十三日電 外交界息，盧溝橋事件告一段落後，各國駐華使節紛紛派員赴現地調查事實經過。美大使詹森二十三日下午四時偕秘書阿諾德由平赴津，當晚即啓程赴京，預定事畢仍返平避暑。又法大使那齊雅亦定廿四日下午六時離平赴京。英使館漢文參贊巴克本，二十三日亦偕夫人由平赴京，向許閣森大使報告平市及盧事最近情況。

▲中央社天津廿三日電 美大使詹森二十三日下午六時由平搭車來津，稍作躭擱，即於晚九時乘平瀋三零一次車晉京。又美兵三百名，廿三日下午四時由秦皇島來津。

《中央日报》，1937年7月24日，第3版

前綫形勢依然嚴重
日軍迄昨仍未後撤

【本報廿四日北平專電】宋哲元廿四日晨約秦德純、馮治安、劉汝明、趙登禹等在進德社談話、迄午未散。

▲中央社天津廿四日電　日駐屯軍副參謀長矢野大佐、廿四日晨由津乘機赴平、下午三時謁宋哲元、據日方稱、矢野謁宋、係促盧溝橋一帶我軍撤退。

▲中央社北平廿四日電　陳覺生二十四日午由津抵平、在東便門下車後、即謁宋哲元有所報告。

▲中央社天津二十四日電　日興中公司社長十河・滿鐵理事阪谷抵津後、二十四日分與各關係方面會晤、又日駐屯軍經濟課長池田、二十四日九點赴平。

▲中央社北平廿四日電　自盧溝橋事件發生後、日機連日飛平偵察、廿四日晨十時許、日機一架來平、飛繞數匝他往、下午三時又來一架、偵察頗久始去。

【本報二十四日北平專電】記者二十四日晨七時赴長辛店、過盧溝橋、鐵道兩側無日兵、宛城東門外高崗日軍未撤、鐵橋仍爲我固守、士氣甚盛、長辛店戒備甚嚴、人心安定、王冷齋談、前方需醫藥及防毒面具、前線兩軍距離甚近、日軍正構築工事、無撤退意、難樂觀。

▲中央社北平二十四日電　長辛店電話、盧溝橋城東門外日軍、截至二十四日下午六時止、仍未撤退、大井村五里店及平漢路涵洞附近日軍、活動頻繁、前線二十三日夜至二十四日下午平靜無事。

▲中央社北平二十四日電　沙崗日軍砲兵陣地、因平漢車過盧溝橋車站時、乘客均能清晰可見、二十四日將砲身以草掩護、假稱撤退。

《中央日报》，1937年7月25日，第3版

▲中央社北平廿四日電 華北時局、近數日來表面上似趨緩和、平大部隊已約陸續調防、而日軍迄無後撤準備、即有、亦係最小之部份、於晝間撤退後、夜間復前進、並聞大井村一帶日軍、於廿四日仍運輸軍需、未稍中止、前途未許樂觀。

▲又電 門頭溝廿四日晨電話、蘆溝橋一帶前線日軍、廿四日未撤去、軍用汽車往來豐台運輸頗忙、形勢嚴重如故、又平門間電話午後發生障碍、原因未明。

▲中央社北平二十四日路透電 日軍現仍未退出宛平區域、平市昨頗爲寧靜、聞駐紮八寶山最後一批之華兵、業已撤去、故除宛平附近一帶外、雙方軍隊現皆相隔數哩、北平夜間戒嚴時間現又縮短、故電影場等娛樂場所、今晚又復開門。

▲中央社天津二十四日電 此間日軍用品仍源源運往豐台一帶、二十四日自晨七時半至下午五時、計有載重汽車六十餘輛、裝載大批軍需及士兵、由津沿平津公路開往豐台云。

津訊 唐山現有日兵車三四列、即將陸續來津、又日兵三四百人乘載重汽車三十餘輛、於廿四日上午七時由津開豐台、上午十一時半空車返津。

▲中央社天津二十四日電 北寧路楊村車站現停有日軍鐵甲車兩輛、係於二十四日晨由津總站開到者、同時尚有日兵百餘名亦駐於車站、無離去模樣云。

▲中央社天津二十四日電 日兵車一列、二十四日晚十一時半由榆關抵津、計二十八節、滿載大批子彈及炸藥、並有士兵若干名、停於東站云。

日方重視
中央態度

▲中央社東京二十四日電 今日此間視線雖對三十七師是否照預定日期全部撤退、依然注視、但對南京態度更爲重視、各報專電觀察不一、大體上多謂不致重生波瀾、東京人心更形鎮靜、股票仍漲、較諸事變後最低價格或漲十圓八圓、或漲廿三四圓、議會將於二十五日舉行開院式、廿六日選舉各委員會、二十七日國務大臣施政演說、近衛、廣田、杉山對華問題如何說法、最可注目、報載昨夜杉山廣田有重要協商、大約對根本調整方法正密議中。

▲中央社濟南廿四日電 日使館書記官田尻、廿四日晨由津來濟、赴日領館稍息、午後二時搭膠濟車赴青轉滬。

本京息、駐華日本大使館陸軍副武官大城戶三治、于昨（二十四）日中午十一時到外交部拜訪亞洲司第一科科長董道寧、有所晤談、聞大城戶最近將調天津任職。

▲中央社東京二十四日電 今日朝日新聞社論漸趨溫和、於論述事件解決經過後、謂因臨時派兵所與華北之若干疑惑、不日當可煙消雲散、不足爲慮、南京對現地解決、抱喪失國權及將來或受重大束縛之憂慮、故取不承認方針之論、惟實質上無可憂慮、旣已明瞭、自可轉化、從全般言之、中日間政治的軍事的對立、依然存在、若不速謀全般解決、則持久的對立仍不可免、最近論者謂宜力謀根本調整、不勝同感、吾人切望兩國民復歸平靜、先解除精神的武裝、虛心坦懷、協力改善國交。

▲中央社東京二十四日電 日日新聞社論、與朝日新聞適爲相反論調、於敘述華北局勢依然不安後、次論國府强硬態度、謂局部縱可小康、日本所翹望之華北安定、終不可保、遷延更使事態瀕於危殆、吾人自事變以來、主張含用實力解決外無他法、及今更感有果斷之必要、確立和平基礎、不得不從根本建造、爲永久和平犧牲誠非得已。

《中央日报》，1937年7月25日，第3版

滬日陸戰隊又稱有一兵失踪

華租界均經調查幷無其事
日軍忽嚴加戒備謠言四起
我當局交涉制止態度鎭靜

▲中央社上海廿四日電　日駐滬海軍陸戰隊廿四日晚又稱日兵一名失蹤、放哨戒備、形勢頗臻嚴重、緣廿四日晚十時、有日軍官二人至狄思威路捕房聲稱、本晚日陸戰隊收隊點名時、發現一等兵宮崎失蹤、要求調查、據稱失蹤經過云：本晚日商人岡崎者、行經狄思威路、見一日兵與兩華人毆鬥、旋有汽車一輛開到、將日兵及兩華人載去云云、捕房據報、即派警至所稱出事地點調查、據附近居民謂、本晚並無日兵與華人毆鬥事、我警察當局亦派員調查、並無其事、惟該兩軍官回隊後、旋即派陸戰隊士兵在北四川路寶樂安路及江灣路等處放哨戒備、檢查行人車輛甚嚴、巡邏隊及架設機關槍之機車、更在北四川路一帶往來頻仍、一時謠言四起、形勢緊張、居民異常恐慌、俞代市長鴻鈞得悉各情後、用電話向日駐滬總領事岡本交涉、謂日兵失蹤報告、是否準確、尚待調查、市府當協助調查、以明眞相、陸戰隊此項舉動、徒使人心驚惶、影響治安、盼能制止云云、岡本答稱、陸戰隊行動、係戒備起見、別無他意、請勿誤會、但日兵失蹤事、應請努力調查云。

▲中央社上海二十五日上午三時二十分電　日滬[illegible]、昨在虹口一帶佈防事、我軍警當局向日方交涉、請取愼重態度、日方答稱、陸戰隊出動、係在搜查、[illegible]戒備、決無他意、希望[illegible]取愼重態度云云、[illegible]當局[illegible]、現在形勢尚屬和緩、我方取鎭靜愼重態度、事態不致擴大惡化云。

《中央日报》，1937年7月25日，第3版

排除一切障礙來復興我國家民族

須全國團結自力奮鬥

陳果夫在中央報告詞

陳委員果夫於本月十九日、在中央黨部總理紀念週報告詞，業經整理完竣，茲特錄之如下：

各位同志，這多年來我們國家，無時不在憂患之中，過着危難的日子，在這險惡的環境裏，我們來復興國家，最基本的要求，必須把危害我們國家生存發展的一切障礙，予以排除，最主要的障礙有三：第一是外禍，第二是災害，第三是疾癘與毒物，外禍使我們立國的三要素領土人民主權，橫遭暴力的侵略，直接威脅我們國家民族的生存，災害指水、旱火、虫等害，使我們生產不足物質窮困，疫癘與毒物，戕害我們民族的身體與精神，這三者都是我們非排除不可的障礙，能否排除，亦即決定了國家民族的存亡，這些障礙，雖或由外來或由內生，而排除之道，惟有團結一致，自力奮鬥，除此別無他途，能此，也一定可以達到排除的目的，現在逐一分述如下：

我們的近隣、蔑棄了人類相與相存的道理，逞恃強暴、對我國肆其無厭的侵略，他們以爲強弱懸殊，武力萬能，可以一意孤行、直前無忌，殊不知力這東西、蹤着不動，那末永常保持，一向外發動，抵抗即隨其發動而生，如果發動的方向走的直線，則抵抗最大，走曲線則抵抗減少，這本是物理上的常識，譬如螺絲釘走的曲線，故用力少而前進易，直釘走的直線，便用力多而前進難，物理上的原則，同樣可以用到人事，所以凡是祇看見自己的力，不顧對方，橫衝直撞者，未有不遭挫敗，侵略者給我們以敵國外患、我們固然感受威脅、但同時，敵國外患，又何嘗不是我們團結一致的水泥、自力奮鬥的推動機呢，黷武者盡不稍思及此，況且霸道爲大衆所疾痛，不僅被害者憤恨而已，因爲既尚霸道，無復信義，今日施諸甲，明日何嘗不可施諸乙，所以大家爲之戒懼，天下皆敵，豈能久安。

總理對於王道霸道的孰利孰弊，有很明確的解釋，曾對他們說，「究竟是做西方霸道的鷹犬，或是做東方王道的干城，要你們自己去審慎選擇，」然而他們究竟怎樣選擇、近幾年來的事實，已爲世人所共見，現在快要到不戢自焚的關頭、希望他們能憬然覺悟，一以消弭他們自己的來日大難、一以解除被侵略者的目前禍害，中國是最愛和平的國家，假使他和一個最愛和平的國家，倘不願爲友，還能和誰爲友，誰也不敢和他爲友，誰也要和他爲敵，樹敵既多，如何自保，我們現在是遭受他給我們的禍患，他們是在製造禍患，來自己遭受，天作孽猶可違，自作孽不可活，他們自招的禍患比我們今日所受諸于他們者，更不知要大上多少倍，所謂好勇鬥狠，以危父母，將陷其國家民族于萬劫不復之地，我們站在親仁善鄰的立場，不能不向他們致其誠摯的忠告。

但我們站在被侵略者的立場，却絲毫沒有存等待人家覺悟，以求苟全幸免的心理，並且確信我們自己可以有這力量來排除侵略。這力量前面已經講過，就在我們能全國一致，自強不息，所以如何一致自強，是我們當前的急務，至于外來的侵略，固然希望他們覺悟，但不覺悟亦祗有增強我們的抵抗而已，自強之道，約有三端：第一增強國防的力量，第二改進人民的生活，第三嚴明禮義廉恥之教，惟有增強國防，才能抵抗侵暴、保障領土，惟有改善民生、方能健全民族，增強國力、惟有使人人明禮義知廉恥、方能同心愛國，維護主權、不致有人做出損權辱國的事情來，我們檢討這幾年來的國家，是不是照着這三個目標做去呢，則大凡留心國事的人、都能看到政府與人民、確是向着這三個目標邁窮。

（待續）

《中央日报》，1937年7月25日，第4版

蘆溝橋日軍未撤退
刻在平進行交涉中
張自忠到平松井赴津
馮治安師正徒步開拔

▲中央社北平二十五日電　宋哲元廿五日晨五時赴南苑檢閱駐軍、並視察營房、七時餘返平、仍赴進德社召秦德純等、有所商洽。

【本報二十五日北平專電】　平西田村八角莊一帶馮治安師、正徒步赴長辛店登車南開、西苑所駐、亦依次移動。

▲中央社北平廿五日電　張自忠廿五日晚七時半由津抵平、秦德純石友三等到站歡迎、張下車後、即赴武衣庫謁宋有所商洽。

▲又電　日大使館陸軍副武官大城戸三治、奉命調津服務、於廿五日下午三時十分由京乘中航機飛抵平、當即分晤日參事官加藤、武官今井等、有所商洽、在平稍留、即赴津謁川越大使及日軍司令香月、報告在京與我外部當局會晤經過。

▲又電　日駐平特務機關長松井太久郎二十五日晨六時赴津、謁日駐屯軍司令官香月、有所報告、當日下午五時半復返平。

▲中央社天津廿五日電　蘆溝橋日兵迄無撤退之意、聞當局對此事、現正在平與日方折衝中、張自忠奉宋召于廿五日下午五時由津搭平榆四次車赴平、報告一切。

《中央日报》，1937年7月26日，第3版

▲中央社北平二十五日電 某關係方面稱、大井村、大瓦窰、五里店及沙崗一帶日軍、大部均未撤去、僅有小部實行調防、我軍依約已陸續撤退、三十七師所遺防地、由百三十二師趙登禹部接替、現日方又強稱趙部接防部隊、較原防部隊增多爲名、忽又提出交涉、査日方此舉、顯係企圖延緩撤兵之日期、用意深刻、目前苟安、決非長久、預料前途頗爲悲觀。

▲又電 關於蘆溝橋事件、因日軍背約迄未撤兵、故形勢仍甚嚴重、連日平市酷熱異常、前線日軍因不堪其苦、每日中暑死亡者甚衆、日軍非但不撤兵、且軍運仍極忙碌、二十五日上午八時日兵多名由津押運載重汽車三十二輛、滿裝軍需品、沿平津公路運豐台、又北寧路楊村車站日兵百餘名、乘鐵甲車兩列、亦有開往豐台之準備。

【本報二十五日北平專電】日軍在宛平城東方沙崗子村高地、用樹枝密構交通長壕、從五里店直達八寶山以南之衰村、莊田村、工程浩大、驅農民工作如牛馬、現村民盡逃、但拉去者已無放還望、平豐間已築成寬道、可駛坦克車、田禾屋舍、悉被刈佔、難民達萬餘、平漢車過蘆溝橋一帶、旅客皆須閉窗不外視、否則即不免遭日軍射擊。

▲中央社北平二十五日路透電 宛平僵局仍未打開、中日軍均未撤退、目前雖無戰事、但局勢仍甚緊張、因日軍或將以武力逐走卅七師軍隊也、日軍現候津日司令部訓令、松井廿五日晨赴津報告大局、據日方息、平現駐有卅七師部隊兩團、共約三千人、張自忠二十五日晚由津抵此謁宋。

秦榆間日軍運甚忙

▲中央社天津二十五日電 秦皇島榆關唐山等地日軍用車異常擁擠、往來各次車均誤點、二十五日下午四時應抵津之平榆四次車、迄下午五時許始到津、二十五日下午一時、日軍用車一列、由榆來津、共二十六節、滿載大批軍用品、停於東站、聞尚有軍用品一列、共三十五節、將于二十五日下午九時由榆啓程來津。

▲中央社北平廿五日電 廿五日各方報告如次:(一)下午零時半日兵車一列、鐵甲車廿一輛、平車四輛、野砲九門、由山海關抵津、下車後、即運入日兵營、押車者爲滿鐵護路隊、(二)下午一時半日兵二百七十餘名、小砲二門、迫擊砲四門、輕機關槍十二挺、載重汽車十二輛、由豐台開向黄村、(三)廿五日晨有日兵專車一列共十二輛、載工人百餘、內多鮮人及華人、并木料四車、梯子四車、由山海關抵津、(四)廿五日晨有日兵百餘、分乘載重汽車三十五輛、由豐台開津、又日兵百餘、乘載重汽車廿五輛、由豐抵津後、即開入海光寺日兵營、(五)廿五日由津開豐台載重汽車四十輛、滿載軍用品、(六)大井村日兵百餘、步哨警戒頗嚴、坦克車兩輛、由豐台經七里店向五里店前進、(七)高麗營仍駐日騎兵二百餘、狀況無變化、征發洋車及水缸、人民均逃避、又附近之日兵用汽車、裝皮製假人若干、晚即散放各地、晝則收起。

▲中央社天津廿五日電 此間日軍仍以大批軍用品、運送前方、計廿五日晨六時半有廿五輛載重汽車、由津沿平津公路赴豐台、各車均滿載大批軍用品、至十一時許有十七輛空車返津、十一時又有八輛載大批軍用品赴豐台。

《中央日报》,1937年7月26日,第3版

▲中央社天津廿五日電 廿五日午後仍有大批日軍用品、由津運往豐台、計午後四時有載重汽車卅六輛·滿載木箱、由津沿平津公路赴豐台、午後六時有十八輛返津、同時另有九輛載大批軍用品赴豐台·

▲中央社北平二十五日電 豐台日兵營存儲汽油達二千餘箱、火藥約有一房間·頃息·日軍在平津一帶·仍在積極準備·據此間昨（廿五）午所得平方報告如次：（一）廿四日上午六時半·有日載重汽車四十餘輛·押車兵約百人·陸續由津向通縣輸送軍用品·通縣現駐日軍二千人·由聯隊長萱島鈴木二人分領·（二）通縣麵粉缺乏·津運已斷·全賴秦皇島運往接濟·（三）五里店大瓦窯大井村一帶·有日軍七八百名晝間均匿於莊稼地內、夜間即潛入陣地、又豐台方面、日兵一百餘名·換灰軍衣·其用意不明·（五）平漢路通車後·平市安謐如常·人心亦稍安定·

大批軍火運抵塘沽

▲中央社天津廿五日電 塘沽廿五日晨開到日兵船三艘、滿載大批軍用品·停于北寧碼頭·午後將所載軍用品分卸·存放于啓新招商局等貨棧·即將運津·午後續到一艘·亦正在起卸貨物中·

▲又電 日方軍用品陸續輸運來津、二十五日下午十二時許由榆到津日軍用車一列、共三十六節、滿載軍火等物。又二十五日午後有空車一列由津開塘沽、準備裝運二十五日晨以輪船運抵塘沽之軍用品來津。

▲中央社天津廿五日電 據廿五日晚塘沽來人談：日輪將有二十五艘、裝載大批軍火、於日內陸續開到、廿五日晨抵塘之三艘、一名宮浦丸、載重一千餘噸·一爲宮品丸·另一船名不詳·均載重三千噸·靠岸後·即由日軍拉夫起運、所有北寧路塘沽車站存積之枕木·均被使用修臨時碼頭、塘沽所停之駁船亦被徵求、擬用以載運此項軍火來津、據聞二十六日下午二時仍有數艘軍火陸續到塘沽、另悉塘沽現停有日軍艦一艘·但大沽口尚有兩艘停泊云·

▲中央社天津二十五日電 日方大批軍火·將有十餘萬噸、陸續由輪船運往塘沽秦皇島等地登岸·廿五日晨抵塘沽之三輪、即爲其中之一部、據悉、廿四日本有三萬五千噸軍火預定由塘沽啓卸·但臨時變更計劃·輪船行至大沽又開秦皇島·此外每日到塘沽之零星軍用品、則無日無之、均臨時由火車運津·其將批十萬噸日內亦可運到云

▲中央社天津二十五日電 塘沽情形異常緊張、現有大批日軍集中、入晚宣佈戒嚴放哨、檢查行人·各輪船各公司及鐵路碼頭·幾完全爲日人所佔據·每日自晨至午晚有飛機若干架翱翔空中、飛行甚低·并赴大沽偵察當地我國駐軍情形、日駐軍晝夜亦不斷的演習示威、車站駐軍尤多、并設有警備司令、所有交通工具、均派員加以監視云。

《中央日报》，1937年7月26日，第3版

日軍二百餘 昨開廊坊站

我軍阻其下車 雙方刻仍僵持

▲中央社天津廿五日電 廿五日下午七時許有日軍二百餘名由津搭車開往廊坊、即擬駐于車站、該地我駐軍為避免雙方發生誤會起見・當加以勸阻、但日軍堅持非下車不可、刻正在交涉中・聞我駐軍劉旅長已報告平方請示。

▲又電 北甯路廊坊情形甚緊張・二十五日晚開到之日軍、堅持非下車不可・經我駐軍再三阻止・日方竟鳴機關槍示威、幸我駐軍鎮靜應付、致未發生事故、雙方刻仍在僵持中云。

羅斯完全自由行動而無所顧忌・結果則滿蒙事件發生後日本于七天內奪取「滿洲」全部但在華北則雖經發生十數次事件歷兩年之久・僅勉強成立冀東偽組織・亦徒見其心勞日拙而已云・

蘇聯各報論 華北局勢嚴重性

日本欲控制整個華北 謀闢一新的侵略路線

▲中央社莫斯科廿四日哈瓦斯電 蘇聯各報評論中日糾紛・全以為局勢極端嚴重・不僅對于蘇聯如此・即就全世界言之亦然・莫斯科日報稱・此項糾紛發生于盧溝橋豐台及北平附近一帶・並非出於偶然・日本所由擇定該處為進攻地帶・誠以各該地方乃華北各主要鐵道線之交叉點・若能加以佔據・即可遞由平綏鐵道・運兵前往察哈爾・藉以對付察省境內日益滋長之抗日運動・不寧唯是・日本且復希望控制華北全部・藉以開闢日本帝國主義向中國西北與中部侵略之道路・而外蒙古與蘇聯亦為其侵略目的・莫斯科晚報則稱華北小麥產量・佔全中國百分之五十五、棉花佔百分之六十五、羊毛佔百分百九十二・煤佔百分之五十二・鐵礦佔百分之六十・鐵路綫長度則佔全國百分之四十六・人口數額約有一萬萬人・華北一旦失去後・中國即將在經濟上成為附庸于日本之農業國・煤鐵既感缺乏之工業・將無復發展之望・而獨立亦自將成為問題矣・查最近一次日本向中國之挑戰行為・乃日德軍事協定之結果・日本現正與英國談判在中國劃分勢力範圍・故出此一舉・藉以壓迫英國造成華北向日本完全屈服之既成事實・以置于英國之前・至于國社主義之德國・得在西

《中央日报》，1937年7月26日，第3版

日軍大舉攻佔廊坊
并在平郊挑釁不已
向宋通牒迫令卅七師南撤

▲中央社天津二十六日電　此間日軍部宣稱、駐平日特務機關長松井、廿六日下午三時向宋哲元提出通牒：（一）限盧溝橋八寶山一帶我駐軍三十七師、於廿七日午前撤至長辛店、（二）限北平西苑我駐軍三十七師於廿八日午前撤至永定河以西、並謂三十七師必須撤至保定以南云。

▲中央社東京二十六日電　香月二十六日下午三時半通告宋哲元、在盧溝橋八寶山附近之三十七師、限二十七日正午退長辛店、在平城內之三十七師、從平城外撤退、與西苑三十七師部隊經由平漢線以北陣地、於廿八日正午先退永定河以西地域、以後此等軍隊陸續開始運往保定、如不實行、認爲無誠意、日軍不得不取獨自行動等語。

▲中央社天津二十六日電　據日方息、二十六日下午三時十分、日駐平特務機關長松井、參謀大木、輔佐官寺平、赴北平進德社謁宋哲元、由秦德純張維藩代見、松井等將所提之通牒轉交秦張等代達。

▲中央社北平廿六日下午六時卅分電　確息、廿六日下午六時、日兵四五百人、乘載重汽車四五十輛、自豐台開抵廣安門外、本擬叫開城門入城、旋又退至距廣安門里許之某村、下車後、卽將部隊散開、佈成陣勢、並將機關槍小鋼砲等配置支架、形勢至爲嚴重。

▲中央社北平廿六日下午八時電　廿六日下午七時半廣安門外日兵向我發砲數響、意在攻城、我軍已派部隊出城制止。

▲中央社北平廿六日下午九時卅分電　豐台日軍五百餘名、集結廣安門外財神廟北、其中百五十名於下午七時半由冀察政委會日籍顧問櫻井率領、叫開廣安門入城、甫入城一半、前行日軍在汽車中開槍、我守城軍立卽閉城、茲爲阻止入城日軍前進、雙方卽發生衝突、我以手溜彈還擊、日軍向廣安門內以南之牛街逃去、截至八時止、在牛街附近將日軍包圍中、城外日軍入城不得、向城門開砲數發、城內落數彈、無大損害。

《中央日报》，1937 年 7 月 27 日，第 3 版

▲中央社北平二十六日下午十時十分電 二十六日晚八時三十五分、西便門外白雲觀中日軍亦發生衝突、詳情尚不明。

▲中央社北平二十六日下午九時二十分電 關係方面消息、（一）距廊坊二十餘里采育鎮（大興縣屬）、二十六日晨六時來日飛機八架、擲彈數十枚、又槍砲聲甚烈、（二）距大興縣東南三十里青雲店、來日人六名、逗留不去、經警察盤查、據云日本兵隊數百人、最近將來此、（三）昌平縣突來日軍二百餘人、用意不明。

▲中央社北平二十六日下午十時十五分電 廿六日晚廣安門衝突、日砲彈由城外擊中城內西南路電燈變壓器上、致該器爆炸、廣安門大街以南及菜市口宣武門內街等處電燈全滅、宣武和平兩門均緊閉、附近各商舖亦全上門、土地廟以西至廣安門、禁絕行人、至晚九時、警察驅逐行人、再度戒嚴、各衝要街道正趕堆沙包、截至發電時止、西南城角仍有槍聲、形勢至爲嚴重。

▲中央社北平廿七日上午零時十五分電 在牛街包圍中之日軍、約有數十人、已逐漸衝出牛街、越廣安門大街、在王子墳報國寺以東東北大學第一分校以西一帶、仍由我軍嚴重監視中、雙方正在相持、尚無衝突、現廣安門大街、牛街以西至廣安門、已成軍事區域、警戒森嚴、又西便門外日軍一部百餘人、曾在白雲觀附近與我軍衝突、意在佔據廣安門車站、截至發電時止、該日軍尚在鐵路以西、與我軍相持。

▲中央社北平廿七日上午一時電 廣安門內被包圍之日軍數十名、經三十七師宣副旅長、廿九軍日顧問笠井、日使館武官寺平等於廿六日夜十時許在外四區警察署晤談結果、均認爲係出於誤會、該部日軍於夜十二時許乘汽車赴東交民巷日兵營、我軍隊亦即撤退。

▲中央社北平二十六日上午十時十分電 長辛店二十六日晨十時電話、蘆溝橋、大井村、大瓦窰、沙崗一帶日軍、積極備戰、形勢嚴重、我方已令前方軍隊嚴加防備、惟現時尚未發生衝突。

▲中央社北平廿六日下午十時卅分電 長辛店來人談、（一）蘆溝橋日軍步砲兵陣地、廿六日上午仍無變化、蘆溝橋附近各地日軍仍無撤退準備、宛平縣東門外之日軍陣地中、運輸極忙碌、（二）豐台蘆溝橋間、日軍用汽車及裝甲車來往頻繁、長辛店盛傳蘆溝橋日軍已準備於二十六日夜再大舉進攻、聞日軍非但未撤、且要求我方替防之保安隊亦須撤去、否則即斷然處置、（三）大井村五里店日軍、廿五日夜至廿六日晨曾數度向我保安隊鳴槍。

日軍在廊坊挑釁之經過

▲中央社北平廿六日上午十一時電 日軍百餘、乘鐵甲車於廿五日夜十一時半由楊村開抵廊坊後、即擬下車駐守該地、經我駐軍卅八師張自忠部旅長劉振山勸阻無效、日軍於廿六日晨零時三分十遂向我廊坊車站駐軍以機關槍向我掃射、並開砲轟擊、旋以鐵甲車向車站直衝、我駐軍

《中央日报》，1937年7月27日，第3版

因奉令不准還擊，至廿六晨二時半，我軍以日軍攻擊益猛，不得已乃開槍還擊、日軍遂將車站佔領、一時戰事頗爲激烈，附近居民聞聲恐慌異常、楊村原駐日軍二百餘名，廿五日下午七時由津開到百五十名，即在該地構築工事，同時於廿五日下午七時、日兵六十餘名乘載重汽車一輛，沿平津公路由津開往武清，因城門關閉，該部日軍遂於廿六日晨二時開至廊坊增援，廿六日晨五時許，日兵車一列，鐵甲車七輛，上載大砲十門，兵三百餘名開廊坊，旋又有兵車一列，載兵千四百餘名，亦開廊坊增援，廿六日晨五時後戰事更趨激烈、旋有日偵察機一架、偕轟炸機四架、飛廊坊向我軍猛烈轟炸，損失頗大、附近居民傷亡亦甚衆、聞津公安局長李文田，奉命在津與日軍部交涉，迄無結果。

▲中央社北平二十六日路透電　中日軍在廊坊發生衝突，日軍曾以轟炸機助戰，經此結果，平津火車交通又復中止，先是有日兵一千三百名、分乘火車二列開抵廊坊、不知如何與防守廊坊之三十八師華軍發生衝突，日兵傷者數名，大隊日軍遂乘火車往援，經日軍用轟炸機轟炸華軍後、華軍乃後退、日軍事當局現要求駐廊坊之華軍退至永定河西之固安、又電，松井大佐赴津以大局情形報告日軍司令部後，茲已由津返平。

▲中央社天津廿六日電　日軍在廊坊挑釁，與我駐軍發生衝突後，此間日軍已有大批開到增援、計晨三時許有鐵甲車兩列，旋又有鐵甲車一列，載士兵百餘名，晨四時有士兵八百餘名，六時半又有鐵甲車一列、士兵百餘名，均由津沿北寧路開廊坊。

▲又電　時局顯然愈感緊張、日軍廿六日晨繼續開至廊坊增厚實力、計（一）晨七時十分專車一列，兵二百餘名，（二）上午九時半專車一列、士兵數百名，（三）上午九時四十分由東北到津之華工約五百餘名，由津專車開廊坊。

▲又電　廿六日下午二時半由渝抵津，日兵車一列，士兵共四百餘名，停於新站，同時日軍鐵甲車一列及大批載重車、由津開廊坊。

《中央日报》，1937年7月27日，第3版

遭日機轟炸 我傷亡慘重

▲中央社北平二十六日上午八時四十五分電　廊坊中日軍二十五日激戰竟夜，二十六日晨五時，日機五架轟炸廊坊廿九軍兵營、損害慘重，雙方刻仍相持中，廊坊車站被佔，北寧車停開，平津電話已斷。

▲中央社北平二十六日電　中日軍在廊坊激戰，至二十六日午十時許，日爆炸機十七架先後飛廊坊，向我軍猛烈轟炸、我軍傷亡慘重、我該地駐軍僅三十八師劉振山旅兩營、日軍前後增援約二千人，我以少數之部隊，刻仍與其周旋中。

▲又電　交通界息，廿五日下午五時由津開抵廊坊日軍，稱修理電話線，擬均下車，我廊坊駐軍第三十八師張自忠部劉旅，因未奉命，當加阻止，並婉詞勸止，該部日軍堅不接受勸告，當即全部下車，成散兵線，將廊坊車站佔據，並積極構築工事，雙方即形成對峙狀態，至廿六日晨零時三十分，該部日軍突由車站用機關槍向我軍防地掃射，我方因事前未作準備、傷亡十數名，仍一面向上官請示，一面準備應付，形勢極形嚴重，是時日軍停隔數分鐘即以機關槍掃射約廿分鐘，掃射時槍聲極密，同時有日軍鐵甲車一輛輪開至我軍防地附近，開槍射擊數十餘發，我軍迄未還擊，直至今晨二時半始應戰，是時津日軍六十餘名乘載重大汽車三輛，由津過武清開抵廊坊增援，雙方對峙，至二十六日晨五時，廊坊上空忽有由東北飛來日偵探機一架，低飛偵察，約十五分鐘始飛返，五時十五分即有日轟炸機四架，飛抵廊坊上空，向我軍營房投炸彈達五十餘枚，我方損失極重，同時據守車站內日軍三百餘人向我猛烈攻擊，因電話已不通，我前方部隊祗得沉着應戰，堅守原防，日軍迄未得逞，五時二十分，復有日軍兵車一列，上載日兵三百餘名，鐵甲車七輛，大砲十門，由津開抵廊坊，五時二十五分，有由津新站開來日兵車一列，上載日軍一千四百餘名，亦開抵廊坊，下車增援，日方轟炸機四架，亦於五時三十五分飛去，六時十分，日轟炸機四架又飛來，擲彈數十枚，我軍以僅一小部，而日軍大批援軍到達，共達二千餘名，且我軍因日軍轟炸及猛攻，已傷亡甚重，我軍乃退出營房，在廊坊北寧路鐵道南北高粱地內佈防，十時二十分，又有日偵察機轟炸機混合隊十七架飛抵廊坊我軍防地及廊坊附近擲彈，同時日軍仍向我猛攻，附近人民亦均避於高粱地內，但結果我軍民傷亡達千人、情形極慘，截至下午一時許，我軍漸向廊坊西北方集中，逐步與敵軍相峙中，另悉已有一部日軍向黃村方面進襲、因交通中斷，詳情不明。

日通訊社之供白

（天津二十六日同盟電）本日拂曉，既經初次轟炸廊坊之華軍矣，嗣我空軍部隊復於上午十一時三十分、更對廊坊車站附近之華軍嚴行第二次轟炸、因此致使華軍潰不成軍、紛紛逃走，現在來自天津之我〇〇部隊，正在猛烈追擊，務使全部潰軍一舉殲滅而後已。

《中央日报》，1937年7月27日，第3版

平津均進行
謀和平解決

▲中央社北平二十六日上午九時〇五分電　日軍藉口保護廊坊軍用電線・二十五日夜十一時半由楊村派百餘人乘鐵甲車赴廊坊・欲在該地下車駐守・並擬佔用廿九軍營房一部・二十九軍三十八師駐廊部隊拒絕・日軍遂開機槍掃射・雙方激戰徹夜・二十六日晨九時、日機五架飛廊坊轟炸、廿九軍營房及前方部隊・我軍傷亡慘重・迄晨九時・雙方仍在相持中・日軍七時由津增援・將廊坊車站佔據・北寧路車停開・平津電話已不通・張自忠二十五日晚由津到平・二十六日謁與宋哲元・秦德純・張允榮等晤商應付辦法・幷向平日軍方面提出質問、日方態度强硬、形勢惡化。

▲中央社北平二十六日下午四時電　廊坊我駐軍於二十六日上午十一時許集中廊坊西北某地・現前方戰事已停・張自忠與松井等在平開始交涉・日方態度强硬・前途恐無若何結果・

▲中央社北平二十六日下午九時二十五分電　二十九軍參謀周思靖二十六日下午一時乘北寧路鐵道車由平赴黃村廊坊一帶視察、日方軍事人員及日記者多人隨往・周氏在當地勾留五小時・旋於下午七時五十分仍乘鐵道車返平・

▲中央社天津二十六日電　此間中日當局對廊坊事件決設法和平解決・二十六日晨日駐屯軍參謀塚田・特務機關長茂川等・赴市府訪秘書長馬彥翀・警察局長兼三十八師副師長李文田等・協商一切・雙方均表示不願事態擴大・當決定由雙方派員到廊坊調查眞相、並制止衝突、計我方派三十八師參謀劉少韓・警察局秘書嚴寒梅・日方派茂川及小林於晨十一時半由津乘專車赴廊坊、第一步制止繼續開槍、恢復平津交通・俾事態可以平息・另聞日軍於二十六日晨派機十餘架飛廊坊・並投燒夷彈・附近頗多損失・但現在依然有大批軍隊開往增援、前途似難樂觀・

▲又電　廊坊衝突二十六日午前停止後・此間中日雙方所派之前往調查人員・計三十八師參謀李少韓・警察局秘書嚴寒梅・及日軍部特務機關長茂川・與小林等・於二十六日午由津赴廊坊・下午二時許抵達視察後・搭原專車於下午五時許抵津、當即分別覆命・據悉目前雙方已停止射擊・日軍二十六日晨開到三千餘人增援・並以飛機七架投彈轟炸・故我軍退入廊坊附近鐵路以南二里許之青紗帳內・以避其鋒・日方現已將車站及附近佔據・但午後雙方已無衝突・據聞係當局約・二十六日雙方所派之調查人員・第一步制止射擊・已告一段落・第二步善後問題・即如何使日方不再擴大軍事行動・目前正在折衝中・又廊坊與此間電話中斷・消息傳遞不靈・此間當局正在設法謀取得聯絡云・

▲中央社天津二十六日電　廊坊二十六日午後無大衝突・但日方仍不斷開槍・津市府秘書長馬彥翀・警察局長李文田・二十六日晚與日軍部參謀塚田・茂川等會商善後事宜・我方要求日軍撤退、恢復原來狀態、但此事須待折衝・

▲中央社天津二十六日電　傳廊坊一帶念六日晚十二時許中日駐軍又發生衝突・官方對此尚未能證實・但二十六日夜十二時許有大批日軍由津日租界出發・赴東站登車・開往豐台・又傳楊村附近念六日夜亦有槍聲・平津間形勢極度緊張・津市府秘書長馬彥翀・警察局長李文田等・二十六日夜十二時許在市府後樓接見日駐屯軍參謀塚田・茂川等會商一切・迄二時許尚未散・

《中央日报》，1937 年 7 月 27 日，第 3 版

中國國聯同志會復發表宣言

指斥日軍在華暴行 盼各國爲有效制裁

本京息、中國國聯同志會鑒於華北形勢、因日本之加緊準備侵略、前途仍屬嚴重異常、特於日昨再度向歐美人民及輿論界發表英文宣言、歷數日軍最近種種暴行、諸如源源調派大量軍隊、控制鐵路、建造飛機場、逮捕記者、以及强迫農民服役等等、鄭重聲明中國對於此種强橫之侵略、決無忍受屈服之日、深盼西方各國之人民、羣起申斥侵略國家、並敦促各該政府立即採取有效之制裁、以免再陷全世界於紛亂云云。

籲請發兵電仍多如雪片

山西省黨部二十一日電呈蔣委員長云、奉讀委座十七日廬山談話、闡明政府立場、與應付未來大難之犧牲圖存原則、正義凛然、舉國同欽、惟敵近日時謀挑釁、進逼愈急、倘和平眞正絕望、務懇堅持抗戰國策、領導全國軍民、動員應戰、臨電迫切、毋任翹企。

國府昨（廿六）日續接寧夏各界抗敵將士後援會、安大略華僑救國聯合會、河北泊鎭抗敵後援會、保定各界抗戰救國會、東北旅冀同鄉抗戰後援會、湖北襄陽縣黨部、湖北棗陽縣抗敵後援會、四川茂杜等六縣各界抗戰後援會、河南潢川各界抗戰後援會、貴州荔波縣各界抗敵後援會、萬隆支隆德抗敵後援會、蚌埠各界抗敵後援會等處來電數十起、均係爲日侵華北、請早定大計、動員抗敵。

▲中央社廣州廿六日電　粵省黨部、廿六日召各大中學院校長訓育主任開談話會、到二百餘人、省黨部特派員余俊賢主席致詞、繼由鍾天心方少雲報告、商定由各校選拔學生、組救亡工作團、協助推進禦侮救亡工作。

▲中央社貴陽二十六日電　自盧溝橋事件發生後、全省民氣極爲激昂、組織抗日救國會者、有筑市教職員會、婦女會、兒童會、學聯會、各工會、縣商會、各縣報告組織者、已十三二縣、茲爲整齊團結起見、各會代表議決、組織全省各界抗日救國會、擴大宣傳及募捐運動、並加緊軍事訓練。

▲中央社蕪湖廿六日電　皖各縣市紛紛成立抗敵後援會、對前方將士作有力援助、並擴大宣傳民族抗戰、厲行除奸運動、蕪各界二十六日假縣黨部舉行代表大會、通過即日成立各界抗敵後援會、各委員當場宣誓就職、分配工作。

《中央日报》，1937年7月27日，第4版

港外報一致抨擊
日破壞東亞和平
僑胞已積極準備勞軍工作

（香港特訊）東亞和平，已爲日軍破壞，我政府當局，已聲明保主權領土之完整，據昨夕電訊，蘆溝橋已發生衝突，我軍大勝，消息響合，全港僑胞，聞之振奮，昨日本港各外報如華南早報，孖剌西報，士蔑晚報等之社論，一致抨擊日本之無理要求，眼光遠大，議論公正，足見彼曲我直，公道自在人心，故世界人士皆同情於我也，至於全僑之矚目救護與賑濟兩大進行，已如火如荼，萬衆一心，預料將來所收效果，必極良好，茲誌各情如下。

勞軍方面　關於勞軍方面，據記者調查，本港華人男女青年會，聯青社，中華慈善會等四團體當事人，昨日舉行談話會，對於勞軍及救護各項事宜，交換意見，結果甚爲圓滿，又本港華籍西醫生，亦皆主張全數華籍西醫，一致北上担任救護，茲全港華籍西醫生，照醫師公會計算，約八十八人，將分三批北上，又聖約翰救傷隊長莫理士稱，聖約翰救傷隊男女隊員，已準備臨時出發北上云云，查聖約翰救傷隊無時不視其力之所能及，出而爲人羣服務，前次上海兵燹，亦曾出發赴滬，功績不少，今亦毅然願赴華北，可見其精神一斑，惟華北戰情重大，受傷軍民必衆，必須派出大隊救護人員出發，在出發之前，與及源源接濟，如藥物繃帶等，亟待各界人士捐助，各界僑胞，希望火速捐助，俾救護人員，早一日出發則華北軍民，能早一日得到救護，幸勿遲疑觀望也。

賑濟方面　本港僑胞素來熱懷祖國，歷次如賑濟粵災，飛機捐款，賑濟綏遠，賑濟旱災，均能各盡所能，熱烈捐輸，空前未有，今華北戰事業已爆發，兵燹之慘重，災區之廣泛，不言可喻，工商界領袖，昨已表示主張，節省金錢，捐輸於救護與賑濟兩途，現已迫在眉睫，不能稍緩，據記者探悉，商界及慈善界，當本素抱之精神，與全港僑胞合力捐輸，但大規模之籌款，自非組織一統籌機關不可，故深信由華商總會，東華醫院兩大機構提倡之後，全港僑胞必踴躍捐賑也，此外各社團，各救護會，並擬組織北上慰勞隊，現正積極進行。

《中央日报》，1937年7月28日，第2版

平當局拒絶日方無理要求

和平絶望準備抗戰

一切談判昨完全停頓

北平四郊已發生激戰

宋通電報告事實經過

▲中央社北平二十八日上午三時四十分電 宋哲元頃發表通電、原文如下：委員長蔣各院會鈞鑒．各部．各省市政府．各綏靖主任．各總司令．各總指揮．各軍長．各師旅長．各法團．各報館均鑒：哲元自奉命負冀察軍政之責、兩年來以愛護和平爲宗旨、在國土主權不受損失之原則下、本中央意旨．處理一切、以謀華北地方之安寧、此國人所共諒．亦中日兩民族所深切認識者也．不幸于本月七日夜．日軍突向我蘆溝橋駐軍襲擊．我軍守土有責．不得不正當防禦．十一日雙方協議撤兵．恢復和平．不料于廿一日砲擊我宛平縣城及長辛店駐軍．于二十五日夜突向我廊坊駐軍猛烈攻擊．繼以飛機大砲肆行轟炸．於廿六晚又襲擊我廣安門駐軍．二十七日早三時又圍攻我通縣駐軍、進逼北平南北苑、已均在激戰中．似此日日增兵、處處挑釁、我軍爲自衛守土計．除盡力防衛、聽候中央解決外、謹將經過事實．掬誠奉聞．國家存亡．千鈞一髮伏乞賜敎．是所企禱．第廿九軍軍長宋哲元叩感（廿七日）印．

《中央日报》，1937年7月28日，第3版

▲中央社北平廿七日下午七時電　自蘆溝橋事變發生以來、我中央地方當局力持鎮靜、講求和平、而日方則大量增兵、源源不絕、一面虛與我方商談和平、以作緩兵之計、一面隨處挑釁、無理取鬧、自廿日砲攻宛平之後、繼以轟炸廊坊、二十六日復由　香月向我當局提出種種無理要求、并企圖攻破我廣安門、奪取北平、　在天津方面、則佔據我北寧津浦兩路各車站、致使時局愈趨嚴重、我當局以日軍蠻不講理、蓄意挑釁、認爲時局已瀕最後關頭、和平殆屬絕望、二十七日起、即決定拒絕一切無理要求、準備爲國家民族生存而抗戰、　現平市人心異常振奮、態度沉着、決一致爲政府後盾、二十七日下午、雖市內交通照常、然四郊均已陸續發生激戰、日機則竟日翺翔上空、從事偵察、大戰恐在今夜明晨即將爆發、我當局對市內治安、保護外僑、以及指導居民作戰時準備等等工作、均已有嚴密之計劃、全市上下一致興奮、誓與強敵抗戰到底。

▲中央社北平二十七日下午十時四十分電　日駐屯軍二十六日致我最後通牒、限蘆溝橋等地三十七師於二十七日正午撤退、　我因決定最後態度、曾通知日方、延緩三小時答復、旋于二十七日下午三時由我方正式答復、拒絕日駐屯軍之無理要求、於是一切談判均歸停頓、　現北平四郊槍砲聲斷續不絕、南郊在南苑團河一帶接觸、戰況最烈、迄發電時止、尚未停止、聞我軍奮力抵禦、傷亡甚多、現仍在團河力搏中、東郊在與通縣交界處、與我駐實珠寺部隊衝突、下午戰況尚未明瞭、西郊在八寶山衙門口一帶、時有射擊、戰況似不甚烈、北郊則在高麗營、小湯山、立水橋等處、常有日便衣隊及騎兵等出沒、我方正嚴密警戒中、至蘆溝橋方面有無接觸、此間尚未接報、綜合各方情形觀察、日軍企圖包圍我北平城、進而壓迫我國、達其不戰而勝之目的、而目標所注、尤在于南苑與西苑駐平市城內之三十七師部隊、日駐屯軍原限二十八日正午以前退出、但聞我已於二十七日下午三時答復時一併拒絕、故現在此間形勢已入最嚴重時期、一般預料大戰即在目前。

關係方面據北平報告：（一）二十七日晨、日軍由平東平北及西南各方分別前進、已與我北苑南苑守軍接觸、戰鬥均極劇烈、刻下北平業已四面受圍、城外日機轟炸甚烈、（二）日軍兵力甚强、飛機亦衆、現以全力圍攻北平、情勢甚危、（三）北苑迄二十七日晚十一時猶在激戰中、　南苑方面日軍用砲火攻擊甚烈、又小湯山附近因日軍圖侵入、與我軍對峙中。

《中央日报》，1937年7月28日，第3版

宋派代表到京

本京息・冀察政委會委員長宋哲元昨（廿七）有兩電到京・對平津情況續作詳細報告・並有所請示、一面派員到京・代表面陳一切。

▲中央社天津廿七日電　時局已瀕最後關頭、此間一切談判均已停止、官方因平津電話電報均被破壞・消息傳遞・殊欠靈敏、故大局究竟現已發展至如何程度、無從知悉・張自忠現在平・市府政務・由秘書長馬彥翀警察局長李文田等處理・據當局稱・目前大沽等地尚平靜・廊坊廿七日晨亦無衝突・中日雙方軍隊仍在對峙之中

▲中央社北平廿七日電　確訊・在日來中日雙方企求不將盧溝橋事件擴大期得和平解決聲中・廿五日夜・日方突又向廊坊進兵・對我駐軍射擊・廿六日晨且增加大批援軍・並以十七架轟炸機四出轟炸・我軍奮勇抵抗・損失甚重・廿六日夜多數日軍更衝入廣安門・幸經我防範制止・退入日兵營、我當局現已決定斷不接受任何無理要求・盼望全市市民、沉着鎮定、同赴國難云。

▲中央社北平廿七日路透電　各處通北平之電線、除天津一條外・全被割斷・電話交通亦全中斷、北平全城已復頒行戒嚴令・廿六日晚西城外車站曾見戰事・聞日軍圖佔車站・爲華軍擊退・宛平陣線廿六日夜發生戰事之說・不確・僅有零落之槍聲・廿六日下午松井與張自忠在平所開解決廊坊案之談判・未獲進步・廊坊日軍續得天津開到之援兵・現總數已達二千人・宋哲元昨致南京之電報・華當局拒絕發表其內容、惟政界之意・宋不過請訓而已・華人各界之意、日方堅決要求華軍退出黃村・蓋欲

《中央日报》，1937年7月28日，第3版

完全控制平津鐵路、據現勢觀之日軍似襲行九一八後之故技、逐步侵佔華北、至囊括全部而後已。

▲中央社天津二十七日下午六時二十分電 此間消息異常沉寂、蓋因平津間沿線交通（如鐵路、電話、電報）均發生阻碍。而地方負責當局又在平。各機關與平方消息亦幾完全隔絕故也、衆對香月昨向宋哲元提出通告後時局推演如何、雖異常關懷、但迄下午五時許尚無從探悉眞相。

日軍不斷增援

▲中央社天津廿七日電 此間日軍、廿七日上午八時後仍有大批沿平漢線推進、其目的地除廊坊外、豐台附近亦佔一部分、廿七日上午八時半至上午十時、由津開出者共有專車四列、包括兵車兩列、鐵甲車一列、軍用品車一列。

▲中央社天津廿七日電 此間日軍廿七日晨陸續向廊坊增援、計（一）六點十分、有兵車一列、士兵九百餘名、（二）六時半有兵車一列。士兵六百餘名、（三）七時四十分、有兵車一列、士兵五百餘名、（四）八時十分、有兵車一列、鐵甲車一列、滿載軍用品、均由津開廊坊。

▲中央社天津二十七日下午四時電 由秦皇島榆關唐山等地到津之日軍、現大部已經北開、其下車地點不外廊坊、黃村、豐台等處、據交通界息、二十六日開出十列、連同二十七日共達二十五列、現津東站所停之兵車亦無多、二十七日午所開出者爲四列、計軍用品車一列、砲兵車兩列、騎兵車一列。

▲中央社北平廿七日下午六時電、廿七日各方報告：（一）上午十一時半、日兵約百餘名、由豐台經潘家廟向南苑方面前進。（二）上午十一時半。孫河鎮北方約十里處、發現日軍騎兵約四五十名、便衣隊百餘名、載重汽車四十餘輛、每輛乘步兵廿餘名、向孫河鎮行進中、（三）上午十一時、日兵二百餘名、由豐台向東行進至黃土岡地方、將長途電話線割斷、復向南苑方面前進。（四）下午一時半、有日兵四五百名由豐台開至潘家廟（距南苑西北約七里）、有前進模樣、又一時四十分、日坦克車兩輛、經草橋趙家莊向潘家廟前進、（五）下午一時、日兵五六十名、乘載重汽車兩輛、自豐台經南郭公莊西開、（六）豐台車站我國員工、已被日軍驅逐。

▲中央社天津廿八日上午一時卅分電 廿七日晚十時許日兵車一列、共卅一節、由津赴廊坊、又廿八日晨一時許又有日兵車二列、陸續由榆關唐山等地到津、其中一列爲四十節、另一節共有日兵七八百人云、廿七日一日間由津沿平津公路運往豐台之日軍用品、共有五六十載重汽車云。

《中央日报》，1937年7月28日，第3版

日機昨兩度飛平

前日并至渭南偵察

▲中央社北平廿七日下午六時十五分電　日機三架於廿七日晨五時半六時八時半先後飛本市上空偵察，約半小時，均向東南方飛去，下午六時後又有七架飛平偵察一週而去。

▲中央社天津廿七日電　日飛機一架、廿七日晚七時由東局子機場起飛，在津市上空盤桓約一小時、并放射紅白色探照燈。

▲中央社西安廿七日電　據渭南來人談：廿五日晨十時許、日機一架飛至渭南車站及縣城一帶高空偵察、盤旋兩週東去。

▲中央社天津廿七日電　日飛機卅架廿七日晨由關外到津，分停於東局子中航公司及惠通公司機場，李明莊日兵營亦停有一部，目前到津之日軍用飛機、總數已達六十二架，中航公司飛機已改落南開機場。

關係方面據報：二十六日下午三時有日機一架、經定縣至石家莊低飛、約五分鐘，並用機槍向地面掃射、但無損傷，經我駐軍還擊，旋向北方逃去。

日機飛蘆溝橋

投毒瓦斯彈

南苑等地均發生衝突

▲中央社北平廿七日上午九時四十四分電　廿七日午日機一架飛蘆溝橋擲兩彈，一爆炸，一未爆炸、經人檢拾，認係毒氣彈，又同時衙門口方面日機亦飛往擲兩彈，均爆炸，死傷未明。

▲中央社北平廿七日電　蘆溝橋形勢廿七日突緊張，大井村五里店及蘆溝橋以東以北附近各地，廿七日上午由豐台開到日兵八九白名，不時向我陣地開槍挑釁。

南苑

▲中央社北平廿七日二時卅五分電　南苑開到日軍甚多，廿七日晚與我駐軍發生衝突、激戰至十二時餘始漸停，又南苑西南方面西紅門廿七日夜發現日便衣隊百餘人、當被我軍擊退。

▲中央社北平廿八日上午一時電　廿七日下午四時團河方面有日軍五百餘人、突向我軍防地猛力偵察，當即發生衝突後，戰至六時半，日軍增至千餘名，由陸砲四十餘門，並有飛機二架在西紅門投彈，至七時許、西紅門戰事頗烈、日機六架低飛掃射，並有一架飛柳營投彈。

《中央日报》，1937年7月28日，第3版

團河

▲中央社北平二十七日下午五時一分電　南苑南方團河、二十七日下午四時起發生衝突、駐該地我軍趙登禹部正極力抗戰中、至發稿時止、尚未停止、又二十七日下午一時日機一架飛南苑盤旋偵察甚久、現南苑及團河一帶居民、均已向駐地撤開、

▲中央社北平二十七日下午九時十一分電　南苑南方之團河村（非南苑下界）、二十七日下午二時許有日軍千餘名、携鋼砲機槍由楊村一帶開來、突向我當地駐軍攻擊、我當即起而抵抗、日軍集中炮火向我軍猛攻、我官兵奮勇迎擊、戰至三時許、日兵稍向後退、我將部隊分成若干小組、紛紛作游擊戰中誘敵、至四時、日砲兵復以大砲向我轟擊、同時以機槍掃射、我軍仍奮勇抗戰、迄未稍懈、清城一帶可聞清晰之槍砲聲、四時十分日方轟炸機一架、由東方飛抵南苑及團河一帶盤旋偵察、約五十分鐘始飛返、至五時十分、日轟炸機一架仍在團河南苑一帶盤旋、但不半小時後飛返、兩機均携炸彈、但未向下投擲、迄晚七時止、該方面戰事仍未停止、南苑地方平靜、我軍已有準備、

通縣

▲中央社北平二十七日下午五時三十五分電　確息、二十七日凌晨二時、通州日軍突通知我方駐通縣寶珠寺某部、竟有強迫繳械之意、我軍不允、三時半遂開始衝突、迄六時許仍在激戰中、另據報告、通縣城外西南方面現有冀東保安隊長、督率民夫千餘人、構築工事、由寶興寺經紅葉園至東西營屯之線、長約六七里、正對我軍駐地、通縣城上敵部砲兵、時向我駐通部隊射擊、迄午十一時未停。

▲中央社北平廿七日電　廿七日晨通縣方面發生衝突後、至黎明、日轟炸機六架、飛我陣地上空擲彈十數枚、我傷亡甚衆、聞通縣偽保安隊隊長張慶餘、因密謀反正、已被日軍嚴重監視、

▲中央社北平廿七日電　通縣我北平電車公司發電廠、廿七日被日方炸毀、當即電流斷絕、現平市電車已改借平電燈公司電流、

平北

▲中央社北平二十七日電　據平北小湯山（距平市約九十餘里）中日軍于二十七日晨發生衝突、平湯電話二十七日午不通、平市二十七日上午迭聞砲聲、究係湯山抑係蘆溝橋、尚難證明。

▲中央社北平二十七日電　廿七日晨八時、平北小湯山附近日軍、與我軍發生衝突、又晨七時至九時許、平北郊古城村發現日騎兵三十餘名、秦村發現日步兵二十餘、與我軍衝突、至下午仍對峙中。

津日軍之「非法行動」

又復派員檢查郵件

▲中央社天津廿七日電　津日憲兵隊、廿七日下午一時半又派八人到河北郵務管理局非法檢查郵件、此次所派之檢查員、均前次原人、但尚有武裝憲兵數名、隨同前往、郵務當局雖堅持拒絕、但因日方態度異常強橫、殊無法制止云、

黃伯度返任

田尻由滬來京

▲中央社上海二十七日電　黃伯度偕福建委員林鳴谷、晨十時乘柯立芝輪由港返任。

▲中央社上海二十七日電　日情報部長田尻、二十七日下午四時乘特快車入京、晤日高、

《中央日报》，1937年7月28日，第3版

津市戒嚴 入晚路斷行人 日租界已呈戰時狀態

靜海日軍 積極備戰

《中央日报》,1937 年 7 月 28 日,第 3 版

社評

日軍在廊坊之暴行

自盧溝橋事件發生以來，倏忽兼旬，在此二十日中，我方爲保全東亞和平起見，不惜百端退讓，以期雙方遵循正當之外交途徑，謀本事件之適當解決。乃日方於此，毫無覺悟，大兵徵調，不絕於平津，飛機縱橫，遠達於鄭洛，至於各地駐軍之不斷向我攻擊，尤屬共見共聞。延至本月二十四日，在上海方面之日本陸戰隊，又復藉口宮崎水兵失蹤事件，大舉佈防，情勢緊張，不殊一二八前夕，幸我滬市當局採取鎮定沉着態度，始獲相安無事。同時盧溝橋日軍撤退事件，亦傳在北平進行交涉中，世界各國關心東亞和平之人士，方以爲日方或可踐其不使事態擴大之宣言，遵由外交途徑力謀中日關係之調整，不謂日軍前晨又砲擊我廊坊駐兵，旋復將廊坊車站實行佔領，前日晚間，日砲轟北平廣安門，一面並通牒宋哲元氏，迫令我三十七師南撤，此種行爲，蔑視中國領土主權之完整，實達於極點，日方豈眞欲迫使中國走入最後關頭乎？何咄咄逼人，一至於此？

日軍在廊坊挑釁之經過，已詳昨報，就其性質之嚴重，以視盧溝橋事件，猶遠過之。蓋由楊村開抵廊坊之日軍，除以機關槍大砲向我三十八師張自忠部劉振山旅之兩營掃射轟擊外，並有日偵察機一架偕轟炸機四架向我軍猛烈轟炸，至二十六日上午十時許，日轟炸機竟增至十七架之多，以致我軍民傷亡慘重，共達千人。方日軍攻擊開始，我軍因未奉還擊命令，祇嚴陣以待，及至日軍攻擊益猛，始不得已還槍。日通訊社亦不諱言日機「初次轟炸廊坊華軍」之事（見昨報所載天津二十六日同盟電）是此事責任完全應由日方担負，而我軍求免戰而不得，終因自衛而遭受絕大之犧牲，志彌苦而情彌哀，令人敬悼無已。至日來日軍仍在平郊各地不斷挑釁，且欲攻入我數百年之文化故都，事實亦極昭然，幸前方守土將士，盡力防衛，不屈不撓，卒使日軍知難而退，北望燕雲，曷勝感奮。

中華民族之酷愛和平，中國政府歷年對於國際和平之努力，均有種種事實足資證明，日前蔣委員長在廬山談話會中發表演說，更力言「在和平根本絕望之前一秒鐘，我們還是希望和平的」。中國之態度如此，在日方果不願陷中日兩大民族於戰爭之漩渦，早應反躬自省，一反其前此之所爲，迅將派出軍隊，撤回原地，一切問題，不妨依外交正軌妥謀解決，不此之務，轉增厚兵力，益肆侵凌，浸假而佔領我廊坊車站，轟炸我無辜人民，砲擊我北平城池，使我力求和平之苦心，無由貫澈，萬一因此而擴大爲全面之戰爭，在我固損失甚鉅，而在日亦未必有何利益可言。語云：亡羊補牢，猶未爲晚，是固不能不有望於日方之懸崖勒馬矣。

平津爲中國領土之一部，駐在平津之中國軍隊，亦即爲國民政府統治下之軍隊，與其他國軍之隸屬於中央者，固毫無差別。所謂中央軍與地方軍種種名詞，早成過去。凡屬今日之國軍，但知服從紀律，守衛國土，爲國家爭生存，爲民族爭人格，此物此志，早已深鐫於每一軍人之心，非任何人所得而動搖離間。自盧溝橋事件以迄於日前之廊坊事件，前方將士，於橫逆之來，固莫不秉此眞誠，奮勇應戰，三十七師然，三十八師亦然，即其他各師旅，亦無不然，日方倘能明白認識我國軍愛護國家保衛民族之一致心理，當知欲向平津作進一步之侵略，必將遇到最大之抵抗，理有固然，奈何可已而不已？

自盧溝橋事件發生，國人強以理智遏制其感情，雖同具最後犧牲之決心，而決不願遽見東亞和平之破裂，鎮靜沉着之態度，得未曾有，及蔣委員長在廬山談話會中發表演說，列舉四項原則，國人知中樞對於時局大計，早已成竹在胸，益竭其擁戴領袖之熱誠，而勉抑其衷心之悲憤，廊坊變作，初志不渝，前途演變如何，惟恃日方之行動以爲斷。若日方必欲迫我應戰，則國人當亦知所從事矣。

《中央日报》，1937年7月28日，第3版

華北局勢日趨嚴重
後援工作亟不容緩
首都各界抗敵後援會
定今日召開聯席會議

首都各界抗敵後援會，定今日在市黨部召開各部正副主任會議，首都律師界，亦發起該項組織，積極進行後援工作，茲分誌如次：

抗敵委會召集會議

首都各界抗敵後援會，自決定擴大組織，增設調查、救護、運輸三部後，各部組織規程以及辦事細則，即推由總幹事彭國康着手草擬，茲悉參加該會之各機關、各團體代表，及各界民衆，均以廊坊被轟，災情慘重，平市發生巷戰，局勢已趨極嚴重狀態，對於後援工作，亟宜積極進行，故昨日均紛向該會催促，即經彭總幹事趕將擬訂規程及細則脫稿，並即決定二十八日（即今日）召集各部正副主任舉行聯席會議，討論一切，俾便進行，又該會以際此非常時期，工作時間，除上下午均照常辦公外，並斟酌情形，稍予延長。

京律師界組後援會

首都律師界鑒於敵寇謀我日亟，各界民衆，均紛起作抗日救國之準備，律師界爰經發起組織首都律師抗敵後援會，於前晚舉行首次籌備會，推定籌備委員、並擬定組織章程、工作計劃，並推定大會宣言等起草人，該會預定本週內再開籌備會，並即日徵求會員，大致下月初旬，正式成立，即通電全國各地律師共起組織抗敵後援團體。

華僑團體電宋抗戰

京市華僑團體抗敵聯合會，前日開常會通過重要決議如下：（一）通過工作綱要，（二）函請永安堂及二天堂相助暑期藥品，以應前方將士之需，（三）電請宋哲元立刻抗戰，電文錄後，日軍近復轟炸廊坊，軍民犧牲慘重，再忍辱則亡國，再言和乃罪魁，請立刻抗戰，以保令名，首都華僑團體抗敵聯合會寢印。

《中央日报》，1937年7月28日，第3版

外部發言人談

我方維護和平苦衷

日方蓄意擴大事態別有企圖

嗣後一切責任應由日方負之

法英美各大使昨分訪王外長

外交部發言人對於日軍在廊坊等處重啓戰釁事、二十七日發表談話如下：自本月七日夜日軍在蘆溝橋無故向我駐軍襲擊以來、雖其責任完全不在我方、但我當局爲顧全東亞和平、始終表示願以外交方式、謀適當之解决、我外交部長並曾迭次向日方正式提議、雙方約定日期、同時撤兵、不幸日方對於我方歷次和平表示及提議、不獨不予接受、且大舉增兵、集中平津、同時與我地方當局議定解决辦法、我中央得報後、察其內容與我既定方針尙無重大出入、爲貫澈和平之初衷、不予反對、我方極度容忍維護和平之苦衷、應爲中外人士所共鑒、方謂日方前線之軍從此可以撤退、後方之軍亦可以停止進發、乃一週以來、日軍不獨毫無撤退模樣且日本國內及朝鮮各地、仍續派大量軍隊絡繹向平津出動、二十五日晚間並無故向我廊坊駐軍襲擊、繼之以飛機轟炸、二十六日復向我地方長官提出無理要求、兼在北平近郊四出挑釁、其蓄意擴大事態、別有企圖、蓋已昭然若揭、兩旬以來、我方已盡和平最大之努力、嗣後一切事態之責任、自應完全由日方負之。

本京息、駐華法國大使那齊雅、於昨（廿七）日下午三時半到外交部官舍晉謁王外長、晤談北方最近情勢、約談一小時辭出、復訪徐次長晤談、又駐華英國大使許閣森、美國大使詹森、同於下午五時到外部官舍謁見王外長、作同樣之晤談、於六時許辭出。

《中央日报》，1937年7月28日，第4版

郭王兩大使訪英美當局

▲中央社倫敦二十七日哈瓦斯電　中國郭大使頃訪謁外相艾登、向其宣稱、中政府爲維持和平起見、對宋哲元與華北日駐屯軍所成立之一種協定、已允予以核准云。

▲中央社上海廿七日電　倫敦廿六日合衆社電、郭泰祺廿六日發表聲明、謂日本欲復活以華北五省脫離中央政府之計劃、郭氏廿六日曾訪艾登、告以華北局勢又嚴重情形。

【本報廿七日上海專電】國民社華盛頓電、中國駐美大使王正廷廿六日會晤赫爾、說明華北嚴重局勢、同時日本大使齋藤亦訪赫、亦謂華軍開釁。

▲中央社華盛頓廿六日哈瓦斯電　此間官方人士對于遠東事變、現仍加以密切注意、但對于目前局勢則不欲有所評論、美政府現仍保持審愼態度、與華北中日糾紛發生時無異、關于糾紛情形、自華北接得之報告內容、輒多互相抵觸、美國當局不能藉此以斷定事變發生原因、國務院始終期望保留嚴格的中立態度、據官方人士所得印象、國務卿赫爾力求避免效法前國務卿史汀生之所爲、而寧使美政府處于純粹法理的立場、蓋一九三一年九一八事變之教訓、使美國目前執政者相信提出强硬抗議、實屬毫無效益、且足使美日或中美間造成緊張空氣、據一般專家意見、中日糾紛始終爲地方事件、而美國一切舉動、自亦以使糾紛地方化爲其目的、但至目前爲止、國務院方面表示、對于華北事件、仍取觀察態度、不擬向中日兩國駐美大使提出何種新交涉云。

《中央日报》，1937年7月28日，第4版

異哉日內閣之聲明

到處挑釁猶以保僑爲藉口
自承欲攫取平津間交通線

▲中央社東京二十七日電　二十六日晚、廣安門衝突又引起極大衝動、廿七日晨各報發號外、報告詳細消息、六時陸軍省開重要會議、八時開緊急閣議、傳有重要聲明發表。

▲中央社東京二十七日電　日內閣二十七日十二時十五分又召集緊急會議、決定政府聲明書、內容於一時半以內閣書記官長談話形式發表之、原文於叙述事件經過後、謂因確保平津間交通線及保護僑民、使不受華軍武力妨害、故日軍爲遂行此任務及確保履行協定事項、不得不採取「自衛行動」、日本所期者、芟除此次不詳事件所發生之根因、不敵視善良民衆、日亦無任何的領土企圖、對保護列國權益、不惜盡最善努力、日以確保東亞和平爲使命、事雖至此、仍切望中國「反省」、使局面限定於最小範圍、以謀圓滿解決。

▲中央社東京二十七日電　首相近衛在議會演說關於對華問題、大要如下：此次華北事變之勃發、誠爲遺憾、政府不得已爲重大決意、得舉國一致支持、不勝感謝、此次派兵目的、在維持東亞和平、如聲明所述、余衷心切望中國政府及國民自省自律、從速根本調整國交。

▲中央社東京二十七日電　廣田廿七日晨在議會演說、首指摘中國組織的強化、利用抗日精神及運動爲統一國內輿論、發揚國家意識之手段、次謂日本對東亞之根本方針、在求中日「滿」之融和提攜、阻止赤化勢力東漸、期實現東亞安定、切盼中國從速對此根本方針有充分理解與認識、最後述及此次事變、謂日政府仍如十一日聲明、保持「現地解決事態不擴大」之方針、故一方就現地力圖和平解決、一方努力使中國爲從速收拾時局、務宜審慮、所切望者、華方從速「反省」、誠實實行協定、總之、此次事變、關鍵在中國、余期待中國可副日本希望、對于結束時局、速取有效適切之處置。

▲中央社東京二十七日電　陸相杉山二十七日在議會演說華北事件經過甚長、結論謂事態如此、因華武力妨害、致保護僑民及確保平津間交通線陷於危殆、駐屯軍已不容隱忍、爲遂行其任務及自衛、決定斷然膺懲、陸軍當局亦決意採取適當之重要措置、今後推移、不易逆睹等語。

▲中央社東京二十七日電　海相米內在議會說明此次事變與海軍戒備情形、最後述及宮崎事件、大意謂該事件眞相尚不明瞭、誠爲遺憾、因滬地甚複雜、且鑒於時局情形、海軍取充分慎重態度、與各部密切聯絡、力求眞相判明、並防止人心動搖、講求適切處置。

《中央日报》，1937年7月28日，第4版

北平四郊昨有激戰

戰事演進中我軍士氣甚旺

深夜形勢突變宋秦等離平

▲中央社天津二十八日路透電　華北大戰勢難挽回、蓋松井於二十七日午夜照會宋哲元、謂日本鑒於華軍無履行協定之誠意、故不得不取獨自行動、松井臚舉華軍屢次「挑釁」行動、如廣安門之槍擊日兵、實屬侮辱日軍而不可恕、謂北平駐有華軍、足以引起紛亂與戰事、而危及本城與寓於本城之外僑等生命、松井要求北平之華軍全行退出、松井與宋會談後、日軍事當局即照會中國當局、謂將取特別計劃、以求（一）日軍與軍需在天津區內通過、包括派兵至中國特區內日人之產業一項、（二）保護通至日人區域之各路、（三）華界內之日僑全行撤退。

▲中央社北平二十八日路透電　日本提出之新要求、即除三十七師外、新抵之一百三十二師均須退出北平、經宋哲元毅然拒絕後、北平區昨夜已發生惡戰、就目前戰事之性質觀之、日軍決計將二十九軍全部逐出北平區、英意法美軍隊現衛守交民巷之關鑰與入口、日僑現已全數移入交民巷、華人移往者亦多、許多華人家中在其花園內建成避炸彈之住所、宋哲元拒絕日本新要求後、松井表示、日人將視此爲華方拒絕日方要求三十七師撤退之最後通牒、據華人半官消息、日本之要求、等於將北平區作爲不設軍備區域、此爲冀察政委會完全所不能接受者云。

京中軍事機關廿八日深夜得北平方面報告、駐平綏線沙河保安隊附敵、北平形勢突變、宋哲元·秦德純·馮治安·陳繼淹等廿八日晚十一時半率部離平。[illegible]

▲中央社北平二十九日上午三時十五分電　頃由平官方面公佈消息、宋委員長哲元因公二十八日晚赴保視察、命天津市長張自忠兼代冀察政務委員會委員長、北平市長秦德純隨宋赴保、平市長職務亦由張自忠兼代、津市長則由警察局長李文田代行、又平綏路局局長張維藩辭職、由張允榮繼任。

▲中央社北平二十八日晨八時四十分電　今晨日機飛平郊轟炸後、八寶山·小湯山·南苑·團河各地日軍即開始向我進攻、現各地均在激戰中。

▲中央社北平二十八日下午一時電　我軍事某要人二十八日晨赴平郊某地督戰、士氣大振。

《中央日报》，1937年7月29日，第3版

確息、昨（廿八）晚綜合廊坊至豐台一帶戰況如下（一）通縣收復說未證實，廊坊車站昨晨確經我軍克復、日軍受創奇重，向後潰退，正午左右稍停，四時後日軍後續部隊到達，即以飛機向我軍轟炸，猛烈反攻，刻正激戰中。（二）大小井村方面，自昨晚迄今，日軍猶向我駐軍進犯，經予痛擊，我軍確佔優勢，日軍向豐台潰退。（三）平北清河製呢廠（德勝門外十八里）今晨被日飛機炸燬，損失甚鉅。（四）南苑方面日軍，遂以多數飛機及砲兵助攻，向我猛撲、我軍奮勇抗戰，情況甚為激烈，午後附近某地為日軍所據、現正對峙中。

日軍反攻豐台

關係方面據前方報告，我軍昨（廿八）晨確將豐台車站攻克，迄午後日軍陸續增援、猛烈反攻，我軍因戰略關係，暫向某方移動。

▲中央社北平廿八日午十二時零五分電　據官報我軍於廿八日上午八時四十分，確將豐台全部克復，日軍潰退，我軍正追擊中。

▲中央社北平二十八日下午四時四十二分電　據外籍記者息：（一）二十八日晨拂曉，我騎兵一部由南苑向豐台前進，豐台日軍立即出而應戰，我佯作敗退，折回南苑，日軍乃大舉來攻，我軍即于此時分兩路圍攻豐台，日軍不支潰散，我軍遂于晨九時將豐台克復。（二）平日兵營電線已被割斷，今井對外籍記者談，日軍軍用電信線，迄今並無[illegible]情報告。（三）日軍二十八日下午二時猛擊北苑，另有機械隊向沙河鎮車站（在南口以南）進攻，企圖切斷平綏路線。

▲中央社北平廿八日上午十時五十分急電　我軍廿八日各路戰況，極佔優勢，團河我軍自廿七日與日軍衝突後，至廿八日晨經激烈戰爭，日軍始不支，向西南竄退，我軍奪獲坦克車三輛，並乘勢追擊，隨即於廿八日上午九時三刻將豐台車站克復，日軍急由津豐調隊增援，我援軍亦相繼到達，刻正激戰中，又盧溝橋一帶，我軍於廿八日晨猛烈應戰，至上午九時已越過盧溝橋，向大瓦窯日軍追擊，刻正激戰中。

北平四郊被炸

▲中央社北平廿八日上午八時廿分電　日機仍不斷飛平偵察，或二架或三、四架不等，自六時半後迄發稿時止，平市上空軋軋聲斷續可聞，晨間兩度轟炸，郊外南苑西苑北苑及八寶山小湯山等處，均落有炸彈，損失亦相當重大，但詳數則尚待調查。

▲中央社北平二十八日上午七時電　二十八日晨五時半日機二十一架，分兩隊飛平市四郊擲彈轟炸，並以機關槍掃射，第一隊共十一架，於五時半飛平郊上空，沿城外投彈數十枚，同時以機槍低飛掃射後，即飛入市內，散放傳單，由香月清司署名，自稱大日本軍司令，其措詞荒謬，令人髮指，在平市上空盤旋約廿分鐘始去，第二隊共機八架，約六時二十分左右飛來，亦沿城郊投彈後，在市內散放傳單，盤旋十餘分鐘始去，今日此間天陰，但當日機來時，雖機聲不斷於耳，而一般民眾，均極興奮，毫無懼色，[illegible]，足見人心激憤，已詳消息，現在郊外死傷損失，均未判明，尚待調查。

▲中央社北平二十八日正午十二時十五分電　西苑兵營及營市街，二十八日晨被日

《中央日报》，1937年7月29日，第3版

機轟炸、所有房屋，多被炸燬，該地軍民因事前有準備，故傷亡甚少。

▲中央社北平二十八日下午一時正電　日機侵晨在西苑轟炸時，當被我軍擊落一架。

通縣戰事激烈

▲中央社保定二十八日電　二十八日晨　我實行應戰後拂曉已將廊坊、豐台、蘆溝橋一帶之日軍擊退，我軍已收復各該地區，日軍傷亡慘重、現戰事側重通縣方面、正惡戰中

▲中央社北平廿八日正午十二時十九分電　通縣僞保安隊張慶餘、張硯田兩部、因密謀反正、被日軍監視、廿八日該所部遂實行發動，當被日軍包圍，欲將其解決，我軍聞訊、即急派隊馳援、現正與日軍激戰中。

▲中央社北平廿八日上午十時五十五分急電　據報我軍於廿八日上午十時許，收復距通縣六七里之看丹村、奪敵鐵甲車三輛、現我正乘勝進擊中。

▲中央社北平廿八日上午十二時五十五分電　通州保安隊反正後、與我軍聯合向日軍攻擊、城內日軍刻已退出、現正在激戰中、一般人預料通州即將克復。

交通界確息，冀東僞組織保安隊反正部隊，昨（廿八）日將灤河鐵橋炸燬、阻日軍西犯。

▲中央社天津二十八日下午七時卅分電　據此間所得消息，冀東僞組織保安隊反正後，殷逆下落不明，現在冀東保安隊亦紛紛反正，灤河大橋二十八日午已被轟炸。

廊坊楊村收復

▲中央社北平二十八日正午十二時二十分電　據官報確息、我軍某部劉旅、二十七日夜由某地進襲廊坊、肉搏甚烈，劇戰至二十八日上午九時，敵全部潰退，傷亡甚重，我軍將廊坊克復。

▲中央社北平二十八日下午五時三十五分電　廊坊被我軍於二十八日上午九時克復後、我軍即將鐵路軌道切斷，阻止天津日軍北上增援，同時我軍並將廊坊以南之楊村車站收復。

▲中央社天津二十八日下午五時四十分電　楊村鐵路被毀後，據聞楊村日軍向天津撤退時、情勢頗混亂。

交通界確息，（一）津西站日軍廿七日撤退，機廠日軍廿八日亦撤盡，北上客車開抵西站未續進，（二）津總西兩站聞槍砲聲漸迫近，或係日軍掩護退却，傳北倉方面已有戰事。

《中央日报》，1937年7月29日，第3版

▲中央社天津二十八日午十二時三十分電　據交通界傳楊村鐵路已發生阻礙，此間日兵車二十八日雖有四列到津，但未有向北平豐台開出者云。

▲中央社天津二十八日電　二十八日下午五時十分有日兵六百餘人、乘專車一列、由津赴楊村、又有日工程兵百餘人亦於下午六時赴楊村。

▲中央社天津二十八日電　據交通界息，二十八日由津開往楊村之日軍千餘人、晚間似已退至北倉、此間津浦路西站及大廠日軍二十八日已撤去。在東站之一部日兵及調動所人員，二十八日晚亦分別離去，今晚並有日兵車一列西上、但行至蘆台即停止。

大小井村戰況

▲中央社北平廿八日下午四時零八分電　官方公佈確息、昨夜日軍突攻北平近郊南北苑，皆有激烈戰鬥，延至今晨未止，南苑方面敵人進逼團河、今晨經我擊退、即並跟蹤前進、大小井村方面已無敵軍、傳通州張慶餘部反正，已與我軍會合，詳情在調查中。

▲中央社北平廿八日下午六時五十五分電　廿八日下午六時起、日軍復向我大小井村一帶進襲、砲聲隆隆，至下午六時四十分逐漸濃密，聲響極大、城內廣安門右安門一帶屋瓦爲之震動，戰況頗爲劇烈。

▲中央社北平廿八日下午五時三十分電　平漢線北段蘆溝橋車站暨八里店大小井村一帶之日軍、廿八日侵晨起與我軍發生劇烈衝突、雙方鏖戰至七時許，日軍不支、開始向南潰退、嗣經我長辛店之駐軍往北突擊、日軍腹背受攻、不半小時，即狼狽退去、其中有一小部潰至西便門外跑馬場，亦被我軍包圍繳械解決，又平漢線北段原駐之日軍，已被我軍完全肅清，我軍某團已進駐於毘連於蘆溝橋車站之大瓦窰、平漢路局正趕速修復被破壞之電線，俾於最短期內恢復交通。

敵軍今晨襲天津

總東兩站經我軍收復

▲中央社天津二十九日上午二時四十分電　廿九日晨二時許津四郊槍聲四起、砰砰不絕、據查係日軍由東局子北倉東車站總車站四處出動，圖侵佔津市，當由我四郊駐軍及保安隊出而應戰、迄發電時，雙方仍在激戰中。

▲中央社天津二十九日上午四時電　據官方接到報告稱：（一）二十九日晨二時半我軍已將總東兩車站分別克復、日軍已分別逃散，（二）佔據特四區（即前[illegible]租

《中央日报》，1937年7月29日，第3版

界）之日軍約三四百人，經我軍還擊後，已向東局子一帶退走，我軍正在向前推進中。（三）八里台中日中學之我兵三百餘人，二十九日晨三時已出動，我亦在應戰中。（四）北倉附近戰事亦甚激烈。

▲中央社天津廿八日下午九時四十五分電　津市二十八日形勢益感緊張，各商店晚七時許即全部閉門，當局雖未正式宣佈戒嚴，但全市已作縝密之佈置，對形跡可疑者加以檢查，街上行人異常稀少，日租界則嚴重佈置，情形較昨益甚，而意法兩租界廿八日起亦分別戒嚴，各交界口佈置電網，九時起檢查行人，意界駐軍亦開出值崗。

▲中央社天津二十八日午十二時十四分電　記者頃赴津市各地視察，除特三區法國橋至東站日方軍運甚忙外，餘均安定如常。

▲中央社天津二十八日電　前方軍事節節勝利，消息傳出此間後，人心異常興奮，羣衆紛訊，無不鼓掌稱慶，現在津市尚平靜，截至下午一時尚無事，二十八日晨有日鮮人十餘名，乘汽車赴市府要求謁秘書長馬彥翀，聲稱請負責保護日鮮僑民，並無理取鬧，當由門警拒其入內，該日鮮人始悻悻而去，下午一時日方並派人乘汽車兩輛，散發其宣戰佈告。

▲中央社天津二十八日電　日軍部二十八日下午二時許派人在南馬路散放荒謬傳單，適一行人經過，不明真相，取而視之，頓露憤慨，當隨手撕碎擲之於地，日人惱羞成怒，竟向空放三槍，並將該路人架往日租界云。

▲中央社天津二十八日午十二時十三分電　此間日軍調動甚繁，二十八日上午四時許，在東局子之日機有二十餘架起飛，其中一部戰鬥機赴南苑轟炸，另有數架偵察機飛行津市上空，散放各種傳單，辭句甚荒謬，謂日軍出動，係對我「加以膺懲」，六時許忽然間大雨如注，日軍用機頗受阻礙，且有一架在津縣屬陳塘莊地方被焚，緣廿八日上午六時許，日軍戰鬥機六架起飛，向南苑方面飛去，其中一架行至津縣屬陳塘莊地方，因發動機走火，被迫降落，全機被焚毀，駕駛員一人身死，該機並有炸彈十二枚，機關槍一架，落地時一炸彈爆炸云。由塘沽等地到津之日軍，廿八日晨到津者計四列車，共三千餘人，尚有大批軍用品子彈等為數甚多，津日軍廿八日仍盤據於總東西三車站，並聞楊村車站已由日方完全佔領，此間日軍並派人四出貼「布告」，其辭句與飛機散放者同，但甫貼上，即為民衆撕去云。

塘沽日艦發砲挑釁

▲中央社天津二十八日下午八時電　塘沽日駐軍時向南岸大沽我軍二十八師之一部挑釁，二十八日下午七時許雙方已發生衝突，迄下午八時許未停，戰情未詳。

▲中央社天津廿八日電　大沽廿八日中日軍隊衝突情形，頃向官方探詢，據稱廿八日午四時有日輪一艘，滿載軍火入口，照例日船皆停於北岸，而此次竟停於我方駐軍之南岸，我駐軍當加以制止，日輪乃悻悻而去，臨行時並鳴槍數響示威，旋有駐塘沽之日驅逐艦發砲若干響，我方無重大損傷，迄晚已趨平息，當此事發生時，駐津日總領事堀內干城向海關通知，限制輪船出口，否則如有砲彈擊中者，日方概不負責云。

▲中央社天津二十八日路透電　日輪四艘裝運軍火駛抵塘沽海河兩旁，華軍即以手溜彈向前轟擊，日輪無法，被迫退出海口，惟不久日輪中之一艘復由日砲船保護開抵塘沽，即向岸上中國軍隊轟擊，結果未詳。

《中央日报》，1937年7月29日，第3版

廣田電促 日大使南下

川越定今日由津飛青島

▲中央社東京廿八日電　報載廣田自十六日起兩度催促川越即返南京，因近衛昨在議會答小川安藤質問時，表明有即行外交交涉意，故廣田昨第三次訓令川越、速即返任。

▲中央社天津廿八日電　據聞川越大使廿八日在中航公司定購坐位，定廿九日南飛、先至青島。

▲中央社東京二十八日電　廿八日午外務省發言人接見外國記者，發表重要聲明，大意敍述經過情形，謂日軍不得不取「自衛」行動，與廿七日內閣及陸軍省聲明大體相同，或問今後交涉對手爲冀察抑爲南京，答，如有和平途徑皆可，或問日要求撤兵區域限於北平附近，抑爲河北，答，現不能言，或問對河北省內中央軍問題如何，答，現亦不能言。

日高昨謁陳介 請求保護日僑

駐華日本大使館參事日高信六郎，于昨（廿八）日下午六時到外交部謁見陳次長，晤談約一小時辭去，聞日高此來，係請求我方保護日僑。

▲中央社北平廿八日下午六時三十分電　中日軍二十七日晚衝突後，日使館參事官加藤、即往訪秦市長，請求保護日僑及日使館安全、秦答稱、我對保僑睦隣、國府早有命令，請勿驚擾等語，加藤旋辭出，由我派員護送至使館。

日方準備撤退 蘇杭等地僑民

▲中央社上海二十八日電　駐滬日總領岡本、二十八日晨召集蘇杭等地領事、討論日僑撤退辦法，

▲中央社上海二十八日電　重慶·沙市·宜昌·漢口及蘇州等處日僑，約一百餘人、二十八日晨乘長崎丸離滬返日。

▲中央社廣州二十八日電　粵省日僑四百餘人、二十八日聞我軍克復豐台廊坊後，極形憂懼，下午三時舉行居留民緊急會議、準備全體乘艦離境。

《中央日报》，1937年7月29日，第3版

社評

應戰之第一聲

自蘆案發生以來，我中央地方當局，即以最大之努力，謀東亞之和平，全國輿論界亦莫不瘏口嘵音，力求「最後關頭」之避免，乃日軍着着進擊，咄咄逼人，日日增兵，時時挑釁，我前方將士，守土有責，愛國心長，遂不得不於昨晨併力應戰，將軍有死之心，士卒無生之氣，卒於日軍飛機大砲猛烈轟炸之下，獲得空前之進展，捷音遠播，舉國歡騰，而於守土將士之悲壯犧牲，尤深致其景仰。夫佳兵不祥，哀軍必勝，吾國數千年前之聖哲，早已言之綦詳，時至今日，我國上下，對於和平，實已盡其最後之努力，而日軍仍肆意侵逼不已，於我領土主權之完整，視之蔑如，我軍不得已起而應戰，悲歌長往，視死如歸，殺敵致果，固意中事耳。

戰爭爲人類之大不幸事，矧我中華民族夙愛和平，以力服人，久已垂爲深戒，惟今日之事，人爲刀俎，我爲魚肉，爲民族生存計，爲國家尊榮計，我實不能再行忍受日軍之無理壓迫，而使世世子孫陷於萬劫不復之境地。此次應戰最大之意義，即在於此。應戰非求戰，應戰乃完全屬於自衛性之戰爭，應戰之國家對於戰爭完全不負責任，此又國人及世界各國人士所當共同明白認識者。

求之古今事例，戰端一開，決難中止，曠日持久，理有固然，其在弱國，尤無半途妥協機會。中國今既不得已而應戰，亦祇有竭全國之人力物力，與彼侵略者周旋到底。而在戰爭過程中，或勝或敗，或退或進，或甲線勝而乙線敗，或此路進而彼路退，千變萬化，要爲事之所恆有，故未至最後決戰期間，勝不足喜而敗亦不足憂，彼斤斤於一時之勝負者，亦何足以語於戰爭之大事？國人今後誠宜沉着應戰，聞敗勿餒，聞勝勿驕，餒者無轉勝之望，驕者有必敗之勢，兩者均不足取，惟不餒不驕者始可獲得最後之勝利。

今日之戰爭，與往古異，必須全國動員，必須每一人皆能盡其應盡之責任，尤必須人人皆能抱定犧牲一切之決心，前方後方，行者居者，互相援應，互相扶助，然後心志齊一，行動整肅，確乎其不可拔。蔣委員長在廬山談話會中之演說有云：「我們知道全國應戰以後之局勢，就祇有犧牲到底，無絲毫僥倖求免之理。如果戰端一開，那就是地無分南北，年無分老幼，無論何人，皆有守土抗戰之責任，皆應抱定犧牲一切之決心。」斯語也，實今日全國國民所當反覆玩味而切實奉行者。寇深事急，民族之存亡攸關，見危授命，此其時矣！

昨日前方守土將士之浴血苦戰，尚爲應戰之第一聲，戰爭之序幕既開，雙方必厲兵秣馬，繼續戰鬥，來日情勢如何，此時自難預測，惟我爲被侵略之國家，士氣民氣，均極振奮，倘國人能一致在領袖領導之下，抱定爲民族國家犧牲之決心，沉着應戰，則最終勝利，必屬於我，此則吾人所深信不疑者也。

《中央日报》，1937年7月29日，第3版

時局已臨最後關頭
政府決定必要措置
蔣委員長闡述政府方針
確守最低立場毫不變更
國人必能一致奮鬥到底

蔣委員長對于平津形勢驟變後之政府方針、廿九日應新聞記者之詢問、發表下列之意見：(問)宋委員長突然離平、致失重鎮、未悉中央對其責任問題如何處理、(答)在軍事上說、宋早應到保定、不宜駐在平津、余自始即如此主張、余身為全國軍事最高長官兼負行政責任、所有平津軍事失敗問題、不與宋事、願由余一身負之、余自信必能盡全力負全責、以挽救今後之危局、須知平津情勢今日如此轉變早為國人有識者預想所及、日人軍事政治勢力之侵襲壓迫、由來已久、故造成今日局面、絕非偶然、況軍事上一時之挫折、不得認為失敗、而且平津戰事不能算為已經了結、日軍既蓄意侵略中國、不惜用盡種種之手段、則可知今日平津之役、不過其侵略戰爭之開始、而決非其戰事之結局、國民只有一致決心、共赴國難、至宋個人責任問題、不必重視、(問)今後我政府對日方針究竟如何、(答)自蘆溝橋事變發生、余在廬山談話會曾切實宣告、此事將為我最後關頭之界限、并列舉解決此事之最低立場、計有四點、此中外所共聞、絕無可以更變、當時余言：我不求戰、祇在應戰、今既臨此最後關頭、豈能復視平津之事為局部問題、任聽日軍之宰割或更樹造傀儡組織、政府有保衛領土主權與人民之責、惟有發動整個之計劃、領導全國、一致奮鬥、為捍衛國家而犧牲到底、此後決無局部解決之可能、國人須知、我前次所舉之四點立場、實為守此則存、逾此則亡之界限、無論現時我軍並未如何失敗、即使失敗、亦必存與國同盡之決心、決無妥協與屈服之理、總之、我政府對日之限度、始終一貫、毫不變更、即不能喪失任何領土與主權是也、我國民處此祖國之存亡關頭、其必能一致奮鬥到底、余已決定對於此事之一切必要措置惟望全國民衆沉着謹愼、各盡其職、共存為國犧牲之決心、則最後之勝利必屬於我也。

《中央日报》，1937年7月30日，第3版

宋抵保定 晤孫連仲

京中軍事機關接保定電告、（一）宋哲元秦德純等、已於昨（廿九）晨三時抵保、并與孫連仲等晤面、對今後軍事佈置、有所商議、當將結果電呈中央核示、（二）馮治安刻在平漢線蘆溝橋一帶指揮廿九軍各部作戰、并趕築防禦工事、至北苑一帶廿九軍、已由阮玄武率往平綏線南口集中、憑險防守。

▲中央社保定二十九日電　宋哲元馮治安等廿九日晨三時抵保、各有書面談話發表、宋氏談話：本人近來因火氣上沖、耳鳴殊甚、不能與大家面談、特發表書面談話、平津之戰、乃係局部之戰、日來北平城外戰鬥甚烈、南苑尤甚、佟副軍長麟閣竟於昨日陣亡、駐南苑三十八師之一部奉命應戰、傷亡最鉅因日機之轟炸、故損失甚爲慘酷、駐西苑三十七師之一部與日軍衝突、頗有損失、駐黄寺之石友三部保安隊、與日軍肉搏血戰、尤爲慘烈、自昨晚至今晨、天津蘆溝橋等處亦有戰事、本人奉命移保、將來是否長駐保定、尚未確定、戰事爲國家大事、今後辦法、自應聽國家命令也」馮氏談話：自蘆案發生、本師駐防宛平、不能不盡守土之責、本人到平以後、始終愛好和平、避免事態擴大、以期恢復八日以前之狀態、十七日以來、苦心焦思、竟致咯血、現隨宋委員長來保、自應以疾病之身、追隨各長官之後、聽候驅策也」

▲中央社北平二十九日路透電　路透訪員、今日午後赴南苑視察、所見景象全爲悽慘、由北平南三哩某點起、通至南苑之大路與溝渠皆有華人死屍、至少五百具、其中不盡爲兵士、而村民死屍亦復不少、載重汽車等燬於途中者約有三十輛之多、車中人大都爲手溜彈所炸死、來福槍、手槍、大刀槍彈、死馬遍地皆是、南苑鎭現由日兵巡邏、日兵以日旗發給各家、囑其懸掛、約有日兵五百駐紮飛行場中、飛行場以北之營房、損毁甚徵、惟以東營房則大受摧殘、有馬十餘四處亂奔、飛行場東角爲砲戰激烈之地、相距百碼處、猶有雙方對抗之砲數尊、飛行場中僅見死屍數具、蓋日人已於黎明時掩埋其同伴屍骸矣、南苑東北村民、謂昨晨日軍動員之狀、謂日軍囑其閉門勿出、旋將機關槍置於屋頂轟擊華兵、各村中皆有死屍一大堆、自十人至六十人不等、綜計其數約有九百人。

本京息、日軍猛轟平津、宋哲元離平赴保消息到京後、京中各界益堅矢志抗敵之決心、均抱敗不餒、勝不驕之態度、準備爲長期之奮鬥、並悉中央當局應付時機、預有準備、對平津情形及日軍暴行、將向國民有明白之宣示、二十九軍駐京辦事處長李世軍、於昨午謁何部長、對華北情況有所陳述。

《中央日报》，1937年7月30日，第3版

津近郊昨晨激戰

以海光寺等處戰況最烈
政府文化機關慘遭轟炸
入夜漸停今晨戰事復起

▲中央社天津廿九日電　津市廿九日起宣佈戒嚴、每晚自六時起至翌晨八時、街上斷絕行人云。

▲中央社天津二十九日上午十一時五十八分電　二十九日午全市槍聲雖漸稀、而北倉海光寺東局子等處、仍在對峙中。日似待機而動、故我保安隊取嚴密監視態度。日機二十餘架繼續在津上空盤旋、並以機關槍掃射云。

▲中央社天津二十九日上午十二時四十二分急電　此間自午間起、砲聲不斷、方向尚未判明。惟東局子現已發生大火、雙方有激烈之戰事云。

▲中央社天津二十九日下午二十六時分電　東車站兩軍仍在對峙中、砲火常異激烈。日軍一部尚在站內盤踞、車站內二十九日十一時五十分起火。

▲中央社天津二十九日下午一點五十分電　東局子槍砲聲漸絕、惟雙方仍在對峙中、日飛機大肆轟炸附近、受有相當損失。海光寺方面砲火自午迄發電時止、仍在沉着應戰。

▲中央社天津二十九日下午二時電　津總站外小于莊　公大紗廠所駐之日軍二百餘名、企圖外出、向總站竄擾。當被我軍包圍、下午一時半尚在激戰中、現公大紗廠內已起火。

▲中央社天津二十九日下午二時零二分電　日飛機二十九日晨赴津浦路西站擲彈四枚、謀破壞津浦交通、但幷無損害。

▲中央社天津廿九日下午九時四十分電　北倉戰事已漸停、平津間公路北倉間發生障碍、北寧路廿五廿六號鐵橋亦均中斷。

▲中央社天津二十九日電　日人二十九日晨分在法租界中街新華大樓及百福樓屋頂以槍向我東站附近之保安隊射擊、蓋此兩處、前者爲滿鐵事務所、後者則爲惠通公司故也。津法租界當局對此曾向日方抗議、但晚間仍有武裝日人高踞樓頂未去、法租界晚九時戒嚴、對日兵運輸、亦禁止通過。

▲中央社天津二十九日上午五時二十五分電　二十九日拂曉此間槍砲聲依然不絕、足證戰事尚屬激烈、其方向仍以東局子爲甚、且日飛機亦陸續出動、晨五時許、約十架飛翔於天空、以機關槍向下掃射、並到東局子我軍陣地投擲炸彈、據官方稱、截至晨四時、東局子戰況尚不詳、惟東車站之戰事甚烈、我官兵傷亡者達百餘人、均送市立醫院、保安大隊長劉照華率隊奮勇力抗、亦受傷云。

▲中央社天津二十九日上午七時三十分電　津郊戰事集中東局子、海光寺、新老兩車站、津城南市大胡同等、華地均未波及、市府上空六時許曾有飛機盤旋、經守衛射擊後、即行絕跡、戰事以拂曉時爲最激烈、飛機橫行、聲震遐邇、至七時許、天空停止轟炸、槍聲亦漸稀少、現在各線皆入對峙狀態。

▲中央社天津二十九日路透電　今晨天津居民爲砲聲與炸彈聲從睡夢中驚醒、始知戰事業已發生、據華人方面消息、日軍在東西與總車站以機關槍與來福槍轟擊駐於通此數站各馬路之保安隊、顯欲阻止彼等逼近車站、日軍旋佔據前比租界之中國警察署一所、保安隊於是乃下令反攻、據華人聲稱、已克復各陣地、又傳中國常備軍佔有北倉車站南開臨近之同文書院、日人學校內之日兵二百名、已被包圍、保安隊獲勝後、

《中央日报》，1937年7月30日，第3版

於上午四時進攻日飛機場與東兵工廠、於是乃發生大戰、日轟炸機奮勇甚活動、各租界華人爲炮聲驚醒後、多在屋頂觀戰。

▲中央社天津二十九日路透電 日驅逐艦兩艘今日駛抵塘沽後、即砲轟駐塘沽鎭之華軍旅有日兵一分隊登陸、圖逐華軍、雙方現在塘沽隔河交轟、通天津沿途之各地點、均有戰事、華軍現完全控制西站與總站、雙方現仍在爭取東站東站與萬國橋（過橋即爲法租界）間之全區、已爲華軍佔有、闖過橋者輒爲伏於屋頂之兵開槍狙擊、又海河對岸法國等租界與東站及郵務局、業已隔絕。

▲中央社天津二十九日下午十時五十四分電 二十九日此間交通完全斷絕、所有鐵路航空輪船均已停止、市內交通、如未轟炸之法租界內、亦無電車通行、日間各街道行人更屬無幾、晝曾有二十餘人在法租界被流彈所擊傷、入晚各租界均宣布戒嚴、禁止通行、全市除時聞斷續的槍聲外、極爲冷靜云。

▲中央社天津二十九日路透電 廿九日晨此間各國租界均宣佈戒嚴、英兵與商團均已出防、聞外兵觀戰者曾有數人中彈受傷、安南兵一人斃命、意僑一人與華警一名受傷、日軍野戰砲所發之砲、有數枚擊中南開大學、一彈擊燬鄉下總會之健身房、華軍曾有一時幾攻入日軍飛機場（按即東局子、日軍在該處强築之機場、）日飛機悉陷於危境、日守軍大爲驚恐、日軍現仍衛守飛行場、該場則在華軍包圍中、各車站槍聲不已、雙方由四周各屋與軌道側時時開槍對擊、聞大沽華軍亦有同樣行動、鐵路與水上交通、廿九日晨完全斷絕。

▲中央社天津三十日電 三十日上午一時津市槍砲聲又作、據查其地點爲海光寺及東車站兩地、先是日軍開步槍、旋鋼砲機關槍繼之、我保安隊當即應戰、刻雙方仍在相持中、李文田現在津郊某地、又二十九日我軍受傷官兵在二百餘名左右云。

▲中央社天津二十九日路透電、日租界現已與他處隔斷、聞華軍現謀攻擊海光寺日營房、法租界當局現禁止日兵通過、因保安隊分隊現駐郵務局對面之警察署、見經過國際橋者（又名萬國橋或法國橋）即開槍擊之也、因是橋南法租界極熱鬧之區域、生命可危、東車站日兵分隊、現陷于孤立中、日飛行場現仍在包圍中、該處戰事甚爲激烈、同時前德租界保安隊分隊、奪獲由塘沽開到滿載日軍需之貨船數艘、內有載重汽車多輛、彼等刻正在大連汽船公司前面辦事所痛飲日本啤酒。

《中央日报》，1937年7月30日，第3版

敵機轟炸各處詳情

▲中央社天津二十九日下午二時電　二十九日午後、日飛機在津市上空盤桓者達十架以上、大肆投彈、現聞正午金鋼橋・市政府・東浮橋・警察局・河北中山公園均中彈被炸、東車站・河北郵務管理局對過萃賢旅館已起火、郵局遷英租界辦公。

▲中央社天津廿九日下午四時十六分電　日空軍在津作戰計劃、係輪流以飛機八架轟炸、截至廿九日下午四時止、已有十餘處遭硫磺彈投擲後、發生大火、全市空際煙雲圍繞、各街市無辜人民之被炸而死者、觸目皆是、尤以河北大馬路及東馬路等地爲甚、街上屍體橫陳、慘狀極慘、

▲中央社天津廿九日下午四時廿五分電　廿九日下午津戰甚烈、日飛機四出到處轟炸、璧震屋瓦、以市府・警察局・南開大學・東總二車站等處爲尤甚、現悉廿九日下午一時許、有轟炸機四架飛河北、在市府上空任意投彈、甚有炸彈八枚同時下降者、辦公房舍多被炸毀、同時有兩架到八里台南開大學投彈、該校秀山堂及圖書館已成灰燼、下午二時許、日機二架到東浮橋附近投彈、意欲轟炸警察局、但所投炸彈多中于附近水閣大街、各商號損失甚重、此外東站投擲炸彈、除中貨廠外、東站前郵局對過大觀園相繼起火、總車站日機亦不時四出活動、我軍隨時予以痛擊、截至下午三時止、此間戰事、除日飛機在空中活動外、自以海光寺一帶爲最烈、砲火甚熾、日軍顯係圖自海光寺出動、向市區進襲、我保安隊在砲火連天之下、浴血抗戰、前仆後繼、士氣極盛。

▲中央社天津二十九日下午五時十分電　日機二十九日在津大舉轟炸、無辜市民遭難者、目前雖無法統計、但衆信至少亦在一二千之間、東車站因燃燒彈擲下起火、尚未滅熄、而總站又繼之、據日軍部向外國新聞界稱、日飛機所轟炸之地方、包括市政府・警察局・保安司令部・南開大學・總東兩車站・齊園、並謂此皆爲「抗日集會地方」云。

▲中央社天津二十九日下午五時〇五分電　津全市電話交通幾已至中斷狀態、蓋日機二十九日午後投擲炸彈、電話二局五局及六局均已被炸燬、二五局適在開口地方、刻已全部被焚云。

▲中央社天津二十九日下午十時三十二分電　日機在河北一帶轟炸、數處起火、迄晚仍未熄、電話二五六局機器全燬、損失甚重、日軍對南開大學顯係有計劃殘酷之破燬文化機關、秀山堂芝琴樓全被燬、木齋圖書館亦有一部被炸云。

▲中央社天津二十九日下午十一時五十九分電　津市府遭日機轟炸起火後現火勢甚熾、蔓延及天緯路一帶、迄晚未熄、天緯路河北省立女師學院、黃緯路河北省立工業學院、亦均同時被焚云。

《中央日报》，1937年7月30日，第3版

北平城駐軍昨晨已撤退

防禦工事亦撤除

公安局保安隊共維秩序

▲中央社北平廿九日下午二時十分電　宋哲元、秦德純、馮治安、陳繼淹等于廿八日夜離平赴保後，所有城内外卅七師及百卅二師，即陸續撤退，至廿九日晨始撤竣，城内已無駐軍，現由公安局保安隊及冀北保安隊維持秩序，各街衢沙袋廿九日晨開始撤除，壕溝亦填平，當卅七師撤退時，日軍仍不斷追擊，聞該師前後傷亡頗衆，廿九日晨七時許日機九架飛平偵察，約半小時始去。

▲中央社北平二十九日下午二時四十分電　聞宋哲元離平前，曾手諭張自忠等分掌各機關職務，新任平警察局長潘毓桂，廿九日晨已到局視事，平市長張自忠定下午三時就職，至就冀察政會職務及日期尚未定。

▲中央社北平二十九日下午九時電　張自忠廿九日下午三時就平市長職，四時就冀察政務委員會委員長職，並召集所屬訓話，張談定三十日赴冀察綏署就主任職，日内不擬返津。

▲中央社北平三十日電　此間將組織北平市治安維持會，地點在中南海懷仁堂，其構成由商界、銀行、教育、新聞等界，及慈善團體五單位，每單位選出委員六人組織之，更由委員中推常委若干人執行職務，另設委員長一人，由江朝宗担任，職責爲維持本市治安金融。

津市空防缺如

▲中央社天津二十九日電　日機二十九日轟炸津市時，因市民臨事不知所措

……

我空防缺如，故損失甚重，又人民因無空防知識，當機聲軋軋火光燭天時，莫知所措，扶老携幼，四處奔避，足證平日防空訓練之重要。

敵兵車三列

由榆關開津

▲中央社天津二十九日路透電　日軍公報否認華軍克復廊坊之說，惟承認華軍曾猛攻該地，日守軍初因兵力單薄，而受不利，但卒獲鐵甲車之援助，將華軍擊退，故至昨晚鐵路與公路之交通已復，日軍用火車一列，共引擎備加保護，載日兵五百名，由此開往楊村，旋又有修路車一輛開出，前往修理華軍拆斷之路軌數處，載軍汽車五十輛，已由豐台抵此，兵車三列，已在由山海關來津之途中。

× × × ×

通縣保安隊千餘人反正

敵軍三百被圍

營房付之一炬

▲中央社北平廿九日路透電　據華人息，殷汝耕保安隊約千餘人、廿九日晨在通縣與日兵衝突、雙方盤日作戰，聞日兵三百名被圍城中、營房附近有軍需處或子彈庫一所、業已起火、該地砲火甚烈云，

▲中央社北平廿九日路透電　通縣保安隊反正後、多處起火、濃烟上冲、午後北平高處可瞭見之、保安隊發表一文、謂吾輩華人、必須抗敵云、日機加以轟擊、但保安隊仍扼守陣地、開槍還擊。

《中央日报》，1937年7月30日，第3版

廬山談話會決議

電勉抗敵諸將士

切盼同心戮力抗戰到底

汪主席定日內離山返京

▲中央社牯嶺廿九日電　廬山談話會第二期廿九日晨九時、在牯嶺圖書館講演廳繼續舉行第二次共同談話、來賓及參加人除昨日到會者均出席外、並到有陳立夫・張羣・曾仲鳴等、開會後、首由汪主席及張秘書長分別報告北方時局情形甚詳、即由來賓吳康・劉彥・皺修璜・燕樹棠・吳南軒・任啓珊・章益・周北峯・張凌高・蕭一山・洪深等陸續發言、大體均就汪主席及張秘書長所報告者各紓意見、以供參考、十一時五十分散會、正午談話會邀集人汪主席・蔣院長柬邀全體來賓及參加人宴會于圖書館禮堂、席間來賓提議、以第二期談話會同人名義、發電勗勉宋委員長哲元及廿九軍全體將士、全體鼓掌贊成、當由王錄勳將電文宣讀一致通過後發出、第二期談話會即於宴會後結束、至第三期談話會已決定延期舉行、業由秘書處分別電知各方、茲誌致宋哲元及二十九軍全體將士電原文如次、宋委員長暨二十九軍全體將士公鑒、第二期談話會開始之際、奉讀二十七日電、敬悉我忠勇將士守土禦寇之決心、至深欽佩、續聞戰報、尤切激昂、頃聞移節保定、切盼與中央所派各軍、同心戮力、抗戰到底、同人等不敏、誓竭心力、以從諸公之後、中國每一塊土地皆滿布每一個國民之血跡、寧使人地都成灰燼、決不任敵人從容踐踏而過、謹佈精誠、遙祝勝利、廬山第二期談話會全體同人叩艷(二十九日)、

▲中央社牯嶺廿九日電　中政會汪主席及秘書長張羣、以廬山談話會第三期已決定延期舉行、在廬任務已畢、定日內離山返京處理公務。

《中央日报》，1937年7月30日，第4版

廿九軍副軍長

佟麟閣殉國

師長趙登禹曾衝鋒四次

受傷之後亦告踪跡不明

▲中央社北平廿九日下午一時廿七分電　確息、廿九軍百卅二師師長趙登禹、軍官教導團教育長佟麟閣、於南苑團河之役、不幸陣亡、尸身迄未尋獲。

又某軍事機關昨接保定方面電訊、廿九軍百卅二師師長趙登禹在廿八日晚與敵人激戰於南苑時、曾率部向敵人前後衝鋒四次、第三次受傷、第四次即告踪跡不明、迨至昨（廿九）日下午二時止、仍無下落、一般預料殆已陣亡殉國、又第二十九軍副軍長兼軍官教育團教育長佟麟閣、亦於廿八日夜在南苑督戰陣亡、惟遺體尚未覓獲。

佟氏略歷

在南苑團河之役陣亡之廿九軍副軍長佟麟閣氏略歷如下：佟氏諱麟閣，字捷三，河北高陽人，光緒十八年（一八九二）生，現年四十六歲，曾任陸軍第十一師步兵第廿一旅旅長，陸軍第卅師師長，國民軍第一師師長，隴南鎮守使，民十六七參加南口、濼州、天津諸役，卓著戰績，十八年退伍返鄉，二十年主持廿九軍教導團，二十二年任張家口警備司令，是年五月抗日同盟軍在察成立，氏代理察省主席兼第一軍軍長，八月同盟軍撤銷，改任張垣公安管理處處長，現任第二十九軍副軍長兼軍官教導團教育長，氏沈毅果敢，素富愛國心，治軍極嚴，與士卒共甘苦，每遇作戰，輒奮身向先，今於南苑團河之役，英勇抵抗强敵，不幸陣亡，遺骸迄未尋獲，然爲國成仁，氏固與中華民族同垂不朽也，氏有女一，男三，長男現年已二十餘云。

《中央日报》，1937年7月30日，第4版

英照會日政府
反對在北平開戰
艾登延見中美兩大使
廣田表示仍拒絕調停

▲中央社東京二十九日電　今日預算總委員會民政黨堤康次郎質問英美對華北事變、傳有仲裁意、各國目的在對華示恩、故不允許第三國干與、廣田答：第三國對此次事變尚無干涉事、堤康次問：政府何不對不許第三國干與表示強硬意思、廣田答：無第三國干與之虞、萬一有其事、當然拒絕。

【本報二十九日上海專電】國民社倫敦電、二十八日有人在下院質問外相艾登、對中日兩國之危機、是否將召開國聯行政院會議、外相答稱：目前之局勢雖非常嚴重、然彼尚未準備首先發起。

▲中央社倫敦二十八日路透電　此間今日接中日軍在北平四週開戰之說、對于遠東大局甚爲憂慮、今日下午艾登會爲遠東發展事接見中國大使郭泰祺、美國大使平漢、外相旋在下院宣佈所得關于華北最近事變之消息、謂駐東京英大使會以緊急照會致日政府、反對在北平城開戰、北平城英僑均已奉命入東交民巷、以防危險、外相于是詳述宋哲元與日方所訂協定、保守黨議員密爾納起詢、日人現要求北平警權之說、是否確實、此項要求、是否逾越協定、外相答曰：如貴議員所得之消息果確、則較之連日所聞一切要求、更強硬多多矣。

▲中央社倫敦二十八日哈瓦斯電　艾登二十八日午後先後接見中國駐英大使郭泰祺暨美駐英大使平漢、談話歷時頗久、郭于會見艾登前、曾與中國孔副院長祥熙駐法大使顧維鈞駐俄大使蔣廷黻舉行會議、據英外交界人士宣稱、本日艾登與中美兩國大使之談話、其主要內容係討論調解中日衝突問題、談話時、英美兩國政治家對于中日衝突必須迅速終止一層、意見完全一致、但同時承認日本對於任何種調解、均表拒絕、而美國反對由各國聯合行動一層亦維持不變、因此欲在目前進行調解、爲勢所不能。

▲中央社倫敦廿八日哈瓦斯電　中國駐英大使館頃發表宣言、表明中國政府維護和平之志願、略稱中國政府迭向日方提請確守雙方撤兵之日期、日本不但未加接受、且反不斷增調大批軍隊開至華北、中日雙方地方軍事當局曾經商定一種解決辦法、中央政府認爲此項解決辦法與政府所採立場尚非根本不相容、因而並未提出異議、似此中國政府極端容忍以求維持和平之苦心、自爲一般人所共見、然日本不但不撤兵、且仍向平津一帶繼續輸送大批軍隊、是則日本蓄意擴大目前危機、以求在華北遂其預定之計畫、可不言而自明矣云。

▲中央社倫敦二十九日路透電　新聞紀事報今日社論、華北此次戰事、西方諸國未必有何舉動、非因其與吾人利害無關也、亦非因吾人贊成日本征服華北也、特因吾人在六年前、對于東三省事件毫不活動、致吾人今日莫能有何舉動耳、一九三一年與一九三二年英政府之荏弱不強、已背棄集體安全、且亦背棄英人利益矣、曾茲

《中央日报》，1937年7月30日，第4版

而後，阿比西尼亞蓋因與西班牙事件相繼發生，今又東鄰務現於中國，此皆英政府之示弱有以致之也云。

美總統注意遠東之時局

▲中央社華盛頓廿八日哈瓦斯電　羅斯福頃召見國務副卿韋爾士、商討中日衝突事件，據消息靈通人士所知，美政府當俟中日兩國實行宣戰之際，始對各該國實施中立法所載之各條款，國務院現正研究中立法一旦實施後，對於美國與中日兩國貿易關係，足以發生何項影響，國務卿赫爾頃宣稱，日政府已向美提供保證，對華北外僑安全，當儘量保障，此在中國政府，亦抱同樣意見，目前各國駐中國使節，正就北平市外僑安全問題、交換意見、但對於撤退外僑以至沿海口岸一層，則尚未有所決定云。

▲中央社華盛頓二十八日路透電　國務卿赫爾頃向新聞記者稱，華北戰事復發，北平美僑撤退問題、正在考量中、惟迄今尚未有任何決定、赫爾復謂北平外僑已經會商維持外僑安全辦法，國務卿未言及已訓令海軍當局調集軍艦至天津以便僑民乘用事，但官場方面稱，運輸方面可無慮，因烟台有黑鷹號，青島有坎諾波號，烟台並有其他驅逐艦八艘，可以調動，再則白宮方面對於遠東時局極爲注意、以便決定引用中立法等問題，據云此種法令之援用，不必待諸宣戰之後，官場方面對於中日戰爭極爲關心而審慎，特別大使台維斯今日曾入白宮與總統有所討論，美水兵一名之受流彈，已將久成疑問之使館衛兵之效用問題重新提起、因庚子變亂時之局面，今已不復存在，但倘英使館衛隊不撤，美國亦將繼續駐守云。

▲中央社上海廿九日電　華盛頓廿九日合衆社電，廿九日據白宮消息、羅斯福與國務卿赫爾對中日局勢時有接洽、赫爾所接報告甚多，亦隨時報告總統，現行動甚爲審慎，據稱美政府首在保護戰區美僑安全，次及中立法實行與否問題，惟仍希望中日兩國爲世界和平計，能和平解決爭端，如華北局勢有重大發展，則美駐平使館衛及駐津美軍或將撤退亦未可知云。

法外長延見英蘇兩大使

▲中央社巴黎廿八日哈瓦斯電　中國駐法大使顧維鈞，日前赴倫敦與中國孔副院長，駐英大使郭泰祺，駐俄大使蔣廷黻，舉行會議，頃已抵此，當即訪謁外交部長台爾博斯，就中日衝突舉行談話，台爾博斯旋又延見蘇聯駐法大使蘇里資、英駐法大使斐浦士，就遠東局勢，有所商談。

▲中央社巴黎二十九日哈瓦斯電　法報對華北時局、咸以事變伊于何底爲問、並作種種不同推想，事業報謂事已至此，協調似已無復可能，一初惟有聽命於大砲而已，但在遠東方面雖在軍事行動開始之後，亦往往仍可從事外交活動，此則爲吾人所不當忘者也、共和報則稱蘇聯在遠東不能再行退讓，而日本之進展，則永無止境，因此日俄兩國步調雖甚迂緩，然其日趨於相互衝突之途，則有必然也，時代報亦謂莫斯科是否將聽其自然乎、此爲今後之一大秘密，但若謂日本必能勝利，則亦難令人置信，蓋中國整頓國防已九年於玆，較諸「九一八」滿洲戰事發生之際，抵抗力已增强多矣，共產黨之人道報復稱、中國必能驅逐日本之勢力、且亦必須驅逐日本之勢力、但英國萬不可再以施諸西班牙之刑罰施之於中國、按所謂「刑罰」，當係指禁運軍用品至西班牙而言，秩序報評論謂若北平竟成爲日本之城市，殊屬難以相信，此語頗足以代表一般法國報紙之態度焉。

《中央日报》，1937年7月30日，第4版

敵騎蹂躪下之天津
肆意燒殺情形極慘
公共文化機關燬滅殆盡
難民流離失所慘遭轟殺

▲中央社天津三十日電　三十日晨此間戰事漸趨停頓，槍砲聲更少，日軍飛機三十日晨仍有十餘架出動，分赴各處偵察，但未投彈，廿九日河北東馬路等地被轟炸之無辜市民，屍骨暴露於途，已由各救濟機關，分別收殮葬埋，市府被炸後火燄至今晨未熄，市區內保安隊漸少，但地方情勢，三十日晨尚無變化。

▲中央社天津三十日電　日軍三十日已將特三區完全佔據，並將所有東車站附近居民驅逐，同時並有日鮮人在特二區搜查行人，又聞河北大馬路有難民千餘人，露宿街頭，秩序極爲紊亂。

▲中央社天津三十日下午三時五十五分電　日軍據日租界東南城角日警察分所高樓，三十日下午四時許以大砲向河北及南市一帶射擊，大經路商店住戶中砲者多處，公園後教會亦起火。

▲中央社天津三十日下午五點十五分電　津警察局卅日下午四時又被日機轟炸，同時并有砲彈十餘枚自東南城角日租界發來，均擊中樓頂。

▲中央社天津卅日下午六時卅分電　日軍百餘人卅日下午五時許，又將特二區完全佔據，并在各馬路派兵値崗，居民極爲恐慌。

▲中央社天津三十日下午九時二十七分電　津警察局前面之東浮橋，三十日下午五時亦被日機投彈，橋身被炸一孔，但東馬行人無阻云。

▲中央社天津三十日下午三時電　日機廿九日在津大肆轟炸後，有大批難民約千餘人自河北逃出，至特二區，擬入意租界避難，但遭拒絕，此千餘人遂在特二區大安街露宿終夜，至今晨始陸續經意租界特三區越萬國橋而至法租界，今晨法界各處人滿，街上行人益多，率皆無處可奔者也，卅日晨河北東馬路一帶，隨地皆有屍骸暴露，幼孩尤多，更有因傷重奄奄待斃者，慘狀至慘，據聞當昨日日機出動時，先投硫磺彈，使房舍燃燒，人民乃四出逃奔，日機遂低飛以機關槍掃射，無辜市民，多因此遭難，此外各機關住宅被炸或燒死者，亦無從計算云。

京中關係方面據報　天津東馬路北馬路三十日亦由日兵佔據，沿街派兵値崗，遇有行人，即開槍射擊，無辜市民遭慘殺者無算，河北一帶，兩日來被炸地方無數，北寧路局舊房舍全部被焚，造幣廠地方法院亦起火，市府後樓幾片瓦無存，津浦路局電台暨警察所亦全遭毀滅，此外被炸者計有擇仁里，心田西里，慶記東里，民德學校，李公祠等處（按各處均在南開中學附近）均被炸。

又訊，日軍三十日下午七時許，又將天津河北及城內各處佔據，除沿街派兵値崗外，並有日兵多人，以大批煤油沿月緯路保安司令部一帶縱火延燒甚廣，當居民逃出時，日軍復以機槍掃射，屍骨橫陳於途，其行爲之殘酷，令人髮指，電話六局二十九日本已修復通話，三十日晚因此又中斷，現在各地難民，紛紛於途，投奔英法租界而來，多有行經東馬路一帶，被日軍機關槍掃除而亡者，又河東郭莊子三十日午亦遭日軍燃燒後掃射，無辜市民死於非命者甚多。

又關係方面據報，三十日晨天津大雨，特三區河沿難民，大半爲婦女幼童，冒雨沿河蟻行，慘狀甚慘，又河北總站員工一批，由日方車送至法租界交通銀行前下車，該員工等或手攜揭旗，或手提油壺，仍不忘職守也。

關係方面報，三十一日晨一時天津大雨歷一刻始止，三十日晚日軍所燃燒之各處火燄，因此已漸熄滅，截至三十一日晨二時止，此間仍時聞斷續之槍砲聲，蓋日軍刻幾遍佈全市，不斷的開槍發砲示威也，全市交通陷於隔絕，茲續經調查，三十日晚七時河北縱火，電話北局已完全被焚燬，鐵道外水產學校亦遭燃燒彈之轟炸起火，東車站附近居民被驅逐後，日軍亦隨之縱火，其他若東馬路，南馬路火燄亦有數處，南關下頭匯文中學及中西女學兩校亦有一部被炸，市立圖書館聞亦起火，全市損失異常慘重，並據日方宣稱，仍將調查保安隊所在地繼續轟炸云。

《中央日报》，1937年7月31日，第3版

畢特門反對 美對華援用中立法

羅斯福現正盡力消弭戰禍 設一旦施行力量必將大減

【本報三十日上海專電】國民社倫敦電、國會中自由黨議員貝恩、二十九日以率直語氣質問外相艾登、曾否向日本明白表示、英國不贊成日本再事宰割中國之土地、外相答稱、英已經明白表示、惟現狀如此、實可歎息、且英希望遠東一般關係、能日趨改善、茲已絕望、至於國聯是否干與此次爭端之可能、則外相答稱英政府無意發起國聯方面之活動、因日本與美國皆非會員國。

▲中央社華盛頓廿九日路透電 美參院議員畢特門宣稱、羅斯福總統曾取性急及無理之逼迫使之宣告彼對於中立問題之立場、畢氏稱、美國不可操切從事、因一旦中立案施行、則總統設法使雙方停戰之力量必將大減、而保僑之能力亦將受損失云、美駐津總領會報告、迄今爲止、尚無美籍僑民受損害、惟居危險地帶者已命退入租界云。

【本報三十日上海專電】國民社華盛頓電、參院外交委會主席畢特門、二十九日發表談話、反對美對中日衝突援用中立法、外間對此甚爲重視、蓋畢爲政府國會中對於外交政策之有力發言人、今此主張當係羅斯福授意而發、畢認爲援引中立法、足以妨害挽救華北和平之努力、幷危及美商在華之地位、畢續謂羅斯福正盡力消弭戰禍、此種爲和平與人道之努力、無論何國政府不應加以破壞、況中立法並非條約、不致袒護或損害任何國家、其目的僅爲保障美國自身和平及其人民之安全耳、若羅斯福宣佈中日兩國已處於交戰地位、未幾兩國已宣告停戰、則總統之宣布顯屬誤會、而此種宣佈尤將嚴重危及在華美僑。

▲中央社華盛頓二十九日路透電 國務卿赫爾與羅斯福會商後宣稱國務院目下尚未建議由總統宣布中日兩國間具有戰爭狀態、而使中立法發生效力、遠東大局現仍嚴重、惟美國目前不欲取任何特殊行動、赫爾又稱、英外相艾登在下院宣佈、英政府已照會日政府、日軍如在中國續進、則英國將不以爲然之言論、渠尚未接英國方面正式通報、同時國務院官員表示、不主張美國第十五步兵隊留駐天津、但覺該隊現必須留駐該處、以免使日人有美國贊同彼等行動之印象、及使中國視此撤退爲不友好之舉動云、此間一般人士之印象、以爲辛丑和約規定外兵衛守平津鐵路者、因日本屢作侵略行動、該約簽字國不加抗議、故已成一紙廢文、國務院現仍研究撤退平津美兵問題、赫爾進見羅總統後、羅總統之外交特使台維斯、即奉召入白宮會商。

▲中央社上海卅日電 華盛頓廿九日合衆社電、國務卿赫爾今日繼續接得美駐中日使領館之報告、表示遠東局勢仍甚嚴重、並隨時轉告羅斯福、官方對於蔣委員長之宣言、保持保留態度、至於最近中日衝突、對於菲島獨立之影響、多數參議員以爲美國政策不致因而變更。

▲中央社紐約三十日路透電 據紐約泰晤士報稱、茲由接近政府方面探悉、美政府擬請中日休戰四五日、俾外僑可全退出也、日軍雖保證不轟擊有外僑寓區之大城、恐戰事進行劇烈、未能履行、縱日政府宣布其極美之意志、恐亦不足恃云。

《中央日报》，1937年7月31日，第3版

敵機昨飛保定投彈

并至石家莊等地偵察

保定戒嚴司令部成立

▲中央社保定二十九日電 （遲到）宋哲元二十九日三時偕秦德純、過之翰、張維藩由平乘汽車至長辛店，改平漢車抵保，陳繼淹、劉治洲等下午相繼到達，馮治安廿八日先來保坐鎮，戒嚴司令部已成立、城防鞏固。

▲中央社保定三十日電 日轟炸機七架，三十日下午飛平漢路琉璃河、保定、正定、石家莊等地偵察、在琉璃河及保定，並投彈轟炸、保定城內及車站各落數彈，無大損失、惟琉璃河頗有死傷云）

交通界息，敵軍飛機於昨日下午一時許飛保定，向車站一帶施行轟炸、車站受損失甚鉅、有貨車數輛被其炸毀，我軍勇氣百倍，陣地鞏固。

▲中央社北平三十日路透電 日軍事當局稱，派往通縣援救日兵之援軍，三十日晨當可到達，日軍續向保定方面追擊廿九軍、古北口日軍約四千人、三十日晨乘載重汽車馳抵距宛平北八哩之衙門口、攜有坦克車鐵甲車機關槍、該隊前曾監視由平退出在門頭溝渡永定河華軍之後衛，日軍已佔據宛平與盧溝橋、並向長辛店追擊渡河退走之華軍、昨晚日軍曾砲轟該地。

《中央日报》，1937年7月31日，第3版

佟趙兩將軍忠骸已尋獲

昨在平入殮暫厝龍泉寺

本京消息，關係方面據北平報告，二十九軍百三十二師長趙登禹及二十九軍副軍長兼教導團教育長佟麟閣，忠骸已尋獲，三十日共殮後，靈柩暫厝龍泉寺，趙佟此次奮勇抗戰，不幸陣亡，市民聞之，無不下淚，據趙之護兵返平談：當戰事激烈，趙師長正在團河左近，指揮時，忽中彈，左臂受傷，余即欲將其背回，師長不允，仍向前進，未幾腿部肩部又受傷，余勸師長後退，師長遂向余云，汝從速返平，向余母言：「忠孝不能兼全，設余不幸，請余母勿悲」云云，余力勸不獲，無奈只得返平，至後門卒寺胡同趙寓報告師長太夫人，此後即不知信息，又聞佟副軍長在前綫時忽被機槍將腿之下部射傷，佟因正在跑步，身向前栽倒，適有一砲彈射來，擊中頭部，遂致陣亡云。

趙將軍遺影

▲中央社成都三十日電　四川各界抗敵後援會，以趙登禹、佟麟閣抗敵殉國，備極悲悼，三十日特電趙佟兩氏家屬弔唁。

趙氏略歷

在南苑團河抗日之役陣亡之二十九軍一三二師師長趙登禹氏略歷如下：趙登禹，字舜臣，山東人，現年四十一歲，民國三年在陝西十六混成旅一團三營佟麟閣連入伍，旋充旅部傳令兵馬弁等職，民四隨馮玉祥入川剿匪，十一年在豫升排長，十三年在南苑升連長，十四年後以戰功升營副團長等職，十六年北伐時率部出潼關，擢升為旅長，十七年任第二集團軍二十七師師長，十八年編遣回任旅長職，十九年中原大戰時又升師長，二十二年喜峯口抗日之役，任三十七師馮治安部旅長，親率健兒一團，夜襲敵營，斬首千餘名，敵人為之喪膽，旋以戰功升任一三二師師長，是年任二十九軍特別黨部警備委員，九月率部一戰而克復沽源，二十五年一月國府任為陸軍中將，五月任河北省第四區剿匪司令，十二月十一日兼任河北省政府委員，氏饒勇善戰，慷慨豪爽，頗有燕趙豪傑之風，此次團河南苑之役，三次衝鋒，已受重傷，猶復親冒彈雨，指揮作戰，卒至為國捐軀，洵中華民國解放史上光榮之一頁。

《中央日报》，1937年7月31日，第3版

北平解嚴

市面蕭條景象悽慘

「治安維持會」成立

本京息、關係方面據北平報告　平市所有障碍物均撤除淨盡、各城門皆大開、刻已宣佈解嚴、惟一般商店仍閉市、市面蕭條悽慘、

本京息・宋哲元率部離平赴保後、平市文化界教育界如劉頤等、均已離平南下、國人對於平市情形、均極關切、昨悉北平在日軍四周密布之下、已城門大開、宣布解嚴矣・

本京息、關係方面據北平報告　平市各銀行廿九日多未辦公、三十日已照常營業、惟河北省銀行門前、三十日持該行鈔票兌換其他銀行法幣者甚多、該行乃延長辦公時間、實行無限制兌換、故各商店對該行鈔票仍照常行使・

▲中央社東京三十日路透電　日方息、北平三十日已組治安維持委員會、計有委員四十人、平市商會、銀行公會、報界、自治團體及重要公民、各舉代表六人組成之、而以江朝宗爲委員長、輔以常務委員六人、張自忠謀取委員長一席、運動甚力、但爲各方所反對、聞日當局亦以爲如二十九軍與冀察政務委員會要人仍在新委會中、據有負責之地位、則北平時局、難期明朗云・

敵砲轟西苑

在近郊活動

▲中央社北平卅日路透電　今晨日砲隊在兩哩外轟擊西苑、燕京大學之電話線今晨忽被割斷、校內教職員（美籍者十一人英籍者一人）之安全、頗爲可慮・日軍已完全包圍平城、平城西北區日軍甚形活動、多由古北口入關者、日飛機廿架今日降落頤和園附近之廣場、其他日軍則在追擊由通縣退走之冀東保安隊、通縣現復落日軍之手、據平綏路一帶各地點避難來此之華人聲稱廿九日南口附近亦發生戰事、該地村民紛向西南逃避、昨晚日軍砲轟宛平時、平民死傷甚衆、日軍旋於午夜前進佔該城、聞日軍事當局初主日員應參與治安維持委員會、後因華方領袖反對、謂恐引起中國警察之反動、乃作罷論、三十日晨張自忠訪松井、討論該問題、今井稱日當局關切現避居交民巷日僑千名鮮僑一千二百名之前途至深、切盼地方恢復常狀、俾彼等可早返家、據華人意見、日員縱不參加治安維持委員會、亦必要求與聞平城維持治安工作、同時華人仍極驚惶、三十日晨中國各銀行雖皆復開、但商店多仍閉門・

《中央日报》，1937 年 7 月 31 日，第 3 版

《新中华报》

蘆沟桥事件

双方交涉停頓形势更轉嚴重

日增援部隊繼續運抵丰台

廿九軍抗戰開始獲勝

北平電：芦沟桥事件经过交涉决定双方退兵，所有芦沟桥宛平县城防务以石友三的保安部隊接防（按石友三是有名的汗奸，完全是以日本帝国主义之命是听的一个傢伙）但至十一日止日軍并未撤退，亦在該地築工事。

南京電：駐芦山办公的王寵惠外交部長於九日乘飛机飛南京处理关于芦沟桥事件的交涉，日大使川越已啟身赴青島，九日奉令馬上赶回上海，定日内到南京交涉芦沟桥事件，秦德純与櫻井会商無結果，交涉已停頓。

北平電：芦沟桥事件的交涉由于日本態度強硬，同時日寇又藉故挑戰，九日晚又发生冲突，十日晨有日軍六百余人附山砲数门由丰台向芦沟桥增援，十一日早晨一時日軍又向我軍攻击，守軍奋勇抵抗，將其击退，日軍退大井村，宛平县北一带戰事很激烈，現在形势更趋紧張。

津電：日軍增援部隊陸续向丰台芦沟桥集中，十日由山海关開来日軍五千余人到丰台，后面还有兵車陸续開来天津，十一日下午又有兵車由山海关到天津，現在北寧路平津及平浦車均已停止開動，由日軍強佔作為運兵之用，日本飛机三架于十日下午飛抵芦沟桥一带偵察，又有日机一架飛到北平一带偵察，通縣日軍三四百人十日抵丰台，駐丰台日軍開抵芦沟桥增援，同時由津運到丰台有大批彈药，日軍現正在芦沟桥修築工事，現在芦沟桥尚在激戰中，顯然的日寇是在準备大規模的挑動侵略戰争。

又電：日軍在十日正午两次進攻芦沟桥，均被我軍击退，下午五時日軍百余人在机枪大砲火力掩護下向宛平县东北高地進攻，我軍即取包围[illegible]势，[illegible]日軍全部[illegible]，現[illegible]軍退大井村一带。

《新中华报》，1937年7月13日，第1版

日海陸外三省召開緊急會議
朝鮮軍及日海軍正待命出動

東京電：盧沟桥事件發生之後，日本九日召開海陸外三省緊急会議，討論对这一事件的態度，一致決定在英日談判無結果英國態度沒有明顯表示以前，对这一事件做到不要擴大（？）但是又決定这一事變是中國人民抗日情緒高漲所引起的，假如事件擴大時，日本決定採取斷然行動，必要時再開緊急会議。

據熟悉消息，这一事件的原因已有好久了，是日本有計划的行動，朝鮮軍刹正準备一切軍事行動以便應付事變。

据日本报紙鼓吹，“日本企圖把盧沟桥事变的责任完全推到廿九軍身上，說日軍在該地演習是根据辛丑条約所規定的（見鬼！）并說过去四年中的許多不幸事件均應由廿九軍負责。如一九三四年十月之張北事变，一九三五年一月進攻熱河西部，一九三五年五月第二次張北事变及同年破坏華北日本的軍事電線等。

東京電：日本海軍部已下令給駐九中日海面的第三艦隊準备一切，以便待机行動云。

《新中华报》，1937年7月13日，第1版

蘆沟橋事件

本月七日夜，日寇借口日兵失踪事件向我驻芦沟桥与宛平城的廿九军部队进攻，廿九军官兵以职责所在，芦沟桥关系于平津的危亡，甚至于华北的存亡，不得不加以抵抗，於是双方发生冲突，战事延长至九日下午一时以前。

日寇向我挑战的行动，芦沟桥事件的爆发，绝对不是偶然的，而是日寇一贯侵略政策的必然结果，是日寇有计划的行动。只要看看在最近两月来平津的谣言纷纷，人心是经常在抗扰不安的状态中，日寇不断的在华北军事演习，大举增兵华北其近县及冀东各地日夜赶筑工事，日人征返於平津间，等等，这一切都已经明显地象征出来了，第二个"九一八"的炮声将震荡於华北。芦沟桥事件的发生，绝不是偶然，正如日报所载"事件的起因，由来已久"。（同盟社东京九日电）

日寇在芦沟桥的军事行动，我们显然可以看出，其作用是在压迫廿九军退出华北，以达到华北清一色的汗奸政权，把华北的咽喉——平津——完全控制在日寇的手里，所以当战事发动之后，日寇即提出"廿九军撤退芦沟桥"的要求，最后经各方面的周旋，该地由石友三的保安队接防。（按石友三是中国人共知的汗奸）对於日寇当然佔着很大便宜，但日寇绝对不会因此而心满意足，故近日各方电称：日兵并未撤退，源源不断的援军，仍然往北平丰台增援，朝鲜亦准备出动应付事变，日驻华海军第三舰队亦待机出动（同盟社东京电）这些消息，已经暴露了日寇侵华的野心。

日寇的这一挑战行动，受到了中国人民强有力的反抗，廿九军官兵与芦沟桥共存亡的宣言，证明中国人民是不好欺侮的，全中国军队都在枕戈待命，开赴前线杀敌，每一个中国人民和军队现在已经清楚的知道了，退让不会满足侵略者的欲望，会助长强盗们的气焰，唯有坚决抵抗，才能打击日寇的侵略野心。

苏区人民和红军的将领对廿九军官兵的英勇抗战行为表示深刻的赞助与拥护，并且盼望廿九军官兵坚决为祖国领土完整而奋战到底，不屈服，不妥协，把日本强盗赶出中国！

我们更要求南京国民政府立即动员全国海陆空军积极准备出动，以实力来援助廿九军，免使廿九军处于孤军作战而蹈长城各口战役的覆辙。民族危亡已达最后的紧急关头，任何迟疑，就会造成莫大的罪过。只有迅速抗战才能挽救民族於危亡之境！

* * * * *

《新中华报》，1937年7月13日，第1版

中國共產党為日軍進攻芦沟桥通電

全國各報館、各團体、各軍隊、中國國民党、國民政府、軍事委員會暨全國同胞們！

本月七日夜十時，日本在芦沟桥向中國駐軍馮治安部隊進攻，要求馮部退至長辛店，因馮部不允，發生衝突，現雙方尚在對戰中。

不管日寇在芦沟桥這一挑戰行動的結局，即將擴大成為大規模的侵略戰爭，或者造成外交壓迫的條件，以期導入於將來的侵略戰爭。平津与華北被日寇武裝侵略的危險是極端嚴重了！這一危險形勢告訴我們：過去日本帝國主义對華“新認識”、“新政策”的空談，不過是準備對於中國新進攻的烟幕。中國共產党早已向全國同胞指明了這一点。現在烟幕揭開了。日本帝國主義武力侵佔平津与華北的危險，已經放在每一個中國人的面前。

全中國的同胞們！平津危急！華北危急！中華民族危急！只有全民族實行抗戰，才是我們的出路！我們要求立刻給進攻的日軍以堅決的反攻，并立刻準備應付新的大事變。全國上下應該立刻放棄任何与日寇和平苟安的希望与估計。

全中國同胞們！我們應該贊揚与擁護馮治安部的英勇抗戰！我們應該贊揚与擁護華北當局与國土共存亡的宣言！我們要求宋哲元將軍立刻動員全部廿九軍開赴前線應戰！我們要求南京中央政府立刻切實援助廿九軍，并立即開放全國民眾愛國運動，發揚抗戰的民氣，并立即動員全國海陸空軍準備應戰，立即肅清潛藏在中國境內的漢奸賣國賊分子，及一切日寇偵探，鞏固後方。我們要求全國人民用全力援助神聖的抗日自衛戰爭！我們的口號是：

武裝保衛平津，保衛華北！

不讓日本帝國主義佔領中國寸土！

為保衛國土流最後一滴血！

全中國同胞、政府与軍隊，團結起來，築成民族統一戰線的堅固長城，抵抗日寇的侵略！

國共兩党親密合作抵抗日寇的新進攻！

驅逐日寇出中國！

中共中央委員會　七月八日

紅軍將領請纓殺敵

(一)致蔣委員長電

廬山蔣委員長鈞鑒：日寇進攻芦沟桥，實施其武裝奪取華北之既定步驟，聞訊之下，悲憤莫名！平津為華北重鎮，万不容有任何疏失。敬懇嚴令廿九軍奮勇抵抗，并本三中全會御侮抗戰之旨，實行全國總動員，保衛平津，保衛華北，規復失地。紅軍將士咸願在委員長領導之下，為國效命，与敵周旋，以達保土衛國之目的。迫切陳詞，不勝屏營待命。

毛澤東、朱德、彭德懷、賀龍、林彪、劉伯承、徐向前叩

(二)前方紅軍將士電

廬山林主席、蔣委員長、汪主席，太原閻副委員長，並轉國民政府各院部長、西安行營顧主任、何主任，延安毛主席、朱總司令，並轉人民抗日紅軍之軍事委員會鈞鑒，暨各軍政長官鈞鑒：

日本法西斯蒂，肆其侵略故技，造成廣晚芦溝橋事件，殺傷我軍民，強佔我國土地，此种盜匪行為，流血慘劇，破壞國際信義和平之行為，暴露其侵佔華北滅亡我國之野

《新中华报》，1937年7月13日，第4版

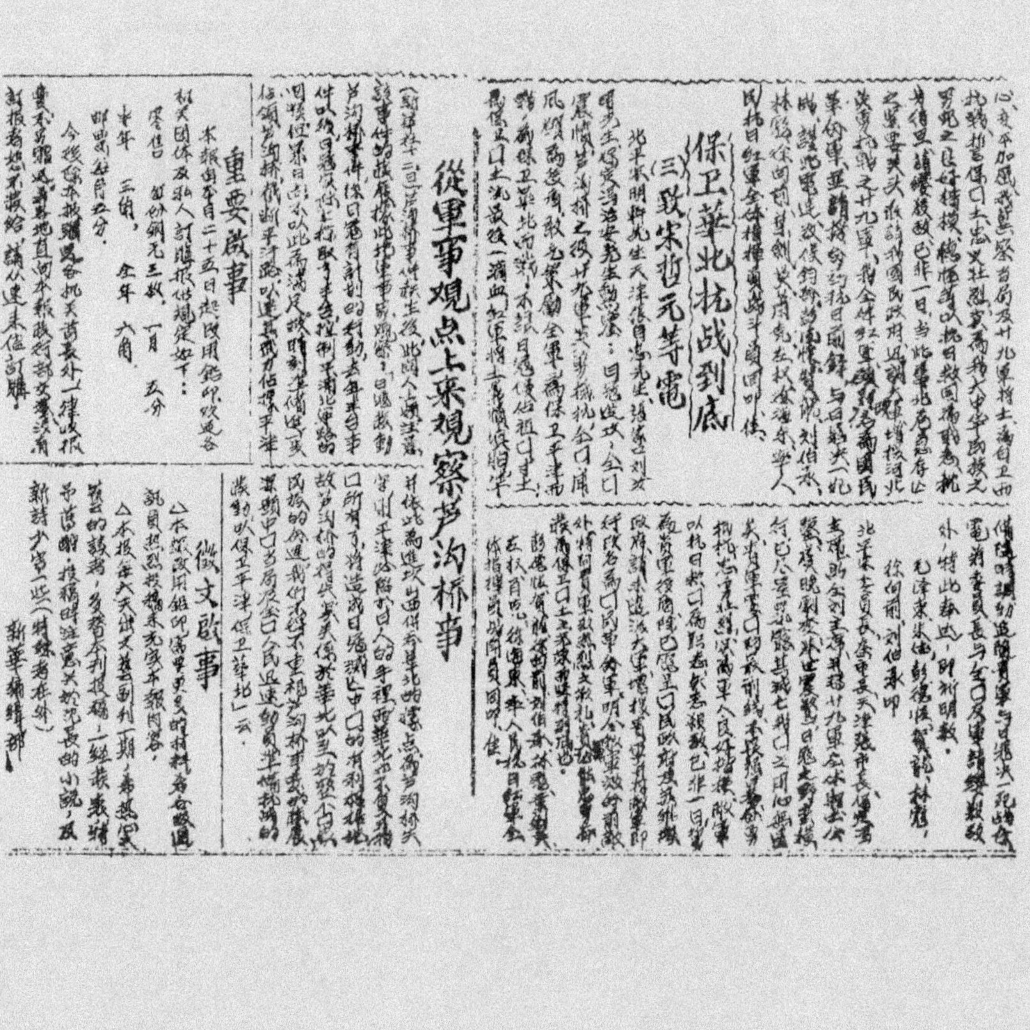

保卫华北抗战到底

（三）致宋哲元等电

[illegible]

从军事观点上来观察卢沟桥事

（新华社十二日）卢沟桥事件发生后，此间人士颇注意[illegible]

[illegible]

……以保卫平津，保卫华北」云。

重要启事

本报自本月二十五日起改用铅印，欢迎各机关团体及私人订阅，报价规定如下：

零售 每份铜元三枚， 一月 五分

半年 三角， 全年 六角。

邮费每月五分。

今后除本报赠送各机关者[illegible]外，一律收报费，[illegible]新报者，[illegible]请从速来信订购。

征文启事

△本报改用铅印，需要更多的材料，务希各地通讯员热烈投稿，来充实本报内容。

△本报每天出文艺副刊一期，希望爱好文艺的读者，多多来刊投稿，一经发表，备有薄酬。投稿时注意关于抗战的小说，故事，新诗少写一些（特殊者在外）。

新华编辑部

《新中华报》，1937年7月13日，第4版

新中華報
苏維埃政府机关報
第三百七十六期

芦沟桥事件

日軍在津，丰，通等地構築工事
日政府動員四十万軍隊来華
大井村日軍又向我挑戰

北平電：芦沟桥事件犹在談判中，但是芦沟桥一帶的日軍，并未撤退，丰县道長途不絕的增加芦沟桥方面的兵力，經常發生冲突，通縣西八里桥一帶偽冀東保安隊在修工事，丰台四週日軍也正趕築工事，并埋設地雷，附近樹木，禾田均被日軍割去，所有民房，被日軍佔領作為駐軍之用，天津附近日軍亦在築工事。

北平電：日本对談判，只不過是緩兵之計，從日本由山海关到天津的日本增援部隊，数量及丰台已經成為日本軍司根據地，大批軍火糧秣紛紛向丰台集中，丰台我電話局被日軍佔領，日本并在該地強八所民房修築飛机场，現該机場停有大轟炸机數架，偵察机三架，連日向北平，保定一帶偵察，

又電：日本大批軍艦紛在開爐秦皇島，大沽口，山海关一帶，日軍大部份集中榆关与錦州間，待命出動，錦州日本机场停有飛机六七十余架。日本政府準備動員四十万軍隊来華，并在國內徵集預備隊八位，台灣已集中飛机四百架，日第二艦隊都準備開华南。

北平十六日電：六日早晨，大井村的日軍又向我三次挑戰，我守軍當即加以還擊，并奪得陣地不少，敵方又發生冲突。

《新中华报》，1937年7月19日，第1版

日寇進攻華北行動
世界人士無不憤慨

南京電：日本向我華北增派軍隊擴大侵略行動，最近并調大批援軍開抵平津增防，日本國內并積極進行戰爭動員等消息傳出後，世界各國在朝在野的人士，对日軍這种強盜行爲，均異常憤慨，與法、美、英等國的輿論，均極力攻擊日寇的非法行爲，对廿九軍將士的抗戰精神表示熱烈的同情，足証明我們在抗戰發動之下，一定有全世界愛好和平的人士的擁護。

日軍官自殺不願戰爭
冀東保安大隊長被扣

北平電：日本軍隊中的下級官長及士兵，均不願意參加侵略中國的戰爭。士氣非常沮喪，聞十五日由關外開抵榆關的日兵車一列中，有軍官一人，突以手槍自殺，当場斃命，據聞是不願意到中國來屠殺中日人民而實行屍諫的。

又電：冀東偽組織、保安大隊張慶余部，因奉令調往薊縣，張本人表示消極，并說："中國人不打中國人"。当時日本將他拘捕，部隊被監視。

《新中华报》，1937年7月19日，第1版

社論

芦沟桥事件的現状

最近以来，暴日採取的一切手段，如五个師団（五、六、十、十五、十六師団）增兵華北，强軍分途騷扰华南、北平各部门日軍出击偵察部隊的演習行動，重砲兵三千多人的向北平進發，日空軍大量集中天津（的首先要），日本国内部沸騰的战争空氣，上面種種，都足以証明暴日對正和平談判一切時机集中力量，企圖用最大的犧牲來佔領北平，也好像他「九一八」時的慣技，暴日在日本的大施恫嚇，如近日的宣言「日本國民立[illegible]情事態的最後變化」，都足以証明其所謂「和平談判」莫是爭取主動的手段。

今天的形勢已达到不能不以決战就不能保存平津華北的地步，任何犹豫幻想，希望中日仍然能够「和平」，实在就是等于自殺，然而最令人[illegible]疑的，就是冀察当局的態度，尚沒有真正表明，全国人民都要求抗战，但宋哲元仍然渴望和平，全国人民都希望宋哲元立即从北平主持前方抗战，然而他仍然安住天津私宅，甚且宋哲元發表自[illegible]行持与香月清司对談判的声明，實際上，是把事情弄得真相没有明瞭，然而華北當前危急的時候，决不是抗戰前途的福利，希着宋氏對，务必以国家民族为重，迅速回北平親自主持战事，拋棄[illegible]的折冲，多作[illegible]佣回旋，或採取可能过去的長城各口的先發，常後在今天再見，并且民族前途也多利害哪。

廿九軍的抗战精神，我們表示最大的敬意，并且正听到二十九軍將領曾坚决的拒絕暴日提出的要求：（一）道歉，（二）由芦沟桥与永定河撤退，改為保安隊駐防，（三）取締抗日運動，这种不退讓的精神已经大白於天下了，我們誠意的希望他們絕不要為親日退讓的言論有所迷惑，坚决在華北最前線奮斗到底，只要坚持下去，全国民众都將紛紛起來參加抗戰。

南京当局的態度已经表明他的抗戰的決心，这是[illegible]的一回事，中国固然不願侵犯其他国家，但日本把中国領土由東北再而擴張到平津，如再不坚決抵抗到底，那就对不起創造民国的先烈，我們非常贊成南京「如欺人侵我平津，決与周旋」的声明，然而事情既然如此，[illegible]我們願对南京当局作如下的建議：

第一，立即實行抗战到底的国策，華北战争应當採取持久的運動战略，首先聯絡華北日軍[illegible]，打出抗战的傾向。

第二，国民政府应当立刻实现[illegible]合作的各方人材，立即拒絕一切親日色彩的份子，以增强主要机关的权力。

第三，建立不分黨派的，[illegible]全華北抗戰的軍事指揮機关，以統一部隊指揮，增强抗戰實力。

第四，立即給予民众以民主权利，動員全国民众参加抗战。

最後，我們要告訴日本當局，[illegible]芦沟桥事件是由於它"挑战"，而[illegible]芦沟桥事件的发生，實在為日军的[illegible]動，是日本的有计划行動，这是世界共知的事實，中国人民对於日本强盗的侵略已达無可忍的地步，只有奋起抗战，才是出路，中国[illegible]对日本帝国主义絕不兩立，这不是假話，倘日本不準備避免中国人民的反对，則只有立即取消其帝国主政策，將东北归还中国，取消其天皇制度，而換以人民民主共和国的制度，那么東亞和平就可以获得到！

《新中华报》，1937年7月19日，第1版

日調援軍五個師團來華
兩個師団已全部集中平津

東京電：日本政府扣留商輪廿余隻，满載軍隊與軍火，開来中国。現在日本已調動的部隊有第五・第六・第十・第十五・第十六等五个師団。除两个師団已調到華北外，其余三个師団已開抵朝鲜待命增援，又朝鲜的后备隊亦已準备出動・

華北事件

双方進行談判 日本提出要求三項

北平電：关於芦沟桥事件，外间傳已簽訂协定，南京方面加以否認，不过此事中日双方人員仍在天津進行协商，至於正式談判日期尚未决定。據説此事經过張自忠與桥本会談数次，双方意見仍未接近。

又電：日使館武官今井武夫十六日訪見秦德純（北平市長），并向秦提出要求三点：(1)撤消北平市的戒严令，恢复八日以前的状態。(2)停止廿九軍在北路的越抗行動，(3)搜查失踪的日人。

又電：在天津談判中，日本主張廿九軍全部撤退到永定河以西，華北政府亦須改組要和冀東政府那様云。

宋哲元態度不明 平教界請廿九軍集中抗敌

北平電：北平教育界日前曾派人去見宋哲元，要求宋哲元廿九軍堅决抗战，據説宋哲元態度依然是不明不白，十六日平市教育界名人及各大学学生又去電敦促宋把目前形势加以分析，請求廿九軍集中力量抗敌，不要怕不讓步，但对和平解决主張在不損失口家主权的原則下可以進行云

上海学生組织抗日軍

上海電：上海各学校自日寇進攻華北形势日益严重后，正在設法联合各学校的学生組织学生抗日救口会，非常活躍，并在準备與全口各学校取得联合，使学生抗日軍具体成立，在这抗敌的浪潮中，学生的爱口運動有更大的发展云。

《新中华报》，1937 年 7 月 19 日，第 2 版

日对英態度很强硬 不要第三者干涉談判

東京電：日本对于英国所表示的態度，非常不满，日外务省已經決定对英国採取强硬政策：

一、假如英国政府親自參馬參加这一事件的交涉，英国应当考慮日本的意見，劝告中国，使中国讓步，对日本政策不能有任何干涉。

二、倘英法美三国联合干涉時，那么日本当依照屡来的「不要第三国干涉」（如上海战争樣）中日问题只容中日二国单独解决云。

＊ ＊ ＊ ＊ ＊

延市昨開市民大會 一致声援抗战将士

本報特訊：延安市抗日救国会于昨日在東门外召開延市援助平津抗战将士市民大会，到会者数千余人，主席宣佈開会后，継由前從平津来的代表報告日軍在平津一带的强盗行为，所众聞之莫不憤慨，后常后由毛主席报告芦沟桥事件的经过及最近情况，演詞激昂，听众均磨拳擦掌，热血沸腾，決赴抗日戦场與日鬼決一死戦，特别对廿九軍抗战将士的英勇殺敌精神尤為欽佩，最后通过致廿九軍将士電鼓励他們英勇抗敌至十二時許举行遊行示威。

《新中华报》，1937年7月19日，第2版

西北青救联合會为芦沟桥事件致全國青年通電

南京□民党中央民众訓練部陈部長转□民党全体青年，延安共産党中央转共産党全体青年，南京中華童子軍司令部转全□童子軍，上海全□学生救□联合会转全□学生，北平民族解放先鋒队总队部转全□民族解放先鋒队员，上海中華基督教青年会总会转全□会员，上海青年文藝作家协会，西安青年文藝工作者协会及全□各界青年团体青年同胞公鉴！

芦沟桥的砲声是整个華北危急的信号！

在这样的紧急关头，当前所有不愿当亡□奴的中華青年男女，不论政治信仰、职業、宗教的区别，应该立即实现全□抗日青年的救□大联合，在一致抵抗到底，誓死不讓日寇侵佔中□一寸土地，坚决保卫平津，保卫華北□号底下，準备立即驰赴抗日華北前线，為援助英勇抗战的廿九軍與日寇拚战到最后一滴血！

日本帝□主义一面正用炮火的慣技来完成其主力的集中，首先用以佔領北平為其第一目的，另一方面对動摇份子威脅利誘，親日会其軍事佔領的行動。本会在四月中旬第一次代表大会上就指出在□難关當期前，全□青年不分党派、性别、种族、宗教区别实现大联合的必要，尤其在今日的情势下，而过去青年团体间存的见应該立即抛棄，互相的不融合态度应该立予消滅，应该紧密的团结起来。

我们向全□青年提议：

(一)全□青年立即形成全□的青年救□组织，首先是各地各界各業的青年的立即进行合作与联合，因為在促进全□青年不分彼此的救□大联合。

(二)各地的青年動员起来组织战地服务团，抗战后援会，努力捐运動，战地看護隊等；

(三)扩大抗战的宣传運動，利用宣传队、剧团、歌咏队以及一切文字口头随宣传到工厂中、农村中、学校中、商店中、兵营中，掀起青年热烈的抗戰運動。

(四)在全体青年武装起来口号下，组织抗日学生军队，武装訓練動员千百万的抗日青年到抗日部隊中去，首先到華北抗战第一线的部隊中去，担負武装保卫平津的战斗任务。

(五)立即组织青年的攝影隊，民族盟察隊，协助政府坚决打击日寇间谍特务机关與汉奸親日份子的活动。

现在已到最后关头，倘仍和平途径，中華民族前途，将陷入绝境。我们要求負華北守土重责的冀察当局应該立下决心，表明抗敌到底的态度，与英勇抗战的廿九軍站在一起，為不讓日寇侵佔華北一寸土地而战。我们希望□民政府立即調動全□精锐軍队增援華北前线，並明令解除一切抑压爱□運動的禁令，给予全□人民和青年大众以民主自由。

抗战的号砲发動了！

全□抗日青年团结起来，抗战到底，坚决保卫華北，不讓日寇侵佔平津一寸土地！

驱逐日本帝□主义出中国！

中華民族解放万岁！

西北青年救□会

七月十五日

《新中华报》，1937 年 7 月 19 日，第 2 版

新中华报

苏维埃政府机关报

第三百七十七期

卢沟桥宛平再度激战后
双方协商开始停战撤兵
北平卢沟桥我军已撤退
日军仍继续派兵开通州丰台等地

北平电：廿日下午三时芦沟桥方面发生激烈战事，驻安定黄村的日军纷纷向芦沟桥增援，战事至五时才稍为停止，到下午八时许日军又再向我军攻击，炮火异常猛烈，日军数次冲锋，均被我军击退，九时许稍停，十一时又发生炮战，大井村、小井村一带也同样发生战事，芦沟桥经过激战后，该桥已完全被毁，宛平县城损失很大，双方死伤甚众，我军守芦沟桥的团长吉星文负伤。

丰台南宛发生激战

又电：在芦沟桥发生激战时，丰台与南宛之间亦有战事发生，情形激烈，北平之永定门大红门外日军向我军攻击，亦发生冲突。

北平电：二十日有日本飞机数架在北平上空侦察，日本使馆已下令日侨，每日往使馆避难，日机即将举行轰炸，日使馆已将侨民编为义勇队，廿一日飞平侦察的日机共有十一架，后向芦沟桥飞去。

日军向通州北平调动

北平电：二十日日军二千余人，携炮二十余门，机关枪十挺，载重汽车四十辆，由天津向通州方面前进，又日骑兵约三四百余人，载重汽车二辆由津开通州，又日铁甲车，坦克车各数辆由津到丰台。

又电：日本二十日又向北平开去一个联队（即一个团）增援，驻在高丽营一带，强占民房，并准备在该地修飞机场，现已开始动工，二十日晚有日本车一列，装有大批军火弹药往丰台运送。

平二十一日电：在榆关等地的日军仍继续向天津运送，廿一日天津又到日兵车三列，载士兵千余人，子弹及其他军用品甚多，又同日有兵车数列，载坦克车，载重汽车各十余辆，士兵数百人到丰台，白

《新中华报》，1937年7月23日，第1版

本的撤兵仍然继续向平津集中。

中国开始撤兵

据日本消息：日本政府已与中口军当局之间成立了芦沟桥的地方协定。（十九日）宋哲元已正式照会驻北平的日军代表，谓廿九军三十七师于廿一日由芦沟桥撤退，由石友三部来接防。

北平电：廿日晚中日军在芦沟桥经过激烈冲突后，双方于廿一日又会商，决定即刻停战，双方开始撤兵。中口方面派周思靖、周永业与日方派中岛、英林于二十一日至前方监视撤兵。现在我军已向后撤退两里，其防务由石友三部接防。日军方面尚没有动静。现在平西八宝山、芦沟桥的我方部队已撤至指定地区，所遗防务由保安队接替。驻北平城冯治安部於二十一日亦开始撤退，由百四十二师赵登禹部接替。

蒋介石到南京

南京电：蒋介石於二十日由九江乘飞机到南京，同行者有钱大钧等。

社论

我们所希望於冀察当局

据连日来各方面的消息：宋哲元已向香月（日本华北驻屯军代理司令官）作口头的道歉。而同盟社於十八、十九两日来更加大事宣传宋哲元已经答应日本所提出的三项要求，就是：（一）道歉，（包括二十九军三七师的道歉，还有比这口头道歉更难堪的道歉）（二）廿九军全部包括北平城驻军撤退至永定河以西，（三）严格取缔抗日运动，交由张自忠（天津市长兼廿九军卅八师々长）与桥本（日驻军参谋长）直接折冲。同时又闻冀察当局下令把北平城内二十九军撤回原防。上面这一类的消息使我们听到了不胜惊异。

芦沟桥事件发生之后冀察当局的态度就显非常模糊、混沌的状态，而根据上述消息来判断，最近冀察态度已经越过了这一范围，而一天天的更加倾向到我们所最忧虑的方面去。暴日的态度则只有一天比一天凶恶，一切「断然手段」「东京准备战争」「以严重的注视监视事态的发展」等々极平凡的恫吓，一事一事的发表出来，日寇的这种目的已经很明显的了，不外乎在用大量牺牲的武力以威胁，要以恫吓的手段，企图不费一兵一卒一枪一弹而占领华北。

今天的中国已到了最后关头，芦沟桥事件爆发的已至民族存亡最后关头已成为全国人民所共知的一个常识。中口人民为了认识这一很浅显的真理，已经耗费去了五年的血的代价，所以如何认识这一事件的真相，实在再不足以判断他的民族忠诚。今天的试金石，就是看这个人是否再作「和平」的梦想，或者看他能不能立即实行抗战。倘如仍为前者的话，而使日本的好计得以实现，那么一误再误，对口家的前途将会不堪设想。倘若敢为投降者的行动，那么就是一个可耻的民族败类，全中国的人民必然起来为后盾，而中华民族的生机也唯有依靠于这种抗战行动。这一具体问题的怎么样答复，当然到现在双方交涉的具体尚未明瞭。当然我们对冀察当局的领袖仍然愿意加以善意的希望，但是时机已经非常迫切了，并且当此谣言纷々的时候，冀察当局实有严大责任出面斩钉截铁的表示，以消释全口人的疑虑哪。

＊　＊　＊　＊

《新中华报》，1937年7月23日，第1版

日軍增調八個師團來華

飛机三百架防毒面具十余万
正由日本分途向天津運送中

米米電：日本对華北的軍事行動，近来更加積极，日本政府決定增調八個師團來中國，駐東京的近衛師團並已奉命出動，在分途向天津集中。又日本軍用飛机三百架，防毒面具十余万付，机器腳踏車二百余輛，現正由日本向天津運送中。

天津電：十七日晚上至十八日止，由关外開來兵車十三列，一列車停在秦皇島，兩列車停在唐山，其余十列車則完全開到天津，載到車上滿載日兵軍隊，其人数約在七千以上云。

宋哲元已向日道歉

日对宋道歉尚未滿足

（聯合社消息）宋哲元已正式向香月表示道歉，但日本仍然对此道歉表示不滿，理由是口頭道歉而不是書面的道歉，并認為二十九軍及南京当局于道歉，对於今後事件負責人与將來的保証，尚未認定，所以日本对这一事件仍然視為嚴重，看中日是否能够執行十一日的条件（即（一）中國向日道歉，（二）二十九軍撤至永定河以西，（三）取締一切抗日運動），假如中日不执行这三项条件，日本軍方將採取了断然手段。據日日新聞報告，要點書局及二十九軍將領是願意実行的，但二十九軍將士特別是宋哲元的部下，憤慨異常，均不实行，宋哲元已經不能掌握住廿九軍云。

北平電：宋哲元於十九日由天津到北平，与張自忠、馮治安等商議盧溝橋事件云。

東北義勇軍甚活躍

濱海日軍受大打击

瀋陽電訊：東北的濱海附近十九日日本軍隊和義勇軍發生激烈戰斗，对方閃擊多次，结果日本軍遭受重大打击，死日軍大佐一名，上尉一名，士兵数人，伤的很多。現在東面義勇軍在日軍大举增援華北的軍事行動，擾亂"滿洲國"，點軍很空虛，義勇軍甚為活躍云。

真理報論華北局勢

（莫斯科電）今晨真理報論目前華北局勢云："因日本軍閥在華北的挑釁而爆發的中日衝突，有擴延大戰的可能，因此日本軍閥的这种冒險行動，实為世界和平的重大威脅"云。

英下院討論華北時局

希望事件和平解決
与美討論共同行動

倫敦電：英下院昨会討論遠東局勢問題，外次克兰彭答称：中日衝突如轉入戰争，即極大可能，但英政府仍希望可得和平解決，假使在解決這一事件時，英政府当然不會即動，英國要和美國共同行動，現已和美國當局接洽，以求得这一事件得有和平解決云。

《新中华报》，1937年7月23日，第2版

蔣介石發表談話

——是應戰不是求战

蔣介石於日前發表談話，其內容称：芦沟桥事件的發展，关係於國家存亡，因為現在的冲突已经到了北平，北平將成為瀋陽，南京又何嘗不能变為北平，万一到最後关头，我们言盡只有犧牲抗战到底，我们不是求战而是应战，芦沟桥事件能否扩大為中日战争，全视日本政府態度，和平希望絕續关鍵，全視日軍的行动，在和平絕望的前一秒钟，我们还是希望和平的，希望由和平的外交方法求得问题的解决，但我们的立場有下列各点：（一）任何解决不能侵害我国主权及領土的完整。（二）冀察行政組織不容任何不合法的改变。（三）中央所派地方官吏如冀察委員長宋等不能任人要求撤换。（四）廿九軍所駐地域不能受任何約束，這是弱国外交最低限度的立場，政府对芦沟桥事件已决定方針与立場，並以全国力守此一立場，我方希望和平，但不求苟安，準備应戰，戰争開始無論何人均有守土之責，如放棄尺寸土地与主权，便是中華民族的千古罪人，大家均应抱定犧牲一切的决心，政府特别对这一大事加以謹慎，全国人民亦应迅速沉着準備自衛云云。

本社讯

《新中华报》，1937年7月23日，第2版

瓦市駐軍東開抗日 沿途人民熱烈欢送

陕北來訊：駐瓦瑤堡之八十四師高振於日前奉命東開增援華北，某某抗戰，十三日已全部離開瓦市，開東抗敵。安保县蘇維埃聞訊後，立即動員廣大群众，此将熱烈的慰勞，捐送動并做了許多鞋襪、收集大批的食品及日常所用物品，派代表前往瓦瑤堡以盛友軍去抗日，讓國表代表說：我們与八十四師高振官兵見面殺此敌，致日寇進攻华北行動，他們非常憤慨，均願意赶赴抗日前线与日本决一死战，最後他們表示抗战之口是軍人的天职，你們对我們的慰勞与热望，我們將以抗战的勝利来回答你們！在高振出發的当天，瓦瑤堡的市民举行热烈的欢送，士氣非常激昂，情緒非常高漲，并聞該旅沿途所經過的地方（苏区內）有大群众組織了許多宣傳隊，鼓勵該部官兵抗戰殺敵。（陕北通訊）

綏德調換大批联保主任

綏德的安仙鸿、崔家湾、解家沟、李林等處的、新區域蘇區日出地村与鄉鎮有張區要公糧要收回已分配了的土地与財產，並且要查舊賬，要地租，如狼似虎的摧害人民，弄得人民叫苦連天。上月間民众与保甲长家在忍無可忍，才動員与团结了各地群众向縣公署及廿一師去請願与控告，綏县公署派人調查均係事实，給了这几處的联保主任与義勇隊長極嚴的打击，並且調換了一些貪污的联保主任，又由抗日救亡会的代表与廿一師司令部商討安民之計与抗日方針，以决定了各办法，使該地群众才得安心工作，此後义勇隊再也不敢來威脅民众，從此建立了新關係天保，这是和平统一建立反日的民族陣线的必要前提。（林文伯）

群众反对还老租債

横山縣本來是沃漠之地，本是很貧瘠，又加以十年的破壞，群众的痛苦已很到達的，可是在蘇维埃的領導下，近幾年此种痛苦已被除了。現在威武区联保主任却藉口說接横山縣政府的命令，要把三年前的欠稅債租一律再收，該地的群众听了这一項命令，紛紛議論，表示不满，群众那裡能够負担起这些欠款稅呢，加之最近的灾荒，有些地方秋收無望的已絕望，假如还要逼債，民众是无法的，人民当不是无有生活待饑死的，我們的意見在自則政養人民生存的原則下，当局者最好不要这樣做！

《新中华报》，1937年7月23日，第4版

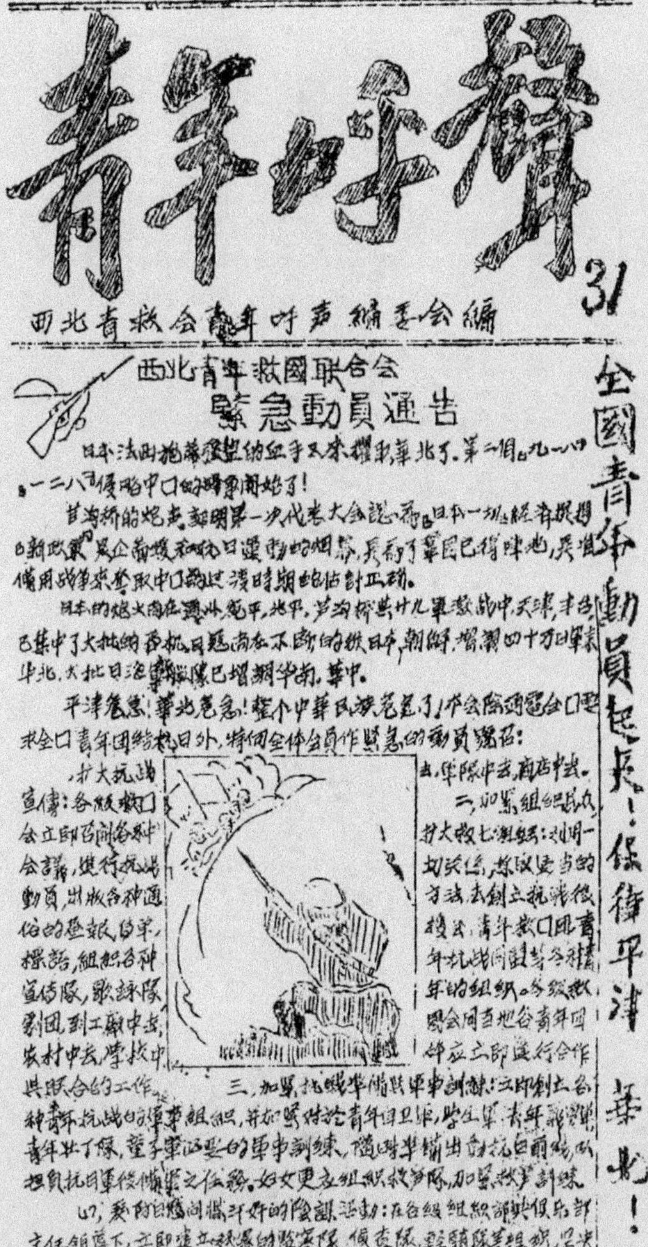

青年呼聲 31

西北青救会青年呼声编委会编

西北青年救國联合会 緊急動員通告

日本法西斯蒂强盗的血手又來攫取華北了。第二個"九一八"、"一二八"侵略中国的戰爭開始了！

盧溝橋的炮声，證明第一次代表大会說過，日本一切經濟提攜的新政策，是企圖緩和抗日運動的烟幕，是為了華北已得陣地，是準備用战爭來奪取中国的过渡時期的估計正確。

日本的炮火尚在通州、宛平、北平，芦沟桥與廿九軍激战中，天津、丰台已集中了大批的日軍，而日寇尚在不断的從日本、朝鮮增調四十万日軍來華北，大批日海空軍隊已增調华南、華中。

平津危急！華北危急！整个中華民族危急了！本会除通電全国要求全国青年团結抗日外，特向全体会員作紧急的動員號召：

一、扩大抗戰宣傳：各級救国会立即召開各种会議，進行抗戰動員，出版各种通俗的壁報、傳單、標語，組織各种宣傳隊、歌詠隊、劇团，到工廠中去，農村中去，學校中去，軍隊中去，商店中去。

二、加紧組織民众，扩大救亡組織：利用一切關係，采取适当的方法，去創立抗戰後援会、青年救国团、青年抗战同盟等各种青年的組織。各級救国会同当地各青年团体应立即進行合作與联合的工作。

三、加紧抗战準備與軍事訓練：立即創立各种青年抗战的軍事組織，并加紧对於青年自卫軍、学生軍、青年義勇軍、青年壮丁隊、童子軍必要的軍事訓練，随时準備出發抗日前线，以担負抗日軍後備隊之任務。婦女更应組織救护隊，加紧救护訓練。

四、預防日寇间諜汉奸的陰謀活動：在各級組織部與俱乐部主任領導下，立即建立秘密的監察隊、偵查隊、轻騎隊等組織，坚决打击日寇的间諜、特務机关、汉奸的活動。

五、援助前線抗敵將士：在文字上、精神上、物質上，給抗敌軍以实际的援助。建立募捐委員会，立即發起一个猛烈的募捐運動。組織战地服務团、慰问团，选派代表到华北前线去，对於快要出動的及战地附近的軍隊，必須以一切的可能举行欢送会、慰勞会。

親愛的会員们！抗战號炮响了！我们是中华民族的新青年，我们絕不願意我们的国土、我们的同胞受敌人踐踏摧殘，紧急的動員起來，為保卫平津、華北，驅逐日寇而流最後的一滴血！ 七月十五日。

全國青年動員起來！保衛平津華北！

《新中华报》，1937 年 7 月 23 日，第 5 版

C調 保衛華北小調 2/4

65 62 | i65 | 6ii56 | i— |
九月十八号呀，一直到今朝

ii 2 | 32 3 | i3 2i | 6i 5 |
我口的地方，失掉数太多呀。

65 30 | ii 2 | 6i 5 | 6530 |
不抵抗，害得那百姓苦呀！

3361 | 632 | 5552 | 321 ||
所以那個到关东，組了义勇軍呀。

（二）鬼贼真心狠呀，强抢东三省；華北個五省又要一口吞呀；现在来进攻我平津来呀，我口那個没有话，要作[illegible]战呀。

（三）二十九军士兵呀，总要多杀[illegible]，这次鬼子[illegible]打进门呀，枪口来，一齐都瞄準着呀，守卫那個芦沟桥，与桥共存亡呀！

（四）统一战线结成呀，全口打日本！抵抗那强盗[illegible]口军[illegible]呀，敌人来，不会個个挡得清呀，所以那個一把火，烧了一鼻子灰呀！

（五）[illegible]去了[illegible]呀，[illegible]，大社[illegible]要[illegible]呀。同胞们，这[illegible]個要起来呀，同口合力上[illegible]，才能打[illegible]呀！

（六）中口要解放呀，就靠这一遭，全口的同胞，保卫我华北呀！夺回来，失掉的好地方呀，赶出日本强盗来，才有好春光呀！

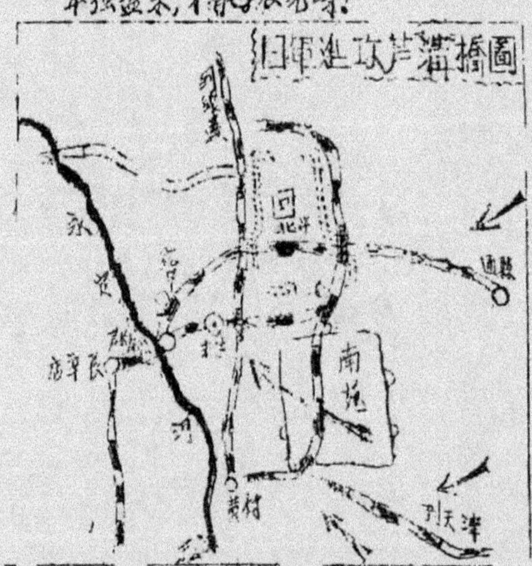

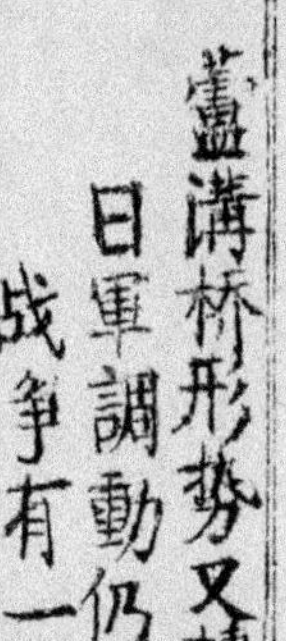

苏維埃政府机関报

第三百七十八期

中日冲突

盧溝桥形势又轉緊張 日軍調動仍甚頻繁 战争有一触即發之势

北平電：宋哲元與日[illegible]订立口頭协定后，双方战事曾一度停止，廿九軍[illegible]部隊及[illegible]部撤退后，日軍仍然没有撤退，芦沟桥東日軍并且还有增加，情形仍十分緊張，战事有一触即發之势。

北平市長秦德纯决定出洋，[illegible]此次出国係有外交使命云。

連日來日軍的調動情形

廿三日：天津日軍载重汽車四十余辆，装有軍火甚多，運丰台。

廿三日：榆关日兵車十辆，一列载兵数百人開天津。

廿三日：日軍用飛机五十架、轰炸机一中隊于日昨由日本本部運天津。

廿三日：丰台日軍百余人携鋼砲廿一门及大[illegible]向芦沟桥。 廿四日：日軍四五[illegible]

[illegible]

芦沟桥一帶的近況

北平廿三日：大井村的日軍仍在积极赶築防御工事，并[illegible]

[illegible]

山東日侨陆续撤青島 上海形势又趋严重

青島廿三日電：膠济铁路的日本侨民紛紛撤退到青島，共計达二百廿余人，本日晚又有大批日侨由济南到青島，該地外侨亦在準备避难。

沪廿五日電：上海日軍又假口日兵一名失踪，大施戒嚴，搜查行人，并架設机关枪，如大战将临的状况，人心恐慌，日寇又準备在上海有所動作了。上海市當局向日本提出交涉，日方态度非常强硬云。

偽匪又企圖犯綏远 我綏東防务甚為鞏固

归绥電：近來綏远形势又复緊張，德王李守信部数千人又向張北商都一帶集中，大批日軍正向多倫、張北一帶前進，德王、李守信、卓什海等连日召開紧急会議，準备大举侵犯綏東，來响应日寇在華北的軍事行動，以牽制我方兵力。

《新中华报》，1937年7月26日，第1版

社論

我們的出路唯有抗战

據近數天來的消息：冀察當局已經與日本駐軍在天津成立口頭協定，其內容我們尚不得而知，但據日本所透露的消息很明顯的，內容當包括有如下兩点：

(一)二十九軍馮治安部立即撤退北平與芦沟桥，由石友三之保安隊接防。

(二)嚴厉制止共產党與反日活動。

這兩点據說在冀察最高当局已經口頭上接受了的，所以這數天來我們所非常憂慮的消息，就繼續發生了，「二十九軍三十七師於二十一日由芦沟桥撤退，石友三部接防」「北平城之三十七師連日繼續退出」等々，這樣一來，什么北平的咽喉——芦沟桥，華北重鎮——北平，將完全陷入日寇的手裡，數百年的文化故都將不復為我所有了！而日寇發動這一事变的第一个目的，在冀察当局的「彼此互諒」「彼此相信」（宋哲元廿日的書面談話）的宣言中实現了！

冀察当局在芦沟桥事件發生之後，始終沒有一定的堅固的立場，全国人民對冀察最高領袖的態度始終表示着疑慮，在事件發生之初，全國人民均熱望宋哲元馬上回到北平去主持抗战大計，可是事與願違，宋哲元一溜煙跑到天津與日寇進行什么「和平談判」，因之全国群情憤慨，疑云百出，紛々電詬宋哲元之態度，足証明全国人民是在如何熱望宋哲元成為一个守土抗战的民族英雄，实際上却與其督促冀察当局的抗战意志剛進行着数天來的消息不啻了不使我們失望，特別是宋哲元的書面談話公「本人向主和平」「芦沟桥事件發生決非中日兩大民族之所願」「中日兩大民族彼此互諒相信，據進東亞和平」等々不一而足的大令我們失望的宣言公佈了，今后的事实冀察当局是要負完全責任的。

宋氏的談話，我們認為和蔣介石先生十九日所發表之談話是兩樣的，蔣介石先生已經說出了我国外交立場四点：(一)任何解決不能侵害主权及領土的完整。(二)冀察行政組織不容任何不合法之改变，(三)中央所派地方官吏如冀察委員長宋哲元等不能任人要求撤換，(四)廿九軍所駐地域不能受任何約束。上面這數点我們認為是最低限度的立場而為全国人民所一致贊助與擁護的，我們絕不容許這立場與日寇相周旋，而冀察当局竟願意不惜，而與日寇訂立為全国人民所一致反對的口頭協定，宋哲元甘願屈於日人，我們不能不為之可惜，但是我們仍然希望宋哲元能及早覺悟，回過頭來重新走上抗战的康莊大道。

目前冀察的出路很明显的擺着有兩条道路，一是立即動員全国，發動大規模的民族革命战争來抵抗日寇的新進攻，而這一条路也是全国人民所要求的，是中華民族徹底解放的大道。一是和平妥協以求得日本帝国主義暫時的延緩平津以給日寇以這条道路的機會，全国人民所反對，是断送華北陷中華民族于万劫不复之境的絕路，因為日寇對中国的侵略是無止境的，東三省陷落時，何嘗不是失守，察北变色，冀東偽組織的建立，無數次血的教訓已經清楚的告訴了我們任何對日退讓妥協只會助長了敌人的侵略野心，就是等于帮助敌人，全国上下應該放棄任何與日寇和平苟安的希望與估計。我們主張实行全国總動員，人民總動員，發動全口性的抗日战争來反對日寇的侵略，給日寇的進攻以有力的反擊，以求得中華民族的徹底解放。

《新中华报》，1937年7月26日，第1版

中國共產党爲日本帝國主義進攻華北第二次宣言

萬萬火急全國各報館、各團体、各武裝部隊、中國國民党、國民政府、軍事委員會暨全國同胞們！

據各方面消息已証實冀察當局宋哲元已接受日方所提出下列三個條件：即(一)冀察當局向日軍道歉；(二)廿九軍從平津芦溝橋永定河以東撤退；(三)鎮壓民眾抗日救亡運動，實行中日共同防共。這些條件已開始實行。此外有無秘密協定，尚不得而知。

全國同胞們！這些喪权辱國的條件，全中國人民與中國共產党保衛平津，保衛華北，不讓日本帝國主義佔領中國寸土的要求完全相反，同蔣介石先生七月十七日對於芦溝橋事件之談話低限度的四点立場（即：(一)任何解决不能侵害中國主权與領土之完整；(二)冀察行政組織不容任何不合法之改变；(三)中央政府所派地方官吏如冀察政務委員會委員長宋哲元，不能任人要求撤換；(四)第廿九軍現在所駐地區，不能受任何的束缚）亦完全相反。我們的政府與人民萬萬不能接受這種投降屈辱的條約！我們坚决反对冀察當局宋哲元接受這類亡國滅种的條約！我們要求爲保衛平津，保衛華北的每寸土地而血战到底！

全國各同胞們！形勢是萬分緊急了！日本大量海陸空軍正向中國開進。平津和冀察的存亡，千鈞一髮。我們應該向全世界宣言，我們對於日本帝國主義的侵掠，再不能有任何的讓步與妥協了！正像蔣介石先生所說的：今日的北平若果变爲昔日的瀋陽，今日的冀察亦將成爲昔日的東北四省！北平若可变成瀋陽，南京又何嘗不可变成北平。問題的中心就在這裡！今天如果我們放棄平津，放棄芦溝橋永定河以東的尺寸中國領土，則冀察必然不保，必然成爲第二個東四省，冀察不保，華北與全中國即將步其後塵，亡國滅种即將相繼而來。因此，我們必須堅决反對冀察當局宋哲元對於日寇的讓步與妥協！

全國同胞們！我們决不能對於宋哲元的投降屈辱的已成事實與中日間的所謂"就地解決"，表示默認與軟化。我們要求南京中央政府對於一切賣國漢奸依法懲辦，這是全國人民的希望與要求。[illegible]七月十七日蔣介石先生所宣佈的抗日方針，在今天僅只是激烈的宣言，不承認的声明與抗議已經不夠了。兇惡的日本帝國主義強盜是不怕這些的。在今天希望九國公約簽字國出來主張公道，也是不會有什麼結果的。橫蠻的帝國主義強盜是只怕實力的。今天，我們要實際的辦法來保証全中國公民的希望與要求的實現，來保証蔣介石先生所宣佈抗日方針的執行。這些辦法就是：：

(一)立刻命令冀察當局宋哲元等拒絕執行日本所提的三條件，率領全部廿九軍實行武裝抗戰，如宋哲元拒絕執行中央命令，則立刻明令撤消宋哲元現任職務，另派大員領導英勇的廿九軍將士及華北各軍實行抗戰。

(二)立刻派遣大軍增援廿九軍，並動員全中國的海陸空軍實行抗戰……五

《新中华报》，1937年7月26日，第2版

刻召集国防会议，集中我们的军事领袖，建立各个战线上的统一指挥，以积极抵抗的方针对付日寇的进攻，在日军四周发动广泛的游击战争，援助东北人民革命军与义勇军，以配合抗日主力军的作战。

（三）立刻实行全中国人民的总动员，开放党禁，开放爱国运动，释放政治犯，实行民主权利，[illegible]足人民生活上的迫切需要，实行大规模的发动民众，组织民众与武装民众，建立各种各样人民的抗日统一战线的组织。

（四）立即实行全国对日经济绝交，停止对日外交谈判，实行没收日本帝国主义者在华的一切银行、矿山、工厂与其他财产，取消日本帝国主义在中国的一切政治的与经济的特权，封闭一切日本人在华的领事馆与特务机关，逮捕一切日本侦探汉奸，解除日寇与汉奸在中国的地位，一切武装与非武装的团体。

（五）立刻改革政治机构，使中央与地方政府民主化，吸收各党各派及人民团体的代表参加国民会议与政府，使国民会议真正成为代表民意的权力机关，使国民政府真正成为抗日救国的政府，肃清潜伏在政府内部的一切亲日派汉奸分子，这样使政府与人民团结一致，共同抗敌。

（六）立刻实现国共两党的亲密合作，以国共两党的合作为基础，团结一切抗日救国的党派，创立巩固的抗日民族统一战线，以实现真正的精诚团结，共赴国难的方针。

（七）立即实行财政经济与国防文化教育等各种新政策，以巩固国防，改善民生。

（八）立刻实现抗日的积极外交，联合一切反对日本帝国主义侵略的国家，和平阵线，与苏英美法等国订立各种有利于抗日救国的协定。

全国同胞们！只要我们的政府与人民能够坚决实行这些办法，我们就有力量战胜日寇，收复华北，收复一切失地。只有中华民族的伟大的坚强的力量才能粉碎日本帝国主义的进攻，建立民族独立，民权自由，民生幸福的新中国！

所有中华民族的儿女们，所有爱国志士们，现在是民族存亡的最后关头了，大家紧密的联合起来，坚决的动员起来，保卫我们民族的生命去，求得我们民族的解放！反对一切对于日寇的投降妥协，只有坚决抗战才是中华民族的出路！粉碎日本帝国主义的新进攻，保卫平津，保卫华北！

打倒日本帝国主义！

中华民族解放万岁！

中共中央委员会 七月廿三日

叛军袭击政府军被击退 不干涉委会英义斗争甚烈

西班牙电：叛军日昨袭击马德里西郊政府军阵地，当被政府军击退，叛军受损失很大，叛军飞机曾轰炸马德里城内，死伤老百姓三百四十余人，现仍双方仍在对峙中。

伦敦电：关于西班牙内战不干涉问题，英义主张很不一致，义大利坚决主张要求承认西班牙交战方为交战团体，才能讨论撤退志愿兵问题，英主张则相反，要先撤退志愿兵后，才能承认叛军为交战团体，对于西海面监视问题，待中立国[illegible]各港口后，就可以全部取消云。

启事

本报本拟铅印，现因纸张及物质条件的限制，故暂时仍用油印，待有机会时再用铅印特告。

新华报编委会

《新中华报》，1937年7月26日，第2版

青年呼声 3.2

西北青救會青年呼声編委会編

抵抗到底

日本鬼子兵自進攻卢溝桥以来几次都被打退，打了好几次的败仗了，所以要講和不要打了，中日双方都撤兵，事实是真的吗！不，狡猾的日本不但没有撤兵反而不断的增兵，现正在調動他的偽满，日关东軍開入关内来，他想用緩兵之計等救兵到来作更大規模的侵略進攻。日本帝国主义的野心，不但要佔領卢溝桥，并且要佔領整個华北的，要阻止日本强盗的進攻，只有坚决抵抗。

同志們！抗战的号炮已在激烈的响着，前線卫国战士正在与日本鬼子作肉搏奋斗中，战争现在正[illegible]激烈，我们要紧急動員起来，努力参加抗战動員工作，拥護和援助前線抗敌战士，坚决抵抗，抵抗到底，把日本鬼子滚出中国去。

緊急動員歌 2/4

51 51 | 65 65 | 2 2 | 2321 65 |
全体青年 大家赶快 準備 緊急動員起来

6 6 | 6176 53 | 1 3 | 2321 65 |
呀，呀！武装保卫华北 平津 勇敢上前线

3 5 | 6176 53 | 61 65 | 61 65 |
去 呀！粉碎日本進攻 抗战到底 团结一致

1 3 31 | 2321 65 | 55 32 | 11 65 |
為着中華 民族自由解放，[illegible]

2·1 23 | 1 1 1 ‖
参加抗日 战争去！

《新中华报》，1937年7月26日，第5版

新中華報
蘇維埃政府机关报
第三百七十九期

抗战声中的初步勝利

廿九軍進攻日軍大获勝利
通縣丰台廊坊相継克復
繳获日机七架乘勝前進

北平廿八日電：廿九軍奉令于廿八日下午四時向丰台楊村廊坊之日軍進攻，战事异常激烈，廿九軍將士英勇殺敌，日軍終于敗退，卅八師乘勝追击，於数小時内，把日軍的根据地——丰台及廊坊楊村等重要市鎮佔領，并佔据丰台趙家庄的日本飛机场，繳获日机七架，我軍正乘勝前進中。

又廿八日電：通縣以西的廿九軍部同時向通縣攻击前進，同時我方有許多飛机亦参加作战，当時駐通县南关的日軍全部击潰，我軍旋即把偽冀東自治政府的根据地——通县佔領，繳获軍用品。

又二十八日電：在丰台廊坊等地我軍進攻的時候，芦沟桥、大井村、大瓦窑一帶同時發生激战，二十九軍士气極高，日軍不支，紛紛後退，駐該地一帶之日軍已全部被驅逐并消滅其一部，後又繼续打坍日軍增援部隊，現該地已無日軍踪跡。

全国同胞们，紧急動員起来，迎接快要到来的全国性大規模民族革命戰爭，捐款二十九軍英勇抗战收复失地！驅逐日寇！

日軍在津屠殺同胞

天津電：日軍部派許多人在津市街上散放荒謬傳單，中国人民憤恨已極，當時有一人把傳單撕碎，日本軍將該人扣留，押赴日租界，立即槍決，日寇的残暴行動已是达到極点了。

* * * * *

《新中华报》，1937年7月29日，第1版

津日軍四路襲轟我軍 各路均先後被轟退

天津廿九日電：天津日軍企圖佔据津市，廿九日晨二時日軍分四路向津市襲去（一）東局子特四区（二）北倉宜興埠一帶，（三）新車站，（四）東車站）本報我任保安隊已事先準备，当時槍声砲声四起，戰事激烈，我軍奋勇肉搏，到三時許已克复特四区日軍向東局子后退，總車站方面我軍亦佔优势，北倉東車站在对峙中，現津方宣佈戒严。

津日軍開始退卻 日本組織空軍團

天津電：廿八日下午七時許，天津西車站一帶又有戰事发生，日軍恐慌异常，相继退出天津總車站、東車站西車站。

又電：日本政府下委任德川中將為日本空軍總司令，在中日組織空軍團，現已有八十余架飛机集中天津唐山一帶飛机场。

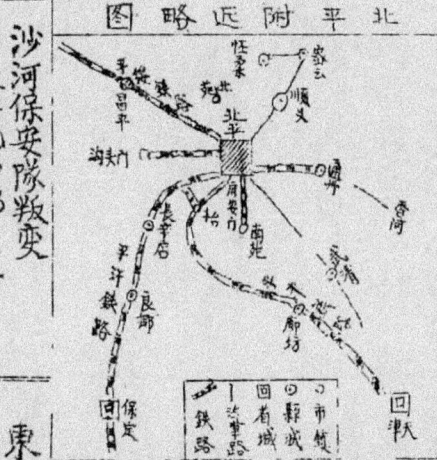

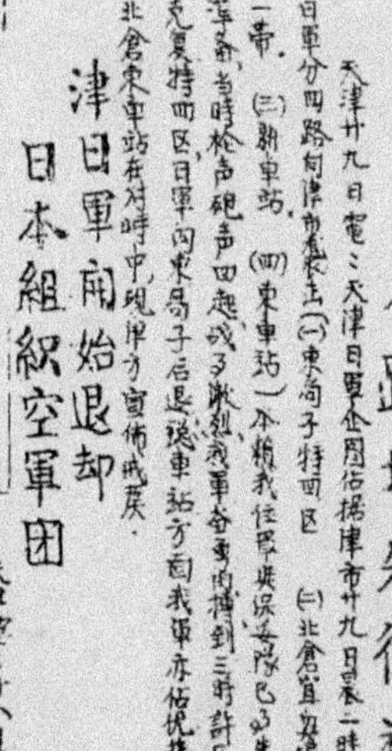

偽保安隊紛紛反正 灤河鐵桥被炸燬 殷汝耕踪跡不明

北平廿八日電：冀東保通县之偽保安隊在我軍進攻通县的時候，全体反正，反对殷逆汝耕的傀儡政府，当即把通县城佔領，响应我軍抗戰，闻殷逆汝耕几乎被保安隊捉获，但是殷汝耕下落尚未明白。

天津廿八日電：我軍抗戰的開始勝利，影响了偽保安隊，大家都不願受日寇指揮，紛紛举义，保安隊向時反正，並将鐵桥炸燬，日軍由榆关向天津增援发生大的阻碍。

沙河保安隊叛變 宋哲元率部离平

南京廿九日電：北平方面报告，駐平绥綫沙河的保安隊在汗奸的指揮下举行叛变，当即北平形势突然紧張，宋哲元秦德純馮治安等于廿八日下午十一時率部离開北平。

北平廿八日電：日本飛机于廿八日整天在北平上空及近郊一带偵察，南苑、西苑、八宝山、小湯山均被日机轟炸甚烈，損失很大。

東京空氣緊張 各政党拥获内閣政策

東京廿九日電：華北形势緊張后，日軍失利的消息不断地传来，東京日政府召集緊急会议，討論应付办法，据日外相杉山称：現在大势已难挽回，華北日軍不得不採取「自卫行動」，給中國当局以懲戒，日本已正在動员全国，準备应付大的事变云。日本民政友两大党廿八日召開联合会议，决定一致拥护近卫内閣「断然行動」的政策，社会大众党的竟亦造谣說：「華北事件的发生完全是第三国际活動所起的」。

《新中华报》，1937年7月29日，第1版

政府軍克復白魯尼特鎮
叛軍進攻無甚結果
叛机亦被击落四架

西班牙電：巴塞罗納城于廿六日发現叛軍飞机五架，并投炸彈多枚，死伤二百余人。

又電：馬德里西面白魯尼特鎮已被政府軍克复（按該地原為政府軍的，在近數天激戰中被叛軍奪取的）叛軍損失甚大，政府軍繳获頗多云。

又電：叛軍首領弗朗哥十六日集中部份經拉契克特加附近大鎮進攻政府軍，曾加以反攻，双方均無進展。叛軍飛机八十架參加作戰，政府軍以高射炮射击并用飛机迎戰，叛軍飛机被击落四架，敵地戰事仍在相持中。

又電：西班牙內亂不干涉委員會廿六日開會討論英國所提出的收回志愿兵問題，大多數參加國家的代表均表示同意，只有意大利不表示贊成，堅決主張先承認叛軍為交戰團体，再來撤退志愿兵云。

蘇波邊境發生沖突
波蘭間諜在蘇邊活動

莫斯科電：本月二十五日在蘇聯與波蘭边境斯拉維賓克地方边防哨望所的前面、發現有兩个人从波蘭潛入蘇聯，并向蘇聯边防軍開槍射击，蘇聯边防軍當即加以还击，致兩人當場被击斃。事后在其屍身檢查，搜获各项从事間諜的物証文件，被击斃的二人中有一名是波蘭边防軍的中尉云。关于此事，蘇聯已向波蘭提出抗議，無疑义的，这件事是侵略者進攻蘇聯的一个試探。

真理报「再論華北事件」

莫斯科電：蘇聯真理报再論華北事件，大意称：日軍大批集中平津，以及日政府的整个態度，說明了日本軍閥正在準备佔據華北，日本尽力奪取这一地区，这在經濟上及軍略上是十分重要的，用这一片領土，作未来大戰的準備，然而日本軍閥这种舉動，將遭受中国方面的堅決抵抗，是毫無疑向的一回事云。

* * * *

陕甘宁边区
抗战動員運動大會
——定八一在延市举行

本报特讯：陕甘宁边区抗战動員運動大会將于八月一日在延安城举行，大会筹备处已召集数次会议，对于大会的動員及運動项目的評判均已聘请专人负責，大会一切必需之宜大部份已筹备就绪，小部分正在赶製中。致于参加大会的運動员有陕甘宁分区、陕北分区、关中特区及红軍各独立軍師均有代表出席，現各处代表正在起程前来参加，红軍独立軍的代表已于日昨抵延安，并正在積極練习各项運動节目，預計此次到会各地運動員將有四百余人之多，此外还有延安市各界参加者，屆時当有一番盛况云。

《新中华报》，1937年7月29日，第2版

延水永胜区合作社被匪抢

延水县永胜区在月前传说发现土匪十数名，破坏区级机关，并捉捕青救会同志马万里，区合作社亦被抢劫，计损失白洋三百元，麦子千余元，并劫去群众骡马内驮下的布匹与合作社货物甚多，工作人员二名受伤甚重，该匪被逃散，当地正派队追剿中。（白彭五）

陈老大股匪投诚

延水县前月下旬内发现股匪陈老大（家畴）等二十余人，枪十七八枝，现往投诚，营追剿的清城驻军投诚未获效，使该匪更加恐慌，并得劳途接路，不来延水县政府投诚，该县政府为着争取被匪裹欺骗下的群众，准予投诚，闻该匪确有相当觉悟，匪众均纷纷携械来归。（白彭五）

安志边土匪捣乱

志丹三台区和安塞的四区交界，有个安家岔，近来发现一小股土匪十余名，携代枪七八枝，抢了脚夫二次，把脚夫的行李及经济等一律抢去，并赶走了驴子四头，该县接得这一消息后，立即派保卫队前往搜剿，但土匪早已逃跑了，不知去向，希望各地警觉起来，严防土匪捣乱。（马□培）

延市各界热烈募捐
援助廿九军将士英勇抗战

本报特讯：芦沟桥事件发生后，延市各界人民对日寇的侵略行为无不愤慨，以极对廿九军将士抗战的精神百倍钦佩，在本月十八日召集的群众援助抗战将士大会上，由延安市抗日救国会发动轰轰烈烈的募捐运动来援助抗敌将士，住延安市各机关团体及个人无不踊跃捐助，在数天之内计收集捐款数目列后，足証明各界人士抗日救国的热忱：

延市商人抗日救国会　四十九元六毛四分五厘

后方政治部　二十八元七毛四分

中央党校　五十六元九角八分

中央政府列宁室　二十一元七毛八分

中经济部　十□□毛三分

党中央局　二十□元一角七分

西北保卫局　八元□角

中财部　六十六元九角

印刷厂　十二元五角

外交部　七元五角四分五厘

总工会　五元

延市高小学校　一十二元〇四分五厘

延安市县公署　一十七元八角

延市师范学校　五元

延市抗日救口会　四元九角

西北青年救口会　七元九角四分

延市东关抗日救国会　三元二角八分

北街抗日救口会　六元四角

西街抗日救口会　八元

南街抗日救口会　五元八角五分

东街抗日救口会　五元一角

市工会　一十一元四角

以上共计三百六十一元一角二分五厘

* * * *

《新中华报》，1937年7月29日，第2版

李博生同志送望遠鏡給紅軍打日本

自芦溝桥事件以來，全國一致，[illegible]憤填胸，积極的動員抗战，募捐啊，慰勞啊！動員開赴上前线啊！抗击与日寇拼到最後一滴血，保卫平津，保卫華北，求得中日的独立，求得中華民族的解放！我們現在正在热烈的進行募捐運動，[illegible]之的在動員，前有延長師範學校卫軍大隊副李博生同志個人捐助一個望遠鏡，獻給前方紅色抗日武裝同志，并備来函一件（照錄附後），意濃慷慨激昂，捐物已由此間轉送前方云。

附致紅軍信一件

抗日的武裝同志們！

日寇第二個「九一八」侵略的炮火，已經于七月七日在芦溝桥打响了，此次日本動員四十萬軍隊，二百輛坦克車，七百餘架飛机，继续向華北增加，又調動了海軍第二艦隊，赴台湾擾亂華南，足証明日寇是要一舉而滅亡中國。

你們曾在芦沟桥事件發生的第二天已經明白的表示了你們願意立即出動到抗日最前線上去，為保卫平津，保卫華北与日寇周旋到底，只要你們是抗日的生力軍，你們的堅決是全國人民所十分欽佩，我們也坚信着，我們的血[illegible]一定能雪洗國耻，我們的头顱一定能換取中華民族的独立解放，最後勝利一定屬於中華民族的！

在你們準備出動之際，我自己沒有別的東西来供献你們打日本鬼子，惟有我自己私人購買的一個小望遠鏡，送給你們，這個東西雖小，然不甚值錢，這完全是[illegible]满腔救國热忱所激發的愛國募捐物，一切東西献給抗日，我當然不能上前方杀敌，但是後方工作也非常重要，特此[illegible]，將來在抗日战场上去見面吧。

慶祝你們的勝利！

延長[illegible]師範學校抗日卫軍

大隊副李博生

援助廿九軍抗戰

志丹商人致廿九軍将士信

廿九軍的將士們：芦沟桥事件是第二個「九一八」的[illegible]，由此日寇千方百計要佔領華北，併吞全中國的時候，我們有你們全体將士以堅決的英勇果敢行動來保卫我祖國，為中華民族解放而流血，你們的這种行動是值得我們全國人民[illegible]与捐款的。

廿九軍的將士們：英勇的前進吧，不要[illegible]，誓不要休，為祖國而血战到底，我們誓當做你們的後盾，我們除了在精神上來安慰与鼓勵你們外，我們正在發起一個廣泛的募捐運動，在物质上給你們以鼓勵。我們堅信在四万七千万的人民一心一意的抗爭下，勝利一定是我們的，中華民族一定能取得最後的解放！

志丹市商人市民敬叩

一九三七、七、廿。

抗战剧社成立

志丹縣救工作人員，及紅軍工[illegible]干部，看到新華號外登載日寇在芦沟桥向我廿九軍進攻，進行第二個「九一八」的兇張举動後，無不義憤填胸，為要把日寇這种兇惡情形，使廣大人民普遍了解起見，特成立一個抗战劇社，編演抗日活劇，決定每礼拜公演一次，此外進行化装宣傳，抗日与民主[illegible]起来，社員均是自動加入，現已有廿多人，情緒非常熱烈。

（立傳）

瓦窑堡保安隊譁变

安定縣之瓦市保安隊，於日之廿[illegible]晚突然譁變，變後即將趙縣長之[illegible]兵去[illegible]，趙縣長亦帶来，逐在街道搶叔数家商号，且[illegible]廿多[illegible]尚未出城，其譁变動机不明。據說該隊有八十余人，共分三中隊，各長均為趙縣長之同鄉，隊丁多係[illegible]大部份係[illegible]反動份子，以前何县長曾裁至六十八，在餉上增加一点以改善其生活，八四師走時趙縣長又覺有倚增加至八十人之必要，遂行增人減餉，與辭退有关係，同時趙縣長对[illegible]太[illegible]，各隊長对其不满，縣署各科長等雖多係縣長親自帶来者，近亦紛紛要求辞職或亦係[illegible]。保安隊譁变之原因，總之在此和平統一團結御侮的時候，不容許有此波折，我們对縣長負仍甚表遺憾，現正設法慰問中，如保安隊願意調停时，當力設法調停，否則願與各軍採取一致行動，共同消滅，绝不容其生事，以[illegible]當地云。（白丁）

《新中华报》，1937年7月29日，第3版

八四師出發抗日的經過

自芦沟桥事件发生后，八四師即奉命全部出動應援，命令只限七天就要集中石家莊，所以走的很急忙。

旅長辭行 高旅長艾团長等均修函蟠龍安塞等处去好辞行，安定秀延等地離瓦市王家湾很近，故未能等物，晨夜赶往送行，并動員群众，驱赶毛驴欢迎，還送什物，唯蟠龍準備禮物很多，惜路途較遠，未能赶及。

歡送大会 月之十一号在瓦市召集了一個軍民大会，到会者约万餘人，街道会场贴满了陕甘宁边区抗日救亡会的欢送标語，推各方代表及高旅長等均有極沉痛之演說，听众义愤填膺，呼聲震天，掌如雷鳴，直至下午五時許散会。

臨別贈禮 王家湾駐軍將其未完成之花園、菜田、水井等均送給地方，聞該菜田之菜蔬可供一師人之用，尚有数，欲將其未完成之功程繼續完成，以酬其什亿之[illegible]，菜田之菜蔬售賣，所得之利悉数捐給抗日人民之家屬，以免在前方抗战将士之掛念。

制裁漢奸 張某某何满洲軍出身，只知搜掠求荣，毫無国家民族观念，只念三年前緣時合，被高桂滋收编為騎兵營，直屬師部指揮，該匪性不改，借名剿匪（?）實际屠勒群众，群众恨之入骨，此次高部準備出發抗日時，該營即率部叛变，并勾通别部，搗亂抗日後方，陰謀失露，被高集合全師将士講話時，指派艾团将其叛变之两个連全数繳械，并将張逆看押。群众莫不额手称慶。高部士氣極旺，摩拳擦掌，均願與日寇決一死战。

謠言二束 八四師出發時，即有一般反動份子，故意捏造謠言，云紅軍如何如何，在甲地集中若干，乙地集中若干，準備急據進攻瓦窑堡，並誣指艾团請去幫助動員群众運送什物的人員係被俘，经我文字口頭宣传，并將造謠份子之陰謀揭穿後，秩序始告安靖。　（白丁）

《新中华报》，1937年7月29日，第3版

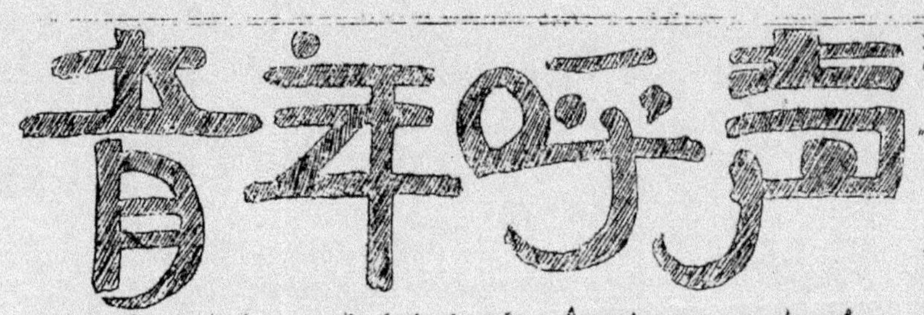

西北青救会青年呼声编委会编 ★第三十三期★

运动大会对于我们

八月一日过两天就到了，"边区抗战动员运动大会"将于那天在延安开幕。

"八一"是中国红军的诞生纪念日，同时现在日本帝国主义侵略的炮声又在华北响起来，抗战的号炮已经爆发了，在这陕甘宁边区却举行了这样盛大的运动大会，是有着很大意义的。

我们青年，是救国的主力，是抗日的先锋，所以要锻炼坚强的身体和勇敢争先的精神。这运动大会对于我们是：

第一，这是青年的大检阅，在这里我们要检查我们的体格，力量，精神，以及我们的优点和缺点。我们必须锻炼成钢铁的身体，果敢勇猛的精神，时刻准备着到抗日前线去。

我们青年要刻苦地进行锻炼，要有坚决的决心，将来在抗日的号召下，在武装上前线的动员令之下，不屈不挠的担起任务来就是。

《抗战动员运动大会》

预赛！

积极参加运动大会

第二，我们要根据运动大会的影响，发扬边区的体育运动，使这运动成为全边区人民都来参加。这一方面使得我们的体育是普遍的，是深入到群众中去，不但学生或市民可以参加，就是在乡下耕田的农民，在军队里的战士，在工厂的工人，都可以参加；另方面使边区人民的积极性、果敢性和活泼性，这种锻炼和培养是加强抗日的力量！我们要把这运动扩大到边区每个乡村去，把这种精神推广到全中国去，来迎接全国抗战的总动员。

当然，在这次运动大会上，我们每个青年都想在精神上和技术上得到优胜，这是我们希望每个人都是优胜者；但是，我们决不要像小资产阶级英雄主义者那样，只知专意的为了争夺锦标而跑进运动的，这是不了解这次抗战动员运动大会的意义的！（维鸣）

今年的"八一"

今年的"八一"正是日本帝国主义向中国无耻的挑衅与卢沟桥之战，并进攻，这种行动将来必成为大规模的侵略战争，平津华北华南及整个中国有被日本武装侵略的危险。再不抵抗时，做亡国灭种的可能快要临头了。我们只有动员全国青年实行武装抗战，再不能有丝毫的让步与妥协，我们对于冀察当局宋哲元接受日本帝国主义向中国提出无理的三个条件坚决拒绝与反对，拥护廿九军的英勇抗战精神，实行迅速对日抗战到底。

一、我们要向全体青年救国会员与中国广大青年西面利用各种会议说明与揭破冀察当局承受日本的丧权辱国的三条件，与坚决主张实行对日抗战，驱逐日寇出中国。

二、陕甘宁边区举行此次抗战动员的运动大会，正是为了锻炼全边区人民的身体像铁一样的到抗日战场上去，打日本帝国主义，所以这种国防力量的锻炼与培养是很重大的，我们应将此次运动大会的精神普遍的影响与扩展到广大的青年农民中去，并特向此次出席运动大会的青年代表提议用充分百倍的力量争取大会各代表中在精神上的第一与技术上的优良！（朗山）

运动大会今日在延安开幕了

抗战动员运动大会

: 把我们的身体锻炼得像铁一样，好到抗日战场上去！

给人民剧团全体小弟弟小妹妹一封信

亲爱的小弟弟小妹妹：

你们这次出发陕北各地，在广大群众热烈的欢迎与拥护下，不疲倦的进行工作，演剧啦，教老百姓唱歌啦，跳舞啦，识字啦，给了当地儿童以很大的帮助。

你们到的地方机关和群众都热烈的在精神上，物质上，欢迎你们，群众口中都这样说：为什么这些小孩，教得这样能干呢！群众看你们唱歌跳舞时，总是说：演来一个，这种群众对你们是何等的盼望与拥护啊！

亲爱的小弟弟，小妹妹！

你们这种不疲倦的精神，我们表示无限的钦佩，并向你们致热烈的——的敬礼！祝你们更加努力，并希望你们常常告诉我们，你们在工作中的消息。

西北青救会儿童部　七月二十八日

勤务员们活跃起来了

（通讯）

党校的勤务员同学共有廿多人，他们都是十二岁至十五六岁的天真的小孩子，他们每天除了本身工作与学习外，更热烈的参加了俱乐部工作，充分的表现了青年的积极性。

晚上会都有他们的歌剧，如迷途的羔羊，码头工人……等，表情活泼，很感动人；他们学会了许多的新歌子，随时随地都可以听见清脆的歌声从他们的小嘴里流露出来；娱乐方面他们也学会了下象棋军棋等。

在"八一"运动大会准备的过程中，他们也卷入这一动员的浪潮，俱乐部给他们分配了时间，他们就组织有系统的参加各项运动，在早晨下午，他们都自动的练习着赛跑，跳高，跳远，打篮球乒乓球，劈刀等，接受体检查，他们有很快的进步，现正的前进中。

青年，儿童们动员起来，发挥我们少年先锋的精神积极参加体育运动，把我们的身体锻炼得钢铁一样的强健，准备着争取"八一"竞赛的优胜，准备着到抗日的战场上去打那横暴的鬼子去啊！（罗青长）

《新中华报》，1937年7月29日，第5版

運動大會特刊

「八一」抗戰動員運動大會開幕

延安，这个充满着革命情绪的所在。「八一」这个伟大的节日，就在这个时候里，展开了抗战动员运动大会的序幕。

时节虽然已到了仲夏，但在这西北的原野上，并不感到江南那样炎热，加之是雨后新晴，更平添了几许清新的气息，假如不是「八一」这两字标示出现在的节序，真令人会以为是江南的暮春三月。

清凉山与嘉岭山蜿蜒于这古城的周围，[illegible]苍翠欲滴，延水在山脚下不断地流。在延水之滨被群山环抱的一个广场上，更是今日千载[illegible]——也就是[illegible]的民族战士一现身手的所在。

会场的大门，是一座矮矮的墙垣，上面有一块蓝木牌，写着五个大字「公共体育场」。除了这座大门，周围并没有任何障碍物，真可以说是，处处有路到会场了呢。

今天是大会开幕的第一日，午后二时，记者便走进了会场。参加开幕典礼的选手已经有一部份入场了，胸前挂着红布符号的筹备员、招待员、评判员、评判长、[illegible]部长……以及[illegible]各自的员与长，七个跑上八个跑下的忙来忙去，为了盛会的「功德圆满」，他们似乎忘却了一切的辛劳。参加大会的团体单位，有自延长来的，有自陕甘宁边区来的，有自关中道来的，有从前方来的红军战士，有渡过[illegible]来的[illegible]学生[illegible]，最惹人注意的，是[illegible]抗日军政大学的同学们。此外还有党政军各机关的工作人员，以及延安城乡内外的[illegible]群众，这是一个名副其实的「抗战动员」，[illegible]热烈的欢呼！

司令台前的号响了，我们的最高首长毛主席与洛甫同志[illegible]，在[illegible]声中，全场人士向他们致着敬意。

宣布开会了，奏乐、升旗、[illegible]，青天白日「[illegible]」[illegible]，每个人都表示着[illegible]。[illegible]「与日同[illegible]」。

之后由毛主席与洛甫同志相继演说，[illegible]准备到抗日的最前线去。[illegible]得到了[illegible]山谷的共鸣，[illegible]一致[illegible]，[illegible]。演说完毕后，继由主席团大会推选大会主席及总评判长。

在例的地方，应该是进行选手绕场三周的程序了，这个运动大会的[illegible]，由主席宣布各个队伍先后排列，向延安市游行。

毛主席演詞

同志们，日本帝国主义打到华北来了，平津失守了。如果我们还不动员起来抗战，那日本帝国主义就要打到我们这里来了。你们不要以为平津离我们这里很远，我们这里过去就是山西，山西过去，就是日本帝国主义者正在用大炮飞机轰炸的平津。所以，现在全国无论何处，都应该紧急动员起来。本区是全国抗日模范区，在这个华北危急中华民族已到最后关头的时候，我们举行这个抗战动员运动大会，是有着极重大的意义的。我们要做一个榜样，表示我们抗战的决心。很久以前，我们就再三地对他们说过，希望他们坚决抗战，他们不听，始终动摇不定，始终没有坚决抗战的决心。此次平津失陷，是由于动摇不定没有抗战决心所致。华北当局始终是抱着委曲求全的态度，在军事上不作充分的准备，对于民众是怀着不必要的戒心，不发动民众，不扩大民众爱国运动，相反的，还要出告示下戒严令，要民众「镇静」，使有着满腔热血的爱国民众们，动弹不得，这样干的结果，便把平津丢掉了！我希望全国守土抗战的将士们，对于这个悲痛的教训，有所警惕！我们现在只有一个方针，这个方针就是坚决打日本！立即动员全国民众，工农商学兵，各党各派各阶层，一致联合起来，与日本帝国主义作殊死的斗争！这是民族独立与自由的不二方针。

我们今天举行这个抗战动员运动大会，就是向着这个方针迈进。我们这个运动大会，不仅是运动竞赛，而且要为抗战而动员起来。为了保卫国家，保卫领土，我们要把全国民众动员起来。同志们，准备出发到前线去。准备到抗日的最前线去，把我们这里的方针与办法带到全国各地去，把我们的决心带到抗日最前线去！

我们高呼：

打倒日本帝国主义！

收复平津！

保卫华北！

收复东四省！

八一运动大会万岁！

中华民族解放万岁！

下期附录洛甫同志讲演词请看众注意

大會比賽程序表——八月二日——

上午七時起 表演項目

1. 团体操——[illegible]小学
2. [illegible]——警卫营
3. 劈刺——[illegible]
4. 国术——[illegible]小学

球類比賽 複判

1. 排球（[illegible]）[illegible]
2. 篮球（[illegible]）[illegible]
3. （[illegible]）[illegible]
4. 足球（[illegible]）[illegible]
5. 网球（[illegible]）[illegible]

下午三時起

1. [illegible]（高级）
2. 铁球决赛（高级）
3. 跳高决赛（中级、[illegible]）
4. 800 M 决赛（高级、中级）
5. 50 M 预赛（[illegible]）
6. 400 M 预赛（中级）
7. 跳远（高级）

球類比賽（[illegible]）

1. 排球（抗大对[illegible]）
   裁判——[illegible]
2. 篮球（[illegible]）
   （高级）向仲华——[illegible]
3. 网球（抗大对师范）
   裁判——王如[illegible]

《新中华报》运动大会特刊，1937 年 8 月 2 日

新中華報

蘇維埃政府机關报

第三百八十期

華北事件愈見擴大

北平天津盧溝桥相継失陷

日軍継續向南攻畫前進

張自忠任平市長兼冀察委員長

大沽失陷

天津卅一日電：日海軍陸戰隊於七月卅日以猛力向大沽二十九軍部隊進攻，戰爭異常激烈，終因日軍炮火猛烈，日軍継續增援，二十九軍僅一團兵力，遂不得不退出大沽，日軍於卅日完全佔據大沽。

天津被日軍佔領

天津卅一日電：天津市自二十九軍與日軍分四路向津市保安隊及駐軍進攻，我方激戰兩天後，共互相肉搏數次，后因我軍部隊太少，援兵不得及時增加，同時日本飛机數十余架，終日不斷的在津市上空投彈轰炸，全市炸成一片焦土，房屋突燒，整個天津市的二十九軍一部及保安隊平卅一日電完全退出天津，華北重鎮的天津遂被日軍佔領了。

又電：日軍佔領天津后任意放火燒房屋，屠殺中國同胞，凡日軍所佔領的地方，好區护擄其所不為，人民痛恨异常，日寇的殘暴行爲实已达極点云。

北平失陷以後

北平電：北平城于廿八日已完全落在日軍手里，駐北平城之廿七師與一百三十二師均已撤退，城內由公安局與冀北保安隊維持秩序，當二十九軍撤退時日軍不斷的追擊我軍，雙方大生激戰，二十九軍傷亡甚大，現在北平組织了"地方維持會"，委員共八人，日本人三个，中國人三个，实际上还不是完全在日寇操縱之下，張自忠于廿九日正式就任北平市長職，并兼任冀察政务委員会委員長。

琉璃河附近中日軍發生激战

日机廿余架轰炸保定正定

保定一日電：日軍自攻佔盧沟桥宛平等地後，继续向南攻去前進，長辛店良鄉等地亦相继被日軍佔領，現在双方軍隊正在琉璃河对峙中，中央軍之援建付部隊已于七月三十日正式加入戰爭，其他部隊正陆续

《新中华报》，1937年8月3日，第1版

向北前進中。

又電：日机二十日三十一日不断在保定正定等地方轟炸，三十日有日机廿架在保定上空投彈轟炸，損失甚大，又有日机在黄河鉄桥一带偵察，有炸燬鉄桥，以阻我軍運輸企图。

又電：宋哲元二十八日退出北平后，即赴保定，聞遣司令宋哲元與孫連仲正共图挽回廿九軍連絡共同作戰的計劃。

社論

迎接大規模的民族革命戰爭

連日以來，華北形勢，是一天々的越來越严重了，日寇滅亡中国的大規模的侵略戰爭，在芦沟桥的砲声中已經發動了；最近數日內，我們為保卫祖國而戰斗的民族战士們的鮮血，洒遍了平津平汉路上。看吧！大規模的民族革命戰争已經進臨，中華民族最后解放，也在此一举！

廿日戰爭已經在華北發展，卅一日通县、芦沟桥爆發了大战的戰場，双方争奪丰台芦沟桥等重要地点的血战，得而復失，也不下数次，平漢線今日止已完全陷入日軍之手，日軍并沿平漢路南長辛店保定前進，同時日机廿余架在保定正定一帶投彈轟炸（卅日中央社），上面这一切消息告訴了我們，日寇對華北的進攻是一步々的緊逼着，他的目的是在于攫取華北以至于整个中国，这也就是日本帝国主义一貫的侵略政策的必然結果。

在芦沟桥事件開始發生的時候，我們曾經再三的指出这一事件的炸发决非偶然的，是日寇有計劃的挑釁，冀察当局在開始的犹疑態度，結果使日寇利用这些時間，有着充分的準备机会，从容不迫地調集其援軍於平津之線，而我們缺乏整个計劃，「和平」的幻想在个别領袖中的殘留，致使我們的準備不充分，所以在日寇一旦大举進攻的局面，虽有廿九軍將士與華北人民奮勇犧牲的奮斗，大決心，但是臨時倉惶失措，究竟無补于事，所以冀察当局的動搖犹豫，決心下得慢，是平津失陷的重大原因之一。

平津的失陷，当然是我們在战略上的一个重大損失，造下了日寇南進西伸的战略根據地，但是这絕不能就認為是我們抗戰的失敗，战争的最后勝利，不在于一块土地的得失，而是在于我們本身的堅決與犧牲決戰到底的決心，军事上的一進一退是缘最重要的是我們的战術還要灵活運用，特别是在中日战争中，敌人物質条件优良，我們更須要机動，又有这样，在軍事上才能制勝敌人，所以平津的失守，絲毫不必因此而悲观，而丧失我們抗战勝利的信心，只有更加鼓舞我們的奮斗精神，以不屈不撓百折不回的志願，來爭取我們的最後勝利。

最近數日来大砲炸弹的声音已震醒了每个中国人民，打破了"和平解决"的幻想，日寇的狰狞面目，在隆々的砲声中揭破了，華北乃至危急，中華民族的生命已經臨到最后的一剎那，假如政府再不決心抗戰而冷冰犹豫的時候，又有断送華北断送四万々万中華民族的生命的時候，关於此，堅決抗战不足以挽救目前的危机。我們要求南京政府立即下最后堅決抗战的決心，採取積極的實际進攻行動，發動廣大人民的抗戰動員，組织與武裝民众，来收復平津，保卫華北，爭取抗战的最后勝利！

《新中华报》，1937年8月3日，第1版

日寇在華南積極行動 要求中國撤退汕頭駐軍

广州卅一日電：日本帝国主义在華南的行動近来更加積極起来了，近日本海軍不断的在廈门、福州、汕头等地偵察與挑衅，企圖佔領上述該地。一日日本公開的提出無理要求，要我駐汕头的軍隊李汉魂师完全撤退，當即被我軍嚴詞拒絕，李汉魂师長表示决心守土云。

日援兵向北平前進 傅殷汝耕还沒有死

天津消息：日軍大批增援部隊陸續由天津向北平等地運輸，七月卅日通州已到有日軍增援主力，并且殷部與反正的保安队在通州城外附近发生激战。

北平一日電：日前曾传殷逆汝耕遇难消息，但据今天此地消息，殷逆汝耕尚未死，一日本浪人曾救出險，該日人名荒川五郎云。

紅軍即將出動抗战 工廠工人募捐慰劳

各工厰的男女工人群众，听得紅軍抗战準备已經完畢，即日出发抗日前线抗敌，欢喜莫名，在今總西北执行局的发動下，都踊躍的参加了募捐運動来紀念「八一」紅軍誕生的十週年，并鼓勵其英勇殺敌，計其收到的慰劳物品總結如下：：

延安印刷厰　大洋三二·七元、　袜子一双
延安被服厂　鞋子廿双
延長石油厂　鞋五双　袜子十八双
延長兵工厂　鞋二二双，袜七双，手巾八条。
延長鞋袜厂　鞋子　十双
永坪煉油厂　大洋　二·七元
陕甘寧縫衣工厂　手巾五条，袜五双
三原軍事工厂　毛巾五一条　鞋二〇双
綁腿一打　肥皂二三条　袜七五双
牙粉一三包　衣服两件
延安電工人　大洋一〇·七八元　鞋二双
皮帶一条　手巾三四条　袜四九双
洋烛四包　以上这些慰劳财物
不日即送往前方云　（程五）

日寇毒辣手段 以机枪射殺同胞

天津卅一日電：天津日軍卅一日继续在天津市放火燒房屋，天津河北一带难民四五十万人無家可歸，哭声震天，据难民說：：日軍到处即驅逐当地居民，并任意屠殺，其行为的残酷，实為前史所少見，在河東一带日軍尚拘集中难民数百人，以机关枪掃射，鲜血流遍了津市，同時日軍并禁止人民前去視看與救護，卅一日有被难的妻子前去檢其丈夫屍首，即被日軍枪毙云。全國人民應急勃奋起来，以抗战的勝利来回答日寇的暴行，把日寇驅逐出中国去！

重要更正

上期登載各机关募捐数目字有些錯誤，特在本期更正：中央局是二十八元一毛七分，延安西街救国会是七元。

《新中华报》，1937年8月3日，第2版

軍委直屬隊募捐援助華北抗战将士

延市各界發起募捐援助華北抗战将士来慰劳抗战已經前線，軍委直屬隊各单位的募捐，为表示有好指战員自己平時積蓄的零用錢拿出来捐助，有的单位如保衛局除指战員个人節省之外，还在軍人大会中全体表示願省一頓的菜錢以捐助之，并有表演会募款捐助華北抗战将士，足見紅色軍人对于抗战救國的高度熱忱！其募捐成績如下：

軍委一局 四元二角　二局八元　三局四元四角

四局 三元

供給部 十六元六角　供了政治部八元三角五分　卫生部廿八元七角四分

二分隊 八元八角

警衛營 二十一元五角一分

保衛營 二十九元八角五分

摩托学校 一十五元九角

統計大洋一百四十九元三角五分

蒋介石發表南京方針談話

——四項立场决無变更

蒋介石先生对于平津形勢緊張后的政府方針，廿九日在南京向新聞記者的詢問發表下列意見：

問：冀察政局突然變化，中央对于宋如何處理？

答：宋明軒在平津，本為軍事負責，不能不如此，余始终即如此主張，余為全國軍事最高長官，故負有政治責任，所有平津軍事失敗問題，不與宋相干，余一身負之。余當負全責以挽救今後之危局。須知平津情勢，今日如此轉變，早為國人有識者之預想所及，日人軍事政治勢力之侵略，在華北由来已久，故造成今日局面，決非偶然。況軍事上一時之挫折，不得認為失敗，而且平津战事不能認為已經了結。日軍既蓄意侵略中國，不惜用盡种種手段，則可知今日平津之敗，不過其侵略战争之開始，而絕非其战之結局。國民只有一致決心共赴國難，至于個人責任問題，不必重視。

問：今后政府对日方針究竟如何？

答：自卢溝橋事件發生后，余在廬山談話會曾發表我國对此事之最低限度立场有四點，並說明我不求戰而應戰……今既到此最後關頭，豈能復視平津之事為局部問題，聽任日軍之宰割，或更製造傀儡組織，政府有保衛領土主權及人民之責，惟有發動整個之計劃，領導全國一致奮鬥，為捍衛國家而犧牲到底，此後決無和平解決之可能……余已決定對此之必要措置，唯望全國民眾沉著鎮靜，各盡其職，共存為國犧牲之決心，則最後之勝利必屬于我也。

訪問

司馬洪同志，別后一年，不知你的音信，我現在中央財政部会計学校。　吴兰英

△白高克同志，你家中很掛念你，……

同志，甘泉县委王恩功

△刘秋甫同志，請立即寫信告知你的情形，吴通訊处　馮秉英

△蔡功忠、张玉秀、谢维朗、蔡副英五同志，你们家里找你们，不知在何部工作，請立即写信回家去為盼。　蔡少懋

△李秀英、克三，不知你近在何处工作，父母記得你，請即写信回家去為盼。　李桂偉

聲明

△同志們的二月號慶祝（慰記）已遺失，已在内务部聲明作废。

△陳世有的残疾証書（号碼不明）于七月二十六日遺失，特此声明作废。

《新中华报》，1937年8月3日，第2版

八一運動大會特刊

運動大會的第二天
小孩子劈刀表演呱呱叫
球類田徑賽項目僅開始

今天是抗戰動員運動大會的第二天，各機关各學校均下午放假一天。是日天氣陰，並且还下点微雨，在上午八时左右，運動大会選手已陸續入场，參觀隊伍及群众團体也先後在運動场集合，今天是運動大会正式開始的第一天，上午[illegible]。

【团体表演】首先出場是高小學校學生的团体操，動作熟練，活潑可愛，博得全场的鼓掌。继由[illegible]举行刺枪空手表演，红色战士们个个精神百倍，[illegible]。其次由[illegible]的小孩子们举行劈刀拳术表演，小孩子们动作[illegible]，[illegible]。[illegible]的光彩。下午三时開始球類与田径賽。

【成績如下】

籃球：[illegible]

[illegible]

（田径赛成绩等：[illegible]）

大會通電

（一）致前敵抗戰將士電

南京[illegible]委員長[illegible]軍長[illegible]師長轉前敵全体抗日將士官兵鈞鑒：

中華民族已到生死存亡之最後關头，華北国土之保存，平津失地之收復，全賴學同一致團結，抵抗到底。先生等在前線奮力殺敵，為民族求生存，為民族伸正氣，[illegible]全体民眾[illegible]為後盾。[illegible]全边区民眾[illegible]，[illegible]長期出国，[illegible]中華民族之[illegible]，[illegible]即奮起從戎，[illegible]。[illegible]中央政府[illegible]，[illegible]民主，動員全国[illegible]參加救國運動，[illegible]國防力量，唯有發動全民族的抗戰，才能抗拒日寇的大舉進攻。[illegible]抗戰勝利！

全边區抗日動員運動大会叩

八月一日[illegible]

（二）致紅軍將士電

朱總司令、任總政委、彭副司令員、賀[illegible]、[illegible]軍長、[illegible]全体指揮員戰鬥員同志們鑒：

[illegible]

全边區八一抗日動員運動大会八月一日叩

洛甫同志對大會訓詞

同志們：今天我們開大会的时候，正[illegible]。[illegible]我們应該準備[illegible]，[illegible]抗战[illegible]。[illegible]我們今天開大会的主要意義，[illegible]。[illegible]抗战的决心；二、軍事方面沒有[illegible]採取退攻的战略；三、華北当局及政府沒有發動廣大的群众共同參加抗戰，因此，[illegible]抗战的[illegible]。[illegible]即：（一）要求南京政府立刻对日實行堅决抗戰；（二）[illegible]；（三）[illegible]運動，[illegible]。[illegible]待[illegible]。[illegible]我們[illegible]，[illegible]到抗日前線上去！

《新中华报》八一运动大会特刊，1937年8月3日

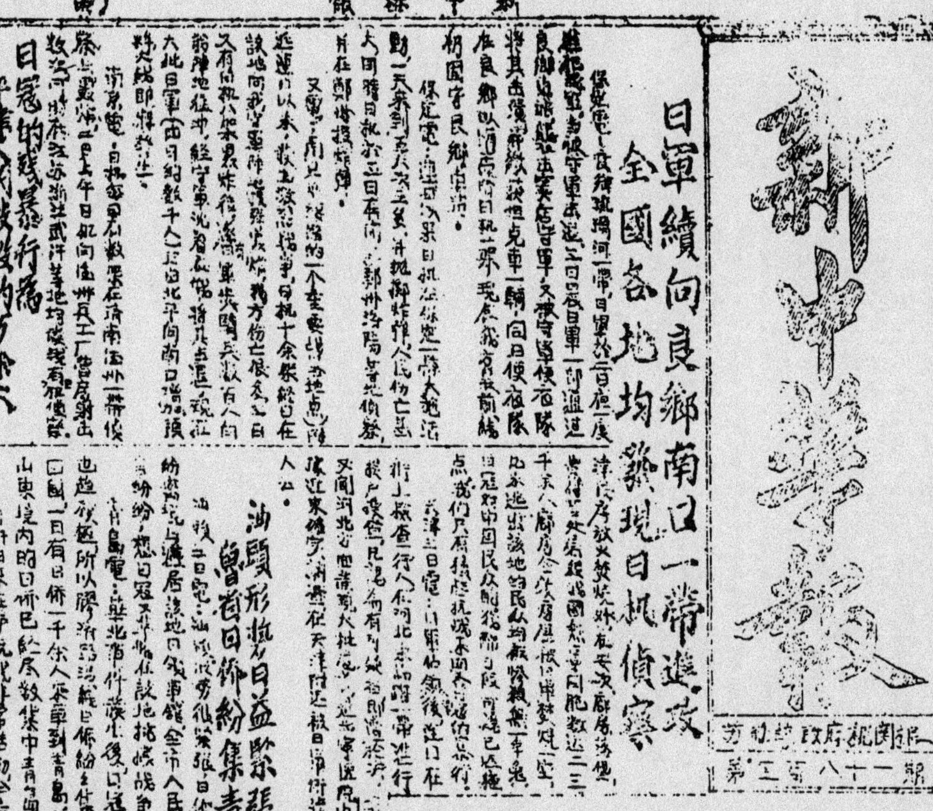

新中華報 （第一版）

新中華報

陝甘寧邊區政府機關報
第三百八十一期

日軍續向良鄉南口一帶進攻 全國各地均發現日机偵察

保定電：良鄉琉璃河一帶，日軍於三日〔午〕一度[illegible]，我守軍奮起迎擊，三日晨日軍一部迴道良鄉與涿縣[illegible]，我守軍又被[illegible]便衣隊將其击潰，[illegible]坦克車一輛，同日便衣隊在良鄉以[illegible]日机一架，現[illegible]前線[illegible]民[illegible]。

保定電：[illegible]入某日机[illegible]一帶大施活動，一天來到[illegible]，并投擲炸彈，人民傷亡甚大，同時日机於三日在[illegible]鄭州洛陽等地偵察，并在鄭州投擲炸彈。

又電：[illegible]的一个重要战略地点，[illegible]以來，[illegible]日机十余架[illegible]在該地向我[illegible]炸，[illegible]方傷亡很多，[illegible]又有日机八架[illegible]炸[illegible]兵[illegible]有人向[illegible]。大批日軍（由日約數千人）正由北平向南口增加，預料不日即將發生[illegible]。

南京電：日机[illegible]在济南[illegible]一帶偵察，[illegible]上午日机向[illegible]州兵工厂[illegible]數次，[illegible]等地均發現有日机偵察。

[illegible]天津[illegible]，[illegible]千[illegible]，[illegible]該地的民众均[illegible]，日寇对中国民众[illegible]，[illegible]点我们只有[illegible]抗战[illegible]。

天津三日電：日軍[illegible]在河北[illegible]一帶進行[illegible]，[illegible]又聞河北[illegible]大批[illegible]中[illegible]傷[illegible]，[illegible]近來[illegible]天津附近被日軍[illegible]的已達一万余人云。

日寇的殘暴行爲 平津人民被殺約万余人

保定三日電：日本軍佔領平津後，對我國同[illegible]，[illegible]大學[illegible]。

油頭形勢日益緊張 魯省日僑紛集青市

油頭三日電：油頭形势很緊張，日[illegible]紛紛[illegible]居該地[illegible]，全市人民[illegible]，紛紛，[illegible]日寇[illegible]在該地挑起战爭了。

青島電：華北事件發生後，日僑在山東的行動也趋積極，所以膠濟路沿線日僑紛紛集中青島準備回國，一日有日僑一千余人乘車到青島，截至本日止，山東境内的日僑已大多數集中青島。

[illegible]日本在[illegible]非常活動，[illegible]亂[illegible]安，近[illegible]被[illegible]的已有二十余人。日寇侵略中國的行動是愈來愈明[illegible]積極了！

《新中华报》，1937年8月6日，第1版

各省軍事將領集中南京
傳將召開重要軍事會議

南京三日電：現在華北戰局緊張，南京當局擬於最近期內召開軍事會議，討論對華北事件的應付辦法，閻錫山、余汉謀（廣東綏靖主任）、韓復榘、何鍵等人已先後到南京，廣西第五路軍總司令白崇禧亦於四日入南京，至於何日開會尚不能知，我們希望此次會議能決定堅決抗戰方針與抗戰動員，來挽救目前危急中的華北局勢。

親日派舊官僚
在津設治安維持会

天津三日電：三軍在天津被迫退出其地位，天津附近之保安隊大部被驅逐出境，小部則被日軍繳械，并在天津組織了所謂「治安維持会」，該会份子都是親日份子的舊官僚，如高凌霨、刘玉书等人，近已請為天津市長，完全是个傀儡的組織。

北寧路修复
日援軍陸續開津

天津電：北寧路前被破壞，經日本修好了，現在日軍又大批的來寧，到天津集中，四日上

山海关開津數千人，還有五十余列車，滿載日軍及軍火，正由山海关向天津開動，又據悉大沽到有日輪甚多，均有日軍在此地登陸，即向通州等地增加，聞係準備前往南口參战的。

沈鈞儒等准保開釋
二日乘車入京

上海電：因愛國而被捕的上海救國聯合会領袖沈鈞儒等，南京當局准予保釋，於三十一日已出獄，一日由蘇州到上海，了許很大人知道，二日又乘車到南京去。

* * *

日本加調第八師团來中國
日政府下令实行全國徵兵

東京電：華北事件發見擴大，日本帝國主義為了更加緊侵略中國，除前已決定日本國內派遣八个師團約廿余万人到中國來以外，日還向朱滿洲抽調兵，近又決定加派第八師團來中国，該師團現已準備完畢，正分批向天津運輸，又日本野战重砲隊及騎兵旅團約一万七八千余人，亦已啟程向華，據四日東京电：華北事變擴大後，朝鮮鉄路及汽車路均已停止運貨，準備運軍隊及軍火。同日本政府已下令实行全国徵兵，神户一地被徵者已达六万余人，日本決定在九月以前陸續抽調七八万人到中國來，日本帝國主義是在亦裡的瘋狂的一洋滅亡中國，我們只有發動全国抗战來抵抗日寇的侵略。

《新中华报》，1937年8月6日，第1版

津沽日人襲擊蘇联領館

天津電：二日天津日本軍隊指揮下的日本浪人及白俄一隊襲击苏联駐津領事館，搶劫領事館的財物及文件，并將蘇联國旗撕碎。聞該浪人是在日軍指揮下故意向苏联挑釁的。

上海日軍也用同樣手段利用白俄襲击上海苏联領事館，但因事机不密，终于被租界当局发覺，使日寇奸計不得实現。

莫斯科電：关于日人劫抢津苏联領事館事件，苏联政府已向日駐苏大使当光葵提出抗議，并令苏駐日本代办向日本外务省提出抗議，要日政府立即懲办兇犯，并賠償損失。一般人認為此事或要会引起嚴重問題发生。日寇对苏联的挑衅行動更為全世界人士所明白了。

叛軍進攻馬德里再次失利 政府軍進攻能力更增加

西半牙二日電：馬德里西郊白馬尼特鎮一帶战况現已復和，据現近数日来战事結果，政府軍已在数地点击退叛軍而使該鎮得以極大保証。目前該鎮東方與東区方面瓜达拉瑪河右岸一带叛軍陣地在政府軍的勝利下動搖异常危險，不分时刻叛軍前线不但動搖而后方也感受威脅。政府軍進攻能力突然大有增加云。又三日電：馬德里三日受叛軍的猛烈砲火轟击，北彷居民百余人的中心区亦落下砲彈多枚，受損失甚大云。

八一紀念大會在蟠龍

早八点钟着紀各机关，均齐集在青年救国会的会场里，排列的很整齐。每人手持小纸旗一面，在歌声中主席宣佈開会，台下静默下去了。主席报告八一的意义，然后由軍事部長报告芦沟桥事变後的情形，所有與会者莫不義憤填胸。再次台下的红色战士自由講演，演者争先恐後，演詞均言簡意賅，慷慨激昂。所以呼號震天，掌声雷鳴。末后遊行示威。下午進行運動比賽，極為熱烈。結果有某得了一等奖旗，軍事部得了两等奖旗，有委得了三等奖旗，并通过致前方红軍通電一个，原文如下：

為紅軍出動抗日致慰問電

延安毛主席朱總司令前方彭總指揮並轉全体指揮員戰斗员均鉴：今年的八一正是日寇炮燄平津大举進攻華北，企图滅亡全中國，同時又唆西斯蒂及其走卒進攻苏联造成二次大戰的時候，又正是人民抗日红軍誕生十週年紀念與苏联肅清托派取得更辉煌的勝利的時候，我们為了捆紮世界和平，反对日寇滅亡中国，與慶祝红軍十年来的光荣奋斗，正在举行着壮烈的八一紀念大会，来檢閱我们的力量，動員一切人力物力準备参加到抗日的前線去，到会群众無不义憤填胸，磨拳擦掌，誓作你们的后盾，祝你们為着中華民族的解放，拿起與堅不拔的精神堅决殺敵，為中華民族流最后一滴血，争取最后一口气，誓死保卫華北，恢复平津，收回东北失地，驅逐倭奴出中國，你们的家屬我们当尽力救济，帮助他们解决困难，绝不让他们誘惑。速餽，希望你们安心殺敌，勿望顧慮，祝你们前途远大，永远無疆，热血沸騰。[illegible]

此電达陕北蟠龍紀念八一大会

叩

《新中华报》，1937年8月6日，第2版

慶陽開"八一"祝捷抗敌示威大會

到會軍民萬余人通过决議五項

【慶陽三日電】慶阳县城于八月二日举行庆祝軍民紀念"八一"祝捷抗敌示威大会，到会軍隊及人民計达一万数千余人，武装自卫軍二千余人。此次大会的情形实為庆阳县历来所未有的热闹。甚至于离城百余里以外的群众也均有赶来参加的。全县群众一致拥护紅軍出動抗日，他们为了表示他们的热烈，到会群众携带猪羊鸡蛋等数百担，红旗数十向前来慰劳紅軍，热烈欢送出师，并除代表向紅軍进行慰劳的致詞。大会開幕后由主席报告开会意義。继由各界代表演說，沉痛指出日寇对中国侵略的残酷行為，并指出中国人民只有坚决抗战才能粉碎日寇的进攻。大会听众热烈鼓掌高呼，參加者無不願立即奋起抗日战场，与日寇决一死战。後由大会一致通过：(一)拥护南京蒋委員長七月十七日所宣佈的国防方針，并希望坚持貫徹是項方針。(二)拥护共產党和政主張和紅軍出動抗日。(三)募捐慰劳華北抗战将士。(四)统一與扩大陇東抗日救亡運動，积极开展广大人民中的救亡運動。(五)加紧鋤奸運動，肃清口内的汉奸観察及日寇偵探，以鞏固後方，保证前线抗战勝利。

此次大会虽然經过比較久的時間，但到会人民个个精神百倍，空气一贯紧张，如敌人民抗敌情绪的高張实已达极点。大会闭幕后，由各部隊群众团体举行提灯示威大会，雄偉的口号声，壮烈的歌声，震撼云霄，長蛇形的隊伍通过了全城，輝煌的灯光照耀得满天通红，一直到下午十一時許始散会。

重要啟事

一、本报因目前經济困难，自八月份起所有稿費在一个月至两个月之内暂时停发，给特此通知各地通讯員，仍继续向本报投稿。

二、近来投稿者已经有許多通讯稿件，因篇幅限制不能按期发表，稿有遗延者原諒。同時自即日起来稿登载與否概不退还，如万一需要退还者，请在来信中說明。

新中華报编辑部 八·六·

訪问

傑同志：你說在新世界見面，現在我已到新世界来了，很如你在延安請即来交报委員会处一談，假如你不在延安請即来信一信。 張有強（通讯处）八月四日

△周行傑同志：（存田）你家里要你写信回去，很想念你，信由宜君县抗日救口会转。（楊在泉）

△童文於名曾要张张发全部兵变參加紅軍的，他家里要寄信来希知音者告新中華报（延安）。

△戴宗良同志：你在何外工作？請示知来信寄延安抗大十二隊王文郁收。

△石列賀侯同志：你好久没有写信回家，母亲很想念你，請速写信回来由延安賀

△各部隊負責同志：我的丈夫高金龍，不知在何外工作，我对他感情很好，請各級負責同志代為查向，来信由陝北省郵政局转延長县永樂區一鄉馬家坪村 王清云

《新中华报》，1937年8月6日，第2版

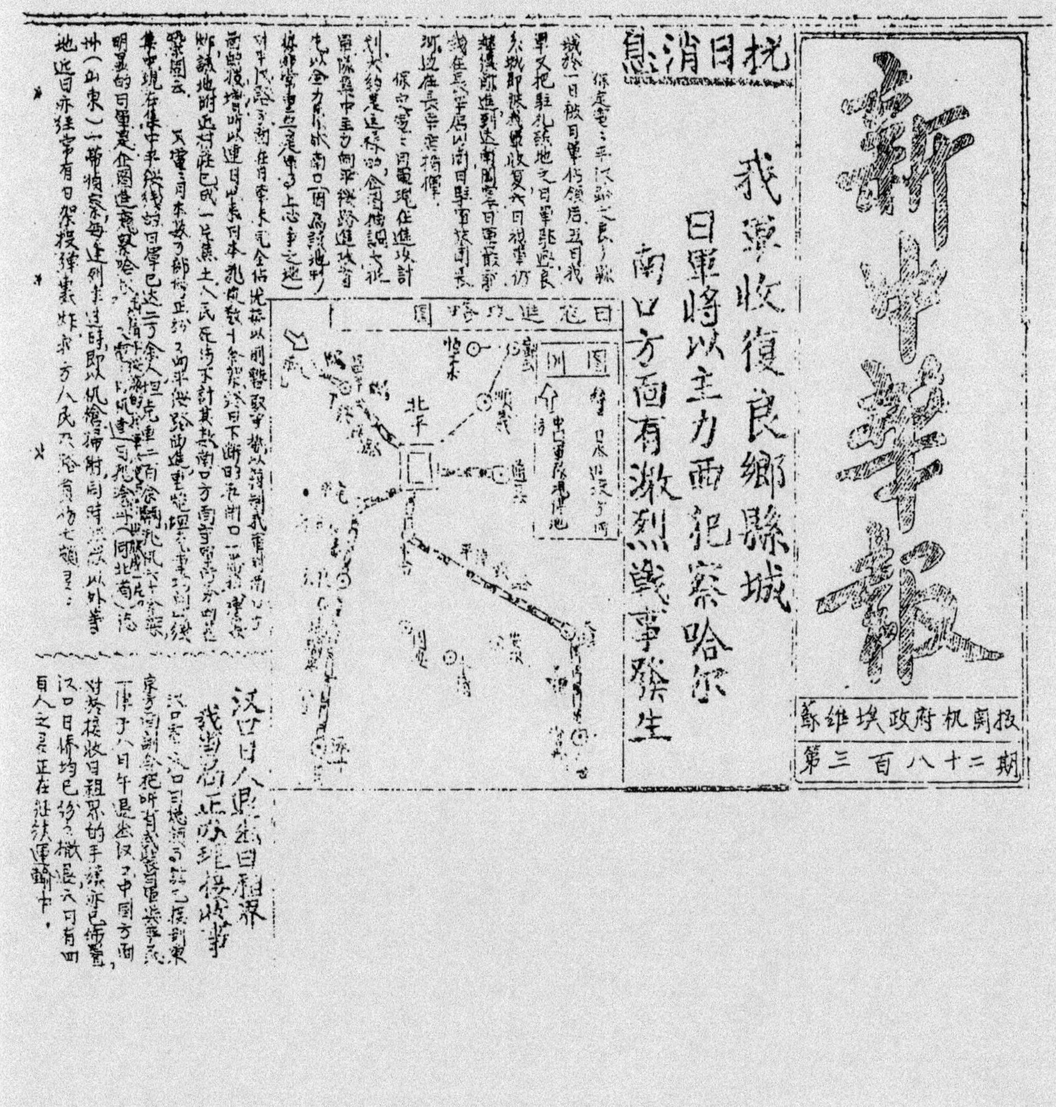

新中華報

蘇维埃政府机關報

第三百八十二期

抗日消息

我軍收復良鄉縣城

日軍將以主力西犯察哈爾

南口方面有激烈戰事發生

保定電：平漢路之良鄉縣城於一日被日軍佔領后，五日我軍又把駐扎該地之日軍擊退，良鄉縣城即被我軍收復，六日我軍仍繼續前進到達南關，[illegible]日軍[illegible]我在長辛店以南日軍[illegible]河，迄在長辛店指揮。

保定電：日軍現在進攻計劃，大約是這樣的，[illegible]日軍將集中主力向平綏路進攻，首先以全力攻取南口（因為該地形勢非常重要[illegible]之地）對平綏路方面在日寇未完全佔先[illegible]以前[illegible]南口方面[illegible]連日以來日本飛機數十架，每日不斷的在南口一帶[illegible]轟炸，該地附近村莊已成一片焦土，人民死傷不計其數，南口方面[illegible]察圖云。

又據[illegible]日本[illegible]集中現在集中平綏線的日軍已達三千余人[illegible]明顯的日軍是企圖進犯察哈爾[illegible]（山東）一帶[illegible]即以飛機[illegible]地近日亦經常有日架[illegible]炸[illegible]人民[illegible]

汉口日人退出日租界 我當局正式接收

汉口電：汉口日總領事館[illegible]京方面訓令，把所有武[illegible]一律于八日午退出汉口，中國方面對於接收日租界的手續亦已準備，汉口日僑均已分別撤退，只有四百人左右正在設法運輸中。

《新中华报》，1937年8月9日，第1版

日本决調卅個師团来華
通縣保安隊與日軍冲突

北平电：日军最近由关东及日本国内调来平津增援的仍然源源不绝，这两天之内（五六日）天津就到了日军一万五千余名，现在河北省的日军总数已达七八万余人。

东京电：日本帝国主义为了积极应付侵略战争，一举而灭亡中国的计划，日本军部已正式决定抽调卅个以上的师团到中国来，空军亦出动三分之二。

北平电：日机械化兵一纵队[illegible]七千余人，坦克车百余辆，载重汽车三百余辆，野战炮八门，由[illegible]绕北平南[illegible]进通县，[illegible]下午[illegible]战中，保安当地保安队[illegible]及人民发生冲突云。

蒋介石接見沈鈞儒等
徵詢救国大計

南京七日电：全国救国联合会七领袖沈钧儒等，于七日晋见蒋介石先生，会商抗敌救国大计，谈话很久，在座者有汪精卫邵力子等人参加。这表示南京当局在日寇积极侵略民族危急的时候，对于集中各方人才，接纳各方意见更向前进了一步转变。

馮玉祥在廣播中发表演講
——我們應如何抗敌救国

南京电：冯玉祥[illegible]日晚在[illegible]演讲[illegible]

[illegible]以为日本军阀不值一打，只有正确的认识敌人才能获胜。第二我们应该去认识[illegible]我们是爱好和平的民族，但是日本侵略我们，我们只有用抗战手段才能取得真正和平与民族生存，我们抗战[illegible]（一）发扬民族抗战精神。（二）[illegible]我们除了[illegible]所有的抗日战线上[illegible]（三）[illegible]前线抗战的胜利只有全国人民团结大家抱着牺牲精神[illegible]最后的胜利是我们的”云云。

《新中华报》，1937年8月9日，第1版

劉湘顧祝同龍雲何鍵何成濬 先後入京參加南京軍事會議

南京電：南京召集的軍事會議，各方重要軍事領袖均先後啟程到南京去了，除何崇禧、閻錫山、余漢謀等已到外，何鍵於四日到南京，龍云（雲南省主席）刘湘、顧祝同、何成濬等人亦於六七兩日飛京，聞此次会議非常重要，对今後对日政策與抗战計划將在這次会議有具体决定云。

各地日僑紛紛回國

归綏電：归綏日人十余人及從前边境之日僑均於六日全部离開綏遠回国。

上海電：長江上游日僑八十二人於六日到上海候船返国。

劉文輝部整編完竣

成都電：刘文輝部二十四軍已依照决定改編完畢，計两师一独立团，長官仍旧，刘湘部隊第一步整编工作，十日前可办理完竣。

西乱不干涉问題 蘇聯已取讓步態度

巴黎電：关於西班牙内乱不干涉问題，据巴黎方面消息，苏联政府已取妥协態度。苏联政府已不再要求以撤退全部志願兵（連同摩洛哥土著兵在内）作為承認交戰团体的先決条件，对於英政府的折衷方案一事到志願兵实在的撤退後，就可承認双方為交戰团体，但須附有条件，即意德二国的真正意向如何，所謂志願兵實在的撤退的真意在那裡，必須要有很明白的确定才行。

☆ ☆ ☆ ☆

抗大提前畢業 上前線殺敵去

抗日軍政大学全体学員在这抗战紧急動員中提前於八月五日舉行畢業，所有学員中大部份均分配到軍隊中去領導抗日戰争，闻於近两日内已紛紛出動，学員殺敵情緒非常高張，均願為中華民族解放做一番偉大事業，現已先后出動，这一批健兒將來必是中華民族的模範兒女，他們將高擎着民族解放的大旗，為独立自由的新中国而血戰到底。

又他們对華北抗战將士的英勇血战精神，表示無限敬意，自動募捐援助抗战將士，現已收到捐款白洋一百六十二元五角七分，紙票二角，郵票一百〇一分。

《新中华报》，1937年8月9日，第2版